PIERWSZY ROK ŻYCIA DZIECKA

W tej serii poradników dla rodziców
ukazały się następujące tytuły:

W OCZEKIWANIU NA CIĄŻĘ

DIETA PRZYSZŁEJ MATKI

W OCZEKIWANIU NA DZIECKO

W OCZEKIWANIU NA DZIECKO – DZIENNIK

PIERWSZY ROK ŻYCIA DZIECKA

DRUGI I TRZECI ROK ŻYCIA DZIECKA

Heidi Murkoff
Sharon Mazel

PIERWSZY ROK ŻYCIA DZIECKA

Słowo wstępne do wydania polskiego i konsultacja naukowa
prof. zw. dr hab. n. med. Marian Krawczyński
Uniwersytet Medyczny
im. K. Marcinkowskiego w Poznaniu

Przełożyły
Marzena Czubak, Hanna Elandt-Pogodzińska,
Małgorzata Horała, Monika Rozwarzewska

DOM WYDAWNICZY REBIS
POZNAŃ

Tytuł oryginału
WHAT TO EXPECT THE FIRST YEAR (2nd Edition)

Copyright © What to Expect LLC 1989, 1996, 2003, 2007.
All rights reserved

What to Expect® is a registered trademark of What to Expext LLC.

Book illustrations copyright © 2003 by Judy Francis

Copyright © for the Polish edition by REBIS Publishing House Ltd.,
Poznań 1995, 1997, 2002, 2007, 2012

Uzupełnienia do wydania czwartego polskiego przetłumaczyła
Monika Rozwarzewska

Redakcja
Elżbieta Bandel

Konsultacja podrozdziału dotyczącego antykoncepcji
dr med. Krzysztof Szymanowski

Projekt i opracowanie graficzne okładki
Piotr Majewski

Fotografia na okładce
© Svetlana Fedoseeva / Fotolia

prawolubni♥

Książka, którą nabyłeś, jest dziełem twórcy i wydawcy. Prosimy, abyś przestrzegał praw, jakie im przysługują.
Jej zawartość możesz udostępnić nieodpłatnie osobom bliskim lub osobiście znanym.
Ale nie publikuj jej w internecie. Jeśli cytujesz jej fragmenty, nie zmieniaj ich treści i koniecznie zaznacz,
czyje to dzieło. A kopiując jej część, rób to jedynie na użytek osobisty.
Szanujmy cudzą własność i prawo.
Więcej na www.legalnakultura.pl
Polska Izba Książki

Wydanie IV rozszerzone, poprawione i uzupełnione (dodruk)
Poznań 2014

ISBN 978-83-7510-792-0 (oprawa broszurowa)
ISBN 978-83-7510-793-7 (oprawa twarda)

Dom Wydawniczy REBIS Sp. z o.o.
ul. Żmigrodzka 41/49, 60-171 Poznań
tel. 61-867-47-08, 61-867-81-40; fax 61-867-37-74
e-mail: rebis@rebis.com.pl
www.rebis.com.pl
Skład: *AKAPIT*, Poznań, ul. Czernichowska 50B, tel. 61-879-38-88

*Emmie, Wyattowi, Rachel, Ethanowi i Elizabeth
za magiczne, niezapomniane pierwsze lata,
które każde z was nam ofiarowało.*

*Naszym partnerom w pełnieniu rodzicielskich obowiązków,
Erikowi, Howardowi i Timowi,
bez których nie poradziłybyśmy sobie przez te pierwsze lata.*

DALSZA CZĘŚĆ PODZIĘKOWAŃ

Trudniejsze od napisania książki jest tylko napisanie jej na nowo. Podobnie jak z ponownym wynalezieniem koła (czy można to zrobić lepiej?), trzeba dokonać kolejnej oceny, wielu weryfikacji, a także jeszcze raz wysnuć przypuszczenie (Co już dobrze spełnia zadanie? Co działało, ale przestało? Co nigdy nie było skuteczne? Co działałoby przy odrobinie starań?). Nieodzowna jest także pomoc bardzo wielu ludzi. Pomoc przyjaciół, kolegów po fachu, nauczycieli akademickich, specjalistów w dziedzinie opieki zdrowotnej – jak i osób szczególnych, należących jednocześnie do wszystkich czterech kategorii. Są wśród nich tacy, którzy pomagają nam od początku powstawania pierwszego wydania, jak i tacy, którzy dopiero niedawno przyłączyli się do drużyny. Jest wielu innych cudownych ludzi, których prawdopodobnie moglibyśmy tutaj wymienić, przekraczając jeszcze bardziej zamierzoną liczbę stron kolejnego, znacznie obszerniejszego wydania. Z całego serca dziękujemy wam wszystkim, w tym:

Suzanne Rafer, wspaniałej redaktorce i jeszcze lepszej przyjaciółce, która dzielnie brnęła przez tysiące stron naszych książek w ciągu ostatnich dwudziestu lat, pilnując, by nie przekradły się zbyt długie zdania (czy niecelne żarty słowne), sprawnie wyrzucała słowa (te niepotrzebne, rzecz jasna), nieustępliwie dawała sygnały ostrzegawcze, dopóki nie poddałyśmy się jej lepszej ocenie – za wszystko, co robisz, i za to, że zawsze jesteś.

Peterowi Workmanowi, wydawcy o niespotykanym (przynajmniej w obecnych czasach) charakterze, umiejętnościach, a przede wszystkim wierze – za trwanie przy nas od skromnych początków *W oczekiwaniu na dziecko*. Dzielimy nasz sukces z tobą i z...

Lisą Hollander, dzięki której nasze książki wspaniale wyglądają, oraz Barbarą Balch – jej pomoc przy niniejszym wydaniu była nieoceniona. Judith Cheng dziękujemy za kolejną piękną okładkę (i następne niezapomniane dziecko) oraz Judy Francis za urocze (oraz pouczające!) ilustracje. Anne Cherry za naprawianie usterek w manuskrypcie. Robyn Schwartz za poczucie humoru i szybki refleks. Carolan Workman, Suzie Bolotin, Davidowi Schillerowi, Jenny Mandel, Sarah Edmond, Jimowi Eberowi, Kate Tyler, Bruce'owi Harrisowi, Pat Upton, Saundrze Pearson, Beth Doty i pozostałym członkom rodziny wydawnictwa Workman – serdeczne uściski dla każdego z osobna i dla wszystkich razem za waszą ciężką pracę, wsparcie i miłość. Dziękujemy również tym, którzy pracowali przy pierwszym wydaniu, a zmienili pracę.

Sharon Mazel, za wszystko, co robisz (oraz za zdumiewające tempo, w jakim wszystko robisz; pewnie to dlatego, że nie śpisz): ulubionej towarzyszce do wymiany e-maili (znowu „masz wiadomość"!), niestrudzonej w wyszukiwaniu informacji (traktującej tę pracę z całą powagą oraz mającej Kirę i Sophię do pochwalenia się), a także pisarce, niezachwianej strażniczce TMI – jesteś współtwórczynią naszego sukcesu i bardzo cię cenię. Dziękuję także dr. Jayowi Mazelowi – nie tylko za dzielenie się Sharon, lecz również za mnóstwo porad udzielanych po godzinach pracy – oraz czterem córkom Mazel: Danielli, Arianne, Kirze oraz Sophii, która pojawiła się na czas. Szczególne podziękowania lekarzowi pediatrze dziewcząt, dr. Jeffreyowi Bernsteinowi, który cierpliwie odpowiadał na setki pytań do *Pierwszego roku życia dziecka* przemycanych przez Sharon podczas wizyt w poradni dla dzieci zdrowych. Oraz Alizie Graber za pomoc organizacyjną.

Dr. Markowi Widome'owi, profesorowi pediatrii w Penn State Children's Hospital, gwieździe zarówno praktyki pediatrycznej (zazdrościmy dzieciom znajdującym się pod twoją opieką!), jak i programu *Today*, naszemu niezwykłemu doradcy medycznemu. Dziękujemy nie tylko za ogromną wiedzę, mądrość oraz wnikliwość, dzięki którym udało nam się dobrze wypaść, lecz także za poczucie humoru, empatię i współczucie, które pozwoliły nam poczuć się jeszcze lepiej. Twoja uwaga poświęcania szczegółom (w każdym słowie, do ostatniej strony manuskryptu) zawsze była nieoceniona – brak nam słów, by ci dziękować.

Lisie Bernstein, dyrektorce fundacji What To Expect za całkowite poświęcenie się zdrowiu i dobrobytowi wszystkich dzieci – jak zawsze, za twą miłość, wsparcie i przyjaźń. (Także oczywiście dla Zoe, Teddy'ego i Dana Dubno.) Markowi Chamlinowi, Ellen Goldsmith-Vein i Alanowi Nevinsowi – za ochronę, a przede wszystkim za to, że tak o mnie dbali.

Medorze Heibron za nieocenione spostrzeżenia dotyczące adopcji. Wszystkim oddanym cudownym ludziom z Amerykańskiej Akademii Pediatrii, na których zawsze możemy polegać w sprawie najaktualniejszych (i wyważonych) faktów czy na opiniach o nich. Także niezliczonym członkom tej akademii, którzy odpowiadali na pytania, oferowali pomoc i pomogli sprawić, by ta książka była jak najlepsza.

Z wyrazami miłości dla Erika Murkoffa, mojego męża, najlepszego przyjaciela, partnera w obowiązkach rodzicielskich, w biznesie i w życiu, dzięki któremu to wszystko stało się możliwe. Bez ciebie nie mogłabym zacząć i nigdy nie chciałabym spróbować. Oraz dla Emmy i Wyatta, mojej inspiracji, prawdziwych „króliczków doświadczalnych". Kocham was!

Dwóm najlepszym mężom i ojcom w mym otoczeniu, Howardowi Eisenbergowi i Timowi Hathawayowi, cudownym dzieciom Hathawayów Rachel, Ethanowi i Liz. Mildred i Harry'emu Scharagom, Victorowi Shargaiowi i Johnowi Aniello, za miłość i wsparcie.

Arlene Eisenberg za wszystko; twoje dziedzictwo żyje w wielu sercach. Zawsze będziemy cię kochać i będzie nam ciebie brakować.

Z wyrazami podziwu dla wszystkich lekarzy, pielęgniarek z oddziałów pediatrii i innych pielęgniarek troszczących się o dzieci – oraz o ich nerwowych rodziców. Także dla naszych nauczycieli – naszej inspiracji, ulubionemu źródłu wiedzy i przyczynie, dla której robimy to, co robimy – i będziemy robić.

Heidi Murkoff

SPIS TREŚCI

Wstęp. Jedyna w swoim rodzaju książka dla rodziców XXV
Wprowadzenie. Rodzi się drugie dziecko XXVII
Słowo wstępne do wydania polskiego XXIX
Słowo wstępne do czwartego wydania polskiego XXXI

CZĘŚĆ 1

PIERWSZY ROK

Rozdział 1. Przygotuj się 3

KARMIENIE NIEMOWLĘCIA. Pierś, butelka czy jedno i drugie . . . 3

Zalety karmienia piersią 4 • Zalety karmienia butelką 7 • Mity na temat karmienia piersią 8 • Odczucia ponad fakty 9 • Kiedy nie możesz lub nie powinnaś karmić piersią 10 • Adopcja i karmienie piersią 12

CO MOŻE CIĘ NIEPOKOIĆ 12

Sprostanie macierzyństwu 12 • Zmiany w stylu życia 13 • Opieka nad matką 13 • Czy wrócić do pracy 14 • Ta książka jest także dla ciebie 14 • Dziadkowie 14 • Urlop macierzyński – już nie tylko dla matek 15 • Brak dziadków 16 • Pielęgniarka do dziecka 17 • Inne źródła pomocy 18 • Obrzezanie 19 • Jakich pieluch używać 21 • Rzucenie palenia 22 • Imię dla dziecka 23 • Przygotowanie psa lub kota 24 • Przygotowanie piersi do karmienia 25 • Na razie powstrzymaj się ze ściąganiem! 26 • Ochraniacze na brodawki 26

CO WARTO WIEDZIEĆ. Wybór właściwego lekarza 27

Pediatra czy lekarz rodzinny 27 • Ubezpieczenie zdrowotne dla zdrowej rodziny 28 • Jaki rodzaj praktyki jest najlepszy 29 • Upewnij się, że dobrze wybrałaś 30 • Wywiad przed porodem 32 • Partnerstwo i współpraca z lekarzem 32

Rozdział 2. Zakupy dla dziecka ... 35

Lista rzeczy potrzebnych 37 • Zestaw ubrań dla dziecka 37 • Bielizna pościelowa 38 • Kosmetyki i przybory toaletowe 39 • Uwaga na orzechy! 40 • Apteczka 40 • Naczynia i przybory do karmienia 41

UMEBLOWANIE: POTRZEBNE I PRZYJEMNE ... 42

SPRZĘTY UŻYWANE POZA DOMEM ... 47

Pasy dla niemowlęcia 50 • Fotelik ustawiany tyłem do kierunku jazdy 51 • System Latch 52 • Fotelik przekształcalny/dziecko przodem do kierunku jazdy 53

GDY DZIECKO PODROŚNIE ... 55

Inwestycja w przyszłość dziecka 56

Rozdział 3. Podstawy karmienia piersią ... 59

POCZĄTKI KARMIENIA PIERSIĄ ... 59

Źródła pomocy 62

WSZYSTKO O KARMIENIU PIERSIĄ ... 62

Na czym polega laktacja 62 • Początki karmienia 63 • Pozycje przy karmieniu 64 • Prawidłowe przystawienie do piersi 65 • Ssanie a ssanie mleka 67 • Jak długo karmić? 68 • Jakim typem noworodka jest twoje dziecko? 68 • Jak często karmić 69

CO MOŻE CIĘ NIEPOKOIĆ ... 70

Siara 70 • Nabrzmienie piersi 70 • Nadmiar pokarmu 72 • Samoistny wyciek pokarmu 73 • Wypływanie pokarmu 74 • Karmienia skumulowane 74 • Bolesne brodawki 75 • Wyboje na drodze do sukcesu? 76 • Czas spędzany na karmieniu 76 • Odzież matki karmiącej 77 • Karmienie w miejscach publicznych 78 • Guzek w piersi 79 • Zapalenie sutka (*mastitis*) 80 • Karmienie piersią w czasie choroby 80 • Karmienie piersią a menstruacja 81 • Antykoncepcja u karmiącej matki 81 • Ćwiczenia fizyczne a karmienie piersią 81 • Zaburzenia mechanizmu ssania zburzyły twój spokój? 82 • Łączenie karmienia piersią i butelką 82 • Powrót do wyłącznego karmienia piersią 83

CO WARTO WIEDZIEĆ. Aby mleko było zdrowe i bezpieczne ... 85

To, co jesz 85 • Czy jedzenie pobudza laktację? 86 • To, co pijesz 86 • Przyjmowane lekarstwa 87 • Czego unikać 87 • Żadnych orzeszkowych przekąsek podczas karmienia małego cukiereczka 89

Rozdział 4. Noworodek ... 91

CO TWOJE DZIECKO POTRAFI ROBIĆ ... 91

CZEGO MOŻESZ OCZEKIWAĆ W CZASIE BADANIA W SZPITALU ... 91

Badania twego dziecka 92 • Badania przesiewowe słuchu noworodków 93 • Portret noworodka 94 • Stan po urodzeniu według Apgar 95 • Test Apgar 95 • Odruchy noworodka 95 • Zabiegi szpitalne dla dzieci urodzonych w domu 96

KARMIENIE DZIECKA. Przystąpienie do karmienia butelką ... 97

Wybór mieszanki 97 • Pomoc przy karmieniu piersią 97 • DHA w mieszankach dla dzieci: mądry wybór? 98 • Ile pokarmu potrzebuje dziecko? 99 • Higiena karmienia butelką 100 • Karmienie butelką i czułość 101 • Karmienie butelką i czułość 102 • Karmienie butelką może być łatwe 103

CO MOŻE CIĘ NIEPOKOIĆ ... 104

Urodzeniowa masa ciała 104 • Więź matki z dzieckiem 104 • Spadek masy ciała 106 • Wygląd dziecka 106 • Tylko dla ojców: Początki zaangażowania 106 • Kolor oczu 107 • Przekrwione oczy 107 • Maść do oczu 107 • Dziecko i matka w jednej sali (*Rooming-in*) 108 • Środki przeciwbólowe 108 • Dziecko śpioch 109 • Czy słyszałaś o... 109 • Brak pokarmu 110 • Stan świadomości noworodka 110 • Dławienie się 111 • Przesypianie posiłku 111 • Rozpoznawanie rodzaju płaczu 112 • Dziecko chce bez przerwy jeść 113 • Jak efektywnie karmić 113 • Drżąca broda 114 • Wstrząsy ciała 114 • Znamiona na ciele 114 • Problemy z cerą 115 • Torbielki 116 • Wczesne wyrzynanie się zębów 116 • Pleśniawki 116 • Żółtaczka 116 • Nie zapomnij objąć dziecka... 117 • Bezpieczeństwo noworodka 118 • Kolor stolców 118 • Rzut oka na kupkę niemowlęcia 119 • Smoczek gryzaczek 119 • Wypis ze szpitala 120

CO WARTO WIEDZIEĆ. Poradnik pielęgnacji niemowlęcia ... 121

Kąpiel niemowlęcia 121 • Mycie głowy szamponem 124 • Odbicie połkniętego powietrza 124 • Przewijanie 125 • Bezpieczne podróżowanie 126 • Bezpiecznie ze wszystkich stron? 128 • Ubieranie niemowląt 130 • Pielęgnacja uszu 131 • Branie na ręce i noszenie dziecka 131 • Obcinanie paznokci 132 • Pielęgnacja nosa 133 • Wyjścia z domu 133 • Dokumenty dziecka 134 • Higiena prącia 134 • Pozycja podczas snu 135 • Zawijanie dziecka w kocyk 135 • Pielęgnacja pępka 136

Rozdział 5. Pierwszy miesiąc ... 137

CO TWOJE DZIECKO POTRAFI ROBIĆ ... 137

Co twoje dziecko potrafi robić w tym miesiącu 138

CZEGO MOŻESZ OCZEKIWAĆ W CZASIE BADANIA LEKARSKIEGO ... 139

KARMIENIE DZIECKA W PIERWSZYM MIESIĄCU. Odciąganie mleka z piersi .. 140

Dlaczego matki odciągają pokarm 140 • Wybór odciągacza 141 • Wszystko o odciągaczach 141 • Ciekawe fakty 141 • Przygotowanie do odciągania pokarmu 143 • Trening w ściąganiu czyni mistrza 143 • Druga pierś pod kontrolą 144 • Jak odciągać mleko z piersi 144 • Dokąd spływa mleko? 145 • Przechowywanie odciągniętego mleka 145 • Krótka rada 145

CO MOŻE CIĘ NIEPOKOIĆ 146

„Przełamanie" dziecka 146 • Ciemiączko 146 • Chude dziecko 147 • Czy masz wystarczająco dużo pokarmu 147 • Czy dziecko wystarczająco dużo je 148 • Pęcherzyk na górnej wardze 152 • Rozkład karmienia 152 • Zmiana zdania na temat karmienia piersią 153 • Przekarmianie mieszanką 153 • Jak mierzyć czas 153 • Podwójne kłopoty, podwójna radość 154 • Uzupełnianie diety wodą 155 • Uzupełniające preparaty witaminowe 156 • Ulewanie pokarmu 156 • Dodatki odżywcze 157 • Krew w wymiotach 158 • Rada 158 • Uczulenie na mleko 159 • Alergia na mleko u dzieci karmionych piersią 159 • Wypróżnienia 160 • Głośne wypróżnienia 160 • Gazy w jelitach 160 • Zaparcia 161 • Pozycja dziecka w czasie snu 161 • Ilość snu 162 • Niespokojny sen 163 • Pomieszanie dnia z nocą 163 • Hałas, gdy dziecko śpi 164 • Sprawdzanie oddechu 164 • Przenoszenie śpiącego dziecka do łóżeczka 165 • Lepszy sen 166 • Płacz 167 • Kolka 167 • Przetrwać kolkę 169 • Lekarstwo na kolkę 171 • Łagodzenie płaczu 172 • Rozpieszczanie dziecka 175 • Smoczek gryzaczek 175 • Gojenie się kikuta pępowiny 176 • Przepuklina pępkowa 177 • Higiena obrzezanego prącia 177 • Obrzęk moszny 177 • Spodziectwo 178 • Zawijanie dziecka w kocyk 178 • Nieprzegrzewanie dziecka 179 • Pierwsze wyjście z domu z dzieckiem 180 • Kontakty niemowlęcia z obcymi 180 • Trądzik niemowlęcy 181 • Zmiany koloru skóry 181 • Słuch 181 • Głośna muzyka 182 • Wzrok 182 • Robienie zdjęć z lampą błyskową 183 • Zez 183 • Łzawienie 184 • Kichanie 184 • Bezpieczeństwo dziecka 185 • Pierwsze uśmiechy 186 • Czkawka 186 • Używanie proszku do prania bielizny niemowlęcej 186

CO WARTO WIEDZIEĆ. Niemowlęta nie rozwijają się jednakowo 187

Obecnie dzieci rozwijają się wolniej 188 • Który to miesiąc? 189

Rozdział 6. Drugi miesiąc 191

CO TWOJE DZIECKO POTRAFI ROBIĆ 191

CZEGO MOŻESZ OCZEKIWAĆ W CZASIE BADANIA LEKARSKIEGO 192

Skorzystaj jak najwięcej z comiesięcznych wizyt kontrolnych 193

KARMIENIE DZIECKA W DRUGIM MIESIĄCU. Wprowadzamy... butelkę 194

Wychowanie bez butelki 194 • Co znajduje się w butelce? 194 • Jak wprowadzić butelkę 195 • Mity o uzupełnianiu diety 195 • Przystawianie dziecka do... butelki 195 • Mieszanie 196 • Dokarmianie z butelki, gdy dziecko nie rozwija się dobrze 196

Co MOŻE CIĘ NIEPOKOIĆ 197

Uśmiech 197 • Gaworzenie 197 • I kto to mówi? 197 • Jak przemawiać do dziecka 198 • Język dziecka 200 • Drugi język 200 • Rozumienie dziecka 201 • Porównywanie niemowląt 201 • Jak najlepiej wykorzystać pierwsze trzy lata 202 • Szczepienia ochronne 203 • Mity dotyczące szczepień 205 • ABC szczepień ochronnych 206 • Tabela szczepień ochronnych 208 • Tabela szczepień zalecanych nie finansowanych ze środków znajdujących się w budżecie Ministerstwa Zdrowia i Opieki Społecznej 209 • Kiedy zadzwonić do lekarza po szczepieniu 212 • Ciemieniucha 212 • Szpotawe stopy 213 • Niezstąpienie jąder do moszny 213 • Zrost napletka 214 • Przepuklina pachwinowa 214 • Wciągnięte brodawki 215 • Preferowanie jednej piersi 215 • Używanie nosidełka 215 • Dziecko kłopotliwe 216 • Czy masz trudne dziecko 218 • Dziecko nie chce spać na plecach 220

Co WARTO WIEDZIEĆ. Rozwijanie procesów poznawczych dziecka w pierwszych miesiącach życia 221

Tworzenie przyjaznego otoczenia 222 • Rady praktyczne dotyczące zabaw i rozwijania procesów poznawczych dziecka 223 • Dobre umiejscowienie zabawek 226

Rozdział 7. Trzeci miesiąc 229

Co TWOJE DZIECKO POTRAFI ROBIĆ 229

CZEGO MOŻESZ OCZEKIWAĆ W CZASIE BADANIA LEKARSKIEGO 230

KARMIENIE DZIECKA W TRZECIM MIESIĄCU. Karmienie piersią a praca poza domem 231

Jak pogodzić pracę z karmieniem piersią 230 • Program pomocy karmiącym matkom 233

Co MOŻE CIĘ NIEPOKOIĆ 233

Ustalanie rytmu 233 • Układanie dziecka do snu 235 • Sprzeczne filozofie rodzicielskie 236 • Dziecko, które budzi się w nocy do karmienia 236 • Zaburzenia w oddychaniu zgłaszamy lekarzowi 238 • Zespół nagłej śmierci niemowlęcia (śmierć „łóżeczkowa") 238 • Co to jest śmierć łóżeczkowa 240 • Zapobieganie zespołowi nagłej śmierci niemowlęcia 241 • Wspólny pokój z dzieckiem 242 • Spanie z dzieckiem w jednym łóżku 243 • Gdy dziecko nadal używa smoczka 244 • Wczesne odstawianie od piersi 245 • Dokarmianie krowim mlekiem 245 • Zaparcia 246 • Im dłużej, tym lepiej 246 • Rumień pieluszkowy 247 • Bolesność na końcu prącia 249 • Drgawki 249 • Podrzucanie 250 • Nigdy nie potrząsaj dzieckiem 250 • Brak swobody, gdy dziecko karmione jest piersią 251 • Opiekunka 251

Co WARTO WIEDZIEĆ. Wybór odpowiedniej opiekunki 252

Opiekunka w domu 253 • Poradnik opiekunki 254 • A może pan niania? 257 • Zatrudnienie opiekunki 257 • Obserwowanie opiekunki 258 • Opieka zbiorowa 259 • Miniżłobek w domu 259 • Zakładowe miejsca opieki 260 • Dzieci w pracy 260 • Dziecko barometrem jakości opieki 260 • Gdy dziecko choruje 261 • Bezpieczny sen 261

Rozdział 8. Czwarty miesiąc 263

CO TWOJE DZIECKO POTRAFI ROBIĆ 263

CZEGO MOŻESZ OCZEKIWAĆ W CZASIE BADANIA LEKARSKIEGO 265

KARMIENIE DZIECKA W CZWARTYM MIESIĄCU. Czy już urozmaicać dietę .. 265

CO MOŻE CIĘ NIEPOKOIĆ 267

Odmawianie ssania piersi 267 • Kręcenie się przy przewijaniu 268 • Sadzanie dziecka 268 • Stawanie na nóżki 269 • Dziecko marudzi na leżaczku 269 • Niezadowolone dziecko w foteliku samochodowym 270 • Ssanie kciuka 271 • Mały tłuścioszek 272 • Chude dziecko 274 • Wstrzymaj się z sokami 274 • Szmery w sercu 275 • Jak rośnie twoje dziecko 275 • Czarne stolce 276 • Masowanie dziecka 276 • Gimnastyka 277

CO WARTO WIEDZIEĆ. Zabawki 279

Odpowiednia przytulanka 280

Rozdział 9. Piąty miesiąc 283

CO TWOJE DZIECKO POTRAFI ROBIĆ 283

CZEGO MOŻESZ OCZEKIWAĆ W CZASIE BADANIA LEKARSKIEGO 284

KARMIENIE DZIECKA W PIĄTYM MIESIĄCU. Urozmaicanie diety 284

Najlepsze pierwsze dania 285 • Premiera i co dalej 285 • Jeszcze nie w tym roku 287 • Od czego zacząć 287 • Poszerzenie repertuaru 288 • Dieta w pierwszym roku życia 289 • Mała pszczółka nie dostanie miodu 289 • „Codzienna dwunastka" malucha 289 • Kto by tam liczył? 290 • Słoiczki o podwójnym zastosowaniu 291

CO MOŻE CIĘ NIEPOKOIĆ 292

Ząbkowanie 292 • Kolejność ząbkowania 294 • Chroniczny kaszel 294 • Pociąganie ucha 294 • Drzemki 295 • Skaza 296 • Nosidełko na plecach 297 • „Życzliwe uwagi" 297 • Picie z kubeczka 297 • Bezpieczne używanie kubka z dzióbkiem 298 • Alergie pokarmowe 299 • Bezpieczne żywienie dziecka 300 • Zasady zachowania bezpieczeństwa w wysokich krzesełkach 302 •

Wysokie krzesełko 303 • Chodziki 303 • Jak zmniejszyć ryzyko związane ze stosowaniem chodzika 304 • Kicanki 304 • Huśtawki dla niemowląt 305

CO WARTO WIEDZIEĆ. Zagrożenia ze strony środowiska naturalnego 305

Pestycydy 306 • Ołów 307 • Niebezpieczna piaskownica 307 • Skażenie wody 308 • Zanieczyszczone powietrze w domu 308 • Bezpieczny kontakt z przyrodą 309 • Konserwanty w żywności 309 • Zachowaj zdrowy rozsądek 310 • Zdrowa żywność – za i przeciw 310 • Czego nie podawać dzieciom 311

Rozdział 10. Szósty miesiąc 313

CO TWOJE DZIECKO POTRAFI ROBIĆ 313

CZEGO MOŻESZ OCZEKIWAĆ W CZASIE BADANIA LEKARSKIEGO 314

KARMIENIE DZIECKA W SZÓSTYM MIESIĄCU. Obiadki domowe czy gotowe odżywki 315

Gotowe odżywki 315 • Obiadki przygotowywane w domu 316 • Odżywianie umysłu 316 • Uwaga, kucharze! 316

CO MOŻE CIĘ NIEPOKOIĆ 316

Jeszcze nie przesypia nocy 317 • Planowanie w czasie 318 • Co powiedzą sąsiedzi? 319 • Wczesne wstawanie 320 • Obracanie się przez sen 321 • Spanie z dzieckiem 321 • Kąpiel w dużej wannie 322 • Bezpieczna kąpiel w wannie 323 • Odrzucenie butelki u dziecka karmionego piersią 324 • Zmiany stolca 324 • Szczotkowanie zębów dziecka 325 • Pierwsza szczoteczka do zębów 326 • Zepsute jedynki mleczne 326 • Przejście na podawanie dziecku krowiego mleka 327 • Spożycie soli 327 • Niechęć do płatków śniadaniowych 328 • Dieta wegańska 328 • Dieta bezmięsna? Żaden problem! 329 • Badania przesiewowe w kierunku niedokrwistości (anemii) 330 • Buty dla dziecka 330

CO WARTO WIEDZIEĆ. Stymulowanie rozwoju starszego dziecka 331

W jaki sposób rozmawiać teraz z dzieckiem 332

Rozdział 11. Siódmy miesiąc 335

CO TWOJE DZIECKO POTRAFI ROBIĆ 335

CZEGO MOŻESZ OCZEKIWAĆ W CZASIE BADANIA LEKARSKIEGO 336

KARMIENIE DZIECKA W SIÓDMYM MIESIĄCU. Gdy nie wystarczają już papki . . 336

CO MOŻE CIĘ NIEPOKOIĆ 337

Noszenie dziecka 337 • Dziadkowie rozpieszczają wnuki 338 • Dziecko odgrywa się na mnie 339 • Czy mam zdolne dziecko 340 • Jeszcze nie siedzi 342 • Gryzienie brodawek 342 • Przegryzanie między posiłkami 343 • Pojadanie według własnego uznania 344 • Obiad i dziecko 344 • Krzywo wyrzynające się zęby 346 • Plamy na ząbkach 346

CO WARTO WIEDZIEĆ. Wychowywanie geniusza 346

Rozdział 12. Ósmy miesiąc 349

CO TWOJE DZIECKO POTRAFI ROBIĆ 349

CZEGO MOŻESZ OCZEKIWAĆ W CZASIE BADANIA LEKARSKIEGO 350

KARMIENIE DZIECKA W ÓSMYM MIESIĄCU. W końcu podajemy jedzenie do rączki 350

CO MOŻE CIĘ NIEPOKOIĆ 352

Pierwsze słowa dziecka 352 • Dziecięcy język migowy 352 • Moje dziecko jeszcze nie raczkuje 354 • Dziwna pozycja 355 • Bałagan w domu 355 • Jedzenie z podłogi 357 • Jedzenie brudu i śmieci 358 • Brudzenie się 358 • Erekcje 359 • Odkrywanie genitaliów 359 • Kojec 359 • Czytanie bajek 360 • Lewo- czy praworęczność 361 • Zabezpieczenie domu przed dzieckiem 362 • Jak zapewnić teraz dziecku bezpieczeństwo w łóżeczku 362

CO WARTO WIEDZIEĆ. Dom bezpieczny dla dziecka 363

Zmień swoje nawyki 363 • Zmień otoczenie twojego dziecka 364 • Uwaga, trucizna! 367 • Zabezpieczenia w domu 369 • Zmień własne dziecko 370 • Czerwone światło dla zielonych roślin 372

Rozdział 13. Dziewiąty miesiąc 373

CO TWOJE DZIECKO POTRAFI ROBIĆ 373

CZEGO MOŻESZ OCZEKIWAĆ W CZASIE BADANIA LEKARSKIEGO 374

KARMIENIE DZIECKA W DZIESIĄTYM MIESIĄCU. Ustalanie prawidłowych nawyków żywieniowych 375

CO MOŻE CIĘ NIEPOKOIĆ 376

Karmienie dziecka przy stole 376 • Stracił zainteresowanie piersią 376 • Mleko? Jeszcze nie 377 • Trudności z jedzeniem 378 • Płatki śniadaniowe z dynią piżmową? 378 • Chce sama jeść 379 • Dziwne stolce 379 • Zmiany w rozkładzie drzemek 380 • Stawanie na nóżki 382 • Płaskostopie 382 • Za wcześnie chodzi? 383 • Opóźniony rozwój 383 • Lęk przed obcymi 383 • Ukochane przedmioty 384 • Maluch nie ma ząbków 385 • Brak włosów 385

CO WARTO WIEDZIEĆ. Dziecięce zabawy 385

Rozdział 14. Dziesiąty miesiąc 387

CO TWOJE DZIECKO POTRAFI ROBIĆ. 387

CZEGO MOŻESZ OCZEKIWAĆ W CZASIE BADANIA LEKARSKIEGO 388

KARMIENIE DZIECKA W DZIESIĄTYM MIESIĄCU. Kiedy odstawiać dziecko od piersi 389

CO MOŻE CIĘ NIEPOKOIĆ. 390

Bałagan przy stole 391 • Uderzanie głową w ścianę, kołysanie się 392 • Wyrywanie i nawijanie włosów na palec 393 • Zgrzytanie zębami 393 • Gryzienie 394 • Mruganie powiekami 394 • Wstrzymywanie oddechu 394 • Zajęcia dla niemowląt 395 • Życie społeczne dziecka 396 • Odpowiednie buty 398 • Jak dbać o włosy dziecka 399 • Lęki 399

CO WARTO WIEDZIEĆ. Początki dyscypliny 400

Bić czy nie bić 404

Rozdział 15. Jedenasty miesiąc 407

CO TWOJE DZIECKO POTRAFI ROBIĆ. 407

CZEGO MOŻESZ OCZEKIWAĆ W CZASIE BADANIA LEKARSKIEGO 408

KARMIENIE DZIECKA W JEDENASTYM MIESIĄCU. Odstawianie dziecka od butelki 408

CO MOŻE CIĘ NIEPOKOIĆ. 410

Krzywe nogi 410 • Nagość rodziców 410 • Upadki 411 • Jeszcze nie staje na nóżki 411 • Uszkodzenia zębów mlecznych 412 • Cholesterol w diecie dziecka 412 • Skoki wzrostu 414

CO WARTO WIEDZIEĆ. Jak pomagać dziecku w rozwoju mowy 415

Rozdział 16. Dwunasty miesiąc 417

CO TWOJE DZIECKO POTRAFI ROBIĆ 417

Ty najlepiej znasz swoje dziecko 418

CZEGO MOŻESZ OCZEKIWAĆ W CZASIE BADANIA LEKARSKIEGO 419

KARMIENIE DZIECKA W DWUNASTYM MIESIĄCU. Odstawienie od piersi . . . 419
    Odstawienie od piersi 420 • Jak pomóc sobie 421 • W kwestii mleka 422

CO MOŻE CIĘ NIEPOKOIĆ 422
    Przyjęcie z okazji pierwszych urodzin 423 • Jeszcze nie chodzi 424 • Wzmożony lęk przed rozstaniem 425 • Ostrożnie trzymaj za rękę 425 • Przywiązanie do butelki 427 • Jak zasnąć bez butelki 427 • Nie kupuj krowy 427 • Wieczorny lęk przed rozstaniem 428 • Nieśmiałość 429 • Umiejętności społeczne 430 • Dzielenie się 431 • Bicie 432 • Zapominanie wyuczonej umiejętności 432 • Pogorszenie apetytu 433 • Wybredzanie 433 • Wzrost apetytu 435 • Co z orzechami? 435 • Nie chce sam jeść 435 • Większa niezależność 436 • Język bez słów 436 • Różnice między płciami 437 • Szczenięce lata... Ciąg dalszy 439 • Spanie na tapczanie 439 • Poduszki 439 • Oglądanie telewizji 440 • Programy komputerowe dla dzieci 441 • Nadpobudliwość 443 • Negatywizm 443

CO WARTO WIEDZIEĆ. Pobudzanie rozwoju małego dziecka 444
    Co z oczu... 445 • Zasady bezpieczeństwa – przypomnienie 446

CZĘŚĆ 2

PROBLEMY SZCZEGÓLNEJ TROSKI

Rozdział 17. Dziecko na słońce i niepogodę 451

CO MOŻE CIĘ NIEPOKOIĆ W CZASIE UPAŁÓW 451
    Nie przegrzewaj dziecka 451 • Udar słoneczny 452 • Wysypka z gorąca 452 • Zbyt wiele słońca 452 • Jak wybrać odpowiedni preparat przeciwsłoneczny 454 • Ukąszenia owadów 455 • Bezpieczeństwo w lecie 455 • Wody, kochanie? 456 • Wodne dzieci 456 • Zepsute jedzenie 458

CO MOŻE CIĘ NIEPOKOIĆ ZIMĄ I W CZASIE CHŁODÓW 458
    Ciepłe ubieranie dziecka 458 • Zmienna pogoda 459 • Odmrożenie 459 • Poparzenia na śniegu 460 • Ciepłe ubieranie dziecka w domu 460 • Sucha skóra 460 • Kominek w domu 460 • Świąteczne zagrożenia 461 • Świąteczne opakowania 461 • Kupuj bezpieczne prezenty 462

CO WARTO WIEDZIEĆ. Kiedy podróżować 462
    Trzeba planować z wyprzedzeniem 463 • Podróż we dwoje? 464 • Spakować się mądrze 466 • Podróż także może być zabawą 468 • Duże wysokości 470 • Z dala od domu (hotele, motele, pensjonaty) 470 • Jak miło spędzić czas 471

Rozdział 18. Kiedy dziecko jest chore 473

ZANIM WEZWIESZ LEKARZA 473
Intuicja rodziców 475

ILE ODPOCZYNKU WYMAGA CHORE DZIECKO 476

ODŻYWIANIE DZIECKA W CZASIE CHOROBY 476

GDY MUSIMY PODAWAĆ LEKARSTWA 477
Co należy wiedzieć o leczeniu 477 • Prawidłowe podawanie leków 477 • Jak pomóc dziecku w przyjęciu lekarstwa 478

NAJCZĘSTSZE PROBLEMY ZDROWOTNE U DZIECI 480
Alergie 480 • Nie ma co psioczyć na psa 481 • Leczenie objawowe dziecka 482 • Alergia czy jedynie nietolerancja? 484 • Przeziębienie czy alergia? 485 • Biegunka 485 • Odpływ treści żołądka do przełyku (refluks żołądkowo-przełykowy) 487 • Przeziębienie, czyli infekcja górnych dróg oddechowych 489 • Historia zdrowia twojego dziecka 490 • Nie dając się grypie 492 • Znaczenie mycia rąk 492 • Częste przeziębienia 493 • Nagły kaszel 493 • Zakażenie układu moczowego 493 • Zakażenie wirusem oddechowym (wirusem RS) 494 • Zapalenie ucha środkowego (*otitis media*) 496 • Inny soczek dla chorego dziecka? 499 • Zaparcia 499 • Medycyna komplementarna i alternatywna 500

CO WARTO WIEDZIEĆ. Wszystko na temat gorączki 501
Drgawki u dziecka z gorączką 502 • Mierzenie temperatury 503 • Gorączka to jeszcze nie wszystko 504 • Jak ocenić gorączkę 505 • Postępowanie w przypadku gorączki 506 • Nim gorączka wystąpi pierwszy raz 506 • Postępowanie w przypadku drgawek 507 • Paracetamol czy ibuprofen? 508

Rozdział 19. Pierwsza pomoc – podstawowe czynności i najczęstsze błędy 511
Drgawki 511 • Odcięcie kończyny lub palca 512 • Odmrożenie i hipotermia 512 • Omdlenia 513 • Przygotuj się 513 • Oparzenia 513 • Połknięcie ciała obcego 514 • Porażenie prądem elektrycznym 515 • Rany skóry 515 • Opatrywanie skaleczeń 516 • Rany jamy ustnej 517 • Skaleczenia oka 518 • Skaleczenia ucha 519 • Leczenie małego pacjenta 519 • Trujący bluszcz i sumak jadowity 519 • Udar cieplny 520 • Ukąszenia 520 • Urazy brzucha 522 • Urazy głowy 522 • Urazy nosa 523 • Urazy palców rąk i nóg 524 • Utonięcie 525 • Wstrząs 525 • Zatrucia 525 • Złamania kości 526 • Zwichnięcia 526

REANIMACJA NIEMOWLĄT 527
Zadławienie 527 • Ciało obce w dolnych drogach oddechowych 529 • Sztuczne oddychanie i masaż serca 530 • Sztuczne oddychanie (metoda usta-usta) 533 •

Sztuczne oddychanie i masaż serca u dzieci poniżej jednego roku życia 534 •
Sztuczne oddychanie i masaż serca u dzieci powyżej jednego roku życia 535

Rozdział 20. Noworodek z małą masą urodzeniową 537

KARMIENIE WCZEŚNIAKÓW LUB NOWORODKÓW Z MAŁĄ MASĄ URODZENIOWĄ 537

Wczesna utrata masy ciała 539 • Odciąganie pokarmu dla wcześniaka 540 • Karmienie w domu 541

CO MOŻE CIĘ NIEPOKOIĆ 542

Oddział intensywnej opieki nad noworodkiem 542 • Portret wcześniaka 545 • Uzyskanie optymalnej opieki 545 • Poczucie braku więzi 546 • Czy wyłączyć światło? 547 • Długi pobyt w szpitalu 548 • Dystrofia płodu 549 • Rodzeństwo 549 • Karmienie piersią 550 • Zabranie dziecka do domu 551 • Jak trzymać wcześniaka 551 • Trwałe problemy 552 • Wyrównywanie „zaległości" 553 • Foteliki samochodowe 554 • Szczepienia ochronne dla wcześniaków 554 • Poczucie winy 555 • Specjalne rady dotyczące opieki nad wcześniakami w domu 555

CO WARTO WIEDZIEĆ. Najczęstsze problemy zdrowotne u noworodków z małą masą urodzeniową 556

Ponowna hospitalizacja 559

Rozdział 21. Dziecko z problemami zdrowotnymi 561

KARMIENIE DZIECKA. Czy odżywianie może wpływać na stan dziecka 561

CO MOŻE CIĘ NIEPOKOIĆ 562

Poczucie odpowiedzialności 562 • Gdy naprawdę wina leży po twojej stronie 562 • Gniew 562 • Nie kocham mojego dziecka 563 • Co mówić innym 563 • Pokonaj negatywne uczucia 564 • Jak sobie ze wszystkim poradzić 564 • Bądź prawdziwym przyjacielem 565 • Właściwe rozpoznanie 566 • Źródło informacji 566 • Czy zgodzić się na leczenie 567 • Zapewnienie najlepszej opieki i leczenia 567 • Wpływ dziecka na rodzeństwo 568 • Wpływ dziecka na związek 570 • Powtórzenie wady u następnego dziecka 570 • Inna wada wrodzona u następnego dziecka 571

CO WARTO WIEDZIEĆ. Najczęściej występujące zaburzenia 572

AIDS okołoporodowy (zespół nabytego niedoboru odporności, HIV) 572 • Autyzm 572 • Bezmózgowie 573 • Celiakia (glutenozależna choroba trzewna) 573 • Choroba hemolityczna noworodka 574 • Choroba Tay-Sachsa 574 • Mukowiscydoza 575 • Niedokrwistość sierpowato-krwinkowa 575 • Porażenie mózgowe 576 • Przetoka tchawiczo-przełykowa 577 • Rozszczep kręgosłupa 577 • Rozszczep wargi i/lub podniebienia 578 • Stopa końsko-szpotawa 578 • Kiedy wszystko zależy od prawidłowej diagnozy 579 • Talasemia 580 •

Wady wrodzone 580 • Wodogłowie 581 • Jak dziedziczone są wady 581 • Wrodzona wada serca 582 • Zespół Downa 582 • Zespół alkoholowego uszkodzenia płodu 583 • Zniekształcenia 583 • Zwężenie odźwiernika 584 • Gdzie zwrócić się po pomoc 584

Rozdział 22. Dziecko adoptowane ... 585

CO MOŻE CIĘ NIEPOKOIĆ 585

Przygotowanie się 585 • Brak poczucia rodzicielstwa 587 • Medycyna adopcyjna 587 • Miłość do dziecka 588 • Dziecko dużo płacze 588 • Depresja poadopcyjna 588 • Karmienie piersią adoptowanego dziecka 589 • Okres oczekiwania 589 • Podejście dziadków 590 • Nie znane problemy zdrowotne 591 • Przyjaciele i rodzina 592 • Adopcja i przeciwciała 592 • Powiedzenie dziecku prawdy 593 • Świadczenia przy adopcji 593

CZĘŚĆ 3

DLA RODZINY

Rozdział 23. Dla mamy: radość z pierwszego roku macierzyństwa ... 597

CO POWINNAŚ JEŚĆ. Dieta poporodowa ... 597

Dziewięć podstawowych zasad żywienia matek karmiących 598 • „Codzienna dwunastka" kobiet po porodzie i matek karmiących 599 • Potrójne uderzenie 600 • Jeśli nie karmisz piersią 603

CO MOŻE CIĘ NIEPOKOIĆ ... 603

Wyczerpanie 603 • Jesteś młodą matką? 604 • Depresja poporodowa 605 • Wypełnianie obowiązków 606 • Pomoc w przypadku depresji poporodowej 606 • Utrata kontroli 608 • Uczucie nieradzenia sobie z macierzyństwem 609 • Jeśli jesteś sama 610 • Jak ustrzec się błędów 611 • Dokuczliwe i przewlekłe bóle 611 • Czas zaopatrzyć się w tampony? 612 • Powrót do miesiączkowania 612 • Nietrzymanie moczu 613 • Odzyskanie figury 614 • Znów czas na ćwiczenia Kegla 614 • Powrót do normalnej sylwetki 615 • Ponowne rozpoczęcie współżycia 617 • Ćwiczenia z wózkiem 617 • Łatwy powrót do seksu 619 • Rozciągnięta pochwa 620 • Lekkie plamienie 620 • Twój związek z mężem 620 • Planowanie następnego dziecka 622 • Planowanie z wyprzedzeniem 623 • Antykoncepcja 624 • Doustne środki antykoncepcyjne – sygnały ostrzegawcze 626 • Wkładka domaciczna – sygnały ostrzegawcze 628 • Sygnały ostrzegawcze przy stosowaniu metod barierowych 630 • Podstawowa temperatura ciała (ptc) 631 • Stwierdzenie kolejnej ciąży 633 • Zarażenie dziecka 633 • Jak znaleźć czas dla siebie 634 • Poszukaj zajęć poza domem 634 • Weź dziecko ze sobą 636 • Przyjaźnie 637 •

Różne wzorce macierzyństwa 638 • Zazdrość o rodzicielskie umiejętności taty 638 • Zazdrość o uczucia ojca do dziecka 639 • Jak najlepsze wykorzystanie czasu spędzanego z dzieckiem 640 • Zostawiając dziecko z opiekunką 642

Co warto wiedzieć. Pracować czy nie pracować 642

Praca, którą można łączyć z zajęciami domowymi 644 • Kiedy powrócić do pracy 645

Rozdział 24. Zostajesz ojcem 647

Co może cię niepokoić 647

Urlop opiekuńczy dla ojca 647 • Nie poprzestawaj na tym rozdziale 648 • Ojciec w domu 649 • Poporodowa depresja twojej żony 650 • Twoja depresja 651 • Mieszane uczucia 652 • Zazdrość o uwagę żony 652 • Potrzeba trojga 652 • Uczucie nieradzenia sobie z ojcostwem 653 • Ojcowski dotyk 654 • Niesprawiedliwe obciążenie? 654 • Ojciec – to ważna osoba 655 • Mam za mało czasu dla mojego dziecka 655 • Dar na całe życie 656

Rozdział 25. Kiedy jedynak przestaje być jedynakiem 657

Co może cię niepokoić 657

Przygotowanie starszego dziecka na przyjęcie młodszego rodzeństwa 657 • Czytaj wszystko na ten temat 660 • Rodzeństwo przy porodzie 661 • Rozstanie i wizyty w szpitalu 663 • Bezkonfliktowy powrót do domu 664 • Demonstracja wrogości 666 • Wyjaśnianie dziecku różnic płci 667 • Karmienie piersią w obecności starszego dziecka 667 • Starsze dziecko chce być karmione piersią 668 • Jak pomóc starszemu rodzeństwu znosić napady kolki niemowlęcia 669 • Zachowania regresywne 670 • Wyrządzanie krzywdy noworodkom przez starsze rodzeństwo 670 • Żółto w domu? 671 • Dzielenie czasu i uwagi 671 • Duża różnica wieku między rodzeństwem 673 • Więzi między rodzeństwem 674 • Kiedy wojna wisi w powietrzu 674

CZĘŚĆ 4

WSKAZÓWKI PRAKTYCZNE

Pierwsze przepisy dla niemowlęcia 679

Od czterech do ośmiu miesięcy 679

Różne warzywa na parze 679 • Mała rada 679 • Różne owoce duszone 679 • Mała rada 679 • Mała rada 680

OD SZEŚCIU DO DWUNASTU MIESIĘCY 680
>   Gulasz z soczewicy 680 • Pierwsza zapiekanka dla niemowlęcia 680

OD OŚMIU DO DWUNASTU MIESIĘCY 681
>   Makaron z pomidorem i serem 681 • Pierwsze danie z indyka 681 • Chleb jajeczny 681 • Francuskie tosty z serem 681 • Francuskie tosty z bananem 682 • Wesołe paluszki 682 • Deser owocowy 683 • Doskonałe przekąski do małych rączek 683 • Kostki jabłkowo-żurawinowe 683 • Galaretka bananowo-pomarańczowa 684 • Mrożony jogurt brzoskwiniowy 684 • Pierwsze ciasto urodzinowe 684 • Proste pomysły na obiad 684 • Polewa serowa 685

Powszechnie stosowane domowe środki zaradcze w czasie choroby . . . 687
>   Chłodne okłady 687 • Ciepłe okłady 687 • Częstsze podawanie płynów 687 • Gorące kąpiele 687 • Gorące okłady 687 • Gruszka do nosa 687 • Lód 688 • Nawilżacz powietrza 688 • Para wodna 688 • Poduszka elektryczna 688 • Przemywanie oczu 688 • Termofor 688 • Zakraplanie słoną wodą 688 • Zimne kąpiele 689 • Zimne okłady 689

Najczęstsze choroby wieku dziecięcego 691

PRZYROST WYSOKOŚCI I MASY CIAŁA – WYKRESY 708

Indeks 711

WSTĘP

Jedyna w swoim rodzaju książka dla rodziców

Kiedy około piętnastu lat temu autorki popularnego *W oczekiwaniu na dziecko* postanowiły odważyć się na dalszy krok i stworzyć książkę dla młodych rodziców, musiały liczyć się z liczną i trudną konkurencją. Od czasu pierwszego wydania książki Benjamina Spocka *Dziecko. Pielęgnowanie i wychowanie* w 1946 roku wielu autorów próbowało napisać książkę mającą na celu pomóc nam wychować szczęśliwsze i zdrowsze dzieci. Wśród autorów podążających śladem doktora Spocka nie zabrakło ekspertów: pediatrów, specjalistów psychologii dziecięcej, nauczycieli akademickich czy innych specjalistów. O ironio, autorzy ci szli śladem osoby, która wielokrotnie przypominała rodzicom, że w opiece nad dzieckiem nie należy przesadnie polegać na opinii ekspertów, że zwykle lepiej zaufać własnemu instynktowi.

Pierwszy rok życia dziecka był inną książką. Był dziełem odważnym pod względem zakresu tematów, jak i wyjątkowym w podejściu do wielu problemów. Obiecywał wyjaśnić „wszystko, co rodzice muszą wiedzieć o pierwszym roku życia". Nie napisali jej eksperci, lecz grupa doświadczonych autorek, których jedyną zaletą w naszych oczach było to, że również miały dzieci. Postanowiły innym rodzicom odpowiedzieć na pytania, z którymi same się zetknęły – lub mogłyby się zetknąć – podczas wychowywania własnych dzieci.

Pierwszy rok życia dziecka został doskonale przyjęty i stał się niezwykłym sukcesem.

Ukazało się ponad 7 milionów egzemplarzy, a czytelnicy docenili to, że książka została napisana z punktu widzenia rodziców. Jednak moim zdaniem powodzenie książki – także tego nowego wydania – nie wynika jedynie z szerokiego zasięgu tematów czy wyjątkowego podejścia, lecz także ze starannych badań nad każdym zagadnieniem oraz rozsądnych i przemyślanych dyskusji dotyczących codziennych problemów oraz niezwykłego poświęcenia uwagi szczegółom.

Pierwszy rok życia dziecka jest napisany z punktu widzenia rodziców i udziela takich porad, jakich rodzice zwykle potrzebują, a o jakich profesjonaliści często zapominają. Heidi Murkoff, która wpadła na pomysł napisania książki *W oczekiwaniu na dziecko*, gdy sama była w ciąży ze swoją córką Emmą, niewątpliwie dostarczyła wielu wątków w tej książce, kiedy zastanawiała się, jak najlepiej karmić Emmę, radzić sobie z jej płaczem czy zastanawiała się nad rozwojem oraz postępami swej córki w pierwszym roku życia. Gdyby Heidi i jej współautorki były lekarzami i rodzicami, mogłyby się oprzeć na doświadczeniach klinicznych czy lekarskim sposobie myślenia, jednak prawdopodobnie za cenę doświadczeń rodzicielskich i rodzicielskiego sposobu myślenia. Pewnie też wymieniłyby wszystkie zalety karmienia piersią lub racjonalnie uzasadniłyby konieczność podawania pokarmów stałych w chwili, gdy malec już do nich dorośnie. Ale czy napisałyby o zaletach wyboru takiego imienia dla dziecka, które łatwo się wymawia i pisze, o unikaniu imion modnych czy znanych z życia politycznego? Zamieściłyby informacje o daniach spełniających wymagania „codziennej dwunastki" malucha, która zapewnia odpowiednie odżywianie, lecz czy napisałyby o zachowaniu pustych słoiczków po daniach dla dzieci, w których można podgrzewać i podawać małe porcyjki? Z przeświadczeniem lekarza pediatry podkreślają, jak ważne jest podawanie pełnej dawki przepisanych lekarstw, a przy tym dodają, że można schłodzić lekarstwo, dzięki czemu staje się ono bardziej „zjadliwe", nie tracąc swych właściwości. I żeby używać płaskiej łyżeczki... sami przeczytacie, dlaczego.

Zakres tematów poruszanych w *Pierwszym roku życia dziecka* sprawia, że książka ta nie ma sobie równych. Podczas gdy niektórzy autorzy dość dobrze radzą sobie z poradami medycznymi, to nie są wiarygodni przy opisywaniu rozwoju albo nie udaje się im wyjść poza podstawy żywienia. Inni, którzy podkreślają rozwój dziecka, są nieprzekonujący – a zatem nie uspokajają – w sprawach zdrowia i zapobiegania chorobom. W tej książce natomiast znajduje się niemal wszystko to, co rodzice mogliby chcieć wiedzieć o wychowywaniu niemowlęcia. Znajdziesz w niej pomoc w przygotowywaniu odżywek, wyciąganiu drzazg, rozważania, czy nauczyć dziecko języka migowego, bądź prawdziwy skarbiec informacji o wysypkach i ich ocenie. Być może nie zawsze – choć nie jest to wykluczone – zastąpi bardziej autorytatywne lub specjalistyczne źródło informacji, jednak ważniejsze jest to, że pomoże ci przetrwać do rana!

Czytelnicy z pewnością docenią uwagę, jaką autorki poświęcają drobiazgom. Na liście zagrożeń środowiskowych znajdują się, na przykład, przybory do szycia i robótek, które są zbyt małe i zbyt ostre, by móc się znaleźć w tym samym miejscu co aktywny, ciekawy ośmiomiesięczny brzdąc. Jeśli chcesz się czegoś dowiedzieć o trądziku niemowlęcym, o tym, jak i gdzie znaleźć dobrą opiekę domową, jakie są prognozy dla wcześniaka z przewlekłą chorobą płuc lub jaki jest popularny lek na gorączkę – wszystko to znajdziesz w tej książce. W drugim wydaniu pozostawiono sprawdzone przez lata opisy, jak dziecko rośnie i rozwija się miesiąc po miesiącu, wraz z uspokajającymi punktami „Co twoje dziecko potrafi robić". Jest także specjalny dział porad na różne pory roku, rozdział o pierwszej pomocy, o wcześniakach, a także o dzieciach adoptowanych. Autorki nie pominęły porad dla ojców i rodzeństwa oraz przepisów na zdrowe dania, domowych metod leczenia ani opisów częstych chorób.

Podczas gdy pozostawiono większość z tego, co zapewniło powodzenie pierwszemu wydaniu *Pierwszego roku życia dziecka*, w wielu rozdziałach poczyniono ważne uaktualnienia. W tym wydaniu odświeżono informacje na temat bezpiecznych fotelików samochodowych, sztucznego oddychania, dzieci specjalnej troski, łącznie z małymi wcześniakami; mamy tu nowe informacje o szczepieniach czy częstych chorobach wieku dziecięcego. Rozdziały takie jak *Zostajesz ojcem*, *Dziecko adoptowane* czy *Kiedy jedynak przestaje być jedynakiem* nadal dostarczają rodzicom praktycznych, dodających otuchy informacji, dzięki którym książka ta od kilku lat utrzymuje się na szczytach list bestsellerów.

Pierwszy rok życia dziecka nie tylko dojrzewa, lecz staje się coraz lepszą książką. Przez długi czas doradzałem rodzicom, by w miarę możliwości trzymali na podręcznej półce kilka książek. Jednak gdyby mieli wybrać tylko jedną książkę, powinien to być właśnie *Pierwszy rok życia dziecka*. Jest to najlepsza współczesna książka na temat opieki nad niemowlętami.

Dr med. Mark D. Widome
profesor pediatrii
Penn State Children's Hospital w Hershey
w stanie Pensylwania

WPROWADZENIE
Rodzi się drugie dziecko

Jak ten czas ucieka, gdy wychowuje się dzieci i pisze książki! Choć wydaje się, że wczoraj (no, może przedwczoraj) wraz z Erikiem przynieśliśmy nasze pierwsze dziecko, Emmę, do domu ze szpitala, tak naprawdę było to dwadzieścia (a osiemnaście w wypadku naszego drugiego dziecka, Wyatta) lat temu. Pomimo iż odnoszę wrażenie, że ledwie wczoraj wraz z mymi współautorkami stworzyłyśmy pierwsze wydanie *Pierwszego roku życia dziecka*, tak naprawdę minęło już niemal piętnaście lat.

Czas na następne dziecko? Nie sądzę (choć prawdę mówiąc kusi mnie, ilekroć ciepłe zawiniątko znajduje się w zasięgu moich rąk, to jednak przyzwyczaiłam się już do nie zakłóconego snu). Czas na nowe wydanie *Pierwszego roku...*? Z pewnością!

To przywodzi mi na myśl często powracające pytanie: Dlaczego należałoby napisać nowe wydanie? Czy dzieci aż tak się zmieniły w ciągu ostatnich piętnastu lat?

Prawda, że choć każde dziecko jest inne (co szybko odkrywają rodzice przy drugim dziecku), grupa dzisiejszych niemowląt nie różni się wiele od dzieci urodzonych wtedy, gdy napisano *Pierwszy rok życia dziecka* (choć są one przeciętnie nieco większe). Nadal spędzają większość czasu, jedząc, śpiąc i płacząc. Nadal nie rosną im gęste włosy i wszystkie zęby. Nadal zużywają mnóstwo pieluch. Nadal też pachną słodziej niż jakiekolwiek perfumy, są okrąglutkie, mięciutkie i (z braku lepszego słowa) do schrupania.

Mają wciąż te same potrzeby: jedzenie, spokój i mnóstwo miłości. A ponieważ zjawiają się bez dołączonej instrukcji obsługi, nie przestają zastanawiać rodziców (sprawiając, że sięgają oni po książki takie jak ta).

Ale choć dzieci niewiele się zmieniły, zmianie uległ sposób dbania o nie. Począwszy od sposobu, w jaki kładziemy je spać (na pleckach, nie na brzuszku), po metody uspokajania ich (może mały masażyk?). Od porad dotyczących karmienia (dłuższe karmienie piersią, późniejsze wprowadzanie pokarmów stałych) po rady w sprawach szczepień (szczepionki przeciwko kilku chorobom naraz to mniej łez), bezpiecznych fotelików samochodowych (obecnie dzieci, niezależnie od ich wielkości, przewozi się tyłem do kierunku jazdy do pierwszych urodzin). Pomyślcie tylko o obfitości artykułów dla niemowląt (poduszki do karmienia, pompki do odciągania pokarmu bez użycia rąk, zagięte butelki, smoczki niekapki, najnowocześniejsze urządzenia do monitorowania dziecka i tradycyjne nosidełka), a zobaczycie wyraźnie, że nadszedł czas na wprowadzenie uzupełnień.

Czego możecie oczekiwać po tym nowym wydaniu? Wielu nowych i poprawionych rzeczy; dziesiątek nowych pytań i odpowiedzi, z których liczne zostały zainspirowane listami od czytelników; rozszerzonych rozdziałów opisujących szerokie zagadnienia (od zrozumienia noworodka po stymulowanie starszego dziecka; od rozważań nad wyborem pomiędzy rodziną a pracą, po godzenie sporów między rodzeństwem); nowego rozdziału poświęconego karmieniu piersią; najnowszej wiedzy i najświeższych trendów; więcej ilustracji, a wszystkie nowe.

Lecz ponieważ pewne sprawy w przypadku dzieci pozostają wciąż niezmienne, możecie się spodziewać, że nie zmieniły się też niektóre części tej książki. Łatwy w korzystaniu format, filozofia, że nie ma głupich pytań, znane już wsparcie dające poczucie spokoju – a także, mam nadzieję, wszelka pomoc, jakiej możesz potrzebować, by wraz z dzieckiem szczęśliwiej i zdrowiej przeżyć te niezwykłe (i wyczerpujące) pierwsze dwanaście miesięcy.

Życzę wam niezapomnianego Pierwszego Roku!

Heidi Murkoff

SŁOWO WSTĘPNE DO WYDANIA POLSKIEGO

Do czytelnika polskiego trafia druga w kolejności książka trzech autorek amerykańskich, tym razem zapoznająca go z różnymi problemami związanymi z opieką nad niemowlęciem, czyli dzieckiem w pierwszym roku życia. Problemów jest wiele, począwszy od żywienia, higieny i pielęgnacji noworodka, rozumienia jego potrzeb, poprzez interpretację często niepokojących objawów, do wyjaśnień zachowań dziecka w kolejnych etapach jego fizycznego i psychicznego rozwoju.

Mamy nadzieję, że książka trafi przede wszystkim do rąk rodziców, do których głównie jest adresowana. Dla młodych, zwykle niedoświadczonych jeszcze matek i ojców będzie to prawdziwa skarbnica wiedzy praktycznej. Książki z tego zakresu są poszukiwane, a stosunkowo rzadko jeszcze dostępne na rynku księgarskim. Rozwój dziecka jest tu przedstawiony w układzie chronologicznym. W pierwszej części książki każdy miesiąc życia został opisany w oddzielnym rozdziale. Część druga poświęcona jest najczęściej spotykanym problemom zdrowotnym dziecka, z którymi mogą spotkać się rodzice. Znajdą tam oni omówienie objawów chorobowych, najbardziej typowych dla wieku niemowlęcego, a także wyjaśnienie wielu nurtujących ich pytań. Jak szeroko i wszechstronnie wykazują autorki, dotyczą one nie tylko stanu zdrowia, ale także rozwoju dziecka, interpretacji jego zachowań i postaw rodzicielskich, łącznie z konkretnymi wskazówkami, jak postępować z dzieckiem lub jakie stanowisko zająć w konkretnych sytuacjach narzucanych przez codzienne życie.

Trzecia część zawiera różne propozycje żywieniowe, opracowane na podstawie najnowszych badań naukowych oraz wskazówki dotyczące postępowania z dzieckiem chorym. Na końcowych stronach tej części umieszczono siatki centylowe, które mogą być wykorzystane do oceny przebiegu rozwoju dziecka.

Znalezienie problemu, interesującego w danej chwili czytelnika, ułatwia zamieszczony na końcu książki indeks nazw i omawianych kwestii.

Książka napisana jest nie tylko z dużą znajomością specyfiki okresu niemowlęcego, ale przede wszystkim życia i problemów rodziny, z którymi najczęściej spotykają się młodzi rodzice. Dzięki temu, że dzieło jest obszerne, istniała możliwość niezwykle dokładnego opisu sytuacji i porad. Autorki zawsze zwracają się do obojga rodziców, akcentując jedność rodziny, a jednocześnie podkreślając, że dziecko nie może tak dalece zdominować życia rodziny, aby rodzice nie mogli znaleźć chwili na zaspokojenie swych indywidualnych potrzeb. We wszystkich opisanych sytuacjach autorki wskazują optymalne warianty postępowania.

Przekazywana w poradach wiedza medyczna jest wyrazem najnowszych poglądów współczesnej pediatrii, psychologii i pedagogiki, w formie dostępnej i zrozumiałej dla każdego. Bezpośredni kontakt z czytelnikami zostaje nawiązany szybko, dzięki przyjętej konwencji pytań, zadawanych najczęściej przez matki, i odpowiedzi udzielanych przez autorki. Dużo miejsca poświęca się zagadnieniu racjonalnego żywienia, co jest niezwykle cenne dla polskiego czytelnika, gdyż nasze nawyki żywieniowe i poziom wiedzy zdrowotnej budzą wiele zastrzeżeń.

Mimo że rodzice otrzymują w tej książce wiele cennych porad, nie zwalnia ich to jednak z konieczności zwracania się do pediatry ze wszystkimi problemami zdrowotnymi i rozwojowymi ich dzieci. Potrzeba taka występuje szczególnie w rodzinach, w których nie ma możliwości bezpośredniego przekazywania doświadczeń z pokolenia na pokolenie.

Jestem przekonany, że od czasu ukazania się książki Benjamina Spocka nie było na polskim rynku księgarskim tak wszechstronnie opracowanego poradnika dla rodziców szukających porady medycznej i psychopedagogicznej w postępowaniu z dzieckiem w pierwszym roku życia. Dlatego też gorąco zachęcam młodych rodziców do przestudiowania zawartych tu porad. Książka ta z pewnością nie zawiedzie ich oczekiwań.

Prof. dr hab. Marian Krawczyński

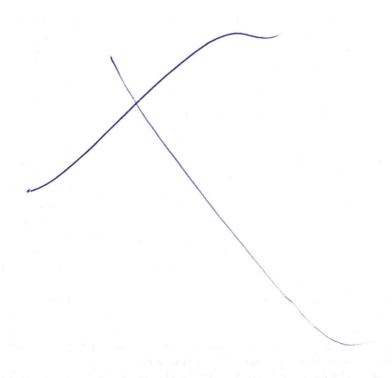

SŁOWO WSTĘPNE DO CZWARTEGO WYDANIA POLSKIEGO

Kolejne wydanie *Pierwszego roku życia dziecka*, znanego już na rynku polskim podręcznika dla matek i ojców, trzech autorek amerykańskich Arlene Eisenberg, Heidi Murkoff i Sandee Hathaway – to dzieło wyjątkowe, nie mające sobie równych w prezentowanej problematyce.

Zakres przedstawianych informacji i ich szczegółowość wynikają z praktyki dnia codziennego w zakresie pielęgnowania, żywienia i wychowywania niemowlęcia. W wielu zagadnieniach autorki wychodzą poza krąg klasycznych porad medyczno-pielęgnacyjnych. Wyrazem tego mogą być problemy, które dotychczas nie były zwykle dostrzegane lub też są wynikiem szybko zmieniającej się rzeczywistości. Przykładem może być sposób wykorzystania Internetu, jako powszechnego dziś źródła informacji, nie tylko w kwestiach merytorycznych opieki nad małym dzieckiem, ale również poradnictwa organizacyjnego w problematyce społecznej funkcjonowania rodziny po urodzeniu dziecka. Wchodzące w życie akty prawne i nowe przepisy, dotyczące np. sposobu przewożenia dzieci w samochodzie, zwracają uwagę nieświadomych rodziców na zagrożenia dla ich dziecka, a także, pod względem formalno-prawnym, dla nich samych. W ramach prewencji zdrowotnej autorki w sposób niezwykle komunikatywny, daleki od suchego języka medycznego, udzielają praktycznych rad w postaci odpowiedzi na stawiane pytania, wynikające z codziennych sytuacji w rodzinie, na ulicy, w sklepie, w samochodzie i wielu innych niespodziewanych dla rodziców i zaskakujących okolicznościach.

Książka ta to właściwie umiejętnie prowadzony wywiad rzeka, odpowiedzi na tysiące rozmaitych pytań, często bardzo prostych, ale jakże trudnych, zwłaszcza dla młodych niedoświadczonych rodziców.

Autorki eksponują również znaczącą rolę ojców w kształtowaniu więzi emocjonalnej z dzieckiem, począwszy od najwcześniejszych miesięcy życia dziecka. Przekonują, że w dobie partnerskich małżeństw ojciec z powodzeniem może pełnić również rolę opiekuna niemowlęcia i wykonywać większość zadań dotychczas uznawanych za wyłączną domenę matki. Z jednym wyjątkiem – karmienia piersią! Ale już w sytuacji karmienia ściąganym pokarmem jest to w pełni możliwe. W razie konieczności ojciec otrzymać może również urlop macierzyński lub dzielić go z matką, jeśli ta np. zmuszona jest szybciej podjąć obowiązki zawodowe.

Niezwykle cenne są spostrzeżenia i porady dotyczące postaw dorosłych (przyszłych rodziców, dalszej rodziny i bliskich znajomych) w odniesieniu do dzieci adoptowanych. Autorki w sposób niezwykle sugestywny, a jednocześnie prosty wyjaśniają również, jakie postawy i stanowiska prezentować w przypadku adoptowania dzieci innej rasy, grupy etnicznej lub dzieci niepełnosprawnych, z zaburzeniami rozwoju i/lub wadami wrodzonymi. W Polsce problematyka ta jest jeszcze śladowa. Rzadko bowiem znajdują się potencjalni rodzice, chętni do adopcji dziecka obarczonego jakąś widoczną nieprawidłowością. Z tej książki wiele cennych informacji uzyskują również czytelnicy w zakresie samej realizacji przebiegu adopcji, jakże trudnych i długotrwałych niekiedy starań poprzedzających przyjęcie dziecka do rodziny.

Oczywiście, podobnie jak w poprzednich wydaniach, szeroko przedstawiono rozwój funkcji psychoruchowych niemowlęcia w każdym miesiącu jego życia oraz zalecenia dotyczące żywienia i pielęgnacji.

Uaktualniono kalendarz szczepień obowiązujący w Polsce. Wskazano niektóre adresy stowarzyszeń rodziców dzieci przewlekle chorych, np. pozostających na diecie bezglutenowej, z mukowiscydozą, z nieswoistym zapaleniem jelita grubego i wadami wrodzonymi, zwłaszcza uwarunkowanymi genetycznie, a także instytucji służącej pomocą dzieciom wobec których stosowana jest przemoc. W sytuacji zasadniczych różnic poglądów lub zasad postępowania obowiązujących w Polsce, czytelnik znajdzie w książce komentarze i odpowiednie wyjaśnienia.

Mimo że na rynku księgarskim znajduje się wiele książek poświęconych najmłodszemu dziecku, jego rozwojowi, żywieniu i pielęgnacji, to książka *Pierwszy rok życia dziecka* starannie wydana przez Dom Wydawniczy REBIS pozostaje nadal czołową pozycją wydawniczą o tej tematyce, prezentującą komplet informacji o narodzonym dziecku i pierwszych 12 miesiącach jego życia oraz praktycznie wszystkich sytuacjach, jakie mogą się zdarzyć dziecku i jego rodzicom w tym okresie życia.

Po książkę tę, znaną już wielu polskim rodzicom, sięgną nie tylko kolejne młode matki i młodzi ojcowie, ale także z pewnością będzie ona przydatna wielu pielęgniarkom i opiekunkom pracującym z dziećmi. Z pełnym przekonaniem można ją polecić, każdy bowiem znajdzie w niej jakiś nowy interesujący szczegół, rozwiązanie trudnego problemu lub inny aktualny pogląd, dotyczący postępowania w kolejnych fazach rozwoju niemowlęcia.

Prof. dr hab. Marian Krawczyński

Część 1

PIERWSZY ROK

1
Przygotuj się

Minęło prawie dziewięć miesięcy i oto wreszcie pojawia się światełko w tunelu (a zapewne także towarzyszące mu rozwarcie szyjki macicy). Ale czy na kilka tygodni przed nadejściem tego wielkiego dnia poznałaś się już ze swoim oczekującym narodzin dzieckiem? Czy będziesz gotowa na jego przyjście, gdy ono wyrazi taką wolę?

Nawet byłe harcerki odkryją, że nie sposób być w stu procentach przygotowaną na chwilę, gdy wraz z pojawieniem się dziecka powiększa się rodzina. Można jednak podjąć wiele kroków, aby wejście w ten nowy etap odbyło się jak najłagodniej – od wybrania odpowiedniego imienia dla dziecka po wybór właściwego lekarza, od podjęcia decyzji dotyczącej karmienia (pierś czy butelka) do ustalenia rodzaju pieluch (z tetry czy jednorazowe) – od przystosowania samej siebie do zmian, jakie przyniesie noworodek, do przygotowania domowego czworonoga na pojawienie się małego przybysza. Zaangażowanie w te wszystkie przygotowania może się wydać szaleńcze, ale okaże się pomocne w znacznie bardziej gorączkowym okresie, jaki cię czeka po pojawieniu się dziecka.

KARMIENIE NIEMOWLĘCIA
Pierś, butelka czy jedno i drugie

Być może nie masz żadnych wątpliwości. Gdy tylko zamkniesz oczy, twoja wyobraźnia wyświetla wymarzoną scenkę, w której wyraźnie widzisz siebie z noworodkiem przy piersi lub – równie dobrze – przytulasz swoje nowo narodzone dziecko, które opróżnia butelkę z pokarmem. Niezależnie od powodu – emocjonalnego, medycznego, praktycznego – decyzję o sposobie karmienia podjęłaś już we wczesnym okresie ciąży, a być może nawet zanim ciąża się rozpoczęła.

Bywa, że wizja nie jest aż tak dokładna. Może nie wyobrażasz sobie karmienia dziecka piersią, ale tak dużo słyszałaś o zaletach matczynego mleka, że automatycznie odrzucasz inny sposób podawania pokarmu. Może chciałabyś spróbować karmić piersią, lecz obawiasz się, że nie pogodzisz tego z pracą, spaniem czy romantycznymi chwilami. A może to mieszane uczucia przyszłego ojca, twojego przyjaciela lub twej matki każą ci przemyśleć sprawę jeszcze raz?

Niezależnie od przyczyny niezdecydowania czy nawet zakłopotania w sprawie najbardziej odpowiedniej metody karmienia dziecka, najlepszym sposobem na rozwianie wszelkich wątpliwości powinno być zapoznanie się z faktami oraz określenie własnych uczuć.

Jakie są fakty?

ZALETY KARMIENIA PIERSIĄ

Niezależnie od tego, jak dalece zaawansowana będzie technologia, zawsze pozostanie coś, co Natura potrafi zrobić lepiej. Tym czymś jest stworzenie najlepszego pokarmu i najlepszego systemu dostarczania go niemowlętom, systemu, który jest zarazem dobry dla matki. Jak powiedział Oliver Wendell Holmes senior już ponad wiek temu: „W sztuce tworzenia odżywczego płynu dla niemowląt para gruczołów piersiowych ma przewagę nad dwiema półkulami mózgu najbardziej uczonego profesora". Obecnie pediatrzy, położnicy, a nawet producenci odżywek dla dzieci wspólnie głoszą, że w zdecydowanej większości przypadków najlepsze jest karmienie piersią. Oto kilka przyczyn:

Mleko „dopasowuje" się do potrzeb dziecka. Dobrane wedle potrzeb ludzkich noworodków matczyne mleko zawiera co najmniej sto składników, których brak w mleku krowim i których nie można uzyskać w laboratorium. Co więcej, w przeciwieństwie do mieszanki mlecznej skład pokarmu kobiecego nieustannie się przeobraża, aby zaspokoić wciąż zmieniające się potrzeby dziecka: inny jest on rano, inny późnym popołudniem; inny na początku karmienia, inny na końcu; inny w pierwszym miesiącu życia, inny w siódmym; jeszcze inny dla wcześniaka, a inny dla niemowlęcia urodzonego o czasie. Składniki mleka z piersi są dostosowane do potrzeb dziecka oraz możliwości przyswajania. Na przykład mleko matki zawiera mniej sodu niż krowie, dzięki czemu jest łatwiej przyswajalne przez delikatne dziecięce nerki.

Lepsze trawienie. Mleko z piersi jest stworzone, aby zaspokoić wrażliwy i wciąż rozwijający się układ trawienny ludzkiego noworodka, a nie na przykład młodego cielaka. Jego białko (w większości laktoalbumina) i tłuszcz są łatwiej tolerowane przez dziecko niż białko (w większości kazeinogen) i tłuszcz mleka krowiego. Dzieci łatwiej absorbują ważne mikroskładniki z pokarmu matki niż z krowiego mleka (to ostatnie, przypomnijmy, ma odżywiać cielę). Praktyczne rezultaty: niemowlęta karmione piersią rzadziej cierpią z powodu gazów i nadmiernego ulewania pokarmu.

Jest bezpieczne. Masz pewność, że mleko z piersi nie będzie źle przygotowane, nie ulegnie zepsuciu czy zakażeniu (oczywiście, jeżeli jesteś zdrowa, jednak niewiele jest chorób, które mogłyby za pośrednictwem pokarmu zagrozić dziecku).

Przeciwdziała alergiom. Niemowlęta prawie nigdy nie są uczulone na mleko matki. Chociaż noworodek może być wrażliwy na coś, co matka zjadła i co przeszło do pokarmu, jednak samo mleko matki jest zawsze dobrze tolerowane przez malutkiego konsumenta. Z drugiej strony, u ponad dziesięciu procent dzieci występuje alergia na preparaty zawierające krowie mleko, zaraz po pierwszym podaniu. (Przejście na mieszanki sojowe lub hydrolizat białkowy zwykle rozwiązuje problem – chociaż te mieszanki nawet bardziej niż krowie mleko odbiegają składem od mleka kobiecego*.) Wiele badań wskazuje także, iż dzieci karmione piersią są mniej zagrożone ryzykiem zachorowania na astmę oskrzelową czy wyprysk niż dzieci karmione gotowymi preparatami.

Spokojny brzuszek. Ponieważ mleko kobiece posiada naturalne właściwości przeczyszczające i jest łatwiej trawione, ssące pierś noworodki właściwie nigdy nie cierpią na zaparcia. Choć ich stolce są zwykle bardzo luźne, biegunki zdarzają się również wyjątkowo rzadko. Mleko z piersi obniża ryzyko wystąpienia zaburzeń trawiennych w dwojaki sposób: niszcząc szkodliwe mikroorganizmy oraz stymulując wzrost pożytecznych mikroorganizmów, sprawujących nad tamtymi kontrolę.

---

* Mleka sojowe nie są odpowiednie dla niemowląt pod względem wartości odżywczych i nie powinno się ich podawać; dzieci należy karmić wyłącznie przeznaczonymi do tego preparatami.

Mniejsze ryzyko wystąpienia rumienia pieluszkowego. Stolce niemowlęcia karmionego piersią rzadziej wywołują rumień pieluszkowy, lecz ta korzyść (jak również mniej przykry zapach) mija z chwilą wprowadzenia pokarmów stałych do diety dziecka.

Zapobieganie infekcjom. Za każdym razem, gdy niemowlę ssie pierś matki, otrzymuje sporą dawkę przeciwciał wzmacniających jego odporność na choroby. Mówiąc ogólnie, rzadziej wystąpią u niego przeziębienia, infekcje ucha, zakażenia dolnego odcinka dróg oddechowych czy układu moczowego i inne choroby niż u noworodka karmionego butelką. Szybsze będą też powroty do zdrowia, a ewentualne powikłania rzadsze. Karmienie piersią poprawia reakcję organizmu na szczepienia przeciwko większości chorób (takich jak tężec, błonica i polio). Chroni również, do pewnego stopnia, przed zespołem nagłej śmierci niemowlęcia.

Otyłość – rzadki problem. Niemowlęta karmione piersią są mniej pucołowate niż ich rówieśnicy chowani na mieszankach mlecznych. Częściowa przyczyna leży w tym, że dziecko samo reguluje ilość wypijanego mleka i automatycznie przestanie pić, gdy poczuje się pełne, natomiast w przypadku karmienia z butelki bywa, że niemowlę jest ponaglane dopóty, dopóki karmiący nie zobaczy dna butelki. Dodatkowo matczyne mleko zawiera prawidłową liczbę kalorii, gdyż mleko drugiej fazy (to, które dziecko otrzymuje pod koniec karmienia) jest bardziej kaloryczne niż mleko pochodzące z początku karmienia, więc daje poczucie sytości – sygnalizuje zatem o zakończeniu ssania. Wydaje się również, iż matczyne mleko zapobiega otyłości w okresie dziecięcym i późniejszym. Wedle najnowszych badań dzieci karmione piersią rzadziej mają nadwagę jako nastolatki niż ich rówieśnicy, którzy otrzymywali gotowe mieszanki. Okazuje się, że im dłużej dziecko jest karmione przez matkę, tym mniejsze jest prawdopodobieństwo, że wystąpi u niego nadwaga. Wskazuje się też na związek pomiędzy karmieniem piersią a niższym poziomem cholesterolu w wieku dorosłym.

Rozwija umysł. Według niektórych badań karmienie piersią wpływa na nieco wyższy iloraz inteligencji dziecka, przynajmniej do piętnastego roku życia, a być może także i po osiągnięciu dorosłości. Być może jest to nie tylko rezultatem spożywania prawidłowej ilości kwasów tłuszczowych, które mają wpływ na rozwój mózgu, lecz także bliskości matki i dziecka w czasie karmienia, co przypuszczalnie wspomaga rozwój intelektualny.

Zadowolenie ze ssania. Dla pełnego zadowolenia i zaspokojenia odruchu ssania niemowlę może kontynuować ssanie pustej piersi. Takie ssanie, któremu nie towarzyszy jedzenie, bywa niezwykle przydatne w momencie, gdy malec jest pobudzony i należy go uspokoić. Tymczasem pusta butelka nie nadaje się do dalszego ssania.

Lepszy rozwój jamy ustnej. Nie ma lepiej dopasowanej pary niż sutek piersi i usta niemowlęcia (choć pierwsze próby współpracy matki z dzieckiem na tym polu nie zawsze wypadają zachęcająco). Nawet najlepiej skonstruowany smoczek nie jest w stanie zapewnić szczękom, dziąsłom, zębom i podniebieniu waszego dziecka treningu, jaki przechodzi ono, ssąc pierś matki. Trening ten zapewnia optymalny rozwój ust oraz inną korzyść uboczną, jaką jest prawidłowy rozwój zębów, gdyż karmione piersią dzieci rzadziej wymagają interwencji stomatologa.

A oto korzyści dla matki (i ojca):

Wygoda. Mleko z piersi to najwygodniejsze pożywienie, gdyż jest zawsze gotowe do spożycia, czyste i o idealnej temperaturze. Jest to bezsprzecznie najwygodniejszy sposób karmienia. Nie musisz się martwić, że może ci w każdej chwili zabraknąć mieszanki, że będziesz musiała iść do sklepu i potem taszczyć cały zapas do domu. Nie musisz myśleć o wyparzaniu i napełnianiu butelek, mieszaniu proszku, podgrzewaniu jedzenia. Gdziekolwiek jesteś – w łóżku, w drodze, w restauracji, na plaży – całe pożywienie, którego twój maluch potrzebuje, jest stale przygotowane.

Gdy dziecko i matka muszą się rozstać na noc, na cały dzień czy nawet na weekend, mleko można ściągnąć z piersi wcześniej i przechować w lodówce czy zamrażarce, by później przelać je do butelki i podać dziecku.

Oszczędność. Mleko z piersi nic nie kosztuje, podczas gdy sztuczne karmienie może być kosztownym rozwiązaniem. Karmiąc piersią, nie musisz kupować butelek i mieszanek ani wyrzucać zużytych butelek bądź otwartych puszek, których zawartość nie nadaje się już do spożycia.

Szybszy powrót matki do dobrej formy. Nie musisz myśleć bezinteresownie: ponieważ ten sposób karmienia jest częścią naturalnego cyklu ciąża–poród–macierzyństwo, został on tak skonstruowany, aby służyć dobrze nie tylko twojemu dziecku, ale i tobie. Naturalne karmienie przyspiesza kurczenie się macicy i jej powrót do wielkości sprzed ciąży (odczuwanie silnych skurczów macicy w pierwszych dniach połogu, gdy dziecko ssie). To obkurczanie macicy wpływa też na szybsze wydalenie z organizmu wydzieliny poporodowej, dzięki czemu traci się mniej krwi. Karmienie piersią pomoże ci zrzucić nadmiar masy ciała z okresu ciąży. (Możesz spalić nawet 500 kalorii dziennie.) Musisz pamiętać, że nadwyżka ta odłożona była w postaci rezerw tłuszczu potrzebnych do produkcji pokarmu; masz teraz szansę, by zużyć te kalorie.

Zabezpieczenie (nie stuprocentowe) przed kolejną ciążą. Owulacja i miesiączkowanie są zahamowane u większości matek z laktacją przynajmniej do czasu, gdy dieta ich dzieci będzie znacznie uzupełniana mieszanką lub pokarmami stałymi, często aż do odstawienia, a niekiedy jeszcze przez kilka miesięcy. (Jednak nie ma pełnej gwarancji, że nie zajdziesz w tym okresie w ciążę, gdyż nie wiadomo, kiedy pojawi się pierwsza owulacja przed pierwszą miesiączką po porodzie. Nie możesz więc przewidzieć, kiedy przestanie działać zabezpieczenie gwarantowane przez karmienie piersią. Patrz str. 624 – informacje na temat antykoncepcji.)

Zmniejszone ryzyko zachorowania na raka. Karmienie dziecka piersią w pewnym stopniu redukuje ryzyko zachorowania na pewne rodzaje nowotworu. Kobiety karmiące piersią są mniej zagrożone rakiem macicy, rakiem jajników oraz zachorowaniem na raka piersi przed menopauzą.

Wzmacnianie kości. Karmiące piersią matki mogą do późniejszego wieku zachować zdrowe kości (lub łagodniej przechodzić osteoporozę) niż te, które nigdy w ten sposób nie karmiły.

Zmuszanie matki do odpoczynku. Karmienie piersią zapewnia ci częste przerwy w ciągu dnia, zwłaszcza zaraz po porodzie (czasem częstsze, niżbyś chciała). Niezależnie od tego, czy masz czas na odpoczynek, twój organizm po porodzie potrzebuje go, a karmienie niejako zmusza cię, abyś usiadła na chwilę kilka razy dziennie.

Ułatwione karmienia nocne. Nawet rodzice, którzy nie mogą nacieszyć się swoim skarbem w ciągu dnia, nie oczekują z niecierpliwością spotkania z nim o 2 nad ranem (ani o żadnej innej godzinie między północą a świtem). Jednak nocne przebudzenia dziecka mogą się stać o wiele znośniejsze, gdy ukojenie jest w zasięgu twoich piersi, a nie gdzieś daleko w kuchni, w lodówce, i nie wymaga podgrzania ani przelania do butelki. (Jeszcze łatwiej jest matce, gdy ojciec przeniesie dziecko z łóżeczka do piersi i z powrotem.)

Możliwość robienia kilku rzeczy naraz. Gdy nabierzesz wprawy w karmieniu – oraz zdobędziesz umiejętność manewrowania jedną ręką – szybko odkryjesz, że karmiąc, możesz jednocześnie wykonywać wiele innych czynności, na przykład przeglądać czasopismo, sprawdzać e-maile bądź czytać niemowlakowi książeczkę. (Ale nie zapomnij, by podczas karmienia jednocześnie dbać o kontakt ze swym dzieckiem.)

Silna więź matki z dzieckiem. Każda matka, która karmiła swoje dziecko piersią, powie ci, że największą zaletą tego aktu jest więź, jaka zacieśnia się wtedy między nią a dzieckiem. Jest to kontakt cielesny, wzrokowy, okazja do przytulania i przemawiania zabawnie i czule do tego cudownego małego przybysza, a wszystko to jest ściśle powiązane z karmieniem. To prawda, że możesz cieszyć się tymi samymi przyjemnościami, karmiąc butelką, ale jest to wtedy bardziej świadomy wysiłek (patrz str. 101), ponieważ będzie cię często kusiło, aby w chwili zmęczenia lub braku czasu zlecić to zadanie komuś innemu albo po prostu podeprzeć czymś butelkę. I jeszcze jedna zaleta dla karmiących mam: badania wykazują, iż karmiące matki rzadziej cierpią na depresję poporodową.

ZALETY KARMIENIA BUTELKĄ

Gdyby nie istniały zalety karmienia butelką, nikt zdolny do karmienia piersią nie zdecydowałby się na mieszankę mleczną. Są one na tyle duże, że dla niektórych matek (i ojców) przewyższają zalety naturalnego karmienia.

Dłużej trwające zaspokojenie niemowlęcia. Mieszanka sporządzona z mleka krowiego jest trudniej trawiona niż pokarm z piersi, a grudki ściętego mleka zalegają w żołądku dziecka dłużej, dając mu uczucie sytości przez kilka godzin. Wydłuża to przerwę między karmieniami do trzech, czterech godzin, nawet w pierwszych tygodniach życia. Ponieważ mleko z piersi jest szybko trawione, wiele noworodków pije tak często, iż wydaje się, że cały dzień spędzają przy piersi matki. Choć te częste karmienia spełniają ważne zadanie – stymulują produkcję mleka i wzbogacają je – mogą jednak zabierać matce mnóstwo czasu.

Łatwe kontrolowanie ilości wypitego mleka. Karmiąc butelką, po prostu widzisz, ile mleka dziecko wypiło. Ponieważ na piersiach nie ma podziałki, niedoświadczona matka często zamartwia się, że jej niemowlę nie otrzymuje wystarczającej ilości pokarmu (niezwykle rzadko zdarza się taka sytuacja – zwłaszcza po nabraniu wprawy w karmieniu – gdyż niemowlęta pobierają tyle pokarmu, ile potrzebują). Podczas sztucznego karmienia nie ma takich problemów – mama rzuca okiem na butelkę i już wszystko wie. (To może przerodzić się w wadę, jeśli nierozsądne matki zmuszają dzieci do picia ponad miarę.)

Więcej swobody dla matki. Podczas karmienia butelką matka nie czuje się „uwiązana" do dziecka dniem i nocą. Chcesz wyjść z mężem na kolację czy do teatru albo wyjechać na romantyczny weekend? Babcia lub opiekunka do dziecka może cię zastąpić. A może zamierzasz wrócić do pracy, gdy dziecko skończy trzy miesiące? Odstawianie od piersi lub ściąganie pokarmu nie będzie konieczne. Mówisz tylko opiekunce, gdzie są butelki i mieszanka i znikasz. (Oczywiście mogą tak również postępować karmiące matki, które ściągają pokarm lub uzupełniają go gotowymi mieszankami).

Mniejsze obciążenie matki. Kobieta wyczerpana trudnym porodem na pewno poczuje ulgę, gdy będzie mogła przespać całą noc czy też rano dłużej poleżeć. Tatuś, babcia (jeśli jest), pielęgniarka czy ktokolwiek inny znajdujący się w pobliżu może przejąć to zaszczytne zadanie. Mniejszy też będzie wysiłek dla wyczerpanego porodem organizmu matki, jeśli zostanie zwolniony z obowiązku wytwarzania pokarmu.

Większy udział ojca. Tatusiowie mogą dzielić przyjemność karmienia swoich maluchów, z czego wyłączeni są ci, których dzieci karmione są piersią, chyba że matki regularnie ściągają pokarm lub uzupełniają go gotowymi mieszankami.

Większy udział starszego rodzeństwa. Karmienie butelką małego braciszka lub siostrzyczki sprawia, że starsze dziecko widzi swój ogromny udział w codziennej opiece nad najmłodszym domownikiem. (Ale można to także zorganizować, jeśli matka ściąga pokarm bądź uzupełnia go gotowymi mieszankami.)

Mity na temat karmienia piersią

- **Nie możesz karmić, jeżeli masz małe piersi lub płaskie brodawki**
Prawda: Wygląd piersi w żaden sposób nie wpływa na wytwarzanie mleka czy skuteczność ich opróżniania. Głodne niemowlę zadowoli się piersią i brodawką różnych kształtów i wielkości. Wciągnięte brodawki, które nie uwypuklają się w trakcie pobudzania, zwykle nie wymagają żadnych wcześniejszych zabiegów przygotowawczych; patrz str. 25.

- **Karmienie piersią to wielki kłopot**
Prawda: Już nigdy później karmienie twojego dziecka nie będzie tak łatwe (oczywiście kiedy tylko nabierzesz wprawy). Piersi, w przeciwieństwie do butelek, są zawsze gotowe, gdy niemowlę domaga się jedzenia. Nie musisz pamiętać o ich zabraniu, wybierając się na przykład na plażę, nie musisz ich dźwigać lub obawiać się, że mleko w nich skwasi się wskutek działania promieni słonecznych.

- **Karmienie piersią to uwiązanie dla matki**
Prawda: Prawdą jest, że karmienie naturalne bardziej odpowiada matkom, które planują spędzać ze swoim niemowlęciem większość czasu. Lecz te, które chcą podjąć trud ściągania i przechowywania pokarmu lub czasem zastąpić go mieszanką, mogą pogodzić chęć powrotu do pracy, wyjścia do kina czy na wielogodzinne wykłady z chęcią karmienia piersią. W praktyce, gdy przyjdzie wybrać się gdzieś z niemowlęciem, zwykle to matka karmiąca piersią jest bardziej mobilna. Ma nie kończący się zapas mleka przy sobie, niezależnie od tego, dokąd jedzie i na jak długo.

- **Karmienie piersią zeszpeci ci biust**
Prawda: Ku wielkiemu zdziwieniu wielu osób, to nie karmienie piersią, lecz ciąża ma wpływ na kształt czy wielkość piersi. Piersi w czasie ciąży przygotowują się do laktacji, nawet jeśli ostatecznie matka nie będzie karmić – a zmiany te są czasem trwałe. Piersi mogą też utracić jędrność z powodu nadmiernego przyrostu masy ciała w czasie ciąży, czynników dziedzicznych lub nieodpowiedniego biustonosza. Samo karmienie nie jest niczemu winne.

- **Karmienie nie udało się za pierwszym razem, więc nie uda się już nigdy**
Prawda: Nawet jeśli wystąpiły trudności przy karmieniu pierwszego dziecka, wyniki badań wskazują, że przy drugim wytwarzanie pokarmu i karmienie nie musi nastręczać żadnych problemów. Stare porzekadło: „Jeśli coś się nie udaje, próbuj do skutku", doskonale pasuje do tej sytuacji.

- **Karmienie piersią ogranicza rolę ojca**
Prawda: Tatuś, który chce się zaangażować w opiekę nad swoim potomkiem, może znaleźć ku temu wystarczająco dużo możliwości – kąpanie, przewijanie, noszenie na rękach, kołysanie, zabawianie, karmienie butelką mlekiem odciągniętym czy mieszanką, a gdy tylko do diety wejdą pokarmy stałe, będzie mógł serwować porcje „za mamusię, za tatusia, za babcię..."

Brak ograniczeń w ubiorze matki. Kobieta, która karmi butelką, może się ubierać, jak jej się podoba. Choć garderoba matki karmiącej nie jest już tak ograniczona jak w okresie ciąży, to jednak długo nie będzie ona mogła stawiać mody ponad praktyczność. Musi zrezygnować z jednoczęściowych sukienek, które nie zapinają się z przodu. (Trudno karmić dziecko z zadartą do góry sukienką.)

Mniej ograniczeń w doborze środków antykoncepcyjnych. Matka karmiąca piersią ma ograniczony wybór środków antykoncepcyjnych i może używać tylko tych bezpiecznych podczas laktacji (jest ich jednak dość sporo; patrz str. 624). Takie zalecenia nie dotyczą matki podającej dziecku gotowe mieszanki.

Mniejsze wymagania i ograniczenia dietetyczne. Matka, która karmi butelką, może przestać jeść „za dwóch". W przeciwieństwie do karmiącej piersią nie musi wzbogacać swojej diety białkiem, wapniem czy preparatami uzupełniającymi, które przyjmowała podczas ciąży. Może wypić drinka na przyjęciu, zażyć przepisany lek, jeść wszystkie ostre potrawy i kapustę, jeśli ma ochotę (choć większość dzieci nie protestuje na ich smak w matczynym mleku), bez obaw, że zaszkodzi dziecku. Po sześciu tygodniach od porodu (lecz nie wcześniej, kiedy organizm wraca jeszcze do normy) może rozpocząć intensywne, lecz przemyślane odchudzanie, jeżeli ma nadwagę. Tego matka karmiąca zrobić nie może, dopóki nie odstawi dziecka od piersi. (Zdarza się jednak, że nie musi w ogóle stosować diety, gdyż proces wytwarzania mleka pochłania pożądaną liczbę kalorii.)

Mniej zakłopotania dla nieśmiałych. Podczas gdy kobieta karmiąca piersią w miejscach publicznych narażona jest na ciekawskie lub, co gorsza, gapiowskie spojrzenia obcych ludzi, nikt nie zatrzyma wzroku na kobiecie karmiącej butelką, a jeśli już, to na pewno nie z dezaprobatą. Poza tym matka używająca butelki unika niezręcznych i krępujących poczynań z własną garderobą po skończonym karmieniu, takich jak zapinanie lub opuszczanie stanika, zapinanie guzików. (Często jednak szybko udaje się pokonać te zahamowania i karmienie piersią staje się dla matki naturalną czynnością, nawet w zapełnionej ludźmi restauracji.)

Możliwość prowadzenia normalnego współżycia. Po wielu miesiącach ograniczeń w sferze seksualnej wiele par czeka z niecierpliwością na powrót do „normalności". U kobiety karmiącej piersią suchość pochwy wywołana laktacją i związanymi z nią zmianami hormonalnymi, w połączeniu z obolałymi brodawkami i wyciekiem mleka z piersi, może uczynić to marzenie nierealnym jeszcze przez kilka miesięcy. Nic natomiast nie musi zakłócać współżycia seksualnego rodziców w tych domach, gdzie dziecko karmione jest butelką (jedynie nieoczekiwane przebudzenie i płacz maleństwa).

ODCZUCIA PONAD FAKTY

Znasz już fakty. Przeczytałaś je i rozważyłaś i być może nadal jesteś niezdecydowana. Dzieje się tak dlatego, że podobnie jak w wypadku wielu innych decyzji, które musisz teraz podejmować, wybór sposobu karmienia nie zależy wyłącznie od faktów, lecz w dużym stopniu od tego, co czujesz.

Czy naprawdę chcesz karmić piersią, ale uważasz, że jest to niepraktyczne, bo chcesz szybko wrócić do pracy? Nie pozwól, aby okoliczności pozbawiły ciebie i twoje dziecko tego doświadczenia. Lepiej karmić choćby przez kilka tygodni niż w ogóle. Oboje skorzystacie na tej nawet krótkiej próbie. Gdy zdecydujesz się na trochę (dobrze, może i sporo) poświęcenia i dokładnie wszystko zaplanujesz, możesz wypracować system, który pozwoli ci i karmić, i powrócić do pracy (patrz str. 230).

Czy z gruntu jesteś źle nastawiona do karmienia piersią, lecz argumenty za są zbyt przekonujące, by je zignorować? Znów, daj sobie i dziecku szansę, próbując. Jeżeli twoje pozytywne uczucia na ten temat nie przeważą, zawsze możesz zrezygnować. Przynajmniej twój maluch trochę na tym skorzysta (lepsze to niż nic), a ty będziesz mogła powiedzieć sobie w chwilach, gdy zaczną cię dręczyć wątpliwości, że przynajmniej próbowałaś. Pamiętaj, nie rezygnuj z karmienia piersią, dopóki nie dasz z siebie wszystkiego. Naprawdę uczciwa próba powinna trwać miesiąc, a lepiej sześć tygodni, ponieważ tyle zwykle potrzeba, nawet przy sprzyjających okolicznościach, aby ustalił się dobry związek między karmiącą a karmionym.

Czy czujesz głęboką niechęć – lub nawet awersję do karmienia piersią? A może karmiłaś już kiedyś i nie odpowiadało ci to? Nawet w takich okolicznościach rozsądnie będzie zastanowić się nad sześciotygodniowym okresem próbnym. W tym czasie dziecko skorzysta z zalet matczynego mleka, a ty sprawdzisz swoje uczucia. Jeśli nawet po tej próbie nadal będziesz przekonana, że to nie dla ciebie, możesz bez żalu przejść na karmienie butelką.

Czy obawiasz się, że nie będziesz w stanie usiedzieć na miejscu i wytrzymać kilkanaście minut karmienia, bo taki już masz temperament, ale zgadzasz się, że mleko z piersi jest najlepsze dla twojego dziecka? Próbując, nic nie tracisz, natomiast możesz wiele zyskać, gdy twoja osobowość wbrew przypuszczeniom dopasuje się jednak do tego obowiązku. Nie przesądzaj sprawy zbyt szybko. Nawet kobiety obdarzone niebiańskim spokojem odczuwają duże napięcie przez pierwsze kilka tygodni naturalnego karmienia (czy macierzyństwa). Później, gdy wszystko już idzie gładko, wiele kobiet jest zdziwionych, że obowiązek ten może być relaksujący zamiast stresujący – hormony wydzielane w czasie ssania pomagają się rozluźnić, a samo doświadczenie jest najzdrowszą drogą do pozbycia się wszelkich napięć nerwowych. (Na początku możesz stosować techniki relaksacyjne, zanim przystawisz dziecko do piersi.) Powtarzaj sobie jednak, że zawsze możesz przejść na butelkę, gdyby ta pierwsza, instynktowna myśl okazała się najlepsza.

Jeśli ojciec czuje się zazdrosny bądź niepewny, zapoznaj go z faktami. Może przekona go to, że na jego (tymczasowej) stracie czy awersji (także nie trwającej długo, gdyż większość ojców szybko odkrywa, że lubi na to patrzeć) dziecko zyskuje bardzo dużo. Namów go również, aby przeczytał fragment na temat karmienia piersią w rozdziale 24. („Zostajesz ojcem"). Pediatra, lekarz rodzinny bądź specjalista z poradni laktacyjnej także mogą pomóc w przekonaniu go do faktów. Poczuje się też lepiej po rozmowie z innymi ojcami dzieci karmionych piersią, którzy staną się jego sprzymierzeńcami w trudnej sytuacji.

Wiele kobiet, niezależnie od tego, co ostatecznie skłoniło je do karmienia, uważa je potem za niezwykle przyjemne przeżycie – radosne, entuzjastyczne, a także bardzo wzbogacające (w każdym razie gdy oboje z dzieckiem nabiorą wprawy). Nawet te, które zaczęły karmić z poczucia obowiązku, nie przestają, ponieważ sprawia im to przyjemność. Jest wiele takich, które zanim urodziły dziecko, były przerażone myślą o spełnianiu tego intymnego w ich mniemaniu aktu na przykład w towarzystwie innych ludzi. Teraz zupełnie się tym nie przejmują i na pierwszy krzyk dziecka śmiało zadzierają do góry bluzkę w samolocie, w parku pełnym ludzi czy w eleganckiej restauracji.

Na koniec, jeśli jednak zdecydujesz się nie karmić piersią (po próbie czy bez), nie miej poczucia winy. Jeśli nie jesteś do czegoś przekonana, nie rób tego na siłę. Dla dziecka też nie byłoby to dobre. Nawet jednodniowe maluchy są na tyle mądre, aby wyczuć niepokój swojej karmicielki. Butelka podana z czułością i miłością będzie dla twojego dziecka lepsza niż niechętnie podana pierś.

KIEDY NIE MOŻESZ LUB NIE POWINNAŚ KARMIĆ PIERSIĄ

Dla niektórych kobiet wszystkie argumenty za i przeciw karmieniu piersią są czysto akademickiej natury, gdyż nie mają one wyboru ze względu na stan zdrowia swój lub dziecka. Oto najczęstsze przyczyny leżące po stronie matki, które mogą powstrzymywać lub zakłócać karmienie:

- Wyczerpująca choroba (schorzenia serca, nerek, silna niedokrwistość) lub poważna niedowaga (twój organizm potrzebuje zapasów tłuszczu do produkcji mleka). Wielu kobietom udaje się jednak pokonać te przeszkody i karmić piersią.

- Poważne choroby, jak czynna, nie leczona gruźlica (po dwóch tygodniach leczenia zwykle można już karmić), AIDS lub zakażenie wirusem HIV, który może być przekazywany przez płyny organiczne, w tym mleko z piersi. (Możesz karmić mimo żółtaczki, jeżeli zaraz po porodzie dziecku zaaplikuje się gamma-globulinę przeciw wirusowemu zapaleniu wątroby typu A i B.)

- Stan zdrowia wymagający stałego leczenia lekami, które przechodzą do pokarmu chorej matki i mogą szkodzić dziecku. Są to leki stosowane w leczeniu tarczycy, przeciwnowotworowe, i przeciwnadciśnieniowe, lit i leki uspokajające. Tymczasowe zażywanie lekarstw takich jak np. penicylina, nawet na początku karmienia, nie musi go zakłócać. Kobiety, które przyjmowały antybiotyki podczas porodu lub ze względu na zapalenie sutka (*mastitis*), mogą karmić w trakcie przyjmowania leków. Przed rozpoczęciem dawkowania nowego leku zawsze skonsultuj się z pediatrą.

• Nadużywanie leków, w tym uspokajających, amfetaminy, barbituranów i innych środków, heroiny, metadonu, kokainy, marihuany oraz spożywanie alkoholu w dużych ilościach (okazjonalne wypicie kieliszka nie jest szkodliwe, patrz strona 88).

• Ekspozycja na działanie niektórych substancji toksycznych w miejscu pracy. Aby sprawdzić, czy byłaś wystawiona na toksyczne oddziaływanie podczas pracy, skontaktuj się z Sanepidem.

• Nieodpowiednia tkanka gruczołowa piersi (nie ma to nic wspólnego z ich wielkością) lub uszkodzenie połączenia nerwowego z brodawką (powypadkowe lub pooperacyjne). W pewnych wypadkach możesz spróbować karmienia pod wnikliwą opieką lekarską, by mieć pewność, że dziecku nic nie grozi. Jeżeli jesteś po operacji raka piersi, zapytaj lekarza, czy możesz karmić z drugiej.

Niektóre specyficzne stany noworodka utrudniają, choć nie uniemożliwiają mu (przy odpowiedniej opiece medycznej) ssania mleka z piersi:

• Zaburzenia metabolizmu, takie jak fenyloketonuria (PKU) czy nietolerancja laktozy, które sprawiają, że dziecko nie jest w stanie trawić ludzkiego ani krowiego mleka. Leczenie dzieci z fenyloketonurią polega między innymi na podawaniu im preparatów nie zawierających fenyloalaniny. Przy uważnym monitorowaniu stężenia fenyloalaniny we krwi dziecka oraz kontrolowanym karmieniu piersią można połączyć karmienie butelką i piersią. W wypadku nietolerancji laktozy (niezwykle rzadko spotykanej u noworodków) do matczynego mleka dodaje się laktazę, dzięki czemu staje się ono strawne.

• Deformacje, takie jak rozszczep wargi i/lub rozszczep podniebienia, co utrudnia lub uniemożliwia ssanie. W niektórych przypadkach, zwłaszcza gdy występuje tylko rozszczep wargi, można karmić. Dziecko z rozszczepem podniebienia ssie za pomocą specjalnego urządzenia. Nim podejmiesz decyzję co do sposobu karmienia, skonsultuj się ze specjalistą z poradni laktacyjnej. Do czasu operacji (wykonywanej nawet w pierwszych tygodniach życia dziecka) pomyśl o ściąganiu pokarmu, a karmienie piersią rozpocznij po jej zakończeniu.

Jeżeli nie możesz lub po prostu nie chcesz karmić piersią, upewnij się, że mieszanka mleczna, której używasz, ma odpowiednie właściwości odżywcze (rzadkie przypadki dotyczą noworodków z alergią pokarmową, którym trzeba zapewnić specjalne mieszanki). „Na butelce" wychowały się miliony zdrowych i szczęśliwych niemowląt (być może i ty się do nich zaliczałaś). Twoje dziecko też może do nich należeć.

Przypis redaktora naukowego polskiego wydania: Według przyjętych w ostatnich latach poglądów absolutny priorytet w żywieniu niemowląt ma karmienie naturalne (pokarmem matki). Nieliczne przeciwwskazania do karmienia piersią dotyczą sytuacji wynikających ze stanu zdrowia dziecka i z sytuacji zdrowotnej matki.

Wśród przyczyn pochodzących ze strony dziecka jedynym całkowitym przeciwwskazaniem do karmienia piersią jest galaktozemia – choroba metaboliczna polegająca na niedoborze enzymu rozkładającego galaktozę będącą składnikiem laktozy, czyli podstawowego składnika mleka. Na szczęście jest to choroba rzadka, gdyż częstotliwość jej występowania określa się od 0,5 do 5 na 100 000 urodzeń.

Wśród innych chorób również wynikających z zaburzeń metabolicznych wymienia się: fenyloketonurię i tzw. chorobę syropu klonowego, które stanowią jedynie częściowe przeciwwskazanie do karmienia piersią. W przypadku fenyloketonurii chore niemow-

> ## Adopcja i karmienie piersią
>
> Choć sama nie urodziłaś dziecka, to nie znaczy, że nie możesz karmić go piersią. Przy starannym wcześniejszym zaplanowaniu i przygotowaniu matki adoptujące dzieci mogą z powodzeniem, choć zwykle nie bez uzupełniania innym pokarmem, karmić swe dzieci piersią. Muszą jednak zacząć już kilka dni po narodzinach dziecka. Patrz str. 589 – wskazówki dotyczące karmienia piersią adoptowanego dziecka.

lęta mogą być karmione piersią pod warunkiem monitorowania stężenia fenyloalaniny we krwi. Jeżeli stężenie to wzrasta powyżej normy, co jest typowym objawem tej choroby, zachodzi konieczność żywienia preparatami zawierającymi tylko niewielką ilość fenyloalaniny (np. Lofenalac, Phenyl-Free). Leczenie tych dzieci oraz ich żywienie prowadzone jest w specjalistycznych placówkach służby zdrowia. U dzieci z chorobą syropu klonowego (0,5 na 100 000 dzieci), polegającą na zaburzeniu metabolizmu aminokwasów, również zachodzi potrzeba wprowadzenia mieszanek o niskiej zawartości nietolerowanych aminokwasów.

Przeszkodą w karmieniu piersią mogą być również trudności w koordynacji ssania i połykania, co najczęściej występuje u wcześniaków z bardzo małą masą urodzeniową. Wówczas jednak pokarm matki jest dobrze tolerowany i podaje się go dożołądkowo przez sondę.

Podobne trudności mogą wystąpić w przypadku rozległych rozszczepów wargi i podniebienia u niemowląt.

Bezwzględnym przeciwwskazaniem ze strony matki do karmienia piersią jest zakażenie HIV i wirusowe zapalenie wątroby typu C. Natomiast zapalenie wątroby typu B nie zwiększa prawdopodobieństwa zakażenia noworodka przy karmieniu piersią, chyba że nastąpi uszkodzenie brodawki. Inne choroby infekcyjne, m.in. zapalenie sutka, nie uzasadniają przerwania karmienia piersią. W przypadku ropnia jednej piersi karmienie winno być kontynuowane z piersi zdrowej.

Również gruźlica i cytomegalia nie mogą stanowić powodu do przerwania karmienia piersią.

Sumując, przeciwwskazania zdrowotne do karmienia piersią są rzadkie. Dlatego trudno się zgodzić z niektórymi innymi przeciwwskazaniami cytowanymi przez autorki.

CO MOŻE CIĘ NIEPOKOIĆ

SPROSTANIE MACIERZYŃSTWU

Wszystko jest gotowe na przyjście dziecka oprócz mnie. Po prostu nie mogę wyobrazić sobie siebie jako matki.

Nawet te kobiety, które widziały siebie w roli matek od chwili, gdy po raz pierwszy przewijały swoją lalkę-niemowlę, zaczynają wątpić w prawdziwość tego powołania, kiedy staną wobec perspektywy bycia matką przez 24 godziny na dobę. Jednak z większym drżeniem serca myślą o porodzie te, które odrzucały lalki, a sięgały po samochodziki i piłki, kosiły trawniki, zamiast opiekować się dziećmi, i rzadko zwracały uwagę na przejeżdżającą spacerówkę aż do dnia, gdy ich test ciążowy wypadł pozytywnie.

Taki stan niepewności jest nie tylko normalny, ale i zdrowy. Beztroskie i pewne siebie wejście w macierzyństwo (czy ojcostwo) może doprowadzić do załamania, gdy zadanie okaże się trudniejsze, niż się spodziewałaś – a takie zwykle jest, przynajmniej na początku.

Jeśli więc nie czujesz się gotowa do macierzyństwa, nie martw się tym. Zacznij przygotowania. Przeczytaj przynajmniej kilka

Opieka nad matką

Niezależnie od tego, czy nadal niecierpliwie oczekujesz na rozwiązanie, czy też właśnie wróciłaś do domu ze swym słodkim maleństwem, masz zapewne tyle samo pytań dotyczących dbania o siebie w okresie połogu co o swoje dziecko. Zajrzyj do rozdziału 23., w którym znajdziesz informacje na temat pierwszego roku po porodzie.

---

pierwszych rozdziałów tej książki i innych publikacji o noworodkach i niemowlętach (pamiętaj jednak, że dzieci nie zawsze chowają się „książkowo"). Jeśli to możliwe, spędź trochę czasu z malutkimi dziećmi; potrzymaj je na rękach, nawet spróbuj przewinąć, słuchając (...a jednocześnie wdychając mało przyjemne zapachy) opowieści ich rodziców o miłych i trudnych chwilach związanych z wychowywaniem dzieci. Zapisanie się na kurs dla rodziców także pomoże ci przygotować się do najtrudniejszej (ale i najwspanialszej) pracy w twym życiu. (Wszystkie te porady odnoszą się również do przyszłych ojców, z trwogą myślących o swej nowej roli.)

Przede wszystkim pamiętaj, że nikt nie urodził się z umiejętnościami potrzebnymi do pełnienia roli matki (czy ojca) – każdy musiał się ich nauczyć. W trochę lepszej sytuacji od nowicjuszki będzie kobieta, która nabrała nieco doświadczenia, opiekując się malutkimi dziećmi innych osób. Lecz gdy obie zjawiają się na kontrolę lekarską w szóstym tygodniu życia dziecka, z trudem można by powiedzieć, która z nich miała wcześniej wprawę.

ZMIANY W STYLU ŻYCIA

Naprawdę z niecierpliwością czekam na dziecko, ale martwię się, że styl życia, do jakiego oboje z mężem przywykliśmy, całkowicie się zmieni.

Nie ma wątpliwości, że pieluchy to nie jedyna zmiana, jaka czeka was w domu po narodzinach dziecka. Niemal wszystko w waszym życiu – od tego, co uważacie za najważniejsze, aż po podejście do różnych spraw, od pór spania po pory jedzenia, od sposobu spędzania dni i nocy po sposoby spędzania weekendów, od bliskich kontaktów intymnych po sprawy finansowe – ulegnie zmianie, przynajmniej w pewnym stopniu. Na przykład, nadal od czasu do czasu będziecie mogli sobie pozwolić na obiad poza domem, lecz nie w eleganckiej francuskiej restauracji przy świecach, tylko w rodzinnym lokalu, gdzie praktykuje się dostawianie wysokich krzeseł dla dzieci i gdzie obsługa toleruje wdeptywanie w dywan groszku z marchewką. Skończą się błogie wieczory poza domem, a nastaną długie wieczory w domu; śniadanko w łóżku nagle nabierze całkowicie innego znaczenia (karmienie o 5 nad ranem zamiast kawy z ciasteczkiem do weekendowej prasy o 11); chwile na seks wyznaczać będzie nie nastrój, lecz pory spania dziecka (jeżeli są stałe). Jedwabne bluzeczki i wełniane spodnie zostaną raczej wepchnięte w głąb szafy, by zrobić miejsce łatwo piorącym się ubraniom, znoszącym spotkanie z wypluwanym pokarmem czy zmoczonymi pieluchami; więcej filmów na DVD, mniej w kinie (najprawdopodobniej też zaczniesz regularnie chodzić do kina na premiery filmów animowanych).

Innymi słowy, małe dzieci są przyczyną wielkich zmian życiowych. Ale choć styl życia każdej pary zmienia się do pewnego stopnia w chwili, gdy rodzi się dziecko, to, co się zmieni w twoim domu, zależeć będzie nie tylko od ciebie i twojego męża, ale najbardziej od waszego dziecka. Niektórzy rodzice dochodzą do wniosku, że wcale nie tęsknią do czasów sprzed narodzin potomka. Inni natomiast nie tęsknią aż tak bardzo, jak przypuszczali, lecz brakuje im wieczornych wyjść (w takim wypadku stała opiekunka na sobotnie wieczory rozwiązuje problem). Część

> ## Ta książka jest także dla ciebie
>
> Czytając książkę *Pierwszy rok życia dziecka*, znajdziesz wiele odnośników do tradycyjnej rodziny: są tu „żony", „mężowie", „współmałżonkowie". Nie chodziło jednak o wykluczenie samotnych matek i ojców, osób mających partnerów tej samej płci bądź tych, którzy zdecydowali się żyć ze sobą bez ślubu. Chodziło raczej o uniknięcie długich zwrotów (na przykład „twój mąż czy partner"), które co prawda byłyby bardziej precyzyjne, ale też bardziej męczące w czytaniu. Proszę zatem w myślach przeredagować wszystkie nie pasujące zwroty i zastąpić je takimi, które pasują do ciebie i twojej sytuacji.

dzieci łatwo się przystosowuje do zmiennych warunków (zatem można je zabierać ze sobą na wieczorne wyjścia lub weekendowe wycieczki), podczas gdy pozostałe są tak przyzwyczajone do stałych pór karmienia i jedzenia, że ograniczają swobodę rodziców.

Zatem choć lepiej już teraz przygotować się na odmianę w życiu – przynajmniej emocjonalnie – trudno przewidzieć jej rozmiar do chwili pojawienia się dziecka i oszacować, jak duża będzie to niespodzianka w waszym przypadku i jakie będą wasze odczucia z nią związane. Warto też pamiętać, iż owszem, nowe sytuacje stanowią wyzwanie, ale mogą być jednocześnie szalenie ekscytujące. I choć nie ma wątpliwości, że życie stanie się inne, na pewno też będzie pod wieloma względami bogatsze i lepsze niż wcześniej.

CZY WRÓCIĆ DO PRACY

Po każdej rozmowie z przyjaciółmi lub po przeczytaniu artykułu zmieniam zdanie na temat powrotu do pracy zaraz po urodzeniu dziecka.

Dzisiejsza pracująca i oczekująca dziecka kobieta ma dwa poważne powody do zadowolenia: satysfakcję z życia zawodowego i radość z tworzenia rodziny. Jednocześnie towarzyszy jej często poczucie winy i niepokój, co będzie na pierwszym miejscu po urodzeniu dziecka. Nie jest to jednak wybór, którego powinnaś dokonać teraz, gdy jesteś jeszcze w ciąży. Decyzję o tym, czy zostaniesz w domu, czy i kiedy wrócisz do pracy po urodzeniu dziecka, można porównać do dokonania wyboru między pracą, którą dobrze znasz i umiesz wykonywać, a taką, o której nic nie wiesz. Nie deklaruj się, póki nie spędzisz z dzieckiem jakiegoś czasu w domu. Może się okazać, że nic, co robiłaś do tej pory w życiu – w tym twoja praca – nie dało ci tyle satysfakcji, ile opieka nad nowo narodzonym dzieckiem. To może sprawić, że na dłuższy czas zrezygnujesz z powrotu do pracy. Choć bycie matką sprawia ci wiele przyjemności, być może nie zechcesz opiekować się dzieckiem „na pełny etat" i zatęsknisz za pracą albo stwierdzisz, że chciałabyś połączyć to, co najlepsze z obu tych dziedzin, podejmując pracę na pół etatu. Pamiętaj, iż nie ma „jedynych słusznych decyzji" w tak osobistej sprawie, a jedynie decyzje, które są słuszne dla ciebie. Pamiętaj, że zawsze możesz zmienić zdanie, gdy postanowienie wcześniej uważane za słuszne okaże się zupełnie błędne. (Na stronie 642 znajdziesz kilka porad dotyczących podejmowania decyzji po narodzinach dziecka.)

DZIADKOWIE

Moja mama jest już spakowana i przyjedzie mi pomóc natychmiast po narodzinach dziecka. Pomysł ten nie bardzo mi się podoba, ponieważ mama ma tendencje do narzucania swojego zdania, ale nie chcę jej urazić, mówiąc, by nie przyjeżdżała.

Relacje między kobietą a jej matką czy teściową należą do najbardziej skomplikowanych, niezależnie od tego, czy stosunki między nimi są pełne miłości i ciepła, dystan-

Urlop macierzyński – już nie tylko dla matek

Świeżo powiększona rodzina musi się poznać. W tym celu należałoby spędzić kilka pierwszych tygodni w domu, w czasie niezakłóconym pracą czy innymi rozpraszającymi obowiązkami. Będzie to również wspaniały sposób dla młodych matek i ojców na nauczenie się obowiązków rodzicielskich. Dlatego też coraz więcej ojców korzysta z urlopu macierzyńskiego zezwalającego zarówno matkom, jak i ojcom na opiekę nad dzieckiem przez pierwsze miesiące życia*.

---

* W Polsce kwestie urlopu macierzyńskiego reguluje „Kodeks pracy". W wyniku jego nowelizacji z dniem 13 stycznia 2002 r. także ojciec ma możliwość skorzystania z takiego urlopu (przyp. red.).

---

su i chłodu, czy też wahają się między jednym a drugim. Komplikują się jeszcze bardziej, gdy córka staje się matką, a matka babcią. I choć w następnych kilkudziesięciu latach nie zabraknie sytuacji, w których twoje życzenia nie będą zgodne z życzeniami rodziców, teraz pojawia się ten pierwszy trudny moment, od którego wszystko się zacznie.

Innymi słowy, wybranie pory na pierwszą wizytę dziadków jest jedną z pierwszych decyzji, które podejmiecie już jako rodzice. Podobnie jak w większości wyborów, kierujcie się głównie tym, co jest dobre dla was oraz dla waszego maleństwa. Jeśli czujesz, że wasza trójka nie jest jeszcze gotowa na odwiedziny gości – zwłaszcza takich z dużym bagażem (a nie mamy tu na myśli tylko walizek) – wasza decyzja powinna to przeczucie uwzględnić. Daj do zrozumienia rodzicom (w razie konieczności także teściom), że wraz z mężem musicie spędzić trochę czasu sami z dzieckiem, nim pierwszy raz przyjadą w odwiedziny. Wyjaśnij też, że czas ten jest wam potrzebny, by przystosować się do nowych ról, do nowego stylu życia oraz zbudować więź z nowym członkiem rodziny. Zapewnij jednocześnie, że ich towarzystwo i pomoc przy dziecku będą mile widziane za kilka tygodni. Przypomnij też matce, iż dziecko wówczas będzie bardziej kontaktowe i zainteresowane, a także nie będzie tak dużo spać, co oznacza, że stanie się lepszym obiektem do fotografowania (wszystkie śpiące niemowlęta wyglądają tak samo).

W pierwszej chwili matka może się poczuć nieco urażona, a nawet odtrącona czy zła – może się też posunąć do zrobienia użytku z dobrze znanej, matczynej broni: poczucia winy. Nie martw się jednak (i nie uginaj pod taką presją). Przypuszczalnie gdy tylko weźmie wnuka na ręce, wszystko zostanie wybaczone. Nie pójdzie natomiast w niepamięć niezaprzeczalny fakt, że to ty wraz z mężem ustalacie reguły życia waszej rodziny – taką wiadomość dobrze jest wcześniej zakomunikować rodzicom i teściom, szczególnie tym, którzy mają tendencję do wtrącania się.

Z drugiej strony, wiele matek i ojców odczuwa potrzebę odświeżenia bądź też wzmocnienia więzi z własnymi rodzicami podczas ciąży oraz tuż po rozwiązaniu. Niektórzy też z radością przyjmują pomocną dłoń doświadczonej babci, zwłaszcza gdy może ona pomóc w gotowaniu obiadów i odkurzaniu. Kobiety, które czują, że muszą powiedzieć: „Mamo, wolałabym to zrobić sama", powinny to zrobić bez poczucia winy, a te, które potrzebują pomocy, nie powinny mieć skrupułów, by stwierdzić: „Wolałabym sama tego nie robić". Musisz podjąć najlepszą dla ciebie decyzję.

Moi teściowie mają swoje zdanie na temat wszystkiego, co wiąże się z naszym dzieckiem, i tego, jak powinniśmy je wychowywać – od pór karmienia i spania, po mój ewentualny powrót do pracy. Kocham ich, ale jak dać im do zrozumienia, by przestali się wtrącać?

Choć na początku trudno to pojąć (wszystko przyjdzie z czasem, zwykle gdzieś w trakcie karmienia o trzeciej nad ranem czy podczas czterogodzinnej walki z kolką): teraz to wy jesteście rodzicami. Z pracą tą wiążą się wielkie radości i ogromna odpowiedzialność. Jednym z pierwszych obowiązków będzie uświadomienie teściom, że to ty i twój mąż odpowiadacie za opiekę, karmienie i wychowywanie waszego dziecka. Im wcześniej to zakomunikujesz, tym wcześniej wszyscy poczujecie się lepiej w nowych rolach: wy jako rodzice, a teściowie jako dziadkowie.

Powiedz to wcześnie i (w razie konieczności) z pełną stanowczością, ale co najważniejsze, z uczuciem. Wyjaśnij swym kochającym, lecz wtrącającym się teściom, że wspaniale się sprawdzili, wychowując twego męża, a teraz nadeszła wasza kolej na bycie ojcem i matką. Czasami chętnie skorzystasz z ich pomocy (zwłaszcza jeśli doświadczona babcia znajdzie niezawodną metodę na uspokajanie płaczącego noworodka). Innym razem jednak będziesz chciała dowiedzieć się czegoś od pediatry, z książek czy z własnych błędów – źródeł, z których oni zapewne też korzystali. Wyjaśnij również, że nie tylko ważne jest dla ciebie samodzielne ustalenie zasad (tak samo jak dla nich było ważne, gdy zostali rodzicami), lecz także że podejście do pewnych spraw się zmieniło (dzieci nie kładzie się już do snu na brzuszku, nie karmi się tylko w ustalonych porach), toteż ich dotychczasowe metody mogą już nie być zalecane. Koniecznie powiedz to przyjaznym tonem, dodając, że gdy córka zostanie matką, to ty będziesz oskarżana o udzielanie przestarzałych rad.

Ale warto pamiętać o dwóch sprawach. Po pierwsze, mądrość dziadków jest nieoceniona. Nawet jeśli uważasz, że twoi teściowie byli przeciętnymi rodzicami, zawsze wiele można zaczerpnąć z ich doświadczenia, nawet gdyby chodziło tylko o to, czego nie robić. I choć trzeba będzie pewne sprawy dostroić, dopasować, nie ma sensu odkrywać Ameryki – w praktykach rodzicielskich – przy każdym pokoleniu. Po drugie, rodzicielstwo wiąże się z obowiązkami, natomiast bycie dziadkiem czy babcią jest nagrodą – radością, którą sama pewnego dnia poznasz. Broniąc swej matczynej niezależności, uważaj, aby nie pozbawić teściów tej nagrody.

BRAK DZIADKÓW

Rodzice mojego męża nie żyją. Moi są w podeszłym wieku i mieszkają daleko. Czasami brakuje mi kogoś bliskiego z rodziny, aby porozmawiać o ciąży i dziecku. Myślę, że gdy dziecko się urodzi, będzie jeszcze gorzej.

Nie ty jedna czujesz się osamotniona. W dawnych czasach cała bliższa i dalsza rodzina zwykle zamieszkiwała w tej samej okolicy (lub nawet na tej samej ulicy). Dzisiaj miliony małżeństw mieszkają z dala od rodziców i rodziny. To oddalenie staje się najbardziej dotkliwe (dla obu stron), gdy na świat przychodzi nowe pokolenie.

Poprzez utrzymywanie kontaktu z rodzicami za sprawą rozmów telefonicznych, e-maili, filmów wideo, zdjęć i regularnych odwiedzin można wypełnić pustkę pomiędzy odległymi pokoleniami, a także pomóc dziecku poznać dziadków w późniejszym okresie jego życia. Jednak żeby uzyskać tak potrzebne ci po narodzinach dziecka wsparcie emocjonalne czy praktyczne, jakie daliby ci rodzice mieszkający w pobliżu, musisz zdać się na ich zastępców. Organizacje rodziców wywodzące się ze szkół rodzenia lub powstałe spontanicznie w gronie znajomych, mogą zapewnić takie wsparcie (oraz mnóstwo porad dotyczących opieki nad dzieckiem). Takim miejscem może też być wspólnota wyznaniowa, zwłaszcza jeśli interesuje się sprawami społeczeństwa i należy do niej wiele młodych rodzin. Możesz też rozważyć spędzanie czasu ze starszą osobą (czy starszym małżeństwem) mieszkającą w okolicy – z kimś, kto także jest z dala od rodziny i tęskni za wnukami jak ty za dziadkami. Cotygodniowe odwiedziny i wspólne wyjścia zapewnią tobie i twojemu dziecku poczucie posiadania pełnej rodziny, a twoim „adoptowanym" dziadkom pozwolą poczuć, że są komuś potrzebni. To doskonały układ.

PIELĘGNIARKA DO DZIECKA

Niektórzy moi znajomi angażowali pielęgniarki do pomocy przy dziecku. Czy ja też powinnam to zrobić?

Jeśli stwierdziliście, że w rodzinnym budżecie znajdują się pieniądze na pielęgniarkę do dziecka (a jest to spory wydatek), będziecie musieli rozpatrzyć kilka innych aspektów tego przedsięwzięcia. Oto kilka powodów, dla których warto zatrudnić kogoś do pomocy przy dziecku:

- Nauka podstawowych czynności przy dziecku. Jeżeli nie masz doświadczenia lub nie chodziłaś na specjalne kursy dla przyszłych rodziców i wolałabyś nie uczyć się na własnym dziecku, dobra pielęgniarka pomoże ci nabrać wprawy w kąpaniu, przewijaniu, da wskazówki, jak karmić piersią lub jak trzymać dziecko po jedzeniu, żeby odbiło mu się połknięte powietrze. Jeżeli z tego powodu chcesz zatrudnić pomoc, upewnij się, że wybrana kobieta jest tak samo zainteresowana uczeniem ciebie jak ty uczeniem się od niej. Niektóre nie życzą sobie, by nowicjuszki patrzyły im na ręce. Taka osoba może sprawić, że odchodząc, zostawi cię tak samo niedoświadczoną i niepewną, jak byłaś, gdy rozpoczynała pracę w twoim domu.

- Unikanie wstawania w środku nocy, aby nakarmić dziecko. Jeżeli karmisz butelką i wolałabyś spać nieprzerwanie przez całą noc, przynajmniej przez pierwsze tygodnie (najcięższe dla twojego wyczerpanego porodem organizmu), pielęgniarka wynajęta na całą dobę lub tylko na noce może przejąć obowiązek karmienia dziecka lub dzielić go z tobą czy twym mężem.

- Więcej czasu dla starszego dziecka. Niektórzy rodzice angażują pielęgniarkę, aby bardziej poświęcić się starszemu dziecku i tym samym nie dawać mu powodów do zazdrości, co się często zdarza z chwilą pojawienia się w domu drugiego potomka. Można wtedy zatrudnić pielęgniarkę tylko na kilka godzin dziennie, które chcesz poświęcić starszej córce czy synowi. Jeżeli to jest główny powód wynajęcia pomocy, miej świadomość, że uczucie zazdrości zniknie u starszego rodzeństwa tylko na czas jej obecności w waszym domu. W rozdziale 25. znajdziesz więcej wskazówek na temat rodzeństwa.

- Szansa szybkiego powrotu do zdrowia po cesarskim cięciu lub ciężkim porodzie. Ponieważ nie możesz przewidzieć, jak będziesz się czuła po porodzie, na wszelki wypadek rozejrzyj się wcześniej, popytaj znajomych lub spróbuj znaleźć pomoc jeszcze przed powrotem do domu.

Pielęgniarka do dziecka nie jest dobrym rozwiązaniem poporodowych problemów, jeżeli:

- Karmisz piersią. Ponieważ pielęgniarka nie może nakarmić piersią twojego nowo narodzonego dziecka, a karmienie to czynność pochłaniająca najwięcej czasu w ciągu doby, obecność pielęgniarki może niewiele pomóc. Dla karmiącej matki zatrudnienie kogoś, kto będzie sprzątał, prał, gotował i robił zakupy, jest o wiele rozsądniejszą inwestycją, chyba że znajdziesz pielęgniarkę, która zrobi to wszystko i jeszcze będzie udzielać instrukcji i rad, jak karmić piersią.

- Nie czujesz się dobrze w swoim domu w obecności obcej osoby. Jeżeli przeszkadza ci obecność kogoś, kto korzysta z twojej łazienki, kuchni czy jadalni przez 24 godziny na dobę, wynajmij pielęgniarkę dochodzącą na kilka godzin dziennie lub wykorzystaj jedno z innych źródeł pomocy opisanych dalej.

- Wolisz wszystko robić sama. Jeżeli chcesz sama wykąpać swoje dziecko po raz pierwszy, być świadkiem pierwszego uśmiechu (choć mówią, że to tylko grymas), utulić płacz (nawet jeśli jest druga w nocy), nie angażuj pielęgniarki, lecz spraw sobie pomoc domową, aby mieć więcej czasu na radości macierzyństwa i zabawę z dzieckiem.

- Ojciec może pomóc. Jeśli planujecie z mężem dzielić się obowiązkami rodzicielskimi, pielęgniarka będzie wam tylko zawadzać. Nie będzie też miała wiele do roboty – poza odebraniem wynagrodzenia – zwłaszcza jeśli tato jest na urlopie i spędza cały dzień w domu. W takich okolicznościach pieniądze lepiej będzie przeznaczyć na pomoc do sprzątania domu.

Jeżeli zdecydujecie się na pielęgniarkę, najlepiej poszukać kogoś z referencjami lub poleconego przez znajomych. Upewnijcie się, czy osoba ta ma odpowiednie kwalifikacje i spełni wasze wymagania. Niektóre panie mogą coś ugotować, inne nie potrafią. Niektóre zrobią drobne porządki w domu, inne nie. Niektóre są delikatne, czułe dla dziecka i pomogą ci nabrać pewności siebie w nowej roli, inne są apodyktyczne, chłodne i odejdą, zostawiając cię w poczuciu, że nie bardzo się nadajesz do tej nowej życiowej roli. Wiele pielęgniarek ma licencję, część przeszła szkolenia w opiece nad matką i dzieckiem oraz z zakresu związków między matką a dzieckiem oraz potrafi uczyć karmienia piersią i podstaw opieki nad dzieckiem. Wcześniejsza rozmowa z kandydatką jest konieczna, ponieważ pomoże ci stwierdzić, czy dobrze będziesz się czuła w jej towarzystwie. Sprawą bezdyskusyjną są doskonałe referencje (sprawdź je). Jest również bardzo ważne, aby każda osoba, którą zatrudnisz, przedstawiła aktualne wyniki badań, stwierdzające jednoznacznie, że nie jest chora na gruźlicę. Powinna być przeszkolona w sztucznym oddychaniu oraz w sprawach dotyczących bezpieczeństwa dziecka, a także posiadać aktualną wiedzę na temat najnowszych praktyk dotyczących opieki nad niemowlętami (spanie na pleckach, trzymanie zabawek, poduszeczek czy kocyków z dala od kołyski itp).

INNE ŹRÓDŁA POMOCY

Ponieważ po urodzeniu dziecka nie będę pracować i nasze dochody się zmniejszą, nie będzie nas stać na wynajęcie pielęgniarki.

Grozi mi cesarskie cięcie – dziecko jest ułożone pośladkowo – więc boję się, czy dam sobie radę w domu bez fachowej pomocy.

To, że nie stać cię na opiekunkę czy pielęgniarkę, nie oznacza, że zostaniesz zupełnie sama. Większość kobiet polega na innych źródłach pomocy, z których co najmniej jedno będzie dla ciebie dostępne.

Ojciec dziecka. Jeżeli twój mąż może tak sobie ułożyć sprawy, aby towarzyszyć ci w domu przez kilka pierwszych tygodni, będzie twoim najlepszym pomocnikiem. Wspólnie, bez pomocy z zewnątrz, też możecie nauczyć się bardzo wiele o waszym dziecku i jego pielęgnacji. Doświadczenie nie jest tu najważniejsze, szybko go nabierzecie. Chodźcie razem na zajęcia szkoły rodzenia (niektóre ośrodki prowadzą osobne zajęcia dla ojców) i wspólnie przeczytajcie jedną czy dwie książki jeszcze przed narodzinami dziecka, by już mieć pewne podstawy. Luki w wiedzy spróbujcie wypełnić, zwracając się do rodziny, przyjaciół, pediatry, pielęgniarek z oddziału noworodkowego czy innych źródeł informacji. Twój partner pełniący rodzicielskie obowiązki powinien być również przygotowany na przejęcie większości spraw domowych podczas sześciu tygodniu połogu, kiedy ty będziesz wracać do formy, i to niezależnie od tego, jak przebiegłby poród.

Babcia. Jeżeli masz mamę lub teściową, z którymi dobrze byś się czuła podczas wspólnej pracy przy dziecku i która może „pomóc bez przejmowania kontroli" (nieprzekraczanie tej linii sprawia wielu babciom i dziadkom problem), skorzystaj z ich pomocy. Babcie (a także wielu dziadków) na pewno załatwią za ciebie mnóstwo spraw domowych. Potrafią uspokoić płaczące dziecko, ugotować wspaniały obiad, uprać, uprasować, zrobić zakupy i dużo, dużo więcej. Układ taki dobrze się sprawdza, szczególnie jeśli jesteś osobą spokojnie przyjmującą wtrącanie się wypływające z najlepszych intencji. Oczywiście, jeżeli babcia prowadzi jeszcze aktywne życie osobiste i nie jest zainteresowana przewijaniem wnuka, to źródło pomocy nie wchodzi w rachubę.

Pełna zamrażarka. Nie włożysz tam dziecka, gdy poczujesz się zmęczona, ale wyciągniesz z niej posiłki, jeśli przed urodzeniem dziecka miałaś dosyć czasu na przygotowywanie różnych potraw. Gotowe, wymagające tylko podgrzania zapiekanki, pieczone kurczaki czy sos do makaronu ułatwią ci zadanie codziennego wyżywienia siebie i reszty rodziny, a ty będziesz mogła bardziej skoncentrować się na swoim noworodku (co przy karmieniu piersią bywa nie kończącą się pracą). Nie wahaj się też korzystać z mrożonych warzyw; przygotowanie ich pochłania mało czasu, a mają tyle samo wartości odżywczych co świeże.

Dania na wynos. Jeżeli nie miałaś czasu lub możliwości (bądź energii czy ambicji), aby wcześniej przygotować zapas gotowych dań, wcale nie musisz przyrządzać obiadów w tym trudnym okresie zaraz po porodzie. Na pewno w pobliżu jest jakaś restauracja lub bar, gdzie możesz kupić gotowe dania, kurczaki, ryby i przystawki – a coraz częściej też świeże surówki, do których potrzebny jest już tylko widelec i apetyt. Wprowadź do pamięci telefonu ulubioną restaurację przygotowującą dania na wynos i nie zapominaj o barze sałatkowym!

Naczynia jednorazowe. Po obiedzie, niezależnie od tego, czy był ugotowany w domu czy przyniesiony z restauracji, zawsze są naczynia do zmywania – chyba że zdasz się na papierowe lub plastykowe talerze, sztućce i kubki. Możesz ich też używać, podając przekąski gościom, którzy przyjdą obejrzeć dziecko. (Ogranicz jednak do minimum takie rozrywki, jeśli chcesz przetrwać okres połogu.)

Pani do sprzątania. Sprzątanie to zajęcie, którego młoda matka chciałaby się pozbyć w pierwszej kolejności. Zleć to osobie, która robi to zawodowo, lub komukolwiek, kto potrafi odkurzać, myć podłogi, sprzątać łazienkę. Wtedy ty będziesz mogła poświęcić więcej czasu i energii swojemu dziecku, mężowi, starszym dzieciom i samej sobie. Jest to dobre rozwiązanie dla rodziców, którzy chcą robić wszystko sami przy swoim niemowlęciu, lecz nie chcą trafić do szpitala z powodu kompletnego wyczerpania.

Pamiętaj, nawet jeśli wynajmiesz pomoc, a zwłaszcza jeżeli tego nie zrobisz, w domu będzie wiele rzeczy, które wcale nie muszą być zrobione w pierwszych tygodniach po porodzie. Najważniejsza jest opieka nad dzieckiem i twój wypoczynek, wszystko inne nie jest powodem do zmartwień – trzeba się do tego przyzwyczaić. Choć kiedyś porządek na nowo zagości w domu, w praktyce jest tak, że odkąd pojawią się w twoim życiu dzieci, zawsze będzie coś do zrobienia – nie wspominając o tych nie umytych naczyniach w zlewie... kurzu pod stolikiem... praniu, które trzeba zdjąć i poskładać...

OBRZEZANIE

Sądziłam, że obrzezanie jest obecnie rutynowym zabiegiem, ale mój pediatra powiedział, że nie jest ono konieczne.

Obrzezanie jest prawdopodobnie najstarszym nadal wykonywanym zabiegiem medycznym. Choć bogate źródła historyczne dotyczące tej praktyki sięgają Starego Testamentu, kiedy to Abraham obrzezał Izaaka, to jej początki miały miejsce dużo wcześniej, w czasach, kiedy nie wynaleziono jeszcze metalowych narzędzi. Praktykowane przez muzułmanów i żydów przez całe wieki jako znak ich przymierza z Bogiem, obrzezanie rozpowszechniło się w Stanach Zjednoczonych pod koniec XIX w., kiedy to powstała teoria, że usunięcie napletka powoduje mniejszą wrażliwość członka (nie powoduje), czyniąc masturbację mniej kuszącą praktyką (nie czyni). W następnych latach sformułowano wiele nowych uzasadnień dokonywania rutynowych zabiegów obrzezania. Była wśród nich teoria, iż zabieg ten może chronić przed pewnymi chorobami lub je leczyć, np. padaczkę, syfilis, astmę, lunatyzm i gruźlicę. W praktyce okazało się to nieprawdą.

Obrzezanie wprawdzie zmniejsza ryzyko infekcji członka, lecz dokładne jego mycie po całkowitym odciągnięciu napletka (co zwykle następuje po ukończeniu drugiego roku życia) jest równie skuteczne. Zabieg ten eliminuje również ryzyko powstania stulejki – stanu, w którym napletek jest tak zrośnięty, że nie daje się ściągnąć. Stulejka może być bardzo bolesna i niekiedy przeszkadza w erekcji. Oszacowano, że od 5 do 10% nie obrzezanych chłopców i mężczyzn musi przejść przez niedogodność zabiegu obrzezania w późniejszym okresie (po niemowlęctwie) właśnie z powodu infekcji, stulejki lub innych problemów.

W 1999 r. specjalnie powołana grupa na Amerykańskiej Akademii Pediatrii (AAP) stanowczo określiła, że pomimo naukowych dowodów wskazujących na medyczne korzyści, zabieg nie jest na tyle istotny, aby rekomendować rutynowe obrzezanie. Wedle tych badań, realne niebezpieczeństwo wystąpienia infekcji dróg moczowych w pierwszym roku życia jest większe u chłopców nie obrzezanych. Jednak zdaniem AAP faktyczne ryzyko wystąpienia tej choroby wynosi zaledwie 1%. Specjaliści z Akademii doszli również do wniosku, iż choć chłopcy nie obrzezani stoją przed nieco większym ryzykiem wystąpienia raka penisa czy zakażenia chorobami przenoszonymi drogą płciową (w tym AIDS), zagrożenie to jest również niezwykle małe i nieznaczne, zwłaszcza jeśli rodzice bardzo pragną pozostawić napletek swego potomka w stanie nienaruszonym – lub jeśli się je porówna z komplikacjami, jakie mogą nastąpić podczas i po przeprowadzeniu obrzezania. Do rzadkich powikłań należą między innymi: intensywne krwawienie, zakażenia (leczone antybiotykami), nacięcie napletka zbyt nisko lub zbyt wysoko czy wreszcie nieprawidłowe gojenie się rany (w tych rzadkich przypadkach może zaistnieć potrzeba ponownego wykonania zabiegu).

Tak więc obrzezanie pozostaje kontrowersyjną praktyką, a zdobyta wiedza i dowody przekonują obie strony: zarówno tych za, jak i tych przeciw. AAP rekomenduje jedynie, aby uświadamiać rodzicom, jakie są potencjalne wady i zalety tego zabiegu, po czym pozwolić im swobodnie wybrać to, co ich zdaniem jest najlepsze dla dziecka. Biorąc pod uwagę to, co zostało powiedziane powyżej, powinnaś podjąć decyzję w sprawie obrzezania wspólnie z lekarzem dziecka i z pełną świadomością medycznych za i przeciw, a także czynników estetycznych, społecznych i kulturowych. Przede wszystkim kieruj się własnym przekonaniem. Jeśli postanowisz obrzezać syna, AAP zaleca podanie środka przeciwbólowego (zabieg wykonuje się w znieczuleniu miejscowym).

W Stanach Zjednoczonych ponad połowa chłopców jest obrzezana, co stanowi spadek w porównaniu z 80% z początku lat osiemdziesiątych. (W Polsce zabieg ten stosuje się bardzo rzadko – przyp. tłum.) Powody, dla których rodzice decydują się na ten zabieg u swoich synów (prócz przekonania, że „tak należy"), mogą być następujące:

- Względy religijne. Religijne prawo wywodzące się z Biblii nakazywało muzułmanom i żydom obrzezanie noworodków.

- Względy higieniczne. Obrzezany penis jest o wiele łatwiejszy do utrzymania w czystości.

- Powody społeczno-rodzinne. Rodzice pragną, aby ich synowie nie różnili się pod tym względem od swoich kolegów bądź ojców czy braci. (Argument coraz słabszy, jako że zmniejsza się liczba obrzezanych mężczyzn.)

- Wygląd. Niektórzy uważają, że usunięcie napletka poprawi wygląd penisa.

- Względy zdrowotne. Wielu rodziców decyduje się na ten zabieg u swoich synów zaraz po narodzinach, wierząc, że obniży on ryzyko zakażenia, nowotworu lub zapobiegnie innym problemom zdrowotnym w przyszłości (uniknie się konieczności przeprowadzenia obrzezania w późniejszym wieku).

Powody, dla których większość rodziców jest przeciwna obrzezaniu:

- Brak medycznej potrzeby. Wiele osób kwestionuje sens usuwania części ciała noworodka bez ważnej przyczyny.

STILLEN
DAS BESTE FÜR SIE UND IHR BABY

Stillpositionen

Es gibt verschiedene Möglichkeiten ein Baby anzulegen. Grundsätzlich ist es wichtig, dass Sie für sich eine entspannte, bequeme Position finden und das Baby so halten, dass es Ihnen zugewandt ist.

Ohr, Schulter und Hüfte des Babys bilden eine Linie. Die Nasenspitze und das Kinn berühren die Brust.

Klassische Wiegehaltung

Modifizierte Wiegehaltung

Seitenhaltung

Seitenlage

Bauchstilllage

Aktives Anlegen

1 Die Brust in C-Form halten. Finger und Daumen hinter dem Warzenhof platzieren.

2 Die Brustwarze zeigt in Richtung Nase. Der Kopf ist leicht nach hinten geneigt. Kinn und Unterlippe berühren die Brust.

3 Die Oberlippe des Babys mit der Brustwarze berühren, so dass es den Mund weit öffnet.

4 Das Baby mit weit offenem Mund schnell aber sanft zur Brust führen. Unter- und Oberlippe sind ausgestülpt.

Intuitives Anlegen

Beim intuitiven Anlegen bewegt sich das Baby zur Brust und dockt selbständig an.

Sie sitzen halb aufrecht oder liegen mit erhöhtem Oberkörper und stützen sich auf Kissen bequem ab. Das Baby liegt bekleidet oder nackt bäuchlings auf Ihnen, in Längs-, Quer- oder Schräglage.

Warten Sie einfach ab, was Ihr Baby macht. Wenn es hungrig ist, wird es beginnen, die Brust zu suchen.

Das Baby findet und fasst die Brust dann selbständig mit weit offenem Mund. Die Position des Babys ist individuell.

www.ardo.ch

ABPUMPEN
MUTTERMILCH FÜR IHR BABY

Vorgehen beim Einzelpumpen und ...

1. Waschen Sie die Hände gründlich.
2. Machen Sie es sich an einem ruhigen Ort bequem.
3. Führen Sie eine kurze Brustmassage durch (Plata Rueda). Nehmen Sie dazu Ihre Brust zwischen Ihre Hände und schieben Sie das Drüsengewebe hin und her.
4. Zentrieren Sie die Brustglocke. Halten Sie das Pumpset auch während des Abpumpens an der Brustglocke. Üben Sie keinen starken Druck auf die Brust aus.
5. Schalten Sie die Milchpumpe ein.
6. Regulieren Sie Saugstärke und Saugfrequenz, so dass sich das Abpumpen angenehm anfühlt.
7. Massieren Sie Ihre Brust während des Abpumpens (Marmet Methode).
8. Pumpen Sie abwechselnd die rechte und linke Brust ab.
9. Schalten Sie die Milchpumpe ab. Entfernen Sie das Pumpset.

... beim Doppelpumpen

Beim Doppelpumpen werden beide Brüste gleichzeitig abgepumpt. Das Vorgehen entspricht grundsätzlich dem Abpumpen mit nur einem Pumpset.

Zum Regulieren von Saugstärke und Saugfrequenz halten Sie eines der beiden Pumpsets kurz mit Ihrem Unterarm.

Milchmenge steigern (Hands-on-Pumping)

Doppelpumpen und eine Massage während des Abpumpens sowie das anschliessende Entleeren von Hand steigern die Milchbildung.

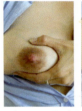
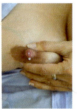

Doppelpumpen und gleichzeitiges Massieren der Brüste bis nur noch wenig Milch fliesst.

Entleeren von Hand: Daumen und Zeigefinger parallel ca. 2 bis 3 cm hinter der Brustwarze positionieren, waagrecht in Richtung Brustkorb drücken und Daumen und Zeigefinger wieder nach vorne schieben. Durch rhythmisches Wiederholen die Brust entleeren.

www.ardo.ch

- Strach przed krwawieniem i infekcją, choć komplikacje po tym zabiegu zdarzają się niezwykle rzadko, jeśli jest on wykonany przez lekarza.
- Uniknięcie bólu. Istnieją dowody na to, że noworodki, którym podczas zabiegu nie podano środka przeciwbólowego, doświadczają bólu i stresu, na co wskazuje nierówne bicie serca, zmiany ciśnienia krwi oraz poziomu kortyzolu. AAP twierdzi, że środki znieczulające (na przykład stosowany miejscowo krem EMLA, blokada nerwu grzbietowego prącia czy znieczulenie podskórne okrężne) są bezpieczne i skuteczne w zmniejszaniu bólu wywołanego obrzezaniem.
- Rodzice chcą, aby ich synowie wyglądali tak samo jak ich nie obrzezani ojcowie, zgodnie ze starą zasadą „jaki ojciec, taki syn".
- Wiara w prawo dziecka do decydowania. Niektórzy rodzice chcą pozostawić tę decyzję dziecku, gdy dorośnie.
- Umożliwienie pełnej satysfakcji seksualnej. Są tacy, którzy wierzą, że nie obrzezany penis jest bardziej wrażliwy, lecz twierdzenie to nie zostało naukowo potwierdzone.
- Mniejsze ryzyko podrażnienia pieluchą. Sugeruje się, że nienaruszony napletek chroni prącie przed rumieniem pieluszkowym.

Zagrożenia wynikające z obrzezania są minimalne, ale jednak komplikacje mogą wystąpić. Aby zredukować ryzyko, upewnij się, że osoba wykonująca zabieg ma doświadczenie, to znaczy rutynowo się tym zajmuje i ma wysokie kwalifikacje. Dopilnuj również, żeby zabieg ten nie odbył się zaraz na sali porodowej, lecz nieco później, przynajmniej po upływie 12–24 godz. Nie zgódź się na przyżeganie (kauteryzację) metalowym zaciskiem, gdyż mogłoby to spowodować oparzenie.

Jeżeli do dnia porodu nie będziesz jeszcze wiedziała, co postanowić w sprawie obrzezania, przeczytaj o pielęgnacji obrzezanego prącia na stronie 177 i przedyskutuj ten problem z wybranym pediatrą i z przyjaciółmi, którzy zdecydowali się na któreś z rozwiązań.

JAKICH PIELUCH UŻYWAĆ

Wszyscy moi znajomi używają pieluch jednorazowych i widać, że mają oni znacznie mniej pracy niż z bawełnianymi. Ale czy pieluchy te są dobre dla dziecka?

Wszyscy rodzice od czasów Ewy muszą stawić czoło problemowi, czym przykryć pupę niemowlęcia. Przez tysiąclecia powstało wiele pomysłowych – choć niekoniecznie wygodnych – rozwiązań. Na przykład Indianki zapewniały podobno swym dzieciom uczucie suchości i wygody, wypychając nosidełka miękkimi, drobno pociętymi kolbami pałki szerokolistnej.

Na szczęście na początku dwudziestego pierwszego wieku rodzice nie muszą codziennie wybierać najbardziej miękkich, najlepiej wchłaniających pałek w celu wymoszczenia nosidełka. Pozostaje jednak wybór pomiędzy dziesiątkami opcji, od różnego rodzaju pieluch z materiału (do prania w domu lub w pralni), po wprawiającą w konsternację, ciągle zmieniającą się różnorodność pieluszek jednorazowych.

Rozwiązanie, które wybierzesz, nie musi być takie jak to, na które zdecydowała się twoja sąsiadka. Czynniki osobiste odgrywają tu znaczącą rolę, gdyż z naukowego i ekonomicznego punktu widzenia nie ma jednoznacznej odpowiedzi, jakie pieluchy są najlepsze. Dokonując wyboru, rozważ następujące argumenty:

Pieluchy jednorazowe. Są wybierane głównie ze względu na wygodę, a to dla zapracowanych rodziców (czy istnieją inni?) bardzo ważna zaleta. Nie musisz ich prać i składować, aż uzbiera się odpowiednia liczba do wygotowania. Stosowanie pieluch jednorazowych pozwala zaoszczędzić dużo czasu i wysiłku. Łatwiej i szybciej się je zmienia (to ważne, jeśli dziecko jest ruchliwe). Nowe (ale i droższe) rodzaje bardzo dobrze wchłaniają wilgoć i teoretycznie rzadziej wywołują rumień pieluszkowy. Są cieńsze, lepiej dopasowane, nie przemakają.

Te wszystkie zalety obarczone są jednak podstawową wadą. Ponieważ po długim czasie są mocno nasiąknięte moczem, a sprawiają wrażenie suchych, niektórzy rodzice zbyt rzadko je zmieniają, co wywołuje zaczerwienienie i podrażnienie delikatnej skóry niemowlęcia. Duża chłonność tych pieluch powoduje także, że matce trudno jest określić, ile razy dziecko się moczy – co z kolei wskazuje, czy malec wypił wystarczającą ilość pokarmu. Poza tym dziecko w takich pieluchach czuje się wygodnie, nawet kiedy się zmoczy kilka razy, co utrudnia matce przyzwyczajenie go do korzystania z nocnika. Jeszcze jednym minusem jest ich zły wpływ na środowisko. Nie ulegają biodegradacji i dlatego przyczyniają się do zanieczyszczenia naszej planety (dodatkowo podczas ich produkcji zużywa się energię i wodę, a produktem ubocznym są detergenty). Poza tym zawsze trzeba pamiętać, by w porę uzupełnić ich zapas.

Pieluchy bawełniane. Zdają się przegrywać w porównaniu z jednorazowymi. Ponieważ nie można ich należycie odkazić, wyniki wielu badań potwierdzają fakt, że ten rodzaj pieluch częściej przyczynia się do powstania rumienia pieluszkowego. I choć pozornie są tańsze, to w efekcie tylko nieznacznie – należy wziąć pod uwagę koszty proszku do prania, wody i energii. Dodatkowo jeszcze wymagają więcej czasu i wysiłku związanego z namaczaniem, praniem, suszeniem i prasowaniem.

Niektórzy rodzice decydują się na stosowanie pieluch z tetry przez pierwszych kilka miesięcy, kiedy dziecko więcej czasu spędza w domu niż poza domem, a przechodzą na jednorazówki wtedy, gdy zabieranie ze sobą bawełnianych staje się zbyt uciążliwe. Często też od początku używają pieluch jednorazowych, gdy wychodzą z dzieckiem na dłużej, i na noc, kiedy sucha pielucha gwarantuje dziecku lepszy sen.

Bądź jednak przygotowana na to, że rumień pieluszkowy może wystąpić prędzej czy później, niezależnie od tego, na jaki rodzaj pieluch się zdecydujesz. Przejdź wtedy z bawełnianych na jednorazowe lub odwrotnie albo zmień rodzaj jednorazowych. Przeczytaj też informacje na temat leczenia rumienia pieluszkowego na str. 247.

RZUCENIE PALENIA

Tylko przez pierwsze miesiące ciąży nie paliłam papierosów, bo robiło mi się niedobrze. Teraz ani ja, ani mój mąż nie potrafimy zrezygnować z palenia. W jakim stopniu palenie przy dziecku źle wpływa na jego zdrowie?

Najwspanialszym prezentem, jaki możesz dać swojemu dziecku, nie będzie luksusowa zabawka, piękny ciuszek czy wysokie konto w banku, lecz umożliwienie mu wzrastania w nie zadymionym otoczeniu. Z paleniem tytoniu przez rodziców łączone jest większe ryzyko wystąpienia u ich dzieci zespołu nagłej śmierci niemowlęcia, wzrost zachorowań na choroby dróg oddechowych (przeziębienie, grypa, zapalenie oskrzeli, astma) oraz częste infekcje uszu w pierwszym roku życia, osłabienie funkcji płuc i zmniejszenie ich pojemności. Dochodzi do tego zwiększone ryzyko wystąpienia próchnicy w późniejszym okresie życia. Dzieci palaczy nie tylko chorują częściej od dzieci rodziców niepalących, ale ich choroby trwają dłużej. Częściej też trafiają do szpitali w pierwszych trzech latach życia. Im więcej osób palących w domu, tym większe zagrożenie zdrowia, gdyż poziom kotyniny (pochodne nikotyny) we krwi jest bezpośrednio zależny od liczby palaczy, w których towarzystwie dziecko przebywa. Ryzyka nie eliminuje wychodzenie rodziców na papierosa poza dom. Zgodnie z wynikami badań, dzieci wychowujące się w domach, w których palacze palą na zewnątrz, nadal są o 70% bardziej narażone na działanie cząsteczek szkodliwych dla płuc niż dzieci z domów, w których nikt nie pali.

Najgorsze jest jednak to, że dzieci palaczy, gdy dorastają, zwykle zaczynają palić. Rzucenie palenia nie tylko dobrze wpłynie na stan zdrowia twojego maleństwa, ale i zmniejszy prawdopodobieństwo, że wpadnie ono w ten nałóg, gdy dorośnie. Ale jeżeli i ten argument cię nie przekonuje, to zapamiętaj, że rzucając palenie, dasz swemu dziecku wspaniały prezent w postaci zdrowszych rodziców.

Jeśli do tej pory nie udało ci się rzucić nałogu, z pewnością zadanie nie należy do łatwych. Tak jak w każdym uzależnieniu (szczególnie tak silnym), organizm i umysł będą stawiać opór. Lecz jeśli będziesz walczyć z pełnym przekonaniem, mając na uwadze zdrowie własne i dziecka, przezwyciężysz swoje słabości. Najlepiej zacząć już teraz, jeszcze przed przyjściem dziecka na świat, gdyż rzucenie palenia przed rozwiązaniem spowoduje, że ilość tlenu potrzebnego twojemu dziecku w czasie porodu zwiększy się, a poza tym maleństwo wróci do domu, w którym powietrze będzie zawsze świeże i czyste, a pokarm matki wolny od nikotyny. Jeżeli jesteś w pierwszych miesiącach ciąży, rzucenie palenia zmniejszy ryzyko przedwczesnego porodu i urodzenia dziecka o niskiej masie urodzeniowej. (Na rozprawienie się z nałogiem dobra jest jednak każda chwila, zwłaszcza gdy w domu pojawią się nowe płuca. Jeśli nie udało ci się przed porodem, podwój swoje wysiłki, kiedy twoje dziecko przyjdzie na świat.) (Pamiętaj, że bierne palenie, tzn. narażanie dziecka na wdychanie dymu tytoniowego, szkodzi dziecku bardziej niż dorosłemu palenie czynne – przyp. red. nauk.).

IMIĘ DLA DZIECKA

Nigdy nie podobało mi się moje imię. Skąd możemy być pewni, że nasz syn będzie zadowolony z imienia, które mu wybraliśmy?

Cóż takiego jest w imieniu? Dla noworodka nic ono nie znaczy. Karmiąc go, ubierając, zabawiając, możesz go nazywać, jak chcesz. Później, kiedy czynniki zewnętrzne zaczynają odgrywać większą rolę w życiu dziecka (zwykle na początku szkoły podstawowej), może się pojawić niechęć do imienia, które rodzice wybrali. Chociaż nigdy nie ma gwarancji, że dziecko będzie zachwycone swoim imieniem, wybierajcie je uważnie, tak aby w przyszłości imię nie stało się dużym problemem waszego potomka. Oto kilka przydatnych sugestii, które warto rozważyć:

- Wybierzcie imię, które podoba się i tobie, i twojemu mężowi, dobrze brzmi i wywołuje u was dobre skojarzenia. Zapytajcie samych siebie: „Czy chciałbym mieć takie imię?"

- Wybierzcie imię, które coś dla was znaczy – imię kogoś bliskiego, kochanego lub szanowanej postaci historycznej lub biblijnej, ulubionego bohatera literackiego.

- Wybierzcie imię, które pasuje do waszego dziecka lub symbolizuje cechy, które chcielibyście w nim widzieć.

- Jak wybrane przez was imię będzie odbierane przez innych? Niech jego brzmienie nie będzie podobne do jakiegoś śmiesznego czy brzydkiego słowa, co może spowodować, że inne dzieci będą się wyśmiewać i dokuczać waszemu dziecku. Sprawdźcie inicjały – czy trzy początkowe litery (dwóch imion i nazwiska) nie tworzą przypadkiem jakiegoś niecenzuralnego słowa. Chłopiec o nazwisku Hubert Ulryk Jankowski mógłby mieć ciężkie życie z powodu inicjałów. Zdrobnienia imion też są ważne, jak również to, jak imię łączy się z nazwiskiem. Jeśli imię jest rzadko spotykane lub obcojęzyczne, pomyśl, czy dziecku nie będzie trudno z nim żyć. Istnieje taka zasada: długie imię dobrze brzmi z krótkim nazwiskiem i odwrotnie.

- Wybierzcie dziecku drugie imię, aby mogło go używać, w razie gdyby nie znosiło pierwszego.

- Pomyśl o takim imieniu, które łatwo się pisze i wymawia. Bardzo rzadko spotykane imię, które nauczyciele wiecznie będą źle wypowiadać, albo takie, w którego pisowni ciągle pojawiać się będą błędy, stanie się naprawdę uciążliwe – i to nie tylko w szkole, ale i w późniejszym życiu. Z drugiej strony jednak dzieci (a potem dorośli) po pewnym czasie cieszą się ze swego niezwykłego imienia, ponieważ wyróżnia je ono z grupy.

- Unikajcie imion „na czasie", np. gwiazd popularnego właśnie serialu telewizyjnego lub znanego i popieranego polityka, których zdjęcia ukazują się na okładkach czasopism. Sława przeminie, postać straci na popularności lub się skompromituje, a imię zostanie.

- Jeśli chcecie, by dziecko nie było jedną z sześciu Julii lub jednym z siedmiu Patryków, nie nadawajcie mu imienia z pierwszej dziesiątki listy najpopularniejszych imion dziecięcych. Wiele magazynów dla rodziców czy portali internetowych co roku prowadzi taki plebiscyt, więc poszukajcie w Internecie tegorocznych zwycięzców. Spróbujcie oszacować popularność imienia w miejscu zamieszkania, czytając informacje o narodzinach lub wybierając się na spacer na pobliski plac zabaw i przysłuchując się, jak rodzice wołają swe pociechy.

- Weźcie pod uwagę propozycje rodziny, ale nie musicie się na nie godzić. Jeżeli jest w rodzinie imię, które ci się nie podoba, ale przez sentyment lub tradycję inni ci je proponują, wykorzystaj je jako drugie imię dziecka. Możesz być pewna, że obojętnie jakie imiona wybierzecie dla swoich dzieci, dziadkowie na pewno będą je kochać, nawet jeśli na początku krytykowali wasz wybór.

PRZYGOTOWANIE PSA LUB KOTA

Nasza suczka jest bardzo zazdrosna, gdy okazuję komuś czułość; wpycha się między mnie a męża, gdy się przytulamy. Nie jestem pewna, jak zareaguje na nowego członka rodziny.

Ciężko będzie psu, który był dotychczas traktowany jak dziecko, zejść do roli psa, gdy prawdziwe dziecko pojawi się w domu. Ale niestety, tak się musi stać, gdyż jego miejsce w twoim sercu (a czasem także w łóżku) będzie od tej pory zajęte przez malutkiego, lecz zagrażającego mu człowieczka, którego przyniesiesz ze szpitala. By złagodzić zazdrość i nie dopuścić do ewentualnych agresywnych reakcji psa na dziecko, zacznij działać już teraz.

- Zainwestuj w szkolenie psa, jeśli jeszcze nie przeszedł nauki posłuszeństwa, nawet jeżeli przedtem nie widziałaś sensu takiego szkolenia. Rozbrykany pies zwykle nie stanowi problemu w domu, w którym nie ma dziecka, ale staje się zagrożeniem przy noworodku. Zachowanie niemowlęcia będzie trudne do kontrolowania czy wręcz nieprzewidywalne, postępowanie twego psa nie może być takie. Szkoła posłuszeństwa nie zmieni charakteru zwierzęcia, ale sprawi, że będzie ono spokojniejsze – zwierzę stanie się bezpieczniejsze dla dziecka.

- Przyzwyczajaj psa do dzieci. Zapraszaj przyjaciół z niemowlętami i małymi dziećmi, a jeśli ich rodzice się zgodzą, pozwól, aby pies je obwąchiwał, a one go głaskały, oczywiście pod ścisłą kontrolą dorosłych.

- Przyzwyczajaj psa do stałej obecności dziecka w domu. Kup lalkę przypominającą wyglądem i wielkością noworodka. Przewijaj ją, noś po domu na rękach, śpiewaj do niej, kołysz ją, „karm", kładź do łóżeczka, weź na spacer w wózku (jeśli nie przeszkadzają ci zdziwione spojrzenia sąsiadów), co jakiś czas puszczaj kasetę z nagranym płaczem noworodka.

- Ucz psa, aby spał osobno, jeżeli teraz sypia w waszym pokoju. Szok będzie mniejszy, gdy jego miejsce w waszej sypialni zajmie dziecko. Przygotuj wygodne posłanie w kącie, z ulubioną podusią czy kocykiem. Takie legowisko warto urządzić w miejscu niedostępnym dla dziecka. Kiedy raczkujące niemowlę zawędruje w takie miejsce, nawet najspokojniejszy pies może się zdenerwować.

- Dopilnujcie, aby pies przeszedł kompletne badania weterynaryjne, miał aktualne szczepienie przeciw wściekliźnie oraz sprawdźcie, czy nie ma pcheł, kleszczy czy robaków. (Poproście weterynarza o zastosowanie tabletek bądź innych metod, które są skuteczne, a jednocześnie bezpieczne przy małym dziecku). Pies powinien także zostać zbadany pod kątem pasożytów.

- Jeżeli niemowlę będzie miało osobny pokój, naucz psa, aby nie wchodził do niego, kiedy ciebie tam nie ma. Niechcianym wizytom można zapobiec, stawiając bramkę w wejściu do pokoju. Jeśli natomiast ulokujesz łóżeczko dziecięce w twoim pokoju lub w kącie salonu, naucz psa, aby nie wchodził pod nie, gdyż mógłby niechcący otworzyć boczną blokadę i opuścić ją.

- Jeżeli miska waszego czworonożnego przyjaciela stoi w łatwo dostępnym miejscu, przenieście ją do piwnicy, garażu lub w inne miejsce niedostępne ciekawskiemu „pełzakowi", gdyż nawet najspokojniejszy pies może się zdenerwować, gdy jego jedzenie jest zagrożone. Jeśli mieszkasz w małym mieszkaniu, przyzwyczaj psa do jedzenia wieczorem, a w ciągu dnia chowaj miskę. Nie należy też zostawiać jedzenia w psiej misce, ponieważ małe dzieci lubią próbować, co ich ulubieniec jada. Dawaj psu pić z nie kapiącego poidełka, chyba że lubisz często myć podłogę.

- Po porodzie, gdy jesteś jeszcze z dzieckiem w szpitalu, daj mężowi nie uprany kaftanik niemowlęcia, po to by pies mógł go wąchać i przyzwyczaić się do zapachu waszego dziecka. Gdy przyjdziecie do domu, podaj mężowi dziecko, a sama przywitaj się z psem. Następnie, aby zaspokoić jego ciekawość, pozwól mu powąchać dziecko, które powinno być dobrze zawinięte, a głowa i buzia maleństwa zasłonięta rękami. Gdy położysz dziecko do łóżeczka, spędź krótką chwilę sam na sam ze swoim czworonogiem.

- Nie zachowuj się nadopiekuńczo w stosunku do dziecka, gdy pies jest przy was. Wzbudzi to u niego jeszcze większą zazdrość i niepewność. Spróbuj postępować z nim jak ze starszym dzieckiem w domu. Niech czuje, że nadal go kochasz. Głaszcz go w czasie karmienia dziecka, zabieraj na spacer, gdy wychodzisz z wózkiem. Wpuszczaj go do pokoju dziecięcego, gdy tam jesteś. Postanów sobie spędzać z nim przynajmniej pięć minut dziennie sam na sam. Skarć go jednak natychmiast, gdyby okazał nawet najmniejszy przejaw agresji wobec dziecka.

- Jeśli pomimo wysiłków, które włożyliście w przygotowanie psa na przyjęcie i zaakceptowanie nowego członka rodziny, zwierzę jest i tak wrogo do niego nastawione, trzymajcie je na uwięzi i z dala od dziecka, aż się zmieni. To, że pies nigdy przedtem nikogo nie ugryzł, nie oznacza, że nie zrobi tego w tych nowych i trudnych dla niego okolicznościach. Jeżeli uwiązanie tylko pogłębi jego wrogość, musicie rozważyć możliwość oddania psa. (W przypadku psów kastracja może zmniejszyć agresję.)

Martwię się, że nasz kocur, który do tej pory sypia z nami, może być zazdrosny o dziecko.

Nawet najmilszy kotek może zmienić swoje usposobienie wraz z przybyciem niemowlęcia. Ponieważ koty są tak samo jak psy zdolne wyrządzić krzywdę (pazurami i zębami), trzeba się upewnić, że są przygotowane na powiększenie rodziny. Większość rad dotyczących psów można wypróbować w stosunku do kotów. Musisz szczególnie pamiętać o tym, by zwierzę otrzymało należną mu porcję pieszczot i czuło się ulubieńcem rodziny. Pamiętaj, że koty lubią kłaść się obok ciepłego ciała. Wskakując na przykład do kołyski, duży kot może ją mocno przechylić na jedną stronę i dziecko może wypaść. By tego uniknąć, zakładaj siatkę na kołyskę lub łóżeczko. Nie pozwalaj kotu (ani psu) lizać buzi niemowlęcia ani zranionego miejsca.

PRZYGOTOWANIE PIERSI DO KARMIENIA

Mam koleżankę, która twierdzi, że aby piersi były dobrze przygotowane do karmienia, powinnam masować brodawki, żeby stwardniały. Czy to dobra rada?

Brodawki stworzone są do karmienia. Poza nielicznymi wyjątkami w pełni nadają się do tej funkcji bez potrzeby wcześniejszego przygotowania. W niektórych przypadkach zalecane czynności przygotowawcze mogą wyrządzić więcej złego niż dobrego. Na przykład stosowanie alkoholu, oczaru lub nalewki z żywicy może wysuszać brodawki i powodować, że będą one coraz bardziej podatne na pęknięcia; nawet mydło może działać wysuszająco, więc nie powinno się myć nim brodawek przynajmniej w ostatnim trymestrze ciąży i w czasie laktacji. Używanie szczotki też może działać podrażniająco i powodować pęknięcia w trakcie karmienia noworodka.

Jednak, mimo że w większości przypadków brodawki nie wymagają żadnych zabiegów, przedporodowe badanie wykonane przez lekarza określi, czy twoje piersi są prawidłowo zbudowane pod względem anatomicznym. Wady w budowie piersi mogą się stać przyczyną kłopotów po rozpoczęciu karmienia. Do takich wad należą, na przykład, niedorozwinięta tkanka gruczołowa bądź wciągnięte brodawki.

Jeśli twoje brodawki są wciągnięte (czyli nie odstają, a zagłębiają się w tkankę piersi pod wpływem zimna lub gdy naciskasz palcami pierś na obrzeżach obwódek), spytaj lekarza, czy powinnaś je przygotować do karmienia. Choć badania wskazują, że zwykle przygotowania takie nie są konieczne (przy karmieniu wciągnięte brodawki spełniają swe zadanie tak samo dobrze jak prawidłowe), niektórzy lekarze zalecają stosowanie plastikowych ochraniaczy na brodawki, które stopniowo pomagają wyciągać płaskie lub wciągnięte w głąb piersi brodawki (patrz ilustracja), a są całkowicie bezbolesne w użyciu. Ich

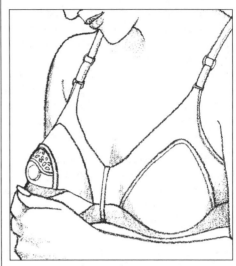

Ochraniacze na brodawki

Powoli i bezboleśnie wyciągają wciągnięte lub płaskie brodawki.

złą stroną jest to, że rzucają się w oczy, wywołując zażenowanie matki, i mogą wywoływać swędzenie czy podrażnienia.

Ważniejsze od przygotowania brodawek do karmienia jest przygotowanie własnej głowy. Dowiedz się możliwie jak najwięcej na temat naturalnego karmienia: zapisz się na kurs dla przyszłych rodziców, jeżeli to możliwe, przeczytaj rozdział 3. tej książki i inne książki na ten temat; jeśli znasz język angielski, zajrzyj na stronę Ligi La Leche www.lalecheleague.org; wybierz pediatrę, który zdecydowanie poleca tę metodę karmienia, nawiąż kontakt z doświadczonymi kobietami, które służyłyby ci pomocą w razie potrzeby, pomyśl o skontaktowaniu się z konsultantem z poradni laktacyjnej.

Na razie powstrzymaj się ze ściąganiem!

Choć może cię kusić, by już przed porodem próbować ściągnąć nieco siary z ciekawości, czy ją masz – nie rób tego. Takie manipulacje nie tylko mogą wywołać skurcze macicy, lecz także pozbawić mleko pierwszej fazy wartościowych elementów. Więcej na temat siary znajdziesz na stronie 70.

CO WARTO WIEDZIEĆ
Wybór właściwego lekarza

Gdy zaczynałaś się rozglądać za lekarzem, który odbierze poród, trudno ci było sobie wyobrazić, że pewnego dnia nadejdzie ten oczekiwany moment. Teraz nie masz już wątpliwości, że nosisz w sobie dziecko, które często używa swoich malutkich, ale silnych piąstek, stóp i kolan, traktując cię jak worek treningowy. Ono nie tylko tam jest, lecz chętnie wydostałoby się już na świat. Lepiej pomyśl o lekarzu dla niego, jeszcze zanim to nastąpi, gdyż przekładanie może oznaczać, że w przypadku wcześniejszego porodu zdana będziesz na kogoś przypadkowego i nie znanego. Nie będzie komu zadać wielu ważnych pytań w tych pierwszych trudnych dniach, zabraknie znajomej twarzy w wypadku kłopotów z noworodkiem.

Zakładając, że przez resztę życia będziesz mieszkać tu, gdzie teraz, to wiedz, że jeśli będziesz zadowolona z opieki lekarskiej, lekarz, którego wybierzesz, będzie się spotykał z tobą i twoim dzieckiem przez 18 lat przeplatanych katarami, zapaleniami uszu, gardła, wysoką temperaturą, bólami brzucha, stłuczeniami, być może nawet złamaniami kości. Będzie on razem z tobą świadkiem fizycznych i psychicznych zmian w rozwoju twojego dziecka. Będziecie wspólnie rozwiązywać wiele problemów, których teraz nawet sobie nie wyobrażasz. Choć nie zamieszkacie razem (niekiedy, zwłaszcza w nocy czy podczas weekendu, wolałabyś, by było inaczej), przyjemniej ci będzie mieć kogoś, przy kim czujesz się spokojna, kto cię rozumie. Chciałabyś, aby to był ktoś, kogo nie będziesz się wahała obudzić o godzinie 2 w nocy, gdy temperatura twojego dziewięciomiesięcznego dziecka bardzo wzrośnie. Chciałabyś nie czuć wstydu, mówiąc lekarzowi o zafascynowaniu twojego sześciomiesięcznego synka własnymi genitaliami. Chciałabyś móc otwarcie dać mu do zrozumienia, że nie jesteś pewna, czy antybiotyk, który przepisał dziecku, jest konieczny.

Zanim pomyślisz o konkretnej osobie, musisz zadecydować, jaki lekarz miałby się opiekować twym synem czy córką.

PEDIATRA CZY LEKARZ RODZINNY

Gdy twoja mama miała silny katar lub poważniejszy przypadek rumienia pieluszkowego, jej matka nie zawijała jej w kocyk i nie pędziła do pediatry. Prawdopodobnie poszła z nią do lekarza, dzięki któremu ona przyszła na świat, który leczył u jej ojca zapalenie kaletki, a u jej babci artretyzm, który usunął jej wujkowi kamienie nerkowe, a kuzynowi migdałki: do lekarza rodzinnego, lekarza ogólnego, który wywiesił swój szyld po ukończeniu studiów medycznych, po roku praktyki internistycznej. Dziś rzeczywiście takich lekarzy już się nie spotyka, a większością katarów i zaczerwienionych pośladków zajmują się pediatrzy lub wysoko i wszechstronnie wyspecjalizowani lekarze ogólni – lekarze rodzinni. Podjęcie decyzji, który typ lekarza będzie ci odpowiadał, jest pierwszym krokiem na drodze do znalezienia własnego, stałego lekarza*.

Pediatra. Niemowlęta, dzieci młodsze i starsze to jego wyłączni pacjenci. W Stanach Zjednoczonych pediatrzy po czterech latach medycyny przechodzą trzyletnią praktykę specjalistyczną, zakończoną surowym egzaminem dyplomowym; ci, którzy otrzymali dyplomy po 1988 roku, muszą je poświadczać co siedem lat. (W Polsce specjalizacja z pediatrii trwa 5 lat, obecnie jest jednostop-

---

* Jeżeli badania prenatalne lub wywiad rodzinny sugerują, że dziecko może urodzić się ze specyficznym problemem zdrowotnym (zespół Downa, alergia, wada wrodzona), możesz rozważyć wybór pediatry lub lekarza rodzinnego, który specjalizuje się w leczeniu danego problemu i ma duże doświadczenie.

Ubezpieczenie zdrowotne dla zdrowej rodziny

Wybranie odpowiedniego programu opieki zdrowotnej jest trudne, nawet gdy nie ma się dzieci. Jednak gdy pojawia się potomstwo, należy wziąć znacznie więcej względów pod uwagę, niż jedynie siebie i męża. Będziesz musiała wybrać taki program (zakładając, że masz możliwość wyboru), który najlepiej odpowiada potrzebom rodziny, a w szczególności dziecka. Dowiedz się:

- Co wchodzi w skład programu (zakres świadczeń zdrowotnych, zwłaszcza profilaktycznych – przyp. red. nauk.).
- Czy i jaki jest limit liczby wizyt w poradni dla dzieci zdrowych i chorych.
- Jakie czekają cię wydatki, w tym stałe opłaty, odpisy od podatku czy miesięczne składki.
- W jakim stopniu opieka lekarska będzie opłacona w razie nagłego wypadku bądź długotrwałych potrzeb.

Trzeba się też zorientować, koszty jakich usług pokrywają plany (w Polsce wszystkie świadczenia dla dzieci są bezpłatne), wśród których przyjdzie ci dokonać wyboru. Powinny to być:

- Opieka prewencyjna i podstawowa (w tym rutynowe kontrole lekarskie, szczepienia, wizyty w poradni dla dzieci chorych, badania mowy, słuchu i wzroku, zabiegi laboratoryjne i prześwietlenia rentgenowskie, zniżka na wypisywane lekarstwa).
- Ważne usługi medyczne (w tym konsultacje ze specjalistami, hospitalizacje, wezwanie karetki pogotowia i ewentualne przewiezienie nią do szpitala).
- Opieka specjalna (terapia fizyczna, słowna, zajęciowa lub inny rodzaj rehabilitacji; długotrwałe przebywanie w ośrodku bądź opieka domowa, hospicjum). Sprawdź najnowszą ofertę programów opieki zdrowotnej – ostatnio powstało wiele nowych rozwiązań.

niowa – przyp. red. nauk.) Główna zaleta wyboru lekarza pediatry dla twojego dziecka jest oczywista – ponieważ ma on do czynienia z dziećmi, i to z ogromną ich liczbą, wie zwykle lepiej niż inni lekarze, co jest normalne, nietypowe i patologiczne u młodych pacjentów. Ma więcej doświadczenia w opiekowaniu się chorymi dziećmi. Ale chyba najważniejsze jest to, że odpowiada na nękające młodych rodziców pytania (które słyszał już setki razy) w rodzaju: „Dlaczego dziecko chce ssać pierś bez przerwy?", „Dlaczego tak mało śpi?", „Dlaczego tak dużo płacze?"

Dobry pediatra ma na uwadze nie tylko rodzinę, ale jest w stanie rozpoznać, kiedy problem dziecka, emocjonalny czy fizyczny, wynika z tego, co dzieje się w domu lub z jednym z rodziców. Wadą wybrania lekarza pediatry jest to, że gdy cała rodzina zapadnie na jakąś chorobę, istnieje wówczas konieczność wezwania dwóch lekarzy.

Lekarz rodzinny. Podobnie jak pediatra, lekarz rodzinny w Stanach Zjednoczonych zwykle przechodzi trzyletnią praktykę specjalistyczną po ukończeniu studiów. Program tej praktyki jest jednak znacznie szerszy niż w przypadku pediatrii i obejmuje oprócz pediatrii internę, psychiatrię, ginekologię i położnictwo. Dużą zaletą posiadania lekarza rodzinnego jest fakt, że zajmuje się on całą rodziną, zna każdego jej członka klinicznie i osobiście i może wykorzystać tę wiedzę w diagnozowaniu i leczeniu. Jeżeli masz już lekarza rodzinnego, znacznie milej i korzystniej będzie zwrócić się do niego z niemowlęciem jako do starego znajomego, a nie do kogoś obcego.

Wybór lekarza rodzinnego posiada jedną zasadniczą wadę: ponieważ jest on mniej wykształcony i doświadczony w leczeniu dzieci niż pediatra, może być mniej pomocny w problemach dzieci zdrowych lub nie radzić sobie w skomplikowanych przypadkach. By zminimalizować tę niedogodność, poszukaj lekarza rodzinnego, który często ma do czynienia z niemowlętami, a nie tylko z dziećmi starszymi. A takich jest wielu. I jeszcze jedno: lekarz rodzinny raczej nie zajmie się dzieckiem w czasie pobytu w szpitalu, ze względu na ograniczone możliwości.

JAKI RODZAJ PRAKTYKI JEST NAJLEPSZY

Dla niektórych pacjentów rodzaj praktyki jest prawie tak ważny jak rodzaj lekarza. Jest kilka możliwości: wybór zależeć będzie od twoich osobistych preferencji i priorytetów.

Lekarz prywatny. Taki lekarz pracuje sam i w razie nieobecności korzysta z zastępstwa innego lekarza. Jego największą zaletą jest możliwość nawiązania bliskiego kontaktu ze swoimi pacjentami, wadą zaś, że zwykle nie jest dostępny 24 godziny na dobę przez cały rok. Wprawdzie można umówić się z nim na wizyty (chyba że zostanie wezwany do nagłego przypadku) i przez większość dnia będzie „pod telefonem", lecz kiedyś wyjedzie na urlop lub od czasu do czasu zrobi sobie wolny wieczór czy weekend, zostawiając pacjentów wymagających nagłej interwencji lub konsultacji osobie zastępującej, której możecie w ogóle nie znać. Jeżeli wybierzesz lekarza prywatnego, zapytaj go, kto będzie go zastępował pod jego nieobecność, i upewnij się, że kartoteka waszego dziecka będzie dostępna nawet wtedy, kiedy lekarza nie będzie.

Dwóch lekarzy do jednego dziecka. Czasami lepiej jest mieć dwóch lekarzy. Jeżeli jeden jest właśnie nieosiągalny, drugi zwykle gotowy jest nam pomóc. Ponieważ za sprawą tak częstych w pierwszym roku wizyt kontrolnych będziesz go wielokrotnie odwiedzać, zapoznasz się dobrze zarówno z jednym, jak i z drugim. Choć obaj prawdopodobnie będą się zgadzać w zasadniczych sprawach, wyznawać podobne zasady, czasami mogą jednak przedstawiać różne opinie. Może to w niektórych przypadkach wprawić cię w zakłopotanie, ale dwa podejścia do szczególnie uciążliwego problemu mogą być pomocne. (Jeżeli jeden nie bardzo wie, jak rozwiązać problemy ze spaniem u waszego dziecka, może drugi coś na to poradzi.)

Zanim zdecydujesz się na dwóch lekarzy, postaw sobie jedno ważne pytanie: czy będziesz mogła swobodnie wybrać, do którego lekarza zechcesz się udać? Jeśli nie, a okaże się, że będziesz bardziej wolała jednego z nich, to połowa wizyt odbędzie się u tego, za którym nie przepadasz. Nawet jeśli na wizyty kontrolne będziesz umawiać się z tym, którego wolisz, chore dziecko będzie musiał zobaczyć ten, który jest akurat wolny.

Praktyka grupowa. Jeśli dwóch lekarzy się sprawdza, to może trzech lub czterech sprawdzi się jeszcze lepiej? W pewnym sensie tak, w innym nie. Jeśli korzystasz z pomocy kilku lekarzy, kontakt z którymś z nich jest możliwy o każdej porze dnia i nocy. Jest jednak mniej prawdopodobne, że każdy z nich nawiąże bliski kontakt ze swoimi pacjentami, chyba że wybierzesz jednego z nich (lub dwóch) na wizyty kontrolne. Z im większą liczbą lekarzy dziecko będzie miało kontakt, tym dłużej będzie trwało wzajemne poznanie się. Nie będzie to przedstawiało problemu, jeżeli każdy z nich będzie z natury miłym i oddanym swojej pracy człowiekiem. I jeszcze jedna sprawa: Jeżeli będziesz zmieniać lekarzy, sprzeczne rady mogą albo wiele pomóc, albo wszystko zagmatwać. Na dłuższą metę ważniejsze od liczby lekarzy jest twoje zaufanie do każdego z nich indywidualnie i do wszystkich razem jako grupy.

Wykwalifikowana pielęgniarka do dziecka. Lekarze reprezentujący każdą z powyższych praktyk lekarskich mogą zatrudniać wykwalifikowaną pielęgniarkę do dziecka, odpowiednik położnej w gabinecie ginekologiczno-położniczym. Pielęgniarka taka często ma ukończone studia. Zwykle przyjmuje na wizyty kontrolne zdrowe dzieci, czasami też leczy drobne, powszechne choroby, w razie konieczności konsultując się z lekarzami. Problemy wykraczające poza jej kompetencje przekazuje lekarzowi. Możesz chwalić sobie współpracę z pielęgniarką lub ją krytykować z tych samych powodów, dla których lubiłaś swoją położną w czasie ciąży lub jej nie lubiłaś. Podobnie jak położna, pielęgniarka do dziecka poświęci więcej czasu dziecku w trakcie każdej wizyty niż lekarz, często przywiązując taką samą wagę do pytań dotyczących stylu życia, jak i tych czysto medycznych. Często pielęgniarka pobiera niższe honorarium za swoją pracę niż lekarz. Ponieważ poziom wykształcenia nie jest taki sam jak lekarza medycyny, możesz mieć mniejsze zaufanie do pielęgniarki niż do lekarza. Nie zawsze jednak są ku temu powody, a wiele badań wykazało, iż wykwalifikowane pielęgniarki radzą sobie równie dobrze, a czasem nawet lepiej w diagnozowaniu i leczeniu pospolitych chorób niż lekarze.

Stały lekarz. Lekarz w przychodni rejonowej ma możliwość dobrego poznania i nawiązania bliskiego kontaktu ze swoimi pacjentami, ale zwykle jest on dostępny tylko w wyznaczonych dniach i godzinach. Nie możemy dzwonić do niego o każdej porze dnia i nocy. Poza tym bierze urlopy, wyjeżdża na wakacje i wtedy jesteśmy zdani na lekarza zastępującego, którego nie znamy, a on nie zna naszego dziecka. Z tego powodu dobrze jest mieć stałego lekarza prywatnego, który w nagłych wypadkach lub o nietypowej porze będzie mógł nam pomóc. Często prywatny lekarz sprawujący opiekę nad całą rodziną dogląda także niemowlęcia. Jeżeli w swej praktyce przywykł do opiekowania się niemowlętami, będzie równie dobry jak specjalista, chyba że pojawi się bardziej skomplikowany problem.

Pielęgniarka lub położna. Przez jakiś czas po porodzie będzie do domu przychodzić pielęgniarka lub położna i przez kilka dni będzie pokazywać wam, jak kąpać dziecko, przewijać je i karmić. (W Polsce wszystkie niemowlęta i dzieci są pod opieką lekarzy rodzinnych, którzy mogą być również pediatrami; w sprawach zdrowotnych i pielęgnacyjnych pomocą służą także pielęgniarki – m.in. wykonują szczepienia – przyp. tłum.)

UPEWNIJ SIĘ, ŻE DOBRZE WYBRAŁAŚ

Lekarz pracujący w szpitalu. Korzystnie byłoby wybrać takiego lekarza, który oprócz praktyki prywatnej lub w przychodni rejonowej jest zatrudniony w szpitalu. Wówczas z łatwością można korzystać z jego pomocy w nagłych wypadkach. Taki lekarz mógłby się pojawić w szpitalu, w którym zamierzasz rodzić, i osobiście zbadać twe dziecko przed wypisem. Jednak nie traktuj tego kryterium jako decydującego o wyborze. Inny lekarz zatrudniony w szpitalu też zbada dziecko oraz przygotuje je do wypisu, a do swojego lekarza zabierzesz dziecko po powrocie ze szpitala.

Atmosfera i wystrój gabinetu. Są to elementy, które sprawiają, że okres oczekiwania w poczekalni może stać się mniej dokuczliwy. W poczekalni musi być miejsce do zabawy, czyste, ładne zabawki i książeczki dla dzieci w różnym wieku. Wysokość krzesełek i stolików powinna być dostosowana do wzrostu dzieci. Ściany poczekalni i gabinetu powinny być wyklejone tapetami w dziecięce wzory, a uwagę małych pacjentów powinny skupiać kolorowe zabawki, odwracające tym samym ich uwagę od nie zawsze przyjemnego badania.

Oczekiwanie na swoją kolejkę. Często spędzamy w poczekalni wiele czasu, zanim wejdziemy do gabinetu. Wtedy jesteśmy już wykończeni chodzeniem za dzieckiem i zabawianiem go. Jednak takie opóźnienia są typowe dla zapełnionych pacjentami przychodni. Część rodziców traktuje jednak długie czekanie jak niewygodne zajęcie, na które zwykle nie mają czasu.

Starając się oszacować przeciętny okres czekania na wizytę w danej przychodni, nie kieruj się wyłącznie tym, ile ty musisz oczekiwać na konsultację. Takie wizyty bowiem przyjmowane są grzecznościowo i nie traktuje się ich jako ważnych przypadków. Rozpłakane niemowlęta oraz chore dzieci będą miały (i słusznie) pierwszeństwo. Lepiej skonsultuj się z rejestratorką, a jeśli jej odpowiedź będzie ogólnikowa czy wymijająca, porozmawiaj z czekającymi rodzicami.

Jeżeli każda nasza wizyta poprzedzona jest zbyt długim oczekiwaniem, może to oznaczać złą organizację pracy w gabinecie przyjęć lub rejestrowanie zbyt dużej liczby pacjentów jak na możliwości lekarza. To jednak nie mówi zbyt wiele na temat jakości jego pracy. Niektórzy bardzo dobrzy lekarze są po prostu złymi menedżerami. Poświęcają jednemu pacjentowi o wiele więcej czasu, niż zakłada plan wizyt (cechę tę docenisz, gdy to ty będziesz w gabinecie), lub przyjmują bardzo chore dzieci bez kolejki, burząc porządek zapisów (gdy twoje dziecko zachoruje, będziesz za to wdzięczna lekarzowi).

Telefonowanie do domu lekarza. Niektórzy pediatrzy nie mają nic przeciwko temu, choć często uprzedzają, że tylko w swoim gabinecie, widząc i badając dziecko przy użyciu specjalistycznego sprzętu i przyrządów, są w stanie postawić właściwą diagnozę. W pewnych sytuacjach jednak telefon będzie dla ciebie jedynym wyjściem. Na przykład kiedy jesteś sama w domu, za oknem szaleje śnieżyca, twój starszak wrócił z przedszkola przeziębiony, a maluch kaszle i ma gorączkę.

Gdzie się udać w razie wypadku. Większość lekarzy radzi, aby w razie poważnego wypadku od razu udać się do szpitala pełniącego w tym dniu ostry dyżur. Inny lekarz może zaproponować, że jeżeli coś poważnego wydarzy się w godzinach jego pracy, możecie natychmiast do niego zadzwonić i w zależności od rodzaju choroby lub stopnia okaleczenia zdecyduje on, czy sam przyjmie dziecko, czy macie zawieźć je do szpitala.

Hospitalizacja. Na szczęście wiele dzieci nigdy nie trafia do szpitala. Jednak w razie gdyby doszło do mało prawdopodobnej sytuacji i twoje musiałoby być przyjęte na oddział, powinnaś wiedzieć, który z wybranych przez ciebie lekarzy tam pracuje. Niektóre szpitale dysponują nowocześniejszym sprzętem do leczenia chorych dzieci niż inne (szpitale dziecięce są zwykle najlepsze, lecz, niestety, nie wszędzie takie znajdziesz). (W Polsce oddziały dziecięce są w każdym szpitalu powiatowym – przyp. red. nauk.) Warto także wiedzieć, który lekarz miałby się opiekować twym dzieckiem – wybrany przez ciebie czy etatowy pracownik szpitala?

Sposób bycia lekarza. Czy wolisz lekarza, który zachowuje się bezpośrednio i swobodnie, czy sztywno i oficjalnie? Czy będzie ci odpowiadał lekarz, który zawsze chce mieć ostatnie słowo w każdej kwestii, czy taki, który zaakceptuje ciebie jako partnera w dbaniu o zdrowie dziecka? Czy wolisz lekarza, który robi wrażenie, że zna odpowiedź na każde twoje pytanie, czy takiego, który czasem bez żenady odpowie: „Nie wiem". Najważniejsze cechy, jakie lekarz powinien posiadać, to rzetelna wiedza, umiejętność słuchania bez spoglądania ukradkiem na nazwisko następnego pacjenta na liście, otwartość na pytania i umiejętność dawania wyczerpujących i jasnych odpowiedzi (bez poczucia zagrożenia); a przede wszystkim szczera sympatia i oddanie dla dzieci.

Filozofia. Nawet w najlepszych związkach małżonkowie nie zawsze się zgadzają i nawet w najlepszych układach między lekarzem a pacjentem mogą się pojawić kwestie sporne. Jednakże, tak jak w małżeństwie, tak i w relacji lekarz–pacjent współpraca ułoży się dobrze, jeżeli partnerzy zgodzą się w zasadniczych kwestiach. Zanim zdecydujesz się na lekarza, porozmawiaj z nim i zapytaj, jakie jest jego podejście do spraw, które ty uważasz za ważne. Oto niektóre z nich:

- Karmienie piersią. Jeżeli jesteś zwolenniczką karmienia naturalnego, lekarz, który ma do tego zagadnienia obojętny stosunek lub niezbyt dużą wiedzę, nie zapewni ci odpowiedniego wsparcia, którego jako nowicjuszka będziesz potrzebować.

- Wczesny wypis ze szpitala. Jeśli chcesz wcześnie wrócić do domu, poszukaj takiego pediatry, który dostosuje się do twej prośby i wypisze dziecko razem z tobą – oczywiście zakładając, że nie ma przeciwwskazań. (Unikaj jednak takiego, który zgodzi się z tobą, pomijając zdrowie dziecka.)

- Obrzezanie. Poszukaj lekarza, który uszanuje twój wybór.

- Wegetarianizm. Jeżeli ty i twoja rodzina nie jecie mięsa ani ryb, dobrze jest znaleźć lekarza, który nie tylko to uszanuje, ale zna się na prowadzeniu dziecka na diecie wegetariańskiej bądź wegańskiej.

- Medycyna zapobiegawcza. Jeżeli jesteś jej zwolenniczką, poszukaj lekarza podzielającego twoje poglądy, ale kładącego nacisk na zdrowie (dobre odżywianie, aktywność fizyczna, szczepienia itd.).

- Antybiotyki. Dobrze jest wybrać lekarza, który dysponuje najświeższą wiedzą dotyczącą stosowania antybiotyków. Badania wskazują, że wielu lekarzy podaje antybiotyki zbyt często, nawet gdy stan dziecka nie daje podstaw do ich zalecania (zwykle na życzenie rodziców).

- Medycyna komplementarna i alternatywna. Jeśli ważne jest dla ciebie bardziej holistyczne podejście do zdrowia rodziny, poszukaj lekarza zaznajomionego z medycyną komplementarną i alternatywną, otwartego na dodatkowe stosowanie niekonwencjonalnych metod terapeutycznych, jeśli są zdrowe i skuteczne w leczeniu dziecka.

WYWIAD PRZED PORODEM

Tuż przed porodem pojawi się wiele kwestii i problemów, które chciałabyś wyjaśnić i omówić z lekarzem. Między innymi:

Twoja położnicza przeszłość i historia chorób całej rodziny. Jaki to ma wpływ na poród i zdrowie przyszłego dziecka?

Obrzezanie. Jakie są za i przeciw? Jeśli poprosisz o wykonanie zabiegu, kto tego dokona i kiedy? Czy będzie podane znieczulenie miejscowe?

Zabiegi szpitalne. Jakie lekarstwa trzeba zastosować, aby nie dopuścić do zakażenia oczu noworodka? Jakie testy po urodzeniu dziecka są przeprowadzane rutynowo? Jak leczy się żółtaczkę u noworodków? Jakie warunki muszą być spełnione, aby móc wcześniej opuścić szpital wraz z dzieckiem?

Karmienie piersią. W jaki sposób lekarz może pomóc na początku? Czy pozwoli ci karmić już na sali porodowej? Czy odradzi podawanie smoczka? Co sądzi o uzupełnianiu karmienia mieszanką z butelki?

Karmienie butelką. Jakiego typu smoczki, butelki i mieszanki zaleca lekarz?

Wyposażenie. Zasięgnij porad na temat zaopatrzenia się w takie środki, jak: paracetamol, maść lecząca rumień pieluszkowy, termometr oraz sprzęty, na przykład fotelik do samochodu.

Polecana literatura. Czy są jakieś książki i/lub kasety wideo, które twój lekarz szczególnie chciałby ci polecić lub odradzić?

Godziny przyjęć. W jakie dni i w jakich godzinach przyjmuje lekarz w ośrodku zdrowia lub lekarz prywatny, którego wybrałaś? Jak postępować w nagłych wypadkach?

PARTNERSTWO I WSPÓŁPRACA Z LEKARZEM

Nie możecie po prostu powierzyć opieki zdrowotnej nad swoim dzieckiem wyłącznie wybranemu lekarzowi. To wy jesteście rodzicami i macie znaczący wpływ na zdrowie waszego potomka. Jeżeli nie podejmiecie współpracy z lekarzem, to nawet wybitny specjalista nie zapewni waszemu dziecku najlepszej opieki. By stać się dobrym pacjentem-partnerem, musisz pamiętać o następujących sprawach:

Przestrzegaj zwyczajów panujących w gabinecie lekarskim. Nie spóźniaj się na umówione wizyty, a jeśli wizyty u lekarza zwykle się opóźniają, zadzwoń pół godziny przed czasem i zapytaj, jak duże jest opóźnienie i o której godzinie masz przyjechać; uprzedź lekarza przynajmniej 24 godziny wcześniej, jeśli masz zamiar odwołać wizytę; trzymaj się uzgodnionych stawek za wizytę. Pamiętaj, pacjenci (lub w tym wypadku rodzice pacjentów) są częściowo odpowiedzialni za sprawny przebieg wizyt lekarskich.

Zwracaj uwagę na profilaktykę. Dobrze jest mieć lekarza, który wierzy w profilaktykę i zajmuje się także zdrowym dzieckiem, jednak ciężar utrzymania waszego maleństwa w dobrym zdrowiu spoczywa przede wszystkim na tobie. To twoim obowiązkiem jest dopilnować, by dobrze się odżywiało, miało zapewniony czas na aktywną zabawę i odpoczynek, aby nie było niepotrzebnie narażane na infekcje lub wdychanie dymu papierosowego. Musisz też chronić je przed nieszczęśliwymi wypadkami. To ty jesteś odpowiedzialna za wyrobienie w swoim dziecku dobrych i zdrowych nawyków (najlepiej służąc własnym przykładem), które przyniosą mu korzyści na resztę życia.

Zapisuj na kartce ważne pytania. Wiele problemów nasuwa się w domu, w trakcie pielęgnowania dziecka, natomiast nie wymaga natychmiastowej konsultacji z lekarzem („Dlaczego jeszcze nie ma ząbków?", „Jak sprawić, by polubił kąpiele?") Zapisuj je na kartce, zanim uciekną ci z pamięci do następnej wizyty u lekarza.

Rób notatki w czasie badań lekarskich. Na przykład lekarz daje ci wskazówki, co masz robić, gdy dziecko źle zareaguje na pierwsze szczepienie. Wracasz do domu, dziecko dostaje gorączki, a ty wpadasz w panikę i próbujesz sobie przypomnieć: „Co on powiedział?" Nic dziwnego, że zapomniałaś – dziecko płakało po zastrzyku, a ty z trudem mogłaś dosłyszeć lekarza, chcąc je jak najszybciej ubrać. Oto sposób na krótką pamięć: zawsze miej z sobą długopis i kartkę i zapisuj diagnozę, lekarstwa i zalecenia. Nie jest to łatwe, kiedy trzymasz na ręku wiercące się dziecko, dlatego wskazana jest obecność obojga rodziców. Równie dobrze możesz poprosić lekarza lub pielęgniarkę, by sporządzili notatki za ciebie.

Sięgnij po telefon. Dzięki temu wynalazkowi można szybko rozwiązać wiele problemów. Ale nie traktuj pediatry jak poradnika. Zanim zadzwonisz, spróbuj poszukać odpowiedzi w tej lub innej książce o niemowlętach. Jeżeli nie uda ci się to, nie wahaj się sięgnąć po telefon. Lekarze przyzwyczajeni są do telefonów od początkujących matek, zwłaszcza w pierwszych miesiącach życia dziecka. Zawsze bądź przygotowana do rozmowy. Przejrzyj listę na str. 473 w podrozdziale „Zanim wezwiesz lekarza".

Stosuj się do zaleceń lekarza. W dobrym układzie partnerskim obie strony robią to, co potrafią najlepiej. W tym lekarz daje swą wiedzę i doświadczenie. Niezmiernie ważne jest, abyśmy stosowali się do jego zaleceń medycznych i informowali go, kiedy z jakiegoś powodu nie chcemy lub nie możemy ich wypełnić. Powiedzmy, że dziecku został przepisany antybiotyk na silny kaszel, ale przeżywasz męki, wmuszając mu go. Po dwóch dniach wydaje ci się, że dziecko mniej kaszle, więc rezygnujesz z podawania lekarstwa, nie informując o tym lekarza. Następnego dnia gorączka rośnie. Gdybyś zadzwoniła do lekarza i powiedziała, że chcesz odstawić antybiotyk, dowiedziałabyś się, że w pierwszej fazie jego podawania następuje często widoczna poprawa, lecz z chwilą przedwczesnego odstawienia objawy choroby mogą powrócić, i to nasilone. Gdyby lekarz wiedział, jak dziecko reaguje na lek, prawdopodobnie przepisałby go w innej, smaczniejszej postaci.

Mów otwarcie. Stosowanie się do zaleceń lekarza nie oznacza, że matka czy ojciec nie powinni mieć nic do powiedzenia w sprawach zdrowotnych swoich dzieci. Czasami wiedzą lepiej niż lekarz. Niekiedy instynkt rodzicielski równie dokładnie rozpoznaje objawy choroby jak lekarz za pomocą sprzętu medycznego. Jeżeli masz przeczucie, że diagnoza lekarza jest zła lub lekarstwo, które przepisał, jest gorsze od samej choroby, powiedz to głośno, ale nie napastliwym tonem. Uzasadnij swoje stanowisko i zapytaj lekarza o zdanie. Może się czegoś nauczycie od siebie? Mów otwarcie, jeżeli słyszałaś lub czytałaś na przykład o nowym sposobie łagodzenia objawów kolki gazowej, o nowych lekach uodparniających itp. Jeżeli to możliwe, przynieś lekarzowi do przeczytania ten artykuł. Jeżeli będzie to możliwe, z pewnością udzieli ci wyczerpujących wyjaśnień, a jeśli zagadnienie to nie jest mu znane, będzie chciał się czegoś dowiedzieć na ten temat. Zważ jednak, że nie zawsze można polegać na artykułach poświęconych zdrowiu, zwłaszcza przeczytanych w Internecie. Lekarz na pewno pomoże zweryfikować zdobytą przez ciebie wiedzę i oddzielić przydatne porady od bezużytecznych.

Zakończ układ, który jest nie do zniesienia. Nie ma lekarzy doskonałych, podobnie jak nie ma doskonałych rodziców, nawet w najlepszym układzie partnerskim muszą czasem zaistnieć nieporozumienia. Jednak jeśli odnosisz wrażenie, że więcej cię z lekarzem dzieli niż łączy, spróbuj wyjaśnić wszystkie nieporozumienia wprost, zanim się rozstaniecie. Może się okazać, że wkradło się między was jakieś nieporozumienie, a nie poważne różnice. W takiej sytuacji możecie zacząć wszystko od początku. Jeżeli to się nie uda, zacznij rozglądać się za innym, lepszym lekarzem. Nie kończ jednak współpracy z poprzednim, dopóki nie znajdziesz zastępcy. Jeżeli już go znajdziesz, upewnij się, że nowy pediatra dysponuje kompletną kartoteką waszego dziecka.

2
Zakupy dla dziecka

Przez kilka długich miesięcy ciąży trudno ci było oprzeć się pokusie kupienia czegoś dla przyszłego dziecka. Ekscytował cię widok pięknych śpioszków, swetrów, grających zabawek i pluszowych misiów. Teraz, gdy do porodu zostało już kilka tygodni, nie tylko można, ale trzeba rozpocząć zakupy dla przyszłego dziecka. Uważaj jednak, by nie oddać całej inicjatywy jakiejś przemiłej, macierzyńskiej sprzedawczyni, która czeka, by „wcisnąć" ci wszystko, co ma w sklepie. Jako profesjonalistka posiadająca spore doświadczenie w rozmowach z klientami sprawi, że zapomnisz o rzeczach od bratowej. Prezenty wkrótce zaczną napływać, a ty i tak będziesz często nastawiać pranie. Ostatecznie zakupisz więcej ubranek, zabawek czy akcesoriów, niż dziecko wykorzysta – prędzej z nich wyrośnie.

Zanim zaczniesz robić zakupy, zastanów się. Ustal minimalne potrzeby (zawsze możesz coś dokupić później), korzystając z listy zakupów na str. 37, i weź pod uwagę następujące wskazówki:

- Nie kupuj kompletnych wyprawek niemowlęcych proponowanych przez sklep. Każde dziecko jest inne, zatem potrzeby każdego dziecka (i jego rodziców) też są odmienne.

- Spróbuj zaplanować, jak często będziesz robić pranie. Jeżeli codziennie, kup minimalne ilości proponowane na liście; jeżeli zamierzasz prać rzadko, to zaopatrz się w maksymalną ilość bielizny niemowlęcej.

- Z wdzięcznością przyjmuj rzeczy ofiarowane dla przyszłego dziecka przez rodzinę bądź przyjaciół. W pierwszych miesiącach życia maluszka trzeba przebierać dwa, nawet trzy razy dziennie. Rosnące zapotrzebowanie na dziecinne ubranka nie pozostanie bez wpływu na twoje środki finansowe. Nawet jeśli rzeczy po innych dzieciach nie trafiły w twój gust, trzymaj je w pogotowiu na okoliczność, kiedy (ponownie) nie zdążysz z praniem na czas. Sprawdź, co dostałaś lub pożyczyłaś, zanim wybierzesz się na zakupy.

- Jeżeli rodzina lub koleżanki zapytają cię, czego potrzebujesz dla dziecka, nie czuj się zakłopotana i odpowiedz szczerze. Oni też woleliby kupić coś, co potem wykorzystasz, a nie oddasz do sklepu jako rzecz kompletnie nieprzydatną. Na wszelki wypadek zaproponuj im kilka rzeczy w szerokim przedziale cenowym, aby dać swobodę wyboru. Nie sugeruj jednak tej samej rzeczy kilku osobom, a najlepiej sporządź listę potrzebnych ci przedmiotów (patrz ramka na str. 37), dzięki której cały proces dawania i przyjmowania stanie się znacznie prostszym i przyjemniejszym zajęciem.

- Powstrzymaj się przed kupowaniem rzeczy, których jeszcze długo nie będziesz wykorzystywać (wysokie krzesełko do jedzenia, przyrząd ułatwiający chodzenie – tzw. „chodzik", skomplikowane zabawki dla starszych dzieci), piżamki i bluzeczki w różnych rozmiarach. Poczekaj, aż otrzymasz wszystkie prezenty. Później możesz jeszcze raz się zastanowić, ostatecznie ustalić wszystkie potrzeby i dokupić niezbędne rzeczy.

- Najwięcej bielizny kup w rozmiarze na 6–9 miesięcy, możesz kupić także kilka kompletów na trzymiesięczne dziecko i ze dwa takie, które będą pasowały na noworodka. Praktyczniej jest podwijać rękawki i dół kaftaników przez kilka tygodni, bo zanim się obejrzysz, wszystko już będzie dopasowane. Radzimy też przechowywać paragony ze sklepów i nie odwijać wszystkiego z oryginalnych opakowań. W ten sposób będzie ci łatwiej wymienić za małe rzeczy na większe, gdyby okazało się, że dziecko waży już 5 kg w momencie urodzenia. Podobnie, gdybyś urodziła przedwcześnie i noworodek byłby bardzo malutki, część za dużych ubranek można by wymienić na mniejsze. Generalną zasadą jest kupowanie rzeczy przynajmniej o numer za dużych. W razie wątpliwości kupuj rzeczy większe, zgodnie z regułą, że dzieci rosną, a ubranka (jeśli są z bawełny) – kurczą się.

- Miej na uwadze, w jakiej porze roku urodzi się dziecko. Jeżeli będzie to przełom sezonów, większość rzeczy w większym rozmiarze powinna być dostosowana do typowej pogody nadchodzącego sezonu. Jeżeli się nie powstrzymasz i kupisz na wyprzedaży piękną sukieneczkę na upały, w komplecie z kapelusikiem przeciwsłonecznym na roczne dziecko, możesz żałować tego zakupu, jeśli twoja córeczka skończy rok w kwietniu.

- Wybierając ubranie dla dziecka, kieruj się przede wszystkim wygodą, a na drugim miejscu modą. Guziki pod szyją kaftanika mogą być urocze, ale zapinanie ich na wiercącym się dziecku o krótkiej szyi ma już o wiele mniej uroku. Sukieneczka z falbankami i koronkami idealna na dziecięce przyjęcia lepiej wygląda na wieszaku i długo może na nim wisieć, gdy koronki obetrą delikatną skórę małej strojnisi. Zagraniczny komplecik marynarski wygląda elegancko na twoim synku. Gorzej, jeśli musisz mu zmienić pieluchę, a masz do niej niełatwy dostęp.

Kupuj zawsze ubranka wykonane z miękkich, łatwo piorących się materiałów, z zatrzaskami zamiast guzików (guziki są niewygodne i niebezpieczne, gdy znajdą się w buzi niemowlęcia), z dużym otworem na głowę lub z przecięciem zapinanym na zatrzaski. Ważne jest, aby dół śpioszków łatwo się odpinał do zmiany pieluch. Unikaj sznureczków i tasiemek – one także są niebezpieczne (najdłuższe nie powinny mieć więcej niż 15 cm) i mogą drażnić skórę. Ubranka niemowlęce powinny być uszyte z takich materiałów i w taki sposób, aby zapewniały swobodę ruchów i rozciągały się, dopasowując rozmiarem do rosnącego dziecka. W pasie powinna być gumka. Dobrze, gdy spodenki dają się podwijać, jeżeli są za długie. Śpioszki ze „stópkami" powinny być odpowiedniej długości, żeby się nie fałdowały na nóżkach dziecka.

- Jeżeli nie wiesz, jakiej płci będzie twoje dziecko (nie zdecydowałaś się na badanie ultrasonograficzne, które pozwoliłoby to ustalić), nie kupuj wszystkiego w kolorze niebieskim lub różowym, chyba że uwielbiasz któryś z tych kolorów. Zarówno chłopcy, jak dziewczynki ładnie wyglądają w kolorze czerwonym, zielonym lub granatowym. Jeśli zdecydujesz się na zakupy już po narodzinach dziecka, kup delikatne, różowe ubranka dla córeczki lub w kolorze stosownym dla chłopca. W niektórych sklepach można zamówić wyprawkę i odebrać ją po porodzie, kiedy będzie się już można zdecydować na konkretny kolor. Jednak opcja ta sprawdza się, gdy ojciec, babcia lub przyjaciel mogą odebrać zamówienie w trakcie twojego pobytu w szpitalu czy klinice porodowej albo jeśli może ono zostać dostarczone do domu przed twoim powrotem.

- Kupując mebelki dla dziecka, pamiętaj, aby praktyczność i bezpieczeństwo górowały nad stylem. Staroświecka kołyska, kupio-

Lista rzeczy potrzebnych

W zestawie dziecięcych ubranek i akcesoriów niedorzecznym pomysłem byłoby posiadanie trzech wanienek, dwudziestu siedmiu kaftaników dla 3-miesięcznego dziecka lub czterech identycznych nosidełek. A ponieważ twoi znajomi chcieliby obdarować cię prezentami, o jakich marzysz, pomóż zarówno im, jak i sobie w prosty sposób: sporządź listę ewentualnych zakupów. W Stanach Zjednoczonych większość sklepów oferujących rzeczy dla niemowlaków (oraz odpowiednie strony internetowe) prowadzi takie listy; przyszli rodzice otrzymują gotową listę jeszcze przed narodzinami dziecka, ale można ją sporządzić także prywatnie, według własnego uznania. Lista rzeczy potrzebnych doskonale spełnia swą rolę i sprawia, że rodzice dostają to, co chcą otrzymać, nie są podwójnie obdarowywani rzeczami zbędnymi czy bezużytecznymi, a także nie muszą kilka dni po porodzie biegać od sklepu do sklepu, wymieniając czy zwracając niepotrzebne prezenty.

na lub otrzymana w spadku, doda uroku dziecięcemu pokoikowi, ale nie możesz być pewna, czy po długich latach służenia wielu dzieciom jej dno jest jeszcze wystarczająco mocne, by utrzymać twoje maleństwo, albo czy farba, którą jest pomalowana, też nie pochodzi z czasów „antycznych" i nie zawiera szkodliwego ołowiu. Musisz pamiętać, że wiele z przekazywanych z pokolenia na pokolenie używanych łóżeczek i kołysek nie spełnia obecnych norm bezpieczeństwa. Olbrzymi wózek spacerowy może się wszystkim podobać, ale gdy często jeździsz autobusami lub tramwajami, będzie ci wyjątkowo niewygodnie wnosić go do środka, gdy na drugim ręku musisz trzymać dziecko i torbę z zakupami. Patrz str. 47 – zalety sprzętów dziecięcych.

- Z kosmetyków i przyborów toaletowych kupuj tylko te, których naprawdę potrzebujesz (patrz lista na str. 39), a nie wszystko, co zobaczysz. Porównując towary, wybieraj te, które nie zawierają alkoholu wysuszającego skórę dziecka i są pozbawione sztucznych barwników, środków konserwujących i innych chemicznych dodatków.

- Uzupełniając domową apteczkę, zadbaj, żeby na wszelki wypadek znalazło się w niej wszystko, co mogłoby być przydatne w nagłych wypadkach. W przeciwnym razie możesz wpaść w panikę, gdy twoje dziecko obudzi się w środku nocy z temperaturą 40°C, a ty nie masz nic na obniżenie gorączki, lub gdy nie może zasnąć (i ty również) z powodu zatkanego noska, a nie masz w domu małej gruszki do odsysania.

ZESTAW UBRAŃ DLA DZIECKA

W chwili oczekiwania na dziecko, zdecydowanie najwięcej radości sprawią ci zakupy słodkich, maleńkich strojów. Czasem wręcz z wielkim trudem oprzesz się pokusie zapchania szafki noworodka zbyt dużą ilością ślicznej odzieży (szczególnie tej uroczej, ale niepraktycznej). Poniżej znajdziesz ogólne wskazówki, pamiętaj jednak, że możesz potrzebować więcej lub mniej ubrań. Jak dużo chcesz ich mieć – to już zupełnie inna historia...

3–10 koszulek lub ubranek jednoczęściowych: najlepsze są te z rozcięciem na przodzie lub z tyłu, zapinane na zatrzaski: są najłatwiejsze w użyciu. Dopóki pępek się nie zagoi, lepiej by nie ocierał się o zbyt obcisłe ubrania. Zapinane na pupie koszulki typu „body" nie podwijają się i przez to szczelnie zakrywają brzuszek i plecy w zimne dni.

4–7 śpioszków ze stópkami na jesień lub zimę, ale tylko 3 lub 4 na późną wiosnę czy lato. Są szczególnie praktyczne, gdyż zakrywają stopy i gwarantują ciepło małym paluszkom (jak szybko się przekonasz, skarpetki czy buciki rzadko długo zostają na nóżkach). Śpioszki powinny mieć zatrzaski lub zamek błyskawiczny w kroku, co ułatwia dostęp do pupy dziecka – czyli miejsca dość często oglądanego. Jeśli ubranko nie będzie miało takiego zapięcia, trzeba będzie je ściągać i ponownie zakładać przy każdej zmianie pieluchy.

Ubranka dwuczęściowe. Są mniej praktyczne, więc spróbuj je ograniczyć (a nie jest to łatwe) do jednego czy dwóch. Poszukaj takich, w których można połączyć obie części, dzięki czemu spodenki się nie zsuną bez potrzeby, a bluzeczka nie podwinie.

3–6 body (jednoczęściowe, z krótkim rękawkiem, zapinane w kroku, bez nogawek) dla dziecka urodzonego późną wiosną bądź latem.

3–6 koszulek nocnych z gumką na dole. Choć pajacyki doskonale nadają się do spania, niektórzy rodzice wolą przyodziewać swe pociechy w koszulki nocne. Jest to szczególnie praktyczne w pierwszych tygodniach, kiedy dziecko ubrane w koszulkę szybciej można przewinąć. Koszulki sznurowane na dole (większość ma po prostu gumkę) nie powinny być używane dla starszego, bardziej aktywnego niemowlęcia (usunięcie sznureczka usuwa ryzyko zakrztuszenia się czy uduszenia, ale wtedy ubranko będzie się podwijać). W Stanach Zjednoczonych koszulki i pidżamki muszą spełniać federalne standardy odporności na ogień, o czym informuje metka.

2 śpiworki do spania, dla dzieci urodzonych późną jesienią bądź zimą. Sprawią, iż dziecku będzie cieplutko bez poduszeczki czy kocyka (których należy unikać ze względu na ryzyko uduszenia czy wystąpienia zespołu nagłej śmierci niemowlęcia – patrz str. 238). Śpiworków do spania nie powinno się stosować, kiedy dziecko skończy pięć miesięcy.

1–3 sweterki. Na lato wystarczy jeden lekki sweterek, a ciepłe będą potrzebne na zimne dni. Poszukaj takich, które zarówno łatwo się pierze, jak i wkłada oraz ściąga.

1–3 czapeczki. Dzieci urodzone w lecie potrzebują przynajmniej jednej lekkiej czapeczki z rondem do ochrony przed słońcem. Dzieci, które przyszły na świat zimą, muszą być wyposażone w jedną bądź dwie cieplejsze czapeczki (przez głowę człowiek traci najwięcej ciepła, a ponieważ główka dziecka jest nieproporcjonalnie duża w porównaniu z resztą ciała, jego ciało tym bardziej się wychładza). Czapki powinny zakrywać uszka, ale nie mogą być zbyt ciasne.

1 kombinezon lub śpiwór z rękawiczkami, dla dzieci urodzonych późną jesienią lub zimą. Podczas zakupów wybierz kombinezon ze specjalnym otworem, przez który można przełożyć pas bezpieczeństwa w samochodzie. W ten sposób łatwiej dziecko przypiąć do fotela i zapewnić maluchowi bezpieczeństwo nie tylko w trakcie jazdy.

3 zmywalne śliniaczki; nawet zanim wprowadzisz pokarmy stałe do diety niemowlęcia, przydadzą się one, aby chronić ubranko przed zabrudzeniem.

3–4 pary nieprzemakalnych majteczek lub większy zapas ceratek albo suchych pieluch, jeżeli planujesz używać pieluch z tetry. Jeśli zamierzasz używać pieluch jednorazowych, możesz kupić jedną parę majteczek na wszelki wypadek.

BIELIZNA POŚCIELOWA

Nieważne, jakie kolory czy wzorki lubisz – w wypadku bielizny pościelowej istotny jest rozmiar. Prześcieradła i ceraty muszą ściśle pasować do materaca, gdyż zbyt luźne stanowią potencjalne niebezpieczeństwo.

3–4 prześcieradła z gumką do łóżeczka i wózka. Wszystkie prześcieradła powinny być tak dopasowane, aby nie podwijały się samoczynnie. Pomyśl także nad półprześcieradełkami, które przyczepia się do uchwytu wózka i ścieli na dopasowanym prześcieradle. Jeśli dziecko moczy się obficie, łatwiej zmienić mniejsze prześcieradełko niż materiał dobrze przymocowany do materaca. Sprawdzaj, czy półprześcieradło jest odpowiednio przyczepione.

2–6 podkładów z ceraty lub folii do ochrony materacyka w łóżeczku i wózku.

2 pikowane podkłady na materac do łóżeczka (by go chronić). One także powinny dobrze opinać materac.

2 wełniane, łatwe do prania kocyki do przykrycia pościeli w łóżeczku i wózku; świetnie nadają się do wózka lub do przykrycia dziecka w samochodowym foteliku (koniecznie przypiętego pasami i znajdującego się pod nadzorem). Jednak nie powinno się ich używać na noc (zwłaszcza po pierwszym miesiącu), ponieważ zwiększa to ryzyko wystąpienia zespołu nagłej śmierci niemowląt. Lepiej już włożyć dziecko do śpiworka czy włożyć mu ciepłe ciuszki do spania. Jeśli zdecydujesz się na kocyk, powinien być lekki, luźno tkany, bez długich frędzli czy luźnych splotów, które mogłyby zacząć się pruć. Kocyk powinien być wetknięty pod materacyk i sięgać dziecku jedynie do pach. A kiedy malec zacznie się bardziej wiercić (co nastąpi mniej więcej po ukończeniu pierwszego miesiąca, choć niekiedy wcześniej lub później), zrezygnuj z przykrywania go kocykiem do snu.

1–2 kocyki do łóżeczka i wózka. Dla dziecka urodzonego w lecie wystarczy jeden lekki kocyk.

2–3 ręczniki kąpielowe frotté. Najlepsze są z kapturem, gdyż po kąpieli główka dziecka nie zmarznie.

2–3 miękkie myjki.

Kilkanaście kwadratowych pieluch z tetry lub flaneli, które się przydadzą do ochrony twojego ubrania, kiedy po karmieniu będziesz trzymać dziecko na rękach, czekając, aż mu się odbije, do wytarcia buzi i w wielu innych sytuacjach.

2–5 kocyków do zawijania dziecka, w zależności od pory roku. Noworodki uwielbiają być czymś owinięte, a właśnie kocyki są przytulne i wygodne. Na stronie 135 znajdziesz porady, jak bezpiecznie opatulić dziecko.

Pieluchy. Jeśli zamierzasz stosować jednorazowe, kup tylko kilka w najmniejszym rozmiarze i poczekaj do narodzin dziecka. Wtedy będziesz mogła kupić cały zapas, już w odpowiednim rozmiarze. Jeśli będziesz używać tylko pieluch z tetry, które sama zamierzasz prać, kup ich 20–50. Kup też około 20 sztuk jednorazowych (gdy już będziesz znać wielkość dziecka) na wypadek wyjść lub w razie konieczności.

KOSMETYKI I PRZYBORY TOALETOWE

Dzieci same z siebie ładnie pachną, a jeśli chodzi o przybory toaletowe, zwykle im mniej, tym lepiej. Należy zatem kupować produkty zawierające jak najmniej dodatków i substancji zapachowych (skóra dziecka jest bardzo wrażliwa). Warto też pamiętać, że wielu reklamowanych produktów przeznaczonych dla niemowląt nie będziesz w ogóle potrzebować. Nawet niektóre z poniżej wymienionych są jedynie opcjonalne. Przedmioty niezbędne w czasie przewijania niemowlęcia powinny znajdować się tak wysoko nad blatem, aby dziecko nie było w stanie niczego dosięgnąć, jednocześnie tak, abyś ty miała do nich łatwy dostęp.

Mydełko lub płyn do kąpieli dla niemowląt. Powinno się je stosować oszczędnie. Poszukaj jak najbardziej delikatnych.

Szampon dla niemowląt. Powinien być delikatny, nie szczypiący w oczy; dla noworodków wystarczy nie szczypiący w oczy płyn do kąpieli lub mydełko.

Oliwka dla niemowląt. Przydaje się, gdy trzeba delikatnie oczyścić podrażnioną pupę z kupki. Często lekarze zalecają używanie jej w przypadku ciemieniuchy.

Puder (niekoniecznie). Wbrew rozpowszechnionym poglądom, dzieci nie muszą być pudrowane. Można stosować w upalne dni do

> **Uwaga na orzechy!**
>
> Zanim kupisz emulsję do ciała niemowlęcia, przeczytaj uważnie etykietę i sprawdź, czy produkt nie zawiera olejku z orzeszków ziemnych. Badania wykazały, że dzieci (zwłaszcza z problemami skórnymi), które były nacierane takimi emulsjami, częściej zapadały w wieku 2 lat na alergię właśnie na ten rodzaj orzechów. Na szczęście większość emulsji produkowanych w Stanach Zjednoczonych nie zawiera oleju z orzeszków ziemnych, jednak do emulsji wytwarzanych w innych krajach może być on dodawany – jak również do tych, które nie są wyraźnie przeznaczone dla dzieci.

posypywania skóry w pachwinach. Najlepiej używać zwykłej mąki ziemniaczanej, a unikać produktów zawierających talk.

Maść przeciw rumieniowi pieluszkowemu. Poproś lekarza, aby ci doradził, którą stosować.

Wazelina. Służy do natłuszczania termometru w celu zbadania temperatury w odbycie. Nie należy jej stosować w leczeniu rumienia pieluszkowego.

Mokre chusteczki higieniczne. Są pomocne do przecierania skóry podczas zmiany pieluch, do wycierania rąk i w wielu innych sytuacjach, gdy nie ma w pobliżu wody, jednak przez pierwsze tygodnie do pielęgnacji podrażnionej skóry okolic pośladków używaj wacików i czystej wody.

Sterylne gaziki. Do przemywania oczu, opatrywania kikuta pępowiny (nasączone alkoholem) i do wycierania pupy w pierwszych tygodniach życia, gdy wystąpi wysypka.

Nożyczki do obcinania paznokci. Nigdy nie używaj ostrych nożyczek dla dorosłych, gdyż dzieci często się wiercą, łatwo zatem o skaleczenia.

Szczotka do włosów i grzebień. Dziecko, które nie ma włosów, nie będzie ich potrzebować przynajmniej przez kilka miesięcy. Jeśli dziecko ma bardzo dużo włosków, używaj wyłącznie grzebienia o szeroko rozstawionych zębach.

8 agrafek do pieluch (jeśli zamierzasz ich używać). Agrafki o metalowych główkach są lepsze od plastikowych, które często pękają.

APTECZKA

Podane niżej środki powinny zawsze znajdować się pod ręką, nie zwlekaj z ich kupnem do chwili, gdy będą już potrzebne (co zwykle następuje w środku nocy lub zamieci śnieżnej). Poproś lekarza, by polecił ci konkretne preparaty. Co najważniejsze, trzymaj je z dala od dzieci.

Środek w płynie zastępujący aspirynę, np. Panadol dla dzieci.

Maść lub krem z antybiotykiem, na przykład bacytracyna czy neomycyna, na niewielkie ranki i zadrapania.

Woda utleniona do przemywania ran.

Mieszanka tlenku cynku i wody wapiennej lub krem z hydrokortyzonem (krem 0,5%), przeciw ukąszeniom komarów i swędzącej wysypce.

Środek przeciw odwodnieniu (jeśli lekarz zaleci go w leczeniu biegunki).

Krem ochronny z filtrem UV, który obecnie zaleca się nawet dla dzieci poniżej szóstego miesiąca życia, jeśli inne zabezpieczenie przed słońcem nie jest możliwe. Poszukaj specjalnego kremu dla dzieci.

Alkohol do przecierania pępowiny i termometru (nie należy nim nacierać skóry dziecka).

Łyżeczka z miarką, zakraplacz do podawania lekarstw i/lub strzykawka do buzi do podawania leków. (Pierwszeństwo mają miarki dodawane do leków.)

Sterylne bandaże, gaziki i plastry z opatrunkiem różnych rozmiarów i kształtów.

Plaster bez opatrunku, do przymocowania okładu z gazy.

Pinceta do wyciągania drzazg.

Gruszka gumowa do usuwania wydzieliny z nosa (patrz str. 491).

Strzykawka do ucha służąca do wyciągania nagromadzonej woskowiny, jeśli lekarz zaleci jej stosowanie.

Nawilżacz powietrza z ciepłą parą. Jeśli postanowisz kupić nawilżacz, powinien być właśnie taki – nie staroświecki z gorącą parą (który może się stać przyczyną oparzeń) czy z parą zimną (przy którym rozwijają się bakterie i który może rozsiewać zarazki).

Termometr elektroniczny. Amerykańska Akademia Pediatrii (AAP) nie zaleca już szklanych termometrów z rtęcią ze względu na ryzyko kontaktu z tym pierwiastkiem. Termometr do ucha jest mniej dokładny niż termometr pod pachę czy do odbytu. Skroniowe termometry nowszej generacji, które mierzą temperaturę na czole, przeszły testy dokładności z dobrym wynikiem; być może staną się szeroko dostępne i tańsze. (Więcej o termometrach znajdziesz na stronie 503.)

Mała latarka pomocna przy zaglądaniu do gardła czy sprawdzaniu źrenic po urazie głowy (patrz str. 523).

Szpatułka do badania gardła.

Termofor – napełniony ciepłą wodą, położony na brzuszku łagodzi kolkę lub bóle mięśniowe.

NACZYNIA I PRZYBORY DO KARMIENIA

Jeśli zamierzasz karmić butelką lub łączyć karmienie naturalne z butelką, potrzebna ci będzie oczywiście większa liczba wymienionych tutaj rzeczy. Ale nawet kobieta karmiąca wyłącznie piersią powinna się zaopatrzyć, choćby na wszelki wypadek, w kilka z poniższych:

4 butelki o pojemności 150 ml i 10 do 12 butelek 250 ml ze smoczkami, jeżeli będziesz karmić niemowlę wyłącznie z butelki, 4–6 jeżeli będziesz stosować karmienie mieszane, oraz jedną 250 ml w razie konieczności podania butelki dziecku karmionemu wyłącznie piersią. Istnieją trzy rodzaje butelek: tradycyjne, proste; butelki ze zgiętą szyjką, które zostały tak zaprojektowane, by dziecko połykało jak najmniej powietrza, a to dzięki smoczkowi napełnionemu płynem (im mniej połkniętego powietrza, tym mniej gazów; zdaniem niektórych, taki kształt butelki wpływa na mniejsze ryzyko infekcji ucha, gdyż dziecko jest zmuszone do utrzymywania bardziej wyprostowanej pozycji w czasie karmienia); oraz jednorazowe, które składają się ze stałego szkieletu i wymiennych woreczków, które zapadają się w czasie karmienia, minimalizując możliwość połknięcia powietrza.

Smoczki mają różnorodne kształty (w tym ortodontyczny lub o szerokiej podstawie, upodobniony do sutka matki) i różnej wielkości otwory (mniejsze dla noworodków, większe dla starszych niemowląt). Silikonowe smoczki są bezwonne i neutralne w smaku, nie kleją się, nadają się do mycia w zmywarce i są przezroczyste (możesz zobaczyć, czy są czyste). Wypróbuj kilka rodzajów i zobacz, który najbardziej odpowiada twojemu dziecku.

Naczynia i przybory do sporządzania mieszanek, jeżeli karmisz butelką. To, jakie dokładnie przybory będą ci potrzebne, zależy od rodzaju stosowanego preparatu. Niemniej na liście zakupów zwykle powinny się znaleźć: szczotki do mycia butelek i smoczków, naczynie z miarką, kubek z miarką, ewentualnie otwieracz do konserw, długa łyżka do mieszania; pojemnik do zmywarki, by wszystkie te drobne przybory nie poprzewracały się i nie pospadały w trakcie mycia.

Urządzenie do ściągania pokarmu, jeśli karmisz piersią i planujesz ściągać pokarm, aby ktoś inny mógł nakarmić dziecko w czasie, gdy będziesz w pracy lub wyjdziesz na kilka godzin. Na stronie 141 znajdziesz informacje o rodzajach odciągaczy i wskazówki, które pomogą ci dokonać wyboru.

Smoczek gryzaczek, jeżeli zdecydujesz się podawać go dziecku. Nie nadaje się do karmienia, ale zaspokaja potrzebę ssania, gdy dziecko nie jest głodne. Powinien być mocny, z otworami odpowietrzającymi i o kształcie zalecanym przez ortodontów. Podobnie jak smoczki na butelkę, te też bywają wykonane z silikonu.

Uwaga: Nigdy nie zawieszaj smoczka na tasiemce dłuższej niż 15 cm.

Umeblowanie: potrzebne i przyjemne

Potrzeby dziecka są proste: para kochających rąk, którymi będzie tulone i kołysane; para piersi (lub butelka) do karmienia i spokojne, bezpieczne otoczenie. Tak naprawdę mnogość produktów, mebli czy akcesoriów reklamowanych dla pokoiku dziecięcego nie jest nawet potrzebna. Ale wiele rzeczy trzeba będzie kupić, aby dobrze wyposażyć nowy pokój dla dziecka. Wystrój nie będzie miał większego znaczenia dla młodego mieszkańca (przynajmniej na początku). I choć pewnie ty spędzisz przy łóżeczku wiele godzin, maluchowi jest wszystko jedno, czy wzorek będzie w skaczące króliczki czy spadające gwiazdki albo czy tapeta pasuje do pościeli. Ważne natomiast, by pokoik był dla dziecka bezpiecznym i spokojnym światem. Oznacza to, że (między innymi) łóżeczko powinno spełniać wymogi bezpieczeństwa, ochraniacz powinien być dobrze dopasowany, przewijaczka – stabilna, a farby pokrywające meble i ściany nie mogą zawierać ołowiu. Choć podczas zakupów możesz kierować się gustem (oraz oczywiście zasobnością portfela), przede wszystkim musisz wybierać to, co jest najbezpieczniejsze i najbardziej wydajne.

Sprawdź, czy sprzęty i przedmioty, z którymi styka się dziecko, nie są pomalowane farbami zawierającymi ołów. Wybieraj wszystko o mocnej konstrukcji, gładkich krawędziach i zaokrąglonych rogach. Unikaj: ostrych krawędzi, małych części, które mogą się ukruszyć, odstających zawiasów lub sprężyn, luźnych pasków i tasiemek. Zawsze użytkuj te sprzęty zgodnie z instrukcją producenta i regularnie sprawdzaj łóżeczko, wózek i kojec, czy nie obluzowały się śruby i uchwyty, czy nie przetarły się podtrzymujące paski i czy nie ma innych oznak zużycia.

Łóżeczko. Będzie to jeden z najważniejszych mebli, które kupisz. Musi być bezpieczne, wygodne, praktyczne i wytrzymałe, by twoje dziecko mogło w nim spać przez dwa, trzy lata i być może nadawało się do użytku dla następnych dzieci. Istnieją dwa podstawowe rodzaje łóżeczek: s t a n d a r d o w e, z opuszczanym bokiem, dzięki czemu łatwiej jest wyjąć dziecko, oraz w i e l o f u n k c y j n e, które teoretycznie będzie „rosło razem z twoim dzieckiem" aż do wieku nastoletniego (jeśli tyle przetrwa). Łóżeczka takie można stopniowo dopasowywać do potrzeb rosnącego dziecka, a potem przekształcić w zwykłe łóżko.

Kup takie, które posiada atest i spełnia następujące wymogi bezpieczeństwa: rozstaw szczebelków nie większy niż 6 cm, równe i nie popękane części drewniane, możliwość ustawiania dna łóżeczka na różnej wysokości, zabezpieczenie metalowych części i śrub (wpuszczone w drewno lub zakryte plastikowymi osłonkami), bezpieczny mechanizm otwierający; brak ostrych kantów czy wystających metalowych części.

Sprawdź, czy materac leży na metalowym podłożu, które lepiej zabezpieczy skaczącego "pełzaka" niż podłoże drewniane, czy można je obniżyć, gdy dziecko urośnie, czy łóżeczko ma kółka (z blokadą), które sprawiają, że jest bardziej mobilne, oraz czy górny brzeg ma plastikową osłonkę, by dziecko nie żuło drewna.

Nie używaj staroświeckich łóżeczek ani takich, które mają ponad 10 lat. Stare (zwłaszcza wykonane przez 1973 rokiem, ale czasem nawet te z lat osiemdziesiątych i dziewięćdziesiątych) mogą być urocze czy budzić wspomnienia, jednak nie spełniają obecnych wymogów bezpieczeństwa. Mogą mieć zbyt szeroko rozstawione szczebelki, pęknięcia i wystające drzazgi, a także być pomalowane farbą zawierającą ołów lub posiadać jakiekolwiek inne wady.

Materac. Ponieważ dziecko będzie spać 12 do 16 godzin dziennie (lub więcej), należy wybrać taki materac, który nie tylko jest bezpieczny i wygodny, lecz również odznacza się dobrą jakością. Są dwa rodzaje materaców: sprężynowe oraz piankowe. Materac sprężynowy jest cięższy od piankowego i zwykle bardziej trwały, a ponieważ nie odkształca się, stanowi lepsze wsparcie. Niestety, jest on droższy od piankowego. Dobrą (choć nie bezwzględną) przesłanką, którą warto się kierować przy kupowaniu materaca, jest liczba sprężyn. Im więcej sprężyn (zwykle około 150 i więcej) tym materac będzie twardszy (lepszy jakościowo i bezpieczniejszy). Natomiast materace piankowe, wykonane z poliestru lub polietylenu, są lżejsze niż sprężynowe (dzięki czemu częsta zmiana pościeli jest znacznie łatwiejsza). Materac z gęstszą pianką będzie stanowić lepsze wsparcie i będzie bezpieczniejszy dla dziecka – pamiętaj o tym podczas zakupów. Ale ważniejsza niż rodzaj materaca jest jego twardość i to, by był dobrze dopasowany do łóżeczka – odstęp pomiędzy materacem a ramą nie może wynosić więcej niż szerokość dwóch palców dorosłego człowieka.

Ochraniacz łóżeczka. Może być w różowo--białą krateczkę, w Puchatki, w kolorowe ciuchcie, delikatne kwiatki i mnóstwo innych wzorków – rodzice mogą wybrać taki, który najbardziej odpowiada ich gustom i pasuje do wystroju pokoiku dziecięcego. Jednak choć ochraniacz może ci się podobać ze względu na wartość estetyczną, nie jest niezbędny. Dziecku nic się nie stanie, jeśli jego rączka czy nóżka na moment utknie między szczebelkami, choć ochraniacz rzeczywiście może temu zapobiec. Wybór wzoru należy do ciebie, ale zwróć uwagę, by ochraniacz był dobrze dopasowany do całego obwodu wewnętrznego łóżeczka. Powinien mieć przynajmniej sześć wiązań czy zatrzasków, za pomocą których mocuje się go do szczebelków. Sznureczki wiązań nie powinny być dłuższe niż 15 cm, aby wyeliminować ryzyko uduszenia.

W większości sklepów z mebelkami dla dzieci ochraniacze sprzedawane są w komplecie z łóżeczkiem, razem z pościelą i kapą. Choć wydaje się, że elementy zestawu świetnie ze sobą współgrają, pamiętaj jednak, że stosowanie kapy do przykrywania dziecka nie jest najlepszym pomysłem. Nie wolno wkładać do łóżeczka miękkich pościeli, poduszeczek czy puchatych kocyków, gdyż zwiększają ryzyko uduszenia oraz wystąpienia zespołu nagłej śmierci niemowlęcia (patrz strona 238). Kapami czy poduszkami można udekorować inne części pokoiku, zachowując je na porę, gdy dziecko dorośnie do spania w łóżku.

Składane łóżeczko dla noworodka lub kołyska. Choć nie są niezbędne (używa się ich tylko przez cztery pierwsze miesiące, więc można ich nie kupować i od razu położyć dziecko w łóżeczku), należą jednak do rzeczy przyjemnych. Dziecko będzie się w nich dobrze czuło, a dla ciebie są wygodne. Inną zaletą małego łóżeczka jest to, że zwykle jest podobnej wysokości co łóżko, dzięki czemu można, nie wstając z łóżka, pogłaskać maleństwo, uspokoić je (czy wyciągnąć) w środku nocy bez konieczności wstawania. Łóżeczka te są na tyle lekkie, że można je przestawiać z jednego pokoju do drugiego, a niektóre nadają się – po złożeniu – do zabrania w podróż. Kołyski są mniej mobilne. Wpływają one uspokajająco na dziecko, kołysząc się z boku na bok (przy czym większość ekspertów jest zdania, że lepszy jest kierunek kołysania od stóp do głowy, jak fotel bujany, nie zaś z boku na bok). Na rynku są dostępne łóżeczka dla noworodków wyposażone w urządzenie wywołujące wibracje, które mają działać usypiająco. Rozejrzyj się za modelem posiadającym zabezpieczenie, które zapobiega przemieszczaniu się mebelka w trakcie snu dziecka. Kupując łóżeczko dla noworodka czy kołyskę, unikaj staroci czy rodzinnych „spadków", gdyż takie sprzęty mogą nie być bezpieczne. Sprawdź, czy rama jest solidna i trwała oraz czy jej wielkość będzie odpowiednia dla dziecka, czy materac jest twardy i dobrze pasuje, czy boki nie są giętkie lub zbyt miękkie, a także, czy mebelek spełnia wszystkie obecne wymogi bezpieczeństwa. Boki małego łóżeczka powinny mieć wysokość przynajmniej 20 cm (mierząc od materaca wzwyż). Lepiej, by łóżko miało kółka – a jeśli je ma, sprawdź, czy mogą zostać unieruchomione za pomocą blokady. Wybierając model składany, naucz się dobrze blokować nóżki. Jeśli ma także baldachimek, upewnij się, że bez trudu można go odsłonić, co ułatwia układanie śpiącego niemowlaka. Niektóre łóżeczka dla noworodków przekształca się w takie, które można dostawić do łóżka matki (patrz poniżej).

Łóżeczko dostawiane do łóżka matki. Może nie jest konieczne, jest jednak bardzo wygodne, gdy zamierzasz spać przy dziecku, karmisz piersią czy po prostu chciałabyś w nocy sięgnąć ręką, aby dotknąć swojego maleństwa. Dostawiane łóżeczko ma z trzech stron wysokie, miękkie obramowanie, natomiast jeden bok jest otwarty i przylega do materaca twojego łóżka. Wysokość tego mebla jest dopasowana do wysokości łóżka dla dorosłych, dzięki czemu można łatwo dosięgnąć dziecka.

Blat do przewijania. Przez pierwszy rok życia twojego maleństwa przyjdzie ci zmienić w przybliżeniu 2500 pieluch (bez prawa wpisu do *Księgi rekordów Guinnessa*). Mając w pamięci tę zdumiewającą liczbę, warto zorganizować sobie wygodne miejsce do zmieniania pieluch – kąt, który jest bezpieczny, wygodny oraz łatwy w utrzymaniu czystości. Choć przyjemnie jest kupić blat specjalnie zaprojektowany do przewijania dziecka, nie jest on niezbędny. Można do tego celu przystosować zwykłą toaletkę czy stolik. W takim wypadku musisz dokupić gruby podkład z paskiem mocującym do blatu stolika, dzięki czemu dziecko będzie bezpieczne i swobodne. Wysokość blatu do przewijania powinna być wygodna dla ciebie (bądź innej osoby przewijającej dziecko), a podkład nie może się ześlizgnąć z blatu podczas przebierania wiercącego się niemowlęcia.

Jeśli planujesz kupno blatu, staniesz przed wyborem: *blat wolno stojący* (poszukaj takiego, który ma solidne, stabilne nogi, balustradę ochronną, paski zabezpieczające, zmywalną powierzchnię, podręczny pojemnik na pieluchy, pojemnik na przybory toaletowe znajdujący się poza zasięgiem dziecka) lub *połączenie szafki z ponadwymiarowym składanym blatem z podkładem*. Jeśli używasz składanego blatu, nie kładź dziecka na brzegu, gdyż wówczas cała szafka może się wywrócić. Kieruj się podobną zasadą, jak przy kupowaniu blatu wolno stojącego: solidne wykonanie, paski zabezpieczające, zmywalna powierzchnia, odpowiednie miejsce do przechowywania pieluch, wilgotnych chusteczek, kremów i innych akcesoriów.

Decydując się na osobną przewijaczkę, należy się zaopatrzyć w komodę lub inne miejsce na ubranka dziecka.

Pojemnik na brudne pieluchy. Choć pupka niemowlęcia jest słodka i kochana, to, co z niej wychodzi, już raczej takie nie jest. Ale od czego są pieluchy! A do brudnych pieluch potrzebny jest pojemnik, który usunie z pola widzenia i przechowa „dowody rzeczowe" (oraz nieprzyjemny zapach). Jeśli korzystasz z pieluch jednorazowych, możesz zaopatrzyć się w ładny kosz z plastikowym workiem, w którym pieluchy będą szczelnie zamknięte, nie wydzielając przykrej woni. Albo rozejrzyj się za wiaderkiem, do którego pasują zwykłe worki na śmieci, gdyż specjalne wkłady są dość drogie. Niezależnie od tego, z jakiego pojemnika korzystasz, musisz go dość często opróżniać (pamiętaj, że zapach długo przechowywanych brudnych pieluch jest naprawdę nieprzyjemny). Do pieluch tetrowych lepiej wybrać pojemnik, który łatwo się myje i ma pokrywę na tyle mocno zamykaną, by raczkujące niemowlę nie mogło go otworzyć.

Wanienka do kąpania niemowlęcia. Mokre noworodki są śliskie, a zarazem ruchliwe. Z tego powodu nawet najbardziej opanowani denerwują się podczas pierwszej kąpieli. Aby kąpiel mogła być przyjemnością, kup lub pożycz wanienkę dla niemowlęcia – większość pasuje do kształtu ciała małego dziecka i pomaga w kąpieli, jednocześnie zapobiegając ześlizgnięciu się maleństwa pod wodę. Wanienki są przeróżne: plastikowe, z piankową poduszeczką, z siatkowym nosidełkiem i tak dalej. Niektóre "rosną" razem z dzieckiem przez pierwsze dwa lata; wówczas wanienkę wkłada się do dużej wanny. Przy kupowaniu wanienki należy rozejrzeć się za taką, której dno nie jest śliskie, a brzegi są gładkie, zaokrąglone. Po napełnieniu wodą (i włożeniu dziecka) wanienka powinna zachowywać swój pierwotny kształt. Łatwo się ją czyści, jest obszerna (dość duża, by kąpać w niej cztero- lub pięciomiesięczne dziecko). Musi mieć wsparcie dla główki i ramionek maleństwa, być łatwa w przenoszeniu, a jeśli jest wyposażona w piankową poduszkę, powinna być ona odporna na pleśń. Zamiast wanienki można kupić grubą gąbkę ukształtowaną tak, by pasowała do ciała niemowlęcia, i kąpać je w dużej wannie.

Leżaczek. Kołyszące się leżaczki, wyposażone w uchwyty z zabawkami (zaprojektowanymi specjalnie dla dzieci w wieku od 8 do 9 miesięcy) stanowią niezastąpione wyposażenie dla rodziców niemowląt nie tylko dlatego, że uspokajają marudne dziecko, ale także że dają rodzicom chwilę wytchnienia. Dzięki takiemu leżaczkowi dziecko może bezpiecznie być obok matki czy ojca (ale nie na jego rękach), podczas gdy ci zajmują się gotowaniem, składaniem prania, pracą na komputerze, biorą prysznic czy robią cokolwiek innego. A ponieważ takie leżaczki są leciutkie i zajmują mało miejsca, można je łatwo przenosić z miejsca na miejsce. Natomiast dziecku będzie przyjemnie z główką ułożoną wyżej obserwować rodziców (ulubiony widok maluszków) w trakcie ich zajęć codziennych.

Są dwa podstawowe rodzaje leżaczków dla dzieci: *lekkie* (znane także jako leżaczki bujane, gdyż ciężar ciała i ruch dziecka wprawia je w kołysanie), które mają giętką ramę z naciągniętym na nią materiałem; oraz *sztywne*, na baterię, z włącznikiem wibrowania. Oba rodzaje zwykle wyposażone są w budkę chroniącą dziecko przed słońcem (rzecz przydatna, jeśli będziesz korzystać z tego sprzętu na dworze) oraz przypinany uchwyt z zabawkami ku dodatkowej ucieszę i zabawie dziecka. Niektóre modele mają wmontowany głośniczek odtwarzający melodyjki i dźwięki. Są nawet i takie, które składają się w podróżne łóżeczko, a jeszcze inne można zamienić w krzesełko dla nieco starszego niemowlęcia.

Leżaczek powinien mieć sztywne oparcie, mocną, stabilną podstawę i paski do przypinania dziecka, jeden między nóżkami, a drugi w pasie. Wybierz model lekki, wygodny do przenoszenia, a jeśli działa na baterie, to powinien mieć funkcję przyspieszania i zwalniania wibracji. Nigdy nie zostawiaj niemowlęcia w leżaczku stojącym na stole, blatach mebli lub zbyt blisko ściany. Dziecko zawsze powinno być dokładnie przypięte. Nie noś leżaczka wraz z dzieckiem i nigdy nie używaj jako fotelika do samochodu.

Fotele bujane, fotele na szynach. Tradycyjny fotel bujany używany jest od lat, jednak w ostatnich latach wypiera go coraz bardziej popularny fotel na szynach. Szyny umożliwiają wprawienie fotela w ruch posuwisty, łagodnie "kołysząc" matkę z dzieckiem do przodu i do tyłu. Takie fotele zapewniają większe bezpieczeństwo, gdyż nie mają biegunów, pod które niemowlę może się dostać. I choć nie należą do mebli, które należy koniecznie posiadać, wielu rodziców uważa, że są niezwykle przydatne do karmienia czy uspokajania maleństwa. Fotele na szynach sprzedawane są zwykle wraz z podnóżkiem zapewniającym zmęczonym stopom wygodny odpoczynek. Zaletą takiego fotela jest możliwość korzystania z niego także później, nawet gdy dziecko podrośnie (można mu czytać w nim książeczki, oglądać telewizję itd.). Fotele na szynach są różne; większość ma poduszki w oparciu i siedzeniu, część ma podpórki pod ramiona (świetna rzecz dla zmęczonych rąk). Wypróbuj fotel przed dokonaniem zakupu i poszukaj takiego, w którym będzie ci najwygodniej.

Elektroniczna niania. Urządzenie to pozwala rodzicom sprawować kontrolę nad śpiącym maleństwem bez konieczności stania nad łóżeczkiem (choć przez pierwsze kilka tygodni z pewnością wiele się nad nim nastoicie). Spisuje się świetnie, jeśli pokoik dziecięcy ulokowany jest poza zasięgiem słuchu lub z dala od sypialni rodziców. W ciągu dnia elektroniczna niania pozwala swobodnie wykonywać prace domowe, kiedy dziecko śpi, natomiast w nocy można przebywać w innym pokoju, a mimo to słyszeć, kiedy niemowlę obudzi się do karmienia.

Są dwa rodzaje elektronicznych niań: audio oraz audio-wideo. Podstawowe, czyli *audio*, transmitują sam dźwięk. Nadajnik umieszcza się w pokoju dziecinnym, natomiast odbiornik nie musi być włączony do gniazdka w pokoju, w którym się znajdujesz, ale dzięki bateriom możesz go zawsze mieć przy sobie. Niektóre elektroniczne nianie są wyposażone w dwa odbiorniki, aby oboje rodzice mogli je słyszeć (jeden umieszczasz na przykład w sypialni, a drugi w kuchni). Dodatkowym udogodnieniem urządzeń typu audio jest funkcja „dźwięk i światło", czyli za sprawą wyświetlacza z diodą elektroluminescencyjną można „zobaczyć" poziom dźwięku, jaki wydaje dziecko. Modele *audio-wideo* natomiast pozwalają widzieć i słyszeć dziecko na ekranie TV za sprawą niewielkiej kamery umieszczonej w pobliżu łóżeczka dziecka. Najnowsza technika umożliwia obserwację dziecka w podczerwieni, nawet gdy w jego pokoiku jest ciemno.

Zanim wybierzesz elektroniczną nianię, musisz zdecydować, czy potrzebny ci jest model wykorzystujący niską częstotliwość (49 MHz) czy wysoką (900 MHz). Jeśli mieszkasz w wysokim bloku lub terenie gęsto zaludnionym, istnieje prawdopodobieństwo, że przy korzystaniu z urządzenia z niską częstotliwością narażona będziesz na zakłócenia z powodu włączonych telefonów komórkowych, telefonów bezprzewodowych bądź odbiorników radiowych. Wybierz więc lepiej model z częstotliwością 900 MHz (czy bardziej nowoczesny 2,4 GHz, dający czystszy dźwięk) oraz posiadający większą liczbę kanałów (byś mogła zmienić kanał, jeśli zamiast płaczu dziecka odbierasz równie „interesującą" rozmowę telefoniczną sąsiada). Dobrze, by urządzenie działało i na prąd, i na baterie, wskazywało poziom zużycia baterii, umożliwiało pogłośnienie czy wyciszenie (dając ci wybór, czy chcesz słyszeć każdy oddech dziecka, czy tylko jego płacz), było bezpieczne (bez wystających części grożących porażeniem prądem) i niewielkich rozmiarów. Pamiętaj, że zarówno nadajnik, jak i odbiornik należy trzymać poza zasięgiem rączek niemowląt (jak i starszych dzieci).

Huśtawka. Na pytanie, jaki jest najlepszy sprzęt kupiony dla dziecka, większość rodziców odpowie: huśtawka. Staje się cudownym urządzeniem, gdy trzeba uspokoić marudne dziecko, a przy tym daje rodzicom chwilę odpoczynku od kołysania niemowlęcia w ramionach. (Są jednak dzieci, które nie lubią huśtania i wcale ich ono nie uspokaja; przed dokonaniem zakupu sprawdź u przyjaciół lub w sklepie, jak będzie w waszym przypadku.) Huśtawki mają mechanizm kołyszący albo działają na baterie (ten drugi rodzaj docenisz, jeśli okaże się, że twój syn czy córeczka uwielbia się huśtać). Istnieją też huśtawki przenośne, lekkie i łatwe w transporcie (na wypadek gdyby dziecko miało ochotę się pohuśtać podczas wizyty u babci). Wybierz taką huśtawkę, która ma solidną ramę, szeroką podstawę, zabezpieczenia, gładkie powierzchnie bez ostrych krawędzi i małych, łamliwych części; zwróć uwagę, czy zawiasy znajdują się poza zasięgiem małych paluszków, czy huśtawka ma oparcie półleżące dla małego dziecka, blacik do zabawy, zmienną prędkość kołysania, cichy silniczek lub mechanizm kołyszący, a także łatwy dostęp do przebywającego na niej dziecka. Sprawdź przede wszystkim, czy huśtawka nadaje się dla niemowląt poniżej 6 tygodnia życia (niektóre się nie nadają). Zrezygnuj z używania huśtawki, kiedy malec będzie ważył 7–9 kg (sprawdź zalecenia producenta co do masy ciała dziecka). Nigdy nie pozostawiaj dziecka bez nadzoru – maluch może się kołysać wyłącznie wtedy, gdy znajduje się w tym samym pokoju co ty. Ogranicz czas jej używania, zwłaszcza przy szybkim huśtaniu; niektórym dzieciom może się od tego zakręcić w głowie.

Lampka nocna. Dobrze by było mieć w dziecięcym pokoiku lampkę nocną lub zwykłą lampkę z przygaszaczem. Kiedy będziesz wstawała na nocne karmienie, lepiej mieć ją pod ręką. W ten sposób nie tylko ustrzeżesz się przed potknięciem o pozostawioną na środku pokoju żyrafkę, ale przede wszystkim nie będziesz musiała zapalać ostrego światła, które drażni ciebie i dziecko i utrudnia powrót do krainy snu. Poszukaj lampki z wtyczką, którą można bezpiecznie zostawić włączoną, pamiętaj też, by kontakt znajdował się poza zasięgiem dziecka.

Łóżeczko podróżne. Jeśli planujesz częste podróże w miejsca, w których taki sprzęt nie jest zapewniony (lub obawiasz się, że nie spełnia on przepisów bezpieczeństwa), rozważ kupno łóżeczka podróżnego. Są mniejsze od normalnych, łatwo się składają, mieszczą się w bagażniku, a wykonane są z drewna, plastiku lub mają siatki po bokach. Przy kupowaniu kieruj się zasadą: łatwe składanie, przechowywanie, przenoszenie. Więcej o kwestii bezpieczeństwa patrz str. 57.

Sprzęty używane poza domem

Ponieważ nie będziesz przebywać w domu przez cały czas – nawet jeśli nie planujesz powrotu do pracy – musisz kupić (przynajmniej) wózek i fotelik samochodowy, by móc zabierać dziecko ze sobą. Podobnie jak przy urządzaniu pokoiku dziecięcego, sklepy oferują ogromny wybór sprzętów do używania poza domem, które różnią się stylem, kolorem, wykończeniem i dodatkami. A ty znów musisz przy wyborze kierować się względami bezpieczeństwa i wygody, no i oczywiście zasobnością portfela. Przy zakupach powinnaś także wziąć pod uwagę swój styl życia. (Czy często jeździsz samochodem? Czy na zakupy do sklepu spożywczego chodzisz na piechotę? Czy będziesz co dzień korzystać wraz z dzieckiem z autobusów?)

Sprzęt, który ma służyć dziecku, powinien być przede wszystkim bezpieczny i wyposażony w odpowiednie zapięcia w kroku oraz w pasie. Unikaj przedmiotów o chropowatej powierzchni, z ostrymi elementami czy małymi częściami, które mogą się odłamać; sprawdź, czy nie mają wystających zawiasów lub sprężyn, doczepionych sznurków, przewodów bądź wstążek. Przy używaniu i czyszczeniu stosuj się ściśle do zaleceń producenta. Regularnie sprawdzaj wózki, foteliki i wszystkie inne urządzenia, czy nie poluzowały się śrubki, paski nie wytarły, a oparcia nie popękały (bądź czy nie pojawiły się inne ślady zużycia).

Wózek lub spacerówka. Dobry wózek (czy spacerówka) może naprawdę ułatwić życie. Czas spędzony na przysłowiowym spacerze w parku, a także slalom między stoiskami w sklepach okaże się znacznie łatwiejszy do zniesienia i mniej wyczerpujący. Jednak przeglądanie ogromnej liczby wózków znajdujących się w ofercie, najdelikatniej mówiąc, przyprawia o zawrót głowy. Dzieje się tak, ponieważ istnieje mnóstwo rodzajów wózków i spacerówek oraz kombinacji „dwa w jednym" czy nawet „trzy w jednym". Przy wyborze należy się więc kierować stylem życia. Czy będziesz chodzić z dzieckiem na długie, spokojne spacery w cichej podmiejskiej dzielnicy (albo po parku)? A może zamierzasz biegać wraz z wózkiem po ścieżkach zdrowia? Czy często wsiadasz do samochodu? Albo czy często wspinasz się po schodkach tramwajów, autobusów lub stacji metra? Czy najczęściej będziesz odbywać krótki spacerek do sklepu za rogiem? A może masz zamiar wybierać się w długie podróże pociągami i samolotami? Czy będziesz w domu z dzieckiem, które nawet i tu lubi przebywać w wózku? Czy jesteś bardzo wysoka lub bardzo niska (a może twój mąż jest)? Czy mieszkasz w parterowym domku, w wieżowcu z windą czy do twojego mieszkania trzeba się wspinać po schodach? Kiedy już odpowiesz sobie na powyższe pytania, będziesz umiała dokonać właściwego wyboru. W zależności od sytuacji finansowej możesz także rozważyć kupno więcej niż jednego wózka – dla własnej wygody. Typowe wózki i spacerówki to:

- *Klasyczny wózek.* Jest uważany za „mercedesa" wśród wózków. Ten wózek typu angielskiego jest niezwykle podobny do wózka, jakiego używała twoja babcia. Wózki klasyczne są zwykle bardzo solidne, mają duże (nie okręcające się), gładko sunące po powierzchni kółka, zawieszenie łagodzące wstrząsy oraz elegancką budkę. Zazwyczaj są wykonane z dobrego materiału. Gondola wózka jest najczęściej przypięta do zawieszenia (toteż może służyć jako łóżeczko podróżne), a dziecko leży zwrócone twarzą do osoby prowadzącej. Klasyczne wózki są ciężkie (ważą około 18 kg), bardzo trwałe (będą służyć wszystkim twym dzieciom) i zwykle drogie. Stanowią świetny wybór dla matki, która często chodzi na długie spacery ze swą pociechą i nie musi pokonywać wielu schodów w drodze do domu.

- *Wózek-spacerówka w jednym.* Ponieważ tylko płaskie wózki lub spacerówki rozkładające się na płasko nadają się dla dziecka poniżej trzeciego miesiąca życia, połączenie wózka ze spacerówką stanowi świetną opcję dla rodziców pragnących mieć coś, co łączy solidność i wygodę wózka z wygodą i skrętnością spacerówki. Modele „dwa w jednym" mają oparcie, które można całkowicie opuścić, tak by powstała płaska powierzchnia. A kiedy maleństwo nieco podrośnie (czyli gdy osiągnie wiek 4–6 miesięcy), przekłada się uchwyt, podnosi oparcie i *voilà!*, otrzymujemy spacerówkę, w której dziecko jedzie zwrócone twarzą do kierunku jazdy. Większość modeli jest składana i choć są cięższe oraz bardziej nieporęczne niż średnie spacerówki (patrz niżej), są także bardzo trwałe, mogą zatem służyć przez wiele lat (wielu dzieciom, jeśli planujesz je mieć).

- *Standardowa spacerówka średniej wielkości.* Wózki te zostały tak opracowane, by były poręczne i składały się do niewielkich wymiarów. Najczęściej wykonano je z aluminium (zwykle ważą nie więcej niż 7 kg), są solidne i łatwo się je składa. Mają opuszczane oparcie, a dziecko nie odczuwa nierówności terenu. Choć są cięższe i bardziej nieporęczne w podróży (czy przy wsiadaniu i wysiadaniu z tramwajów, autobusów bądź metra) niż „parasolki" (patrz niżej), stanowią dobre rozwiązanie dla rodziców ceniących trwałość i wygodę.

- *„Parasolka".* Spacerówki te (nazywane „parasolkami" z powodu ich zagiętych uchwytów) są leciutkie (zwykle ważą między 2 a 6,5 kg) i niezwykle łatwo się je składa. Po złożeniu zajmują bardzo mało miejsca, dzięki czemu łatwo się je przenosi oraz przechowuje. Ponieważ większość nie ma opuszczanego oparcia ani poduszeczek i podpórek, nie nadają się dla małych dzieci, lecz stanowią doskonałe rozwiązanie dla nieco starszych pociech, zwłaszcza podczas podróży, przy korzystaniu z transportu publicznego czy przy częstym wsiadaniu do samochodu. Możesz poczekać z kupnem

„parasolki" do chwili, gdy dziecko będzie na tyle duże, aby z niej korzystać. Świetnym natomiast dodatkiem do takiego wózka jest podpórka, dzięki której obładowana torbami z zakupami „parasolka" nie przewróci się, gdy wyciągniesz z niej dziecko.

- *Fotelik na kółkach.* Jest połączeniem fotelika samochodowego i spacerówki. Podstawę stanowi typowa spacerówka, na którą można wpiąć fotelik samochodowy. Rodzice cenią sobie takie rozwiązanie głównie za to, że umożliwia przeniesienie śpiącego dziecka z samochodu do wózka bez konieczności budzenia go. A kiedy malec wyrośnie już z fotelika dla niemowląt, podstawy można nadal używać osobno, jako normalnej spacerówki, identycznej jak opisana powyżej, standardowa, średniej wielkości spacerówka. Takie foteliki na kółkach są zwykle nieco cięższe od typowej spacerówki (mimo że sama podstawa najczęściej nie jest tak solidna), lecz stanowią udogodnienie dla tych, którym zależy na komfortowym podróżowaniu samochodem. Można kupić także lekkie ramy na kółkach, umożliwiające przypięcie każdego fotelika samochodowego, lecz te – choć mają zalety nieco cięższych fotelików na kółkach – nie mogą być używane jako samodzielne spacerówki, kiedy dziecko wyrośnie z fotelika dla najmłodszych.

- *Spacerówka do biegania* (tzw. „trójkołowiec"). Jeśli poszukujesz sposobu, by nie rezygnując z towarzystwa dziecka, jak najszybciej powrócić do formy, lub jesteś zwolenniczką joggingu czy długich spacerów za miasto, taka spacerówka będzie dla ciebie najlepszym wyjściem. Ma ona trzy duże kółka, doskonałe zawieszenie amortyzujące wszelkie wstrząsy i jest lekka. Wiele takich wózków ma hamulec ręczny, paski na nadgarstki oraz torbę czy kosz na bagaże. Bardzo łatwo się nimi manewruje (powinno się ich jednak używać tylko na płaskim terenie). Większość nie nadaje się dla noworodków, dlatego też jeśli planujesz zacząć biegać zaraz po porodzie, rozejrzyj się za takim modelem, do którego można przypiąć fotelik samochodowy, by dziecko mogło wygodnie i bezpiecznie leżeć, podczas gdy ty ćwiczysz.

- *Wózek dla bliźniaków lub trojaczków.* Jeśli spodziewasz się drugiego dziecka, a twoja starsza pociecha nie ukończyła jeszcze roku, albo jeśli będziesz miała bliźniaki, potrzebny ci będzie wózek dla bliźniąt (lub trojaczków – jeśli urodzisz trojaczki, albo jeśli masz już małe dziecko i spodziewasz się bliźniąt lub na odwrót, masz bliźnięta, a poród ma być pojedynczy). Są dwa rodzaje takich wózków: dzieci siedzą obok siebie albo jedno przed drugim (tandem). Decydując się na ten pierwszy rodzaj, sprawdź, czy oparcie się opuszcza oraz czy wózek zmieści się w drzwiach i na chodniku (większość się mieści, ale czasem zdarzają się modele zbyt szerokie na wąskie przejścia). Tandem natomiast stanowi świetne rozwiązanie dla noworodka i starszego niemowlęcia, lecz potrzeba więcej siły, by go pchać, a gdy dzieci podrosną, mogą zacząć się kłótnie o to, które będzie siedziało z przodu. Inne rozwiązanie przy starszym dziecku stanowi wózek, który ma „ławeczkę" przy uchwycie lub miejsce do stania z przodu czy z tyłu. Wówczas także można zabierać jednocześnie dwójkę maluchów.

Niezależnie od tego, na jaki rodzaj wózka się zdecydujesz, upewnij się, czy spełnia wymogi bezpieczeństwa. Sprawdź, czy ma szeroki rozstaw osi oraz czy koła łatwo się obracają, ułatwiając manewrowanie, a także czy ma dobre hamulce przy kołach. Pamiętaj, że kółka wykonane z dobrej jakości tworzywa lub metalu (nieco droższe) są bardziej trwałe, zwrotne i lepiej amortyzują wstrząsy, niż te wykonane z miękkiego plastiku. Właściwy model jest wyposażony w specjalne zapięcia, które łatwo zapniesz i rozepniesz, natomiast nie uczyni tego twój sprytny maluch. Zapięcia muszą dobrze okalać pas dziecka i być dopasowane do jego kroku, mieć regulowaną długość, a także zapewniać wygodę. Trójkołowiec powinien posiadać pięciopunktowe „szelki" (z paskami na ramionka) dla większego bezpieczeństwa. Plastikowe spacerówki są lżejsze i łatwiejsze w przenoszeniu, lecz nie są tak trwałe (nie zapewniają długotrwałego używania) jak aluminiowe. Stalowe również szczycą się trwałością, lecz bywają dość ciężkie. Plusem będzie nadający się do prania materiał oraz podkład, który można wyciągnąć – przekonasz się, jaka to zaleta, gdy tylko pierwszy raz przecieknie pielucha albo wyleje się soczek.

Każdy rodzaj wózka ma dodatki, których zalety podkreślają producenci. Spośród wielu wybierz takie, bez których nie da się żyć, które ci się naprawdę przydadzą; zrezygnuj z tych, których w ogóle nie będziesz używać; przyda się duży kosz czy miejsce na torbę z pieluchami, zakupy czy zabawki dla dziecka (nie przeciążaj uchwytu torbami czy innymi rzeczami, gdyż mogą spowodować przeważenie wózka i wypadnięcie dziecka); uchwyt z regulowaną wysokością, jeśli jedna z osób pchających wózek jest bardzo wysoka; osłona przeciwdeszczowa; haczyki do zawieszenia torby; budka przeciwsłoneczna bądź parasolka; podpórka na nóżki regulowanej wysokości; możliwość złożenia czy prowadzenia wózka jedną ręką.

Spacerówka musi mieć opuszczane oparcie, co przydaje się, gdy nieco starsze niemowlę zaśnie podczas spaceru. Jeśli często będziesz musiała składać wózek (by wnieść go do domu, zapakować do samochodu, wejść z nim do autobusu), niezbędny będzie ci taki, który ma tak prosty mechanizm otwierania i zamykania, że można go złożyć i rozłożyć, trzymając dziecko na ręce.

I na koniec: nim kupisz wózek, wykonaj nim jazdę próbną po sklepie, by sprawdzić, czy łatwo się go prowadzi, czy jest wygodny dla ciebie i dla dziecka – wypróbuj też, czy łatwo się składa i rozkłada.

Fotelik samochodowy. Stworzono go nie tylko dla twojego spokoju ducha i bezpieczeństwa dziecka, jest też wymagany przez prawo. (W Polsce od 1 stycznia 1999 roku art. 39 pkt 3 prawa o ruchu drogowym nakazuje przewożenie dzieci w wieku do 12 lat, nieprzekraczających 150 cm wzrostu w fotelikach do tego przeznaczonych. Przepis ten nie dotyczy dziecka przewożonego taksówką osobową, pojazdem pogotowia ratunkowego i policji. W większości krajów jest to obowiązek – przyp. red.) Wiele szpitali wręcz nie pozwoli ci zabrać dziecka do domu, jeśli nie masz takiego fotelika, dobrze umocowanego na tylnym siedzeniu samochodu. Nawet jeśli nie masz samochodu, będzie ci on potrzebny, jeśli zechcesz skorzystać z auta znajomych lub z wypożyczalni. Fotelik samochodowy będzie ci niezbędny bardziej niż którakolwiek inna rzecz z listy zakupów. Warto go nabyć, nim poczujesz pierwsze skurcze.

Dokonując wyboru, zawsze sprawdzaj, czy fotelik spełnia wymogi bezpieczeństwa. Nigdy nie pożyczaj starszego fotelika ani nie używaj takiego, który brał udział w wypadku. Na stronie 126 znajdziesz informacje o prawidłowym instalowaniu fotelika w samochodzie oraz więcej wskazówek dotyczących bezpieczeństwa.

Pięciopunktowe pasy mają pięć pasków: dwa na ramionach, dwa na biodrach i jeden w kroku. Eksperci zwykle uważają tego rodzaju przypięcie za najbezpieczniejsze, ponieważ dziecko jest przymocowane w wielu miejscach. Rozejrzyj się za tym zapięciem, jeśli zamierzasz wybrać rozkładany fotelik; taki rodzaj zabezpieczenia jest najlepszy dla noworodka.

Są różne rodzaje fotelików samochodowych. Od wieku dziecka, jego wielkości i masy ciała zależy, który z nich będzie odpowiedni. Foteliki różnych producentów różnią się między sobą, więc zastanów się, jaki model będzie najlepszy w twojej sytuacji, a następnie wybierz taki, który jest łatwy w użyciu oraz pasuje do twego samochodu.

- *Fotelik ustawiany tyłem do kierunku jazdy.* Foteliki te zaprojektowane zostały tak, by dawały oparcie główce, ramionkom i pleckom niemowlęcia. Umieszcza się je tyłem do kierunku jazdy – dziecko jest zwrócone twarzą w stronę tylnej szyby samochodu – na tylnym siedzeniu, a oparcie ustawione jest pod kątem 45 stopni. Możesz wybrać fotelik z trzypunktowymi albo pięciopunktowymi pasami do przypięcia dziecka, niemniej te pięciopunktowe są jak na razie najbezpieczniejsze i zalecane przez ekspertów badających ten problem. Wiele modeli wyposażono w pozostawianą w samochodzie podstawę, dzięki czemu fotelik można szybko i łatwo wkładać oraz wyciągać. Po przypięciu maleństwa pasami wystarczy tylko wmontować fotelik w podstawę. Funkcja ta jest również bardzo praktyczna, jeśli korzysta się z fotelika na kółkach, patrz strona 49. Takich fotelików można również używać bez podstawy. Foteliki, w których dziecko siedzi tyłem do kierunku jazdy, zwykle mają uchwyty do przenoszenia i są produkowane w wielu wzorach. Większość z nich jest standardowo wyposażona we wskaźnik i regulatory kąta nachylenia oraz wałeczki chroniące główkę dziecka po bokach. Dziecko powinno jeździć w tego typu foteliku do ukończenia pierwszego roku życia i osiągnięcia masy ciała 9 kg. Jeśli twój maluch nie skończył jeszcze roczku, a jego masa ciała przekroczyła 9 kg (wiele dzieci waży tyle w dziewiątym miesiącu lub nawet wcześniej) albo jeśli po prostu wyrośnie z fotelika dla niemowląt (ma 70 cm wzrostu i/lub jego główka sięga końca oparcia), nadal powinien jeździć w pozycji tyłem do kierunku jazdy – do czasu, aż skończy roczek. Są foteliki, w których można przewozić dzieci o wadze do 13 czy 16 kg, i można sadzać w nich dzieci tyłem do kierunku jazdy. Możesz przejść na fotelik rozkładany, ustawiając go tyłem do kierunku jazdy, gdy dziecko wyrośnie z fotelika dla noworodków.

- *Fotelik rozkładany dla noworodka i niemowlęcia.* Można je ustawiać tyłem do kierunku jazdy dla niemowląt do pierwszego roku życia i 9 kg masy ciała oraz przodem do kierunku jazdy dla dzieci ważących do 18 kg (przeciętnie do czwartego roku życia; ograniczenia dotyczące masy ciała są różne dla różnych modeli, uważnie przeczytaj więc instrukcję). Jedną z zalet takiego fotelika jest to, że dziecko może długo w nim jeździć – od chwili narodzin aż do ukończenia kilku lat. Nadaje się on także dla niemowląt, które są zbyt duże lub zbyt ciężkie, by móc korzystać z większości fotelików dla niemowląt, a które nadal mu-

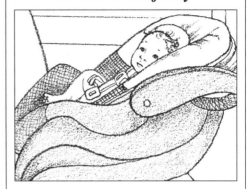

Fotelik ustawiany tyłem do kierunku jazdy

Fotelik ustawiany w powyższy sposób spełni swą funkcję co najmniej do ukończenia przez dziecko pierwszego roku życia i osiągnięcia wagi 9 kg. Otwory na szelki powinny się znajdować na wysokości ramionek malca lub nieco niżej; a zapięcie – na poziomie klatki piersiowej. Sprawdź w instrukcji, jak powinien być ułożony uchwyt w czasie jazdy. Nigdy nie umieszczaj takiego fotelika na przednim siedzeniu samochodu, szczególnie jeśli jest ono chronione poduszką powietrzną.

System Latch

Jest to system przymocowywania fotelików dziecięcych opracowany przez amerykański Krajowy Urząd do spraw Bezpieczeństwa Drogowego (NHTSA – National Highway Traffic Safety Administration), ułatwiający sposób używania fotelików oraz zapewniający większe bezpieczeństwo. System ten o nazwie LATCH (ZATRZASK) sprawia, że prawidłowe zainstalowanie fotelika jest znacznie mniej skomplikowane, ponieważ nie potrzeba do tego celu używać pasów bezpieczeństwa.

NHTSA wymaga, by wszystkie nowe foteliki, w których dziecko jedzie przodem do kierunku jazdy, były wyposażone w górny przyczep paska. Pasek ten, o regulowanej długości, tak przytrzymuje fotelik, że staje się on bardziej stabilny, zmniejszając ryzyko zbyt gwałtownego szarpnięcia główką dziecka podczas kolizji lub ostrego hamowania. Pasek jest przyczepiony do górnej części oparcia fotelika, a także, za pomocą specjalnego haczyka, do tylnej szyby samochodu, sufitu bądź podłogi. We wszystkich samochodach osobowych, małych dostawczych i półciężarowych wyprodukowanych po 2000 roku można stosować system LATCH, natomiast do większości starszych modeli można użyć dostępnych w sklepach zestawów mocujących.

Modele samochodów, które zostały wyprodukowane po 2002 roku, są wyposażone także

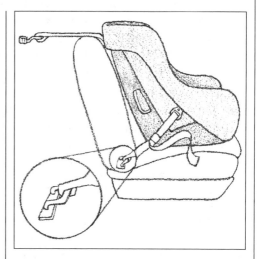

w dolne haczyki umieszczone pomiędzy siedzeniem a jego oparciem, a fotelik samochodowy wykonany po 2002 roku, dzięki przytwierdzającym go haczykom jest zamocowany bardziej stabilnie, co zapewnia większe bezpieczeństwo. Na system LATCH składa się mocowanie górne i dolne. Pamiętaj, że jeśli masz fotelik i/lub samochód wyprodukowany przed rokiem 2002, musisz używać samochodowych pasów bezpieczeństwa do przypinania fotelika.

szą podróżować tyłem do kierunku jazdy, gdyż nie ukończyły jeszcze pierwszego roku życia. Wadą takiego fotelika jest to, że nie zapewnia on noworodkom takiego bezpieczeństwa jak foteliki przeznaczone wyłącznie dla nich. Jeśli zdecydujesz się na fotelik rozkładany, sprawdź, czy można rozłożyć oparcie w ułożeniu tyłem do kierunku jazdy.

- *Fotelik dla większego dziecka, przodem do kierunku jazdy.* W tych fotelikach można przewozić tylko dzieci, które skończyły przynajmniej rok życia i ważą ponad 9 kg, a górna granica to – w zależności od modelu – między 18 a 27 kg. Zwykle mają pięciopunktowe pasy (uważane obecnie za najbezpieczniejsze), dużą klamrę w kształcie litery T, uchwyt (lub blacik) przekładany nad głową w chwili sadzania i wyciągania dziecka. Niektóre modele przekształcają się w podwyższenia, na których sadza się dziecko ważące co najmniej 27 kg.

- *Podwyższenia.* Pasy bezpieczeństwa, które w wypadku ludzi dorosłych są umieszczone na wysokości ramienia, nie układają się odpowiednio na dziecku, które ma mniej niż przynajmniej 8 lat i 144 cm wzrostu. Tym samym nie zabezpieczą go wystarczająco. Dziecko ważące więcej niż 27 kg wyrasta już z fotelika, a do czasu gdy będzie na tyle duże i dojrzałe, by mogło być przypięte pasami samochodowymi jak dorosły, potrzebuje podwyższenia. Siedzące na nim dziecko przypina się pasem samochodowym, przechodzącym przez ramię i klatkę piersiową, gdyż mały pasażer siedzi na tyle

Fotelik przekształcalny / dziecko przodem do kierunku jazdy

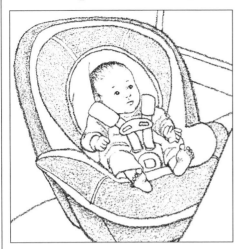 

Jest przeznaczony dla dzieci od chwili ich narodzin do momentu, kiedy będą ważyły 18 kg. Dla noworodków stosuje się ustawienie tyłem do kierunku jazdy, w pozycji pochyłej; następnie można go przekształcić w fotelik ułożony przodem do kierunku jazdy, w pozycji wyprostowanej, gdy dziecko jest nieco starsze. Przy tym drugim ułożeniu (podobnie jak w foteliku dla starszych dzieci) oparcie powinno być ustawione pionowo, a pasy na ramiona przełożone do otworów znajdujących się ponad ramionkami dziecka. Wówczas zapięcie górne musi znajdować się na wysokości pach. Fotelik ten umieszcza się na tylnym siedzeniu pojazdu, czyli w miejscu właściwym dla dzieci poniżej trzynastego roku życia.

wysoko, by pasy dla dorosłych mogły zapewnić mu należyte bezpieczeństwo. Teraz jego tułów i głowa są chronione na wypadek kolizji. (Starszy typ podwyższenia, który był tak zaprojektowany, by dziecko przypinać pasami tylko na wysokości talii, zdaniem większości ekspertów nie ochrania górnej części ciała i nie jest już dopuszczony do przewożenia dzieci ważących powyżej 27 kg.)

Podwyższenie powinno być używane dopóty, dopóki dziecko może siedzieć wygodnie oparte o oparcie siedzenia w samochodzie, z kolanami zgiętymi na końcu siedzenia. Dolna część pasa bezpieczeństwa powinna ściśle przylegać do górnej części ud (nigdy do talii), natomiast górny pas powinien przytrzymywać ramię (nie wcinając się w szyję czy twarz). Ponieważ podwyższenie nie będzie ci potrzebne do czasu, gdy twoja pociecha wyrośnie z fotelika dla niemowląt i młodszych dzieci, a co roku pojawiają się nowe modele, lepiej wstrzymaj się z tym zakupem. (Więcej o podwyższeniach i bezpiecznym przewożeniu dzieci znajdziesz w książce *Drugi i trzeci rok życia dziecka*.)

- *Fotelik zintegrowany*. Niektóre samochody mają wbudowane foteliki, w których dziecko jedzie przodem do kierunku jazdy, a mieszczą się w nich dzieci ważące do 27–29 kg. Foteliki te są niezwykle wygodne, gdyż nie trzeba ich montować i wyciągać (nie ma ryzyka nieprawidłowego zamontowania). Pamiętaj jednak, że nadal będziesz potrzebować małego fotelika dla noworodka – w którym dziecko jedzie tyłem do kierunku jazdy – oraz podwyższenia, gdy dorośnie.

Nosidełko. Nie tylko przedstawiciele wielu kultur, ale również zwierzęta z rzędu torbaczy (na przykład kangury) od tysiącleci znają zalety „noszenia" dziecka: wygoda (nie trzeba pchać wózka), wydajność (wolne ręce rodziców mogą robić wiele rzeczy, od prania do sprawdzania poczty elektronicznej, pchania wózka z zakupami czy jedzenia obiadu), więcej komfortu dla dziecka (noszone dzieci mniej płaczą) i przyjemności dla rodziców (nie ma cudowniejszego uczucia niż bliskość słodkiego, ciepłego ciałka maleństwa przy piersi). Z tych przyczyn i jeszcze wielu innych wszyscy rodzice lubią mieć pod ręką nosidełka czy specjalne chusty, których można używać przez pierwszy rok życia swej pociechy, jak i później. Istnieje tyle rodzajów nosideł, ile powodów do ich kupna czy pożyczenia.

- *Nosidełka* składają się ze sporządzonego z materiału siedzonka dla niemowlaka zawieszonego na dwóch pasach nośnych. Są tak zaprojektowane, by malec był zwrócony twarzą do wewnątrz (dobre zwłaszcza gdy zaśnie – albo dla noworodka, który ma jeszcze słabą szyję) albo na zewnątrz (wówczas może podziwiać te same widoki co ty). Nosidełko takie ma regulowane szelki, dzięki którym ciężar rozkłada się równomiernie na plecy i ramiona. Większość nadaje się dla pasażera ważącego do 15 kg, przy czym większość rodziców decyduje się na nosidełka plecakowe, gdy dziecko kończy 6 miesięcy życia. Niektóre nosidełka można przekształcić w takie właśnie „plecaczki".

  Przy wyborze nosidełka sprawdź, czy będziesz mogła sama z łatwością je założyć i zdjąć, nie budząc przy tym dziecka. Upewnij się, czy nosidełko ma regulowane, pogrubione szelki, które nie będą cię uwierać w ramiona. Ważne jest również, aby nosidełko można było łatwo wyprać. Powinno być również wykonane z przewiewnej tkaniny (żeby dziecko się nie przegrzało), mieć oparcie dla główki i ramionek dziecka oraz szeroki dół, będący dobrą podpórką dla pośladków i ud.

- *Chusta* to szeroki kawałek materiału oplatający ciało, wzmocniony pasem na ramię. Niemowlęta mogą leżeć w niej wygodnie bądź wyglądać na zewnątrz. Gdy dziecko nieco podrośnie, może siedzieć w takiej chuście okrakiem, trzymając się nóżkami bioder. Chusty mają też dodatkową zaletę dla karmiących matek – umożliwiają dyskretne i wygodne karmienie piersią. Przy kupowaniu chusty sprawdź, czy wykonana jest z przewiewnego materiału, który dobrze się pierze, czy pas na ramię jest odpowiednio pogrubiony oraz czy została prawidłowo skrojona (materiał nie marszczy się, nie jest go za dużo).

- *Nosidełko plecakowe* składa się z metalowego bądź plastikowego stelaża (jak w plecaku) oraz materiałowego siedzenia. W odróżnieniu od nosidełek, w których ciężar ciała rozłożony jest na ramiona i plecy, nosidełko plecakowe rozkłada ciężar na plecy i biodra. Choć nosidełka tego nie zaleca się dla niemowląt poniżej szóstego miesiąca życia, nadaje się ono dla dziecka ważącego do 20 kg i do wieku trzech lat (w zależności od modelu). Przy wyborze sprawdzaj, czy nosidełko ma wbudowaną podstawę ułatwiającą wkładanie i wyciąganie dziecka, czy jest odporne na wilgoć, czy zostało wykonane z łatwej do czyszczenia tkaniny, czy jest wyposażone w pasy bezpieczeństwa lub szelki zapobiegające wypadnięciu dziecka, a także czy ma mocne i grube paski na ramiona, pas na biodra, dzięki któremu ciężar „bagażu" lepiej się rozkłada na biodrach, oraz kieszonki na akcesoria (byś nie musiała obciążać swych ramion dodatkową torbą na pieluchy). Wytrzymałe nosidełko plecakowe stanowi sprzęt niezbędny do długich wspinaczek, natomiast lekki model jest dobry do załatwiania codziennych spraw. Bardzo przydatną rzeczą jest takie nosidło, które przekształca się w spacerówkę.

Nosidełek nie należy używać podczas prowadzenia samochodu, uprawiania joggingu, ćwiczeń fizycznych czy gotowania. Nosząc dziecko, zawsze podnoś rzeczy z podłogi w przysiadzie (by malec nie wyślizgnął się górą), nie wchodź na taborety ani drabiny. N i g d y nie używaj nosidełka zamiast fotelika samochodowego i nigdy nie zostawiaj dziecka bez nadzoru, gdy jest w nosidle – nawet na chwilę.

Torba na pieluchy. Można podróżować z dzieckiem, lecz nie ujedzie się daleko bez torby na pieluchy. Torba taka dla większości rodziców stanowi wyposażenie, bez którego nie ruszają się z domu... nigdy. Jaką torbę wybrać przy tak bogatej ofercie rynkowej? To proste: najlepsza torba na pieluchy to taka, która najlepiej odpowiada twym potrzebom. Na przykład, jeśli karmisz butelką, będziesz potrzebowała torby z osobną, izolowaną przegródką na butelkę. Zastanów się również nad wielkością oraz sprawdź, czy torbę wygodnie się nosi. Nie przyda ci się taka, do której mieści się ledwie jedna pielucha i butelka – z drugiej strony jednak, ze zbyt dużą torbą nie poczujesz się poręcznie. Poszukaj torby wykonanej z tworzywa nie przepuszczającego wilgoci, na przykład z nylonu czy winylu, z wieloma obszernymi przegródkami (by można było trzymać pieluchy – zwłaszcza zabrudzone – z dala od butelek i jedzenia); taka torba noszona jest na ramieniu lub w formie plecaczka; jej główna część zamyka się na zamek błyskawiczny; ma odpinaną podkładkę do przewijania niemowlęcia oraz ładny krój i kolor, jeśli tylko przywiązujesz wagę do estetyki (niektórzy rodzice preferują elegancką, wyszukaną torbę na pieluchy, która mogłaby ujść za dużą torebkę; inni preferują torbę wyraźnie przeznaczoną dla niemowląt, na przykład z wymalowanymi pastelowymi kaczuszkami czy literkami; natomiast jeszcze inni wybierają torbę pasującą kolorem do wózka czy kocyka). Do noszenia akcesoriów dla dziecka można przystosować także jakąkolwiek torbę (na przykład tę, z którą chodzisz na ćwiczenia, zwykły plecaczek czy dużą damską torebkę).

GDY DZIECKO PODROŚNIE

Czy nie czujesz się przytłoczona długością (oraz kosztownością) listy zakupów? Mamy dla ciebie dobrą wiadomość: poniższe przedmioty nie będą ci potrzebne aż do czasu, gdy dziecko nieco podrośnie. Oznacza to, że nie należy się spieszyć z ich zakupem. Możesz jednak podkreślić na liście potrzebnych akcesoriów niektóre z nich, na wypadek gdyby bliska przyjaciółka lub ktoś z rodziny (albo przyjaciele i rodzina robiąc wspólną „zrzutkę" pieniędzy) zapragnęli ci je kupić.

Wysokie krzesełko do spożywania posiłków. Będzie ci potrzebne, gdy dziecko zacznie jeść stałe pokarmy (co zwykle następuje około szóstego miesiąca; dzieci karmione takimi pokarmami wcześniej mogą korzystać z fotelika dla niemowląt). Oprócz łóżeczka i fotelika samochodowego ten rodzaj krzesełka jest najbardziej potrzebnym mebelkiem dla dziecka. I znów będziesz musiała wybierać spośród oszałamiającej liczby modeli, z najróżniejszymi funkcjami dodatkowymi. Niektóre krzesełka mają regulowaną wysokość, inne dają się rozłożyć (wówczas znakomicie się nadają do karmienia niemowląt poniżej szóstego miesiąca), a jeszcze inne są połączone z małym stoliczkiem.

Przy wyborze krzesełka sprawdź, czy ma ono certyfikat, i zwróć uwagę, aby było masywne i miało szeroką podstawę, co zapewnia jego stabilność. Poza tym krzesełko powinno mieć wyciągany, łatwo zmywalny blat z wysoką krawędzią zatrzymującą rozlane jedzenie, wysokie oparcie podtrzymujące główkę dziecka, ruchomą podpórkę na stopy, którą można dopasować do długości nóżek; pasek do przypięcia dziecka do krzesełka, solidne zabezpieczenie przed przypadkowym złożeniem się oraz zaokrąglone krawędzie.

Rodzice kierujący się walorami estetycznymi mogą wybierać spośród wielu drewnianych, ręcznie malowanych, lecz drogich krzesełek; niestety zwykle są one mało praktyczne, co wychodzi na jaw, gdy tylko nie dbające o względy estetyczne dziecko zaczyna smarować musem jabłkowym lub rozgniecionym bananem po nowo zakupionym meblu.

Przenośne podwyższenie do karmienia. Jest rodzajem siedzonka niezmiernie przydatnym

Inwestycja w przyszłość dziecka

Teraz, kiedy już kupiłeś mnóstwo rzeczy dla dziecka na najbliższy rok, a może i dłużej, przyszedł czas na zaplanowanie czegoś, czego nie sprzedają w żadnym sklepie: tego, co zabezpieczy twemu dziecku przyszłość.

Spiszcie testament. Niemal trzy czwarte Amerykanów nie ma testamentu. Niespisanie testamentu jest zawsze ryzykowne, a może być szczególnie niepomyślne w wypadku młodych rodzin, gdzie dzieci mogą pozostać bez zabezpieczenia, gdy ich rodzice odejdą. Nawet jeśli nie jesteście bardzo zamożni, powinniście wskazać przynajmniej jednego opiekuna, który będzie mógł wychowywać dziecko (bądź dzieci), gdybyście oboje z mężem zmarli, zanim osiągną one pełnoletność. Jeżeli nie określicie w testamencie swych życzeń, sąd zadecyduje, kto zostanie prawnym opiekunem waszego potomstwa.

Zacznijcie oszczędzać. Możesz mieć teraz jakieś wyobrażenia o tym, ile kosztuje wychowywanie dziecka, ale i tak pewnie rzeczywistość na pewno je przerośnie. Im szybciej zaczniecie odkładać pieniądze na przyszłe wydatki dziecka (w szczególności na kształcenie), tym lepiej. Pierwsze wpłaty, nawet niewielkie, będą miały więcej czasu, by zaprocentować. Zacznijcie od razu, a za osiemnaście lat będziecie sobie gratulować, że tak postąpiliście.

Wykupcie polisę na życie dla was (nie dla dziecka). Upewnijcie się jednak, że będzie odpowiednia. Doradcy finansowi proponują rodzicom wykupienie terminowego ubezpieczenia na życie, które chroni pozostałych członków rodziny na wypadek ich śmierci. Takie ubezpieczenie gwarantuje świadczenia bez kumulacji odsetek. Możecie rozważyć również możliwość ubezpieczenia się na wypadek inwalidztwa, ponieważ większe jest prawdopodobieństwo, że młodzi rodzice staną się niepełnosprawni (a zatem niezdolni do dobrze płatnej pracy), niż że umrą.

---

podczas wizyty u przyjaciół czy krewnych albo podczas jedzenia w restauracji, która nie posiada specjalnych krzesełek dla niemowląt – bez takiego siedzonka dziecko musiałoby siedzieć na twoich kolanach. Przyda ci się ono również wówczas, gdy dziecko mogłoby już jeść przy stole, ale jest jeszcze za małe, aby zająć miejsce siedzące dla dorosłych. (Kiedy dzieci zaczynają chodzić – a czasem już wcześniej – niecierpliwią je wszelkie ograniczenia swobody, do których należą wysokie krzesełka, zapewnij zatem maluchowi względną wolność, jaką daje takie podwyższenie.) Wykonane z plastiku siedzonko przypina się paskami do zwykłego krzesła. Wiele modeli ma regulowaną wysokość, a do niektórych przyczepia się niewielki blat.

Innym rozwiązaniem jest siedzonko przytwierdzane bezpośrednio do stołu, choć niektórzy kwestionują bezpieczeństwo takiego mocowania ze względu na ryzyko, że dziecko może je odczepić, zapierając się stópkami. Poza tym nie do wszystkich blatów pasują takie przypinane siedzonka. Przy kupowaniu przenośnego siedzonka do karmienia sprawdzaj, czy jest wygodne, solidne, czy ma paski zabezpieczające, które nie pozwolą dziecku się osunąć; czy jest łatwe do przenoszenia, a jeśli jest blacik, to czy można go wymontować. Siedzonko powinno być wyposażone w mechanizm zabezpieczający samo siedzonko przed zsunięciem się z krzesła. Na stronie 302 znajdziesz porady dotyczące bezpieczeństwa.

Siedzenie do wanny. Może ci się przydać, gdy dziecko wyrośnie już z małej wanienki, ale nie będzie jeszcze na tyle duże, aby wygodnie siedzieć w normalnej wannie. Obecnie Amerykańska Konsumencka Komisja Bezpieczeństwa opracowuje standardy bezpieczeństwa dla takich siedzonek, ponieważ przed nowymi modelami stawiane są nowe wymogi. Jeśli jednak chcesz już teraz dokonać tego zakupu, rozejrzyj się za siedzonkiem, które ma paski do przypięcia dziecka oraz jest wyposażone w przyssawkę mocującą je do dna wanny. Najważniejsze jednak, abyś nigdy nie pozostawiała dziecka samego w takim siedzonku i zawsze miała malucha w zasięgu rąk. Dziecko może się poślizgnąć, wpaść pod wodę i utonąć akurat w chwili, gdy tylko odwrócisz się, by sięgnąć po ręcznik czy odebrać telefon.

Kojec. Zwykle mają kształt prostokąta, podłogę, siatkowe boki oraz składane prowadnice ułatwiające bezpieczny montaż i składanie. Większość z nich można złożyć w długi prostokąt. Przy zakupie otrzymuje się zwykle torbę ułatwiającą transport. Niektóre mają kółka; do innych dodawane są miękkie blaty do przewijania, które można zamontować na górze kojca; jeszcze inne wyposażono w łóżeczka dla noworodków; boczny pojemnik na różne przedmioty; a nawet baldachimek przeciwsłoneczny – przydatny, jeśli zabiera się kojec na dwór. Kojców można używać jako łóżeczek przenośnych w podróży. Przy wyborze sprawdź, czy dany model ma certyfikat, czy siatka jest dobrej jakości (nie utkną w niej małe paluszki lub guziczki), czy materiał wyścielający można łatwo wyprać, czy ma metalowe, osłonięte zawiasy, system zapobiegający przewróceniu kojca, czy szybko się go rozkłada, łatwo składa i czy jest łatwy do przenoszenia.

Bramka. Gdy tylko juniorek zaczyna raczkować (lub przemieszczać się w inny sposób, na przykład pełzając), powinnaś zainstalować bramki bezpieczeństwa wszędzie tam, gdzie czyhają na niego potencjalne niebezpieczeństwa (na przykład w przejściu do pokojów niebezpiecznych dla dzieci, na górze i na dole schodów). Bramka *hydrauliczna* składa się z dwóch przesuwanych paneli, które reguluje się do wielkości przejścia i następnie blokuje poprzez oparcie o framugę. Bramki takiej nie powinno się stosować w pobliżu schodów.

Są też bramki *montowane do ściany*, które przytwierdza się bezpośrednio śrubami do ściany. Może ona wytrzymać nacisk o wiele większej siły niż bramka hydrauliczna. Tego typu bramka zwykle ma dwoje drzwi wahadłowych oraz zatrzask do zamykania jej. Wybierając bramkę, sprawdź, czy otrzymała certyfikat, czy można ją dopasować do różnych przejść, czy jest solidnie zbudowana, jeśli ma szczebelki, to czy odległość między nimi wynosi nie więcej niż 6,5 cm, czy zatrzask łatwo się otwiera i zamyka, najlepiej jedną ręką. Nie używaj starych bramek „harmonijkowych", gdyż nie należą do bezpiecznych.

Blat do zabawy. Obecnie nie zaleca się sadzania dzieci w chodzikach, a Amerykańska Akademia Pediatrii wręcz wezwała do wprowadzenia zakazu produkowania i sprzedaży chodzików ze względu na duże ryzyko obrażeń, a nawet śmierci. Rodzice mają inną możliwość – mogą sprawić dziecku blacik z zabawkami, nieco przypominający chodzik, ale stacjonarny, bez kółek. Dziecko może podskakiwać, kręcić się i bawić, jednocześnie bezpiecznie przebywając w jednym miejscu. Przy wyborze sprawdź, czy blat ma regulowaną wysokość (wówczas będzie rósł razem z twą pociechą), czy posiada miękkie, zmywalne i obracające się siedzonko, stabilną podstawę oraz dużo różnych zabawek na blacie. Jeśli zdecydujesz się na zakup, nie pozostawiaj w nim dziecka zbyt długo. Na stronie 333 znajdziesz wyjaśnienie dlaczego.

3
Podstawy karmienia piersią

Gdy patrzysz na karmiące matki, wydaje się to takie proste: nie przerywając rozmowy czy jedzenia sałatki, unoszą bluzkę i przykładają dziecko do piersi; zręcznie, nonszalancko, jakby to była najbardziej naturalna czynność na świecie.

Owszem, źródło pokarmu jest naturalne, ale ten komfort i wiedza na temat karmienia należą do rzeczy nabytych. Szczególnie dotyczy to kobiet, które po raz pierwszy zostały matkami. Niekiedy pierwsze próby są nieudane z powodów fizycznych, innym razem trudności wynikają z braku doświadczenia po obu stronach – matki i dziecka.

Bywa, że wczesne próby podjęcia karmienia piersią kończą się pomyślnie, dziecko chwyta brodawkę i ssie aż do zaspokojenia głodu. Ale najczęściej, pomimo największych wysiłków, niemowlę nie potrafi uchwycić brodawki, nie mówiąc już o jej ssaniu. Maleństwo jest marudne, matka sfrustrowana, a po chwili oboje zaczynają płakać.

Jeśli twoje pierwsze karmienia przebiegają według tego drugiego, nieco pesymistycznego scenariusza, nie wyrzucaj od razu biustonosza dla karmiących matek. To jeszcze nie porażka, ale dopiero wstęp. Karmienie piersią, podobnie jak inne najbardziej podstawowe czynności związane z opieką nad niemowlęciem, nie jest instynktowne. Jednak po pewnym czasie i odrobinie nauki dziecko i pierś tworzyć będą doskonałą parę! Niekiedy najlepsza współpraca rozpoczyna się dopiero po kilku dniach, a nawet tygodniach – zazwyczaj wypełnionych nieudanymi wysiłkami i łzami obu stron. Ani się nie spostrzeżesz, a i ty będziesz wyglądać jak matka, dla której karmienie jest łatwą i naturalną czynnością.

POCZĄTKI KARMIENIA PIERSIĄ

Nie szukaj magicznego zaklęcia na udane karmienie piersią, gdyż takie nie istnieje. Jednak aby pomóc sobie i dziecku, już na początku można podjąć wiele kroków:

Wcześnie rozpocząć. Im wcześniej, tym lepiej. Wczesne próby karmienia i ssania szybciej kończą się powodzeniem, jakim jest udane przystawienie. Jeśli tylko jest to możliwe, jak najszybciej rozpocznij pierwsze karmienie, nawet już na sali porodowej. Noworodki wykazują chęć oraz gotowość do ssania podczas pierwszych dwóch godzin życia, przy czym instynkt ssania jest najsilniejszy mniej więcej pół godziny po narodzinach. Jednak nie martw się, jeśli na początku poniesiecie porażkę. Zmuszanie się do karmienia, gdy oboje jesteście zmęczeni trudami porodu, może się skończyć rozczarowaniem, natomiast samo przytulenie się do piersi matki w pierwszych momentach życia jest dla dziecka tak samo satysfakcjonującym przeżyciem jak karmienie. Jeśli próba karmienia na sali porodowej nie powiedzie się, poproś, aby przyniesiono ci dziecko do karmienia tak szybko, jak to tylko możliwe – oczywiście po dokonaniu wszystkich niezbędnych zabiegów. Miej również na uwadze, że nawet wczesny start nie jest gwarancją sukcesu i że niezależnie od tego, kiedy zaczniesz, do osiągnięcia doskonałości potrzeba jeszcze wiele ćwiczeń i wysiłków.

Pokonaj system. Wiele szpitali i większość klinik porodowych poczuwa się do obowiązku niesienia pomocy w karmieniu. Ale nawet najlepsze szpitale często kierują się wyższym dobrem – niekoniecznie zgodnym z potrzebami karmiącej matki i jej dziecka. Aby twoich planów nie pokrzyżowały arbitralne rozporządzenia, poproś lekarza z w y p r z e d z e n i e m, by przedstawił zespołowi medycznemu twoje priorytety (karmienie na żądanie, niepodawanie butelki ani smoczków), lub sama powiedz o nich pielęgniarce.

Bądźcie razem. Karmienie piersią od pierwszych dni życia ma znacznie większą szansę na powodzenie wtedy, gdy matka przebywa razem z dzieckiem cały lub prawie cały czas. Dlatego też doskonałym rozwiązaniem stał się system *rooming-in*. Jeżeli matka jest zmęczona po trudnym porodzie lub nie czuje się na tyle pewnie, by radzić sobie z noworodkiem przez 24 godziny na dobę, można zastosować częściowy *rooming-in*: dziecko jest przy matce w dzień, w nocy zaś przebywa na sali noworodków. Karmienie odbywa się na żądanie w ciągu dnia, natomiast w nocy maleństwo przynoszone jest matce, gdy tylko się przebudzi; przez resztę nocy kobieta zażywa tak jej potrzebnego snu.

Jeśli w klinice czy szpitalu nie prowadzi się systemu *rooming-in* (część szpitali ma go tylko w prywatnych pokojach lub gdy oboje rodzice chcą być razem z dzieckiem, we wspólnym pokoju) albo tobie on nie odpowiada, poproś o przyniesienie ci dziecka, wówczas gdy jest przebudzone i głodne, albo przynajmniej co dwie, trzy godziny.

Butelka zakazana. Niektóre szpitale wciąż prowadzą praktykę uciszania dziecka między karmieniami, podając mu butelkę ze smoczkiem, wypełnioną wodą z cukrem (błąd!). Nawet kilka łyków takiego napoju zaspokoi wrażliwy apetyt oraz potrzebę ssania; jeśli dziecko zostanie ci przyniesione po takim posiłku, będzie bardziej śpiące niż głodne. Czasem również się zdarza, że po kilku doświadczeniach ze sztuczną brodawką nie wymagającą tylu wysiłków noworodek opornie przystępuje do próby zmagania się z naturalną brodawką swojej mamy. Co gorsza, gdy piersi przestaną być stymulowane do wytwarzania odpowiedniej ilości mleka, zaczyna się błędne koło: nie wypracowuje się system wytwarzania pokarmu według potrzeb.

W niezgodzie z naturalnym karmieniem jest też podawanie smoczków uspokajających i karmienie mieszanką. Za pośrednictwem lekarza swojego maleństwa wydaj wyraźne polecenie (zgodne z Amerykańską Akademią Pediatrii), by twego dziecka nie dokarmiano i nie podawano mu smoczka, chyba że zaistnieje medycznie uzasadniona konieczność. Możesz wręcz wywiesić na łóżeczku karteczkę o treści: „Karmienie tylko piersią – proszę nie podawać butelki".

Przychylaj się do żądań dziecka. Karmienie na żądanie – czyli gdy dziecko jest głodne, a nie według planu karmień – to najlepszy sposób na udane karmienie. Jednak w pierwszych dniach, kiedy noworodek bywa bardziej śpiący niż głodny, jego żądania bywają niewielkie, do ciebie więc będzie należało inicjowanie większości karmień. Zrób wszystko, by było ich przynajmniej osiem do dwunastu dziennie, nawet jeśli wymagania dziecka są mniejsze. Dziecko będzie równie szczęśliwe, natomiast poziom mleka wytwarzanego przez twój organizm wzrośnie na tyle, aby podołać zwiększonemu zapotrzebowaniu w przyszłości. Z drugiej strony wymuszanie planowanego karmienia co cztery godziny już na samym początku prowadzi do zwiększonego obrzęku piersi, którego następstwem będzie niedożywione dziecko.

Nie rezygnuj z karmienia, kiedy dziecko śpi. Zdarza się, że dzieci, zwłaszcza w pierwszych dniach życia, znacznie bardziej interesują się spaniem niż jedzeniem, dlatego nie budzą się dostatecznie często do karmienia. I choć wówczas niemowlęta nie potrzebują zbyt dużo mleka (bądź siary), to jednak twoje piersi powinny być jak najczęściej stymulowane. W ten sposób będą mogły dostarczyć odpowiednio dużo pokarmu twojemu tygodniowemu maleństwu, gdy zacznie się budzić głodne. Rady, jak zbudzić śpiące dziecko do karmienia, znajdziesz na stronie 111.

Naucz się rozpoznawać sygnały dziecka. Najlepiej nakarmić maleństwo natychmiast, gdy tylko wyśle pierwszy sygnał głodu lub zainteresuje się ssaniem: zacznie wkładać rączki do buzi, będzie rozglądać się wokół, poszukując brodawki, albo po prostu zwiększy czujność. Początkowo dziecko nie płacze z głodu, więc staraj się nie czekać na rozpaczliwy wrzask, który jest bardzo późną wskazówką. Jeśli maleństwo zaczyna płakać, pokołysz je i spróbuj uspokoić przed rozpoczęciem karmienia. Albo pozwól mu possać swój palec, nim podasz pierś. Niełatwo jest wszak znaleźć niedoświadczonemu „ssakowi" pierś na uspokojenie; kiedy dziecko się rozkrzyczy na dobre, stanie się to niemożliwe.

Praktyka czyni mistrza. Zanim pojawi się pokarm, traktuj karmienie jak „próby na sucho" i nie przejmuj się tym, że nie służą zaspokojeniu głodu u dziecka. Wytwarzanie mleka dostosowuje się do potrzeb dziecka. Na razie są one niewielkie, a mały żołądeczek nie jest wręcz w stanie przyjąć dużej porcji pożywienia, toteż minimalna dawka siary wystarcza w zupełności. Wykorzystaj te pierwsze próby karmienia na doszlifowanie techniki, a nie napełnianie małego brzuszka. Nie martw się, twój maluch nie cierpi z głodu, gdy ty dopracowujesz technikę!

Poczekaj. Aby osiągnąć sukces w karmieniu, musisz poświęcić na naukę więcej niż jeden dzień. Niemowlę, które dopiero co wyszło z łona matki, z pewnością nie ma żadnego doświadczenia – podobnie jak ty, jeśli zostałaś matką po raz pierwszy. Oboje potrzebujecie czasu na naukę i musicie uzbroić się w cierpliwość. Nim strona biorąca i strona dająca nauczą się współpracować, upłynie wiele czasu, trzeba będzie odbyć wiele prób i na pewno popełnione zostaną błędy. A nawet jeśli wcześniej z powodzeniem karmiłaś już dziecko, pamiętaj, że każdy noworodek jest inny, toteż tym razem droga do osiągnięcia harmonii może przebiegać inaczej.

Weź też pod uwagę, że jeśli poród był ciężki albo jeśli rodziłaś pod znieczuleniem, dłużej przyjdzie wam poczekać na sukces. Senne matki i ospałe noworodki nie od razu opanują sztukę karmienia piersią. Prześpij się i pozwól pospać dziecku, nim rozpoczniecie poważne próby karmienia.

Nie jesteś sama. Jeśli tylko możesz, poproś specjalistów o pomoc. W wielu szpitalach oraz w większości klinik położniczych pracownik poradni laktacyjnej czuwa przynajmniej podczas kilku pierwszych prób karmienia. Można również otrzymać praktyczne wskazówki, pomocne rady oraz ewentualnie przeczytać ogólnodostępne broszury. Gdyby nie zaproponowano ci takiej wizyty, poproś, by konsultant z poradni laktacyjnej albo doświadczona pielęgniarka przyjrzeli się twej technice karmienia i pokierowali staraniami w wypadku niepomyślnych prób. A jeżeli opuścisz szpital, nie otrzymawszy takiej pomocy, to w ciągu kilku dni powinnaś zwrócić się do innego eksperta od karmienia. Może to być pediatra, położna wizytująca lub pracownik samodzielnej poradni laktacyjnej. (Sprawdź, czy ma on stosowne uprawnienia.) Możesz także poprosić o pomoc przyjaciółki, krewne i inne znajome, które z powodzeniem karmiły swe dzieci piersią.

Zachowaj spokój. Dla młodej matki nie jest to zadanie proste, ale stanowi jedyną drogę do udanego karmienia. Wzrastające napięcie hamuje proces napływania mleka, a to oznacza, że nawet jeśli wytwarzasz pokarm, nie będzie on wydzielany – do czasu, aż się uspokoisz. Jeśli jesteś podenerwowana, nie po-

Źródła pomocy

Istnieje wiele źródeł i punktów wsparcia dla karmiącej matki. (W Polsce informacje można uzyskać w każdym ośrodku akademickim oraz w Instytucie Matki i Dziecka w Warszawie przy ul. Kasprzaka 17a – przyp. red. nauk.) Oto kilka organizacji, z którymi można się skontaktować w celu uzyskania pomocnych informacji:

- *La Leche League International*
  1400 N. Meacham Road
  Schaumburg, IL 60168
  800-525-3243 lub 847-519-7730
  www.lalecheleague.org

- *Związek Matek Karmiących*
  (Nursing Mothers Counsel, Inc.)
  P.O. Box 50063
  Palo Alto, CA 94303
  408-291-8008
  www.nursingmothers.org

- *Międzynarodowe Stowarzyszenie Konsultantów Laktacyjnych*
  (International Lactation Consultant Assocposition)
  1500 Sunday Drive, Suite 102
  Raleigh, NC 27607
  919-861-5577
  www.ilca.org

- *Międzynarodowe Centrum Informacji Zdrowia Kobiety*
  (National Women's Health Information Center)
  Telefoniczna pomoc w problemach z karmieniem piersią
  800-944-9662

- *Breastfeeding National Network* (Medela, Inc.)
  800-835-5968
  www.medela.com
  Telefon kierunkowy do Stanów Zjednoczonych
  0-01

---

zwól nikomu wchodzić do pokoju, dopóki dziecko nie zostanie nakarmione. Wykonaj kilka ćwiczeń relaksacyjnych (mogą pomóc), weź książkę lub czasopismo albo zwyczajnie zamknij oczy i przez kilka minut posłuchaj spokojnej muzyki.

WSZYSTKO O KARMIENIU PIERSIĄ

To, czy karmienie piersią w końcu się powiedzie, zależeć będzie od umiejętności oraz wiedzy. Kiedy zrozumiesz, na czym polega proces laktacji, nauczysz się poprawnie przystawiać dziecko do piersi, będziesz umiała wyczuć, że karmienie dobiegło końca, a także nauczysz się prawidłowo oceniać, kiedy maleństwu jest potrzebny kolejny posiłek – stopniowo będziesz bardziej pewna siebie. Aby zwiększyć szansę na sukces, za pomocą poniższego minikursu poszerz już teraz wiedzę, zanim przystawisz dziecko do piersi.

NA CZYM POLEGA LAKTACJA

Laktacja, czyli proces wytwarzania i wydzielania mleka, jest naturalnym zakończeniem cyklu reprodukcyjnego. Poniżej wyjaśniamy, na czym ona polega.

- Jak działa. Proces wytwarzania pokarmu rozpoczyna się samoistnie w chwili urodzenia łożyska; ciało matki, które przez dziewięć miesięcy karmiło dziecko w łonie, teraz przygotowuje się szybko na zmiany hormonalne, pozwalające kobiecie na dalsze dostarczanie pożywienia dziecku. Po porodzie gwałtownie obniża się poziom hormonów, takich jak estrogeny i progesteron, natomiast równie gwałtownie podwyższa się poziom prolaktyny (hormonu odpowiedzialnego za laktację), co uaktywnia znajdujące się w piersiach komórki wytwarzające pokarm. Choć laktacja jest rezultatem działania hormonów, to jednak nie mogą jej one podtrzymywać samoistnie, bez pewnej pomocy z zewnątrz – a pomoc ta ma postać maleńkiej buzi twego synka lub córeczki. Podczas gdy ta mała buzia ssie mleko z piersi, wzrasta poziom prolaktyny, wzmagając wytwarzanie pokarmu. I co najważniejsze, rozpoczyna się cykl zapewniający stałe wytwarzanie mleka: dziecko opróżnia pierś (tworząc zapotrzebowanie), piersi wytwarzają mleko (pojawia się nowa dostawa). Im większe zapotrzebowanie, tym większe dostawy. Wszystko, co przeszkadza dziecku w opróżnianiu piersi, wstrzymuje „zaopatrzenie". Karmienia rzadkie, za krótkie bądź nieefektywne ssanie mogą szybko doprowadzić do osłabienia procesu wytwarzania mleka. Pomyśl w ten sposób: im więcej pokarmu pobiera dziecko, tym więcej pokarmu powstaje w twoich piersiach.

- Jak napływa. Nie wystarczy samo wytworzenie pokarmu; jeśli nie zostanie uwolniony z maleńkich gruczołów, w których powstał, dziecko nie będzie nakarmione, a dalsza „produkcja" ulegnie wstrzymaniu. Dlatego też jedną z najważniejszych funkcji wpływających na udane karmienie jest odruch wypływania, dzięki któremu mleko wydostaje się z piersi. A dzieje się tak podczas ssania, które pobudza wytwarzanie oksytocyny, hormonu stymulującego wypływanie mleka. Po pewnym czasie, kiedy twój organizm już nabierze wprawy, do wydzielenia się mleka może dojść w każdej chwili, kiedy tylko przystawienie dziecka wydaje się (przynajmniej organizm tak uważa) konieczne: na przykład kiedy przychodzi pora karmienia albo gdy tylko pomyślisz o swym maluszku.

- Jak się zmienia. Otrzymywane przez dziecko mleko nie jest tak jednolite, jak kupowany preparat. Skład pokarmu matki zmienia się wraz z kolejnym karmieniem, a nawet podczas jednego przystawienia. Pierwsze mleko, które dziecko dostaje, nazywa się mlekiem pierwszej fazy i jego zadaniem jest zaspokojenie pragnienia – dlatego też ma bardziej wodnistą konsystencję oraz niską zawartość tłuszczu. W miarę ssania piersi wytwarzają i wydzielają mleko drugiej fazy, bogate w białka, tłuszcz i kalorie. Jeśli za szybko skończysz karmienie, dziecko dostanie wyłącznie mleko pierwszej fazy, a nie tłuściejsze, bardziej odżywcze mleko drugiej fazy, więc szybciej zgłodnieje, a na dłuższą metę – będzie wolniej przybierać na wadze. Musisz pilnować, by przynajmniej jedna pierś została całkowicie opróżniona podczas jednego karmienia, gdyż w ten sposób będziesz miała pewność, że dziecko otrzymało mleko drugiej fazy. Rozpoznasz to po tym, że po karmieniu pierś będzie znacznie bardziej miękka niż przed karmieniem. (Miej na uwadze, iż w czasie laktacji piersi nigdy nie są zupełnie puste – zawsze jest w nich troszkę mleka i zawsze wytwarzane jest nowe.) Zauważysz również mniejszy wypływ pokarmu, a dziecko będzie wolniej przełykać.

POCZĄTKI KARMIENIA

Oto, jak sprawić, by pokarm trafił dokładnie tam, gdzie powinien:

- Udaj się w ciche, spokojne miejsce. Zanim karmienie stanie się dla ciebie czymś zupełnie naturalnym (a tak wkrótce będzie!), musisz się skoncentrować. Znajdź zatem cichy kącik, w którym nic cię nie rozproszy. Gdy podawanie piersi stanie się dla ciebie łatwe, możesz zająć się czytaniem książki lub czasopisma do momentu, aż dziecko przestanie ssać. (Nie zapomnij jednak raz na jakiś czas oderwać się od tekstu i pobawić z maluszkiem.) Rozmawianie przez telefon w pierwszych tygodniach karmienia jest zajęciem zbyt rozpraszającym, więc przycisz dzwonek i pozwól poczcie głosowej przyjmować wiadomości. Nim nabierzesz wprawy w karmieniu, zrezygnuj z oglądania telewizji w chwilach, gdy dziecko ssie pierś.

- Ułóż się wygodnie. Znajdź pozycję wygodną dla ciebie i dziecka. Usiądź na kanapie w dużym pokoju (o ile nie jest zbyt głęboka), w fotelu na szynach w pokoiku dziecięcym, wygodnym fotelu w pokoju do wypoczynku lub połóż się we własnym łóżku. Karmić można nawet na leżąco. Jeśli siedzisz, połóż sobie na kolana poduszkę, gdyż dziecko będzie na niej podwyższone do wygodnego poziomu. Poduszka zabezpiecza też bliznę po cesarskim cięciu przed naciskiem ciała niemowlęcia. Ułóż ramiona na poduszce lub oparciu fotela, gdyż trzymanie 3–4 kg ciężaru bez podparcia może wywołać skurcze i ból mięśni. Postaraj się unieść również nogi. Spróbuj pokombinować i znaleźć taką pozycję, w której będzie ci wygodnie i która nie doprowadzi do zmęczenia czy zesztywnienia twojego ciała.

- Zaspokój własne pragnienie. Podczas karmienia miej w zasięgu ręki coś do picia w celu uzupełnienia płynów: na przykład mleko, soki lub wodę. Unikaj ciepłych napojów (którymi mogłabyś poparzyć siebie i dziecko, gdyby się wylały). Gdy nie masz ochoty na coś zimnego, wypij napój o letniej temperaturze. I dodaj jeszcze zdrową przekąskę, jeśli od ostatniego posiłku minęło już trochę czasu. Im lepiej się odżywiasz, tym zdrowiej odżywiasz swoje dziecko.

POZYCJE PRZY KARMIENIU

Istnieje wiele pozycji, które wraz z dzieckiem możecie przetestować w trakcie karmienia. Ale najważniejszą jest „podstawowa", czyli ta, z której wywodzi się większość następnych: dziecko leży bokiem, z twarzą do piersi. Całe ciało dziecka zwrócone jest do matki – brzuszek do brzucha – a ucho, ramię i biodro tworzą linię prostą. Buzia nie powinna być odwrócona, lecz w linii prostej z resztą ciała. (Wyobraź sobie, jak trudno by ci było pić i przełykać z głową odwróconą na bok – tak samo trudno jest dziecku.)

Specjaliści z poradni laktacyjnych polecają na pierwsze tygodnie dwie pozycje karmienia: krzyżową i spod pachy. Ale kiedy nabierzesz już wprawy z karmieniem, wypróbuj też pozycję kołyskową oraz leżącą. Zatem przybierz pozycję podstawową i spróbuj:

- *Pozycja krzyżowa.* Przytrzymaj główkę maleństwa ręką przeciwną do piersi, do której będziesz je przystawiać (np. lewą ręką trzymasz główkę, jeśli karmić będziesz z prawej). Nadgarstek powinien spoczywać między łopatkami dziecka, natomiast kciuk za jednym uchem, a pozostałe palce za drugim. Prawą dłonią ujmij prawą pierś, trzymając kciuk nad brodawką i otoczką, w miejscu, którego dotykać będzie nosek. Palec wskazujący natomiast powinien znaleźć się w punkcie zetknięcia się policzka dziecka z piersią. Uciśnij lekko pierś. Dzięki temu przybierze ona kształt bardziej pasujący do buzi niemowlęcia. Teraz można już przystawić maluszka.

- *Pozycja spod pachy.* Pozycja ta staje się szczególnie użyteczna dla matki, która rodziła przez cesarskie cięcie i woli uniknąć przykładania dziecka do brzucha, gdy kobieta ma duże piersi, jeśli dziecko jest wcześniakiem lub jest małe, a także jest przydatna do karmienia bliźniąt. Pozycję tę nazywa się często także futbolową (od futbolu amerykańskiego); doświadczenie na boisku nie jest potrzebne, wystarczy tylko umieścić dziecko pod pachą, tak jak zawodnicy trzymają piłkę podczas meczu, czyli ułożyć dziecko przy boku w pozycji półsiedzącej twarzą do siebie, przy czym jego nóżki znajdują się pod pachą matki (prawej, gdy karmi się prawą piersią). Za pomocą poduszki można podnieść dziecko na wysokość brodawki. Prawą rękę przytrzymuje się główkę dziecka, a lewą – pierś, tak samo jak przy pozycji krzyżowej.

- *Pozycja kołyskowa.* W tej pozycji, uznawanej za klasyczną, główka dziecka spoczywa na zgięciu łokcia, a dłoń matki przytrzymuje je w biodrach lub za pośladki. Jedna rączka dziecka (przy karmieniu z prawej piersi będzie to lewa ręka) jest przesunięta na bok, pod ramię matki, wokół jej talii. Lewa dłoń ujmuje pierś (podczas karmienia z prawej piersi) jak przy pozycji krzyżowej.

- *Pozycja leżąca.* Nieodzowna przy karmieniu w środku nocy lub gdy matce potrzebny jest odpoczynek (a raczej gdy może sobie na niego pozwolić, bo potrzebny jest jej

1. Pozycja krzyżowa.

2. Pozycja spod pachy.

3. Pozycja kołyskowa.

4. Pozycja leżąca.

zawsze). Należy położyć się na boku, z poduszką pod głową. Dziecko również leży bokiem, przodem do matki, brzuszek do brzucha. Mała buzia musi być w jednej linii z brodawką. Pierś podtrzymuje się jak w poprzednich pozycjach. Aby malec leżał blisko, można podeprzeć jego plecki małą poduszką.

Niezależnie od wybranej pozycji, dziecko musi być przystawiane do piersi, a nie pierś do dziecka. Wiele problemów z karmieniem wynika właśnie z tego, że matka przyjmuje nieprawidłową postawę – garbiąc się nad swym maleństwem, próbuje mu wcisnąć sutek do buzi. Tymczasem plecy powinny być proste, a dziecko przykładane do piersi.

PRAWIDŁOWE PRZYSTAWIENIE DO PIERSI

Prawidłowa pozycja ważna jest na początku, jednak do prawidłowego karmienia niezbędne jest opanowanie jeszcze jednej sztuki: sprawienia, by niemowlę i pierś odpowiednio się połączyły i zaczęły ze sobą współpracować. Niektórym matkom i niemowlętom przychodzi to bez trudu, inne muszą długo ćwiczyć.

- Oto, jak wygląda poprawne przystawienie dziecka: usta dziecka obejmują zarówno brodawkę, jak i otoczkę (ciemną obwódkę wokół brodawki). Dziecko musi dziąsłami uciskać obwódkę, aby ze znajdujących się pod nią kanalików zaczęło wypływać mleko. Ssąc jedynie samą brodawkę, nie tylko pozostanie głodne (ponieważ gruczoły wydzielające pokarm nie są uciskane), lecz może doprowadzić do bolesności brodawki, a nawet jej popękania. Dziecko nie powinno też ssać piersi w innym miejscu. Noworodki chętnie ssą, nawet gdy nie wypływa mleko, wywołując bolesne siniaki na wrażliwej skórze piersi.

- Przygotuj się do poprawnego przystawienia. Gdy już przyjmiecie wygodną pozycję, delikatnie dotknij brodawką ust maleństwa, aż buzia otworzy się szeroko, jak przy ziewaniu. Niektórzy specjaliści z poradni laktacyjnych doradzają, by najpierw dotknąć brodawką noska, po czym skierować ją ku dołowi i dotknąć dolnej części górnej wargi – wówczas dziecko powinno szeroko otworzyć buzię. Przy tej metodzie dolna

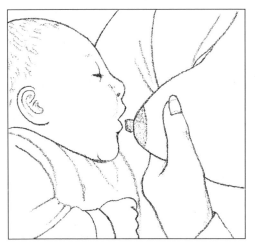

1. Dotykanie warg dziecka.

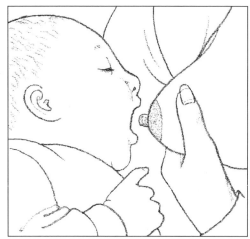

2. Otwarta szeroko buzia.

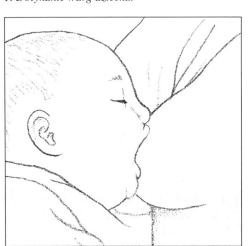

3. Dziecko chwyta pierś.

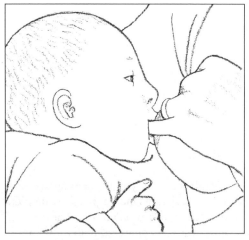

4. Przerwanie karmienia.

Ssanie a ssanie mleka

Subtelna różnica pomiędzy tymi dwoma czynnościami stanowi o udanym karmieniu. Aby uzyskać pewność, że dziecko faktycznie ssie mleko (czyli pije z piersi), a nie tylko rozkoszuje się ssaniem twojej skóry (ściska pierś dziąsełkami bez żadnego skutku), sprawdź, czy wykonuje powtarzające się ruchy ssania, przełykania i oddychania, co świadczy o pobieraniu pokarmu. Rytmiczne poruszanie się policzków, żuchwy oraz ucha to również pożądane sygnały, a gdy pokarm zacznie napływać, słychać też dźwięk przełykania (niekiedy wręcz głośnymi haustami) informujący, iż dziecko faktycznie ssie i połyka mleko.

warga niemowlęcia nie podwinie się w trakcie karmienia. Jeśli dziecko nie otwiera buzi, spróbuj wycisnąć nieco siary (później mleka) na jego wargi, co powinno je zachęcić do chwycenia brodawki.

Bywa, że maluch odwraca się – wówczas lekko poklep go po tym policzku, który jest bliżej ciebie. Odruch szukania skłoni dziecko do zwrócenia główki w kierunku piersi. (Nie ściskaj obu policzków, by zmusić dziecko do otwarcia buzi, to tylko je zdezorientuje.) Kiedy dziecko nabierze wprawy w karmieniu, do zwrócenia się w kierunku brodawki wystarczy mu sam dotyk piersi, a czasem nawet zapach mleka.

- Uwieńczenie starań. Kiedy buzia jest już szeroko otwarta, przysuń dziecko bliżej siebie. Nie przysuwaj piersi do dziecka ani nie przyciągaj główki do piersi. I nie wkładaj brodawki w niechętną buzię, gdyż to właśnie dziecko powinno przejąć inicjatywę. Być może trzeba będzie kilku prób, nim buzia otworzy się na tyle szeroko, aby mogła dobrze uchwycić brodawkę. Pamiętaj, by przytrzymywać pierś tak długo, aż dziecko uchwyci ją mocno oraz zacznie dobrze ssać; nie puszczaj jej zbyt wcześnie.

- Sprawdzaj. O tym, że dziecko dobrze trzyma pierś, świadczy jego policzek i czubek noska dotykający twej piersi. W czasie gdy maluch ssie, brodawka znajduje się w tylnej części jamy ustnej, a malutkie dziąsełka uciskają otoczkę. Wargi nie powinny być podwinięte, lecz odwinięte na zewnątrz. Sprawdź także, czy dziecko nie ssie własnej dolnej wargi (noworodki potrafią ssać wszystko) bądź języka (gdy brodawka znajduje się pod językiem, a nie nad nim). Przekonasz się o tym, pociągając lekko dolną wargę dziecka w trakcie karmienia. Jeśli faktycznie masz wrażenie, iż dziecko ssie raczej własny język, przerwij karmienie, wsuwając palec do buzi dziecka, wysuń brodawkę i upewnij się, czy język jest w prawidłowej pozycji, nim rozpoczniesz karmienie na nowo. Jeśli natomiast okaże się, że dziecko ssie własną dolną wargę, delikatnie zsuń ją, nie przerywając karmienia.

Karmienie nie będzie bolesne, jeżeli dziecko będzie prawidłowo przystawiane do piersi (chyba że masz popękane brodawki lub infekcję piersi; przeczytaj na stronach 75 i 80). Jeśli w trakcie ssania odczuwasz ból brodawki, prawdopodobnie dziecko żuje ją, zamiast objąć dziąsełkami (wraz z otoczką). Odsuń dziecko od piersi (patrz niżej) i przystaw jeszcze raz. Oznaką nieprawidłowego przystawienia są również odgłosy mlaskania.

- Pozwól dziecku oddychać. Jeśli pierś zatyka dziecku nosek w momencie, gdy jest ono dobrze przystawione, lekko uciśnij pierś palcem. Można również unieść dziecko odrobinę, ale przy tym manewrze należy uważać, aby nie stracić tak ciężko uzyskanego, poprawnego uchwycenia piersi.

- Ostrożnie odstawiaj: jeśli dziecko przestało ssać, ale nadal trzyma pierś, gwałtowne jej wycofanie może się zakończyć urazem brodawki. Najlepiej przerwać ssanie, wsuwając palec w kącik buzi malucha, by wpuścić nieco powietrza, następnie delikatnie włożyć go między dziąsła niemowlęcia, aż poczuje się zwolnienie piersi.

Jakim typem noworodka jest twoje dziecko?

Ponieważ każde dziecko ma inną osobowość, to również inaczej zachowuje się podczas karmienia. Twoje maleństwo może należeć do którejś z poniższych kategorii opisanych przez naukowców lub wyróżniać się stylem własnym, typowym jedynie dla siebie.

Żarłok. Tak można nazwać twoje dziecko, jeśli mocno przysysa się do piersi i ssie łapczywie przez 10–20 minut. Żarłoki nie guzdrają się – karmienie to dla nich bardzo ważna rzecz! Niekiedy ssą aż tak mocno, że na początku mogą wywoływać ból u matki. Ale jeśli brodawki mają stać się celem małego żarłoka, nie martw się – szybko się zahartują, wprost proporcjonalnie do apetytu nienasyconego „ssaczka". (Porady, jak uśmierzyć ból sutków, znajdziesz na stronie 75.)

Gorliwiec nieskuteczny. Jeśli dziecko jest tak podekscytowane otrzymaniem piersi, że nie może jej poprawnie złapać, a następnie sfrustrowane płacze głośno, to zapewne masz w rękach gorliwca nieskutecznego. Matki takich dzieci muszą się szczególnie uzbroić w cierpliwość; przed ponownym przystawieniem takiego oseska należy go najpierw uspokoić. Zwykle takie niemowlęta stają się mniej gorliwe, a bardziej skuteczne, gdy nabiorą wprawy – wówczas potrafią efektywnie zaspokajać głód.

Spóźnialski. Spóźnialscy są właśnie tacy: spóźnieni. Te ślamazarne dzieci nie wykazują zbyt wielkiego zainteresowania ani umiejętności ssania aż do czwartego czy piątego dnia, kiedy napływa mleko. Zmuszanie spóźnialskiego do ssania, nim sam nabierze chęci, nie ma sensu (podobnie zmuszanie do odrobienia zadania domowego, nim nadejdzie ostatnia chwila, przynosi odwrotny skutek, ale o tym przekonasz się później). Zwykle najlepiej poczekać; spóźnialscy najczęściej sami chętnie biorą się do roboty w odpowiednim dla nich momencie.

Smakosze. Jeśli dziecko lubi pobawić się brodawką, uchwycić ją buzią, skosztować odrobinkę mleka, mlasnąć, a następnie rozkoszować się każdym łykiem, jakby miało napisać recenzję do czasopisma kulinarnego, to jest smakoszem. Zdaniem smakosza, pokarm matki to nie fast food. Poganiany wpada w furię, więc lepiej pozwolić mu naciszyć się karmieniem.

Leniuszek. Leniuszki lubią kilka minut ssać, po czym odpoczywać przez kilka minut. Niektóre wręcz wprowadzają cykl ssanie–drzemka: ssą przez piętnaście minut i zapadają w piętnastominutową drzemkę, następnie budzą się, aby dalej sobie „podjeść". Karmienie takiego niemowlęcia wymaga czasu i cierpliwości, ale poganianie leniuszka w trakcie posiłku – podobnie jak smakosza – nie przyniesie dobrego skutku.

JAK DŁUGO KARMIĆ?

Niegdyś uważano, że jeśli wstępne karmienie trwa krótko (pięć minut przy każdej piersi), to zapobiega bólom brodawek, które mają czas na stopniowe hartowanie się. Jednak obolałe brodawki są wynikiem nieprawidłowego przystawienia dziecka do piersi i niewiele mają wspólnego z długością karmienia. Jeżeli tylko malec jest prawidłowo przystawiony, nie ma żadnego powodu, by skracać czas karmienia. Najlepiej zdać się w tej sprawie na samego niemowlaka; wszystkie dzieci wypracowują własny „plan karmienia", a postępowanie zgodnie z nim jest gwarancją, że dziecko będzie zadowolone, a piersi zostaną opróżnione. Początkowo jedno karmienie może trwać długo, gdyż niektóre noworodki potrzebują nawet 45 minut, aby poczuć sytość (choć przeciętny czas to 20–30 minut). Nie zabieraj więc dziecku piersi tylko z tego powodu, że przy pierwszej spędziło aż 15 minut; poczekaj, aż skończy ssać, po czym podaj mu drugą – ale do niczego nie zmuszaj.

Najlepiej, by jedna pierś była opróżniana podczas jednego karmienia (pamiętaj jednak, iż pierś nigdy nie jest „pusta", a jedynie dobrze opróżniona), co jest znacznie ważniejsze od ssania z obu piersi. Tylko wówczas bowiem masz pewność, iż twoja pociecha otrzymała mleko drugiej fazy napływające pod koniec karmienia, a nie jedynie pierwszej fazy, które wypływa na samym początku (patrz str. 63).

Najlepszym sposobem na zakończenie karmienia jest odrobina cierpliwości – poczekaj, aż malec sam wypuści brodawkę. Jeśli dziecko nie uczyni tego samodzielnie (niemowlęta często „odpływają" w sen podczas ssania), sama zadecyduj o zakończeniu, gdy tylko rytmiczne czynności ssania i przełykania zostaną spowolnione – do jednego przełknięcia na cztery ruchy ssania. Dzieci zasypiają pod koniec karmienia z jednej piersi i albo się przebudzają, mając ochotę na drugą (po dobrym odbiciu, patrz strona 124), albo śpią do czasu kolejnego karmienia. Następnym razem należy przystawić dziecko do tej piersi, z której nie ssało, lub do tej nie do końca opróżnionej. Żeby to spamiętać, możesz przypinać sobie agrafkę do biustonosza po tej stronie, z której ostatni raz karmiłaś, lub włożyć do miseczki wkładkę laktacyjną lub zwykłą chusteczkę higieniczną. Wkładka wchłania mleko wypływające z drugiej piersi, oczekującej na opróżnienie.

JAK CZĘSTO KARMIĆ

Na początku należy karmić często, p r z y n a j m n i e j 8 do 12 razy na dobę (lub nawet częściej, jeśli dziecko się tego domaga). Niemowlę powinno opróżniać przynajmniej jedną pierś podczas jednego karmienia. Jeśli podzielisz to na godziny, to znaczy, że będziesz karmić co 2–3 godziny (licząc od początku każdego przystawienia dziecka). Ale to nie zegar powinien być wyznacznikiem pór karmienia, lecz twoje dziecko (chyba że nie budzi się do karmienia), przy czym musisz pamiętać, że każdy osesek ustala swój własny „harmonogram". Niektóre noworodki muszą jeść często (co 1,5 do 2 godzin), inne nieco rzadziej (co 3 godziny). Jeśli twój należy do tej pierwszej grupy, może to oznaczać, że między końcem jednego karmienia a początkiem drugiego mija niecała godzina, a to nie daje zbyt wiele odpoczynku twym zmęczonym piersiom. Lecz nie martw się, ta częstotliwość jest tymczasowa. Gdy twój organizm zacznie produkować więcej pokarmu, a dziecko będzie rosło, przerwy w karmieniu staną się coraz dłuższe.

Regularność posiłków i czas pomiędzy kolejnymi karmieniami także mogą odbiegać od zwyczajów przyjętych przez niemowlę z sąsiedztwa. Niektóre „pilne" dzieci chcą jeść równo co 1,5 godziny w ciągu dnia, a w nocy przedłużają odpoczynek do 3 lub nawet 4 godzin. Jeśli twoje dziecko należy do tej grupy, możesz uważać się za szczęściarę – notuj tylko liczbę zmoczonych pieluch, by mieć pewność, że przy tak dużej ilości snu wypija wystarczająco dużo mleka (patrz str. 148). Inne niemowlęta działają jak mechanizm w zegarku przez całą dobę – budzą się do karmienia co 2,5 godziny niezależnie od tego, czy jest to środek dnia czy środek nocy. Ale nawet te dzieci nabiorą bardziej cywilizowanych nawyków w następnych kilku miesiącach; gdy zaczną rozróżniać dzień od nocy. Wówczas ich wdzięczni rodzice będą mogli stopniowo cieszyć się coraz dłuższymi przerwami pomiędzy nocnymi karmieniami.

Choć wielka jest na początku pokusa przedłużania odstępów między karmieniami, musisz się jej oprzeć. Na wytwarzanie pokarmu wpływa częstotliwość karmień, ich intensywność oraz długość ssania, zwłaszcza w pierwszych tygodniach życia dziecka. Jeśli nie będziesz karmić na każde żądanie lub skrócisz czas trwania karmień, będziesz miała mniej pokarmu. Podobnie będzie, jeśli pozwolisz dziecku spać, zamiast przystawić go do piersi. Jeśli od ostatniego karmienia noworodka minęły 3 godziny, należy go obudzić. (Na stronie 111 znajdziesz metody budzenia dziecka.)

Co może cię niepokoić

SIARA

Urodziłam dziecko kilka godzin temu; czuję się skonana, a moja córeczka śpi. Czy naprawdę muszę natychmiast zacząć karmić? Nawet nie mam jeszcze pokarmu.

Im szybciej zaczniesz karmić, tym prędzej będziesz mieć pokarm, ponieważ wytwarzanie mleka przez organizm uzależnione jest od zapotrzebowania. Wczesne rozpoczęcie karmienia i częste podawanie dziecku piersi nie tylko zapewnia produkcję pokarmu na najbliższe dni; niemowlę otrzymuje potrzebną mu, pełną porcję siary – doskonałego pokarmu w pierwszych dniach życia. Ten gęsty, żółty (niekiedy przejrzysty) płyn jest bogaty w przeciwciała oraz białe ciałka krwi, które chronią mały organizm przed szkodliwymi bakteriami i wirusami, a nawet – zgodnie z najnowszymi badaniami – stymuluje wytwarzanie przeciwciał przez układ odpornościowy noworodka. Siara pokrywa ścianki jelit niedojrzałego organizmu dziecka, tworząc skuteczną barierę dla szkodliwych bakterii i równocześnie chroniąc przed alergią oraz nieżytem jelitowym. Jakby tego było mało, siara stymuluje wydalenie pierwszego stolca noworodka (smółki; patrz str. 118) i pomaga eliminować bilirubinę, zmniejszając ryzyko wystąpienia żółtaczki u noworodka (patrz str. 116).

Niewielka ilość siary zupełnie wystarcza. Wszak dziecko otrzyma jej ledwie kilka łyżeczek – które, o dziwo, całkowicie mu wystarczą. Ponieważ siara jest łatwo trawiona ze względu na wysoką zawartość białka, witamin i minerałów, a jednocześnie zawiera niewiele tłuszczu i cukru, stanowi doskonały aperitif przed przygodami kulinarnymi, jakie czekają dziecko w przyszłości.

Ssanie siary przez pierwsze kilka dni po narodzinach zaspokaja niewielki apetyt dziecka, jednocześnie zapewniając mu zdrowszy start w życie. W tym czasie wydziela się następne danie: mleko przejściowe. Mleko to, które pojawia się w organizmie matki po siarze, ale jeszcze przed mlekiem dojrzałym, często przypomina mleko zmieszane z sokiem pomarańczowym (na szczęście noworodkom smakuje ono znacznie bardziej niż taka mieszanka) i pojawia się w momencie „napływania" pokarmu. Zawiera mniej immunoglobulin oraz białka niż siara, ale jest bogatsze w laktozę, tłuszcz i kalorie. Mleko dojrzałe natomiast, które pojawia się między dziesiątym dniem a końcem drugiego tygodnia po porodzie, jest rzadkie i białe (niekiedy lekko błękitnawe). Choć wygląda jak rozwodnione chude mleko, w rzeczywistości stanowi potężną dawkę tłuszczu i wszystkich substancji odżywczych niezbędnych dojrzewającemu niemowlęciu.

NABRZMIENIE PIERSI

Od chwili, gdy w dniu dzisiejszym pojawił się u mnie pokarm, piersi mam obrzmiałe, bardzo powiększone, twarde i tak obolałe, że ledwo mogę to znieść. Jak mam w tym stanie karmić?

Piersi rosły przez dziewięć miesięcy ciąży i chociaż ci się wydawało, że już większe być nie mogą (przynajmniej bez pomocy chirurga plastycznego), okazało się, że jednak jest to możliwe – w pierwszym tygodniu po porodzie. Stały się także bardzo obolałe – do tego stopnia, że ból przy zakładaniu biustonosza jest nie do wytrzymania. A co gorsza, w chwili, gdy pokarm wreszcie się pojawił, karmienie dziecka stanowi jeszcze większy problem niż wówczas, kiedy go nie było. I to nie tylko ze względu na to, że są bolesne i wrażliwe – ich twardość, obrzmienie, a także że często płaskie brodawki utrudniają dziecku uchwycenie piersi.

Do nabrzmienia towarzyszącego pojawieniu się mleka (większego, jeśli początki karmienia są trudne) dochodzi nagle i gwałtownie w ciągu zaledwie kilku godzin, zwykle trzeciego lub czwartego dnia po porodzie, choć czasem już drugiego dnia lub dopiero siódmego. I choć nabrzmienie jest widocznym objawem tego, że piersi napełniają się mlekiem, ból oraz obrzmiałość powoduje także napływająca do piersi krew, która gwarantuje, że „wytwórnia pokarmu" pracuje na pełnych obrotach.

U jednych kobiet zjawisko to jest bardziej dokuczliwe, u innych mniej, zwykle jest wyraźniejsze przy pierwszym dziecku, przy czym za pierwszym razem najczęściej pojawia się później niż przy kolejnych. Ale istnieją szczęśliwe kobiety (zwykle te, które zostały matkami po raz drugi czy trzeci), u których pojawieniu się pokarmu nie towarzyszy nabrzmiałość – zwłaszcza jeśli szybko zaczynają karmić.

Na szczęście ta przykra dolegliwość jest tymczasowa i stopniowo zaniknie, gdyż pokarm będzie wytwarzany według zapotrzebowania określonego przez dziecko. W wypadku większości kobiet obrzmienie i ból nie trwają dłużej niż 24 do 48 godzin, ale zdarzają się przypadki, że ciągną się przez tydzień.

Oto kilka sposobów na zmniejszenie dyskomfortu:

- Przez krótką chwilę ogrzewaj piersi, by je zmiękczyć i sprowokować wypływ pokarmu na początku karmienia dziecka. W tym celu przyłóż kawałek materiału namoczony w ciepłej (nie gorącej!) wodzie tuż przy obwódce brodawki albo pochyl się nad miską ciepłej wody. Wypływ pokarmu można również wywołać, delikatnie masując pierś, z której dziecko ssie.

- Po karmieniu przykładaj woreczki z lodem; to powinno zmniejszyć obrzmienie. I choć dziwnie to brzmi, a wygląda jeszcze dziwniej, ulgę przynosi też przykładanie schłodzonych liści kapusty (wybieraj duże zewnętrzne liście, opłukane i osuszone, w środku zrób otworek na sutek). Możesz też używać specjalnych wkładek chłodzących do biustonosza.

- Noś przez całą dobę dobrze dopasowany biustonosz do karmienia (o szerokich paskach i bez tworzyw sztucznych). A ponieważ uciskanie obrzmiałych piersi może być bolesne, sprawdź, czy biustonosz nie jest za ciasny. Ubieraj się w luźne stroje, nie ocierające obolałych piersi.

- Najlepszym lekarstwem na obrzmiałe piersi jest częste karmienie. Nie opuszczaj więc ani nie skracaj karmień z powodu bólu. Im mniej dziecko ssie, tym bardziej piersi stają się obrzmiałe, a zatem ból narasta. Natomiast im więcej będziesz karmić, tym szybciej dolegliwość zniknie. Jeśli twój malec nie ssie z takim zapałem, by opróżnić obie piersi podczas jednego karmienia, możesz odciągnąć pokarm za pomocą odciągacza pokarmu. Ale nie odciągaj zbyt dużo mleka, jedynie tyle, by zlikwidować obrzmiałość. W przeciwnym razie piersi zaczną wytwarzać więcej pokarmu niż dziecko zechce ssać, co doprowadzi do zaburzenia równowagi „produkcji na żądanie", a wówczas obrzmienie piersi będzie się utrzymywało.

- Zanim rozpoczniesz karmienie, delikatnie ściągnij odrobinę pokarmu z każdej piersi, aby zmniejszyć obrzmienie, sprowokować wypływanie pokarmu oraz zmiękczyć brodawki. W ten sposób dziecku będzie łatwiej uchwycić pierś.

- Przy każdym karmieniu zmieniaj pozycję (raz karm w pozycji spod pachy, następnym razem w pozycji kołyskowej – patrz strona 64). Dzięki temu wszystkie kanaliki mleczne zostaną opróżnione, a także zmniejszy się ból związany z obrzękiem.

- W przypadku bardzo ostrych dolegliwości możesz rozważyć przyjęcie paracetamolu lub innego lekkiego leku przeciwbólowego przepisanego przez lekarza. Pamiętaj, że wszelkie leki przeciwbólowe należy przyjmować tuż po zakończeniu karmienia.

Właśnie urodziłam drugie dziecko. Piersi mam znacznie mniej nabrzmiałe niż przy pierwszym – czy to oznacza, że będę mieć mniej pokarmu?

Nie, to oznacza jedynie, że czeka cię mniej bólu i mniej trudności z karmieniem – czyli powinnaś się cieszyć. Choć niektóre kobiety nie mają tyle szczęścia i przy drugim dziecku mają bardziej obrzmiałe piersi, to zwykle dolegliwości te są jednak mniejsze. Być może dzieje się tak, ponieważ piersi, które już wcześniej karmiły, mają mniejszy problem z przystosowaniem się do napływu mleka. Albo może ty, dzięki nabytemu doświadczeniu, potrafisz efektywniej karmić dziecko od samego początku (opróżniając piersi). Wszak im szybciej noworodek zacznie dobrze ssać, tym zwykle dolegliwość ta jest mniej uciążliwa.

Bardzo rzadko się zdarza, by brak nabrzmienia piersi i uczucia wypływania mleka były spowodowane tym, że organizm matki produkuje za mało pokarmu. Ale większość kobiet, które po urodzeniu pierwszego dziecka nie doświadczają nabrzmienia piersi, ostatecznie ma całkowicie wystarczającą ilość pokarmu. Bo tak naprawdę nie jest to powód, by się martwić brakiem pokarmu, chyba że dziecko nie rozwija się prawidłowo (patrz str. 148).

NADMIAR POKARMU

Choć piersi nie są już nabrzmiałe, to pokarmu mam tyle, że dziecko krztusi się przy każdym karmieniu. Czy to możliwe, że mam nadmiar pokarmu?

Mimo iż teraz może ci się wydawać, że mogłabyś wykarmić wszystkie dzieci z sąsiedztwa – a przynajmniej mały żłobek – uspokój się, wkrótce będziesz miała dokładnie tyle pokarmu, aby wykarmić jedno głodne dziecko – twoje dziecko. Wiele kobiet miewa za dużo tego „dobra" w pierwszych tygodniach karmienia, niekiedy tak dużo, że ich dzieci z trudem radzą sobie z napływem mleka. Próbując połknąć wszystko, co dostaje się im do buzi, zachłystują się, parskają i krztuszą. Nadmiar pokarmu może doprowadzić do samoistnego wyciekania z piersi – nieprzyjemnego, a nawet zawstydzającego (zwłaszcza gdy dojdzie do niego w obecności innych osób). Albo więc twój organizm wytwarza więcej pokarmu, niż dziecko w tym momencie potrzebuje, albo mleko napływa szybciej, niż malec jest w stanie przełknąć.

Tak czy inaczej, stopniowo wszystko się ustabilizuje – prawdopodobnie w pierwszym miesiącu. Ilość pokarmu zacznie odpowiadać zapotrzebowaniu maleństwa, a zatem skończy się przepełnienie. Zanim to jednak nastąpi, miej pod ręką ręcznik, by móc w każdej chwili wytrzeć siebie i dziecko.

Wypróbuj poniższe metody spowalniania napływania pokarmu:

- Jeśli dziecko przełyka łapczywie i zachłystuje się, gdy tylko pokarm napłynie, odstaw je na chwilkę od piersi, przeczekaj pierwsze wytryśnięcie mleka. Gdy zacznie wypływać wolniejszym strumieniem, z którym malec może sobie już poradzić, przystaw go z powrotem.

- Podczas jednego karmienia podawaj dziecku tylko jedną pierś. Dzięki temu zostanie ona lepiej opróżniona, a dziecko jedynie raz będzie musiało sobie poradzić z silnym strumieniem pokarmu, zamiast dwa razy.

- W trakcie karmienia lekko uciskaj obwódkę brodawki, aby powstrzymać intensywne wypływanie pokarmu.

- Karm dziecko w pozycji półsiedzącej. Niektóre dzieci radzą sobie w ten sposób, że pozwalają, by nadmiar pokarmu wypłynął im z buzi.

- Spróbuj karmić wbrew sile ciążenia, siedząc prosto, a nawet leżąc płasko na plecach z dzieckiem na klatce piersiowej (pozycja ta jest jednak zbyt nieporęczna, by często ją stosować).

- Odciągaj pokarm przed karmieniem, aż pokarm zacznie wypływać wolniej. Potem przyłóż dziecko do piersi, wiedząc, że nie zostanie ono „zalane" pokarmem.

- Nie daj się skusić i nie ograniczaj ilości przyjmowanych płynów. Ani zwiększanie, ani zmniejszanie ilości wypijanych płynów nie wpływa na wytwarzanie pokarmu. Jeśli zmniejszysz podaż płynów, wcale nie będziesz mieć mniej pokarmu, natomiast możesz się nabawić poważnych problemów zdrowotnych.

Niektóre kobiety mają zbyt dużo pokarmu przez cały okres karmienia. Ale nie martw się, jeśli ciebie to spotka – w miarę jak dziecko rośnie, czuje coraz silniejszy głód i lepiej mu idzie ssanie, są spore szanse, że poradzisz sobie z tym nadmiarem.

SAMOISTNY WYCIEK POKARMU

Mam wrażenie, że cały czas z piersi wycieka mi pokarm. Czy to normalne? Jak długo to potrwa?

W konkursach mokrych podkoszulków (mokrych bluz, mokrych swetrów i mokrych koszul nocnych, kapiących biustonoszy, a nawet mokrych poduszek) młode matki karmiące wygrywają w cuglach. Niemal zawsze pierwsze tygodnie karmienia należą do „mokrych tygodni" – mleko samoistnie wycieka strużką, kropelkami, a nawet tryska strumieniem. Mleko może wypłynąć w każdej praktycznie chwili, w każdym miejscu, zwykle bez ostrzeżenia. Nagle poczujesz mrowienie i zanim zdążysz złapać wkładkę laktacyjną, ręcznik lub choćby sweter, na piersiach pojawiają się mokre plamy.

Samoistne wyciekanie pokarmu jest silnie powiązane z psychiką. Może cię zaskoczyć, gdy myślisz lub rozmawiasz o dziecku albo słyszysz jego płacz. Nawet ciepły prysznic staje się niekiedy przyczyną wypłynięcia kilku kropel. Ale zauważysz także, że pokarm samoistnie wycieka w sytuacjach pozornie przypadkowych: na przykład gdy wcale nie myślisz o dziecku (kiedy śpisz czy płacisz rachunki), w sytuacjach publicznych lub całkowicie nieodpowiednich (na przykład stoisz w kolejce na poczcie, masz pokazać w pracy prezentację lub gdy uprawiasz miłość). Mleko czasem wycieka, gdy przegapisz czas karmienia bądź czekasz na nie (zwłaszcza kiedy dziecko już ma w miarę ustalone pory karmienia) – albo wypływa z jednej piersi, podczas gdy ty karmisz z drugiej.

Na pewno niełatwo się żyje, gdy z piersi samoistnie wycieka pokarm – nie ma w tym nic śmiesznego. Jest to całkowicie naturalny skutek uboczny karmienia piersią, doskwierający szczególnie na początku. (Przy czym normalna jest także sytuacja, gdy pokarm wcale nie wycieka albo wycieka go bardzo mało. Wiele kobiet, które zostały matkami po raz drugi, może zaobserwować, że tym razem ta kłopotliwa przypadłość jest znacznie mniej nasilona.) Z czasem, kiedy ilość produkowanego przez organizm mleka będzie odpowiadać zapotrzebowaniu, karmienie stanie się bardziej ustabilizowane, a niekontrolowany wyciek pokarmu zmniejszy się. Czekając na ten dzień, wypróbuj poniższe metody:

- Powinnaś mieć zapas wkładek laktacyjnych, ponieważ mogą uratować ci życie (a przynajmniej koszulkę). Trzymaj je w torbie na pieluchy, torebce, przy łóżku, aby po każdym karmieniu, a nawet częściej, móc wymienić mokre wkładki na suche. Nie używaj wkładek z plastikowym lub wodoodpornym wkładem, gdyż one tylko zatrzymują wilgoć, zamiast ją wchłonąć, co prowadzi do podrażnienia brodawek. Poszukaj takich wkładek, które ci najbardziej odpowiadają; część kobiet preferuje jednorazowe, inne wolą przyjemny dotyk wkładek bawełnianych, nadających się do prania.

- Staraj się nie moczyć łóżka. Jeśli zauważysz, że w nocy wycieka ci dużo pokarmu, włóż do biustonosza dodatkową wkładkę albo rozściel duży ręcznik. Zapewne nie miałabyś teraz ochoty na codzienną zmianę pościeli albo, co gorsza, na zakup nowego materaca.

- Wybieraj wzorzyste, najlepiej ciemne ubrania. Szybko odkryjesz, że skuteczniej kamuflują plamy z mleka. Kiedy jest się matką noworodka, noszenie rzeczy łatwo piorących się w pralce to najlepsze rozwiązanie – samoistne wyciekanie mleka tylko to potwierdza.

- Nie odciągaj pokarmu, by zapobiec jego wypływaniu. Odciąganie nie tylko nie pomoże, ale wręcz sprowokuje wyciek. Wszak piersi często stymulowane wytwarzają więcej mleka.

- Uciskaj. Gdy tylko poczujesz, że lada chwila nastąpi samoistny wyciek pokarmu, możesz spróbować temu zapobiec, uciskając brodawki (lepiej nie robić tego w miejscach publicznych) lub mocno krzyżując ramiona na piersi. Można to jednak robić, pod warunkiem że karmienie przebiega sprawnie, a wytwarzanie pokarmu jest ustabilizowane. Nie stosuj tej metody zbyt często w pierwszych tygodniach, ponieważ może to doprowadzić do zatrzymania napływania mleka, w efekcie czego zatkają się kanaliki mleczne. Nie rób tego także, jeśli karmienie przysparza ci kłopotów.

WYPŁYWANIE POKARMU

Za każdym razem, gdy tylko przystawiam dziecko do piersi, towarzyszy mi dziwne uczucie podczas wypływaniu pokarmu. Czy to jest normalne?

Opisywane przez ciebie uczucie znane jest osobom zajmującym się karmieniem jako „wypływanie pokarmu". Nie tylko jest normalne, lecz także stanowi niezbędny etap w procesie karmienia – jest to sygnał, iż mleko zostało uwolnione z kanalików, w których powstaje. Wypływanie odczuwane jest jako mrowienie, czasem nawet tak ostre, jak przy ścierpnięciu, często towarzyszy mu wrażenie ciepła. Najmocniej się je odczuwa w pierwszych miesiącach karmienia (oraz tuż po przystawieniu dziecka, przy czym może powtórzyć się kilkakrotnie w czasie, gdy dziecko ssie). Kiedy dziecko nieco podrośnie, zwykle bywa mniej odczuwalne. Uczucie wypływania może dotyczyć tylko jednej piersi, podczas gdy dziecko ssie z drugiej. Może się pojawić w trakcie oczekiwania na rozpoczęcie karmienia, ale także wtedy, gdy karmienie wcale nie figuruje w planie (patrz poprzednie pytanie).

W pierwszych tygodniach karmienia uczucie wypływania pokarmu może trwać nawet kilka minut (od pierwszej chwili przystawienia dziecka do wypłynięcia pierwszej kropli mleka). Kiedy karmienie się ustabilizuje, zwykle trwa ono kilka sekund, aby w etapie późniejszym, gdy organizm wytwarza mniej mleka (na przykład po wprowadzeniu stałych pokarmów czy mieszanek), ulec ponownemu wydłużeniu.

Stres, niepokój, zmęczenie, choroba, zakłócenie spokoju, a także nadmiar wypitego alkoholu hamują odruch wypływu pokarmu. Zatem jeśli uważasz, że odruch ten nie jest u ciebie optymalny lub zbyt długo na niego czekasz, stosuj ćwiczenia relaksacyjne przed przystawieniem dziecka do piersi, wybierz na karmienie spokojne miejsce i nie pozwalaj sobie na więcej niż lampkę wina od czasu do czasu. Wypływ pokarmu można także stymulować lekkim oklepywaniem piersi przed przystawieniem dziecka. Na ogół jednak nie musisz się martwić o wypływanie pokarmu – gdyż poważne problemy z nim związane zdarzają się niezwykle rzadko.

Mocny, ostry ból w piersiach pojawiający się zaraz po zakończeniu karmienia oznacza, że zaczynają się one ponownie wypełniać pokarmem. Zwykle ból ten pojawia się tylko przez kilka tygodni po porodzie. Ostre, piekące bóle w trakcie karmienia mogą wiązać się z pleśniawką (infekcją przenoszoną z buzi dziecka na brodawki matki, patrz str. 116). Zwykle jednak ból w trakcie karmienia oznacza, że dziecko zostało nieprawidłowo przystawione (patrz str. 65).

KARMIENIA SKUMULOWANE

Mój dwutygodniowy syn ssał w dość regularnych, dwu-, trzygodzinnych odstępach. Nagle jednak zaczął się domagać karmienia co godzinę. Czy to oznacza, że nie dostaje wystarczającej ilości pokarmu?

Wygląda na to, że masz przy sobie – a raczej przy piersi – głodnego chłopczyka. Być może właśnie przechodzi etap gwałtownego wzrostu (najczęściej w 3, a potem w 6 tygodniu) albo po prostu potrzebuje więcej mleka, aby poczuć sytość. Tak czy inaczej, to, co robi w celu zapewnienia sobie potrzebnego pokarmu, nosi nazwę „karmienia skumulowanego". Instynkt podpowiada mu, iż ssanie co godzinę przez 20 minut skuteczniej zmusi organizm mamy do wytwarzania większej ilości pokarmu niż 30 minut ssania co 2 lub 3 godziny. Traktuje cię więc bardziej jako bar przekąskowy niż restaurację. Gdy tylko z zadowoleniem skończy karmienie, już szuka czegoś do zjedzenia. Małego głodomora wystarczy przyłożyć do piersi i ponownie zacznie ssać.

Takie maratony bywają wyczerpujące dla matki, która ma wrażenie, iż dziecko znajduje się stale u jej piersi. Ale może pocieszyć ją fakt, że zwykle karmienia skumulowane nie trwają dłużej niż dzień czy dwa, dokładnie tyle czasu potrzebuje matczyny organizm, aby sprostać zwiększonemu zapotrzebowaniu rosnącego dziecka. Wówczas maluch powinien powrócić do stałego – cywilizowanego – trybu żywienia. Tymczasem pozwalaj nienasyconemu żarłokowi jeść tak często, jak tego pragnie.

BOLESNE BRODAWKI

Zawsze chciałam karmić piersią, ale teraz mam tak nieznośnie obolałe brodawki, że nie wiem, czy dam radę dalej karmić moją córeczkę.

Na początku matka zastanawia się, czy jej nowo narodzone dziecko kiedykolwiek "połapie się" w ssaniu; potem, nim się zorientuje, malec ssie tak mocno, że brodawki stają się podrażnione, a nawet obolałe. Przy nadwrażliwych brodawkach karmienie jest przykrym i frustrującym doświadczeniem. Na szczęście większość kobiet nie doświadcza tego; ich brodawki szybko się hartują, a karmienie staje się przyjemnym przeżyciem. Jednak są i takie matki, którym ciągle dokuczają podrażnione i popękane brodawki, co często wiąże się z takim bólem – zwłaszcza gdy dzieci przystawiane są w nieprawidłowej pozycji bądź gdy należą do małych żarłoków – że zaczynają czuć lęk przed każdym karmieniem. Na szczęście istnieją sposoby na ulżenie bolesnym brodawkom:

- Dziecko musi być poprawnie przystawione, przodem do piersi, i mieć w buzi całą obwódkę (a nie jedynie brodawkę). Ssanie samej brodawki nie tylko będzie przyczyną jej podrażnienia, ale także sfrustruje dziecko, które otrzyma niewielką ilość mleka. Jeśli masz nabrzmiałe piersi i malec ma trudności z poprawnym uchwyceniem brodawki, przed rozpoczęciem karmienia odciągnij odrobinę pokarmu ręcznie lub odciągaczem. Piersi będą wtedy mniej nabrzmiałe, a dziecko poprawnie uchwyci całą obwódkę.

- Po każdym karmieniu wystaw na chwilę podrażnione lub popękane brodawki na powietrze. Chroń je przed dotykiem materiału i innych czynników drażniących. Noś muszle laktacyjne (nie mylić z osłonami na piersi), które otaczają brodawki specjalną poduszką powietrzną. Często zmieniaj wkładki, jeśli są zmoczone pokarmem, oraz sprawdź, czy nie mają plastikowej warstwy, która tylko utrzymuje wilgoć i zwiększa podrażnienia.

- Jeśli mieszkasz w wilgotnym klimacie, osuszaj piersi ciepłym strumieniem powietrza z suszarki do włosów (zachowując odległość około 15–20 cm) przez 2–3 minuty (ale nie dłużej). W suchym klimacie bardziej pożądane będzie nawilżanie – niech pozostające na piersiach mleko samo wyschnie po zakończeniu karmienia. Można też odciągnąć kilka kropli pokarmu i delikatnie wetrzeć je w brodawki, a biustonosz nałożyć, gdy już wyschną.

- Brodawki są naturalnie chronione i nawilżane przez gruczoły potowe oraz znajdujący się na skórze tłuszcz. Jednak używanie preparatów na bazie modyfikowanej lanoliny (dostępnych w sklepach) może zapobiec pękaniu brodawek i/lub przyśpieszyć gojenie drobnych pęknięć. Po karmieniu nałóż kupioną w aptece oczyszczoną lanolinę, ale unikaj produktów na bazie wazeliny i samej wazeliny, a także innych tłustych preparatów. Myj brodawki czystą wodą – niezależnie od tego, czy są obolałe czy nie.

Wyboje na drodze do sukcesu?

Choć zapewne miałaś kontakt ze specjalistą z poradni laktacyjnej w szpitalu zaraz po urodzeniu dziecka, najprawdopodobniej (chyba że rodziłaś przez cięcie cesarskie) opuściłaś szpital dwa dni później, nim jeszcze karmienie się ustabilizowało lub zanim twój organizm zaczął wytwarzać pokarm. Niestety, większość problemów z karmieniem zaczyna się wtedy, gdy pomoc nie jest już w zasięgu ręki. Kłopoty pojawiają się po powrocie do domu, na ogół w pierwszym lub drugim tygodniu po narodzinach. Jeśli odkryjesz, że droga do sukcesu w karmieniu jest bardziej wyboista, niż przypuszczałaś, nie poddawaj się. Chwyć lepiej za telefon i zamów wizytę domową odpowiedniego specjalisty. Wiele młodych matek, które mają trudności z karmieniem, uważa te wizyty za niezwykle cenne; po nich mogą znów wziąć się w garść i łatwiej pokonywać trudności. Nie zwlekaj zatem, mając nadzieję, że wszystko samo się ułoży. Im szybciej zasięgniesz fachowej porady, tym mniejsze prawdopodobieństwo, że przejściowe trudności urosną do rangi poważnego problemu (np. niedostateczna produkcja pokarmu, niedokarmione dziecko, zaniechanie karmienia). Tak więc zwróć się o pomoc, nim zaczniesz rozważać myśl o poddaniu się. Ty i twoje dziecko zasługujecie na to!

- Nigdy nie stosuj mydła, alkoholu, nalewki z żywicy benzoesowej ani nawilżonych chusteczek. Dziecko jest już należycie chronione przed twymi bakteriami, a samo mleko jest czyste.

- Zmocz saszetki czarnej herbaty w chłodnej wodzie i umieść je na bolących sutkach. Właściwości herbaty pomogą uśmierzyć ból i przyspieszyć gojenie.

- Zmieniaj pozycje przy karmieniu, dzięki czemu inna część brodawki będzie uciskana przez ssące dziecko; zawsze jednak dziecko musi być przodem do piersi.

- Nie faworyzuj jednej piersi, ponieważ boli mniej lub jej brodawka nie jest popękana. Próbuj karmić z obu piersi podczas jednego karmienia, choćby przez kilka minut, ale zaczynaj od tej mniej obolałej, gdyż głodne dziecko ssie bardziej ochoczo. Jeśli obie brodawki bolą jednakowo (lub nie bolą wcale), zaczynaj karmić od tej piersi, na której skończyłaś i która nie została opróżniona.

- Piętnaście minut przed karmieniem zrelaksuj się – spokój pobudza wypływanie mleka (dzięki czemu dziecko nie będzie musiało tak mocno ssać), natomiast napięcie powstrzymuje ten proces. Jeśli ból jest silny, spytaj lekarza, jakiego leku przeciwbólowego bez recepty mogłabyś używać.

- Jeśli masz popękane brodawki, musisz być szczególnie ostrożna – może bowiem dojść do zapalenia piersi. Jego przyczyną jest wtargnięcie bakterii do gruczołu sutkowego poprzez pęknięcie w brodawce. Na stronie 79 i 80 znajdziesz informacje na temat zaczopowania przewodów mlecznych i zapalenia gruczołu piersiowego (mastitis).

CZAS SPĘDZANY NA KARMIENIU

Dlaczego nikt mi wcześniej nie powiedział, że karmienie dziecka będzie trwało 24 godziny na dobę?

Może dlatego, że nie uwierzyłabyś, albo nie chciano cię zniechęcać – w każdym razie teraz już wiesz. Dla wielu matek karmienie jest – przynajmniej na początku – zajęciem całodobowym. Ale nie bój się – z czasem będziesz coraz krócej „ofiarą" apetytu twojego malucha. Kiedy karmienie się ustabilizuje, liczba karmień na dobę spadnie. Gdy dziecko zacznie przesypiać noc, prawdopodobnie będzie chciało jeść tylko 5 do 6 razy dziennie i będzie to w sumie trwało łącznie 3 do 4 godzin.

Na razie jednak odłóż na bok wszystkie sprawy domagające się załatwienia; rozluźnij się i ciesz się tymi szczególnymi chwilami, które tylko ty możesz dzielić z dzieckiem.

Aby mieć z nich podwójny użytek, pisz jednocześnie dziennik swojego dziecka, czytaj książkę albo rozplanuj na kartce swój dzień. Niewykluczone, że po całkowitym odstawieniu dziecka od piersi będziesz wspominać te czasy i tęsknić za godzinami spędzonymi na karmieniu.

ODZIEŻ MATKI KARMIĄCEJ

W ciąży nie mogłam się doczekać chwili, gdy znów włożę swoje normalne ubrania. Ale karmiąc mojego synka, nadal mam dość ograniczony wybór tego, co mogę na siebie włożyć.

Masz wrażenie, że to nie fair – gdy wreszcie odzyskałaś to, co w dużym stopniu przypomina talię, nadal musisz się zastanawiać nad wyborem ubrania. Na szczęście teraz masz znacznie większy wybór ubrań, które możesz na siebie włożyć, niż w czasie ciąży. To prawda, że trzeba będzie dokonać pewnych przeróbek odzieży, zwłaszcza od pasa w górę. Ale zwróć uwagę na praktyczność ubrań, wówczas uda ci się pogodzić apetyt dziecka na mleko ze swoim apetytem na styl.

Odpowiedni biustonosz. Nic dziwnego, że najważniejszym elementem ubrania w trakcie karmienia są części garderoby, które będziecie oglądać tylko ty, dziecko i twój mąż: dobry biustonosz do karmienia, a jeszcze lepiej kilka. Najlepiej, byś się zaopatrzyła w jeden taki biustonosz jeszcze przed urodzeniem dziecka, do rozpoczęcia karmienia w szpitalu. Trzeba jednak pamiętać o tym, że piersi niektórych młodych matek bardzo się powiększają po pojawieniu się pokarmu, i wziąć to pod uwagę, kupując biustonosz.

W sklepach znajdziesz wiele różnych rodzajów biustonoszów do karmienia – z fiszbinami lub bez; może niezbyt podniecające, ale sensowne, bez falbanek i koronek; odpinające się na ramieniu lub w środku miseczki – czy takie, które po prostu odsuwa się na bok. Wypróbuj kilka, kierując się przy podejmowaniu decyzji przede wszystkim komfortem noszenia i używania – oraz tym, że będziesz odpinać biustonosz jedną ręką, w drugiej trzymając płaczące, głodne niemowlę. Niezależnie od tego, na jaki fason się zdecydujesz, sprawdź, czy biustonosz jest wykonany z mocnej, przewiewnej bawełny oraz czy jest wystarczająco duży, by pomieścić powiększające się piersi. Noszenie zbyt ciasnego biustonosza może doprowadzić do zaczopowania kanalików mlecznych, nie wspominając już o dyskomforcie związanym z obrzmiałymi piersiami czy obolałymi brodawkami.

Ubranie dwuczęściowe. Podczas karmienia obowiązuje moda dwuczęściowa – zwłaszcza jeśli możesz podnieść górną część, umożliwiając dziecku dostęp do piersi (unikaj ciasnych topów). Bluzki i sukienki na guziki lub zamek błyskawiczny z przodu także się nadają (z tym, że jeśli zdecydujesz się na karmienie w miejscu publicznym, uważaj na zamek błyskawiczny, który może się rozsunąć i odsłonić więcej, niżbyś się spodziewała; zwykle lepiej się sprawdzają ubrania z guzikami). Możesz ewentualnie poszukać sukienek i bluzek zaprojektowanych specjalnie do karmienia, z ukrytymi klapami ułatwiającymi dyskretne przystawianie dziecka czy odciąganie pokarmu. Dużym plusem takiej odzieży jest jej krój przystosowany do powiększonego biustu mamy.

Unikaj jednolitych kolorów. Na ubraniach w jednolitym kolorze, białych, a także wszystkich prześwitujących, plamy po mleku widać wyraźniej niż na ciemnych wzorach, które maskują nie tylko mokre ślady, lecz również nierówność wkładek laktacyjnych.

Noś rzeczy nadające się do prania w pralce. Biorąc pod uwagę wyciekanie mleka i ulewanie się pokarmu dziecku, właściciel pralni chemicznej w twoim sąsiedztwie będzie tak samo uszczęśliwiony narodzinami twojego dziecka jak i ty – chyba że wybierzesz ciuchy, które można prać w pralce. A po kilku wpadkach z eleganckimi jedwabnymi bluzkami sama zapewne zdecydujesz się na rzeczy, które łatwo się pierze.

Nie zapominaj o wkładkach laktacyjnych. Najważniejszym z akcesoriów karmiącej matki są wkładki laktacyjne. Niezależnie od tego, co na siebie wkładasz, zawsze wsuń jedną czy dwie w biustonosz (szczegóły na stronie 73).

KARMIENIE W MIEJSCACH PUBLICZNYCH

Zamierzam karmić córeczkę przez co najmniej sześć miesięcy i wiem, że nie wytrzymam cały czas w domu. Ale nie czuję się dobrze na myśl o karmieniu w miejscu publicznym.

W wielu częściach świata kobieta karmiąca piersią nie zwraca na siebie większej uwagi niż karmiąca butelką. Ale w Stanach Zjednoczonych bardzo powoli przyjmuje się zwyczaj karmienia piersią w miejscach publicznych. I o ironio, choć nagie piersi pojawiają się w filmach, czasopismach bądź na wybiegach, z trudem przyjmują się wtedy, gdy przystawione jest do nich niemowlę.

Na szczęście jednak „publiczne" karmienie jest w wielu miejscach coraz lepiej przyjmowane. W wielu stanach powstały nawet akty prawne gwarantujące matkom prawo karmienia piersią dziecka w miejscach publicznych, a także nakazujące tworzenie wydzielonych miejsc do karmienia czy ściągania pokarmu w miejscu pracy. Zatem karmienie nie musi oznaczać, że przez cały okres karmienia nie wychylisz nosa z domu. Przy odrobinie wprawy nauczysz się karmić tak dyskretnie, że tylko ty i córeczka będziecie wiedzieć, iż właśnie została ona przystawiona do piersi. Aby karmienie publicznie stało się bardziej prywatne:

- Ubierz się właściwie. W odpowiednim ubraniu można karmić nawet w tłumie ludzi, nie pokazując ani centymetra skóry. Rozepnij bluzkę z dołu albo lekko podnieś koszulę. Główka dziecka przysłoni pierś, toteż nie będzie ona widoczna.

- Nim wyjdziesz z domu, poćwicz przed lustrem. Zauważysz, że przy strategicznym ułożeniu twoje ciało będzie całkowicie zasłonięte. Możesz też poprosić męża (czy przyjaciółkę), by początkowo obserwował cię podczas karmienia poza domem, tak by nie doszło do niefortunnych wypadków.

- Zarzuć sobie na ramię kocyk lub szal, który zasłoni dziecko (patrz ilustracja na str. 79). Uważaj przy tym jednak, by nie zakryć go zupełnie, gdyż musi ono przecież mieć czym oddychać – zasłona musi być zatem przewiewna. Jeśli znajdujecie się w restauracji, możesz użyć dużej serwetki.

- Noś dziecko – karmienie publiczne w chuście jest bardzo dyskretne; nosząc w ten sposób swojego maluszka, można samemu jeść, oglądać filmy, a nawet spacerować i karmić jednocześnie. Ludzie pomyślą, że malec po prostu usnął.

- Znajdź spokojne miejsce. Wybierz ławeczkę pod drzewem, kącik z dużym fotelem w księgarni albo usiądź w boksie w restauracji. Na czas przystawiania dziecka do piersi odwróć się od ludzi, będziesz mogła zwrócić się do nich przodem, kiedy dziecko będzie już najedzone.

- Poszukaj miejsc przeznaczonych specjalnie do tego celu – wiele dużych sklepów, centrów handlowych, lotnisk, a nawet wesołych miasteczek ma osobne pomieszczenia dla karmiących matek, niektóre są nawet wyposażone w wygodne fotele na biegunach i blaty do przewijania. Ewentualnie poszukaj łazienki z wydzielonym miejscem na obiadek dla niemowlaka. Gdyby żaden z tych wariantów nie był dostępny, a ty jednak wolałabyś nie karmić przy ludziach, przystaw dziecko w samochodzie przed wyjazdem – jeśli tylko temperatura na to pozwala.

- Karm, nim dziecko bardzo zgłodnieje. Nie czekaj do ostatniej chwili z rozpoczęciem karmienia; wrzeszczące niemowlę zwraca na siebie uwagę, a to nie jest pożądane podczas karmienia w miejscu publicznym. Obserwuj, czy dziecko zdradza oznaki głodu i jeśli tylko to możliwe, przystaw je, zanim się rozpłacze.

Korzystanie z kocyka przy karmieniu w miejscu publicznym.

- Znaj swoje prawa – i nie obawiaj się ich egzekwować. W ponad dwudziestu stanach prawo zezwala kobietom na karmienie w miejscach publicznych, a odsłanianie piersi w tym celu nie jest traktowane jako nieprzyzwoite ani nie stanowi przestępstwa kryminalnego. W 1999 roku uchwalono prawo federalne zapewniające kobietom prawo do karmienia w każdym miejscu stanowiącym własność federalną. Nawet jeśli przebywasz w stanie, w którym jeszcze nie obowiązuje takie prawo, i tak możesz karmić dziecko, kiedy jest głodne – karmienie piersią nie jest n i e l e g a l n e (z wyjątkiem robienia tego w jadącym samochodzie, wówczas bowiem głodne dziecko musi być bezpiecznie umieszczone w foteliku).

- Rób to, co ci podpowiada natura. Jeśli nie masz oporów przed karmieniem w miejscu publicznym, karm. Jeśli je masz – poszukaj prywatności.

GUZEK W PIERSI

Nagle odkryłam, że mam w piersi guzek. Jest bolesny, zaczerwieniony. Czy jest związany z karmieniem piersią, czy też może oznaczać coś gorszego?

Każda kobieta martwi się, gdy wykryje zgrubienie w piersi. Na szczęście opisywany przez ciebie guzek niemal na pewno wiąże się z karmieniem – jest to prawdopodobnie zaczopowany kanalik mleczny. Miejsce, w którym został zablokowany proces wyciekania mleka, zwykle wygląda jak guzek, jest wrażliwe na dotyk i zaczerwienione. I choć tego typu guzek sam w sobie nie jest niczym poważnym, może prowadzić do zapalenia gruczołu sutkowego, zatem nie wolno go lekceważyć. Podstawą leczenia jest utrzymanie wypływu pokarmu:

- Opróżniaj porządnie pierś z guzkiem podczas każdego karmienia. Podawaj ją dziecku jako pierwszą i zachęcaj, aby jak najwięcej z niej ssało. Jeśli po zakończeniu karmienia masz wrażenie, że mleko nadal pozostaje w piersi (przy odciąganiu cieknie strumieniem, a nie pojedynczymi kroplami), odciągnij resztę pokarmu ręcznie bądź odciągaczem.

- Uważaj, by zatkany kanalik mleczny nie był uciskany. Sprawdź, czy biustonosz nie jest za ciasny, a ubrania zbyt obcisłe. Zmieniaj pozycje karmienia, dzięki czemu będą inne kanaliki uciskane.

- Poproś dziecko o masaż. Tak ułóż jego policzek przy karmieniu, by masował zatkany kanalik podczas ssania, dzięki czemu zostanie on opróżniony.

- Przed każdym karmieniem zrób ciepły okład na obolałe miejsce; przed karmieniem i w jego trakcie delikatnie masuj kanalik.

- Sprawdź, czy zaschnięte mleko nie zatkało brodawki. Zmyj wszelkie pozostałości pokarmu ciepłą wodą.

- Nie przerywaj karmienia. Nie czas teraz na odstawianie dziecka ani zmniejszanie liczby karmień, gdyż nie rozwiąże to problemu, a jedynie go pogłębi.

- Czasem bywa tak, że pomimo najlepszych starań dochodzi do infekcji. Jeśli wrażliwe miejsce stanie się bardziej bolesne, twarde i czerwone oraz/lub zaczęłaś gorączkować, zadzwoń do lekarza (zobacz poniższe pytanie).

ZAPALENIE SUTKA (MASTITIS)

Mój chłopczyk bardzo chętnie ssie i choć miałam lekko popękane, obolałe brodawki, wydawało mi się, że wszystko jest raczej dobrze. Teraz nagle jedna pierś stała się bardzo wrażliwa, twarda – zwłaszcza w chwili wypływania pokarmu.

U większości kobiet karmienie piersią – po trudnych początkach – przebiega bezproblemowo. Jednak u części z nich, a wygląda na to, że i u ciebie, pojawia się mastitis (zapalenie sutka), co komplikuje sprawę. Do infekcji może dojść w każdym momencie karmienia, jednak najczęściej rozwija się między 2 a 6 tygodniem po urodzeniu dziecka.

Zapalenie sutka najczęściej powstaje w wyniku przedostania się zarazków (nierzadko z buzi dziecka) do kanalików mlecznych poprzez popękaną brodawkę. Ofiarami mastitis najczęściej stają się kobiety karmiące pierwsze dziecko. To one najczęściej miewają popękane brodawki, które nie są przystosowane do ssania. Do objawów zapalenia sutka należą: ostry ból, twardość, zaczerwienienie, miejscowa gorączka i opuchnięcie zaatakowanego chorobą kanalika, dreszcze i często gorączka dochodząca do 38,3–38,9°C – choć niekiedy jedynymi objawami są gorączka i zmęczenie. Konieczne jest natychmiastowe leczenie, zatem zgłoś bezzwłocznie lekarzowi wszelkie objawy. Leczenie polega na przyjmowaniu antybiotyków oraz ewentualnie leżeniu w łóżku, przyjmowaniu środków przeciwbólowych oraz stosowaniu ciepłych okładów.

Nie unikaj karmienia zainfekowaną piersią, chociaż będzie ono bolesne. Powinnaś wręcz jak najczęściej przystawiać dziecko, aby mleko cały czas wypływało, a kanaliki mleczne nie zatykały się. Po każdym karmieniu opróżnij pierś ręcznie lub odciągaczem, jeśli nie uczyniło tego dziecko. Nie obawiaj się, że je zarazisz – bakterie będące przyczyną zakażenia najprawdopodobniej pochodziły właśnie z buzi dziecka.

Zwlekanie z leczeniem mastitis doprowadzić może do powstania ropnia piersi, którego objawem jest przeraźliwy ból, swędzenie, tkliwość piersi oraz uczucie gorąca w miejscu powstania ropnia. Towarzysząca tym objawom gorączka waha się między 37,5– –39,5°C. Mastitis leczy się antybiotykami, a w przypadku powstania ropnia konieczna jest interwencja chirurgiczna, polegająca na nacięciu ropnia w miejscowym znieczuleniu. Jeśli u ciebie wystąpi ropień, musisz tymczasowo zaprzestać karmić z chorej piersi. Jednak należy odciągać z niej pokarm do zakończenia leczenia. W tym czasie dziecko powinno ssać ze zdrowej piersi.

KARMIENIE PIERSIĄ W CZASIE CHOROBY

Właśnie zachorowałam na grypę. Czy nadal mogę karmić dziecko bez obawy, że je zarażę?

Karmienie piersią jest najlepszym sposobem na wzmocnienie układu odpornościowego dziecka. Obroni go przed twymi (i innymi, znajdującymi się w otoczeniu) bakteriami oraz zapewni mu zdrowie. Maluch pijący mleko z piersi jest odporniejszy na bakterie czy wirusy wywołujące przeziębienie, a jeśli przytrafi mu się choroba, to przyczyną będzie bezpośredni kontakt z matką. Aby zminimalizować ryzyko zakażenia, zawsze myj ręce, nim weźmiesz maleństwo, a także przed rozpoczęciem karmienia. Gdyby jednak, mimo twych starań, niemowlę się zaraziło, zobacz rady dotyczące leczenia na stronie 473.

Możesz szybciej pozbyć się choroby, zachować pokarm i siłę w trakcie przeziębienia czy grypy, pijąc więcej płynów (szklankę wody, soku, zupy lub herbaty bezkofeinowej co godzinę w czasie, gdy nie śpisz), nie zapominając o preparacie uzupełniającym i przestrzegając zrównoważonej diety. Zapytaj lekarza, czy powinnaś przyjmować leki, ale nie bierz nic bez jego zgody.

W wypadku „grypy żołądkowej", czyli nieżytu żołądka i jelit, również musisz chronić dziecko przed zarażeniem się, choć ryzyko jest niewielkie, gdyż dzieci karmione piersią wydają się odporne na większość tego typu infekcji.

Myj ręce, szczególnie po wizycie w toalecie, nim dotkniesz dziecka lub czegokolwiek, co mogłoby ono włożyć do buzi. I pamiętaj o piciu dużej ilości płynów (na przykład rozcieńczonych soków owocowych bądź herbaty bezkofeinowej), aby uzupełnić te utracone na skutek biegunki czy wymiotów.

KARMIENIE PIERSIĄ A MENSTRUACJA

Dość szybko zaczęłam miesiączkować, mimo iż nadal karmię piersią. Czy menstruacja będzie miała jakiś wpływ na pokarm? Czy nadal mogę karmić mojego synka?

Choć większość kobiet karmiących dzieci wyłącznie piersią nie zaczyna miesiączkować do momentu odstawienia dziecka (całkowicie lub częściowo), u niektórych – a ty się do nich zaliczasz – menstruacja może się pojawić już w 3 lub 6 miesiącu po porodzie.

Przywrócenie cyklu miesiączkowego nie oznacza zakończenia karmienia. Nadal możesz – i powinnaś – karmić dziecko, nawet kiedy masz okres. Możesz jednak zauważyć, że ilość pokarmu tymczasowo się zmniejszyła, prawdopodobnie na wskutek zmian hormonalnych towarzyszących menstruacji. Częste karmienia bywają pomocne, zwłaszcza na początku cyklu, jednak pokarmu może być znacznie mniej. Gdy tylko wyrówna się poziom hormonów, wszystko powróci do normy. Zmiany hormonalne tuż przed miesiączką lub w jej trakcie mogą mieć wpływ na smak mleka. Nowe mleko zostanie zaakceptowane przez dziecko (niektóre noworodki są mniej wybredne od innych) albo będzie przyjmowane rzadziej i mniej chętnie. Dziecko może całkowicie odmówić ssania jednej lub obu piersi lub marudzić bardziej niż zwykle. Menstruacja miewa też jeszcze inny wpływ na karmienie piersią: w trakcie owulacji, w dniach poprzedzających okres albo w obu tych terminach brodawki mogą stać się szczególnie wrażliwe.

ĆWICZENIA FIZYCZNE A KARMIENIE PIERSIĄ

Teraz, gdy dziecko ma sześć tygodni, chciałabym wrócić do ćwiczeń. Słyszałam jednak, że od wysiłku fizycznego mleko może skwaśnieć.

To, co słyszałaś na temat ćwiczeń fizycznych i karmienia (że zwiększony poziom kwasu mlekowego po ćwiczeniach może skwasić mleko), nie jest już uznawanym poglądem. Na szczęście najnowsze badania wykazują, że ćwiczenia o intensywności od umiarkowanej do dużej (czyli na przykład uprawianie aerobiku 4 do 5 razy w tygodniu) nie powodują skwaszenia mleka ani nie wywołują u dziecka niechęci do matczynej piersi tuż po zakończeniu treningu.

Możesz więc biegać, ćwiczyć na stepie czy wybrać się na pływalnię. Uważaj tylko, żeby nie przeholować (bardzo wyczerpujące ćwiczenia mogą na tyle zwiększyć poziom kwasu mlekowego w twoim organizmie, że pokarm faktycznie skwaśnieje). Aby zachować

Antykoncepcja u karmiącej matki

W przeszłości kobiety karmiące mogły polegać wyłącznie na takich barierowych metodach antykoncepcji, jak krążek dopochwowy czy prezerwatywa. Jednak obecnie matki karmiące piersią mają jeszcze jedną opcję: tzw. "minipigułkę" – zawierającą jedynie progesteron – oraz inne hormonalne metody antykoncepcji, bezpieczne podczas karmienia. Więcej o antykoncepcji po porodzie znajdziesz na stronie 624.

szczególną ostrożność, zaplanuj tak pory ćwiczeń, aby przypadały tuż po karmieniu. W ten sposób ewentualny wzrost poziomu kwasu mlekowego nie będzie miał wpływu na posiłek dziecka. Jest jeszcze jedna zaleta ćwiczenia tuż po zakończeniu karmienia: łatwiej ci będzie uprawiać sport, gdy piersi nie będą pełne. Jeśli z jakiegoś powodu nie możesz nakarmić dziecka przed dużym wysiłkiem fizycznym, postaraj się odciągnąć pokarm i przechować w lodówce; nakarmisz nim dziecko z butelki, gdy malec zgłodnieje. A ponieważ słone mleko nie jest wcale smaczniejsze od kwaśnego, po zakończeniu ćwiczeń najpierw weź prysznic (lub przynajmniej zmyj słony pot z piersi).

Pamiętaj, że jeśli będziesz stale w y s i ł k o w o trenować, możesz mieć kłopoty z ilością pokarmu – bardziej na skutek powtarzających się ruchów klatki piersiowej oraz ciągłego ocierania się brodawek o ubranie niż z powodu fizycznego wyczerpania. Pamiętaj zatem, by zawsze zakładać do ćwiczeń usztywniony sportowy stanik z bawełny. A ponieważ intensywne ćwiczenia ramion mogą prowadzić do zaczopowania kanalików mlecznych, uważaj na siłowni!

Nie zapominaj też o wypijaniu szklanki wody (lub innego płynu) przed ćwiczeniami i po, aby uzupełnić płyny utracone w trakcie treningu – szczególnie w gorące dni.

ŁĄCZENIE KARMIENIA PIERSIĄ I BUTELKĄ

Jestem świadoma wszystkich korzyści wiążących się z karmieniem piersią, ale nie jestem pewna, czy chcę karmić córeczkę wyłącznie własnym mlekiem. Czy można łączyć karmienie piersią z karmieniem butelką?

Choć prawie wszyscy zgadzają się z opinią, że karmienie wyłącznie piersią jest najlepsze dla dziecka, wiele kobiet uważa je za nierealne ze względu na styl życia (zbyt wiele podróży służbowych poza domem), zbyt trudne (cierpią z powodu bolesnych i popękanych brodawek albo częstych zapaleń piersi lub chronicznego niedoboru pokarmu), zbyt czasochłonne (między pracą i innymi obowiązkami) albo po prostu za bardzo wyczerpujące. Dla nich najlepszym rozwiązaniem będzie łączenie karmienia piersią i butelką. Choć rzadko wymienia się tę opcję

Zaburzenia mechanizmu ssania zburzyły twój spokój?

Być może zechcesz połączyć karmienie piersią i butelką albo po prostu wprowadzić butelkę tylko po to, by móc od czasu do czasu korzystać z takiej opcji. Słyszałaś jednak, że zbyt wczesne wprowadzenie butelki lub zrobienie tego w sposób niewłaściwy prowadzi do „zaburzenia mechanizmu ssania", więc nie wiesz, jak postępować. Ale mimo iż wielu specjalistów z poradni laktacyjnych ostrzega matki przed niebezpieczeństwem „zaburzenia mechanizmu ssania" – i słusznie, gdyż wprowadzenie butelki zbyt wcześnie, nim dziecko dobrze opanuje ssanie piersi, niekorzystnie wpływa na karmienie piersią – można nauczyć niemowlę łatwego przestawiania się między tymi dwoma metodami karmienia.

Najważniejsze jest wyczucie odpowiedniej chwili (jeśli butelka zostanie wprowadzona za wcześnie, malec odmówi ssania z piersi z lenistwa – nagle będzie musiał zdobyć się na większy wysiłek; jeśli za późno, dziecko będzie już zbyt przywiązane do piersi mamy, by wypróbować ich sztuczny odpowiednik). Nie bez znaczenia pozostaje także charakter dziecka (jedne dzieci są bardziej otwarte na nowe doświadczenia, inne trwają w swych przyzwyczajeniach). Najistotniejsza jest jednak wytrwałość: twoja i dziecka. I choć dla niemowląt butelka jest początkowo zaskoczeniem, zwykle szybko opanowują zmianę źródła pokarmu. Należy mieć przy tym na uwadze, że bywają dzieci, które stanowczo preferują tylko jedną metodę karmienia i nie zgadzają się na zmiany. Więcej na temat wprowadzania butelki znajdziesz na stronie 194.

(wiele kobiet przyjmuje, że karmienie piersią i butelką wyklucza się nawzajem), w wielu sytuacjach się okazuje, że łączy ona to, co w obu tych sposobach jest najlepsze. Pamiętaj, że nawet niewielka ilość matczynego mleka jest lepsza niż żadna.

Jeśli zdecydujesz się na taką kombinację, musisz pamiętać o kilku ważnych rzeczach:

Wstrzymaj się z butelką. Postaraj się nie podawać dziecku butelki do momentu ustabilizowania się karmienia, czyli przynajmniej przez 2 do 3 tygodni. Dzięki temu będziesz miała odpowiednią ilość pokarmu, a dziecko przyzwyczai się do ssania piersi (do czego trzeba większego wysiłku), zanim wprowadzisz butelkę (której ssanie jest znacznie prostsze).

Powoli. Niech przejście z piersi na butelkę będzie jak najłagodniejsze – nie rób tego nagle! Pierwszy raz podaj dziecku butelkę na godzinę czy dwie po nakarmieniu go z piersi (kiedy zdąży zgłodnieć, ale nie będzie jeszcze bardzo głodne). Z czasem podawaj częściej butelkę, a rzadziej pierś, najlepiej czekając kilka dni z wprowadzeniem kolejnego karmienia butelką, aż dziecko będzie dostawać te dwa pokarmy na zmianę (lub tak często, jak uważasz). Taka powolna zmiana sposobu karmienia eliminuje ryzyko zatykania się kanalików mlecznych i zapalenia piersi.

Kontroluj zasób pokarmu. Gdy zaczniesz uzupełniać dietę dziecka mieszankami z butelki, zmniejszone zapotrzebowanie na mleko z piersi może szybko sprawić, że ilość produkowanego pokarmu będzie maleć. Zatem należy karmić na tyle często, by nie doszło do gwałtownego spadku wytwarzania mleka. (W przypadku większości kobiet sześć pełnych karmień na dobę całkowicie wystarcza w utrzymaniu pokarmu dla noworodka.) Sposobem na zachowanie odpowiedniej ilości pokarmu jest również jego odciąganie. Jeśli dziecko ssie za mało (albo jeśli nie ściągasz pokarmu w porze „straconych" karmień), może się okazać, że nie starczy ci pokarmu, by kontynuować karmienie – a wtedy takie łączenie karmienia butelką i piersią odniesie skutek odwrotny do zamierzonego.

Wybierz odpowiedni smoczek. Do karmienia piersią jesteś odpowiednio wyposażona, ale do butelki musisz wybrać odpowiedni smoczek. Zaopatrz się w taki, który ma jak najbardziej naturalny kształt, czyli szeroką podstawę, i z którego pokarm wycieka powoli. Odpowiedni kształt pozwoli dziecku dobrze uchwycić smoczek, a nie jedynie ssać końcówkę. Natomiast powolne schodzenie pokarmu zmusi malucha do takiego samego wysiłku jak przy ssaniu z piersi.

POWRÓT DO WYŁĄCZNEGO KARMIENIA PIERSIĄ

Karmiłam mojego synka od chwili narodzin i butelką, i piersią, a teraz chciałabym przejść na wyłączne karmienie piersią. Czy jest to możliwe?

Nie będzie to łatwe, gdyż nawet tak krótki okres uzupełniania karmienia naturalnego butelką wywarł wpływ na ilość pokarmu u matki – ale na pewno możliwe. Jeśli poświęcisz czas i będziesz miała dużo chęci i cierpliwości, a także współpracownika w postaci głodnego dziecka, po krótkim czasie uda ci się przestawić na wyłączne karmienie własnym mlekiem. Aby odzwyczaić dziecko od butelki, musisz mieć odpowiednio więcej własnego pokarmu, który uzupełni straty wynikające z odstawienia butelki. Poniżej znajdziesz kilka sposobów na zwiększenie produkcji pokarmu i łatwiejsze przejście na wyłączne karmienie piersią:

• Ponieważ częste i regularne stymulowanie piersi jest najważniejsze dla wytwarzania przez organizm pokarmu (im więcej jest pobierane, tym więcej się wytwarza), opróżniać piersi należy p r z y n a j m n i e j co dwie i pół godziny w ciągu dnia i co trzy do czterech godzin w nocy – czy to karmiąc dziecko, czy ściągając pokarm.

- Na zakończenie każdego karmienia odciągaj pokarm przez 5 do 10 minut, aby piersi zostały starannie opróżnione, co stymuluje dalsze wytwarzanie pokarmu. Możesz albo zamrozić odciągnięty pokarm, pozostawiając go na później (patrz str. 145), albo nakarmić nim dziecko, jednocześnie podając mieszankę z butelki.

- Nie odstawiaj dziecka gwałtownie od butelki. Dziecku będzie potrzebne uzupełnianie diety butelką do czasu, aż będziesz miała wystarczająco dużo pokarmu. Butelkę podawaj jednak dopiero po zakończeniu karmienia piersią. W miarę zwiększania się ilości pokarmu u ciebie, karm maleństwo coraz mniejszą zawartością butelki. Każdego dnia zapisuj, ile dziecko wypiło z butelki. Powinnaś zauważyć, że w miarę jak zwiększa się u ciebie ilość pokarmu, dziecko coraz mniej wypija z butelki.

- Pomyśl o produktach wspomagających karmienie. Stosowanie takich produktów, na przykład firmy Medela czy System Szkoleniowy Karmienia Lact-Aid, ułatwia przejście z karmienia piersią i butelką na wyłączne piersią. Dzięki tym metodom można karmić dziecko preparatem w trakcie, gdy ssie pierś (patrz str. 151). Zatem i piersi są tak stymulowane, jak powinny, i dziecko jest należycie nakarmione.

- Licz pieluchy. Pamiętaj o notowaniu liczby zmoczonych pieluch oraz stolców w ciągu doby, aby uzyskać pewność, że dziecko jest dobrze odżywione (patrz str. 148). Bądź również w kontakcie z pediatrą, proś o częste ważenie malca, gdyż dzięki temu się dowiesz, czy w okresie przejściowym otrzymuje dostatecznie dużo pożywienia.

- Możesz spróbować leków. Istnieją preparaty ziołowe (na przykład pracownicy poradni laktacyjnych polecają niewielkie ilości kozieradki do stymulowania wytwarzania pokarmu) oraz tradycyjne leki (niekiedy w celu stymulowania organizmu do wytwarzania pokarmu stosuje się Reglan*). Obowiązuje tu jednak ta sama zasada, jaka dotyczy wszystkich innych ziół i leków: nie przyjmuj nic w celu pobudzania laktacji bez wiedzy i wskazań swojego lekarza, pediatry opiekującego się dzieckiem i/lub uprawnionego pracownika poradni laktacyjnej, który zna twoją konkretną sytuację. I nie przyjmuj żadnego z tych leków, jeśli nie masz problemów z ilością pokarmu.

- Cierpliwości! Powrót do karmienia tylko i wyłącznie piersią zabiera dużo czasu, a sukces zależy od tego, jaką otrzymasz pomoc. Poproś o nią męża, rodzinę i przyjaciół, jeśli tylko masz taką możliwość. Przyjmij też pomoc konsultanta specjalizującego się w problemach laktacji – znajdziesz go poprzez szpital, swego lekarza lub położną.

Cel zostanie osiągnięty po kilku dobach starań, a niekiedy nawet po paru tygodniach. Czasem będziesz miała dosyć – pamiętaj wtedy, że kiedyś oboje z dzieckiem będziecie bardzo zadowoleni. Niekiedy się zdarza, że mimo najlepszych starań powrót do wyłącznego karmienia piersią nie kończy się sukcesem. Gdybyś została zmuszona do kontynuowania częściowego lub wyłącznego karmienia dziecka butelką, nie czuj się winna, lecz dumna ze swych starań. I pamiętaj: nawet krótkotrwałe karmienie mlekiem matki jest bardzo korzystne dla dziecka.

---

* Choć Reglan nie uzyskał akceptacji FDA jako lek stymulujący wytwarzanie pokarmu, wiele badań wykazało, że jest bezpieczny dla dziecka i skuteczny w zwiększaniu ilości pokarmu u matki. Lek może wywoływać u kobiety senność.

CO WARTO WIEDZIEĆ
Aby mleko było zdrowe i bezpieczne

Karmienie noworodka nie wymaga aż takich poświęceń kulinarnych – czy monitorowania – jak wówczas, gdy znajdował się w twym łonie. Jednak tak długo, jak długo karmisz piersią, powinnaś przywiązywać wagę do swej diety, by mieć pewność, że wszystko, co jesz, jest zdrowe i bezpieczne dla twojego dziecka.

TO, CO JESZ

Jeśli już masz dosyć przyglądania się swej diecie jak wygłodniały jastrząb, pewnie ucieszy cię wiadomość, że w porównaniu z okresem ciąży karmienie nie zmusza matki do wielkich rygorów żywieniowych. Podstawowy skład ludzkiego mleka, czyli tłuszcz, białko i węglowodany, nie jest całkowicie uzależniony od tego, co matka je. Co więcej, pokarm każdej kobiety ma odpowiednią jakość, choć ona sama nie odżywia się prawidłowo. Dzieje się tak, ponieważ jeśli matka nie przyjmuje odpowiedniej ilości kalorii i białek do wytwarzania pokarmu, jej organizm zużywa własne zasoby substancji odżywczych – do momentu ich wyczerpania.

Jednak nie powinnaś się odżywiać nieprawidłowo tylko dlatego, że i tak będziesz miała pokarm. Oczywiście, niezależnie od tego, ile składników odżywczych zgromadził twój organizm, całkowite wyczerpywanie zasobów w trakcie karmienia byłoby zbyt ryzykowne i narażałoby matkę na liczne problemy zdrowotne, łącznie z ryzykiem wystąpienia osteoporozy w późniejszym okresie życia. Zatem pamiętaj o jedzeniu (nieważne, jak bardzo marzysz o zgubieniu paru kilogramów) i dobrze się odżywiaj (patrz: Dieta poporodowa, str. 597), a dla spokoju ducha pomyśl, iż matki karmiące piersią – w przeciwieństwie do ciężarnych – nie muszą być aż tak ostrożne, jeśli chodzi o dietę. (Są jednak pewne ograniczenia ze względów bezpieczeństwa, przeczytaj o nich na stronie 87.)

Dieta bardzo zróżnicowana jest wręcz korzystna dla dziecka, a to nie tylko ze względu na walory odżywcze. Ponieważ to, co jesz, ma wpływ na smak i zapach twojego mleka, dziecko karmione piersią ma okazję skosztować różnych smaków, nim będzie gotowe zasiąść przy stole; zatem pomoże mu ukształtować późniejsze nawyki żywieniowe. Różnych smaków, jakie bardzo wcześnie poznaje dziecko ssące pierś, często dostarczają kulturowe i etniczne preferencje kulinarne. Na przykład hinduskie dziecko bardzo chętnie je potrawy przyprawione curry – zapewne dlatego, że zapoznało się z nimi, gdy było jeszcze w łonie matki (poprzez płyn owodniowy) i później poprzez jej pokarm. Z tego też samego powodu mały Meksykanin będzie bardziej przyzwyczajony do zapachu i smaku ostrego sosu salsa. Dla kontrastu malec, którego matka odżywiała się mdłymi potrawami w czasie ciąży i laktacji, odmówi zjedzenia ostrego dania chili, gdy przyjdzie czas na stałe pokarmy.

Niekiedy dzieci o szczególnie wrażliwym podniebieniu odmawiają mleka matki po tym, gdy zjadła ona coś o intensywnym smaku, jak na przykład czosnek (ze względu na nie znany sobie smak). Inne tymczasem, być może przyzwyczajone do smaku czosnku w swym życiu płodowym, będą wręcz rozkoszować się pokarmem mamy, która zjadła pesto (sos z orzeszków piniowych, bazylii, czosnku i parmezanu) z krewetkami. A jeśli chcesz, by twój malec polubił warzywa, zasugeruj się wynikiem pewnego badania: Dzieci matek pijących w czasie ciąży i karmienia sok marchewkowy chętniej jadły płatki zbożowe wymieszane z sokiem marchewkowym niż dzieci, których matki nie jadły marchwi. Dowodzi to, że to, co jesz teraz, może mieć pozytywny wpływ na nawyki żywieniowe twojego dziecka w przyszłości, zatem warto jeść warzywa. I jeszcze jedna korzyść: Malec karmiony mlekiem matki ma przewagę nad swymi rówie-

Czy jedzenie pobudza laktację?

Każda karmiąca matka słyszała przynajmniej o jednym pokarmie, napoju czy eliksirze ziołowym, który rzekomo ma moc zwiększenia ilości pokarmu w piersiach. Istnieje ich cała gama: od mleka i piwa po herbatki z kopru włoskiego, drapacza lekarskiego, anyżu, pokrzywy i lucerny; od ciecierzycy i lukrecji gładkiej do ziemniaków, oliwek i marchewek. I choć wiele matek wierzy w te kulinarne tradycje babuni, wielu ekspertów jest zdania, że działanie owych „eliksirów na mleko" jest wyłącznie psychologiczne. Jeśli matka wierzy w mlekodajne właściwości tego, co je, jest spokojniejsza, a skoro jest spokojniejsza – pokarm lepiej wypływa. Właściwy wypływ pokarmu spowoduje, że matka uzna, iż ma go więcej i że eliksir zadziałał. Pamiętaj: Najlepszą i jedyną udowodnioną metodą na zwiększenie ilości pokarmu jest częste przystawianie dziecka do piersi.

śnikami, gdy przychodzi czas na zajęcie miejsca w wysokim krześle. Łatwiej jest mu bowiem przestawić się na pokarmy stałe, zapewne dlatego, że już zapoznał się z różnymi smakami, pijąc mleko matki.

Ale nie wszystko, co jesz, będzie miało dobry wpływ na organizm dziecka. Jeśli zjesz kapustę, brokuły, cebulę, kalafior czy brukselkę, u dziecka może wystąpić wzdęcie (badania naukowe nie potwierdzają jednak tej obserwacji). Kolka u dziecka często łączona jest z nabiałem, kofeiną, cebulą, kapustą i grochem w diecie matki. Z kolei dieta matki obfitująca w melony, brzoskwinie i inne owoce, może się stać przyczyną biegunki u niektórych niemowląt, czerwona papryka zaś – wywołać wysypkę. U dziecka może też wystąpić prawdziwa alergia na niektóre składniki diety matki, przy czym najczęściej dotyczy to krowiego mleka, jajek, cytrusów, orzechów i pszenicy (więcej o alergiach u dzieci karmionych piersią na stronie 159). To, co jesz, może również zmienić barwę pokarmu, a nawet moczu dziecka. Na przykład matki pijące napoje pomarańczowe, mogą zauważyć, że ich mleko stało się różowopomarańczowe, a mocz dziecka – intensywnie różowy (zjawisko niegroźne, choć mogące wywołać niepokój). Wodorosty, trawa morska (w formie nadającej się do spożycia) czy inne naturalne witaminy pochodzące ze zdrowej żywności łączono z zielonym odcieniem mleka.

Nim zjedzone przez ciebie pożywienie wpłynie na smak i zapach mleka, minie około 2 do 6 godzin. Jeśli niemowlę ma wzdęcia, więcej ulewa, odmawia przyjęcia piersi lub jest marudne kilka godzin po tym, jak zjadłaś daną potrawę, postaraj się ją wyeliminować ze swej diety na kilka dni, po czym zaobserwuj, czy ustąpiły niepożądane objawy oraz niechęć do ssania piersi.

TO, CO PIJESZ

Ile musisz wypić, by mieć pewność, że dziecko dostało wystarczająco dużo płynów? Właściwie tyle samo co zawsze. Matki karmiące piersią nie muszą pić więcej niż osiem szklanek wody, mleka czy innych płynów dziennie, by zapewnić odpowiedni poziom produkcji pokarmu. Zbyt duża ilość wypijanych płynów może wręcz obniżyć ilość wytwarzanego mleka.

Należy jednak zaznaczyć, że wielu dorosłych nie wypija wymaganej ilości płynów, a karmiące matki nie są tu żadnym wyjątkiem. Trzeba zatem zadbać, aby butelka lub szklanka z wodą znajdowały się w zasięgu ręki podczas każdego karmienia (na początku będzie ich przynajmniej 8 dziennie); gdy dziecko pije, ty też się napij. Ilość pokarmu nie zdradzi ci, czy pijesz za mało (nie będzie go mniej, chyba że nabawisz się poważnego odwodnienia), ale ilość moczu – tak, gdyż stanie się ciemniejszy i bardziej skąpy. Zapamiętaj ogólną zasadę: Jeśli pijesz dopiero wtedy, gdy czujesz się spragniona, to znaczy że pijesz za mało. (Po urodzeniu dziecka możesz być bardziej spragniona, dlatego że podczas porodu przyjmowałaś za mało płynów albo bardzo dużo ich straciłaś – uzupełnienie płynów po porodzie jest bardzo ważne dla zdrowia młodej matki.)

Są napoje, których w trakcie karmienia piersią powinnaś unikać, a przynajmniej ograniczać. Więcej na ten temat znajdziesz na stronie 88.

PRZYJMOWANE LEKARSTWA

Większość lekarstw nie ma wpływu na ilość pokarmu matki czy dobrostan dziecka. Choć to prawda, że strawione przez ciebie pożywienie ostatecznie trafia do mleka, to jednak ilościowo tylko w niewielkim stopniu. Wydaje się, że wiele leków nie ma żadnego wpływu na dziecko karmione piersią, a tylko kilka może mu zaszkodzić. Ponieważ jednak wciąż niewiele wiadomo na temat długoterminowego wpływu leków na niemowlę karmione piersią, przyjdzie ci z rozwagą podchodzić do wszelkich leków w trakcie karmienia.

Wszystkie lekarstwa, które mogą, choćby teoretycznie, zaszkodzić dziecku, mają odpowiednie ostrzeżenie na ulotce, opakowaniu lub w obu tych miejscach. Jeśli korzyści przewyższają potencjalne ryzyko, lekarz prawdopodobnie wyrazi zgodę na branie pewnych leków od czasu do czasu bez konsultacji z nim (na przykład niektórych leków przeciwko przeziębieniu lub przeciwbólowych) i przepisze ci stosowne preparaty, gdy wymaga tego twój stan zdrowia. Są bowiem okoliczności, w których matka karmiąca – podobnie jak kobieta ciężarna – nie robi ani sobie, ani dziecku przysługi, odmawiając brania przepisanych leków. Musisz jedynie mieć pewność, iż lekarz wypisujący ci receptę wie, że karmisz.

Najbardziej aktualnych informacji o tym, które leki są uważane za bezpieczne w trakcie karmienia, a które nie, udzieli ci lekarz pediatra lub znajdziesz je na stronie internetowej www.modimes.org (Istnieje też polska strona internetowa http://www.laktacja.pl/leki.html, na której znajduje się wiele cennych informacji, nie tylko o lekach – przyp. tłum.) Najnowsze badania wykazują, że większość lekarstw (w tym paracetamol, ibuprofen, większość leków uspokajających, większość leków antyhistaminowych, zmniejszających przekrwienie, pewne antybiotyki, leki przeciwnadciśnieniowe i hormony tarczycowe, a nawet lekkie środki antydepresyjne) można łączyć z karmieniem. Inne jednak, w tym leki przeciwnowotworowe, zawierające lit i sporysz (używane w leczeniu migreny), są wyraźnie szkodliwe. Jeszcze inne są podejrzane. W niektórych przypadkach można bezpiecznie odstawić lek na czas karmienia, w innych – znaleźć bezpieczne substytuty. Jeśli lekarstwo niezalecane podczas zdrowego karmienia jest potrzebne tylko przez krótki czas, można na ten okres odstawić dziecko (w tym czasie odciągać pokarm i wylewać) albo przyjmować dawkę leku tuż po karmieniu lub przed najdłuższą drzemką dziecka. I jak zawsze pamiętaj, by brać lekarstwa – łącznie z ziołowymi i preparatami uzupełniającymi – wyłącznie za zgodą lekarza.

CZEGO UNIKAĆ

Choć karmiące matki mogą się cieszyć znacznie większą swobodą niż kobiety ciężarne, jeśli chodzi o dietę i styl życia, pozostaje jednak kilka substancji, których rozsądnie będzie unikać – lub przynajmniej ograniczyć – gdy karmi się piersią. Z wielu zapewne już i tak zrezygnowałaś, przygotowując się do ciąży lub w jej trakcie.

Nikotyna. Wiele substancji toksycznych znajdujących się w tytoniu trafia do krwiobiegu, a następnie do mleka. U kobiet, które dużo palą (ponad paczkę dziennie), zmniejsza się ilość pokarmu, dzieci natomiast mają wymioty, biegunkę, przyspieszone bicie serca, są też bardziej niespokojne. Choć długoterminowe efekty działania owych trucizn na organizm niemowlęcia nie są dobrze znane, śmiało można zaryzykować stwierdzenie, iż nie są dobre. Jest oczywiste, że bierne palenie przy palących rodzicach często staje się przyczyną różnorodnych problemów zdrowotnych u potomstwa, w tym kolki, infekcji układu oddechowego, a nawet zwiększonego ryzyka wystąpienia zespołu nagłej śmierci niemowlęcia (patrz str. 238). Jeśli nie potrafisz zerwać z nałogiem, i tak lepiej karmić dziecko piersią niż mieszanką – postaraj się jednak ograniczyć liczbę wypalanych papierosów i nie pal tuż przed karmieniem.

Alkohol. Alkohol przedostaje się do mleka, przy czym dawka otrzymywana przez dziecko jest znacznie mniejsza od tej, którą wypijasz. I choć zapewne nie ma nic złego w wypijaniu kilku drinków tygodniowo (ale nie więcej niż jeden dziennie), postaraj się jednak ograniczać napoje alkoholowe w trakcie karmienia piersią.

Picie dużych ilości alkoholu ma też inne skutki. Duża ilość alkoholu może sprawić, że dziecko będzie ospałe, ociężałe, obojętne i niezdolne do prawidłowego ssania. W bardzo dużych dawkach alkohol często utrudnia oddychanie. Po wypiciu zbyt wielu drinków nie będziesz w stanie zajmować się niemowlęciem (niezależnie od tego, czy karmisz czy nie), zapewnić mu bezpieczeństwa i dbać o nie, staniesz się też bardziej podatna na depresję i zmęczenie. Oprócz tego, że nie będziesz umiała właściwie ocenić sytuacji, osłabieniu ulec może odruch wypływania pokarmu. Jeśli masz ochotę na drinka raz na jakiś czas, wypij go zaraz po karmieniu, aby przez te kilka godzin alkohol został przetworzony przez organizm.

Kofeina. Jedna czy dwie filiżanki kawy z kofeiną, herbaty lub coli nie zaszkodzą ani twemu dziecku, ani tobie. Podczas tych pierwszych tygodni, gdy tak bardzo brakuje snu, wizyta w pobliskiej kawiarence będzie ci być może bardzo potrzebna. Większa ilość kofeiny nie jest dobrym pomysłem na poprawę samopoczucia; po kilku wypitych filiżankach oboje z dzieckiem będziecie roztrzęsieni, podenerwowani i nie będzie się wam chciało spać (a tego raczej wolałabyś uniknąć). Uważa się, że kofeina wywołuje u niektórych dzieci zgagę. Pamiętaj również, że organizm niemowlęcia nie potrafi tak skutecznie jak organizm dorosłego pozbyć się kofeiny, więc ona się w nim odkłada. Ograniczaj tę używkę w trakcie karmienia piersią albo przestaw się całkowicie lub choćby częściowo na napoje bezkofeinowe.

Zioła. Choć naturalne, to nie zawsze zdrowe – szczególnie dla kobiet karmiących piersią. Bywają równie silne i toksyczne jak narkotyki. I podobnie jak narkotyki, zawierają substancje chemiczne, które przedostają się do mleka matki. Nawet takie ziele, jak kozieradka (przez stulecia stosowana w celu zwiększenia ilości pokarmu u matki, a niekiedy w małych dawkach jest polecana przez specjalistów z poradni laktacyjnych – mimo iż różne są wyniki badań naukowych) może w istotny sposób wpłynąć na ciśnienie krwi i częstotliwość akcji serca, jeśli zostanie przyjęta w dużych ilościach. Niewiele wiadomo na temat wpływu ziół na dziecko karmione piersią, gdyż przeprowadzono za mało badań. Nie ma w USA przepisów dotyczących dystrybucji ziół i Urząd Kontroli Leków i Żywności (FDA) nie zajmuje się nimi, lepiej więc zachować ostrożność i skonsultować się z lekarzem przed przyjęciem jakiegokolwiek leku ziołowego. Zastanów się nad tym, zanim wypijesz herbatkę ziołową, ponieważ do czasu, aż dowiemy się nieco więcej o ziołach, FDA zaleca ostrożność w ich stosowaniu. Tymczasem pij tylko takie herbatki ziołowe, o których wiadomo, że są bezpieczne dla kobiet karmiących piersią (należą do nich: pomarańczowa, miętowa, malinowa, rooibos czy z owocu dzikiej róży), czytaj uważnie informacje na opakowaniach, czy nie dodano innych ziół, i pij je tylko od czasu do czasu.

Substancje chemiczne. Dieta, w której roi się od dodatków chemicznych, nigdy nie będzie zdrowa. W okresie karmienia piersią dziecka, podobnie jak w czasie ciąży, jest ona szczególnie niepożądana. Choć nie trzeba przesadzać z czytaniem etykietek, pewna ostrożność będzie wskazana. Pamiętaj: Wiele substancji zawartych w twojej żywności, przejdzie – poprzez twój pokarm – do organizmu dziecka. Przyjmij zasadę, by unikać produktów przetworzonych, opatrzonych długą

Żadnych orzeszkowych przekąsek podczas karmienia małego cukiereczka

Jeśli masz w rodzinie historię uczulenia na orzeszki ziemne lub inne alergeny, lepiej będzie powstrzymać się na czas karmienia piersią od jedzenia orzeszków ziemnych czy pokarmów, które je zawierają. Badania wykazują, że orzeszkowe alergeny mogą być za pośrednictwem pokarmu przekazywane ssącemu dziecku. Przypuszcza się, że poprzez wczesny kontakt z tymi alergenami dziecko może nabyć nadwrażliwości na nie, co może niekiedy prowadzić do poważnej alergii w późniejszym dzieciństwie. Porozmawiaj z lekarzem dziecka lub alergologiem, jeżeli jesteś alergikiem lub występowała ona w rodzinie, po to aby ustalić, czy są pokarmy, których powinnaś wystrzegać się w okresie karmienia.

listą dodatków spożywczych, przestrzegaj też poniższych zasad zdrowszego odżywiania się:

- Bezpieczna słodycz. Aspartam jest zapewne bardziej bezpieczny od sacharyny (tylko bardzo niewielka ilość aspartamu przedostaje się do matczynego mleka), ale ponieważ długoterminowe skutki działania tego słodzika – jeśli istnieją – nie są znane, na pewno lepiej używać go ostrożnie. (Musisz całkowicie zrezygnować z aspartamu, jeśli ty bądź dziecko chorujecie na fenyloketonurię.) Sacharoza (sprzedawana pod nazwą handlową Splenda) jest natomiast pochodną cukru i uważa się ją za bezpieczny, bezkaloryczny odpowiednik cukru.

- Wybieraj produkty ekologiczne. Owoce i warzywa z upraw ekologicznych są dostępne we wszystkich supermarketach, podobnie jak ekologiczne wyroby mleczne, drób, czerwone mięso oraz jajka. Nie ma jednak potrzeby doprowadzać się do szaleństwa (czy szukać po całym mieście), żeby podać dziecku pokarm wolny od pestycydów. Postaraj się tylko, aby substancji chemicznych było w twej diecie jak najmniej (najlepiej, wybierając produkty ekologiczne, jeśli to tylko możliwe). Miej jednak pełną świadomość, że i tak choćby niewielka ich ilość znajdzie się w twej żywności. Skoro w żywności, to także, mimo twych największych starań, w twoim mleku. Jednak nie jest to ilość, która może zaszkodzić. Jeśli nie masz dostępu do żywności ekologicznej lub nie możesz sobie na nią pozwolić, obieraj, oskrobuj i starannie myj warzywa i owoce (najlepiej specjalnymi płynami do mycia żywności).

- Dieta niskotłuszczowa. Podobnie jak w okresie ciąży, najlepiej wybierać nisko- i beztłuszczowy nabiał, chude mięsa i drób bez skórki. Przyczyny są dwie: Po pierwsze, stosując dietę niskotłuszczową, łatwiej zgubisz przybrane podczas ciąży kilogramy. Po drugie natomiast, pestycydy i inne substancje chemiczne strawione przez zwierzęta odkładają się w ich tkance tłuszczowej (oraz w organach wewnętrznych, na przykład w wątrobie, nerkach i mózgu, dlatego w okresie karmienia spożywaj je bardzo rzadko). Oczywiście ekologiczne mięso i nabiał nie stanowią takiego zagrożenia, masz zatem kolejny powód, by je wybierać.

- Uwaga na ryby. Kobiety karmiące muszą przestrzegać tych samych zasad dotyczących jedzenia ryb co ciężarne. Aby uniknąć ryzyka wystawienia się (i dziecka) na działanie rtęci, wystrzegaj się mięsa rekina, miecznika, makreli królewskiej. Nie jedz też więcej niż (łącznie) 350 g tygodniowo łososia, okonia morskiego, flądry, soli, łupacza, halibuta, karmazyna, rdzawca, dorsza i tuńczyka (z puszki jest zdrowszy niż surowy), a także pstrąga z hodowli.

4
Noworodek

Na świat przyszło twoje dziecko – maleńka istotka, na którą czekałaś z niecierpliwością dziewięć długich miesięcy. Trzymając swe słodkie zawiniątko w ramionach, na pewno odczuwasz lawinę emocji, często sprzecznych i zmiennych, od podekscytowania i radości, po obawy i zwątpienie w siebie. Pewnie też masz (co najmniej) tysiąc pytań – szczególnie jeśli zostałaś matką po raz pierwszy. Dlaczego główka dziecka ma taki śmieszny kształt? Dlaczego już ma trądzik? Dlaczego zasypia podczas karmienia piersią? Dlaczego nie przestaje płakać?

Pewnie rozglądasz się za doskonałą instrukcją obsługi (czy dzieci nie przychodzą na świat z czymś takim?). Zanim przystąpisz do poszukiwań, zrozum, że sama musisz się nauczyć, jak zadbać o nowo narodzone dziecko (wszak nikt nie rodzi się z wiedzą na temat pielęgnacji nie zagojonej pępowiny lub masowania niedrożnego kanalika łzowego). Popróbuj trochę, a wkrótce ze zdumieniem się przekonasz, jak wiele czynności związanych z opieką nad dzieckiem opanujesz w sposób naturalny. (Pamiętaj, że najważniejszy punkt instrukcji brzmi: „Kochaj swe dziecko".) Odpowiedzi na różne pytania znajdziesz w kolejnych rozdziałach. Wertując kartki, nie zapominaj, że przede wszystkim masz się kierować najważniejszym źródłem wiedzy: instynktem.

CO TWOJE DZIECKO POTRAFI ROBIĆ

Po kilku dniach od urodzenia twoje dziecko prawdopodobnie będzie umiało:

- podnieść głowę na moment, gdy leży na brzuchu (dziecko może przebywać w tej pozycji wyłącznie pod nadzorem);
- wymachiwać rączkami i nóżkami;
- skupić wzrok na przedmiotach oddalonych o 20–30 cm (a zwłaszcza na twojej twarzy!).

CZEGO MOŻESZ OCZEKIWAĆ W CZASIE BADANIA W SZPITALU

Twój noworodek zostanie po raz pierwszy zbadany chwilę po narodzinach, jeszcze na sali porodowej. Tutaj lekarz lub pielęgniarka wykonają następujące czynności:

- Oczyszczą drogi oddechowe dziecka (niekiedy przeprowadza się ten zabieg zaraz po pojawieniu się główki, czasem gdy całe dziecko przyjdzie na świat).

- Zacisną kleszczami pępowinę w dwóch miejscach i przetną między nimi – czynność tę może wykonać ojciec. (Kikut pępowiny posmarują maścią antybiotykową lub środkiem antyseptycznym, a zacisk pozostanie przynajmniej przez 24 godziny.)
- Ocenią dziecko według testu Apgar (ocena stanu noworodka w pierwszej i piątej minucie po urodzeniu; patrz str. 95).
- Zaaplikują maść antybiotykową do oczu (patrz str. 107), aby nie dopuścić do infekcji wywołanej gonokokiem lub chlamydią.
- Zważą dziecko – masa ciała dziecka urodzonego w terminie waha się od 2800 g do 4000 g (przeciętnie 3500 g).
- Zmierzą dziecko – długość 95% donoszonych noworodków wynosi od 45 cm do 56 cm (przeciętnie 51 cm).
- Zmierzą obwód głowy (obwód waha się od 33 do 37 cm, przeciętnie 35 cm).
- Policzą palce u rąk i nóg i ocenią, czy wygląd zewnętrzny dziecka jest normalny.
- Ustalą wiek ciążowy (czas spędzony w macicy) dzieci urodzonych przedwcześnie.
- Podadzą ci dziecko do karmienia piersią i/lub przytulenia.
- Przed opuszczeniem sali porodowej dziecko, mama i ojciec otrzymają opaski identyfikacyjne. Czasem pobiera się także odciski stóp dziecka i palców matki w celu późniejszej identyfikacji (tusz jest zmywalny, a wszelkie ewentualne smugi wkrótce same zejdą).

Lekarz pediatra przeprowadzi dokładniejsze badania noworodka w ciągu następnych 24 godzin. Wówczas nadejdzie stosowna chwila na zadanie tysięcy pytań, jakie zrodzą ci się w głowie. Lekarz:

- Sprawdzi masę ciała (prawdopodobnie masa małego ciałka zmniejszy się od chwili narodzin i jeszcze przez kilka najbliższych dni będzie nieznacznie spadać), obwód głowy (może się powiększyć, gdy ewentualne wgłębienia i nierówności wyrównają się) i długość ciała (która w rzeczywistości nie zmieniła się, lecz możesz odnieść inne wrażenie, gdyż mierzenie niemowlęcia, które nie potrafi samodzielnie stać oraz nie współpracuje z rodzicem, daje niedokładny wynik.

Badania twego dziecka

Kilka kropli krwi może zawierać wiele informacji. W chwili obecnej krople te, rutynowo pobierane tuż po urodzeniu z pięty noworodków, są badane w kierunku fenyloketonurii i niedoczynności tarczycy. Czynione są też starania (w Polsce jeszcze nie – przyp. red. nauk.), by badano krew noworodków na więcej rodzajów zaburzeń metabolicznych, w tym wrodzoną hiperplazję nadnerczy, galaktozemię, deficyt biotynidazy, chorobę przemiany materii MSUD, deficyt dehydrogenazy acyloCoA średniołańcuchowych kwasów tłuszczowych oraz anemię sierpowato-krwinkową. I choć większość z powyższych chorób występuje niezwykle rzadko, mogą stanowić zagrożenie dla życia dziecka, jeśli nie zostaną wykryte i leczone. Badania w kierunku wyżej wymienionych oraz innych chorób metabolicznych nie są kosztowne, a gdyby się okazało – choć to mało prawdopodobne – że jednak twoje dziecko ma wynik pozytywny, lekarz pediatra (w ośrodku specjalistycznym) zweryfikuje wynik badania i podejmie natychmiastowe leczenie, które może całkowicie zmienić rokowania dla dziecka.

Poszczególne stany w USA prowadzą badania w kierunku różnych chorób, więc rząd tego kraju stara się znaleźć takie rozwiązanie, które pozwoliłoby na ustalenie standardowych testów dla wszystkich stanów. Dowiedz się, jakie testy są wymagane w twoim rejonie zamieszkania (kontaktując się z wydziałem zdrowia lub sprawdzając w Internecie), i zapytaj lekarza o możliwość wykonania dodatkowych badań. Możesz też skontaktować się z Baylor University Medical Center, tel. 800-4BAYLOR (422-9567): www.baylorhealth.com/newbornscreening; Mayo Medical Laboratories: http://www.mayo.edu/bgl/bglsns.html; albo Neo Gen Screening: www.neogenscreening.com Ogólne informacje dotyczące badań przesiewowych noworodków znajdziesz na stronie www.savebabies.org

Badania przesiewowe słuchu noworodków

Niemowlęta zapoznają się z otoczeniem za pomocą zmysłów – od widoku uśmiechniętej twarzy ojca, po dotyk ciepłej skóry przytulających je rąk, zapach kwiatów, głos matki gruchającej nad nim. Jednak przeciętnie jedno na 700 do 2 500 dzieci urodzonych w Stanach Zjednoczonych obarczonych jest wadą słuchu – zmysłu tak ważnego dla rozwoju mowy i zdolności językowych.

Do niedawna jeszcze problemy ze słuchem były często niezauważane u małych dzieci, a wykrywano je często dopiero w zerówce, a niekiedy jeszcze później. Obecnie jednak Amerykańska Akademia Pediatrii i Centra Kontroli Chorób przeprowadzają szerokie badania przesiewowe u niemowląt pod kątem wad słuchu. Niemal dwie trzecie stanów w Stanach Zjednoczonych nakłada obowiązek badania niemowląt w szpitalach.

Dzisiejsze badania noworodków w kierunku wad słuchu są bardzo dokładne. Jedno z nich, zwane emisją otoakustyczną (OAE – (ang.) *otoacoustic emissions*), mierzy reakcję na dźwięk przy użyciu niewielkiej sondy umieszczonej w przewodzie słuchowym. Jeśli dziecko ma prawidłowy słuch, to mikrofon w sondzie odbiera nikłe dźwięki z ucha dziecka będące reakcją na stymulację słuchową. Test można przeprowadzić w czasie, gdy dziecko śpi, i trwa on tylko kilka minut, a badanie nie wywołuje bólu ani nieprzyjemnych doznań. Inna metoda przesiewowa, audiometria odpowiedzi wywołanych z pnia mózgu (ABR – (ang.) *auditory brainstem response*), poprzez elektrody umieszczane na skórze dziecka wykrywa aktywność w ośrodku słuchowym pnia mózgu w odpowiedzi na „kliknięcia" słyszane w uchu niemowlęcia. To badanie wymaga jednak, by dziecko było przebudzone i wyciszone, ale także przeprowadza się je szybko i bezboleśnie. Gdyby dziecko nie przeszło pomyślnie pierwszych testów, zostają one powtórzone w celu wyeliminowania fałszywie pozytywnych wyników.

Jeśli w twoim miejscu zamieszkania nie przeprowadza się obowiązkowych badań przesiewowych słuchu, koniecznie poproś o wykonanie ich przed opuszczeniem szpitala. (Obecnie w Polsce wykonuje się je w większości oddziałów noworodkowych – przyp. red. nauk.) Choć każdy może mieć wadę słuchu, czynniki i okoliczności zwiększające ryzyko to między innymi konieczność przebywania na oddziale intensywnej opieki neonatalnej przez dwa lub więcej dni; zespoły, które łączą się z utratą słuchu, na przykład zespół Ushera czy zespół Waardenburga; przypadki utraty słuchu u dzieci w rodzinie, a także choroby wrodzone, na przykład toksoplazmoza, rzeżączka, różyczka, cytomegalia i opryszczka.

- Osłucha serce i płuca.
- Zbada palpacyjnie wewnętrzne organy, takie jak: nerki, wątroba i śledziona.
- Zbada odruchy noworodka.
- Sprawdzi bioderka, czy nie ma ewentualnego zwichnięcia.
- Obejrzy ręce, nogi, dłonie, stopy, genitalia i kikut pępowiny.

W trakcie pobytu dziecka w szpitalu personel medyczny (pielęgniarki i/lub lekarze):

- Odnotuje wydalanie lub niewydalanie moczu i/lub stolców (by na miejscu wyeliminować wszelkie problemy).
- Poda witaminę K w zastrzyku, aby podnieść krzepliwość krwi noworodka.
- Pobierze krew z pięty dziecka (jedno szybkie ukłucie) i wykona badania w kierunku fenyloketonurii i niedoczynności tarczycy. Przeprowadzi również badanie krwi w celu wykluczenia pewnych zaburzeń metabolicznych; w niektórych stanach USA obowiązkowa jest tylko część badań, jednak możesz poprosić o prywatne badania w kierunku 30 zaburzeń tego typu (patrz ramka na stronie 92);
- Jeśli wyrazisz zgodę, przed wypisem może zostać podana pierwsza dawka szczepionki przeciwko zapaleniu wątroby typu B. W niektórych szpitalach szczepionkę aplikuje się obowiązkowo i rutynowo, gdy wynik badania w kierunku tej choroby jest u matki pozytywny. Jeśli nie jesteś nosicielką wirusa, pierwszą dawkę można podać

Portret noworodka

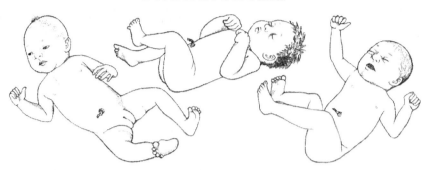

Mimo że rodzina i znajomi zachwycają się urodą twojego noworodka, obiektywnie oceniając, noworodki nie są śliczne i nie wyglądają jeszcze jak słodkie bobaski z reklam. Ktoś, kto widzi noworodka po raz pierwszy, odnosi wrażenie, że nowy przybysz ma jakby za dużą głowę w stosunku do reszty ciała (stanowi ona jedną czwartą jego długości), a nóżki bardziej kościste niż okrąglutkie. Jeśli kanał rodny był szczególnie wąski, główka może się wydawać zdeformowana, niekiedy ma wręcz stożkowaty kształt. Wyjście na świat niekiedy kończy się również siniakami na skórze głowy. Włosy noworodka mogą być rzadkie lub gęste, mogą przylegać do głowy lub sterczeć – lub może nie być ich wcale. Gdy włosy są cienkie, naczynia krwionośne na głowie mogą być bardzo widoczne. Często też widać pulsujące ciemiączko.

Wiele noworodków (oraz ich matek) wygląda po porodzie naturalnym tak, jakby przeżyło kilka rund na ringu bokserskim. Pod tym względem lepsze wrażenie robią noworodki urodzone przez cesarskie cięcie – szczególnie jeśli nie doświadczyły parcia w pierwszej fazie porodu. Ich oczy mogą się wydawać zezowate. Takie wrażenie robią fałdy w wewnętrznych kącikach i obrzęk wywołany porodem lub krople przeciw infekcji oczu. Białka oczu mogą być przekrwione od wysiłku w czasie porodu (często zdarza się to też ich matkom). Jeśli przejście przez miednicę było wyjątkowo trudne, nos może być spłaszczony, a broda cofnięta.

Ponieważ skóra noworodka jest cienka, zwykle ma kolor bladoróżowy (również u dzieci innych ras) z powodu naczynek krwionośnych znajdujących się tuż pod nią. Skóra często pokryta jest pozostałością mazi płodowej, która w łonie chroni skórę płodu zanurzonego w wodach płodowych. Tak więc im później dziecko przyjdzie na świat, tym mniejsze są owe pozostałości. Skóra dzieci, które przyszły na świat po terminie, może być pomarszczona lub może się łuszczyć, gdyż nie chroni jej już maź płodowa. Rzadziej też porośnięta jest meszkiem płodowym (delikatne owłosienie, najczęściej na ramionach i plecakach, na czole i policzkach; znika w pierwszych tygodniach życia).

Ponieważ hormony matki przenikają przez łożysko do płodu, zwłaszcza w końcowym etapie ciąży, u wielu noworodków w pierwszych dniach życia obserwuje się powiększenie i obrzmienie gruczołów sutkowych (u chłopców i dziewczynek) i/lub narządów rodnych. Niekiedy z brodawek i zewnętrznych narządów płciowych wycieka białawy płyn, a u dziewczynek pojawia się niewielkie krwawienie z dróg rodnych.

Zrób szybko zdjęcie swego dziecka po porodzie, ponieważ jego wygląd szybko się zmieni. Wiele pierwszych cech zniknie po kilku dniach, inne dopiero po paru tygodniach i nagle niemowlę przeistoczy się w okrąglutkie, słodkie maleństwo z dołeczkami.

---

dziecku w ciągu pierwszych dwóch miesięcy lub lekarz może zalecić połączenie Di-TePer (szczepionka przeciwko błonicy, tężcowi i krztuścowi) ze szczepionkami przeciwko polio i zapaleniu wątroby typu B; dodatkowa dawka szczepionki przeciwko zapaleniu wątroby typu B nie stanowi żadnego ryzyka. Postępuj zgodnie z zaleceniami lekarza.

- Przeprowadzi badania przesiewowe słuchu (patrz ramka na stronie 93).

STAN PO URODZENIU WEDŁUG APGAR

CECHY	PUNKTY		
	0	1	2
Zabarwienie skóry	blade lub sine	cieliste, kończyny sine	różowe
Czynność serca (puls)	niewyczuwalny	poniżej 100	ponad 100
Odruchy	brak reakcji na bodziec	grymas	silny krzyk
Napięcie mięśni	wiotkie (brak aktywności ruchowej lub słaba)	nieznaczne ruchy kończyn	duża aktywność
Oddech	brak	powolny, nieregularny	dobry

TEST APGAR

Pierwszy test, któremu poddawane są noworodki i który większość z nich zdaje z dobrym wynikiem, to test ułożony przez lekarkę pediatrę Virginię Apgar. Wyniki zarejestrowane w pierwszej, a potem w piątej minucie życia odzwierciedlają ogólny stan noworodka i opierają się na obserwacjach poczynionych w pięciu kategoriach. Dzieci, które w dziesięciostopniowej skali uzyskają od 7 do 10 punktów, urodziły się w dobrym i bardzo dobrym stanie i zwykle wymagają tylko rutynowej poporodowej opieki medycznej; te, które uzyskały od 4 do 6 punktów, są w średnim stanie i mogą wymagać pewnych zabiegów reanimacyjnych. Te, które ocenione zostały na mniej niż cztery punkty, są w bardzo złym stanie i wymagają natychmiastowego działania w celu ratowania ich życia. Badania wykazują, że nawet dzieci, u których słabo wypadł test Apgar w piątej minucie życia, rozwijają się normalnie i są zdrowe.

ODRUCHY NOWORODKA

Jeśli chodzi o noworodki, Matka Natura pomaga im znacząco – wyposaża je bowiem we wrodzone odruchy, które mają za zadanie ochronić te szczególnie bezbronne istotki (nawet gdyby instynkty rodzicielskie rodziców jeszcze nie działały).

Niektóre są spontaniczne, inne stanowią reakcję na pewne sytuacje. Jedne mają na celu ochronić dziecko w sytuacji zagrożenia (na przykład dziecko będzie ściągać wszystko, co zakrywa jego twarz – odruch ten ma zapobiec przypadkowemu uduszeniu się). Inne mają sprawić, by noworodek został dobrze nakarmiony (poszukiwanie sutka). I choć wiele z tych odruchów ma znaczenie w walce o przetrwanie, niektóre zdradzają także bardziej subtelne zamysły. Weźmy na przykład „odruch szermierza" – choć niemowlęta raczej nie są wyzywane na pojedynek, niektórzy uważają, że przyjmują tę szermierską postawę, aby nie stoczyć się z ciała matki.

Odruch Moro. Duża wrażliwość na wszelkie bodźce wywołane zmianą położenia ciała (wstrząsy, huśtanie) oraz na silne bodźce dźwiękowe. Noworodek reaguje wzdrygnięciem, energicznym wyprostowaniem rąk, nóg i palców. Napręża się, wygina łukowato plecy i odchyla główkę, następnie przyciąga do klatki piersiowej ręce, zaciskając piąstki. *Czas trwania odruchu*: do 4–6 miesięcy.

Odruch Babińskiego. Jeżeli delikatnie dotykamy stopy noworodka od pięty do palców, palce się wyprostowują i naprężają, a stopa wykrzywia się do środka.

Czas trwania odruchu: do 6 miesięcy, najdalej do 2 lat, potem palce stóp podwijają się.

Odruch Rootinga. Noworodek, którego policzek zostanie delikatnie muśnięty, odwraca głowę w kierunku bodźca, otwiera usta i wykazuje gotowość do ssania. Odruch ten pomaga dziecku zlokalizować pierś lub butelkę, czyli pokarm.
Czas trwania odruchu: do 3 lub 4 miesiąca; potem można go jeszcze zaobserwować, gdy dziecko śpi.

Odruch „chodzenia" lub „stawiania kroków". Na płaskiej powierzchni noworodek trzymany pod pachy podnosi jedną nogę, wysuwa ją w przód, następnie robi to samo z drugą. Wygląda to jak stawianie kroków (najlepiej widoczne po 4 dniu życia).
Czas trwania odruchu: Różny, przeciętnie 2 miesiące. (Istnienie tego odruchu nie zapowiada przyszłej umiejętności wczesnego chodzenia.)

Odruch ssania. Dziecko zacznie odruchowo ssać, jeśli coś – na przykład brodawka – dotknie jego warg.
Czas trwania odruchu: występuje już przy porodzie i trwa do 2 lub 4 miesiąca, kiedy jego rolę przejmie ssanie ochotnicze.

Odruch chwytania. Gdy przyciśniemy czubek palca do wewnętrznej strony dłoni dziecka, dłoń natychmiast się zaciska, jak gdyby dziecko chciało chwycić palec. I tu ciekawostka: chwyt noworodka może być na tyle silny, by udźwignąć całe jego ciało. Ale nie próbujcie sami sprawdzać tego w domu (ani nigdzie indziej). Kolejna ciekawostka: ten sam odruch sprawia, że dziecko próbuje za-

Zabiegi szpitalne dla dzieci urodzonych w domu

Rodzenie w domu zwykle oznacza, że masz większą kontrolę nad przebiegiem wydarzeń i mniej rzeczy do spakowania, ale za to więcej obowiązków po przyjściu dziecka na świat. Niektóre zabiegi wykonywane rutynowo w szpitalach czy klinikach położniczych są tylko biurokratycznym obowiązkiem i możecie je wraz z maleństwem bez obaw pominąć, jednak inne są konieczne dla zdrowia dziecka zarówno teraz, jak i w przyszłości. Wreszcie inne wymagane są przez prawo. Jeśli rodzisz w szpitalu, wszelkie zabiegi i czynności zostaną przeprowadzone automatycznie; jeśli wybierasz poród domowy, musisz:

• Pamiętać o maści do oczu. Niektóre położne pozwalają rodzicom świadomie nie podawać maści z antybiotykiem do oczu (jej zadaniem jest ochrona oczu noworodka przed infekcją, jeśli matka cierpiała na chorobę weneryczną) po porodzie. Choć używana obecnie maść nie podrażnia oczu, może zamazać obraz, więc pierwszy widok mamy czy taty nie będzie wyraźny. Porozmawiaj z lekarzem na ten temat przed porodem.

• Zaplanować rutynowe zastrzyki i badania. Wiele dzieci urodzonych w szpitalu otrzymuje rutynowo pierwsze szczepienie przeciwko żółtaczce typu B, natomiast wszystkie dostają zastrzyk z witaminą K (poprawiającą krzepliwość krwi) tuż po porodzie. Pobiera im się także krew z pięty w celu przeprowadzenia badania przesiewowego w kierunku fenyloketonurii i niedoczynności tarczycy. W niektórych szpitalach przeprowadza się też rutynowo (w innych – na prośbę rodziców) liczne dodatkowe badania (patrz str. 92). Porozmawiaj z lekarzem, kiedy twoje dziecko może zostać poddane tym badaniom. Dobrze byłoby też omówić sprawę kontroli słuchu – badanie to noworodki przechodzą, zanim opuszczą szpital (patrz str. 93).

• Zadbać o formalności. Zwykle o akt urodzenia troszczy się personel szpitalny, więc jeśli zamierzasz rodzić w domu, ty (bądź osoba towarzysząca przy porodzie) będziesz odpowiadać za papierkową robotę. Zadzwoń do odpowiedniego urzędu (w Polsce jest to Urząd Stanu Cywilnego – przyp. red.) i dowiedz się, jaka jest procedura wystawienia aktu urodzenia.

• Koniecznie skontaktować się z pediatrą zaraz po przyjściu dziecka na świat i bezzwłocznie umówić się na wizytę.

cisnąć stópkę i palce u nóg, jeśli tylko jego stopa poczuje dotyk.
Czas trwania odruchu: 3–6 miesięcy.

Skurcz mięśni szyi (odruch szermierza). Położone na plecach niemowlę przybiera pozycję „szermierza" – głowa na bok, ręka i noga po tej samej stronie wyprostowane, a przeciwległe kończyny zgięte. *En garde!*
Czas trwania odruchu: Może się pojawić zaraz po urodzeniu lub później, około 2 miesiąca życia. Zanika około 6 miesiąca.

Możesz sprawdzać te odruchy u dziecka dla zabawy czy z czystej ciekawości, lecz bądź świadoma, że twoje wyniki mogą nie być tak udane jak lekarza lub innej odpowiednio wyszkolonej osoby. Reakcje na powyższe bodźce mogą być osłabione, jeśli dziecko jest zmęczone lub głodne. Spróbuj innego dnia, a jeżeli znów ci się nie powiedzie – wspomnij o tym pediatrze, który już prawdopodobnie zbadał dziecko, ale na twoją prośbę może to zrobić jeszcze raz.

KARMIENIE DZIECKA
Przystąpienie do karmienia butelką

O dziwo, karmienie dziecka butelką przychodzi bardziej naturalnie, a przynajmniej łatwiej, niż karmienie piersią. Dzieci bez większego trudu uczą się ssać smoczek, a rodzice nie mają kłopotów z nakarmieniem swych pociech do syta. (To dlatego właśnie matki, które chcą łączyć karmienie z piersi i butelki powinny wstrzymać się z tą drugą metodą, aż karmienie własnym pokarmem stanie się rutyną.) Natomiast samo przygotowanie do karmienia butelką wymaga pewnego wysiłku i wiedzy. Pokarm matki jest od razu gotowy do zaserwowania, tymczasem mieszankę trzeba wybrać, kupić, przygotować i przechowywać. Czy będziesz karmić wyłącznie butelką, czy tylko uzupełniać nią dietę naturalną, musisz wiedzieć, jak się do tego zabrać. (Na stronie 41 znajdziesz porady, jak wybrać odpowiedni smoczek i butelki.)

WYBÓR MIESZANKI

Mieszanki nie są w stanie całkowicie zastąpić natury (na przykład nie zawierają przeciwciał), ale obecnie są bardzo zbliżone do ideału, jeśli chodzi o zaspokojenie zapotrzebowania niemowlęcia na substancje odżywcze. Są wykonane z identycznych rodzajów białka, tłuszczu, węglowodanów, sodu, witamin, wody czy innych składników odżywczych, połączonych w takich samych proporcjach jak w mleku matki; muszą także odpowiadać normom Urzędu Kontroli Żywności i Leków (w Polsce wszystkie mieszanki dostępne na rynku mają atest – przyp. red. nauk.). Tak więc właściwie każda mieszanka zawierająca żelazo będzie dobra dla dziecka. A ponieważ wybór produktów dostępnych w sklepach i aptekach może przyprawić o zawrót głowy, oto, co powinnaś wiedzieć, nim dokonasz wyboru:

- Pediatra, który opiekuje się twoim dzieckiem, na pewno sporo wie o preparatach. Poszukiwania najlepszego dla dziecka pokarmu rozpocznij zatem od rozmowy z nim. Na pewno poleci ci preparat najbardziej zbliżony składem do ludzkiego mleka i najlepiej odpowiadający potrzebom twojego maleństwa.

- Krowie mleko jest najlepsze do produkcji mieszanek dla większości niemowląt, dla-

---

Pomoc przy karmieniu piersią

Jeśli karmisz naturalnie lub łączysz karmienie piersią i butelką, wszystko, co musisz wiedzieć na ten temat, znajdziesz w rozdziale 3., począwszy od strony 59.

DHA w mieszankach dla dzieci: mądry wybór?

Kiedy producenci gotowych mieszanek dla niemowląt byli przekonani, że zbliżyli się do wyprodukowania mieszanki niemal identycznej z mlekiem matki, dokonano kolejnego odkrycia, co zmusiło ich do podjęcia dalszych badań laboratoryjnych. Odkryto mianowicie znaczenie kwasów tłuszczowych omega-3 występujących naturalnie w mleku matki: DHA (kwas dokozaheksaenowy) i ARA (kwas arachidonowy). Te składniki odżywcze, o których teraz tyle się mówi, zostały uznane przez naukowców za czynnik stymulujący rozwój umysłowy i rozwój narządu wzroku u niemowląt, a także spełniający kluczową rolę w funkcjonowaniu mózgu.

Naukowcy odkryli, że DHA/ARA najintensywniej odkłada się w mózgu dzieci i siatkówce ich oczu w okresie między trzecim trymestrem ciąży (kwasy tłuszczowe przedostają się do ich organizmu przez łożysko) a 18 miesiącem po porodzie – nie przypadkiem jest to okres najszybszego wzrostu mózgu. Wyniki badań wskazują, że przyjmowanie odpowiedniej dawki DHA/ARA jest bardzo korzystne dla niemowląt, jednak na razie nie wykazano wyraźnego powiązania ze zwiększonym ilorazem inteligencji czy innymi pozytywnymi efektami rozwojowymi, choć spekulacje na ten temat trwają.

U wszystkich donoszonych dzieci, nawet jeśli ich dieta nie jest uzupełniana DHA i ARA, i tak występuje pewna ilość tych wartościowych kwasów tłuszczowych, zdobyta w trakcie życia płodowego. Wykazują one również zdolność do wytwarzania ich z innych tłuszczów znajdujących się w mieszankach (przy czym z niektórych badań wynika, że umiejętność ta nie jest wystarczająca do optymalnego rozwoju mózgu i wzroku). Wcześniaki, które część lub całość trzeciego trymestru przeżyły poza organizmem matki, mają poważne braki w zapasach kwasów tłuszczowych, gdyż ich organizm nie posiada żadnych rezerw, z których mógłby korzystać.

Aby zapewnić wszystkim niemowlętom potrzebne im DHA i ARA, FDA optuje za wydaniem zezwolenia producentom mieszanek na wzbogacanie wyrobów w owe kwasy tłuszczowe. Orzeczenie to jest zresztą nieco spóźnione, gdyż Światowa Organizacja Zdrowia od 1994 roku rekomenduje wzbogacanie gotowych preparatów dla niemowląt kwasami DHA i ARA, a rodzice w ponad 60 krajach Europy i świata od lat mogą karmić swe dzieci takimi wzbogaconymi mieszankami. Teraz także amerykańscy rodzice mają taką możliwość.

tego też gros produktów wykonanych jest na bazie mleka krowiego, zmodyfikowanego odpowiednio do potrzeb odżywczych dzieci. (Nie podawaj dziecku samego krowiego mleka przed ukończeniem pierwszego roku życia; nie jest tak łatwo strawne ani tak dobrze przyswajalne jak mieszanki i nie zawiera wszystkich składników niezbędnych do wzrostu dziecka.) Białka w krowim mleku są tak modyfikowane, by były łatwiej trawione przez niemowlęta. Dodaje się więcej laktozy (co przybliża pokarm składem do mleka matki), a tłuszcz z mleka zastąpiony zostaje tłuszczem roślinnym.

- W niektórych okolicznościach najlepsze będą preparaty sojowe (z uwagi na możliwość uczulenia na soję są rzadziej stosowane – przyp. red. nauk.), które obok nasion soi zawierają witaminy, substancje mineralne oraz składniki odżywcze upodabniające te mieszanki do mleka matki. Ponieważ jednak różnią się one od składu ludzkiego mleka bardziej niż mieszanki na bazie mleka krowiego, a według wyników niektórych badań dzieci karmione nimi mogą w późniejszym wieku mieć alergię na orzechy, zwykle nie zaleca się ich podawania, chyba że istnieją poważne przyczyny medyczne, na przykład alergia na krowie mleko u niemowlęcia. Mieszanki sojowe są również często wybierane przez wegan, nawet bez wskazań medycznych.

- Specjalne mieszanki są najlepsze dla dzieci o specjalnych potrzebach. Należą do nich mieszanki dla wcześniaków, dla dzieci z alergią na krowie mleko i soję oraz dla tych, które mają zaburzenia metaboliczne, na przykład fenyloketonurię. Są także preparaty pozbawione laktozy oraz hipoalergiczne, które mają zapobiegać występowaniu reakcji alergicznych u dzieci mających już skłonności alergiczne. Niektóre dzieci łatwiej je trawią. Oczywiście produkty te są znacznie droższe, ale nie musisz ich stosować bez wyraźnych zaleceń lekarskich.

- Mleka następne nie zawsze są najlepsze. Stworzono je z myślą o dzieciach ponadczteromiesięcznych, które przyjmują także pokarmy stałe. Zanim zaczniesz stosować mleko następne, skonsultuj się z lekarzem – niektórzy ich nie polecają.

- Najlepsze mieszanki to te wzbogacone żelazem. Większość mieszanek ma niską zawartość żelaza. Amerykańska Akademia Pediatrii i większość lekarzy pediatrów zgodnie rekomenduje, by dzieciom do pierwszego roku życia podawać mieszanki wzbogacone żelazem.

- Po dziecku będzie widać, co dla niego najlepsze. Różne mieszanki są dobre dla różnych dzieci na różnych etapach. Reakcja dziecka na podawane mu pożywienie oraz uwagi lekarza pomogą ci ocenić, co jest najlepsze.

A kiedy już zawęzisz swój wybór, znów przyjdzie ci się zastanowić, jaki rodzaj mieszanki najbardziej ci odpowiada:

Gotowe do użycia. Sprzedawane w jednorazowych butelkach ze smoczkiem, o pojemności 110 i 220 ml. (Mieszanki w takiej postaci nie występują jeszcze na polskim rynku – przyp. tłum.) Nie ma już nic prostszego, ale może być coś tańszego (patrz poniższe opcje) i mniej nieprzyjaznego dla środowiska (przy tym sposobie karmienia w ciągu najbliższego roku wyrzucisz lub przeznaczysz do recyklingu bardzo, bardzo wiele buteleczek).

Gotowe do przelania do butelek. Dostępne w puszkach lub pojemnikach o różnej pojemności. Zawartość puszki należy wlać do wysterylizowanej butelki i podać dziecku (w tej postaci mieszanki są już dostępne także na

Ile pokarmu potrzebuje dziecko?

Ile mieszanki potrzebuje twoje dziecko? Cóż, wiele zależy od jego masy ciała i wieku, a po wprowadzeniu pokarmów stałych także od tego, ile ich spożywa. Ogólnie przyjmuje się, że niemowlęta poniżej 6 miesięcy powinny wypijać 55–60 ml mieszanki na 0,5 kg masy ciała w ciągu 24 godzin. Zatem jeśli dziecko waży 4,5 kg, to powinno wypijać 550 do 700 ml w ciągu doby; w tym czasie podaje się około 80–110 ml co 4 godziny.

Ponieważ są to jedynie ogólne wytyczne, a każde dziecko jest inne (przy czym nawet to samo dziecko będzie miało inne zapotrzebowanie w różne dni), nie należy oczekiwać od dziecka, że będzie się trzymało zasady z matematyczną precyzją. Z dnia na dzień, z karmienia na karmienie, ilość pokarmu potrzebna jednemu dziecku może się bardzo zmieniać i różnić wyraźnie od tego, czego potrzebują jego rówieśnicy.

Pamiętaj też, że apetyt dziecka uzależniony jest nie tylko od masy ciała, ale także od wieku. Na przykład duży noworodek nie będzie pić tak dużo jak małe trzymiesięczne niemowlę, choćby masa ich ciała była identyczna. Podawaj zatem początkowo noworodkowi mało mleka, na przykład 30 do 60 ml na jedno karmienie przez pierwszy tydzień co 3–4 godziny (lub na żądanie). Potem stopniowo zwiększaj ilość mieszanki, w miarę jak rośnie zapotrzebowanie, jednak nigdy nie zmuszaj dziecka, by przyjęło więcej, niż samo chce – wszak żołądeczek dziecka jest wielkości jego pięści, nie twojej. Jeśli wciśniesz w niego za dużo jedzenia, na pewno ulęje.

I co najważniejsze, pamiętaj, że zarówno dzieci karmione butelką, jak piersią, same wiedzą najlepiej, ile im potrzeba do zapełnienia żołądka. Jeśli zaczniesz obserwować apetyt dziecka, znajdziesz właściwą metodę, by zapewnić mu właściwe odżywianie. Jeśli tylko malec przybiera prawidłowo, moczy się i brudzi odpowiednią liczbę pieluch, a przy tym jest szczęśliwym i zdrowym dzieckiem (patrz strona 148), możesz być spokojna – cel został osiągnięty. Najlepiej skonsultuj się z pediatrą dziecka w tej sprawie, to da ci większy spokój.

polskim rynku dla dzieci od 10 miesiąca życia – przyp. red.). Ta opcja jest tańsza od poprzedniej, jednak należy pamiętać o prawidłowym przechowywaniu pozostałego mleka. Za wygodę nalewania gotowego produktu do butelki płaci się więcej niż za mieszanki, które trzeba przygotować samemu.

Koncentraty. Tańsze od gotowych, ale wymagające nieco więcej czasu przy przygotowywaniu. W celu uzyskania gotowego pożywienia dla dziecka, produkty te rozpuszcza się pół na pół z wodą.

Proszek do zmieszania z wodą. Jest to opcja najtańsza, ale najbardziej pracochłonna i potencjalnie wiążąca się z największym bałaganem. Proszek miesza się z przegotowaną wodą. Dostępny jest w puszkach lub pudełkach kartonowych. Pomijając cenę, proszek ma jeszcze jedną ważną zaletę, zwłaszcza gdy wraz z dzieckiem przebywasz poza domem: nie musi być przechowywany w lodówce, dopóki nie zostanie zmieszany z wodą.

HIGIENA KARMIENIA BUTELKĄ

Karmienie mieszankami nigdy nie było bezpieczniejsze – jednak pod warunkiem przestrzegania poniższych środków ostrożności:

- Zawsze sprawdzaj termin przydatności do spożycia na opakowaniu. Nigdy nie podawaj mieszanki po upływie tego terminu. Nie kupuj mieszanek w uszkodzonych opakowaniach.
- Myj dokładnie ręce przed przystąpieniem do przyrządzania pokarmu.
- Sterylizując butelki do mleka, przygotuj również dwie do wody, którą, jeśli lekarz zaleci, możesz podawać między karmieniami. (Woda powinna być gotowana przynajmniej 5 minut – przyp. tłum.)
- Wszystko, czego używasz do przygotowania mieszanek, powinno być myte w płynie lub gotowane w specjalnie do tego celu przeznaczonym garnku, a do mycia butelek w środku używaj osobnej szczotki do butelek. (Nowe przedmioty powinny być wygotowane przed pierwszym użyciem.) Myj smoczki najpierw w wodzie z płynem, ściskając je tak, aby woda przechodziła przez dziurkę. Następnie powtórz tę czynność w czystej, gorącej wodzie do płukania. Jeżeli dziurki są zatkane, przebij je igłą.
- Jeżeli używasz puszek z gotowym lub skondensowanym mlekiem, umyj wieczko gorącą wodą z płynem, spłucz dokładnie i wytrzyj. Wstrząśnij przed otwarciem.
- Używaj ostrego, czystego otwieracza do puszek (tylko do tego celu). Najlepiej takiego, który robi dwa otwory w puszce – jeden duży, jeden mniejszy do odpowietrzania – aby łatwiej było nalewać. Myj go po każdym użyciu i przed każdym kolejnym sprawdzaj, czy nie ma na nim rdzy. Większość proszków do rozcieńczania ma na wieczku zaczep do otwierania, przez co użycie otwieracza staje się zbędne. Jeśli stosujesz butelki gotowe do użycia, sprawdź, czy mają wklęśniętą zakrętkę.
- Woda do przygotowywania mieszanek powinna być przegotowana. Jeśli nie masz zaufania do wody z kranu lub korzystasz z nieoczyszczonej wody ze studni, zleć badania i, w razie konieczności, oczyszczenie lub używaj wody butelkowanej, niedestylowanej.
- Można też zrezygnować ze sterylizowania butelek i smoczków za pomocą specjalnego sprzętu. Wystarczy, jeśli będziesz je myć w zmywarce lub zlewie napełnionym gorącą wodą z płynem do mycia naczyń. Niektórzy lekarze zalecają, by smoczki i butelki przed pierwszym użyciem włożyć na kilka minut do wrzącej wody.
- Nigdy nie pomijaj tego kroku: postępuj dokładnie według zaleceń producenta dotyczących przygotowywania mieszanek. Zawsze sprawdzaj, czy zawartość puszki należy rozcieńczyć wodą, gdyż rozpuszczenie preparatu, którego nie trzeba roz-

puszczać, lub nierozpuszczenie takiego, który powinien być rozpuszczony, może być szkodliwe. Podawanie zbyt rozwodnionej mieszanki może opóźnić rozwój, zbyt skoncentrowanej – bywa przyczyną odwodnienia.

- Temperatura pokarmu jest kwestią smaku, w tym wypadku twojego dziecka. Nie istnieją przyczyny zdrowotne, dla których należałoby podgrzewać mieszankę przed karmieniem, choć niektórym dzieciom bardziej taka smakuje – szczególnie jeśli zdążyły się przyzwyczaić. Możesz zacząć karmić dziecko mieszanką rozpuszczoną w wodzie o temperaturze pokojowej, a nawet butelką wyciągniętą prosto z lodówki. Gdyby malec się przyzwyczaił, zaoszczędzisz sobie czasu i zamieszania z podgrzewaniem (co najbardziej docenisz, gdy w środku nocy obudzi cię rozpaczliwe wołanie o jedzenie). Jeżeli jednak zamierzasz podawać ciepłe mieszanki, podgrzewaj je, umieszczając w pojemniku z gorącą wodą lub trzymając pod strumieniem gorącej wody. Sprawdzaj temperaturę mieszanki, wylewając kilka jej kropel na wewnętrzną stronę nadgarstka; odpowiednia temperatura jest wtedy, gdy nie czujesz, że krople są zimne. Temperatura ciała jest wystarczająca. Zaraz po podgrzaniu podaj mleko dziecku, ponieważ bakterie szybko rozmnażają się w cieple. Nie podgrzewaj mieszanki w kuchence mikrofalowej – płyn może podgrzać się nierówno lub butelka może pozostać chłodna, gdy mleko w środku będzie już gorące i poparzy usta dziecka.
- Nie używaj resztek z poprzedniego karmienia, choćby nie wiem jak cię kusiło. Nie wypite mleko wylej do zlewu, gdyż jest ono dobrą pożywką dla bakterii, nawet schłodzone w lodówce.
- Spłukuj butelki i smoczki zaraz po użyciu, wtedy łatwiej jest je oczyścić.
- Otwarte puszki lub gotowe butelki z mieszanką powinny być przechowywane w lodówce, szczelnie zamknięte, nie dłużej niż jest to podane na opakowaniu, zwykle 48 godzin. Puszki lub pudełka z mieszanką w proszku powinny być zamknięte i przechowywane w suchym, chłodnym miejscu nie dłużej niż miesiąc.
- Oryginalnie zamknięte puszki lub butelki przechowuj w temperaturze między 13 a 24°C. Nie używaj mieszanek, które stały nie otwierane przez długi czas w temperaturze poniżej 0°C lub powyżej 35°C. Nie używaj także mieszanki, która została zamrożona lub w której widoczne są białe grudki, nawet po wstrząśnięciu.
- Przygotowane wcześniej napełnione butelki przechowuj w lodówce. Jeżeli wybierasz się w długą podróż, przygotowane wcześniej butelki z mlekiem powinnaś włożyć do turystycznej lodówki lub plastikowej torby z lodem. Mieszanka pozostaje świeża dopóty, dopóki nie roztopi się lód. Możesz też zabrać w drogę gotowe do użycia butelki lub wodę i proszek do rozpuszczenia, podzielony na porcje.

KARMIENIE BUTELKĄ I CZUŁOŚĆ

Niezależnie od tego, jak karmisz dziecko, najważniejsza jest miłość. I choć czujesz ją w sobie cały czas, spraw, by dziecko także ją odczuło. Karmienie piersią jest nieodłącznie związane z tak ważnym dla prawidłowego rozwoju mózgu oraz umacniania więzi dotykiem skóry do skóry i kontaktem wzrokowym. Wielu rodziców, mimo najlepszych chęci, podając butelkę, idzie na skróty i rezygnuje z bliskości na rzecz wygody. Następujące wskazówki pomogą uniknąć tych błędów:

Nie podpieraj butelki. U malutkich dzieci trzeba zaspokajać zarówno głód czułości, jak i pokarmu. Podpieranie butelki zamiast przytulenia dziecka nie daje mu pełnego zadowolenia. Ta forma karmienia ma i fizyczne, i emocjonalne znaczenie. Zawsze istnieje ryzyko, że niemowlę się zakrztusi, nawet jeżeli siedzi w wysokim krzesełku czy foteliku samochodowym. Leżąc na plecach, dzieci są dodatkowo narażone na infekcje uszu. A gdy zaczną wyrzynać im się zęby, spanie ze smoczkiem w buzi (do czego nie doszłoby, gdyby rodzice czuwali nad karmieniem) staje się przyczyną próchnicy zębów. Nigdy zatem nie podpieraj butelki i nie zostawiaj z nią dziecka, choćby to nawet oznaczało, że nie zrobisz miliona bardzo ważnych rzeczy.

Przytulaj dziecko do piersi, kiedy to tylko możliwe. Setki badań potwierdziły, że dla rozwoju noworodka niezwykle ważny jest regularny kontakt cielesny, ale żadne wyniki nie są tak przekonujące, jak przyjemność płynąca z intymnego kontaktu cielesnego z dzieckiem. Jest w tym coś wyjątkowego, gdy policzek dziecka dotyka piersi matki – dla nich obojga. Nawet karmiąc butelką, możesz rozpiąć bluzkę i stanik i przytulić dziecko do piersi. Oczywiście w miejscach publicznych byłoby niezręcznie robić coś takiego, ale w domu koniecznie spróbuj. Bliski kontakt jest możliwy nie tylko poprzez przytulenie do piersi mamy – tatusiowie mogą przytulać policzek dziecka do swej klatki piersiowej, karmiąc w rozpiętej koszuli.

Zmieniaj ręce w trakcie karmienia. Karmiąc piersią, zrobisz to automatycznie – zmiana piersi oznacza zmianę rąk, natomiast przy karmieniu z butelki, musisz o tym pamiętać. Są dwa powody po temu. Przenosząc dziecko na drugą rękę w połowie karmienia, dajesz mu szansę lepszego poznania otoczenia. Tobie też to dobrze zrobi. W ten sposób nie będziesz narażona na niewygodę, która może być wywołana zbyt długim siedzeniem w tej samej pozycji.

Pozwól, aby dziecko samo zadecydowało, kiedy zakończyć jedzenie. Jeżeli zobaczysz, że twoje maleństwo wypiło tylko połowę przewidzianej ilości mleka, nie zmuszaj go do wypicia reszty. Zdrowe dziecko samo wie, kiedy przestać jeść. Właśnie takie zmuszanie jest przyczyną otyłości wielu dzieci wychowywanych „na butelce", znacznie rzadziej natomiast zdarza się u dzieci ssących pierś tak długo, jak długo mają apetyt.

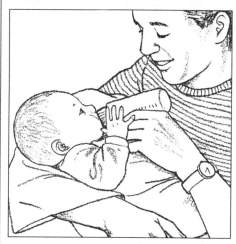

Karmienie butelką i czułość

Karmienie butelką daje okazję ojcu lub innym członkom rodziny do bliskiego kontaktu z dzieckiem, do okazywania mu czułości i bliskości. Karmiąc butelką, możesz też dawać dziecku wiele miłości.

Nie spiesz się. Często dziecko potrafi ssać pierś jeszcze długo po jej opróżnieniu. Robi to dla własnego zadowolenia. Twoje dziecko karmione butelką nie może ssać pustej butelki. Są jednak sposoby, aby zapewnić mu choćby po części ten rodzaj satysfakcji. Jeżeli po karmieniu twoje dziecko daje sygnał, że chciałoby jeszcze possać, następnym razem załóż smoczek z mniejszymi dziurkami, wtedy będzie musiało dłużej ssać, aby otrzymać tę samą porcję mleka. Możesz też podać dziecku natychmiast po zakończeniu karmienia smoczek gryzaczek. Jeżeli dziecko mocno grymasi po wypiciu każdej butelki, pomyśl, czy nie trzeba zwiększyć porcji. Zwiększ dawkę o 25–50 ml, by się przekonać, czy to nie głód był przyczyną złego nastroju twego malucha.

Bądź pozytywnie nastawiona do sztucznego karmienia. Jeżeli bardzo chciałaś karmić piersią, ale z jakiegoś powodu nie możesz tego teraz robić, nie miej poczucia winy i nie dręcz się tym. Nie chcesz chyba niechcący przekazać tych negatywnych uczuć swemu dziecku podczas podawania mu butelki i odebrać wam radość z tego, co powinno być ulubionym rytuałem. Pamiętaj: Jeśli butelka zawierająca zmodyfikowane mleko zostanie podana w odpowiedni sposób, nie tylko zaspokoi apetyt dziecka na jedzenie, ale także na miłość.

KARMIENIE BUTELKĄ MOŻE BYĆ ŁATWE

Jeśli masz jakieś doświadczenie w karmieniu butelką noworodka lub niemowlęcia – np. karmiłaś swoje pierwsze dziecko lub dziecko znajomych, prawidłowa technika przypomni ci się z chwilą, gdy weźmiesz dziecko w ramiona (to jest tak, jak z jeżdżeniem na rowerze). Jeśli jednak nigdy tego nie robiłaś, kilka podstawowych informacji na ten temat ułatwi ci pierwsze próby:

- Daj znać dziecku, że jedzenie jest gotowe, muskając jego policzek palcem lub czubkiem smoczka. Odwróci ono wtedy główkę w stronę butelki. Włóż delikatnie smoczek w usta dziecka, a na pewno zacznie ssać. Jeśli z jakiegoś powodu dzieje się inaczej, kropelka mleka na wardze powinna naprowadzić je na trop.
- Przechyl butelkę tak, aby mleko zawsze wypełniało cały smoczek. Jeżeli butelka będzie ułożona zbyt poziomo i powietrze wypełni część smoczka, dziecko może nałykać się powietrza, co doprowadzi do powstania gazów w jelitach. Nie trzeba uważać na powietrze, gdy używa się butelek z jednorazowymi wkładami (nie mają powietrza i automatycznie „się zapadają" w miarę opróżniania) lub zakrzywionej butelki, w której preparat zawsze podchodzi do smoczka.
- Nie przejmuj się, jeżeli dziecko nie wypija zbyt dużo w pierwszych dniach życia. Jego potrzeby są na początku minimalne. Natura tak to ułożyła, że np. dziecku karmionemu piersią na początku wystarczy zaledwie kilka łyżeczek siary na każde karmienie.

Jeśli jesteś w szpitalu, prawdopodobnie będą dawać ci pełną buteleczkę (150 ml), ale nie oczekuj, że będzie ona opróżniana. Niemowlę, które zaśnie po wypiciu kilkudziesięciu mililitrów, prawdopodobnie chce powiedzieć: „Mam już dość". Z drugiej strony jednak, gdy dziecko nie zapada w sen, ale „złości się" po wypiciu niewielkiej ilości, kręci głową i wypycha smoczek, jest to sygnał, że musi mu się odbić. Jeżeli po solidnym, głośnym odbiciu (patrz str. 124) nadal wypluwa smoczek, prawdopodobnie posiłek można uważać za skończony. (Na stronie 99 znajdziesz więcej szczegółów, ile mleka modyfikowanego podawać.)

- Upewnij się, że strumień mleka przechodzący przez dziurki smoczka jest odpowiedni. Smoczki różnią się rozmiarem i przeznaczone są dla dzieci różnego wzrostu czy w różnym wieku. Dlatego też smoczek dla noworodka powoli dawkuje pokarm, co odpowiada dziecku, które dopiero zaczyna ssać (a jego apetyt jest niewielki). Sprawdź, odwracając butelkę do góry dnem i potrząsając kilka razy. Jeżeli mleko wypływa ciągłym strumieniem, to znaczy, że dziurki są za duże. Jeżeli spadnie tylko jedna lub dwie krople, to są za małe. Właściwy otwór jest wtedy, gdy mleko najpierw wycieknie małym strumieniem, a potem zacznie kapać kroplami. Ale najlepszą wskazówką jest samo dziecko; jeżeli wkłada w ssanie wiele wysiłku, a potem staje się rozdrażnione, wypluwa smoczek – prawdopodobnie mleko wypływa za wolno. Jeżeli natomiast usłyszysz bulgotanie, a z kącików ust wypływa mleko, to dziurki w smoczku są za duże. Czasem, gdy nakrętka ze smoczkiem jest zbyt mocno dokręcona, wytwarza się w środku częściowa próżnia, co hamuje swobodny wypływ mleka. Wystarczy więc nieco ją odkręcić, by płyn swobodnie wypływał z butelki.
- Na nocne karmienia dobrze jest mieć podgrzewacz do butelek. Gdy dziecko śpi, butelka jest zimna. Przed karmieniem można ją podgrzać do żądanej temperatury.

Co może Cię niepokoić

URODZENIOWA MASA CIAŁA

Wszystkie moje koleżanki urodziły dzieci ważące ok. 4 kg. Moja córeczka ważyła zaledwie 3 kg, a urodziła się o czasie. Jest zdrowa, ale wydaje się taka malutka.

Zdrowe noworodki urodzone o czasie, podobnie jak zdrowi ludzie dorośli, mają najróżniejszy wygląd i figurę. Za wielkość i masę ciała w chwili urodzenia dziecko może przede wszystkim być wdzięczne dorosłym, z którymi jest spokrewnione. Prawa genetyki sprawiają, że wysocy rodzice zwykle mają duże potomstwo, a niscy rodzice – małe (jednak jeśli ojciec jest wysoki, a matka niska, większe jest prawdopodobieństwo, że będą mieć dzieci małe jak matka – przynajmniej w chwili urodzenia). Na masę ciała dziecka ma również wpływ urodzeniowa masa ciała matki. Kolejnym czynnikiem bywa płeć: dziewczynki na ogół mniej ważą i są mniejsze od chłopców. I choć lista tych czynników jest długa, obejmuje na przykład odżywianie matki w czasie ciąży i przybór masy ciała matki w czasie ciąży, to tak naprawdę ma podstawowy wpływ na stan zdrowia dziecka. Nie ma żadnego powodu, by malec, który waży 3 kilogramy, był mniej żywotny niż pulchny noworodek ważący w chwili urodzenia 3,5 czy 4 kg.

Warto też pamiętać, że niemowlęta, które na początku są małe, szybko nadrabiają i przeganiają swych rówieśników pod względem wzrostu, w miarę jak osiągają swój genetyczny potencjał. (Więcej na ten temat na stronie 275.) Ciesz się teraz swym zdrowym i lekkim dzieckiem – nie minie wiele czasu, a na sam dźwięk słów „Na rączki!" poczujesz ból w plecach...

WIĘŹ MATKI Z DZIECKIEM

Dziecko urodziło się w wyniku cięcia cesarskiego i zaraz zostało zabrane do izolatki. Nie miałam okazji, aby z nim pobyć w bezpośredniej bliskości. Czy to nie osłabi naszej więzi w późniejszym czasie?

Teoria, która mówi, że więź matki z dzieckiem będzie lepsza, jeżeli spędzi ona z nim pierwsze 16 godzin, tuląc je do siebie, powstała w latach siedemdziesiątych i powinna już odejść w niepamięć. Badania oraz praktyka wykazały, że nie jest prawdziwa.

Niewątpliwie postępowanie zgodne z tą teorią zdziałało wiele dobrego. To dzięki niej obecnie w szpitalach nie zabiera się dziecka do sali dla noworodków natychmiast po przecięciu pępowiny, lecz zachęca się matki do przytulenia dziecka, a nawet do próby karmienia w dziesięć minut do godziny od chwili, gdy malec wyszedł na świat. Takie spotkanie daje matce i dziecku okazję do bardzo wczesnego i bliskiego kontaktu ciał i wzroku. Z drugiej jednak strony są rodzice, którzy nie mają możliwości przytulić dziecka zaraz po porodzie, na przykład dlatego, że dziecko urodziło się w wyniku cięcia cesarskiego lub bardzo ciężkiego porodu drogami natury albo potrzebowało natychmiastowej opieki medycznej. Wydawać im się wtedy może, że stracili coś wielkiego, co zaważy na ich relacji z dzieckiem.

Wielu ekspertów nie tylko podaje w wątpliwość pogląd, że więź powstaje zaraz po porodzie, lecz polemizuje z nim. Tuż po przyjściu noworodka na świat wszystkie jego zmysły są sprawne. Dziecko potrafi nawiązać kontakt wzrokowy, nawet rozpoznać głos matki (jednak jej twarz rozpozna dopiero mniej więcej po trzech miesiącach). Będzie też szczególnie czujne w godzinę po narodzinach, toteż najlepiej, by właśnie wtedy nastąpił pierwszy oficjalny kontakt z rodzicami. Jednak ponieważ dzieci nie potrafią zachowywać w pamięci tych pierwszych wspomnień – choćby były najwspanialsze – nie wpływają one znacząco na późniejsze więzi. Matka na pewno zapamięta pierwszy kontakt z noworodkiem, lecz często też nie zawsze jest gotowa, aby oddawać się czułościom zaraz po porodzie, który mógł być długi i wyczerpujący. Może być oszołomiona środkami znieczulającymi, odczuwać ból nacięcia krocza, po prostu może nie mieć doświadczenia i czuć strach przed trzymaniem swojego pierwszego dziecka i zajmowaniem się nim.

Pierwsze chwile spędzane z dziećmi po porodzie są ważne, ale nie ważniejsze niż godziny, dni, tygodnie i lata, które dopiero nastąpią. Są one jedynie początkiem długiego, złożonego procesu poznawania się i kochania. Początek ten równie dobrze może się zdarzyć kilka czy kilkanaście godzin po porodzie, w łóżku na sali poporodowej czy w pomieszczeniu, gdzie znajduje się inkubator, w którym leży twoje dziecko. Może to także nastąpić dopiero po powrocie do domu. Gdy twoi rodzice się urodzili, nie widywali początkowo zbyt często swoich matek, a już w ogóle ojców, dopóki nie znaleźli się w domu (zwykle 10 dni po porodzie). Mimo to więzi rodzinne w tamtych pokoleniach są bardzo silne. Wielu rodziców, którzy adoptowali dziecko i pierwszy kontakt z nim mieli po opuszczeniu szpitala lub przeważnie znacznie później, zdołało mimo to wytworzyć silną więź.

Miłość na całe życie nie może powstać w ciągu ledwie kilku godzin, jak za dotknięciem czarodziejskiej różdżki. Eksperci są wręcz zdania, iż więź nie jest w pełni zawiązana aż do około drugiej połowy pierwszego roku życia dziecka. Dla jednych pierwsze chwile po porodzie mogą być czymś, co będą zawsze z przyjemnością wspominać, innym – zamażą się w pamięci. Na pewno natomiast nie wpływają one na rodzaj i charakter związku między rodzicami i dziećmi w przyszłości.

Skomplikowany proces obdarzania dziecka miłością przez rodziców i odwrotnie zaczyna się już w okresie ciąży. Wtedy to zaczynają rozwijać się uczucia do przyszłego potomka. Narastają one, zmieniają się w okresie niemowlęcym, potem przez całe dzieciństwo, wiek dojrzewania aż po dorosłość. Nie przejmuj się więc. Masz dużo czasu, aby poznać, pokochać i przywiązać się do swojego potomka.

Powiedziano mi, że przebywanie cały czas z dzieckiem od momentu porodu zbliży nas do siebie. Trzymałam moją córeczkę godzinę tuż po porodzie, ale była dla mnie jakby kimś obcym i nadal jest, choć minęły już trzy dni.

Miłość od pierwszego wejrzenia zdarza się najczęściej w romantycznych powieściach i w filmach, rzadziej w prawdziwym życiu. Miłość między matką a dzieckiem, która trwa przez całe życie, zwykle wymaga czasu i wiele cierpliwości, by mogła się rozwijać i pogłębiać. Ta prawda dotyczy tak samo miłości między matką i noworodkiem, jak między mężczyzną i kobietą.

Fizyczna bliskość matki z dzieckiem zaraz po porodzie nie gwarantuje wytworzenia się emocjonalnej bliskości. Zaraz po porodzie kobieta odczuwa najczęściej ulgę, a nie miłość. Ulgę, że dziecko jest zdrowe, że poród ma już za sobą. Jest zupełnie normalną rzeczą, że patrząc na dopiero urodzone dziecko, masz do niego zupełnie neutralny stosunek, tym bardziej że jego wizerunek odbiega od ślicznych, wyidealizowanych bobasków. Badania wykazały, że przeciętna matka potrzebuje ponad dwu tygodni (często aż dziewięciu tygodni), aby obudzić w sobie pozytywny stosunek do nowo narodzonego dziecka. To, jak kobieta reaguje na swoje nowe dziecko przy pierwszym spotkaniu, może zależeć od wielu czynników: długości i przebiegu porodu, od tego, czy podawano jej jakieś środki w czasie porodu, od posiadanego doświadczenia lub jego braku w kontakcie z noworodkiem, od jej nastawienia do faktu posiadania dziecka, od jej pożycia małżeńskiego, od stanu jej zdrowia i co jest chyba najważniejszym czynnikiem – od jej osobowości.

Twoja reakcja jest normalna dla ciebie. Pierwszy okres nawiązywania znajomości trwa w twoim wypadku dłużej, ale daj czas sobie i dziecku, a miłość między wami się rozwinie. Jeżeli po upływie kilku tygodni nie odczuwasz coraz to większej bliskości ze swoim dzieckiem lub jeśli czujesz do niego niechęć, jak najszybciej porozmawiaj na ten temat z pediatrą. Możliwe, że cierpisz na de-

> ## Tylko dla ojców: początki zaangażowania
>
> Chociaż tworzenie się więzi jest procesem, w którym biorą udział oboje rodzice, ojcowie mają własny sposób na nawiązanie bliskości z nowo narodzonym potomkiem. Zaangażowanie ojca to nie tylko czynności, które wykonuje on przy dziecku (trzymanie go, uspokajanie, kołysanie, masowanie), ale także jedyny w swoim rodzaju sposób, w jaki je robi (dotyk ojca różni się od dotyku matki i niemowlęta zauważają tę odmienność); dziecko wpływa znacząco na postawę ojca, wydobywając wrażliwą, opiekuńczą stronę jego charakteru. Więcej o byciu ojcem znajdziesz w rozdziale 24.

presję poporodową, szczególnie jeśli masz także inne objawy tego stanu. W takim wypadku, nie tylko dla twojego dobra, ale także dla dobra dziecka i uczucia między wami, niezbędne jest leczenie. Więcej na ten temat znajdziesz na stronie 605.

SPADEK MASY CIAŁA

Byłam przygotowana na to, że moje dziecko straci trochę na wadze jeszcze w szpitalu, ale z 3500 g spadło do 3150 g. Czy to nie za dużo?

Młode matki chętnie kontrolują przyrost masy ciała swoich pierwszych dzieci i bywają rozczarowane, gdy dziecko, wychodząc ze szpitala, waży mniej niż po urodzeniu. Prawie wszystkie noworodki tracą na wadze (zwykle 5–10%) przez pierwsze pięć dni życia. Spowodowane jest to niepobieraniem pokarmu przez kilka lub kilkanaście godzin po urodzeniu, następnie spożywaniem małej ilości mleka. Noworodki karmione piersią, które w czasie pierwszych karmień wysysają zaledwie po kilka łyżeczek siary, zwykle tracą więcej niż karmione butelką. Spadek masy ciała trwa kilka dni, po czym wyrównuje się i około tygodnia po urodzeniu wykazuje tendencję zwyżkową. Wtedy możesz rozpocząć swój rejestr.

WYGLĄD DZIECKA

Ludzie pytają mnie, czy dziecko jest bardziej podobne do mnie czy do męża. Żadne z nas nie ma spiczastej głowy, zapuchniętych oczu, odstającego jednego ucha i spłaszczonego nosa. Kiedy nasz mały zacznie wyglądać lepiej?

Nic dziwnego, że trzymiesięczne niemowlęta udają noworodki w filmach i reklamach telewizyjnych. Większość noworodków nie jest zbyt urodziwa i chociaż miłość rodzicielska jest bardziej ślepa niż każda inna, wielu rodziców nie może nic poradzić, że widzi liczne niedoskonałości w urodzie swojego dziecka. Na szczęście większość nie najpiękniejszych cech noworodka jest przemijająca.

Cechy, które opisałaś, nie zostały odziedziczone po jakimś odległym przodku ze spiczastą głową, zapuchniętymi oczami i odstającym uchem. Dziecko nabyło je, gdy przebywało w ciasnej macicy, gdy przeciskało się przez wąski kanał rodny, by wreszcie wyjść na świat. Gdyby główka płodu nie była tak cudownie zbudowana, iż miękkie kości ułatwiają jej wyjście na zewnątrz (często się deformując), mielibyśmy znacznie więcej porodów chirurgicznych. Bądź więc wdzięczna spiczastej główce, że wyszła drogami rodnymi, i cierpliwie czekaj, aż czaszka twojego synka wspaniale się zaokrągli.

Obrzęk wokół oczu dziecka też jest spowodowany trudami porodu. (Przyczynić się mogła również maść z antybiotykiem, którą przetarto oczka noworodka w celu zapobieżenia infekcji drobnoustrojami rzeżączki czy bakteriami *Chlamydia*.) Niektórzy twierdzą, że służy on jako naturalna ochrona oczu, które wystawione są po raz pierwszy na światło. Obawy, że przez spuchnięte oczy dzidziuś nie będzie mógł zobaczyć swojej mamusi, są nieuzasadnione.

Zagięte ucho jest prawdopodobnie jeszcze jednym następstwem skrępowania, jakiego dziecko doznawało przed urodzeniem. Gdy płód rośnie, coraz bardziej wypełnia miejsce w macicy. Ucho, które przypadkiem się zagięło, może tak pozostać nawet po porodzie. Z reguły nie na stałe. Eksperci mówią, że przyklejanie plastrem nie pomoże, a plaster może podrażnić delikatną skórę. Lecz możesz przyspieszyć powrót ucha do normalnej pozycji, pilnując, aby zawsze przylegało do głowy, gdy dziecko bawi się, leżąc (oczywiście pod nadzorem) właśnie na tej stronie. Niektóre uszy będą zawsze odstające, jest to uwarunkowane genetycznie – wówczas oba odstają od chwili narodzin.

Spłaszczony nos jest prawdopodobnie rezultatem wychodzenia główki dziecka w czasie porodu i powinien wrócić samoistnie do normalnego stanu, ale ponieważ niemowlęce noski tak bardzo różnią się od dorosłych (nasada jest szeroka, spłaszczona, a kształt trudno opisać), może jeszcze upłynąć dłuższy czas, nim będziesz mogła określić, po kim wasze dziecko odziedziczyło kształt nosa.

KOLOR OCZU

Miałam nadzieję, że nasza córeczka będzie miała zielone oczy jak mój mąż, ale jej tęczówki są ciemnoszare. Czy jest szansa, że jeszcze się zmienią?

Ulubioną zgadywankę w czasie ciąży: czy to będzie chłopiec, czy dziewczynka, w pierwszych kilku miesiącach życia dziecka zastępuje inna: jakiego koloru będą jego oczy?

Na razie jest za wcześnie, aby to określić. Większość noworodków białej rasy rodzi się z niebieskimi tęczówkami, które później (między 3 a 6 miesiącem lub nawet później) przybierają ostateczną barwę. Pigmentacja tęczówki może trwać nawet przez cały pierwszy rok życia. Tak więc do pierwszych urodzin dziecka kolor oczu może jeszcze nie mieć ostatecznej głębi.

PRZEKRWIONE OCZY

Białka oczu dziecka wydają się przekrwione – czyżby doszło do infekcji?

To nie przez późne chodzenie spać noworodki mają przekrwione oczy (z tej przyczyny to ty będziesz mieć takie oczy przez najbliższe kilka miesięcy). Przyczyną owego niegroźnego stanu jest uraz gałki ocznej – zwykle pęknięcia naczynek krwionośnych – do którego doszło w trakcie porodu naturalnego. (Wiele matek wysiłkowo prących w trakcie porodu także ma przekrwione oczy.) To przebarwienie, tak samo jak zwykłe siniaki, zniknie po kilku dniach i nie oznacza, że oko zostało uszkodzone.

MAŚĆ DO OCZU

Dlaczego mojemu dziecku zaraz po narodzinach przetarto oczy maścią i jak długo będzie widziało niewyraźnie?

Wiele czynników ma wpływ na to, że noworodki nie widzą wyraźnie: obrzęk oczu po porodzie, brak przyzwyczajenia do jasnego światła po dziewięciu miesiącach spędzonych w łonie matki, naturalna krótkowzroczność i – jak zauważyłaś – lepka maść. Maść jednak podawana jest z bardzo ważnej przyczyny i dlatego warto narazić dziecko na chwilowe zatarcie konturów: stosuje się ją (zgodnie z zaleceniami Amerykańskiej Akademii Pediatrii, a w większości stanów USA obowiązkowo) w celu zapobieżenia infekcji drobnoustrojami rzeżączki czy bakteriami *Chlamydia*. Kiedyś te zakażenia były główną przyczyną ślepoty; obecnie, właśnie za sprawą takich środków zapobiegawczych, już praktycznie nie występują. Antybiotyk (zwykle erytromycyna) ma postać łagodnej maści, potencjalnie znacznie mniej drażniącej oczy niż krople z azotanem srebra, które kiedyś ordynowano (w niektórych szpitalach nadal się je stosuje). Lekarze zauważyli, że azotan srebra wywołuje podrażnienia i stany zapalne, a także chemiczne zapalenie spojówek, przejawiające się opuchnięciem i pojawieniem się żółtawej wydzieliny.

Tylko przez jeden do dwóch dni utrzyma się lekka opuchlizna i niewyraźne widzenie. Jeśli po tym czasie wystąpi łzawienie, opuchnięcie czy infekcja, może to być spowodowane niedrożnością kanału łzowego.

DZIECKO I MATKA W JEDNEJ SALI (ROOMING-IN)

Zanim urodziłam dziecko, perspektywa przebywania z nim dzień i noc w jednym pokoju wydawała mi się wspaniała. Teraz to dla mnie koszmar. Nie mogę nic zrobić, aby dziecko przestało płakać. Poza tym, jaka ze mnie matka, jeśli proszę pielęgniarkę, aby zabrała dziecko na salę noworodków?

Jesteś normalną ludzką matką (oswój się z tą myślą). Biorąc pod uwagę zadanie, które wykonałaś (poród), i rolę, która właśnie się rozpoczęła (macierzyństwo), nic dziwnego, że masz większą ochotę na sen niż na zajmowanie się płaczącym niemowlęciem. Nie jest to żaden powód, by mieć poczucie winy – pamiętaj, jesteś tylko człowiekiem.

Oczywiście niektóre kobiety łatwiej sobie radzą z opieką nad dzieckiem 24 godziny na dobę w pierwszych dniach. Może poród nie był tak wyczerpujący, a może miały już przedtem tego rodzaju doświadczenie. Dla nich wrzeszczący o trzeciej rano noworodek z pewnością nie jest przyjemnością, ale też nie jest koszmarem. Jednakże kobieta, która nie śpi od 48 godzin, której ciało jest obolałe od ciężkiego porodu i która nie ma żadnego doświadczenia z noworodkiem, może zadać sobie pytanie, ocierając łzy z oczu: Dlaczego w ogóle zdecydowałam się zostać matką?

Takie zamartwianie się źle działa na obie strony. Matce się wydaje, że dziecko wyczuwa jej nastrój. Lepiej więc, by zabierano je między karmieniami w nocy, a rano wypoczęta matka będzie lepiej nastawiona do swojego malucha. Ranek jest najlepszą porą, by zacząć macierzyńską edukację. Czujesz się wtedy bezpieczniej, gdyż w każdej chwili możesz poprosić doświadczoną osobę o pomoc. Pamiętaj, nawet jeśli zamierzałaś być z dzieckiem przez cały dzień, bez oporów wykorzystuj pomoc i doświadczenie personelu szpitalnego. Po to on między innymi jest.

Gdy znów nadejdzie noc, zatrzymaj dziecko przy sobie i zobacz, jak wam pójdzie tym razem. Maleństwo może cię zaskoczyć tym, że będzie więcej spać, niż płakać, a może ty sama zaskoczysz siebie, bo będziesz się dobrze czuła, mając je przy sobie. Ale jeżeli poczujesz, że ta druga noc jest tylko powtórką pierwszej, lub nie czujesz się na siłach pracować na nocnej zmianie, śmiało poproś, by zabrano dziecko do sali noworodków. Nie wszystkie matki mogą przebywać z dzieckiem 24 godziny na dobę zaraz po porodzie. Jeśli i ty do nich należysz, nie oznacza to, że jesteś złą matką. Nie pozwól się na siłę do tego nakłaniać. Dobrym rozwiązaniem jest częściowe przebywanie z noworodkiem w sali poporodowej. Ważniejsze jest, jak spędzisz czas ze swoim dzieckiem, a nie jak długo będziesz z nim przebywać. Jak tylko wrócisz do domu (obecnie po trzech dobach, a nawet wcześniej), będziesz miała dziecko „na okrągło". Przygotuj się więc do tego psychicznie i fizycznie.

ŚRODKI PRZECIWBÓLOWE

Odczuwam silne bóle po cesarskim cięciu. Mój lekarz położnik przepisał mi środek przeciwbólowy, ale boję się go używać, bo nie chcę „zatruwać" mlekiem z piersi mojej malutkiej córeczki.

Nie musisz cierpieć, by ochronić swe dziecko. Tak naprawdę nie biorąc środka uśmierzającego ból, wyrządzasz sobie i dziecku większą krzywdę. Napięcie i wyczerpanie, które jest wynikiem nie łagodzonego bólu po cesarskim cięciu (lub po porodzie naturalnym), źle wpływa na skuteczność karmienia. Musisz przecież być zrelaksowana i wypoczęta, żeby piersi produkowały dużo pokarmu,

Czy słyszałaś o...

Jesteś z dzieckiem dopiero od 48 godzin, a już w głowie ci się miesza od sprzecznych rad (na temat wszystkiego, począwszy od dbania o kikut pępowiny po karmienie). Pracownicy szpitala mówią jedno, twoja siostra (weteranka, która „przeżyła" dwójkę niemowląt) – drugie, a oba poglądy stoją w konflikcie z tym, co zaleca ci pediatra.

Prawdą jest, że fakty o opiece nad niemowlętami (przynajmniej te najświeższe) trudno uporządkować, szczególnie gdy wszyscy mówią ci coś innego. Jeśli te sprzeczne porady budzą w tobie wątpliwości lub jeśli potrzebujesz, by ktoś wskazał tę właściwą, najlepsze, co możesz zrobić, to zasięgnąć opinii lekarza.

Oczywiście, słuchając różnych opowieści, nie zapominaj o jeszcze jednym godnym zaufania źródle wiedzy – o swych instynktach. Często rodzice, nawet zupełnie początkujący, wiedzą najlepiej; lepiej, niżby sami przypuszczali.

---

a dziecko dobrze ssało. Poza tym lekarstwo przejdzie do siary w śladowych ilościach, a zanim piersi zaczną produkować właściwe mleko, prawdopodobnie nie będziesz już potrzebowała środków uśmierzających ból. A jeśli twoje dziecko zażyje niewielką dawkę tego lekarstwa, po prostu je prześpi bez żadnego zagrożenia dla zdrowia.

Jeśli ból nie jest wyjątkowo ostry – albo gdy zelżeje – możesz poprosić pielęgniarkę o większą dawkę paracetamolu (np. Tylenol). Jest to lek przeciwbólowy, który można przyjmować w czasie laktacji.

DZIECKO ŚPIOCH

Moja córeczka wydawała się bardzo ożywiona zaraz po urodzeniu, ale potem zrobiła się strasznym śpiochem. Nie mogę dobudzić jej do karmienia ani tym bardziej do zabawy.

Czekałaś dziewięć długich miesięcy, aby się spotkać ze swoim dzieckiem, a teraz twoja córka tylko śpi i śpi. To chroniczne spanie nie wynika z tego, że nie umiesz jej karmić czy się z nią bawić – jest czymś naturalnym. Ożywienie przez godzinę czy dwie zaraz po porodzie, a potem długie godziny (czasem aż 24) snu to typowy schemat zachowania noworodka, przy czym nie będzie ono spać całą dobę bez przerwy. Prawdopodobnie takie postępowanie ma na celu zapewnienie dziecku – i mamie – odpoczynku po trudach porodu. Nie możesz jednak pozwolić małej na przesypianie posiłków. Techniki budzenia do karmienia znajdziesz na stronie 111.

Nie oczekuj od swojego malucha, że zaraz po urodzeniu będzie miłym towarzyszem zabaw, gdy skończy się ten 24-godzinny okres snu. Oto, czego możesz się spodziewać: w pierwszych tygodniach życia, po dwóch, trzech czy czterech godzinach snu dziecko budzi się z płaczem. W półśnie wypija swoją porcję mleka, po czym znów zapada w kilkugodzinną drzemkę (poruszanie smoczkiem czy brodawką przy buzi dziecka skłoni je do dalszego ssania, gdyby zasnęło w połowie posiłku). A kiedy poczuje się nasycone, znów jest gotowe do drzemki.

W pierwszych dniach życia dziecko czuwa średnio trzy minuty na godzinę (w nocy na szczęście mniej), co daje ok. godziny aktywności na dobę. Z tego wynika, że na zabawę pozostaje około godziny dziennie, co może być przykre dla rodziców (tyle czasu czekali, by zrobić malcowi „akuku!"), jednak Matka Natura wie, co robi. Noworodki nie są na tyle rozwinięte, by korzystać z dłuższych okresów czuwania, natomiast okres snu – zwłaszcza w fazie REM – pomaga im prawidłowo się rozwijać.

Stopniowo okres czuwania wydłuża się. Przed ukończeniem pierwszego miesiąca życia większość dzieci nie śpi przez 2–3 godziny dziennie. Najbardziej ożywione są zwykle późnym popołudniem (wówczas najlepiej sprawdzić, jakie metody rozbawiania niemowląt są najskuteczniejsze), stąd przez resztę dnia i nocy potrafią przesypiać 6–6,5 godziny. W tym

Stan świadomości noworodka

Przypadkowemu obserwatorowi lub świeżo upieczonym rodzicom może się wydawać, że noworodki mają tylko trzy rzeczy w głowie: jedzenie, spanie i płakanie (niekoniecznie w tej kolejności). Jednak badania wykazały, że zachowanie maluchów jest co najmniej dwukrotnie bardziej skomplikowane i można je podzielić na sześć stanów świadomości. Jeśli nauczysz się je obserwować, to zrozumiesz, jaką informację dziecko chce ci przekazać – będziesz nawet w stanie domyślić się, czego ono chce.

Spokojne czujne. Dzieci w tym stanie są małymi szpiegami – przy bardzo niskiej aktywności ruchowej całą energię poświęcają na przyglądanie się (oczy szeroko otwarte, zwykle utkwione w kimś) i uważne słuchanie. Kiedy dziecko jest w tym stanie, najlepiej być z nim sam na sam. Pod koniec pierwszego miesiąca noworodki zwykle przebywają w nim 2,5 godziny.

Aktywne czujne. Rączki się ruszają, nóżki kopią, „silniczek" działa na całego! Czasem dzieci w tym stanie wydają nawet jakieś dźwięki. Rozglądają się wokół, bardziej koncentrując się na przedmiotach niż na ludziach – a to oznacza dla ciebie, że malec raczej chce poznać swoje otoczenie, niż się bawić. Najczęściej noworodki są w tym stanie przed jedzeniem lub kiedy zaczynają marudzić. Jeśli pod koniec stanu aktywnego czujnego dziecko zostanie nakarmione lub uspokojone kołysaniem, nie zacznie marudzić.

Płacz. Oczywiście z tego noworodki słyną najbardziej. Płaczą, gdy są głodne, gdy jest im niewygodnie, gdy się nudzą (nie poświęca się im dość uwagi) lub po prostu czują się nieszczęśliwe. Niemowlęta płacząc, wykrzywiają buzie, ruszają intensywnie rączkami i nóżkami, mają mocno zaciśnięte oczka.

Ospałość. Nietrudno się domyślić, że dzieci znajdują się w tym stanie tuż po przebudzeniu lub gdy zaczynają robić się senne. Senne dziecko wykonuje pewne ruchy (na przykład przeciąga się po obudzeniu) i robi wiele słodkich, choć pozornie nieistotnych min (od pochmurnej do zdumionej czy radosnej). Ponieważ powieki opadają, wyraz oczu maleństwa jest przytępiony, spojrzenie szkliste, niewyraźne.

Spokojny sen. Twarz dziecka jest spokojna, oczy są zamknięte, powieki nie drgają. Ciało zwykle też trwa w bezruchu, poza kilkoma bezwiednymi drgnięciami lub ruchami warg. Malec bardzo równomiernie oddycha. Ten rodzaj snu przeplatany jest co trzydzieści minut aktywnym snem.

Aktywny sen. Połowę czasu, który niemowlę przesypia, spędza właśnie w tym stanie. W tym na pozór niespokojnym śnie, a znacznie spokojniejszym dla samego dziecka, powieki są co prawda zamknięte, lecz widać, jak gałki oczne poruszają się pod nimi – stąd nazwa REM, od angielskiego skrótu *rapid eye movement* oznaczającego fazę szybkich ruchów gałek ocznych. Oddech jest nieregularny, usta często się poruszają, jakby dziecko ssało lub żuło coś, a nawet się uśmiechało. Niespokojne są również rączki i nóżki, które często się unoszą.

czasie, zamiast stać nad łóżeczkiem i czekać, aż dziecko się zbudzi, abyś mogła zacząć je poznawać, sama pośpij „na zapas". Przyda ci się to w przyszłości, gdy twoje dziecko będzie czuwało znacznie dłużej i w dzień, i w nocy, dużo dłużej, niżbyś chciała.

BRAK POKARMU

Choć minęły dwa dni od narodzin mojej córki, nic nie wypływa mi z piersi, gdy je uciskam – nie mam nawet siary. Boję się, że mała jest głodna.

Nie tylko nie jest głodna, lecz nawet nie ma jeszcze apetytu. Niemowlęta nie przychodzą na świat z łaknieniem czy choćby średnim zapotrzebowaniem na pokarm. A kiedy twoja córeczka nabierze już chęci na pierś pełną mleka, co zapewne nastąpi około 3 czy 4 dnia jej życia, niemal na pewno będziesz mogła spełnić jej życzenie.

Nie można też powiedzieć, że teraz twoje piersi są puste; powinna w nich być już choćby niewielka ilość siary. Zapewnia dziecku nie tylko składniki odżywcze, ale również ważne przeciwciała, których jego organizm nie potrafi wytworzyć, i jednocześnie oczyszcza układ trawienny malca ze smółki czy nadmiaru śluzu. Podczas pierwszych posiłków noworodek zwykle nie wypija więcej niż pół łyżeczki, natomiast trzeciego dnia już około 3 łyżek na każde z 10 karmień. Siarę niełatwo ściągnąć ręcznie, jednodniowe dziecko bez żadnego doświadczenia potrafi lepiej wydobyć ten pokarm niż ty.

DŁAWIENIE SIĘ

Gdy przyniesiono mi dziś rano dziecko, zaczęło się ono dławić i zaraz potem zwymiotowało czymś płynnym. Nie karmiłam go jeszcze, więc nie mogło to być ulanie mleka. Czy mam się tym niepokoić?

Twoje dziecko spędziło dziewięć miesięcy życia w środowisku płynnym. Nałykało się dużo płynu. Chociaż pielęgniarka czy lekarz po urodzeniu oczyścili jego drogi oddechowe (przez odessanie), w płucach mogła jednak pozostać pewna ilość śluzu lub płynu. Odkrztuszanie tych pozostałości jest jak najbardziej normalnym zjawiskiem.

PRZESYPIANIE POSIŁKU

Lekarz powiedział, że powinnam karmić dziecko co 2–3 godziny, ale czasem mojego synka nie słychać przez 5–6 godzin. Czy powinnam budzić go do karmienia?

Niektóre dzieci, zwłaszcza w pierwszych dniach życia, z zadowoleniem przesypiają porę posiłku. Nie powinno się jednak im na to zezwalać, ponieważ nie otrzymają koniecznej porcji pokarmu, a jeśli matka karmi własnym mlekiem, piersi nie będą należycie stymulowane. Jeżeli twój malec należy do takich dzieci, spróbuj postępować zgodnie z poniższymi radami, gdy zbliża się pora karmienia:

- Poczekaj na właściwą fazę snu; łatwiej jest przebudzić dziecko w fazie snu aktywnego, czyli REM (połowę przesypianego czasu dzieci przebywają w tej fazie). Rozpoznasz ją po tym, że dziecko porusza rączkami i nóżkami, na jego buzi pojawiają się grymasy, powieki drgają.

- Odkryj kołderkę – czasem to wystarcza, by obudzić małego śpiocha. Gdyby nie poskutkowało, rozbierz go, pozostawiając tylko pieluchę (przy odpowiedniej temperaturze w pokoju) i przytul do ciała.

- Przewiń – choćby pielucha nie była zmoczona. Sama czynność może okazać się na tyle drażniąca, by obudzić dziecko.

- Przygaś światła. Choć wydawałoby się, że to właśnie ostre światło najlepiej wyrwie dziecko ze snu, może się stać zupełnie odwrotnie. Oczy dziecka są bardzo wrażliwe na światło, więc chętniej trzyma zamknięte powieki, gdy w pokoju jest zbyt jasno. Nie należy też całkowicie gasić świateł – mrok uśpi malca.

- Wypróbuj technikę „lalki". Dziecko przytrzymane w wyprostowanej pozycji zwykle otworzy oczy (tak jak lalki z zamykającymi się oczkami). Podnieś je delikatnie do pozycji wyprostowanej lub siedzącej i klepnij w plecki. Uważaj, by nie zrobić tego za mocno, bo maluch przewróci się do przodu.

- Zaznacz swoją obecność. Zaśpiewaj rytmiczną piosenkę, mów do dziecka, a kiedy otworzy oczka – nawiąż z nim kontakt wzrokowy. Taka stymulacja skłoni maluszka do pozostania w stanie czuwania.

- Dotykaj umiejętnie – pogłaszcz wewnętrzną część dłoni i stopy dziecka, pomasuj rączki, plecki i ramionka, albo też zabawcie się w niemowlęcy aerobik: poruszaj jego rączkami, nóżkami zrób „rowerek".

- Jeśli śpioszek nadal nie chce się przebudzić, połóż mu chłodny (nie zimny!) ręczniczek na czole i lekko przetrzyj buzię myjką.

Oczywiście samo obudzenie dziecka nie oznacza jeszcze, że nie zaśnie ono po chwili, zwłaszcza po kilku łykach mleka, które świetnie działają na sen. Zaspane dziecko uchwyci

Rozpoznawanie rodzaju płaczu

Płacz to oczywiście jedyny sposób, w jaki dziecko komunikuje się z otaczającym je światem, lecz nie zawsze potrafimy go należycie zinterpretować. Bez obaw – poniżej znajdziesz ściągę, która pomoże ci odszyfrować, o co chodzi w tych wszystkich kwileniach, zawodzeniach i wrzaskach.

"Jeść!" – krótki, wysoki krzykliwy płacz, w którym dźwięk rytmicznie to unosi się, to opada i słychać w nim błagania ("Proszę, nakarm mnie!"), oznacza, że dziecko jest głodne. Płacz o posiłek zwykle poprzedzają inne wskazówki, na przykład mlaskanie, poszukiwanie buzią brodawki czy ssanie paluszków. Jeśli w porę zauważy się te objawy, można uniknąć łez.

"Boli!" – taki płacz rozpoczyna się nagle (jako reakcja na bodziec, na przykład dziabnięcie igłą przy szczepieniu) i jest głośny (aż bolą uszy), długi (każde zawodzenie trwa kilka sekund), słychać w nim strach, a dziecko aż traci dech. Następuje dłuższa przerwa (dziecko łapie powietrze na następny krzyk), po czym wydaje kolejny długi, wysoki krzyk.

"Nudzi mi się" – ten płacz zwykle rozpoczyna się od gruchania, którym niemowlę stara się nawiązać kontakt, następnie przechodzi w marudzenie (próba zwrócenia na siebie uwagi nie zakończyła się sukcesem), po czym narasta, przechodząc w wybuch żałosnego płaczu ("Dlaczego mnie ignorujecie?"), który jest przeplatany pochlipywaniem ("Co jeszcze mam zrobić, by ktoś się mną zajął?"). Ten rodzaj płaczu milknie natychmiast, gdy ktoś weźmie malca na ręce.

"Jestem zmęczony, jest mi niewygodnie" – marudny, nosowy, nieprzerwany płacz o narastającym natężeniu zwykle jest oznaką, że albo dziecko ma dość (co można tłumaczyć jako: "Proszę o drzemkę!", "Szybko zmienić pieluchę!" albo: "Czy nie widzicie, że niewygodnie mi w tym foteliku samochodowym?!").

"Jestem chory" – płacz tego rodzaju najczęściej jest dość słaby, nosowy, o niższym tonie niż płacz obwieszczający "ból" czy "zmęczenie" – tak jakby dziecko nie miało dość siły na "uderzenie w ton". Często pojawiają się inne objawy choroby oraz zmiany w zachowaniu dziecka (na przykład zobojętnienie, odmowa przyjmowania pokarmu, gorączka i/lub biegunka). Nie ma w repertuarze niemowlęcym smutniejszego płaczu niż ten; żaden inny tak nie porusza troskliwego serca rodziców.

---

brodawkę czy smoczek, chwilkę possie, po czym znów zapadnie w sen, nim dobrze się naje. W takim przypadku można próbować następujących metod:

- **Odbicie** – lekkie potrząśnięcie działa przebudzająco.

- **Zmiana** – tym razem pozycji karmienia. Karmiąc butelką czy piersią, zmień ułożenie dziecka z pozycji kołyskowej do pozycji spod pachy, przy której dzieci znacznie rzadziej usypiają.

- **Pokropienie mlekiem** – do ssania może pobudzić maluszka skropienie warg kilkoma kroplami mleka.

- **Przekręcanie** – przekręcenie brodawki lub smoczka w buzi dziecka albo delikatne klepnięcie w policzek przywraca apetyt.

- **Zmiana** – są dzieci, które mają zwyczaj od początku do końca posiłku na zmianę jeść i spać. W takim przypadku trzeba kilkakrotnie doprowadzić do odbicia powietrza, zmienić pozycję, przekręcić smoczek, żeby efektywnie nakarmić.

Gdy dziecko raz na jakiś czas zaśnie po wypiciu niewielkiej porcji i próby obudzenia go się nie powiodą, nie martw się tym. Nie można jednak rezygnować z pełnego posiłku co 3 godziny (przy karmieniu piersią) lub co 4 (przy karmieniu butelką). Nie powinno się również pozwalać dziecku na zmianę popijać i przysypiać przez cały dzień. W takim przypadku nie wolno ustawać w wysiłkach przebudzenia malca z kolejnej drzemki przy smoczku czy piersi. Jeżeli chroniczna śpiączka zagraża prawidłowemu rozwojowi dziecka (patrz strona 148), skonsultuj się z lekarzem, w jaki sposób rozwiązać ten problem.

DZIECKO CHCE BEZ PRZERWY JEŚĆ

Obawiam się, że moja córeczka przeistacza się w zbiór fałdek. Po jedzeniu, gdy kładę ją do łóżeczka, natychmiast zaczyna płakać i domaga się jedzenia.

Mała ma wszelkie szanse wyglądać jak maskotka firmy Michelin, jeśli będziesz ją karmić zaraz po skończeniu poprzedniego karmienia. Dzieci płaczą nie tylko z głodu. Być może źle odczytujesz jej płacz (patrz ramka na stronie obok). Czasem płaczące dziecko relaksuje się w ten sposób przez zaśnięciem. Jeśli teraz przyłożysz je do piersi, przekarmisz malucha i udaremnisz próbę zaśnięcia. A może po prostu płacze, bo potrzebuje towarzystwa, a nie jedzenia? Pobaw się z nią trochę. A może sama nie potrafi się wyciszyć? Pomóż jej, kołysząc ją i śpiewając. Weź również pod uwagę, że przyczyną płaczu mogą być gazy (w tym wypadku dalsze karmienie pogorszy tylko jej stan). Przełóż ją przez rękę lub oprzyj o ramię i masuj po plecach, tak aby jej się odbiło.

Po wykluczeniu wszystkich powyższych możliwości oraz sprawdzeniu, czy pielucha

---

Jak efektywnie karmić

Poniższe rady powinny pomóc w karmieniu i sprawić, by dziecko miało pełny brzuszek, czy to za sprawą butelki czy piersi:

Spokój przede wszystkim. Ponieważ i ty, i dziecko dopiero stawiacie pierwsze kroki i musicie się skupić na karmieniu, to im mniej rzeczy będzie was rozpraszać, tym lepiej. Wyłącz telewizor (ale zostaw spokojną muzykę), a rozmowy telefoniczne niech załatwia za ciebie poczta głosowa. Jeśli przyjmujesz gości lub atmosfera w dużym pokoju przypomina arenę cyrkową (w wielu domach tak jest od świtu do zmierzchu), przejdź do sypialni. Jeśli masz już dzieci, pewnie zdążyłaś nabrać wprawy w karmieniu, jednak teraz pojawi się nowy problem: jak jednocześnie uszczęśliwić starsze i najmłodsze potomstwo. Postaraj się znaleźć tym starszym jakieś ciche zajęcie, na przykład niech rysują obok ciebie, albo wykorzystaj okazję i poczytaj im książkę.

Czas na przewinięcie. Jeśli dziecko jest w miarę spokojne, przewiń je. Czysta pielucha sprawia, że posiłek jest przyjemniejszy, poza tym nie trzeba będzie dziecka przewijać zaraz po zakończeniu karmienia – to ważne, jeśli malec odpływa do krainy snu, a ty raczej wolałabyś, by pozostał tam przez jakiś czas. Lepiej jednak nie przewijać dziecka przed nocnym karmieniem, jeśli pielucha jest tylko wilgotna (co innego, gdyby była naprawdę mokra), ponieważ to mogłoby je wybić ze snu – szczególnie gdy niemowlę myli noc z dniem.

Umyj się. Choć to nie ty siadasz do stołu, nim podasz dziecku posiłek, powinnaś umyć ręce wodą z mydłem.

Usiądź wygodnie. Różne dolegliwości i bóle są chorobą zawodową młodych rodziców, którzy zmuszają do noszenia rosnącego dziecka nie przyzwyczajone do takiego wysiłku mięśnie. Karmienie malca w niewygodnej pozycji tylko pogłębi ból, toteż przed przystawieniem do piersi czy podaniem butelki znajdź wygodną pozycję, w której plecy i ręka podtrzymująca dziecko będą miały oparcie.

Poluźnij ubranie. Jeśli dziecko jest dokładnie opatulone, rozwiń je i przytul podczas karmienia.

Uspokój zdenerwowanego malca. Rozzłoszczonemu niemowlęciu trudno się uspokoić, by rozpocząć ssanie i dobrze strawić posiłek. Zaśpiewaj mu kojącą piosenkę lub pokołysz je.

Ogłoś czas na pobudkę! Niektóre niemowlęta – szczególnie w pierwszych dniach życia – są w porach karmienia tak zaspane, że trzeba sporych wysiłków, by je wybudzić na tyle, żeby mogły ssać pierś czy smoczek. Jeśli masz dziecko, które zasypia podczas karmienia, zerknij na stronę 111, gdzie znajdziesz porady, jak je przebudzić.

Przerwa na odbicie. Ustanów zwyczaj, że mniej więcej w połowie każdego karmienia zrobisz przerwę na odbicie połkniętego powietrza. Zrób to też za każdym razem, gdy malec chce za wcześnie zakończyć ssanie lub wierci się i ma niezadowoloną minkę – możliwe, że jego brzuszek wypełniają gazy, a nie mleko. Kiedy dziecku się odbije, przystaw je z powrotem lub podaj butelkę.

Nawiąż kontakt. Przytulaj dziecko, nawiąż kontakt wzrokowy, mów do niego. Pamiętaj, że pora karmienia to czas nie tylko na zaspokojenie apetytu, lecz także potrzeby miłości.

nie jest zabrudzona i nieprzyjemnie mokra, można uznać, że płaczące dziecko faktycznie jest głodne. Gwałtowny wzrost ciała wspomaga apetyt, zatem dziecko może domagać się dodatkowego posiłku. Zważ jednak, że karmienie małej za każdym razem, gdy tylko uderza w płacz tuż po zakończeniu posiłku, nie tylko przyczyni się do nadwagi, lecz także wyrobi w dziecku nawyk spania i jedzenia, który może na długo pozostać jej stałym zwyczajem.

Upewnij się jednak, czy twoje dziecko przybiera odpowiednio na wadze. Jeżeli nie, to faktycznie może płakać z głodu – co z kolei może świadczyć o tym, że twoje piersi produkują za mało pokarmu. Patrz str. 149––152, by się dowiedzieć, co robić, jeśli dziecko niezbyt dobrze się rozwija.

DRŻĄCA BRODA

Czasami, zwłaszcza gdy dziecko płacze, jego broda mocno drży.

Drżenie brody twojego dziecka wygląda na jeszcze jedną sztuczkę, by zagrać ci na nerwach. W rzeczywistości jest to znak, że jego układ nerwowy nie jest jeszcze dojrzały. Okaż dziecku czułość, której potrzebuje, gdy coś takiego się z nim dzieje. Taka reakcja nie trwa długo.

WSTRZĄSY CIAŁA

Obawiam się, że coś złego dzieje się z układem nerwowym mojej córeczki. Nawet gdy śpi, od czasu do czasu zdarza się jej strasznie zatrząść całym ciałem.

Zakładając, że twoje dziecko nie nadużywa czarnej kawy, „podskoki" jej ciała to rezultat jak najbardziej normalnego, choć dziwnego, wrodzonego tzw. odruchu Moro. U niektórych dzieci występuje on częściej niż u innych, zwykle jako reakcja na nagły hałas, potrząśnięcie lub gdy wydaje mu się, że spada, jeśli nie jest mocno podtrzymywane podczas podnoszenia. Odruch Moro jest jednym z wielu odruchów, z którymi dziecko się rodzi i który należy do mechanizmu przetrwania, chroniącego tak kruchą istotę. Jest to prymitywna próba odzyskiwania traconej równowagi. Dziecko wtedy sztywnieje, wierzga symetrycznie rączkami, prostuje zaciśnięte dłonie, podnosi kolana, znów przyciąga ręce do tułowia. Tym ruchom może towarzyszyć płacz.

Choć widok dziecka ulegającego takim wstrząsom może niepokoić rodziców, lekarz bardziej się niepokoi, gdy odruch ten nie występuje. Noworodki są rutynowo badane na obecność tego odruchu. Jeżeli występuje, oznacza to, że układ nerwowy funkcjonuje prawidłowo. Zauważysz, że dziecko coraz rzadziej reaguje w ten sposób (a intensywność wstrząsów maleje z czasem), a odruch ten całkiem zaniknie między 4 a 6 miesiącem. (Może się jeszcze pojawiać, ale nie w takim samym układzie reakcji, nawet u dorosłych.)

ZNAMIONA NA CIELE

Pierwszą rzeczą, jaką zauważyłam u dziecka oprócz jego płci, była jaskrawoczerwona plama na brzuszku. Czy kiedyś zniknie?

Zanim twoja córka włoży bikini, to truskawkowoczerwone znamię będzie częścią jej dziecięcej przeszłości. Jej brzuszek będzie gładki i bez obaw będzie mogła pokazywać go na plaży (nawet jeśli rodzice będą żywić takie obawy...). Patrząc na nie teraz, trudno w to uwierzyć. Czasami znamię rośnie, zanim zblednie, czasami pojawia się jakiś czas po porodzie. Nawet gdy zaczyna się zmniejszać i blednąć, zmiany te są dla rodziców trudne do zauważenia. Możesz mierzyć plamę, by przekonać się, że maleje. Tego rodzaju znamiona przybierają różne kształty, kolory oraz strukturę i dzielą się zwykle na następujące typy:

Naczyniowe znamię wrodzone. Jest to miękka, wypukła plama o kolorze truskawkowym, tak mała jak pieg lub tak duża jak spodek. Może być widoczna od razu lub pojawić się nagle w czasie kilku pierwszych tygodni życia. Występuje dość powszechnie, u jednego na dziesięć noworodków. Plamy te mogą się przez jakiś czas powiększać, ale w końcu zbledną do koloru szaroperłowego, by zaniknąć zupełnie między 5 a 10 rokiem życia. Niektórzy rodzice domagają się leczenia tych znamion, zwłaszcza gdy występują na twarzy. Najlepiej jednak nic z nimi nie robić i czekać, aż same znikną, gdyż czasem leczenie może spowodować komplikacje. Niekiedy lekarz dziecka może zdecydować, że leczenie jest konieczne. Może zalecić najprostszą terapię polegającą na uciskaniu i masażach, co zdaje się przyspieszać zanik tego znamienia. Bardziej agresywne formy leczenia polegają na stosowaniu steroidów, operacji, terapii laserem, krioterapii (zamrażanie suchym lodem), wstrzykiwaniu czynnika utwardzającego. Wielu ekspertów uważa, że bardzo niewiele przypadków wymaga tak radykalnych działań, przy czym jeśli zaleca się usunięcie, lepiej dokonać go wcześniej, gdy znamię jest niewielkie. Jeżeli znamię wrodzone, które zostało usunięte albo zniknęło samoistnie, pozostawi bliznę, można wykonać operację plastyczną. Czasami, lecz rzadko, znamię wrodzone może krwawić, gdy zostanie zadrapane lub uderzone. Zastosowanie ucisku zahamuje upływ krwi.

Znacznie rzadszy jest naczyniak krwionośny jamisty (lub jamisty żylny); występuje tylko u jednego lub dwóch niemowląt na sto. Często połączony z odmianą znamienia wrodzonego, zbudowany jest z większych, bardziej dojrzałych elementów naczyniowych i wnika w głębsze warstwy skóry. Zwykle ma kolor niebieskawoczerwony, jest grudkowaty i ma mniej wyraźny kontur niż znamię naczyniowe wrodzone. Zanika znacznie wolniej niż znamiona wrodzone i częściej wymaga interwencji medycznej.

Obrzęk łososiowy rogówki. Te plamy koloru łososiowego mogą się pojawiać na czole, górnych powiekach, wokół nosa i ust, lecz najczęściej występują na karku. Bledną w ciągu pierwszych dwóch lat życia i są widoczne tylko, gdy dziecko płacze lub wysila się. Ponieważ ponad 95% zmian na twarzy całkowicie zanika, tego rodzaju znamiona wrodzone generalnie nie budzą niepokoju.

Znamię naczyniowe płaskie. Te płaskie, purpurowoczerwone znamiona, które mogą występować w każdym miejscu na ciele, zbudowane są z rozszerzonych, dojrzałych naczyń włosowatych. Zazwyczaj widoczne są zaraz po urodzeniu. Nigdy całkowicie nie bledną. Leczenie laserem w dzieciństwie lub wieku dojrzałym zwykle poprawia ich wygląd. Można je zatuszować wodoodpornymi kremami kosmetycznymi. Bardzo rzadko zmiany te związane są z przerostem wewnętrznej tkanki miękkiej lub, gdy występują na twarzy, z nieprawidłowościami w rozwoju mózgu. Skonsultuj się z lekarzem, jeśli coś cię niepokoi.

Brązowe plamki. Mogą występować w różnych miejscach, w kolorze od ciemnego beżu do jasnego brązu. Występują bardzo powszechnie i nigdy nie znikają. Jeżeli twoje dziecko ma dużo takich plamek (więcej niż sześć), zwróć na to uwagę pediatry.

Wrodzone znamiona barwnikowe. Występują w kolorze od jasnobrązowego do prawie czarnego i mogą być pokryte włosami. Małe są powszechne, duże występują bardzo rzadko, ale mogą być złośliwe. Zaleca się usuwanie większych znamion oraz mniejszych, które budzą jakieś podejrzenia.

PROBLEMY Z CERĄ

Moje dziecko ma malutkie krosteczki na całej twarzy. Czy można się ich pozbyć przez zdrapywanie lub wyciskanie?

Nie ma na razie potrzeby kupowania środków przeciwtrądzikowych. Rodzice, którzy spodziewają się gładziutkiej, brzoskwiniowej cery, mogą być rozczarowani, widząc twarz swego dziecka obsypaną białymi pryszczami, zwłaszcza wokół nosa i na brodzie. Czasem takie krostki występują także na tułowiu czy kończynach. Przyczyną pojawienia się tych zmian jest zatykanie się niedojrzałych gruczołów łojowych. Najlepszy sposób ich leczenia to brak leczenia. Niech cię nie kusi, aby je zdrapywać lub wyciskać. Znikną same, zwykle po kilku tygodniach, a buzia stanie się czysta i gładka – w każdym razie do czasu, gdy dziecko pójdzie do gimnazjum.

Martwią mnie czerwone plamy z jasnymi punktami w środku na twarzy mojego dziecka.

Niewiele dzieci rodzi się i przechodzi okres noworodkowy bez żadnych skaz na skórze. Zmiany, które wystąpiły na ciele twojego dziecka, również należą do tych najczęściej występujących. Choć mają niepokojący wygląd przypominający ukąszenia owadów, nie są niebezpieczne i znikną bez leczenia.

TORBIELKI

Gdy moja córeczka, płacząc, otworzyła szeroko buzię, zauważyłam kilka białych pęcherzyków na jej dziąsłach. Czy możliwe, że wychodzą jej ząbki?

Nie zawiadamiaj jeszcze środków masowego przekazu ani dziadków. Te białe pęcherzyki wypełnione płynem to małe torbielki. Występują dość powszechnie u niemowląt i są całkowicie nieszkodliwe. Wkrótce znikną, pozostawiając czyste dziąsła, gotowe na wyrżnięcie się pierwszych ząbków. Niektóre noworodki mogą też mieć żółtawobiałe plamki na podniebieniu górnym. Podobnie jak te torbielki, nie są one rzadkością i nie wymagają leczenia.

WCZESNE WYRZYNANIE SIĘ ZĘBÓW

Byłam prawie zaszokowana, gdy zobaczyłam, że moje dziecko urodziło się z dwoma siekaczami. Lekarz mówi, że trzeba je wyrwać. Oboje z mężem bardzo się tym zdenerwowaliśmy.

Bardzo rzadko się zdarza, że noworodek rodzi się już z jednym lub parą ząbków. Jeżeli nie są one mocno osadzone w dziąsłach, lepiej jest je usunąć, aby dziecko się nimi nie udławiło lub przypadkowo ich nie połknęło. Mogą to być tzw. prazęby, na których miejscu, po usunięciu, we właściwym czasie urosną zęby mleczne. Częściej jednak są to już zęby mleczne i jeśli muszą być wyrwane, można w ich miejsce zastosować tymczasową protezę do czasu, aż pojawią się zęby stałe.

PLEŚNIAWKI

Moje dziecko ma biały nalot w buzi. Myślałam, że to resztki mleka, i kiedy próbowałam je zetrzeć – miejsca te zaczęły krwawić.

Uwaga! Pojawił się grzyb. Choć infekcja tego rodzaju, znana pod nazwą pleśniawki, wywołuje problemy u niemowlęcia (w jego buzi), rozpoczęła ona swoją brudną robotę w twoich drogach rodnych jako infekcja wywołana grzybami drożdżopochodnymi i tam właśnie twoje dziecko się zaraziło. Bakterie wywołujące tę infekcję to bielnik biały. Bakterie te są stale obecne w ustach i w pochwie. Kontrolowane są przez inne mikroorganizmy i nie wywołują żadnych problemów. Jeżeli jednak ten układ zostanie zakłócony – chorobą, zażywaniem antybiotyków, zmianami hormonalnymi (takimi jak w ciąży) – powstają wówczas warunki dogodne do rozwoju grzyba i wywołania infekcji.

Pleśniawki pojawiają się w postaci białych wypukłych plam, które wyglądają jak twaróg. Występują na wewnętrznej stronie policzków, czasami na języku, na górnym podniebieniu i na dziąsłach. Gdy je zetrzemy, plamy te staną się czerwone i mogą krwawić. Pleśniawki występują najczęściej u noworodków. Czasem starsze dziecko też może być zakażone, zwłaszcza gdy zażywa antybiotyk. Jeśli podejrzewasz, że dziecko ma pleśniawkę, skontaktuj się z lekarzem.

U matki karmiącej piersią pleśniawka może się pojawić na brodawkach – zainfekowane miejsce staje się zaróżowione, swędzące, skóra się łuszczy lub twardnieje, piecze. Jeśli nie wdroży się leczenia środkami przeciwgrzybiczymi, matka i dziecko będą się nawzajem zarażać. Jeśli u obojga zostanie rozpoznana pleśniawka, nie ma potrzeby przerywania karmienia piersią, choć niestety stan ten boleśnie je utrudnia. Jednoczesne leczenie matki i dziecka trwa od 1 do 2 tygodni, aż objawy ustaną.

ŻÓŁTACZKA

Lekarka w szpitalu powiedziała, że moje dziecko ma żółtaczkę i musi dłużej tam pozo-

Nie zapomnij objąć dziecka...

...ubezpieczeniem zdrowotnym. Jedną z pierwszych rzeczy, którą należy zrobić po opuszczeniu szpitala, jest wizyta w towarzystwie ubezpieczeniowym (choćby dziadkowie woleli, żeby to ich odwiedzić jako pierwszych) i wpisanie noworodka do swej polisy. Zwróć uwagę, że niektóre towarzystwa określają liczbę dni na dokonanie tej powinności. Ubezpieczenie dziecka zaraz po porodzie zapewni ci pokrywanie kosztów wizyt lekarskich od samego początku. Zatem wpisz sobie to na listę 101 najważniejszych zadań.

---

stać. *Podobno to nic poważnego, ale dla mnie wszystko, co ma związek ze szpitalem, brzmi poważnie.*

Wejdź na którąkolwiek salę noworodków, a zobaczysz, że ponad połowa dzieci ma żółtawą skórę właśnie od żółtaczki. Zmiana barwy skóry na żółtawą zaczyna się od głowy i przesuwa w dół do palców nóg. Żółkną nawet białka oczu. Spowodowane jest to nadmiarem bilirubiny we krwi. (Stan ten występuje także u dzieci ciemnoskórych, przy czym żółte zabarwienie widać tylko na wewnętrznych częściach dłoni, stopach i białkach oczu). Bilirubina, żółty produkt końcowy rozpadu czerwonych krwinek, jest normalnie usuwana z krwi i przetwarzana przez wątrobę, następnie przenoszona do nerek i wydalana. Jednak noworodki produkują często zbyt dużo bilirubiny, by ich niedojrzałe wątroby mogły sobie z taką ilością poradzić. W rezultacie żółta bilirubina gromadzi się we krwi, powodując tzw. żółtaczkę fizjologiczną noworodków.

W żółtaczce fizjologicznej żółknięcie skóry rozpoczyna się drugiego lub trzeciego dnia, a zanika, gdy dziecko ma tydzień, najdalej 10 dni. W przypadku wcześniaków pojawia się nieco później (ok. 3–4 dnia) i trwa dłużej (często 14 dni lub dłużej). Spowodowane jest to dużą niedojrzałością wątroby. Żółtaczka nieco częściej występuje u chłopców i noworodków, u których wyjątkowo mocno obniżyła się masa ciała zaraz po urodzeniu, również u dzieci, których matki mają cukrzycę, oraz u tych, które urodziły się w wyniku porodu wywołanego.

Żółtaczka fizjologiczna o umiarkowanym natężeniu nie wymaga żadnego leczenia. Zwykle lekarz w poważniejszych przypadkach zatrzyma dziecko w szpitalu na kilkudniową obserwację i zastosuje się fototerapię (pod lampą ultrafioletową). W czasie tej terapii noworodki leżą tylko w pieluszce, a jedynie ich oczy są osłonięte przed działaniem promieni ultrafioletowych. Otrzymują również dużo dodatkowych płynów, by uzupełnić ich niedobór. Noworodki takie mogą opuszczać pomieszczenie, w którym są w ten sposób leczone, wyłącznie do karmienia.

W większości wypadków poziom bilirubiny (określany za pomocą badania krwi) stopniowo spada i dziecko zupełnie zdrowe opuszcza szpital. Bardzo rzadko może nastąpić nagły wzrost poziomu bilirubiny sugerujący, że żółtaczka może być nietypowa lub patologiczna. Patologiczna żółtaczka zdarza się wyjątkowo rzadko. Zwykle zaczyna się albo wcześniej, albo później niż fizjologiczna, a poziom bilirubiny jest znacznie wyższy. Gdy dziecko się z nią rodzi lub gdy rozwija się ona raptownie w pierwszym dniu życia, może to wskazywać na chorobę hemolityczną, wywołaną niezgodnością grupy krwi (gdy dziecko ma inny czynnik Rh niż matka). Żółtaczka, która pojawi się po tygodniu lub dwóch po porodzie, może być żółtaczką mechaniczną, w której niedojrzałość wątroby zakłóca przemianę bilirubiny. Żółtaczka patologiczna może również być spowodowana dziedzicznymi chorobami krwi lub wątroby czy też różnymi wewnątrzmacicznymi zakażeniami noworodka. Leczenie w celu obniżenia wysokiego poziomu bilirubiny jest bardzo ważne i ma na celu niedopuszczenie do gromadzenia się tej substancji w mózgu. Stan ten jest znany jako żółtaczka jąder podkorowych mózgu. Jego objawami są słaby płacz, zwolnione odruchy i trudności w ssaniu. Brak leczenia może doprowadzić do stałego uszkodzenia mózgu, a nawet śmierci.

> ## Bezpieczeństwo noworodka
>
> Aby mieć pewność, że wracasz do domu ze swoim, a nie obcym dzieckiem, personel szpitala zapina wokół nadgarstka noworodka specjalny identyfikator natychmiast po narodzinach i sprawdza go za każdym razem, gdy zabierasz dziecko z sali noworodkowej oraz przy wypisie ze szpitala.
>
> Niektóre szpitale dają członkom rodziny upoważnionym do odwiedzania dziecka kolorowe przepustki. A jeszcze inne – wyposażają dzieci w czujniki, które natychmiast podniosą alarm, gdyby ktoś próbował zabrać dziecko z oddziału opieki nad matką i dzieckiem bez wcześniejszej zgody.

W wielu szpitalach monitoruje się poziom bilirubiny we krwi niemowląt poprzez wykonywanie przesiewowych badań krwi. Po uzyskaniu wyniku badania dziecko pozostaje pod obserwacją medyczną, aby nie przeoczyć rzadkiego przypadku żółtaczki fizjologicznej. Nowe zalecenia organizacji akredytujących szpitale wskazują na konieczność powszechnego wprowadzenia takich właśnie procedur przesiewowych. Podczas pierwszej wizyty pediatra sprawdzi kolor skóry dziecka pod kątem żółtaczki niefizjologicznej.

Leczenie żółtaczki patologicznej zależy od jej przyczyny. Może polegać na fototerapii i/lub na zabiegu operacyjnym likwidującym nieprawidłowości w funkcjonowaniu wątroby. Jest również stosowana terapia nowym lekiem zawierającym substancję, która hamuje produkcję bilirubiny.

U starszego dziecka żółtawa skóra może oznaczać anemię, zapalenie wątroby lub inne nieprawidłowości w funkcjonowaniu wątroby. Dziecko takie jak najszybciej powinien zbadać lekarz.

Słyszałam, że karmienie piersią może wywołać żółtaczkę. Moje dziecko ma niewielką żółtaczkę – czy powinnam więc przestać karmić je piersią?

Stężenie bilirubiny we krwi jest zwykle wyższe u dzieci karmionych piersią niż u karmionych sztucznie i utrzymuje się dłużej (do 6 tygodni). Jest to po prostu wyolbrzymiona postać żółtaczki fizjologicznej, medycznie nieistotna. Zwykle jednak zaleca się kontynuowanie karmienia piersią, gdyż przerwa i/lub podawanie wody z glukozą jeszcze bardziej podwyższa poziom bilirubiny oraz hamuje laktację. Uważa się, że nakarmienie noworodka mlekiem matki w pierwszej godzinie po urodzeniu obniża u niego poziom bilirubiny.

Prawdziwą żółtaczkę wywołaną mlekiem z piersi podejrzewa się wówczas, gdy stężenie bilirubiny raptownie wzrasta pod koniec pierwszego tygodnia życia, a inne przyczyny żółtaczki patologicznej zostały wykluczone. Przyczyny upatruje się w jednej z substancji zawartych w mleku niektórych kobiet. Zakłóca ona rozpad bilirubiny. Występuje u 2 na 100 karmionych piersią noworodków. W większości wypadków zanika samoczynnie w ciągu kilku tygodni, bez potrzeby leczenia czy przerywania karmienia piersią. W sytuacjach wyjątkowo poważnych, gdy poziom bilirubiny jest bardzo wysoki, lekarz może zalecić uzupełnianie diety mieszanką (lub nawet całkowite przerwanie przystawiania dziecka do piersi na jeden dzień, podczas którego matka powinna ściągać pokarm, aby go nie stracić) oraz/lub naświetlanie.

Diagnozę taką potwierdza ogromny spadek bilirubiny po podawaniu dziecku sztucznej mieszanki mlecznej przez 36 godzin (w tym czasie matka opróżnia piersi w porach karmienia, by nie zahamować laktacji). Gdy powrócimy do podawania dziecku mleka matki, poziom bilirubiny zwykle się podnosi, ale już nie do poprzedniej wysokości. Stan taki ustępuje zazwyczaj w ciągu kilku tygodni.

KOLOR STOLCÓW

Gdy zmieniałam mojemu dziecku pieluszkę po raz pierwszy, byłam zaskoczona, że jego stolec jest zielonoczarny.

To tylko jedno z wielu szokujących odkryć w trakcie przewijania twojego dziecka w jego pierwszym roku życia. Przeważnie każde z tych odkryć okazuje się zupełnie normalnym zjawiskiem. To, co zobaczyłaś tym razem, to tzw. smółka – smolista, zielonoczarna substancja, która stopniowo wypełniała jelita twojego dziecka, gdy było ono jeszcze w macicy. To, że smółka jest teraz w pieluszce, a nie w jelitach, jest dobrym znakiem. Teraz wiadomo, że jelita dziecka pracują prawidłowo.

Po około 24 godzinach, gdy cała smółka zostanie wydalona, zobaczysz tzw. stolce przejściowe, które są zielonkawożółte, luźniejsze i częstsze, czasami wyglądają, jakby zawierały drobne ziarenka (zwłaszcza u dzieci karmionych piersią). Mogą też zawierać śluz. Zdarza się, że widać w nich ślady krwi. Jest to prawdopodobnie rezultat połknięcia przez dziecko krwi matki w czasie porodu. (Na wszelki wypadek pokaż taką pieluchę z krwią w stolcu lekarzowi, by się upewnić, że to nie jest nic innego.)

Po trzech czy czterech dniach stolce przejściowe zmieniają się i wówczas to, co dziecko wydala, zależy dokładnie od tego, co dostaje ono od ciebie. Jeżeli karmisz je mlekiem z piersi, wypróżnienia będą jasnożółte lub zielone (czasem luźne, nawet wodniste, czasem ziarenkowate, papkowate, grudkowate lub o konsystencji musztardy). Jeżeli podajesz mieszankę mleczną, stolce będą bardziej stałe i lepiej uformowane niż u dziecka karmionego piersią. Kolor może być od jasnożółtego poprzez żółtobrązowy do brązowozielonego. Jeśli mieszanka jest wzbogacona żelazem lub gdy podajesz dziecku preparaty w kroplach zawierające żelazo, stolce mogą być zielone, ciemnobrązowe lub czarne.

Cokolwiek robisz, nie porównuj zawartości pieluchy swojego dziecka z pieluchą dziecka leżącego obok. Tak jak odciski palców, dwa stolce nie są nigdy jednakowe. Mało tego, nie tylko są one różne u różnych dzieci, lecz inne są każdego dnia u tego samego dziecka. Zmiany te, jak zauważysz później, gdy dziecko zacznie jeść pokarmy stałe, staną się tym wyraźniejsze, im bardziej różnorodna będzie dieta.

SMOCZEK GRYZACZEK

Na sali noworodków dzieciom wkłada się smoczki, kiedy tylko zaczynają płakać. Nigdy nie znosiłam widoku dzieci ze smoczkami w buzi i boję się, czy moja córeczka nie

---

Rzut oka na kupkę niemowlęcia

Jeśli myślisz, że widok jednej zabrudzonej pieluchy uczynił cię wszystkowiedzącym na temat niemowlęcych kupek, bardzo się mylisz. Choć maluch przyjmuje tylko jeden z dwóch pokarmów (mleko z piersi mamy lub mieszankę), to jednak wydala kilka rodzajów stolców. Kolor i konsystencja kału może się zmienić z dnia na dzień, z jednego wypróżnienia na drugie, wprawiając w niepokój nawet najspokojniejszych rodziców. Oto ściąga, czego należy się spodziewać w pieluszce:

- *Lepkie, jakby smoliste, czarne lub ciemnozielone* – smółka, pierwszy stolec noworodka.
- *Grudkowate, zielonkawożółte lub brązowe* – stolce przejściowe, zaczynają się pojawiać trzeciego lub czwartego dnia po narodzinach.
- *Ziarenkowate, grudkowate, konsystencją przypominające musztardę; jasnożółte, musztardowe lub intensywnie zielone* – prawidłowe stolce dziecka karmionego piersią.
- *O bardziej stałej konsystencji, żółtobrązowe, jasnożółte lub brązowozielone* – prawidłowe stolce dziecka karmionego mieszanką.
- *Częste, wodniste, bardziej zielonkawe niż zazwyczaj* – biegunka.
- *Twarde, jakby granulkowate; obecność śluzu lub krwi* – zaparcia.
- *Zielone, ciemnobrązowe lub czarne* – od preparatów zawierających żelazo.
- *Ze smużkami krwi* – pęknięcie odbytu lub uczulenie na mleko.
- *Śluzowate, zielone lub jasnożółte* – infekcja wirusowa, na przykład przeziębienie lub zaburzenia żołądkowe.

Wypis ze szpitala

W latach trzydziestych minionego stulecia dzieci wracały ze szpitala do domu po dziesięciu dniach od chwili narodzin, w latach pięćdziesiątych – po czterech dniach, w osiemdziesiątych – po dwóch dniach. Następnie, w kolejnym dziesięcioleciu, towarzystwa ubezpieczeniowe w Stanach Zjednoczonych zaczęły naciskać na obniżenie kosztów i ograniczenie pobytu w szpitalu praktycznie do godzin. W ramach protestu przeciwko takim „porodom w drodze" rząd federalny ustanowił w roku 1996 Akt Ochrony Zdrowia Noworodków i Matek. Prawo zmusza towarzystwa ubezpieczeniowe do płacenia za 48--godzinny pobyt matki z dzieckiem po porodzie naturalnym, a 96-godzinny pobyt po cięciu cesarskim, przy czym lekarz i matka mogą optować za wcześniejszym wypisem, jeśli dziecko jest zdrowe, a kobieta wolałaby wcześniej wrócić do domu. Decyzję najlepiej podejmować po prześledzeniu kolejnych przypadków i z udziałem lekarza. Wcześnie można wypisać bez ryzyka dziecko donoszone, które osiągnęło odpowiednią masę ciała, zaczęło dobrze jeść, wychodzi do domu w towarzystwie mamy lub rodziców znających podstawowe zasady opieki oraz cieszących się takim stanem zdrowia, który może je zapewnić. W tym wypadku rodzice muszą przyjąć wizytę lekarską (odwiedziny doktora, pielęgniarki czy położnej) w ciągu dwóch dni od chwili wyjścia ze szpitala. Jeśli masz jakiś powód, dla którego niepokoi cię wczesny wypis, porozmawiaj o tym z lekarzem.

Po wspólnym szybkim wypisie odwiedziny lekarza powinny nastąpić w ciągu 48 godzin. Należy też obserwować noworodki, by dostrzec takie problemy, jak na przykład zażółcenie skóry* i białek oczu (oznaki żółtaczki), jedzeniowstręt, odwodnienie (moczenie mniej niż sześciu pieluch w ciągu doby lub mocz o kolorze ciemnożółtym), nieprzerwany płacz lub pojękiwanie zamiast płakania, gorączka, obecność czerwonych bądź fioletowych plamek w jakimkolwiek miejscu na ciele.

---

* U dzieci o jasnej skórze można sprawdzić, czy wystąpiła żółtaczka, naciskając kciukiem rękę lub udo malca – jeśli miejsce pod palcem stanie się bardziej żółtawe niż białe, być może masz do czynienia z żółtaczką.

---

przyzwyczai się do gryzaczka, skoro już go dostaje.

Uspokajane gryzaczkiem dziecko nie przyzwyczai się do niego przez te dwa czy trzy dni spędzone w szpitalu – jest jeszcze za małe na nałóg. Są jednak inne powody, dla których mogłabyś sobie życzyć, by zamiast podawania gryzaczka uspokajano twe dziecko w inny sposób:

- Jeżeli karmisz piersią, może to źle wpłynąć na przyzwyczajenie się dziecka do ssania brodawki, gdyż ssanie gryzaczka i ssanie piersi wymaga innych ruchów warg i języka.
- Ssanie gryzaczka może w takim stopniu zaspokoić odruch ssania, że dziecko odmówi ssania z butelki lub piersi w porze karmienia.
- Twoja mała znacznie lepiej się poczuje, gdy zaspokoisz jej potrzeby sygnalizowane płaczem karmieniem, zabawą, kołysaniem, zmienieniem pieluchy, zamiast wtykać smoczek do jej buzi.

Jeżeli zdecydujesz, że nie chcesz, aby twoja córeczka dostawała smoczek w szpitalu, powiedz o tym personelowi. Jeżeli będzie płakała, a nikt nie będzie mógł się nią zająć, poproś, aby przyniesiono ją tobie. Wtedy spróbuj ją uspokoić czułymi gestami, mówieniem lub nakarmieniem jej, by zaspokoić u niej odruch ssania. Jeżeli po powrocie do domu okaże się, że twoje dziecko ma wyjątkowo dużą potrzebę ssania i zaczniesz rozważać podawanie gryzaczka, przeczytaj na ten temat na str. 175.

CO WARTO WIEDZIEĆ
Poradnik pielęgnacji niemowlęcia

Źle założyłaś pieluchę? Mija pięć minut, nim odpowiednio ułożysz dziecko do odbicia? Zapomniałaś umyć je pod paszkami w czasie kąpieli? Nie przejmuj się. Małe dzieci nie tylko wybaczają – one po prostu tego nie zauważają. Mimo to każdy początkujący opiekun chce robić wszystko właściwie. Poradnik pielęgnacji niemowlęcia pomoże ci w tym, lecz pamiętaj, że są to tylko niektóre propozycje i sugestie. Sama możesz wypracować sobie inne sposoby pielęgnowania swojego dziecka, które mogą okazać się nawet lepsze. Jeśli tylko są bezpieczne i pełne miłości, stosuj je bez wahania.

KĄPIEL NIEMOWLĘCIA

Zanim dziecko zacznie chodzić na czworakach i brudzić się dość dokładnie, codzienna kąpiel nie jest konieczna. Wystarczy dokładnie obmywać dziecko miejscowo w czasie zmiany pieluchy i po karmieniu, a kąpiel trzy razy w tygodniu zupełnie wystarczy. Rzadsze kąpiele mogą być mile widziane zwłaszcza w pierwszych tygodniach, kiedy często i kąpiący, i kąpany nie przepadają za tym elementem codziennej pielęgnacji (później zdecydowana większość zaczyna za nim przepadać). Codzienne przecieranie gąbką najbardziej narażonych na zabrudzenie miejsc, jak twarz, szyja, rączki i pupa, zaoszczędzi stresu niemowlęciu, które nie znosi kąpieli (patrz str. 322, jak zredukować strach podczas kąpieli). Jednakże dla tych maluchów, które to uwielbiają, kąpiel powinna być ukochanym rytuałem każdego dnia.

Każda pora dnia jest dobra na kąpiel, choć wieczór wydaje się najodpowiedniejszy, gdyż wykąpane dziecko łatwiej zapada w sen. (Gdy dziecko zacznie spędzać czas na pieczołowitym brudzeniu się, podczas wieczornych kąpieli trzeba będzie myć wszystkie „powierzchnie" z obu stron). Unikaj kąpania tuż przed jedzeniem lub zaraz po, ponieważ wstrząsanie dzieckiem, które ma pełny brzuszek, może skończyć się ulaniem pokarmu, a z kolei głodne dziecko może być niespokojne. Zarezerwuj sobie dużo czasu na kąpiel, tak abyś nie musiała się spieszyć. W żadnym wypadku nie zostawiaj dziecka samego nawet na sekundę, by zrobić coś innego. Wyłącz telefon lub włącz automatyczną sekretarkę, jeśli ją masz.

Gdy masz przenośną wanienkę, każde pomieszczenie w mieszkaniu może być przystosowane do kąpania dziecka, chociaż ze względu na chlapanie wodą łazienka lub kuchnia wydają się najodpowiedniejsze. Blat, na którym postawisz wanienkę, musi być na odpowiedniej wysokości i odpowiednio duży, by mogły się zmieścić na nim wszystkie potrzebne przybory. Temperatura w pomieszczeniu powinna wynosić 22°C.

Mycie gąbką. Zanim kikut pępowiny odpadnie i zagoi się, kąpiel w wanience można odłożyć na kilkanaście dni. Myjka lub gąbka zastąpią ją skutecznie. Oto kilka wskazówek, jak dokładnie umyć dziecko za pomocą myjki lub gąbki:

1. Wybierz miejsce do mycia. Blat do przewijania, stół, twoje łóżko lub łóżeczko dziecka mogą służyć jako miejsce do mycia niemowlęcia; wystarczy osłonić powierzchnię tych miejsc materiałem wodoodpornym (folią, ceratą) lub grubym ręcznikiem.

2. Zanim rozbierzesz dziecko, przygotuj:

- mydełko i szampon dla niemowląt;
- dwie myjki;
- waciki lub gaziki do przemywania oczu;
- ręcznik kąpielowy, najlepiej z kapturem;
- czystą pieluchę i ubranko;
- maść przeciw rumieniowi pieluszkowemu, jeśli jest potrzebna;

- alkohol i wacik do dezynfekcji pępka (jeśli jest zalecany, patrz str. 135);
- ciepłą wodę, jeżeli miejsce mycia nie jest przy umywalce.

3. **Przygotuj dziecko.** Jeżeli w pomieszczeniu jest ciepło, możesz od razu rozebrać całe dziecko i przykryć je tylko ręcznikiem (większość dzieci nie lubi leżeć zupełnie nago); jeżeli jest chłodno, rozbieraj dziecko stopniowo, tzn. odsłaniaj po kolei każdą część ciała, którą zamierzasz właśnie myć. Niezależnie od temperatury nie wyjmuj pieluchy, dopóki nie zaczniesz myć dolnej partii ciała. Nagie dziecko zawsze należy uważać za zdolne do czynienia szkód – szczególnie chłopca.

4. **Rozpocznij mycie od najczystszych części ciała, a zakończ na najbrudniejszych,** aby myjka i woda były jak najdłużej czyste. Namydlaj skórę dłonią lub myjką, lecz do spłukiwania używaj drugiej, czystej. A oto najlepsza kolejność mycia:

- **Głowa.** Raz lub dwa razy w tygodniu używaj szamponu dla niemowląt, spłukując główkę bardzo dokładnie. W pozostałe dni używaj tylko wody. Najwygodniej i najprościej jest spłukiwać główkę, podtrzymując ją nad krawędzią umywalki. Zanim przejdziesz do następnego etapu, delikatnie wysusz ręcznikiem główkę i włosy.
- **Twarz.** Najpierw używając wacików zwilżonych ciepłą przegotowaną wodą, przemywaj oczy dziecka jednym ruchem od kąta zewnętrznego do nosa. Za każdym razem i do każdego oka używaj czystego wacika. Do mycia twarzy niepotrzebne jest mydełko. Umyj małżowiny uszne i miejsca wokół, lecz nie w środku (woskowina chroni przed wnikaniem infekcji w głąb). Osusz delikatnie twarz i uszy ręcznikiem.
- **Szyja i klatka piersiowa.** Mydełko nie jest konieczne, chyba że dziecko jest spocone i brudne. Nie zapomnij o fałdach skóry na szyi, do których trudno dotrzeć. Osusz skórę bardzo dokładnie.
- **Ręce.** Wyprostuj rączki, by umyć je dokładnie. Bardzo starannie umyj wewnętrzne powierzchnie dłoni. Myj mydełkiem, lecz pamiętaj o dokładnym spłukaniu dłoni i palców.
- **Plecy.** Przewróć dziecko na brzuszek i umyj plecy, pamiętając o fałdach na szyi. Wytrzyj plecy ręcznikiem i ubierz dziecko w koszulkę i kaftanik, jeżeli pomieszczenie jest chłodne.
- **Nóżki.** Wyprostuj każdą nóżkę tak, by dotrzeć też do fałdek pod kolanami. Wytrzyj ręcznikiem.
- **Okolica narządów płciowych i pośladki.** Stosuj się do wskazówek dotyczących pielęgnacji penisa (po obrzezaniu) i kikuta pępowiny (str. 134 i 136), zanim się całkowicie zagoją, oraz do wskazówek dotyczących nie obrzezanego penisa (str. 135). U dziewczynek okolice krocza myje się, zachowując kierunek od przodu do tyłu. Do mycia używamy wody i mydła. Białe upławy z pochwy są normą. Do ich usunięcia użyj świeżego gazika oraz zwykłej wody (bez dodatku mydła) i delikatnie przemyj srom. Przy myciu chłopców zwróć uwagę, by dotrzeć też do zanieczyszczonej skóry w pachwinach, w fałdzie pośladkowym i pod moszną. Nie ściągaj jednak napletka. Osusz starannie skórę w tej części ciała i posmaruj dokładnie oliwką lub maścią na odparzenia, jeżeli jest to konieczne.

5. Załóż pieluszkę i ubierz do końca dziecko.

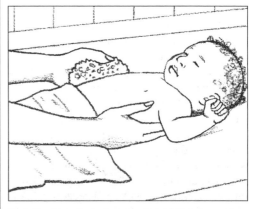

Dziecku jest ciepło i czuje się lepiej, gdy podczas mycia górnych części ciała dolna część tułowia i nóżki przykryte są ręcznikiem.

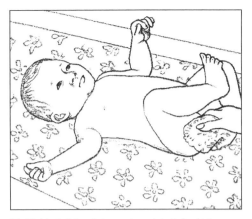

Najdokładniej należy myć części ciała, które są zakryte pieluszką. Robimy to na końcu, by nie rozprowadzać drobnoustrojów z tej okolicy ciała na inne.

Kąpiel w wanience. Dziecko jest gotowe do kąpieli w wanience, gdy tylko zagoi się pępek lub penis po obrzezaniu. Jeżeli dziecko nie lubi być zanurzane w wodzie, wróć ponownie do mycia myjką lub gąbką i po kilku dniach spróbuj jeszcze raz. Upewnij się, czy temperatura wody jest odpowiednia (ok. 37°C). Podtrzymujemy dziecko w kąpieli tak, by nie było obawy, że się wyślizgnie z naszych rąk.

1. Wybierz miejsce na postawienie wanienki. Może to być blat w kuchni, łazience lub wanna, chociaż w wannie może być ci niewygodnie kąpać dziecko, gdy będziesz cały czas zgięta nad jej krawędzią. Musi ci być wygodnie i powinnaś mieć wokół dużo miejsca na niezbędne przybory. Przy pierwszych kilku kąpielach możesz zrezygnować z mydła – mokre dzieci zawsze są śliskie, a namydlone – jeszcze bardziej.

2. Zanim rozbierzesz dziecko i napełnisz wodą wanienkę, przygotuj następujące rzeczy:

- wanienkę gotową do napełnienia wodą (na dno możesz położyć ręcznik lub czystą pieluchę, by dziecko się nie ślizgało);
- mydełko i szampon, jeżeli używasz;
- dwie myjki;
- gaziki lub waciki do mycia oczu;
- ręcznik kąpielowy, najlepiej z kapturem;
- czystą pieluchę i ubranka;
- maść przeciwko rumieniowi pieluszkowemu, jeżeli jest potrzebna.

3. Wlej do wanienki tyle wody, by tylko część ciała dziecka była w niej zanurzona. Sprawdź jej temperaturę łokciem lub termometrem (powinna wynosić ok. 37°C). Nigdy nie nalewaj wody prosto z kranu, gdy dziecko jest w wanience, gdyż jej temperatura może się nagle zmienić. Nie dodawaj płynów do kąpieli, gdyż mogą wysuszać skórę niemowlęcia.

4. Rozbierz dziecko do naga.

5. Wkładaj dziecko do wody powoli, przemawiając do niego czule, by złagodzić strach. Niemowlę trzymamy tak, że jego główka spoczywa na przedramieniu lewej ręki, a palcami tej ręki chwytamy je pod pachą.

6. Wolną ręką myj dziecko, zaczynając od głowy. Na początku wacikiem zwilżonym w ciepłej, przegotowanej wodzie przemywaj oczy dziecka jednym ruchem w kierunku od zewnętrznego kącika do nosa. Do każdego oka użyj czystego wacika. Następnie umyj twarz, małżowiny uszne i szyję. Używaj mydła codziennie do mycia dłoni i pupy dziecka, a co

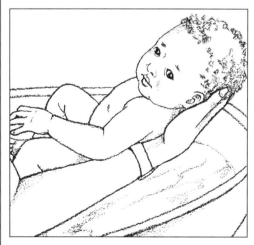

Większość dzieci jest bardzo wrażliwa, nawet płacze w czasie pierwszych kilku kąpieli w wanience. Trzeba je mocno podtrzymywać i czule przemawiać, by złagodzić ich strach.

kilka dni do mycia całych rąk, szyi, nóg i brzucha. Namydlaj ciało dłonią lub myjką. Po umyciu przodu odwróć dziecko, opierając je na swojej ręce, i umyj mu plecy oraz pośladki.

7. Spłucz ciało dziecka wodą przy użyciu świeżej myjki.

8. Raz lub dwa razy w tygodniu umyj dziecku włosy, używając delikatnego mydełka lub szamponu dla dzieci. Spłucz główkę dokładnie i wytrzyj ręcznikiem.

9. Owiń dziecko ręcznikiem i osusz, raczej dotykając, niż trąc. Ubierz w czyste ubranko.

MYCIE GŁOWY SZAMPONEM

W wypadku małego dziecka zabieg ten odbywa się bezboleśnie. Gdy dziecko jest większe, musimy uważać, by do jego oczu nie dostało się mydło lub szampon, co może je zrazić do mycia głowy na długi czas. Myj głowę szamponem tylko raz lub dwa razy w tygodniu, chyba że dziecko ma ciemieniuchę lub wyjątkowo przetłuszczające się włosy.

1. Zmocz włosy, polewając delikatnie wodą, np. z kubka. Dodaj kroplę szamponu dla dzie-

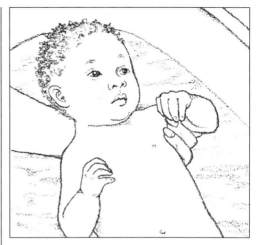

Podczas kąpieli trzymamy niemowlę mocno pod paszkami i podtrzymujemy chwiejącą się główkę.

ci (większa ilość utrudni spłukiwanie) i masuj delikatnie, by powstała piana.

2. Spłucz starannie delikatnym strumieniem prysznica lub kilkoma kubkami wody, trzymając mocno główkę dziecka.

Starszym dzieciom, które potrafią już stać samodzielnie, można myć głowę w dużej wannie. Jeśli chodzi o dziewczynkę, należy wypuścić wodę z wanny, gdyż siedzenie w brudnej wodzie może spowodować zakażenie pochwy. Musimy się jednak liczyć z tym, że większość dzieci nie lubi odchylać głowy do mycia. Często całe przedsięwzięcie kończy się łzami i złością.

ODBICIE POŁKNIĘTEGO POWIETRZA

Ssąc pierś czy butelkę, dziecko połyka nie tylko mleko, lecz również powietrze, co wprawia je w złe samopoczucie, wywołując uczucie sytości, zanim wymagana porcja zostanie zjedzona do końca. Umożliwienie dziecku wydalenia powietrza połkniętego razem z mlekiem jest bardzo ważnym elementem karmienia. Należy to robić kilka razy w czasie opróżniania przez nie butelki i mniej więcej co 5 minut (lub przynajmniej przy zmianie pier-

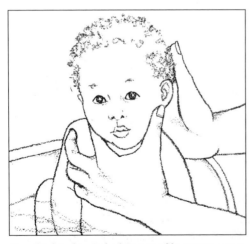

Dopóki dziecko nie będzie potrafiło sztywno trzymać główki, myjąc mu plecy jedną ręką, drugą musisz je mocno podtrzymywać z przodu.

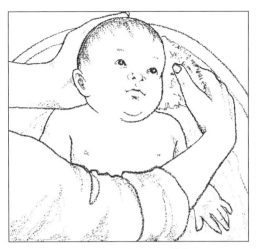

Czasem najlepszym sposobem na spłukanie szamponu jest kilkakrotne przetarcie główki dziecka myjką.

si), gdy karmisz piersią. Są trzy sposoby, aby doprowadzić do odbicia połkniętego powietrza: oprzeć dziecko na ramieniu, położyć je na swoich udach lub na siedząco podtrzymywać jego piersi i plecki. Dobrze jest wypróbować każdy z tych sposobów i wybrać ten, który najbardziej odpowiada i nam, i dziecku.

Na ramieniu. Oprzyj dziecko na swoim ramieniu, podtrzymując je za pośladki jedną ręką, a drugą masując lub poklepując je po plecach.

Leżąc na brzuszku na twoich udach. Połóż dziecko na swoich udach tak, aby jego brzuszek opierał się na jednej nodze, a główka na drugiej. Trzymając je jedną ręką, poklepuj lub masuj plecki dziecka drugą ręką.

Na siedząco. Posadź dziecko na kolanach, tak by głowę miało pochyloną do przodu. Jedną ręką podtrzymuj je pod pachą, drugą poklepuj po plecach. Uważaj, by główka dziecka nie przechyliła się nagle do tyłu.

PRZEWIJANIE

Zwłaszcza w pierwszych miesiącach życia przewijanie staje się bardzo częstym obowiązkiem wobec dziecka, wydaje się nawet, że zbyt częstym. Jednak częsta zmiana pieluszek jest najlepszym sposobem, by uniknąć podrażnienia delikatnej skóry dziecka. Po pieluchach tetrowych wyraźnie widać, kiedy powinny być wymienione na czyste – po prostu stają się mokre. Jeżeli używasz pieluch jednorazowych, ich stopień zmoczenia nie może być wskaźnikiem, kiedy należy dziecko przewinąć, gdyż wchłaniają mocz tak dobrze, iż długo nie czuje się, że są mokre, dlatego też trzeba im się uważniej przyjrzeć, powąchać. Nie musisz budzić śpiącego dziecka, by zmienić mu pieluchę. Zwłaszcza w nocy włączanie światła i ruchy wykonywane w czasie przewijania mogą rozbudzić dziecko. Oczywiście pieluchę jednorazową należy natychmiast zmienić po każdym oddaniu stolca.

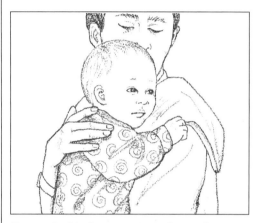

Trzymanie dziecka na ramieniu daje najlepsze rezultaty u większości dzieci. Nie zapominaj jednak osłonić ubrania przed ulanym mlekiem.

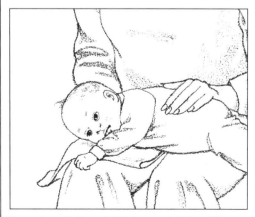

Pozycja na kolanach działa uspokajająco i kojąco na dzieci cierpiące z powodu kolki gazowej.

Bezpieczne podróżowanie

Początkujący rodzice, gdy po raz pierwszy wychodzą z dzieckiem na dwór, często największą uwagę zwracają na to, by było ono mocno opatulone, by przypadkiem się nie przeziębiło od silniejszego podmuchu wiatru czy kilku kropel deszczu. Równocześnie ci sami rodzice narażają swe dzieci na duże niebezpieczeństwo, przewożąc je samochodem bez odpowiedniej ochrony. Przebywanie dziecka w nie najlepszych warunkach pogodowych zwykle nie wywołuje choroby, lecz jazda bez fotelika w samochodzie lub w źle zamocowanym foteliku może zagrażać zdrowiu i życiu dziecka. W wypadkach samochodowych ginie lub odnosi poważne obrażenia rocznie więcej dzieci niż z powodu wszystkich ciężkich chorób dziecięcych.

Foteliki samochodowe, podobnie jak pasy bezpieczeństwa, są wymagane przez prawo. Zabierając dziecko ze szpitala samochodem, a także w każdą następną podróż, kładź je lub sadzaj w foteliku do tego przystosowanym. Nie tłumacz sobie, że jedziesz tylko kilka przecznic, bo najwięcej wypadków zdarza się w odległości 40 km od domu, nie – jak sądzi większość – na autostradach. Nie wykręcaj się faktem, że będziesz jechać wolno (wypadek przy prędkości 50 kilometrów na godzinę wyzwala tyle siły, ile upadek z trzeciego piętra). Nie powinnaś też ufać, że twoje ramiona ochronią dziecko, nawet jeśli jesteś przypięta pasem bezpieczeństwa (w razie wypadku dziecko wypadnie ci z rąk i może zostać przygniecione twoim ciałem). Pamiętaj też, że nie musi wydarzyć się poważny wypadek, by skutki były poważne. Można się mocno zranić, gdy samochód nagle zahamuje lub wykona ostry skręt, by uniknąć zderzenia. Dziecko zawsze musi być starannie przypięte do fotelika, gdy samochód jest w ruchu, niezależnie od tego, czy jedziecie na drugi koniec kraju, czy tylko przeparkowujecie samochód na tym samym parkingu.

Przyzwyczajanie dziecka do fotelika od samego początku, zaraz po jego urodzeniu, ułatwi jego zaakceptowanie, gdy będzie ono już starsze. Dzieci, które regularnie jeżdżą w fotelikach, gdy są bardzo malutkie, nie tylko są bezpieczniejsze, lecz lepiej się zachowują w czasie jazdy, gdy osiągną trudny wiek wzmożonej aktywności.

• Zainstaluj fotelik i przypnij dziecko, postępując zgodnie z instrukcją producenta. Przed każdą wyprawą sprawdź, czy fotelik jest dobrze zabezpieczony oraz czy pasy bezpieczeństwa lub system LATCH (patrz str. 52) przytrzymujące go są napięte. Pasy na uda i ramiona, które nie przylegają ściśle, powinny być przymocowane za pomocą specjalnych przypięć, znajdujących się w większości fotelików (potrzebne są głównie do samochodów wyprodukowanych przed 1996 rokiem). Fotelik nie może się kołysać, obracać, przechylać z jednej strony na drugą, przewracać ani przesuwać o więcej niż dwa centymetry, gdy pchnie się go z boku lub przodu. (Można sprawdzić, czy fotelik, w którym dziecko siedzi tyłem do kierunku jazdy, jest dobrze przymocowany, chwytając siedzenie samochodowe za górną część i ciągnąc je w dół. Wówczas tylna część fotelika dla niemowlęcia powinna utrzymać się pod tym samym kątem.) Aby mieć pewność, że fotelik jest prawidłowo zainstalowany, wybierz się na jeden z wielu organizowanych przeglądów bezpieczeństwa w lokalnej jednostce straży pożarnej, komisariacie policji, w szpitalu, u dealera samochodowego czy w sklepie z artykułami dla dzieci.

• Niemowlęta powinny podróżować tyłem do kierunku jazdy (w foteliku ustawionym pod kątem 45°) do 9 kg masy ciała i do ukończenia przynajmniej 12 miesięcy życia. Nawet te dzieci, które ważą powyżej 9 kg, ale nie mają jeszcze roku (wiele jest takich przypadków) albo wyrosły z fotelika dla niemowląt z powodu wzrostu (70 cm i/lub ich główka jest na tej samej wysokości co tył fotelika), powinny nadal podróżować tyłem do kierunku jazdy, aż ukończą rok. Przed tym ważnym wydarzeniem kręgosłup i szyja dziecka nie są jeszcze na tyle silne, by wytrzymać siłę ruchu tył–przód (do jakiego dochodzi przy zderzeniu). Jeśli zatem malec wyrósł już ze swojego fotelika, ale nie dorósł do takiego, w którym siedzi twarzą do kierunku jazdy, należy go sadzać w foteliku przekształcalnym, przeznaczonym dla większych dzieci (13 do 16 kg i ponad 70 cm), ale z a w s z e tyłem do kierunku jazdy. Po skończeniu roku życia (i przekroczeniu 9 kg wagi) fotelik przekształcalny można zamontować przodem do kierunku jazdy albo kupić nowy, dla większych dzieci.

- Jeśli to tylko możliwe, należy umieścić fotelik na środku tylnego siedzenia, gdyż jest to najbezpieczniejsze miejsce w samochodzie. N i e w o l n o sadzać dziecka jadącego tyłem do kierunku jazdy na miejscu obok kierowcy, jeśli samochód jest wyposażony w poduszkę powietrzną dla pasażera, ponieważ otwarcie się poduszki (a może do tego dojść podczas kolizji, nawet przy niewielkiej prędkości) może się stać przyczyną poważnych obrażeń, a nawet śmierci niemowlęcia. Najbezpieczniejszym miejscem dla dzieci do 13 roku życia jest tylne siedzenie – starsze dzieci natomiast mogą jechać z przodu tylko w bardzo uzasadnionych sytuacjach, bezpiecznie przypięte i jak najdalej poduszki powietrznej. (Obecnie wprowadzane są na rynek nowe foteliki, przystosowane do poduszek powietrznych i które można montować na przednich siedzeniach tych samochodów, które nie mają siedzeń z tyłu (na przykład tzw. pikapach czy sportowych modelach dla dwóch osób). Warto jednak pamiętać, że nawet te foteliki najlepiej zapewniają bezpieczeństwo tylko wówczas, gdy są zamontowane na tylnym siedzeniu.

- Dopasuj długość pasów bezpieczeństwa do wielkości dziecka. Rowki na pasy w foteliku, w którym dziecko podróżuje tyłem do kierunku jazdy, powinny się znajdować na wysokości ramion niemowlęcia, a klamra piersiowa – na poziomie paszek. Paski nie mogą być skręcone i powinny być na tyle luźne, by dało się włożyć więcej niż dwa palce między pas a obojczyk dziecka. Sprawdź w instrukcji, w jakiej pozycji powinien znajdować się uchwyt fotelika podczas jazdy.

- Ubierz dziecko tak, by można było przełożyć pasy między jego nóżkami. W zimne dni lepiej przykryć malca kocykiem, gdy jest zapięty (po dopasowaniu pasów), niż ubierać w kombinezonik, który utrudnia prawidłowe przypięcie dziecka.

- Wiele fotelików dla niemowląt ma specjalne poduszeczki utrzymujące główkę, które jednak można zastąpić zrolowanym kocykiem ułożonym po bokach fotelika oraz wokół główki i szyi.

- Sprawdź, czy duże i ciężkie przedmioty, jak głośniki, walizki, torby itd., są dobrze zamocowane, zabezpieczone i czy w razie nagłego zahamowania lub zderzenia nie zmienią miejsca w samochodzie, uderzając w pasażerów.

- Starszym dzieciom przywiąż do fotelika miękkie zabawki na krótkich sznureczkach, by nie spadały, denerwując dziecko i absorbując kierowcę, który musiałby je podnosić i podawać małemu pasażerowi.

- Foteliki samochodowe czasem są tak zaprojektowane, że można je wpiąć w wózek sklepowy. Choć na pewno jest to wygodne rozwiązanie, trzeba zachować szczególną ostrożność, gdyż dziecko z fotelikiem waży tyle, że może przeważyć i wywrócić wózek – albo zgodnie z zaleceniami Amerykańskiej Akademii Pediatrii nosić dziecko podczas zakupów w nosidełku czy wozić w wózku.

- Amerykańska Administracja Lotnictwa Cywilnego zaleca, by na pokładzie samolotów niemowlęta i dzieci do czwartego roku życia podróżowały w fotelikach samochodowych przypiętych pasami do siedzeń. Większość fotelików samochodowych posiada odpowiedni certyfikat przydatności do podróży lotniczych.

- Więcej na temat dokonywania wyboru odpowiedniego fotelika samochodowego, rodzajach zamocowań i pasów oraz o innych sprawach bezpieczeństwa znajdziesz w rozdziale 2.

- Najważniejsza zasada brzmi: N i g d y n i e r ó b w y j ą t k ó w. Podczas podróży samochodem wszyscy pasażerowie muszą być bezpiecznie i odpowiednio przypięci pasami.

Bezpiecznie ze wszystkich stron?

Środek tylnego siedzenia to najbezpieczniejsze miejsce w każdym samochodzie, dlatego też – jeśli jest taka możliwość – tam powinno siedzieć dziecko. Jeśli to miejsce z jakiegoś powodu nie jest dostępne (na przykład masz więcej dzieci) albo samochód takim miejscem nie dysponuje (bo z tyłu są fotele z oparciami pod łokcie), to następnym w kolejności bezpiecznym miejscem staje się dowolne miejsce z tyłu. Cóż jednak począć w przypadku, gdy samochód jest wyposażony w boczne poduszki bezpieczeństwa, a takie spotyka się coraz częściej? Choć jeszcze nie dysponujemy danymi, czy owe poduszki mogą wyrządzić krzywdę dziecku, testy zderzeniowe wykazują taką możliwość. Najbezpieczniej – a tak zawsze trzeba postępować w sprawach związanych z dzieckiem – będzie więc poprosić dealera samochodowego o zablokowanie poduszek. Wszystko wskazuje na to, że boczne kurtyny powietrzne nie zagrażają niemowlętom.

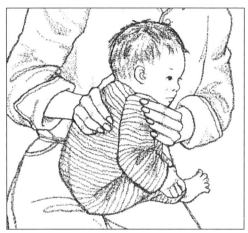

Nawet noworodek może siedzieć na twoich kolanach, aby mu się odbiło, lecz uważaj, by główka była dobrze podtrzymywana.

1. Zanim rozpoczniesz przewijanie, upewnij się, że wszystko, czego będziesz potrzebować, znajduje się w zasięgu ręki. Inaczej może się okazać, że po wyciągnięciu brudnej pieluchy nie masz czym doprowadzić dziecka do porządku. Będziesz potrzebować:

- czystej pieluchy;
- wacików i ciepłej wody dla dzieci poniżej jednego miesiąca życia (lub dla tych, które mają rumień pieluszkowy) oraz małego ręcznika lub suchej myjki do osuszania; specjalnych mokrych chusteczek higienicznych dla niemowląt do wycierania zabrudzonej skóry;
- bielizny na zmianę; czystej ceratki lub nieprzemakalnych majteczek, jeżeli używasz pieluch bawełnianych;
- maści lub kremu przeciw odparzeniom, jeżeli jest potrzebny; puder czy emulsja będą zbędne. Ostrożnie z kremem – jeśli dostanie się w miejsce łączenia pieluchy, może obniżać skuteczność taśm klejących w pieluchach jednorazowych. Oczywiście nie ma to znaczenia przy pieluchach na rzepy.

2. Przed przewijaniem dziecka umyj i wytrzyj ręce, w ostateczności przetrzyj je dokładnie wilgotną chusteczką.

3. Przygotuj dziecku „program rozrywkowy". Program „na żywo" (gruchanie, śmieszne miny czy śpiewanie piosenek) może być zapewniony przez osobę przewijającą dziecko, przez rodzeństwo malucha, rodziców lub kogoś znajomego, kto właśnie jest obecny. Innym źródłem zabawy mogą być wiszące nad blatem nakręcane zabawki, pluszaki w zasięgu wzroku dziecka (później w zasięgu ręki), pozytywka, zabawka mechaniczna, jednym słowem może to być cokolwiek, byleby zajęło uwagę dziecka na tyle długo, abyś mogła wyjąć jedną pieluchę i założyć drugą. Nie używaj jednak takich rzeczy, jak pudełeczko z pudrem lub inne kosmetyki, gdyż starsze dziecko może je chwycić i włożyć do buzi.

4. Rozłóż dodatkową pieluchę lub jakiś podkład z materiału, by ochronić powierzchnię, na której leży dziecko, przed ewentualnym zmoczeniem. Nigdy nie zostawiaj malucha w trakcie przewijania bez opieki, nawet na krótką chwilę.

5. Odwiń pieluchę i zbadaj sytuację. Jeżeli było wypróżnienie, wytrzyj pupę czystym kawałkiem zabrudzonej pieluchy. Złóż pieluchę zabrudzoną stroną do środka i podłóż pod pośladki dziecka. Teraz obmyj przód ciepłą wodą lub mokrymi chusteczkami, docierając do wszystkich fałd skórnych. Następnie unieś obydwie nóżki. (Nie należy podnosić dziecka za nóżki, gdyż grozi to uszkodzeniem stawów biodrowych. Jeżeli chcemy unieść tułów dziecka, wkładamy mu rękę pod pośladki – przyp. red.) Obmyj pośladki, wysuń brudną pieluchę i podłóż świeżą, zanim opuścisz nóżki. (Staraj się przez cały czas trwania tej czynności trzymać czystą pieluchę nad penisem dziecka dla „samoobrony". Chłopcy często w czasie przewijania mają wzwód – to zupełnie normalne i nie oznacza, że doszło do stymulacji.) Osuszaj skórę przez dotykanie suchym, cienkim ręcznikiem. Nim założysz pieluchę bądź użyjesz maści lub kremu, sprawdź dokładnie, czy ciałko dziecka jest suche. Jeżeli zauważysz jakieś zaczerwienienie lub podrażnienie skóry, na str. 247 znajdziesz wskazówki, jak je leczyć.

6. Jeżeli używasz pieluch tetrowych, złóż pierwszą pieluszkę na trzy warstwy, a następnie jej koniec zawiń do góry w 1/3 jej długości, co powoduje, że jedna połowa złożonej pieluszki ma grubość sześciu warstw, a druga połowa trzech. Chłopcu grubszą część zakłada się z przodu, a dziewczynce pod pośladki. Następnie zawijamy dziecko w drugą trójkątnie złożoną pieluszkę. Jeżeli używasz agrafek, kup specjalnie do tego przeznaczone i zapinaj je bardzo ostrożnie.

Jeżeli używasz pieluch jednorazowych, zawsze przestrzegaj zaleceń producenta. Uważaj, by taśmy samoprzylepne nie przykleiły się do skóry niemowlęcia. Pieluchy i majteczki nie przemakające powinny być dobrze dopasowane, aby nic nie przeciekało, ale niezbyt ciasne, by nie obetrzeć i nie podrażnić delikatnej skóry dziecka.

Jeżeli chcesz uniknąć zmoczenia brzegów koszulki u chłopców, kieruj prącie w dół, zakładając nową pieluchę. Jeśli kikut pępowiny jeszcze nie odpadł, podwijaj brzeg pieluchy tak, aby kikut był odkryty, miał dostęp powietrza i nie ulegał zamoczeniu.

7. Pieluszki zabrudzone kałem trzeba od razu spłukać zimną wodą. (Jeśli to możliwe, można wrzucić uformowany kał do sedesu, ale w przypadku dziecka karmionego piersią będzie to możliwe dopiero wtedy, gdy wprowadzimy pokarmy stałe do jego diety.) Następnie spieramy je w ciepłej wodzie i wrzucamy do specjalnego wiadra na pieluchy z przykryciem. Gdy uzbiera się odpowiednia ilość, pierzemy, a następnie suszymy. Zabrudzone pieluszki

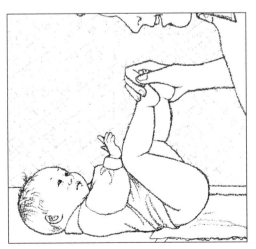 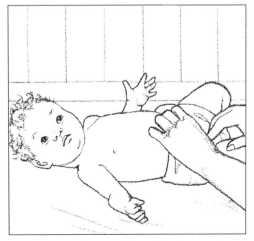

Pieluchy jednorazowe znacznie przyspieszają przewijanie. Uważaj, by nie położyć dziecka na taśmach klejących. Gdy podłożysz tylną część pieluchy pod pośladki, przednią jej część włóż między nóżki i sklej każdy bok taśmą.

jednorazowe składamy szczelnie, zaklejamy ponownie taśmą, wrzucamy do plastikowej torby, a następnie do wiadra na śmieci. Podczas pobytu poza domem brudne pieluchy można przechowywać w plastikowej torbie.

8. Zmień ubranka dziecka i pościel, gdy jest to konieczne.

9. Umyj ręce mydłem i wodą lub wytrzyj mokrą chusteczką higieniczną.

UBIERANIE NIEMOWLĄT

Nie jest wcale łatwo ubrać lub rozebrać niemowlę. Wymachuje ono rączkami, podkurcza nóżki, a jego głowa wydaje się dużo większa niż otwory w większości dziecięcych ubranek. Są jednak sposoby, które pomogą lepiej znieść te konieczne czynności:

1. Zaopatrz się w ubranka z szerokim rozcięciem przy szyi lub zapinane na zatrzaski. Łatwiej jest przebrać dziecko lub zmienić pieluchę, gdy ubranko ma zatrzaski lub zamek w kroku. Rękawy powinny być luźne. Wygodniejsze są ubranka wykonane z trykotu i innych rozciągających się materiałów niż płócienne.

2. Przebieraj dziecko wtedy, gdy jest to konieczne. Niewielkie plamki mleka ulane w czasie odbicia można zetrzeć wilgotnym ręcznikiem, zamiast przebierać całe niemowlę. Najlepiej jest zawiązać wokół szyi śliniaczek lub pieluchę, co skutecznie ochroni kaftanik przed zabrudzeniem.

3. Przebieraj dziecko na płaskiej powierzchni, takiej jak blat przeznaczony do tego celu, duże łóżko lub materac łóżeczka dziecięcego na dużej wysokości. Zapewnij dziecku jakąś rozrywkę.

4. Potraktuj przebieranie jako czas na zacieśnienie wzajemnych kontaktów. Wesoło przemawiaj do dziecka, co pomoże mu rozładować towarzyszący tym czynnościom stres. Niech ubieranie będzie zabawą połączoną z nauką, stymulującą dziecko do współpracy z osobą ubierającą. Rozciągnij otwór przy szyi, zanim zaczniesz wciągać koszulkę czy kaftanik przez głowę dziecka, tak by brzeg wycięcia nie zahaczał się o uszy i nos. Gdy dziecko ma zakrytą twarz, bardzo się wówczas boi, dlatego potraktuj te kilka chwil ciemności jako zabawę w chowanego. („Gdzie jest mamusia? – O tutaj!") Jeszcze więcej zabawy będziecie mieć oboje, gdy każde wypowiedziane zdanie przypieczętujesz pocałunkiem – na przykład dając całuska pojawiającym się w rękawkach i nogawkach malutkim rączkom i nóżkom.

5. Nakładając koszulkę lub kaftanik, wkładamy swoją rękę do rękawa i wciągamy rącz-

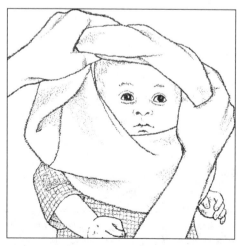

Wkładanie kaftanika przez główkę.

Wkładanie rączek w rękawki śpioszków.

kę niemowlęcia. Tutaj też możemy wprowadzić zabawę. („Gdzie jest rączka mamusi? – O tutaj jest!")

6. Zapinając zamek błyskawiczny, odciągnij go nieco od ciała, by nie „złapać" skóry dziecka.

PIELĘGNACJA USZU

Stare powiedzenie „nigdy nie wkładaj do ucha nic, co byłoby mniejsze od twojego łokcia" przypominają nie tylko nasze babcie, ale również współczesne autorytety medyczne. Lekarze zgadzają się, że równie niebezpieczne jak wkładanie guzika do ucha przez psotnego dwulatka jest wkładanie wacika na patyczku przez uważnego opiekuna. Myj tylko małżowinę uszną – myjką lub watą, ale nie próbuj penetrować kanału słuchowego wacikiem, palcem ani niczym innym. Ucho samo się oczyszcza naturalnie, a próby wydostania woskowiny mogą doprowadzić do jeszcze głębszego jej wepchnięcia. Jeżeli wydaje ci się, że woskowina zamiast wypływać, gromadzi się w uchu, powiedz o tym lekarzowi.

BRANIE NA RĘCE I NOSZENIE DZIECKA

U tych, którzy nigdy wcześniej nie nosili małego dziecka na rękach, czynność ta na początku może budzić obawę. Nie jest to również bez znaczenia dla dziecka. Po kilku miesiącach przemieszczania się tylko w obrębie worka macicznego nagle jast ono podnoszone w górę, to znów opada w dół, wszystko to na otwartej przestrzeni. Zwłaszcza gdy głowa i szyja dziecka nie są dobrze podtrzymywane rękami, dziecku może się wydawać, że spada, i może się bardzo bać. Tak więc dobra technika noszenia nie polega tylko na zapewnieniu bezpieczeństwa, ale na wywołaniu w dziecku odczucia, że jest bezpieczne. W końcu wypracujesz sobie techniki noszenia, które będą odpowiadać wam obojgu i staną się dla was zu-

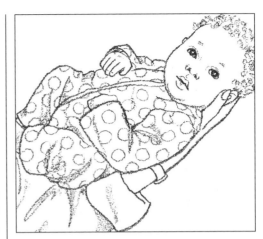

Podnosząc dziecko, uważnie podtrzymuj jego plecy i szyję.

pełnie naturalne. Czasem przerzucisz dziecko przez ramię lub chwycisz je pod pachę, wkładając pranie do pralki, stukając w klawisze klawiatury komputera lub czytając etykietki na towarach w supermarkecie. Mimo to będzie się ono czuło tak bezpiecznie jak w łonie matki. W trudnym okresie przejściowym będą ci jednak pomocne następujące wskazówki:

Podnoszenie dziecka. Zanim dotkniesz dziecka, zaznacz swoją obecność głosem, kontaktem wzrokowym, by nie zostało ono nagle przez niewidoczne ręce przeniesione nie wiadomo dokąd. Wsuń jedną rękę pod główkę

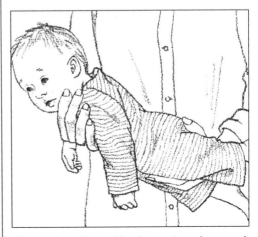

Wsuń jedną rękę pod brodę i szyję, a drugą podnieś dziecko skierowane twarzą w dół.

Noszenie dziecka twarzą do kierunku ruchu jest ulubioną pozycją, gdyż maluch dobrze widzi, co się dzieje przed nim i wokół niego.

i szyję dziecka, drugą pod pupę i trzymaj tak przez kilka chwil, zanim podniesiesz dziecko, by przyzwyczaiło się do innej podpory niż materac. Następnie przesuń jedną rękę tak, aby podpierała głowę, plecy i pośladki. Drugą podłóż pod plecy i nóżki i podnoś dziecko w kierunku swojego ciała. Nachyl się, by skrócić odległość, jaką dziecko musi przebyć, by zetknąć się z tobą.

Wygodne noszenie dziecka. Bardzo malutkie dziecko zmieści się w jednej twojej ręce.

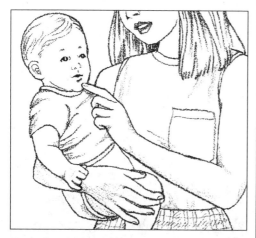

Kiedy dziecko dorośnie na tyle, by trzymać się prosto, noszenie na biodrze pozostawia ci jedną rękę wolną.

Głowa i szyja będzie spoczywać na twojej dłoni, a plecy i pośladki twojego maleństwa oprą się na przedramieniu (patrz ilustracja na str. 131). W wypadku większego dziecka wygodniej jest podłożyć jedną rękę pod nogi i pośladki, a drugą podpierać plecy, szyję i główkę (dłoń obejmuje ramię dziecka, a nadgarstek jest pod głową).

Niektóre dzieci lubią noszenie na ramieniu. Jedną ręką podtrzymujemy wówczas pośladki, a drugą główkę i szyję.

Nawet małe dzieci lubią być noszone twarzą w kierunku poruszania się. Mogą wówczas oglądać świat. Jedną ręką obejmujesz dziecko w okolicy klatki piersiowej, przyciskając je do swojej, drugą rękę podkładasz pod jego pupę.

Noszenie dziecka na biodrze zajmuje ci tylko jedną rękę. Drugą możesz robić coś innego. W ten sposób możemy nosić tylko starsze dzieci. Trzymaj je w pasie, przyciskając mocno do siebie, a rozszerzonymi nóżkami niech obejmie twoje biodro, opierając o nie pośladki. (Porady na temat kładzenia śpiącego dziecka bez budzenia go znajdziesz na stronie 165.)

Kładzenie dziecka na pleckach. Przyciskając dziecko do ciała, pochyl się nad łóżeczkiem, żeby maluszek jak najkrócej był w powietrzu. Jedną ręką podtrzymuj pośladki maleństwa, drugą plecki, szyjkę i główkę. Nie ruszaj dłońmi przez kilka chwil, aż dziecko poczuje pod sobą pewny, wygodny materacyk, następnie wysuń je. (Więcej porad dotyczących układania śpiącego dziecka go znajdziesz na stronie 165.)

OBCINANIE PAZNOKCI

Obcinanie paznokci u malutkich paluszków dziecka jest nie lada zadaniem dla początkujących rodziców, ale cóż, trzeba i z tym sobie poradzić. W chwili nieuwagi rodziców maleństwo może zrobić sobie krzywdę i podrapać się po buzi zbyt długimi paznokciami.

Paznokcie noworodka bywają mocno przerośnięte w chwili porodu (trudno je obcinać w łonie mamy) i są tak miękkie, że można ciąć je łatwo jak papier. Znacznie trudniej uchwycić chwilę, aby dziecko się nie poruszało. Można to zrobić w czasie snu, pod warunkiem że maluch jest prawdziwym śpiochem lub jeśli nie masz nic przeciwko temu, że się zbudzi. Gdy dziecko nie śpi, dobrze jest skorzystać z czyjejś pomocy. Jedna osoba trzyma rączkę, druga obcina paznokcie. Zawsze używaj specjalnych nożyczek do paznokci dla dzieci, z okrągłymi końcami, by w razie szarpnięcia dłonią w nieodpowiednim momencie nikt nie został ukłuty. Dobre są też małe cążki, ale musisz uważać, by przypadkiem nie chwycić skóry pod paznokciem. Jeżeli zdarzy ci się coś takiego i miejsce zacznie krwawić – każdej matce przynajmniej raz się to zdarza – przyłóż sterylny gazik i trzymaj tak długo, aż krew przestanie lecieć; plaster zwykle nie jest konieczny.

PIELĘGNACJA NOSA

Podobnie jak wnętrze ucha, wnętrze nosa również oczyszcza się samoistnie i nie wymaga specjalnych zabiegów higienicznych. Jeżeli wydostanie się wydzielina, wytrzyj nos z zewnątrz, lecz nie wkładaj do środka żadnych wacików na patyczkach, skręconych chusteczek higienicznych ani własnego palca. Możesz tylko wepchnąć wydzielinę w głąb przewodów nosowych lub zadrapać delikatne błony śluzowe. Jeżeli dziecko ma zatkany nosek z powodu przeziębienia, należy usuwać wydzielinę za pomocą gumowej gruszki (patrz str. 491).

WYJŚCIA Z DOMU

Jeszcze bardzo długo nie wyjdziesz z domu z pustymi rękami, jeśli ma ci towarzyszyć dziecko. Oto zestaw rzeczy, które mogą ci być potrzebne w czasie spaceru lub dłuższego pobytu poza domem:

Torba na pieluchy. Nie ruszaj się z domu bez niej. Najlepiej mieć ją stale spakowaną i gotową do drogi (rady na temat wyboru takiej torby znajdziesz na stronie 55).

Podkład do przewijania dziecka. Powinien być z materiału wodoodpornego. Można też go zastąpić ręcznikiem, ale wtedy nie ochroni on powierzchni łóżka czy mebla, na którym będziesz przewijać dziecko, na przykład będąc z wizytą.

Pieluchy. Liczba pieluch, które musisz zabrać z sobą, zależy od tego, jak długo zamierzasz przebywać poza domem. Zawsze weź o jedną więcej, niż twoim zdaniem powinnaś. Prawdopodobnie ci się przyda. Większość matek używa w takich sytuacjach jednorazowych pieluszek, ale jeśli wolisz, możesz zabierać bawełniane.

Mokre chusteczki higieniczne dla niemowląt. Dobrze jest zabierać je w małym opakowaniu lub przełożyć kilka lub kilkanaście sztuk do szczelnego plastikowego pudełeczka. Przydadzą się też tobie. Możesz nimi wytrzeć ręce przed przystąpieniem do karmienia, przed i po przewijaniu lub zetrzeć ulane mleko czy plamy jedzenia z ubrania albo sprzętów domowych.

Małe torebki foliowe. Potrzebne będą do chowania zabrudzonych pieluch lub zmoczonych ubranek.

Pokarm w butelce. Jeżeli dziecko jest karmione sztucznie i w czasie pobytu poza domem nadejdzie czas karmienia, a nie będzie warunków do przygotowania świeżej mieszanki, musisz zabrać z sobą gotową butelkę.

Pielucha do położenia na ramieniu. Twoim znajomym może podobać się trzymanie dzidziusia na rękach, ale ulane mleko na ich ramionach na pewno im się nie spodoba. Aby ochronić ubranie, osłoń narażone miejsca bawełnianą pieluszką.

Ubranie niemowlęcia na zmianę. Stroisz swoje dziecko w najlepszy i najmodniejszy zestaw na ważne spotkanie rodzinne. Przyjeżdżasz na miejsce, wyciągasz swoją ślicznotkę z fotelika samochodowego, a tu wielka żółtobrązowa plama na pośladkach od zbyt luźnego stolca. Oto jeden z powodów, dla których należy wozić za-

Dokumenty dziecka

Teraz trudno sobie wyobrazić, że noworodek może mieć do załatwienia jakieś sprawy (poza jedzeniem, spaniem, płakaniem i rośnięciem). Jest jednak pewien niezwykle ważny dokument, po który trzeba wystąpić od razu. Metryka urodzenia to świadectwo urodzenia stwierdzające podstawowe dane osobiste oraz obywatelstwo. Potrzebna będzie w wielu ważnych momentach życiowych, np. przy zapisywaniu do szkoły, przy wyrabianiu dowodu osobistego, przy zawieraniu małżeństwa itp. Świadectwo urodzenia otrzymuje się po zarejestrowaniu dziecka w urzędzie miasta lub gminy. Warto przeczytać je uważnie i sprawdzić, czy nie popełniono błędów – zdarzają się. Zwykle otrzymuje się oryginał i kilka kopii, które należy przechowywać w bezpiecznym miejscu.

---

pasowy komplet ubrania dla dziecka, a gdy wizyta ma trwać bardzo długo, to przydadzą się dwa. A także wiele, wiele mokrych chusteczek.

Dodatkowy kocyk lub sweterek. Gdy pogoda jest zmienna, dodatkowe okrycie może być potrzebne.

Smoczek gryzaczek, jeśli dziecko używa. Noś go w czystej torebce foliowej.

Zabawki. Dla malutkich dzieci odpowiednie będą kolorowe grzechotki przymocowane na gumce do wózka lub fotelika samochodowego. Starszym dzieciom możemy zabrać lekkie zabawki do naduszania, potrząsania i wkładania do buzi. Dwulatki lubią książeczki, samochodziki, lalki, pluszowe zwierzątka i inne kolorowe zabawki.

Ochronny krem przeciwsłoneczny. Jeśli będziecie przebywać w nasłonecznionym miejscu, niewielką ilością takiego kremu smaruj buzię, rączki i ciało dziecka (nawet jeśli nie ukończyło ono sześciu miesięcy) przez cały rok (w zimie promienie słoneczne odbite od śniegu także mogą wywołać oparzenia skóry).

Przekąska dla mamy. Jeżeli karmisz piersią i długo będziesz poza domem bez możliwości zjedzenia czegoś wartościowego, zabierz z sobą owoc, kilka plasterków sera, ciemny chleb lub krakersy. Sok owocowy albo termos z zimnym lub gorącym napojem będzie potrzebny, gdy wybierasz się na dłuższą wycieczkę w plener, gdzie napoje nie będą dostępne.

Jedzenie dla dziecka. Gdy dziecko zjada już pokarmy stałe, zabierz ze sobą słoiczki z przekąskami. Będziesz potrzebować też łyżeczki (w plastikowej torebce, którą zachowaj, by przynieść w niej do domu brudną łyżeczkę), śliniaczka i ręczników papierowych lub sporo chusteczek higienicznych. Starszym dzieciom zabierz coś, co łatwo da się zjeść w każdych warunkach, np. świeże owoce, herbatniki, krakersy lub kanapki, które zaspokoją głód między posiłkami, nie zabierając zbyt dużo czasu poświęconego na zabawę na świeżym powietrzu. Uważajcie jednak, by nie karmić dzieci wtedy, gdy się nudzą lub gdy płaczą. Taki zwyczaj jedzenia w złych lub ciężkich momentach życia może utrwalić się jako niepożądany nawyk nawet w dorosłym życiu.

Środki pielęgnacji i pierwszej pomocy. W zależności od potrzeb zdrowotnych dziecka, a także od tego, dokąd się z nim udajesz, warto również wziąć ze sobą: maść przeciw rumieniowi pieluszkowemu, plaster z przylepcem i maść z antybiotykiem (szczególnie, gdy dziecko już chodzi), leki, które dziecko przyjmuje (jeśli będziesz poza domem w czasie, gdy przypada następna dawka; jeśli lekarstwo powinno być przechowywane w lodówce, zapakuj je z woreczkiem lodu w termosie).

HIGIENA PRĄCIA

Zaraz po urodzeniu napletek mocno przylega do żołędzi. Z upływem czasu oddzielają się one od siebie, w miarę usuwania komórek z powierzchni każdej warstwy. Zbęd-

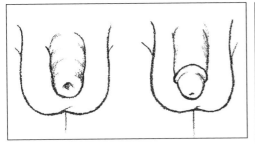

Ani nie obrzezany członek (po lewej), ani obrzezany, z którego usunięto napletek, nie wymagają w okresie niemowlęcym specjalnego traktowania.

ne komórki, które są zastępowane nowymi w ciągu całego życia, gromadzą się w postaci białej, gęstej wydzieliny, która stopniowo jest usuwana przez otwór w napletku.

Zwykle przed ukończeniem drugiego roku życia u dziewięciu na dziesięciu chłopców napletek i żołądź są całkowicie od siebie oddzielone. Wówczas napletek może być swobodnie ściągnięty z żołędzi. Niekiedy jednak zdarza się, że oddzielenie to następuje po 5–10 latach życia, a nawet później.

Higiena nie obrzezanego prącia. Obecnie dominuje pogląd, że w higienie prącia niemowlęcia nie stosujemy żadnych specjalnych zabiegów. Woda z mydłem, której używa się do mycia reszty ciała, w zupełności wystarczy. Próby ściągania napletka i czyszczenia w środku za pomocą wacików lub przepłukiwania nie tylko są zbędne, lecz mogą być szkodliwe. Gdy napletek jest całkowicie oddzielony, można go sporadycznie odciągnąć. W okresie dojrzewania płciowego należy nauczyć chłopca ściągania napletka i mycia członka.

Higiena prącia po obrzezaniu. Po obrzezaniu prącia, gdy rana się zagoi, nie robimy nic więcej poza myciem wodą z mydłem. (Patrz str. 177, co robić w trakcie gojenia się rany.)

POZYCJA PODCZAS SNU

Najbezpieczniej jest kłaść dziecko na plecakach, gdyż spanie na brzuszku zwiększa ryzyko wystąpienia zespołu nagłej śmierci niemowlęcia. Ryzyko jest największe dla niemowląt do szóstego miesiąca życia, niemniej zaleca się, by kłaść dziecko do snu na plecakach do ukończenia przez malca pierwszego roku życia. (Kiedy niemowlęta nabierają zdolności obracania się, mogą same preferować spanie na brzuszku, co nie zmienia faktu, że powinno się układać je zawsze na plecakach, po czym pozwolić, by same ułożyły się tak, jak im wygodnie.) Nigdy też nie należy kłaść dziecka na miękkim posłaniu (tylko twardy materac bez sterty poduszeczek) ani w łóżeczku (jego własnym bądź łóżku rodziców) z poduszkami, kocykami i przytulankami, ze względu na niebezpieczeństwo uduszenia się maluszka. Na stronie 238 znajdziesz więcej informacji o zespole nagłej śmierci niemowlęcia.

ZAWIJANIE DZIECKA W KOCYK

Niektóre dzieci po zawinięciu w kocyk uspokajają się i przestają płakać, szczególnie kiedy mają kolkę. Inne nie lubią być skrępowane. Owijanie nie zwiększa ryzyka zespołu nagłej śmierci niemowląt, jeśli tylko dziecko śpi na plecakach i nie jest przegrzane. Dysponujemy wynikami badań, które wręcz wskazują, że zawinięte w kocyk niemowlę jest mniej zagrożone wystąpieniem tego zespołu, gdyż leży bezpiecznie na plecakach. (A ponieważ dzieci zwykle czują się lepiej, gdy śpią na plecakach zawinięte w kocyk, nie będą też tak skore do płaczu.) Jeżeli twoje dziecko nie ma nic przeciwko temu, oto sposób, w jaki należy zawinąć dziecko:

1. Rozłóż kocyk na materacyku łóżeczka, na swoim łóżku lub na blacie do przewijania w taki sposób, aby jeden róg był na dole, a drugi – przeciwległy – zagnij w dół. Połóż dziecko po przekątnej, tak aby głowa leżała na zawiniętym rogu.

2. Jednym bocznym rogiem zawiń dziecko, przykrywając jedną rękę, brzuch i podkładając koniec rogu pod plecy z drugiej strony. (Jeśli kocyk ma zapięcia na rzepy, nie trzeba zakładać brzegów.)

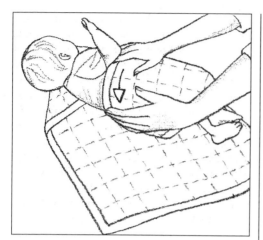

Podłóż kocyk pod plecki dziecka.

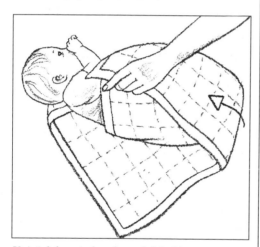

Unieś dolny róg kocyka nad dzieckiem.

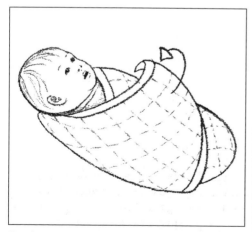

Przełóż pozostały róg kocyka nad tułowiem.

3. Podnieś dolny róg i przykryj nim cały przód dziecka.

4. Czwarty róg przełóż przez cały przód ciała i podłóż pod plecy po przeciwległej stronie.

Jeżeli dziecko woli mieć wolne rączki, zawijaj boczne rogi, podkładając je pod pachy. Ponieważ takie zawijanie powoduje skrępowanie całego ciała i może hamować rozwój ruchowy dziecka, a także ponieważ odtrącony przez dziecko kocyk może stać się przyczyną nieszczęśliwego wypadku w łóżeczku, zaniechaj go, gdy dziecko stanie się bardziej aktywne.

PIELĘGNACJA PĘPKA

Ostatnią pozostałością przebywania dziecka w macicy matki jest kikut pępowiny. Po kilku dniach od urodzenia robi się czarny, a odpada po upływie tygodnia do czterech. Możesz przyspieszyć jego gojenie się i chronić przed zakażeniem, utrzymując okolicę pępka suchą oraz poprzez jak najczęstsze umożliwianie dostępu powietrza. Oto, jak to osiągnąć:

1. Zakładając dziecku pieluchę, wywiń w dół jej koniec, tak by odsłonić pępek i uchronić go od kontaktu z moczem oraz by powietrze miało swobodny dostęp. Koszulkę podwiń do góry.

2. Nie kąp dziecka w wanience, lecz tylko za pomocą myjki lub gąbki, unikając zamoczenia kikuta, dopóki nie odpadnie.

3. Choć tradycyjnie przemywa się to miejsce alkoholem, nowe badania wykazują, że kikut goi się szybciej bez stałego stosowania alkoholu i że nie prowadzi to do zwiększonego ryzyka infekcji. Spytaj lekarza o zdanie. Do przecierania pępka alkoholem używaj wacików, które zmniejszają podrażnienie delikatnej skóry dziecka.

4. Jeżeli okolica pępka zaczerwieni się i nastąpi wysięk, wezwij lekarza.

5
Pierwszy miesiąc

Jesteście już w domu. Oddajesz się bez reszty rodzicielskim obowiązkom, ale równocześnie dręczą cię obawy: czy wszystko jest w porządku? Wszak nie tylko twój rozkład zajęć, ale właściwie całe życie zostało wywrócone do góry nogami. Dziecko trzymasz tak, jakby było zrobione z chińskiej porcelany, nie potrafisz sobie przypomnieć, kiedy ostatni raz znalazłaś czas na prysznic lub co najmniej dwugodzinny sen.

W miarę jak dziecko zmienia się ze słodkiego, lecz mało kontaktującego noworodka w typowe śliczne niemowlę, miejsce bezsennych nocy i chaotycznych dni wypełni wyczekiwana radość. Niestety, obok miłych doznań pojawią się chwile całkowitego wyczerpania – nie wspominając już o kolejnych troskach oraz powstających w ich wyniku pytaniach. Czy malec wystarczająco dużo je? Dlaczego tak dużo mu się ulewa? Czy te rozpaczliwe płacze oznaczają kolkę? Czy będziemy (ono i my) kiedykolwiek jeszcze spać przez całą noc? Ile razy dziennie mogę zadzwonić do pediatry? Spokojnie – chociaż trudno w to uwierzyć, to jednak pod koniec pierwszego miesiąca nabierzecie wprawy. Może nie będzie to jeszcze perfekcja, ale będzie już dużo łatwiej. Poczujesz się jak wytrawny spec w sprawach noworodkowych (przynajmniej w porównaniu z tym, jak możesz czuć się teraz), a karmienie, odbijanie, kąpanie i noszenie dziecka nie będzie ci już sprawiało takich trudności.

CO TWOJE DZIECKO POTRAFI ROBIĆ

Dzieci dokonują przełomowych osiągnięć, ale każde we własnym tempie. Jeśli twoja pociecha nie potrafi wykonywać jednej czy więcej z poniższych czynności, nie martw się – szybko nadrobi straty. Niemal na pewno tempo, w jakim się rozwija twoje dziecko, jest dla niego prawidłowe. Pamiętaj też, że dziecko tylko wtedy może opanować umiejętności z pozycji na brzuszku, jeśli ma okazję poćwiczyć – zatem pamiętaj, by spędzało trochę czasu w tej pozycji, oczywiście pod twoim nadzorem. Jeśli masz obawy co do stopnia rozwoju, zasięgnij porady lekarza. Wcześniaki zwykle osiągają pewne etapy rozwoju później niż ich rówieśnicy, zazwyczaj w okresie, w którym osiągnęłyby je, gdyby urodziły się w terminie – a czasem jeszcze później.

W ciągu pierwszego miesiąca twoje dziecko powinno umieć:

- podnieść na krótko głowę w pozycji na brzuchu, leżąc na płaskiej powierzchni;
- zatrzymywać wzrok na czyjejś twarzy.

Co twoje dziecko potrafi robić w tym miesiącu

Wszyscy rodzice chcą wiedzieć, czy ich dzieci rozwijają się prawidłowo. W tym celu porównują swoją pociechę z innym, ich zdaniem przeciętnym dzieckiem w tym samym wieku. Tutaj pojawia się problem: W konfrontacji z obranym wzorcem ich dziecko jest albo opóźnione, albo bardziej rozwinięte, czyli ma niewiele wspólnego z obowiązującą regułą rozwoju.

Aby łatwiej było oszacować, czy dziecko mieści się w szerokim zakresie przyjętej normy, opracowaliśmy miesięczny przekrój osiągnięć, dopasowany do niemal wszystkich dzieci. Zastąpił on miejsce wąskiego zakresu przeciętnych umiejętności, a jego prawidłowość potwierdzają Denver Developmental Screening Tests (Test Denver) oraz Clinical Linguistic and Auditory Milestone Scale (CLAMS, Kliniczna Skala Postępów w Mowie i Słyszeniu). W każdym danym miesiącu równo 90% dzieci potrafi zrobić to, co znajduje się w pierwszej kategorii „Co twoje dziecko powinno umieć". Około 75% opanuje też umiejętności opisane w drugiej kategorii: „Co dziecko prawdopodobnie będzie umiało". Ledwie połowa plasuje się w trzeciej kategorii: „Co dziecko może umieć", a tylko około 25% dokona wyczynu, przeskakując do czwartej kategorii: „Co dziecko może nawet umieć".

Większość rodziców stwierdzi, że ich dzieci w danej chwili spełniają kryteria także innej kategorii, a kilkoro – że wciąż pozostają w tej samej. Niektórzy zauważą, że dzieci rozwijają się nierówno, czyli wolniej w jednym miesiącu, po czym robią gwałtowny skok w drugim. Wszyscy natomiast mogą spokojnie przyjąć, że maluchy rozwijają się całkowicie prawidłowo.

Powody do zmartwień można mieć tylko wówczas, gdy dziecko zdecydowanie nie czyni postępów określonych w kategorii: „Co dziecko powinno umieć" i osiąga wyniki dalekie od adekwatnych dla jego wieku. Jednakże nawet taka sytuacja często nie jest oznaką poważnego problemu: dziecko po prostu chodzi (czy obraca się albo podciąga do pozycji stojącej) w innym tempie. Na wszelki wypadek jednak warto porozmawiać o tym z lekarzem.

Jeśli zechcesz sprawdzać postępy synka czy córeczki co miesiąc, możesz skorzystać z informacji zawartych w „Co twoje dziecko potrafi robić", ale nie twórz sobie obrazu przyszłych możliwości dziecka. Opierając się na tego typu danych, trudno jest prognozować. Gdyby się okazało, że te fragmenty książki przysparzają ci więcej obaw niż pokrzepienia, zdecydowanie pomiń je.

Po ukończeniu pierwszego miesiąca twoje dziecko prawdopodobnie będzie umiało:

- zareagować na głos dzwonka, na przykład wstrząśnięciem ciała, płaczem lub uciszeniem się.

Po ukończeniu pierwszego miesiąca twoje dziecko może umieć:

- leżąc na brzuchu, podnieść głowę o 45°;
- wydawać krótkie dźwięki gardłowe (oprócz płaczu i krzyku);
- uśmiechać się, gdy się do niego śmiejesz.

Po ukończeniu pierwszego miesiąca twoje dziecko może nawet umieć:

- leżąc na brzuchu, podnieść głowę o 90°;
- trzymać sztywno główkę, gdy jest trzymane pionowo;
- złączyć obie rączki;
- spontanicznie się uśmiechnąć.

Miesięczne dziecko potrafi na chwilę skupić wzrok na nachylonej nad nim twarzy.

Czego możesz oczekiwać w czasie badania lekarskiego

Odwiedziny w poradni dla dzieci zdrowych będą twoimi ulubionymi wizytami, ponieważ nie tylko pozwolą ci sprawdzić, ile dziecko urosło, lecz także staną się okazją do zadania dziesiątków pytań, które pojawiły się od czasu poprzedniej konsultacji. Wyeliminuje to stres związany z nerwowym łapaniem za słuchawkę i wybieraniem numeru poradni (takie sytuacje mogą ci się nieraz zdarzyć). Przed każdą wizytą sporządź listę takich pytań (łatwo jest o wielu rzeczach zapomnieć, gdy walczy się z chronicznym niedosypianiem i wiercącym się nagim niemowlęciem).

Każdy lekarz ma własne podejście do badania kontrolnego zdrowego dziecka. Przebieg i sposób badania, jak również czynności wykonywane przez lekarza lub pielęgniarkę w jego trakcie różnić się też będą w zależności od indywidualnych potrzeb dziecka. Ogólnie jednak możesz się spodziewać następującego przebiegu badania dziecka między drugim a czwartym tygodniem życia. (Pierwsza wizyta może odbyć się wcześniej lub może być ich więcej w pierwszym miesiącu, gdy pojawi się taka konieczność, np. wystąpienie żółtaczki, gdy noworodek jest wcześniakiem lub gdy istnieją poważne problemy z karmieniem piersią.)

- Lekarz może zapytać cię, jak ty, dziecko i reszta rodziny czujecie się w nowej sytuacji, jak dziecko je, śpi i jak się rozwija.
- Sprawdzi, jaka jest masa ciała i długość dziecka, obwód głowy i przyrost tych wielkości w stosunku do upływu czasu.
- Zbada słuch i wzrok.
- Oceni wyniki testów poporodowych (na fenyloketonurię, niedoczynność tarczycy czy inne wrodzone wady metabolizmu), jeśli nie zrobiono tego wcześniej. Jeśli lekarz pomija milczeniem temat tych badań, zwykle oznacza to, że wszystko jest w jak największym porządku, lecz nie zaszkodzi o nie zapytać, tak dla sprawdzenia. Natomiast jeżeli dziecko zostało wypisane ze szpitala przed wykonaniem tego typu badań lub przeprowadzono je przed 72 godziną życia niemowlęcia, prawdopodobnie zostaną teraz powtórzone.
- Przeprowadzi badanie fizykalne:
  - serca – stetoskopem;
  - brzucha – palpacyjnie;
  - bioder – poprzez rotację nóg, czy nie ma zwichnięcia;
  - rąk, nóg i stóp, czy normalnie się rozwijają i poruszają;
  - kręgosłupa, czy nie ma nieprawidłowości;
  - oczu – wziernikiem ocznym lub latarką, czy odruchy są prawidłowe i czy kanały łzowe dobrze funkcjonują;
  - uszu – wziernikiem usznym, czy ich barwa i ruch płynu wewnątrz jest prawidłowy;
  - nosa – wziernikiem nosowym, czy barwa i stan błony śluzowej są prawidłowe;
  - ust i gardła za pomocą drewnianej szpatułki;
  - szyi pod kątem prawidłowych ruchów, tarczycy i wielkości węzłów chłonnych;
  - pach, czy węzły chłonne nie są powiększone;
  - ciemiączka – palpacyjnie;
  - oddechu – poprzez obserwację, czasami za pomocą stetoskopu lub przez opukiwanie klatki piersiowej i pleców;
  - narządów płciowych, czy nie występują jakieś nieprawidłowości, np. przepuklina lub niezstąpienie jąder;
  - gojenia się pępowiny i miejsca po ewentualnym obrzezaniu;
  - odbytu, czy nie nastąpiły pęknięcia;
  - skóry, czy nie ma wysypki lub znamion, czy jej barwa jest właściwa;
  - odruchów typowych dla wieku niemowlęcia;
  - ogólnego zachowania i rozwoju psychomotorycznego.

- Lekarz uprzedzi cię, czego możesz się spodziewać w następnym miesiącu, jeśli chodzi o spanie, jedzenie i ogólny rozwój dziecka.
- Może zostać podana szczepionka przeciwko zapaleniu wątroby typu B, jeśli nie zaszczepiono dziecka w szpitalu i nie planuje się podawania od drugiego miesiąca połączenia Di-Te-Per ze szczepionką przeciwko polio i zapaleniu wątroby typu B.

Zanim wizyta się zakończy:

- Zapytaj lekarza, co masz robić i dokąd dzwonić, gdy dziecko nagle zachoruje (także w środku nocy).
- Wyjaśnij wszystkie wątpliwości dotyczące zdrowia, zachowania, snu, jedzenia itp.
- Zapisz ważne informacje, bo na pewno wszystkiego nie zapamiętasz.

Po powrocie do domu zanotuj wszystkie ważne dane (masa ciała dziecka, obwód głowy, grupa krwi, wyniki badań, znamiona) i przechowuj je w jednym, stałym miejscu.

KARMIENIE DZIECKA W PIERWSZYM MIESIĄCU
Odciąganie mleka z piersi

Pewnie przez większość czasu ty i dziecko stanowicie nierozłączną parę i nie opuszczacie się ani na chwilkę, zwłaszcza w tych pierwszych dniach. Jednak w życiu każdej karmiącej 24 godziny na dobę matki przychodzi taki moment, kiedy potrzebuje ona lub ma ochotę na nieco więcej luzu. Wtedy, jeśli nie chcesz przerywać karmienia, ale nie możesz karmić, bo jesteś w pracy, podróży lub zapragnęłaś mieć wolny wieczór, po prostu ściągnij pokarm.

DLACZEGO MATKI ODCIĄGAJĄ POKARM

Nie zawsze piersi karmiącej kobiety znajdują się w tym samym miejscu co osesek – to nie tyle prawo fizyki, ile życiowe realia zapracowanej matki. Ale zawsze można znaleźć sposób, by podać maluszkowi naturalny pokarm (i utrzymać wytwarzanie mleka w piersiach), nawet jeśli matkę i dziecko dzieli wiele kilometrów – wystarczy ściągać pokarm. Można wymienić wiele sytuacji (krótko- i długoterminowych, regularnych i okazjonalnych), w których kobieta musi lub chce to zrobić (zwykle za pomocą specjalnego odciągacza).

Karmiące piersią matki odciągają najczęściej mleko z piersi, by:

- zmniejszyć napięcie, gdy piersi są przepełnione;
- przygotować porcję mleka na czas przebywania matki poza domem (np. w pracy lub w podróży);
- utrzymać wydzielanie mleka na dotychczasowym poziomie;
- zrobić zapas pokarmu do zamrożenia, na wszelki wypadek;
- zapobiec nabrzmieniu piersi i utrzymać wytwarzanie pokarmu, gdy karmienie zostało tymczasowo wstrzymane z powodu choroby (matki lub dziecka);
- utrzymać wytwarzanie pokarmu, gdy zaistniała konieczność tymczasowego wstrzymania karmienia piersią ze względu na przyjmowanie przez matkę leków kolidujących z laktacją;
- dostarczyć pokarm choremu dziecku przebywającemu w szpitalu;
- dostarczyć mleko do karmienia z butelki lub przez rurkę, gdy dziecko jest za słabe, by ssać (np. wcześniak), lub gdy istnieje jakaś wada uniemożliwiająca mu ssanie piersi;
- wznowić laktację, jeśli matka zmieni zdanie i chce przejść z karmienia sztucznego

na naturalne lub jeśli po wczesnym odstawieniu od piersi okaże się, że niemowlę jest uczulone na krowie mleko;

- wywołać laktację u matki adoptującej dziecko lub jeżeli piersi produkują za mało pokarmu.

WYBÓR ODCIĄGACZA

Niegdyś jedynym sposobem na ściągnięcie pokarmu było ręczne odciąganie, zabieg długotrwały, nużący, nie dający zadowalających wyników i co tu ukrywać – bolesny. Obecnie, dzięki powrotowi do karmienia piersią, mamy na rynku spory wybór różnych odciągaczy (zwanych też laktatorami), począwszy od zwykłych, niedrogich, obsługiwanych ręcznie modeli po dość kosztowne (choć nie tak jak kiedyś), niemal szpitalne odciągacze elektryczne, wygodniejsze i prostsze w użyciu. Choć od czasu do czasu matki nadal odciągają pokarm ręcznie (na przykład by ulżyć nabrzmiałym piersiom), większość z nich kupuje odciągacz elektryczny, na baterię lub ręczny. Zanim wybierzesz najlepszy dla ciebie odciągacz, należy odrobić zadanie domowe i dowiedzieć się trochę o tym urządzeniu:

- Zastanów się nad swoimi potrzebami. Czy będziesz odciągać pokarm regularnie, ponieważ zaplanowałaś powrót do pracy lub codziennie wychodzisz z domu? Czy może tylko raz na jakiś czas, by posiadać buteleczkę w zapasie? A może trzeba odciągać cały czas, ponieważ musisz dostarczyć twój pokarm choremu czy urodzonemu przed terminem dziecku, i to przez kilka tygodni bądź nawet miesięcy, podczas których będzie przebywało w szpitalu?

- Jeśli będziesz zmuszona odciągać pokarm kilka razy dziennie przez dłuższy czas (praca lub karmienie wcześniaka), najbardziej odpowiednia będzie podwójna pompka elektryczna. Do okazjonalnych odciągań (na przykład chcesz wyjść wieczorem z domu) wystarczy pojedynczy laktator elektryczny, ręczny lub działający na baterię

(plus kilka buteleczek). Natomiast jeżeli planujesz odciągać w celu ulżenia nabrzmiałym piersiom bądź chcesz od czasu do czasu karmić dziecko butelką, zapewne całkowicie wystarczy ci ręczne ściąganie pokarmu (choć całkiem rozsądnie będzie zaopatrzyć się w niedrogą pompkę ręczną – aby napełnić jedną buteleczkę, należy wiele razy ścisnąć pierś).

- Zrób rozeznanie – porozmawiaj z przyjaciółkami, które używały odciągaczy, i spytaj, które najbardziej im odpowiadały. Nie wszystkie odciągacze pokarmu są tak samo skonstruowane, nawet te elektryczne. Niektóre elektryczne bywają niewygodne w użyciu, a ręczne – stanowczo za mało wydajne (i niekiedy po prostu wywołują ból), aby napełnić całą buteleczkę. Porozmawiaj też z konsultantem z poradni laktacyjnej czy lekarzem, oglądnij modele dostępne w sprzedaży (podzwoń po producentach, poszukaj w Internecie), a w końcu porównaj swoje możliwości finansowe z zaletami danego odciągacza.

WSZYSTKO O ODCIĄGACZACH

Wszystkie mają nakładkę, którą umieszcza się na piersi, przy czym brodawka wraz z obwódką znajdują się w części centralnej. Elektryczna pompka ściąga pokarm w momencie uruchomienia pompowania, które imituje ssanie dziecka. W zależności od modelu (oraz tego, jak szybko wypływa pokarm) ściągnięcie pokarmu z obu piersi trwać może od 10 do 45 minut i nie powinno być bolesne – w przeciwnym wypadku należy się

Ciekawe fakty

To zupełnie normalne, że ludzkie mleko bywa błękitnawe lub żółtawe. Ze ściągniętego mleka oddzieli się śmietanka, co jest procesem naturalnym; zatem przed podaniem dziecku butelki pokarm należy lekko wstrząsnąć lub zamieszać.

upewnić, czy prawidłowo obsługujesz urządzenie. Jeśli tak jest, a nadal odczuwasz ból, to znaczy, że wina leży w samym urządzeniu i trzeba je zmienić.

Odciągacz elektryczny. W pełni automatyczna pompka elektryczna, silna, szybka i zwykle łatwa w użyciu imituje rytmiczne ssanie dziecka. Wiele z nich umożliwia jednoczesne ściąganie pokarmu z obu piersi, co bardzo ułatwia życie kobietom zmuszonym do częstego korzystania z tego urządzenia. Takie odciąganie z obu piersi naraz nie tylko skraca czas o połowę, lecz stymuluje wydzielanie prolaktyny, zatem matka wytwarza więcej mleka w krótszym czasie. Szpitalne odciągacze elektryczne zwykle są drogie, ale jeśli czas jest ważnym czynnikiem przy podejmowaniu decyzji, może warto zainwestować. (Porównaj jego cenę z ceną mieszanek – może się okazać, że kosztuje tyle samo, a nawet mniej.) Wiele kobiet wypożycza tego typu odciągacze ze szpitala, aptek czy grup La Leche, inne kupują je wspólnie z kilkoma koleżankami, jeszcze inne – kupują, a po zakończeniu korzystania – sprzedają (lub wypożyczają). Dostępne są elektryczne modele przenośne, niepozorne (czarne torby przenośne wyglądają jak zwykłe neseserki lub damskie torebki), tańsze, mniejsze, ale też mniej wydajne niż szpitalne. Niektóre są wyposażone we wtyczkę do zapalniczki samochodowej i/lub przełącznik do trybu pracy na baterie, więc nie trzeba ich włączać do gniazdka.

Odciągacze na baterię. Droższe niż ręczne i słabsze od elektrycznych – mogą być przenoszone i działają wydajnie, ale takiej wygody nie zapewniają wszystkie modele. Ceny zwykle są umiarkowane, jednak tempo zużywania się niektórych modeli podnosi koszty i kwalifikuje dane urządzenie do grona rzeczy o wątpliwej przydatności.

Komfort użytkowania całkowicie odmieniły odciągacze na baterie, które można „zakładać" – mają one miękkie nakładki, które umieszcza się wewnątrz biustonosza i są połączone z niewielką buteleczką na pokarm płasko przymocowaną do ciała. Taki system zapewnia całkowitą dyskrecję, można go „nosić" w biurze i odciągać pokarm w trakcie pracy. Na pewno nikt nie zauważy, co robisz, tym bardziej że tego typu odciągacz nie wymaga używania rąk – za co pokochają go matki wykonujące kilka czynności naraz: ściągając pokarm, można jednocześnie pracować przy komputerze lub rozmawiać przez telefon, a nawet gotować obiad. Poszukaj najnowszych informacji o tych odciągaczach.

Ręczne odciągacze pokarmu. Jest ich wiele rodzajów: jedne lepsze, inne gorsze.

- *Ściągacz w kształcie strzykawki* – składa się z dwóch cylindrów włożonych jeden w drugi. Wewnętrzny cylinder jest przystawiony do brodawki, a zewnętrzny w trakcie przesuwania powoduje ssanie mleka (mleko zostaje wyssane z piersi i spływa do cylindra).

- *Odciągacz z pompką ręczną* – każde naciśnięcie rączki powoduje wysysanie mleka. Popularny model wyposażony jest także w wypukłe płatki, które masując zatoki mleczne, imitują naturalne ssanie.

- *Gumowa gruszka* – mleko jest wysysane za każdym naciśnięciem gruszki. Mało wydaj-

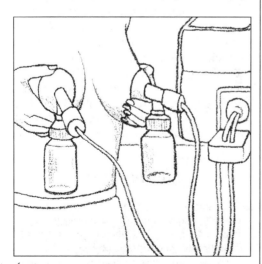

Ściąganie z obu piersi jednocześnie to metoda szybka, wydajna i wygodna.

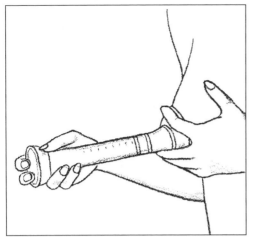

Ściągacz w kształcie strzykawki jest wygodnym sposobem odciągania pokarmu, choć wymaga wysiłku.

na, trudna do utrzymania w czystości. Niekiedy staje się przyczyną bólu sutków czy nawet uszkodzenia tkanki piersi. Może być używana sporadycznie.

Odciągacze w kształcie strzykawki oraz z ręczną pompką należą do najbardziej popularnych dzięki prostocie używania i niskiej cenie. Łatwo zachować je w czystości, dodatkowo służą jako buteleczki na mleko dla dziecka i można je wszędzie ze sobą zabierać.

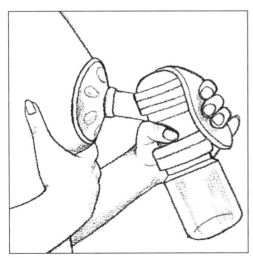

Ściągacz z pompką ręczną skutecznie stymuluje wypływanie pokarmu, dzięki czemu odciąganie pokarmu staje się dość proste.

Trening w ściąganiu czyni mistrza

Prawdopodobnie pierwsze próby ściągnięcia pokarmu nie będą łatwe, niezależnie od wybranej metody. Potraktuj te początki jako trening, którego celem będzie opanowanie umiejętności w używaniu odciągacza, a nie osiągnięcie jak najlepszych wyników mierzonych ilością ściągniętego pokarmu. Zresztą pokarm nie będzie teraz intensywnie wypływać z dwóch przyczyn: po pierwsze, jeszcze nie masz tak dużo mleka (jeśli dziecko ma mniej niż miesiąc czy dwa), a po drugie, pompka (szczególnie w rękach nowicjuszki) nie jest tak skuteczna jak przystawione do piersi niemowlę. Jeśli będziesz wytrwała (i pilna w trenowaniu), wkrótce staniesz się ekspertem!

PRZYGOTOWANIE DO ODCIĄGANIA POKARMU

Wykonanie poniższych czynności przygotowawczych jest warunkiem koniecznym do bezpiecznego i prostego ściągnięcia pokarmu, niezależnie od rodzaju używanego odciągacza:

- Wybierz taką porę dnia, kiedy w piersiach jest dużo pokarmu. Jeśli ściągasz pokarm, gdyż dziecka nie ma przy tobie, staraj się przystąpić do działania o czasie, kiedy zwyczajowo przystawiałabyś dziecko – czyli mniej więcej co 3 godziny. Jeśli natomiast jesteś w domu i przygotowujesz zapas na przyszłość, najlepiej zacznij ściągać godzinę po zakończeniu pierwszego porannego karmienia. Większość kobiet ma najwięcej pokarmu we wczesnej porze dnia, a najgorszą porą zwykle bywa wieczór, kiedy zmęczenie i wieczorny stres ograniczają ilość matczynego mleka. Spróbuj też ściągać pokarm z piersi, gdy dziecko ssie drugą, ponieważ ssanie stymuluje wypływanie pokarmu także z piersi, z której dziecko nie ssie. Nie jest to łatwe zajęcie dla początkujących, dlatego nie stosuj tej

> ## Druga pierś pod kontrolą
>
> Musisz uważać, jeśli nie ściągasz pokarmu z obu piersi jednocześnie, gdyż mleko zacznie samoistnie wypływać z drugiej piersi. Ale można uniknąć bałaganu, stosując wkładki laktacyjne, które zabezpieczą tę „zaniedbaną" stronę (szczególnie jeśli po odciągnięciu pokarmu masz wrócić do pracy…), lub zbierać każdą uronioną kroplę do buteleczki lub czystego kubeczka.

metody, dopóki nie opanujesz zarówno karmienia dziecka, jak i ściągania pokarmu.

- Umyj ręce i sprawdź, czy urządzenie jest czyste. Najlepiej myj odciągacz zaraz po każdym użyciu gorącą wodą z płynem. Jeśli korzystasz z niego poza domem, noś ze sobą szczotkę do czyszczenia butelek, środek do mycia i papierowe ręczniki do osuszenia.

- Wybierz cichy, wygodny, ciepły kącik, który zapewni ci odrobinę prywatności i ochroni przed rozpraszającym dzwonkiem telefonu czy uporczywym pukaniem do drzwi. W pracy takim miejscem może być własne biuro, nie używana sala spotkań czy pomieszczenie socjalne dla kobiet. W domu poczekaj, aż dziecko zaśnie lub przekaż malca innej osobie, abyś mogła skoncentrować się na odciąganiu pokarmu (chyba że robisz to, jednocześnie karmiąc dziecko).

- Usiądź wygodnie, najlepiej trzymając stopy w górze. Przed rozpoczęciem odciągania zastosuj techniki relaksacyjne lub medytacyjne, posłuchaj muzyki, włącz telewizor lub zrób cokolwiek, aby się rozluźnić.

- Wypij wodę, sok, mleko, herbatę bądź kawę bezkofeinową lub bulion.

- Wspomóż proces wypływania pokarmu, na przykład myśląc o dziecku, patrząc na jego zdjęcie lub wyobrażając sobie, że je karmisz. Jeśli jesteś w domu, przytul dziecko na chwilę. Jeśli korzystasz z odciągacza, „noszonego" na sobie lub elektrycznego, do którego obsługi nie potrzebujesz rąk (specjalny biustonosz utrzymuje nakładkę

we właściwym miejscu), możesz nawet trzymać dziecko na rękach – choć niektóre dzieci tego nie lubią („Zaraz… a co tu robi to urządzenie?!"). Inne sposoby sprowokowania napływu pokarmu to przykładanie ciepłych okładów na piersi przez 5–10 minut, gorący prysznic, masaż piersi czy potrząsanie piersiami w pozycji pochylonej.

JAK ODCIĄGAĆ MLEKO Z PIERSI

Choć zasady wypływania pokarmu nie zmieniają się (czyli potrzebna jest stymulacja i ucisk obwódki, aby mleko napłynęło kanalikami mlecznymi do brodawek), to jednak istnieje kilka subtelnych różnic w zależności od rodzaju używanego odciągacza, a także w przypadku odciągania ręcznego.

Ręczne wyciskanie pokarmu. Połóż dłoń na piersi, tak by kciuk spoczywał u góry na krawędzi otoczki brodawki, a reszta palców pod spodem. Naciskaj pierś kciukiem i palcem wskazującym. Nie przesuwaj palców na brodawkę, lecz uciskaj tylko jej otoczkę. Wykonuj te ruchy rytmicznie i po całym obwodzie, by dotrzeć do wszystkich kanałów mlecznych. Powtórz to samo z drugą piersią, na-

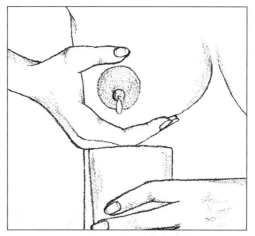

Ręczne wyciskanie pokarmu jest procesem powolnym i niekiedy bolesnym. Metoda ta jest skuteczna do odciągania tylko niewielkiej ilości, np. gdy piersi są zbyt nabrzmiałe.

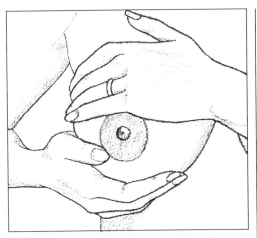

Aby wykonać masaż piersi, połóż jedną dłoń pod piersią, a drugą nad brodawką. Przesuwaj dłonie wewnętrzną stroną delikatnie w kierunku brodawki, lekko uciskając pierś. Powtarzaj te ruchy dookoła całej piersi, by dotrzeć do wszystkich kanałów mlecznych.

stępnie znów powróć do pierwszej. Jeżeli chcesz przechować odciągnięte mleko, podstaw pod uciskaną pierś wyparzony kubek. Odciągnięte mleko natychmiast przelej do wysterylizowanej butelki i schowaj do lodówki (patrz dalej).

Odciąganie mleka za pomocą odciągacza ręcznego. Przestrzegaj sposobu użycia podanego przez producenta. Sprawdź, czy nakładka będzie lepiej przylegać, usprawniając wy-

Dokąd spływa mleko?

Wiele odciągaczy jest zaopatrzonych w pojemniki, które można wykorzystać do przechowywania mleka i do karmienia z nich dzieci, do innych pasują standardowe buteleczki. Do mrożenia pokarmu doskonale nadają się specjalne torebki. (Uwaga, jednorazowe wkładki do butelek wykonane są z cieńszego tworzywa i nie nadają się do mrożenia – mogą pęknąć.) Są odciągacze, które od razu umieszczają mleko w torebce, więc nie trzeba już go przelewać z buteleczki. Koniecznie myj wszystkie pojemniki i butelki gorącą wodą z płynem lub w zmywarce natychmiast po zakończeniu odciągania.

Krótka rada

Pojemniczki z pokarmem do mrożenia wypełniaj tylko do trzech czwartych pojemności, gdyż mleko zwiększa swą objętość, a na każdym przyklej karteczkę z datą (zawsze najpierw używaj najstarszego mleka).

sysanie pokarmu, gdy zwilżysz jej brzegi wodą czy mlekiem z piersi – nie jest to jednak zabieg konieczny. Nakładka powinna obejmować brodawkę i obwódkę, przy czym brodawka i część obwódki muszą znajdować się w jej środkowej części. Na początku wykonaj kilka szybkich, krótkich ruchów pompką, imitujących ssanie dziecka. Kiedy pokarm zacznie wypływać, przejdź do ruchów powolnych, długich. Jeśli chcesz jednocześnie karmić dziecko i odciągać pokarm, połóż dziecko na podwyższeniu z poduszki (upewnij się, że nie spadnie ci z kolan).

Odciąganie za pomocą odciągacza elektrycznego. Postępuj zgodnie z instrukcją obsługi. Odciągając z obu piersi jednocześnie, zaoszczędzisz czas i zwiększysz ilość pokarmu. Zwilżenie brzegu nakładki wodą lub mlekiem z piersi poprawi wysysanie. Na początek ustaw odciągacz na pracę w trybie odciągania minimalnego, a po pewnej chwili – gdy mleko zacznie już wypływać – przestaw na tryb odciągania normalnego. Wolniejsze tempo ssania jest również zalecane, jeśli bolą cię brodawki. Być może zauważysz, że z jednej piersi ściągnęłaś więcej pokarmu niż z drugiej. Jest to normalne zjawisko – wszak piersi funkcjonują niezależnie od siebie.

PRZECHOWYWANIE ODCIĄGNIĘTEGO MLEKA

Mleko będzie świeże i bezpieczne dla dziecka, jeśli tylko zapamiętasz poniższe zasady:

- Jak najszybciej schowaj do lodówki odciągnięte mleko. Jeżeli to nie jest możliwe, użyj sterylnego pojemnika, w którym pokarm pozostanie świeży w temperaturze pokojowej do 6 godzin (osłonięty przed słońcem, z dala od kaloryferów lub innych źródeł ciepła).

- Możesz przechowywać mleko z piersi w lodówce do 48 godzin lub schładzać przez 30 minut, a następnie zamrozić.

- Pokarm przechowywany w zamrażalniku lodówki zachowuje świeżość do dwóch tygodni, a w zamrażarce do trzech miesięcy.

- Mroź pokarm w małych porcjach, powiedzmy 90–120 ml. Mniej się zmarnuje, a szybciej rozmrozi.

- Aby rozmrozić mleko, potrząsaj butelką pod strumieniem letniej wody z kranu; zużyj je w ciągu 30 minut. Możesz też rozmrozić mleko, przestawiając je z zamrażarki do lodówki, wtedy musisz je podać dziecku przed upływem 3 godzin. Nie rozmrażaj mleka, pozostawiając je w temperaturze pokojowej, nie używaj także w tym celu kuchenki mikrofalowej. Nie zamrażaj ponownie.

Jeżeli dziecko nie wypije całej porcji mleka, wylej resztkę do zlewu. Wylej także wszelki pokarm, który był przechowywany dłużej, niż powyżej zalecamy.

Co może cię niepokoić

„PRZEŁAMANIE" DZIECKA

Bardzo się boję brać mojego synka na ręce i cokolwiek przy nim robić – jest taki malutki i delikatny, że boję się, że go przełamię.

Wydaje się, że noworodki są tak delikatne jak porcelanowe lalki, ale to nieprawda. Właściwie są silne i pod warunkiem że będziemy zawsze podtrzymywać ich główkę, niemożliwe jest wyrządzenie im krzywdy w trakcie codziennych zabiegów pielęgnacyjnych, nawet jeśli początkujący rodzice wykonują je niezdarnie. Stopniowo zobaczysz, co jest wygodne dla twojego dziecka i dla ciebie. Rodzice sami wypracowują sobie swój indywidualny styl obchodzenia się z dzieckiem. Wkrótce będziesz nosić swojego malucha jak torbę z zakupami. Wskazówki dotyczące noszenia dziecka znajdziesz na stronach 131–132.

CIEMIĄCZKO

Bardzo się denerwuję, gdy dotykam główki mojego dziecka. Jest taka delikatna, a najbardziej przeraża mnie widok pulsującego ciemiączka.

Miękkie miejsce – właściwie dwa, które zwane są ciemiączkami – nie jest tak delikatne, na jakie wygląda. Silna błona pokrywająca ciemiączko jest w stanie ochronić noworodka nawet przed zagłębiającymi się w otworze paluszkami starszego rodzeństwa (nie zachęcaj jednak do prób!), a z pewnością nic nie grozi dziecku w trakcie codziennej pielęgnacji.

Te otwory w czaszce, gdzie kości jeszcze się nie zrosły, nie są po to, by wpędzać w nerwicę rodziców, lecz istnieją z dwóch ważnych powodów. W czasie porodu umożliwiają główce płodu przybranie odpowiedniego kształtu, by mogła ona przejść przez drogi rodne. Mocno zrośnięta czaszka nie dałaby się uformować. Później taka budowa czaszki umożliwia swobodny i ogromny rozrost mózgu, który zachodzi w pierwszym roku życia.

Większy z dwóch otworów, tzw. ciemiączko przednie, znajduje się na czubku głowy noworodka; ma kształt rombu i może mieć szerokość do 5 cm. Zaczyna się zamykać, gdy dziecko ma około sześciu miesięcy, a jest już całkowicie zamknięte po upływie osiemnastu miesięcy. Ciemiączko jest zwykle płaskie, chociaż może się lekko uwypuklić, gdy dziecko płacze. Jeżeli włoski na głowie są rzadkie i jasne, można zauważyć, jak pulsuje. Gdy ciemiączko przednie jest znacznie wgłębione, może to być objaw odwodnienia, sygnał, że należy podawać dziecku znacznie więcej płynów. (Natychmiast zgłoś ten objaw lekarzowi.) Wybrzuszone ciemiączko, silnie pulsujące (intensywniej niż w czasie płaczu) może oznaczać zwiększone ciśnienie śródczaszkowe i również wymaga natychmiastowej porady medycznej.

Ciemiączko tylne – mniejszy, trójkątny otwór w tyle głowy – jest dla ciebie znacznie trudniejsze do zlokalizowania. Zwykle całkowicie zamyka się do końca trzeciego miesiąca życia. Skonsultuj się z lekarzem, jeśli ciemiączka zrosną się zbyt szybko (bardzo rzadkie przypadki), gdyż mogą doprowadzić do zniekształcenia głowy.

CHUDE DZIECKO

Moje dziecko ma trzy tygodnie i wydaje się chudsze niż tuż po urodzeniu. Dlaczego tak jest?

Bywa, że dziecko po trudach porodu ma tak obrzmiałą twarz, że zdaje się chudnąć, w miarę jak schodzi opuchlizna. Znaczna część niemowląt zaczyna przybierać na wadze w wieku trzech tygodni, zamieniając się z chudzielców w bobasy z fałdeczkami. W większości przypadków dziecko karmione piersią odzyskuje urodzeniową masę ciała po ukończeniu dwóch tygodni, po czym w ciągu kilku następnych miesięcy przybiera od 170 do 220 g tygodniowo. Twoje oczy mogą mylnie oszacować wagę dziecka. Niekiedy osoby przebywające z niemowlęciem na co dzień nie zauważają, że maluch szybko rośnie. W razie wątpliwości, czy na pewno dziecko przybiera w odpowiednim tempie, zadzwoń do lekarza i spytaj, czy możesz przyjść z malcem na szybkie zważenie.

Jeśli przyrost masy ciała jest zgodny z oczekiwaniami, należy uznać, że malec jest dobrze odżywiony. Zbyt wolne zwiększanie masy ciała może być oznaką słabego apetytu – patrz str. 164.

CZY MASZ WYSTARCZAJĄCO DUŻO POKARMU

Na początku moje piersi były tak pełne mleka, że jego nadmiar aż wyciekał. Przepełnienie to jednak ustąpiło. Pokarm już nie wycieka i obawiam się, czy jest go wystarczająco dużo dla mojego synka.

Gdyby piersi kobiece były wyposażone w podziałkę pokazującą poziom zawartego w nich mleka, łatwo byłoby określić, czy jest to wystarczająca ilość dla zaspokojenia głodu niemowlęcia. Jedynym sposobem, by to sprawdzić, jest obserwacja własnego dziecka. Jeżeli jest zadowolone i dobrze przybiera na wadze, to jest to znak, że dostarczasz mu wystarczającej ilości pokarmu. Aby skutecznie nakarmić dziecko, nie musisz tryskać jak fontanna lub ciec jak kran. Jeżeli jednak twoje dziecko niezbyt szybko rośnie, częstsze karmienie plus wskazówki ze strony 149 powinny pomóc w produkowaniu większej ilości pokarmu.

Moje dziecko karmione było co trzy godziny i wystarczało mu to. Teraz chce być przystawiane do piersi co godzinę. Czy coś dzieje się z ilością lub jakością mojego mleka?

Inaczej niż w studni mleko w piersiach wysycha, jeżeli nie są regularnie opróżniane. Im więcej karmisz, tym więcej twoje piersi produkują. Wytłumaczeniem coraz częstszych „wycieczek" twojego dziecka do piersi jest nadejście fazy intensywnego wzrostu oraz dobry apetyt. Najczęściej taki przełom zdarza się w trzecim i szóstym tygodniu oraz w trzecim miesiącu, ale może również nastąpić w dowolnym okresie rozwoju niemowlęcia. Czasami, ku przerażeniu rodziców, dziecko, które dotąd przesypiało całe noce, zaczyna się budzić w środku nocy z głodu. Uspokój się i bądź zawsze gotowa do karmienia dziecka, gdy tylko tego zażąda, póki nie minie faza intensywnego wzrostu. Niech cię nie kusi, aby podać dziecku butelkę z mieszanką mleczną lub, jeszcze gorzej, jakiś pokarm stały, by zaspokoić jego dobry apetyt. W rezultacie rzadziej będziesz opróżniać piersi, co spowoduje stopniowe zmniejszanie ilości produkowanego w nich mleka. Jest to niestety podstawowy błąd prowadzący do przedwczesnego odstawiania dzieci od piersi.

Czasami dziecko częściej chce jeść w ciągu dnia, gdy zaczyna przesypiać noce. Jeżeli jednak minął już tydzień, a twoje maleństwo nadal chce być karmione co godzinę, sprawdź przyrost masy i przeczytaj poniższy podrozdział. Być może się nie najada.

CZY DZIECKO WYSTARCZAJĄCO DUŻO JE

Skąd mogę mieć pewność, że mój karmiony piersią synek dostaje odpowiednią ilość pokarmu?

Przy sztucznym karmieniu dowodem na to, że dziecko przyjmuje odpowiednią ilość pokarmu, jest pusta butelka. Natomiast jeśli dziecko jest karmione piersią, trzeba przeprowadzić nieco staranniejsze śledztwo. Oto wskazówki, które pozwolą ocenić, czy malec je tyle, ile potrzebuje:

Przynajmniej pięć razy dziennie oddaje duże, ziarniste, przypominające musztardę stolce. Mniej niż pięć wypróżnień dziennie może świadczyć o zbyt skąpym pożywieniu. (Przy czym, wraz z upływem czasu, między szóstym tygodniem a trzecim miesiącem życia dziecka liczba ta zmaleje do jednego dziennie, a nawet jednego na dwa, trzy dni.)

Pieluchy są mokre, gdy je zmieniasz przed każdym karmieniem. Oddawanie moczu osiem do dziesięciu razy dziennie oznacza prawidłową ilość przyjmowanych płynów.

Mocz jest bezbarwny. Żółty mocz o zapachu ryby albo zawierający kryształki moczowe (mają wygląd rozkruszonych kawałków cegły i nadają zmoczonej pielusze ceglaste zabarwienie; są czymś normalnym przed pojawieniem się pokarmu u matki, lecz nigdy później) jest sygnałem, iż ilość płynów podawanych dziecku nie jest dostateczna.

Słyszysz częste połykanie i niekiedy krztuszenie się mlekiem w trakcie karmienia. Jeżeli tego nie słyszysz, być może twoje dziecko nie ma zbyt wiele do połykania. Jeżeli jednak zwykle pije „cicho", a mimo to przyrost masy ciała jest odpowiedni, nie ma powodu do niepokoju.

Dziecko wygląda na szczęśliwe i zadowolone po każdym karmieniu. Płacz, złość, ssanie palców po każdym pełnym karmieniu może oznaczać, że dziecko jest nadal głodne. Nie każdy przejaw złości jednakże jest wywołany głodem. Przyczyną może też być kolka gazowa lub próby oddania stolca albo też układanie się do drzemki czy próba zwrócenia na siebie uwagi. O kolce przeczytaj na stronach 167–175.

Twoje piersi bywają przepełnione. Obrzęk piersi spowodowany zbyt dużą ilością pokarmu to znak, że produkują one dużo mleka. Jeżeli są pełniejsze rano lub po czterech, pięciu godzinach od ostatniego karmienia niż zaraz po nakarmieniu dziecka, oznacza to, że napełniają się regularnie i że twoje maleństwo skutecznie je opróżnia. Jeżeli piersi nie są nabrzmiałe, ale dziecko dobrze przybiera na wadze, nie ma powodów do niepokoju.

Odczuwasz przepełnienie piersi lub wyciekanie pokarmu. Różne kobiety różnie odczuwają napływanie mleka do piersi (patrz str. 74). Jeśli czujesz to, gdy zaczynasz karmić, to znaczy, że pokarm spływa kanałami mlecznymi do brodawki i może zostać wyssany przez dziecko. Nie każda kobieta czuje wypływ mleka, lecz brak tego odczucia w połączeniu ze słabym rozwojem fizycznym niemowlęcia powinien zasiać niepokój w umyśle matki.

Nie miesiączkujesz przez pierwsze trzy miesiące po porodzie. Miesiączka nie występuje u kobiet karmiących wyłącznie piersią przez co najmniej trzy pierwsze miesiące po porodzie. Jej przedwczesny powrót może być spowodowany obniżonym poziomem hormonów, odzwierciedlającym niewystarczającą produkcję mleka w piersiach.

Myślałam, że dziecko je wystarczająco dużo, ale lekarz powiedział, że za wolno przybiera na wadze. Na czym polega błąd?

Istnieje wiele możliwych powodów. Po wyeliminowaniu niektórych prostych przyczyn dziecko odzyska apetyt i zacznie szybciej przybierać na wadze:

Możliwa przyczyna: *Nie dość często karmisz dziecko.*
Rozwiązanie: Zwiększ liczbę karmień na dobę do ośmiu, a nawet do dziesięciu. Nie stosuj dłuższych przerw między karmieniami niż trzy godziny w dzień i pięć godzin w nocy (plan karmienia został opracowany z myślą o dzieciach karmionych butelką!). Oznacza to, że często będziesz musiała budzić dziecko, by nie przespało jakiegoś posiłku. Jeżeli twojemu dziecku odpowiada „głodowanie" (niektórym odpowiada) i nigdy nie domaga się karmienia, sama musisz wziąć inicjatywę w swoje ręce i ustanowić dla niego rozkład posiłków. Musi ich być jak najwięcej, a częste karmienia nie tylko zapełnią brzuszek dziecka, lecz również pobudzą u ciebie laktację.

Możliwa przyczyna: *Nie opróżniasz do końca przynajmniej jednej piersi w trakcie każdego karmienia.*
Rozwiązanie: Ssanie jednej piersi przez co najmniej dziesięć minut powinno ją opróżnić; jeżeli twoje dziecko wykonuje to zadanie, pozwól mu ssać drugą pierś, jak długo zechce. Pamiętaj, by następne karmienie zacząć od innej piersi.

Możliwa przyczyna: *Ograniczasz dziecku czas przystawienia do piersi.* Zmiana piersi po ledwie pięciu minutach (bądź nim dziecko samo przestaje ssać) pozbawia malca bogatego w składniki, tłustego mleka drugiej fazy, niezbędnego do prawidłowego przybierania na wadze.
Rozwiązanie: Patrz na dziecko, nie na zegarek – wówczas się upewnisz, że maluch otrzymał nie tylko mleko pierwszej, ale i drugiej fazy.

Możliwa przyczyna: *Twoje dziecko jest leniwe lub ma trudności ze ssaniem.* Najczęściej takie zachowanie przypisuje się wcześniakom, dzieciom chorym lub dzieciom z nieprawidłowo rozwiniętą szczęką (rozszczepione podniebienie bądź przyrośnięcie języka).
Rozwiązanie: Im mniej efektywne ssanie, tym mniej mleka się wytwarza, dziecko mniej je i gorzej się rozwija. Dopóki nie zacznie mocno ssać, trzeba mu pomóc, by nie zahamować laktacji. Można to robić za pomocą odciągacza, opróżniając obie piersi do końca po każdym karmieniu (wykorzystaj każdą odciągniętą porcję pokarmu do podawania z butelki). Zanim twoje piersi zaczną wytwarzać odpowiednią ilość pokarmu, lekarz prawdopodobnie zaleci ci uzupełnianie posiłków mieszanką mleczną podawaną z butelki po karmieniu z piersi lub korzystanie z uzupełniającego systemu żywienia (patrz ilustracja na stronie 151). Zaletą tego systemu jest brak smoczka, co nie zaburza mechanizmu ssania.

Jeżeli twoje dziecko szybko się męczy, ssąc, możesz spróbować karmić je tylko po pięć minut z każdej piersi (odciągając resztę pokarmu), następnie podawać dodatkowo z butelki mieszankę lub odciągnięte wcześniej mleko. Picie z butelki wymaga znacznie mniejszego wysiłku ze strony dziecka.

Możliwa przyczyna: *Dziecko nie nauczyło się jeszcze koordynować pracy mięśni szczęk, by móc ssać.*
Rozwiązanie: W takiej sytuacji również należy ściągać pokarm za pomocą odciągacza, aby piersi zaczęły produkować więcej mleka. Dziecko będzie potrzebowało lekcji doskonalenia techniki ssania; lekarz może nawet za-

lecić zwrócenie się o pomoc do poradni laktacyjnej, a być może nawet do logopedy. W okresie nauki takie dziecko może wymagać uzupełniania diety mieszanką z butelki (patrz wyżej).

Możliwa przyczyna: *Obrzęk lub stan zapalny piersi, bolesność brodawek.* Ból nie tylko odbiera ci chęć karmienia i sprawia, że rzadziej przystawiasz dziecko do piersi, ale może również zahamować dopływ mleka do piersi.
Rozwiązanie: Zacznij leczyć bolesne brodawki i stan zapalny piersi (patrz str. 75 i 80). Nie stosuj jednak ochraniaczy na piersi – przeszkadzają niemowlęciu dobrze objąć brodawkę, a zatem pogłębiają problem.

Możliwa przyczyna: *Twoje brodawki są płaskie lub wciągnięte.* Czasami trudno dziecku chwycić taką brodawkę. Pociąga to za sobą cały łańcuch negatywnych zjawisk: słabe ssanie prowadzące do słabej produkcji mleka, następnie do jeszcze mniej efektywnego opróżniania piersi i jeszcze mniejszej laktacji.
Rozwiązanie: Pomóż dziecku lepiej uchwycić brodawkę, obejmując zewnętrzną część otoczki kciukiem i palcem wskazującym oraz uciskając całą okolicę brodawki. Używaj ochraniacza na brodawki między karmieniami, by łatwiej się wyciągały, ale unikaj wkładania ich do karmienia, gdyż mimo że wyciągają brodawki, mogą jednak uniemożliwiać dziecku prawidłowe jej chwytanie.

Możliwa przyczyna: *Inne czynniki hamujące produkcję mleka w piersiach.* Dopływ mleka do brodawki jest funkcją, która może być hamowana lub pobudzana w zależności od stanu emocjonalnego kobiety. Jeżeli jesteś czymś zaniepokojona lub zdenerwowana, może to mieć zły wpływ na ilość pokarmu i jego kaloryczność.
Rozwiązanie: Próbuj karmić dziecko, gdy jesteś zrelaksowana, spokojna, w odosobnieniu (jeśli karmienie w towarzystwie innych ludzi cię krępuje). Aby się rozluźnić, usiądź wygodnie w fotelu, włącz nastrojową muzykę, wypij coś (polscy pediatrzy nie zalecają matkom karmiącym żadnych napojów alkoholowych – przyp. red.). Masowanie piersi lub gorące okłady również ułatwiają wypływ mleka, podobnie jak rozpięcie koszuli i przytulenie dziecka do ciała. Jeżeli to nie pomoże, poproś lekarza, by przepisał ci oksytocynę w sprayu do nosa. Choć lekarstwo to nie zwiększy ilości mleka w piersiach, pomoże jednak w ich opróżnianiu.

Możliwa przyczyna: *Twoje dziecko zaspokaja odruch ssania w inny sposób.* Jeżeli dziecko w większości zaspokaja odruch ssania, ssąc smoczek gryzaczek lub coś innego, ssanie piersi może go już nie interesować.
Rozwiązanie: Wyrzuć smoczek i zacznij karmić malca, gdy tylko zechce ssać. Nie podawaj mu wody w butelce, gdyż woda oszukuje głód, a stosowana na dłuższą metę może spowodować zmiany poziomu sodu we krwi.

Możliwa przyczyna: *Nie pilnujesz, by przy każdej zmianie piersi dziecku odbiło się połknięte powietrze.* Niemowlę, które nałykało się powietrza, może skończyć ssanie, zanim się naje, gdyż czuje się syte.
Rozwiązanie: Pozbywając się zgromadzonego w żołądku powietrza, dziecko robi sobie miejsce na nie dopitą porcję mleka. Doprowadzaj do odbicia powietrza za każdym razem, gdy zmieniasz pierś (a nawet w trakcie karmienia z tej samej piersi, jeśli to dość długo trwa), nawet jeśli wydaje ci się, że dziecko jest zadowolone i nie potrzebuje tego. Rób to częściej, gdy jest niespokojne w trakcie ssania.

Możliwa przyczyna: *Dziecko przesypia noc.* Nie przerwana noc to coś wspaniałego dla urody matki, ale niekoniecznie dla kondycji jej piersi. Gdy dziecko co noc przesypia siedem, osiem czy nawet dziesięć godzin bez jedzenia, obrzmienie i przepełnienie piersi może zacząć ustępować i wówczas dokarmianie dziecka mieszanką może stać się koniecznością.
Rozwiązanie: By tego uniknąć, w pierwszym miesiącu życia będziesz musiała budzić dziecko raz w środku nocy, by nie spało bez jedzenia dłużej niż pięć godzin.

Uzupełniający system żywienia. Ten przydatny aparat może służyć do uzupełniania diety niemowlęcia, pobudzając równocześnie piersi do produkcji mleka. Butelka z mlekiem wisi na szyi matki: cienkie wężyki wychodzące z butelki przyklejone są taśmą do piersi matki, a ich końce wystają nieco ponad brodawkę. Butelka napełniona jest mlekiem matki, ściągniętym za pomocą odciągacza, pokarmem kobiecym z banku mleka lub mieszanką zaproponowaną przez lekarza. Gdy dziecko ssie pierś, pociąga równocześnie mleko z butelki przez wężyk. Taki sposób eliminuje niekorzystne przyzwyczajenie się karmionego piersią dziecka do smoczka (dziecko musi inaczej ssać pierś, a inaczej smoczek na butelce). Poza tym pobudza piersi matki do lepszego wydzielania mleka, nawet wówczas, gdy dokarmia ona dziecko sztucznie.

Możliwa przyczyna: *Wróciłaś do pracy.* Powrót do pracy, czyli 8–10 godzin przerwy między karmieniami może szybko doprowadzić do zmniejszenia ilości mleka w piersiach.
Rozwiązanie: Jednym ze sposobów, by do tego nie dopuścić, jest odciąganie pokarmu w pracy, przynajmniej raz na cztery godziny (nawet gdyby mleko miało być wylane).

Możliwa przyczyna: *Za bardzo się przemęczasz.* Wytwarzanie mleka w piersiach pochłania dużo energii. Jeżeli zużywasz ją na coś innego i nie odpoczywasz wystarczająco, piersi mogą produkować coraz mniej pokarmu.
Rozwiązanie: Spędź jeden cały dzień w łóżku, a potem trzy, cztery dni nie rób prawie nic. Zobaczysz, że twoje dziecko będzie bardziej zadowolone.

Możliwa przyczyna: *Sypiasz na brzuchu.* Jeżeli sypiasz na brzuchu, co wiele kobiet lubi po kilku miesiącach ciąży, kiedy to było niemożliwe, śpisz również na piersiach. Ucisk może hamować produkcję mleka.
Rozwiązanie: Zmień więc pozycję, by uwolnić gruczoły mleczne od ucisku.

Możliwa przyczyna: *Być może potrzebujesz pomocy.*
Rozwiązanie: Nie dla każdej matki i dziecka karmienie piersią jest łatwe, zatem pomoc wykwalifikowanej osoby, na przykład pracownika poradni laktacyjnej, może wiele zmienić (patrz str. 61).

Możliwa przyczyna: *Fragmenty łożyska pozostały w macicy.* Twoje ciało nie zaakceptuje faktu, że urodziłaś dziecko, dopóki wszystko, co składa się na ciążę, nie zostanie usunięte z organizmu, włącznie z łożyskiem. Jeżeli fragmenty łożyska pozostały, organizm może produkować za mało prolaktyny – hormonu, który pobudza laktację.
Rozwiązanie: Jeżeli masz krwawienia lub inne oznaki niecałkowitego usunięcia łożyska, natychmiast skontaktuj się z lekarzem położnikiem. Pozbycie się tego problemu może skierować ciebie i dziecko na drogę pozytywnej współpracy w karmieniu piersią. Zniknie również zagrożenie twojego zdrowia wywołane obecnością fragmentów łożyska w organizmie.

Nawet przy największym wysiłku z twojej strony, w najlepszych warunkach, z pomocą lekarzy, specjalistów z poradni laktacyjnej, męża i przyjaciół może się okazać, że nadal nie możesz karmić piersią. Niewielki odsetek kobiet jest po prostu niezdolny do karmienia. Przyczyną może być brak prolaktyny, niewykształcone brodawki piersi lub tkanka gruczołów mlecznych albo też uszkodzenie nerwów prowadzących do brodawki spowodowane operacją chirurgiczną. Przyczyną może być również stres, a czasem nie można wskazać żadnego powodu. Wczesnym sygnałem, że twoje piersi mogą produkować za mało pokarmu, może być fakt, iż nie powiększają się one w czasie ciąży. Nie sprawdza się to jednak w stu procentach, zwłaszcza przy drugiej czy kolejnych ciążach.

Jeżeli twoje dziecko źle się rozwija, a przyczyny nie da się usunąć w kilka dni, lekarz z pewnością zaleci sztuczne uzupełnianie żywienia. Nie załamuj się. Najważniejsze, aby dziecko było dobrze odżywione, obojętnie czy z piersi, czy z butelki.

Gdy tylko dziecko, które nie dojadało, przejdzie na mieszankę mleczną, prawie natychmiast zaczyna przybierać. W wyjątkowych wypadkach tak się nie dzieje i wtedy należy skontaktować się z lekarzem, by ustalić, co naprawdę hamuje jego rozwój.

PĘCHERZYK NA GÓRNEJ WARDZE

Dlaczego moja córeczka ma pęcherz na górnej wardze? Czy ssie zbyt mocno?

Nie ma czegoś takiego jak zbyt mocne ssanie – chociaż początkujące matki o wrażliwych brodawkach mogą się z tym nie zgadzać. Pęcherzyk taki pojawia się na środku górnej wargi u niemowląt karmionych i piersią, i butelką. Powstaje u tych dzieci, które ssą łapczywie, jednak nie powoduje bólu ani innych niedogodności. Zanika bez leczenia w ciągu kilku miesięcy, a czasami znacznie wcześniej.

ROZKŁAD KARMIENIA

Karmię moją małą córeczkę na okrągło. Spodziewałam się czterech godzin przerwy między karmieniami, ale jest zupełnie inaczej. Co robić?

Masz pecha, że twoje dziecko, jak wiele innych, o których na pewno usłyszysz, tkwi przy piersi przez cały dzień i nie wie o czterogodzinnych przerwach między karmieniami. Głód się odzywa i ona chce jeść – znacznie częściej, niż pozwala na to schemat. Pozwól jej na to, przynajmniej na razie. Dłuższe przerwy między posiłkami (trzy, cztery godziny) dostosowane są do potrzeb niemowląt karmionych butelką, które zwykle lepiej radzą sobie z takim reżimem. Większość dzieci karmionych piersią potrzebuje częstszego karmienia. Dzieje się tak dlatego, że pokarm matki jest szybciej trawiony niż mieszanka i dziecko szybciej czuje głód. Ponadto częstsze opróżnianie piersi wpływa na obfitsze wydzielanie pokarmu, co jest podstawą udanej współpracy między matką a dzieckiem w procesie naturalnego żywienia.

W pierwszych tygodniach życia dziecka podawaj mu pierś na żądanie. Jeśli po upływie trzech tygodni dziecko nadal chce ssać co godzinę, sprawdź u lekarza, czy przyrost masy ciała jest prawidłowy. Jeżeli nie jest, zapytaj o radę lekarza i przeczytaj punkt „Czy dziecko wystarczająco dużo je" na str. 148. Jeżeli jednak przyrost jest w normie, należy pomyśleć o sobie. Karmienie co godzinę to dla ciebie nie tylko wysiłek emocjonalny, lecz również fizyczny, dlatego też może przyczynić się do zmniejszenia ilości pokarmu. Nie jest to również korzystne dla dziecka, gdyż potrzebuje ono dłuższych okresów snu i czuwania, kiedy powinno oglądać wiele innych rzeczy poza piersiami matki. Płacz nie zawsze oznajmia głód. Dzieci płaczą, bo są śpiące, nudzą się czy po prostu chcą zwrócić na siebie uwagę (wskazówki pomocne w zinterpretowaniu płaczu znajdziesz na stronie 112.)

Zakładając, że masz wystarczająco dużo pokarmu, spróbuj wydłużyć okresy między karmieniami (co również pomoże twojemu dziecku lepiej spać w nocy). Gdy maluch budzi się z płaczem po godzinie od ostatniego posiłku, nie biegnij zaraz, by go karmić. Jeśli wydaje ci się, że jest śpiący, spróbuj go uśpić bez karmienia. Nie bierz go na ręce, lecz pomasuj mu plecy, włącz grającą zabawkę. Może zaśnie. Jeżeli nie, weź go na ręce i śpiewaj kołysanki, pospaceruj po mieszkaniu, pobujaj, może wtedy uśnie. Gdy dziecko jest zupełnie rozbudzone, zwlekaj jak najdłużej z karmieniem. Przewiń je, mów do niego, nawet możesz zabrać je na krótką przejażdżkę wózkiem. Maluch może się tak zainteresować tobą i otaczającym światem, że zapomni o głodzie – przynajmniej na kilkanaście minut. Gdy wreszcie przystawisz je do piersi, pokieruj karmieniem tak, by ssało przynajmniej po dziesięć minut z każdej piersi. Gdy w trakcie tego przyśnie, obudź je, by kontynuowało ssanie. Próbuj wydłużyć przerwy między posiłkami po trochu każdego następnego dnia, aż osiągnie dwu-, trzy-, a nawet czterogodzinne odstępy. Karmienie powinno być uzależnione od głodu dziecka, a nie od wskazań zegara.

ZMIANA ZDANIA NA TEMAT KARMIENIA PIERSIĄ

Karmiłam mojego synka piersią przez trzy tygodnie i stwierdziłam, że mi to nie odpowiada. Chciałabym przejść na butelkę, ale mam silne poczucie winy.

Początki karmienia piersią stanowią zwykle serię prób i błędów. Jeżeli chodzi o zadowolenie, to obie strony mogą go nie odczuwać w tym wczesnym okresie przystosowywania się. Bardzo możliwe, że twoje niezadowolenie z karmienia wynika wyłącznie z nieudanego startu (który prawie zawsze przeradza się w płynną jazdę około połowy drugiego miesiąca), dlatego postaraj się jednak dotrwać do ukończenia przez dziecko sześciu tygodni (lepiej dwóch miesięcy). Ważne jest, aby w tym właśnie wieku dziecko uzyskało wszystko, co najlepsze dla jego zdrowia, a co zawarte jest w mleku matki (przedłużone karmienie ma wiele zalet, patrz str. 246). W ciągu tych sześciu tygodni karmienie piersią stanie się znacznie łatwiejsze i przyniesie więcej zadowolenia obu stronom. Jeśli jednak po upływie tego czasu nadal nie zmienisz zdania, odstaw dziecko bez poczucia winy. Pamiętaj, że jeśli coś wydaje ci się niewłaściwe dla ciebie i dziecka, pewnie tak jest. Zaufaj uczuciom i instynktowi.

PRZEKARMIANIE MIESZANKĄ

Moje dziecko uwielbia butelkę – gdyby to od niego zależało, piłoby cały czas. Skąd mam wiedzieć, kiedy dać mu więcej, a kiedy zakończyć karmienie?

Dzieci karmione piersią, które piją tyle, ile pozwala im apetyt oraz zgodnie z wymogami genialnego systemu wytwarzania według zapotrzebowania, rzadko są przekarmione lub niedokarmione. Inny los może spotkać niemowlęta karmione butelką. Jeśli malec jest zdrowy, zadowolony i przyrost masy ciała jest prawidłowy, zazwyczaj przyjmuje się, że wypija wystarczającą ilość mleka zastępczego. Ale niektóre dzieci piją ponad swoje potrzeby – zwłaszcza gdy butelka jest ciągle napełniana przez troskliwych rodziców.

Przekarmianie spowodowane podawaniem butelki malcowi, którego apetyt został wcześniej zaspokojony, może doprowadzić nie tylko do otyłości niemowlęcia (a potem – jak wynika z badań – dziecka i dorosłego), lecz także być przyczyną innych problemów. Jeśli dziecko ulewa dużo pokarmu (więcej niż uznaje się za normalne, patrz str. 156) lub jeśli boli je brzuszek (zaraz po karmieniu podciąga nóżki w górę, ku napiętemu brzuszkowi), a także za szybko przybiera na wadze, oznacza to, że pije stanowczo za dużo. Pediatra określi prawidłowe tempo zwiększania masy ciała twojego dziecka oraz powie, ile przeciętnie mililitrów pokarmu powinno otrzymywać podczas każdego karmienia (patrz str.

Jak mierzyć czas

Przerwy między karmieniami, podobnie jak między skurczami porodowymi, mierzy się od momentu rozpoczęcia jednego do chwili rozpoczęcia następnego. Dlatego też niemowlę, które pije przez 40 minut, począwszy od godziny 10.00, a następnie śpi przez godzinę i 20 minut, nim ponownie zacznie pić, jest karmione co dwie godziny – nie zaś co godzinę i 20 minut.

Podwójne kłopoty, podwójna radość

Dzisiaj, gdy bliźniaki są wyraźnie widoczne na ekranie ultrasonografu już we wczesnym okresie ciąży, rodzice mają wiele czasu, by zgromadzić wszystkie niezbędne rzeczy w podwójnej ilości. Jednak przygotowanie się dosłownie na wszystko (nawet z siedmio- czy ośmiomiesięcznym wyprzedzeniem), a szczególnie na chwilę, gdy będzie was czworo (lub więcej) – nie jest możliwe!

Świadomość, co może cię czekać, zapewni ci większe poczucie kontroli nad sytuacjami, które mogą się wydawać z gruntu nie do opanowania.

Bądź podwójnie przygotowana. Ponieważ to „podwójne błogosławieństwo" pojawia się nieco wcześniej (donoszona ciąża podwójna wynosi niekiedy 37 tygodni, rzadziej 40), dobrze jest rozpocząć przygotowania na długo przed rozwiązaniem. Zgromadź wszystko, co ci będzie potrzebne do pielęgnacji niemowląt, ale niech cię to nie wyczerpie fizycznie. Dużo odpoczywaj, zanim dzieci przyjdą na świat, gdyż później będzie to rzadki luksus.

Rób wiele rzeczy równocześnie, to znaczy: budź je o jednej porze, by mogły być karmione razem, wkładaj oboje do kąpieli (gdy będą umiały już siedzieć w wanience), wychodź z obydwoma na spacer (w podwójnym wózku). Trzymaj dzieci równocześnie do odbicia po jedzeniu, np. jedno na ramieniu, drugie na kolanach. Jeżeli wykonywanie tych wszystkich czynności jest ponad twoje siły, rób na zmianę to, co będzie możliwe. Na przykład kąp jedno jednego wieczoru, drugie następnego. Dzieci wyśpią się lepiej ułożone w łóżeczku stópkami do siebie, ale jednak porozmawiaj o tym z lekarzem. Niektórzy specjaliści ostrzegają, że spanie we dwoje zwiększa ryzyko zespołu nagłej śmierci niemowlęcia u tych maluszków, które potrafią się obrócić.

Podzielcie się obowiązkami. Gdy mąż jest w domu, dzielcie wszystkie zajęcia domowe między siebie (gotowanie, sprzątanie, pranie, zakupy). Oboje zajmujcie się również dziećmi – ty jednym, on drugim, lecz wymieniajcie się nimi, by każde dziecko poznało dobrze każde z rodziców i odwrotnie.

Spróbuj karmienia z obu piersi. Karmienie bliźniaków piersią to duży wysiłek fizyczny, ale eliminuje ogromne zamieszanie z tuzinem butelek i litrami mieszanki mlecznej. Równoczesne karmienie obojga dzieci pozwoli ci zaoszczędzić czas i uniknąć codziennego maratonu karmienia. Możesz trzymać każde dziecko pod pachą oparte na poduszkach, tak by główki były przy piersiach, a nogi za tobą lub z przodu (patrz str. 64). Na każde karmienie przystawiaj dziecko do innej piersi, gdyż może się zdarzyć, że jedno będzie ssać intensywniej i lepiej opróżniać pierś niż drugie. Jeżeli nie masz wystarczającej ilości pokarmu dla dwóch, jedno karm piersią, a drugie z butelki, oczywiście na zmianę. By mieć energię i jak najwięcej pokarmu w piersiach, musisz się doskonale odżywiać (potrzebujesz 400 do 500 dodatkowych kalorii na jedno dziecko) oraz jak najwięcej wypoczywać.

Zorganizuj sobie pomoc, gdy dzieci karmione są butelką. Równoczesne karmienie bliźniaków za pomocą butelek wymaga albo dodatkowych rąk, albo nadzwyczajnej pomysłowości. Gdy jednak jesteś zdana tylko na siebie, siadasz na kanapie między dziećmi i trzymasz każdemu w buzi butelkę. Możesz też położyć jedno w leżaczku i umieścić butelkę na jakiejś podpórce, a drugie nakarmić w tradycyjny sposób (dziecko nigdy nie powinno leżeć płasko, pijąc z butelki). Karmienie jednego po drugim też jest pewnym rozwiązaniem, ale zostawia ci bardzo mało czasu na inne zajęcia domowe. Może też ono zakłócić rytm wspólnego snu, jeżeli dzieci śpią zaraz po jedzeniu, i zabrać ci resztę czasu, który chcia-

99). Gdyby jednak się okazało, że niemowlę dostaje za dużo mieszanki, podawaj mniejszą porcję w butelce oraz zakończ karmienie, gdy tylko odniesiesz wrażenie, iż dziecko zaspokoiło apetyt – do niczego nie zmuszaj. Częściej odbijaj połknięte powietrze, co zlikwi-

duje dolegliwości żołądka, i zapytaj lekarza, czy możesz od czasu do czasu napoić malca butelką czystej wody (czyli zaspokoić pragnienie bez podawania kalorii). Weź pod uwagę, że dziecku czasem brakuje nie tyle mleka, ile ssania – niektóre niemowlęta mają

łabyś poświęcić sobie lub na zrobienie czegoś w domu.

Zorganizuj sobie podwójną pomoc. Wszystkie początkujące matki potrzebują pomocy – ty potrzebujesz jej dwa razy więcej. Zaakceptuj każdą oferowaną pomoc.

Podwójne wyposażenie. Jeżeli nie masz nikogo do pomocy, zaopatrz się w taki sprzęt, jak: nosidełka (możesz używać jednej dużej chusty dla dwóch, albo nosić jedno dziecko w nosidełku, a drugie na rękach), dwa leżaczki, krzesełka i dwa foteliki do samochodu. Kojec jest bezpiecznym miejscem do zabawy, gdy podrosną, a ponieważ będą miały siebie nawzajem jako towarzystwo do zabawy, prawdopodobnie dłużej i chętniej będą w nim przebywały niż jedynaki. Podwójna spacerówka, taka, w której dzieci siedzą naprzeciw siebie lub jedno za drugim, jest praktyczniejsza od takiej, w której siedzą obok siebie (pierwszy typ jest znacznie węższy i łatwiej poruszać się nim po sklepach i innych miejscach publicznych). Nie zapomnij, że będziesz potrzebować dwóch fotelików samochodowych – umieść oba na tylnym siedzeniu.

Rób podwójne notatki. Które ile wypiło i o której godzinie, które było wczoraj kąpane, więc czyja kolejka jest dzisiaj? Jeżeli nie będziesz wszystkiego zapisywać, może się okazać, że wiele rzeczy zapomnisz. Rób także notatki dotyczące stanu zdrowia: szczepień, przebytych chorób, lekarstw zażywanych przez dzieci itd. Chociaż z reguły bliźniaki jednocześnie chwytają choroby, może się zdarzyć, że jedno nie zachoruje, a ty zapomnisz, które to było.

Podsypiaj, kiedy tylko możesz. Sen będzie rzadkością w pierwszych kilku miesiącach, zwłaszcza gdy pozwolisz swoim dzieciom budzić się w nocy o różnych porach. Zamiast tego, gdy jedno się obudzi i zacznie płakać, obudź też drugie i nakarm oboje. Gdy w ciągu dnia twoje bliźniaki zasypiają, zdrzemnij się razem z nimi lub przynajmniej połóż się z nogami ułożonymi wyżej.

Chwile we dwoje. Istnieją sposoby na spędzenie kilku chwil z jednym tylko dzieckiem, jednakże na początku trudno osiągnąć sukces. Gdy sama będziesz wypoczęta, tak zaplanuj czas drzemki, by kłaść jedno dziecko 15 minut wcześniej i pobawić się z tym, które nie śpi. Można też zabrać tylko jedno z nich na zakupy, a drugie pozostawić z opiekunką czy z mężem. Chodź na spotkania w towarzystwie raz jednego, raz drugiego z bliźniąt. Nawet takie zwykłe codzienne zajęcia przy niemowlętach, jak przewijanie czy ubieranie, mogą stać się chwilką poświęcenia uwagi maluszkowi.

Kontaktuj się z rodzicami innych bliźniaków. Rodzice bliźniaków, którzy już mają kilka miesięcy, będą najlepszym źródłem rad i wsparcia. Nawiąż z nimi kontakty lub poszukaj grupy wsparcia, do której należą rodzice będący w podobnej sytuacji. Uważajcie jednak, żeby nie ograniczać kontaktów swoich dzieci wyłącznie do bliźniąt. Pamiętaj, że w przyszłości twoje pociechy znajdą się w otoczeniu dzieci, z których większość to nie będą bliźnięta.

Bądź podwójnie czujna, gdy bliźniaki zaczną chodzić. Bliźniaki najczęściej przysparzają dwa razy tyle kłopotów co jedno dziecko. Zauważysz, że wśród raczkujących bliźniąt, gdy jedno wpadnie na to, by coś spsocić, drugie szybko się dołącza. W konsekwencji trzeba ich pilnować ze wzmożoną czujnością.

Wkrótce wszystko się uspokoi. Najgorsze są pierwsze cztery miesiące; ale kiedy nabierzesz wprawy, sama zauważysz, że atmosfera się uspokaja. Pamiętaj, bliźnięta są zwykle same dla siebie tak znakomitym towarzystwem, że rodzice wymagających jedynaków mają czego pozazdrościć. Wraz z upływem czasu ta umiejętność bliźniaków będzie dla ciebie procentować coraz większą swobodą.

pod tym względem większe potrzeby. Wkładaj mu do buzi smoczek przez następnych kilka miesięcy, by zaspokoić chęć ssania wtedy, gdy jest ona najsilniejsza (patrz str. 176), lub pomóż odnaleźć paluszek czy piąstkę do ssania.

UZUPEŁNIANIE DIETY WODĄ

Zastanawiam się, czy woda mogłaby zastąpić zbyt częste karmienia mojej córeczki.

Niestety, woda nie może być substytutem matczynego mleka ani uzupełnieniem diety. Karmione piersią dziecko otrzymuje od matki potrzebne mu płyny, i to z najbardziej odpowiedniego źródła, natomiast woda jest mu teraz zupełnie niepotrzebna, a wręcz niewskazana. Po pierwsze – i najważniejsze – butelka z wodą (szczególnie w początkowym okresie karmienia piersią) może zaspokoić apetyt i potrzebę ssania, niwecząc wysiłek wkładany w karmienie. Po drugie, za duża ilość wody niekiedy rozcieńcza krew, prowadząc do zaburzeń równowagi chemicznej – co dotyczy również dzieci karmionych butelką, którym podaje się wodę. Choć to nic złego, że dziecko karmione mieszankami mlecznymi napoisz wodą, szczególnie w bardzo gorące dni, to taka potrzeba zazwyczaj nie istnieje. Można jednak dawać czteromiesięcznemu niemowlęciu kilka łyczków wody z kubeczka – w ten sposób na pewno nie wypije za dużo. Natomiast więcej wody mogą pić dzieci przyjmujące pokarmy stałe.

Jeśli nie masz pewności, czy nie karmisz za często, zajrzyj na stronę 148.

UZUPEŁNIAJĄCE PREPARATY WITAMINOWE

Każdy, z kim rozmawiamy, ma inne zdanie na temat preparatów witaminowych dla niemowląt. Nie możemy się zdecydować, czy podawać je naszemu małemu synkowi.

Nauka o żywieniu – a zatem i o witaminach, którym nazwę nadano dopiero w 1912 roku – wciąż jest jeszcze w powijakach. Ze względu na to, jak wiele musimy się dowiedzieć, mimo iż wiedzy przybywa każdego dnia, zalecenia co do podawania witamin ciągle się zmieniają, przy czym często nowe są sprzeczne ze starymi. Nic więc dziwnego, że wszyscy zainteresowani, w tym młodzi rodzice, nie wiedzą, jak postępować.

Wiemy na pewno, że dzieci karmione mlekiem zastępczym nie muszą przyjmować preparatów witaminowych, ponieważ wszystkie potrzebne im składniki znajdują się już w mieszance – przekonasz się o tym, czytając etykietę. Mniej jasna natomiast jest sytuacja co do dzieci karmionych wyłącznie piersią. Według najnowszych badań zdrowe niemowlęta otrzymują niemal wszystko z mlekiem matki – jeśli tylko matka dobrze się odżywia i przyjmuje codziennie preparat uzupełniający dla kobiet karmiących. Natomiast witaminy nieobecne w jej pokarmie (przede wszystkim witamina D) można podawać w postaci kropel (patrz ramka na str. 157).

Wyjątkiem są te dzieci, które mają kłopoty zdrowotne i nie mogą dobrze wchłaniać pewnych składników odżywczych z pokarmu lub gdy są na diecie. Należą do nich także dzieci wegetarianek, które nie spożywają produktów pochodzenia zwierzęcego i nie zażywają preparatów uzupełniających. Te dzieci powinny otrzymywać przynajmniej witaminę B_{12}, której mleko może wcale nie zawierać, i kwas foliowy, lecz najlepszy będzie preparat witaminowo-mineralny z żelazem.

Z drugiej strony, prawidłowo karmione zdrowe dzieci z pewnością nie wymagają stałego podawania witamin. Nie zmieni się to nawet wtedy, gdy znaczna część owsianki znajdzie się na podłodze, jogurt – rozsmarowany na blaciku krzesełka, a wieczorna porcja kurczaka purée zostanie wypluta. Są jednak lekarze, którzy na wszelki wypadek zalecają codzienne uzupełnianie diety starszych niemowląt witaminami i składnikami mineralnymi. Nie podawaj żadnych dodatkowych witamin, składników mineralnych ani ziół bez konsultacji z lekarzem.

ULEWANIE POKARMU

Moja córeczka ulewa pokarm w tak dużych ilościach, że martwię się, czy nie będzie z tego powodu niedożywiona.

Wydaje ci się, że twoja córka zwraca wszystko, co znajdzie się w jej żołądku. Tak naprawdę dziecko ulewa łyżkę, najwyżej dwie mleka zmieszanego ze śliną i śluzem, a taka ilość z pewnością nie doprowadzi do niedożywienia twojego dziecka. (By sprawdzić, jak dużą plamę tworzą zaledwie dwie

Dodatki odżywcze

Poniżej znajdziesz informacje na temat najczęściej zalecanych przez lekarzy dodatków:

Witamina D. Jest niezbędna do prawidłowego rozwoju kości i uniknięcia pewnych schorzeń, takich jak krzywica. Organizm sam wytwarza tę witaminę w skórze wystawionej na działanie promieni słonecznych. Jednak nie wszystkie dzieci przebywają odpowiednio długo na słońcu (około 15 minut tygodniowo dla jasnej karnacji i więcej dla ciemnej), są ubierane w odzież chroniącą przed promieniami słońca, smarowane kremami ochronnymi lub mieszkają w klimacie, w którym zima trwa długo. Mleko matki zawiera bardzo małą ilość witaminy D, dlatego też Amerykańska Akademia Pediatrii zaleca podawanie witaminy D (najczęściej w postaci kropli dodatkowo zawierających też witaminy A i C) dzieciom karmionym piersią, począwszy od drugiego tygodnia życia dziecka.

Mieszanki dla niemowląt zawierają wszystkie potrzebne dziecku witaminy (włącznie z witaminą D) i minerały, dlatego niemowlęta karmione butelką, które wypijają 450 ml preparatu dziennie, nie muszą otrzymywać preparatów uzupełniających. W żadnym wypadku nie wolno przekraczać dopuszczalnej dawki, gdyż zbyt duża ilość witaminy D może być toksyczna.

Żelazo. Ponieważ niedobór żelaza w czasie pierwszych osiemnastu miesięcy życia może spowodować poważne problemy w rozwoju i zachowaniu dziecka, matka powinna się upewnić, czy jej dziecko otrzymuje odpowiednią dawkę tego pierwiastka. Jeżeli twój noworodek nie jest wcześniakiem albo nie urodził się z niedowagą, prawdopodobnie przybył na świat ze znacznym zapasem żelaza. Rezerwa ta jednak skończy się między czwartym a szóstym miesiącem życia.

Karmiąc mlekiem zastępczym, wybieraj tylko preparaty zawierające żelazo – one całkowicie zaspokoją zapotrzebowanie niemowlęcia na ten biopierwiastek. Mleko matki zawiera wystarczającą ilość żelaza, ale tylko przez sześć pierwszych miesięcy, co oznacza, że przez pół roku nie trzeba dziecku podawać preparatów uzupełniających. Także po wprowadzeniu stałych pokarmów dziecko na pewno otrzyma żelazo za sprawą takich potraw, jak wzbogacone płatki śniadaniowe, mięso i zielone warzywa. W przyswajaniu żelaza pomaga witamina C. Dobrze byłoby więc, aby znajdowała się w każdym posiłku (patrz str. 291). Krople z żelazem nie są najlepsze (choć czasem zaleca się je wcześniakom), gdyż organizm niemowlęcia źle je toleruje, poza tym mogą wywoływać plamy na zębach. Pamiętaj, że pierwiastek ten w dużych dawkach może być toksyczny. Należy więc chronić opakowanie przed dziećmi.

Fluor. Amerykańska Akademia Pediatrii nie zaleca podawania fluoru przez pierwsze sześć miesięcy życia dziecka. Potem można go już podawać, a dawka zależy od tego, czy woda z kranu zawiera fluor. (W Polsce podaje się związki fluoru doustnie, zależnie od zawartości fluoru w wodzie pitnej, od 6 miesiąca życia – przyp. red.) Zapytaj o to lekarza lub kogoś z lokalnego wydziału zdrowia. Jeżeli woda, której używasz, pochodzi ze studni lub prywatnego źródła, możesz dać próbkę do zbadania w laboratorium. Jeżeli woda jest fluoryzowana, podawaj ją jako część składową mieszanki mlecznej (rozpuszczaj w niej sproszkowaną mieszankę) lub bezpośrednio z butelki do picia. Jeżeli nie zawiera fluoru, poproś lekarza, by zapisał odpowiednie krople lub tabletki. W wypadku fluoru również obowiązuje zasada, że co za dużo, to niezdrowo. Jego nadmiar w okresie mineralizacji zębów może doprowadzić do fluorozy, czyli szkliwa plamkowego. Łagodniejsza forma fluorozy (białe prążki) bywa niezauważalna. Ciężka postać fluorozy manifestuje się hipoplazją powierzchni szkliwa. Zęby mogą być zniekształcone i mieć skorodowany wygląd, stwierdza się obecność dołków, co stwarza predyspozycje do próchnicy zębów. Niemowlęta i małe dzieci szczególnie narażone są na fluorozę, gdyż mają niewielką masę, a ich zęby są nadal w stadium rozwoju. Bądź więc ostrożna, aby nie przedawkować fluoru. Zanim podasz go w postaci preparatu, upewnij się, że woda z kranu nie jest fluoryzowana. Gdy zacznie się mycie zębów pastą, nie trzymaj jej w zasięgu ręki, gdyż niektóre dzieci uwielbiają ją jeść; najlepiej kup pastę, która nie zawiera fluoru.

> **Rada**
>
> Miej zawsze pod ręką plastikową buteleczkę wody zmieszanej z sodą – przyda się do czyszczenia plam po ulewaniu. Plamy pocieraj szmatką zwilżoną tym roztworem; w ten sposób pozbędziesz się nie tylko śladów, ale i przykrego zapachu.

łyżki płynu, wylej je na blat kuchenny.) Ulewanie jest bardzo powszechnym zjawiskiem u dzieci i choć może nie wygląda ani nie pachnie przyjemnie, zwykle nie ma się czym przejmować (lekarze powiadają, że to sprawa prania, nie zdrowia).

Większość dzieci ulewa pokarm co jakiś czas; niektórym zdarza się to po każdym jedzeniu. U noworodków przyczyną jest niedojrzałość zwieracza między przełykiem a żołądkiem oraz nadmiar śluzu, który musi zostać usunięty. U starszych niemowląt do ulewania dochodzi wówczas, gdy mleko zmieszane z powietrzem cofa się przez odbicie połkniętego powietrza. Podobno dzieci są tak mądre, że czasem, gdy wypiją za dużo, same pozbywają się nadmiaru mleka, ulewając je.

Treść ulewana przez dziecko będzie niemal identyczna z wypitym wcześniej płynem, jeśli ten przeszedł tylko przez przełyk – gdyby dotarł do żołądka, zmieniłby się nieco, przypominając wyglądem i zapachem kwaśne mleko.

Nie ma lekarstwa na ulewanie, ale możesz je zminimalizować, dbając, by twoja córka połykała jak najmniej powietrza, pijąc mleko: nie karm jej, gdy płacze (przerwij, by ją uspokoić); trzymaj ją jak najbardziej pionowo w czasie karmienia i zaraz po zakończeniu; dopilnuj, by otwory w smoczku nie były ani za duże, ani za małe; butelka powinna być przechylona pod takim kątem, by mleko wypełniało cały smoczek. Po jedzeniu staraj się, by dziecko posiedziało przez chwilę spokojnie, np. na leżaczku lub w spacerówce. Nie zapomnij przerwać karmienia, by dziecku się odbiło, zamiast czekać do końca posiłku, gdy jeden duży pęcherzyk powietrza może wypchnąć część mleka i przysporzyć ci pracy.

Musisz jednak być przygotowana na to, że od czasu do czasu twoja córeczka będzie ulewać pokarm i to może nawet przez sześć miesięcy. (By ułatwić sobie życie, kładź zawsze pieluchę na ramię lub kolana.) Większość niemowląt przestaje ulewać, gdy nauczy się samodzielnie siedzieć. Są jednak nieliczne, którym zdarza się to do pierwszych urodzin. Pewna forma zwracania pokarmu może jednak sygnalizować problem medyczny. Skontaktuj się z lekarzem, jeżeli ulewanie wiąże się z niskim przyrostem masy ciała lub długotrwałym krztuszeniem się i kaszlem, jeśli wydaje się bardzo poważne (co wskazuje na refluks żołądkowo-przełykowy), gdy wymioty mają barwę brązową, zieloną lub tryskają na odległość metra – są to tak zwane wymioty chlustające. Może to wskazywać na przykład na zwężenie odźwiernika (leczone operacyjnie). Więcej informacji na temat tych nieprawidłowości znajdziesz na stronie 487 i 584. Porozmawiaj z lekarzem, jeśli ulewanie jest dla dziecka szczególnie uciążliwe. Większości malców ulewanie wcale nie przeszkadza, więc jeśli wydaje ci się, że ulewanie sprawia twojemu dziecku ból, prawdopodobnie doszło do podrażnienia przewodu pokarmowego.

KREW W WYMIOTACH

Gdy moja dwutygodniowa córeczka dziś wymiotowała, zauważyłam czerwone pasemka w grudkach zwarzonego mleka. Martwi mnie to.

Żaden ślad krwi u dwutygodniowego dziecka, zwłaszcza w wymiotach, nie może być potraktowany obojętnie, ale zanim ogarnie cię panika, spróbuj określić, czy to jest krew dziecka, czy twoja. Jeżeli karmisz piersią i twoje brodawki są popękane, nawet nieznacznie, dziecko mogło wessać krew z pęknięć razem z mlekiem. A ponieważ wszystko, co dziecko połyka, musi z niego wyjść – czasem w postaci wymiotów – to jest to z pewnością ta krew, którą zauważyłaś.

Jeżeli brodawki w żadnym wypadku nie

mogą być przyczyną (czasem pęknięcia są tak małe, że wręcz niezauważalne), zgłoś się do lekarza, by pomógł ci rozwiązać problem.

UCZULENIE NA MLEKO

Moje dziecko bardzo dużo płacze. Zastanawiam się, czy może ono być uczulone na mleko z mieszanki. Jak mam to sprawdzić?

Choć na pewno chciałabyś jak najszybciej poznać przyczynę płaczu (i znaleźć prosty sposób na pozbycie się problemu), mleko raczej nie jest podejrzanym. Uczulenie na mleko – choć najpowszechniejsze z uczuleń pokarmowych u niemowląt – występuje rzadko, znacznie rzadziej, niż się wielu ludziom wydaje. Większość lekarzy odrzuci możliwość alergii na mleko, jeśli żadne z rodziców nie jest alergikiem i jeśli jedynym objawem jest płacz. Dziecko poważnie uczulone na mleko zwykle często wymiotuje, ma luźne, wodniste stolce, niekiedy z zawartością krwi. Mniej ostre reakcje mogą objawiać się wymiotami i luźnymi stolcami zawierającymi śluz. Niektóre dzieci uczulone na mleko mogą mieć egzemę, pokrzywkę, zatkany nos lub wyciek z nosa.

Niestety nie ma prostego testu, by sprawdzić, czy dziecko jest uczulone na mleko. Wynik można uzyskać jedynie metodą prób i błędów. Jeżeli coś podejrzewasz, porozmawiaj z lekarzem. Skoro jednak w całej rodzinie nie było i nie ma alergików i jeśli jedynym objawem jest płacz, lekarz prawdopodobnie potraktuje go jako skutek kolki gazowej (patrz str. 167–175).

Jeżeli w rodzinie są alergicy, spróbuj zmienić mieszankę mleczną. Nagła poprawa w zachowaniu i ustąpienie innych objawów, jeżeli występowały, sugerowałyby możliwość uczulenia na mleko. Odstawienie nowej mieszanki i powrót do poprzedniej może być sposobem weryfikacji diagnozy: jeżeli objawy powrócą, alergia jest prawdopodobna. Bardzo rzadko przyczyną problemu jest brak enzymu – noworodek rodzi się niezdolny do produkcji laktazy, enzymu potrzebnego do trawienia cukru mlecznego zwanego laktozą. Takie dziecko ma często biegunkę zaraz od urodzenia i nie przybiera na wadze. Mieszanka zawierająca małą ilość laktozy lub zupełnie jej pozbawiona zwykle likwiduje problem. W przeciwieństwie do tymczasowej nietolerancji laktozy, która czasem rozwija się w trakcie jakiejś choroby, wrodzony niedobór laktazy jest stały. Dotknięte chorobą dziecko prawdopodobnie nigdy nie będzie zdolne do tolerowania produktów mlecznych sporządzonych na bazie krowiego mleka. Natomiast dobrze powinno znosić te, w których ilość laktozy jest zredukowana.

Jeżeli przyczyną problemu nie jest nietolerancja mleka, powinnaś powrócić do mieszanek z mleka krowiego, gdyż są najlepszym zamiennikiem pokarmu kobiecego. Z alergii na krowie mleko niemowlęta wyrastają, zanim ukończą pierwszy rok życia. Jeżeli musiałaś odstawić mieszankę z mleka krowiego, lekarz może zaproponować ci powrót do niej po sześciu miesiącach karmienia mieszanką zastępczą lub poradzi ci, abyś poczekała do pierwszych urodzin dziecka.

ALERGIA NA MLEKO U DZIECI KARMIONYCH PIERSIĄ

Karmię synka wyłącznie piersią, a gdy dzisiaj zmieniałam mu pieluchę, zauważyłam smużki krwi w stolcu. Co to może oznaczać?

Dzieci nigdy nie mają alergii na mleko matki, ale czasem – bardzo, bardzo rzadko – może wystąpić reakcja alergiczna na składnik jej posiłku, który trafił do pokarmu przeznaczonego dla niemowlaka. Najczęściej są to białka z krowiego mleka. Wszystko wskazuje na to, że z taką właśnie sytuacją masz do czynienia. Objawami takiej alergii, zwanej również alergicznym zapaleniem okrężnicy, są: obecność krwi w moczu, grymaszenie, marudzenie dziecka, niewielki przyrost wagi lub całkowity jego brak, wymioty i/lub biegunka. Objawy te mogą wystąpić wszystkie naraz albo tylko jeden z nich.

Naukowcy przypuszczają, że niektóre dzieci uczulają się na pewne produkty spożywane przez matkę jeszcze w trakcie życia płodowego, a alergie uwidaczniają się po narodzinach.

Mleko krowie i żywność z przetworzonego mleka krowiego często są winowajcami alergii – ale nie jedynymi. Do grona podejrzanych należą: soja, orzechy, pszenica. Po krótkiej konsultacji z lekarzem zapewne przyjmiesz następującą metodę działania: odstawisz na tydzień wszelkie możliwe alergeny (lub do chwili zniknięcia objawów alergii u dziecka), po czym powoli powrócisz do nich, uważnie obserwując reakcję dziecka. Ta metoda zwykle szybko pomoże wskazać szkodliwy składnik. Zdarza się, choć rzadko, że nie można ustalić związku między dietą matki a alergią niemowlęcia. Wytłumaczeniem na obecność krwi w stolcu niekiedy jest infekcja wirusowa żołądkowo-jelitowa. Zagadkę rozwiąże lekarz, uważnie monitorując zdrowie dziecka.

WYPRÓŻNIENIA

Spodziewałam się jednego, może dwóch wypróżnień dziennie u mojego karmionego piersią dziecka, a tymczasem jest ich tyle, ile zmian pieluch – nawet dziesięć dziennie. Poza tym są bardzo luźne. Czy to biegunka?

Twoje dziecko nie jest pierwszym niemowlęciem karmionym piersią, które zmierza do pobicia rekordu Guinnessa w brudzeniu pieluch. Tak częste oddawanie stolca nie jest złym znakiem, lecz wręcz przeciwnie. Ponieważ ilość tego, co wychodzi, jest uzależniona od ilości tego, co wchodzi do żołądka dziecka, każda matka karmiąca piersią, której pociecha ma pięć lub więcej wypróżnień dziennie, może być pewna, że jej dziecko jest dobrze odżywiane. (Matki karmiące piersią, których dzieci rzadziej się wypróżniają, powinny przeczytać informacje na str. 148.) Liczba wypróżnień od drugiego miesiąca stopniowo się zmniejsza i może zatrzymać się na poziomie jednego dziennie lub nawet jednego na dwa dni, choć niektóre niemowlęta oddają stolec kilka razy dziennie przez cały pierwszy rok. Liczba wypróżnień może być różna każdego dnia i to też jest normalnym zjawiskiem. Normalne jest również to, że niemowlęta karmione piersią oddają luźne, czasem wodniste stolce. Biegunka (częste, wodniste, cuchnące, zawierające śluz stolce, którym towarzyszy gorączka i spadek masy ciała) jest niezwykle rzadkim zjawiskiem u niemowląt karmionych piersią. Jeżeli jednak już się zdarzy, wypróżnienia są mniejsze niż u dzieci karmionych mieszanką, a dziecko szybciej zdrowieje, prawdopodobnie dzięki antybakteryjnym właściwościom pokarmu kobiecego.

GŁOŚNE WYPRÓŻNIENIA

Gdy mój synek się wypróżnia, robi to z taką siłą i towarzyszą temu takie odgłosy, że martwię się, czy nie ma on jakichś problemów z trawieniem. A może coś jest nie w porządku z moim pokarmem?

Noworodki karmione piersią z reguły nie są dyskretne w trakcie wypróżniania. Głośna eksplozja, która rozlega się w pokoju, da się słyszeć nawet w innym pomieszczeniu i może zaniepokoić początkujących rodziców. Odgłosy te są jednak czymś najzupełniej normalnym. Wywołują je gazy, które z dużą siłą są wypychane z niedojrzałego jeszcze układu trawiennego. Te eksplozje powinny ucichnąć za miesiąc lub dwa.

GAZY W JELITACH

Moje dziecko bardzo często i bardzo głośno wypuszcza gazy. Czy oznacza to, że ma jakieś kłopoty z żołądkiem?

Efekty trawienia, które często eksplodują z malutkiego noworodka, nierzadko z siłą porównywalną do tej u dorosłego człowieka, mogą wzbudzić w rodzicach niepokój. Lecz podobnie jak głośne wypróżnienia, głośne i częste wydalanie gazów jest normalnym zjawiskiem w tym wieku. Gdy tylko układ trawienny noworodka dojrzeje, gazy będą uchodzić ciszej i rzadziej; do tego momentu zrzucaj winę na psa – jeśli jest w pobliżu.

ZAPARCIA

Martwię się, że moje dziecko ma zaparcie. Oddaje stolec raz na dwa, trzy dni. Czy może to być wina mieszanki mlecznej?

Matki niesłusznie nazywają zaparciem stan, w którym dzieci wypróżniają się rzadziej niż one same. Jest to błędne, gdyż każdy człowiek ma swój indywidualny rozkład wypróżnień i u dziecka nie musi on być wcale taki sam jak u matki. Niektóre dzieci karmione mieszanką oddają stolce raz na kilka dni. Nie traktuje się jednak takiego stanu jako zaparcia, chyba że kał jest bardzo zbity lub wychodzi w postaci twardych kulek albo też wywołuje ból i krwawienie (w wyniku pęknięć odbytu przy silnym parciu). Jeżeli stolce twojego dziecka są miękkie i nie towarzyszą im takie problemy, nie powinnaś się martwić. Lecz jeśli podejrzewasz, że dziecko rzeczywiście ma zaparcia, skontaktuj się z lekarzem. Dziecku pomoże kilka łyków wody (tylko za zgodą lekarza). Dzieci powyżej czwartego miesiąca życia mogą dostać niewielką ilość soku z suszonych śliwek – spytaj najpierw lekarza. Znacznie rzadziej przyczyną zaparć jest uczulenie na mleko – możliwa jest wówczas zmiana mieszanki. Nie stosuj bez konsultacji medycznej środków przeczyszczających (zwłaszcza parafiny), lewatywy ani herbatek ziołowych.

Sądziłam, że u dzieci karmionych piersią nie zdarzają się zaparcia, a moja córeczka stęka i napręża się przy oddawaniu stolca.

To prawda, że niemowlęta karmione piersią bardzo rzadko cierpią z powodu zaparcia, ponieważ pokarm matki jest idealnie przystosowany do funkcji układu trawiennego ludzkiego noworodka. Niektóre dzieci muszą jednak bardzo się natężać i mocno przeć, mimo że stolec jest miękki. (Jeżeli twoje karmione piersią dziecko bardzo rzadko się wypróżnia i nie przybiera, patrz str. 148 i skonsultuj się z lekarzem. Możliwe, że nie najada się dostatecznie i dlatego niewiele ma do wydalenia.) Dlaczego tak się dzieje? Jedna z teorii mówi, że miękki stolec nie wywiera odpowiedniego nacisku na odbyt. Inna sugeruje, że mięśnie odbytu nie są ani wystarczająco silne, ani odpowiednio skoordynowane, by wydalić z łatwością każdy stolec. Jeszcze inni twierdzą, że ponieważ dzieci zwykle wypróżniają się, leżąc, nie mają one pomocy ze strony grawitacji.

Jakakolwiek byłaby przyczyna, trudności z wypróżnianiem powinny ustąpić z chwilą wprowadzenia pokarmów stałych do diety niemowlęcia. Nie próbuj stosować środków przeczyszczających (zwłaszcza parafiny), lewatywy ani innych domowych leków. Gdy dorosły ma zaparcia, często chodzenie przynosi pożądany skutek. Spróbuj więc, gdy dziecko leży, prostować i zginać jego nóżki, jak gdyby jechało na rowerku.

POZYCJA DZIECKA W CZASIE SNU

Rodzice mówią, że zawsze kładli mnie do snu na brzuszku. Teraz lekarz mówi, że dziecko powinno spać na plecach. Nie wiemy, co robić.

Rzeczywiście, w czasach twoich rodziców najczęściej układano dzieci do snu na brzuszku. Wówczas specjaliści byli zdania, że tak ułożone niemowlęta nie zakrztuszą się płynem ulanym podczas snu. Ale nowsze badania wykazały, że najbezpieczniejsza jest pozycja na pleckach. Dzieci śpiące brzuszkiem do góry rzadziej gorączkują, rzadziej mają nieżyt nosa i infekcje uszu, poza tym zwykle im się nie ulewa i nie krztuszą się ulanym pokarmem podczas snu. Jednak najważniejszą zaletą tej pozycji jest zmniejszone ryzyko wystąpienia zespołu nagłej śmierci niemowlęcia. Przekonujące dowody na powyższą tezę skłoniły Amerykańską Akademię Pediatrii do zalecania, by wszystkie zdrowe niemowlęta zawsze układać do snu na pleckach*.

Najlepiej układać dziecko od samego początku na plecach, aby przyzwyczaiło się i wygodnie czuło w tej pozycji (większość dzieci woli leżeć na brzuszku). Wiele niemowląt początkowo grymasi; ponieważ wyciągniętymi rączkami i nóżkami nie mogą znaleźć oparcia w materacu. Z tego właśnie powodu dziecko częściej może mieć odruch Moro objawiający się drżeniem, a zatem będzie częściej się budzić. (Czasem dziecko lepiej się czuje, śpiąc na pleckach owinięte w kocyk – patrz str. 178.) Możliwe, że przez spanie zawsze w tej samej pozycji i patrzenie tylko w jednym kierunku (najczęściej ku oknu) na główce zrobi się płaskie czy pozbawione włosków miejsce. Jeśli pomimo twych wysiłków kształt główki się nie zmieni i łysinka pozostanie, nie martw się – czas skoryguje te niedoskonałości. Tylko w poważnych przypadkach stosuje się opaskę na głowę czy specjalny kask.

Układając dziecko na brzuszku na czas zabawy (pod opieką), minimalizujesz zniekształcenia główki. Pozycja ta ważna jest również dla prawidłowego rozwoju mięśni. Zapamiętaj: spanie na plecach, zabawa na brzuchu.

ILOŚĆ SNU

Oczekiwałam, że noworodek będzie spać prawie cały czas, a tymczasem nasza trzytygodniowa córeczka prawie wcale nie śpi.

Noworodki często nie wiedzą, co „powinny robić". Ssą pierś na okrągło, gdy tymczasem „powinny" robić sobie trzy- lub czterogodzinną przerwę między karmieniami. Niektóre śpią dwanaście godzin na dobę (albo dwadzieścia dwie), a „powinny" szesnaście i pół. One po prostu wiedzą, o czym my często zapominamy, że noworodek nie musi ni-

czego robić w jakimś określonym wieku lub czasie. „Przeciętne" dzieci, których rozwój przebiega całkowicie zgodnie z tym, co podają książki, oczywiście istnieją, ale – niestety – jest ich niewiele. Szesnaście i pół godziny snu na dobę dla dziecka w pierwszym miesiącu życia to oczywiście średnia długość snu. A to oznacza, że jedne dzieci śpią 12 godzin na dobę, podczas gdy inne – 23, natomiast niektóre po prostu mieszczą się w tym przedziale. Jedne dzieci lubią mniej lub więcej spać niż inne (tak jak dorośli).

Zakładając, że twoja pociecha jest zdrowa, nie martw się, że tak mało sypia, lecz przyzwyczaj się do tego. Noworodki, które śpią bardzo mało, wyrastają zwykle na dzieci, które też śpią bardzo mało; ich rodzice najczęściej także nie potrzebują dużo snu.

Nasza córka budzi się kilka razy w nocy. Moja mama twierdzi, że jeśli teraz nie przyzwyczaję jej do regularnego snu, później może to już być niemożliwe. Mówi, że powinnam pozwolić jej się wypłakać, zamiast karmić ją całą noc.

Każda doświadczona matka, zwłaszcza ta, której dziecko niechętnie spało w nocy albo w ogóle miało kłopoty z zasypianiem, wie, jak ważne jest wczesne wyrobienie w nim dobrych przyzwyczajeń związanych ze snem. Lecz w pierwszym miesiącu jest jeszcze za wcześnie na tego rodzaju edukację. Twoje dziecko dopiero zaczyna poznawać świat. Najważniejszą lekcją, której musi się teraz nauczyć, jest to, że jeśli zawoła, ty będziesz przy nim nawet o trzeciej w nocy i nawet jeśli obudzi cię po raz czwarty w ciągu sześciu godzin. Rodzice mogą pomóc dziecku zasnąć samemu, uciekając się do różnych sposobów, ale nie czas jeszcze na tę lekcję – nie przez kilka najbliższych miesięcy. Trzeba poczekać, aż malec poczuje się pewniej i bezpieczniej w swym otoczeniu.

Jeżeli karmisz piersią, próby narzucania teraz jakiegoś reżimu dnia i nocy mogłyby źle wpłynąć na ilość pokarmu i na rozwój twojego dziecka. Noworodki karmione piersią mu-

---

* Wyjątek stanowią dzieci z silnym refluksem żołądkowo-przełykowym lub deformacją dróg oddechowych.

szą jeść częściej niż ich rówieśnicy karmieni butelką, często co dwie godziny, co nie pozwala im na przesypianie nocy, dopóki nie ukończą od trzech do sześciu miesięcy. Przekonanie, że dziecko po ukończeniu dwóch miesięcy powinno przesypiać całą noc, może dotyczyć zachowania niemowląt karmionych mieszankami, lecz jest nierealne w przypadku dzieci karmionych piersią.

Tak więc, jak radzi ci twoja mama, zacznij już myśleć o wprowadzeniu pewnej dyscypliny dotyczącej snu twojego dziecka i związanych z nim przyzwyczajeń, ale na razie jest jeszcze za wcześnie, by pozwalać mu się „wypłakiwać".

NIESPOKOJNY SEN

Dziecko, które śpi w naszej sypialni, kręci się i rzuca całą noc. Czy nasza obecność może źle wpływać na jego sen?

Nie wiadomo, skąd wzięło się powiedzenie „śpi jak niemowlę", odnoszące się do kogoś twardo i słodko śpiącego. (Może od producentów dziecięcych łóżeczek i materacyków.) Tak naprawdę sen niemowląt wcale nie jest twardy i spokojny. Noworodki często zapadają w sen, ale też często się budzą. Dzieje się tak, gdyż większość tego snu to tzw. faza szybkich ruchów gałek ocznych – sen aktywny, któremu towarzyszą obrazy senne i dużo ruchu. Po zakończeniu każdej takiej fazy snu dziecko zwykle budzi się na chwilę. Jeżeli słyszysz, że się kręci albo kwili, to prawdopodobnie zakończyło właśnie jedną z faz szybkich ruchów gałek ocznych, a nie dlatego, że wy śpicie w tym samym pokoju.

Gdy dziecko rośnie, jego sen także dojrzewa. Z upływem czasu będzie miało mniej aktywnych snów, będzie spało dłużej, „ciszej" i spokojniej. Choć wasza obecność w tym samym pokoju nie przeszkadza dziecku, to z pewnością zakłóca wasz sen. Nie tylko budzisz się na każde jego jęknięcie, lecz także masz więcej pokus, by brać je na ręce w środku nocy, a nie zawsze jest to konieczne. Jeżeli nie potrafisz się wyłączyć i nie reagować na nocne odgłosy dziecka, być może powinnaś się przenieść do innego pokoju.

Musisz jednak być czujna i zareagować, gdyby maleństwo nieoczekiwanie się obudziło, płakało lub zachowywało inaczej niż zwykle, a przyczyną nie byłoby na przykład ząbkowanie lub dzień zbyt bogaty we wrażenia. Sprawdź, czy nie ma ono gorączki, biegunki lub nie straciło apetytu (patrz rozdział 18.). Zgłoś się do lekarza, jeżeli objawy nie ustąpią.

POMIESZANIE DNIA Z NOCĄ

Moja trzytygodniowa córeczka śpi całe dnie, a w nocy czuwa. Co mam robić, aby odwrócić ten rytm, byśmy mogli z mężem trochę się wyspać?

Dzieci, które śpią w dzień, a chcą się bawić w nocy, mogą zmienić normalnie funkcjonujących rodziców w ledwo żywe zjawy. Na szczęście to niezauważanie różnicy między dniem a nocą nie jest stanem stałym. Noworodek, który, zanim przyszedł na świat, spędził dziewięć miesięcy w ciemnościach, potrzebuje trochę czasu, by się przestawić. Prawdopodobnie potrwa to kilka tygodni. Gdybyś chciała przyspieszyć ten proces, spróbuj ograniczyć sen dziecka w ciągu dnia i nie pozwól, by okresy snu były dłuższe niż trzy, cztery godziny. Nie jest łatwo obudzić śpiącego noworodka, ale są na to sposoby. Weź go na ręce i trzymając pionowo, rozepnij jego ubranie, połaskocz w stopy lub pod brodą. Gdy tylko nieco się rozbudzi, mów do niego, śpiewaj wesoło, przesuwaj przed oczami jakąś zabawkę (w odległości od dwudziestu do trzydziestu centymetrów). Inne sposoby rozbudzania dziecka opisane są na str. 111. Jednak nie próbuj powstrzymywać dziecka od snu przez większość dnia w nadziei, że prześpi ono całą noc. Zbyt przemęczone i za bardzo pobudzone niemowlę nie będzie dobrze spało w nocy.

Wyraźnie zaznaczaj różnice między dniem a nocą. Jeżeli sypia w swoim pokoju, unikaj zaciemniania pomieszczenia i całkowitego eliminowania hałasu. Gdy nie śpi, zabawiaj je dość intensywnie. Wieczorem działaj odwrotnie. Kładź dziecko do łóżeczka, zasłaniaj szczelnie okna, staraj się, aby wokół panował spokój, i wyciszaj też stopniowo dziecko, zanim nadejdzie pora snu. W nocy, gdy maluch się przebudzi, nie mów nic do niego, nie zabawiaj go. Nie zapalaj światła, gdy go karmisz. Ogranicz komunikację do szeptów. Zapewnij dziecku idealne warunki do snu (patrz str. 166).

Choć zabrzmi to dziwnie, uważaj się za szczęśliwą, jeśli twoje dziecko przesypia bez przerwy długie okresy, nawet jeśli dzieje się tak tylko w ciągu dnia. Jest to znak, że potrafi dobrze spać i gdy tylko jego wewnętrzny zegar dobrze się ustawi, będzie dobrze przesypiać także noce.

HAŁAS, GDY DZIECKO ŚPI

Mam koleżankę, która wyłącza telefon, gdy jej synek zasypia, wywiesza kartkę na drzwi z prośbą, by pukać, zamiast dzwonić, a ona sama chodzi na palcach przez cały czas snu dziecka. Czy to nie przesada?

Twoja koleżanka programuje dziecko tak, by mogło ono spać tylko w kontrolowanych warunkach, które okażą się na dłuższą metę niemożliwe do utrzymania. Po opuszczeniu wyizolowanego środowiska dziecko nie będzie mogło porządnie się wyspać w prawdziwym świecie, świecie z dzwonkami do drzwi i dzwoniącymi telefonami.

Co więcej, jej wysiłki przyniosą odwrotny skutek. Chociaż nagły hałas może obudzić niektóre dzieci, inne potrafią spać przy wybuchach petard, wyjących syrenach i szczekających psach. Monotonne odgłosy otoczenia płynące z telewizora lub radia, nakręcanej grającej zabawki lub jakiegoś niegłośnego urządzenia domowego skuteczniej usypiają większość dzieci niż idealna cisza. To, w jakim hałasie dziecko potrafi spać, zależy głównie od tego, do jakiego było przyzwyczajone, zanim się urodziło, i jaki ma temperament (niektóre dzieci są bardziej wrażliwe na bodźce niż inne). Dlatego też rodzice powinni dostosować natężenie dźwięków do usposobienia dziecka. Jeżeli okaże się ono szczególnie wrażliwe na hałasy w czasie snu, należy przełączyć telefon, by dzwonił ciszej, zmienić dzwonek u drzwi na łagodniejszy i przyciszyć nieco radio i telewizor. Wszystkie te zabiegi są oczywiście niepotrzebne, jeżeli dziecko śpi doskonale w każdych warunkach.

SPRAWDZANIE ODDECHU

Martwię się za każdym razem, gdy patrzę, jak moja córeczka śpi. Jej oddech jest bardzo nieregularny, a klatka piersiowa unosi się w dziwny sposób. Czy dzieje się coś złego?

Ależ nie – twoje dziecko jest zupełnie normalne, tak jak normalny jest twój strach (jak również stanie nad kołyską i obserwowanie, jak dziecko oddycha. Wielu rodziców noworodków postępuje tak samo – spójrz na następne pytanie).

Normalne tempo oddychania noworodka wynosi 40 oddechów na minutę w trakcie czuwania, natomiast podczas snu zwalnia do ledwie 20 na minutę. Ale najbardziej niepokoi cię (i większość młodych rodziców) nieregularność oddychania w trakcie snu. Dziecko czasem oddycha szybko, powtarzającymi się, szybkimi i płytkimi oddechami trwającymi przez 15 do 20 sekund, po czym robi przerwę (przestaje oddychać – i to właśnie tak przeraża) na nieco mniej niż 10 sekund (które dla rodziców trwają całą wieczność), a po tej chwili wytchnienia zaczyna dalej oddychać (i rodzice też). Ten wzorzec oddychania, zwany oddychaniem cyklicznym, wynika z nie ukształtowanego jeszcze (acz prawidłowego na tym stopniu rozwoju) ośrodka kontroli oddechu w mózgu, zatem nie stanowi podstaw do niepokoju.

Możesz również zauważyć, jak w trakcie snu unosi się klatka piersiowa. Dzieci zwykle oddychają za pomocą przepony – dużego mięśnia znajdującego się między klatką piersiową a jamą brzuszną. Jeśli tylko wokół ust maleństwa nie pojawia się niebieskie zabarwienie, a powrót do normalnego płytkiego oddechu następuje bez rodzicielskiej interwencji, nie masz się czym martwić.

Połowa snu noworodka przypada na fazę REM (*rapid eye movement* – szybkie ruchy gałek ocznych), w której oddech jest nieregularny, a dziecko często pomrukuje, parska i drga – widać wręcz, jak oczka poruszają się pod powiekami. Pozostała część drzemki to spokojny sen, w którym oddech jest głęboki, spokojny, a dziecko zdaje się trwać w bezruchu, może z wyjątkiem wykonywania od czasu do czasu gestu ssania czy chwilowych drgań. W miarę upływu czasu mniej będzie snu w fazie REM, a więcej spokojnego odpoczynku bardziej przypominającego sen dorosłego człowieka poza fazą REM.

Innymi słowy, opisywany przez ciebie stan śpiącego dziecka jest zupełnie prawidłowy. Gdyby jednak niemowlę oddychało więcej niż 60 razy na minutę, rozszerzało nozdrza, pochrapywało, miało niebieskawe zabarwienie skóry lub wciągało mięśnie między żebrami tak mocno, aż żebra zaczęłyby wystawać – natychmiast zadzwoń do lekarza.

Słyszałam, jak ludzie opowiadali, że często chodzili do pokoju niemowlęcia, aby sprawdzić, czy oddycha. Myślałam, że to żarty, a teraz sama to robię nawet w środku nocy.

Zanim zostaniesz matką, opowieści o sprawdzaniu, czy dziecko oddycha, mogą brzmieć jak żart. Później nie ma w tym już nic śmiesznego. Budzisz się oblana zimnym potem, w kompletnej ciszy, i myślisz, co się stało, że minęło już pięć godzin, a dziecko się nie obudziło. Albo innym razem przechodzisz obok łóżeczka, a dziecko leży tak nieruchomo, że musisz nim lekko potrząsnąć, aby sprawdzić, czy żyje. Jeszcze innego dnia „chrapie" tak głośno, że myślisz, iż ma kłopoty z oddychaniem. Robisz tak ty i wiele milionów początkujących rodziców.

Zarówno twoje obawy, jak również te różnice w intensywności oddychania są czymś normalnym. Wkrótce przestaniesz panikować, że nie obudziło się rano, i docenisz ośmiogodzinną przerwę nocną, w czasie której oboje dobrze się wyspaliście, nie budząc się nawzajem ani razu. Niektórzy rodzice jednak nigdy nie potrafią wyzbyć się nawyku sprawdzania, jak ich dzieci śpią i oddychają, zanim wyjdą one z domu i zamieszkają gdzieś, na przykład w akademiku, gdzie znikną rodzicom z oczu, ale nigdy z myśli.

PRZENOSZENIE ŚPIĄCEGO DZIECKA DO ŁÓŻECZKA

Bardzo się denerwuję, gdy muszę położyć moje śpiące dziecko do łóżeczka. Boję się, że się obudzi, i zwykle tak się dzieje.

Wreszcie zasnęło – po wieku spędzonym przy obolałych piersiach, po bujaniu na omdlewających rękach, po godzinach śpiewania. Pomalutku podnosisz się ze śpiącym dzieckiem w ramionach, zbliżasz się do łóżeczka, wstrzymujesz oddech, używasz tylko absolutnie koniecznych mięśni. Następnie z bijącym sercem przenosisz je nad krawędzią łóżeczka i powoli opuszczasz na materac. Wreszcie uwalniasz ręce, ale o ułamek sekundy za wcześnie. Dziecko zaczyna kręcić głową z boku na bok, sapać i kwilić. Podnosisz je, sama niemal płacząc, i wszystko zaczyna się od początku. Podobnie się dzieje w wielu domach, gdzie jest noworodek. Jeżeli nie radzisz sobie z dzieckiem w takich właśnie momentach dnia, weź pod uwagę następujące wskazówki:

Wysoko umieszczony materac. Bardzo ci pomoże ułożenie materaca na najwyższym poziomie (ale przynajmniej 10 cm poniżej górnej krawędzi łóżeczka). Materac należy koniecznie obniżyć, zanim twoja pociecha zacznie samodzielnie siedzieć. Opuść bok łóżeczka, jeśli istnieje taka możliwość, gdyż łatwiej ci będzie położyć dziecko, nie przechylając się przez wysoką krawędź. W pierwszych tygodniach możesz zastąpić łóżeczko kołyską lub wózkiem, do których łatwiej będzie ci wkładać dziecko. Dodatkowym plu-

Lepszy sen

Dzieciom, które gorzej sypiają, można pomóc, stwarzając warunki choć w części przypominające ich pierwszy dom, jakim było matczyne łono.

Wygodne i przytulne miejsce do spania. Łóżeczko to wspaniały współczesny wynalazek, ale w pierwszych tygodniach wiele noworodków w jakiś sposób wyczuwa jego obszerność i nie czuje się zbyt dobrze, leżąc na środku materacyka z dala od ścianek łóżeczka. Jeżeli wydaje ci się, że twoje dziecko tak właśnie się czuje, zastąp łóżeczko staroświecką kołyską, koszem wiklinowym lub głębokim wózkiem. Te sprzęty są przytulniejsze i z tego powodu przypominają dziecku dziewięciomiesięczny pobyt w ciasnym otoczeniu macicy. Dodatkowo możesz zawijać dziecko w kocyk (jednak nie należy robić tego, gdy dziecko staje się bardziej aktywne – patrz str. 135) lub używać śpiworka, zamiast je przykrywać.

Kontrolowanie temperatury pomieszczenia. Zbyt wysoka lub zbyt niska temperatura w pokoju dziecka może również źle wpływać na sen. Przeczytaj, jak postępować z dzieckiem w gorące dni (str. 451) i w zimie (str. 458).

„Lulanie" dziecka. W macicy nie narodzone dzieci są najbardziej aktywne, gdy ich matki odpoczywają; kiedy matki się poruszają, dzieci „cichną" dzięki kołyszącym ruchom. Poza łonem matki ruch kołyszący nadal ma działanie uspokajające. Kołysanie, huśtanie pomagają w ukojeniu dziecka i jego usypianiu.

Kojące dźwięki. Przez wiele miesięcy bicie twojego serca, „burczenie" w brzuchu i twój głos zabawiały i uspokajały dziecko. Teraz spanie może okazać się trudne bez żadnych odgłosów w tle. Spróbuj włączyć cicho szumiący wentylator czy nawilżacz powietrza, muzykę z radia czy magnetofonu, nakręcić zabawkę z pozytywką lub cokolwiek, co wydaje dźwięk podobny do odgłosów słyszanych przez dziecko w macicy.

Spokojne miejsce. Małe dzieci lepiej śpią, gdy są w swoim pokoju. Nie dlatego, że przeszkadza im wasza obecność, lecz dlatego że istnieje dla ciebie większa pokusa, by niepotrzebnie brać dziecko na ręce, gdy się przebudzi na chwilę i zacznie trochę marudzić. Zatem jeżeli nie planujesz spania razem z dzieckiem i/lub potrafisz powstrzymać się przed braniem go na ręce, gdy tylko się poruszy, lepiej, by spało we własnym pokoiku. Musisz być jednak na tyle blisko, by usłyszeć krzyk czy płacz dziecka, zanim przerodzi się w przeszywający uszy wrzask.

Zachowanie rytmu. Ponieważ twój noworodek prawie zawsze zasypia podczas karmienia, ceremonia regularnego wieczornego kładzenia do łóżka wydaje się zbędna. Nigdy nie jest jednak za wcześnie, aby rozpocząć takie rutynowe zajęcia związane ze snem, a na pewno powinny one być stałym punktem dnia, zanim dziecko ukończy sześć miesięcy. Ciepła kąpiel, przebieranie w piżamkę, chwila wyciszającej zabawy na twoim łóżku, śpiewanie kołysanki może działać kojąco i usypiająco nawet na maleńkie noworodki.

Dostateczny wypoczynek w ciągu dnia. Niektóre matki próbują rozwiązać problemy ze snem swojego dziecka w ciągu nocy poprzez uniemożliwianie mu zaśnięcia w ciągu dnia, nawet wtedy, gdy dziecko chce spać. To wielki błąd (choć wskazane jest ograniczyć nieco dzienny sen, by zaznaczyć kontrast między dniem i nocą). Przemęczone dziecko gorzej śpi w nocy niż wypoczęte.

sem tych sprzętów jest to, że można nimi kołysać i w ten sposób kontynuować ruch zapoczątkowany na rękach, gdy śpiące dziecko włożymy do środka.

Odpowiednie światło. Chociaż dobrze jest kłaść dziecko spać w ciemnym pokoju, musi jednak być tam choć niewielkie światełko ułatwiające ci dojście do łóżeczka bez potykania się lub wpadania na różne meble czy przedmioty leżące na podłodze. Coś takiego na pewno rozbudzi i dziecko, i ciebie.

Małe odległości. Im dłuższa droga do łóżeczka od miejsca, w którym dziecko zasnęło, tym większe prawdopodobieństwo, że po drodze się obudzi. Musisz więc karmić je czy kołysać jak najbliżej łóżeczka lub kołyski.

Siedzenie, z którego łatwo wstać. Zawsze karm dziecko lub usypiaj je na krześle, fotelu czy kanapie, z których wstaniesz łatwo, tak by dziecko tego nie odczuło.

Prawa czy lewa ręka. Karm dziecko lub usypiaj na tej ręce, z której będziesz później mogła swobodnie położyć je do łóżeczka, bez potrzeby przekładania go na drugą rękę. Jeżeli zaśnie wcześniej i po złej stronie, delikatnie przełóż je na drugą i jeszcze chwilę pokołysz lub pokarm, zanim spróbujesz je ułożyć w łóżeczku.

Bliski kontakt z tobą. Gdy dziecko jest w twoich ramionach, czuje się wygodnie i bezpiecznie. Nagłe oderwanie go i położenie na otwartej przestrzeni może je obudzić i przestraszyć. Trzymaj więc dziecko do ostatniej chwili blisko swojego ciała, kołysząc, powoli opuszczaj na materac, wysuwając rękę spod jego pleców. Obejmuj dziecko jeszcze przez chwilę, delikatnie je głaszcząc, gdyby zaczęło się wiercić.

Kołysanka. Uśpij swoje dziecko, śpiewając mu tradycyjne kołysanki (nie będzie mieć nic przeciwko fałszowaniu). Możesz też improwizować, lecz ważne jest, by melodia ta miała monotonny rytm („a-a-a, a-a-a"). Śpiewaj, niosąc je do łóżeczka, kładąc na materacu i jeszcze przez chwilę, dopóki twardo nie zaśnie.

PŁACZ

W szpitalu gratulowano mi takiego idealnego dziecka. W domu już po upływie 24 godzin nasza córeczka przeistoczyła się w okropną płaczkę.

Wiele noworodków po powrocie do domu pokazuje swoje prawdziwe oblicze. Wszystkie płaczą, ale niektóre robią to o wiele częściej niż inne. Płacz jest jedynym sposobem, za pomocą którego noworodki oznajmiają swoje potrzeby i uczucia. Jest to ich pierwszy język. Twoje dziecko nie może ci powiedzieć, że czuje się samotne, mokre, głodne, zmęczone, że jest mu niewygodnie, za gorąco lub za zimno. Choć teraz wydaje ci się to niemożliwe, wkrótce będziesz umiała rozszyfrować każdy rodzaj płaczu i poznasz po nim, o co dziecko w tym momencie prosi (patrz str. 112).

Płacz niektórych noworodków zdaje się nie mieć konkretnej przyczyny. 80–90% dzieci miewa napady płaczu trwające od 15 minut do godziny, których przyczynę trudno wytłumaczyć. Zdarzają się one, podobnie jak napady kolki gazowej, przeważnie wieczorem. Być może dzieje się tak dlatego, że jest to najbardziej nerwowa pora dnia w domu (przygotowanie kolacji, powrót rodziców i rodzeństwa do domu, siadanie do stołu) lub jest to reakcja dziecka na dużą liczbę bodźców, które działały na nie w ciągu dnia (widoki, dźwięki, zapachy i inne atrakcje lub przeżycia).

Niektóre całkiem szczęśliwe niemowlęta muszą wypłakać się przed snem, prawdopodobnie z przemęczenia. Jeżeli twoje dziecko płacze zawsze pięć lub dziesięć minut przed zaśnięciem, nie przejmuj się. Wyrośnie z tego. Regularne czynności pielęgnacyjne przed położeniem go spać i zapewnienie dobrego i wystarczającego wypoczynku w ciągu dnia mogą w tym wypadku pomóc.

Musisz przetrwać ten okres płaczu. Ty jeszcze nieraz będziesz płakać z powodu swojego dziecka i to być może przez kilkanaście następnych lat, a ono przestanie płakać, zanim ukończy trzy miesiące. Płacz będzie zdarzał się coraz rzadziej i będzie trwał coraz krócej. Łatwiej też będzie je uspokoić, gdyż im dziecko będzie starsze, tym skuteczniej będzie nas informować o swoich problemach. Jednakże nagły wybuch płaczu u dziecka, które przedtem bardzo rzadko płakało, może sygnalizować chorobę lub wczesne ząbkowanie. Sprawdź temperaturę ciała i skontaktuj się z lekarzem, gdyby pojawiły się jakieś objawy chorobowe.

KOLKA

Odkąd dziecko skończyło trzy tygodnie, ani razu nie zjedliśmy wspólnie z mężem obiadu. Gdy jedno z nas w pośpiechu je, drugie nosi na rękach godzinami płaczące dziecko. Potem się zmieniamy.

Rodzice dziecka cierpiącego z powodu kolki nawet najbardziej wykwintny obiad spożywają niczym w barze szybkiej obsługi. Obiecanki lekarza, że dziecko z tego wyrośnie, są niewielkim pocieszeniem dla nieszczęśliwych rodziców.

Nieszczęścia natomiast lubią chodzić parami, o czym rodzice dzieci cierpiących na kolkę wiedzą najlepiej. Ocenia się, że jedno na pięć niemowląt przeżywa napady płaczu, zaczynające się późnym popołudniem i trwające do wieczora. Są one na tyle intensywne, że upatruje się przyczyny w kolce gazowej. Płacz z powodu kolki różni się od zwykłego płaczu (patrz poprzednie pytanie) tym, że trudno go ukoić, że przeradza się we wrzask i że trwa zwykle dwie, trzy godziny, czasami nawet dłużej i powtarza się codziennie. Lekarze zwykle stwierdzają kolkę, kierując się „metodą trzech": przynajmniej trzy godziny płaczu, przynajmniej trzy dni w tygodniu, poczynając od około trzeciego tygodnia życia.

Dziecko mające typową kolkę podnosi do góry kolana, zaciska piąstki i ogólnie podwyższa swoją aktywność. Zaciska mocno powieki lub szeroko je otwiera, marszczy brwi, czasami na krótko wstrzymuje oddech. Ruchy jelit wzmagają się i gazy wydostają się na zewnątrz. Płacz zakłóca jedzenie i spanie, dziecko nerwowo szuka piersi lub smoczka po to, by po wzięciu ich do ust zaraz je odrzucić. Reakcje i zachowania dzieci różnią się od siebie, podobnie jak reakcje rodziców.

Kolki zaczynają się zwykle w drugim lub trzecim tygodniu życia (później u wcześniaków). Może się wydawać, że ten koszmar nigdy się nie skończy, jednak problem zaczyna powoli zanikać, by ustąpić całkowicie po skończeniu przez dziecko trzech miesięcy. Nieliczne dzieci męczą się jeszcze przez czwarty, a nawet piąty miesiąc. Dolegliwości mogą ustąpić nagle lub stopniowo.

Nie ma jasnej definicji kolki. Tak naprawdę nie wiadomo dokładnie, czym różni się ona od, na przykład, płaczu napadowego lub okresowego płaczu ze złości. Definicje i różnice nie mają jednak znaczenia dla zdesperowanych rodziców, próbujących uspokajać swoje niemowlęta.

Przyczyna kolki także pozostaje tajemnicą. Wiele teorii zostało odrzuconych. Na przykład niektórzy twierdzą, że dzieci płaczą, by ćwiczyć swoje płuca (nie ma na to medycznych dowodów). Inna teoria głosi, że dzieci płaczą z powodów gastrycznych, wywołanych uczuleniem na coś, co matka zjadła i później nakarmiła piersią dziecko lub co znajduje się w składzie mieszanki mlecznej (tylko czasami może to być przyczyną płaczu). Uważano też, że dzieci płaczą, ponieważ początkujący rodzice są niedoświadczeni w obchodzeniu się z nimi (kolka nie występuje wcale rzadziej u drugiego lub kolejnego dziecka). Następna teoria głosi, że płacz jest dziedziczny (czego nie udowodniono) i że kolka występuje częściej u dzieci matek, które miały problemy z ciążą i porodem (statystyka tego nie potwierdza).

Najnowsze badania opisują kilka potencjalnych przyczyn kolki u niektórych dzieci:

- Przeciążenie. Przez pierwsze kilka tygodni życia dzieci potrafią blokować docieranie bodźców z zewnątrz, prawdopodobnie po to, by mogły się skupić na spaniu i jedzeniu. Ale gdy zdobywają większą świadomość otoczenia, czasem odbierają więcej bodźców, niż są w stanie przyjąć. I tak wczesnym wieczorem, po całym dniu bombardowania nowymi wrażeniami (nowe dźwięki, widoki, zapachy), są przeciążone nadmiarem bodźców i wrażeń. W rezultacie dzieci szczególnie wrażliwe na bodźce (na przykład te, które są bardziej czujne) często płaczą, a niekiedy cierpią na kolkę. Na szczęście, gdy tylko nauczą się izolować od otoczenia, zanim dojdzie do przytłoczenia wrażeniami (zwykle około trzeciego miesiąca życia, ale czasem w piątym), napady kolki przemijają. Jeśli przypuszczasz, że kolkę u twego dziecka wywołuje właśnie nadmiar bodźców, pamiętaj, że chwytanie się każdej metody, czyli kołysanie, podskakiwanie, jeżdżenie samochodem, bujanie, śpiewanie, może tylko pogorszyć sprawę. Lepiej zaobserwuj, jak dziecko reaguje na pewne bodźce, i staraj się unikać tych irytujących (na przykład jeżeli płacz nasila się przy masowaniu i pocieraniu, unikaj takiej formy kontaktu w trakcie ataków kolki, a zamiast tego pokołysz malca w huśtawce, jeżeli jest dostatecznie duży – patrz str. 305).

- Nie rozwinięty układ pokarmowy. Inna teoria głosi, że w nie rozwiniętym do końca układzie pokarmowym niemowlęcia dochodzi do silnych i bolesnych skurczów w chwili wydalania gazów, dziecko więc płacze. Są lekarstwa łagodzące tę przyczynę kolki – patrz str. 171.

- Refluks. Nowe badania wskazują, że może on być przyczyną kolki. Odpływ treści żołądkowej podrażnia przełyk (mniej więcej tak samo jak zgaga u dorosłych), powodując przykre doznania i płacz. Na stronie 488 znajdziesz kilka metod łagodzenia tej dolegliwości.

- Środowisko. Jednym z czynników środowiskowych, który, jak się wydaje, pogarsza zachowanie dziecka z kolką, choć przyczyna tego nie jest jasna, jest dym tytoniowy. Im więcej palaczy w domu, tym większe prawdopodobieństwo wystąpienia kolki i gorszy jej przebieg.

- Problemy z pokarmem u matki. Mała ilość pokarmu u matki lub inne problemy z karmieniem również są przyczyną kolki. Często się zdarza, że pod wieczór matki mają mniej pokarmu i właśnie wtedy dzieci zaczynają płakać. Dlatego należy popracować nad techniką karmienia albo rozważyć możliwość podawania dziecku butelki ze ściągniętym wcześniej mlekiem.

- Nerwowi rodzice. Kontrowersyjna teoria głosi, że kolka stanowi reakcję dzieci na napięcie rodziców. Choć wielu ekspertów uważa, że zdenerwowanie rodziców jest pochodną dziecięcych kolek, inni uważają, że jest odwrotnie: to zaniepokojeni rodzice nieświadomie przekazują swój stan niemowlęciu, w następstwie czego dziecko płacze. Możliwe też, że jeśli nawet rodzicielskie obawy nie są jedyną przyczyną kolki, to prawdopodobnie pogarszają stan.

Rodziców dzieci cierpiących na kolkę na pewno uspokoi fakt, że dzieci te nie są emocjonalnie ani fizycznie gorzej rozwinięte od tych, które płaczą bardzo mało. Rosną dobrze, przybierają na wadze niekiedy lepiej niż te spokojne i gdy podrosną, nie sprawiają więcej kłopotów wychowawczych od swoich mniej płaczących rówieśników.

W całym tym problemie najbardziej pocieszające jest to, że stan ten przemija. Tymczasem wskazówki na następnych stronach powinny pomóc ci łagodniej przejść ten trudny okres. (Zajrzyj na stronę 669, jeśli masz starsze dziecko, które źle znosi napady kolki u niemowlęcia.)

PRZETRWAĆ KOLKĘ

Urodziło nam się pierwsze dziecko i płacze przez cały czas. Co złego robimy?

Odpręż się. Nie ma w tym waszej winy. Teoria, według której winę ponoszą rodzice, nie ma podstaw. Tak naprawdę dziecko płakałoby z identyczną częstotliwością nawet wówczas, gdybyś robiła wszystko perfekcyjnie (czego oczywiście żaden człowiek nie jest w stanie wykonać, nawet z doświadczeniem). Jak wskazują najnowsze badania, kolka ma coś wspólnego z rozwojem dziecka, a nie twoim. Najlepsze, co możesz zrobić, to potraktować płaczące dziecko najspokojniej i najracjonalniej, jak tylko potrafisz, ponieważ dzieci wyczuwają nerwowe reakcje rodziców. Ciężko jest zachować spokój przy ataku kolki, ale pomocna okaże się świadomość, że to nie ty jesteś winna, podobnie jak wskazówki, które znajdziesz w następnym pytaniu.

Czasami, gdy kołyszę dziecko już trzecią godzinę, a ono nie przestaje płakać, nachodzi mnie straszna myśl, by wyrzucić je przez okno. Oczywiście nie zrobiłabym tego, ale co ze mnie za matka, jeżeli w ogóle coś takiego przychodzi mi do głowy?

Jesteś normalną matką. Nawet te, które niemal kwalifikowałyby się na święte, doświadczają momentami uczucia frustracji i nienawiści do płaczącego bez końca dziecka. Lecz tylko niewielu rodziców przyznaje się do tego. Inni też tak jak ty miewają straszne myśli. (Jeżeli uczucia te zdarzają się dość często, a nie sporadycznie, i jeśli boisz się, że możesz nie zapanować nad sobą i zrobić dziecku krzywdę, natychmiast udaj się po pomoc.) Nie ma wątpliwości, że nieustanny płacz niemowlęcia nie szkodzi dziecku, lecz jego rodzicom. Obiektywne badania naukowe wykazały, że słuchanie ciągłego płaczu podnosi ciśnienie krwi i przyspiesza bicie serca. Jeżeli dziecko urodziło się przedwcześnie, było źle odżywiane w macicy lub gdy jego matka przeszła zatrucie ciążowe, ton głosu dziecka podczas płaczu może być niezwykle wysoki i szczególnie trudny do zniesienia*. Zgłoś się wówczas z dzieckiem do lekarza, gdyż może to być objaw choroby. By przeżyć te dwa lub trzy miesiące kolki i nie oszaleć, spróbuj zastosować się do następujących rad:

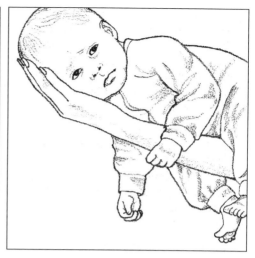

Niektóre niemowlęta cierpiące z powodu kolki czują ulgę, gdy naciskamy ich brzuch, trzymając je w takiej pozycji.

Zrób sobie przerwę. Jeżeli jesteś jedyną osobą, która opiekuje się płaczącym dzieckiem przez siedem dni i nocy w tygodniu, z pewnością źle się to odbije nie tylko na tobie, twoim macierzyństwie i zdrowiu, ale również na twoich stosunkach z mężem. Obowiązki radzenia sobie z kolką powinny być dzielone na pół, jeżeli w domu jest i ojciec, i matka (godzina z dzieckiem, godzina odpoczynku; noc z dzieckiem, noc odpoczynku – czy inny, sprawdzający się w waszym przypadku schemat). Czasem rozpłakane dziecko uspokoi się, kiedy trzymają je inne ręce i kołyszą w odmienny sposób, zatem taka zmiana bywa najlepszą metodą.

Nie zapomnij jednak o wspólnym odpoczynku, najlepiej raz w tygodniu. Zatrudnij pomoc w postaci osoby nieskończenie cierpliwej i doświadczonej w zajmowaniu się płaczącym dzieckiem albo poproś kogoś z przyjaciół lub rodziny (zrezygnuj z tych, którym zdarza się powiedzieć bezpośrednio czy w zawoalowany sposób, że dziecko płacze przez ciebie – wcale tak nie jest). Wybierz się z mężem na obiad (nawet jeśli karmisz piersią, postaraj się znaleźć czas na wyjście do pobliskiej restauracji), odwiedźcie przyjaciół, poćwiczcie razem, zróbcie sobie nawzajem masaż albo po prostu pójdźcie na długi, spokojny spacer.

Natomiast jeśli jesteś z dzieckiem sama (stale lub od czasu do czasu), będziesz częściej musiała wzywać pomoc, gdyż radzenie sobie z płaczącym maluchem dzień w dzień to zadanie ponad siły. Jeśli cię na to stać, zatrudnij opiekunkę, poproś kogoś z rodziny lub przyjaciół (często dziadkowie potrafią zaczarować marudne niemowlęta, natomiast przyjaciele, którzy przeszli przez to samo, także mogą podzielić się doświadczeniem). Dziecko można nawet zostawić nastolatce, pozornie nie nadającej się do opieki nad niemowlęciem z kolką; z pewnością potrafi trzymać je na rękach czy poprowadzić na spacer w wózku, podczas gdy ty zrobisz sobie chwilę przerwy, przebywając gdzieś w pobliżu.

Pozwól dziecku odpocząć od ciebie. Ważne jest, by reagować na płacz dziecka. Gdy za-

---

* Jeśli płacz z niewyjaśnionych przyczyn jest szczególnie wysoki, skontaktuj się z lekarzem, gdyż taki płacz może wskazywać na chorobę.

Lekarstwo na kolkę

Zdesperowani rodzice często zwracają się do lekarzy po magiczne lekarstwo (lub przynajmniej po receptę) na płacz. Na nieszczęście nie ma takiego lekarstwa, które całkiem wyleczyłoby dziecko z kolki. Wszystko, co lekarz przepisałby na złagodzenie objawów kolki, ma skutki uboczne, dlatego niechętnie sięgają oni po recepty. Jest jednak jeden środek szeroko stosowany w Europie. Jego aktywnym składnikiem jest symetykon, ten sam przeciwgazowy składnik, który występuje w wielu środkach dla dorosłych. Choć nie ma zgodności co do tego, że gazy są przyczyną kolki, wiele niemowląt z kolką wypuszcza dużo gazów i wygląda na to, że przynosi im to ulgę. Środek ten nie wywołuje żadnych skutków ubocznych, ponieważ nie jest absorbowany przez organizm. Jeżeli u twojego dziecka gromadzi się dużo gazów, poproś lekarza o symetykon – nazwy handlowe leków to: Mylicon i Phazyme (w Polsce – Infacol – przyp. red. nauk.).

Dostępne są także środki ziołowe, reklamowane jako „lekarstwa" na kolkę, ale lekarze pediatrzy podkreślają brak możliwości sprawdzenia, czy zioła wykorzystane do ich produkcji są bezpieczne dla niemowląt, ponieważ produkcja tych środków nie jest regulowana przepisami FDA (amerykańskiego Urzędu Kontroli Leków i Żywności). Nie należy podawać dziecku żadnych leków bez konsultacji z lekarzem. (Wśród leków ziołowych polscy pediatrzy polecają różne postaci kopru leczniczego, np. herbatkę Plantex – przyp. red. nauk.)

pewniłaś mu już wszystko, czego potrzebowało (karmienie, odbicie, przewinięcie, kołysanie itp.), a wrzask nie ucichł ani na chwilę, możesz dać mu od ciebie odpocząć. Połóż dziecko do łóżeczka. Nic mu się nie stanie, jeżeli popłacze przez dziesięć, piętnaście minut w łóżeczku, zamiast w twoich ramionach. Ty rób w tym czasie coś relaksującego. Na przykład połóż się, sprawdź pocztę elektroniczną, poćwicz jogę, techniki wizualizacyjne czy chwilę oddaj się medytacjom; poglądaj telewizję lub przeczytaj kilka stron książki. Zrobi to dobrze i dziecku, i matce, która powróci do niego psychicznie odświeżona.

Wyłącz się. By zagłuszyć płacz dziecka, włóż sobie do uszu specjalne zatyczki. W ten sposób będzie on dla ciebie bardziej znośny. Możesz też używać takich zatyczek, gdy robisz sobie przerwę w obcowaniu z dzieckiem. Pomogą ci lepiej się zrelaksować.

Gimnastyka. Ćwiczenia gimnastyczne to wspaniały sposób na pozbycie się napięcia, które stale ci towarzyszy. Ćwicz w domu przed południem (patrz str. 616), pływaj lub zapisz się na siłownię albo do klubu sportowego. Możesz też zabrać dziecko na spacer w plener i w spokojnych chwilach ćwiczyć przy nim (uspokoi to was oboje).

Wygadaj się. Wygadaj się lub wypłacz komuś, kto chętnie cię wysłucha. Może to być mąż, lekarz, członek rodziny, przyjaciółka, a nawet ktoś zupełnie obcy z klubu rodziców. Mówienie o kolce nie złagodzi jej przebiegu, ale być może poczujesz się lepiej, dzieląc się z kimś swoim ciężkim losem. Na pewno pomogłyby ci rozmowy z innymi rodzicami, którzy wychowali „kolkowe" dzieci, którzy już przetrwali ten okres sztormów i właśnie wypłynęli na spokojne wody. Sama świadomość tego, że nie tylko ty masz problemy z niemowlęciem, potrafi czynić cuda.

Jeżeli naprawdę masz w sobie agresję, poszukaj pomocy. Każdego będzie denerwował nieustanny płacz dziecka, ale dla niektórych stanie się on w końcu nie do wytrzymania. Zwykle większą skłonność do agresji mają kobiety z nie leczoną (a często nawet nie rozpoznaną) depresją poporodową (patrz str. 605). Jeżeli nachodzą cię niebezpieczne myśli, by zrobić coś dziecku, uderzyć je, potrząsnąć nim silnie lub jeszcze coś innego, natychmiast poszukaj pomocy. Zanieś dziecko do sąsiadki i zostaw je tam tak długo, aż się pozbierasz. Potem zadzwoń do kogoś, kto może ci pomóc – do męża, do matki, teściowej, bliskiej koleżanki lub do swojego lekarza. Nawet jeżeli twoje uczucia agresji nie

Łagodzenie płaczu

Skuteczne antidotum na płacz dziecka nie istnieje: ani w formie lekarstwa (farmaceutycznego czy ziołowego), ani jako sprawdzona metoda. Niektóre ze sposobów mogą wręcz pogorszyć sytuację – działające zbawiennie na jedno niemowlę, wywołują gwałtowny protest u drugiego. Ale są takie, które mogą pomóc – przynajmniej od czasu do czasu. Kiedy będziesz testować metody łagodzenia płaczu, nie zmieniaj zbyt szybko jednej na drugą; innymi słowy, może zdarzyć się tak, że ty będziesz próbować, próbować i próbować, a dziecko będzie płakać, płakać i płakać. Oto, co możesz zrobić przy następnym ataku płaczu:

Reagowanie. Płacz to jedyny sposób, w jaki dziecko może sprawić, by coś zaczęło się dziać: „Kiedy wołam, ktoś reaguje". Jeżeli regularnie nie reagujesz, dziecko poczuje się nie tylko bezsilne, ale i niepotrzebne. („Tak mało znaczę, że nikt nie przychodzi, gdy wołam".) Szybka reakcja na płacz dziecka może więc go zredukować. Badania potwierdzają, że dzieci, których matki szybko reagowały na ich płacz w niemowlęctwie, mniej płaczą później, gdy mają dwa, trzy lata. Oczywiście nie musisz rzucać natychmiast wszystkiego, by znaleźć się przy dziecku. Dziesięcio- czy piętnastominutowa przerwa w czuwaniu nad dzieckiem z atakiem kolki nie wyrządzi mu krzywdy, oczywiście jeżeli niemowlę znajduje się w przyjaznym dla niego otoczeniu. (Eksperci proponują następujące postępowanie w przypadkach szczególnie długotrwałych ataków płaczu: pozwolić dziecku płakać w bezpiecznym miejscu, na przykład w łóżeczku, przez dziesięć do piętnastu minut, następnie wziąć je na ręce i próbować uspokajać je przez kolejne piętnaście minut, po czym położyć je i powtórzyć cały rytuał. Jeśli ty jesteś w stanie to wytrzymać, dziecku na pewno nie dzieje się krzywda.)

Nie martw się, że szybkie zjawianie się na płacz dziecka zepsuje je. Nie jest możliwe zepsucie noworodka. Nadmiar opieki nie będzie przyczyną braku samodzielności. Niemowlęta, którym poświęca się wiele uwagi we wczesnych miesiącach, lepiej się rozwijają, a zaniedbywane pod tym względem stają się bardziej wymagające.

Oceń sytuację. Zawsze postaraj się ocenić rodzaj płaczu dziecka. Czy płacze tylko po to, by płakać, czy jest jakaś prosta, uleczalna przyczyna. Jeżeli uważasz, że może to być głód, podaj pierś czy butelkę, ale nie popełniaj błędu podawania jedzenia zawsze, gdy dziecko zapłacze. Jeżeli podejrzewasz zmęczenie, spróbuj ukołysać dziecko do snu w ramionach, w wózku lub w kołysce. Jeżeli przyczyną może być mokra pielucha, zmień ją. Jeśli wydaje ci się, że dziecku może być za gorąco (jest spocone), zdejmij jedną lub dwie warstwy ubrania, otwórz okno lub włącz wentylator. Jeżeli dziecku przeszkadza zimno (szyja i ramiona są zimne w dotyku), włóż mu dodatkowe ubranko lub włącz ogrzewanie w pokoju. Gdy dziecko zaczęło płakać w trakcie ściągania ubrania przed kąpielą (większość niemowląt nie lubi leżeć nago), szybko przykryj je ręcznikiem lub kocem. Może leżenie zbyt długo w tej samej pozycji męczy dziecko? Zmień mu pozycję. Jeżeli od półgodziny ma przed oczami ten sam widok, spróbuj też coś zmienić, a jeśli cały dzień spędziliście w domu, wybierzcie się na spacer, jeżeli tylko pogoda pozwoli.

Bliskość. W krajach, gdzie dzieci noszone są w chustach na plecach lub na brzuchu matki, nie są znane długie okresy płaczu dzieci. Ostatnie badania w Stanach Zjednoczonych wykazały, że niemowlęta, które były noszone na rękach lub w nosidełkach przez co najmniej trzy godziny dziennie, płakały mniej niż te, które były noszone rzadziej i krócej. Noszenie nie tylko sprawia przyjemność dziecku, które odczuwa wówczas fizyczną bliskość ciała swojej matki, ale może też pomóc matce lepiej odbierać potrzeby dziecka.

Owijanie w kocyk. Niektóre niemowlęta czują się spokojniej i bezpieczniej, gdy są ciasno zawinięte – przynajmniej w okresach napadów kolki, natomiast inne tego wprost nie znoszą. Jedynym sposobem na sprawdzenie, do której grupy należy twoje dziecko, będzie owinięcie go przy następnym ataku (patrz str. 135).

Przytulanie. Wiele niemowląt czerpie poczucie bezpieczeństwa z owijania czy przytulania.

Trzymaj dziecko blisko przy piersi, utulone w ramionach. (Podobnie jak z zawijaniem w kocyk, niektóre dzieci wolą mieć nieco swobody, toteż zareagują niechętnie na zbyt ciasny uścisk.)

Uspokajanie. Metody uspokajania płaczącego dziecka są różne i często ten sam sposób może działać dobrze na jedno dziecko, a źle na inne. Prócz noszenia czy tulenia dziecka możesz wypróbować następujących sposobów:

- Rytmiczne kołysanie na rękach, w wózku lub w kołysce czy huśtawce (dopiero wtedy, gdy dziecko jest wystarczająco duże. Niektórym dzieciom bardziej odpowiada szybkie kołysanie, innym powolne. Na niektóre niemowlęta bujanie z boku na bok działa pobudzająco, a w górę i w dół uspokajająco. Przetestuj reakcję twojego dziecka na różne sposoby kołysania.

- Przejażdżka wózkiem lub samochodem albo noszenie dziecka na rękach lub w nosidełku po mieszkaniu. Jest to męczące zajęcie, ale często skutkuje.

- Kąpiel w ciepłej wodzie – tylko jeśli twoje dziecko lubi kąpiel; niektóre zaczynają wrzeszczeć jeszcze bardziej, jak tylko poczują wodę.

- Śpiewanie. Wypróbuj, czy twoje dziecko da się uspokoić kołysanką lub wesołym rymowanym wierszykiem, a może muzyką popularną. Sprawdź też, jaką barwę głosu woli – czy wysoką i piskliwą, czy niską i grubą. Jeżeli dziecko upodoba sobie jakąś melodię, nie wahaj się, by śpiewać ją „na okrągło" – większość dzieci lubi powtórki.

- Rytmiczne lub monotonne dźwięki. Wiele dzieci uspokaja się pod wpływem dźwięków wydawanych na przykład przez wentylator, odkurzacz czy suszarkę. Skuteczne może też być nagranie odgłosów natury, takich jak uderzenia fal morskich o brzeg lub szum wiatru w gałęziach drzew.

- Nacisk na brzuch. Wiele dzieci cierpiących z powodu kolki wygodnie się czuje, leżąc na brzuszku na kolanach dorosłego. Plecy można wówczas masować. Inny sposób to położenie dziecka na ramieniu tak, by brzuszek był uciskany, a plecki można wtedy poklepywać lub masować. (Porady dotyczące masowania niemowląt znajdziesz na stronie 276.)

Zastosuj ucisk. „Chwyt kolkowy" (patrz ilustracja, str. 170) lub każda pozycja, w której brzuszek dziecka jest lekko uciskany (na przykład przez kolana dorosłej osoby z brzuszkiem na jednym kolanie, a z główką na drugim) może zmniejszyć dyskomfort powodujący płacz. Niektóre niemowlęta wolą być noszone w pozycji wyprostowanej, przy ramieniu, ale także należy uciskać brzuszek i lekko poklepywać bądź głaskać po pleckach. Możesz też wypróbować następującej metody na gazy: delikatnie zegnij i przyciśnij kolanka dziecka do jego brzuszka, zatrzymaj ucisk na 10 sekund, potem zwolnij go i powoli rozprostuj nóżki. Powtórz to kilkakrotnie.

Rytuał. Niektórym dzieciom odpowiada regularny rozkład jedzenia, zabawy, snu, spacerów i czynności pielęgnacyjnych w ciągu dnia. Jeśli twój maluch zalicza się do tego grona, staraj się codziennie uspokajać go tą samą metodą. Niewskazane jest na przykład, by jednego dnia był to spacer, drugiego przejażdżka samochodem, a trzeciego wsadzenie do huśtawki. Gdy odkryjesz, co skutkuje, trzymaj się tej formy jak najdłużej.

Zaspokojenie odruchu ssania. Niemowlęta często lubią ssać dla samego ssania, a nie z głodu. Jedne zadowalają się własnymi paluszkami lub piąstką, inne wolą smoczek. Upewnij się, że smoczek jest bezpieczny. Nigdy nie zawieszaj go na tasiemce ani sznurku (może okręcić się wokół szyi dziecka); podawaj go tylko wtedy, gdy zaspokoiłaś już inne jego potrzeby; używaj go tak długo, jak będzie trwała kolka.

Nowa twarz i nowe ramiona. Matka, która od godziny zmaga się z płaczącym dzieckiem, z pewnością okaże załamanie i zmęczenie, które nawet noworodek jest w stanie wyczuć i odpowiedzieć jeszcze większym płaczem. Wręcz dziecko komuś innemu – mężowi, komuś z rodziny, koleżance lub opiekunce – a płacz być może ucichnie.

Świeże powietrze. Wyjście na powietrze często w cudowny sposób zmienia nastrój dziecka. Wypróbuj wycieczkę samochodem lub wózkiem.

Ciąg dalszy na następnej stronie

Łagodzenie płaczu

Dokończenie z poprzedniej strony

Nawet jeśli na dworze jest już ciemno, dziecko na pewno zainteresuje się migającymi światłami ulicy. Uspokajający będzie sam ruch. (Jeśli dziecko nie przestanie płakać, jadąc samochodem, może rozproszyć uwagę kierowcy – lepiej więc zawróć do domu i wypróbuj kolejną sztuczkę.)

Uważaj na powietrze. Połykanie powietrza często wywołuje dyskomfort. Dziecko połknie mniej powietrza, jeśli w trakcie karmienia oraz odbijania będziesz trzymać je w jak najbardziej pionowej pozycji. Dzięki używaniu smoczka do butelki z odpowiedniej wielkości dziurką połykanego powietrza będzie mniej; sprawdź, czy dziurka nie jest za duża (co sprzyja łykaniu powietrza wraz z mieszanką mleczną) lub zbyt mała (wysiłkowe ssanie prowadzi do tego samego niepożądanego skutku). Trzymaj butelkę tak, by do smoczka nie dostało się powietrze (lub używaj butelki zakrzywionej albo z jednorazowym wkładem), sprawdzaj, czy mieszanka nie jest za gorąca ani za zimna (choć większości dzieci nie przeszkadza, że ich pokarm nie jest podgrzany, zdarzają się takie, którym to wyraźnie nie odpowiada). Często podnoś dziecko do odbicia w trakcie karmienia, aby mogło pozbyć się powietrza z brzuszka. Oto jeden z proponowanych sposobów odbijania: co każde 15 lub 30 ml mieszanki przy karmieniu z butelki, lub w przypadku karmienia piersią przed podaniem drugiej (bądź częściej, gdy odnosi się wrażenie, że dziecko przełyka dużo powietrza lub że źle się czuje) i – w obu przypadkach – po karmieniu.

Zabawy. Niektóre niemowlęta we wczesnych miesiącach życia są całkowicie zadowolone z tego, że siedzą i podziwiają świat wokół siebie, inne natomiast płaczą sfrustrowane i znudzone, bo tak mało jeszcze potrafią zrobić samodzielnie. Można je czymś zająć, nosząc ze sobą, opowiadając o tym, co się robi, wkładając nieco wysiłku w znajdowanie im zabawek czy innych przedmiotów do obserwowania, a później także do zabawy. Z drugiej strony jednak należy być ostrożnym: dziecko za bardzo stymulowane bywa skłonne do płaczu – musisz więc wyczuć, kiedy skończyć zabawę.

Mniej podniet. Narodziny nowego dziecka to początkowo duża atrakcja dla otoczenia. Wszyscy chcą je zobaczyć, ty zabierasz je wszędzie, by się nim pochwalić, by zobaczyło i doświadczyło nowych wrażeń w nie znanym mu otoczeniu. Niektórym dzieciom to odpowiada, dla innych to za duże przeżycia i obciążenia. Jeżeli twoje dziecko ma skłonności do kolek, ogranicz liczbę podniecających je sytuacji i gości, zwłaszcza późnym popołudniem i wieczorami.

Kontrolowanie jedzenia. Niektóre dzieci dużo płaczą z głodu, o czym świadczy niedostateczne przybieranie na wadze i oznaki, że niemowlę się nie rozwija (patrz str. 148). Zwykle wystarczy dać mu więcej do jedzenia, a przestanie płakać. Jeśli dziecko jest karmione butelką, spytaj lekarza, czy płacz może oznaczać uczulenie na mieszankę (mało prawdopodobne, chyba że płaczowi towarzyszą inne reakcje alergiczne). Jeśli karmisz piersią, przeanalizuj swój jadłospis, gdyż istnieje niewielka możliwość, iż dyskomfort wywołuje jakiś składnik twojej diety. Zajrzyj na stronę 159, jeśli podejrzewasz uczulenie.

Porozmawiaj z lekarzem. Choć zapewne płacz dziecka jest po prostu zwykłym płaczem albo objawem kolki, nie od rzeczy byłoby omówić tę sprawę z lekarzem, choćby w celu wykluczenia problemu natury medycznej. Opisz pediatrze dokładnie zachowanie płaczącego dziecka, czas trwania, intensywność, a także wszelkie odstępstwa od normy – wszystko, co może go naprowadzić na rodzaj choroby.

Pomoc z zewnątrz. Jest to jedyny czas, kiedy powiedzenie „Wolałabym to zrobić sama" nie ma sensu. Korzystaj z każdej nadarzającej się możliwości pomocy oferowanej tobie i dziel się swoimi trudami.

Przeczekaj. Czasem jedynym lekarstwem na kolkę jest czas. Choć ciężko z tym żyć, próbuj powtarzać sobie w myślach: to kiedyś minie – zwykle, gdy dziecko kończy trzy miesiące życia.

prowadzą do skrzywdzenia dziecka, mogą stopniowo pogarszać twój stosunek do niego i osłabić wiarę w siebie. Zgłoś się więc szybko po pomoc – a jeśli cierpisz na depresję poporodową czy psychozę, natychmiast poddaj się leczeniu.

ROZPIESZCZANIE DZIECKA

Zawsze bierzemy naszą córeczkę na ręce, gdy płacze. Czy rozpieszczamy ją?

Zapewnienie dziecku wygody i poczucia bezpieczeństwa to nie rozpieszczanie. Badania wykazały, że dość szybkie reagowanie na płacz i branie dziecka na ręce nie tylko nie uczyni z niego zepsutego brzdąca, ale pozwoli mu stać się szczęśliwym, samodzielnym dzieckiem, które w przyszłości będzie płakało coraz mniej i będzie wymagało mniej uwagi. Takie dziecko będzie bardziej ufne i przywiązane do ciebie. Dodatkowy plus: jeżeli rozpocznie picie z piersi czy z butelki uspokojone, to nie napełni sobie brzucha połykanym w czasie wrzasku powietrzem. Znacznie lepiej będzie mu się jadło.

Jednak nie zawsze uda ci się wziąć dziecko na ręce w momencie napadu, gdy tylko zacznie płakać (przecież możesz przebywać właśnie w łazience, rozmawiać przez telefon, wyjmować obiad z piekarnika). Czasem będziesz potrzebować przerwy w czasie napadu kolki. I też nie ma w tym nic złego, jeżeli zwykle reagujesz właściwie na płacz dziecka.

SMOCZEK GRYZACZEK

Moje dziecko ma napady płaczu po południu. Czy powinnam podawać mu smoczek, by się uspokoiło?

Smoczek – szybko, łatwo i wygodnie. W przypadku wielu dzieci smoczek szybciej osuszy łzy niż wielogodzinne śpiewanie kołysanki o dwóch kotkach. Jednak czy rzeczywiście smoczek jest poszukiwanym przez wielu zmęczonych rodziców, doskonałym panaceum na dziecięcy płacz?

Raczej nie. Choć na krótką metę działa (i bywa niezastąpiony dla noworodków, które mają silny odruch ssania, a nie umieją jeszcze trafić paluszkami do buzi), korzyściom płynącym ze stosowania smoczka towarzyszą też skutki uboczne. Zastanów się nad nimi, nim podejmiesz decyzję, czy dać dziecku smoczek gryzaczek, a jeśli tak, to kiedy zacząć i jak długo go używać:

- Stosowanie smoczka zbyt wcześnie może zakłócić karmienie piersią. Z powodu potencjalnej dezorientacji między smoczkiem a brodawką, lepiej nie podawać smoczka dziecku karmionemu piersią, dopóki laktacja nie ustali się na wysokim poziomie. W ogóle nie powinno się podawać smoczka tym dzieciom, u których przyrost masy ciała nie jest prawidłowy, ani tym, które ssą bardzo słabo i leniwie, ponieważ ssanie smoczka może im dać tyle satysfakcji, że zupełnie stracą zainteresowanie piersią. Niektóre badania wskazują również, iż dzieci karmione piersią, które ssą smoczek, szybciej są odstawiane. Trudno jednak udowodnić, czy dzieje się tak z powodu podawania smoczka, czy też używanie gryzaczka sygnalizuje wczesne problemy z karmieniem. Podstawowa zasada: jeśli zamierzasz podawać smoczek gryzaczek dziecku karmionemu piersią, wstrzymaj się do momentu, gdy malec nauczy się już ssać i zacznie przybierać na wadze.

- Smoczek znajduje się pod kontrolą rodziców. Jest przydatny, na przykład wówczas, gdy malec był już karmiony, kołysany, huśtany i godzinami lulany w wózku, a uspokaja się dopiero po otrzymaniu smoczka. Bywa też czymś złym, zwłaszcza wtedy, gdy włożenie smoczka do buzi staje się zbyt łatwym gestem, i służy pomocą bardziej rodzicom niż niemowlęciu.

Pojawia się stała pokusa dla matki, by podać smoczek, zamiast samej zająć się dzieckiem. Matka, która w dobrej wierze zacznie podsuwać smoczek, by zaspokoić potrzebę ssania, często zaczyna wtykać go w buzię dziecka, gdy tylko zacznie ono marudzić lub się złościć. Jest to też sposób, by niemowlę szybciej zasnęło, co pozwala jej uniknąć przeczytania bajeczki na dobranoc lub umożliwia spokojną rozmowę przez telefon. Gdy mama chce spokojnie zrobić zakupy, też woli pomóc sobie smoczkiem, zamiast pozwolić uczestniczyć dziecku w tym nowym dla niego doświadczeniu. Rezultatem takiego postępowania jest dziecko, które czuje się szczęśliwe tylko wtedy, gdy ma coś w buzi, i które nie jest w stanie samo się uspokoić, zabawić lub zasnąć.

- Używany w nocy smoczek może utrudniać naukę samodzielnego zasypiania, może też przerywać sen, gdy wypadnie z buzi – a jak myślisz, kto musi wstać i włożyć go tam z powrotem?

- Smoczek może się stać nałogiem, z którego trudno się wyleczyć. Nieszkodliwy jest smoczek używany tymczasowo, dla zaspokojenia chwilowej, zwiększonej potrzeby ssania oraz gdy pomaga rodzicom i maluszkowi przetrwać ciężkie chwile. Jeśli jednak stosuje się go za długo, może przeistoczyć się w nałóg wciągający obie strony. Trudno będzie wyleczyć dziecko z nawyku ssania smoczka szczególnie wtedy, gdy podatne na wpływy niemowlę stanie się nieprzejednanym „pełzakiem".

Na dłuższą metę nie należy polegać na sztucznych substytutach, takich jak smoczek gryzaczek. Najlepiej nauczyć niemowlęta, by – przynajmniej do pewnego stopnia – potrafiły uspokajać się same lub reagowały na pomoc rodziców. Funkcję smoczka może pełnić kciuk czy piąstka – w odróżnieniu od smoczka są one we władaniu samego niemowlęcia (bywają więc nałogiem, z którym trudniej zerwać). Kciuk zawsze jest „pod ręką", można go samemu wyciągnąć, gdy chce się uśmiechnąć, pogruchać, popłakać czy też w jakikolwiek inny sposób wyrazić swe uczucia. Nie wywołuje zaburzenia mechanizmu ssania.

Jeśli bardzo pragniesz odetchnąć, a tylko smoczek potrafi uspokoić dziecko, nie wahaj się go użyć. Spróbuj podawać go także dziecku, które ma tak silną potrzebę ssania, że traktuje twe brodawki jak smoczki (lub jeśli pije za dużo mleka zastępczego, bo nie chce puścić smoczka od butelki). Pamiętaj jednak o kilku zasadach. Nigdy nie przywiązuj smoczka do łóżeczka, wózka, krzesełka ani nie zawieszaj go na szyi dziecka czy wokół nadgarstka na sznureczkach lub tasiemkach – zdarzają się przypadki uduszenia w ten sposób. Dawaj smoczek z umiarem i tylko wtedy, gdy dziecko wyraźnie go chce (za każdym razem, gdy będzie cię korcić, by włożyć maluszkowi smoczek do buzi, zastanów się nad tym). Ssanie smoczka to nałóg, z którym ciężko zerwać. Można natomiast mu zapobiec: przestań podawać smoczek malcowi w okresie, kiedy ma trzy do sześciu miesięcy. Oto jeszcze jeden powód, dla którego lepiej wcześniej pozbawić dziecko smoczka: uważa się, że długotrwałe używanie gryzaczków ma związek z nawracającymi infekcjami ucha.

GOJENIE SIĘ KIKUTA PĘPOWINY

Kikut pępowiny jeszcze nie odpadł mojemu dziecku i wygląda naprawdę okropnie. Czy możliwe jest, że wdała się tam jakaś infekcja?

Gojący się pępek zawsze wygląda i pachnie brzydko. Czasem z medycznego punktu widzenia coś jest zupełnie normalne, a wygląda przerażająco.

Bardzo wątpliwe, by doszło do infekcji, zwłaszcza jeśli starałaś się, by to miejsce było zawsze czyste i suche. (Niektórzy lekarze wciąż zalecają przecieranie alkoholem w celu przyspieszenia gojenia i zapobieżenia zakażeniu, jednak badania wykazują, że kikut pępowiny goi się tak samo dobrze, a niekiedy nawet szybciej, bez tych zabiegów.) Jeżeli zauważysz zaczerwienienie skóry, które może być zarówno wynikiem podrażnienia spirytusem, jak też infekcji, lub brzydko pachnącą wydzielinę, zgłoś to lekarzowi. Jeżeli faktycznie wdało się zakażenie, antybiotyk je zlikwiduje. Kikut pępowiny, który jest wilgotny i świecący zaraz po urodzeniu, zwykle wysusza się i odpada w ciągu tygodnia lub dwóch, ale ten ważny dzień może równie dobrze nadejść jeszcze wcześniej lub dużo później. Zanim to się stanie, pilnuj, aby miejsce to było zawsze suche (nie kąp dziecka w wanience), wystawiane jak najczęściej na działanie powietrza (wywijaj brzeg pieluch w dół, a koszulki do góry) i przecierane spirytusem, jeśli tak zaleca lekarz (lecz próbuj chronić otaczającą pępek skórę, pokrywając ją kremem dziecięcym, zanim przyłożysz nasączony gazik – lub dotykając watką tylko miejsca, gdzie kikut łączy się z ciałkiem). A kiedy kikut odpadnie, czasem można w miejscu po nim dostrzec niewielką rankę lub sączenie się płynu zabarwionego krwią. Jest to zupełnie normalne i nie stanowi powodu do obaw, chyba że nie zagoi się w ciągu kilku dni – wówczas należy wezwać lekarza. Niekiedy w miejscu po kikucie pojawia się ziarniniak – rodzaj tkanki bliznowej, czerwonej i lekko wilgotnej. Zazwyczaj osusza się go azotanem srebra, następnie zakłada szew, po czym czeka, aż uschnie i odpadnie. Gdyby nie odpadł, można go usunąć – jest to bardzo prosty zabieg.

PRZEPUKLINA PĘPKOWA

Gdy moja córka płacze, jej pępek zaczyna mocno wystawać ponad poziom brzucha. Dlaczego tak się dzieje?

Prawdopodobnie twoja córeczka ma przepuklinę pępkową. Zanim się zaczniesz martwić, powinnaś wiedzieć, iż nie jest to nic strasznego. Przed urodzeniem wszystkie dzieci mają otwór w ścianie brzusznej, przez który naczynia krwionośne przechodzą do kikuta pępowiny. W niektórych przypadkach otwór ten nie zamyka się do końca w czasie porodu. Gdy takie dzieci płaczą lub się naprężają, mały zwój jelita wybrzusza się przez ten otwór, wypychając ku górze pępek i jego okolice. Wypukłość ta może mieć różną wielkość. Bywa tak mała jak koniuszek palca lub tak duża jak cytryna. Choć wygląd i nazwa (przepuklina) brzmi poważnie, to jednak sam stan nie powinien budzić w rodzicach grozy. Jelito nigdy nie zapętla się w otworze (co odcięłoby dopływ krwi do jelit) i przepuklina taka ostatecznie rozwiązuje się bez jakiejkolwiek interwencji. Małe otwory zwykle zamykają się w ciągu kilku miesięcy, większe do roku lub dwóch.

Zwykle najlepszym postępowaniem w przypadku przepukliny pępkowej jest brak jakiegokolwiek leczenia. Nie zaleca się przeprowadzania zabiegu chirurgicznego usuwającego przepuklinę, chyba że otwór w brzuchu jest wyjątkowo duży, powiększa się i przeszkadza dziecku i matce. Często pediatrzy zalecają poczekać nawet sześć, siedem lat, ponieważ w 100% przypadków otwór zamyka się, zanim dziecko osiągnie ten wiek. (W Polsce większe przepukliny leczy się operacyjnie zwykle po ukończeniu pierwszego roku życia dziecka – przyp. red. nauk.)

HIGIENA OBRZEZANEGO PRĄCIA

Mój synek był wczoraj obrzezany, a dzisiaj coś sączy się z rany. Czy to normalne?

Takie sączenie oznacza, że płyny pomagające w gojeniu się rany zaczęły już działać. Opisany problem jest nie tylko normalnym objawem, lecz wręcz zdrowym. Po obrzezaniu może też wystąpić zupełnie prawidłowa bolesność i niewielkie krwawienie.

Używanie podwójnej pieluchy pierwszego dnia powstrzyma dziecko od ewentualnego uciskania prącia udami. Zwykle lekarz lub mohel, który dokonuje obrzezania, owija prącie w gazę. Niektórzy lekarze zalecają, by podczas zmiany opatrunku (przy każdym przewijaniu), wyciskać na nią wazelinę lub inną maść, inni natomiast uważają, że nie jest to konieczne, jeżeli tylko będziesz unikać zamoczenia prącia w kąpieli, aż rana się zagoi (i tak nie powinnaś w tym czasie kąpać dziecka, gdyż nie odpadł jeszcze kikut pępowiny).

OBRZĘK MOSZNY

Nasz synek ma bardzo powiększony worek mosznowy – czy powinniśmy się tym martwić?

Prawdopodobnie nie. U chłopców jądra umieszczone są w chroniącej je mosznie, którą wypełnia niewielka ilość płynu. Czasami jednak dziecko rodzi się z nadmierną ilością płynu w mosznie, co sprawia wrażenie obrzęku. Stan ten nosi nazwę wodniaka jąder i nie jest niebezpieczny. Zazwyczaj ustępuje w pierwszym roku życia bez leczenia. Powinnaś jednak wspomnieć lekarzowi o obrzmieniu w tym miejscu i upewnić się, że nie jest to przepuklina pachwinowa, choć jej zwykle towarzyszy tkliwość, zaczerwienienie i odbarwienie (patrz str. 214). Przepuklina pachwinowa może też pojawić się równocześnie z wodniakiem jąder. Przez podświetlenie moszny lekarz potrafi określić, czy jej obrzęk spowodowany jest nadmiarem płynu, czy przyczyną jest przepuklina.

SPODZIECTWO

Bardzo się zaniepokoiliśmy, widząc, że ujście cewki moczowej na prąciu naszego synka jest w połowie jego długości, a nie na końcu.

Niestety, od czasu do czasu zdarzają się nieprawidłowości w rozwoju cewki moczowej i prącia już w okresie płodowym. W wypadku waszego synka cewka moczowa zamiast przebiegać wzdłuż prącia i kończyć się na jego końcu, posiada otwór gdzie indziej. Ta nieprawidłowość zwana jest spodziectwem i występuje u jednego do trzech na tysiąc chłopców w Stanach Zjednoczonych. Spodziectwo pierwszego stopnia, gdy otwór cewki znajduje się wprawdzie na końcu prącia, ale w nieprawidłowym miejscu, uważane jest za drobny defekt i nie wymaga ingerencji chirurgicznej. Spodziectwo drugiego stopnia, kiedy otwór znajduje się w połowie prącia po jego spodniej stronie, musi być skorygowane zabiegiem chirurgicznym.

Ponieważ do rekonstrukcji może być wykorzystany napletek, u chłopców ze spodziectwem nie wykonuje się obrzezania, nawet rytualnego.

U dziewczynek spodziectwo zdarza się bardzo rzadko. Wówczas cewka moczowa uchodzi do pochwy. Tę nieprawidłowość również usuwa się chirurgicznie.

ZAWIJANIE DZIECKA W KOCYK

Próbuję zawijać dziecko w kocyk, tak jak pokazywano mi w szpitalu, ale moja córeczka tak kopie nóżkami, że wszystko się rozwija. Czy mam nadal próbować?

Pierwsze dni życia noworodka w zewnętrznym świecie mogą budzić w nim dezorientację, a nawet strach. Po dziewięciu miesiącach spędzonych w przytulnym worku macicy noworodek musi się nagle przyzwyczaić do otwartych przestrzeni swojego otoczenia. Wielu ekspertów uważa, że to nieprzyjemne przejście można złagodzić, zapewniając dziecku więcej ciepła i bezpieczeństwa poprzez owijanie go w kocyk. (W pierwszych dniach życia termostat dziecka nie funkcjonuje jeszcze zbyt precyzyjnie.) Owinięte w kocyk dziecko nie rozprasza się w trakcie snu własnymi nerwowymi ruchami, wygodniej leży na pleckach i jest mu cieplej. (Nigdy nie przegrzewaj dziecka, zawijając je w ciepłym pokoju.)

Fakt, że wszystkie dzieci są zawijane w szpitalach, nie oznacza, że muszą – czy lubią – być zawijane w domu. Niektóre to lubią, śpią lepiej, gdy są opatulone. Trwa to przez kilka tygodni lub dłużej. Czasem takie zawijanie uspokaja dzieci cierpiące z powodu kolki gazowej. Ale są i takie dzieci, które czują się doskonale bez ciasnego kocyka bądź które od chwili narodzin wyraźnie nie lubią zawijania. Dobra zasada jest taka: jeżeli twoje dziecko czuje się dobrze zawinięte – zawijaj je, jeżeli czuje się źle – nie rób tego.

Wszystkie niemowlęta wyrastają z tej potrzeby, gdy stają się aktywne. Wtedy demonstrują tę aktywność, rozkopując kocyk. Wówczas pojawia się niebezpieczeństwo, że malec udusi się odrzuconym kocykiem. Z tej też przyczyny, a także dlatego, że ciasno zawinięte dziecko ma ograniczone możliwości ruchu, nie powinno się opatulać aktywnego już niemowlęcia – chyba że wyraźnie pomaga mu to przetrwać ataki kolki. Ogranicz owijanie tylko do tych bolesnych chwil.

NIEPRZEGRZEWANIE DZIECKA

Czasami wydaje mi się, że na dworze jest za gorąco na sweterek i czapeczkę dla dziecka, ale kiedy tylko ubiorę je w samą bluzeczkę i pieluchę, ludzie na ulicy zwracają mi uwagę, że dziecko jest za lekko ubrane.

Według ludzi na ulicy, w sklepie, w autobusie młoda matka zawsze źle opiekuje się dzieckiem. Przyzwyczaj się do tej krytyki i nie pozwól, by wpływała ona na sposób pielęgnowania twojego dziecka. Babcie i osoby w zbliżonym wieku mają najbardziej odmienne zdanie na wiele tematów pielęgnacyjno-wychowawczych. Pamiętaj, gdy tylko ustali się na właściwym poziomie naturalny termostat twojego dziecka (po kilku dniach od porodu), nie potrzebujesz ubierać go grubiej, niż ty sama jesteś ubrana. Opieraj się na własnej intuicji i własnych odczuciach (chyba że jesteś taką osobą, której zawsze jest ciepło, gdy innym jest zimno, lub odwrotnie). Jeżeli nie jesteś pewna, czy dziecko jest odpowiednio ubrane, nie sprawdzaj mu rączek (twoi doradcy to zrobią, krzycząc: „Widzisz, rączki ma zimne!"). Dłonie i stopy niemowlęcia są zwykle chłodniejsze niż reszta ciała z powodu niedojrzałości układu krążenia. Nie przypisuj również kilku kichnięć przemarznięciu dziecka: kichanie może być spowodowane światłem słonecznym lub potrzebą oczyszczenia nosa.

Nie musisz słuchać obcych, lecz swojego dziecka, które niezadowoleniem lub płaczem okaże ci, że jest mu zimno. Jeżeli zauważysz taką reakcję (lub po prostu nie masz pewności, czy dobrze ubrałaś malca), sprawdź dłonią, czy szyja lub ramiona dziecka są ciepłe. Jeżeli tak, to może jest głodne lub zmęczone? Jeśli jest spocone, to prawdopodobnie jest mu za gorąco – ściągnij jedną warstwę ubranka. Gdy ciało jest chłodne, włóż dziecku dodatkowe ubranie lub przykryj je czymś cieplejszym. Jeżeli jest zmarznięte, przenieś je zaraz w ciepłe miejsce, gdyż prawdopodobnie jego ciało nie jest w stanie wytworzyć jeszcze odpowiedniej ilości ciepła. Możesz też rozpiąć koszulę i przytulić maleństwo do własnego ciała.

Jedyną częścią ciała dziecka, która wymaga dodatkowej ochrony, jest główka; częściowo dlatego, że sporo ciepła uchodzi właśnie przez nie osłoniętą głowę, która u niemowlęcia jest nieproporcjonalnie duża w porównaniu z resztą ciała. Druga przyczyna to z reguły słabe włosy lub ich brak. Nawet w niezbyt chłodne dni czapeczka jest wskazana u dziecka do ukończenia pierwszego roku życia. W upalne, słoneczne dni kapelusik z rondem lub daszkiem powinien osłaniać głowę, twarz i oczy dziecka przed promieniami słonecznymi. Małe dziecko potrzebuje również dodatkowej ochrony przed utratą ciepła, gdy śpi. W głębokim śnie mechanizm wytwarzający energię do ogrzania ciała znacznie zwalnia swoją pracę. Tak więc w chłodniejsze dni przykrywaj dziecko do snu dodatkowym kocykiem. Gdy w nocy śpi w chłodnym pokoju, dobrze jest przykryć je ciepłą kołderką lub przyzwyczaić do śpiworka. Pikowane narzuty czy kocyki uważa się za niebezpieczne dla małych dzieci. Nie wkładaj czapeczki dziecku śpiącemu w domu, bo je przegrzejesz.

Jeżeli wybieramy się z dzieckiem na dwór, najlepiej jest włożyć mu kilka warstw ubrania. Dwa, trzy cienkie ubranka lepiej ochronią dziecko przed chłodem niż jedno grube. Zawsze też można ściągnąć wierzchnią warstwę, gdy zajdzie taka potrzeba, na przykład gdy wejdziesz do zatłoczonego autobusu lub gdy pogoda nagle znacznie się poprawi.

Jednak niektóre dzieci znacznie odbiegają od normy, jeśli chodzi o wewnętrzną kontrolę temperatury ciała – tak zresztą jak niektórzy dorośli. Jeżeli twojemu dziecku zawsze jest zimniej lub cieplej niż tobie, zaakceptuj to. Możesz dowiedzieć się od teściów, że twój mąż jako dziecko też był taki pod tym względem. Oznacza to, że jeśli twoje niemowlę jest „zmarzlakiem", ubieraj je cieplej niż siebie, a gdy jest odwrotnie (przekonasz się o tym, gdy pojawią się potówki, nawet zimą), ubieraj je i przykrywaj do snu lżej.

PIERWSZE WYJŚCIE Z DOMU Z DZIECKIEM

Minęło dziesięć dni od mojego powrotu z dzieckiem ze szpitala i zaczynam powoli nie wytrzymywać siedzenia w domu. Czuję się jak w klatce. Kiedy mogę wyjść z dzieckiem po raz pierwszy?

Byłaś już przecież z dzieckiem na dworze, gdy wracaliście za szpitala, i od tej pory mogliście już wychodzić codziennie, jeśli tylko za oknem nie szalała wichura, burza, ulewa lub trzaskający mróz. Rady doświadczonych (które dają też wcale nie takie stare matki czy teściowe), że matka i dziecko nie powinni ruszać się z domu przez dwa tygodnie po porodzie, są kompletnie przestarzałe. Każde zdrowe, urodzone w terminie dziecko, które może opuścić szpital, poradzi sobie również na wycieczce wózkiem do parku, do sklepu, a nawet do mieszkającej w innym mieście babci (choć w okresie, gdy panuje grypa, lepiej nie narażać dziecka na kontakt z tłumem i przenoszonymi przez ludzi zarazkami, zwłaszcza w pierwszym miesiącu życia). Zakładając, że wróciłaś już do dobrej kondycji, swobodnie zaplanuj to pierwsze, oczekiwane wyrwanie się z domu (pamiętaj jednak, aby się nie sforsować zbyt długim chodzeniem; zwłaszcza w pierwszym tygodniu potrzebujesz więcej odpoczynku niż twoje dziecko i powinnaś jak najmniej czasu spędzać na nogach).

Gdy wychodzisz z dzieckiem na dwór, ubierz je odpowiednio do pogody, chroń przed nagłymi zmianami aury, ale zawsze zabierz dodatkowe okrycie na wypadek nagłego ochłodzenia. Jeżeli wieje silny wiatr lub pada deszcz, podnieś budkę wózka. Jeżeli jest bardzo zimno lub bardzo gorąco, skróć pobyt dziecka na dworze, bo jeśli ty się trzęsiesz z zimna albo oblewasz potem, twoje maleństwo również. Unikaj bezpośredniego wystawiania dziecka na słońce (krótka chwila wystarczy). A co najważniejsze, jeżeli wybieracie się gdzieś samochodem, upewnij się, czy niemowlę jest właściwie ułożone i przypięte w foteliku samochodowym.

KONTAKTY NIEMOWLĘCIA Z OBCYMI

Wszyscy chcą dotknąć naszego synka – dozorca, sprzedawczyni w sklepie, sąsiadka, goście, którzy nas odwiedzają, a ja bardzo obawiam się zarazków.

Nic tak nie zachęca do uścisków jak widok małego dzidziusia. Trudno się powstrzymać, by nie dotknąć jego policzków, bródki, rączek lub stópek, a właśnie takiego powstrzymywania się oczekuje większość matek od obcych ludzi kontaktujących się z ich dziećmi.

Twoje obawy przed zarażeniem dziecka tą drogą są uzasadnione i słuszne. Noworodek jest bardziej narażony na wszelkie infekcje, ponieważ jego system odpornościowy jest jeszcze niedojrzały i nie potrafi wypracować sobie odporności na zakażenia. Tak więc na początku uprzejmie proś wszystkich obcych, by jedynie patrzyli na dziecko, a nie dotykali go – zwłaszcza rączek, które i tak zaraz powędrują do jego buzi. Możesz zrzucić winę na lekarza i powiedzieć: „Pediatra nakazał, aby nikt obcy jeszcze nie dotykał dziecka". Jeśli chodzi o członków rodziny i najbliższych przyjaciół, poproś, by zawsze myli dłonie, zanim wezmą dziecko na ręce, przynajmniej przez pierwszy miesiąc. Osoby chore, mające wysypkę lub otwartą ranę w ogóle nie powinny dotykać dziecka.

Niezależnie od tego, co zrobisz czy powiesz, twoje dziecko i tak od czasu do czasu będzie miało kontakt z obcymi. Jeśli miła pani ekspedientka sprawdzi, jak silnie dziecko potrafi zacisnąć dłonie na jej palcu, wyciągnij dyskretnie mokrą chusteczkę higieniczną i przetrzyj rączki dziecka.

Gdy niemowlę podrośnie, nie trzeba go wychowywać „pod kloszem". Powinno stykać się z różnego rodzaju „paskudztwem", które niestety nas otacza. Tak więc gdy dziecko skończy pierwszy miesiąc, możesz zacząć przyzwyczajać je stopniowo do życia w normalnym świecie, który je otacza, a który niestety nie jest wolny od zarazków.

TRĄDZIK NIEMOWLĘCY

Myślałam, że noworodki i niemowlęta mają piękną cerę, a moje dwutygodniowe dziecko ma okropny trądzik.

Trądzik zdaje się być nie tylko niesprawiedliwym zrządzeniem losu, lecz także pojawia się w najmniej odpowiednim momencie, na przykład wtedy, gdy zbliża się czas pierwszej wizyty u dziadków bądź sesja zdjęciowa u fotografa. Niestety jednak wiele niemowląt ma te same problemy z cerą co nastolatki. Trądzik niemowlęcy dotyka około 40% noworodków, zwykle pojawia się około drugiego czy trzeciego tygodnia życia i czasem ustępuje dopiero w czwartym czy szóstym miesiącu. Nie wiemy, co go wywołuje, lecz prawdopodobnie przyczyna jest identyczna, jak w przypadku nastolatków: hormony.

Tylko że w wypadku noworodków to nie ich hormony powodują te problemy, lecz hormony ich matek, obecne jeszcze w ich organizmie. Inną przyczyną problemów skórnych jest fakt, że pory skórne u noworodków nie są jeszcze kompletnie rozwinięte, co czyni je łatwym celem dla wnikającego brudu, a rezultatem są wykwity na skórze. Nie wyciskaj, nie zdrapuj i nie pocieraj żadnymi płynami wyprysków na buzi twojego dziecka. Wystarczy myć twarz wodą trzy razy dziennie i osuszać przez delikatne przykładanie ręcznika. Te mankamenty skórne znikną same w ciągu kilku miesięcy, nie pozostawiając trwałych śladów.

ZMIANY KOLORU SKÓRY

Skóra mojego dziecka nagle nabrała dwóch kolorów. Jest czerwonawoniebieska w dolnej części tułowia, a blada w górnej. Co to oznacza?

Nie ma się czym martwić, gdy skóra noworodka przybiera dwa odcienie albo w górnej i dolnej części ciała, albo z przodu i z tyłu. W wyniku niedojrzałości układu krążenia więcej krwi zgromadziło się w jednej połowie ciała twojego dziecka. Potrzymaj je przez chwilę głową w dół lub przewróć z brzucha na plecy, jeżeli różnica występuje między przodem a tyłem, a powróci normalny odcień skóry. Możesz też zauważyć, że dłonie i stopy dziecka bywają niebieskawe, gdy reszta ciała jest różowa. To również jest wynikiem niedojrzałości układu krążenia i także ustępuje po pierwszym tygodniu życia.

Czasami, gdy przewijam moje dziecko, zauważam, że jego skóra wygląda, jakby była cętkowana. Dlaczego tak się dzieje?

Czerwone lub niebieskie cętki na skórze noworodka mogą wzbudzić niepokój młodych rodziców. Widok ten nie jest jednak czymś niespotykanym, gdy dziecku jest zimno lub gdy płacze. Takie zmiany w zabarwieniu skóry są kolejnym efektem niedojrzałości układu krążenia, a łatwo je zobaczyć, gdyż skóra dziecka jest jeszcze bardzo cienka. Zjawisko to przemija w ciągu kilku miesięcy. Gdy zmiany się pojawiają, sprawdź, czy skóra na karku nie jest chłodna, co oznaczałoby, że dziecku jest zimno. Jeśli tak jest, ubierz je cieplej lub dodatkowo okryj. Jeśli dziecku jest ciepło, a cętki mimo wszystko się utrzymają, poczekaj kilka minut, a na pewno znikną.

SŁUCH

Wydaje mi się, że mój synek nie reaguje na hałasy. Śpi, gdy w pobliżu szczeka pies albo starsza córka głośno krzyczy. Czy może być coś nie w porządku z jego słuchem?

Prawdopodobnie chodzi o to, że twoje dziecko po prostu przyzwyczaiło się do tych dźwięków i hałasów, a nie o to, że ich nie słyszy. Choć twój synek zobaczył świat po raz pierwszy dopiero wtedy, gdy opuścił macicę, to usłyszał go już dużo wcześniej. Wiele dźwięków, np. muzyka z radia, klaksony samochodów czy syreny na ulicy, przedostawało się przez ścianki macicy i twoje dziecko się do nich przyzwyczajało.

Większość noworodków reaguje na hałas wstrząsem całego ciała. Gdy dziecko ma trzy miesiące, reaguje mruganiem, a w czwartym miesiącu życia odwraca głowę w kierunku źródła dźwięku. Jednak pewne odgłosy będące stałą częścią jego otoczenia nie wywołują żadnych reakcji lub tylko nieznaczne, nieuchwytne okiem niedoświadczonego obserwatora.

Większość noworodków przechodzi badania przesiewowe słuchu (patrz str. 93), czyli twoje dziecko też prawdopodobnie zostało zbadane i nic nie stwierdzono. Lekarz pediatra potwierdzi, czy badanie przeprowadzono oraz czy jego wynik był prawidłowy.

Jeżeli martwisz się słuchem swojego dziecka, przeprowadź następujący test: klaśnij w dłonie za jego głową i zobacz, czy się przestraszy. Jeżeli tak, to znaczy, że słyszy. Jeżeli nie, spróbuj powtórzyć ten test później: dzieci (nawet noworodki) miewają cudowną zdolność ignorowania lub odcinania się od otoczenia, gdy tego zechcą, i może twój synek właśnie to robi. Powtórzony test może wywołać reakcję, której oczekujesz. Jeżeli nie, zaobserwuj inne reakcje dziecka na dźwięki: Czy uspokaja się, gdy przemawiasz do niego czule? Czy w jakikolwiek sposób reaguje na śpiew i muzykę? Czy „podskakuje" ze strachu, gdy pojawi się nie znany mu ostry dźwięk? Jeżeli twoje dziecko jeszcze nigdy nie zareagowało na żaden hałas, zgłoś to lekarzowi jak najszybciej. Im szybciej wada słuchu zostanie wykryta i leczona, tym większa szansa na dobre rezultaty tego leczenia.

Badania słuchu są szczególnie ważne w przypadku dzieci wysokiego ryzyka. Należą do nich dzieci, które miały małą masę urodzeniową (poniżej 2400 g), u których doszło do poważnych komplikacji porodowych lub poporodowych, były narażone w trakcie życia płodowego na działanie narkotyków czy infekcje (takie jak na przykład różyczka); dzieci z historią wad słuchu czy głuchotą oraz innymi nieprawidłowościami w rodzinie.

GŁOŚNA MUZYKA

Mój mąż lubi słuchać głośnej muzyki rockowej. Boję się, że może to uszkodzić słuch naszej małej córki.

Każde uszy, młode i stare, mogą dużo stracić, gdy są przez długi czas wystawiane na działanie głośnej muzyki (obojętnie: rockowej, klasycznej czy innego rodzaju). Mogą utracić pewną część zdolności słuchowej. Słuch niemowląt i małych dzieci jest najbardziej narażony na działanie szkodliwych efektów zbyt głośnych dźwięków. Jego uszkodzenie może być tymczasowe albo stałe, w zależności od poziomu hałasu, czasu trwania i częstotliwości jego docierania do uszu dziecka.

Jaki hałas jest niebezpieczny? Płacz dziecka może sygnalizować, że muzyka (lub inny dźwięk) jest zbyt głośna dla niego. Nie czekaj jednak, aż dziecko zaprotestuje, gdyż nie zawsze uszkodzeniu słuchu towarzyszy płacz. Stwierdzono, że maksymalny poziom hałasu, który jest bezpieczny dla dorosłego, wynosi 90 decybeli. Jest to poziom, który łatwo przekroczyć, słuchając radia, magnetofonu czy gramofonu. Jeżeli nie masz urządzenia do mierzenia liczby decybeli wychodzących ze sprzętu twojego męża, gdy słucha on muzyki rockowej, ustawiaj głośność na takim poziomie, by można było swobodnie rozmawiać przy włączonej muzyce. Jeżeli musicie krzyczeć, to znak, że jest za głośno.

WZROK

Zawiesiłam nakręcaną kolorową zabawkę nad łóżeczkiem mojego synka, mając nadzieję, że jej ostre kolory podziałają na niego pobudzająco. Wydaje mi się jednak, że on jej nie zauważa. Czy coś może być nie w porządku z jego wzrokiem?

Bardziej prawdopodobne jest to, że coś jest nie w porządku z tą karuzelką, a przynajmniej z miejscem jej zawieszenia. Noworodek najlepiej skupia swój wzrok na przedmiocie oddalonym od jego oczu o 20–30 cm. Taką odległość obrała sama natura, bo właśnie w takiej odległości dziecko zwykle widzi nachyloną nad nim twarz matki. Przedmioty umieszczone bliżej lub dalej od oczu dziecka leżącego w łóżeczku są dla niego widoczne w postaci zamazanych plam.

Poza tym w pierwszych miesiącach życia dziecko znacznie częściej patrzy w prawo lub w lewo niż na wprost i może wcale nie zauważać zabawki zawieszonej nad łóżeczkiem. Może trzeba zawiesić ją z boku? Jednakże większość dzieci nie wykazuje żadnego zainteresowania wiszącymi zabawkami do ukończenia trzech, czterech tygodni. Wiele dostrzega je nawet później. Jeżeli chcesz ocenić wzrok swojego dziecka, ustaw zapaloną latarkę z boku w odległości około 25–30 cm od jego twarzy. W pierwszym miesiącu dziecko skupi wzrok na świetle przez krótką chwilę, ale wystarczająco długo, byś się zorientowała, że widzi. W drugim miesiącu niektóre dzieci będą wodziły za światłem, gdy będziesz je przesuwać z boku do środka pola widzenia. Dopiero po ukończeniu trzeciego miesiąca życia większość dzieci zaczyna wodzić za przedmiotem po pełnym łuku od jednej strony do drugiej. (Ze względów bezpieczeństwa pamiętaj, by usunąć karuzelkę, gdy dziecko zaczyna raczkować.)

Oczy twojego dziecka będą dojrzewać przez cały pierwszy rok. Prawdopodobnie będzie ono przez kilka miesięcy dalekowidzem i nie będzie w stanie prawidłowo ocenić głębi widzenia (do dziesiątego miesiąca życia). Mimo że jego widzenie nie jest idealne, to jednak lubi ono patrzeć na różne przedmioty – i ta rozrywka jest jednym z najważniejszych sposobów uczenia się świata. Dostarczaj więc swojemu dziecku jak najwięcej bodźców wzrokowych, lecz nie więcej niż dwa jednocześnie. Ponieważ czas skupiania jego uwagi na przedmiotach jest krótki, zmieniaj często scenerię. Większość dzieci lubi oglądać rysunki twarzy, nawet brzydko narysowane, lub własną twarz odbitą w lustrze powieszonym przy łóżeczku – oczywiście jeszcze długo nie będą wiedzieć, że to ich odbicie. Lubią też patrzeć na przedmioty o mocno kontrastowych barwach (biały i czarny, czerwony z żółtym); wolą skomplikowane formy od prostych. Uwielbiają patrzeć na światło: żyrandole, lampy, okna (zwłaszcza gdy światło wpada przez szpary w żaluzjach). Lepiej czują się w dobrze oświetlonym pokoju niż w mrocznym.

Kontrola wzroku będzie należała do rutynowych badań lekarskich. Jednak jeśli zauważysz, że twoje dziecko nie zatrzymuje wzroku na przedmiotach lub twarzach i nie zwraca głowy w kierunku źródła światła, wspomnij o tym lekarzowi w czasie następnej wizyty.

ROBIENIE ZDJĘĆ Z LAMPĄ BŁYSKOWĄ

Zauważyłam, że nasz synek mruga, gdy błyska lampa aparatu fotograficznego. Czy to nie działa źle na jego oczy?

Tylko największe sławy są tak atakowane aparatami fotograficznymi jak noworodki przez swoich rodziców, uwieczniających każdy detal pierwszych dni ich życia. Ale w przeciwieństwie do sław noworodki nie mogą skryć swoich oczu za ciemnymi okularami, gdy flesze zaczynają błyskać. Aby ochronić oczy noworodka przed działaniem takiej lampy, spróbuj trzymać aparat w odległości przynajmniej jednego metra od dziecka i używaj specjalnego filtru na lampę, rozpraszającego światło. Jeżeli twój sprzęt fotograficzny na to pozwala, kieruj światło lampy na ścianę lub sufit zamiast na twarz dziecka. Jeżeli do tej pory nie stosowałaś się do tych uwag, nie martw się. Ryzyko uszkodzenia wzroku dziecka jest niezmiernie małe.

ZEZ

Obrzęk wokół oczu mojej córki ustąpił, ale teraz wydaje mi się, że mała ma zeza.

Niemowlęta są bardzo „usłużne": ciągle dają swoim matkom nowe powody do zmartwienia. Jednym z nich jest zez. W większości wypadków to dodatkowe fałdy skórne w wewnętrznych kącikach oczu sprawiają wrażenie zeza. Gdy dziecko podrośnie, a fałdy się cofną, oczy robią się „proste". Dla własnego spokoju możesz oczywiście omówić swe niepokoje z lekarzem podczas następnej wizyty kontrolnej. Możesz też zauważyć, że we wczesnych miesiącach życia gałki oczne dziecka nie zawsze poruszają się w sposób skoordynowany. Ich przypadkowe ruchy oznaczają, że dziecko nadal uczy się używania swoich oczu i wzmacniania mięśni gałek ocznych: po upływie trzech miesięcy koordynacja ta powinna znacznie się poprawić. Jeżeli istnieje zagrożenie zezem lub gdy dziecko używa tylko jednego oka, patrząc na kogoś lub na coś, a drugie oko zwrócone jest w innym kierunku, konsultacja z okulistą dziecięcym jest konieczna. Wczesne rozpoczęcie leczenia zeza jest ważne i może uchronić dziecko przed niedowidzeniem lub tzw. „leniwym" okiem, kiedy to oko, które nie jest używane, staje się w konsekwencji coraz słabsze.

ŁZAWIENIE

Na początku dziecko płakało bez łez, a teraz jego oczy często wypełniają się łzami, nawet gdy nie płacze.

Maleńkie łezki zaczynają wypływać z oczek dopiero pod koniec pierwszego miesiąca życia, ponieważ dopiero wtedy płyn, który przepłukuje oczy (zwany łzami), zaczyna być produkowany w gruczołach łzowych nad gałkami ocznymi. Płyn ten normalnie wycieka przez malutkie kanaliki łzowe zlokalizowane w wewnętrznym kąciku każdego oka. Spływa też do nosa i cieknie z niego przy intensywnym płaczu. Kanaliki łzowe są szczególnie wąskie u noworodków, a u jednego maleństwa na sto jeden lub obydwa kanaliki mogą być niedrożne.

Ponieważ zablokowane kanały łzowe nie mogą właściwie spełniać swojej funkcji, łzy wypełniają oczy i często nawet zadowolone dziecko wygląda za zapłakane. Nie należy się jednak martwić takim stanem, ponieważ większość niedrożnych kanałów łzowych samoistnie się odblokowuje przed upływem roku. Lekarz może zalecić ich masowanie, by przyspieszyć przeczyszczenie. (Zawsze myj starannie ręce przed masażem, a jeśli oczy dziecka puchną i zaczerwieniają się, zaniechaj masażu i poinformuj o tych reakcjach lekarza.)

Czasami w wewnętrznym kąciku oka zbiera się żółtawobiała wydzielina, kanał łzowy jest zatkany, a powieki zlepione, gdy dziecko budzi się rano. Zaschniętą wydzielinę można zmyć sterylnym gazikiem umoczonym w letniej, przegotowanej wodzie. Jeżeli wydzielina jest gęstsza i ciemniejsza, a białka oczu są zaczerwienione, wskazuje to na infekcję. Wówczas niezbędna jest pomoc lekarza. Pediatra może przepisać maść antybiotykową lub krople, a jeśli dojdzie do chronicznego zapalenia kanału łzowego, należy udać się do okulisty. Natychmiast skontaktuj się z lekarzem, jeśli załzawione oczy są również wrażliwe na światło lub jeśli jedno załzawione oczko różni się kształtem lub wielkością od drugiego.

KICHANIE

Moje dziecko często kicha, ale nie wygląda, żeby było chore. Czy jest to jednak objaw przeziębienia?

Dziecko nie jest przeziębione. Kicha, ponieważ w jego drogach oddechowych zgromadził się nadmiar wydzieliny z nosa oraz płyn owodniowy. Jest to zjawisko bardzo powszechne u niemowląt. Aby mogły pozbyć się zbędnej zawartości nosa, natura wyposażyła je w odruch obronny – kichanie. Częste kichanie i kaszel (następny odruch obronny) pomagają też noworodkowi pozbyć się obcych cząsteczek, które dostają się do nosa (np. kurz). Czasem kichanie jest też reakcją dziecka na światło, szczególnie słoneczne.

Bezpieczeństwo dziecka

Pomimo swojego delikatnego wyglądu dziecko to całkiem twarda sztuka. Nie „przełamuje się", gdy je podnosimy, jego głowa nie opada, gdy zapomnimy ją podtrzymać, i w ogóle z większości upadków wychodzi bez większych urazów. Lecz niebezpieczeństwo czyha na nie na każdym kroku, nawet na małe niemowlęta, które dopiero zaczynają przewracać się z pleców na brzuch lub sięgać rączką po jakieś przedmioty. By uchronić swoje dziecko przed wypadkiem, przestrzegaj wszystkich podanych niżej zasad bezpieczeństwa.

- Gdy podróżujesz samochodem, zawsze przewoź dziecko w foteliku, niezależnie od tego, jak daleko jedziesz lub z jaką prędkością. Zapnij pas bezpieczeństwa i jeżeli ktoś inny prowadzi, dopilnuj, by też był przypięty. Nigdy nie pij alkoholu, jeżeli masz jechać (ani nie prowadź samochodu, gdy czujesz się bardzo zmęczona lub bierzesz lekarstwa wywołujące senność), i nie pozwól, by dziecko podróżowało z kimś, kto pił. (Więcej na temat bezpieczeństwa dziecka w samochodzie znajdziesz na stronie 126.)
- Jeżeli kąpiesz dziecko w dużej wannie, połóż na dno ręcznik lub pieluchę, by zapobiec poślizgnięciu. Zawsze podtrzymuj dziecko w kąpieli jedną ręką.
- Nigdy nie zostawiaj dziecka bez opieki na stole do przewijania, łóżku, fotelu czy kanapie – ani na chwilę. Nawet noworodek, który nie potrafi się „kulać", może nagle się wyprężyć i spaść. Jeżeli w miejscu, w którym leży dziecko, nie ma żadnych ograniczników po bokach, musisz zawsze jedną ręką je trzymać.
- Nigdy nie stawiaj leżaczka (ani fotelika samochodowego) dla małych dzieci na blacie do przewijania, na blacie kuchennym lub innym podwyższeniu, nawet na środku miękkiego łóżka – ryzykujesz uduszenie dziecka.
- Nigdy nie zostawiaj niemowlęcia sam na sam ze zwierzęciem domowym, nawet najbardziej spokojnym.
- Nigdy nie zostawiaj małego dziecka tylko ze starszym rodzeństwem, jeżeli nie ma ono więcej niż pięć lat. Nieumiejętna zabawa w chowanego (zakrywanie i odsłanianie głowy) może zakończyć się uduszeniem niemowlęcia. Radosny, ale zbyt entuzjastyczny niedźwiedzi uścisk może spowodować złamanie żebra niemowlęcia.

- Nie zostawiaj dziecka z opiekunką, która nie ukończyła czternastu lat i której dobrze nie znasz.
- Nigdy nie zostawiaj dziecka samego w domu, nawet jeśli idziesz wyciągnąć pocztę ze skrzynki albo wyprowadzić samochód z garażu czy też ściągnąć pranie ze sznurka. Do wypadku może dojść w ułamku sekundy.
- Nigdy nie zostawiaj dziecka samego w samochodzie. W gorące (czy nawet ciepłe dni) dziecko może dostać udaru, choćby nawet wszystkie okna były pootwierane. Natomiast przy każdej pogodzie dziecko pozostawione bez opieki może się stać łatwym łupem dla porywacza.
- Nigdy nie spuszczaj oka z dziecka, gdy robisz zakupy, gdy jesteś na spacerze lub na placu zabaw. Wózek to też cel dla porywacza.
- Nigdy nie potrząsaj mocno dzieckiem ani nie podrzucaj go.
- Unikaj używania wszelkiego rodzaju sznurków i tasiemek dłuższych niż 12 cm do przywiązywania smoczków i grzechotek do łóżeczka lub wózka. Upewnij się, że tasiemki od czapeczek czy ubranek są przyszyte, by się nie wyciągnęły. Sprawdź też, czy łóżeczko nie jest zbyt blisko kabli elektrycznych, sznura od telefonu lub innych urządzeń elektrycznych. Zabawa nimi może grozić uduszeniem.
- Nie trzymaj torebek z folii w zasięgu rąk dziecka. Nie używaj ich jako podkładów pod prześcieradło w łóżeczku. Mogą także grozić uduszeniem.
- Nigdy nie zostawiaj dziecka bez opieki (śpiącego czy czuwającego) w pobliżu poduszek, przytulanek czy innych pluszowych przedmiotów ani nie pozwalaj dziecku spać na skórze baraniej, materacach z pluszowym obiciem, na łóżku wodnym czy wersalce przysuniętej do ściany. Nim położysz dziecko do snu, ściągnij mu śliniaczek i opaskę z głowy.
- Usuń wszelkie przypięte do szczebelków przedmioty, nawet ochraniacze, gdy niemowlę zaczyna raczkować.
- Nie kładź dziecka (nawet śpiącego) w pobliżu nie zabezpieczonego okna.
- Zainstaluj w domu wykrywacz dymu według wskazówek lokalnego oddziału straży pożarnej.

PIERWSZE UŚMIECHY

Wszyscy mówią, że uśmiechy mojego dziecka to po prostu grymasy, ale ono wygląda wtedy na tak szczęśliwe, iż wydaje mi się, że to prawdziwe uśmiechy.

Matki czytają o tym w czasopismach, słyszą od teściowych, przyjaciółek, od pediatry, lecz żadna nie chce uwierzyć, że pierwsze uśmiechy jej dziecka to nie przejaw miłości skierowany zwłaszcza do mamusi czy tatusia, lecz zasługa przesuwających się w jelitach pęcherzyków gazu. Ale, niestety, badania naukowe świadczą o tym, że jest to prawda. Większość dzieci nie śmieje się w sensie społecznym, dopóki nie ukończy 4–6 tygodni. Nie oznacza to, że każdy uśmiech to „tylko gazy". Może on być również oznaką zadowolenia – wiele dzieci uśmiecha się, gdy zasypia, gdy oddaje mocz lub gdy głaszcze się je po policzkach.

Gdy dziecko obdarzy cię swoim pierwszym prawdziwym uśmiechem, rozpoznasz go bez wątpienia i wtedy dopiero się wzruszysz. Na razie ciesz się tą namiastką uśmiechów, też przecież niezwykle miłych, niezależnie od tego, co jest ich przyczyną.

CZKAWKA

Moje dziecko często ma czkawkę – wydaje mi się, że bez powodu. Gdy ja mam czkawkę, bardzo mi to przeszkadza. Czy mojemu dziecku również?

Niektóre dzieci rodzą się ze skłonnością do czkawki. Już w brzuchu matki ją mają. Czkawka może je męczyć przez pierwszych kilka miesięcy. W przeciwieństwie do czkawki występującej u dorosłych nie znamy jej przyczyny. Przypuszcza się, że jest to jeszcze jeden z odruchów. Inna teoria natomiast głosi, że czkawka to efekt połykania powietrza podczas karmienia. Noworodki nie cierpią z jej powodu tak jak dorośli, a jeśli tobie przeszkadza ona u dziecka, pozwól mu popić kilka łyków wody lub possać przez chwilę z piersi, co powinno spowodować, że atak czkawki minie.

UŻYWANIE PROSZKU DO PRANIA BIELIZNY NIEMOWLĘCEJ

Używam płatków do prania rzeczy dziecka, ale wszystko wygląda na takie niedoprane. Męczy mnie też oddzielne pranie naszych ubrań i ubranek mojej córeczki. Kiedy mogę zacząć prać jej rzeczy w proszkach?

Choć wielu producentom płatków czy proszków do prania bielizny niemowlęcej nie podoba się takie podejście, ubranka niemowląt mogą być prane razem z ubraniami pozostałych członków rodziny. Nawet najsilniej działające proszki, które naprawdę usuwają większość plam i zapachów, nie działają drażniąco na skórę niemowląt, jeśli tylko rzeczy zostaną bardzo dobrze wypłukane. Aby sprawdzić wrażliwość skóry dziecka na twój ulubiony proszek, dorzuć do prania waszych rzeczy jedno ubranko niemowlęcia, takie, które będzie noszone blisko ciała, np. podkoszulek. Nie przedawkuj proszku i dobrze wypłucz całe pranie. Jeżeli po pewnym czasie od włożenia koszulki na ciele dziecka nie pojawi się wysypka, możesz spokojnie prać resztę ubranek z waszymi rzeczami. Jeżeli wysypka wystąpi, wypróbuj inny proszek, łagodniejszy, najlepiej bez zapachu i barwnika. Może nie będziesz musiała wracać do płatków mydlanych. Krokiem, który warto podjąć, jest zapieranie plam przed wrzuceniem ubranek do prania – najlepiej wtedy, gdy są one jeszcze świeże.

CO WARTO WIEDZIEĆ
Niemowlęta nie rozwijają się jednakowo

Gdy dziecko się rodzi, dla większości rodziców zaczyna się wyścig. Pokładają oni w swoim potomstwie wielkie nadzieje już od dnia narodzin i są bardzo rozczarowani, jeżeli ich pociecha pod jakimś względem odstaje od innych. Jeśli na przykład tabela rozwoju psychomotorycznego pokazuje, że przeciętne niemowlę w dziesiątym tygodniu zaczyna przewracać się z pleców na brzuch i odwrotnie, martwią się, że ich dziecko nie potrafi tego robić w dwunastym. Albo spacerując po parku, widzą, że dziecko w wózku obok potrafi chwycić przedmiot w dłoń, a ich nie, choć są rówieśnikami. Babcia przypomina, że wszystkie jej dzieci siadały w wieku pięciu miesięcy, to dlaczego moje nie potrafi, choć ma już pół roczku... W tym wyścigu dziecko, które przoduje w opanowaniu wczesnych umiejętności rozwojowych, niekoniecznie pozostaje w czołówce do końca okresu rozwoju. Chociaż bardzo żwawe niemowlę często wyrasta na bystre dziecko i osiąga sukcesy w dorosłym życiu, to jednak próby zmierzenia poziomu inteligencji u niemowlęcia i skorelowania tego wyniku z inteligencją w późniejszych latach nie wykazały zależności. Dziecko, które wydaje się nieco powolne w rozwoju, również nierzadko wyrasta na inteligentnego człowieka.

Trudność polega na tym, że nie wiemy, jak inteligencja objawia się w niemowlęctwie i czy w ogóle się objawia. Nawet gdybyśmy wiedzieli, trudno byłoby nam ją zmierzyć, gdyż niemowlęta nie mówią. Nie możemy zadawać im pytań i oczekiwać odpowiedzi. Nie możemy zadać tekstu do przeczytania i sprawdzić jego zrozumienia, nie możemy ocenić sposobu rozumowania podczas rozwiązywania zadania logicznego. Wszystko, co możemy zrobić, to ocenić dojrzałość motoryczną i społeczną, a to nie jest inteligencja. Gdy oceniamy wczesne osiągnięcia w rozwoju, nasze wyniki są często nieobiektywne. Nigdy nie wiemy, czy dziecko czegoś nie wykonuje, ponieważ tego nie umie, czy nie ma możliwości lub chwilowo nie jest tym zainteresowane.

Każdy, kto spędził jakiś czas z więcej niż jednym dzieckiem, wie, że dzieci rozwijają się w różnym tempie. Prawdopodobnie za różnice te odpowiedzialna jest natura, a nie wychowanie. Każde dziecko rodzi się jakby zaprogramowane, aby się uśmiechać, podnieść głowę i postawić pierwsze kroki w określonym wieku. Nauka pokazuje, że niewiele jesteśmy w stanie zrobić, by przyspieszyć naukę tych czynności, choć możemy je opóźnić, nie zapewniając dziecku odpowiednich warunków do rozwoju, poprzez brak stymulacji, złe odżywianie, nieodpowiednią opiekę zdrowotną (pewne problemy medyczne lub emocjonalne mogą hamować rozwój) i po prostu przez nieobdarzenie dziecka miłością.

Rozwój noworodka ocenia się w zakresie czterech obszarów:

Społeczny. To, jak szybko dziecko uczy się śmiać, gaworzyć i reagować na ludzkie twarze i głosy, może ci powiedzieć coś o nim jako o istocie społecznej. Choć jedne dzieci są poważniejsze, a inne bardziej towarzyskie, większe opóźnienie w tym obszarze może wskazywać na problemy z widzeniem lub słyszeniem albo z rozwojem emocjonalnym lub intelektualnym.

Językowy. Dziecko, które ma bogaty zasób słów we wczesnym wieku lub zaczyna mówić całymi zdaniami wyjątkowo wcześnie, prawdopodobnie będzie dobrze umiało „obchodzić się" ze słowami później. Lecz dziecko, które w drugim roku życia kieruje swoje prośby za pomocą nieartykułowanych dźwięków i gestów, może w późniejszym wieku dogonić swojego „rozgadanego" rówieśnika, a nawet go przegonić. Ponieważ to, w jakim stopniu dziecko rozumie, co się do niego mówi, jest

Obecnie dzieci rozwijają się wolniej

Jest jednak coś, o czym koniecznie musisz pamiętać, gdy najdzie cię przemożna chęć porównywania swego dziecka z innymi (a na pewno będą takie chwile): w obecnych czasach dzieci rozwijają się nieco wolniej pod względem pewnych ważnych umiejętności motorycznych niż kiedyś. Dzieje się tak dlatego, że spędzają mniej czasu na brzuszku. Choć kładzenie niemowląt do snu na plecach w ogromnym stopniu zmniejsza ryzyko wystąpienia zespołu nagłej śmierci niemowlęcia, spowalnia rozwój motoryczny. Jako że maluszki mają mniej okazji do ćwiczeń takich umiejętności, jak obracanie się czy pełzanie (do czego potrzebna jest pozycja leżąca na brzuszku), większość z nich później je opanowuje. Wiele też całkowicie pomija etap pełzania czy raczkowania. I choć takiego „opóźnienia" w rozwoju nie uważa się za poważne (a ominięcie etapu raczkowania nie stanowi żadnego problemu, chyba że dziecko „przeskakuje" także inne ważne etapy rozwoju, jak na przykład obracanie się, siedzenie itd.), rodzice mogą pomóc swym dzieciom, kładąc je w porze czuwania na brzuszku, zawsze pod kontrolą, od wczesnych dni. (Jeśli rodzice zwlekają z kładzeniem dziecka w takiej pozycji do zabawy, mogą często przekonać się później, że malec oprotestuje nie znane sobie ułożenie.) Pamiętaj więc: spanie na plecach, zabawa na brzuszku.

---

lepszym miernikiem postępu niż to, jak mówi, dziecko, które „rozumie wszystko", ale mówi bardzo mało, nie jest oceniane jako opóźnione w rozwoju. Czasami bardzo powolny rozwój w tej dziedzinie może wskazywać na problemy ze wzrokiem lub słuchem.

Szybki rozwój motoryczny. Niektóre dzieci, bardzo aktywne już w łonie matki, zaraz po urodzeniu wcześnie trzymają prosto główkę, wcześnie siadają, wstają i zaczynają chodzić, a w przyszłości wiele z nich osiąga sukcesy lekkoatletyczne. Są i tacy, którzy mimo że w dzieciństwie byli w tyle pod względem rozwoju motorycznego, również dobrze sobie radzą na boisku piłkarskim czy korcie tenisowym. Bardzo spóźnione pod tym względem dzieci powinno się jednak zbadać, by się upewnić, że nie ma fizycznych lub zdrowotnych przeszkód do normalnego rozwoju.

Wolniejszy rozwój motoryczny. Koordynacja oko–ręka, sięganie po przedmioty, chwytanie ich i manipulowanie wcześniej niż przewiduje średnia, może świadczyć o tym, że osoba ta dobrze będzie radziła sobie w przyszłości z rękami. Nie dzieje się jednak odwrotnie w wypadku dzieci, którym opanowanie tych czynności zabrało więcej czasu. One też często radzą sobie później tak samo jak ich szybsi rówieśnicy.

Większość wskaźników rozwoju intelektualnego, na przykład twórczość, poczucie humoru i umiejętność rozwiązywania problemów, zwykle nie ujawnia się przed ukończeniem przez dziecko roku. Ale w końcu u dziecka, któremu stwarza się wiele możliwości, zachęca i pochwala, liczne wrodzone zdolności połączą się i w rezultacie wyrośnie człowiek, który może być utalentowanym malarzem, zdolnym mechanikiem, bystrym maklerem lub wrażliwym nauczycielem.

Tempo rozwoju w różnych dziedzinach życia jest różne. Jedno dziecko może zacząć uśmiechać się w szóstym tygodniu życia, a inne zaczyna chodzić w ósmym miesiącu, ale nie mówi do dwóch lat. Dziecko, które zawsze wszystko robi wcześniej, ma szansę wyrosnąć na zdolniejsze niż jego przeciętni rówieśnicy; dziecko, które wyjątkowo późno rozwija się w każdej dziedzinie, może mieć poważne problemy zdrowotne i rozwojowe i w tym wypadku fachowa interwencja jest niezbędna.

Chociaż dzieci rozwijają się w różnym tempie, rozwój każdego dziecka, zakładając, że nie hamują go żadne czynniki, odbywa się według trzech podstawowych wzorów.

1. Dziecko rozwija się od góry do dołu, od głowy do palców nóg. Niemowlęta podnoszą główki, zanim potrafią utrzymać prosto plecy, by usiąść, a potem wstać.

Który to miesiąc?

Zastanawiasz się, który miesiąc dotyczy twego dziecka i który rozdział masz przeczytać? Oto, jak ułożona została ta książka: rozdział o pierwszym miesiącu opisuje niemowlęta od chwili narodzin do ukończenia pierwszego miesiąca życia, rozdział o drugim miesiącu opisuje miesięczne dziecko, do ukończenia przez nie drugiego miesiąca życia – i tak dalej – kończąc na chwili, gdy twój synek czy córeczka zdmuchnie świeczki na pierwszym urodzinowym torciku.

2. Dziecko rozwija się od tułowia w kierunku kończyn. Najpierw zaczyna używać rąk, potem dłoni, na końcu palców.

3. Rozwój, co nie jest zaskoczeniem, zmierza w kierunku od prostych do skomplikowanych czynności.

Innym aspektem uczenia się niemowlęcia jest głęboka koncentracja na danym zadaniu. Po opanowaniu pewnej czynności inna zaczyna być w centrum uwagi i dziecko zapomina tę pierwszą, przynajmniej na pewien czas, angażując się w naukę nowej. W końcu będzie ono w stanie zintegrować wszystkie różnorodne umiejętności i używać każdej spontanicznie, we właściwy sposób i odpowiednio do sytuacji. Nie rozpaczaj więc, gdy zapomni coś, czego się tak niedawno nauczyło.

Niezależnie od tempa rozwoju dziecka, to, czego nauczyło się ono w pierwszym roku życia, jest czymś niesamowitym – już nigdy nie nauczy się tak dużo w tak krótkim czasie. Ciesz się tym i pozwól, by dziecko wiedziało, że cię to cieszy. Uznając przebieg rozwoju swojego dziecka za prawidłowy, sprawisz, że uzna ono siebie za dobrze rozwinięte. Unikaj porównywania swojego dziecka z innymi lub z normami podanymi w książkach. Nie zamieściliśmy tabel rozwoju w tej książce po to, aby martwić rodziców, jeśli ich niemowlę nie osiąga najlepszych wyników, ani też nie chcieliśmy prowokować konkurencji pomiędzy niemowlętami. Celem jest wyłącznie przedstawienie fazy normalnego rozwoju, by można było sprawdzić, czy dziecko nie jest opóźnione.

6
Drugi miesiąc

Pewnie wiele zmieniło się w waszym domu w ciągu ostatniego miesiąca (i nie chodzi tu bynajmniej o wymianę pieluch). Twoje dziecko z uroczej, lecz mało jeszcze kontaktowej kluseczki wyrasta na coraz bardziej aktywną i czujną istotkę (która teraz nieco krócej śpi, ale za to ma więcej czasu na kontakty z otoczeniem). Zmieniasz się i ty: ze zrozpaczonej nowicjuszki w (średnio) doświadczonego weterana. Pewnie umiesz już przewijać dziecko jedną ręką, profesjonalnie trzymasz dziecko do odbicia powietrza i potrafisz przystawić małą buzię do piersi w trakcie snu (dość często tak robisz). Niestety, te wszystkie postępy nie gwarantują jeszcze całkowitej wolności we własnym domu. Życie z malcem stało się teraz nieco bardziej przewidywalne (ale wciąż wyczerpujące) w swej rutynie: każdy atak płaczu, pojawiająca się ciemieniucha czy zawartość pieluch niepokoją cię (i zmuszają do zasięgnięcia opinii lekarza). Jednak w miarę jak twoje dziecko rośnie, urosną też twoje umiejętności radzenia sobie w każdej sytuacji. Z pewnością otuchy dodaje ci wizja nagrody, którą otrzymasz właśnie w tym miesiącu. Będzie nią wspaniały prezent za twoje nieprzespane noce: niemowlę pierwszy raz obdarzy cię prawdziwym uśmiechem.

Co twoje dziecko potrafi robić

Dzieci osiągają znaczne postępy w rozwoju – każde we własnym tempie. Jeśli twój maluszek nie umie wykonać jednej czy kilku z poniżej wymienionych czynności, nie martw się: wkrótce się nauczy. Normalne tempo rozwoju to takie, w jakim dziecko się rozwija. Pamiętaj też, że umiejętności, które można wyćwiczyć tylko z pozycji leżącej na brzuszku, nie zostaną przez dziecko opanowane, jeśli nie będzie miało po temu okazji. Koniecznie kładź więc malca (pod nadzorem!) w takiej pozycji. Jeśli rozwój dziecka wzbudza w tobie wątpliwości, skonsultuj się z lekarzem. Wcześniaki zwykle wykształcają pewne sprawności nieco później niż ich rówieśnicy, zazwyczaj w okresie, w którym osiągnęłyby je, gdyby urodziły się o czasie.

Po ukończeniu drugiego miesiąca twoje dziecko powinno umieć:

- odpowiadać uśmiechem na uśmiech;
- reagować na dźwięk dzwoneczka wyrzuceniem rączek w górę, płaczem lub zamilknięciem.

Po ukończeniu drugiego miesiąca twoje dziecko prawdopodobnie będzie umiało:

- wydawać dźwięki inne niż płacz (np. gruchanie);

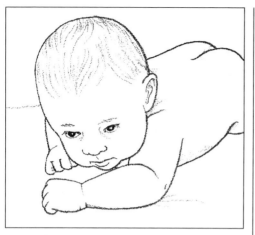

Do końca tego miesiąca większość dzieci potrafi unieść głowę pod kątem 45°.

- w pozycji na brzuszku unieść głowę pod kątem 45° do podstawy.

Po ukończeniu pierwszego miesiąca twoje dziecko może umieć:

- trzymane w pozycji pionowej, sztywno utrzymać głowę;
- leżąc na brzuszku, unieść klatkę piersiową, opierając się na przedramionach;
- przewracać się z boku na plecy;
- chwytać przedmiot, np. grzechotkę włożoną do ręki;
- reagować na bardzo drobne przedmioty, takie jak np. rodzynek (uważaj jednak, by trzymać je poza zasięgiem rączek dziecka);
- wyciągać ręce w kierunku przedmiotu;
- wokalizować, wydawać dźwięki artykułowane („a-gu").

Po ukończeniu pierwszego miesiąca twoje dziecko może nawet umieć:

- uśmiechnąć się spontanicznie;
- składać ręce;
- leżąc na brzuszku, unosić głowę pod kątem 90°;
- śmiać się głośno;
- wydawać okrzyki zadowolenia (od 2 miesiąca);
- śledzić przedmiot poruszający się po łuku w odległości ok. 15 cm od twarzy.

CZEGO MOŻESZ OCZEKIWAĆ W CZASIE BADANIA LEKARSKIEGO

Każdy pediatra będzie przeprowadzał badania kontrolne twojego dziecka nieco inaczej. Każde dziecko wymaga zresztą indywidualnego podejścia, innych metod postępowania podczas badań. Zależy to od cech osobniczych niemowląt. Z reguły jednak w drugim miesiącu życia wizyta w poradni D lub u lekarza rodzinnego powinna dotyczyć następujących spraw:

- Sytuacji w domu, w którym przebywa dziecko, stosunków dziecka z pozostałymi członkami rodziny, kwestii związanych z żywieniem, snem, ogólnym rozwojem, jak również pielęgnacją w wypadku, gdy matka chce wrócić do pracy.

- Niemowlę powinno być zważone, zmierzone, a pediatra powinien ocenić tempo wzrostu dziecka.

- Dziecko powinno zostać zbadane przez pediatrę, który zwróci szczególną uwagę na ewentualne nieprawidłowości, stwierdzone podczas poprzedniej wizyty.

- Lekarz powinien ocenić poziom rozwoju dziecka. W tym celu może poddać je odpowiednim „testom", sprawdzającym m.in. rozwój głowy, motorykę rąk, narząd wzroku, słuchu i dojrzałość społeczną. Może też tylko oprzeć się na własnych obserwacjach wzbogaconych twoim komentarzem.

Skorzystaj jak najwięcej z comiesięcznych wizyt kontrolnych

Nawet zdrowe niemowlęta spędzają wiele czasu u lekarza. Wizyty w poradni dla dzieci zdrowych w pierwszym roku życia dziecka odbywają się co miesiąc lub dwa – w ten sposób lekarz może dokładnie sprawdzić rozwój niemowlęcia i kontrolować, czy wszystko przebiega prawidłowo. To również doskonała okazja dla rodziców, którzy mogą wyjaśnić swoje wątpliwości i zadać wiele pytań, które nazbierały się od ostatniego pobytu w poradni. Podczas takiego spotkania z pediatrą otrzymują mnóstwo porad dotyczących zdrowego wychowywania dziecka.

Aby jak najbardziej skorzystać z tych wizyt:

- Wybierz dobrą porę, czyli postaraj się, aby nie był to czas drzemki, lunchu lub taka część dnia, kiedy malec zwykł marudzić. W miarę możliwości unikaj godzin największego ruchu w przychodni. Najspokojniejsze bywają poranki, kiedy starsze dzieci są w szkole, czyli ogólnie godziny przed lunchem są lepsze od szczytu przypadającego na czwartą po południu. Jeśli przewidujesz, że zabierzesz lekarzowi więcej czasu (masz dłuższą listę pytań niż zwykle), zaznacz to, umawiając się na spotkanie, byś potem nie czuła się popędzana.
- Nakarm malca. Głodny pacjent to pacjent, na którego współpracę nie ma co liczyć. Przyjdź na wizytę w poradni dla dzieci zdrowych z nakarmionym do syta dzieckiem (po wprowadzeniu stałych pokarmów można zabrać małą przekąskę ze sobą). Uważaj jednak, by nie przekarmić niemowlęcia, bo wtedy będzie ulewać w trakcie badania.
- Wybierz takie ubranko, które wygodnie się wkłada i ściąga. Zrezygnuj z ciuszków z wieloma małymi guziczkami czy licznymi zatrzaskami, a także obcisłych. Nie rozbieraj dziecka za szybko – jeśli nie lubi leżeć bez ubranka, poczekaj z tym do rozpoczęcia badania.
- Rób notatki. Pamiętasz jeszcze wszystkie sto pytań do... lekarza? Po spędzeniu 20 minut w poczekalni i na uspokajaniu dziecka i następnych 20 w gabinecie lekarskim zapomnisz wszystkie. Nie polegaj na pamięci, spisz wszystko, o co chcesz zapytać. Weź także coś do pisania i zanotuj odpowiedzi oraz wszelkie dodatkowe rady udzielone przez lekarza. Słuszne będą notatki na temat wzrostu i masy ciała dziecka, a także zapiski informujące o przebytych szczepieniach.
- Pomóż dziecku – rzadko które lubi te wszystkie szturchania i popychania u lekarza, a już szczególnie leżąc na nieprzyjemnym, zimnym blacie. Spytaj, czy można choć część badań wykonać dziecku leżącemu na twoich kolanach.
- Zaufaj swym instynktom. Lekarz widzi twe dziecko tylko raz na miesiąc – ty natomiast masz je przy sobie cały czas, czyli dostrzegasz drobne niuanse, które lekarzowi mogą umknąć. Jeśli masz wrażenie, że coś nie służy malcowi – nawet gdybyś nie miała stuprocentowej pewności – koniecznie powiedz o tym pediatrze. Pamiętaj, że nie musisz mieć wykształcenia medycznego, by być partnerem do rozmowy na temat zdrowia własnego dziecka. Czasem najlepszym instrumentem diagnostycznym jest rodzicielski instynkt.

- Jeśli dziecko jest zdrowe, powinno rozpocząć serię szczepień ochronnych przeciwko błonicy, krztuścowi i tężcowi (Di-Te--Per) oraz przeciwko polio. Zobacz zalecenia na stronie 203.
- Lekarz powinien udzielić rodzicom wskazówek dotyczących żywienia, snu i bezpieczeństwa dziecka w kolejnym miesiącu.

Sprawy, które możesz poruszyć z lekarzem, jeśli dotychczas nie było o nich mowy:

- Jaka może być reakcja dziecka na szczepionkę? Jak należy wówczas postępować? Z jakimi objawami należy zwrócić się do lekarza?

Podziel się z lekarzem wątpliwościami, jakie odczuwasz w związku z rozwojem dziecka, z jego żywieniem, adaptacją w rodzinie. Zanotuj najważniejsze rady i wskazówki. Wszystkie wyniki badań powinny być wpisane do książeczki zdrowia dziecka.

Karmienie dziecka w drugim miesiącu
Wprowadzamy... butelkę

Oczywiście najlepsze jest karmienie piersią. Jednak pomimo swej praktyczności i prostoty (po nabraniu wprawy) ma swoje ograniczenia, a najpoważniejszym z nich jest brak możliwości karmienia na odległość. W niektórych kulturach dziecko zawiesza się przy piersi na czymś w rodzaju nosidła i pozwala mu ssać tak długo, jak tylko ma na to ochotę. Problem dodatkowego żywienia w ogóle nie istnieje. W naszej kulturze nawet zupełnie małe niemowlęta bywają oddalone od matki na tyle daleko i na tak długo, że wymagają jednorazowego lub wielokrotnego dokarmiania (butelką z odciągniętym pokarmem albo mieszanką mleczną).

Wiele matek w ogóle rezygnuje z karmienia z butelki, gdyż mogą zawsze podać dziecku pierś w odpowiedniej chwili. Większość jednak, na pewnym etapie rozwoju dziecka, decyduje się na podawanie butelki (na przykład chcą od czasu do czasu mieć wolne popołudnie, wracają do pracy albo z powodu nieprawidłowego przyrostu masy ciała u ich dziecka).

Nawet jeśli nie zamierzasz stale karmić z butelki, warto odciągnąć pokarm i napełnić nim, tak na wszelki wypadek, sześć buteleczek. Mogą się przydać, gdy zachorujesz, zaczniesz brać lekarstwa uniemożliwiające karmienie albo będziesz musiała niespodziewanie wyjechać. Nawet gdyby malec nigdy wcześniej nie pił mleka z butelki, łatwiej mu będzie się przyzwyczaić, jeśli będzie czuł znajomy smak. Na stronie 145 znajdziesz informacje dotyczące przechowywania w zamrażarce ściągniętego pokarmu. Gdy kończy się data ważności zmagazynowanego zapasu, musisz go zastąpić świeżym.

CO ZNAJDUJE SIĘ W BUTELCE?

Mleko matki. Napełnienie butelki własnym pokarmem nie jest zbyt trudne (gdy posiądzie się już sztukę używania odciągacza) i pozwala nadal karmić niemowlę wyłącznie naturalnym pokarmem, nawet jeśli matka przebywa z dala od niego. (Aby uniknąć zaburzenia mechanizmu ssania, lepiej poczekać na ustabilizowanie się karmienia piersią – patrz str. 82).

Mieszanka mleczna. Karmienie nią, choć bardzo łatwe, może mieć pewne skutki uboczne, jeśli butelka zostanie wprowadzona zbyt wcześnie. Nawet wówczas, kiedy laktacja przebiega prawidłowo, dokarmianie dziecka preparatami może wywołać niepotrzebne problemy, natomiast gdy już pojawiły się kłopoty z karmieniem piersią, zwykle ulegają one pogłębieniu. Ale kiedy karmienie piersią przebiega bez zarzutu (zwykle między szóstym a ósmym tygodniem), wiele kobiet z powodzeniem łączy obie metody karmienia dziecka (patrz str. 82).

Są też matki, które rezygnują z dokarmiania z innych powodów, na przykład dlatego, że chcą karmić piersią przez cały pierwszy rok życia dziecka, co jest zalecane, a nawet dłużej (badania wykazują istnienie silnego związku między dokarmianiem mieszanką a wczesnym odstawieniem od piersi), lub chcą

Wychowanie bez butelki

Nie musisz wprowadzać butelki, bo nie ma takiego obowiązku. Oto kilka przyczyn, dla których wiele matek wychowuje swe niemowlęta bez butelki:

- Ich dzieci odmawiają picia z butelki. Jeśli nie ma pilnego powodu do uzupełniania diety mlekiem z butelki, można z niej zrezygnować.

- Świadomość, że jeśli niemowlę przyzwyczai się do butelki, trzeba je będzie dwa razy odstawiać: raz od piersi, a drugi raz od butelki. Aby uniknąć tego ponownego odzwyczajania, niektóre matki wolą dawać dziecku pić z kubeczka, jak tylko nauczy się ono siedzieć podparte.

Mity o uzupełnianiu diety

MIT: Uzupełnianie diety mlekiem zastępczym lub dodawanie płatków śniadaniowych do butelki sprawi, że dziecko prześpi całą noc.
Prawda: Dzieci zaczynają przesypiać całe noce, gdy są już dostatecznie duże. Wprowadzenie butelki z preparatem czy płatkami nie przyspieszy nadejścia tego pięknego dnia (poranka, w którym obudzisz się wyspana). Badania nie wykazały żadnego związku między snem a pokarmem podawanym przed zaśnięciem.

MIT: Samo matczyne mleko nie wystarczy dziecku.
Prawda: Karmienie wyłącznie piersią przez 6 miesięcy zapewnia dziecku wszystkie niezbędne składniki pokarmowe. Po upływie tego czasu można łączyć karmienie piersią z podawaniem pokarmów stałych, bez konieczności wprowadzania preparatów mlecznych.

MIT: Podawanie dziecku mleka zastępczego nie będzie miało złego wpływu na ilość pokarmu u matki.
Prawda: Każde nakarmienie dziecka innym pokarmem niż mleko matki (czy to preparatami, czy pokarmami stałymi) wpływa ujemnie na ilość wytwarzanego przez piersi pokarmu. Im rzadziej i krócej ssana jest pierś, tym mniej ma mleka. Niekorzystny wpływ dokarmiania z butelki na laktację można zminimalizować, gdy tylko wytwarzanie pokarmu ustabilizuje się, a matka i dziecko nabiorą wprawy w karmieniu.

opóźnić wystąpienie alergii na mleko krowie, jeśli ten rodzaj uczulenia ma ktoś z rodziny, albo mu zapobiec.

JAK WPROWADZIĆ BUTELKĘ

Kiedy zacząć. Są dzieci, które bez problemu przestawiają się ze ssania piersi na butelkę i odwrotnie, ale większość zaakceptuje obie formy karmienia, jeśli butelka zostanie podana po trzecim, a najlepiej po piątym tygodniu. Wcześniejsze wprowadzenie butelki może zakłócić stabilizujące się wytwarzanie pokarmu u matki i być przeszkodą w doskonaleniu techniki ssania dziecka, a ponieważ te dwie metody podawania mleka wymagają od malca innego sposobu przyjmowania pokarmu,

Przystawianie dziecka do... butelki

Czas na pierwszą butelkę? Jeśli masz szczęście, twój syn czy córka przyjmie ją jak starego przyjaciela, będzie chętnie ssał smoczek i wypije zawartość. Ale bardziej realny jest scenariusz, zgodnie z którym mały konsument będzie potrzebował sporo czasu, by móc zaakceptować nowe źródło pożywienia. Oto kilka rad, które pomogą oswoić malca z butelką:

- **Wybierz odpowiedni czas.** Poczekaj, aż dziecko będzie głodne (ale nie za bardzo!) i w dobrym humorze, nim podejmiesz pierwszą próbę.
- **Przekaż butelkę komuś innemu** – dziecko prędzej przyjmie ją od innej osoby. Najlepiej wyjdź z pokoju, by nie mogło ci się pożalić. Osoba karmiąca powinna tak samo przytulać malca i przemawiać do niego, jak ty w trakcie karmienia piersią.
- Gdybyś to jednak ty podawała pierwszą butelkę, postaraj się, by dziecko nie widziało piersi i nawet nie myśl o karmieniu bez biustonosza czy w bluzeczce z dekoltem; lepiej włóż gruby sweter. Odwróć uwagę dziecka muzyką, grzechotką lub inną formą zabawy. Uważaj jednak, gdyż jeśli za bardzo odwrócisz jego uwagę, będzie bardziej skłonny do zabawy niż do picia.
- **Wybierz odpowiedni smoczek.** Jeśli dziecko odrzuca smoczek z wyraźną dezaprobatą, wybierz inny model. Niemowlę, któremu podaje się smoczek gryzaczek, dobrze zareaguje na butelkę ze smoczkiem o podobnym kształcie.
- **Działaj z zaskoczenia.** Protestującemu dziecku można podać butelkę w czasie snu. Poproś kogoś, by wziął śpiące niemowlę i spróbował je nakarmić. Po kilku tygodniach dziecko powinno przyjąć butelkę w trakcie czuwania.

Mieszanie

Jeśli nie udało ci się odciągnąć tyle pokarmu, by wystarczyło na jedną pełną butelkę, nie ma potrzeby marnować wysiłku i wylewać mleka. Można je zmieszać z mieszanką. Mniej strat, a niemowlę otrzyma enzymy z twojego pokarmu potrzebne do lepszego strawienia mieszanki.

---

może też dojść do zaburzenia mechanizmu ssania. Natomiast późniejsze wprowadzenie butelki wywoła protest dziecka, które odrzucając gumowy smoczek, opowie się za piersiami swojej mamy.

Ilość podawanego pokarmu. Jedną z najwspanialszych właściwości karmienia piersią jest fakt, że dziecko ssie tylko tyle, by zaspokoić głód, a nie pewną konkretną ilość wmuszaną przez rodziców. Nie daj się skusić chęci liczenia wypijanych porcyjek. Wytłumacz opiekunce (i sobie), że malec ma pić tylko tyle, ile sam chce, a nie jakąś założoną dawkę. Przeciętne czterokilogramowe niemowlę może w czasie jednego karmienia wypić aż 175 ml lub tylko 60.

Przyzwyczajanie do butelki. Jeśli już wiesz, że ze względu na plan zajęć przepadną dwie pory karmienia dziennie, przynajmniej 2 tygodnie przed powrotem do pracy wprowadź jedno podawanie butelki. Po tygodniu przejdź na dwa karmienia dziennie butelką – w ten sposób nie tylko malec, ale i ty stopniowo przyzwyczaicie się do karmienia uzupełniającego. Ureguluje się też mechanizm wytwarzania pokarmu wedle zapotrzebowania, zatem wróciwszy do zawodowych obowiązków, nie będziesz miała z nim większych kłopotów.

Dobre samopoczucie. Jeśli zamierzasz tylko od czasu do czasu podawać butelkę, karm (lub odciągnij pokarm) z obu piersi przed wyjściem z domu, gdyż dzięki temu unikniesz problemów z nabrzmieniem piersi czy samoistnym wypływaniem pokarmu. Postaraj się, by nie karmiono dziecka na krótko przed twym powrotem (czyli mniej niż dwie godziny) – zrobisz to sama, przynosząc ulgę obrzmiałym piersiom.

Niezależnie od tego, czy dziecko jest dodatkowo karmione twoim pokarmem czy mieszanką, pamiętaj, że najprawdopodobniej i tak będziesz musiała odciągać pokarm podczas nieobecności dłuższej niż trzy czy cztery godziny. W ten sposób unikniesz zatkania przewodów mlecznych, samoistnego wyciekania, a pokarm nie zaniknie. Odciągnięte mleko przechowaj na jakieś karmienie w przyszłości albo po prostu wylej.

Dokarmianie z butelki, gdy dziecko nie rozwija się dobrze

Czasem, gdy dziecko nie rozwija się dobrze, zaleca się dodatkowe podawanie mieszanek mlecznych. Bywa, że wywołuje to u matki sprzeczne uczucia, gdyż z jednej strony słyszy, że podawanie butelki w takiej sytuacji może zniweczyć jej szanse na udane karmienie piersią; z drugiej jednak lekarz jej mówi, iż jeśli nie zacznie wzbogacać diety dziecka mlekiem zastępczym, konsekwencje dla zdrowia malca mogą być poważne. Często najlepszym rozwiązaniem okazuje się system dokarmiania pokazany na str. 151, ponieważ dostarcza dziecku potrzebnej mu do rozwoju mieszanki mlecznej, a jednocześnie stymuluje piersi mamy, aby wytwarzały pokarm.

CO MOŻE CIĘ NIEPOKOIĆ

UŚMIECH

Mój synek ma pięć tygodni i sądziłam, że do tego czasu zacznie się uśmiechać, ale nie robi tego.

Nie zamartwiaj się. Nawet u najszczęśliwszych niemowląt uśmiech jako reakcja społeczna pojawia się dopiero około szóstego lub siódmego tygodnia życia. Gdy dzieci już potrafią się śmiać, jedne, zgodnie z usposobieniem czynią to częściej, inne rzadziej. Prawdziwy uśmiech można odróżnić od przypadkowego, gdy stwierdzimy, że dziecko, uśmiechając się, używa wszystkich mięśni twarzy, nie tylko ust. Choć uśmiech pojawia się u dzieci na określonym etapie rozwoju, niemowlęta, do których dużo się mówi, z którymi często się bawi i które często się przytula, wcześniej zaczynają się uśmiechać. Tak więc przemawiaj do dziecka i często się do niego uśmiechaj, a mały wkrótce odwzajemni ci się uśmiechem.

GAWORZENIE

Moje sześciotygodniowe dziecko wydaje mnóstwo samogłosek, nie słychać natomiast żadnych spółgłosek. Czy jego rozwój pod tym względem jest prawidłowy?

Pierwszymi dźwiękami, jakie wydają niemowlęta, są właśnie samogłoski. W ten sposób porozumiewają się z nami do końca drugiego miesiąca. Pierwsze wspaniale brzmiące, melodyjne gruchanie, przypominające gardłowe gaworzenie, wydaje się całkowicie przypadkowe. Po pewnym czasie zauważysz jednak, że dziecko kieruje dźwięki do ciebie, kiedy indziej do zwierzątka przytulanki z łóżeczka, do poruszającej się zabawki, którą właśnie zauważyło, do swojego odbicia w lusterku czy nawet do kaczuszki z ochraniacza na szczebelkach łóżeczka. Radosne gruchanie może wywołać nawet widok kocyka w kwiatki. Te ćwiczenia wokalne sprawiają przyjemność nie tylko dziecku, ale także tobie. Maluchy uwielbiają słuchać własnego głosu; eksperymentują z dźwiękami, odkrywając, jakie kombinacje używania gardła, języka i warg dają określone efekty.

Dla mamy i taty gaworzenie jest następnym po płaczu istotnym sposobem komunikowania się. Jest to dopiero początek. W ciągu następnych kilku miesięcy dziecko wzbogaci swój repertuar głośnym śmiechem (zazwyczaj około 3 i 1/2 miesiąca), piskiem (około 4 i 1/2 miesiąca) i kilkoma spółgłoskami. Niemowlęta zaczynają wypowiadać spółgłoski w różnym wieku – niektóre dzieci wydają dźwięki podobne do spółgłosek już w trzecim miesiącu, inne dopiero w piątym lub szóstym. Średnio umiejętność ta pojawia się w czwartym miesiącu.

Podczas eksperymentowania ze spółgłoskami niemowlęta nie są w stanie odkryć więcej niż jedną lub dwie spółgłoski naraz. Nie-

---

I kto to mówi?

Myślisz, że te słodkie „gugu" to tylko takie nic nie znaczące sylaby? Ależ nie, to początek języka mówionego, dziecięce próby wykombinowania, jak też ci dorośli mówią. A oto interesujący fakt, jaki niedawno odkryli naukowcy po wielu godzinach spędzonych na przyglądaniu się małym buziom: otóż te pierwsze próby artykułowania dźwięków czynione są zazwyczaj prawą stroną buzi, która jest kontrolowana przez lewą półkulę mózgową, odpowiedzialną za język. Kiedy dzieci chcą pogruchać wyłącznie dla przyjemności, robią to całą buzią. Uśmiechają się natomiast lewą stroną, kontrolowaną przez ośrodek odpowiadający za emocje.

Zanim jednak zabierzesz się do wnikliwych obserwacji kącików ust, musisz wiedzieć, że różnice w ruchach ust są tak minimalne, że trudno je zauważyć. Zostawmy więc takie analizy fachowcom w laboratoriach i cieszmy się tymi słodkimi dźwiękami – niezależnie od tego, jak są wydawane!

Jak przemawiać do dziecka

Istnieje wiele sposobów porozumiewania się z dzieckiem. Oto kilka z nich, które możesz wypróbować już teraz lub w najbliższych miesiącach:

Komentuj. Opowiadaj dziecku o każdym ruchu, który wykonujesz w jego obecności. Mów, ubierając je: „Teraz zakładamy pieluchę... a teraz koszulka przed głowę... a teraz zapinamy śpioszki". Będąc w kuchni, opisuj mycie naczyń czy przyprawianie sosu do makaronu. Wytłumacz działanie mydła, opowiadaj o spłukiwaniu, o tym, jak szampon sprawia, że włoski stają się czyste i lśniące. Nie ma znaczenia, czy dziecko choć trochę rozumie, o czym mowa, czy nie. Takie omawianie minuta po minucie wszystkiego, co robisz, to dla ciebie dobre ćwiczenie mówienia do dziecka, a dla dziecka okazja do słuchania twoich słów i – potem – do nauki ich rozumienia.

Zadawaj wiele pytań. Nie czekaj do chwili, gdy dziecko będzie potrafiło odpowiadać na zadawane mu pytania. Wyobraź sobie, że jesteś dociekliwą reporterką, a dziecko – interesującym obiektem do odpytania. Pytania mogą być tak zróżnicowane, jak zajęcia w danym dniu, na przykład: „Czy chcesz dzisiaj włożyć czerwone spodenki czy zielony kombinezonik?" „Czy kupić na obiad groszek czy brokuły?" Zrób chwilę przerwy na odpowiedź (kiedyś dziecko cię nią zaskoczy), a potem sama jej głośno udziel („Brokuły? Świetny wybór!").

Daj dziecku szansę. Badania wykazują, że jeśli rodzice rozmawiają z dziećmi, a nie tylko do nich mówią, ich pociechy zwykle szybciej czynią postępy w opanowywaniu sztuki mowy. Pozwól dziecku pogruchać, pogaworzyć. A kiedy będziesz opowiadać o tym, co się dzieje w danej chwili, rób krótkie przerwy, by mogło dodać komentarz.

Proste zwroty. Choć na obecnym etapie dziecko z zapałem słuchałoby ekscytującej recytacji przemowy Lincolna czy barwnego raportu ekonomicznego, po jakimś czasie powinnaś przemawiać tak, by mogło wyłapywać pojedyncze słowa. Tak więc, przynajmniej raz na jakiś czas, mów proste sformułowania: „widzisz światło" „papa", „paluszki, rączki, stópki" lub „dobry piesek".

Omijaj zaimki. Dziecku trudno jest zrozumieć, że „ja", „mnie" czy „ty" może odnosić się do mamusi, tatusia lub babci, a nawet do niego samego – w zależności, kto mówi. Dlatego też mówcie o sobie „mama" czy „tata" (czy „babcia"), natomiast o nim – imieniem, na przykład: „A teraz tatuś zmienia Beatce pieluszkę".

Wysoki głos. Większość dzieci woli wysoki głos, co może tłumaczyć, dlaczego kobiecy głos jest zwykle wyższy niż męski oraz dlaczego mamy (i tatusiowie) zwykle podnoszą głos o jedną czy dwie oktawy, gdy zwracają się do dziecka. Podnieś głos, gdy przemawiasz bezpośrednio do malca, i zaobserwuj reakcję. (Zdarzają się

---

ustannie powtarzają „ba", „ga", „da". W następnym tygodniu przechodzą do nowej kombinacji głosek, jakby zapomniały o istnieniu tych, które już znają. Pamiętają o nich, lecz ze względu na to, że ich zdolność koncentracji jest ograniczona, każdorazowo potrafią opanować tylko jedną. Uwielbiają powtarzać.

Po dźwiękach dwusylabowych „a-ga", „a--ba", „a-da", mniej więcej w szóstym miesiącu pojawiają się śpiewne ciągi spółgłosek, zwane gaworzeniem właściwym („da-da-da", „ma-ma-ma"). W ósmym miesiącu większość niemowląt potrafi już gaworzyć sylabami („ta--ta", „ma-ma", „ba-ba"), zazwyczaj nie uświadamiając sobie jeszcze ich znaczenia. Świadome ich używanie przychodzi dwa, trzy miesiące później. Ku uciesze taty i rozpaczy mamy, „ta-ta" wypowiadane jest na ogół wcześniej niż „ma-ma". Opanowanie wszystkich spółgłosek następuje znacznie później, gdy dziecko ma cztery, pięć lat lub nawet później.

Nasze dziecko nie gaworzy w taki sam sposób, w jaki robił to jego starszy brat, gdy miał sześć tygodni. Czy jest to powód do niepokoju?

Niektóre niemowlęta rozwijają umiejętność mówienia wcześniej, inne później. Około 10% dzieci zaczyna gaworzyć przed

dzieci preferujące niskie głosy, więc sprawdź upodobanie twojego.)

Mówić dziecinnie czy nie? Jeśli mówienie śmiesznymi wyrazami („A cio to za misio pysio?") przychodzi ci w sposób naturalny, nie ma sensu się powstrzymywać. Jeśli nie – możesz śmiało zrezygnować (patrz następna strona). Eksperci od dziecinnej mowy powinni jednak pamiętać, by czasem powiedzieć coś w języku dorosłych, gdyż w przeciwnym razie malec będzie dorastać w przekonaniu, że tak należy się wyrażać.

Trzymaj się bieżących wydarzeń. Choć możesz opowiadać dziecku dosłownie o wszystkim, przez jakiś czas nie zauważysz żadnej reakcji świadczącej o zrozumieniu. W miarę jak malec zacznie coś rozumieć, kieruj się raczej zasadą opowiadania o tym, co on sam widzi i czego doświadcza w danej chwili. Małe dzieci nie pamiętają zdarzeń z przeszłości ani nie mają pojęcia, że istnieje przyszłość.

Naśladowanie. Niemowlęta uwielbiają, kiedy się je naśladuje, więc jeśli dziecko grucha, odpowiedz tym samym, kiedy wyartykułuje „aaa" – ty zrób to samo. Takie „przedrzeźnianie" szybko przerodzi się w przyjemną dla obu stron zabawę, która stanie się zachętą dla malca do naśladowania twojej mowy. Doda mu też pewności siebie („liczą się z tym, co mówię!").

Nucenie. Nie martw się tym, że fałszujesz, bo dzieci nie mają o to żadnych pretensji. Zachwycają się śpiewem rodziców bez względu na to, czy słyszą jakiś aktualny przebój, starą ulubioną piosenkę z czasów liceum czy też pozbawione znaczenia sylaby nucone do znanej melodii. Jeśli twoja (lub sąsiadów) wrażliwość muzyczna nie pozwala ci śpiewać, to wystarczy melodeklamacja. Większość rymowanek wprawia w zachwyt nawet niemowlęta (jeśli pamięć cię zawodzi, kup *Kaczkę dziwaczkę*, *Ptasie radio* czy *Lokomotywę*), a jeśli przy tym zabawnie gestykulujesz – radość malucha będzie jeszcze większa! Dziecko szybko da ci do zrozumienia, który wierszyk jest jego ulubionym, i przyjdzie ci go powtarzać jeszcze wiele, wiele razy.

Czytaj na głos. Choć na początku słowa nie będą miały dla malca żadnego znaczenia, nigdy nie jest za wcześnie na czytanie prostych rymowanek czy małych książeczek z twardymi, kartonowymi karteczkami i kolorowymi ilustracjami. Ale jeśli nie jesteś w nastroju do raczenia się dziecięcymi wierszykami albo wolałabyś coś bardziej dla dorosłych, nie wahaj się podzielić swym zamiłowaniem do literatury (czy do przepisów kulinarnych, ploteczek, polityki) ze swym synkiem czy córeczką. Czytaj na głos to, na co masz ochotę.

Zważaj na reakcje dziecka. Bezustanne gadanie czy śpiewanie może zmęczyć każdego, nawet niemowlę. Kiedy dziecko przestaje zwracać na ciebie uwagę, zamyka oczka lub odwraca wzrok, staje się marudne czy rozdrażnione bądź też w jakikolwiek inny sposób sygnalizuje, że ma dość gadania – pozwól mu odpocząć.

---

ukończeniem pierwszego miesiąca, tyle samo nie opanowuje tej sztuki aż do trzeciego miesiąca, reszta przypada gdzieś pomiędzy nimi. Część niemowląt rozpoczyna artykulację ciągów spółgłosek przed ukończeniem 4 i 1/2 miesiąca, innym nie zdarza się to przed ukończeniem ósmego miesiąca. Dzieci, które „mówią" szybciej, mogą mieć później dużą łatwość wypowiadania się, ale nie ma w tym względzie stuprocentowej gwarancji. Podobnie nie ma niezbitych dowodów na to, że dzieci, które zaczynają gaworzyć nawet z dużym opóźnieniem, będą miały w przyszłości problemy z mówieniem. Jest jeszcze za wcześnie, by ocenić, czy wasze dziecko należy do tej grupy niemowląt; na tym etapie rozwoju niewątpliwie mieści się w normie.

Jeśli w ciągu następnych kilku miesięcy zauważysz, że rozwój mowy u twojego dziecka, mimo wysiłków z twojej strony, odbiega od normy, skontaktuj się z lekarzem. Badanie słuchu lub inne testy mogą wyjaśnić ewentualne wątpliwości. Niekiedy okazuje się, zwłaszcza w przypadku drugiego dziecka, że zabiegani, nie zauważamy, jak nasze maleństwo rozwija się werbalnie – albo że domownicy (łącznie ze starszym braciszkiem) robią tyle hałasu, że malec nie może wtrącić słowa. Jeśli jednak zdarzy się jakiś defekt mowy, wczesne rozpoznanie i leczenie może zakończyć się sukcesem.

JĘZYK DZIECKA

Gdy obserwuję inne matki, wydaje mi się, że wiedzą one, jak rozmawiać z dzieckiem. Ja natomiast nie potrafię mówić do mojego sześciotygodniowego synka, a kiedy usiłuję z nim rozmawiać, czuję się jak kompletna idiotka. Mam obawy, że moje zahamowania mogą opóźnić rozwój mowy u dziecka.

Mimo że te maleńkie istoty nie mogą nawiązać z nami kontaktu słownego, dla wielu rodziców są one najbardziej onieśmielającą widownią, z jaką kiedykolwiek mieli do czynienia. Mało subtelne, piskliwe dźwięki wydawane przez niemowlę utrudniają niektórym rodzicom porozumiewanie się z ich pociechą i w efekcie zapada milczenie, któremu towarzyszy narastające poczucie winy. Chociaż dziecko nauczy się mówić, mimo iż wy nigdy nie opanujecie jego mowy, proces uczenia będzie przebiegał szybciej i sprawniej, jeśli wcześnie podejmiecie próby porozumiewania się z dzieckiem. U niemowląt całkowicie pozbawionych kontaktu słownego obserwuje się nie tylko zaburzenia w rozwoju mowy, ale rozwoju ogólnego. Oczywiście takich przypadków jest bardzo mało. Nawet mama, która czuje się onieśmielona rozmową z dzieckiem, w istocie stale się z nim komunikuje. Czyni to poprzez codzienną krzątaninę wokół maleństwa, przytulanie, reagowanie na płacz, śpiewanie, wypowiadanie zdań typu: „No to idziemy na spacer" albo: „No nie, znowu telefon!" itd. Dziecko uczy się języka, słysząc rozmowy dorosłych. Korzysta z nich w takim samym stopniu, w jakim skorzystałoby, gdyby mówiono wyłącznie do niego.

Chociaż to mało prawdopodobne, by dziecko, o którym mowa w liście, zdane było przez cały rok na towarzystwo milczącej mamy, to jednak warto popracować nad rozwojem jego mowy. Zacznij mówić do dziecka w zaciszu domowym, tak by obecność innych osób cię nie krępowała, gdy używasz specyficznego dziecięcego języka. Jeśli nie wiesz, jak się do tego zabrać, zerknij na porady zamieszczone w ramce na str. 198–199.

W miarę nabierania wprawy i pewności siebie zaczniesz bezwiednie przemawiać do dziecka w ten właśnie sposób, nawet przy innych („Takie danko z kaszunią to pyszotka dla małego brzusia!").

DRUGI JĘZYK

Moja żona jest Francuzką i mówi do dziecka wyłącznie po francusku. Ja natomiast mówię po angielsku. Uważam, że znajomość dwóch języków jest rzeczą wspaniałą, ale czy dla maleńkiego dziecka nie jest zbyt wcześnie na taką naukę?

Powszechnie wiadomo, że nauka obcego języka daje dziecku nowe możliwości. Rozwija osobowość, poszerza horyzonty myślowe, a nawet daje perspektywy na lepsze wyniki w nauce innych przedmiotów. Jeśli na dodatek drugi język jest językiem przodków dziecka – ma ono jakby wgląd we własne korzenie. Istnieją różnice zdań co do momentu, w którym należy rozpocząć naukę drugiego języka. Jedni uważają, że powinno to nastąpić jak najwcześniej, zaraz po urodzeniu, gdyż wówczas drugi język jest „przyswajany" razem z pierwszym, a nie „wyuczony", jak ten wprowadzony później. Inni natomiast sądzą, że kontakt z dwoma językami jednocześnie może na jakiś czas opóźnić przyswajanie obu. Ogólnie przyjmuje się 2 i 1/2–3 lata jako odpowiedni wiek do rozpoczęcia nauki języka obcego. W tym okresie dziecko ma z reguły dość dobrze opanowaną mowę rodzimą, ale z łatwością, w sposób naturalny potrafi przyswoić sobie język obcy.

Niezależnie od tego, czy zamierzacie wprowadzić drugi język teraz czy za parę lat, istnieje kilka sposobów nauczenia dziecka języka obcego. Jednym z nich jest używanie mowy rodzimej przez jedno z rodziców i języka obcego przez drugie (tak jak w waszym wypadku). Innym sposobem jest posługiwanie się językiem obcym przez oboje rodziców (ale tu należy wziąć pod uwagę fakt stałego kontaktu z mową ojczystą w szkole i w grupie rówieśniczej). Można też poprosić dziad-

Rozumienie dziecka

Minie około roku, nim dziecko wypowie pierwsze słowo, a dwa lub więcej, nim słowa połączą się w zwroty i zdania, wreszcie rok lub więcej, nim zdania te będą zrozumiałe. Dużo wcześniej, jeszcze przed podjęciem próby porozumiewania się za pomocą słów, dziecko stara się komunikować ze światem na wiele innych sposobów. Jeśli teraz zaczniesz mu się przyglądać i przysłuchiwać gaworzeniu, to zauważysz, że maluch stara się przemawiać do ciebie – nie słowami jednak, lecz gestami i zachowaniem.

Nie ma słownika tłumaczącego system porozumiewania się dzieci. Kluczem do zrozumienia tej pozawerbalnej komunikacji jest obserwacja. Przyglądanie się dziecku wiele ci powie o jego osobowości, o tym, co lubi i czego potrzebuje, i to na wiele miesięcy, nim padnie pierwsze słowo. Na przykład: czy malec się wierci i marudzi podczas rozbierania przed kąpielą? Może to oznaczać, że nie lubi kontaktu nagiego ciała z zimnym powietrzem albo uczucia nagości. Gdy przed włożeniem do wanienki pozwolisz mu jak najdłużej przebywać pod przykryciem – odczuje znaczną ulgę.

A może pokasłuje przed porą drzemki? Takie pokasływanie może być oznaką zmęczenia na długo przed tym, gdy zmęczenie zamienia się w rozdrażnienie.

Albo rozpaczliwie wkłada piąstki do buzi w porze karmienia, nim zacznie się zanosić płaczem? To może być pierwsza wskazówka głodu (druga, czyli płacz, często utrudnia rozpoczęcie karmienia). Jeśli będziesz przyglądać się zachowaniu i gestom dziecka, zauważysz pewne wzorce postępowania dające się wytłumaczyć – pomogą ci zrozumieć, co dziecko chce zakomunikować.

Wsłuchiwanie się w mowę niemowlęcia nie tylko ułatwi ci życie (możesz szybko dać malcowi to, czego chce, zamiast zgadywać metodą prób, błędów i łez), ale także da dziecku poczucie świadomości, że jego zdanie się liczy. Stanowi to pierwszy krok w kierunku dorosłości – dziecko staje się pewną siebie osobą z poczuciem bezpieczeństwa, odnoszącą sukcesy i dojrzałą emocjonalnie.

---

ków lub opiekunkę, by zwracali się do dziecka w obcym języku, podczas gdy rodzice będą posługiwać się mową ojczystą, ale jest to metoda najmniej skuteczna. W istocie żaden ze sposobów nie jest w stu procentach efektywny, jeśli „nauczyciel" nie jest biegły w języku, którego uczy.

Znawcy przedmiotu radzą, by zapomnieć o klasycznej nauce języka obcego, a wpajać go dziecku raczej przez zabawy i gry (po pewnym czasie można wprowadzić obcojęzyczne gry komputerowe), książki, piosenki, kasety magnetofonowe i kasety wideo, a także w miarę możliwości odwiedzać obcojęzycznych znajomych czy zwiedzać miejsca, w których mówi się danym językiem.

Osoba, która rozmawia z dzieckiem w obcym języku, powinna używać go bardzo konsekwentnie, nie uciekać się do mowy ojczystej w chwilach, gdy język obcy sprawia trudność lub gdy dziecko czegoś nie rozumie i prosi o przetłumaczenie. Przez pewien czas młody uczeń może mieszać słowa z obu języków, ale po pewnym czasie rozdzieli je. Kiedy dziecko znajdzie się już w szkole, powinno uczyć się pisać i czytać w drugim języku, tak by język ten nabrał jeszcze większego znaczenia w jego życiu i stał się użyteczny. Jeśli szkoła nie prowadzi lekcji tego języka, warto zorganizować dziecku nauczanie pozalekcyjne.

PORÓWNYWANIE NIEMOWLĄT

Często spotykam się z innymi młodymi rodzicami, którzy nieustannie porównują swoje dzieci. Działa mi to na nerwy i wywołuje niepokój, czy aby moja córeczka rozwija się prawidłowo.

Jedyną gorszą rzeczą od pokoju pełnego kobiet w ciąży, porównujących swoje brzuchy, jest pokój wypełniony świeżo upieczonymi matkami, porównującymi swoje maleństwa. Podobnie jak nie ma dwóch identycznych brzuchów u kobiet ciężarnych, nie ma też dwóch identycznych niemowląt. Normy, które zostały ustalone dla poszczególnych faz rozwoju dziecka, pozwalają na śledzenie ogól-

Jak najlepiej wykorzystać pierwsze trzy lata

Dziecko nie będzie miało praktycznie żadnych wspomnień z pierwszych trzech lat życia, jednak zdaniem naukowców to właśnie te trzy lata będą miały ogromny wpływ na dalsze jego życie – pod wieloma względami większy niż jakikolwiek inny okres w życiu.

Cóż takiego sprawia, że te trzy lata, wypełnione zasadniczo jedzeniem, spaniem, płakaniem i zabawą, lata przed rozpoczęciem formalnego kształcenia, są tak istotne dla późniejszych sukcesów w szkole, pracy zawodowej, związkach międzyludzkich? Jak to możliwe, że okres, w którym dziecko jest jeszcze wyraźnie nie ukształtowane, może być tak decydujący dla kształtowania się istoty ludzkiej, jaką w przyszłości będzie? Odpowiedź okazuje się fascynująca, złożona i wciąż uzupełniana. Oto, co na razie udało się odkryć:

Badania wykazują, że mózg człowieka rośnie do 90% swej ostatecznej wielkości w trakcie trzech pierwszych lat życia – trzeba przyznać, że wielką siłę umysłu posiada ktoś, kto jeszcze nie potrafi zawiązać sobie bucików. Podczas tych trzech wyjątkowych lat powstają połączenia nerwowe w mózgu, łączące ze sobą komórki mózgowe. Do chwili ukończenia trzech lat powstaje aż trylion takich połączeń!

Mózg dziecka, mimo sporej aktywności, wciąż jednak pozostaje w fazie formowania się. Kolejne połączenia nerwowe tworzą się do dziesiątego czy jedenastego roku życia, po czym w mózgu rozpoczyna się proces specjalizacji poprzez eliminację rzadko używanych połączeń (proces ten trwa przez całe nasze życie, dlatego też dorośli mają o około połowę mniej połączeń nerwowych niż trzylatek). Zmiany zachodzą jeszcze po zakończeniu okresu dojrzewania, a najważniejsze ośrodki mózgowe kształtują się przez całe życie człowieka.

Choć przyszłość trzyletniego dziecka – podobnie jak jego mózg – nadal nie jest w pełni ukształtowana, istnieją pewne przesłanki ku temu, że wczesne lata mają wpływ na to, kim mała istotka kiedyś się stanie. A największą rolę w jego pierwszym okresie życia odgrywasz właśnie ty! Badania wyraźnie bowiem wskazują, iż jakość opieki, którą dziecko w tych niezwykle ważnych latach otrzyma, w ogromnej mierze zadecyduje o prawidłowości tworzenia się połączeń nerwowych, stopniu rozwoju mózgu. Twoja opieka i proces zachodzący w jej wyniku w małym organizmie jest wyznacznikiem przyszłości twojego dziecka: od twojej troski zależy bowiem zadowolenie, pewność siebie, umiejętność radzenia sobie w życiu oraz odnoszenie sukcesów.

Nie ma jednak potrzeby, byś czuła się teraz onieśmielona czy przytłoczona tym odpowiedzialnym zadaniem. Kochający rodzice najczęściej sami intuicyjnie (bez specjalnego szkolenia, pomocy dydaktycznych czy programów zwiększania potencjału umysłowego) robią dokładnie to, czego ich dziecko – i jego mózg – potrzebuje do rozwinięcia całego swego potencjału.

- Za każdym razem, gdy dotykasz, trzymasz, głaszczesz, przytulasz czy odpowiadasz na reakcję dziecka z miłością (przy każdej wykonywanej przez ciebie czynności), tym samym po-

nego tempa rozwoju niemowlęcia, postępów, ewentualnie opóźnień, które w tym rozwoju występują. Przyrównywanie twojego dziecka do innego może tylko spowodować niepotrzebne obawy i frustracje. Dwoje prawidłowo rozwiniętych niemowląt może demonstrować zupełnie inne umiejętności – jedno może już wydawać dźwięki i być bardzo komunikatywne, drugie natomiast może wykazywać większą sprawność fizyczną i przewracać się na drugi bok. Różnice ujawniają się szczególnie pod koniec pierwszego roku, gdy część dzieci jeszcze raczkuje, a część zupełnie opuściła fazę raczkowania i nagle zaczyna chodzić w dziesiątym miesiącu. Postęp w rozwoju dziecka bywa przez matkę oceniany bardzo subiektywnie. Dla jednych intensywne gaworzenie małego nie jest postrzegane jako początki mówienia, inne w sporadycznych dźwiękach słyszą słowo „tata".

Oczywiście łatwo przychodzi nam stwierdzić, że porównywanie dzieci nie jest najlepszym pomysłem, i skoro tak, będziemy unikać tych, którzy porównują, i sami nie będziemy porównywać. Jednakże trudno wyobrazić sobie całkowitą bierność w sytuacji, gdy u lekarza, w autobusie czy w parku siedzimy tuż obok matki z podobnym do naszego ma-

zytywnie wpływasz na kształtowanie się połączeń nerwowych w mózgu. Czytając dziecku, mówiąc i gaworząc do niego czy też śpiewając, nawiązujesz kontakt wzrokowy z maleństwem i jednocześnie pomagasz jego mózgowi osiągnąć cały swój potencjał. Rodzice wychowujący dziecko w pozytywny sposób uczą je umiejętności społecznych i emocjonalnych, a te z kolei przyspieszą jego przyszły rozwój intelektualny. Im więcej ma dziecko społecznej i emocjonalnej pewności siebie, tym bardziej jest zmotywowane do nauki oraz zdolne do entuzjastycznego podejmowania nowych wyzwań bez obawy przed porażką.

- Jeśli potrzeby dziecka z okresu niemowlęcego i wczesnodziecięcego są zaspokojone (jest nakarmione, gdy czuje głód; przebrane, gdy się zmoczy; brane na ręce, gdy się wystraszy), to nabiera ono ufności do ludzi oraz dużej wiary we własne siły. Naukowcy stwierdzili, że jeśli dziecko wychowuje się w sprzyjającym środowisku, w szkole ma mniej problemów związanych z zachowaniem i jest bardziej emocjonalnie zdolne do tworzenia udanych związków międzyludzkich.

- Dziecko uczy się samokontroli, gdy obserwujesz i pomagasz mu panować nad jego impulsami czy zachowaniami w tych pierwszych latach życia (mówisz, że nie wolno gryźć ani wyrywać innym zabawek). Wyznaczenie zrozumiałych ograniczeń zachowania, odpowiednich do wieku dziecka, po czym stanowcze ich przestrzeganie sprawi, że dziecko będzie pewniejsze, mniej wystraszone, mniej impulsywne, a w późniejszym życiu mniej skłonne do rozwiązywania konfliktów przy użyciu przemocy. Dzięki stabilnym podstawom emocjonalnym otrzymanym w domu rodzinnym dziecko jest lepiej przygotowane do nauki.

- Z tego samego powodu każda osoba, która spędza z malcem dużo czasu, powinna zapewnić mu podobną stymulację, identycznie reagować, przestrzegać tych samych reguł dyscypliny. Dzięki doskonałej opiece nad niemowlęciem jego mózg otrzyma to, czego potrzebuje: dużo pozytywnych bodźców.

- Ważna jest też rutynowa opieka lekarska, czyli regularne badania przesiewowe przeprowadzane pod kątem wszelkich czynników medycznych czy rozwojowych, które mogą spowolnić rozwój intelektualny, społeczny czy emocjonalny. Dzięki dobrej opiece medycznej można będzie wcześnie wykryć i zwalczyć ewentualny problem – w ten sposób malec nie pozostanie w tyle.

Należy przede wszystkim pamiętać, że pomaganie dziecku w tym, by osiągnęło cały swój potencjał, różni się zupełnie od próbowania, by dziecko zmienić; wspieranie rozwoju intelektualnego to nie to samo, co wymuszanie go, a zapewnianie stymulujących doświadczeń nie polega na zapełnianiu planu zajęć aż do przemęczenia. Jak można łatwo wyznaczyć granicę między zwykłym rodzicielskim zaangażowaniem a przesadą? Obserwując samo dziecko, które, gdy chodzi o zaspokajanie swoich potrzeb, potrafi być mądrzejsze nawet od ciebie. Przyglądaj się i słuchaj swego maleństwa, wtedy zawsze będziesz wiedzieć, co jest dla niego najlepsze.

leństwem. Nawet najbardziej niewinne pytania i tak w końcu doprowadzają do przyrównywania pociech. „Jakie śliczne dziecko! Już siedzi? Ile ma miesięcy?" Jeśli już naprawdę nie udaje ci się skupić wyłącznie na własnym dziecku, pamiętaj choćby o tym, że owe porównania niczemu nie służą. Twoje dziecko jest jedyne w swoim rodzaju.

SZCZEPIENIA OCHRONNE

Pediatra opiekujący się moim dzieckiem twierdzi, że szczepienia są całkowicie bezpieczne. Słyszałam jednak o wielu groźnych reakcjach poszczepiennych. W związku z tym boję się zaszczepić córkę.

Żyjemy w społeczeństwie, które uważa, że dobre wiadomości to żadne wiadomości. Pozytywne skutki szczepień ochronnych nie mogą w żadnym stopniu konkurować z odosobnionymi przypadkami powikłań poszczepiennych, choć w dzisiejszych czasach rodzice być może częściej słyszą o ryzyku niż o dobrodziejstwach, jakie wynikają ze szczepień ochronnych. Twój pediatra z pewnością przekonał cię o zaletach szczepienia niemowląt, których nie można porównywać z ewentualnym ryzykiem powikłań.

Jeszcze nie tak dawno najczęstszą przyczyną śmierci niemowląt były choroby zakaźne, takie jak błonica, dur brzuszny i ospa. Odra i krztusiec należały do tak powszechnych chorób zakaźnych, że właściwie spodziewano się, że każde dziecko na nie zachoruje. Rodzice z przerażeniem reagowali na zbliżającą się porę letnią, która wiązała się z epidemią paraliżu dziecięcego (polio, znanego też jako choroba Heinego-Medina), która była przyczyną śmierci lub kalectwa setek niemowląt. Dzisiaj przypadków ospy prawie się nie odnotowuje, a błonica i dur pojawiają się niezmiernie rzadko. Również niewielki procent dzieci choruje na odrę czy krztusiec, a paraliż dziecięcy nie tylko nie jest dziś powodem żadnych obaw rodziców, ale często nie zdają oni sobie sprawy, że taka choroba w ogóle istnieje. Dziś częstszą przyczyną śmierci małych dzieci jest nieodpowiednie zabezpieczenie podczas jazdy samochodem niż choroby zakaźne, a to bez wątpienia zawdzięczamy szczepieniom ochronnym.

Szczepienie polega na wprowadzeniu do organizmu dziecka mało aktywnych lub martwych zarazków choroby, tzw. szczepionek, lub wyprodukowanych przez nie substancji (anatoksyn). Szczepionki nie wywołują choroby, pobudzają natomiast organizm dziecka do wytwarzania swoistych przeciwciał, które w momencie wniknięcia do organizmu zarazków danej choroby rozpoznają ją i przystępują do ataku.

Już starożytni zauważyli, że osoby, które przetrwały zarazę, nigdy więcej na nią nie zachorowały. Ci, którzy zwalczyli chorobę zakaźną, byli czasami wzywani do opieki nad zarażonymi. Przez wiele lat praktykowano prymitywne formy ochrony organizmu przed chorobami zakaźnymi i dopiero Edward Jenner, szkocki lekarz, udowodnił, że osoba, która przebyła łagodniejszą chorobę zakaźną, np. krowiankę (ospę krowią), nigdy nie zachoruje na chorobę cięższą, np. ospę prawdziwą. Z tym doświadczeniem wiązać można narodziny współczesnej immunologii. W 1796 roku Jenner posmarował niewielkie nacięcia na ręku zdrowego, ośmioletniego chłopca ropą z rany kobiety, u której stwierdzono krowiankę. Po tygodniu u chłopca pojawiła się niewielka gorączka, a nieco później kilka strupków na ręku. Chłopiec nie zachorował, gdy później był narażony na kontakt z ospą. Był uodporniony.

Harmonogram wykonywania szczepień bardzo się zmienił w porównaniu z wczesnymi doświadczeniami. Pierwszym szczepieniem ochronnym stosowanym na szeroką skalę była szczepionka przeciwko ospie. Okazała się tak skuteczna, że nie jest już potrzebna. Choroba ta została prawie całkowicie wyeliminowana, a medycyna ma nadzieję, że dzięki szczepieniom podobnie stanie się z innymi bakteriami lub wirusami.

Szczepienia wprawdzie chronią tysiące młodych żywotów każdego roku, lecz nie są bez wad. Co prawda u większości dzieci reakcja poszczepienna na daną szczepionkę jest niewielka, lecz niektóre z nich chorują, niekiedy poważnie. Uważa się, że niektóre typy szczepionek w niewielu przypadkach, ale jednak, odpowiadają za trwałe szkody na zdrowiu czy wręcz za śmierć. Nie zmienia to faktu, że korzyści ze szczepień ochronnych są znacznie większe niż ryzyko związane ze szczepieniem, z wyjątkiem dzieci wysokiego ryzyka. Powinnaś zatem zaszczepić swą córkę. Ale pomimo że ryzyko jest niewielkie, rozsądnie byłoby podjąć pewne kroki, by uzyskać pewność, że twoje dziecko zostanie prawidłowo i bezpiecznie zaszczepione (w Polsce przed wykonaniem szczepienia obowiązkowe jest zbadanie dziecka przez lekarza – przyp. red.). Oto one:

- Zanim pielęgniarka zaszczepi dziecko, upewnij się, że zostało ono dokładnie przebadane przez lekarza, który wykluczy ewentualnie rozwijającą się chorobę. Jeśli dziecko jest wyraźnie chore, szczepienie należy przełożyć. (Lekka choroba, taka jak na przykład przeziębienie, nie jest powodem do zmiany terminu szczepienia.)

- Przeczytaj informację o szczepionce – stosowną ulotkę powinnaś otrzymać od lekarza podczas każdego rutynowego szczepienia dziecka.

Mity dotyczące szczepień

Większość obaw związanych ze szczepieniem, choć zrozumiała, nie ma uzasadnienia. Nie pozwól, by któryś z poniższych mitów powstrzymał cię przed zaszczepieniem dziecka!

MIT: Co za dużo, to niezdrowo.
Prawda: Badania wykazują, że szczepionki podane razem są tak samo skuteczne jak oddzielne szczepienia. Od wielu lat stosuje się różne szczepionki skojarzone (MMR, Di-Te-Per), a niedawno została zatwierdzona nowa szczepionka Pediarix, zalecana i podawana przez wielu lekarzy, która w jednym zastrzyku łączy Di-Te-Per z polio i zapaleniem wątroby typu B*. Trwają badania nad nowymi połączeniami szczepionek, których pozytywne wyniki być może zostaną zatwierdzone już w najbliższej przyszłości. Największą ich zaletą będzie fakt, że dziecko będzie rzadziej kłute – co na pewno jest dobrą wiadomością dla wszystkich.

MIT: Szczepienia są dla dziecka bardzo bolesne.
Prawda: Ból jest tylko chwilowy i trudno go porównać z bólem związanym z chorobami, przeciwko którym się szczepi. Są sposoby na zminimalizowanie go: badania wykazują, że mniej płaczą dzieci trzymane na rękach przez rodziców, którzy starają się odwrócić uwagę małych pacjentów, a niemowlęta nakarmione piersią tuż przed lub nawet w trakcie wykonywania zastrzyku, nie cierpią za bardzo. Spytaj lekarza o możliwość podania dziecku roztworu glukozy przed szczepieniem bądź zastosowania maści ze środkiem znieczulającym godzinę wcześniej (na receptę).

MIT: Skoro wszyscy szczepią dzieci, ja nie muszę szczepić swojego.
Prawda: Niektórzy rodzice wyznają taki pogląd, uzasadniając, że po prostu dane choroby nie będą

---
* W Polsce dostępna jest pięcioskładnikowa szczepionka INFANRIX IPV, HiB (Di-Te-Per, polio, Haemophilus influenzae – przyp. red. nauk.).

występować. Ta teoria nie utrzymała się, ponieważ, po pierwsze, istnieje ryzyko, że inni rodzice również będą się pod takim mitem podpisywać, a zatem ich dzieci także nie zostaną zaszczepione. W ten oto sposób może dojść do wybuchu epidemii choroby, na którą istnieją sposoby zapobiegawcze. Po drugie, nie zaszczepione dzieci mogą być zagrożeniem dla tych zaszczepionych, gdyż szczepienia są skuteczne w 90%, i to ten wysoki odsetek osób uodpornionych zapobiega rozprzestrzenianiu się chorób. Istnieje więc możliwość, że skrzywdzisz nie tylko swoje dziecko, ale i jego kolegów. Po trzecie wreszcie, nie zaszczepione dzieci mogą zarazić się krztuścem od innych nie zaszczepionych dzieci lub dorosłych, a to dlatego, że szczepienie chroniące przed tą chorobą (różnie dla różnych chorób), nie jest podawane po 7 roku życia, natomiast odporność zwykle ustępuje w wieku dorosłym; choroba ta, choć bardzo zaraźliwa, u dorosłych przebiega tak łagodnie, że zwykle nie jest nawet rozpoznawana. Oznacza to, że osoba dorosła może nie zdawać sobie sprawy z tego, że choruje na krztusiec i bezwiednie zarazić znacznie mniej odporne niemowlę.

MIT: Już jedna dawka z serii daje dziecku wystarczającą ochronę.
Prawda: Badania udowodniły, że pominięcie następnej dawki szczepionki stawia dziecko przed zwiększonym ryzykiem zarażenia się daną chorobą, w szczególności odrą i krztuścem. Zatem jeśli szczepienie ma być podane w 4 dawkach, przypilnuj, by dziecko otrzymało je w s z y s t k i e. Dopiero wówczas będzie chronione.

MIT: Wykonywanie szczepień wielokrotnych u małych dzieci stawia je przed zwiększonym ryzykiem zapadnięcia na inne choroby.
Prawda: Nie ma żadnego dowodu na to, że szczepienia wielokrotne zwiększają ryzyko wystąpienia cukrzycy, choroby zakaźnej lub innej. Nie ma też związku między takimi szczepieniami a chorobami alergicznymi, na przykład astmą.

- Dokładnie obserwuj dziecko przez następne 72 godziny (szczególnie zaś przez pierwsze 48) i natychmiast zgłoś lekarzowi jakiekolwiek poważne reakcje lub nietypowe zachowanie dziecka (patrz str. 212). Podczas następnej wizyty zgłoś również lżejsze reakcje.

- Szczepienie musi być notowane w książeczce zdrowia dziecka i podpisane przez osobę podającą szczepionkę.

- W przypadku kolejnego szczepienia przypomnij lekarzowi o ewentualnych reakcjach po poprzednim szczepieniu.

- Omów z lekarzem wszystkie wątpliwości, jakie nasuwają ci się w związku ze szczepieniem.

ABC SZCZEPIEŃ OCHRONNYCH

Warto wiedzieć, co zawiera strzykawka przeznaczona dla dziecka. Poniżej znajdziesz informacje o szczepieniach, które najprawdopodobniej zostaną przeprowadzone w pierwszym roku i później:

Szczepionka Di-Te-Per (błonica-tężec-krztusiec). Szczepienie przeciwko tym wirusom jest niezwykle ważne, ponieważ chroni przed chorobami stwarzającymi poważne zagrożenie dla zdrowia, a nawet życia. Szczepionka zawiera oczyszczone toksoidy: błoniczy i tężcowy oraz zabite formaldehydem pałeczki krztuśca i wywołuje obecnie mniej efektów ubocznych niż starszy typ szczepionki Di-Te-Per (w której były normalne pałeczki krztuśca). Nie jest szczepieniem obowiązkowym (w Polsce jest obowiązkowe – przyp. red. nauk.). Choć ze starym typem szczepionki wiązano (nie w pełni udowodnione) przypadki uszkodzenia mózgu, nie mamy podobnych doniesień w przypadku stosowania nowej wersji.

Dziecko otrzyma pięć zastrzyków, przy czym zaleca się ich podawanie w drugim, czwartym, szóstym, piętnastym i osiemnastym miesiącu życia, a także w wieku między cztery a sześć lat. (W Polsce dziecko jest szczepione wg obowiązującego kalendarza szczepień ochronnych – patrz str. 208 – przyp. red. nauk.)

Lekkie reakcje poszczepienne występują u mniej więcej jednej trzeciej dzieci i zwykle polegają na nadwrażliwości, opuchnięciu czy zaczerwienieniu okolicy nakłucia, zwykle w ciągu dwóch dni od chwili zaszczepienia. Niektóre dzieci po kilku godzinach, a niekiedy po jednym czy dwóch dniach, stają się marudne lub tracą apetyt, może także pojawić się gorączka. Najczęściej reakcje te obserwuje się po czwartym czy piątym podaniu szczepionki. Bardzo rzadko wystąpić mogą poważniejsze reakcje niepożądane, takie jak na przykład gorączka powyżej 40°C. Niewiele dzieci długo (dłużej niż trzy, cztery godziny) płacze, jeszcze rzadsze są drgawki, jako bezpośrednia reakcja nie na samo szczepienie, lecz na gorączkę (patrz str. 212). Badania wykazują, że żadne napady drgawek będące skutkiem gorączki wywołanej szczepieniami nie prowadzą do trwałych powikłań; nie znaleziono sugerowanego związku pomiędzy napadami drgawek a autyzmem. Brak również związku pomiędzy tym szczepieniem a większym ryzykiem wystąpienia zespołu nagłej śmierci niemowlęcia.

W niektórych przypadkach lekarz może podjąć decyzję o zrezygnowaniu ze szczepienia przeciwko krztuścowi (i podać tylko Di--Te), jeżeli wcześniejsze reakcje dziecka na Di-Te-Per uznaje się za poważne. Może też przełożyć podanie Di-Te-Per (lub w ogóle z niego zrezygnować), gdy u dziecka wystąpiła silna reakcja alergiczna po pierwszym zastrzyku, wysoka temperatura poszczepienna lub inne poważne reakcje, włącznie z napadami drgawek.

Lekarze zwykle przekładają termin szczepienia Di-Te-Per, gdy dziecko jest poważnie chore. Choć dla niektórych podstawą do odłożenia szczepienia będzie nawet łagodne przeziębienie, nie uważa się tego za konieczne, poza tym może się skończyć i tym, że malec w ogóle nie zostanie zaszczepiony. Wiele dzieci uczęszczających do żłobka czy mających starsze rodzeństwo bywa często przeziębionych; w okresach grypowych wręcz raz za razem. Wtedy znalezienie „okienka" na terminowe szczepienie okazuje się praktycznie niewykonalne. Przekładanie terminu szczepień z powodu stanu podgorączkowego, infekcji ucha lub większości zaburzeń żołądkowo-jelitowych nie jest konieczne (decyzję należy jednak pozostawić lekarzowi – przyp. red. nauk.).

Inaktywowana szczepionka przeciwko poliomyelitis (IPV). Dzięki szczepieniom udało się praktycznie wyeliminować przypadki polio (niegdyś bardzo poważnej choroby) z terytorium Stanów Zjednoczonych. Doustna trójwalentna szczepionka żywa (OPV) nie jest już rutynowo podawana, ponieważ wiąże się z nią minimalne ryzyko paraliżu (jeden na 8,7 miliona przypadków szczepionych dzieci). Została zastąpiona inaktywowaną szczepionką (IPV) podawaną w zastrzyku. (W Polsce IPV jest stosowana u wszystkich dzieci jako pierwsza dawka szczepienia przeciwko poliomyelitis. Ponadto szczepionka IPV powinna być zastosowana u dzieci, które mają przeciwwskazania do szczepień szczepionką żywą. Szczepionkę żywą (OPV) podaje się niemowlętom w 5 miesiącu życia jako drugą dawkę w cyklu szczepienia oraz kolejne dawki według „Tabeli szczepień ochronnych". Szczepionka żywa może być podawana chorym zakażonym bezobjawowo wirusem HIV – przyp. tłum.)

Dzieci powinny otrzymać 4 dawki IPV: w 3 lub 4 miesiącu życia, następnie w 5 i ostatnią w 16 lub 18. W 6 roku życia podaje się pierwszą dawkę przypominającą. (Są to dane dotyczące szczepienia dzieci w Polsce – przyp. red.) Od tego planu szczepień można odstąpić wyłącznie w szczególnych sytuacjach, na przykład gdy podróżuje się do krajów o dużej zachorowalności na polio – wtedy szczepienie można przyspieszyć.

Nie zaobserwowano żadnych skutków ubocznych IPV. Wyjątkiem jest niewielka obolałość czy zaczerwienienie w miejscu zastrzyku, a reakcja alergiczna zdarza się bardzo rzadko. Lekarz zadecyduje o przełożeniu terminu wykonania IPV w przypadkach nadwrażliwości na składniki szczepionki lub nadmiernych reakcji po poprzednich dawkach szczepionki.

Odra, świnka, różyczka (MMR). Zgodnie z polskim kalendarzem szczepień pierwszą dawkę szczepionki można podać między 13 a 15 miesiącem życia zamiast szczepienia monowalentną szczepionką przeciwko odrze. Powtórne szczepienie będzie konieczne w 7 roku życia. Trójwalentną szczepionkę przeciwko odrze, śwince i różyczce można też zastosować u osób dorosłych, jeżeli tylko istnieją wskazania do jej podania.

Odra, którą nierzadko traktuje się lekko, jest w istocie ciężką chorobą, prowadzącą niekiedy do poważnych, a nawet tragicznych powikłań. Różyczka z kolei ma często tak łagodny przebieg, że jej objawów można nawet nie zauważyć. Szczepienie zaleca się ze względu na zagrożenie dla prawidłowego rozwoju płodu, gdy matka zachoruje na różyczkę. W przyszłości uchroni to dziewczynkę od zarażenia się tą chorobą, a także zmniejszy niebezpieczeństwo zarażenia się kobiety ciężarnej od dzieci chorych. Świnka, przebyta w dzieciństwie, nie należy do chorób szczególnie uciążliwych, ale ze względu na poważne konsekwencje w wieku dojrzałym (głuchota, niepłodność u mężczyzn), wczesne szczepienie uodporniające jest zalecane.

Reakcje poszczepienne w przypadku wyżej wymienionych szczepień są z reguły łagodne i pojawiają się przeważnie w tydzień lub dwa po szczepieniu. Średnio jedno dziecko na pięć reaguje wysypką lub podwyższoną temperaturą po szczepionce przeciw odrze. Taki stan może utrzymywać się przez kilka dni. Średnio u jednego dziecka na siedmioro pojawia się wysypka albo powiększenie węzłów chłonnych, a u jednego na sto – bolesność i obrzęk stawów po szczepionce przeciwko różyczce. Stan taki może się utrzymywać aż przez trzy tygodnie od zaszczepienia. Sporadycznie może pojawiać się obrzęk ślinianek po szczepionce przeciwko śwince. Rzadziej natomiast występuje – trudne zresztą do stwierdzenia u dzieci – uczucie mrowienia, ból w dłoniach i stopach oraz reakcje alergiczne. Badania nie wykazały żadnego związku pomiędzy szczepionką trójwalentną a autyzmem.

Należy być bardzo ostrożnym, podając szczepionkę dziecku, które jest mocno przeziębione, które ma chorobę nowotworową lub inną, obniżającą odporność na infekcje, które zażywa leki obniżające odporność organizmu na zakażenia lub otrzymywało krew i preparaty krwiopochodne przed szczepieniem, ma silną alergię na żelatynę lub neomycynę, lub jeśli po otrzymaniu pierwszej dawki wystąpiła silna reakcja alergiczna na szczepionkę. (W Polsce do przeciwwskazań zalicza się również leczenie immunosupresyjne, czynną gruźlicę, nadwrażliwość na białko jaja kurzego – przyp. tłum.)

Tabela szczepień ochronnych

	Wiek	Szczepienie przeciw
1 rok życia	W ciągu 24 godzin po urodzeniu	WZW typu B – domięśniowo (pierwsza dawka) GRUŹLICY – śródskórnie szczepionką BCG
	2 miesiąc życia – 6–8 tydzień (po 6 tygodniach od szczepienia przeciw gruźlicy i WZW typu B)	WZW typu B – domięśniowo (druga dawka) BŁONICY, TĘŻCOWI, KRZTUŚCOWI (pierwsza dawka) – podskórnie lub domięśniowo szczepionką DTP
	przełom 3 i 4 miesiąca życia (po 6 tygodniach od poprzedniego szczepienia)	BŁONICY, TĘŻCOWI, KRZTUŚCOWI (druga dawka) – podskórnie szczepionką DTP POLIOMYELITIS – podskórnie lub domięśniowo szczepionką inaktywowaną IPV poliwalentną (1, 2, 3 typ wirusa) (pierwsza dawka)
	5 miesiąc życia (po 6 tygodniach od poprzedniego szczepienia)	BŁONICY, TĘŻCOWI, KRZTUŚCOWI (trzecia dawka) – podskórnie szczepionką DTP POLIOMYELITIS – podskórnie lub domięśniowo szczepionką inaktywowaną IPV poliwalentną (1, 2, 3 typ wirusa) (druga dawka)
	przełom 6 i 7 miesiąca życia (po 6 tygodniach od poprzedniego szczepienia)	WZW typu B – domięśniowo (trzecia dawka)
	12 miesiąc życia	GRUŹLICY – śródskórnie szczepionką BCG
2 rok życia	13–14 miesiąc życia	ODRZE, ŚWINCE, RÓŻYCZCE – żywą szczepionką skojarzoną
	16–18 miesiąc życia	BŁONICY, TĘŻCOWI, KRZTUŚCOWI (czwarta dawka) – podskórnie lub domięśniowo szczepionką DTP POLIOMYELITIS – podskórnie lub domięśniowo szczepionką inaktywowaną IPV poliwalentną (1, 2, 3 typ wirusa) (trzecia dawka)
	według zaleceń producenta, w 1 i 2 roku życia	*Haemophilus influenzae* typu b
okres przedszkolny	6 rok życia	BŁONICY, TĘŻCOWI, KRZTUŚCOWI – podskórnie lub domięśniowo szczepionką DTaP zawierającą acelularny komponent krztuśca POLIOMYELITIS – doustnie szczepionką atenuowaną poliwalentną OPV poliwalentną (1, 2 i 3 typ wirusa)

Tabela szczepień ochronnych (dokończenie)

Wiek		Szczepienie przeciw
okres przed-szkolny	7 rok życia	ODRZE – podskórnie lub domięśniowo szczepionką żywą – wg zaleceń producenta
	po 6 tygodniach od szczepienia przeciw ODRZE	GRUŹLICY – śródskórnie szczepionką BCG
szkoła podsta-wowa i gimna-zjum	12 rok życia	GRUŹLICY – śródskórnie szczepionką BCG
	13 rok życia	RÓŻYCZCE – podskórnie lub domięśniowo – wg zaleceń producenta
	14 rok życia	WZW typu B – domięśniowo – trzykrotnie w cyklu 0; 1; 6 miesięcy BŁONICY, TĘŻCOWI – podskórnie lub domięśniowo szczepionką Td
szkoła ponad-gimna-zjalna	19 rok życia lub ostatni rok nauki w szkole	BŁONICY, TĘŻCOWI – podskórnie lub domięśniowo szczepionką Td

Tabela szczepień zalecanych nie finansowanych ze środków znajdujących się w budżecie Ministerstwa Zdrowia i Opieki Społecznej

Szczepienia przeciw	Szczególnie zalecane osobom
WZW typu B – domięśniowo; dawkowanie i cykl szczepień wg wskazań producenta szczepionki	• przewlekle chorym o wysokim ryzyku zakażenia, nie szczepionym w ramach szczepień obowiązkowych • chorym przygotowywanym do zabiegów operacyjnych • dzieciom i młodzieży, nie objętym dotąd szczepieniami obowiązkowymi
WZW typu A – domięśniowo; dawkowanie i cykl szczepień wg zaleceń producenta szczepionki	• osobom wyjeżdżającym do krajów o wysokiej i pośredniej zapadalności na WZW typu A • dzieciom w wieku przedszkolnym, szkolnym i młodzieży, które nie chorowały na WZW typu A
ODRZE, ŚWINCE, RÓŻYCZCE – podskórnie – jedną dawką szczepionki skojarzonej	• dzieciom w 7 roku życia zamiast obowiązkowego szczepienia przeciw odrze

Tabela szczepień zalecanych (dokończenie)

Szczepienia przeciw	Szczególnie zalecane osobom
GRYPIE – dawkowanie i cykl szczepień wg wskazań producenta szczepionki	ze wskazań klinicznych i indywidualnych: • przewlekle chorym (astma, cukrzyca, niewydolność układu krążenia, oddychania, nerek) • w stanach obniżonej odporności • w podeszłym wieku
KLESZCZOWEMU ZAPALENIU MÓZGU – dawkowanie i cykl szczepień wg zaleceń producenta szczepionki	• przebywającym na terenach o nasilonym występowaniu tej choroby
Zakażeniom wywoływanym przez HAEMOPHILUS INFLUENZAE typu B – domięśniowo lub podskórnie, dawkowanie i cykl szczepień wg zaleceń producenta szczepionki	• dzieciom od drugiego miesiąca życia nie objętym szczepieniami obowiązkowymi dla zapobiegania zapaleniom opon mózgowo--rdzeniowych, posocznicy, zapaleniom nagłośni itp.
Zakażeniom wywoływanym przez STREPTOCOCCUS PNEUMONIAE – domięśniowo lub podskórnie, pojedynczą dawką wg wskazań producenta szczepionki	• dzieciom powyżej drugiego roku życia oraz dorosłym z grup podwyższonego ryzyka zakażeń (chorującym na przewlekłe choroby serca i płuc, cukrzycę, chorobę alkoholową, anemię sierpowato--krwinkową, zespół nerczycowy, nabyte i wrodzone niedobory odporności) • osobom po zabiegu usunięcia śledziony • osobom z chorobą Hodgkina
Zakażeniom wywołanym przez NEISSERIA MENINGITIDIS z gr. C – szczepionka monowalentna skoniugowana	• dzieciom powyżej drugiego miesiąca życia, młodzieży i dorosłym
ŻÓŁTEJ GORĄCZCE	• wyjeżdżającym za granicę, według wymogów kraju docelowego, zgodnie z zaleceniami międzynarodowych przepisów zdrowotnych. Dotyczy w szczególności krajów Afryki oraz Azji Południowej
WIETRZNEJ OSPIE	• osobom, które nie chorowały na ospę wietrzną • dzieciom i młodzieży z ostrą białaczką limfoblastyczną w okresie remisji

Szczepionka przeciw ospie wietrznej. Ospa wietrzna – zwykle łagodna choroba, przebiegająca bez poważnych objawów niepożądanych – do niedawna była jedną z najpowszechniejszych chorób okresu dziecięcego. Zdarzają się jednak powikłania, takie jak zespół Reye'a, oraz zakażenia bakteryjne (w tym paciorkowcami z grupy A); choroba ta może być nawet śmiertelna dla dzieci o wysokim ryzyku, na przykład chorych na białaczkę lub z zaburzeniami odporności, względnie tych, których matki zostały zakażone tuż przed ich urodzeniem.

Według zaleceń pojedynczą dawkę szczepionki należy podać dziecku w wieku między 12 a 18 miesiącem (w Polsce zaleca się podanie po 9 miesiącu życia, przy czym między 9 miesiącem a 12 rokiem życia podaje się jedną dawkę, a od 13 roku życia – dwie dawki przypominające podane w odstępie co najmniej 6 tygodni – przyp. tłum.). Jeśli dziecko już przeszło tę chorobę, nie trzeba go szczepić. Szczepienie jest skuteczne w przypadku około 70 do 90% dzieci, a ten niewielki odsetek, który jednak choruje na ospę wietrzną, zwykle przechodzi ją znacznie łagodniej.

Szczepienie przeciwko ospie wietrznej jest bezpieczne, rzadko zdarzają się reakcje poszczepienne, takie jak zaczerwienienie czy bolesność w miejscu iniekcji. Czasem tylko pojawia się niewielka wysypka (około pięciu wykwitów), kilka tygodni po szczepieniu.

Szczepionki przeciw zakażeniu *Hemophilus influenzae* typu b. Szczepionki te mają na celu zniszczenie groźnych bakterii (Hib), które są przyczyną wielu poważnych infekcji u niemowląt i małych dzieci (nie ma jednak nic wspólnego z „influenzą", czyli grypą). Przed wprowadzeniem tej szczepionki bakterie Hib były odpowiedzialne za około 12 000 przypadków zapalenia opon mózgowych u dzieci w Stanach Zjednoczonych rocznie (w 5% śmiertelnych) oraz za prawie wszystkie przypadki zapalenia nagłośni (potencjalnie śmiertelna infekcja, powodująca niedrożność dróg oddechowych). Bakterie te są również główną przyczyną posocznicy (zakażenia krwi), cellulitis, czyli zakażenia tkanki łącznej i skóry, zapalenia szpiku kostnego i zapalenia osierdzia.

Szczepionka właściwie nie wywołuje skutków ubocznych. U niewielkiego odsetka dzieci może wystąpić stan podgorączkowy, zaczerwienienie i obrzęk w miejscu wstrzyknięcia. Według polskiego kalendarza szczepień szczepionkę podaje się w 3 dawkach w odstępach 1- lub 2-miesięcznych dzieciom do 6 miesiąca życia, w 2 dawkach w tych samych odstępach dzieciom od 6 do 12 miesiąca życia, 1 dawkę starszym dzieciom. Dawkę przypominającą podaje się po 12 miesiącach. Podobnie jak innych szczepień, tak i tego nie należy wykonywać, gdy dziecko jest poważnie chore (lekkie przeziębienie nie jest przeciwwskazaniem) lub jeśli jest uczulone na któryś ze składników (zapytaj lekarza).

Szczepienie przeciwko zapaleniu wątroby. Zapalenie wątroby typu B jest chorobą przewlekłą tego organu i może doprowadzić do jego niewydolności, a w późniejszych latach do powstania nowotworu. Szczepienia dokonuje się w trzech dawkach. Zaleca się podanie pierwszej szczepionki przeciwko zapaleniu wątroby typu B po porodzie (lub nieco później u wcześniaków), drugiej między pierwszym a czwartym miesiącem, a trzeciej – między szóstym a osiemnastym miesiącem. (W przypadku szczepionki Pediarix dawki zaleca się w drugim, czwartym i szóstym miesiącu.) Efekty uboczne, czyli niewielka obolałość i marudzenie dziecka, występują rzadko i nie trwają długo. Szczepionka przeciwko zapaleniu wątroby typu A rekomendowana jest dla dzieci powyżej drugiego roku życia, żyjących w Stanach Zjednoczonych (głównie w zachodniej części) i krajach zwiększonego ryzyka (zapytaj lekarza, czy mieszkacie w rejonie zagrożenia tą chorobą).

Koniugowana siedmiowalentna szczepionka przeciwpneumokokowa (PCV-7). Bakterie pneumokoki są główną przyczyną chorób wśród dzieci i odpowiadają za część przypadków zapalenia ucha środkowego, zapalenia opon mózgowo-rdzeniowych, zapalenia płuc, zakażenia krwi i innych (w tym zapale-

Kiedy zadzwonić do lekarza po szczepieniu

Chociaż silne reakcje poszczepienne zdarzają się niezwykle rzadko, należy natychmiast skontaktować się z lekarzem, jeśli w pierwszych dwóch dniach po zaszczepieniu wystąpi u dziecka choć jeden z poniższych objawów:

- wysoka gorączka (ponad 40°C);
- płacz trwający dłużej niż trzy godziny;
- ataki / drgawki (rzucanie się lub wyrzucanie rączek i nóżek do góry) wywołane gorączką, niezbyt silne;
- drgawki lub utrata przytomności w ciągu siedmiu dni po iniekcji;
- reakcje alergiczne (opuchnięcie ust, twarzy lub gardła, trudności w oddychaniu, pojawiająca się natychmiast gorączka);
- apatia, niekontaktowość, ospałość.

Jeśli po zaszczepieniu dziecka zauważysz któryś z opisanych objawów, zadzwoń do lekarza. Nie chodzi tylko o dobro twego dziecka, lecz także o przekazanie lekarzowi informacji, którą on zgłosi odpowiednim władzom – dzięki temu zapobiegnie się reakcjom poszczepiennym w przyszłości.

---

nia zatok przynosowych – przyp. tłum.). Choć jest to szczepionka nowa, liczne badania i próby laboratoryjne wykazały jej ogromną skuteczność w zapobieganiu występowania pewnych typów infekcji ucha, zapalenia opon mózgowo-rdzeniowych, zapalenia płuc czy innych powiązanych z nimi chorób zagrażających życiu dziecka. Szczepienie powinno być wykonane w 2, 4 i 6 miesiącu życia dziecka, a dawkę przypominającą należy podać między 12 a 15 miesiącem. Objawy niepożądane w postaci stanu podgorączkowego czy zaczerwienienia i obrzęku w miejscu wstrzyknięcia mogą się pojawić, ale nie są one groźne.

Szczepienie przeciwko grypie. Szczepienie to jest obecnie zalecane dla wszystkich zdrowych dzieci w wieku między 6 a 22 miesiącem życia. Niegdyś uważano, że tę szczepionkę powinny otrzymać tylko małe dzieci z grupy podwyższonego ryzyka. Współczesne badania jednak wykazują, że nawet zdrowe dzieci poniżej drugiego roku życia są zagrożone hospitalizacją z powodu powikłań grypowych. Szczepienie ma szczególne znaczenie dla osób z grupy wysokiego ryzyka, na przykład z niewydolnością układu krążenia lub oddychania, o obniżonej odporności, chorych na astmę, nosicieli wirusa HIV, cukrzyków, chorych na anemię sierpowato--krwinkową i inne choroby krwi. Nie należy jej natomiast podawać w przypadku silnej reakcji alergicznej na białko jaja kurzego (przeciwwskazaniem jest również nadwrażliwość na któryś ze składników szczepionki czy nadmierne odczyny poszczepienne po poprzednich szczepieniach – przyp. tłum.). Dzieciom, które nie powinny być szczepione, można natomiast podać w zamian leki antywirusowe.

Jeżeli z jakiegoś powodu któreś ze szczepień dziecka zostało przełożone, nie trzeba zaczynać wszystkiego od początku, tylko podać kolejną dawkę. Wspólnie z lekarzem ustalcie jak najszybszy termin.

CIEMIENIUCHA

Mimo że codziennie myję głowę mojej córeczce, nie mogę się pozbyć łuskowatych strupków na skórze głowy.

Nie panikuj. Ciemieniucha, związana z nieprawidłowym funkcjonowaniem gruczołów łojowych skóry głowy, nie jest rzadkością u niemowląt i wcale nie skazuje twojej córki na walkę z łupieżem przez resztę życia. Łagodną postać ciemieniuchy często skutecznie usuwa się oliwką lub wazeliną, którą wmasowuje się w skórę. Rozmiękczone strupki, wraz z resztkami oliwki, zmywa się wówczas szamponem. Przypadki bardziej uporczywe, gdzie łuski pojawiają się obficie, tworząc żółtawe i brązowawe strupy, można leczyć specjalnym szamponem lub maścią salicylową. Wcześniej nacieramy główkę oliwką. Uważaj, aby szampon lub maść nie dostały się do oczu dziecka. W niektórych wypadkach stosowanie tych metod może spowodować pogorszenie, należy wówczas przerwać leczenie i zasięgnąć rady lekarza.

Pocenie się główki sprzyja rozwojowi ciemieniuchy. Należy więc zwracać uwagę na to, by głowy nie przegrzewać. Wkładaj dziecku czapeczkę tylko wtedy, gdy jest to absolutnie konieczne. Jeśli znajdziesz się w pomieszczeniu zamkniętym lub w ciepłym samochodzie, zdejmij dziecku nakrycie głowy. W ciężkich przypadkach ciemieniucha może przenieść się na twarz, szyję, a nawet pośladki. Najprawdopodobniej lekarz przepisze wówczas specjalną maść. W rzadkich przypadkach ciemieniucha może utrzymywać się przez rok, a nawet nieco dłużej. Ze względu na to, że nie jest to dolegliwość dokuczliwa, a raczej problem natury kosmetycznej, zbyt radykalna terapia (wymagająca stosowania np. maści kortyzonowej) nie jest polecana. Zawsze jednak warto przedyskutować te sprawy z lekarzem.

SZPOTAWE STOPY

Stopy naszego synka zwracają się do wewnątrz. Czy wyprostują się samoistnie?

Twój syn nie jest osamotnionym przypadkiem, większość dzieci rodzi się z pałąkowatymi nóżkami i podwiniętymi dużymi palcami. Jest to wynik rotacyjnych ruchów dziecka w łonie matki oraz ciągłego ucisku i zmiany pozycji stóp. Pozycja ta utrwala się w czasie życia płodowego i gdy noworodek przychodzi na świat, jego stopy nadal są podwinięte.

W ciągu kilku miesięcy, gdy dziecko zacznie się swobodnie podnosić, raczkować, wreszcie chodzić, jego stopy wyprostują się. Zwykle nie jest potrzebna żadna interwencja medyczna.

Lepiej upewnij się, czy to jedyna przyczyna takiego ułożenia stóp – warto pokazać je lekarzowi w czasie kolejnej wizyty. Pediatra z pewnością już je oglądał, ale nie zaszkodzi, jeśli uczyni to powtórnie. Lekarze rutynowo śledzą rozwój stóp dzieci. Jeśli sytuacja się nie zmienia, zalecają używanie specjalnego obuwia lub wkładki. Lekarz podejmie decyzję, kiedy taką terapię należałoby rozpocząć. Gdy wraz z upływem czasu stopy nie ułożą się prawidłowo, zapewne dziecko nie uniknie specjalnego obuwia. Jednak o konkretnym momencie rozpoczęcia terapii zadecyduje rodzaj, stopień nieprawidłowości, a także pogląd lekarza.

NIEZSTĄPIENIE JĄDER DO MOSZNY

Mój syn urodził się z wnętrostwem. Lekarz twierdził, że po miesiącu lub dwóch jądra same zstąpią z dolnej części brzucha i ulokują się w mosznie. Niestety, do tej pory nic się nie zmieniło.

Brzuch może się wydawać dziwnym miejscem na ulokowanie się jąder, choć jest to całkiem naturalne. Jądra u chłopców i jajniki u dziewczynek formują się już w życiu płodowym i powstają z tej samej tkanki co cały embrion. Podczas gdy jajniki pozostają w brzuchu na stałe, jądra zstępują do worka mosznowego około ósmego miesiąca życia płodu. U 3–4% chłopców urodzonych o czasie i u około jednej trzeciej wcześniaków jądra nie zstępują do moszny przed rozwiązaniem.

Ze względu na sporą ruchliwość jąder nie zawsze można łatwo stwierdzić, czy rzeczywiście znajdują się one w mosznie. Zwykle jądra cofają się do pachwiny, gdy grozi im np. przegrzanie lub oziębienie. W ten sposób chronią mechanizm produkujący nasienie. Mięśnie powodują cofanie się jąder do podbrzusza również po to, by chronić je przed uszkodzeniem. U niektórych chłopców jądra są tak wrażliwe, że większość czasu spędzają w ukryciu. W większości przypadków jądro lewe ulokowane jest w mosznie niżej niż jądro prawe. Może to dawać wrażenie niezstąpienia prawego jądra i tym samym stanowić źródło niepokoju.

Jeśli nigdy nie udało nam się stwierdzić obecności jąder w mosznie, nawet wtedy, gdy dziecko przebywa w ciepłej kąpieli, to prawdopodobnie można rozpoznać niezstąpienie jąder do moszny. Nieprawidłowość ta nie powoduje żadnego bólu, nie ma wpływu na oddawanie moczu i, tak jak zapewnił cię pediatra, jądra wkrótce same ulokują się w mosznie. Przypadki niezstępowania jąder przed ukończeniem roku notuje się tylko u trzech do czterech chłopców na tysiąc. W razie niezstąpienia jąder aż do piątego roku życia należy poddać dziecko zabiegowi operacyjnemu. Operacje te kończą się pełnym sukcesem. (Obecnie uważa się, że tego rodzaju operacja winna być przeprowadzona w 3–4 roku życia – przyp. red.) Niekiedy najpierw przeprowadza się terapię hormonalną, jednak zwykle bez powodzenia.

ZROST NAPLETKA

Mój synek został obrzezany jako noworodek, a lekarz powiedział, że doszło u niego do zrostu napletka. Co to znaczy?

Jeśli jakaś tkanka zostanie odcięta od ciała, to krańce pozostałej, w trakcie gojenia, zaczną przylegać do tkanki znajdującej się w pobliżu. Po usunięciu napletka pozostała okrągła krawędź skóry często przywiera do penisa, a jeśli po zabiegu obrzezania pozostanie znaczna część napletka, to ona również może przyklejać się do członka w trakcie jego gojenia się, powodując ponowne przylgnięcie napletka. Nie stanowi to żadnego problemu, jeżeli będzie się go od czasu do czasu delikatnie cofać, tak aby zapobiec jego przylgnięciu na trwałe. Zapytaj lekarza, jak należy to zrobić i czy w ogóle jest to konieczne. Podczas prawidłowych u chłopców – nawet w wieku niemowlęcym – erekcji przylegające fragmenty skóry są odciągane, co pomaga zapobiegać ich zrośnięciu bez pomocy rodziców. Gdyby jednak brzeg skóry przylgnął na stałe (a taka sytuacja zdarza się bardzo rzadko), może zaistnieć potrzeba, by urolog ją oddzielił i usunął pozostały kawałek napletka, tak aby problem się nie powtarzał.

PRZEPUKLINA PACHWINOWA

Lekarz stwierdził przepuklinę pachwinową u moich synów bliźniąt. Powiedział też, że muszą przejść zabieg chirurgiczny. Czy to poważny zabieg?

Przepuklinę często kojarzy się z nieprawidłowością występującą u dorosłych mężczyzn na skutek dźwigania nadmiernych ciężarów. Choroba ta jednak nie należy do rzadkości u noworodków, zbyt słabych jeszcze, by unieść palec, nie wspominając już o ciężkich przedmiotach – szczególnie płci męskiej, zwłaszcza u wcześniaków (bliźniakom także zdarza się często).

W przepuklinie pachwinowej fragment jelita wysuwa się z jamy brzusznej i dostaje do kanału pachwinowego, który prowadzi do moszny. Na skutek tego w pachwinie pojawia się uwypuklenie, widoczne zwłaszcza wtedy, gdy dziecko napina się lub płacze. Gdy się uspokaja, jelito wsuwa się z powrotem do jamy brzusznej. Jeżeli jelito zejdzie w dół aż do worka mosznowego, powiększa się on do znacznych rozmiarów. Nieprawidłowość ta nosi nazwę przepukliny mosznowej.

Przepuklina zwykle nie jest groźną dolegliwością. Należy ją leczyć, ale nie uważa się jej za poważną nieprawidłowość, wymagającą szybkiej interwencji. Niemniej jednak, jeśli rodzice dostrzegą w pachwinie lub w mosznie uwypuklenie lub guz, powinni natychmiast powiadomić o tym lekarza. Ten zapewne zaleci natychmiastową operację, zakładając oczywiście, że dziecko jest zdrowe. Ze względu na fakt, że uwięźnięcie przepukliny pachwinowej zdarza się najczęściej w pierwszych sześciu miesiącach życia, lekarz zaleca zabieg chirurgiczny, gdy tylko stwierdzi istnienie choroby. Taka operacja jest mało skomplikowana, zazwyczaj kończy się pełnym sukcesem i nie wymaga leżenia w szpitalu (dziecko może opuścić łóżko już po jednym dniu). Do rzadkich przypadków należy odnowienie się przepukliny pachwinowej po zabiegu, choć u niektórych dzieci może pojawić się ona z drugiej strony w późniejszym okresie życia.

Gdy rozpoznana przepuklina niemowlęca nie zostanie wyleczona, może przerodzić się w przepuklinę uwięźniętą – ta z kolei swą nazwę zawdzięcza uwięzionemu odcinkowi jelita, który pozostaje zaciśnięty we wrotach przepukliny. W ten sposób odpływ krwi blokuje się, co zakłóca prawidłowy przebieg procesu trawienia w jelitach. Dochodzi do wymiotów, ostrego bólu, nawet wstrząsu. Rodzice, których dziecko nagle zaczyna płakać z bólu, wymiotować, cierpieć na zaparcia, powinni jak najszybciej wezwać lekarza, a jeśli ten jest w danej chwili nieosiągalny – udać się na izbę przyjęć do szpitala. W oczekiwaniu na pomoc medyczną można lekko unieść pośladki dziecka i umieścić pod nimi coś zimnego. Może to spowodować cofnięcie się jelita. Nigdy jednak nie należy próbować samemu wciskać jelita. Nie zaleca się też podawania piersi lub butelki dla uspokojenia dziecka, gdyż czekający je prawdopodobnie zabieg wymaga opróżnionego przewodu pokarmowego.

WCIĄGNIĘTE BRODAWKI

Jedna z brodawek u mojej córki zamiast stać, jest jakby wciągnięta do środka. Co to oznacza?

Wygląda na to, że ma jedną brodawkę wciągniętą – rzecz dość powszechna u niemowląt. Najczęściej koryguje się ona samoistnie. Ale nawet jeśli pozostanie wciągnięta, nie stanowi to zasadniczego problemu aż do momentu, gdy córka zacznie karmić własne dziecko. Wówczas to (jeśli zajdzie taka konieczność, a zapewne nie) będzie mogła uciec się do ćwiczeń mających na celu uwypuklenie brodawki.

PREFEROWANIE JEDNEJ PIERSI

Moja córeczka bardzo niechętnie pije z lewej piersi. Zauważyłam, że pierś ta znacznie się zmniejszyła.

Dzieci też wolą jedną rzecz bardziej niż drugą. Czasami jest to kwestia większego komfortu, poczucia silniejszego oparcia o bardziej stabilne ramię matki. Albo może to ty sama częściej przystawiasz ją do swej lewej piersi, gdyż chcesz swobodnie manewrować prawą ręką, aby móc coś przeczytać, zjeść, odebrać telefon lub wykonywać masę innych czynności. Tymczasem prawa pierś kurczy się w swej wielkości i „wydajności" (lub odwrotnie, jeśli jesteś leworęczna). Powodem wybierania przez dzieci jednej strony może też być lepszy wypływ pokarmu z tej właśnie piersi, gdyż dziecko lub matka częściej wybierały tę pierś we wcześniejszej fazie karmienia. Taki wybór mógł być uwarunkowany tak skrajnymi czynnikami, jak złagodzenie bolesności po cięciu cesarskim czy miejsce ustawienia telewizora.

Preferowanie przez niemowlęta jednej z piersi należy przyjąć jako fakt, warto jednak próbować uaktywnić laktację z „niechcianej" piersi. Można codziennie ściągać mleko, można też rozpoczynać karmienie od tej właśnie piersi (jeśli dziecko nie protestuje). Nie są to jednak metody, które gwarantują powodzenie, i większość matek pozostaje przy piersi wybranej przez swe pociechy. Różnica w wielkości między jedną piersią a drugą (zwykle zauważalna tylko dla karmiącej matki) przez jakiś czas będzie się utrzymywać, potem stopniowo zaniknie.

W bardzo rzadkich przypadkach dziecko odrzuca pierś ze względu na rozwijającą się chorobę. Bez względu więc na przyczynę niechęci do jednej z piersi, zawsze napomknij lekarzowi, że coś takiego się dzieje.

UŻYWANIE NOSIDEŁKA

Zazwyczaj nosimy naszego synka w nosidle. Czy to dobrze?

Od tysiącleci uważa się, że dobrze. Nosidełka lub chusty, czyli spore, przewiązane przez ramię kawałki materiału, pomagały nosić niemowlę w różnych kulturach od czasów prehistorycznych. Istnieją co najmniej trzy powody przemawiające za używaniem nosidła. Po pierwsze, rytmiczne, delikatne poruszanie się i bliskość ciała innej osoby sprawiają dziecku dużą radość. Po drugie, jeśli dziecko jest noszone przez dłuższy czas w ciągu dnia, stanie się mniej płaczliwe. Po trzecie wreszcie, nosidełka pozwalają rodzicom czy innym osobom opiekującym się dzieckiem na wykonywanie wielu czynności – noszenie zakupów, pchanie sklepowego wózka, telefonowanie – bez konieczności rozstawania się z maleństwem.

Różne typy nosidełek mają różne wady i zalety – przeczytaj o tym na stronie 53. Nosidełko, które jest dobrodziejstwem dla współczesnych rodziców, może też stać się przekleństwem, jeśli używa się go nieprawidłowo lub za często. Jeśli więc zdecydujecie się go używać, musicie zdać sobie sprawę z następujących zagrożeń:

Przegrzanie. W gorące dni, nawet jeśli dziecko jest lekko ubrane, może łatwo się przegrzać w grubym, np. sztruksowym nosidle, które przykrywa mu nogi i stopy. Takie przegrzanie może doprowadzić do potówek, a nawet do udaru cieplnego. Jeśli więc używasz nosidełka w ciepłe dni albo gdy przebywasz z dzieckiem w ciepłym pomieszczeniu lub nagrzanym autobusie (nosidełek nigdy nie wolno używać zamiast fotelików samochodowych!), sprawdzaj często, czy niemowlę się poci i czy jego ciało jest cieplejsze od twojego. Jeżeli stwierdzisz, że dziecko jest przegrzane, zdejmij z niego część garderoby lub wyjmij z nosidełka.

Brak bodźców. Dla maleństwa bez przerwy noszonego w nosidełku obraz świata zewnętrznego ogranicza się do klatki piersiowej i twarzy osoby, która je nosi. Sytuacja taka uniemożliwia mu poznawanie rzeczywistości w takim stopniu, w jakim by pragnęło. Oczywiście nie ma to znaczenia w pierwszych kilku tygodniach życia, gdy zainteresowania niemowlęcia sprowadzają się do bardzo podstawowych potrzeb. Może stać się problemem, gdy dziecko zacznie poznawać otaczający je świat. Postaraj się o nosidełko, które jest wielofunkcyjne; w którym dziecko może spać, jeśli ma na to ochotę, ale także badać świat zewnętrzny, jeśli zechce. Można też zabierać maleństwo na spacery w nosidełku w porze jego snu lub gdy nosidło jest jedynym sposobem uspokojenia dziecka. W innych sytuacjach używaj raczej wózka.

Zbyt dużo snu. Dzieci nieustannie noszone w nosidłach śpią więcej, najczęściej więcej niż powinny. Pociąga to za sobą dwa niepożądane skutki. Po pierwsze, przysypiają na kwadrans, gdy idziesz do sklepu, na drugi kwadrans, gdy wyprowadzasz psa itd. Pozbawia się je w ten sposób dłuższego snu w łóżeczku. Po drugie, dzieci te wypoczywają tak dobrze w ciągu dnia, że nie chcą spać w nocy. Nie pozwalaj więc, aby twoja pociecha przesypiała w nosidełku cały spacer, chyba że jest to właśnie pora jej snu. Ogranicz jego używanie, by nie skazywało twego dziecka na całodzienny sen.

Zbyt dużo wstrząsów. Szyja niemowlęcia nie jest jeszcze na tyle silna, by utrzymać sztywno głowę, gdy ciało podlega rozmaitym wstrząsom. Uprawianie joggingu z dzieckiem pozornie stanowi idealny sposób na kontynuowanie codziennych ćwiczeń. Mimo że dziecko jest dobrze umocowane w nosidełku i wydaje się bardzo zadowolone, podskoki mogą być dla niego bardzo ryzykowne.

Umiarkowane używanie nosidełka może więc być korzystne zarówno dla matki, jak i dla dziecka. Na tym etapie rozwoju niemowlęcia nie poleca się jednak nosideł przeznaczonych do noszenia dziecka na plecach. Może ono być noszone z tyłu dopiero wtedy, gdy potrafi samodzielnie siedzieć.

DZIECKO KŁOPOTLIWE

Nasza mała jest cudowna, ale ciągle płacze z byle powodu. Płacze, gdy jest głośno, gdy jest zbyt jasno, a nawet gdy ma odrobinę mokro. Ja i mąż z trudem to wytrzymujemy. Czy może robimy coś niewłaściwie?

Nie ma chyba rodziców, którzy wyobrażaliby sobie, że ich dziecko będzie sprawiało kłopoty. W okresie ciąży mamy przed oczami wizję szczęśliwego bobaska, który albo radośnie grucha, albo jest pogrążony w błogim śnie. Płacze oczywiście tylko wtedy, gdy jest głodny. Wyrasta potem z niego miły, niekonfliktowy, dobrze ułożony chłopiec lub dziewczynka. Wrzeszczące, kopiące, nie dające się niczym uspokoić niemowlęta nie są częścią naszego świata. Należą do innych rodziców, do tych, którzy od początku źle postępowali z dzieckiem i teraz za to płacą. Kiedy za kilka tygodni przychodzi na świat twój ideał, rzeczywistość błyskawicznie weryfikuje niedawną świetlaną wizję. To właśnie twój ideał wrzeszczy cały czas, nie chce spać i wydaje się wiecznie niezadowolony i nieszczęśliwy, choćby rodzice dokonywali cudów. I właśnie wtedy zaczynasz się zastanawiać, czy nie jest to przypadkiem twoja wina.

Na ogół nie jest to niczyja wina, chyba że weźmie się pod uwagę geny, które rodzice nieuchronnie przekazują dziecku. Otoczenie ma bowiem mniejszy wpływ na osobowość dziecka niż cechy dziedziczne, chociaż odpowiednio kształtowane otoczenie wpływa oczywiście na rozwój dziecka. Dzieci tak zwane „trudne", dzięki na przykład odpowiedniej stymulacji, osiągają wyższy niż przeciętny iloraz inteligencji. Umiejętne kształtowanie i rozwijanie przez rodziców cech wrodzonych ich latorośli przeistacza ją z rozkapryszonego malca w statecznego członka społeczeństwa.

Rola rodziców w tej metamorfozie, podobnie jak w większości aspektów rozwoju dziecka, jest najważniejsza. Pierwszym krokiem, jaki powinni podjąć, jest ustalenie, które z cech charakteru zakwalifikowanych jako trudne można przypisać ich dziecku (niekiedy jest to połączenie kilku cech). Dziecko, o którym piszesz, należy do grupy o tak zwanym niskim progu wrażliwości. Mokra pieluszka, sztywne ubranie, wysoko zapięta koszulka, jasne światło, trochę trzeszczące radio, gryzący kocyk, zimna pościel i inne tego typu okoliczności rozdrażniają je i wprawiają w stan niepokoju. Niektóre niemowlęta zdają się mieć wszystkie zmysły jednakowo wrażliwe na bodźce zewnętrzne, podczas gdy inne na przykład tylko dwa. Jeśli więc mamy do czynienia z dzieckiem o niskim progu wrażliwości, musimy ograniczyć wpływ bodźców zewnętrznych i chronić niemowlę przed nadmiernym działaniem takich czynników, jak:

Dźwięki. Na ile to tylko możliwe (wszak nie możesz całkowicie się podporządkować) obniż poziom dźwięku w domu. Staraj się przyciszyć radio, telewizor i sprzęt muzyczny, a jeśli możesz, kup wykładziny i zasłony, gdyż pochłaniają hałas. Ścisz nieco dzwonek telefonu, poproś znajomych, by zamiast dzwonić do drzwi – pukali. Mów do dziecka łagodnym tonem, śpiewaj mu. Poproś, by inni robili to samo. Zwróć uwagę na to, czy muzyka nie drażni maleństwa. Postaraj się ograniczyć wpływ hałasu z zewnątrz.

Bodźce świetlne i wzrokowe. Zaciemniaj pokój zasłonami lub żaluzjami, tak by dziecko mogło spokojnie zasnąć w każdej chwili. Unikaj zbyt ostrego światła w pokoju, w którym przebywa dziecko. Ograniczaj stymulację wzrokową; zawieszaj nad łóżeczkiem tylko jedną zabawkę, nie wkładaj do kojca zbyt wielu przedmiotów jednocześnie. Starannie wybieraj zabawki. Kupuj te o spokojnych barwach i kształtach, a unikaj jaskrawych i skomplikowanych.

Bodźce smakowe. Jeśli niemowlę jest karmione piersią, może wpaść w zły nastrój, gdy do mleka przedostanie się zapach czosnku lub cebuli, którą jadłaś. Jeśli dziecko karmione jest butelką i zaczyna grymasić, spróbuj podać mu mieszankę o innym smaku (poproś lekarza, by ci którąś polecił). Kiedy już wprowadzicie pokarmy stałe, weźcie pod uwagę fakt, że nie wszystko, co wam wydaje się smaczne, będzie odpowiadać waszemu dziecku, które może zupełnie odrzucić niektóre pokarmy.

Bodźce dotykowe. Niektóre niemowlęta zachowują się jak księżniczka na ziarnku grochu i wpadną w zły nastrój, gdy tylko zmoczą pieluszkę, złoszczą się, gdy mają zbyt ciepło

Czy masz trudne dziecko

Dziecko nadmiernie ruchliwe. Pierwsze sygnały nadpobudliwości ruchowej dziecko wysyła jeszcze z łona matki. Przypuszczenia te zostają potwierdzone, gdy mały po przyjściu na świat rozkopuje się z kocyka, budzi się w drugim końcu łóżeczka, a przewijanie i ubieranie to istna walka zapaśników. Takie aktywne niemowlęta stanowią dla nas nieustanne wyzwanie (sypiają mniej, są niespokojne podczas karmienia, czują się sfrustrowane, zanim potrafią samodzielnie się poruszać, i częściej niż inne narażone są na niebezpieczeństwa). Ale mogą też być dla nas ogromną radością; są błyskotliwe, interesujące i zaciekawione otaczającą je rzeczywistością, szybko chłoną wiedzę. Nie tłumiąc zbytnio ich entuzjazmu i brawurowej osobowości, musimy jednak przedsięwziąć pewne środki ostrożności, by uchronić je przed niebezpieczeństwami. Należy także wypracować rozmaite sposoby wyciszania takiego dziecka, by rytm posiłków i snu mógł być zachowany. Oto kilka rad:

- Dziecko, które się rozkopuje, wkładaj do śpiwora uszytego z koca, zrezygnuj z opatulania w kocyk.

- Nigdy nie zostawiaj dziecka bez opieki na tapczanie, stole do przewijania czy jakimkolwiek innym podwyższeniu. Takie dziecko nie może zostać samo nawet przez sekundę, gdyż zazwyczaj bardzo szybko opanowuje umiejętność przewracania się na bok i czyni to w najmniej spodziewanym momencie.

- Gdy tylko dziecko zacznie siadać, opuść materac w łóżeczku na najniższy poziom, by uniemożliwić małemu wypadnięcie. Nie zostawiaj w kojcu ani w łóżeczku przedmiotów, po których dziecko mogłoby się wspiąć.

- Nie pozostawiaj dziecka samego w krzesełku. Aktywne niemowlęta potrafią je przewrócić. Oczywiście zawsze przypinaj dziecko do krzesełka.

- Zorientuj się, co działa na twoje dziecko szczególnie uspokajająco. Może to być masaż (patrz str. 276), łagodna muzyka, cichy śpiew, a także ciepła kąpiel lub przeglądanie książeczki z obrazkami (przy czym aktywne dzieci zwykle są na to gotowe później niż ich spokojniejsi rówieśnicy). Nigdy nie zostawiaj maleństwa samego w wannie. Być może uspokaja twoje dziecko książeczka z obrazkami, chociaż nadpobudliwe dzieci na ogół nie potrafią jeszcze skupić uwagi na książce. Stosuj te wypróbowane metody wyciszania maleństwa przed posiłkiem i snem.

Trudności w zachowaniu rytmu. Między szóstym a dwunastym tygodniem życia, gdy niemowlęta na ogół zaczynają przyzwyczajać się do rutynowych zachowań, dzieci nadpobudliwe wymykają się spod kontroli. Zaczynają ustalać sobie własny rytm, zupełnie nie dając się opanować. Oczywiście nie możemy pozwalać wodzić się za nos i dopuścić do tego, by zapanował całkowity chaos, ale nie powinniśmy też działać zbyt bezwzględnie i za wszelką cenę narzucać tak nieokiełznanej naturze swojego programu. Należy więc znaleźć złoty środek, tak by obie strony zbytnio nie ucierpiały. Dla dobra was wszystkich konieczne jest wprowadzenie podstawowego rytmu, ale dopasowanego do naturalnych skłonności dziecka. Można założyć dziennik i zapisywać w nim pewne powtarzające się reakcje małego (np. głód o godzinie 11, a chimeryczność po 19).

Spróbuj eliminować zachowania nieprzewidziane poprzez utrwalanie nawyków. Jeśli to możliwe, staraj się robić te same czynności o stałych porach i w ten sam sposób. Karm dziecko w tym samym fotelu, kąp o stałej porze, wyciszaj ciągle tą samą metodą (kołysaniem, nuceniem itd.). Utrzymuj stałe pory posiłków, nawet jeśli mały nie jest głodny lub jeśli domaga się jedzenia. Jeżeli nie może się doczekać posiłku, podaj mu coś drobnego do przegryzienia. Nie powtarzaj jednak

lub gdy mają na sobie sztywniejszą koszulkę. Awanturują się, gdy wkłada się je do wanienki, kładzie na chłodnym materacu lub wiąże buciki na zwiniętej skarpetce. Starajcie się więc używać ubrań wygodnych, o miękkich brzegach, nie drażniących wrażliwej skóry dziecka. Zwróćcie uwagę, by pomieszczenie i woda, w której kąpiecie dziecko, miały temperaturę taką, jaka niemowlęciu najbardziej odpowiada. Zmieniajcie często pieluszki. Niewielki odsetek dzieci może wykazywać tak silną wrażliwość na dotyk, że nie pozwala się nosić na rękach, a nawet przytulić. Nie próbuj tego zwalczać. Zamiast kontaktu fizycznego, dostarczaj maleństwu pieszczot w formie rozmów i częstych wrażeń wzroko-

rytmu na siłę, czyń to raczej łagodnie i nie spodziewaj się rewelacyjnych wyników. Jeśli zdołasz zmniejszyć chaos – to już odniesiesz sukces.

Noce z tak „rozregulowanym" dzieckiem mogą być prawdziwym koszmarem. Dzieje się tak dlatego, że dzieci te nie odróżniają zazwyczaj dnia od nocy. Można zastosować się do rad, jak usypiać trudne dzieci (patrz str. 166), ale owe metody mogą okazać się nieskuteczne w przypadku twojej pociechy, która uparła się, by czuwać całą noc – w każdym razie na początku. Aby przebrnąć przez ten trudny okres, rodzice powinni zachować zimną krew i przejmować „nocne" obowiązki na zmianę. W końcu wszystko ma swój kres.

Dziecko ze słabą umiejętnością przystosowania się. Charakterystyczną cechą takich dzieci jest stałe odrzucanie rzeczy nie znanych. Nie akceptują nowych przedmiotów, nowych osób lub nowej potrawy. Niektóre dzieci źle reagują nawet na najmniejsze odejście od rutynowych czynności. Jeśli twoja pociecha do nich należy, spróbuj wzbogacić stały program dnia kilkoma drobnymi niespodziankami. Posiłki, kąpiel i sen muszą odbywać się o stałej porze oraz w tym samym miejscu. Zmiany powinny być drobne i wprowadzane stopniowo: nowa zabawka, nowe osoby lub nowe potrawy. Musimy mieć jednak pewność, że niemowlę jest gotowe na owe niespodzianki. Możemy na przykład powiesić na chwilę nad łóżeczkiem nowy samochodzik. Następnym razem niech powisi kilka minut dłużej. Można ten eksperyment kontynuować, aż dziecko zaakceptuje zabawkę i zacznie się nią bawić. W ten sposób należy zapoznawać malca z innymi przedmiotami, a także ludźmi czy potrawami. Osoby obce powinny pozwolić dziecku przyzwyczajać się do siebie powoli; najpierw przez dłuższe przebywanie w tym samym pomieszczeniu co dziecko, następnie przez rozmowę z pewnej odległości. Niech te odległości zmniejszają się stopniowo, aż nastąpi wreszcie kontakt fizyczny. Gdy masz zamiar wprowadzić nowe dawych. Kiedy bierzesz dziecko na ręce, zwróć uwagę, w jakiej pozycji czuje się ono najlepiej (na przykład czy lubi być trzymane w mocnym czy lekkim uścisku).

Bodźce zapachowe. Większość zapachów nie wpływa drażniąco na bardzo małe dziecko. Negatywne reakcje na niektóre zapachy nia, również czyń to stopniowo. Najpierw daj dziecku niewielką ilość, którą zwiększaj powoli, w ciągu tygodnia lub dwóch. Nie wzbogacaj jadłospisu, dopóki się nie upewnisz, że poprzednia potrawa została zaakceptowana.

Warto też zachować umiar w kupowaniu dziecku nowych rzeczy. Jeśli musisz kupić nową butelkę czy smoczek lub gdy stwierdzisz, że należałoby wymienić kocyk w wózku, postaraj się, by rzeczy te miały takie same kształty i kolory jak poprzednie.

Dziecko nadpobudliwe. Z pewnością już w szpitalu zauważyłaś, że twoje dziecko płacze głośniej niż inne. Po powrocie do domu uporczywy krzyk i głośny płacz, który wytrąca z równowagi nawet najodporniejszych, trwa nadal. Niestety, nie możesz regulować głośności – możesz jedynie spróbować wyciszyć otoczenie dziecka, które być może wpłynie na nie kojąco. Chcąc oszczędzić rodzinie i sąsiadom hałasu, powinniście wygłuszyć pokój dziecka, pokrywając ściany i drzwi materiałem dźwiękochłonnym. Dywan i zasłony również sprzyjają tłumieniu dźwięków. Dla własnej wygody sprawcie sobie słuchawki na uszy. Wraz z upływem czasu problem ten stanie się coraz mniej dokuczliwy, choć prawdopodobnie wasze dziecko zawsze będzie płakało głośniej i częściej niż inne.

Dzieci zachowujące postawę negatywną. Zamiast uśmiechów i okresów radosnego ożywienia niektóre niemowlęta wyglądają, jakby były stale nieszczęśliwe. Nie jest to wina rodziców, choć taki stan rzeczy ogromnie wpływa na ich stosunek do maleństwa. Często nie potrafią kochać swego „negatywnego" dziecka, niekiedy nawet odrzucają je. Jeśli nic nie jest w stanie zadowolić waszej pociechy, a przyczyna takiej postawy jest pozakliniczna, nie rezygnuj i stwórz dziecku atmosferę miłości i akceptacji. Któregoś dnia okaże się, że wasza latorośl znalazła nowe formy współżycia, a przygnębienie zaczyna powoli mijać.

obserwuje się u dzieci pod koniec pierwszego roku. Zapach smażonej cebuli, maści przeciwko odparzeniom, nowych perfum mamy czy wody po goleniu taty – wszystko to może spowodować u dziecka rozdrażnienie i niepokój. Jeśli więc macie do czynienia z dzieckiem o nadwrażliwym węchu, ograniczcie bodźce zapachowe do minimum.

Nadmiar podniet. Nieustanne dostarczanie dziecku rozmaitych bodźców prowadzi w wielu wypadkach do prawdziwych problemów. Niemowlęta nadpobudliwe potrzebują raczej spokoju i łagodności. Głośne rozmowy, gwałtowne ruchy, zbyt duża liczba zabawek, wizyty obcych osób i wiele przeżyć w ciągu dnia mogą rozdrażnić dziecko. Aby umożliwić zaśnięcie, należy unikać zbyt intensywnych zabaw tuż przed snem, spróbować wyciszyć maleństwo ciepłą kąpielą, opowiadaną szeptem bajką czy kołysanką. Spokojna muzyka może również okazać się skuteczna.

Niełatwo jest uszczęśliwić kłopotliwe dziecko, ale zawsze warto spróbować. Musisz też pamiętać, że niekiedy przedkładanie szczególnych potrzeb dziecka nad inne sprawy nie będzie wykonalne (niemowlęta często nie lubią ostrego światła czy hałasu, a przecież musisz je zabrać na rodzinne przyjęcie w święta Bożego Narodzenia). Trudno – przyzwyczaj się do płaczu i pociesz faktem, że wiele dziecięcych nadwrażliwości z wiekiem znacznie się osłabia.

Obcowanie z dzieckiem kłopotliwym nie jest łatwe, ale okazując maleństwu wiele miłości, cierpliwości i zrozumienia, po pewnym czasie stwierdzimy, że nasze wysiłki zostały nagrodzone. Zanim jednak upewnimy się, że nasze dziecko należy do tak zwanych dzieci trudnych, sprawdźmy, czy zachowanie malca nie ma podłoża chorobowego. Opisz lekarzowi reakcje dziecka, tak by mógł wyeliminować ewentualną chorobę, np. alergię. Czasami dziecko, które uchodzi za kłopotliwe, jest po prostu na coś uczulone (np. na mleko zastępcze) lub na przykład właśnie ząbkuje albo ma napad kolki. Opis różnych zachowań dzieci trudnych podajemy w ramce na stronie 218.

DZIECKO NIE CHCE SPAĆ NA PLECACH

Wiem, że należy kłaść niemowlę do snu na plecach, aby chronić je przed zespołem nagłej śmierci, ale mój syn nie może w tej pozycji spać. Natomiast jak tylko kładę go na brzuszku do zabawy, od razu zasypia długim snem. Czy taka zmiana ułożenia jest bezpieczna?

Zwykle dzieci najlepiej same wiedzą, co jest dla nich najlepsze (na przykład przestają jeść po zaspokojeniu głodu albo „odłączają się" od przesadnie rozentuzjazmowanych rodziców, gdy czują się nadmiernie stymulowane). Co innego jednak z pozycją snu – większość niemowląt woli spać na brzuszku, bo jest im wygodniej, przytulniej i rzadziej występuje odruch Moro, a zatem śpią dłużej i rzadko się przebudzają.

Niestety takie ułożenie nie jest dla nich najlepsze, ponieważ spanie na brzuszku powiązano z większym występowaniem zespołu nagłej śmierci niemowlęcia, szczególnie w przypadku dzieci mniej przyzwyczajonych do takiej pozycji (ponieważ, tak jak twoje, od urodzenia były kładzione na pleckach). Zwykle noworodki szybko przyzwyczajają się do spania na plecach, zwłaszcza jeśli nie poznały innego sposobu zasypiania. Niektóre, położone na plecach, trochę marudzą, a jeszcze inne – w tym twoje – nie są w stanie zasnąć głębokim snem, leżąc brzuszkiem do góry. Niemal wszystkie niemowlęta spałyby chętniej na brzuszku. Naukowcy przypuszczają, że właśnie z tej przyczyny zespół nagłej śmierci niemowlęcia występuje częściej u śpiących na brzuszku bobasów: niemowlęta śpią na brzuszku głębszym snem, mają przytłumione odpowiedzi rozbudzeniowe i – jak się podejrzewa – nie budzą się w przypadku chwilowego bezdechu, by móc ponownie normalnie oddychać.

Zacznij od rozmowy z pediatrą, być może będzie chciał sprawdzić, dlaczego dziecko tak bardzo wzbrania się przed spaniem na plecach. Rzadko, ale jednak zdarza się, że spanie w takiej pozycji jest niewygodne z powodu wady fizycznej czy anatomicznej. Ale najbardziej prawdopodobne jest przypuszczenie, że twój malec po prostu nie lubi tak spać. Wypróbuj kilka sposobów na to, by poczuł się lepiej, leżąc brzuszkiem do góry:

- Możesz go owinąć w kocyk. Jak wynika z badań, niemowlęta chętniej sypiają na plecach i mniej płaczą, gdy są otulone kocykiem. Rzadziej wyrzucają rączki i nóżki w odruchu Moro, toteż te naturalne nagłe ruchy nie budzą ich. Należy jednak zrezygnować z owijania aktywnego niemowlaka, który się rozkopuje, gdyż odrzucony kocyk może być przyczyną nieszczęśliwego wypadku. Czasem dzieci potrafią się rozkopać już w drugim miesiącu życia. Jeśli dziecko jest mocno opatulone, temperatura w pokoju nie powinna być za wysoka, ponieważ przegrzanie jest kolejnym czynnikiem zwiększającym ryzyko wystąpienia zespołu nagłej śmierci niemowlęcia.

- Podwyższ lekko górną część materacyka (na przykład wkładając pod materac poduszkę czy zrolowany ręcznik), by dziecko nie leżało zupełnie płasko – wtedy będzie mu wygodniej. Nie należy jednak układać żadnych poduszek bezpośrednio w łóżeczku.

- Cierpliwie ucz dziecko leżenia na pleckach, a jeśli zasypianie w takiej pozycji sprawia mu trudność, spróbuj usypiać go w leżaczku bądź kołysać w ramionach do snu, zanim przeniesiesz go do łóżeczka i położysz na plecach.

- Bądź konsekwentna, takie postępowanie niemal zawsze przynosi efekty w przypadku dzieci. Kiedyś malec przywyknie do spania na plecach!

- Gdyby jednak syn nadal źle się czuł, leżąc na pleckach, jeszcze raz porozmawiaj z lekarzem. Jeśli żadna metoda nie skutkuje i dziecko nadal nie potrafi spać w odpowiedniej pozycji, lekarz może zaproponować spanie na boku, przy czym tak należy podeprzeć niemowlę, by nie przekręciło się na brzuszek (ale nie za pleckami). Choć niemowlętom nie zaleca się spania w takiej pozycji, jest ona zdecydowanie bezpieczniejsza od pozycji na brzuszku i może wam obojgu pomóc zasnąć spokojnym snem.

Gdy dziecko nauczy się samodzielnie obracać, zapewne samo powróci do swej ulubionej pozycji spania i nic na to nie poradzisz (patrz str. 321).

CO WARTO WIEDZIEĆ
Rozwijanie procesów poznawczych dziecka w pierwszych miesiącach życia

W naszym społeczeństwie, w którym element rywalizacji jest silnie rozwinięty, część rodziców pragnie wychować swe dziecko tak, by umiało ono współzawodniczyć. Gdy po upływie czwartego tygodnia nie pojawia się uśmiech na małej twarzy, rodzice się niepokoją, że ich pociecha nie poradzi sobie w przedszkolu. A jeśli dwumiesięczne niemowlę nie potrafi obrócić się na bok, to pewnie nie zostanie przyjęte do reprezentacji szkolnej w tenisie. Przesadzają? Cóż, trochę tak. Są rodzice, którzy zamartwiają się, że jeśli nie wypełnią swych obowiązków rodzicielskich należycie, to nie zapewnią swemu dziecku dobrego startu życiowego.

Nie ma tu jednak żadnego powodu do lęku. Dzieci, nawet te, którym pisana jest wielka kariera, mogą z opóźnieniem rozwijać różne umiejętności. Często te niemowlęta, u których pewne sprawności pojawiają się później, osiągają szybsze tempo rozwoju, gdy są starsze. Z reguły rodzice, nawet ci wątpiący w swe zdolności rodzicielskie, są bardzo kompetentnymi wychowawcami, przy czym często nie zdają sobie sprawy z wysiłku, który wkładają w wychowanie swej pociechy. Jakkolwiek nie ma powodu do obaw, pewne wątpliwości pozostają. Będziemy się więc zastanawiać, czy nasze instynktowne zabiegi wychowawcze idą w odpowiednim kierunku. Aby się przekonać, że postępujemy prawidłowo, porównajmy nasze działania z poniższymi wskazówkami. Dotyczą one stwarzania odpowiedniej atmosfery dla rozwoju procesów poznawczych dziecka. Zobacz także ramkę na stronach 202–203 *Jak najlepiej wykorzystać pierwsze trzy lata*.

TWORZENIE PRZYJAZNEGO OTOCZENIA

Zadanie to jest znacznie łatwiejsze, niż mogłoby się wydawać. Oto, co można zrobić:

Otaczaj dziecko miłością. Nic tak nie wpływa na rozwój małego człowieka jak fakt, że jest kochane. Bliski związek z rodzicami lub opiekunami jest gwarantem dalszego prawidłowego rozwoju. Miłość musi być bezwarunkowa i wyraźnie okazywana (choćby nie było to łatwe zadanie): zarówno w trakcie ataków kolki czy wczesnodziecięcych ataków złości (a potem w okresie buntu młodzieńczego), jak i wtedy, gdy dziecko jest grzeczne jak aniołek.

Nawiązuj z dzieckiem kontakt psychiczny. Wykorzystaj każdą sytuację, by przemawiać do dziecka, by mu śpiewać. Czyń tak podczas codziennych zabiegów pielęgnacyjnych, podczas kąpieli, zakupów czy jazdy samochodem. Takie codzienne pobudzanie ma większy wpływ na harmonijny rozwój małego niż najwspanialsza edukacyjna gra komputerowa. Nawet najbardziej rozwijające zabawki stają się bezużyteczne w chwili, gdy ty (najwspanialsza ze wszystkich maskotek) nie uczestniczysz we wspólnej zabawie. Twoje zadanie nie polega tylko na uczeniu dziecka, ale także na współuczestniczeniu w jego rozwoju.

Stale poznawaj swoje dziecko. Zorientuj się, co sprawia maleństwu szczególną radość, a co powoduje jego niezadowolenie. Co sprawia, że jest podekscytowane, a co, że się nudzi. Co je uspokaja, a co pobudza. Czerp wiedzę z obserwowania swojego dziecka bardziej niż z książek czy porad innych. Dostosuj tempo stymulacji do indywidualnych potrzeb niemowlęcia, nie kierując się wyłącznie tym, co wyczytasz z podręczników. Jeśli hałas czy podrzucanie źle działa na dziecko, wycisz dom i wprowadź zabawy subtelniejsze. Jeśli długie zabawianie dziecka wprawia je w stan niepokoju, skróć okresy i intensywność zabaw.

Odpręż się. Nie przyspieszy się procesu uczenia zbyt rygorystycznymi wymaganiami; wręcz przeciwnie, zbyt duży nacisk może ten proces zahamować. Dawanie dziecku do zrozumienia – nawet w najbardziej dyplomatyczny sposób – że nie spełnia ono twoich oczekiwań, może wyrządzić mu wielką szkodę. Zamiast więc ubolewać nad ogromem czasu, który poświęcacie swemu dziecku, postarajcie się odprężyć, by czerpać z tego obopólną radość.

Pozwól dziecku na pewną samodzielność. Poświęcanie dziecku uwagi jest konieczne, ale nie należy przesadzać. Dzieci muszą mieć świadomość, że w każdej chwili mogą liczyć na pomoc, ale powinny też wiedzieć, gdzie jej szukać. Ciągłe asystowanie maleństwu pozbawia je własnej inicjatywy w szukaniu nowych form zabawy. Takim nowym doświadczeniem mógłby być miś leżący obok w kojcu, wzory, jakie tworzy światło przeciskające się przez żaluzje, albo własne paluszki dziecka lub też odgłos przelatującego samolotu czy przejeżdżającego wozu strażackiego. Nieustanne zabawianie niemowlęcia może pozbawić je samodzielności i zdolności rozwiązywania problemów (czyli bardzo ważnych życiowych umiejętności) w późniejszym okresie. Poza tym takie niesamodzielne dziecko ogranicza twój wolny czas do minimum. Oczywiście należy poświęcać dziecku wiele uwagi, ale warto czasami zostawić je sam na sam z zabawką i gdy zainteresuje się przedmiotem, oddalić się i obserwować zabawę z pewnej odległości.

Niech dziecko cię prowadzi. Jeśli maleństwo pochłonięte jest widokiem auta, nie odwracaj jego uwagi, staraj się raczej podtrzymać tę fascynację. Pozwól mu dotknąć kierownicy; nie tylko doświadczy czegoś nowego, ale zacznie utrwalać w sobie poczucie wartości poprzez fakt, że mama dzieli jego zainteresowania. Niech dziecko decyduje również, kiedy ma skończyć zabawę. Nawet jeśli chwytanie grzechotki nie zakończyło się sukcesem, dziecko da poznać po sobie, że ma ochotę na zmianę. Będzie kapryśne, marudne, niechętne dalszej zabawie. Zlekceważenie takiego sygnału i próba kontynuowania tej samej czynności pozbawia dziecko poczucia, że ma ono jakąkolwiek kontrolę nad tym, co robi. W efekcie maluch traci zainteresowanie konkretnym zajęciem i zabawa nie sprawia mu już takiej radości.

Wyczuj odpowiedni moment. Dziecku stale towarzyszy jeden z sześciu stanów świadomości: 1) głęboki, spokojny sen; 2) płytki lub aktywny sen; 3) senność; 4) ożywienie i gotowość do fizycznej aktywności; 5) kapryszenie i płacz; 6) spokojne czuwanie. I tak w okresie ożywienia najłatwiej jest rozwijać u dziecka sprawności fizyczne, natomiast w czasie spokojnego czuwania można skupić się na rozbudzaniu innych umiejętności (patrz str. 110). Należy przy tym pamiętać, że dzieci mają bardzo krótki okres koncentracji, i jeśli mały znudzi się książką już po dwóch minutach, nie oznacza to, że jest niechętny rozrywkom intelektualnym, lecz że nie potrafi się już dłużej koncentrować.

Nagradzaj wysiłki dziecka. Kiedy zauważysz, że dziecko opanowało nową umiejętność (może to być pierwszy uśmiech, potrząsanie grzechotką, podnoszenie się na rękach, przewrócenie się na bok, chwytanie przedmiotu), okaż mu swój podziw. Weź je na ręce i przytul, głośno pochwal i daj do zrozumienia, że jest wspaniałe.

RADY PRAKTYCZNE DOTYCZĄCE ZABAW I ROZWIJANIA PROCESÓW POZNAWCZYCH DZIECKA

Są rodzice, którym wymyślanie zabaw kształcących przychodzi bardzo łatwo; nie potrzebują w tym celu sięgać do książek ani korzystać z porad fachowców. Dla innych rodziców może to stanowić problem. Dzieci też są pod tym względem różne. Te, które są szczególnie podatne na stymulację z zewnątrz, nie potrzebują zachęty do zabawy. Oto kilka wskazówek, mogących ułatwić rodzicom prowadzenie zabaw kształcących:

Oddziaływanie na zmysł smaku. Na tym etapie rozwoju dziecka nie musisz czynić jakichś szczególnych starań stymulujących zmysł smaku. Codzienne karmienie piersią lub butelką dostarcza mu wystarczającej liczby bodźców smakowych. Dopiero gdy niemowlę nieco podrośnie, zacznie się nowy sposób „smakowania" rzeczywistości, polegający na wkładaniu wszystkiego do buzi. Nie starajmy się temu zapobiegać, pilnujmy jedynie, by to, co maleństwo wkłada do ust, było czyste, nietoksyczne, miękkie i odpowiednio duże, by nie dało się połknąć.

Oddziaływanie na zmysł węchu. Większość miejsc, w których przebywa dziecko, dostarcza mu zróżnicowanych bodźców zapachowych. Niemowlę chłonie więc zapach mleka, perfum, którymi pachnie mama, zapach spalin samochodowych czy pieczonego kurczaka. Jeśli twoje dziecko nie przejawia nadwrażliwości węchowej, staraj się rozwijać jego możliwości poznawcze poprzez wzbogacanie codziennych doświadczeń nowymi zapachami.

Oddziaływanie na zmysł wzroku. Przez długi czas sądzono, że noworodki nie widzą. Teraz już wiemy, że nie tylko widzą, ale dzięki zdolności widzenia – uczą się. Zmysł wzroku nie tylko pozwala im bardzo szybko na odróżnianie ludzi od przedmiotów, ale też na poznawanie poszczególnych osób i przedmiotów, a także na prawidłową interpretację języka gestów i innych pozajęzykowych form porozumiewania się.

Zawieś w zasięgu wzroku dziecka jakieś przedmioty, które stymulują jego wyobraźnię. Nie kieruj się tu własnym odczuciem estetycznym. Kupując tapetę, kołderkę, obrazki, książki czy zabawki, pamiętaj, że dziecko lubi kontrasty. Wzory zdecydowane i jaskrawe są bardziej wskazane niż rozmyte i blade. W pierwszych sześciu tygodniach dzieci wolą czerń i biel czy inne kontrastowe kolory, natomiast pastele i inne barwy preferowane są później. Dzieci mogą być stymulowane wzrokowo przez różne przedmioty, jednak by nie przesadzić, dawaj jednorazowo malcowi do zabawy jeden czy dwa. A oto, co doskonale pobudza zmysł wzroku:

- Zabawki ruchome. Elementy takiej zabawki powinny być dobrze widzialne od dołu (z perspektywy dziecka), a nie z boku (z perspektywy osoby dorosłej). Zabawka powinna znajdować się w odległości 30–40 cm od twarzy dziecka i powinna być zawieszona nie na wprost, lecz z boku, w polu widzenia dziecka. Większość dzieci woli spoglądać w prawo; zaobserwuj preferencje twojego maleństwa.

- Inne ruchome przedmioty. Możesz przesuwać grzechotki lub inne zabawki o jaskrawych barwach po łuku, w polu widzenia niemowlęcia. Wybierz się z dzieckiem do małego zoo i pokaż mu, co się dzieje w akwarium lub w klatce z ptakami. Puszczaj mu bańki mydlane.

- Przedmioty nieruchome. Dzieci potrafią przez dłuższy czas wpatrywać się w różne przedmioty. Nie jest to dla nich czas stracony – to czas nauki. Figury geometryczne czy czarno-białe rysunki twarzy są w tym okresie dużą rozrywką. Często ulubionymi przedmiotami stają się elementy wyposażenia gospodarstwa domowego, na które my nie zwrócilibyśmy w ogóle uwagi.

- Lustra. Lustro sprawia, że dziecko widzi nieustannie zmieniający się obraz. Większość maluchów uwielbia je. Najbardziej interesuje je przyglądanie się i „kolegowanie" z odbitym w lustrze niemowlęciem, choć nie mają jeszcze pojęcia, kim jest obserwowany przyjaciel. Do zabawy używaj luster bezpiecznych. Zawieszaj je nad łóżeczkiem, w wózku czy nad stołem, na którym przewijasz niemowlę.

- Osoby. Dzieci uwielbiają patrzeć na twarze z bliska. Możecie więc często nachylać się nad dzieckiem. Po jakimś czasie zacznijcie pokazywać małemu zdjęcia rodzinne, objaśniając, kto jest kim.

- Książki. Pokaż dziecku proste obrazki, które przedstawiają inne dzieci, zwierzęta lub zabawki i nazwij je. Rysunki powinny być czytelne i nie mogą zawierać zbyt wielu szczegółów. Najlepsze w tym okresie są książeczki z rysunkami narysowanymi jedną linią.

- Świat. Wkrótce twoje dziecko zacznie się interesować rzeczywistością, która znajduje się poza jego pokojem. Dawaj mu jak najwięcej okazji do poznawania otoczenia. Niech robi to z wózka, z nosidełka, z siedzenia samochodu. Dziecko powinno mieć buzię zwróconą w kierunku ruchu. Pokazuj mu samochody, drzewa, ludzi itd. Nie możesz jednak stale zamieniać spacerów w lekcję poglądową, gdyż przestaną być one dla ciebie i dziecka przyjemnością.

Oddziaływanie na zmysł słuchu. To właśnie poprzez zmysł słuchu niemowlęta przyswajają sobie język, rytm, dowiadują się o niebezpieczeństwie, o różnych emocjach, uczuciach i wielu innych rzeczach, które dzieją się wokół nich. Oto źródła, z których mogą płynąć wrażenia słuchowe:

- Ludzki głos. Jest to dla niemowlęcia najważniejszy dźwięk, jaki słyszy. Przemawiaj więc do niego, śpiewaj mu piosenki, gaworz razem z nim. Możesz nucić kołysanki, czytać wierszyki czy cokolwiek, na co masz akurat ochotę. Naśladuj głosy zwierząt, szczególnie te, które dziecko słyszy na co dzień, np. szczekanie psa czy miauczenie kota. Bardzo ważne jest też, abyś imitowała dźwięki wypowiadane przez dziecko.

- Różne odgłosy w domu. Niemowlęta są zafascynowane zarówno spokojną, jak i głośną muzyką, szumem odkurzacza lub miksera, odgłosem czajnika czy lejącej się z kranu wody. Wsłuchują się w szelest przeglądanej gazety (skład chemiczny farby drukarskiej może być trujący, dlatego nie dawaj dziecku gazet do zabawy) i w odgłos dzwonka. Niektóre z tych dźwięków mogą powodować u niemowlęcia niepokój, zwłaszcza pod koniec pierwszego roku życia.

- Grzechotki i inne zabawki, które wydają delikatne dźwięki. Nie musisz czekać, aż dziecko samo zacznie potrząsać grzechotką. W pierwszych miesiącach ty baw się nią przy maleństwie; możesz włożyć mu ją do rączki albo przywiązać do nadgarstka. Koordynacja słuchowo-wzrokowa nastąpi później, gdy dziecko nauczy się kierować uwagę w stronę źródła dźwięku.

- Pozytywki i zabawki grające. Dzieci lubią je ze względu na ich muzyczne i wizualne oddziaływanie. Jeśli zabawka składa się z wielu drobnych części, zwróć uwagę, by niemowlę nie wkładało jej do ust, gdyż może się udławić. Szczególnie polecane są takie zabawki, które wydając dźwięki, poruszają się, gdy dziecko nimi manipuluje (np. pociąga za sznurek). Unikajcie zabawek, które wydają zbyt głośne dźwięki. Nawet tych, których brzmienie nie jest przykre, nie kładźmy w pobliżu uszu niemowlęcia. Sprawdź, czy zabawka jest bezpieczna dla dziecka pod każdym innym względem.

- Płyty CD i taśmy dla dzieci. Zanim kupisz jakąś płytę lub taśmę, upewnij się, że o to ci właśnie chodzi. Niemowlęctwo jest idealnym okresem do ukazania dziecku uroków muzyki klasycznej. Nastaw muzykę cicho w tle, gdy maluch bawi się w łóżeczku lub gdy jest kąpany. Wiele dzieci woli rytmy bardziej zdecydowane (rock czy country), dlatego też obserwuj, jak twoje dziecko reaguje na muzykę, i jeśli stwierdzisz, że to, co proponujesz, nie sprawia mu przyjemności, nie zmuszaj go, by słuchało. Aby chronić wrażliwy zmysł słuchu maluszka, nie puszczaj nagrań za głośno.

Oddziaływanie na zmysł dotyku. Dotyk, choć często niedoceniany, jest jednym z najcenniejszych narzędzi, jakimi może się posłużyć dziecko, odkrywając świat. To dzięki dotykowi dowiaduje się, że skóra mamy jest bardziej delikatna niż skóra taty, że głaskanie misia jest znacznie przyjemniejsze od dotykania szorstkiej szczotki i wreszcie – rzecz najistotniejsza – że osoby, które codziennie krzątają się wokół niego, kochają je. Demonstrują tę miłość poprzez czuły, fizyczny kontakt, gdy kąpią dziecko, przewijają, karmią czy kołyszą do snu. Wrażenia dotykowe można wzbogacić poprzez:

- Dotykanie ręką. Zaobserwuj, w jaki sposób twoje dziecko lubi być np. chwytane. Czy woli chwyt zdecydowany i szybki, czy raczej delikatny i wolniejszy. Większość niemowląt uwielbia, gdy pieści się je i całuje, łaskocze po brzuszku, dmucha na paluszki u rąk i nóg. Lubią czuć różnicę między dotykiem mamy, taty, rodzeństwa czy babci.

- Masaż. Wcześniaki poddawane codziennym dwudziestominutowym masażom szybciej przybierają na wadze i lepiej rozwijają się niż te, u których nie stosuje się masażu. Nie jest do końca jasne, czy wpływ na to ma rzeczywiście masaż, czy po prostu intensywniejszy kontakt fizyczny z dzieckiem. Stwierdzono jednak, że dzieci, które są rzadko dotykane, wykazują wolniejsze tempo rozwoju. Zaobserwuj, które bodźce dotykowe sprawiają twojemu dziecku największą radość, a które je drażnią (patrz str. 276.).

- Tkanina. Spróbuj gładzić skórę dziecka różnymi materiałami (jedwabiem, frotté, aksamitem, futerkiem, bawełną), niech poczuje, jak bardzo różnią się od siebie te tkaniny. W nieco późniejszym okresie nakłaniaj dziecko do działań bardziej samodzielnych. Połóż malucha na brzuszku (wyłącznie pod nadzorem) tak, by mógł twarzą dotykać rozmaitych powierzchni. Mogą to być kolejno: dywan, ręcznik frotté, futro babci, wełniany sweter taty, twój sztruksowy żakiet czy gładka powierzchnia stołu. Możliwości są niewyczerpane.

- Zabawki o urozmaiconej fakturze. Spraw, by w otoczeniu dziecka znalazły się przedmioty, które będą dostarczały mu różnych wrażeń dotykowych. Niech więc ma w swych zbiorach pluszowego misia, ale także szorstkowłosego pieska, twarde, drewniane klocki, ale i miękkie, gumowe; drewnianą łyżkę i gładką metalową miseczkę; jedwabną poduszkę i nierówno wypchany jasiek.

Dobre umiejscowienie zabawek

Jest coś, o czym musisz wiedzieć, zanim podasz dziecku do zabawy grzechotkę czy inną zabawkę: miejsce położenia zabawki nie jest bez znaczenia. Dzieci nie są w stanie sięgnąć do przedmiotu leżącego przed nimi, ale zrobią to bez problemu, jeżeli zabawkę położysz obok.

Rozwój społeczny. Dziecko staje się istotą społeczną dzięki obserwowaniu osób dorosłych i nawiązywaniu z nimi kontaktów emocjonalnych i społecznych. Nie pora jeszcze, by uczyć dziecko, jak ma wyglądać udane przyjęcie czy błyskotliwa konwersacja, ale pora, by służąc swoim przykładem, pokazywać maluchowi, jak należy się zachowywać. Za kilka lat, słysząc jak twój syn czy córka zwracają się do rówieśników, sąsiadów czy nauczycieli, możesz doznać bardzo przyjemnego uczucia, gdy rozpoznasz znajome ci z domu formy grzecznościowe. Gorzej, jeśli spotka cię rozczarowanie. Zabawki, które pomagają dzieciom w rozwoju społecznym, to pluszowe zwierzątka i lalki. Upłynie oczywiście jeszcze sporo czasu, zanim niemowlę zacznie tulić się do swych zwierzątek i rzeczywiście się nimi bawić, ale już na tym etapie pojawiają się u dziecka reakcje społeczne. Zwróćcie uwagę, jak chętnie niemowlę gaworzy z zawieszonymi na wózku zwierzątkami. W późniejszym okresie wpływ na rozwój zachowań społecznych mają książki i różnorodne zabawy w grupie.

Rozwój motoryczny – motoryka mała. W tym okresie ruchy rąk twojego dziecka są całkowicie przypadkowe, ale po upływie kilku miesięcy, gdy niemowlę zacznie je kontrolować, staną się bardziej precyzyjne i celowe. Możesz przyspieszyć tempo rozwoju motorycznego, zapewniając rękom dziecka pełną swobodę ruchów. Jeśli więc jesteś na spacerze, a pogoda sprzyja, nie krępuj rączek niemowlęcia ciasną kołderką. Dawaj mu do chwytania różne przedmioty, tak by mogło manipulować rączkami. Nie oczekuj jeszcze zbyt dużej sprawności motorycznej. Pamiętaj, że niemowlęta na tym etapie nie potrafią chwycić przedmiotu, który znajduje się na wprost ich twarzy. Przedmioty kładź więc obok dziecka. Jeśli chcemy dać maluchowi jak najwięcej okazji do manipulowania rączkami, podawajmy mu:

- Grzechotki, które dają się łatwo uchwycić przez małą dłoń. Te z podwójnymi uchwytami pozwalają na przenoszenie ich z ręki do ręki (sprawność niezmiernie ważna), natomiast te, które dziecko może wziąć do buzi, przynoszą ulgę w czasie ząbkowania.

- Zabawki do zawieszania, które są atrakcyjne ze względu na możliwość ich przyciągania, obmacywania, chwytania, odpychania. Należy jednak zachować ostrożność z zabawkami, które sprężynują, usunąć je, gdy malec zacznie samodzielnie siadać.

- Przedmioty do manipulowania. Ponieważ wymagają one sporej sprawności manualnej, małe niemowlę nie potrafi jeszcze świadomie się nimi posługiwać. Może je jednak wprawić w ruch przypadkowo, przez naciskanie, kręcenie, obracanie itd. Oprócz wyrabiania zręczności, zabawki tego rodzaju pomagają w kojarzeniu przez dziecko przyczyny i skutku.

Rozwój motoryczny – motoryka duża. Dobra motoryka oraz prawidłowy rozwój fizyczny niemowlęcia zależą od racjonalnego żywienia, odpowiedniej pielęgnacji i od stwarzania dziecku jak najwięcej okazji do samodzielnego wykonywania ćwiczeń ruchowych. Dzieci trzymane na leżaczkach, szczelnie owinięte kocykiem, poprzypinane w wózeczkach i nosidłach będą miały ruchy mocno skrępowane i niewiele będą wiedziały na temat możliwości ruchowych własnego ciała. Jeśli niemowlę nigdy nie będzie kładzione na brzuszku, znacznie później będzie unosiło tułów i przewracało się na plecy, może też nigdy nie nauczyć się pełzać. Aby pobudzić malucha do aktywności fizycznej, zmieniaj mu pozycję kilka razy w ciągu dnia. Podtrzymuj w pozycji siedzącej, układaj na zmianę na brzuszku i plecach, prowokuj do ćwiczeń ruchowych przez podciąganie go do pozycji siedzącej. W czasie takiego „fruwania" dziecko wzmacnia mięśnie rąk i nóg. Gdy leżysz, układaj niemowlę na własnych nogach, prowokując je do pełzania. Zachęcaj do ruchów obrotowych, kładąc z boku dziecka jakiś atrakcyjny przedmiot. Jeśli maluch nie potrafi samodzielnie wykonać obrotu z pleców na brzuch, pomóż mu.

Rozwój umysłowy. Troska o harmonijny rozwój wszystkich zmysłów, a także o prawidłowy rozwój motoryczny korzystnie wpływa na dojrzewanie umysłowe twojego dziecka. Od samego początku rozmawiaj z maleństwem jak najczęściej. Nazywaj wszystkie przedmioty, zwierzęta i osoby, które znajdują się w zasięgu jego wzroku. Wskazuj na różne części ciała i objaśniaj dziecku ich funkcje. Czytaj rymowanki i proste opowiadania, pokazując jednocześnie ilustracje. Prowadź dziecko w rozmaite miejsca; wybierzcie się więc do sklepu, muzeum, parku itd. Podróżujcie różnymi środkami lokomocji: autobusami, samochodem, tramwajem. W domu staraj się urozmaicić dziecku pole widzenia; sadzaj je przy oknie (wówczas należy malucha szczególnie pilnować), przed lustrem, na środku pokoju, by mogło więcej obserwować. Gdy składasz pranie, posadź małego na środku łóżka, niech ci się przygląda. Gdy przygotowujesz obiad, wprowadź wózek czy leżaczek z dzieckiem do kuchni.

Cokolwiek robisz, nie zapomnij o najważniejszej zasadzie stymulowania dziecka: chodzi o zabawę, a zabawa powinna być ciekawa.

7
Trzeci miesiąc

W tym miesiącu maluch nareszcie zauważy, że oprócz jedzenia, spania i płakania istnieją także inne zajęcia. Wyżej wymienione czynności na pewno nie przejdą do lamusa – niemowlęta cierpiące na ataki kolki zapewne będą kontynuować późnopopołudniowe i wczesnowieczorne napady płaczu do końca trzeciego miesiąca. Ale już teraz poszerzą swe horyzonty o całe mnóstwo nowych doświadczeń – na przykład dwu- i trzymiesięczny brzdąc nagle odkryje, że jego własne rączki są najwspanialszą zabawką. Wydłuży się czas czuwania i zabawiania rodziców cudnymi uśmiechami, gaworzeniem, popiskiwaniem. Będzie to najlepsza zapłata za wszelkie rodzicielskie trudy.

CO TWOJE DZIECKO POTRAFI ROBIĆ

Dzieci osiągają kolejne etapy rozwoju we własnym tempie. Jeśli twój maluszek nie umie wykonać jednej lub kilku z poniżej wymienionych czynności, nie martw się: wkrótce się nauczy. Pamiętaj też, że umiejętności, które można wyćwiczyć, tylko leżąc na brzuszku, nie zostaną przez dziecko opanowane, jeśli nie będzie miało po temu okazji. Koniecznie kładź więc malca (pod nadzorem!) w takiej pozycji. Jeśli rozwój dziecka wzbudza w tobie wątpliwości, skonsultuj się z lekarzem. Wcześniaki zwykle wykształcają pewne sprawności nieco później niż ich rówieśnicy, zazwyczaj w okresie, w którym osiągnęłyby je, gdyby urodziły się o czasie.

Po ukończeniu trzeciego miesiąca twoje dziecko powinno umieć:

- w pozycji na brzuchu podnieść głowę pod kątem 45° do podstawy*.

---

* Dzieci, które mniej czasu spędzają, leżąc na brzuszku, zwykle później zdobywają tę umiejętność. Nie ma powodu do zmartwień (patrz str. 188).

Po ukończeniu trzeciego miesiąca twoje dziecko prawdopodobnie będzie umiało:

- śmiać się głośno;
- w pozycji na brzuchu unieść głowę pod kątem 90° do podstawy;
- wydawać okrzyki zadowolenia;
- składać ręce;
- uśmiechać się spontanicznie;
- śledzić w sposób ciągły przedmiot poruszający się po łuku 180° w odległości około 15 cm od twarzy.

Po ukończeniu trzeciego miesiąca twoje dziecko może umieć:

- trzymać sztywno główkę w pozycji pionowej;
- w pozycji na brzuszku unieść klatkę piersiową, opierając się na przedramionach;
- dokonać przewrotu z pleców na bok;

Wiele trzymiesięcznych niemowląt, choć nie wszystkie, potrafi podnieść główkę pod kątem 90°.

- chwycić grzechotkę włożoną do ręki;
- reagować wzrokiem na bardzo drobne przedmioty, takie jak np. rodzynek, uważaj jednak, by tak małe przedmioty nie leżały w zasięgu rączek dziecka.

Po ukończeniu trzeciego miesiąca twoje dziecko może nawet umieć:

- częściowo utrzymywać ciężar swojego ciała, opierając się na stopach;
- wyciągać ręce w kierunku przedmiotu;
- podciągane do pozycji siedzącej, utrzymywać sztywno główkę;
- odwracać głowę w kierunku źródła dźwięku, szczególnie gdy słyszy głos mamy;
- gruchać, wydawać dźwięki artykułowane.

CZEGO MOŻESZ OCZEKIWAĆ W CZASIE BADANIA LEKARSKIEGO

Wizyty w poradni D lub u lekarza rodzinnego nie muszą się odbywać w regularnych odstępach czasu. (Badania profilaktyczne są zwykle skorelowane z terminami szczepień – przyp. red. nauk.) Jeśli więc nie dzieje się nic, co mogłoby cię zaniepokoić, nie musisz zgłaszać się do lekarza.

KARMIENIE DZIECKA W TRZECIM MIESIĄCU
Karmienie piersią a praca poza domem

Istnieje pewien zakres obowiązków, którego nie znajdziemy w charakterystykach rozmaitych zawodów, a jednak dotyczy coraz większej liczby pracujących matek. Nowe zadanie uniemożliwia przerwę na kawę czy drugie śniadanie, a dzień, i tak obfity w obowiązki, staje się jeszcze bardziej wypełniony dodatkowymi zajęciami. Należy także znaleźć czas na staranne planowanie. A jednak większość matek odciąga pokarm w pracy, aby nakarmić nim dziecko po powrocie do domu. Żadna z nich nie wyobraża sobie innego rozwiązania, bo utrzymanie ciągłości karmienia jest warte tego poświęcenia: począwszy od korzyści fizycznych (zdrowsze dziecko) po emocjonalne (bliski kontakt z dzieckiem przed i po pracy; silna więź z nim podczas godzin pracy). Po pewnym czasie okaże się, że bycie karmiącą pracownicą nie jest wcale niemożliwe.

JAK POGODZIĆ PRACĘ Z KARMIENIEM PIERSIĄ

Niezależnie od tego, czy ma się dziecko czy nie, podjęcie pracy wymaga wielu przygotowań i przemyśleń. Jeśli chcesz pogodzić pracę z karmieniem piersią, poniższe rady mogą okazać się przydatne:

Wstrzymaj się z podaniem butelki... Nie podawaj jej, dopóki nie unormuje się ilość wytwarzanego przez piersi pokarmu. Zbyt wczesne karmienie butelką może doprowadzić do zaburzeń mechanizmu ssania (patrz str. 82) oraz być przyczyną zmniejszonego wypływu pokarmu. Zacznij karmić butelką dopiero wtedy, gdy karmienie piersią nie będzie już kryło w sobie żadnych tajemnic i gdy będziesz miała pewność, ile pokarmu wydzielają twoje piersi. Większość kobiet potrzebuje do tego około sześciu tygodni.

...ale nie za długo. Z pewnością nie będziesz chciała podać niemowlęciu butelki, dopóki nie ukończy ono czterech czy pięciu tygodni, ale nie zwlekaj zbyt długo, nawet jeśli podjęcie pracy jest jeszcze sprawą odległą. Im dziecko starsze i dojrzalsze, tym trudniej przekonać je do zmiany nawyków żywieniowych. Na początek przyzwyczaj dziecko do jednego karmienia uzupełniającego, najlepiej w porze, kiedy będziesz w pracy.

Zacznij jak najwcześniej. Pierwsze dni spędzone w pracy wiążą się ze sporym stresem. Nie dokładaj sobie kolejnych powodów do zdenerwowania – nie czas teraz na rozgryzanie mechanizmu działania odciągacza! Najlepiej, jeśli zaczniesz ściągać pokarm kilka tygodni przed powrotem do pracy. W ten sposób nabierzesz wprawy, a zamrażarka wypełni się gotowymi buteleczkami z mlekiem wcześniej niż twoje konto bankowe pieniędzmi z wypłaty.

Zrób kilka prób generalnych. Zanim pójdziesz do pracy, przekaż dziecko opiekunce i kilkakrotnie wypróbuj nowy rozkład dnia – taki, jaki będzie on po powrocie do pracy (łącznie ze ściąganiem pokarmu poza domem). Wyjdź z domu na jakiś czas i stopniowo wydłużaj swoją nieobecność. Zaobserwuj, jakie problemy pojawiają się w czasie, kiedy nie ma cię w domu, i spróbuj się z nimi uporać zawczasu.

Zacznij na spokojnie. Nie wracaj do pracy na pełny etat od poniedziałku. Najlepiej zrób to w czwartek lub piątek – jeśli pierwszy tydzień pracy będzie krótszy, nie będziesz taka zmęczona. Weekend poświęć na ocenę nowej sytuacji i psychiczne dostosowanie się do nowych warunków.

Pracuj na pół etatu. Jeśli możesz pracować w takim systemie – przynajmniej na początku – będziesz miała więcej czasu na karmienie i kontakt z dzieckiem. Praca na pół etatu przez cztery czy pięć dni jest bardziej praktyczna niż na cały etat przez dwa czy trzy dni. Po pierwsze, być może uda ci się nie opuścić ani jednej pory karmienia, co najwyżej przepadnie jedna dziennie. Mniej będzie kłopotów z samoistnym wypływaniem pokarmu (jedwabna bluzka będzie ci za to wdzięczna) oraz prawdopodobnie unikniesz ściągania pokarmu w pracy (a to oznacza, że w przerwie na kawę faktycznie napijesz się kawy). Najważniejsze, że większość czasu spędzisz ze swym dzieckiem. Innym wariantem pracy, który tylko w niewielkim stopniu kłóci się z karmieniem, jest praca na trzecią zmianę – szczególnie gdy malec przesypia już noce. Niestety, taki system pracy utrudnia odpoczynek oraz zabiera czas przeznaczony dla męża.

W pracy czeka na ciebie spore wyzwanie: znalezienie miejsca i czasu na ściąganie pokarmu. Na szczęście dodatkowe obowiązki karmiącej matki są coraz powszechniej akceptowane przez pracodawców i stanowią część normalnego dnia pracy. Niektóre zakłady pracy wręcz zachęcają kobiety do korzystania z możliwości odciągania mleka (patrz ramka na str. 233). Wiele kobiet z powodzeniem łączy pracę zawodową z karmieniem piersią i odciąganiem pokarmu. Tobie też się uda, jeśli zastosujesz się do poniższych wskazówek:

- Noś ubiór wygodny dla kobiety karmiącej. Koszule i bluzki powinny być obszerne i rozpinane z przodu, by ułatwić odciąganie pokarmu (patrz str. 77). Ubiór nie powinien się gnieść. Stanik powinnaś wyłożyć specjalnymi wkładkami chroniącymi ubranie przed zaplamieniem. Warto mieć przy sobie zapas takich wkładek.

- Znajdź spokojne miejsce. Ściąganie pokarmu w pracy będzie o wiele łatwiejszym zadaniem, jeśli wykonasz je w odosobnieniu, na przykład w zamkniętym na klucz pokoju, nie używanym pomieszczeniu czy sali konferencyjnej albo ustronnym (i czystym) kąciku w toalecie.

- Bądź systematyczna – jeśli tylko rodzaj pracy na to zezwala, staraj się ściągać pokarm zawsze o tej samej porze, w jakiej karmiłabyś dziecko. Dzięki temu piersi będą przygotowane do odciągania (tak jak wcześniej do przystawienia dziecka) i ponownie napełnią się mlekiem na czas.

- Świeżo ściągnięty pokarm przechowaj w lodówce w miejscu pracy, a butelkę oznacz wyraźnie swym imieniem, by twoje mleko nie trafiło do czyjejś kawy. Możesz też zabrać z domu lodóweczkę turystyczną wyłożoną woreczkami z lodem czy dodawaną do wielu odciągaczy torbę chłodzącą. Więcej na temat przechowywania pokarmu znajdziesz na stronie 145.

- Natychmiast po powrocie z pracy włóż ściągnięte mleko do lodówki i poproś opiekunkę, by nazajutrz nakarmiła nim dziecko. Działając w ten sposób, zawsze będziesz miała przygotowany zapas na cały dzień.

- Karmienie piersią musi być wpisane w plan dnia. Spędzając kilka wspaniałych chwil z przystawionym do piersi maleństwem, na pewno nie stracisz pokarmu. Karm więc przed wyjściem do pracy oraz zaraz po powrocie do domu. Poproś opiekunkę o niepodawanie dziecku jedzenia na godzinę przed twym planowanym powrotem. Niech podkarmi malucha jedynie na tyle, by nie płakał z głodu.

- Weekend bez butelki – wytwarzanie pokarmu w organizmie usprawni się, jeśli we wszystkie wolne dni będziesz karmić wyłącznie piersią. Zawsze staraj się unikać karmienia z butelki, gdy jesteś w domu.

- Zaplanuj dzień tak, aby dziecko mogło ssać pierś jak najczęściej. Idealnie jest nakarmić małego dwukrotnie przed udaniem się do pracy i dwa, trzy lub więcej razy po powrocie. Jeśli pracujesz blisko domu, możesz karmić dziecko sama albo poprosić opiekunkę, by przywiozła niemowlę na karmienie, nawet w miejscu pracy, jeśli jest to możliwe. Jeżeli zostawiasz dziecko u opiekunki lub w żłobku, staraj się nakarmić je, gdy tylko po nie przyjedziesz. Możesz to zrobić w samochodzie lub na miejscu, ważne, by nie czekać do powrotu do domu.

- Staraj się być blisko domu. Jeśli twoje obowiązki służbowe wymagają jednak wyjazdów, staraj się, by pobyt poza domem nie trwał dłużej niż dzień. Jeśli musisz wyjechać na kilka dni, przygotuj odpowiednio duży zapas mleka (zamroź) lub zacznij wcześniej przygotowywać dziecko do mieszanki. Dla własnej wygody, a także dla podtrzymania laktacji weź z sobą w podróż odciągacz pokarmu (lub wypożycz go w miejscu pobytu). Powinnaś ściągać pokarm co trzy, cztery godziny. Po powrocie do domu może się mimo wszystko okazać, że ilość pokarmu się zmniejszyła. Możesz temu zaradzić, przystawiając maleństwo do piersi częściej, niż zwykłaś to robić przed wyjazdem. Odpowiednia dieta i więcej relaksu również korzystnie wpływają na zwiększenie laktacji.

- Postaraj się pracować w domu. Weź wszystko, co tylko można zabrać z biura do domu (oczywiście za zgodą przełożonego). W ten oto sposób będziesz mogła popracować, gdy tylko znajdziesz czas, i jednocześnie przebywać z dzieckiem w trakcie jego godzin czuwania. Oddając się zawodowym obowiązkom we własnym domu, i tak większość czynności przy malcu musisz przekazać opiekunce. Ale przynajmniej będziesz mogła karmić dziecko piersią.

- Wyznacz priorytety. Nie uda się wszystkiego zrobić jednakowo dobrze. Najważniejsze powinno być dziecko i mąż (oraz inne dzieci, jeśli je masz). Jeśli kariera zawodowa ma dla ciebie duże znaczenie (czy to z powodów finansowych czy emocjonalnych), też pewnie znajdzie się na czele listy, jednak odważnie rezygnuj z wszystkich innych spraw.

Program pomocy karmiącym matkom

Minęły złe czasy. Już nie trzeba wymykać się do toalety w celu użycia odciągacza, a buteleczki z pokarmem chować, by jej zawartość nie znalazła się w czyjejś kawie. Coraz więcej pracodawców rozumie, że stosowanie polityki pomagającej młodym rodzicom czyni z nich wydajniejszych pracowników. Dlatego w wielu miejscach w Stanach Zjednoczonych wdrażany jest program pomocy karmiącym matkom: firmy wyznaczają specjalne pomieszczenia wyposażone w odciągacze i lodówki, a także zapewniają kontakt z poradnią laktacyjną. Owe programy nie tylko pomagają matkom (zmniejszając stres) i ich dzieciom (dla których mleko matki jest najzdrowsze), lecz również zakładom pracy: jeśli dziecko rzadziej choruje, matka sporadycznie korzysta z opieki, a zatem jest pełnowartościowym pracownikiem.

Nawet jeśli twój zakład pracy nie realizuje takiego programu, istnieje kilka sposobów na zapewnienie sobie dobrych warunków do ściągania pokarmu. Wraz z innymi karmiącymi matkami poprowadźcie lobbing na rzecz przerw w pracy, wyznaczenia odosobnionego miejsca czy zorganizowania innych potrzebnych wam rzeczy. Notuj, jak długie są przerwy innych pracowników (kawa, lunch, papieros); gdy ktoś z kierownictwa powie ci, że w pracy nie ma czasu na przerwę na ściąganie pokarmu, będziesz uzbrojona w doskonały argument. Porozmawiaj z szefem o pomocy dla firm realizujących program pomocy karmiącym matkom, na przykład ze strony La Leche League. Zaznacz też, że Amerykańska Akademia Pediatrii zaleca karmienie dziecka piersią przez pierwszy rok jego życia i apeluje, aby zakłady pracy dopomogły w tym swoim pracownicom, zapewniając osobne pomieszczenia i odciągacze pokarmu. Sprawdź wreszcie kodeks pracy i przepisy prawne: w niektórych stanach zatwierdzono przepisy dające matce prawo do ściągania pokarmu w czasie pracy*.

* W Polsce matce karmiącej także przysługują przerwy na karmienie w wymiarze 2 × 30 minut. Pracownica karmiąca więcej niż jedno dziecko ma prawo do dwóch przerw po 45 minut każda (przyp. red.).

- Bądź elastyczna. Pogodna, szczęśliwa matka jest bardzo ważna dla swojego dziecka. Ważniejsza nawet niż dieta składająca się wyłącznie z matczynego mleka. Chodząc do pracy, będziesz przypuszczalnie z powodzeniem karmić piersią, ale należy wziąć pod uwagę ewentualność, że tak się nie stanie. Niekiedy wzmożony wysiłek fizyczny i emocjonalny związany z podjęciem dodatkowych obowiązków powoduje zahamowanie laktacji. Jeśli dziecko karmione piersią nie przybiera na wadze, spróbuj podawać mu pierś częściej, gdy jesteś w domu. Jeśli próby nie dadzą oczekiwanego rezultatu, będziesz zmuszona uzupełniać karmienie mieszanką.

Co może cię niepokoić

USTALANIE RYTMU

Mama mówi, że powinnam już teraz przyzwyczaić dziecko do odpowiedniego rytmu, a siostra namawia, by nie patrzeć na zegarek, tylko dopasować się do rytmu, jaki wytycza mój synek. Jak więc postępować najlepiej?

Najlepiej kierować się taką samą regułą, jak w przypadku wszystkich innych spraw związanych z wychowywaniem dziecka: postępuj w sposób najlepszy dla ciebie i dla twego maleństwa. Choć zawsze znajdą się osoby doradzające inne rozwiązanie, nie ma jednoznacznej odpowiedzi, czy dzieci nie będące już noworodkami powinny być przyzwyczajane do jakiegoś rytmu dnia. Wiadomo przecież, że każde dziecko, podobnie jak każdy dorosły, jest inne i metoda skuteczna dla jednego nie zdaje egzaminu w przypadku drugiego; czyli ten sam sposób postępowania wobec dwojga dzieci w tej samej rodzinie może nie zadziałać. Ze względu na wady i zalety wymienionych podejść większość rodziców nie przestrzega ściśle ich reguł, wybierając pośrednie rozwiązania.

Od trzeciego miesiąca niektóre niemowlęta same ustalają sobie pewien rytm. W typowym przypadku dzień takiego malucha wygląda następująco: budzi się mniej więcej o tej samej porze, dostaje mleko, czuwa przez kilka chwil, po czym zasypia ponownie. Budzi się w porze obiadu i nakarmiony usypia. Po przebudzeniu otrzymuje kolejną porcję mleka i rozpoczyna dłuższy okres czuwania, zakończony posiłkiem. Jeśli zaśnie, a sen będzie przedłużał się do późnych godzin wieczornych, należy dziecko obudzić (około 23.00) i nakarmić na noc. Niemowlę powinno spać do rana. Dzieci w tym wieku zwykle przesypiają noc, budząc się średnio po sześciu godzinach.

Rodzice takich „wyregulowanych" dzieci mogą łatwiej zaplanować sobie dzień, nawet jeśli ich pociechy zachowują tylko częściową regularność. A ponieważ to dziecko decyduje o tym, co kiedy następuje (bez zewnętrznego przymusu), jego rodzice nie czują, że coś wymuszają czy że za mało reagują na jego potrzeby.

Jednak są też niemowlęta, które nawet po trzech miesiącach nie wykazują żadnego rytmu. Budzą się, jedzą i zasypiają o dowolnych porach. Raz jedzą często, innym razem rzadko, nieustannie stanowiąc wielką niewiadomą. Jeśli twoje dziecko jest takim typem niemowlęcia, musisz zdobyć się na inicjatywę i próbować wprowadzić rytm tam, gdzie to możliwe. Oto dobre i złe strony obu sposobów podejścia do ustalania rytmu dnia:

Opieka rodzicielska według ustalonych reguł. Regularność w wykonywaniu czynności daje dziecku poczucie stabilizacji, bezpieczeństwa oraz umożliwia przewidywanie sytuacji – tak twierdzą rzecznicy takiego podejścia. Rutyna sprawia, że dni są spokojne, a kolejność wydarzeń – niezawodnie taka sama. Dzieci czują się bezpieczne właśnie za sprawą porządku i konsekwencji swoich opiekunów. Ustalenie rytmu dnia wcale nie pomija potrzeb dziecka – są one uwzględniane, lecz w ramach pewnego planu zajęć. A ponieważ rodzice też mają swoje prawa, przewidywalny plan teoretycznie pozwala im znaleźć czas dla siebie nawzajem, bez dziecka (w domu czy poza nim). Każdy związek tego potrzebuje, natomiast łatwo zapomnieć o przyjemnościach małżeństwa, kiedy dziecko pragnie jeść i spać w porach trudnych do przewidzenia. Stały rytm zajęć wraz z upływem czasu jest coraz ważniejszy dla stabilności rodziny oraz dobra dziecka. Wiele dzieci nie potrzebuje takiego planu we wczesnym okresie niemowlęcym i doskonale się bez niego czuje – wówczas maluchy są wszędzie zabierane, gdyż można je nakarmić w dowolnym miejscu i swobodnie zapadają w sen bez względu na otoczenie. Z czasem reagują na nieregularne posiłki czy pory snu bardzo regularnym płaczem. Po rozpoczęciu nauki w szkole te dzieci, które nie zasypiają o stałej porze, mają kłopoty z porannym wstawaniem czy wysypianiem się niezbędnym do efektywnego wykorzystania dnia.

Ale łatwo jest przesadzić z takim rygorystycznym przestrzeganiem rytmu. Najmłodsze dzieci, poniżej drugiego czy trzeciego miesiąca życia, nie powinny jeszcze być tak traktowane; należy je karmić czy kłaść spać na żądanie. Nawet później nie powinno się odmawiać głodnemu dziecku piersi czy butelki tylko dlatego, że jeszcze nie wybiła godzina, w której powinno być głodne (jeśli dziecko jest karmione piersią, takie postępowanie może doprowadzić do zmniejszenia ilości pokarmu oraz zaburzeń rozwoju). Odmawianie dziecku pokarmu tylko z tego powodu, że „teraz jest czas mamusi i tatusia", skrzywdzi malca: poczuje się on bezradny, porzucony, niekochany, niepewny. Trzymanie się zbyt ściśle rytmu może tak utrudnić życie, jak zbyt duża swoboda w jego realizacji.

Jeśli zdecydujecie się na ustalenie pewnego planu, jego budowa będzie uzależniona nie tylko od naturalnego rytmu jedzenia i spania oraz wrodzonej osobowości dziecka (są dzieci, które od urodzenia zdają się potrzebować ustalonego rytmu), ale także od potrzeb najbliższej rodziny. Nie należy traktować takiego planu jako niezłomnego zbioru reguł oraz ustaleń do ścisłego przestrzegania, lecz jako pewne wytyczne, na podstawie których snuje się plany na każdy kolejny dzień.

Opieka rodzicielska „na życzenie". Choć nasze społeczeństwo żyje według pewnego rytmu – rozkładów jazdy pociągów, planów pracy, planów lekcji – są osoby, które wcale ich nie potrzebują. Jeśli niemowlę dobrze się rozwija, nie przestrzegając rytmu (czyli sprawia wrażenie zadowolonego, jest aktywne i zainteresowane tym, co się dzieje w ciągu dnia, natomiast w nocy dobrze śpi), a jego rodzicom to odpowiada (nie mają nic przeciwko przekładaniu potrzeb dziecka nad własne), to najlepiej się sprawdzi system polegający na opiece „na życzenie". Rzecznicy tej metody uważają, że reagowanie na potrzeby dziecka pozwala lepiej je zrozumieć oraz wzbudza zaufanie, które powinno być podstawą dobrych stosunków w rodzinie. Twierdzą też, że niemowlęta czują się bezpiecznie i dowartościowane jako istoty ludzkie, a także mniej płaczą czy marudzą, jeśli są karmione na życzenie (choćby dopiero co skończyły ssać), kładzione spać, gdy są śpiące (i gdy pozwala się im nie spać, jeśli nie chcą), a także jak najczęściej noszone na rękach lub w nosidełku. Rodzice postępujący zgodnie z potrzebami dziecka spędzają z nim więcej czasu, toteż lepiej i szybciej poznają swą pociechę. Ustalanie rytmu dnia dla wygody to dla nich bardzo krótkowzroczna polityka.

Należy się jednak liczyć z tym, że brak organizacji w życiu dziecka może spowodować pojawienie się pewnych problemów. Niektóre niemowlęta już od samego początku domagają się działań według określonego rytmu. Stają się marudne, gdy podanie posiłku opóźnia się, kapryszą, gdy nie położy się ich do łóżeczka na czas itd. Jeśli twoje dziecko zdradza niezadowolenie z powodu braku organizacji, jest to sygnał, by wprowadzić pewne reguły. Brak stałego rytmu dnia wręcz przeszkadza niektórym dzieciom w prawidłowym rozwoju, a w późniejszym okresie życia

w ćwiczeniu dyscypliny. Dzieci nigdy nie uczone samodyscypliny mają problemy z odrabianiem lekcji, terminowym składaniem dokumentów i spóźniają się do szkoły. Oczywiście są takie dzieci, które doskonale rozwijają się w rodzinach nie przestrzegających żadnego ścisłego planu zajęć. Ponieważ każde dziecko jest inne i różni się nawet od swych rodziców – może się tak zdarzyć, że chłopiec czy dziewczynka wychowywana bez ścisłego rygoru zajęć okaże się typem A, samodzielnie opracowującym swój własny plan (kładąc się spać bez nakazów rodziców), natomiast dziecko wychowywane wedle stałego rytmu dnia, nigdy się do niego nie dostosuje.

Jeśli zdecydujesz się na opiekę na życzenie, pamiętaj, by kierując się potrzebami dziecka, nie zapomnieć o związku ze swym mężem. Dzieci, które nie zasypiają wieczorem o stałej porze, zabierają swoim mamom i tatom cenny czas przeznaczony na bycie tylko ze sobą. Rodzice tak miło zabawiają swoje pociechy wieczorami, że zapominają o przyjemności bycia we dwoje.

Nie ma jednoznacznej odpowiedzi na pytanie, czy lepiej ustalić rytm dnia czy nie, a ponadto sytuacja może ulec zmianie wraz z upływem czasu. Wprowadzenie jakiegoś rytmu bywa nieraz przeszkodą utrudniającą życie. Zdarza się, że postępowanie zgodnie z życzeniem dziecka należy przerwać, gdyż maluch opowiada się za ustabilizowanym planem dnia. Wielu rodziców szybko stwierdza, że najlepsza metoda leży pośrodku. Pamiętaj: ponieważ to ty decydujesz, wybierz sposób najlepszy dla ciebie i dziecka, nie przejmując się zdaniem innych.

UKŁADANIE DZIECKA DO SNU

Moja mała zawsze zasypia podczas karmienia. Czy jest to zły nawyk, który należy zwalczać?

Rada, by kłaść dziecko do łóżeczka, gdy jeszcze nie śpi, i próbować przyzwyczajać do zaśnięcia bez piersi czy butelki, wy-

Sprzeczne filozofie rodzicielskie

Wystarczy zaglądnąć do księgarni, przejść obok kiosku czy przejrzeć strony internetowe dla rodziców, aby natknąć się na wiele książek, czasopism, artykułów i porad na temat wychowywania dziecka. Bombardują nas dziesiątki filozofii rodzicielskich, często sprzecznych ze sobą. Każda z nich ma swój zbiór zasad, każda też uważa się za najlepszą. Niezależnie od zagadnienia (jak karmić dziecko, sprawić, by zaczęło przesypiać całą noc, gdzie kłaść je spać, jak nosić czy kiedy odstawić od piersi, wreszcie jaki rytm dnia ustalić), wszystkie te poglądy opierają się na jednej zasadniczej przesłance: każde dziecko ma swoje potrzeby, których zaspokajanie należy do rodziców.

Spektrum rad i podejść jest bardzo szerokie, a metody przez nie proponowane rywalizują ze sobą. Ale większość rodziców kieruje się wskazówkami dwóch głównych filozofii. Pierwszą z nich jest „rodzicielstwo bliskiej więzi", zachęcające do karmienia na żądanie, spania z dzieckiem, noszenia dziecka w nosidełku (czyli polega na zaspokajaniu potrzeb dziecka poprzez jak najczęstszy bliski kontakt fizyczny). Druga natomiast – „rodzicielstwo według rodziców" – polega na stwarzaniu pewnej dziennej rutyny, która zaspokaja potrzeby dziecka w przewidywalnych stałych porach.

Bywają rodzice, którzy w zależności od sytuacji zmieniają metodę postępowania; inni – wybierają po trosze z każdej. Jeszcze inni stale się wahają i nigdy nie dokonują ostatecznego wyboru. Wielu natomiast kieruje się wskazówkami zaczerpniętymi z różnych metod i na ich podstawie opracowuje własny sposób. Są wreszcie i tacy, którzy przyjmują jedną filozofię z wszystkimi jej zasadami, posuwając się nawet do krytykowania rodziców, którzy bojkotują jej reguły.

Jednak wiele filozofii – oraz ich wyznawców – często nie bierze pod uwagę faktu, że niezłomne zasady w sprawach wychowywania dzieci po prostu nie istnieją. Z wyjątkiem spraw dotyczących opieki zdrowotnej i bezpieczeństwa (jak na przykład wożenie dziecka w foteliku samochodowym, zapewnianie malcowi regularnej opieki zdrowotnej), można dobrze opiekować się dzieckiem na wiele sposobów. Większość lekarzy podziela pogląd, że jeśli tylko rodzice zgadzają się ze sobą i są konsekwentni w swym postępowaniu, to każda metoda (lub połączenie kilku metod) zadziała. Kiedy dziecko jest zdrowe, bezpieczne i zadowolone, lepiej robić to, co pasuje rodzinie, niż stosować dogmaty – albo, co gorsza, czuć się winnym z powodu uwag osób, które mają odmienne poglądy.

---

gląda łatwo tylko na papierze. Każda matka, która usiłowała nie dopuścić do tego, by maleństwo usnęło w czasie karmienia, wie, że jest to praktycznie niemożliwe. Jeśli maleństwo chce spać, nie ma sposobu, aby utrzymać je w stanie czuwania. A tak naprawdę, czy rzeczywiście chcemy je wybudzać?

Aby wykształcić u niemowlęcia nawyk zasypiania bez piersi czy butelki, musimy poczekać, aż dziecko będzie starsze (między 6 a 9 miesiącem życia). Karmimy wówczas nieco rzadziej. Jeśli nawyk jest nie do zwalczenia, nie ma innej rady, jak poczekać, aż odstawimy dziecko od piersi. Warto jednak wykorzystywać każdą sytuację, gdy niemowlę jest senne, i próbować układać je w łóżeczku. Można wówczas pomagać mu zasnąć delikatnym kołysaniem lub nuceniem. Oczywiście nie ma sensu podejmować takich prób, gdy dziecko jest ożywione.

DZIECKO, KTÓRE BUDZI SIĘ W NOCY DO KARMIENIA

Dziecko mojej znajomej przesypia noce, odkąd wróciło ze szpitala. Moje zaś tak samo często budzi się w nocy na karmienie jak zaraz po urodzeniu.

U małych niemowląt zwyczaj budzenia się w nocy na karmienie wynika z potrzeby zaspokojenia głodu. Są oczywiście dzieci, i do takich należy dziecko twojej znajomej, które ukończywszy trzeci miesiąc, nie potrzebują już dodatkowych racji pokarmowych w godzinach nocnych. Większość dwu- i trzymiesięcznych niemowląt, szczególnie tych karmionych piersią, wymaga jednak jednego lub dwóch posiłków nocnych i budzi się.

Podczas gdy jeden nocny posiłek można jeszcze zaakceptować, trzy- lub czterokrotne karmienie to już za dużo. Stopniowe zmniejszanie liczby nocnych karmień nie tylko zapewni mamie nieco więcej odpoczynku, lecz także będzie pierwszym ważnym krokiem w przyzwyczajaniu malca do nocnego spania bez przekąski. Spróbuj zastosować następujące metody:

- Zwiększaj ostatni posiłek. Wiele dzieci zasypia, nie wypijając całej ilości mleka, postaraj się więc, aby dopiło do końca. Możesz je na chwilę podnieść, aby mu się odbiło, a następnie skłonić do opróżnienia piersi bądź butelki. Jednak nie daj się namówić na wprowadzenie pokarmów stałych czy dodawanie płatków śniadaniowych do mleka w butelce, nim dziecko osiągnie odpowiedni etap rozwoju. Podawanie pokarmów stałych przed czwartym miesiącem życia nie jest zalecane. Ponadto dziecko nakarmione tego rodzaju pokarmem wcale nie będzie spało dłużej.

- Obudź dziecko i nakarm przed udaniem się na spoczynek. Taki późnowieczorny posiłek może na tyle zaspokoić głód, abyś i ty przespała te sześć czy osiem godzin. Nawet jeśli dziecko jest zbyt zaspane, by zjeść wszystko, może uda mu się wypić choćby niewielką porcję mleka. Oczywiście jeśli dziecko budzi się częściej po wprowadzeniu tej metody – zaniechaj budzenia. Może się bowiem zdarzyć, że mały, wybudzany przez ciebie, stanie się bardziej podatny na budzenie się w nocy.

- Upewnij się, że dziecko otrzymuje wystarczające porcje pokarmu w ciągu dnia. Jeśli je za mało, być może traktuje nocne karmienia jako sposób na uzupełnienie kalorii. Jeśli podejrzewasz, że właśnie w tym tkwi sedno sprawy, powinnaś częściej karmić dziecko w ciągu dnia, między innymi po to, by zwiększyć wydzielanie pokarmu (patrz str. 149). Jeśli niemowlę karmione jest butelką, zwiększaj stopniowo porcje mieszanki. Musisz jednak pamiętać, że jeśli podajesz dziecku pokarm co dwie godziny w ciągu dnia, rytm ten może utrwalić się i niemowlę będzie domagało się jedzenia co dwie godziny przez całą dobę.

- Poczekaj trochę z podaniem mleka. Jeśli niemowlę budzi się co dwie godziny i żąda posiłku (taka sytuacja jest zrozumiała u noworodków, ale nie u niemowląt dwu- i trzymiesięcznych), spróbuj wydłużać nocne okresy między karmieniami o pół godziny. Zamiast stawać na baczność i podawać mu pierś lub butelkę na każde zawołanie, odczekaj chwilę, by dać mu szansę na ponowne zaśnięcie. Często dzieci sprawiają nam takie niespodzianki. Jeśli jednak metoda ta nie sprawdza się i twoja pociecha zaczyna głośno płakać (sama oceń, ile czasu taki płacz może trwać), lekki masaż, kołysanka czy melodia z pozytywki może ją uspokoić. Nie należy brać dziecka na ręce. Jeśli po kwadransie mały nadal płacze, to można go podnieść i starać się uspokoić kołysaniem, przytulaniem lub cichym nuceniem. Jeśli karmisz piersią, lepiej aby nad dzieckiem czuwał w tych sytuacjach ojciec. Jeśli maleństwo widzi, słyszy i czuje źródło zaspokajania głodu, nie da się łatwo zwieść. Na koniec warto pamiętać, by w pokoju było ciemno i w miarę możliwości cicho. Im mniej bodźców, tym lepiej.

Może się okazać, że wszystkie te metody unikania częstego karmienia w nocy zawiodą. Wówczas należy oczywiście nakarmić dziecko i pocieszać się świadomością, że okres między posiłkami został mimo wszystko wydłużony o pół godziny. Jeśli konsekwentnie będziemy postępować w ten sposób, jest szansa, że malec będzie się budził na nocne karmienie o pół godziny później. Stopniowo wydłużaj przerwy między posiłkami, aż dojdzie do jednego karmienia w nocy. Rytm taki może się utrzymać przez dwa, trzy miesiące.

- W przypadku nocnych karmień, które chcesz wyeliminować, stopniowo ograniczaj ilość podawanego mleka. Karm albo coraz krócej, albo podawaj o kilka mililitrów mniej. Postępuj zgodnie z tą metodą w każdą lub co drugą noc.

- Zwiększ porcję tego posiłku, którego na razie nie planujesz wyeliminować. Jeśli dziecko budzi się np. o północy, o drugiej i o czwartej rano, spróbuj wyeliminować posiłek pierwszy i ostatni. Taka próba może się powieść, jeśli maluch dostanie większą porcję o godzinie drugiej. Jednak ta niewielka ilość wypitego dodatkowo mleka nie pozostanie na długo w brzuszku – przeczytaj rady, jak wybudzić śpiące dziecko do karmienia (patrz str. 111).

- Zmieniaj dziecku pieluszki w nocy tylko wtedy, gdy jest to absolutnie konieczne – wystarczy powąchać, by wiedzieć. (Oczywiście im rzadziej będziesz karmić w nocy, tym mniejsza potrzeba przewijania.) Jeśli dziecko wyrosło z jednego rozmiaru pieluch jednorazowych, a nie dorosło do następnego, wybierz na noc większy rozmiar, który więcej wchłania, albo specjalną pieluchę zakładaną do spania.

- Jeśli dziecko sypia w tym samym pokoju co ty, a chcesz zmienić ten zwyczaj, teraz jest stosowny moment, by przenieść je do innego pomieszczenia (patrz str. 242). Niemowlę być może dlatego budzi się w nocy, że czuje twoją obecność i chce być brane na ręce.

Większość czteromiesięcznych dzieci nie wymaga nocnego karmienia. Zgodnie z procesem metabolizmu, niemowlętom ważącym co najmniej 5 kg nocny posiłek nie jest wcale potrzebny, a czy go dostają czy nie – to już zupełnie inne zagadnienie. Gdy dziecko po ukończeniu piątego czy szóstego miesiąca nadal budzi się w nocy do karmienia, można śmiało założyć, że to nie głód, lecz stary nawyk zarządził pobudkę. Żołądek przyzwyczajony do stałych pór zasygnalizuje głód, choćby tak naprawdę był pełny. Na stronie 317 znajdziesz porady, jak postępować z niemowlęciem, aby przesypiało całe noce.

ZESPÓŁ NAGŁEJ ŚMIERCI NIEMOWLĘCIA (ŚMIERĆ „ŁÓŻECZKOWA")

Odkąd dziecko sąsiadów zostało znalezione martwe w łóżeczku, stałam się tak nerwowa, że budzę moją małą kilka razy w ciągu nocy, by sprawdzić, czy wszystko jest w porządku. Czy zainstalowanie urządzenia monitorującego oddychanie to dobry pomysł?

Lęk, że dziecko może nagle umrzeć w środku nocy, prześladuje matki od niepamiętnych czasów, zanim jeszcze zjawisko to uzyskało swe medyczne określenie: zespół nagłej śmierci niemowlęcia. Literatura sta-

---

Zaburzenia w oddychaniu zgłaszamy lekarzowi

Podczas gdy krótki okres bezdechu (poniżej 20 sekund) jest rzeczą naturalną u niemowląt, dłuższe zatrzymanie oddechu, zwłaszcza jeśli towarzyszy mu zsinienie bądź bladość twarzy, osłabienie oraz zwolnienie rytmu serca, wymaga interwencji lekarza. Natychmiast wezwij pogotowie, jeśli twoje próby przywrócenia normalnego oddechu (patrz str. 530) nie dały rezultatów. Opisując lekarzowi zaburzenia w oddychaniu, zwróć uwagę na następujące okoliczności:

- Czy bezdech nastąpił podczas snu, czy w okresie czuwania?

- Czy w momencie zatrzymania oddechu dziecko spało, jadło, płakało, krztusiło się, kaszlało?

- Czy nastąpiła zmiana koloru twarzy; czy dziecko zbladło lub zsiniało?

- Czy wymagało reanimacji? Jeśli tak, w jaki sposób udzielono mu pomocy? Jak długo trwała akcja?

- Czy nastąpiły jakieś zmiany w sposobie płaczu dziecka przed wystąpieniem bezdechu, np. czy nie płakało piskliwiej niż normalnie?

- Czy ruchy dziecka były wiotkie, sztywne czy normalne?

- Czy dziecko często miewa głośny oddech; czy chrapie?

rożytna niejednokrotnie opisuje takie przypadki. Księga Królów wspomina np. o dziecku przyduszonym przez matkę, choć prawdopodobnie była to właśnie ofiara tzw. śmierci łóżeczkowej.

Jeśli twemu dziecku nie przydarzyło się coś, co mogło zagrozić jego życiu, tzn. jeśli nie przestało oddychać i nie musiało być reanimowane (jeśli było, zerknij na następną stronę), prawdopodobieństwo nagłego zgonu jest minimalne. Obawa, że to właśnie twoja córeczka ma być jedną z niewielu ofiar, jest bardziej destrukcyjna niż pomocna zarówno dla ciebie, jak i dziecka.

Prawdą jest, że większość rodziców, choć nie ma podstaw do niepokoju, będzie i tak wstawała w nocy, by sprawdzić, czy niemowlę oddycha. Nie śpią spokojnie, dopóki dziecko nie ukończy roku i śmierć w kołysce przestanie być zagrożeniem. Chcemy przez to powiedzieć, że twoje obawy i niepokój należą do zjawisk normalnych, ale zawsze należy zachować rozsądek i nie poddawać się nieuzasadnionemu lękowi.

Chociaż zakup monitora, który może istotnie zasygnalizować nagłe zaburzenia w oddychaniu, wydaje się idealnym (choć kosztownym) sposobem na pozbycie się niepokoju związanego z nagłą śmiercią, podłączenie go do zupełnie zdrowego dziecka może wywołać więcej problemów niż korzyści. Fałszywe alarmy zdarzają się często, wprowadzając niepotrzebny niepokój.

Najlepszym sposobem na pozbycie się stresu spowodowanego strachem przed nagłą śmiercią dziecka jest nauczenie się udzielania pierwszej pomocy niemowlęciu i zatroszczenie się, by ojciec, opiekunka czy inne osoby przebywające stale z niemowlęciem potrafiły w razie potrzeby jej udzielić. Kiedy dziecko z niewiadomego powodu przestanie nagle oddychać (patrz str. 530), będziesz mogła natychmiast zastosować sztuczne oddychanie. Jeśli nie potrafisz pozbyć się lęku, możesz porozmawiać z terapeutą, który jest zaznajomiony z zagadnieniem zespołu nagłej śmierci niemowlęcia i potrafi rozwiać twoje obawy. (Czasem takie niepokoje wywołane są depresją poporodową, patrz str. 605.)

Wczoraj po południu weszłam do pokoju dziecka zaniepokojona jego długim snem. Mały leżał zupełnie nieruchomo i był siny. Przerażona podniosłam go i gdy nim potrząsnęłam, okazało się, że wszystko jest w porządku. Pediatra uważa jednak, że należy poddać dziecko badaniom szpitalnym, co bardzo mnie niepokoi.

To przykre dla ciebie doświadczenie można potraktować jako sygnał ostrzegawczy. Na szczęście nic się nie stało, ale dziecko dało tobie i lekarzowi powody do przypuszczeń, że sytuacja może się powtórzyć. Aby nie dopuścić do ponownego bezdechu, lekarz zaproponował badanie szpitalne.

Twój syn znalazł się w „sytuacji potencjalnie zagrażającej życiu", co nie oznacza, że jego życie rzeczywiście było w niebezpieczeństwie. Przypadek dłuższego bezdechu (zatrzymanie oddychania na dłużej niż dwadzieścia sekund) faktycznie może zwiększyć ryzyko wystąpienia zespołu, ale istnieje 99% szans, że nigdy tak się nie stanie. W szpitalu przyczyna bezdechu zostanie szybciej zidentyfikowana i wyeliminowana. W tym celu historia zdrowotna malca zostanie dokładnie prześledzona, a on sam dokładnie przebadany, poddany testom diagnostycznym i być może monitoringowi pod kątem występowania przedłużonych okresów bezdechu. (Badania te przeprowadza się także często u dziecka, u którego co prawda nie wystąpił bezdech, lecz dwoje lub więcej z jego rodzeństwa przeżyło sytuację grożącą śmiercią w kołysce bądź też jedno z nich zmarło na zespół nagłej śmierci niemowlęcia, natomiast życie drugiego było potencjalnie zagrożone.)

Gdy wyniki badań przeprowadzonych w szpitalu nie przekonają lekarza, skieruje on dziecko do ośrodka specjalizującego się w problemach zespołu nagłej śmierci niemowlęcia.

Niekiedy przyczyny bezdechu są bardzo prozaiczne: proste do wyleczenia infekcje, drgawki związane z gorączką, niedrożność dróg oddechowych. Można im zatem łatwo zapobiec. Gdyby jednak czynniki wywołujące bezdech pozostały nieznane lub ryzyko wystąpienia zespołu nagłej śmierci niemow-

Co to jest śmierć łóżeczkowa

Zespół nagłej śmierci niemowlęcia to nagły zgon dziecka nie dający się wyjaśnić wcześniejszymi objawami chorobowymi. Przyczyny nie da się także ustalić w trakcie sekcji zwłok. Jest to jedna z najczęstszych przyczyn zgonów niemowląt między drugim tygodniem a dwunastym miesiącem życia (w Polsce brak danych o częstości występowania zespołu nagłej śmierci niemowlęcia. Z pewnością nie stanowi ona głównej przyczyny zgonów niemowląt – przyp. red.), ryzyko zgonu z powodu zespołu nagłej śmierci niemowlęcia dla przeciętnego dziecka jest minimalne i wynosi około 1 na 1500 przypadków. Rodzice mogą przedsięwziąć zapobiegawcze kroki (patrz *Zapobieganie zespołowi nagłej śmierci niemowlęcia* na str. 241), dlatego zagrożenie to maleje.

Śmierć łóżeczkowa najczęściej występuje u dzieci między drugim a czwartym miesiącem życia, najwięcej przypadków śmierci odnotowano przed szóstym miesiącem życia. Choć powszechnie sądzono, że dzieci, które zmarły w ten sposób, były zupełnie zdrowe, prowadzone dziś badania pokazują, że teza ta nie jest do końca zgodna z prawdą. Lekarze są raczej przekonani, że śmierć w kołysce dotyczy niemowląt, które tylko pozornie są zdrowe – mają jakąś ukrytą, nie rozpoznaną nieprawidłowość zagrażającą ich życiu. Zgodnie z jedną z hipotez, w mózgu tych dzieci nieprawidłowo rozwinął się ośrodek odpowiadający za budzenie. Powinien on zadziałać, gdyby doszło do zaburzeń w oddychaniu. Inna teoria głosi, że przyczyną zespołu nagłej śmierci niemowlęcia jest nie wykryta wada serca.

Ryzyko wystąpienia zespołu nagłej śmierci niemowlęcia powiększa niewłaściwa opieka prenatalna (palenie papierosów przez matkę przed i po porodzie trzykrotnie zwiększa zagrożenie wystąpieniem zespołu), jak również wiek matki – poniżej dwudziestu lat (faktyczną przyczyną może być zarówno zła opieka przed i po porodzie, palenie papierosów, jak i wiek). Grupę wysokiego ryzyka powiększają także wcześniaki oraz dzieci z małą masą urodzeniową.

Zespół nagłej śmierci niemolęcia nie jest zaraźliwy. Nie jest skutkiem ubocznym szczepień ochronnych. Wymioty, kaszel czy drobne infekcje również nie są jego przyczyną.

Istnieje natomiast wiele czynników środowiskowych zwiększających ryzyko wystąpienia śmierci łóżeczkowej. Na szczęście wszystkim tym zagrożeniom można zapobiec: nie pozwalaj spać dziecku na brzuszku, nie układaj go do snu na miękkim posłaniu, z kocykami, poduszkami czy zabawkami, trzymaj malucha z dala od papierosowego dymu i dbaj, aby się nie przegrzał. Od czasu rozpoczęcia w 1994 r. przez Amerykańską Akademię Pediatrii (i inne organizacje) kampanii „Śpimy na pleckach" liczba przypadków zgonu z powodu zespołu nagłej śmierci niemowlęcia zmalała o 40%.

---

lęcia wiązało się z nieprawidłowym funkcjonowaniem serca czy płuc, wówczas często zaleca się monitorowanie oddechu i/lub akcji serca dziecka w domu. Urządzenie zwykle podłącza się za pomocą elektrod do ciała dziecka lub do materacyka jego łóżeczka czy kojca. Osoba opiekująca się dzieckiem zostaje odpowiednio przeszkolona. Musi nauczyć się obsługi urządzenia monitorującego oraz prawidłowego reagowania na sytuację zagrożenia. Urządzenie całkowicie nie ochroni dziecka przed zespołem nagłej śmierci. Ale lekarzowi dostarczy cennych informacji na temat stanu małego pacjenta, a tobie da poczucie, że możesz coś zrobić, a nie tylko bezczynnie siedzieć. Musisz jednak pamiętać, że niektóre badania kwestionują skuteczność monitorowania; nawet zdrowym dzieciom zdarzają się przypadki bezdechu oraz spowolnienia pracy serca, nie zagrażające wystąpieniem zespołu nagłej śmierci niemowlęcia. Fałszywe alarmy także nie należą do rzadkości.

Moja córeczka, urodzona jako wcześniak, w pierwszych tygodniach życia kilka razy miała napad bezdechu. Lekarz twierdzi, że nie ma powodu do niepokoju oraz że monitorowanie jej jest zbędne.

Bezdech zdarza się bardzo często u dzieci urodzonych przedwcześnie. Doświadcza go około 50% noworodków urodzonych przed trzydziestym drugim tygodniem. Napady bezdechu u wcześniaków, do których dochodzi w okresie między urodzeniem a planowanym terminem porodu, nie mają żadnego związku z zespołem nagłej śmierci niemowlęcia. Nie zwiększają także ryzyka śmierci w kołysce ani zaburzeń w oddychaniu w późniejszym okresie niemowlęctwa. Jeżeli napady bezdechu nie powtarzały się po planowanym terminie porodu, nie ma powodu do niepokoju. Sporadyczne zatrzymanie oddechu u niemowląt donoszonych, nie wymagające udzielania pierwszej pomocy i nie powodujące sinienia twarzy, nie stawia tych dzieci w grupie ryzyka nagłej śmierci. Tylko nieliczne przypadki bezdechu kończą się śmiercią. Prawdą jest też, że u większości niemowląt, których zgon nastąpił niespodziewanie, nie obserwowano wcześniej żadnych nieprawidłowości w oddychaniu.

Słyszałam, że szczepionka Di-Te-Per może przyczynić się do nagłej śmierci niemowlęcia. Zastanawiam się, czy wobec tego zaszczepić moje dziecko.

Wyniki badań wskazują na brak związku pomiędzy szczepionką Di-Te-Per a zespołem nagłej śmierci niemowlęcia. Jednak teoria ta, jak wiele innych obalonych mitów, wciąż jest aktualna. Szczepionka Di-Te-Per nigdy nie zwiększała ryzyka wystąpienia zespołu nagłej śmierci niemowlęcia i nie jest już nawet podawana w Stanach Zjednoczonych – dzieci otrzymują tam nowszy typ szczepionki, nawet teoretycznie nie łączonej ze śmiercią łóżeczkową. Brak zatem powodu do obaw, a lekarz na pewno rozwieje twoje wątpliwości. Na stronie 203 znajdziesz całą listę powodów, dla których należy stosować szczepienia ochronne.

Zapobieganie zespołowi nagłej śmierci niemowlęcia

Można znacznie zmniejszyć zagrożenie wystąpienia zespołu nagłej śmierci niemowlęcia, podejmując poniższe kroki:

- Kładź dziecko spać na pleckach. Upewnij się, że wszystkie osoby nim się zajmujące, w tym opiekunka dziecka, pracownicy żłobka i dziadkowie, też o tym pamiętają.

- Używaj twardego materacyka i ściśle przylegającej pościeli. Usuń z łóżeczka wszelkie leżące luzem pościele, poduszki, kocyki, baranie skóry, miękkie zabawki. Jeśli przykrywasz dziecko kocykiem, używaj tylko cienkiego, podwiniętego pod materacyk, tak by maluszek był przykryty tylko do wysokości klatki piersiowej. A najlepiej zrezygnować z kocyka i ubrać dziecko w jednoczęściowe śpioszki. (Jeśli śpisz razem z dzieckiem, sprawdź, czy twoje łóżko jest dla niego bezpieczne – patrz str. 243.)

- Nigdy nie przegrzewaj dziecka. Nie ubieraj go za ciepło do spania – nie wkładaj mu czapeczek, dodatkowych ubranek, nie otulaj kocykami – pilnuj też, by temperatura w pokoju nie była za wysoka. Malec w dotyku nie powinien być gorący. Przegrzewanie zwiększa ryzyko wystąpienia bezdechu, który czasem prowadzi do zespołu nagłej śmierci niemowlęcia.

- Nie pozwalaj nikomu palić papierosów w twoim domu i przy dziecku.

Najnowsze badania wykazują, że mniejsze jest zagrożenie ze strony zespołu nagłej śmierci niemowląt u dzieci karmionych piersią (zagrożenie to zmniejsza się jeszcze bardziej, gdy dziecko jest karmione w ten sposób dłużej niż cztery miesiące). Sugeruje się też w tych badaniach, iż mniej przypadków śmierci łóżeczkowej zdarza się wśród dzieci, którym podaje się smoczek. Jednak aby potwierdzić te przypuszczenia, potrzebne są dalsze badania.

Pomoce służące do utrzymania przez dziecko odpowiedniej pozycji w czasie snu (na przykład kliny) oraz do zredukowania ryzyka oddychania wydychanym powietrzem nie są zalecane, ponieważ wiele z nich nie zostało odpowiednio przebadanych pod kątem bezpieczeństwa ich stosowania. W przypadku żadnego też nie wykazano, że skutecznie zmniejszają zagrożenie zespołem nagłej śmierci niemowlęcia.

WSPÓLNY POKÓJ Z DZIECKIEM

Nasz dziesięciotygodniowy synek od urodzenia śpi w tym samym pokoju co my, ale nie chcemy, by tak zostało. Kiedy powinniśmy przenieść go do oddzielnego pomieszczenia?

W pierwszych tygodniach życia, kiedy większość twoich czynności zarówno w dzień, jak i w nocy sprowadza się do nieustannego karmienia, przewijania, kołysania, uspokajania noworodka, ustawianie łóżeczka dziecka w zasięgu ręki ma sens. Dla niektórych rodziców wspólny pokój, nawet w wieku dziecięcym, jest wygodą i/lub przyjemnością dla obu stron (patrz następne pytanie). Jeśli jednak nie masz zamiaru mieszkać z dzieckiem w jednym pokoju w przyszłości, dobrze jest zmienić zwyczaj w momencie, gdy potrzeby fizjologiczne niemowlęcia ustabilizują się nieco (mniej więcej między drugim a czwartym miesiącem). Po tym okresie dzielenie z nim pokoju może być źródłem wielu potencjalnych problemów.

- **Mniej snu dla dziecka.** Przebywając w jednym pokoju z dzieckiem, często ulegasz pokusie i bierzesz malucha na ręce, gdy tylko wyda jakiś odgłos – tym samym przeszkadzasz mu w spaniu. Niemowlęta sporo „hałasują" przez sen i same potrafią ponownie zasnąć. Jeśli podniesiesz swe dziecko przy najlżejszym zakwileniu, możesz je obudzić, zakłócając normalny sen. Choćbyś nawet chodziła na paluszkach w miękkich kapciach czy cichutko kładła się do łóżka, na pewno twoja obecność nieraz wyrwie niemowlę z fazy lekkiego snu.

- **Mniej snu dla rodziców.** Częste branie dziecka w nocy na ręce to mniej snu dla ciebie. Nawet jeśli powstrzymasz się od wzięcia maleństwa na ręce, z niepokojem będziesz czuwała, czy pojękiwanie przeradza się w płacz. Poza tym małe dzieci sypiają bardzo niespokojnie, nieustannie się ruszają, co nie daje ci dużych szans na wypoczynek. Są jednak i tacy rodzice, którym dziecko zupełnie nie przeszkadza. Uważają oni, że spanie w cichym i spokojnym pomieszczeniu nie jest warte chodzenia ciemnym korytarzem do dziecięcego pokoiku za każdym razem, gdy dobiegnie stamtąd płacz.

- **Ograniczenie współżycia.** Twoje dziecko z pewnością śpi – albo też taką masz nadzieję – kiedy rozpoczynasz współżycie. Ale jak tu się cieszyć miłosnym uniesieniem w towarzystwie kogoś, kto głośno oddycha, rzuca główką to w jedną, to w drugą stronę czy kwili przez sen? Oczywiście problem ten można rozwiązać, wybierając inne miejsce na miłosne igraszki.

- **Kącik dziecka.** Spanie z dzieckiem niekiedy bywa przyczyną późniejszych kłopotów z przeniesieniem go do jego pokoju. Nie wszystkie dzieci jednak przeżywają takie trudności – są takie, które po prostu opuszczają sypialnię rodziców wtedy, gdy czują się gotowe, i nigdy nie oglądają się za siebie.

Oczywiście nie zawsze możliwe jest posiadanie własnego pokoju. Jeśli mieszkasz w jednopokojowym mieszkaniu lub też z kilkorgiem dzieci w małym domku, twoje dziecko będzie zmuszone dzielić pokój z innymi domownikami. Jeśli staniesz wobec takiego problemu, rozważ możliwość podzielenia pokoju na dwie części, na przykład za pomocą przepierzenia czy ciężkiej kotary (taka kotara jednocześnie znakomicie tłumi dźwięki). Można też oddać sypialnię dziecku, a samemu przenieść się do salonu. Jeszcze inna możliwość to wydzielenie narożnika salonu na kącik dziecięcy i przeniesienie się z wieczornymi rozmowami i oglądaniem TV do sypialni.

Jeśli dziecku przyjdzie dzielić pokój z rodzeństwem, cała „organizacja spania" będzie zależała od tego, jak głęboki dzieci mają sen. Jeśli któreś z nich lub oboje śpią niespokojnie i budzą się w nocy, dla całej rodziny może nastąpić trudny okres adaptacyjny, aż dzieci nauczą się nie reagować na budzenie się i płacz drugiego. I tutaj również przepierzenie lub zasłona mogą okazać się pomocne, gdyż wygłuszają dźwięki i zapewniają starszemu dziecku nieco prywatności.

SPANIE Z DZIECKIEM W JEDNYM ŁÓŻKU

Dużo słyszałam o korzyściach wypływających ze wspólnego spania rodziców z dzieckiem. Przy dziecku budzącym się bardzo często w nocy – jak nasza córeczka – takie rozwiązanie oznacza po prostu więcej snu dla każdego.

Wielu rodziców uważa spanie w jednym łóżku z dzieckiem za prawdziwą przyjemność, inni – jedynie za udogodnienie, a dla jeszcze innych jest to prawdziwy koszmar. Rzecznicy spania z dzieckiem wymieniają wiele korzyści: więzi emocjonalne wzmacniają się, karmienie jest łatwiejsze, a niemowlę spokojniejsze i mniej samotne. Mówią także o zmniejszonym ryzyku występowania zespołu nagłej śmierci niemowlęcia, choć nie ma żadnych dowodów na poparcie tej tezy. Przeciwnicy natomiast głoszą, że nauczenie dziecka samodzielnego spania rozwija samodzielność, zapobiega zaburzeniom snu, eliminuje niebezpieczeństwo uduszenia poduszkami z rodzicielskiego łoża, a także jest wygodniejsze dla samych rodziców, którzy lepiej śpią i na pewno nie grozi im przespanie się na ulanym pokarmie czy wylanej zawartości pieluchy.

Teorii po obu stronach barykady nie brakuje, natomiast decyzja o tym, czy spać z dzieckiem czy nie – podobnie jak większość dotyczących dziecka – należy do decyzji osobistych. Wyboru najlepiej dokonać, gdy jest się wyspanym (czyli nie o drugiej nad ranem), z szeroko otwartymi oczami i poniższymi uwagami w głowie:

Bezpieczeństwo dziecka. W kraju, którego mieszkańcy lubią spać w komfortowych warunkach, zapewnienie bezpieczeństwa niemowlęciu w łóżku rodziców wymaga przedsięwzięcia pewnych środków ostrożności. W raporcie wydanym przez amerykańską Komisję Badania Bezpieczeństwa Produktów Konsumenckich połączono wiele przypadków śmierci niemowlęcia ze spaniem w łóżku z rodzicami, jednak rzecznicy spania razem twierdzą, że badania te nie były obiektywne i że wiele dzieci umiera także we własnym łóżeczku. Inne badania potwierdziły istnienie wrodzonej więzi pomiędzy śpiącymi w jednym łóżku matką i dzieckiem; prawdopodobnie jest ona hormonalną reakcją kobiety na bliskość z dzieckiem lub na karmienie piersią. Za sprawą tej reakcji hormonalnej młoda matka, która śpi ze swym dzieckiem, jest bardziej czujna. W wyniku badań powstały teorie, że matka śpiąca ze swym niemowlęciem jest bardziej świadoma, jak maluch oddycha w nocy i jaka jest temperatura jego ciała, zatem w razie nagłych zmian może błyskawicznie zareagować.

Gdybyś zdecydowała się na wspólne spanie z dzieckiem, tak zorganizuj swoje łóżko, by odpowiadało tym samym zaleceniom, jakim podlega łóżeczko dziecięce. Musi mieć twardy materac z ciasno opiętym prześcieradłem. Unikaj pluszowych kocyków, poduszki trzymaj z dala od dziecka, a jeśli łóżko ma jakieś szczebelki u wezgłowia, sprawdź, czy malec nie utknie między nimi (odległość między nimi powinna wynosić 6 cm; sprawdź też, czy nie ma wolnego miejsca między materacem a ramą łóżka). Nigdy nie kładź dziecka przy ścianie (może utknąć między łóżkiem a ścianą) ani nie zostawiaj w pozycji grożącej upadkiem na podłogę (nawet gdy dziecko jest bardzo małe). Nie pozwól swej pociesze spać z nietrzeźwym dorosłym, osobą biorącą lekarstwa wywołujące głęboki sen lub śpiącą takim snem. Zakaż dziecku w wieku przedszkolnym czy szkolnym spać bezpośrednio przy niemowlęciu. Nigdy nie pal i nie pozwalaj nikomu palić w łóżku, ponieważ nie tylko zwiększy się ryzyko wystąpienia zespołu nagłej śmierci niemowlęcia, lecz także pożaru. Doskonałym sposobem spania blisko i bezpiecznie jest łóżeczko dostawiane do łóżka matki (patrz str. 44).

Uczucia rodzinne. Dziecko może spać z rodzicami, pod warunkiem że oboje wyrazili na to zgodę. Nim zabierzesz malca do łóżka, powinniście oboje już tam być; weź pod uwagę także uczucia swego męża. Pamiętaj, że śpiąc w jednym łóżku z dzieckiem, będziecie musieli wymyślić inne sposoby na współżycie, bo w tym wypadku troje to tłum.

Sen dziecka i wasz. Część rodziców decyduje się na wspólne spanie z niemowlęciem, ponieważ wtedy nie muszą wstawać, by nakarmić dziecko czy je ukołysać. Wielkim plusem dla karmiących matek jest to, że nie muszą wybudzać się ze snu. Ale z drugiej strony sen jest często zakłócany – być może zaspokaja on potrzeby emocjonalne, ale na pewno nie fizjologiczne (rodzice i dzieci śpiące razem często śpią krócej). Dzieci zasypiające z rodzicami mogą mieć problem z samodzielnym zapadaniem w sen, a ta umiejętność będzie im przecież w przyszłości potrzebna. I jeszcze jeden ewentualny skutek uboczny: częste przebudzanie się zwykle prowadzi do częstszego karmienia; nie stanowi to problemu, póki dziecko jest malutkie, sytuacja zmienia się jednak, kiedy ma ono już kilka ząbków. Częste nocne karmienia piersią czy butelką mogą prowadzić do próchnicy.

Przyszłość. Przy podejmowaniu decyzji dotyczącej spania z dzieckiem w jednym łóżku zastanów się, jak długo chciałabyś utrzymywać ten zwyczaj. Niektórzy twierdzą, że dziecko śpiące z rodzicami ma trudności z osiągnięciem niezależności, inni głoszą dokładnie przeciwny pogląd: że wręcz pomaga ją osiągnąć poprzez zapewnienie poczucia bezpieczeństwa. Zwykle im dłużej dziecko śpi z rodzicami, tym trudniej odzwyczaja się od tego. Nauczenie samodzielnego spania sześciomiesięcznego niemowlęcia nie stanowi na ogół problemu, ale jeśli dziecko ukończyło pierwszy rok życia, trzeba podjąć więcej starań, a jeszcze trudniej nakłonić przedszkolaka. Czasem dzieci z własnej woli opuszczają sypialnię rodziców w wieku dwóch czy trzech lat, inne – gdy zaczynają chodzić do szkoły, bywają jednak i takie, które pozostają w niej długo, nawet do wczesnego wieku młodzieńczego.

Jeśli nie zdecydujesz się na spanie z dzieckiem, nic nie stoi na przeszkodzie, by brać maleństwo do łóżka wczesnym rankiem do karmienia i przytulania. Taki zwyczaj można kontynuować nawet później w weekendowe poranki, tylko wtedy zamiast porannego karmienia zorganizuj wojnę na poduszki.

GDY DZIECKO NADAL UŻYWA SMOCZKA

Chciałam, aby moja córka używała smoczka tylko przez trzy miesiące. Widzę teraz, że przyzwyczaiła się do niego i że trudno będzie zmienić ten nawyk.

Dzieci również lubią sobie dogadzać. Oprócz piersi mamy, taty z butelką pełną mleka czy czułej kołysanki, smoczek jest jednym ze źródeł dostarczających dziecku przyjemnych doznań. Ponadto im maleństwo bardziej jest uzależnione od konkretnej przyjemności, tym trudniej mu z niej zrezygnować. Jeśli więc chcesz uniknąć późniejszych problemów wynikających ze ssania smoczka, teraz jest idealny moment, by zarzucić ten nawyk. Po pierwsze, dziecko w tym wieku ma krótką pamięć i jeśli przestanie używać smoczka, szybko o nim zapomni. Po drugie, jest bardziej podatne na wszelkie zmiany i łatwiej przychodzi mu akceptować inne metody uspokajania. Starsze niemowlę nie tylko nie zapomni o tym, jak przyjemnie jest ssać smoczek, ale będzie się go gwałtownie domagało. Wreszcie trzymiesięczne niemowlę nie ma jeszcze skłonności do utrwalania nawyków, które kontynuowane przez rok lub dłużej są ogromnie trudne do zlikwidowania. Aby uspokoić dziecko bez smoczka, spróbuj kołysania, nucenia piosenki albo wypróbuj inne sposoby opisane na str. 173. Nie ulega wątpliwości, że wszystkie te metody wymagają dużego samozaparcia i są znacznie bardziej skomplikowane niż włożenie dziecku smoczka do buzi. W ostatecznym rozrachunku są jednak znacznie korzystniejsze dla dziecka, zwłaszcza że szybko dojrzewające niemowlę będzie je samo eliminować, zwykle na korzyść ssania kciuka – „smoczka", który znajduje się pod jego kontrolą (na stronie 175 przeczytasz o wadach i zaletach używania smoczka).

Gdyby dziecko nie było jeszcze gotowe, by zrezygnować ze smoczka, ograniczaj jego stosowanie do pory drzemki czy nocnego snu. W ten sposób nie zakłóci on rozwoju społecznego dziecka i prób wydawania przez nie dźwięków. Nie zapominaj też, że trudno będzie odzwyczaić dziecko od ssania smoczka przed zaśnięciem.

WCZESNE ODSTAWIANIE OD PIERSI

Pod koniec miesiąca wracam do pracy na pełen etat. Chciałabym do tego czasu przestać karmić piersią moją trzymiesięczną córkę. Czy moje dziecko łatwo się z tym pogodzi?

Trzymiesięczne niemowlę jest stosunkowo elastyczne, jeśli chodzi o przystosowanie się do nowych warunków. Mimo iż ma zaczątki własnej osobowości, daleko mu jeszcze do wymagającego i tyranizującego bobasa, jakim wkrótce może się stać. Tak więc jeśli planujesz odstawienie dziecka od piersi, jest to chyba najodpowiedniejszy moment. I chociaż twoja córeczka z pewnością nie miałaby nic przeciwko temu, byś nadal karmiła ją piersią, nie będzie tak uparcie się o nią upominała jak dziecko sześciomiesięczne, któremu nagle zaproponowano butelkę. Przypuszczalnie przestawienie się na inną formę żywienia okaże się trudniejsze dla ciebie niż dla niemowlęcia. (Zanim jednak podejmiesz ostateczną decyzję, przeczytaj o karmieniu piersią i pracy poza domem na stronie 230, a może stwierdzisz, że dasz radę łączyć te dwa zajęcia przez choćby kilka następnych miesięcy czy nawet cały pierwszy rok życia dziecka.)

Matki, które planują wczesne odstawienie dziecka od piersi, powinny wprowadzić uzupełniające karmienie butelką już w piątym lub szóstym tygodniu życia dziecka. Niemowlę może wówczas pić z butelki odciągnięty pokarm matki lub mieszankę, stopniowo przyzwyczajając się do takiej formy karmienia. Jeśli dziecko ma więcej niż sześć tygodni, należy najpierw oswoić je ze smoczkiem (wypróbuj kilka różnych rodzajów) i wybrać ten rodzaj smoczka, który maleństwu najbardziej odpowiada. W tym momencie lepiej zacząć podawać mieszankę, co spowoduje zmniejszenie produkcji pokarmu w piersiach. Bądź wytrwała, ale nie zmuszaj dziecka. W porze posiłku zawsze najpierw podawaj dziecku butelkę, po czym zaproponuj pierś. Jeśli próba z butelką nie powiedzie się za pierwszym razem, gdy przyjdzie pora na następne karmienie – podaj mu ją ponownie. Maluch skłonny jest zaakceptować butelkę szybciej, gdy podaje mu ją ktoś inny niż matka (na str. 194 znajdziesz praktyczne porady na temat karmienia butelką).

Próby z butelką ponawiaj, aż mała wypije 30–60 ml. Wówczas przy następnym posiłku, np. południowym, zamiast butelki podaj dziecku pierś. Po kilku dniach wyeliminuj kolejne karmienie piersią, zastępując je mieszanką. Postępując w ten sposób, to znaczy opuszczając po jednym karmieniu piersią co kilka dni, spowodujesz, że gruczoły będą produkowały mniej pokarmu i nie będziesz odczuwała przykrego nabrzmienia piersi. Na koniec zastąp mieszanką ostatnie wieczorne karmienie piersią. Oczywiście nie musisz całkowicie rezygnować z karmienia naturalnego. Zakładając, że twój pokarm nie zaniknął zupełnie i że dziecko zdradza ochotę na ssanie, możesz podawać mu pierś raz dziennie (lub dwa razy, na przykład rano). W tej sytuacji całkowite odstawienie od piersi może nastąpić znacznie później, na przykład wtedy, gdy laktacja ustanie w sposób naturalny.

DOKARMIANIE KROWIM MLEKIEM

Karmię piersią i chciałabym wprowadzić karmienie uzupełniające, ale ceny preparatów są wysokie. Czy mogę dać zamiast mleka zastępczego krowie?

Krowie mleko doskonale nadaje się dla młodych cieląt i starszych nieco ludzi, ale nie ma składników odpowiednich dla

Im dłużej, tym lepiej

Od dawna wiadomo, że najlepsze dla niemowląt jest mleko matki i nawet niewielka ilość tego pokarmu ma ogromne znaczenie dla zdrowia dziecka. Już sześć tygodni karmienia piersią przynosi spore korzyści. Ale dopiero niedawno udowodniono, że dłuższe karmienie piersią oznacza większe korzyści dla dziecka – zwłaszcza gdy jest ono karmione piersią ponad trzy miesiące. Dlatego właśnie Amerykańska Akademia Pediatrii zaleca naturalne karmienie niemowląt przez co najmniej rok. Naukowcy wymieniają między innymi następujące korzyści:

- Mniej kłopotów z otyłością. Im dłużej dziecko jest karmione piersią, tym mniejsze prawdopodobieństwo, że zasili wciąż powiększającą się grupę dzieci i młodzieży z nadwagą.
- Mniej kłopotów z trawieniem. Wszyscy wiemy, że mleko z piersi jest łatwiej trawione niż mieszanki mleczne, a dodatkowo z badań wynika, iż niemowlęta karmione wyłącznie piersią przez pierwsze sześć miesięcy rzadziej chorują na infekcje żołądkowo-jelitowe w przeciwieństwie do niemowląt, których dietę uzupełnia się mieszanką od trzeciego czy czwartego miesiąca życia. Kolejną zaletą karmienia piersią, nawet po wprowadzeniu stałych pokarmów (zwykle około piątego czy szóstego miesiąca życia), jest rzadsza zachorowalność na celiakię – zaburzenia trawienia zakłócające prawidłowe wchłanianie składników odżywczych z pożywienia.
- Mniej kłopotów z uszami. Badania wskazują, że dzieci karmione wyłącznie piersią dłużej niż cztery miesiące są o połowę mniej zagrożone infekcją uszu.
- Mniej kichania. Dzieci karmione piersią przez sześć miesięcy znacznie rzadziej cierpią na wszelkiego rodzaju alergie.
- Mniejsze ryzyko wystąpienia zespołu nagłej śmierci niemowlęcia. Im dłużej dziecko jest karmione piersią, tym mniejsze ryzyko wystąpienia tego zespołu.

---

ludzkich niemowląt. Zawiera dużo więcej soli i białka niż ludzkie mleko i preparaty dla niemowląt, przez co znacznie obciąża nerki. Dodatkowy minus stanowi niska zawartość żelaza. Mleko krowie różni się od ludzkiego także pod wieloma innymi względami, a u pewnego odsetka niemowląt wywołuje niewielkie krwawienia jelitowe. Choć krew wydalana z kałem nie jest zwykle widoczna, nie należy tej ewentualności lekceważyć, ponieważ może doprowadzić do anemii. (Częsta jest również alergia na białka mleka krowiego – przyp. red. nauk.)

Decydując się na karmienie uzupełniające, do ukończenia przez dziecko pierwszego roku życia ściągaj pokarm albo podawaj mu preparat zalecony przez lekarza.

ZAPARCIA

Martwię się, że moje karmione piersią dziecko ma zaparcia. Zwykle miało od sześciu do ośmiu wypróżnień dziennie. Obecnie rzadko zdarza się więcej niż jedno, a bywają dni bez wypróżnienia.

Nie trzeba się martwić, lecz raczej cieszyć. To zmniejszanie liczby wypróżnień jest nie tylko normalne, ale i wygodne – nie trzeba tak często przewijać dziecka. Jest to zdecydowanie zmiana na lepsze. Wiele dzieci karmionych piersią między pierwszym a trzecim miesiącem życia oddaje stolec dość rzadko. U niektórych przerwa w wypróżnieniach może trwać nawet kilka dni, ponieważ w miarę wzrostu dzieci potrzebują większej ilości pokarmu, ich organizm więcej pobiera z treści trafiającej do dziecięcego żołądka – a zatem mniej wydala. U innych dzieci jednak duża częstotliwość i obfitość wypróżnień trwa do czasu odstawienia od piersi. Taki stan rzeczy jest również normalny.

Rzadko się zdarza, by niemowlęta karmione piersią cierpiały na zaparcia, a nieregularność oddawania stolca wcale o tym nie świadczy. Gdy dziecko cierpi na zaparcia, patrz str. 161.

RUMIEŃ PIELUSZKOWY

Mimo iż bardzo często zmieniam mojej córce pieluszki, nie mogę zlikwidować odparzeń na skórze.

Jest wiele przyczyn, dla których twoja córeczka oraz do 35% jej rówieśników nie ma pupy gładkiej, jaką zwykło się przypisywać niemowlętom. Duża wilgotność, słaby dopływ powietrza, pewna ilość drażniących związków chemicznych znajdujących się w moczu i stolcu, wreszcie ocieranie skóry przez pieluszkę bądź śpioszki powodują, że skóra w okolicy pośladków jest narażona na podrażnienia. Problemy te oczywiście dotyczą niemowląt jedynie w okresie pieluszkowania, przy czym nasilają się między siódmym a dziewiątym miesiącem. Wówczas dieta dziecka staje się bardziej urozmaicona i zwiększa się ilość drażniących skórę związków wydalanych z kałem. Rumień pieluszkowy ma niestety tendencje do nawrotów. Dzieje się to częściej w przypadku niemowląt z wrodzoną skłonnością do odparzeń, niemowląt alergicznych, o zachwianej równowadze pH (brak równowagi między kwaśnością a zasadowością), wreszcie u dzieci, u których stwierdzono podwyższoną zawartość amoniaku w moczu. Nie bez znaczenia jest też fakt, że delikatna skóra niemowlęcia, raz podrażniona, jest bardziej podatna na kolejne odparzenia.

Mechanizm powstawania rumienia pieluszkowego nie jest do końca znany, ale powszechnie się uważa, że dolegliwość ta pojawia się na skutek ciągłego kontaktu delikatnej skóry dziecka z mokrą pieluszką. Jeśli dodatkowo okolice pośladków podrażnia ubranie czy substancje znajdujące się w moczu lub stolcu, powierzchnia skóry staje się doskonałym podłożem do rozwoju bakterii. Agresywne i zbyt częste mycie skóry mydłem bądź używanie ciasnych pieluch uniemożliwiających dopływ powietrza mogą jedynie zaostrzyć problem. Przez dłuższy czas sądzono, że główną przyczyną wywołującą rumień pieluszkowy jest zawarty w moczu amoniak. Dziś wiadomo, że może on dodatkowo podrażniać skórę, gdyż wysypki pojawiają się najczęściej tam, gdzie kontakt z mokrą pieluszką jest największy – u dziewczynek na pośladkach, u chłopców w okolicy prącia.

Nazwa rumień pieluszkowy odnosi się do kilku typów infekcji skórnych, choć dokładne różnice między nimi nie zostały przez środowisko medyczne ściśle sprecyzowane. Być może zagadnienie nie wydaje się aż tak poważne, by zmuszało do wnikliwych badań. Wymienia się następujące typy rumienia pieluszkowego:

Rumień wyprzeniowy. Jest to najbardziej powszechny rodzaj rumienia. Objawia się zaczerwienieniem powierzchni skóry w miejscach, które są najczęściej drażnione pieluszką bądź ubrankiem. Nie pojawia się w fałdach skórnych niemowlęcia. Zazwyczaj szybko znika, nie powodując u dziecka zbyt przykrych doznań.

Rumień krawędziowy. Tak określa się podrażnienie skóry dziecka spowodowane ocieraniem jej przez sztywny brzeg pieluszki lub śpioszków.

Rumień okołoodbytowy. Objawia się zaczerwienieniem skóry wokół odbytu w wyniku drażniącego działania substancji alkalicznych. Nie pojawia się u dzieci karmionych piersią, może natomiast wystąpić w momencie wprowadzenia do diety dziecka nowych składników pokarmowych.

Rumień drożdżakowy. Ma postać jaskrawoczerwonych plam i powoduje dokuczliwe swędzenie w okolicy pachwin. Z tego miejsca rozprzestrzenia się na inne powierzchnie skóry wokół pośladków. Jeśli rumień ten utrzymuje się dłużej niż 72 godziny, prawdopodobnie został wywołany przez bakterie bielnika białego – ten sam typ drożdżaków, który jest przyczyną powstawania pleśniawek. Niekiedy rumień drożdżakowy może być następstwem kuracji antybiotykowej.

Rumień atopowy. Ten typ rumienia objawia się swędzeniem i może pojawić się w dowolnym miejscu na ciele dziecka. Rozprzestrzenia się w okolice pośladków między szóstym a dwunastym miesiącem życia dziecka.

Rumień łojotokowy. Ma postać rozległych, czerwonych plam na skórze, z ropnymi pęcherzykami. Często przyczyną powstawania tego typu dolegliwości jest ciemieniucha, ale bywa też odwrotnie: wysypka z okolic pośladków przenoszona jest na inne części ciała.

Rumień liszajowaty. Wywoływany jest przez paciorkowce i gronkowce. Rumień ten pojawia się pod dwoma postaciami – jedna to rodzaj przezroczystych pęcherzy, które pękają, zostawiając żółtawobrązowe strupki. Druga to grube, żółte strupy z czerwoną otoczką, bez pęcherzy. Może być zlokalizowany na udach, pośladkach i na podbrzuszu; może przenosić się także na inne części ciała.

Intertrigo (odparzeniowy). Ten rodzaj rumienia pieluszkowego objawia się lekkim zaczerwienieniem skóry i jest następstwem tarcia skóry o skórę. Pojawia się przeważnie w fałdach skórnych między podbrzuszem a udami, a nierzadko też pod pachami. Może niekiedy wydzielać żółtawą lub białą substancję i nasilać się przy długotrwałym kontakcie skóry z moczem. Dziecko reaguje wówczas płaczem.

Najlepszym sposobem na uniknięcie rumienia pieluszkowego jest odpowiednia profilaktyka – choć nie zawsze jest to możliwe. Jedną z podstawowych zasad profilaktyki jest oczywiście utrzymywanie higieny w okolicach pośladków. Uwagi na str. 125, które dotyczą przewijania niemowląt, mogą okazać się pomocne w zapobieganiu odparzeniom skóry. Jeśli profilaktyka wydaje się nieskuteczna, stosowanie się do poniższych wskazówek może ułatwić zwalczanie typowej postaci rumienia pieluszkowego.

Pilnuj, aby dziecko miało sucho. By nie dopuścić do zbyt długotrwałego kontaktu mokrej pieluszki ze skórą dziecka, przewijaj niemowlę częściej, nawet w środku nocy, jeśli uznasz, że dziecko jest przebudzone, a pielucha pełna. Jeżeli rumień jest bardziej uporczywy, przewijaj dziecko natychmiast, gdy podejrzewasz, że może mieć mokro. Podawaj dziecku płyny w rozsądnych ilościach. Po wprowadzeniu innych płynów nie pój nimi malucha bez potrzeby (to, co zostanie wypite, musi być wydalone). Wypijanie jednej buteleczki soku po drugiej prowadzi do częstego oddawania moczu, a zatem nasilenia dolegliwości. Przedawkowaniu zapobiegać można, podając soczek z kubka.

Więcej powietrza. Wystawiaj odkrytą pupę dziecka na działanie świeżego powietrza. Podłóż pod pośladki kilka złożonych pieluszek lub kocyk, pod które wsuń nieprzemakalną ceratkę. W przypadku bardzo dokuczliwego rumienia możesz pozwolić dziecku zasnąć w tej pozycji, pod warunkiem że w pomieszczeniu jest ciepło. Jeśli używasz pieluch z tetry, nie nakładaj na nie nieprzemakalnych majteczek. Jeśli stosujesz pieluchy jednorazowe, spróbuj zrobić w ich zewnętrznej warstwie kilka niewielkich otworów; umożliwi to cyrkulację powietrza, eliminując jednocześnie wilgotność wewnątrz pieluszki.

Mniej substancji drażniących. Nie można oczywiście zlikwidować naturalnych substancji drażniących znajdujących się w moczu i stolcu. Można jednak nie wprowadzać dodatkowych, powodujących uszkodzenie naskórka. Mydło może podrażnić i wysuszyć skórę, dlatego należy używać go nie częściej niż raz dziennie. Najlepiej stosować mydła przeznaczone dla niemowląt. Po wypróżnieniu należy dziecko starannie obmyć, najlepiej watką umoczoną w ciepłej wodzie. Jeśli mamy do czynienia z wyjątkowo luźnym stolcem, najprościej jest zanurzyć pupę malucha w umywalce lub wanience i dokładnie umyć. Pamiętaj, by po kąpieli dziecko starannie osuszyć. Niemowlę, które tylko zmoczyło pieluchę, nie musi być poddawane aż takim zabiegom higienicznym. Wówczas wystarczy je tylko przewinąć.

Stosuj pieluszki różnego rodzaju. Jeśli rumień pieluszkowy pojawia się u niemowlęcia regularnie, wypróbuj inny rodzaj pieluch. Jeżeli dotychczas używałaś tetrowych, kup na próbę pieluszki typu „Pampers" (i odwrotnie). Możesz też sprawdzić, jak dziecko reaguje na inny rodzaj pieluszek jednorazowych. Piorąc pieluchy, dodaj do ostatniego płukania 1/3 szklanki octu lub specjalny środek odkażający. Jeśli zachodzi konieczność, zaleca się gotowanie pieluch przez około 10 minut.

Środki osłaniające. Smarowanie (po obmyciu) pośladków maścią ochronną (maść Lassara, cynkowa, euceryna, Nivea, wazelina lub inna zalecona przez pediatrę) zabezpiecza skórę przed wnikaniem w nią mocznika. Zanim jednak posmarujesz skórę, musisz ją dokładnie wytrzeć do sucha, gdyż w przeciwnym razie wilgoć tylko się uwięzi i rumień nigdy do końca nie zostanie wyleczony. Ze względów praktycznych warto zaopatrzyć się od razu w większe opakowanie – także dlatego, że wówczas hojnie się ich używa. Jednak maści ochronnych nie powinno się używać, gdy okolice pośladków wystawiamy na działanie świeżego powietrza. Dobrym środkiem absorbującym wilgoć jest zwykła mąka ziemniaczana, nie używaj jednak pudrów na bazie talku ani leków przepisanych innym członkom rodziny, gdyż wiele maści (zwłaszcza zawierających steroidy czy środki antybakteryjne lub przeciwgrzybicze) staje się główną przyczyną alergicznych reakcji skóry i stosując je, możesz uczulić dziecko. Poza tym zwykle są zbyt silne dla delikatnej skóry niemowlęcia.

Jeśli uszkodzenie naskórka utrzymuje się u niemowlęcia dłużej niż dwa dni i jeśli pojawiają się pęcherze lub ropnie, powinnaś skontaktować się z lekarzem. Pediatra ustali przyczynę choroby i rozpocznie leczenie. Rumień łojotokowy skutecznie zwalcza maść steroidowa, ale nie można jej stosować przez dłuższy czas. Rumień liszajowaty leczy się antybiotykami, przyjmowanymi doustnie, a odparzeniowy – dokładnym obmywaniem i maścią hydrokortyzonową. Odpowiednia antygrzybiczna maść lub krem stosowane są w wypadku rumienia typu drożdżakowego – najbardziej powszechnej postaci tego schorzenia. Zwróć się do lekarza z pytaniem, po jakim czasie wysypka powinna zacząć znikać. Jeśli stwierdzisz, że leczenie jest nieskuteczne albo wręcz pogarsza stan, skontaktuj się z lekarzem ponownie. Pediatra powinien wówczas poznać dietę dziecka i zwrócić uwagę na inne potencjalne czynniki mogące stanowić przyczynę choroby. W sporadycznych wypadkach wymagana jest konsultacja z dermatologiem.

BOLESNOŚĆ NA KOŃCU PRĄCIA

Jestem zaniepokojona zaognieniem wokół otworu na prąciu u mojego synka.

Jest to objaw często spotykany i najprawdopodobniej wygląda gorzej, niż jest w rzeczywistości. Zwykle jest to zlokalizowany na niewielkiej przestrzeni rumień pieluszkowy. Dolegliwość ta, powszechna u chłopców, może powodować spory obrzęk, który utrudnia oddawanie moczu. Ponieważ podrażnienie może rozszerzyć się na cewkę moczową i spowodować bliznowacenie, powinnaś jak najszybciej zlikwidować obrzęk. Zwróć uwagę na opisane wyżej sposoby zwalczania rumienia pieluszkowego, a jeśli syn ma problemy z oddawaniem moczu, dodatkowo stosuj ciepłe kąpiele. Gotuj pieluchy lub spróbuj zastępować je pieluchami jednorazowymi. Gdyby rumień nie zniknął w ciągu trzech dni albo jeśli dziecko ma kłopoty z oddawaniem moczu, powinnaś porozumieć się z lekarzem.

DRGAWKI

Kiedy mój synek usiłuje czegoś dosięgnąć, nigdy mu się nie udaje, a jego ruchy wydają się rozedrgane. Boję się, że może to mieć związek z jego układem nerwowym.

Chociaż upłynęło już sporo czasu od momentu, gdy poczułaś pierwsze ruchy w swoim łonie, mały ma jeszcze mocno niedojrzały układ nerwowy i w związku z tym nie potrafi racjonalnie reagować. Gdy dziecko wyciąga rączkę w kierunku zabawki, ale nie udaje mu się jej sięgnąć, występuje brak koordynacji, który na tym etapie rozwoju motorycznego jest stanem zupełnie naturalnym. Wkrótce dziecko zacznie kontrolować swoje ruchy i nieudolne próby chwytania przedmiotów ustąpią miejsca ruchom celowym i precyzyjnym. A kiedy osiągnie już etap chwytania wszystkiego, na co ma ochotę, z nostalgią będziesz wspominać czasy, gdy maluch patrzył na przedmiot i nie potrafił go dosięgnąć.

Jeśli masz wątpliwości, czy dziecko rozwija się normalnie, podziel się nimi z lekarzem podczas najbliższej wizyty.

PODRZUCANIE

Mój mąż uwielbia podrzucać naszą dwunastotygodniową córeczkę, a ona bardzo się z tego cieszy. Słyszałam jednak, że zbytnie potrząsanie dzieckiem, nawet w zabawie, może spowodować jakiś uraz.

Patrząc na uradowaną buzię małego dziecka podrzucanego przez kochanego tatusia, trudno sobie wyobrazić, że taka zabawa może się skończyć tragedią. A jednak to możliwe. Podrzucanie dziecka, czy w zabawie, czy w gniewie, może okazać się niebywale niebezpieczne dla maluchów poniżej drugiego roku życia.

Istnieje wiele rodzajów urazów, które mogą nastąpić w trakcie takiego podrzucania, potrząsania lub podskakiwania (na przykład podczas biegania z dzieckiem w nosidełku). Jednym z nich jest na przykład gwałtowne odrzucenie główki (odgięciowy uraz kręgosłupa szyjnego – taki sam, do jakiego może dojść podczas wypadku samochodowego). Główka małego dziecka nie ma dostatecznego wsparcia, gdyż jest za duża w stosunku do reszty ciała, a mięśnie szyi nie są jeszcze wystarczająco silne. Kiedy potrząsa się niemowlęciem, główka odskakuje do przodu i do tyłu, a mózg obija się o kości czaszki. W efekcie powstają siniaki, obrzęk, a nawet krwawienie i może dojść do poważnego, trwałego uszkodzenia mózgu, prowadzącego do upośledzenia rozwoju umysłowego czy fizycznego. Innym urazem związanym z podrzucaniem dziecka jest uszkodzenie wrażliwego oka niemowlęcia. Uraz lub oderwanie się siatkówki oka może doprowadzić do poważnych zaburzeń w widzeniu albo nawet do ślepoty. Ryzyko wystąpienia urazów zwiększa się, gdy dziecko płacze lub podczas podrzucania jest trzymane do góry nogami, ponieważ w obu tych sytuacjach zwiększa się ciśnienie krwi w główce, a zatem delikatne naczynka krwionośne stają się podatne na pękanie.

Takie urazy zdarzają się rzadko, ale ryzyko jest tak wielkie, że lepiej go nie wywoływać.

Choć do większości wypadków dochodzi, gdy dziecko jest potrząsane w złości, ale mogą się zdarzyć i w zabawie. Należy więc zrezygnować z podrzucania, które wprawiałoby w gwałtowny ruch wiotką szyjkę dziecka. Ponadto należy unikać biegania i wszelkich ćwiczeń w podskokach, mając dziecko w nosidełku (lepiej jest biegać, pchając przed sobą wózek z dzieckiem). Nie znaczy to wcale, że trzeba rezygnować z wszelkiej zabawy; po prostu obchodź się delikatnie ze swoją pociechą. Dzieci uwielbiają zabawę w „samoloty" (należy je podtrzymywać w połowie tułowia),

Nigdy nie potrząsaj dzieckiem

Dla niektórych rodziców potrząsanie dzieckiem to łagodniejszy sposób utrzymywania dyscypliny – lub dania upustu własnej frustracji czy złości – swego rodzaju substytut klapsa. Niestety, to bardzo błędne i niebezpieczne założenie. Po pierwsze, niemowlęta są jeszcze za małe na dyscyplinę, a po drugie, fizyczne kary w każdej postaci (także dawanie klapsów) nigdy nie są stosowne (na stronie 400 znajdziesz wskazówki na temat odpowiedniego i skutecznego wprowadzania dyscypliny). Przede wszystkim potrząsanie niemowlęciem (w złości czy zabawie) może stać się przyczyną poważnych obrażeń, a nawet śmierci. Nigdy nie potrząsaj więc niemowlęciem!

"wielkie łaskotanie" oraz „szalone wyścigi" (jak tylko zaczną się same przemieszczać). Są też dzieci (obojga płci), które wcale nie lubią podrzucania, opowiadając się za bardziej delikatnym traktowaniem. Nawet najbardziej tryskający energią członkowie rodziny powinni wziąć to pod uwagę.

Nie ma sensu się zamartwiać, jeśli wcześniej podrzucaliście dziecko. Gdy nie wykazuje objawów urazu, nic mu się nie stało. O obawach możesz oczywiście porozmawiać z lekarzem.

BRAK SWOBODY, GDY DZIECKO KARMIONE JEST PIERSIĄ

Byłam zadowolona z mojej decyzji niepodawania naszemu synkowi mieszanki, dopóki nie zdałam sobie sprawy, że nie mogę wieczorem na dłużej wyjść sama z domu.

Nic nie jest idealne, nawet decyzja o karmieniu wyłącznie piersią. Ma to oczywiście swoje plusy, ale czasami bywa niewygodne – na przykład gdy obiad poza domem czy film w kinie trwają dłużej niż przerwa między karmieniami. Nie sposób wówczas umówić się na wyjście z mężem czy przyjaciółmi. Uniknięcie tych niedogodności jest najtrudniejsze właśnie teraz, gdy twa pociecha jest na tyle mała, że chce często ssać. Jeśli jesteś w stanie poświęcić parę godzin snu na rzecz kilku godzin poza domem, spróbuj położyć dziecko spać o ósmej czy dziewiątej wieczorem (chyba że ma ono zwyczaj przebudzać się około północy). Albo na razie wybieraj pomiędzy kolacją lub filmem. W momencie gdy wprowadzicie już pokarmy stałe (zazwyczaj około szóstego miesiąca) i kiedy dziecko będzie dłużej w nocy spać, będzie ci łatwiej wymknąć się z domu. A kiedy wasze maleństwo nauczy się pić z kubka (między piątym a szóstym miesiącem), będzie mogło zaspokoić pragnienie bez potrzeby podawania butelki.

Jeśli musicie uczestniczyć w jakiejś uroczystości, która potrwa dłużej niż dwie godziny, skorzystajcie z poniższych rad:

- Spróbujcie zabrać i dziecko, i opiekunkę, jeśli znajdzie się dla nich miejsce, na przykład hall. Może to być niewygodne, ale dziecko będzie mogło spać w wózku, a mama uczestniczyć w imprezie. Można się wówczas wymknąć na chwilę i nakarmić dziecko choćby w łazience czy innym odosobnionym pomieszczeniu.

- Jeśli impreza odbywa się poza miastem, zabierz z sobą rodzinę. Zabierz także nianię albo zatrudnij jakąś miejscową. Jeśli miejsce pobytu dziecka nie jest zbytnio oddalone od tego, w którym odbywa się uroczystość, można wpaść w porze karmienia.

- Spróbuj przestawić pory snu dziecka. Jeśli dziecko zwykle chodzi spać nie wcześniej niż o dziewiątej, a trzeba wyjść o siódmej, nie kładź go spać w południe, a wieczorem połóż do łóżeczka dwie godziny wcześniej. Przed wyjściem solidnie nakarm dziecko, a następne karmienie zaplanuj po powrocie do domu – jeśli okaże się ono konieczne.

- Zostaw w domu butelkę ściągniętego pokarmu lub wodę i nie martw się. Jeśli dziecko się obudzi i będzie naprawdę głodne, być może zadowoli się butelką. Na tym etapie podanie butelki nie zakłóci procesu karmienia naturalnego, więc nie trzeba się obawiać konsekwencji. Jeśli maleństwo nie będzie chciało butelki, pokrzyczy przez chwilę i prawdopodobnie w końcu zaśnie. Gdy wrócisz do domu, a zajdzie taka konieczność, podaj mu pierś. Jeśli oczywiście opiekunka uzna, że dziecko jest tak niespokojne, iż powinnaś wrócić – należy to zrobić.

OPIEKUNKA

Chcielibyśmy wyjść wieczorem we dwoje, ale boimy się zostawić naszą córeczkę z opiekunką. Jest jeszcze taka mała.

Wybierzcie się do miasta, i to jak najszybciej. Zakładając, że w ciągu najbliższych szesnastu lat będziecie chcieli spędzić trochę czasu razem, przyzwyczajenie dziecka do pozostawania pod opieką kogoś innego niż rodzice będzie stanowiło istotną część jego rozwoju. I w tym wypadku im wcześniej rozpocznie się taki trening, tym lepiej. Niemowlęta w wieku od dwóch do trzech miesięcy mogą już rozpoznawać swoich rodziców, ale zasada „co z oczu, to z myśli" świetnie tutaj funkcjonuje. Tak długo, jak długo podstawowe potrzeby dziecka są zaspokajane, niemowlęta generalnie czują się dobrze w towarzystwie każdej troskliwej osoby. Z chwilą ukończenia dziewięciu miesięcy (w wypadku niektórych dzieci wcześniej) dzieci zaczynają pojmować istotę rozłąki i odczuwać strach przed obcymi. Są nie tylko nieszczęśliwe z powodu rozstania z mamą lub z tatą, ale też powściągliwe w kontaktach z nie znanymi im osobami.

Na początku będziecie prawdopodobnie wychodzili na krótko, zwłaszcza jeśli dziecko jest karmione piersią. Nie warto jednak szczędzić czasu na poszukanie i przygotowanie opiekunki. Musicie mieć pewność, że dziecko będzie pod troskliwą opieką. Pierwszego wieczoru opiekunka powinna przyjść przynajmniej pół godziny wcześniej, by można było spokojnie zapoznać ją z potrzebami i nawykami dziecka. Trzeba też ich z sobą poznać (informacje o tym, jak wybrać odpowiednią pomoc do dziecka, zaczynają się na następnej stronie. Znajdziesz tam poradnik opiekunki – str. 254).

Prawie zawsze zabieramy dziecko z sobą, gdy wychodzimy; zostawiamy je z opiekunką jedynie wtedy, gdy śpi, i to tylko na parę godzin. Znajomi twierdzą, że postępując w ten sposób, zanadto dziecko od siebie uzależniamy.

W tym przypadku znów powinnaś polegać na własnym instynkcie, a nie na radach twoich znajomych. Zostawianie trzymiesięcznego dziecka z opiekunką (nim zacznie się ono bać obcych osób) i wygospodarowanie czasu na spotkania towarzyskie (nie wszędzie wszak można zabrać swą pociechę) ma niewątpliwie pewne zalety i nie jest regułą, że niemowlę „przylepione" do rodziców staje się niezaradne. Często bywa tak, że niemowlę, które spędza większość czasu z rodzicami, okazuje się spokojne i ufne. Bezgranicznie wierzy w to, że jest kochane, że opiekunka, której zostaje powierzone, będzie troskliwa, a rodzice wrócą, tak jak obiecali. (Oczywiście niemowlę przebywające z dobrą opiekunką również to odczuje.)

Postępujcie więc tak, jak podpowiada wam instynkt, a nie przyjaciele. Miej jednak na uwadze, że kiedy dziecko nieco podrośnie, można je będzie z powodzeniem pozostawić pod opieką innej osoby. Tymczasem twój maluch może się porządnie wystraszyć, gdy obudzi się w nocy i odkryje kogoś obcego na twoim miejscu.

Co warto wiedzieć
Wybór odpowiedniej opiekunki

Zostawienie dziecka z opiekunką po raz pierwszy jest dość bolesne – pomijając już zamartwianie się, czy dziecko zostało z właściwą osobą. Znalezienie odpowiedniej i pewnej opieki nie jest takie łatwe jak wezwanie na pomoc babci lub sąsiadki. Jednak kiedy rodzina mieszka daleko lub babcia jeszcze pracuje, młodzi rodzice zwykle muszą zdawać się na pomoc osób z zewnątrz.

Kiedy rolę opiekunki odgrywała babcia, największym zmartwieniem rodziców było to, czy dziecko nie będzie nadmiernie obdarowywane cukierkami. Oddanie dziecka pod opiekę nieznajomych rodzi dużo więcej obaw. Czy ta osoba będzie uważna i dostarczy dziecku bodźców do prawidłowego rozwoju umysłowego i fizycznego? Czy jej przekonania na temat wychowania dziecka będą spójne z twoimi? Czy zaakceptuje i uszanuje twoje zwyczaje i życzenia? Czy będzie w niej dość ciepła i uczucia, by zastąpić rodziców, a jednocześnie nie próbować zająć ich miejsca?

Rozstanie z dzieckiem – czy to w czasie godzin pracy, czy na sobotnie przyjęcie – nigdy nie będzie łatwe, szczególnie na początku. Jeżeli jednak ty (i blisko 50% rodziców, których dzieci nie skończyły jeszcze roku, pozostawiających regularnie swe pociechy pod opieką) masz przeświadczenie, że dziecko zostało oddane w możliwie najlepsze ręce, łatwiej ci będzie opanować niepokój i uciszyć ewentualne poczucie winy.

OPIEKUNKA W DOMU

Większość ekspertów zgadza się, że jeśli matka nie może przebywać z dzieckiem cały czas (praca, szkoła, inne zobowiązania), najlepszym wyjściem jest „matka zastępcza" (niania, opiekunka, pomoc domowa), która zaopiekuje się dzieckiem w jego domu. Korzyści jest wiele.

Dziecko przebywa w znajomym otoczeniu – w swoim łóżeczku, ze swoimi zabawkami; nie jest narażane na zetknięcie się z zarazkami innych dzieci; nie trzeba go wozić; opiekunka ma możliwość poświęcić mu maksimum uwagi, gdyż nie ma żadnego innego zajęcia; między dzieckiem a opiekunką może się rozwinąć silna więź.

Są też minusy. Jeśli opiekunka zachoruje lub nie może przyjść z innych powodów albo też nagle zrezygnuje z pracy, nie ma osoby, która mogłaby ją awaryjnie zastąpić. Silna więź między dzieckiem a opiekunką może doprowadzić do kryzysu, jeśli niania nagle odejdzie lub jeśli matka okaże zazdrość. Dla niektórych rodziców utrata prywatności w sytuacji, gdy opiekunka mieszka z rodziną, stanowi dodatkową komplikację. Poza tym taka opiekunka może być kosztowna, szczególnie jeśli wybierzesz pomoc wykwalifikowaną.

POSZUKIWANIA

Znalezienie idealnej opiekunki może być czasochłonne, więc należy przeznaczyć na nie przynajmniej dwa miesiące. Istnieje wiele sposobów poszukiwania odpowiedniej kandydatki.

Przez lekarza. Prawdopodobnie nikt z kręgu twoich znajomych nie zna tylu dzieci, matek i ojców co lekarz twojego dziecka. Poproś go o rekomendację, sprawdź tablice ogłoszeń w poradni (niektórzy pediatrzy życzą sobie, by osoby chcące sprawować opiekę nad dziećmi zostawiały w poradni świadectwa z poprzedniego miejsca pracy) lub sama powieś ogłoszenie. Popytaj również pacjentów w poczekalni.

Przez innych rodziców. Nie pomijaj żadnej okazji – na podwórku, na zajęciach z gimnastyki, na przyjęciach czy konferencjach w pracy itp. pytaj, czy ktoś nie słyszał lub nie zatrudniał dobrej opiekunki.

Przez kościół, bibliotekę osiedlową, przedszkole. Tutaj też pomocna może się okazać tablica ogłoszeń. Twój pastor, ksiądz czy rabin być może akurat zna kogoś wśród wiernych swojej parafii, kto byłby zainteresowany opieką nad twoim dzieckiem.

Przez żłobek. Nauczycielki czy pielęgniarki ze żłobka często znają lub nawet zatrudniają na pół etatu doświadczone pomoce do opieki nad dziećmi. Opiekunki takie można czasami zatrudnić wieczorami czy w weekendy.

Przez agencje opiekuńcze. Wykwalifikowane i ewidencjonowane (i zwykle kosztowne) opiekunki można znaleźć przez różne biura pośrednictwa. Skorzystanie z pośrednictwa takiej agencji pozwala nam zaoszczędzić czas i energię. Opinię o opiekunce należy jednak sprawdzić.

Usługi opiekuńcze. Zarejestrowane opiekunki można zatrudnić, korzystając z książki telefonicznej, gdzie pod hasłem „usługi" można znaleźć ich dane. Są opiekunki na cały etat, na pół etatu lub pracujące dorywczo.

Miejscowy szpital. Czasami rolę pośrednika w zatrudnianiu opiekunek do dzieci pełni

Poradnik opiekunki

Nawet najlepsza opiekunka potrzebuje rad. Zanim zostawisz swoje dziecko pod czyjąkolwiek opieką, upewnij się, że osoba ta wie:

- Jak najłatwiej uspokoić dziecko (kołysanie, ulubiona piosenka, spacer w nosidełku).
- Jaka jest ulubiona zabawka dziecka.
- Że dziecko powinno spać na pleckach bez poduszek czy kocyków.
- W jakiej pozycji i kiedy dziecku najlepiej się odbija (na ramieniu, na kolanach, po karmieniu, w trakcie karmienia).
- Jak przewijać i myć dziecko (używać papierowych ściereczek czy tamponików z waty? Czy smarować zaczerwienioną pupę maścią?) oraz gdzie znajdują się pieluchy i inne przybory toaletowe.
- Gdzie są ubranka, na wypadek gdy trzeba dziecko przebrać.
- Jak podawać butelkę, jeśli dziecko jest karmione butelką, albo czy podawać mieszankę, czy też ściągnięty z piersi pokarm matki.
- Co dziecko może albo czego nie może jeść lub pić. (Należy wyjaśnić, że żadne pożywienie, napój, a tym bardziej lekarstwo nie powinno być podawane bez zezwolenia matki czy lekarza.)
- Jaki jest rozkład mieszkania, gdzie znajduje się alarm przeciwwłamaniowy, który mógłby się nagle włączyć, gdzie są rozmieszczone wyjścia awaryjne itp.
- Jakie dziecko ma nawyki i zwyczaje, którymi mogłoby zaskoczyć lub zaniepokoić opiekunkę. (Ulewa, często się wypróżnia, płacze, kiedy ma mokro, zasypia tylko przy świetle bądź kołysane.)
- Jakie zwyczaje panują w domu w związku ze zwierzętami i jakie zasady obowiązują w relacji dziecko–zwierzęta.

- Jakie są zasady bezpieczeństwa dziecka (patrz str. 185). Można wypisać te zasady i powiesić je w widocznym miejscu.
- Gdzie znajduje się apteczka pierwszej pomocy lub też gdzie znajdują się inne środki medyczne w razie potrzeby.
- Gdzie można znaleźć latarkę lub świece.
- Co zrobić, gdy włączy się alarm przeciwpożarowy, gdy zauważy się dym lub ogień czy też kiedy do drzwi zadzwoni zupełnie nieznajoma osoba.
- Komu wolno przychodzić do domu podczas twojej nieobecności i jaka jest twoja polityka względem gości opiekunki.

Ponadto powinnaś zostawić opiekunce:

- Ważne numery telefonów (do lekarza dziecka, numer telefonu stacjonarnego i komórkowego do siebie, do sąsiada, który będzie w domu, do twoich rodziców, do stacji pogotowia ratunkowego, do stacji sanitarno-epidemiologicznej, do gospodarza domu, do hydraulika czy jakiejś „złotej rączki") oraz notes i ołówek do zapisywania wiadomości.
- Adres najbliższej stacji pogotowia ratunkowego i wskazówki, jak najłatwiej tam dojechać.
- Numer telefonu i pieniądze na taksówkę, gdyby trzeba było z niej nagle skorzystać (zawieźć dziecko do lekarza).
- Podpisaną zgodę na udzielenie pomocy medycznej dziecku w określonym zakresie, w sytuacji gdy nie można się skontaktować z matką (powinno się to uzgodnić wcześniej z lekarzem dziecka).

Dobrze jest umieścić wszystkie te informacje – numery telefonów, pieniądze i inne jeszcze przedmioty, które uznasz za niezbędne – w małym notesie z ruchomymi kartkami. Łatwo można wówczas zmienić lub dołączyć potrzebną informację, a opiekunka ma wszystko pod ręką.

---

miejscowy szpital. Wszystkie opiekunki polecane przez szpital przeszły szpitalny kurs opiekunki do dziecka łącznie z kursem bhp w zakresie opieki nad małymi dziećmi i w zakresie pierwszej pomocy. (W Polsce dotychczas szpitale nie prowadzą szkoleń opiekunek dziecięcych – przyp. red.)

Miejscowe gazety. Przejrzyj lokalne gazety i czasopisma, w których opiekunki poszukujące pracy zamieszczają ogłoszenia lub sama daj ogłoszenie.

Uczelniane biura pośrednictwa. Pomoc do dziecka na cały etat, na pół etatu, na rok akademicki czy okres wakacyjny można znaleźć również poprzez uczelniane biura pośrednictwa.

Kluby seniora. Pełni wigoru emeryci mogą okazać się wspaniałymi opiekunami i jednocześnie przybranymi dziadkami. (Sprawdź tylko, czy osoba taka posiada najnowszą wiedzę na temat opieki nad dzieckiem – na przykład czy wie, że dziecko należy kłaść wyłącznie na pleckach.)

TESTOWANIE KANDYDATEK

Nikt nie ma czasu godzinami rozmawiać z kandydatami, więc najlepszą metodą jest selekcja według opinii z poprzednich miejsc pracy. Przed rozmową ustal sobie pewne kryteria, żebyś od początku wiedziała, czego szukasz. Należy być ostrożnym w obciążaniu opiekunki obowiązkami, które mogą odciągnąć jej uwagę od dziecka. Zastanów się także, ile godzin w tygodniu musisz przeznaczyć na dodatkową opiekę i czy niania powinna liczyć się z pracą w różnych godzinach. Oszacuj również kwotę, którą możesz wypłacić: jako podstawową pensję i dodatek za nadgodziny. We wstępnej rozmowie telefonicznej zapytaj kandydatkę o imię, nazwisko, adres, numer telefonu, wiek, wykształcenie, staż w tego rodzaju pracy (to jednak jest mniej istotne w porównaniu z takimi zaletami, jak entuzjazm czy fachowe umiejętności), wymagania płacowe (sprawdź wcześniej, jakie są stawki w twoim rejonie) i dlaczego chciałaby podjąć tę pracę. Wyjaśnij, co pociąga za sobą praca opiekunki, i oceń, czy nadal jest tym zainteresowana. Umów się na konkretną rozmowę z tymi kandydatkami, które wydają ci się obiecujące.

W czasie rozmów zwracaj szczególną uwagę na pytania i komentarze kandydatki (np. pytanie „Czy dziecko dużo płacze?" może odzwierciedlać zniecierpliwienie wobec normalnego przecież zachowania dziecka), jak również na milczenie (kobieta, która nie mówi o swoim stosunku do dzieci i o swojej do nich sympatii, jest podejrzana), bo wiele się w ten sposób o niej dowiesz. Żeby zdobyć jeszcze więcej informacji, zadaj następujące pytania, formułując je tak, by wymagały odpowiedzi nieco szerszej niż „tak" lub „nie" (jeżeli na pytanie: „Czy lubi pani dzieci?" uzyskasz odpowiedź „tak", niewiele ci ona powie):

- Dlaczego chce pani podjąć tę pracę?
- Gdzie pracowała pani ostatnio i dlaczego porzuciła pani tę pracę?
- Czego pani zdaniem dziecko w takim wieku jak moje najbardziej potrzebuje?
- Jak wyobraża pani sobie spędzanie czasu z dzieckiem w tym wieku?
- Jak widzi pani swoją rolę w życiu mojego dziecka?
- Jakie jest pani zdanie na temat karmienia piersią? (Jest to ważne oczywiście tylko w przypadku, gdy karmisz piersią i zamierzasz to kontynuować – co wymagałoby pomocy opiekunki.)
- Jak pani sobie poradzi, kiedy moje dziecko stanie się bardziej ruchliwe i kłopotliwe? Jaki jest pani sposób na utrzymanie dyscypliny wśród małych dzieci?
- Jak dotrze pani do pracy, gdy będzie brzydka pogoda?
- Czy ma pani prawo jazdy i czy miała pani wcześniej wypadki lub kolizje? (Jeśli prowadzenie samochodu będzie wchodziło w grę w pracy.) Czy ma pani samochód? (Jeśli opieka nad twoim dzieckiem będzie tego wymagać.)
- Jak długo planuje pani u nas pracować? (Choć trudno z góry założyć długi pobyt, opiekunka, która odchodzi, kiedy tylko dziecko zdąży się do niej przyzwyczaić, może przysporzyć całej rodzinie wielu problemów.)
- Czy ma pani własne dzieci? Czy ich potrzeby nie będą kolidowały z pracą? Czy będzie pani mogła przyjść do pracy, gdy zachorują? Przyprowadzanie dzieci opiekunki do domu ma swoje zalety i wady. Z jednej

strony daje to szansę dziecku na przebywanie w ciągu dnia w towarzystwie innych dzieci. Z drugiej jednak strony jest to narażanie dziecka na kontakt z bakteriami; konieczność zajęcia się więcej niż jednym dzieckiem może sprawić, że opiekunka nie poświęci twemu dziecku tyle uwagi, ile powinna. Możesz się również liczyć z większymi zniszczeniami w domu.

- Czy może pani gotować, robić zakupy i posprzątać mieszkanie? (Jeśli ktoś zajmie się gotowaniem i sprzątaniem, będziesz miała więcej czasu na przebywanie z dzieckiem, kiedy wrócisz do domu. Jeśli jednak opiekunka poświęci dużo czasu takiej pracy, dziecko może być zaniedbane.)

- Czy jest pani zdrowa? (Poproś o ogólne świadectwo zdrowia i aktualne wyniki prześwietlenia płuc; zapytaj, czy pali, pije albo zażywa narkotyki. Narkomanka naturalnie nie przyzna się do tego, ale trzeba być czujnym na sygnały: zniecierpliwienie, gadatliwość, nerwowość, podniecenie, rozszerzone źrenice, brak apetytu, stymulowanie apetytu takimi środkami, jak amfetamina czy kokaina, zaburzenia mowy, niepewny krok, zaburzenia orientacji, brak koncentracji i inne oznaki nietrzeźwości z zapachem lub bez zapachu alkoholu, wpatrzone w jeden punkt źrenice i nadmierny apetyt na słodycze, co może oznaczać uzależnienie od heroiny, euforia, nieopanowanie, zwiększony apetyt, krótka pamięć. Opiekunka, która stara się „nie brać" narkotyków w pracy, może wykazywać stany odwykowe, a więc łzawiące, rozbiegane oczy, ziewanie, drażliwość, niepokój, drgawki, dreszcze, pocenie się. Oczywiście wiele tych objawów może równie dobrze wskazywać na jakąś chorobę – psychiczną lub fizyczną – a nie na nadużywanie narkotyków. Tak czy inaczej, jeśli coś takiego zauważysz, nie ignoruj tego. Nie zatrudniaj osób, których stan zdrowia nie pozwalałby na wykonywanie rutynowych czynności przy dziecku.)

- Czy przeszła pani lub zamierza przejść szkolenie w zakresie bhp oraz pierwszej pomocy dziecku?

Gdy będziesz zadawała te pytania, kandydatka powinna odpowiadać na nie indywidualnie, a nie w obecności innych kandydatek. A teraz na podstawie własnych obserwacji sama uczciwie odpowiedz sobie na kilka pytań:

- Czy kandydatka przyszła na spotkanie zadbana i ładnie ubrana? Chociaż może nie będziesz od niej wymagała świeżo krochmalonego fartuszka w pracy, poplamione ubranie, nie umyte włosy i brudne paznokcie nie są na pewno pozytywnym sygnałem.

- Czy widzisz w niej zamiłowanie do porządku podobne do swojego? Jeśli musi przez pięć minut grzebać w torebce, by znaleźć swoje świadectwo pracy, a ty jesteś pedantką, prawdopodobnie wróży to konflikty. Z drugiej strony, jeśli ona będzie przesadnie staranna, a ty robisz niepotrzebny bałagan – również się nie zgodzicie.

- Czy jest godna zaufania? Jeśli spóźni się na wasze spotkanie – uważaj. Może się spóźniać również do pracy.

- Czy jest fizycznie zdolna do wykonywania pracy opiekunki? Drobna, starsza kobieta może nie mieć siły cały dzień nosić dziecka na ręku czy też biegać za nim, gdy twoja pociecha już potrafi chodzić.

- Czy jest dobra dla dzieci? Wasza rozmowa nie będzie w pełni miarodajna, dopóki nie poobserwujesz jej w kontakcie z dzieckiem. Czy wydaje ci się cierpliwa, miła, zainteresowana, rzeczywiście uważna i wrażliwa na potrzeby twojego dziecka? Postaraj się dowiedzieć jeszcze więcej o jej zdolnościach pielęgnacyjnych od poprzednich pracodawców.

- Czy jest inteligentna? Zapewne chciałabyś, aby twoim dzieckiem zajął się ktoś, kto uczyłby je i bawił się z nim tak jak ty sama i kto służyłby dobrym przykładem w trudnych sytuacjach.

- Czy dobrze czujesz się w jej towarzystwie? Prawie tak ważny jak kontakt z dzieckiem jest kontakt opiekunki z tobą. Dla dobra dziecka stosunki między wami powinny być otwarte, przyjazne i niezmienne. Należy się upewnić, że jest to nie tylko możliwe, ale i nieuciążliwe.

Jeśli pierwsza seria rozmów z kandydatkami skończy się niepowodzeniem, nie rezygnuj – spróbuj jeszcze raz. Jeśli tym razem się uda, następnym krokiem zawężającym krąg kandydatek jest sprawdzenie ich referencji. Nie polegaj na słowie przyjaciół czy rodziny opiekunki o jej zdolnościach i rzetelności. Sprawdź to wszystko u poprzednich pracodawców, oczywiście jeśli to możliwe. Jeśli nie – zasięgnij opinii u nauczycieli, księży czy innych osób, których opinia wydaje ci się obiektywna. Możesz także poprosić biuro zatrudnienia lub agencję o przeprowadzenie wstępnej rozmowy z potencjalną opiekunką – niektóre tego typu agencje oferują taką usługę. Jednak aby mogły to uczynić, potrzebna jest zgoda samej kandydatki.

POZNAWANIE SIĘ

Prawdopodobnie będzie ci ciężko spędzić cały dzień z nie znaną ci osobą. Dziecko, narażone dodatkowo na stres z powodu braku mamy i taty (mniejszy w pierwszych miesiącach, większy w drugiej połowie pierwszego roku życia), będzie cierpiało również. Żeby zmniejszyć ten stres, przedstaw dziecku opiekunkę wcześniej. Jeśli jest to pani tylko na wieczór, niech przyjdzie za pierwszym razem chociaż pół godziny wcześniej (godzinę wcześniej, jeśli dziecko ma więcej niż pięć miesięcy), żeby dziecko miało szansę się z nią oswoić. Poznawaj dziecko z opiekunką stopniowo; na początku trzymaj malucha w ramionach, potem ułóż go w leżaczku – żeby opiekunka mogła podejść do niego na "neutralnym" terytorium – a jak dziecko oswoi się już z nieznajomą, pozwól jej wziąć je na ręce. Następnie – po tym pierwszym poznaniu się – oddal się na godzinę lub dwie. Następnym razem każ przyjść opiekunce pół godziny przed twoim wyjściem i zostań poza domem trochę dłużej. Za trzecim razem powinno wystarczyć piętnaście minut, a potem już opiekunka i dziecko powinni zachowywać się jak starzy znajomi. Jeśli jest inaczej, zastanów się, czy wybrałaś odpowiednią osobę.

Opiekunka na dzień potrzebuje więcej czasu na przyzwyczajenie do siebie dziecka. Powinna spędzić przynajmniej jeden cały dzień z dzieckiem i z jego mamą, poznając nie tylko swego podopiecznego, ale też dom, sposób pielęgnacji malucha oraz domowe zwyczaje. Tobie taki dzień umożliwi udzielanie rad na bieżąco, a jej zadawanie pytań. Będziesz też mogła poobserwować panią „w akcji" i ewentualnie zmienić decyzję, jeśli nie spodoba ci się jej praca. Nie osądzaj opiekunki po reakcji dziecka, ale po tym, jak sobie z taką reakcją poradzi; bez względu na to, jak dobra jest opiekunka, dzieci – nawet bardzo małe – często protestują przeciw pozostawaniu z kimkolwiek, dopóki mama jest obok.

Twoje dziecko – jak setki innych – prawdopodobnie najlepiej przyzwyczai się do no-

---

A może pan niania?

Skoro nie ma takiej czynności związanej z opieką nad dzieckiem, której ojciec nie mógłby wykonać równie dobrze jak mama (oczywiście poza karmieniem piersią), zatem dzieckiem może opiekować się z powodzeniem pan niania. Dlatego coraz więcej mężczyzn szuka pracy w roli opiekuna do dziecka i coraz częściej znajduje zatrudnienie. I choć panowie należą jeszcze do mniejszości w tym zawodzie, ich szeregi szybko rosną. Kto twierdzi, że trudno znaleźć dobrego pana nianię?

Zatrudnienie opiekunki

Przyjmując opiekunkę do dziecka, nie unikniesz papierkowej roboty. Zgodnie z prawem, osoba zatrudniająca pomoc domową jest zobowiązania do opłacania składek ZUS oraz uiszczania podatku z tytułu wypłacanego wynagrodzenia. Choć zadanie to przysporzy sporo pracy i kłopotów, należy pamiętać, że za nieprzestrzeganie tych wymogów grożą prawne konsekwencje. Czasem koszty opieki można odliczyć od podatku.

Obserwowanie opiekunki

Czy zastanawiasz się, co tak naprawdę dzieje się w domu, gdy ciebie tam nie ma? Czy opiekunka przez cały dzień troszczy się o dziecko, czy też rozmawia przez telefon i ogląda seriale w telewizji? Czy przemawia do maleństwa, przytula je, niczym poza nim się nie zajmując, czy też zostawia je przypięte do leżaczka lub płaczące w łóżeczku? Czy wypełnia co do joty twoje instrukcje, czy zapomina o nich, gdy tylko zamykają się za tobą drzwi? Czy jest dla dziecka jak dobra wróżka czy jak koszmar z najgorszych snów – albo czymś pośrodku?

Aby się przekonać, że zatrudniona osoba jest tą właściwą, albo by ocenić, na ile jej zachowanie odpowiada postawionym wymaganiom (zwłaszcza jeśli pojawiły się już znaki ostrzegawcze), coraz więcej rodziców decyduje się na instalowanie „kamer na nianię", czyli ukrytych kamer obserwacyjnych, podpatrujących osoby zajmujące się naszymi pociechami. Jeśli rozważasz zainstalowanie takiego systemu, weź pod uwagę następujące kwestie:

- Sprzęt. Kamery różnej klasy można kupić lub zlecić ich instalację odpowiedniej firmie. Najtańszą opcją jest zainstalowanie pojedynczej kamery w pomieszczeniu, w którym niania z dzieckiem spędzają najwięcej czasu; tym sposobem będziesz miała pewne pojęcie, co się dzieje w domu, jednak nie poznasz całej prawdy (do niewłaściwych zachowań opiekunki może także dochodzić w innym pokoju). Droższym, ale mniej rzucającym się w oczy obserwatorem jest bezprzewodowa kamera zainstalowana wewnątrz pluszowego zwierzątka, które można ustawiać w coraz to innych miejscach i sprawdzić, co się dzieje w różnych pomieszczeniach w różne dni. System monitorujący cały dom oczywiście daje najlepsze efekty, ale też więcej kosztuje.

Pamiętaj, że podglądanie pracy niani będzie tylko wtedy skuteczne, gdy odpowiednio je zaplanujesz. Niania powinna być nagrywana przynajmniej kilka dni w tygodniu (a najlepiej co dzień) i trzeba regularnie przeglądać taśmy, gdyż w przeciwnym razie może się zdarzyć, że dopiero po kilku dniach zobaczysz sytuację zaniedbywania bądź znęcania się nad dzieckiem.

- Prawa twoje i opiekunki. Prawa dotyczące filmowania z ukrycia są różne w różnych krajach; w większości stanów USA zezwala się na rejestrowanie na taśmie pracy opiekunki do dziecka we własnym domu i bez jej wiedzy. Dostawca sprzętu do filmowania powinien poinformować cię o stronie prawnej przedsięwzięcia. Inną sprawą są zagadnienia etyczne – tu można by długo debatować. Dla jednych rodziców takie filmowanie będzie naruszeniem prywatności opiekunki, dla innych – najlepszą inwestycją, jaką mogą poczynić dla bezpieczeństwa własnego dziecka.

- Własne motywacje. Taka kamera zapewnia spokój wewnętrzny. Z drugiej strony, jeśli masz tak ogromne wątpliwości i praca zatrudnionej przez siebie opiekunki skłania cię do zainstalowania systemu „szpiegowskiego", zapewne osoba ta w ogóle nie powinna u ciebie pracować. Lepiej zaufać swemu instynktowi, zaoszczędzić pieniądze i znaleźć inną opiekunkę.

Jeśli zdecydujesz się na zainstalowanie kamer w domu, nie używaj ich do podglądania kandydatek do pracy. Każda opiekunka powinna zostać dokładnie skontrolowana, zanim zostawisz ją samą z dzieckiem w domu.

---

wej twarzy przed ukończeniem szóstego miesiąca życia, zanim pojawi się problem strachu przed nieznajomymi (zwykle między szóstym a dziewiątym miesiącem; patrz str. 429).

OKRES PRÓBNY

Zawsze należy zatrudniać opiekunkę do dziecka na okres próbny – żeby móc ocenić jej działania i zdecydować, czy chce się ją zatrzymać na dłużej. Lepiej podejść uczciwie do sprawy i zaraz na początku zaznaczyć, że pierwsze dwa tygodnie lub miesiąc stanowić będą okres próbny. W tym czasie należy obserwować dziecko. Czy jest szczęśliwe? Czyste? Czy jest ożywione, kiedy wracasz do domu, czy bardziej niż zwykle zmęczone i kapryśne? Czy pieluszki są zmieniane odpowiednio często? Ważne też jest samopoczucie opiekunki pod koniec dnia. Czy jest rozluźniona i zadowolona? A może poirytowana i napięta, szczęśliwa, że to już koniec obowiązków tego dnia? Czy chętnie opowiada ci o dniu spędzonym z dzieckiem, relacjonując najnowsze osiągnięcia malucha lub też problemy, które się pojawiły? Czy może zdaje ci rutynową relację z tego, jak dziecko spało i ile mleka wypiło? A może jeszcze gorzej: opowiada ci, jak długo dziecko płakało? Czy jest świadoma tego, że to jest nadal twoje dziecko i to ty podejmujesz główne decyzje, czy też uważa, że teraz ona decyduje o wszystkim, co dotyczy dziecka?

Jeśli nie jesteś zadowolona ze sprawowanej opieki (albo jeśli opiekunce wyraźnie ta praca nie odpowiada), wznów poszukiwania. Jeśli nie jesteś pewna opiekunki, możesz niespodziewanie wpaść do domu wcześniej i sprawdzić, co się tam dzieje w czasie twojej nieobecności. Możesz też poprosić znajomych lub sąsiadów spotykających opiekunkę w parku, sklepie czy na ulicy o opinię, jak – według nich – sobie radzi. Jeśli sąsiad stwierdzi, że twoje na ogół pogodne dziecko dużo płacze, gdy cię nie ma, powinno to być poważnym ostrzeżeniem.

Jeśli uważasz, że opiekunka z prawdziwego zdarzenia jeszcze się nie urodziła, może powinnaś ponownie przeanalizować swoją decyzję powrotu do pracy, pozostać w domu z dzieckiem i nie oddawać swojego maleństwa pod opiekę niekompetentnym i nieostrożnym osobom?

OPIEKA ZBIOROWA

W niektórych takich miejscach program dziennej opieki może okazać się atrakcyjny. W najlepszych żłobkach wszelkie działania skierowane są na maksymalny rozwój dziecka, jego wzrost, zaspokajanie potrzeb uczenia się i zabawy, a opiekę sprawuje wysoko kwalifikowana kadra. Jeśli któryś z pracowników zachoruje czy zrezygnuje z pracy, nie stanowi to poważnego problemu, gdyż takie ośrodki – w przeciwieństwie do opieki indywidualnej – nie są uzależnione od jednej osoby. W niektórych krajach, m.in. w Polsce, ośrodki zbiorowej opieki nad dziećmi są nadzorowane przez kuratoria oświaty i służbę zdrowia pod względem edukacji, bezpieczeństwa i ochrony zdrowia. Ze względów finansowych stanowią nie tyle najlepsze, ile wręcz jedyne możliwe rozwiązanie dla wielu rodziców.

Niestety istnieją i minusy takiej zbiorowej opieki. Przede wszystkim nie każdy żłobek oferuje w pełni zadowalające warunki. Nawet w tym lepszym opieka jest mniej zindywidualizowana niż w domu, więcej dzieci przypada na jedną osobę personelu, opiekunki często się zmieniają. W mniej elastyczny sposób niż w wypadku opiekunki domowej można planować dzień, a jeśli żłobek pracuje według kalendarza szkolnego, będzie zamknięty w soboty i niedziele, kiedy niejednokrotnie trzeba pójść do pracy. Koszt pobytu dziecka w takim żłobku jest zwykle dość wysoki, chyba że sponsoruje go państwo lub prywatna instytucja (albo zakład pracy). Z pewnością największą wadą takich zbiorowych ośrodków opieki jest wyższa liczba zachorowań wśród dzieci, ponieważ wiele matek pracujących, nie mając innego wyboru, posyła dzieci do żłobka nawet z przeziębieniami czy lekkimi infekcjami. To dlatego dzieci oddawane do żłobka częściej zapadają na choroby ucha czy inne dolegliwości.

Na pewno istnieją dobrze zorganizowane żłobki. Sztuka polega na tym, by je odszukać i znaleźć w nich miejsce dla swojego dziecka. (Jednak najlepiej funkcjonujący żłobek nie zapewni dziecku tego, co da mu przeciętna matka – przyp. red. nauk.)

MINIŻŁOBEK W DOMU

W ielu rodziców woli zostawiać swoje pociechy w warunkach domowych u kogoś, w towarzystwie kilkorga innych dzieci, aniżeli w „bezosobowym" żłobku. Dla tych, którzy nie mogą znaleźć odpowiedniej opiekunki, miniżłobek u kogoś w domu jest często najlepszym rozwiązaniem.

Taki sposób opieki ma wiele zalet. Domowy miniżłobek potrafi stworzyć ciepłą, rodzinną atmosferę przy mniejszych kosztach niż inne formy opieki. Ponieważ dzieci jest tutaj mniej niż w prawdziwym żłobku, mniejsze jest zagrożenie infekcjami, a większa szansa na stymulowanie i zindywidualizowanie rozwoju (chociaż nie zawsze tak się dzieje). Ruchome są też godziny pracy takiego żłobka, a więc można dziecko wcześnie przyprowadzać i późno odbierać.

Wady tego rodzaju opieki są różne w zależności od sytuacji. Zwykle takie domowe miniżłobki nie są nigdzie zarejestrowane i można czasami mieć wątpliwości co do zachowywania w nich norm bezpieczeństwa i ochrony zdrowia. Opiekunka jest często niewykwalifikowana, bez doświadczenia w zakresie opieki nad dziećmi. Może też mieć zupełnie inne zdanie na temat wychowania dzieci aniżeli ich rodzice. Jeśli sama zachoruje bądź też zachoruje jej własne dziecko, nie ma nikogo, kto mógłby ją zastąpić. No i wreszcie – chociaż ryzyko jest znacznie mniejsze niż w żłobkach państwowych – zawsze istnieje możliwość przenoszenia zarazków z dziecka na dziecko, szczególnie wtedy, gdy warunki sanitarne są nie kontrolowane. Przeczytaj o opiece zbiorowej (patrz str. 259) – tam się dowiesz, czego oczekiwać, a czego należy się wystrzegać przy wyborze takiego domowego miniżłobka.

ZAKŁADOWE MIEJSCA OPIEKI

Dość popularna w Europie, a bardzo rzadka w Stanach Zjednoczonych (choć sytuacja ta powoli się w tym kraju zmienia) jest opieka zbiorowa w miejscu pracy matki. Z pewnością wielu rodziców byłoby taką formą opieki zainteresowanych, gdyby miało taką możliwość.

Korzyści są wielkie. W nagłych wypadkach masz zawsze dziecko przy sobie. Możesz je odwiedzać w czasie przerwy śniadaniowej lub obiadowej, dokarmiać piersią. Ponieważ dojeżdżasz do pracy z dzieckiem, spędzasz z nim więcej czasu. Takie przyzakładowe żłobki są zwykle świetnie wyposażone i obsługiwane przez wykwalifikowany personel. Świadomość, że dziecko jest obok

Dziecko barometrem jakości opieki

Niezależnie, jaki rodzaj opieki dla dziecka wybrałaś, czujnym okiem obserwuj, czy nie pojawiają się powody do niezadowolenia: nagłe zmiany osobowości lub nastroju niemowlęcia, kurczowe trzymanie się mamy bądź płaczliwość nie związana z ząbkowaniem, chorobą czy innymi oczywistymi przyczynami. Jeśli odnosisz wrażenie, że dziecko jest nieszczęśliwe, prawdopodobnie powinnaś zmienić rodzaj sprawowanej nad nim opieki.

pod dobrą opieką, zwiększa twoją wydajność w pracy. Koszt takiej opieki – jeśli w ogóle istnieje – jest bardzo niewielki. (W Polsce żłobki przyzakładowe należą do rzadkości – przyp. red. nauk.)

Taka forma opieki może mieć także wady. Jeśli dojazd do pracy jest trudny, może się to okazać uciążliwe dla dziecka. Dla ciebie zresztą też, jeśli musisz przeciskać się przez tłum w autobusach czy tramwajach z torbą z pieluchami i wózkiem. Bywa, że zbyt częste wizyty mamy w ciągu dnia zakłócają normalny rytm, a każde kolejne rozstanie staje się trudniejsze zarówno dla dziecka, jak i matki, która odrywa się przecież od pracy.

Zakładowe miejsca opieki powinny spełniać wszelkie normy pod względem wychowawczym, zdrowotnym i w zakresie bezpieczeństwa dzieci. Jeśli żłobek, do którego oddajesz swoje dziecko, takich norm nie spełnia, porozmawiaj z odpowiednimi ludźmi, co można by jeszcze zrobić, by usprawnić działanie takiego ośrodka.

DZIECI W PRACY

Bardzo rzadko się zdarza, że matka może zabierać dziecko z sobą do pracy, gdy nie ma żadnej możliwości zapewnić swemu niemowlęciu opieki. Jest to możliwe jedynie, zanim dziecko zacznie się samodzielnie przemieszczać, jeśli nie miewa kolek, no i oczywiście kiedy matka znajdzie miejsce na leżaczek i inne akcesoria w swoim miejscu pracy, a pracodawca i inni pracownicy zaakceptują taki stan rzeczy. Byłoby świetnie, gdyby do dyspozycji w pracy była niania, choćby na jakiś czas, i najlepiej, jeśli pracę możesz sama rozplanować w czasie. W przeciwnym przypadku może się okazać, że dziecko tak naprawdę jest mniej zadbane lub rzadziej stymulowane, niż gdyby uczęszczało do żłobka czy korzystało z innego rodzaju opieki. Zabieranie dziecka do pracy zwykle najlepiej się sprawdzi, gdy w twoim biurze panuje swobodna atmosfera – duży stres mógłby źle wpłynąć na niemowlę. Takie rozwiązanie jest idealne dla matki karmiącej lub dla matki, która nie chce rezygnować ani z pracy, ani z przebywania z dzieckiem.

GDY DZIECKO CHORUJE

Żadna matka nie chce, by jej dziecko chorowało. Matka pracująca szczególnie obawia się wszelkich oznak gorączki czy nieżytu żołądka. Zdaje sobie sprawę, że opieka nad jej chorym dzieckiem może nastręczać wiele problemów. Najczęściej któreś z rodziców korzysta ze zwolnienia lekarskiego w celu opieki nad chorym maluchem. Wszak każdy, kto kiedykolwiek był chorym dzieckiem, wie, że najlepiej chorować w domu, pod opieką mamy czy taty, którzy wezmą za

> ## *Bezpieczny sen*
>
> Jeśli zostawisz dziecko pod opieką opiekunki, upewnij się, czy zna ona zasadę „plecy służą do spania, brzuszek – do zabawy" zalecaną przez Amerykańską Akademię Pediatrii. Wszystkie dzieci należy układać do snu na plecach (chyba że są inne wskazania medyczne) i układać je na brzuszku, by spędzały w tej pozycji część czasu, kiedy nie śpią (lecz tylko pod stałą kontrolą opiekunów).

rękę, ochłodzą rozgorączkowane czoło, podadzą lekarstwa czułym gestem. Innym dobrym rozwiązaniem jest znana i zaufana opiekunka albo któryś z członków rodziny, który zgodzi się pozostać z dzieckiem w domu. Niektóre ośrodki opieki zbiorowej oferują do dyspozycji izbę chorych czy izolatkę, gdzie dziecko może przebywać w znajomym otoczeniu pod opieką osób, które zna. W niektórych krajach istnieją „dzienne szpitale" w domach prywatnych i większych wolno stojących budynkach przystosowanych do takich potrzeb. W takich miejscach oczywiście dziecko musi się przyzwyczaić do obcych twarzy i obcego otoczenia, a warunki ku temu – jest przecież chore – są niesprzyjające. Niektóre żłobki zakładowe, by zatrzymać rodziców w pracy, wypłacają zasiłek opiekuńczy pozwalający wynająć opiekunkę na okres choroby dziecka. (To również wiąże się z koniecznością oswojenia się dziecka z obcą osobą.)

8
Czwarty miesiąc

Pewna mała istotka przez cały ten miesiąc będzie się uśmiechać – a ty wraz z nią! Twoja pociecha wkracza właśnie w okres, który śmiało można nazwać „złotym wiekiem niemowlęctwa". Składa się na niego kilka uroczych miesięcy, w ciągu których dziecko tryska humorem za dnia, przesypia więcej godzin w nocy, a samodzielne przemieszczanie jeszcze mu nie grozi (co oznacza, że znajdziesz je zawsze w tym samym miejscu, w którym je zostawiłaś, nie narobi bałaganu czy zniszczeń – ciesz się tymi chwilami, póki trwają!). Dziecko jest towarzyskie, wszystkim się interesuje, chętnie nawiązuje kontakt za pomocą gaworzenia i oddaje się obserwacji świata wokół siebie. Jednym słowem, oczarowuje wszystkich znajdujących się w promieniu 3 metrów. Czyż czteromiesięczne dzieci nie są przemiłym towarzystwem?

Co twoje dziecko potrafi robić

Dzieci osiągają kolejne etapy rozwoju we własnym tempie. Jeśli twój maluszek nie umie wykonać jednej czy kilku z poniżej wymienionych czynności, nie martw się: wkrótce się nauczy. Normalne tempo rozwoju to takie, w jakim dziecko się rozwija. Pamiętaj też, że umiejętności, które można wyćwiczyć, tylko leżąc na brzuszku, nie zostaną przez dziecko opanowane, jeśli nie będzie miało po temu okazji. Koniecznie kładź więc malca (pod nadzorem!) w takiej pozycji. Jeśli rozwój dziecka wzbudza w tobie wątpliwości (ponieważ zauważyłaś, że opuściło któryś z etapów rozwoju lub obawiasz się, że rozwija się za wolno), skonsultuj się z lekarzem. Porozmawiaj z nim, nawet jeśli on sam danego tematu nie poruszy – rodzice często zauważają pewne niuanse niewidoczne dla lekarzy. Wcześniaki zwykle wykształcają pewne sprawności nieco później niż ich rówieśnicy, zazwyczaj w okresie, w którym osiągnęłyby je, gdyby urodziły się o czasie, a nawet później.

Po ukończeniu czwartego miesiąca twoje dziecko powinno umieć:

- unieść głowę o 90°, leżąc na brzuchu*;
- śmiać się głośno;
- podążać wzrokiem za przedmiotem odległym o około 20 centymetrów od twarzy, obracając główkę o 180° z jednej strony na drugą.

---

* Dzieci, które mniej czasu spędzają, leżąc na brzuszku, zwykle później zdobywają tę umiejętność. Nie ma powodu do zmartwień (patrz str. 188).

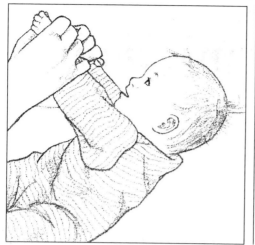 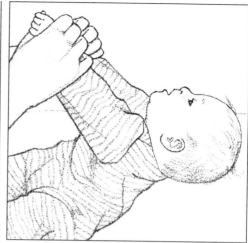

Na początku czwartego miesiąca większość dzieci podciągana do siedzenia nie potrafi jeszcze utrzymywać głowy równo z tułowiem (ilustracja lewa). Główka zwykle opada do tyłu (ilustracja prawa).

Po ukończeniu czwartego miesiąca twoje dziecko prawdopodobnie będzie umiało:

- trzymane pionowo, mocno trzymać główkę;
- leżąc na brzuchu, podnieść klatkę piersiową, opierając się na przedramionach;
- chwycić grzechotkę lub twoje palce;
- z uwagą wpatrywać się w coś malutkiego, np. rodzynek (uważaj, by tak małe przedmioty nie znalazły się w zasięgu rączek dziecka);
- wyciągać rączkę po przedmiot;
- piszczeć z zadowolenia.

Po ukończeniu czwartego miesiąca twoje dziecko być może będzie umiało:

- podciągane do pozycji siedzącej, trzymać głowę w jednej linii z tułowiem;
- przewrócić się z brzuszka na plecy lub odwrotnie;
- obrócić się w kierunku, z którego dochodzi głos, zwłaszcza mamy;
- powiedzieć „gu-gu" lub podobne zbitki samogłosek ze spółgłoskami;
- śmiać się (wydawać dźwięki przypominające śmiech).

Po ukończeniu czwartego miesiąca twoje dziecko może nawet umieć:

- opierać się mocno na nogach podtrzymywane pod paszki;
- siedzieć bez oparcia;
- protestować przy próbach odbierania zabawki;
- obrócić się w kierunku, z którego dochodzi głos.

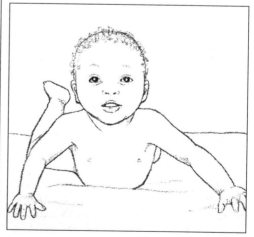

Wiele, choć nie wszystkie, dzieci w wieku czterech miesięcy potrafi unieść klatkę piersiową na wyprostowanych ramionach.

Czego możesz oczekiwać w czasie badania lekarskiego

Prawdopodobnie w poprzednim miesiącu dziecko nie było badane przez lekarza, więc zebrało ci się wiele pytań. Teraz nadarzy się okazja, by je zadać – zwłaszcza że w tym miesiącu zalecane są również szczepienia ochronne. Gdy przyjdziesz do gabinetu ze swym maleństwem, postaraj się porozmawiać z lekarzem, zanim dziecko zostanie poddane szczepieniu, wtedy maluch będzie jeszcze ubrany i spokojny.

Każdy lekarz lub położna ma inne zdanie na temat wizyt kontrolnych zdrowego dziecka. Sposób badania, liczba i rodzaj badań zależy od indywidualnych potrzeb dziecka. Ogólnie rzecz biorąc, w czasie wizyty kontrolnej czteromiesięcznego dziecka możemy się spodziewać:

- Pytań dotyczących ciebie, dziecka i pozostałych członków rodziny, żywienia dziecka, jego snu i rozwoju. Opieki nad dzieckiem, jeśli pracujesz.
- Ważenia, pomiaru długości ciała i obwodu głowy dziecka oraz sporządzenia wykresu rozwoju fizycznego.
- Badania ogólnego, ze szczególnym uwzględnieniem wcześniejszych problemów.
- Oceny rozwoju. Lekarz może poddać dziecko badaniom, które pozwolą ocenić zdolność trzymania głowy, sprawność rąk, wzrok, słuch, rozwój społeczny lub jedynie oprze się na obserwacji i rozmowie z tobą na temat postępów dziecka.
- Drugiej dawki szczepienia Di-Te-Per (błonica, tężec, krztusiec) oraz przeciw chorobie Heinego-Medina, jeśli dziecko jest zdrowe i nie ma innych przeciwwskazań. Nie zapomnij opowiedzieć lekarzowi o reakcji na pierwszą dawkę szczepienia.
- Wskazówek dotyczących żywienia, snu, rozwoju i bezpieczeństwa dziecka.

Zanim wizyta się zakończy, nie zapomnij spytać lekarza:

- Jaka reakcja może wystąpić po drugiej dawce szczepienia? Jak sobie z tym radzić? Kiedy należy skontaktować się z lekarzem?
- Kiedy powinnaś wprowadzać pokarmy w postaci papek?

Pytaj o wszystko, co zaniepokoiło cię w minionym miesiącu. Wspomnij o wszelkich zauważonych opóźnieniach czy opuszczonych etapach rozwoju. Zanotuj uwagi i wskazówki lekarza. Istotne informacje (masa ciała, długość, obwód głowy, znamiona na skórze, szczepienia, podawane leki, wyniki testów itd.) zostaną wpisane do książeczki zdrowia dziecka.

Karmienie dziecka w czwartym miesiącu
Czy już urozmaicać dietę

W dzisiejszych czasach młoda mama otrzymuje wiele sprzecznych informacji na temat wprowadzania pokarmów stałych. Jej matka mówi: „Ja zaczęłam ci je podawać, nim skończyłaś cztery miesiące. Na co czekasz?" Po czym zauważa oczywistą rzecz: „I jesteś zdrowa, tak?" Koleżanka w najlepszej wierze twierdzi, że stałe pokarmy zapewniają dziecku dłuższy sen w nocy. Ma na to niezbity dowód: jej córeczka przespała całą noc po pierwszej łyżeczce kaszki. Tymczasem lekarz pediatra instruuje, że należy poczekać do szóstego miesiąca, powołuje się przy tym na najnowsze zalecenia i wyniki badań naukowych.

Kogo posłuchasz? Kto wie najlepiej? Matka? Pediatra? Przyjaciółka? Tak naprawdę wie to tylko twoje dziecko, nikt oprócz niego nie może ci tego powiedzieć. Zalecenia medyczne na pewno są cenniejsze od porad przekazywanych przez mamę bądź przyjaciółkę i należy wziąć je pod uwagę przy podejmowaniu decyzji, zawsze jednak wprowadzanie bardziej urozmaiconej diety powinno zależeć od indywidualnego rozwoju dziecka.

Wczesne rozpoczęcie podawania pokarmów stałych nie jest w większości przypadków szkodliwe, ale może stać się przyczyną alergii. Są jednak powody, dla których warto poczekać. Po pierwsze, układ pokarmowy małego dziecka – począwszy od języka, który popycha obce substancje, aż do jelit, w których nieobecne są jeszcze wszystkie enzymy trawienne – na tym etapie rozwoju nie jest gotowy na przyjęcie pokarmów stałych. Po drugie, stałe pokarmy nie są jeszcze dziecku potrzebne, gdyż przez pierwszych sześć miesięcy organizm pobiera wszystkie niezbędne składniki odżywcze z mleka matki lub mieszanki mlecznej. Zbyt wczesne urozmaicanie diety bywa przyczyną złych nawyków żywieniowych. Na przykład malec najpierw protestuje przeciwko porcji owsianki, bo nie jest jeszcze gotowy na jej przyjęcie, a potem również grymasi, gdyż kiedyś był przymuszany do jedzenia „obrzydliwego" pożywienia.

Z drugiej strony jednak zbyt długie odkładanie tego momentu (dziesiąty, jedenasty miesiąc) też może rodzić problemy. Starsze dziecko nie będzie się chętnie uczyło nowych (i niełatwych) czynności, takich jak żucie i połykanie pokarmów stałych, woląc trzymać się wypróbowanych, prostych metod zaspokajania głodu: ssania piersi matki czy picia z butelki ze smoczkiem. Należy także pamiętać, że u prawie rocznego dziecka o wiele trudniej zmieniać gust i nawyki żywieniowe. W przeciwieństwie do niemowlęcia sześciomiesięcznego, które jest bardziej podatne na sugestie, roczny maluch może nie mieć ochoty na stałe pokarmy, gdyż przyzwyczaił się do płynnych. Przed podjęciem decyzji o wprowadzeniu do jadłospisu twego dziecka pokarmów stałych zapoznaj się z następującymi wskazówkami, a potem zasięgnij rady lekarza.

- Twój malec potrafi dobrze trzymać głowę. Nie podawaj nawet papek, jeśli dziecko jeszcze tego nie umie. Z wprowadzeniem stałego pożywienia poczekaj do momentu, kiedy dziecko dobrze siedzi samo, zwykle przed ukończeniem siódmego miesiąca.

- Zniknął odruch wypychania języka. Dzięki temu odruchowi niemowlęta wypychają obce ciała z ust, chroniąc się przed zadławieniem. Przeprowadź następującą próbę: włóż maleństwu do buzi trochę kleiku ryżowego z mlekiem, używając specjalnego kubka z dzióbkiem, łyżeczki lub palca. Jeśli przy kilku próbach pokarm jest za każdym razem wypychany językiem, odruch jeszcze nie zaniknął, a dziecko nie jest gotowe do karmienia łyżeczką.

- Dziecko przejawia zainteresowanie i sięga po jedzenie ze stołu. Maluch, który wyrywa ci widelec z ręki, zabiera chleb z talerza, obserwuje cię przy jedzeniu i zachwyca go każdy odgryzany przez ciebie kęs, mówi ci, że chętnie spróbuje „dorosłego" jedzenia.

- Dziecko umie poruszać językiem do przodu i do tyłu, w górę i w dół. Możesz to łatwo zaobserwować.

- Dziecko potrafi wciągać dolną wargę i dzięki temu może zbierać jedzenie z łyżeczki.

W niektórych przypadkach dzieci gotowe do przyjmowania pokarmów stałych będą musiały dłużej poczekać, najczęściej ze względu na istniejącą w rodzinie alergię. Dopóki nauka nie powie nam więcej na temat istoty alergii, powinnaś karmić dziecko wyłącznie piersią przez większą część pierwszego roku, a dietę wzbogacaj bardzo ostrożnie, dodając każdy nowy pokarm osobno, poczynając od szóstego miesiąca życia. Więcej o wprowadzaniu pokarmów stałych znajdziesz na stronie 284.

CO MOŻE CIĘ NIEPOKOIĆ

ODMAWIANIE SSANIA PIERSI

Moje maleństwo bardzo chętnie ssało pierś, aż nagle od ośmiu godzin nie ma na to ochoty. Czy coś złego się dzieje z moim pokarmem?

Coś na pewno jest nie tak, choć niekoniecznie z twoim mlekiem. Tymczasowe odmawianie ssania piersi nie jest niezwykłym grymasem i niemal zawsze ma jakiś powód. Najczęstsze przyczyny to:

Dieta matki. Czy jadłaś może potrawę suto przyprawioną czosnkiem? Albo uraczyłaś się chińszczyzną albo peklowaną wołowiną z kapustą? Jeśli tak, dziecko jest oburzone ostrym czy zdecydowanym smakiem tych potraw, które zmieniły jego ulubione mleko w mniej smaczny posiłek. Zastanów się, co mu przeszkadza, po czym postaraj się unikać danej potrawy aż do momentu odstawienia od piersi. Z drugiej strony, wiele niemowląt nie protestuje przeciwko nowym smakom mleka, jeśli zostały przyzwyczajone w okresie płodowym do mocno przyprawionego płynu owodniowego. Niektóre wręcz przepadają za lekko ostrym mlekiem mamy!

Przeziębienie. Jeśli malec ma zatkany nosek, nie będzie mógł ssać i jednocześnie oddychać buzią. Z przyczyn oczywistych opowie się za oddychaniem. Oczyść delikatnie nosek dziecka specjalną gruszką albo zapytaj lekarza o krople do nosa dla niemowląt.

Ząbkowanie. Zmaganie się z wychodzącymi zębami zwykle zaczyna się około piątego czy szóstego miesiąca, ale czasem dzieci zaczynają ząbkować już w czwartym. Zatem w tym miesiącu możesz spodziewać się nawet dwóch ząbków w małej buzi. Ssanie powoduje nacisk na opuchnięte dziąsełka, wywołując ból. Jeśli taka jest właśnie przyczyna niechęci do piersi, zwykle niemowlę najpierw łapczywie zaczyna ssać, po czym z bólu odsuwa główkę.

Ból ucha. Ponieważ ból ucha często promieniuje na szczękę, ruch przy ssaniu potęguje go. Na stronie 496 znajdziesz wskazówki, które pomogą ci rozpoznać tę dolegliwość.

Pleśniawka. Ssanie piersi będzie bolesne dla dziecka, które cierpi na tę grzybiczą infekcję jamy ustnej. Koniecznie wylecz malca, aby zakażenie nie przeniosło się na ciebie poprzez popękane brodawki czy na inne części ciała dziecka (patrz str. 116).

Powolny wypływ pokarmu. Wolno wypływający pokarm zniecierpliwi głodne dziecko (u niektórych kobiet mleko zaczyna napływać dopiero po pięciu minutach), toteż zezłoszczony maluch odsunie się od piersi, zanim pojawi się upragnione mleko. Aby uniknąć problemu, należy odciągnąć niewielką ilość pokarmu przed przystawieniem dziecka, które bez większego wysiłku zacznie teraz ssać.

Zmiany hormonalne matki. Kolejna ciąża (mało prawdopodobna, jeśli karmisz piersią, bardziej – jeśli uzupełniasz dietę mlekiem z butelki) bywa przyczyną zmian hormonalnych wpływających na smak pokarmu. Wtedy dziecko odmawia ssania. Innym powodem takich zmian może być rozpoczęcie miesiączkowania, które także zwykle następuje po częściowym odstawieniu.

Napięcie nerwowe matki. Może jesteś zestresowana powrotem do pracy? Nadszedł termin płacenia rachunków albo po prostu znowu zepsuła się zmywarka? Pokłóciłaś się z mężem? Niezależnie od przyczyny napięcia dziecko często wyczuwa niepokój i staje się zbyt pobudzone, by mogło ssać. Zanim przystawisz swą pociechę do piersi, opanuj nerwy i zrelaksuj się.

Gotowość do odstawienia. Jeszcze nie pora na ten wyczyn, niemniej jednak roczne dziecko może odmówić piersi, chcąc zakomunikować: „Mamo, koniec ssania piersi, jestem wart lepszego jedzenia". O ironio, dzieci zwykle pragną zakończyć okres ssania wtedy, kiedy ich matki wcale nie są na tę zmianę gotowe.

Czasem trudno wskazać na konkretną przyczynę niechęci do ssania piersi. Jak to u dorosłych bywa, malec może „nie mieć apetytu" na jeden czy dwa posiłki. Ale na szczęście taki kaprys zwykle trwa krótko. Oto porady, jak przetrzymać strajk:

- Nie podawaj innych pokarmów. Podsuwanie butelki dziecku tylko pogłębi problem – doprowadzi do zmniejszenia ilości pokarmu w twoim organizmie. Zwykle niechęć do piersi, nawet w najostrzejszej postaci, trwa tylko dzień lub dwa.

- Mleko z piersi w butelce. Jeśli malec przez długi czas odmawia ssania, nakarm go mlekiem ściągniętym do butelki (metoda ta nie poskutkuje jednak, jeśli przyczyną niechęci malca jest samo mleko). Pamiętaj, taki strajk trwa tylko dzień, góra dwa, a potem dziecko znów wróci do ssania piersi.

- Powtarzaj próby. Nawet jeśli przez kilka pór karmienia mały uparciuszek odmawiać będzie piersi, za którymś razem na pewno cię zaskoczy!

- Mniej stałych pokarmów. Jeśli wprowadziłaś już stałe pokarmy do menu, być może dziecko się przejadło i nie ma ochoty na mleko. Jednak w tym wieku pokarm matki nadal odgrywa najważniejszą rolę. Podawaj dziecku mniej innych potraw, a karmienie rozpoczynaj zawsze od mleka.

Gdyby niechęć do ssania piersi trwała dłużej albo jeśli pojawią się inne oznaki wskazujące na chorobę, porozmawiaj z lekarzem.

KRĘCENIE SIĘ PRZY PRZEWIJANIU

Moja córeczka nie może uleżeć spokojnie, kiedy ją przewijam. Ciągle próbuje przekręcać się na brzuszek. Jak mogę ją zmusić do współpracy?

Jeśli chodzi o współpracę przy przewijaniu, może być z tym coraz trudniej podczas nadchodzących miesięcy. Przewijanie „uwłacza godności" małego człowieka. Musi leżeć na plecach, denerwuje go chwilowe unieruchomienie, więc stacza wojnę przy każdym przewijaniu. Postaraj się robić to szybko, przygotuj sobie wszystkie przybory, zanim położysz dziecko na stoliku, i odwracaj jego uwagę (nakręcana zabawka nad głową, pozytywka, przykuwająca wzrok grzechotka lub inna rzecz, która zajmie rączki i, miejmy nadzieję, uwagę dziecka). Możesz zająć dziecko także piosenką lub gaworzyć do niego, a w tym czasie szybko uporać się ze zmianą pieluszki.

SADZANIE DZIECKA

Posadziłam dziecko w wózku i oberwało mi się od dwóch starszych pań przekonanych, że mój synek jest za mały, aby siedzieć.

Gdyby twoje dziecko było za małe, by siedzieć, z pewnością powiedziałoby ci o tym. Nie słowami oczywiście. Maluszek upadłby do przodu lub zsunąłby się na bok już podczas próby sadzania. Nie podpieraj jednak niemowlęcia, którego szyja i plecy wymagają mocniejszego oparcia niż poduszka. Dziecko trzy-, czteromiesięczne, które dobrze trzyma główkę i nie opada przy sadzaniu, jest już gotowe (oraz zwykle bardzo chętne) na tę pozycję. (Można kupić specjalnie zaprojektowane podpórki, które utrzymują głowę w pozycji pionowej przy siedzeniu.) Siedzenie oznacza tak długo oczekiwaną zmianę pozycji, a także poszerza pole widzenia. Zamiast samemu niebu, materacykowi lub wnętrzu wózka maluch może przyglądać się przechodniom (nawet tym, którzy zwracają ci uwagę), sklepom, domom, drzewom, psom, innym niemowlętom w wózkach, dzieciom wracającym ze szkoły, autobusom, samochodom i wszystkim innym niezwykłym rzeczom, które zapełniają jego coraz bogatszy świat. Jest bardziej prawdopodobne, że sy-

Sadzanie dziecka z podparciem da mu nie tylko upragnioną okazję nowego spojrzenia na świat, pomoże mu także w ćwiczeniu mięśni i przygotuje do siedzenia samodzielnego.

nek będzie dłużej zadowolony, siedząc, niż leżąc, a to powinno wam obojgu uprzyjemnić spacery.

STAWANIE NA NÓŻKI

Moja córeczka lubi „stać" na moich kolanach. Płacze, kiedy ją sadzam. Ale moja babcia utrzymuje, że tak wczesne stanie wykrzywi małej nóżki.

Dzieci zwykle lepiej wiedzą, na co są gotowe niż ich prababcie. A wiele niemowląt w wieku twojej córki jest gotowych i chętnych do stania z podtrzymywaniem. To świetna zabawa, dobre ćwiczenie, podniecająca zmiana pozycji (koniec z leżeniem na plecach lub zsuwaniem się z krzesełka), która z pewnością nie spowoduje wykrzywienia nóżek. Z drugiej strony dziecko, które nie ma ochoty na stanie, nie powinno być do tego zmuszane aż do czasu, kiedy będzie gotowe. Malec, któremu pozwolimy ustalić własne tempo rozwoju, będzie szczęśliwszy i zdrowszy niż ten, za którego zrobią to rodzice.

DZIECKO MARUDZI NA LEŻACZKU

Muszę czasem położyć córkę na leżaczku, by coś zrobić w domu. Ale ona marudzi, gdy tylko ją tam umieszczę.

Niektóre dzieci uwielbiają leżeć na leżaczku i obserwować świat (oraz rodziców). Ale te, które pragną zażyć znacznie więcej ruchu, często ponad możliwości niemowlęcego ciałka, nudzą się w tej pozycji i frustrują. Prawdopodobnie twoja córeczka nie lubi być „więziona" w leżaczku, co oznacza, że zapewnienie jej dobrego samopoczucia w leżaczku, foteliku samochodowym czy innych miejscach, do których będzie przypięta, nie jest prostym zadaniem. Oto, co można uczynić:

- Ograniczyć przymus. Wykorzystuj leżaczek tylko wtedy, gdy naprawdę nie masz innego wyjścia i dziecko musi być bezpiecznie przypięte – na przykład kiedy gotujesz.

- Zmienić otoczenie. Jeśli malec będzie zajęty obserwacją, mniej będzie protestować. Umieść go przed lustrem (niemowlęta lubią patrzeć na swoje odbicie) albo w bezpiecznym miejscu blisko siebie (nie ma to jak mama czy tata krzątający się przy domowych zajęciach).

- Zapewnić jakąś rozrywkę. Wystarczy dodać uchwyt z zabawkami, a zwykły leżaczek przeistoczy się w centrum rozrywki, zwłaszcza jeśli zabawki można będzie wymieniać. Jeśli jednak na widok zabawek dziecko zacznie jeszcze bardziej marudzić, to znaczy, że jest zmęczone lub nadmiernie stymulowane. Wówczas należy usunąć zabawki.

- Leżaczek z włączoną funkcją kołysania powinien uspokoić dziecko. Weź jednak pod uwagę, że niektóre dzieci nie lubią kołysania. Zawsze obserwuj reakcję swojej pociechy.

- Podczas gdy małe niemowlęta chętnie siedzą, nieco starsze opowiadają się za swobodą ruchu. Zamiast przypinać dziecko do leżaczka, połóż je na brzuszku na kocyku rozłożonym na środku podłogi. Nie tylko powinno się uspokoić, lecz będzie miało okazję potrenować obracanie się na plecy czy pełzanie. To rozwiązanie ma jedną zasadniczą wadę: musisz szczególnie zadbać o bezpieczeństwo rozbawionego malucha i stale przebywać w jego pobliżu, a to może ci przeszkadzać w wykonywaniu innych obowiązków.

- A może inny rodzaj ograniczenia swobody? Możliwe, że dziecko wyrosło już z leżaczka: i psychicznie, i pod względem rozwojowym. Jeśli czasem musisz ograniczyć mu wolność, wypróbuj dobrze wyposażony kojec (nie używaj go jednak bez ograniczeń; patrz str. 304 i 359).

NIEZADOWOLONE DZIECKO W FOTELIKU SAMOCHODOWYM

Za każdym razem, gdy przypinam synka do fotelika samochodowego, zaczyna płakać. Jazda samochodem to udręka dla nas obojga.

Choć odgłos silnika i kołysanie samochodu wpływa uspokajająco czy usypiająco (część dzieci zasypia natychmiast po przekręceniu kluczyka w stacyjce), to jednak nie wszystkie niemowlęta (i ich rodzice) uważają, że jazda jest przyjemnością – zwłaszcza kiedy grozi unieruchomieniem w foteliku. Twój synek nie jest jedynym wrogiem fotelika z pasami, odgrywającym własną wersję „Buntu na autostradzie". Takie zachowanie często się zdarza, gdy malec rośnie i staje się coraz bardziej aktywny, a tymczasem nadal musi jeszcze jeździć tyłem do kierunku jazdy. Ponieważ siedzenie w foteliku bez zapiętych pasów jest nie tylko niebezpieczne, lecz także nielegalne, takiego rozwiązania w ogóle nie bierz pod uwagę. Spróbuj poskromić bunt następującymi metodami:

- Odwróć uwagę. Jeśli lament zaczyna się już w momencie, gdy dziecko zobaczy fotelik, postaraj się zająć je czymś w trakcie zapinania pasów, na przykład zaśpiewaj mu piosenkę czy podaj ulubioną zabawkę. Przy odrobinie szczęścia ani się nie spostrzeże, kiedy już będzie po wszystkim.

- Zadbaj o wygodę. Pasy fotelika powinny opinać małego podróżnika (tak, by nie można było włożyć dwóch palców między pas a ciało dziecka), ale nie mogą go uciskać ani wżynać się. Zbyt luźne pasy także nie zapewnią bezpieczeństwa, a w dodatku sprawią, że dziecko będzie przesuwać się w foteliku, co znacznie zmniejszy komfort jazdy. Jeśli twój syn nie wypełnia całego siedzonka, możesz powkładać specjalne miękkie poduszeczki pomiędzy niego a oparcia, aby zapewnić większą wygodę. Przyłóż rękę do pleców malca, by sprawdzić, czy nie jest mu za gorąco bądź za zimno (zimne powietrze z wywietrznika może przeszkadzać dziecku; spróbuj je ulokować poza zasięgiem powiewu).

- Osłoń od słońca. Wiele dzieci denerwuje blask promieni słonecznych. Aby słońce nie zaglądało wprost do niemowlęcych oczek, zapewnij malcowi cień; możesz na przykład przymocować budkę do fotelika czy zamontować specjalne osłonki na oknach.

- Zapewnij rozrywkę podczas jazdy. Puść dziecku uspokajającą muzykę albo skoczne dziecięce piosenki i śpiewaj je wraz z nagraniem. Do siedzonka można przyczepić zabawki (bezpieczne w czasie podróży!), trzeba jednak pamiętać o tym, by zmieniać je co jakiś czas, żeby się nie znudziły. Na tylnym siedzeniu można też umieścić lustro (widok z fotelika umieszczonego tyłem do kierunku jazdy każdego by zanudził); własne odbicie bawi malca, a w dodatku (jeśli lusterko zostanie odpowiednio przymocowane) będziesz mogła obserwować twarz swej pociechy w lusterku wstecznym.

- Dziecko powinno mieć świadomość, że jesteś przy nim. Smutno jest siedzieć samemu z tyłu, więc jak najczęściej mów do niego, śpiewaj (nawet jeśli ono płacze), bo dźwięk twego głosu powinien je uspokoić.

- Może jakieś towarzystwo? Jeśli samochodem jedzie dwoje dorosłych, niech jedno z nich usiądzie obok dziecka i zapewni mu nieco rozrywki (a także opieki). Tę samą rolę może spełniać starsze rodzeństwo (zresztą wszystkie dzieci poniżej trzynastego roku życia powinny jeździć na tylnym siedzeniu).

- Zabierz fotelik samochodowy do domu. Tam spróbuj „odczulić" dziecko na ten mebelek, przypinając je na chwilę do siedzenia. Jednocześnie zabawiaj małego pasażera i poświęcaj mu jak najwięcej uwagi (w ten sposób tworzą się pozytywne doświadczenia).

- Nie spiesz się – ale i nie poddawaj. Kiedyś dziecko zaakceptuje fotelik (choć może nigdy go nie polubić). Ulegnięcie protestom – choćby tylko raz, na chwilkę – jest nie tylko niebezpieczne (do stłuczki dochodzi w ułamku sekundy, nie przypięte dziecko narażone jest na poważne obrażenia, a nawet śmierć), lecz stanowi poważny błąd taktyczny, stwarzający pretekst do następnych protestów.

SSANIE KCIUKA

Mój synek zaczął ssać kciuk. Z początku cieszyłam się, bo łatwiej zasypiał, ale teraz martwię się, żeby to nie przeszło w nawyk, którego nie będę w stanie zwalczyć.

Ciężkie jest życie dziecka. Wystarczy tylko przyssać się do czegoś, co przynosi tak potrzebną ulgę i ukojenie, aby ktoś wydarł mu to, czasami bez wyraźnej przyczyny. Absolutnie wszystkie dzieci w pewnym okresie pierwszego roku życia ssą paluszki. Niektóre nabierają tego zwyczaju już w macicy. Nie ma w tym nic dziwnego. Usta niemowlęcia są ważnym organem służącym nie tylko do jedzenia, ale również do poznawania świata i zdobywania przyjemności (już wkrótce odkryjesz z przerażeniem, że wszystko, czego dotknie maluch, ląduje w jego buzi, nie tylko grzechotka, ale również zaschnięty owad wygrzebany z dna szafy). Na długo przedtem, zanim dziecko nauczy się sięgać po przedmioty, odkryje, że ma ręce, które naturalnie wędrują do tego cudownego otworu zwanego ustami. Za pierwszym razem ręka trafi do buzi przypadkiem, ale maluch szybko nauczy się, że to dostarcza mu miłych wrażeń. Potem już ciągle będzie trzymał paluszki w buzi. W końcu wiele dzieci zauważa, że najlepszym, najsmaczniejszym palcem do ssania jest kciuk, i przestawia się na ssanie kciuka. Niektóre ssą jeden lub dwa palce, niektóre całą piątkę.

Na początku myślisz, że to przemiły zwyczaj. Jesteś zadowolona, że dziecko uspokaja się samo, bez twojej pomocy. Później, kiedy mijają tygodnie, a nawyk nie mija, wręcz przeciwnie, nasila się, zaczynasz się martwić. Wyobrażasz sobie syneczka maszerującego do szkoły z palcem w ustach, wyśmiewanego przez kolegów, łajanego przez nauczycielki. Czy co miesiąc będziesz odwiedzać ortodontę, żeby leczył zgryz skrzywiony ssaniem kciuka? A może, co gorsza, raz w tygodniu będziesz chodzić do psychoanalityka, aby spróbował odkryć tło zaburzeń emocjonalnych, które spowodowały, że dziecko ssie kciuk?

Najlepiej przestań się martwić i pozwól synkowi odczuwać przyjemność. Nie ma dowodów na to, że ssanie kciuka jest samo w sobie niebezpieczne lub świadczy o zaburzeniach emocjonalnych. Nie powoduje też wadliwego zgryzu czy próchnicy, jeżeli ustanie przed piątym rokiem życia. Wszelkie zmiany w jamie ustnej, które wystąpią przed tym okresem, cofają się, gdy nawyk minie. Większość specjalistów uważa, że ssanie kciuka jest zachowaniem rozwojowym, które zwykle samo ustępuje między czwartym a szóstym rokiem życia, dlatego nie powinno się odzwyczajać dziecka od kciuka przed ukończeniem czwartego roku życia. Niektóre badania wykazują, że prawie połowa dzieci ssie kciuki lub palce w okresie poniemowlęcym. Najczęściej zdarza się to pomiędzy 18 a 21 miesiącem życia. 80% maluchów zrywa ze ssaniem kciuka przed ukończeniem pięciu lat, a 95% – sześciu, zwykle samodzielnie. Tym, które zasypiają z palcem w buzi bądź ssą kciuk w sytuacjach stresowych, często zajmuje to więcej czasu niż tym, dla których jest to forma zaspokojenia.

Tymczasem pozwól dziecku ssać. Jeśli ma ochotę na dłuższe ssanie piersi, nie zniechęcaj go (pierś jest już najprawdopodobniej prawie pusta, nie przeje się). A jeśli ssanie palca stanie się najważniejszą czynnością i będzie mu przeszkadzać w odkrywaniu świata rękami, wyjmij mu czasem kciuk z buzi, zwróć uwagę na zabawki, baw się w „Warzyła sroczka kaszkę", „Idzie kominiarz po drabinie" lub „Jaki jestem duży". A jeśli dziecko ma ochotę, trzymaj je pod paszki i zachęcaj do stania.

MAŁY TŁUŚCIOSZEK

Wszyscy zachwycają się moją pulchną córeczką. A ja martwię się, czy nie robi się zbyt gruba. Jest tak okrągła, że z trudem się porusza.

Dołeczki na kolanach i łokciach, brzuszek zwisający jak u Buddy, kilka podbródków i tłuste policzki, które tak wspaniale nadają się do podszczypywania, czynią z twojej córeczki okaz niemowlęcej piękności od tłuściutkich stóp do główki. Ale czy grube dziecko jest także okazem zdrowia? A może jest na najlepszej drodze do zostania małym grubasem, a potem dorosłym z nadwagą? Liczba dzieci z nadwagą w wieku od sześciu do jedenastu lat wzrosła w Stanach Zjednoczonych trzykrotnie w ciągu ostatnich trzydziestu lat. Dlatego odpowiedzią na powyższe pytanie są poważnie zainteresowani rodzice, lekarze i naukowcy.

Wyniki jednego z badań dowodzą, iż dziecko szybko zwiększające masę ciała w pierwszych czterech miesiącach życia w późniejszych latach stoi przed większym ryzykiem otyłości. Jednak nawet pomijając naukowe rozważania, wiemy dokładnie, czym grozi otyłość u małego dziecka. Dziecko zbyt pulchne, aby się ruszać, może stać się ofiarą błędnego koła nieruchliwości. Im mniej się porusza, tym bardziej tyje, a im jest grubsze, tym trudniej mu się ruszać. Ten brak ruchu powoduje u dziecka zdenerwowanie i złe nastroje, a mama, aby dziecku poprawić humor, daje mu wtedy coś do jedzenia. Jeśli dziewczynka jest gruba w wieku czterech lat (problem, który nasila się u dzieci amerykańskich), ryzyko, że będzie otyłą kobietą, wzrasta.

Zanim zarezerwujesz dziecku miejsce na obozie kondycyjnym, sprawdź, czy jest naprawdę grube, czy tylko uroczo zaokrąglone (pamiętaj, że dzieci nie mają rozwiniętych mięśni i nawet te szczupłe pokryte są gdzieniegdzie tłuszczykiem, który jest czymś zupełnie prawidłowym). Czasem rodzice są tak przerażeni wizją otyłego dziecka, że podejmują niepotrzebne kroki w celu odchudzenia prawidłowo zbudowanej pociechy. Ograniczanie jedzenia bywa jeszcze gorsze w skutkach niż przekarmianie. Dziecko otrzymujące za mało pokarmu nie rozwija się, a w przyszłości może cierpieć na zaburzenia apetytu. Zanim więc podejmiesz jakiekolwiek działanie, sprawdź budowę malca, posługując się krzywą wzrostu i wagi (na str. 708–709). Jeśli szybciej przybywa kilogramów niż centymetrów, skonsultuj się z lekarzem. Gdy dziecko równo przybiera na wadze i rośnie, prawdopodobnie jest większe niż przeciętne. Niemowląt, w przeciwieństwie do otyłych dorosłych, nie odchudza się za pomocą specjalnych diet.

Zamiast podejmować próby odchudzania, skoncentruj się na zwolnieniu tempa przybierania na wadze. Wtedy dziecko zeszczupleje, rosnąc, co w wielu wypadkach zdarza się bez dodatkowych zabiegów. Wystarczy więcej się ruszać. Następujące rady przydadzą się, gdy dziecko ma już nadwagę lub kiedy boisz się, że ku temu zmierza:

- Karm, by zaspokajać głód, a nie inne potrzeby. Dziecko karmione z niewłaściwej przyczyny (kiedy jest smutne, samotne lub nudzi się w wózku) będzie zawsze domagało się jedzenia z niewłaściwej przyczyny, a jako dorosła osoba będzie jadło także że z niewłaściwej przyczyny. Zamiast podawać dziecku butelkę, gdy tylko zapłacze, utul je albo zaśpiewaj piosenkę. Noś je w nosidełku w trakcie wypełniania codziennych obowiązków lub posadź na leżaczku, aby mogło cię obserwować. Zamiast zapychać niemowlę herbatnikami, żeby spokojnie zachowywało się w sklepie, przywiąż mu do wózka zabawkę, zajmie się nią w czasie zakupów. Wbrew temu, w co wierzyła twoja matka, bezustanne podsuwanie dziecku czegoś do jedzenia nie jest oznaką miłości.

- Zmodyfikuj dietę w razie potrzeby. Dzieci karmione piersią są mniej skłonne do otyłości, dlatego że ilość pokarmu automatycznie dostosowuje się do ich potrzeb. Mniej tłuste, niskokaloryczne mleko pierwszej fazy, które spływa na początku karmienia, zachęca głodnego maluszka do ssania. Bardziej tłuste i wysokokaloryczne mleko drugiej fazy, spływające przy końcu, zaspokaja apetyt oraz informuje: „Już masz dość". Jeśli dziecko nie jest wystarczająco zniechęcone i pije dalej, mleka pod koniec karmienia wypływa coraz mniej. Ssanie w celu zaspokojenia potrzeby ssania nie powoduje pobierania dodatkowych kalorii. Mieszanki mleczne nie mają takich właściwości. Gdy dziecko zbyt szybko przybiera na wadze i jest wyjątkowo otyłe, lekarz może zalecić przejście na mniej kaloryczną mieszankę. Zanim zdecydujesz się na zmianę, sprawdź, czy nie dodajesz za mało wody do mleka, co może zwiększać dzienną dawkę kalorii. Bez zgody lekarza nie decyduj się na rozcieńczanie mieszanki większą ilością wody. Nawet grubaski potrzebują cholesterolu i tłuszczu zawartego w pokarmie matki bądź dostarczanego przez mleko zastępcze (do pierwszego roku życia), a potem krowie (do ukończenia drugiego roku życia).

- Spróbuj poić dziecko wodą, to najlepszy napój pozbawiony kalorii. Większość z nas pije zbyt mało wody. Dieta niemowlęcia nie wymaga uzupełniania wodą, ponieważ jest całkowicie lub prawie całkowicie płynna. Jednak woda może okazać się bardzo przydatna w diecie dziecka z nadwagą, które chce ssać po zaspokojeniu apetytu albo jest raczej spragnione niż głodne. Kiedy twoja pociecha domaga się przekąski między posiłkami, tzn. w godzinę lub dwie po karmieniu, w miejsce piersi lub butelki podaj zwykłą wodę (bez cukru czy innych słodzików). Przyzwyczajenie dziecka do smaku wody, lub raczej braku smaku, już od niemowlęctwa może w przyszłości rozwinąć u niego zdrowy zwyczaj picia wody.

- Chcąc zachęcić dziecko do przespania nocy, nie zaczynaj od zbyt wczesnego podawania kaszki. Ten sposób nie działa, a może prowadzić do otyłości. (Patrz str. 236, jak pomóc dziecku przespać noc.)

- Właściwie oceń dietę dziecka. Jeśli otrzymuje ono już pokarmy stałe i zjada sporo kaszki, sprawdź, czy pije tyle samo mleka lub mieszanki co przedtem. Jeśli tak, tu prawdopodobnie tkwi przyczyna szybkiego przyrostu masy ciała. Zmniejsz ilość podawanych papek, gdy wprowadziłaś je za wcześnie, lub odstaw je całkowicie na miesiąc czy dwa (większość autorytetów i tak zaleca wprowadzanie pokarmów stałych pomiędzy czwartym a szóstym miesiącem). Małe dziecko nie potrzebuje składników odżywczych w nich zawartych, z wyjątkiem żelaza, które można podawać dodatkowo. Kiedy będziesz podawać więcej pokarmów stałych, stopniowo zmniejszaj ilość mleka z piersi lub mieszanki. W diecie dziecka szczególnie uwzględniaj warzywa, jogurt, owoce, kaszki i pieczywo. Soki owocowe (nie powinny być podawane przed szóstym miesiącem życia, gdyż mogą być przyczyną znacznych problemów w każdym wieku – patrz ramka na str. 274) rozcieńczaj wodą w stosunku 1:1. Nie zagęszczaj mleka kaszką, gdyż wówczas dzieci zjadają za dużo.

- Zmuś dziecko do ruchu. Jeśli twoja pociecha porusza się z trudem, zachęcaj ją do aktywności. W czasie przewijania kilkakrotnie dotykaj prawego kolanka dziecka jego lewym łokciem i odwrotnie. Podtrzymuj je pod paszki, pozwól mu chwytać cię za kciuki i podciągać się do pozycji siedzącej.

Wstrzymaj się z sokami

Butelka z sokiem jest najlepsza dla dziecka, prawda? Błąd! Badania wykazują, że dzieci pijące za dużo soków – zwłaszcza jabłkowych – często są niedożywione. Soki (zacznijmy od tego, że nie są wcale zbyt odżywcze) oszukują apetyt na mleko, które dla niemowlęcia poniżej roku powinno być głównym składnikiem diety. Poza tym dzieci raczone zbyt dużą ilością soków są podatne na biegunki czy inne przewlekłe problemy żołądkowe, a także narażone na próchnicę (problem często występujący u dzieci pijących soczek z butelki ze smoczkiem czy z kubka w łóżku albo popijających ten napój przez cały dzień).

Amerykańska Akademia Pediatrii zaleca, by nie dawać do picia soków dzieciom, które nie ukończyły szóstego miesiąca życia. Potem rodzice nie powinni pozwalać swym pociechom pić do snu. Można się zgodzić jedynie na niewielkie ilości soku (nie więcej niż 120–180 ml dziennie w przypadku dziecka poniżej szóstego miesiąca życia). Jeśli rozcieńczysz sok wodą, malec nie wypije go za dużo i zły wpływ soku na brzuszek czy zęby zostanie zminimalizowany (najlepiej już od samego początku przyzwyczaj swą pociechę do takiej mikstury, aby nie protestowała przeciw zbyt wodnistej konsystencji).

Ważny jest także wybór soku. Zdaniem specjalistów soki z białych winogron rzadziej wywołują bóle brzuszka niż soki z jabłek. Informacja ta jest szczególnie istotna, gdy dziecko miewa napady kolki. Później zacznij poszukiwać soków, które poza kaloriami oferują coś wartościowego, na przykład są wzbogacone wapniem i witaminą C.

Niech „stanie" ci na kolanach i ugina nóżki, jeśli ma na to ochotę. (Inne rady mówiące, jak zachęcić dziecko do ruchu, znajdziesz na str. 277.)

CHUDE DZIECKO

Dzieci moich koleżanek są okrąglutkie, a moje jest długie i szczupłe – 75 centyl wysokości i 25 centyl masy ciała. Lekarz uważa, że synek rozwija się prawidłowo i nie mam powodu do obaw, ale i tak się martwię.

Szczupłość jest w modzie zawsze i wszędzie z wyjątkiem pokoju dziecięcego. U dorosłych preferujemy sylwetkę wysmukłą, natomiast u dzieci uwielbiamy wszelkie okrągłości. A chociaż nikt nie zaangażuje chudego dziecka do reklamy pieluszek jednorazowych, jest ono tak samo zdrowe jak tłuściutki kolega – jeżeli nie zdrowsze. Ogólnie mówiąc, jeśli twoje maleństwo jest żywe, aktywne i przeważnie zadowolone, stale przybiera, choć bliżej dolnej granicy normy, i rośnie, zgodnie z zaleceniem lekarza, nie powinnaś się martwić. Bardzo często wzrost i masę ciała dziecka określają czynniki, na które nie masz wpływu. Na przykład genetyczne. Jeżeli ty i mąż jesteście szczupli i drobni, wasze dziecko najprawdopodobniej będzie takie samo. Ważna jest również aktywność. Dzieci ruchliwe są zwykle szczuplejsze od nieruchliwych. Jednak należy zapobiegać wychudzeniu, zwłaszcza gdy w grę wchodzi niedożywienie. Jeśli w okresie dwóch miesięcy krzywa masy ciała dziecka obniża się i nie nadrobi ono zaległości w kolejnym miesiącu, lekarz może przypuszczać, że jest niedożywione. Jeśli karmisz piersią, porady ze str. 149 powinny ci pomóc. Jeżeli karmisz butelką, możesz mniej rozcieńczyć mieszankę – oczywiście za zgodą lekarza, a jeśli nie ma przeciwwskazań, zacznij wprowadzać stałe pokarmy.

Nigdy celowo nie pozbawiaj dziecka pokarmu. Niektórzy rodzice, chcąc jak najprędzej wpoić dzieciom nawyk dbania o szczupłą sylwetkę i zdrowie, już niemowlętom ograniczają kalorie i tłuszcze. Jest to bardzo niebezpieczna praktyka, ponieważ do prawidłowego rozwoju potrzeba maluchom i kalorii, i tłuszczów. Możesz zacząć rozwijać u nich właściwe nawyki żywieniowe, nie pozbawiając ich składników odżywczych.

Upewnij się, że twoje dziecko nie jest zbyt leniwe lub zajęte, aby regularnie domagać się posiłków. Między trzecim a czwartym miesiącem życia niemowlę powinno jeść przynajmniej co cztery godziny w ciągu dnia (zwykle co najmniej pięć karmień), a przesypiać całą noc bez jedzenia. Niektóre dzieci karmione piersią mogą być do niej przystawiane nieco częściej, mniejsza liczba karmień może oznaczać, że dziecko zjada za mało. Jeśli twój maluszek jest spokojny i nie upomina się o jedzenie, sama przejmij inicjatywę i częściej przystawiaj go do piersi, nawet za cenę krótszej drzemki czy przerwania interesującej zabawy.

Może się zdarzyć, że słaby przyrost masy ciała jest objawem złego przyswajania niektórych składników pokarmowych, niewłaściwej przemiany materii, choroby zakaźnej lub przewlekłej (gdyby tak było, zapewne zauważyłabyś także inne objawy). Takie przypadki wymagają szybkiej konsultacji.

SZMERY W SERCU

Doktor mówi, że moje dziecko ma szmery w sercu, ale to nic nie znaczy. A jednak się boję.

Jeśli w diagnozie pada słowo „serce", normalną reakcją matki jest strach. Przecież serce to organ podtrzymujący życie. Każde podejrzenie wady jest przerażające, zwłaszcza dla rodziców noworodka. Ale jeżeli chodzi o szmery w sercu, w przeważającej liczbie przypadków nie ma powodu do niepokoju. Kiedy lekarz mówi ci, że dziecko ma szmery w sercu, oznacza to, że w czasie badania słyszy nietypowe odgłosy spowodowane zaburzeniami przepływu krwi przez serce. Lekarz często potrafi ocenić, co powoduje szmery, analizując natężenie dźwięku (od ledwo słyszalnego po zagłuszający normalne bicie serca), umiejscowienie oraz rodzaj (melodyjny, wibrujący, brzęczący, ostry czy dudniący). Najczęściej szmery są rezultatem zaburzeń liniowego przepływu krwi w okresie wzrostu, a nie „budowy" serca. Zwie się je „niewinnymi" lub „czynnościowymi". Lekarz diagnozuje je na podstawie zwykłego badania przy użyciu słuchawek. Dalsze badania, leczenie czy ograniczenie aktywności dziecka są niepotrzebne. W pewnym momencie dzieciństwa większość ludzi ma niewinne szmery w sercu, które pojawiają się i znikają. Fakt wystąpienia szmerów zostanie odnotowany w karcie dziecka, tak aby lekarz badają-

Jak rośnie twoje dziecko

Jak rośnie dziecko? Wbrew obawom zdenerwowanych rodziców, którzy zapamiętale przeglądają wykresy masy ciała i wzrostu w poszukiwaniu nieprawidłowości, dziecko rośnie w sobie właściwym tempie. Przyszły wzrost i masa ciała dziecka są w dużym stopniu zaprogramowane w momencie poczęcia. Zakładając, że warunki prenatalne są dobre i po urodzeniu nie brakuje maleństwu ani miłości, ani pokarmu, większość dzieci zrealizuje swój potencjał genetyczny.

Przyszły wzrost możemy określić, obliczając punkt środkowy między wzrostem matki i ojca. Badania wykazują, że chłopcy najczęściej rosną powyżej, a dziewczynki poniżej owego punktu. Także masa ciała dziecka została do pewnego stopnia „zaprogramowana". Dziecko najczęściej rodzi się z genami informującymi, czy wyrośnie na osobę szczupłą, krępą czy przeciętną. Nawyki żywieniowe wyniesione z niemowlęctwa i kontynuowane w okresie całego dzieciństwa mogą dziecku pomóc wypełnić albo zmienić przeznaczenie. Wykresy wzrostu, takie jak zamieszczone na końcu tej książki, nie powinny stawać się źródłem niepokoju dla rodziców, ponieważ łatwo je źle odczytać i zinterpretować. Mogą określać odchylenie od normy i wskazywać na konieczność ponownej oceny uwzględniającej wzrost i masę ciała rodziców, warunki żywieniowe i ogólny stan zdrowia dziecka. W pierwszym roku wzrost często postępuje skokowo, dlatego pojedynczy wynik niezgodny ze wskazaniami tabeli może być bez znaczenia. Powinien jednak być potraktowany jako ostrzeżenie. Dwumiesięczne zatrzymanie przyrostu masy może oznaczać genetyczne uwarunkowania do drobnej figury (zwłaszcza jeśli osłabło tempo wzrastania), może jednak oznaczać także, że dziecko jest zagłodzone lub chore.

Jeśli w ciągu dwóch miesięcy dziecko przybierze dwukrotnie więcej, niż przewiduje tabela, może to oznaczać, że albo nadrabia małą masę urodzeniową, albo znajduje się na najlepszej drodze ku otyłości.

cy je później wiedział, że istniały już wcześniej. Kiedy serce urośnie, szmery najczęściej ustępują.

Jeśli się martwisz, zapytaj lekarza, jakie dokładnie szmery ma twoje dziecko i czy mogą one stanowić problem teraz lub w przyszłości. Niech ci wyjaśni, dlaczego nie powinnaś się martwić. Jeśli nie zadowalają cię udzielone odpowiedzi, poproś o skierowanie do kardiologa dziecięcego.

CZARNE STOLCE

W pieluszce córeczki znalazłam ostatnio czarny stolec. Czy to oznacza kłopoty z trawieniem?

Najprawdopodobniej podałaś jej dodatkową dawkę żelaza. U niektórych dzieci reakcja między normalnymi bakteriami przewodu pokarmowego a siarczanem żelaza powoduje zabarwienie na brązowo, zielono lub czarno. Nie ma to żadnego znaczenia, nie trzeba się tym martwić, ponieważ badania dowodzą, że małe dawki żelaza nie powodują kłopotów z trawieniem ani złego samopoczucia. Z drugiej jednak strony, nie zaleca się podawania żelaza w przypadku większości dzieci (niemowlęta karmione piersią otrzymują wystarczającą dawkę tego pierwiastka z mleka matki, a karmione mieszanką mleczną – z preparatów wzbogaconych żelazem. Płatki śniadaniowe z tym biopierwiastkiem zaspokajają zapotrzebowanie organizmu w późniejszym okresie życia). Zatem jeśli lekarz nie zalecił uzupełniania żelaza, przerwij jego dawkowanie. Zasięgnij porady lekarza, jeśli nie podajesz dziecku żelaza lub mieszanki wzbogaconej żelazem.

MASOWANIE DZIECKA

Słyszałam, że masaż korzystnie wpływa na niemowlęta. Czy to prawda?

Z pewnością tak. Masaż przestał już być terapią przeznaczoną tylko dla dorosłych. Kilka lat temu stwierdzono, że wcześniaki rozwijają się lepiej, gdy poddawane są terapeutycznym masażom – szybciej rosną, lepiej śpią i oddychają, są też bardziej aktywne. Okazało się również, że masaż ma korzystny wpływ na zdrowe niemowlęta i dzieci.

Z wielu powodów warto masować ciałko dziecka. Dobrze wiemy, że dotyk, pieszczoty i pocałunki rodziców rozwijają bliski kontakt rodziców z dzieckiem. Terapeutycznym masażem można osiągnąć jeszcze więcej, być może wzmocnienie systemu odpornościowego, polepszenie rozwoju mięśni, stymulowanie wzrostu, złagodzenie kolek, bólu związanego z ząbkowaniem, łagodzenie problemów żołądkowych, rozwijanie lepszych nawyków związanych z zasypianiem, stymulowanie układów krążenia i oddechowego, a także łagodzenie stresów hormonalnych (bo dzieci także je mają). Czuły dotyk (w formie masażu lub w postaci przytulania) zmniejsza u dzieci skłonność do agresji. A co więcej, także dorośli odczują zalety wykonywania masażu. Uważa się na przykład, że masowanie dziecka pomaga zwalczyć depresję poporodową.

Jeśli chcesz spróbować masażu, postaraj się o książkę, kasetę wideo lub weź lekcję masażu u terapeuty zajmującego się masażem niemowląt. Albo skorzystaj z poniższych rad:

Wybierz spokojną chwilę. Nie możesz skupić się na masowaniu dziecka, jeśli telefon dzwoni, obiad się przypala, a w łazience czeka sterta prania. Najlepsza będzie chwila, kiedy masz czas i nie musisz się spieszyć. Poczekaj zatem na moment, kiedy nic i nikt ci nie będzie przeszkadzać. Koniecznie wyłącz telefon lub przełącz na pocztę głosową (pamiętaj, że dzwoniący telefon rozprasza, nawet jeśli odbiera go za ciebie automatyczna sekretarka).

Wybierz właściwą chwilę dla dziecka. Nie masuj głodnego czy świeżo najedzonego maleństwa. Odpowiednim momentem jest czas po kąpieli, gdy dziecko właśnie zaczyna się wyciszać (chyba że nie cierpi się kąpać i opuszcza wannę w złym humorze). Małe ciałko można też wymasować przed rozpoczęciem zabawy – dzieci po masażu są bardziej skupione i uważne.

Wybierz odpowiednie miejsce. W pokoju powinno być cicho i ciepło (przynajmniej 24°C – dziecko będzie przecież rozebrane do pieluchy). Łatwiej się zrelaksować oraz skoncentrować przy przyćmionych światłach i spokojnej muzyce. Siądź na podłodze lub na łóżku, a dziecko połóż na kolanach lub między rozłożonymi nogami. Dziecko kładź na ręczniku, kocyku lub twardej poduszce przykrytej kocykiem lub ręcznikiem.

Możesz użyć olejków – jeśli lubisz. Można dziecko masować na sucho lub używając olejku dla dzieci, oleju roślinnego albo emulsji dla niemowląt (z ominięciem głowy). Zanim zaczniesz pocierać skórę dziecka, rozgrzej olejek, przez chwilę rozcierając go w dłoniach.

Eksperymentuj z technikami. Dzieci najbardziej lubią dotyk delikatny, ale na tyle mocny, by nie łaskotało. Oto kilka pomysłów dla zupełnie początkujących:

- Delikatnie połóż dłoń na którejkolwiek stronie główki dziecka, potrzymaj przez chwilę, po czym przesuń po policzku w dół bokami tułowia, nóżek aż do stóp.

- Palcami wykonuj małe kółeczka na główce dziecka. Lekko naciśnij dłońmi czoło i podążaj od środka ku skroniom.

- Głaszcz klatkę piersiową ruchem od środka w bok.

- Zewnętrzną stroną raz jednej, raz drugiej dłoni głaszcz ruchem kolistym brzuszek z góry na dół, po każdym takim ruchu „przechodząc" palcami z powrotem w górę brzuszka.

- Delikatnie „rozwałkuj" rączki i nóżki dziecka między swoimi dłońmi albo silniejszym ruchem przesuwaj dłonie w dół kończyn. Otwórz dłonie dziecka, pomasuj mu paluszki.

- Pocieraj nóżki w górę i w dół, na zmianę raz jedną ręką, raz drugą. Kiedy dotrzesz dłonią do stopy, pomasuj ją także, paluszek po paluszku.

Dla niemowlaka czas zabawy jest czasem nauki. Zabawa w „akuku" wywoła u trzy-, czteromiesięcznych maluchów radosny chichot. Nauczy je też, że nawet jeśli mama lub tata zakrywają twarz rękami, tak naprawdę nie znikają.

- Obróć dziecko na brzuszek i pogłaszcz plecki ruchem z boku na bok, z dołu do góry, z góry na dół.

Podczas wykonywania tych wszystkich czynności mów do dziecka, śpiewaj mu i zawsze dotykaj go przynajmniej jedną dłonią.

Obserwuj dziecko. Ono najlepiej ci opowie o tym, co lubi, oraz poinformuje, że nadszedł czas na zakończenie zabawy.

GIMNASTYKA

Dużo słyszę na temat tego, jak ważne dla niemowląt są ćwiczenia. Czy naprawdę muszę zabierać małą na zajęcia gimnastyki?

Amerykanie mają tendencję do przesadzania. Albo prowadzą całkowicie siedzący tryb życia, ćwiczą wyłącznie włączanie telewizora i wyciąganie ręki po piwo, albo zapisują się na mordercze zajęcia z joggingu, co często kończy się bólami i wizytą u lekarza już po tygodniu. Podobnie postępują wobec swoich dzieci. Albo wtłaczają je w statyczny tryb życia w krzesełkach, wózkach, kojcach, albo pospiesznie zapisują maluchy na zajęcia z gimnastyki z nadzieją, że zostaną sportowcami, gdy tylko zdołają unieść głowę z materaca.

Dbając o zdrowie, unikajmy postaw ekstremalnych, rzadko kiedy przynoszą rezultaty i najczęściej kończą się źle. Znacznie lepszy jest umiar – i dla dziecka, i dla ciebie. Zamiast ignorować rozwój fizyczny dziecka lub zmuszać je do zadań ponad siły, podejmij następujące kroki na drodze do sprawności:

Pobudzaj ciało i umysł. Rodzice zwykle uwielbiają pobudzać intelekt swych dzieci już od kołyski, natomiast uważają, że ich rozwój fizyczny nie wymaga żadnych wysiłków. Zwykle tak bywa, ale zwrócenie dodatkowej uwagi na ten problem uświadomi nam, że to ważne. Spróbuj poświęcić część czasu na rozwój aktywności fizycznej. Na tym etapie będzie to jedynie podciąganie córeczki do siedzenia (lub stania, jeśli jest na to gotowa), spokojne przenoszenie jej rączek nad głową, rytmiczne przyginanie kolanek do łokci albo podnoszenie jej do góry, podtrzymywanie w pasie, tak aby zginała ramiona i nogi.

Niech gimnastyka będzie zabawą. Chcesz, by dziecko dobrze czuło się w swoim ciele i aby gimnastyka sprawiała radość wam obojgu. Upewnij się, że to lubi. Rozmawiaj z nim, śpiewaj, opowiadaj, co robisz. Niech nauczy się kojarzyć rytmicznie wypowiadane słowa (np. „gimnastyka, gimnastyka, ulubiona gimnastyka") z dobrą zabawą.

Nie ograniczaj swego dziecka. Niemowlę, które jest zawsze bezpiecznie przypięte szelkami w wózku, krzesełku lub nosidełku, bez możliwości badania świata, jest na najlepszej drodze do wyrośnięcia na nieruchawe, niesprawne dziecko. Nawet niemowlak za mały na raczkowanie odniesie olbrzymie korzyści z przebywania na kocu rozłożonym na podłodze lub dużym łóżku (oczywiście pod czujnym okiem mamy). Trzy-, czteromiesięczny maluszek, leżąc na plecach, będzie przez większą część czasu próbować przewrócić się na brzuszek. Pomóż mu, powoli go przewracając. Leżąc na brzuszku, będzie próbować okręcać się dookoła, badając świat za pomocą rączek i buzi, podnosząc pupę, główkę i ramiona. To wszystko w naturalny sposób gimnastykuje rączki i nóżki, a nie byłoby możliwe w ciasnym łóżeczku.

Niech gimnastyka nie będzie obowiązkiem. Specjalne lekcje wychowania fizycznego lub kasety z ćwiczeniami nie są niezbędne dla dobrego rozwoju, a nawet mogą zaszkodzić, jeśli ćwiczenia są źle dobrane czy nieprawidłowo wykonywane. Niemowlę, jeśli mu tylko nie przeszkodzisz, będzie gimnastykowało się samo tyle, ile jest mu potrzebne. Oczywiście zajęcia takie mogą być źródłem obopólnej przyjemności, stając się okazją do wspólnej zabawy. Dodatkową zaletą jest kontakt z innymi rodzicami niemowląt, a także możliwość wypróbowania ćwiczeń, które nie mogły być wykonane w warunkach domowych. Jeśli zdecydujesz się na uczestnictwo w takich zajęciach, weź pod uwagę następujące sprawy:

- Czy nauczyciele mają odpowiednie kwalifikacje? Czy ćwiczenia są bezpieczne? Zanim się zapiszesz, poproś o ocenę lekarza. Uważnie wszystko obserwuj: ćwiczenia, w których dzieci są podrzucane lub potrząsane, mogą być niebezpieczne (patrz str. 250). Wystrzegaj się też programów kładących nacisk na forsowanie organizmu, zamiast na zabawę; w których bardziej liczy się współzawodnictwo niż indywidualny rozwój.

- Czy dziecko dobrze się bawi? Brak uśmiechu w trakcie ćwiczeń jest oznaką niezadowolenia. Szczególnie uważaj, czy malec nie sprawia wrażenia zdezorientowanego, wystraszonego, zmuszanego do wykonywania nieprzyjemnych dla niego czynności.

- Czy w sali znajduje się dużo zabawek odpowiednich do wieku dziecka, na przykład (na tym etapie życia), czy są tam maty w intensywnych kolorach, pochyłości do pełzania, piłki do toczenia, grzechotki do potrząsania?

- Czy dzieci mają sposobność do samodzielnej zabawy, do dokonywania samodzielnych czy wspólnych z mamą odkryć? Właśnie temu powinna być poświęcona większość czasu na zajęciach.

- Czy muzyka stanowi integralną część programu? Dzieci lubią ćwiczenia rytmiczne przy muzyce, na przykład kołysanie i śpiewanie – to może być ulubiona część zajęć.

Niech dziecko samo ustala tempo. Zmuszanie dziecka do ćwiczeń lub czegokolwiek innego, na co nie jest jeszcze gotowe, może doprowadzić do zniechęcenia. Zaczynaj ćwiczenie, gdy maluch ma na to ochotę, i przerwij, gdy tylko powie ci, okazując brak zainteresowania lub znudzenie, że ma już dość.

Dostarczaj dziecku energii. Prawidłowe żywienie jest tak samo istotne dla dobrego rozwoju fizycznego jak gimnastyka. Kiedy za zgodą lekarza wprowadzisz już pokarmy stałe, zastosuj dietę dla początkujących (str. 289), po to by dostarczyć swemu dziecku energii potrzebnej do zabawy i niezbędnych składników umożliwiających optymalny rozwój.

Bądź mamą wysportowaną. Dawaj dobry przykład. Niech cała rodzina ćwiczy razem, niech wszyscy będą ze sportem za pan brat. Jeśli dziecko rośnie, widząc, że maszerujesz do sklepu, zamiast jechać samochodem, ćwiczysz aerobik, a nie wylegujesz się przed telewizorem z talerzem frytek, wkroczy w dorosłość przekonane, że sprawność fizyczna to dobra rzecz. I to samo przekaże swoim dzieciom.

CO WARTO WIEDZIEĆ
Zabawki

Wkraczając do sklepu z zabawkami, czujesz się jak na balu karnawałowym. Wszystkie półki przyciągają uwagę i wzrok, osłabiając rozsądek, bombardując zmysły nie kończącym się strumieniem kolorowych pudełek i opakowań. Nie wiadomo, od czego zacząć. Taka wyprawa jest dla dorosłych radosnym powrotem do czasu dzieciństwa. Nie możesz jednak zapominać o kilku najważniejszych sprawach.

Nie ulegaj pokusie wybrania najładniejszych opakowań. Nie daj się omamić najmodniejszym przebojom sezonu, bo skończy się to zakupem mnóstwa zabawek nieodpowiednich dla twojego dziecka. Kiedy zastanawiasz się nad zakupem lub decydujesz się oddać do sklepu podarowane zabawki, myślisz, czy je wybrać, czy odłożyć na półkę, odpowiedz sobie na następujące pytania:

Czy są dostosowane do wieku twojego dziecka? Najbardziej oczywistą przyczyną, dla której zabawka powinna być odpowiednia dla wieku dziecka, jest to, że w tej chwili będzie się nią najlepiej bawiło. Mniej oczywista przyczyna jest równie istotna. Dobrze rozwinięte niemowlę może zainteresować się zabawką przeznaczoną dla starszych dzieci, bawiąc się nią w prymitywny sposób, ale sama zabawka może nie być wystarczająco bezpieczna. Kupowanie maluchom zabawek „na wyrost" może doprowadzić do sytuacji, kiedy dziecko zdąży znudzić się zabawką, zanim będzie gotowe się nią bawić.

Skąd masz wiedzieć, czy zabawka jest odpowiednia dla twojego maluszka? Sprawdź informację na opakowaniu, choć czasem twoje dziecko będzie w stanie w pełni docenić daną rzecz trochę wcześniej lub trochę później. Możesz również obserwować bawiące się dziecko u znajomych lub w sklepie. Czy jest zainteresowane zabawką? Czy bawi się nią tak, jak powinno? Odpowiednia zabawka pomoże dziecku utrwalić już zdobyte umiejętności albo pomóc w rozwinięciu nowych. Zabawa nie będzie dla niego wtedy ani za łatwa (grozi znudzeniem), ani za trudna (prowadzi do frustracji).

Odpowiednia przytulanka

Praktycznie każde zwierzątko przytulanka jest śliczne i milusie. Oto wskazówki, jak sprawdzić, czy te wszystkie misiaczki, żyrafki, króliczki i pieseczki są nie tylko słodkie, ale także bezpieczne:

- Oczka i noski nie mogą być wykonane z guziczków, koralików ani innych małych części, które mogą odpaść (być wyrwane, odgryzione), gdyż dziecko może je połknąć i zakrztusić się. Zobacz, czy nie ma guziczków gdzie indziej, na przykład na szelkach misia.
- Części zabawki (na przykład uszka) nie mogą być zamocowane drucikami. Nawet jeśli drut został przykryty materiałem, dziecko może go odsłonić i ukłuć się.
- Sprawdź, czy zabawka ma przyczepione sznureczki bądź tasiemki dłuższe niż 15 cm – na przykład przy szyjce króliczka lub pieska.
- Zobacz, czy przytulanka jest solidna, czy szwy i połączenia są mocne. Zwłaszcza dokładnie przyjrzyj się ubrankom, spod których może wychodzić materiał wykorzystany do wypchania zwierzątka (dziecko może się nim zakrztusić).
- Wszystkie zwierzątka powinny nadawać się do prania i być co jakiś czas prane, aby nie gromadziły się na nich zarazki.
- Nigdy nie umieszczaj przytulanki w łóżeczku dziecka; może być przyczyną uduszenia.

Czy są stymulujące? Nie każda zabawka musi przybliżać twoje dziecko do Harvardu. Niemowlęctwo i dzieciństwo są czasem beztroskich igraszek. Ale twojemu maleństwu więcej radości sprawi zabawka, która pobudza jego rozwój, stymulując zmysł wzroku (lusterko, nakręcana karuzela do powieszenia nad łóżeczkiem), słuchu (pozytywka, wańka--wstańka z dzwoneczkami), dotyku (przyrządy gimnastyczne, zabawki do nakręcania), smaku (gryzaczki, wszystko, co dziecko może bezpiecznie wziąć do buzi), a nie jest jedynie śliczna. W miarę rozwoju twoja pociecha będzie potrzebować zabawek rozwijających koordynację wzrokowo-słuchową, zauważanie związku przyczynowo-skutkowego, rozpoznawanie kolorów, kształtów i dźwięków, pobudzających rozwój motoryczny, społeczny, językowy, proces tworzenia.

Czy są bezpieczne? To chyba najistotniejsze pytanie. Zabawki (wyłączając rowery, sanki, rolki, skuterki czy deskorolki, które same powodują mnóstwo wypadków) są przyczyną około stu tysięcy obrażeń rocznie w Stanach Zjednoczonych. Wybierając zabawkę dla swego malucha, zwróć uwagę na następujące sprawy:

- trwałość – zabawki kruche, łamliwe mogą z łatwością prowadzić do urazów;
- bezpieczne wykończenie – farby nie powinny być toksyczne;
- bezpieczna konstrukcja – zabawki składające się z małych kawałków z ostrymi krawędziami nie są bezpieczne dla dzieci;
- czy można ją prać – zabawki, których nie można prać, stają się siedliskiem bakterii, co jest problemem w wypadku niemowląt, które wszystko biorą do buzi;
- bezpieczna wielkość – malutkie zabawki (poniżej 1 centymetra średnicy – takie, które można przecisnąć przez środek rolki papieru toaletowego), rozkładane lub składające się z łamliwych części są niebezpieczne, gdyż dziecko może się nimi zakrztusić. To samo dotyczy zabawek posiadających części, które dziecko może odgryźć, gdy tylko wyrosną mu ząbki;
- bezpieczny ciężar – gdy na dziecko spadnie zbyt ciężka zabawka, może wyrządzić mu krzywdę;
- czy ma tasiemki – nigdy nie zostawiaj w zasięgu dziecka zabawek (lub czegokolwiek innego) wykończonych sznurkami, tasiemkami lub wstążkami dłuższymi niż 10 centymetrów, ze względu na ryzyko uduszenia.

Zabawki mogą być przyczepione do łóżeczka za pomocą plastikowych kółek, które są nie tylko bezpieczne, ale również kolorowe i przyciągają uwagę;

- przyjemny dźwięk – głośne dźwięki wydawane przez pistolety, samoloty i mechaniczne zabawki mogą uszkodzić słuch dziecka. Szukaj takich, które wydają dźwięki łagodne, melodyjne, a nie ostre, głośne czy piskliwe.

Czy są zgodne z twoimi poglądami na wychowanie? Problem ten prawdopodobnie nasili się później, ale już teraz możesz zacząć się zastanawiać, jaką informację przekazuje zabawka do podświadomości dziecka i czy jest ona zgodna z twoim systemem wartości. Nie pozwól, by społeczeństwo – lub przynajmniej ta jego część, która jest odpowiedzialna za reklamę w TV – decydowało, jakie wartości zostaną przekazane twojemu dziecku.

9
Piąty miesiąc

Myślałaś, że lepiej być nie może. Tymczasem twoje dziecko zmieniło się w jeszcze słodszą i bardziej kochaną istotkę. Jest niezwykle przyjemnym towarzyszem: niemal codziennie uczy się czegoś nowego, kontakty z ulubionymi osobami (wami!) nigdy go nie nudzą, a wspólne zabawy przybrały na intensywności. W tym miesiącu objawia się mała osobowość zafascynowana otaczającym ją światem. Dziecko już nie tylko patrzy, ale i odkrywa nowości znajdujące się w zasięgu rączek, uważa też, że wszystkie przedmioty należy koniecznie włożyć do buzi. Czas czuwania wydłuża się.

Co twoje dziecko potrafi robić

Dzieci osiągają kolejne etapy rozwoju we własnym tempie. Jeśli twój maluszek nie umie wykonać jednej czy kilku z poniżej wymienionych czynności, nie martw się: wkrótce się nauczy. Normalne tempo rozwoju to takie, w jakim dziecko się rozwija. Pamiętaj też, że umiejętności, które można wyćwiczyć, tylko leżąc na brzuszku, nie zostaną przez dziecko opanowane, jeśli nie będzie miało po temu okazji. Koniecznie kładź więc malca (pod nadzorem!) w takiej pozycji. Jeśli rozwój dziecka wzbudza w tobie wątpliwości (ponieważ zauważyłaś, że opuściło któryś z etapów rozwoju, lub obawiasz się, że rozwija się za wolno), skonsultuj się z lekarzem. Porozmawiaj z nim, nawet jeśli on sam danego tematu nie poruszy, gdyż rodzice często zauważają pewne niuanse niewidoczne dla lekarzy. Wcześniaki zwykle wykształcają pewne sprawności nieco później niż ich rówieśnicy, zazwyczaj w okresie, w którym osiągnęłyby je, gdyby urodziły się o czasie, a nawet później.

Po ukończeniu piątego miesiąca twoje dziecko powinno umieć:

- mocno trzymać główkę;
- leżąc na brzuchu, podnieść klatkę piersiową, opierając się na przedramionach;
- wpatrywać się z uwagą w coś malutkiego, na przykład rodzynek (uważaj, by tak małe przedmioty nie znalazły się w zasięgu rączek dziecka);
- piszczeć z zadowolenia;
- wyciągać rączkę po przedmiot;
- uśmiechać się spontanicznie;
- chwytać grzechotkę lub końce twoich palców;
- podciągane do pozycji siedzącej, trzymać głowę w jednej linii z tułowiem.

Po ukończeniu piątego miesiąca twoje dziecko prawdopodobnie będzie umiało:

Pod koniec tego miesiąca niektóre dzieci będą już potrafiły siedzieć bez podparcia, opierając się na rękach, ale większość będzie w tej pozycji opadać do przodu.

- przewracać się z brzuszka na plecy i odwrotnie*;
- utrzymać się na nogach;
- powiedzieć „gu-gu" lub wydawać podobne zbitki samogłosek ze spółgłoskami;
- ślinić się z zadowolenia;
- obrócić się w kierunku, z którego dochodzi głos.

Po ukończeniu piątego miesiąca twoje dziecko być może będzie umiało:

- siedzieć bez podparcia;

Po ukończeniu piątego miesiąca twoje dziecko może nawet umieć:

- podciągnąć się z pozycji siedzącej do stojącej;
- stanąć, opierając się o coś lub o kogoś;
- protestować przy próbach odbierania zabawki;
- czynić wysiłki, by sięgnąć po przedmiot znajdujący się poza zasięgiem jego rączek;
- przełożyć mały przedmiot z jednej dłoni do drugiej;
- podążyć wzrokiem za spadającym przedmiotem;
- znaleźć rodzynek i schować go w dłoni (wszystkie niebezpieczne przedmioty powinny znajdować się poza zasięgiem rąk dziecka);
- łączyć samogłoski i spółgłoski w sylaby „ga-ga", „ba-ba", „ma-ma", „da-da".

Czego możesz oczekiwać w czasie badania lekarskiego

Większość lekarzy nie wyznacza na ten miesiąc wizyty zdrowego dziecka. Ma to dobre strony – w tym miesiącu dziecko nie będzie szczepione – oraz złe – nie ujrzysz krzywej wzrostu dziecka. Gromadź pytania i przygotowuj ich listę na następny miesiąc, ale w razie obaw nie zawahaj się zadzwonić do lekarza.

Karmienie dziecka w piątym miesiącu
Urozmaicanie diety

Od dawna czekasz na ten moment. Tatuś z kamerą wideo gotowy na uchwycenie tego wspaniałego wydarzenia, maleństwo wystrojone w najlepsze ubranko i świeżo wykrochmalony śliniaczek, wyprostowane i przypięte do krzesełka. Przy szumie pracującej kamery pierwsza porcja pokarmu na srebrnej, grawerowanej łyżeczce od ciotki Alicji wę-

---

* Dzieci, które mniej czasu spędzają, leżąc na brzuszku, zwykle później zdobywają tę umiejętność. Nie ma powodu do zmartwień (patrz str. 188).

Najlepsze pierwsze dania

Dziecko jeszcze nie poznało wyrazistego smaku ostryg, filetów czy lasagne. Przyszłego konsumenta należy ostrożnie wprowadzać w świat nowych dań, krok po kroku (przy czym podanie stałych pokarmów może nastąpić później, jeśli w historii medycznej dziecka lub rodziny występują alergie). Na początku dania przygotowywane w domu bądź gotowe powinny mieć papkowatą konsystencję (przypominającą gęstą śmietanę), na którą złożą się zmiksowane czy dobrze rozgniecione i ewentualnie rozcieńczone wodą składniki.

Takie posiłki serwuje się do około szóstego czy siódmego miesiąca, a gdy sztuka jedzenia zostanie nieco opanowana, papkę mogą zastąpić gęściejsze potrawy. Niemowlęta zwykle biorą za jednym razem do buzi nieco mniej niż pół łyżeczki danka, ale wiele z nich w zaskakująco krótkim czasie dochodzi do dwóch czy trzech łyżek. Dania można podawać na zimno lub w temperaturze pokojowej (preferowanej przez większość). Ciepłe potrawy trafiają raczej w gust dorosłych, a ich podgrzewanie to tylko niepotrzebne zamieszanie.

4–6 miesiąc	6 miesiąc	7–8 miesięcy	9 miesiąc
Papki na bazie ryżu	Kaszka jęczmienna	Kurczak	Jogurt (z pełnego mleka)
	Owsianka	Indyk	Ser (na przykład szwajcarski, cheddar)
	Mus jabłkowy	Jagnięcina	
	Banany	Wołowina	
	Gruszki	Awokado	Makaron
	Brzoskwinie	Żółtko jajka	Fasolka
	Groszek		Tofu
	Marchewka		
	Młoda fasolka		
	Pataty		
	Kabaczek		

druje z miseczki do buzi. Dziecko otwiera buzię, a potem, gdy czuje dziwny smak, wykrzywia się w grymasie niezadowolenia i wypluwa nieznaną substancję na brodę, śliniak i krzesełko. Cięcie!

Wyzwanie zostało rzucone. Zmuszasz dziecko do jedzenia tego, co ty uważasz za konieczne. Jak długo będziecie jeść przy wspólnym stole, pokusa nie minie. A przecież chodzi nam nie tylko o to, by wypracować dobre nawyki żywieniowe, trzeba też zaszczepić zdrowe podejście do posiłków głównych i pojadania między nimi. Zapewnienie przyjemnej, wolnej od napięć atmosfery przy stole jest równie ważne jak odpowiednia, zdrowa dieta.

W ciągu pierwszych miesięcy podawania pokarmów stałych (pierwszy posiłek należy wprowadzić, gdy dziecko będzie gotowe go przyjąć, czyli zwykle między czwartym a szóstym miesiącem) ilość spożywanego jedzenia jest nieistotna, przecież dziecko jest jeszcze karmione piersią lub butelką. Celem urozmaicania diety jest przede wszystkim zdobywanie doświadczenia, a nie utrzymanie się przy życiu. Dziecko pozna technikę jedzenia, różne smaki, zróżnicowaną konsystencję pokarmów, a także uczy się zachowania przy stole.

PREMIERA I CO DALEJ

Ustawienie kamery wideo nie jest jedynym krokiem, jaki możesz podjąć, by zapewnić sobie niezapomniane wspomnienie pierwszego posiłku. Zwróć uwagę na właściwy czas, scenografię i rekwizyty w celu osiągnięcia jak najlepszego efektu.

Wybierz właściwą porę. Jeśli karmisz piersią, przedstawienie powinno się zacząć, kiedy masz najmniej pokarmu (najczęściej późnym popołudniem lub wczesnym rankiem).

Jeżeli dziecko ma największy apetyt rano, właśnie wtedy zacznij urozmaicać dietę. Nie martw się, że podajesz kaszkę, a jest szósta wieczór, maluszek chyba nie spodziewa się schabowego.

Wyczuj nastrój głównego aktora. Ustaliłaś, że przedstawienie rozpocznie się o siedemnastej, ale gwiazda jest marudna i przemęczona. Odłóż premierę. Nie próbuj wprowadzać nowości, pokarmów ani niczego innego, jeśli dziecko znajduje się w tym stanie. Staraj się podawać posiłki, kiedy dziecko jest ożywione i pogodne.

Nie przekarm dziecka wcześniej. Przed podaniem nowego pokarmu pobudź apetyt malucha, ale nie karm go zbyt długo. Na przystawkę trochę mleka z butelki lub z piersi. Dzięki temu nie będzie bardzo głodny przed przystąpieniem do nowego eksperymentu ani też całkiem najedzony i nie minie mu ochota na danie główne. Dzieci, które mają słaby apetyt, mogą rozpoczynać bez przystawki. Sama sprawdź, co jest najlepsze dla twojej pociechy.

Przygotuj się na długie występy. Nie przeznaczaj na posiłki pięciu minut, które uda ci się wygospodarować. Karmienie dziecka pochłania mnóstwo czasu, nie powinnaś się spieszyć.

Zaaranżuj starannie scenę. Trzymanie wykręcającego się dziecka na kolanach i bezskuteczne usiłowanie wpychania do zaciśniętej buzi łyżeczki z obcą substancją to nic przyjemnego. Na kilka dni przed premierą przygotuj wysokie krzesełko albo specjalną podkładkę układaną na zwykłym krześle (patrz str. 302) i poczekaj, aż maluch poczuje się w nim wygodnie. Jeśli zsuwa się lub przechyla na boki, poutykaj naokoło kocyk lub ręcznik albo ustaw oparcie w pozycji lekko pochylonej. Przypnij dziecko szelkami. Ono będzie bezpieczne, a ty spokojna. Jeżeli maleństwo nie potrafi jeszcze siedzieć w takim krzesełku, prawdopodobnie lepiej odsunąć moment wprowadzania pokarmów stałych.

Ważna jest także odpowiednia łyżeczka. Nie musi być przekazywana z pokolenia na pokolenie, nie musi być jakaś specjalna, ale powinna być nieduża (łyżeczka do herbaty) i w miarę możliwości plastikowa, gdyż dziąsła małych dzieci są bardzo wrażliwe. Dobrze jest dać maluchowi osobną łyżeczkę, bo wtedy dziecko uzyska poczucie niezależności. Długa rączka nie przeszkadza, kiedy ty karmisz dziecko, ale dla maluszka wybierz łyżeczkę z krótką rączką, żeby przypadkiem nie wykłuł sobie oka. Jeśli twój mały biesiadnik chce być samodzielny, pozwól mu trzymać łyżeczkę i pewnie prowadź ją do celu – najczęściej uda ci się tam dotrzeć.

Używaj dużego, łatwego do utrzymania w czystości, wygodnego śliniaka. W zależności od upodobań może być ze sztywnego lub miękkiego plastiku, który da się wytrzeć lub przepłukać, materiału lub tworzywa, które można prać w pralce. Praktyczne są także jednorazowe śliniaki papierowe. Prawdopodobnie przestałaś się już martwić o plamy na śpioszkach, z których dziecko właśnie wyrasta, ale jeśli wcześnie nie zaszczepisz nawyku nakładania śliniaka, potem może to być bardzo trudne, a wręcz niemożliwe. I nie zapomnij podwinąć długich rękawków. Możesz także rozebrać dziecko do karmienia, do samej pieluchy (oczywiście w odpowiedniej temperaturze). Trochę trzeba wycierać (buzię, szyjkę, brzuszek, rączki, nóżki...), ale przynajmniej plamy nie stanowią problemu.

Graj rolę drugoplanową. Jeśli pozwolisz dziecku grać pierwsze skrzypce, szanse na sukces rosną. Zanim podasz pierwszą łyżeczkę, połóż odrobinę jedzenia na stole, tak by dziecko mogło je obejrzeć, pougniatać, porozcierać, a może nawet spróbować. Dzięki temu, kiedy maluch ujrzy przed nosem łyżeczkę, jedzenie, które się na niej znajdzie, nie będzie mu całkiem obce.

Podawanie papek w butelce z dużą dziurą mogłoby się wydawać dobrym pomysłem. Pozornie ułatwi to dziecku samodzielne jedzenie, jednak nie jest wskazane z kilku przyczyn. Po pierwsze, umacnia przyzwyczajenie do butelki i nie uczy jedzenia przy stole, a to jest przecież celem wczesnych prób z łyżeczką. A po drugie, w ten sposób dzieci zjadają zbyt dużo, co może prowadzić do nadwagi.

Rozpocznij ostrożnie. Na początku nie będą to prawdziwe posiłki, a jedynie ich zapowiedź. Rozpoczynaj od ćwierci do pół łyżeczki wybranego pokarmu. Włóż łyżeczkę między wargi dziecka i poczekaj na reakcję. Jeżeli smak okaże się zachęcający, buzia prawdopodobnie otworzy się szerzej w oczekiwaniu na następną porcję, którą spróbuj włożyć nieco głębiej (jednak nie tak głęboko, by ryzykować zakrztuszenie), żeby ułatwić przełykanie. Nawet jeśli dziecko przejawia widoczną ochotę do jedzenia, pierwsze porcje mogą wyślizgiwać mu się z buzi. Właściwie pierwsze posiłki całkowicie się marnują. Jednak wkrótce dziecko gotowe do przyjmowania pokarmów stałych zje więcej, niż wypluje. Jeżeli papki stale wyślizgują się z buzi, oznacza to, że dziecko nie jest jeszcze w pełni gotowe do następnego etapu. Masz dwa wyjścia – albo w dalszym ciągu marnować czas, wysiłki i jedzenie w bezowocnych próbach, albo odczekać tydzień, dwa i zaczynać od nowa.

Wiedz, kiedy zakończyć przedstawienie. Nie przeciągaj posiłku, gdy dziecko straci zainteresowanie. Otrzymasz wyraźne tego sygnały, różne u różnych dzieci i inne podczas każdego posiłku. Dziecko będzie się wiercić, odwracać głowę, zaciśnie usta, wypluje lub porozrzuca jedzenie. Jeśli maluch odtrąca coś, co poprzednio jadł z ochotą, sprawdź, czy się nie zepsuło. Odrzucenie może mieć inne przyczyny, np. zmiana gustu (niemowlęta i małe dzieci są niestałe w swoich upodobaniach), zły nastrój lub brak łaknienia. Jakakolwiek byłaby przyczyna, nie rób niczego na siłę. Spróbuj podać coś innego, a jeśli i to nie znajdzie uznania, spuść kurtynę.

OD CZEGO ZACZĄĆ

Wszyscy zgadzają się, że najdoskonalszym pierwszym płynem dla dziecka jest mleko matki, ale nie ma już takiej jednomyślności, jeśli chodzi o pokarmy stałe. Choć przeprowadzono niewiele badań, które udowadniałyby bezwzględną przewagę tego czy innego pokarmu, i dzieci rozwijają się równie dobrze niezależnie od zalecanej w danym okresie diety (oczywiście zakładając, że podaje im się pokarm odpowiedni dla wieku), to poniżej znajdziesz zwycięzcę konkursu na najlepsze pierwsze danie oraz potrawy, które zajęły kolejne miejsca – poproś pediatrę zajmującego się dzieckiem o zalecenia. Pamiętaj, że wyraz twarzy dziecka nie określa jednoznacznie jego reakcji; większość niemowląt z początku mocno zaciśnie buzię z wyrazem osłupienia, nawet jeśli bardzo spodobał im się smak nowego pokarmu. Kieruj się następującą zasadą: jeśli maluch ponownie otworzy buzię, prosząc o dokładkę, wszystko jest w porządku.

Kleik ryżowy. Kleik ryżowy wzbogacony żelazem jest pierwszym pokarmem stałym najczęściej polecanym przez Amerykańską

Jeszcze nie w tym roku

Przynajmniej przez pierwszy rok życia nie można podawać dziecku następujących produktów:
- Orzechów (patrz ramka na str. 435)
- Czekolady
- Białek jaj kurzych
- Miodu (patrz ramka na str. 289)
- Mleka krowiego

W ostatnich miesiącach pierwszego roku życia niektórzy lekarze zezwalają na wprowadzenie:
- Pszenicy
- Cytrusów, soków cytrusowych
- Pomidorów
- Truskawek

Inni natomiast zalecają, by wstrzymać się z wyżej wymienionymi nowościami do pierwszych urodzin, zwłaszcza jeżeli w medycznej historii rodziny zdarzały się alergie (wówczas zasada ta bezwzględnie obowiązuje – przyp. red. nauk.).

Akademię Pediatrii. Ma wiele zalet. Łatwo uzyskać konsystencję zbliżoną do mleka, jest dobrze przyswajalny, nie alergizuje, dostarcza żelazo. Można mieszać go z mlekiem w proszku, naturalnym pokarmem lub wodą. Zwalcz pokusę, by do kleiku ryżowego dodać rozgniecionego banana, mus jabłkowy, sok owocowy albo by kupić gotowy kleik owocowy (nawet po wprowadzeniu owoców do diety dziecka), bo wtedy dziecko szybko przyzwyczai się do słodkiego smaku i odrzuci inne pokarmy.

Owoce. Wiele dzieci chętnie je na początku przetarte lub zgniecione banany (rozcieńczone w miarę potrzeby mlekiem matki lub mieszanką) albo mus jabłkowy. Są to pokarmy ulubione przez dzieci, ale prowadzą do utraty zainteresowania mniej słodkimi rzeczami, np. warzywami lub kaszkami, które są wprowadzane później. Dlatego owoce, nawet jeśli na początku doskonale urozmaicają dietę niemowlęcia, nie powinny mieć w niej dużego udziału.

Warzywa. Teoretycznie warzywa są bardzo dobrym pierwszym pokarmem stałym – pożywne i niesłodkie. Jednak, w przeciwieństwie do kaszek lub owoców, ich charakterystyczny smak nie przypada dzieciom do gustu i często psuje pozytywne nastawienie do eksperymentów gastronomicznych. Postąpisz rozsądnie, wprowadzając warzywa przed owocami, kiedy podniebienie malucha chętniej akceptuje mniej słodkie smaki. Warzywa „żółte", np. bataty, ziemniaki i marchew, są bardziej lubiane (i pożywniejsze) niż „zielone", takie jak groszek czy fasolka. Przypomnijmy: dobrze jest wprowadzić owoce wcześnie, ale nie jako pierwsze.

POSZERZENIE REPERTUARU

Nawet jeśli twoje dziecko bez problemu pochłonie pierwszą porcję kaszki na śniadanie, nie planuj od razu jogurtu i fasolki na obiad i kolacji złożonej z mięsa i ziemniaków. Każdy nowy pokarm powinien być podawany z osobna albo z pokarmami już wypróbowanymi. Jeśli dziecko jest na coś uczulone, łatwo to rozpoznasz. Jeżeli rozpoczynasz od kasz, podawaj je przynajmniej przez 3–4 kolejne dni (niektórzy lekarze zalecają 5 dni). Złe przyswajanie sygnalizują następujące objawy:

- wzdęcia, nadmierne gazy;
- biegunka, obecność śluzu w stolcu;
- wymioty;
- wysypka w okolicach odbytu albo na buzi, zwłaszcza wokół ust;
- wodnista wydzielina z nosa, załzawione oczy, chrapliwy oddech przy braku przeziębienia;
- dziecko śpi niespokojnie w nocy lub jest rozdrażnione w ciągu dnia.

Jeżeli wyżej wymienione objawy nie występują, zakładamy, że dziecko dobrze toleruje dany pokarm.

Jeśli wydaje ci się, że reakcja wystąpiła, wstrzymaj się przez tydzień, po czym znowu spróbuj podać ten sam pokarm. Gdyby objawy się powtórzyły, istnieje duże prawdopodobieństwo, że dziecko jest uczulone. Odczekaj kilka miesięcy, zanim ponownie podasz ten pokarm, w tym czasie w ten sam sposób wprowadzaj inne. Jeżeli twoje dziecko jest uczulone na kilka produktów lub w rodzinie występuje alergia, odczekaj pełen tydzień między poszczególnymi pokarmami. Gdyby problemy pojawiały się przy każdej próbie, porozmawiaj z pediatrą na temat przesunięcia terminu wprowadzenia pokarmów stałych o kilka miesięcy.

Ostrożnie wprowadzaj każdy nowy pokarm, zapisuj, ile czego podajesz, oraz notuj wszystkie reakcje (pamięć bywa zawodna). Pamiętaj, by podawać po jednym pokarmie naraz, np. przetartą marchewkę lub groszek. Kiedy dziecko jadło już oba te warzywa i nie wystąpiła niekorzystna reakcja, możesz podawać je razem. W miarę wzbogacania menu malca, wprowadzaj nową żywność w połączeniu z innymi, wcześniej sprawdzonymi składnikami.

Niektóre produkty wprowadza się później z powodu właściwości alergizujących. Pszenicę lepiej podawać po ryżu, owsie i jęczmieniu. Czasem zdarza się to dopiero w ósmym miesiącu, chociaż dzieci niealergiczne mogą przyjmować przetwory pszenicy wcześniej. Soki i owoce cytrusowe wprowadzamy po innych sokach i owocach. Żółtka jaj, w postaci jajecznicy lub gotowane na twardo i ugniecione widelcem, nie są wskazane przed ukończeniem ósmego miesiąca. Białka, które często wywołują reakcję alergiczną, są niejednokrotnie podawane dopiero po ukończeniu pierwszego roku. Czekolada i orzechy są bardzo alergizujące i nie należy nimi częstować rocznego malucha (w niektórych przypadkach trzeba odczekać znacznie dłuższy czas; wszystko na temat orzechów znajdziesz na str. 435).

DIETA W PIERWSZYM ROKU ŻYCIA

Obecnie twoje dziecko jedynie próbuje rozmaitych pokarmów stałych, zapotrzebowanie na większość składników odżywczych pokrywa mleko. Ale począwszy od szóstego miesiąca pokarm matki lub mieszanka mleczna nie wystarczą, by zaspokoić wszystkie potrzeby dziecka, a pod koniec pierwszego roku większość składników odżywczych będzie pochodzić z innych źródeł. Nie jest zatem zbyt wcześnie na zaplanowanie odżywiania według zasad „codziennej dwunastki" (patrz niżej), kiedy dziecko zacznie przyjmować różne pokarmy, zwykle w wieku 8, 9 miesięcy. Jeszcze nie pora, by martwić się o wielkość posiłku czy ilość dawek (patrz ramka na str. 290). Warto natomiast skoncentrować się na odżywczej funkcji pożywienia. Poza tym posiłki o przyjemnym smaku i zapachu zachęcą dziecko do kontynuowania nawyków zdrowego odżywiania. (Przepisy dla początkujących smakoszy zaczynają się na stronie 679.)

„CODZIENNA DWUNASTKA" MALUCHA

Kalorie. Nie musisz liczyć kalorii dostarczanych dziecku, by stwierdzić, czy otrzymuje ich ono za dużo lub za mało. Twoja pociecha jest zbyt pulchna? Prawdopodobnie dostaje za dużo kalorii. Czy jest chuda i powoli rośnie? Istnieje prawdopodobieństwo, że nie dostaje wystarczającej liczby kalorii. W piątym miesiącu większość kalorii, dzięki którym dziecko rośnie jak na drożdżach, pochodzi z mleka, stopniowo coraz więcej energii będzie mu dostarczać pokarm stały.

Białko. Dziecko nadal pobiera większość potrzebnego mu białka z mleka matki lub preparatów mlecznych. Ale ponieważ sytuacja zmieni się około jego pierwszych urodzin, już teraz warto podawać pierwsze dania bogate w ten składnik: żółtka, mięso kurczaka i tofu. Produkty zawierające wapń (patrz niżej) także są doskonałym źródłem białka.

Wapń. Pokarm matki lub mieszanka mleczna dostarcza niemowlętom wystarczającej ilości wapnia (dwa kubki zaspokajają jego zapotrzebowanie do końca pierwszego roku życia, przy czym wiele dzieci wypija znacznie więcej – i nie ma w tym nic złego). Jednak odpowiednie dla niemowląt potrawy zawierające wapń,

---

Mała pszczółka nie dostanie miodu

Miód, tak jak cukier, jest nośnikiem pustych kalorii. Stanowi też dodatkowe ryzyko dla dzieci poniżej pierwszego roku życia. Może zawierać bakterie *Clostridium botulinum*, które są nieszkodliwe dla dorosłych, natomiast u niemowląt mogą spowodować botulizm (zatrucie jadem kiełbasianym). Choroba charakteryzuje się zaparciem, osłabieniem odruchu ssania, słabym apetytem, ospałością i może prowadzić do zapalenia płuc i odwodnienia. Jest to choroba poważna, ale rzadko bywa śmiertelna. Niektórzy lekarze zalecają spożywanie miodu od ósmego miesiąca, inni czekają do końca pierwszego roku.

Kto by tam liczył?

Być może zauważyłaś, że przy „codziennej dwunastce" malucha nie sugeruje się wielkości porcji – ani nie ma rekomendowanych ilości dziennych porcji. Wynika to z tego, że „codzienna dwunastka" malucha została przedstawiona jedynie w postaci ogólnych wskazówek dotyczących rodzajów żywności, które rozpoczynające przygodę kulinarną dziecko powinno wypróbować, nie zaś jako zbiór ścisłych zasad dietetycznych dla rodziców. Tak naprawdę trzymanie się schematu – lub wpychanie określonej liczby porcji w dziecko każdego dnia – na pewno doprowadzi cię do szaleństwa, nie wspominając już o tym, że postępowanie takie może być doskonałym podłożem do kłótni o jedzenie z dzieckiem teraz i w przyszłości. Dzieci mają najróżniejsze apetyty na tym etapie, kiedy to czynność jedzenia bardziej polega jeszcze na ćwiczeniach i przyjemności niż na zaspokajaniu potrzeb żywieniowych. Niektóre maluchy cały czas dużo jedzą, inne najczęściej jedzą bardzo mało, a jeszcze inne jednego dnia jedzą tyle co mała myszka, a drugiego mogłyby zjeść konia z kopytami. Jedne lubią kulinarne odkrycia i przygody, inne są niezwykle wybredne. Niemniej niemal wszystkie zdrowe dzieci jedzą tyle, ile potrzebują do prawidłowego rozwoju, gdy poda się im zdrową żywność i pozwoli kierować własnym smakiem.

Może dziecko zjadło dziś wszystko, co przewiduje punkt z pieczywem pod hasłem „pełne ziarna", ale całkowicie zlekceważyło to, co wyszczególnia się przy „białkach"? Ma pełny brzuszek potraw z „wapnia", a wzbroniło się przed jakimikolwiek „zielonymi liściastymi i żółtymi owocami i warzywami"? Nie ma problemu, tylko pamiętaj o tym, by każdego dnia podawać dziecku różnorodne jedzenie (w miarę jak jest wprowadzane) i pozwolić mu, by kierując się swym własnym smakiem, decydowało, ile i co chce zjeść.

---

na przykład żółte sery (dobry wybór: szwajcarski, cheddar, edamski) oraz czysty pełny jogurt mleczny to pyszne, wartościowe dodatki i warto nimi wzbogacić menu.

Produkty pełnoziarniste lub inne węglowodany złożone. Są to ulubione przysmaki małych konsumentów. Zapewniają ważne witaminy i składniki mineralne oraz białko. Do najlepszych należą (w kolejności wprowadzania): owsianka dla niemowląt, chleb pełnoziarnisty, pełnoziarniste płatki śniadaniowe (szczególnie takie, które dziecko może jeść samodzielnie, na przykład krążki owsiane), gotowane pełnoziarniste płatki zbożowe, makarony (najlepiej pokrojone na kawałki wielkości jednego kęsa), zmiksowany gotowany groszek, fasola i nasiona soi.

Zielone liściaste lub żółte owoce i warzywa. Jest wiele wartościowych, a przy tym smacznych żółtych i zielonych owoców i warzyw, bogatych w witaminę A. Poeksperymentuj (za pozwoleniem lekarza) i sprawdź, które z nich będą twemu dziecku odpowiadać najbardziej. Masz do wyboru zimowy kabaczek, ziemniaki i bataty, marchewkę, żółte brzoskwinie, morele, kantalupy, mango, brokuły czy kapustę. Najpierw podawaj je zmiksowane, a potem pokrojone w kawałeczki. Gdy dziecko zaczyna samo jeść palcami, surowe owoce pokrój w kostkę.

Witamina C. Większość lekarzy nie zaleca podawania owoców cytrusowych, czyli standardowego źródła witaminy C, przynajmniej do ósmego miesiąca życia dziecka, a w niektórych przypadkach soczek pomarańczowy musi poczekać do pierwszych urodzin. Do tego czasu dziecko otrzymuje potrzebną mu dawkę witaminy C z mango czy kantalupy, brokułów, kalafiora czy batatów. Pamiętaj, że wiele gotowych dań czy soczków przeznaczonych dla dzieci wzbogacono witaminą C.

Inne owoce i warzywa. Jeżeli w jadłospisie twojego malucha jest jeszcze miejsce, możesz dodać na przykład nie słodzony mus jabłkowy, rozgniecionego banana, papkę z groszku, fasolki lub ziemniaka.

Pokarmy o niskiej zawartości tłuszczu. Dzienne zapotrzebowanie na tłuszcz i cholesterol w całości pokrywa mleko (pokarm matki lub mieszanka mleczna). Ale kiedy urozmaicamy dietę dziecka, które wypija coraz mniej mleka, musimy zadbać, by ilość tłuszczu i cholesterolu nie uległa zmianie. Dlatego większość produktów mlecznych (biały ser, jogurt, żółty ser) podawanych dziecku powinna być pełnotłusta lub przyrządzona na bazie pełnotłustego mleka. Inaczej ma się sprawa z niezdrowymi tłuszczami. Jeśli dziecko otrzymuje za dużo złych tłuszczów zawartych w smażonych czy przetworzonych potrawach, zaczyna tyć w efekcie nie zrównoważonej diety, ponadto pojawiają się problemy żołądkowe (takie tłuszcze są ciężkostrawne). Nieodpowiednia dieta grozi utrwaleniem się złych nawyków żywieniowych, trudnych do zwalczenia w przyszłości.

Żelazo. Butelka wypełniona mieszanką wzbogaconą żelazem zapewnia dziecku odpowiednią dawkę tego pierwiastka, natomiast dzieci karmione piersią po szóstym miesiącu muszą czerpać żelazo z innego źródła pożywienia. Dobrym uzupełnieniem będą płatki śniadaniowe wzbogacone żelazem, a dodatkowa dawka tego składnika pochodzić może z obfitych w żelazo produktów: mięsa, żółtka jaj, kiełków pszenicy, pełnoziarnistego pieczywa czy płatków, a także gotowanego suszonego groszku i innych ziaren roślin strączkowych. Jeśli żywność z dużą zawartością żelaza będzie podana z potrawami bogatymi w witaminę C (na przykład trochę kantalupy do papki ryżowej), ten ważny pierwiastek będzie lepiej przyswajany.

Sól. Nie przyprawiaj solą jedzenia dla dziecka. Niemowlęce nerki nie tolerują dużej ilości soli (poza tym wczesne przyzwyczajenie malucha do smaku słonych pokarmów może w późniejszym okresie prowadzić do nadciśnienia), żadne potrawki dla maluszków nie powinny być solone. Wiele pokarmów zawiera sól w sposób naturalny (nabiał i niektóre warzywa), dlatego dziecku jej nie zabraknie, nawet jeśli nie będziesz dodatkowo solić pokarmów.

Płyny. W pierwszych pięciu czy sześciu miesiącach życia praktycznie całe zapotrzebowanie na płyny pokrywa mleko. Później dochodzą soki, owoce, warzywa. W miarę zmniejszania ilości wypijanego mleka należy uzupełnić ilość płynów, zwłaszcza w okresie upałów. Wtedy najlepiej podawać wodę i soki owocowe rozcieńczone wodą.

Witaminy. Zdrowe dzieci nie potrzebują preparatów uzupełniających z witaminami czy mikroelementami (są pewne wyjątki: na przykład dzieciom karmionym wyłącznie piersią należy podawać witaminę D). Jeśli jednak takie jest zalecenie lekarza albo jeśli chcesz mieć spokojne sumienie, podawaj dziecku specjalne witaminy przeznaczone dla niemowląt. Witaminy (krople) nie powinny przekraczać dziennej zalecanej niemowlętom dawki witamin i składników mineralnych. Nie podawaj żadnych witamin i mikroelementów bez konsultacji z lekarzem. Więcej na ten temat znajdziesz na stronie 156.

Słoiczki o podwójnym zastosowaniu

Puste słoiczki po kupowanych w sklepie odżywkach, starannie umyte w bardzo gorącej wodzie, mogą być użyte do serwowania małych porcji jedzenia. Podgrzej je, wkładając słoiczek do niewielkiej ilości gorącej wody. To lepszy sposób niż podgrzewanie w kuchence mikrofalowej (gdzie jedzenie podgrzewa się nierównomiernie). Choćbyś nawet bardzo się spieszyła (czyli praktycznie zawsze), nie zapomnij skosztować podawanego dziecku jedzenia, by upewnić się, że nie jest zbyt gorące.

Co może cię niepokoić

ZĄBKOWANIE

Jak poznać, czy mała ząbkuje? Gryzie sobie rączki, ale na dziąsłach nie zauważyłam żadnych zmian.

Nigdy nie wiadomo, jak długo potrwa i jak nieprzyjemne będzie wyrzynanie się ząbków. U niektórych dzieci trwa ono długo i jest bardzo bolesne. U innych nowe ząbki rosną jak grzyby po deszczu. Czasami przez wiele tygodni lub miesięcy wyczuwa się zgrubienie na dziąsłach, czasem nie widać nic aż do momentu, kiedy pojawi się ząb. Przeciętnie pierwszy ząbek wyrasta około siódmego miesiąca, chociaż czasem zdarza się to już w trzecim lub dopiero w dwunastym miesiącu, a nawet wcześniej lub później. Czas ząbkowania może być dziedziczny; jeśli ty albo mąż wcześnie ząbkowaliście, podobnie może to wyglądać u waszego dziecka.

Objawy ząbkowania często wyprzedzają pojawienie się zęba o dwa, trzy miesiące. Są różne u różnych dzieci, tak samo zróżnicowane są opinie lekarzy na temat bolesności ząbkowania.

Ząbkowaniu najczęściej towarzyszą następujące objawy:

Ślinienie się. Wiele dzieci już od około dziesiątego tygodnia aż do trzeciego, czwartego miesiąca potrafi ślinić się bezustannie. Samo ząbkowanie może, ale nie musi, wzmagać wydzielanie śliny.

Wysypka na brodzie lub na całej buzi. U dziecka, które bardzo obficie się ślini, może pojawić się suchość skóry i wysypka na brodzie z powodu podrażnienia śliną. Aby temu zapobiec, ostrożnie wycieraj buzię dziecka kilka razy dziennie.

Kaszel. Nadmiar śliny może czasami powodować krztuszenie się lub kaszel. Nie ma się czym martwić, jeśli nie towarzyszą temu objawy przeziębienia, grypy lub uczulenia. Zdarza się, że dzieci kaszlą, by zwrócić na siebie uwagę. Czasami kaszel jest dodatkową formą ćwiczeń w wydawaniu nowych dźwięków.

Gryzienie. W tym przypadku gryzienie nie jest oznaką wrogości. Ząbkujące niemowlę zaciśnie dziąsła, na czym się da – na własnej rączce, piersi karmiącej matki, kciuku niczego nie podejrzewającej, zupełnie obcej osoby. Nacisk na dziąsła pomoże złagodzić uczucie bólu.

Ból. Stan zapalny jest odruchem obronnym wrażliwych dziąseł na wyrzynający się ząbek, który uważany jest za intruza. Dla niektórych niemowląt ból jest nie do zniesienia, niektóre w ogóle go nie zauważają. Dzieci najbardziej cierpią przy wyrzynaniu pierwszego ząbka, później jakby przyzwyczajają się do ząbkowania i jakoś sobie z tym radzą. Wyrzynanie zębów trzonowych również bywa bolesne (są większe), ale jeszcze długo nie będziesz musiała się tym martwić.

Rozdrażnienie. Gdy stan zapalny przedłuża się, a mały ząbek przybliża się do powierzchni, aby już niedługo przebić się przez dziąsło, ból prawie nie ustaje. Jak każdy, kto cierpi na przewlekły ból, mała będzie niespokojna, nieswoja, rozdrażniona. Niektóre dzieci (i ich rodzice) będą cierpieć całymi tygodniami, u innych potrwa to kilka dni lub godzin.

Utrata apetytu. Ząbkujący maluch może mieć czasami kłopoty ze ssaniem. Z jednej strony trzymanie czegoś w buzi przynosi ulgę, dlatego dziecko chce cały dzień spędzić przy piersi, z drugiej ssanie sprawia ból, dlatego może odpychać pierś lub butelkę, której chwilę wcześniej się domagało. Ta sytuacja powtarza się (u niektórych dzieci trwa to przez cały okres ząbkowania), co powoduje, że i matka, i dziecko stają się jeszcze bardziej zdenerwowane i nieswoje. Niemowlę, które je już pokarmy stałe, może na jakiś czas stracić na nie ochotę. Nie powinno cię to martwić, twoja pociecha i tak pobiera wszystkie składniki odżywcze z mleka, które także zaspokaja jej zapotrzebowanie na płyny. Gdy ząbek wyrośnie, apetyt wróci do normy. Jeżeli dziecko odmawia jedzenia przez cały dzień lub przez kilka dni wypija bardzo mało, skontaktuj się z lekarzem.

Biegunka. Właściwie nie wiadomo, czy biegunka jest jednym z symptomów mających związek z ząbkowaniem. Niektóre matki uważają, że ząbkowaniu zawsze towarzyszy rozwolnienie. Niektórzy lekarze zgadzają się z tym: możliwe, że duża ilość połykanej śliny rozrzedza stolce. Inni nie widzą związku i obawiają się, że ta teoria może doprowadzić do sytuacji, kiedy matki przeoczą istotne sygnały kłopotów żołądkowych, przypisując wszystko ząbkowaniu. Twoje maleństwo może mieć luźniejsze stolce podczas ząbkowania, jednak nie zapomnij skonsultować się z lekarzem w przypadku każdego rozwolnienia, które powtarza się przy dwóch wypróżnieniach.

Lekka gorączka. Pediatrzy niechętnie uznają związek między gorączką a ząbkowaniem (tak jak w przypadku biegunki). Eksperci uważają gorączkę towarzyszącą ząbkowaniu za czysty zbieg okoliczności. Pierwsze ząbki pojawiają się około szóstego miesiąca, czyli w tym samym czasie, kiedy niemowlęta przestają czerpać przeciwciała z mleka matki, przez co stają się bardziej podatne na gorączkę i infekcje. Jednakże niektórzy przyznają, że niewysoka temperatura (poniżej 38°C mierzona w odbycie) może czasami towarzyszyć ząbkowaniu w wyniku zapalenia dziąseł. Postępuj tak jak w przypadku lekko podwyższonej temperatury. Skontaktuj się z lekarzem, jeśli gorączka trwa dłużej niż trzy dni.

Niespokojny sen. Ząbkowanie trwa nie tylko w dzień. Rozdrażnienie, które sprawia, że dziecko jest niespokojne w ciągu dnia, uniemożliwia mu także sen. Maluch, który potrafił już przespać całą noc, zacznie się budzić kilkakrotnie w ciągu nocy. Aby nie utrwalać nowego nawyku, nie biegnij do niego natychmiast, jak tylko zapłacze. Poczekaj, aż uspokoi się sam. A jeśli nie potrafi, postaraj się go udobruchać bez karmienia (na przykład śpiewając kołysanki czy lekko poklepując). Niespokojny sen, tak jak i inne problemy związane z ząbkowaniem, pojawiają się przy wyrzynaniu pierwszych ząbków i zębów trzonowych.

Krwiaki dziąseł. Czasami ząbkowanie wywołuje krwawienie pod powierzchnią dziąseł. Wygląda ono jak niebieskawe zgrubienia. Te wylewy nie powinny wzbudzać niepokoju. Lekarze nie zalecają żadnych specjalnych zabiegów medycznych. Możesz stosować zimne kompresy, aby ulżyć dziecku i spowodować szybsze zniknięcie krwiaków.

Pociąganie uszka, pocieranie policzka. Ból dziąseł może przenieść się wzdłuż nerwów na uszy i policzki, zwłaszcza przy wyrzynaniu zębów trzonowych. Dlatego niektóre ząbkujące dzieci pociągają się za uszko lub pocierają policzek. Pamiętaj, że dzieci tak samo zachowują się w przypadku zapalenia ucha. Jeśli podejrzewasz zapalenie ucha (patrz str. 496), skontaktuj się z lekarzem, niezależnie od tego, czy dziecko ząbkuje czy nie.

Domowych sposobów na łagodzenie bólu ząbkowania jest tyle, ile babć na świecie. Jedne są skuteczne, inne nie. Oto, co najlepszego mają do zaoferowania zarówno nowoczesna medycyna, jak i doświadczone babcie:

Coś do pogryzania. Nie ze względu na wartości odżywcze, ale ulgę, jaką przynosi ucisk na dziąsła. Zwłaszcza jeśli to coś jest lodowato zimne. Schłodzony kawałek bułki (po wprowadzeniu pszenicy), zimny banan (którym niestety niemowlę nabrudzi), kostka lodu zawinięta w mocno związany, czysty kawałek materiału (przypilnuj, by nie wypadła z zawiniątka), zimna marchewka (zanim pojawią się ząbki, którymi dziecko mogłoby odgryźć kawałek i zadławić się), jakikolwiek gryzaczek (są takie, które można schładzać w lodówce), a nawet plastikowa poręcz kojca czy łóżeczka świetnie nadają się do pogryzania. Jeżeli ząbkującemu maluchowi podajesz coś jadalnego, dopilnuj, aby siedział, i bądź przy nim przez cały czas.

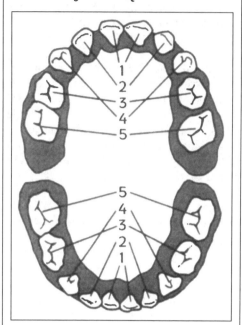

Kolejność ząbkowania

Ilustracja przedstawia standardową kolejność ząbkowania. Choć ząbki u większości dzieci wyrzynają się w książkowej kolejności, zdarzają się wyjątki, na przykład najpierw wychodzą górne ząbki, a dopiero potem dolne. Bardzo rzadko się zdarza, że ząb lub para zębów w ogóle nie wyrasta. Jeśli dotyczy to twego dziecka, lekarz prawdopodobnie skieruje cię do stomatologa dziecięcego. Gdy dziecko ząbkuje wcześnie (lub późno), prawdopodobnie tak samo wcześnie (lub późno) straci mleczne zęby i wyrosną mu stałe.

Coś do pocierania. Wielu dzieciom przynosi ulgę masowanie dziąseł. Niektóre będą protestować, ponieważ pocieranie może na początku boleć, potem uspokoją się, kiedy poczują ulgę spowodowaną uciskiem na dziąsła.

Coś zimnego do picia. Podaj dziecku butelkę lodowatej wody. Jeśli nie pije już z butelki, podaj wodę w kubeczku, usuwając kawałeczki lodu. W ten sposób jednocześnie uzupełniasz ilość płynów, które dziecko traci, śliniąc się lub przez luźne stolce.

Coś zimnego do jedzenia. Mocno schłodzone przetarte jabłko, brzoskwinia, jogurt na pewno znajdą większe uznanie u ząbkującego dziecka niż podawane w temperaturze pokojowej lub podgrzane.

Coś na złagodzenie bólu. Jeżeli inne sposoby zawiodą, powinien pomóc paracetamol. Zapytaj lekarza, jaka jest odpowiednia dawka, a jeśli nie zdołasz się z nim skontaktować, sprawdź na opakowaniu. Możesz też zastosować zalecany przez lekarza środek działający miejscowo. Unikaj podawania innych lekarstw lub wcierania czegokolwiek w dziąsła dziecka, jeżeli nie zalecił tego lekarz. Ten zakaz dotyczy także alkoholu. Alkohol, nawet w niewielkich ilościach, jest niebezpieczną trucizną.

CHRONICZNY KASZEL

Trzy tygodnie temu moje dziecko zaczęło pokasływać. Synek nie jest przeziębiony, nie kaszle też przez sen i wydaje mi się wręcz, że kaszle specjalnie. Czy to możliwe?

Niektóre maluchy już w piątym miesiącu życia uświadamiają sobie, że świat to scena i nie ma nic wspanialszego niż zachwycona widownia. Więc kiedy maleństwo odkrywa, że pokasływanie – wywołane nadmiarem śliny lub eksperymentowaniem z dźwiękami – przyciąga uwagę, kaszle stale, żeby wywołać ten efekt. Jeśli jest zdrowe i pokasłuje wtedy, kiedy jemu to odpowiada, zignoruj kaszel. Prawdopodobnie przestanie zwracać na siebie w ten sposób uwagę, gdy i on, i widownia znudzą się przedstawieniem. Co nie oznacza, że w przyszłości nie zostanie gwiazdą teatrzyku szkolnego.

POCIĄGANIE UCHA

Moja córeczka ciągle pociąga się za uszko. Chyba jej to nie boli, ale zastanawiam się, czy to nie oznacza zapalenia ucha.

Niemowlęta mają tak wiele do odkrycia. Część tego nie znanego terytorium stanowi ich własne ciało. Paluszki, ręce, palce u nóg, nogi, penis, a także inne dziwne miejsca, na przykład ucho, wcześniej czy później staną się przedmiotem odkrywczych wypraw. Jeśli pociąganiu ucha nie towarzyszy płacz, rozdrażnienie, gorączka lub inne objawy choroby (patrz str. 496), oznacza to zwykłą ciekawość, a nie zapalenie ucha. U niektórych niemowląt pociąganie się za ucho towarzyszy ząbkowaniu lub uczuciu zmęczenia. Zaczerwienienie okolicy ucha nie jest sygnałem infekcji, a jedynie wynikiem ciągłego manipulowania. Jeśli jednak masz jakiekolwiek podstawy, by podejrzewać chorobę, skonsultuj się z lekarzem. Rozmaite nawyki, na przykład pociąganie się za ucho, są bardzo częste, lecz krótkotrwałe. Kiedy maluch powoli nudzi się i wyrasta z nich, w ich miejsce pojawiają się nowe.

DRZEMKI

Mój synek nie śpi przez większą część dnia. Nie jestem pewna (i nie wiem, czy on to wie), ile razy w ciągu dnia powinien spać.

To nieuniknione. W pierwszych tygodniach po powrocie ze szpitala dumni rodzice niecierpliwie wyczekują okazji do wykazania się aktywnym rodzicielstwem. Godzinami wyczekują przy łóżeczku niemowlęcia, aż przebudzi się ono z nie kończącego się snu. A potem, kiedy maleństwo coraz więcej czasu spędza na czuwaniu, zaczynają się zastanawiać, dlaczego ono w ogóle nie śpi. Chociaż typowe pięciomiesięczne dziecko sypia 3 lub 4 razy dziennie po godzinie, niektórym wystarcza do szczęścia 5 albo 6 dwudziestominutowych drzemek dziennie, innym dwie dłuższe: półtora-, dwugodzinne. Liczba i długość drzemek nie jest istotna. Liczy się czas, kiedy dziecko ma zamknięte oczy, w sumie około 14 i 1/2 godziny na dobę.

Dłuższe okresy snu są bardziej praktyczne dla ciebie (czego na pewno nie trzeba ci przypominać), ponieważ możesz zrobić więcej w domu. A dziecko, które przysypia na krótko w ciągu dnia, będzie najprawdopodobniej tak samo lekko spać w nocy i często się budzić.

Spróbuj zachęcać maleństwo do dłuższego snu, stosując następujące metody:

- Miejsce do drzemki powinno być wygodne. Nie pozwól małemu zasypiać u ciebie na rękach. Tobie ścierpnie ramię, a synek nie pośpi za długo. Lepsze jest łóżeczko, wózek głęboki lub spacerowy.

- Temperatura w pokoju nie może być zbyt wysoka ani zbyt niska, ubranie odpowiednie. Dziecko powinno być przykryte.

- Nie pozwalaj dziecku zasnąć przed karmieniem (pusty żołądek obudzi je za wcześnie), przed przewinięciem (nie zaśnie z mokrą pieluchą), w hałasie, w towarzystwie, kiedy wiesz, że wkrótce coś mu przeszkodzi.

- Unikaj tego, co może obudzić dziecko. Szybko zorientujesz się, co przerywa sen twojego maleństwa. Może będzie to wjazd wózkiem do sklepu, przenoszenie z krzesełka w samochodzie do łóżeczka, szczekanie psa, telefon itd. Eliminując te przeszkody, możesz umożliwić małemu dłuższy sen – oczywiście nie zwalczaj wszystkich odgłosów, bo i tak nie będziesz w stanie całkowicie wygłuszyć otoczenia!

- Przetrzymaj malucha dłużej między drzemkami. Pięciomiesięczne dziecko jest już w stanie wytrzymać bez snu 3 i 1/2 godziny, a po takiej przerwie pewno pośpi dłużej. Wypróbuj pomysły ze str. 220 i 331 i na pobudzenie dziecka do aktywności.

Chociaż większość dzieci sama ustala rytm spania i czuwania, nie każde dziecko śpi tak długo, jak powinno. Jeśli twój synek często jest niespokojny, może to znaczyć, że za mało śpi. Jeśli tak jest, spróbuj przedłużyć mu czas snu. A jeśli śpi bardzo krótko i pomimo to wydaje się zadowolony, będziesz musiała pogodzić się z faktem, że jest jednym z tych niemowląt, które śpią jak zając.

SKAZA

U mojej córeczki pojawiły się szorstkie, suche rumieńce na policzkach. Muszą ją bardzo swędzić, bo próbuje się drapać.

Wygląda to na klasyczny przypadek skazy dziecięcej, zwanej atopowym zapaleniem skóry. Uważa się, że stanowi on reakcję alergiczną i choć u niektórych noworodków występuje w chwili narodzin, zwykle pojawia się między drugim a szóstym miesiącem. Często ujawnia się w momencie wprowadzania nowych pokarmów lub przechodzenia z piersi na butelkę czy z mieszanki mlecznej na mleko krowie (po ukończeniu przez dziecko pierwszego roku życia). Rzadko występuje u dzieci karmionych wyłącznie piersią, często zdarza się niemowlętom z rodzin, w których notowano przypadki skazy, astmy, kataru siennego. U niemowląt karmionych mieszanką występuje najczęściej około trzeciego miesiąca życia.

Jaskrawoczerwona wysypka pojawia się na policzkach, potem za uszami, na szyi i nogach (około 6–8 miesiąca także w pachwinach). Małe krostki wypełnione płynem pękają i zasychają. Swędzenie powoduje, że dzieci się drapią, a to może doprowadzić do infekcji. Jedynie łagodne, samoistnie ustępujące przypadki nie wymagają leczenia. Pozostałe muszą być leczone, aby uniknąć powikłań.

U około 50% dzieci skaza zanika po osiemnastym miesiącu życia, u pozostałych staje się mniej dokuczliwa po ukończeniu trzeciego roku życia. Około jednej trzeciej dzieci ze skazą zachoruje na astmę lub inne choroby alergiczne.

Pielęgnując dziecko ze skazą, pamiętaj o następujących rzeczach:

Obcinanie paznokci. Zmniejszysz rany wywołane drapaniem. Możesz także zakładać dziecku na noc na rączki skarpetki lub rękawiczki.

Krótkie kąpiele. Woda i mydło powodują wysuszanie skóry. Kąpiele nie powinny być dłuższe niż 10–15 minut, trzy razy w tygodniu, przy użyciu bardzo delikatnych mydełek. Nie mocz dziecka w wodzie z płynem do kąpieli, a po umyciu zastosuj odpowiedni dla dziecka środek nawilżający. Jeżeli skaza pogorszy się po kontakcie ze słoną czy chlorowaną wodą, należy ograniczyć kąpiele w basenie czy w morzu.

Nawilżanie skóry. Po kąpieli na mokrą skórę nakładaj grubą warstwę hipoalergicznego kremu, który poleci lekarz. Nie używaj tłuszczów roślinnych, olejów ani wazeliny.

Obserwacja otoczenia. Skazę nasila przegrzanie, wyziębienie, suche powietrze. Nie wychodź z dzieckiem, gdy jest bardzo gorąco lub bardzo zimno. Utrzymuj w domu umiarkowaną temperaturę, powietrze nawilżaj nawilżaczem.

Używanie ubranek z bawełny. Unikaj włókien sztucznych, wełny, przegrzania, ponieważ pot podrażnia chorą skórę. Nie ubieraj dziecka w szorstkie, sztywne rzeczy z wystającymi szwami, bo mogą one pogorszyć stan skóry. Najlepsze będą luźne ubranka z bawełny. Kiedy córeczka bawi się na dywanie, podłóż jej prześcieradło, ponieważ dywan może również podrażniać skórę.

Kontrolowanie diety. Po konsultacji z lekarzem wyeliminuj pokarmy, które wywołują wyprysk lub pogarszają stan skóry.

Podjęcie leczenia. Skaza, która pojawia się i znika w niemowlęctwie, zwykle nie wywołuje niekorzystnych skutków. Jeśli choroba trwa dłużej, skóra może stać się szorstka, odbarwiona, popękana. Dlatego istotne jest leczenie, które najczęściej polega na smarowaniu maściami steroidowymi (albo nowszymi niesteroidowymi maściami czy kremami dla dzieci powyżej drugiego roku życia), podawaniu leków antyhistaminowych łagodzących swędzenie i antybiotyków w przypadku wtórnej infekcji.

NOSIDEŁKO NA PLECACH

Noszę synka w nosidełku na piersi, ale powoli robi się za ciężki. Czy nosidełko na plecy jest bezpieczne?

Kiedy twoje dziecko potrafi już siedzieć, choćby przez chwilę, można pomyśleć o nosidełku na plecy. Oczywiście, jeżeli obojgu wam to odpowiada. Niektórzy rodzice uważają, że noszenie dziecka na plecach jest wygodne, inni narzekają na niewygodę i ból ramion. Niektóre dzieci uwielbiają oglądać świat z wysokości nosidełka, inne cierpią na lęk wysokości.

Jeśli chcesz sprawdzić siebie i dziecko, pożycz nosidełko od koleżanki lub wypróbuj je w sklepie, zanim zdecydujesz się na kupno. Zawsze kiedy nosisz dziecko na plecach, upewnij się, czy jest dobrze przypięte. Musisz zdawać sobie sprawę, że ta pozycja umożliwi maluchowi robienie różnych rzeczy za twoimi plecami – może sięgać do półek sklepowych, zrywać i zjadać liście z krzewów, obok których przechodzisz. Pamiętaj, że mając na plecach nosidełko, musisz inaczej odmierzać odległości, zwłaszcza kiedy wchodzisz do windy lub przez niskie drzwi.

„ŻYCZLIWE UWAGI"

Zawsze, kiedy wychodzę z moim synkiem, muszę wysłuchiwać uwag zupełnie obcych ludzi, że jest zbyt lekko ubrany, co robić w trakcie ząbkowania, jak sprawić, żeby przestał płakać. Jak mam radzić sobie z tymi „poradami"?

Wszyscy wokół myślą, że najlepiej potrafią wychowywać dziecko i wiedzą więcej niż mama i tato danego niemowlęcia. Każdemu wyjściu z wózkiem akompaniują liczne porady doświadczonych przechodniów. Oczywiście, niekiedy otrzymasz cenne rady od tych wszystkowiedzących osób, jednak, tak na wszelki wypadek, puść w niepamięć wszelkie zasłyszane informacje. Można przygotować sobie ripostę, która zakończy rozmowę („Dziecko samo mi da znać, czy nie jest mu za zimno"). Możesz przez kwadrans udowadniać wyższość własnych metod („Cóż, najnowsze badania wykazują, że niemowlęcia nie trzeba wcale ubierać cieplej niż samego siebie"). Najmądrzej jednak postąpisz, przyklejając do buzi uśmiech, mówiąc krótko „dziękuję" i szybko się oddalając. Doradcy będą zadowoleni, że spełnili dobry uczynek („Jeszcze jedno dziecko uratowane przed marznięciem!"), a ty niczego nie tracisz. Jeśli któraś z tych rad wyda ci się sensowna, zapytaj o to pediatrę albo zasięgnij informacji z pewnego źródła.

PICIE Z KUBECZKA

Nie karmię córeczki butelką. Pediatra powiedział, że mogę już podawać jej sok. Czy nie jest za wcześnie na picie z kubka?

Nieważne, czy mała zacznie pić z kubka w piątym, dziesiątym czy osiemnastym miesiącu. Istotne jest, że w końcu z niego będzie pić wszystkie płyny. Jednak wczesne przestawienie z butelki na kubek niesie wiele korzyści. Po pierwsze, twoja córeczka nauczy się, że smoczek i pierś nie są jedynymi dostarczycielami płynów, co w przyszłości ułatwi przejście na picie wyłącznie z kubka. Po drugie, w kubku łatwiej jest podawać wodę, soki, a po roku także mleko, kiedy matka nie może karmić piersią, a butelki nie ma pod ręką. Inną korzyścią wynikającą z wczesnej nauki picia z kubeczka jest fakt, że pięciomiesięczne niemowlę łatwo kształtować, gdyż jest ono otwarte na nowe doświadczenia. Spróbuj poczekać do ukończenia pierwszego roku, a napotkasz zdecydowany opór. Mała będzie uparcie forsować własne zdanie. Picie z kubeczka będzie dla niej oznaczało rezygnację z piersi lub butelki. Nawet jeśli zaakceptuje kubek, dużo czasu upłynie, zanim nauczy się z niego pić. Tygodnie miną, zanim będzie potrafiła wypić znaczną ilość płynu, co przedłuży czas ostatecznego zerwania ze smoczkiem czy piersią. Żeby ułatwić sobie to zadanie, skorzystaj z następujących wskazówek:

Bezpieczne używanie kubka z dzióbkiem

Jego fani (rodzice albo ich uzależnione dzieci) twierdzą, że nie wynaleziono nic lepszego od czasu zapięć na rzepy. Ot, kubek z dzióbkiem o niewinnym wyglądzie, ale długiej liście zalet: ponieważ prawie nic się z niego nie wylewa, a on sam jest nietłukący, ominie cię rozpacz nad wylanym mlekiem czy sokiem, mniej jest sprzątania oraz prania. W przeciwieństwie do innych kubków można go używać w samochodzie, podczas zabawy, w wózku, a nawet (uwaga, zapracowani rodzice!) bez nadzorowania dziecka.

Niestety, w trakcie badań odkryto też kilka wad. Ponieważ w sposobie picia bardziej przypomina butelkę ze smoczkiem niż normalny kubeczek (płyn wypływa wolniej, więc dłużej przebywa w buzi i działa na ząbki), ciągłe stosowanie potencjalnie grozi próchnicą – zwłaszcza jeśli dziecko pije z takiego kubka między posiłkami i myciem ząbków (a często tak się dzieje), a jeszcze częściej, gdy malec ma taki kubek do dyspozycji przez cały dzień. Stale używany kubeczek może być siedliskiem bakterii (zwłaszcza gdy dziecko szczególnie upatrzy sobie jeden kubek, więc nie jest on za często myty, lub gdy kubek ląduje na stercie zabawek, a drugiego dnia ponownie wita się z buzią małego właściciela). Kolejna uwaga: zarówno malec cały czas popijający soczek z butelki, jak i jego rówieśnik z całodziennym dostępem do kubeczka z dzióbkiem wypełnionego soczkiem, często oszukują piciem apetyt, przyjmując za dużo zbędnych kalorii i/lub cierpią na przewlekłe biegunki. Zauważono również, że dzieci pijące wyłącznie z kubków z dzióbkiem zaczynają mówić z opóźnieniem bądź mają wady wymowy. Na tej podstawie przypuszcza się, że picie z takiego kubeczka, w przeciwieństwie do normalnego kubka lub ze słomki, nie rozwija mięśni twarzy, jednak do potwierdzenia tej teorii potrzebne będą dalsze badania. Na razie trzeba się jednak zastanowić, czy warto ryzykować.

Tak czy inaczej, kubki z dzióbkiem stanowią doskonały łącznik umożliwiający łagodne przejście z ssania piersi czy picia z butelki na zwykłe kubki. Zapewniają mniejszy bałagan i niezaprzeczalnie większą wygodę w podróży. Aby wyeliminować potencjalne niekorzystne skutki towarzyszące korzyściom, postępuj zgodnie z poniższymi wskazówkami:

- Nie zaczynaj od kubka z dzióbkiem. Zanim taki kubek trafi w rączki dziecka, maluch powinien być w trakcie nauki trudnej sztuki zaspokajania pragnienia za pomocą zwykłego kubeczka. Potem używaj obu.

- Ograniczaj korzystanie z kubka z dzióbkiem podczas jedzenia posiłków czy przekąsek. Nie pozwól malcowi brać go wszędzie ze sobą w domu czy na placu zabaw, a w samochodzie czy wózku dawaj mu pić z różnych kubków. Takie ograniczenia chronią ząbki, zapobiegają przyszłym problemom z mówieniem, piciu za dużych ilości soczków.

- Kup kilka sztuk. Dzieci miewają swoje ulubione kubeczki i ciągle się ich domagają. Aby zawsze mieć czyste naczynie pod ręką, kup kilka takich, jakie dziecko najbardziej lubi.

- Nalewaj wody. Jeśli kubeczek z dzióbkiem używany jest raczej jako coś do uspokojenia się (tak jak bywa to z butelką), nie odmawiaj go dziecku, lecz napełnij wodą zamiast sokiem. Zapobiegniesz kilku problemom przypisywanym piciu z tego naczynia.

- Wiedz, kiedy przestać. Odstaw kubek z dzióbkiem, gdy dziecko zacznie prawidłowo pić z normalnego kubka.

Poczekaj, aż mała będzie pewnie siedzieć, nawet z podparciem. Nawet dwumiesięczne dziecko może zacząć pić z kubeczka, pod warunkiem że potrafi już siedzieć, nawet z podparciem – nie grozi mu wówczas zachłyśnięcie.

Wybierz bezpieczny kubek. Nawet jeśli przytrzymujesz kubek, dziecko może ci go wytrącić. Używaj kubków, które się nie tłuką. Na początku idealny będzie kubeczek z obciążonym dnem, gdyż nie wywraca się łatwo. Naczynia papierowe i plastykowe, choć nietłukące, nie nadają się do nauki, ponieważ, ku wielkiej radości dzieci, można je zgniatać.

Wybierz odpowiedni kubek. Dzieci preferują różne kubki, czasem będziesz musiała wypróbować kilka, zanim trafisz na właściwy. Niektóre maluchy lubią kubki z jednym lub dwoma uchwytami, a inne bez. (Jeżeli kubeczek bez uszek wyślizguje się z rączek, owiń go plastrem, który zmienisz, gdy się zabrudzi.) Kubki z pokrywką i dzióbkiem (patrz str. 298) teoretycznie stanowią etap przejściowy między ssaniem a „dorosłym" popijaniem, zwłaszcza dla dzieci przyzwyczajonych do smoczka. Ale niektóre maluchy nie akceptują takich kubków, ponieważ trudno z nich pić. A może wolą takie, z jakich piją rodzice. Więc chociaż przy użyciu kubka z dzióbkiem początkowo mniej będzie rozlewania płynów, w końcu przyjdzie czas na picie bez przykrywki i nauka rozpocznie się na nowo.

Chroń ubranie dziecka i twoje. Uczenie dziecka korzystania z kubka pociągnie za sobą pewne ofiary, przez dłuższy czas więcej płynów spłynie po brodzie niż do gardła. Zanim twoja pociecha nauczy się pić, owijaj ją dużym, dobrze wchłaniającym lub wodoodpornym śliniakiem. Jeśli sadzasz ją sobie na kolanach, okryj się nieprzemakalnym fartuchem.

Posadź dziecko wygodnie. Najbezpieczniej będzie niemowlęciu na twoich kolanach, w foteliku lub na wysokim krzesełku.

Napełnij kubek odpowiednim płynem. Najlepiej zacząć od wody. Kiedy dziecko lepiej opanuje picie z kubeczka, możesz przejść na odciągnięty pokarm lub mieszankę mleczną (mleko krowie nie może być wprowadzone przed pierwszym rokiem życia) czy wprowadzony już sok owocowy rozcieńczony wodą. Bierz pod uwagę upodobania dziecka. Jedne początkowo akceptują wyłącznie sok, inne tylko mleko.

Stosuj technikę łyk-po-łyku. Do kubka nalej niewielką ilość płynu. Przyłóż kubek do ust dziecka i wlej mu za każdym razem kilka kropel do ust. Odsuń kubek, by miało czas spokojnie przełknąć. Lekcję przerwij, gdy dziecko pokazuje, że ma już dość: odwraca głowę, odpycha kubek lub się wierci. Nawet przy zastosowaniu tej metody dziecko będzie wypluwać prawie wszystko, co mu podasz. Musisz ćwiczyć długo i cierpliwie, by osiągnąć rezultaty.

Zachęcaj dziecko do pomocy. Twoje maleństwo może próbować wyrywać ci kubek z ręki, komunikując: „Ja sam!" Pozwól mu próbować. Wiele małych dzieci świetnie sobie radzi. Nie martw się, jeśli wszystko rozleje, to część procesu nauki. Może także uczyć się, trzymając kubek razem z tobą.

Nie to nie. Kiedy dziecko po kilku próbach traktuje kubek z niechęcią, nawet po zastosowaniu rozmaitych sposobów i rodzajów kubeczka, nie zmuszaj go. Odłóż naukę picia na później. Kiedy znowu podejmiesz próbę, weź kubek i oznajmij z zachwytem: „Zobacz, co mamusia dla ciebie ma!" Albo pozwól dziecku przez jakiś czas bawić się kubeczkiem jak zabawką.

ALERGIE POKARMOWE

Mój mąż i ja jesteśmy uczuleni na wiele rzeczy. Martwię się, czy nasz synek też będzie alergikiem.

Niestety, nasze dzieci dziedziczą po nas nie tylko błyszczące loki, smukłe nogi, talenty muzyczne i uzdolnienia techniczne. U dzieci alergików prawdopodobieństwo rozmaitych uczuleń wzrasta. Porozmawiaj o swoich obawach z pediatrą, a w razie potrzeby skontaktuj się z alergologiem dziecięcym.

Dziecko jest uczulone na jakąś substancję, jeśli jego układ odpornościowy produkuje odpowiednie przeciwciała. Wrażliwość może wystąpić i przy pierwszym, i przy setnym kontakcie z daną substancją. Kiedy przeciwciała ruszą do ataku, mogą wystąpić rozmaite reakcje, np. katar, łzawienie oczu, ból głowy, chrapliwy oddech, skaza, wysypka, biegunka, ból brzucha, wymioty, a w poważnych przypadkach wstrząs anafilaktyczny. Są dowody na to, że alergia może także przejawiać się w zaburzeniach w zachowaniu.

Bezpieczne żywienie dziecka

W Stanach Zjednoczonych jedną z najczęściej występujących chorób jest zatrucie pokarmowe. Temu zjawisku bardzo łatwo zapobiegać. Łatwo też unikać innych niebezpieczeństw, typu drobinki szkła. Aby mieć pewność, że robisz wszystko, co możesz, aby bezpiecznie żywić dziecko, przygotowując dla niego posiłki, przestrzegaj następujących reguł:

- Zawsze przed karmieniem dziecka myj ręce wodą i mydłem. Jeśli dotkniesz surowego mięsa, drobiu, ryby albo jajka, ponownie umyj ręce. Myj ręce po wydmuchiwaniu nosa lub dotykaniu ust. Ranki na dłoniach zaklejaj plastrem.
- Jedzenie dla dziecka – kaszki i słoiczki – przechowuj w chłodnym miejscu, z dala od bardzo wysokiej i bardzo niskiej temperatury (nie nad kuchenką ani w zimnej piwnicy).
- Wieczka słoików z odżywkami przed otwarciem przecieraj czystą ściereczką lub myj pod bieżącą wodą.
- Upewnij się, że słoik jest szczelnie zamknięty, przy otwieraniu powinnaś usłyszeć charakterystyczne kliknięcie. Niewłaściwie zamknięte słoiki zwróć do sklepu. Jeśli używasz produktów z puszek (dla dziecka czy dla kogokolwiek innego), wyrzucaj puszki cieknące, z wybrzuszonym denkiem. Nie spożywaj także zawartości puszek, w których zalewa zrobiła się mętna. (Produkty z konserw mają mniej wartości odżywczych niż mrożone i świeże i w zasadzie nie powinny być używane w żywieniu małych dzieci.)
- Jeśli masz kłopoty z otwarciem słoika, zanurz wieczko w ciepłej wodzie lub podważ je otwieraczem do butelek. Nie obstukuj go, gdyż do środka mogą się dostać drobiny szkła.
- Zawsze używaj czystego otwieracza do puszek; najlepiej czyścić go przeznaczoną do tego szczoteczką do zębów.
- Jeżeli wiesz, że dziecko nie zje całego dania, nie karm go bezpośrednio ze słoika, nie przechowuj miseczki z nie dokończonym jedzeniem do następnego razu. Enzymy i bakterie ze śliny zaczną się rozmnażać, jedzenie zrobi się wodniste i szybko będzie się psuć.
- Nałóż ze słoiczka tylko tyle, ile dziecko zje za jednym razem. Gdyby malec domagał się dokładki, użyj nowej, czystej łyżeczki do wyjmowania jedzenia ze słoika.
- Kiedy wyjmiesz porcję jedzenia ze słoiczka, zamknij go i włóż do zamrażalnika. Jeśli nie zużyjesz reszty soku czy owoców w ciągu

Alergie pokarmowe najczęściej wywoływane są przez mleko, jaja, orzeszki ziemne, pszenicę, kukurydzę, ryby, jagody, orzechy włoskie, groszek i fasolę, czekoladę i niektóre przyprawy. Niekiedy nawet niewielka ilość uczulającego pokarmu może wywołać poważną reakcję, a czasem ta sama ilość nie zaszkodzi. Dzieci często wyrastają z alergii pokarmowych, ale później stają się wrażliwe na inne substancje, np. kurz domowy, pyłki, sierść zwierząt. Nie każda negatywna reakcja na pokarm lub inne substancje oznacza alergię. W niektórych badaniach specjaliści potwierdzają istnienie uczulenia jedynie u mniej niż połowy dzieci uprzednio uznanych za alergików. Alergię można pomylić z niewydolnością enzymatyczną. Dzieci z niską aktywnością enzymu laktazy nie trawią glutenu, substancji obecnej w wielu zbożach, i dlatego wydaje się, że są uczulone na zboża. Niedojrzałość układu pokarmowego może powodować objawy takie, jak kolka niemowlęca, które mogą być uznane za symptomy alergii. U dzieci z rodzin alergicznych lekarze zalecają:

Długotrwałe karmienie piersią. U niemowląt karmionych butelką częściej występują alergie, gdyż mleko krowie bywa przyczyną reakcji alergicznych*. Jeśli to możliwe, karm dziecko piersią przez pierwszy rok życia. Im

---

* Dzieci karmione piersią mogą być uczulone na orzechy, jajka oraz białko z mleka krowiego, które to składniki otrzymują wraz z mlekiem matki (patrz str. 85 i 159.)

trzech dni, a innych pokarmów w ciągu dwóch dni, wyrzuć wszystko.

- Nie ma potrzeby podgrzewania jedzenia dla dzieci (dorośli wolą ciepłe mięso i warzywa, ale dzieci nie nabrały jeszcze takich upodobań smakowych). Jeżeli jednak chcesz to robić, podgrzewaj tylko porcję wystarczającą na jeden raz i wyrzucaj resztki, które były już raz podgrzane. Do podgrzewania nie używaj kuchenki mikrofalowej. Mimo że naczynia pozostają chłodne, zawartość gotuje się jeszcze przez kilka minut po wyjęciu z kuchenki i może poparzyć buzię dziecka. Podgrzewaj przy użyciu talerza elektrycznego lub umieszczaj szklane butelki żaroodporne w gotującej wodzie. (Talerze z podwójnym dnem, które utrzymują ciepło dzięki gorącej wodzie, nie nadają się do podgrzewania.) Sprawdzając temperaturę, wymieszaj pokarm, po czym wylej odrobinę na wewnętrzną stronę nadgarstka, nie próbuj sama łyżeczką dziecka, a jeśli to zrobisz, daj dziecku czystą łyżeczkę.

- Przygotowując jedzenie dla dziecka, pamiętaj, by wszystkie naczynia i blaty były czyste. Pokarmy przeznaczone do spożywania na zimno trzymaj w lodówce, podgrzewaj te, które mają być jedzone na ciepło. Jedzenie psuje się najszybciej w temperaturze pomiędzy 15 a 50°C, dlatego pokarmy przeznaczone dla dzieci nie powinny być trzymane w tej temperaturze dłużej niż godzinę. (Dla dorosłych bezpieczny okres wynosi około dwóch, trzech godzin.)

- Kiedy lekarz wyrazi zgodę na wprowadzenie do diety dziecka białka jaj, zawsze je gotuj. Surowe czy nie dogotowane białka mogą być siedliskiem salmonelli. (Dla świętego spokoju używaj jajek pasteryzowanych.)

- Nigdy nie karm dziecka nie pasteryzowanymi sokami, mlekiem, serami czy innymi „surowymi" produktami mlecznymi.

- Gdy tylko jest to możliwe, obieraj warzywa i owoce, chyba że pochodzą z upraw ekologicznych. Myj dokładnie wszystkie owoce i warzywa, a melony i arbuzy powinny zostać wyszorowane przed pokrojeniem na kawałeczki.

- Jeżeli próbujesz jedzenie w trakcie gotowania, za każdym razem używaj czystej łyżeczki albo myj ją po każdym próbowaniu.

- **Gdy masz wątpliwości co do świeżości jakiegoś produktu, wyrzuć go.**

- Wybierając się w podróż, zabierz zamknięte słoiczki lub odżywki w proszku (wystarczy dodać do nich czystej wody). Wszystkie otwarte słoiczki lub żywność wymagająca przechowywania w niskich temperaturach powinna być przewożona w torbie-termosie z kawałkami lodu, jeżeli do karmienia pozostało ponad godzinę. Jeśli po dotknięciu jedzenia stwierdzisz, że nie jest już ono chłodne, nie podawaj go dziecku.

później wprowadzisz mleko krowie, tym lepiej. Możesz używać mieszanki, której podstawowym składnikiem jest soja, chociaż niektóre dzieci są uczulone również na soję. Wtedy trzeba stosować mieszankę opartą na hydrolizacie białka.

Późniejsze wprowadzanie innych pokarmów. Obecnie uważa się, że im później wprowadzamy do diety dziecka alergen, tym mniej prawdopodobne jest wystąpienie nadwrażliwości. Dlatego nie rozszerzaj jadłospisu dziecka przed piątym, szóstym miesiącem, a niekiedy nawet później.

Ostrożniejsze wprowadzanie nowych pokarmów. Rozsądek dyktuje wprowadzanie nowych pokarmów po jednym naraz. U dzieci alergicznych jest to szczególnie ważne. Możliwe, że będziesz musiała podawać nowy pokarm przez cały tydzień przed wprowadzeniem kolejnego. Jeżeli wystąpi niepożądana reakcja, na przykład luźny stolec, gazy, podrażnienie skóry (również w okolicy pupy), obfite wymioty, trudności w oddychaniu, wodnisty katar, natychmiast przerwij podawanie danego pokarmu. Próbę możesz ponowić dopiero po kilku tygodniach.

Rozpoczynanie od pokarmów mniej alergizujących. Kleik ryżowy, najrzadziej wywołujący uczulenie, jest zalecany jako pierwszy pokarm podawany łyżeczką. Płatki jęczmienne i owsiane są mniej alergizujące niż pszenica i kukurydza. Owoce i warzywa z reguły nie wywołują niepożądanych reakcji,

Zasady zachowania bezpieczeństwa w wysokich krzesełkach

Karmienie dziecka w bezpieczny sposób nie oznacza jedynie stopniowego wprowadzania nowych pokarmów i skrupulatnego unikania zatruć pokarmowych. Faktycznie bezpieczne karmienie dziecka rozpoczyna się, zanim do buzi trafi pierwsza łyżeczka. Przestrzegaj niżej podanych zasad zachowania bezpieczeństwa przy posiłkach.

Wszystkie rodzaje krzesełek

- Nigdy nie zostawiaj dziecka w wysokim krzesełku bez opieki. Przygotuj sobie jedzenie, śliniak, serwetki, naczynia i wszystkie inne rzeczy potrzebne do karmienia, tak byś nie musiała zostawiać malucha samego, żeby coś przynieść.
- Zawsze zapinaj wszystkie szelki i paski, nawet gdy dziecko jest za małe, by wyjść z krzesełka. Nie zapominaj o zapięciu paska między nóżkami, by dziecko nie ześlizgnęło się w dół. (Nowsze modele krzesełek są często wyposażone w prowadnice na nóżki, aby dziecko się nie wyślizgnęło – nigdy jednak nie zapominaj o przypięciu paska, który uniemożliwi malcowi wyjście górą.)
- Krzesełko i blat powinny zawsze być czyste (myj je detergentem lub wodą z mydłem i starannie płucz), dzieci bez zastanowienia wkładają do buzi i przeżuwają resztki poprzedniego posiłku.

Wysokie krzesełko i niski stolik

- Upewnij się, że wysuwane blaty są bezpiecznie umocowane, gdyby były nie zabezpieczone, ruchliwe i nie zapięte, dziecko mogłoby wypaść główką w dół.

- Sprawdź, czy składane krzesełko jest odpowiednio zablokowane i nie złoży się nagle, przyskrzyniając malucha.
- Ustaw krzesełko z daleka od stołu, lady, ścian i innych powierzchni, od których dziecko mogłoby się odepchnąć i przewrócić razem z krzesełkiem.
- Uważaj na paluszki dziecka, gdy zamocowujesz lub zdejmujesz blat.

Przykręcane siedzenia

- Przykręcaj je tylko do stabilnych stołów, drewnianych lub metalowych, nie przykręcaj ich do stołów szklanych, z obluzowanymi blatami, stołów na jednej nodze, stolików karcianych czy składanych stolików turystycznych.
- Jeśli dziecko siedzące w przykręcanym krzesełku może kołysać stołem, nie jest on wystarczająco stabilny, nie przykręcaj więc do niego siedzenia.
- Unikaj mat i obrusów, które powodują, że krzesełko słabiej się trzyma.
- Zanim posadzisz dziecko w krzesełku, upewnij się, że wszystkie zamki, zapinki i klamry są zapięte, zawsze wyjmuj malucha, zanim je rozepniesz. Zawsze sprawdzaj, czy klamry są czyste i dobrze działają.
- Nie podkładaj krzesła ani innych przedmiotów, żeby zabezpieczyć dziecko przed ewentualnym upadkiem. Nie przykręcaj krzesełka przy nodze stołu, dziecko może się od niej odepchnąć i wywrócić siedzenie. Nie pozwalaj, by pod krzesełkiem, na którym siedzi maluszek, znajdował się pies lub starsze dziecko, oni też mogą je wywrócić.

---

wstrzymaj się jednak z podawaniem owoców jagodowych, pomidorów, fasolki oraz groszku. Inne bardzo alergizujące pokarmy, takie jak orzechy włoskie, orzeszki ziemne, niektóre przyprawy i czekolada, i tak nie są odpowiednie dla dzieci, które nie ukończyły drugiego roku życia.

Diety eliminacyjne i specjalne diety płynne są używane w celach diagnostycznych, bywają skomplikowane i długotrwałe. Testy skórne nie zawsze są dokładne, mogą wykazać alergię na pokarm, choć po jego zjedzeniu nie występuje żadna reakcja. Testy wykonywane na próbkach krwi są jeszcze mniej dokładne i wyjątkowo kosztowne.

Na szczęście większość dzieci wyrasta z alergii (niestety, często utrzymują się alergie pokarmowe, na przykład na orzechy, skorupiaki czy ryby). Nawet jeśli teraz twoje dziecko jest uczulone na mleko czy pszenicę, za parę lat, a może jeszcze wcześniej, prawdopodobnie z tego wyrośnie. (Może też nastąpić zmiana reakcji alergicznej, np. z układu pokarmowego na układ oddechowy – przyp. red. nauk.)

WYSOKIE KRZESEŁKO

Dotąd karmiłam córeczkę na kolanach, ale robi się to niewygodne. Czy mogę już używać wysokiego krzesełka?

Nie istnieje idealny sposób karmienia dziecka (przez wiele miesięcy każdemu waszemu posiłkowi towarzyszyć będzie rolka papierowych ręczników). Karmienie malca siedzącego na kolanach mamy czy taty to trudna sztuka, zwykle zostają po nim plamy na ubraniu. Wysokie krzesełko zdecydowanie ułatwia karmienie, możliwe nawet, że mniej się ubrudzicie. Na początku możesz karmić małą w foteliku (dobrze ją przypnij i cały czas pilnuj). Kiedy nauczy się już pewnie siedzieć, przyda się wysokie krzesełko. Na stronie 286 znajdziesz porady, co zrobić, by dziecko nie opadało do przodu, nie wypadało i nie wyślizgiwało się, natomiast na stronie 302 – wskazówki, jak bezpiecznie korzystać z takiego mebelka.

CHODZIKI

Moją córeczkę złości to, że nie potrafi poruszać się po pokoju. Nie podoba jej się leżenie w łóżeczku, nie chce siedzieć na leżaczku, a ja nie mam ochoty nosić jej przez cały dzień. Czy jest jeszcze za wcześnie na chodzik?

Życie może być bardzo frustrujące, gdy stanąłeś już na nogi, a nie możesz nigdzie pójść (przynajmniej bez pomocy któregoś z rodziców). Rozpacz sięga zenitu, kiedy dziecko potrafi już pewnie siedzieć, ale nie umie się poruszać (czołgając się, raczkując lub w jakiś inny sposób). Jeszcze do niedawna rodzice kupowali po prostu chodzik – krzesełko umieszczone przy stoliku, którego nóżki zaopatrzone są w kółka. Ponieważ jednak okazało się, że chodziki są każdego roku przyczyną tysięcy kontuzji wymagających opieki medycznej oraz kolejnych tysięcy mniej poważnych tarapatów, nie poleca się już ich stosowania. Amerykańska Akademia Pediatrii zwróciła się wręcz o wydanie zakazu sprzedaży i produkcji wszelkich chodzików. (Jeśli jednak chcesz z nich korzystać, przeczytaj ramkę ze strony 304.)

Nieco bezpieczniejszym wyborem będzie „chodzik stacjonarny", czyli miejsce zabawy, w którym dziecko siedzi, otoczone blacikiem z różnymi zabawkami. Jednak on też jest obarczony wadami. Po pierwsze, dzieci pragnące przemieścić się z punktu A do punktu B bez pomocy rodziców wcale nie poczują się szczęśliwsze w „chodziku" uniemożliwiającym chodzenie. Jeszcze bardziej zirytują się, gdy siedząc w takim niby-chodziku, będą kręcić się tylko wokół blatu – w ten sposób odkryją smutny fakt: pomimo że ciało się porusza, nie można nigdzie dotrzeć. Co więcej, niektóre badania wykazują, że wszelkie rodzaje chodzików, używane zbyt często, przyczyniają się do opóźnień w rozwoju. Dzieci spędzające dużo czasu w chodziku później zaczynają samodzielnie siadać, raczkować czy chodzić. I nic w tym dziwnego, gdyż niemowlę „uwięzione" w takim urządzonku (także w foteliku dla niemowląt, huśtawce itp.) nie ma za dużo okazji do ćwiczenia odpowiednich mięśni. Inne mięśnie są bowiem używane podczas stania w chodziku, a inne – do stania samodzielnego. Ponieważ malec chodząc za pomocą siedzonka na kółkach nie widzi swych stóp, nie wie, co ma uczynić jego ciałko, by mógł się przemieszczać (bardzo ważny element nauki chodzenia). Co więcej, „skazany na chodzik" nie opanuje sztuki utrzymywania równowagi i radzenia sobie po upadku – a to również kluczowe umiejętności do przyszłego samodzielnego chodzenia.

Jeśli jednak zdecydujesz się używać stacjonarnego chodzika, staraj się przestrzegać następujących zasad:

Niech dziecko wypróbuje chodzik. Najlepszym sposobem sprawdzenia, czy dziecko jest już gotowe na chodzik, będzie próba u znajomych lub w sklepie. Jeśli malec wygląda na zadowolonego i nie garbi się żałośnie, to znaczy że może już być umieszczony w chodziku.

Jak zmniejszyć ryzyko związane ze stosowaniem chodzika

Chodzik bywa niebezpieczny oraz może zakłócić prawidłowy rozwój dziecka (patrz str. 303). Wbrew pozorom nie da ci on wcale więcej wolności – musisz przebywać w pobliżu chodzika, gdy jest w nim twój maluch. Dla zachowania bezpieczeństwa powinnaś także:

Używać chodzika spełniającego wymogi bezpieczeństwa. Amerykańskie chodziki wykonane po 30 czerwca 1997 roku są szersze niż dziewięćdziesięciocentymetrowe przejście w drzwiach lub są wyposażone w rodzaj hamulca bezpieczeństwa, unieruchamiającego chodzik w chwili, gdy jedno z kółek znajdzie się niżej od pozostałych (jak na przykład na początku schodów). Nie kupuj innego chodzika.

Zabezpieczyć wnętrza, po których dziecko będzie się poruszać. Niemal wszystkie zagrożenia czyhające na raczkujące lub chodzące dziecko dotyczą także malucha w chodziku. Jedno odepchnięcie się od ściany i kilka szybkich kroków, a malec już jest na drugim końcu pokoju, za drzwiami czy na dole schodów. Nawet jeśli twoja pociecha nie potrafi się jeszcze przemieszczać bez pomocy chodzika, potraktuj ją tak, jakby już posiadła tę zaszczytną umiejętność. Przeczytaj rozdział o zabezpieczeniu domu (str. 363) i przystosuj wnętrze, nim wsadzisz malca do chodzika.

Wyeliminuj niebezpieczeństwa. Najbardziej niebezpiecznym miejscem dla dziecka w chodziku jest szczyt schodów. Nie pozwól, by zbliżało się do nich, nawet jeśli są zabezpieczone specjalną bramką. Większość wypadków zdarza się, gdy nie ma tej bramki lub nie została zamknięta, czasami nie jest właściwie przymocowana do ściany. Najlepiej zrobisz, blokując przejście do schodów krzesłami lub innymi ciężkimi przedmiotami. Inne niebezpieczeństwa czyhające na dziecko w chodziku to progi między pokojami, zmiany poziomu podłoża, porozrzucane zabawki, dywaniki i inne niskie przeszkody, które mogą spowodować przechylenie się chodzika, zwisające sznurki, za które pociągając, można zrzucić na siebie jakieś przedmioty; łatwe do ściągnięcia obrusy (wszystko, co znajduje się na stole, w tym gorące potrawy, wyląduje na dziecku).

Nigdy nie zostawiaj dziecka samego. Chodzik to nie zastępca opiekunka, nie zostawiaj dziecka sam na sam z chodzikiem.

Nie pozwól dziecku przebywać w chodziku przez cały czas. Pół godziny wystarczy. Każdy malec musi spędzić jakiś czas na podłodze, ćwicząc umiejętności, które przydadzą się w nauce raczkowania, na przykład podnoszenie brzuszka z podłogi czy podciąganie się do stania przy krzesłach lub innych wysokich sprzętach. Każdy też musi mieć okazję do odkrywania otaczającego go świata przedmiotów, a także kontaktu z tobą i innymi osobami w bezpośredniej zabawie. Chodzik nigdy was nie zastąpi.

Odstaw chodzik, zanim dziecko nauczy się chodzić samodzielnie. Jak tylko maluch nauczy się poruszać w inny sposób – czołgając się lub raczkując – odstaw chodzik. Pamiętaj, że jego celem było uspokojenie maluszka, który nie był w stanie się poruszać. Zbyt długie przebywanie w chodziku nie pomoże w nauce chodzenia, może za to doprowadzić do pewnego zamieszania, ponieważ chodzenie w chodziku i chodzenie samodzielne to dwie zupełnie różne sprawy. W chodziku dziecko nie nauczy się utrzymywania równowagi i upadania, a obie te rzeczy są niezbędne przy samodzielnym chodzeniu.

KICANKI

Dostaliśmy w prezencie przyrząd do skakania, który zawiesza się we framudze drzwi. Dziecku bardzo się to skakanie podoba, a my nie wiemy, czy jest to bezpieczne.

Dzieci uwielbiają energiczne ćwiczenia na długo przedtem, zanim nauczą się samodzielnie poruszać. Dlatego lubią akrobacje, które umożliwia kicanka. Tego typu przyrządy stwarzają jednak pewne zagrożenia. Po pierwsze, niektórzy ortopedzi dziecięcy uważają, że podskakiwanie na kicance powoduje zniekształcenia kości i ścięgien. Po drugie, wielka radość ze skakania szybko przeradza się we frustrację – dziecko stara się i stara, a i tak cały czas tkwi w tym samym miejscu. Przed zamontowaniem kicanki należy sprawdzić, czy framuga jest dość szeroka. Pamiętaj, że wszystkie urządzenia i przyrządy zajmujące dziecko (huśtawka, chodzik, smoczek) służą wygodzie dziecka, a nie twojej. Jeżeli maluch wygląda na nieszczęśliwego, natychmiast wyjmij go z kicanki. I nigdy, nawet na chwilę, nie zostawiaj dziecka samego, choćby wyglądało na bardzo zadowolone.

HUŚTAWKI DLA NIEMOWLĄT

Moja córeczka jest tak zachwycona huśtawką, że chciałaby przebywać na niej godzinami. Ile czasu dziennie może się w ten sposób bawić?

Pewnie obie polubiłyście tę nową atrakcję. Córka ma zajęcie, a ty możesz oddawać się obowiązkom. Huśtawka z pewnością także uspokaja małą, gdy nic innego uspokoić jej nie może.

Ale choć huśtanie jest miłe dla dziecka, a wygodne dla ciebie, ma także swoje wady. Jeśli dziecko za dużo czasu spędza na huśtawce, nie ćwiczy innych umiejętności motorycznych, takich jak pełzanie, raczkowanie, wstawanie. Poza tym zbyt długa zabawa w pojedynkę może źle wpłynąć na wasze wzajemne kontakty: fizyczny (gdy trzymasz małą na rękach) i emocjonalny (zabawa z tobą).

Zabawa w huśtawce jest bezpieczną formą rozrywki, ale przy przestrzeganiu pewnych zasad. Po pierwsze, czas huśtania należy jednorazowo ograniczyć do 30 minut, a dziecko wsadzać do huśtawki nie częściej niż dwa razy dziennie. Po drugie, umieść huśtawkę w pokoju, w którym zazwyczaj przebywasz, i przemawiaj do dziecka. W trakcie gotowania obiadu pobaw się, na przykład w „aku-ku!", kryjąc się za ręcznikiem, sprawdzając pocztę elektroniczną, zaśpiewaj piosenkę, podejdź na chwilkę, gdy rozmawiasz przez telefon. Jeśli mała ma skłonność do zasypiania w huśtawce (czyż można ją za to winić?), przenieś ją do łóżeczka, nim zupełnie się roześpi. Nie chodzi tylko o to, aby ochronić jej główkę przed opadnięciem, ale by córeczka uczyła się zapadać w sen bez kołysania. A po trzecie, miej na uwadze poniższe reguły bezpieczeństwa:

- Zawsze przypinaj dziecko, by nie wypadło.
- Nigdy nie zostawiaj go w huśtawce bez nadzoru.
- Dziecko musi być oddalone przynajmniej o długość ręki od przedmiotów, za które mogłoby złapać, czyli na przykład od firany, lamp stojących, sznurków od zasłon, oraz od niebezpiecznych rzeczy, takich jak na przykład gniazdka elektryczne, piekarnik, ostre przybory kuchenne. Huśtawka nie powinna stać blisko ściany, szafy i innych powierzchni, od których malec byłby w stanie odbić się nóżkami.
- Kiedy dziecko przekroczy wagę dozwoloną przez producenta (zwykle między 6,50 a 9 kg), spakuj huśtawkę.

CO WARTO WIEDZIEĆ
Zagrożenia ze strony środowiska naturalnego

Naturalnym instynktem łączącym ludzi z przedstawicielami świata zwierząt jest pragnienie zapewnienia potomstwu zdrowia i bezpieczeństwa. W tym celu ptaki ścielą puchem gniazda na szczytach drzew, z daleka od drapieżników mogących pożreć ich niewyklute pisklęta. Aligatory i krokodyle grzebią jaja razem z roślinnością, która wydziela ciepło w trakcie procesu gnicia, a zatem zapewnia dobrą temperaturę w gnieździe. Pingwinie mamy i tatusiowie noszą jaja na stopach, chroniąc je przed kontaktem ze zmarzliną. Mamy niedźwiedzi, wilków czy lisów znajdują jaskinie lub nory, aby ukryć swe młode przed żywiołami. A ludzie zabezpieczają mieszkanie, używają fotelików samochodowych w czasie jazdy, wybierają mebelki bezpieczne dla dzieci – oraz zabezpieczają maluchy przed zagrożeniami środowiskowymi.

Czytasz gazety, oglądasz w telewizji programy na temat zagrożeń, przeglądasz książki o opiekowaniu się dziećmi i jeśli należysz do większości rodziców, często męczą cię przeróżne obawy (lub zamartwiasz się nimi nieustannie). Czy świat wokół twego dziecka jest naprawdę tak groźny, jak słyszysz? I z drugiej strony, czy może być tak bezpieczny, jak byś sobie tego życzyła? Choć na pewno człowiekowi łatwiej zapewnić bezpieczeństwo swemu potomstwu niż jego futrzastym lub pierzastym przyjaciołom, i tak czeka cię trudne zadanie. Nawet jeśli przed twoim domem nie rozciąga się dżungla, zapewnienie córce czy synkowi bezpieczeństwa nie jest takie łatwe.

Na szczęście znaczna większość czynników wpływających na zdrowie dziecka znajduje się pod twoją kontrolą. Można zapewnić dziecku dobrą opiekę w zdrowiu i w chorobie. Można odpowiednio je odżywiać. Zabronić komukolwiek palić przy dziecku. Można prowadzić zdrowy tryb życia, gimnastykować się, rzucić palenie, zrezygnować z alkoholu. Jeśli postąpisz zgodnie z tymi wszystkimi wskazówkami, już zrobisz dużo, by ochronić swego potomka.

Niestety, nasze środowisko niesie też zagrożenia. Na niektóre z nich nie mamy wpływu. Natomiast pozostałe, pomimo najlepszych starań, możemy kontrolować tylko po części i chociaż są mniej groźne niż te, którym można bezpośrednio przeciwdziałać, nie mogą być lekceważone. Najbardziej narażone są niemowlęta i małe dzieci, co najmniej z kilku powodów. Nasze pociechy są mniejsze, a zatem ta sama dawka szkodliwej substancji silniej działa na dziecko niż na osobę dorosłą. Maluchy, w przeliczeniu na kilogram masy ciała, więcej piją i jedzą, więcej też wdychają powietrza – tym samym więcej wchłaniają toksyn. Druga przyczyna: ich narządy wewnętrzne dopiero się rozwijają, są też bardziej podatne na szkodliwe czynniki. Także skłonność do wkładania rączek do buzi może być niebezpieczna, jako że niemowlęta dotykają praktycznie wszystkiego, a wiele z otaczających je przedmiotów trafia do buzi, czyli do układu pokarmowego. Niemowlęta często przebywając na podłodze lub tuż nad nią, mają tym samym ułatwiony dostęp do toksyn znajdujących się w kurzu, na dywanie czy w trawie. I wreszcie: dzieci żyjące w dzisiejszych czasach cieszą się perspektywą dłuższego życia niż przedstawiciele minionych pokoleń, a ponieważ wiele chorób czy uszkodzeń narządów wewnętrznych objawia się dopiero po kilku latach, większe jest prawdopodobieństwo ujawnienia się ich w przyszłości.

Pamiętajmy zatem, że zagrożenie w większości przypadków jest niewielkie, szczególnie gdy patrzymy na nie z pewnej perspektywy, więc nie warto zamartwiać się po nocach. Pomimo usilnych starań, nie zapewnimy dziecku życia w świecie całkowicie wolnym od szkodliwych czynników – taka możliwość nie istnieje. Ale sensowne jest kierowanie się instynktem chronienia potomstwa i minimalizowanie czyhających na nasze pociechy zagrożeń. Oto, co można zrobić.

PESTYCYDY

Szkodniki domowe są nie tylko paskudne i irytujące, ale przenoszą choroby i mogą boleśnie pogryźć. Jednak większość pestycydów używanych w gospodarstwie domowym to trucizny, zwłaszcza w rękach lub buzi dziecka. Zmniejszysz ryzyko, nie dopuszczając do opanowania twego domu przez szkodniki.

Zabezpieczenie domu. Załóż siatki w oknach i innych otworach, którymi mogą przedostać się owady i robaki.

Klejące pułapki na owady i gryzonie. Nie zawierają one środków chemicznych, owady łapią się w pudełka lub przylepiają do papieru.

Ponieważ może przylepiać się do nich także skóra ludzka (a uwolnienie się od nich jest bolesne), pułapki tego typu nie mogą znaleźć się w zasięgu rąk dzieci. Wykładaj je, kiedy dzieci śpią, i chowaj, zanim się obudzą. Pamiętaj, że takie pułapki wydłużają agonię gryzoni.

Pułapki-łapki. Jeżeli masz dobre serce, chwytaj gryzonie w łapki i wypuszczaj z dala od siedzib ludzkich. Nie zawsze jest to bezpieczne, ze względu na możliwość pokąsania. Trzymaj pułapki z daleka od dzieci lub wystawiaj, kiedy dzieci nie ma w pobliżu.

Bezpieczne stosowanie pestycydów. Prawie wszystkie kwasy, łącznie z bornym, są bardzo toksyczne nie tylko dla szkodników, także dla ludzi. Jeśli musisz ich używać, nie przechowuj ich w zasięgu rąk dzieci lub w pobliżu miejsc, gdzie przygotowujesz posiłki. Nie rozpylaj pestycydów w domu, gdy są w nim dzieci. Najlepiej robić to podczas wakacji. Nie zapomnij po powrocie porządnie wywietrzyć mieszkania. Wyszoruj też wszystkie powierzchnie, których dziecko może dotknąć.

OŁÓW

Od lat wiadomo, że duże dawki ołowiu mogą uszkodzić mózg dziecka. Obecnie dowiedziono również, że nawet małe dawki tego pierwiastka prowadzą do obniżenia ilorazu inteligencji, zmiany funkcjonowania enzymów, zwolnienia wzrastania, uszkodzenia nerek, problemów w nauce i zachowaniu oraz do zaburzeń koncentracji i słuchu. Mogą również niekorzystnie wpływać na układ odpornościowy. Dlatego dobrze jest wiedzieć, gdzie w otoczeniu dziecka znajduje się ołów i jak zmniejszyć jego oddziaływanie.

Farby zawierające ołów. Są głównym źródłem zagrożenia. Często w starych budynkach pod warstwą świeżej farby znajdują się duże skupiska ołowiu. Kiedy farba odpryskuje, uwalniają się maleńkie cząsteczki ołowiu, które mogą przedostać się na rączki, zabawki, ubranka dziecka, a w końcu do jego buzi. Jeżeli przypuszczasz, że farby w twoim domu zawierają ołów, zamów fachowców, którzy je usuną pod nieobecność rodziny. Upewnij się, że farby, którymi pomalowano łóżeczko i zabawki dziecka, nie zawierają ołowiu.

Woda pitna. Może zawierać ołów w budynkach, w których rury pokryte są warstwą antykorozyjną. Możesz zainstalować filtry oczyszczające albo wymienić rury. Do picia i gotowania używaj wody mineralnej. Możesz także odpuszczać wodę przez trzy minuty, zanim zaczniesz jej używać do picia czy gotowania. Unikaj używania ciepłej wody z kranu do gotowania, gdyż może zawierać wyższe stężenie ołowiu, i nie gotuj wody dłużej niż pięć minut, ponieważ to także zwiększa stężenie ołowiu.

Gleba. Ulega zanieczyszczeniom przez farby zawierające ołów, odpady przemysłowe, kurz powstały podczas burzenia domów do rozbiórki. Nie należy przesadzać, ale nie pozwalaj dziecku jeść ziemi.

Niebezpieczna piaskownica

Większość piaskownic jest całkowicie bezpiecznym miejscem zabaw. Jednak może się zdarzyć, że czasami piasek bywa skażony odmianą azbestu zwaną tremolitem. Cząsteczki tremolitu unoszą się w powietrzu, wdychane mogą powodować poważne schorzenia. Problem nasila się w pomieszczeniach, gdzie piasek wysycha, na dworze często pozostaje wilgotny. Ustalenie, czy piasek, w którym bawi się dziecko w przedszkolu czy na placu zabaw, jest bezpieczny, jest prawie niemożliwe. Możesz jednak ocenić, czy jest zakurzony i niebezpieczny dla maluszka, który może go wdychać. Pozbądź się piasku, jeżeli zaobserwujesz, że wzbija się w powietrze po wysypaniu z wiaderka lub że po wsypaniu łyżki piasku do szklanki wody pozostaje ona mętna po jego opadnięciu na dno. Najlepszy jest zwykły piasek z plaży (najczęściej piasek do piaskownicy to zmielone kamienie).

Zdrowe odżywianie wzmacnia odporność organizmu, zwłaszcza jeśli dieta zawiera sporo żelaza i wapnia. Zapytaj lekarza o badania przesiewowe wykrywające obecność ołowiu w organizmie (niektórzy wykonują takie badania rutynowo).

SKAŻENIE WODY

Woda w Stanach Zjednoczonych przeważnie nadaje się do picia. Jednak niewielki odsetek (około 2%) zasobów wody pitnej zawiera substancje, które stwarzają poważne zagrożenie zdrowotne. Uważa się, że woda oczyszczana za pomocą aktywnego węgla jest bezpieczniejsza niż chlorowana. Woda ze studni w większości przypadków nie jest zdatna do bezpośredniego wypicia. Jeśli podejrzewasz, że woda w twoim kranie jest zanieczyszczona, skontaktuj się z oddziałem Sanepidu, który udzieli ci informacji, gdzie ją przebadać. Filtr może uzdatnić zanieczyszczoną wodę. Typ filtra, jaki powinnaś zainstalować, będzie zależeć od rodzaju zanieczyszczeń wody oraz od tego, ile możesz na to wydać pieniędzy.

ZANIECZYSZCZONE POWIETRZE W DOMU

Dzieci spędzają dużo czasu w domu, dlatego ważne jest, jakim powietrzem będą w nim oddychać. Aby powietrze było bezpieczne i czyste, musisz zwrócić uwagę na kilka spraw:

Tlenek węgla. Bezbarwny, bezwonny, zdradliwy gaz może spowodować choroby płuc, zaburzenia wzroku i pracy mózgu, a nawet śmierć. Powstaje w rezultacie spalania, a do twojego domu dostaje się różnymi drogami: z nieszczelnych piecyków i pieców, kuchenek gazowych itp. Regularnie kontroluj wszystkie tego typu urządzenia (płomień gazu powinien być błękitny), zainstaluj wywietrznik. Sprawdzaj palniki w kuchence, przeczyszczaj kominy. Nigdy nie włączaj silnika samochodu w zamkniętym garażu, który przylega do twojego domu (spaliny mogą przedostać się do mieszkania przez ścianę lub sufit). Na wszelki wypadek możesz zainstalować wykrywacz tlenku węgla na każdym piętrze w domu, jednak nie za blisko głównych urządzeń (czyli odwrotnie do wykrywacza dymu).

Benzopyreny. W wyniku spalania tytoniu lub drewna w powietrzu unoszą się smoliste cząsteczki organiczne, które mogą powodować infekcje dróg oddechowych, astmę, zapalenie oskrzeli, rozedmę płuc i raka. Nie pozwalaj, aby ktokolwiek palił papierosy w twoim domu. Regularnie wymieniaj filtry powietrzne w urządzeniach domowych i zadbaj o właściwą wentylację pomieszczeń.

Drobne cząsteczki w powietrzu. Niewidoczne gołym okiem cząsteczki unoszące się w powietrzu są niebezpieczne dla dzieci. Może to być kurz domowy (wywołujący alergię u dzieci uczulonych), dym z papierosów i palącego się drewna, gaz ulatniający się z nieszczelnych urządzeń, piecyków oraz kurz azbestowy. Dlatego nie pozwalaj nikomu palić w domu, dbaj o dobrą wentylację, zmieniaj filtry, które wyłapują wiele szkodliwych cząsteczek. Jest to szczególnie istotne w rodzinach alergików. Jeżeli w twoim domu znajduje się azbest, zamów fachowców, którzy go umiejętnie usuną.

Inne wyziewy. Środki czyszczące, aerozole, terpentyna i inne materiały malarskie są bardzo toksyczne. Staraj się używać środków jak najmniej toksycznych, a więc farb rozpuszczalnych w wodzie, wosku do parkietów, rozpuszczalników na bazie olejów roślinnych. Wietrz pomieszczenia, a dzieci wyprowadzaj na powietrze. Środki toksyczne chowaj przed dziećmi. Najlepiej przechowywać je poza domem, tak by wyziewy nie dostawały się do mieszkania.

Formaldehydy. Wiele produktów zawiera formaldehydy (począwszy od żywic w meblach, skończywszy na taśmach mocujących wykładziny). Opary te powodują raka nosa u zwierząt, a u ludzi problemy z oddychaniem, wysypki, wymioty. Najwięcej formaldehydów wydzielają nowe produkty, choć czasami mogą się one ulatniać latami. Kupuj produkty wykonane wyłącznie z substancji nie zawierających formaldehydów. Aby zredukować szkodliwe działanie, zrób w domu małą palmiarnię. Piętnaście, dwadzieścia roślin pokojowych potrafi całkowicie pochłonąć formaldehydy obecne w średniej wielkości domu. Sprawdź jednak, czy nie są to rośliny trujące, gdyż dziecko może zjeść liść.

Pleśń. Grzyb rozwijający się w wilgotnych miejscach, szczególnie piwnicach, często staje się przyczyną problemów z oddychaniem, krupu, zapalenia oskrzeli i innych chorób u dzieci. Jeśli znajdziesz pleśń czy wilgoć w domu, musisz przedsięwziąć kroki w celu ich wyeliminowania. Jeśli dziecko często zapada na choroby układu oddechowego, zleć wykonanie badania poziomu zagrzybienia budynku.

Radon to gaz bezbarwny, bezwonny, radioaktywny, występujący w postaci naturalnej w skałach i glebie, jako produkt rozpadu uranu. Stał się drugą przyczyną raka płuc w Stanach Zjednoczonych. Jeśli będzie wdychany przez niczego nie podejrzewających mieszkańców domu, wraz z upływem lat doprowadzi do zachorowań na raka.

Gaz przenika do wewnątrz pomieszczeń ze znajdującej się pod budynkiem gleby czy kamieni i utrzymuje się, gdy wentylacja jest zbyt słaba. Podjęcie poniższych kroków może pomóc w ustrzeżeniu się przed konsekwencjami działania radonu:

- Zanim kupisz dom, zwłaszcza w okolicy występowania radonu, zawsze każ go sprawdzić odpowiednim specjalistom.

- Jeśli mieszkasz w rejonie o wysokim stężeniu radonu lub podejrzewasz, że dom może być skażony, poproś o przeprowadzenie badań. Najlepiej, by przeprowadzono je kilkakrotnie w pewnych odstępach czasu i wyciągnięto średni wynik. Poziom radonu utrzymuje się na wyższym poziomie w okresie, gdy zwykle mamy zamknięte okna.

- Gdyby się okazało, że w twoim domu wykazano wysoki poziom radonu, zwróć się do stosownej organizacji o pomoc w znalezieniu firmy specjalizującej się w redukowaniu stężenia radonu, a także poproś o wszelkie broszury dotyczące tego procesu. Prawdopodobnie pierwszym krokiem będzie zabezpieczenie wszelkich pęknięć w fundamentach i ścianach. Ważniejszym – poprawienie wentylacji poprzez otwieranie okien, zainstalowanie wentylatorów w odpowiednich kanałach, na strychach i innych zamkniętych pomieszczeniach, a także usunięcie pasków uszczelniających czy wymienników ciepła. Niekiedy należy przewentylować cały dom.

KONSERWANTY W ŻYWNOŚCI

W dobie produkcji masowej wytwórcy nauczyli się używać rozmaitych środków chemicznych, które sprawiają, że produkty żywnościowe wyglądają i smakują lepiej, mają dłuższą trwałość. Produkty, które nie zostały wykonane w fabryce, też mogą

Bezpieczny kontakt z przyrodą

Bądź szczególnie ostrożna, gdy dziecko zapragnie przywitać się z kózkami czy owieczkami w małym zoo lub na farmie. Choć te zwierzątka są miłe i przyjemne do głaskania, przenoszą bakterie *E. coli*, które z kolei mogą trafić do organizmu małych miłośników zwierząt. Bakteria ta staje się przyczyną ciężkich przypadków biegunki oraz skurczów żołądka, a czasem nawet śmierci. Jeśli dziecko pogłaska zwierzątko, koniecznie umyj mu ręce wodą z mydłem (w zoo powinna się znaleźć umywalka) lub przetrzyj je chusteczkami nasączonymi płynem antybakteryjnym czy żelem. Jeśli wcześniej nie umyłaś dziecka po zabawie, a niepokojące objawy nie wystąpiły, nie obawiaj się. Uważaj tylko następnym razem.

Zachowaj zdrowy rozsądek

Chociaż ograniczenie stosowania środków chemicznych jest rozsądne, lęk przed konserwantami nie powinien prowadzić do rezygnowania ze spożywania różnorodnych produktów spożywczych, bo jest to sprzeczne z zasadami racjonalnego odżywiania. Odpowiednia dieta składa się z produktów zbożowych, owoców, warzyw (zwłaszcza brokułów, kalafiora i brukselki oraz innych warzyw zielonych i żółtych o wysokiej zawartości witaminy A). Nie tylko dostarcza niezbędnych do rozwoju składników odżywczych, ale też pomaga przeciwdziałać skutkom działania substancji rakotwórczych w środowisku naturalnym. Ograniczaj zawartość konserwantów w diecie rodziny, ale wystrzegaj się przesady.

być skażone, np. pestycydami lub pozostałościami nawozów sztucznych w glebie. W wielu wypadkach niebezpieczeństwo dla ludzi jest niewielkie lub nieznane. Rozsądnie postąpisz, przestrzegając następujących zasad podczas przygotowywania jedzenia dla dziecka (które jest bardziej podatne na działanie szkodliwych substancji):

- Nie kupuj żywności w dużym stopniu przetworzonej, z konserwantami, przynajmniej wtedy, gdy kupujesz coś dla dziecka. Tego typu artykuły spożywcze zawierają wiele związków chemicznych, mają natomiast mało wartości odżywczych. Chociaż uważa się, że większość konserwantów nie jest szkodliwa, ostrożność nie zawadzi. Nie kupuj produktów zawierających: oleje roślinne z zawartością bromu (BVO); konserwanty oznaczone BHA, BHT, MSG; kofeinę, chininę, sacharynę, azotyny i azotany sodu, siarczyny; sztuczne barwniki i dodatki smakowe. Za niezdrowe uważa się także karagen, paraben heptylowy, kwas fosforawy czy inne związki fosforu.

- Nie podawaj dziecku żywności zawierającej sztuczne słodziki. Jeszcze wiele pytań na ich temat pozostaje bez odpowiedzi. Choć wydaje się, że niektóre są bezpieczne (na przykład sucralose czy Splenda, niskokaloryczny słodzik otrzymywany z cukru), to jednak zostały opracowane z myślą o dietach niskokalorycznych (a niemowlęta nigdy nie powinny być takim dietom poddawane).

- Kupuj owoce i warzywa z upraw ekologicznych (jeśli to możliwe, jeśli nie, nie martw się, naukowcy uważają, że pozostałości nawozów sztucznych nie są szkodliwe). Naj-

Zdrowa żywność – za i przeciw

W naszych sklepach znajduje się już żywność ekologiczna. A od kiedy mamy prawo określające zasady produkcji i oznakowania wyrobów ekologicznych, można je bez trudu zauważyć na sklepowych półkach. Jednak wciąż wiele osób nie kupuje wyłącznie ekologicznej żywności – nie produkuje się jej wystarczająco dużo, jest też dość droga.

W miarę zwiększania się zapotrzebowania wzrośnie też podaż. A gdy rośnie podaż, spadają ceny. Na szczęście dla młodych konsumentów i ich rodziców większość ekologicznej żywności dla dzieci w słoiczkach już jest dostępna, a wszystko, czego mógłby zapragnąć młody smakosz, posiada swój odpowiednik w postaci „zdrowej żywności": płatki śniadaniowe, owoce, warzywa, mięsa, a nawet całe dania. W sklepach pojawiła się nawet ekologiczna mieszanka mleczna.

Jeśli żywność ekologiczna, zwykle nieco droższa, leży w zasięgu twoich możliwości finansowych, kupuj ją. Po pierwsze, na pewno zmniejszysz zawartość chemikaliów w diecie twojej rodziny. Po drugie, będziesz jedną z osób wywierających nacisk na rynek, aby oferował coraz więcej zdrowej żywności, począwszy od nabiału, po mięso, wypieki czy warzywa i owoce. Jeśli w pobliskim sklepie nie można kupić takich produktów, poproś, by zaczęto je sprowadzać. To konsumenci wszak wpływają na zwiększenie popytu i obniżenie cen. Nie martw się, jeśli nie stać cię na żywność organiczną lub nie możesz jej dostać. Pamiętaj tylko o dokładnym myciu i obieraniu tego, co kupujesz!

Czego nie podawać dzieciom

Z dala od buzi dziecka należy trzymać nie tylko ziemię z parku czy suszone kwiatki z bukietu, ale także wiele innych pokarmów (nie licząc tych wymienionych na stronie 287), napojów i innych potraw, niewłaściwych w diecie dziecka, w tym:

- Nie pasteryzowane (surowe) produkty mleczne, soki czy napoje jabłkowe. Mogą się w nich znajdować szkodliwe bakterie wywołujące groźne dla dzieci i niemowląt choroby.

- Mięsa wędzone i konserwowane (parówki, mielone). Zawierają dużo tłuszczu, cholesterolu, azotanów i innych substancji, czasami zmielone kości, które mogą zawierać cząsteczki ołowiu. (Wędliny zawsze trzeba podgrzewać do momentu parowania, aby mieć pewność, że są wolne od bakterii *Listeria*.)

- Ryby wędzone, ponieważ są konserwowane azotynami, które pomagają zachować świeżość, ale nie nadają się dla dzieci. Poza tym także mogą być skażone bakterią *Listeria*.

- Wszelkie ryby, których mięso może zawierać rtęć, na przykład rekina, miecznika, makreli królewskiej czy płytecznika. A ponieważ rtęć może być zawarta także w mięsie tuńczyka (mniej w puszkowanym, więcej w świeżym), najlepiej w ogóle ograniczać ryby w diecie niemowląt i małych dzieci (EPA ani FDA nie wydały jeszcze oficjalnych zaleceń). Zaleca się, by nie podawać dzieciom więcej niż tygodniowo 60 gramów mięsa ryb rzecznych łapanych na wędkę (w przeciwieństwie do kupowanych w sklepach, z masowych połowów). W miejscowym wydziale zdrowia powinnaś otrzymać informację, które ryby można bezpiecznie spożywać w danym okresie w twoim regionie, których nigdy nie powinno się podawać dziecku,

a które można serwować tylko od czasu do czasu (W Polsce informacji takich powinien udzielać Sanepid – przyp. red. nauk.)

- Surową rybę, np. sushi. Małe dzieci nie potrafią dobrze żuć, dlatego mogą w całości połknąć pasożyty, które mogą znajdować się w surowej rybie i spowodować poważną chorobę.

- Napoje, takie jak: kawa, herbata, kakao i czekolada, bo zawierają kofeinę i jej pochodne. Kofeina może doprowadzić do rozdygotania, zakłóca proces przyswajania wapnia i zastępuje inne, wartościowe składniki odżywcze.

- Produkty zastępcze, typu śmietanka bezmleczna, oranżady i jej podobne napoje. Podawaj dziecku jedzenie, nie chemię.

- Herbatki ziołowe. Często zawierają substancje rakotwórcze, mogą wywoływać nieprzewidziane reakcje. Dawaj dziecku tylko te, które zaleci lekarz.

- Alkohol. Niektórzy uważają, że dziecko może wypić od czasu do czasu odrobinę alkoholu. **Jest to bardzo niebezpieczne.** Alkohol to trucizna dla dziecka, a poza tym maluch może przecież polubić ten smak.

- Wodę z kranu, jeśli jest skażona ołowiem, dwufenylem polichlorowanym (PCB) lub inną szkodliwą substancją. Zapytaj w Sanepidzie, czy woda w twoim miejscu zamieszkania jest zdatna do picia.

- Dodatkowe witaminy (poza tymi, które zaleci pediatra). Nadmierne dawki witamin mogą być szkodliwe dla dzieci, mały organizm nie usuwa ich nadmiaru tak sprawnie jak organizmu dorosłych. Nie podawaj cukierków do ssania z witaminą C, niszczą szkliwo zębów.

---

bezpieczniejsze są produkty kupowane u miejscowych wytwórców, w sezonie. Bezpieczne są owoce i warzywa osłaniane przed pestycydami warstwą liści (kalafior) lub grubą skórą (banany). Pamiętaj, że pięknie wyglądające produkty prawdopodobnie zawdzięczają to chemii.

- Obieraj owoce i warzywa ze skórki przed jedzeniem, starannie myj wodą i mydłem, szoruj szczotką (sałatę i truskawki nie, jabłka czy cukinię tak). Mycie nie usunie pozostałości nawozów sztucznych, zapewnia jednak pewną ochronę.

- Urozmaicaj dietę dziecka, jak tylko to możliwe. Różnorodność ubarwia życie, podając różne produkty, zapewniasz dziecku wszelkie witaminy i mikroelementy. Dobrze jest podawać różne soki – jabłkowy, pomarańczowy, morelowy, brzoskwiniowy – a nie stale ten sam. Podawaj różne gatunki kasz i chleba, owoców i warzyw. Nie zawsze będzie to łatwe, dzieci szybko przywiązują się do jednej potrawy, ale przynajmniej próbuj.

- Nie podawaj ryb ze skażonych wód.

- Ograniczaj tłuszcze zwierzęce w diecie dziecka (z wyjątkiem mleka), ponieważ w nich magazynowane są antybiotyki, pestycydy itd. Odcinaj tłuszcz z mięsa, skórę i tłuszcz z drobiu. Niech porcje wołowiny, wieprzowiny i drobiu będą niewielkie. W miarę możliwości wybieraj produkty mleczne oznaczone jako „ekologiczne" – pochodzące od zwierząt, do których paszy nie dodaje się substancji chemicznych i antybiotyków.

- Karm dziecko produktami, które mogą ochronić organizm przed szkodliwym działaniem środowiska. Należą do nich rośliny z rodziny krzyżowych (brokuły, brukselka, kalafior, kapusta), suszony groch i fasola, żywność bogata w beta-karoten (marchew, dynia, bataty, brokuły, kantalupa) i błonnik (pełne ziarna, świeże warzywa i owoce).

Jednak nie należy przesadzać z ostrożnością. Nawet według najmniej dokładnych obliczeń, tylko niewielki odsetek przypadków zachorowania na raka wywołany jest chemicznym skażeniem żywności. Znacznie większym zagrożeniem dla twej pociechy są dym z papierosów, alkohol, zła dieta, brak szczepień ochronnych czy ignorowanie zasad bezpieczeństwa podczas jazdy samochodem. A zatem wcale nie tak trudno zapewnić dziecku ochronę przed zagrożeniem!

10
Szósty miesiąc

Osobowość malucha nabiera wyrazu. Nadal ulubionym zajęciem są kontakty z mamą, tatą czy dosłownie każdym przechodniem mijającym wózek, a rodzice mogą wsłuchiwać się w coraz błyskotliwsze potoki dźwięków i gaworzeń przeplatanych radosnymi uśmiechami. Malec uwielbia zabawę w „akuku!", potrząsanie grzechotką (lub czymkolwiek, co wydaje dźwięk). Z zacięciem odkrywa świat wokół siebie, uważnie bada twoją twarz, traktując ją jak zabawkę (okulary, kolczyki, włosy są w niebezpieczeństwie!). A w pewnym momencie tego miesiąca nastąpi wielka premiera (ze śliniaczkiem, w wysokim krześle): jeśli jeszcze nie wprowadziliście stałych pokarmów, teraz nadszedł na nie czas. *Bon appétit!*

CO TWOJE DZIECKO POTRAFI ROBIĆ

Dzieci osiągają kolejne etapy rozwoju we własnym tempie. Jeśli twój maluszek nie umie jeszcze wykonać jednej czy kilku z poniżej wymienionych czynności, nie martw się: wkrótce się nauczy. Normalne tempo rozwoju to takie, w jakim dziecko się rozwija. Pamiętaj też, że umiejętności, które można wyćwiczyć, tylko leżąc na brzuszku, nie zostaną przez dziecko opanowane, jeśli nie będzie miało po temu okazji. Koniecznie kładź więc malca (pod nadzorem!) w takiej pozycji. Jeśli rozwój dziecka wzbudza w tobie wątpliwości (ponieważ zauważyłaś, że opuściło któryś z etapów rozwoju lub obawiasz się, że rozwija się za wolno), skonsultuj się z lekarzem. Porozmawiaj z nim, nawet jeśli on sam danego tematu nie poruszy, gdyż rodzice często zauważają pewne niuanse niewidoczne dla lekarzy. Wcześniaki zwykle wykształcają pewne sprawności nieco później niż ich rówieśnicy, zazwyczaj w okresie, w którym osiągnęłyby je, gdyby urodziły się o czasie, a nawet później.

Po ukończeniu szóstego miesiąca twoje dziecko powinno umieć:

- podciągane do siedzenia, utrzymać głowę w jednej linii z ciałem;
- wydawać dźwięki typu „gu-gu".

Po ukończeniu szóstego miesiąca twoje dziecko prawdopodobnie będzie umiało:

- utrzymać się na nogach podtrzymywane w pozycji pionowej;
- siedzieć bez oparcia;
- obrócić się w kierunku dochodzącego głosu;
- śmiać się (wydawać dźwięki przypominające śmiech).

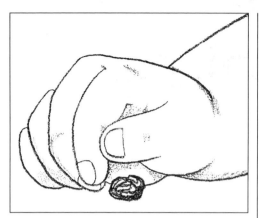

Niektóre dzieci potrafią chwytać małe, potencjalnie niebezpieczne przedmioty, dlatego uważaj, aby nie zostawiać takich drobiazgów w zasięgu dziecka.

Po ukończeniu szóstego miesiąca twoje dziecko być może będzie umiało:

- stać z podparciem;
- zaprotestować przy próbie odebrania zabawki;
- podejmować próby dotarcia do zabawki;
- przekładać małe przedmioty z jednej ręki do drugiej;
- podążyć wzrokiem za spadającą zabawką;
- chwycić rączką mały przedmiot, np. rodzynek (nie trzymaj niebezpiecznych przedmiotów w zasięgu rączek dziecka);
- gaworzyć, łącząc spółgłoski z samogłoskami, np. „ga-ga", „ma-ma", „ba-ba", „da-da";
- samodzielnie zjeść biszkopta.

Po ukończeniu szóstego miesiąca twoje dziecko może nawet umieć:

- pełzać, raczkować*;
- podciągnąć się do stania z pozycji siedzącej;
- podciągnąć się do siedzenia z pozycji leżącej;
- podnieść mały przedmiot, przytrzymując go palcem wskazującym i kciukiem;
- mówić „tata" i „mama", ale bez zrozumienia.

CZEGO MOŻESZ OCZEKIWAĆ W CZASIE BADANIA LEKARSKIEGO

Każdy lekarz lub położna ma inne zdanie na temat wizyt kontrolnych zdrowego dziecka. Sposób badania, liczba i rodzaj badań zależą od indywidualnych potrzeb dziecka. Ogólnie rzecz biorąc, w czasie wizyty kontrolnej sześciomiesięcznego dziecka możemy się spodziewać:

- Pytań dotyczących samopoczucia dziecka i pozostałych członków rodziny, jedzenia, spania, ogólnego rozwoju i opieki nad dzieckiem (jeśli pracujesz).

- Pomiarów masy ciała, wzrostu i obwodu głowy dziecka, naniesienia wyników na siatkę centylową.

- Badań lekarskich i ponownego sprawdzenia uprzednio zgłoszonych problemów. Lekarz zajrzy do buzi dziecka, ponieważ niedługo zaczną wychodzić pierwsze zęby.

- Oceny rozwoju. Pediatra może oprzeć się na twoich spostrzeżeniach i obserwacji, może również wykonać dodatkowe badania oceniające mięśnie szyi, wzrok i słuch. Sprawdzi, czy dziecko podciągane do siedzenia przyciąga głowę do klatki piersiowej, czy sięga po małe przedmioty, czy przewraca się z brzuszka na plecy i odwrotnie, czy trzyma się na nogach, nawiązuje kontakt z otoczeniem.

- Trzeciej dawki szczepienia Di-Te-Per, jeśli dziecko jest zdrowe i nie ma innych przeciwwskazań.

---

* Dzieci, które mniej czasu spędzają, leżąc na brzuszku, zwykle później zdobywają tę umiejętność. Nie ma powodu do zmartwień (patrz str. 188).

- W wypadku dzieci o małej masie urodzeniowej badania hemoglobiny, żeby wykluczyć niedokrwistość (krew pobierana z palca).
- Porad dotyczących żywienia, spania, zapewnienia dziecku bezpieczeństwa, oceny rozwoju dziecka.

Jeśli lekarz nie wyjaśnił tego wcześniej, zapytaj go:

- Jaka może być reakcja na szczepienie? Jak postępować? Kiedy wezwać pediatrę?
- Jakie pokarmy wprowadzać?

Pytaj o wszystko, co cię niepokoi. Zapisuj wskazówki lekarza (inaczej zapomnisz). W książeczce zdrowia zanotuj masę dziecka, długość, obwód głowy, szczepienie, przebyte choroby, lekarstwa podane w tym czasie, wprowadzane pokarmy itd.

KARMIENIE DZIECKA W SZÓSTYM MIESIĄCU
Obiadki domowe czy gotowe odżywki

Zanim słoiczki z gotową żywnością dla dzieci pojawiły się na sklepowych półkach, nie mający wyboru rodzice karmili swe pociechy domowymi wyrobami. Dzisiaj nadal można samemu przygotowywać dania dla maluchów (roboty kuchenne czy miksery znacznie ułatwiły to zadanie, wystarczy tylko nacisnąć guziczek) lub wybrać dowolny słoiczek ze sklepu.

Czy na łyżeczce zmierzającej w kierunku małej buzi znajdzie się jedzenie ze słoiczka czy z miksera? Przeczytaj i zdecyduj sama.

GOTOWE ODŻYWKI

Wygoda związana z zakupami w supermarketach niekiedy przewyższa wartość odżywczą nabytych tam artykułów (wstępnie przygotowane dania są nadmiernie przetworzone, zawierają za dużo cukru i soli), jednak ów niekorzystny bilans nie dotyczy żywności dla niemowląt. Jedzenie dla najmłodszych posiada zaletę, która bardzo odpowiada dorosłym – jeden słoiczek to jeden wygodny do przygotowania posiłek, a potem można w nich przechowywać nie zjedzone resztki. Mają poza tym inne plusy. Do posiłków przeznaczonych dla początkujących konsumentów zazwyczaj nie dodaje się soli, a obecność cukrów czy wypełniaczy należy do rzadkości. Owoce i warzywa przetwarza się wkrótce po zebraniu, zachowają więc sporo składników odżywczych. Mają odpowiednią konsystencję, są sterylne i bezpieczne. Ponieważ gotowe dania dla niemowląt są produkowane pod ścisłym nadzorem sanitarnym (czyli w warunkach, jakie trudno jest stworzyć w domowej kuchni) – możesz być pewna, że są bezpieczne dla zdrowia. Są również w miarę tanie, biorąc pod uwagę czas, jaki oszczędzasz, i to, że kupuje się je od razu w małych porcjach, co zapobiega marnowaniu jedzenia.

Najwięcej zalet mają odżywki podawane w pierwszych miesiącach urozmaicania diety. Mają odpowiednią konsystencję dla początkujących smakoszy, a podając poszczególne produkty po kolei, łatwo stwierdzisz, czy któryś z nich wywołuje alergię. Chociaż wiele firm oferuje odżywki o różnym stopniu rozdrobnienia, rodzice przestają je kupować, kiedy tylko maleństwo może jeść rozgotowane, utarte lub poszatkowane pokarmy, które spożywa cała rodzina. Jeśli bowiem dziecko je wraz z dorosłymi, zamiast trwać przy papkach dla niemowląt, stanie się bardziej otwarte na różne potrawy. Ale słoiczki ze sklepów nadal mogą się przydawać: w podróży, podczas odwiedzin, kiedy wychodzisz z dzieckiem z domu lub gdy obiad, przy którym siada rodzina, nie jest odpowiedni dla malca.

Mimo że pierwsza żywność dla niemowląt jest na pewno zdrowa, lepiej jednak uważać – szczególnie, gdy nasza pociecha zaczyna jeść dania dla nieco starszych dzieci. Unikaj ta-

Odżywianie umysłu

Czy jedzenie trafiające do brzuszka może wpłynąć na rozwój mózgu? Tak – i to z tego powodu sprzedawane w sklepach dania dla niemowląt są wzbogacane w DHA i ARA – czyli w kwasy tłuszczowe, które w swej naturalnej postaci występują w mleku matki. Ponieważ wspomagają rozwój mózgu, dodaje się je także do mieszanek mlecznych. Kwasy te pozyskiwane są z jajek (wyłącznie z żółtek, aby uniknąć reakcji alergicznych) znoszonych przez kury karmione paszą na bazie lnu i soi, bogatych w DHA i ARA. Nadal jeszcze nie ma ostatecznego werdyktu, na ile skutecznie dania bogate w DHA i ARA wspomagają rozwój mózgu, ale ponieważ takie kwasy tłuszczowe korzystnie wpływają na serce, zatem nie zaszkodzą naszym pociechom a mogą znacznie dopomóc. Jedyna wada: żywność ta, podobnie jak specjalnie wzbogacane preparaty mleczne, jest nieco droższa. Pamiętaj też, że zanim zaczniesz ją podawać, musisz najpierw wprowadzić do diety malca żółtka jaj.

---

kich składników, których malec nie potrzebuje, na przykład cukru, syropu kukurydzianego, soli, skrobi modyfikowanej lub innych środków zagęszczających. Sprawdź także, czy nie zawiera produktów, których malec jeszcze nie je, na przykład jajek (które mogą się pojawić w najbardziej nieoczekiwanych daniach). Kubki smakowe małych dzieci nie są zepsute i zadowalają się naturalnym smakiem produktów, na przykład nie słodzonymi płatkami śniadaniowymi, owocami czy innymi deserkami. Tego typu dania wzbogacone cukrem mogą zmienić skłonność dziecka do naturalnego słodkiego smaku. To samo dotyczy produktów, do których dodano sól. Dorośli są przyzwyczajeni do ostrych, mocno przyprawionych dań, więc nie słodzone lub nie solone potrawy dla niemowląt wydają im się pozbawione smaku – tymczasem dla samych zainteresowanych są całkiem pyszne.

Odżywki „ekologiczne", niegdyś nowość na rynku, były drogie i trudno dostępne, a teraz coraz częściej pojawiają się na sklepowych półkach. Jeśli możesz je kupić – kup, jednak pamiętaj, że odżywki ogólnie dostępne w handlu nie zawierają szkodliwych substancji i są bezpieczne dla dzieci.

OBIADKI PRZYGOTOWYWANE W DOMU

Jeśli masz czas, energię i chęć, możesz przygotowywać posiłki dla maluszka w domu. Bo choć gotowe dania dla dzieci są teraz zdrowsze niż kiedykolwiek, robienie obiadku samemu (codziennie lub co jakiś czas) to doskonały pomysł. Przestrzegaj jednak następujących zasad:

- Kiedy wprowadzasz nowy pokarm, nie mieszaj go z innymi, nie dodawaj cukru, soli ani innych przypraw. Jeśli gotujesz coś dla całej rodziny, przed dodaniem przypraw wydziel porcję dla malucha.

- Nie dodawaj tłuszczu do posiłków dziecka ani w trakcie przyrządzania, ani po ugotowaniu.

- Warzywa gotuj na parze, pod ciśnieniem lub bez wody, jak najmniej wystawiaj je na działanie światła, powietrza i wysokiej temperatury.

- Ziemniaki zachowają witaminy, jeśli zostaną ugotowane czy upieczone w łupinkach, a obrane dopiero później.

- Gotowanie w miedzianych garnkach niszczy witaminę C.

- Nie gotuj produktów zawierających kwasy (np. pomidorów) w naczyniach aluminio-

---

Uwaga, kucharze!

Czy odnosisz wrażenie, że robot kuchenny się przepracowuje? Przygotowywanie domowych posiłków jest teraz łatwiejsze niż kiedykolwiek. Na stronie 679 znajdują się przykładowe przepisy.

wych, bo niewielkie ilości cząsteczek metalu mogą przedostać się do jedzenia.
- Nie używaj sody: choć dzięki niej składniki zachowują kolor, tracą witaminy i składniki mineralne.
- Nie namaczaj grochu i fasoli na całą noc, lepiej doprowadź do wrzenia, gotuj przez dwie minuty, odstaw na godzinę i dalej gotuj w tej samej wodzie.
- Przestrzegaj zasad opisanych na str. 316.

Przez kilka pierwszych tygodni podawania pokarmów stałych lub przynajmniej do czasu, kiedy dziecko skończy sześć miesięcy, jedzenie powinno być dokładnie zmiksowane lub przetarte (banany można udusić widelcem i rozcieńczyć płynem). Dla wygody możesz przygotować większą porcję np. marchewki i zamrozić ją w pojemnikach na lód. Przed użyciem rozmroź porcję w lodówce, kuchence mikrofalowej albo w zimnej wodzie, nigdy w temperaturze pokojowej.

CO MOŻE CIĘ NIEPOKOIĆ

JESZCZE NIE PRZESYPIA NOCY

Moje dziecko budzi się dwa razy w ciągu nocy i nie zaśnie bez piersi. Czy jeszcze kiedyś się wyśpimy?

Twoje dziecko będzie kilkakrotnie budzić się w ciągu nocy przez całe życie, podobnie jak wszyscy. Ale zanim nauczy się samodzielnie zasypiać, żadne z was porządnie się nie wyśpi. Pomoc w zasypianiu – pierś, butelka, smoczek, kołysanie, poklepywanie, masowanie, śpiewanie – tylko opóźni moment, kiedy dziecko nauczy się robić to samodzielnie. Ale nadejdzie chwila, kiedy ciągłe usypianie okaże się niewygodne i niemożliwe. Jeśli nastąpi to już teraz, oboje będziecie lepiej spać.

Zanim zaczniesz odzwyczajać dziecko od usypiania, zastanów się nad nawykami malca związanymi ze snem, pomyśl, czy nie śpi za dużo w ciągu dnia. Kolejny krok to rezygnacja z wszelkich karmień w nocy (patrz str. 236). Jeśli dziecko ma zwyczaj zasypiać przy piersi, zacznij postępować według niezłomnej zasady: najpierw ostatnie karmienie, potem kąpiel i inne obrządki. Dziecko trafia do łóżeczka przebudzone i zaczyna uczyć się zasypiania samemu.

Następnie pomyśl, w jaki sposób chcesz nauczyć malucha samodzielnie zapadać w sen. Pamiętaj, że jak to zwykle bywa, metoda skuteczna w przypadku jednego ucznia może zawieść w przypadku drugiego. Przeczytaj dokładnie o wszystkich sposobach, zanim wybierzesz ten, który zapewni ci spokój w nocy. Reguły żadnej z tych metod nie są sztywne i nie musisz ich ściśle przestrzegać. Jeśli po pewnym czasie pożądane rezultaty wciąż będą dalekie do osiągnięcia, wybierz plan B.

Obojętność. Znakomita metoda dla chcących jak najwcześniej osiągnąć spokój w nocy. Pozwalanie dziecku wypłakać się do woli tuż po przebudzeniu skutkuje niemal zawsze. Choć niektórzy polecają jej stosowanie wcześnie (już w trzecim miesiącu), prawdopodobnie lepiej będzie poczekać do szóstego miesiąca. Wtedy większość niemowląt nie potrzebuje już nocnego karmienia – poza wcześniakami, które wciąż „nadrabiają" straty. Młodsze niemowlęta płaczem oznajmiają swe podstawowe potrzeby, natomiast nieco starsze stają się bardziej wyrachowane. Jeśli płaczem skłaniają rodziców do brania na ręce, kołysania czy karmienia, będą dalej tak robić, aż się zorientują, że sposób przestał działać (zwykle wystarczą na to trzy, cztery noce). (Poniżej przeczytasz o tym, jak przetrwać płacz dziecka.)

Ale nie stosuj tej metody, jeśli z przekonania jesteś jej przeciwna. Metody sprzeczne z rodzicielskim instynktem rzadko zdają egzamin.

Stopniowe wycofywanie się. Jeśli nie opowiadasz się za powyższą metodą, rozważ inną,

Planowanie w czasie

Jedna zmiana czy stres to wystarczające obciążenie dla małego dziecka. Jeśli właśnie usiłujesz sobie poradzić z jakimś problemem, na przykład ząbkowaniem, powrotem mamy do pracy, obecnością nowej niani czy bólem związanym z infekcją ucha, poczekaj, aż sytuacja się uspokoi, nim zaczniesz kampanię na rzecz przesypiania nocy. Warto też odłożyć na później rodzinną podróż (wyjazdy zwykle sprawiają, że starania idą na marne). Poza tym zdarza się, że dzieci nie mające już problemów z przesypianiem nocy budzą się w chwilach niepokoju (wówczas rozsądnie będzie uspokajać malca wyłącznie do czasu, aż problem się rozwiąże, gdyż w przeciwnym wypadku zwyczaj przebudzania się będzie trwać i trwać). Nocna aktywność często ponawia się po opanowaniu przez niemowlę jakiejś ważnej umiejętności, na przykład raczkowania czy chodzenia. Chęć ćwiczenia przeszkadza im w spokojnym spaniu.

---

która przyniesie ten sam skutek, ale zajmie trochę więcej czasu. Oto kilka do wyboru:

- „Metoda Ferbera", nazwana tak na cześć doktora Richarda Ferbera, autora książki *Solving Your Child's Sleep Problems*, składa się z następującej sekwencji działań: pierwszej nocy kładziesz dziecko do łóżka przebudzone, lekko je poklepujesz, mówisz: „Dobranoc, kocham cię", po czym wychodzisz z pokoju. Nie zostawaj, aż zaśnie, nie bierz na ręce. Jeśli zacznie płakać (a raczej zacznie), poczekaj 5 minut, wróć, poklep, powiedz kilka ciepłych słów. (Mama może kojarzyć się z karmieniem; czasem lepiej, by ojciec zajął się uspokajaniem.) Powtarzaj tylekroć, ile zapłacze, przedłużając chwile powrotu do pokoju za każdym razem o około 5 minut, aż zaśnie. Każdej kolejnej nocy zostawiaj malucha samego na coraz dłużej.

  Łatwiej znosić płacz, gdy się go nie słyszy. Używaj zatyczki do uszu, włącz wiatraczek, muzykę, przyciszony telewizor czy radio albo cokolwiek, co sprawi, że płacz będzie mniej (choć nadal) słyszalny. Jeśli w pokoiku dziecka umieściłaś nadajnik, przycisz go. Gdyby jednak ton płaczu zmienił się, sprawdź, czy malec nie wpadł w jakieś kłopoty – w takim wypadku musisz zareagować, po czym jeszcze raz czule pogłaskać, szepnąć kilka ciepłych słów i wyjść.

  Zwykle płacz powoli zanika w ciągu trzech nocy. Jeśli masz szczęście (a większość rodziców je ma), mniej więcej między czwartą a siódmą nocą usłyszysz ciche marudzenie lub kilkuminutowy płacz (nie reaguj na niego), po czym nastanie błoga cisza.

  Inny wariant powyższej metody, lepszy dla nieco starszych dzieci i niektórych rodziców, to siedzenie przy łóżeczku na krześle, aż malec zaśnie (bez brania na ręce!). Każdego wieczoru ustawiaj krzesło nieco dalej od łóżeczka, aż znajdziesz się przy drzwiach. Następnym krokiem jest wyjście z pokoju; dziecko powinno już samo zasypiać, bez obecności któregoś z rodziców. Trzeba pamiętać, że wiele dzieci tak długo myśli o rodzicach, jak długo ich widzi – dla nich ta metoda nie będzie skuteczna.

- „Systematyczne budzenie" jest równie skuteczne jak metoda Ferbera, przy czym wymaga więcej czasu i pozwala uniknąć intensywnych ataków płaczu. Przez tydzień zapisuj, o której godzinie dziecko budzi się w nocy. Następnie nastaw budzik na około pół godziny przed spodziewanym płaczem. Na dźwięk budzika wstań, obudź dziecko i rób to, co zwykle robisz – przewiń, nakarm, ukołysz itd. Tak samo postępuj przed każdą spodziewaną pobudką. Stopniowo wydłużaj czas między przerwami w spaniu, a po kilku tygodniach powinnaś je całkowicie wyeliminować.

- Metoda wymuszania rytmu snu ostrzega, że nigdy nie wolno dopuścić do przemęczenia dziecka, gdyż zmęczony umysł i ciałko to podstawy wszystkich problemów ze snem – tak przynajmniej głosi ten pogląd. Jeśli oczekujesz, by dziecko zasypiało w sposób naturalny (dzienna drzemka, nocny sen), i pilnujesz, by zasypiało tam, gdzie powinno (w łóżeczku, a nie podczas spaceru w wózku), powinno ono zasypiać z łatwością (będzie zmęczone, ale nie przemęczone) i spać spokojnym snem. Sen rodzi sen, a jeśli tylko nie będziesz budzić śpiącego maluszka (który skończył już 4 miesiące), nawet w porze drzemki, prześpi całą noc. Gdyby budził się w nocy, uspokajaj go przez chwilę, ale pozwól mu zasnąć samemu.

- Zrezygnuj z wszelkich pomocy w usypianiu, by nocne przebudzenia nie były dla dziecka tak trudne. Metoda ta (zwana również „łagodniejszym Ferberem") głosi, by skończyć ze wszystkimi zwyczajami, które kojarzą się z rodzicami (butelka, pierś, dwudziestominutowe kołysanie) i które dotychczas były używane do usypiania. Choć bywają niemowlęta zasypiające albo przy butelce czy piersi, albo w ramionach któregoś z rodziców, a jednocześnie potrafiące zasnąć też bez pomocy w środku nocy, większość tej sztuki nie opanowuje. W takim wypadku należy zmienić zwyczaje związane z wieczornym zasypianiem. Karm dziecko na długo przed planowaną porą drzemki czy snu, a potem, gdy sprawia wrażenie sennego, połóż je do łóżeczka (powinno być senne, ale nie śpiące) po wcześniejszym wyciszeniu. Niektóre dzieci nie będą mogły początkowo zasnąć, ale po paru próbach znakomita większość opanuje trudną sztukę samodzielnego uspokajania się. Jeśli malec potrafi sam zasnąć, nic nie stoi na przeszkodzie, by zareagować, gdy przebudzi się w środku nocy, przy czym nie należy go brać na ręce ani karmić. Sam głos, obecność i dotyk powinny wystarczać, aby dziecko uspokoiło się, ale nie zasnęło. Zostaw je, niech zaśnie samo – ta umiejętność będzie niezwykle przydatna w środku nocy.

Niezależnie od wybranej przez ciebie metody, zważ na dwie cechy właściwe dla każdej z nich: po pierwsze, konsekwencja w sto-

Co powiedzą sąsiedzi?

Już tobie jest ciężko wytrzymać nocny płacz dziecka – a co dopiero innym! Jeśli mieszkasz w bloku i masz sąsiadów w zasięgu słuchu, pozwalanie malcowi na popłakiwanie w nocy zdaje się zagrażać dobrym sąsiedzkim relacjom. Oto, jak sprawić, by twoi sąsiedzi nie stali się twoimi wrogami:

- Oświadcz im uczciwie, jak sprawa wygląda. Lepiej powiedzieć im o tym z wyprzedzeniem, niż o trzeciej nad ranem stawiać czoło pretensjom. Zapewnij sąsiadów, że właśnie uczysz dziecko przesypiać noc, a metoda, którą stosujesz, zezwala na krótkotrwały płacz każdej nocy; powiedz też, jak długo to może trwać (jeśli dobrze pójdzie, nie dłużej niż tydzień).

- Przeproś z góry (jeśli to nie działa, proś o wybaczenie). Prawdopodobnie nie będą zachwyceni wizją zakłócania ciszy nocnej (w końcu zarwane noce to coś dla młodych rodziców, czyli dla ciebie, a nie dla nich). Sąsiedzi, którzy sami mają dzieci (i też kiedyś musieli wstawać w nocy do szlochającego niemowlęcia), pewnie okażą współczucie, a może i udzielą rad. Bezdzietni pewnie okażą się mniej wyrozumiali. Przeprosiny zostaną lepiej odebrane, gdy towarzyszyć im będzie coś, co umili chwile zarwanego snu (butelka wina, kosz z owocami i serami, pudełeczko eleganckich słodyczy – w najcięższych przypadkach wszystkie trzy). Jeśli sąsiadom nie brakuje humoru (oby!), podaruj im zestaw zatyczek do uszu czy nauszników.

- Zamknij okna. Płacz dziecka nie będzie się roznosił przez otwarte okno po okolicy.

- Postaraj się wygłuszyć mieszkanie. Powieś koce na ścianach pokoju dziecięcego oraz na oknach wychodzących na stronę sąsiadów. Jeśli to możliwe, postaw łóżeczko w pokoju z wykładziną, która lepiej tłumi hałas niż podłoga z paneli czy kafli.

- Nie zadręczaj się. Życie w bloku zawsze zmusza do tolerowania niektórych hałasów i ty pewnie też musiałaś znosić szczekanie psów, trzaskanie drzwi, dźwięk kroków w środku nocy, dudniącą muzykę, odkurzanie o świcie. Dobrzy sąsiedzi (pewnie takich masz) teraz okażą się tolerancyjni wobec płaczącego niemowlęcia.

sowaniu, po drugie, niezrażanie się za szybko. Jeśli nie będziesz wytrwała, to nigdy się nie dowiesz, czy wina leży w metodzie, czy też przyczyną niepowodzenia jest zbyt szybka zmiana metody na inną. Zanim zrezygnujesz, poczekaj dwa tygodnie. Jeśli będziesz postępować raz tak, raz siak albo wypełniać zalecenia tylko od czasu do czasu, to zdezorientowane dziecko będzie miało jeszcze większe problemy z zaśnięciem.

I jeszcze jedna sprawa, o której należy pamiętać wieczorną porą: Nawet jeśli jesteś przeciwniczką metody pozwalającej wypłakać się maluchowi w samotności, nie biegnij do niego po pierwszym zakwileniu, bo dopiero wtedy możesz śpiocha wybudzić! Niemowlęta często popłakują w fazie lekkiego snu i bez niczyjej pomocy ponownie zapadają w głęboki sen. Albo budzą się na moment i same zasypiają. Bywają i takie, które zawsze popłakują przed zaśnięciem (aby się uspokoić) lub gdy przebudzą się w środku nocy. Jeżeli płacz nie jest rozpaczliwy i głośny, poczekaj kilka minut, może to pochlipywanie ma służyć wyciszeniu się.

WCZESNE WSTAWANIE

Z początku cieszyliśmy się, że nasza córeczka przesypia całą noc. Ale teraz budzi się regularnie o piątej rano i już chyba wolelibyśmy, żeby budziła się w nocy.

Jeśli dziecko budzi się w nocy, przynajmniej wiemy, że rano pośpi trochę dłużej. Natomiast dziecko, które budzi się dużo wcześniej niż koguty, wyspane i pełne energii, z pewnością nie pozwoli nam na dłuższy sen. Niestety wielu rodziców co rano zmaga się z tym problemem. Prawdopodobnie nie ma co czekać, by małe ranne ptaszki spały do szóstej czy siódmej (przynajmniej do czasu, gdy staną się nastolatkami, wtedy trzeba je będzie na siłę wyciągać z łóżka, by zdążyły do szkoły). Niekiedy można trochę problem załagodzić.

Nie wpuszczaj do pokoju porannego światła. Niektóre niemowlęta, tak samo jak dorośli, są bardzo wrażliwe na światło. Kiedy dni stają się dłuższe, zasłaniaj okna w pokoju dziecka. Używaj żaluzji, zasłon, możesz nawet zawiesić w oknie koc.

Wycisz hałasy dochodzące z ulicy. Jeśli okno pokoju dziecka wychodzi na ruchliwą ulicę, może budzą je przejeżdżające samochody. Zamykaj okno, zawieś w nim koc lub zasłony, aby stłumić hałas. Włącz wentylator, może jednostajny dźwięk zagłuszy dźwięki dochodzące z ulicy. W ostateczności przenieś dziecko do innego pokoju.

Kładź dziecko później spać. Możliwe, że dziecko budzi się tak wcześnie, bo zbyt wcześnie kładziesz je spać. Spróbuj co wieczór kłaść dziecko o dziesięć minut później, aż pora snu przesunie się mniej więcej o godzinę. Będziesz musiała też poprzesuwać pory drzemek i posiłków.

Kładź dziecko później spać w dzień. Dzieci, które wcześnie wstają, już po godzinie czy dwóch kładą się z powrotem do łóżka, a przez to szybciej chodzą spać w nocy – i tak błędne koło się zamyka. Żeby temu zapobiec, kładź je nieco później, tak by stopniowo pora drzemki przesunęła się o godzinę, co może doprowadzić do dłuższego snu w nocy.

Niech mniej śpi w ciągu dnia. W tym wieku dziecku wystarcza około 14 i 1/2 godziny snu na dobę. Niekiedy więcej, niekiedy mniej. Może wasza pociecha wysypia się w dzień i nie potrzebuje snu nocnego? Skróć okres snu w ciągu dnia, zrezygnuj z jednej z drzemek albo skróć wszystkie. Jednak nie skracaj na tyle drastycznie, by dziecko było bardzo przemęczone wieczorem, bo trudniej mu będzie zasnąć.

Niech poczeka. Nie biegnij do dziecka, jak tylko zawoła. Stopniowo przychodź coraz później. Rozpocznij od pięciu minut – chyba że wrzeszczy. Może się uda i maluch znowu zaśnie albo przynajmniej przez chwilę pobawi się sam.

Zostaw w łóżeczku dużo zabawek. Jeśli nie pomoże zaciemnienie, spróbuj wpuścić do pokoju trochę światła, żeby dziecko mogło poba-

Spanie z dzieckiem

Nie odczuwasz potrzeby, by spać osobno? Nie chcesz, aby dziecko płakało, i wolałabyś nie wpływać na naturalne cykle snu? Wolisz być przy synku czy córeczce w chwili, gdy się obudzi, zamiast zwlekać się do niego z łóżka? Jesteś przekonana, że szczęście (w środku nocy) ma postać ciepłego dziecięcego ciałka? Zatem spanie z dzieckiem jest stworzone dla ciebie.

Wspólne łóżko nie oznacza wcale, że masz nieodwołalnie zrezygnować z samodzielnego spania (wszystkie dzieci kiedyś uczą się tej sztuki, a niektóre same podejmują decyzję około trzeciego roku życia), a jedynie, że czekasz na odpowiednią chwilę. Zwolennicy tej szkoły twierdzą, że dzieci, które śpią wraz z rodzicami, lubią spanie (oczywiście te, które śpią same, też mogą to lubić). Obecność rodziców, ich dotyk, zapach i głos, daje dziecku poczucie bezpieczeństwa, co ułatwia zasypianie czy ponowne zapadanie w głęboki sen po przebudzeniu się w środku nocy. A kiedy nadchodzi czas na przeniesienie się do własnego łóżeczka, dzieci nie czują strachu przed zaśnięciem czy ciemnością, choć niektóre mogą mieć problem ze zrezygnowaniem z towarzystwa.

Wspólne spanie, część filozofii rodzicielstwa zaangażowanego, nakłania także do karmienia dziecka w nocy piersią tak długo, jak długo ono tego chce, a zatem w niektórych przypadkach dobrze powyżej roku czy dłużej. (Pamiętaj, że częste karmienie w nocy po tym, jak dziecku zaczną się wyrzynać ząbki, może stać się przyczyną próchnicy.) Ważne jest również – dla dobra rodziny – by oboje rodzice zgadzali się na dzielenie łóżka z malcem, w przeciwnym razie może dojść do prawdziwych podziałów. Więcej o spaniu z dzieckiem znajdziesz na stronie 243.

---

wić się po przebudzeniu. Zabawka przyczepiona do szczebelków łóżeczka lub lustro przyciągnie uwagę malucha przynajmniej na kilka minut. Zostawiając zabawki w łóżeczku, upewnij się, czy są bezpieczne (żadnych pluszaków, ostrych krawędzi, małych elementów).

Niech poczeka na śniadanie. Jeśli przyzwyczai się do jadania o 5.30, zawsze obudzi je głód. Nawet gdy wstajesz razem z dzieckiem, nie karm go od razu. Stopniowo podawaj śniadanie coraz później, może nie będzie się budzić tak wcześnie na posiłek.

Te wszystkie wysiłki mogą pójść na marne. Niektóre dzieci po prostu potrzebują mniej snu i jeśli twoje jest jednym z nich, będziesz musiała wcześnie wstawać. W końcu dorośnie i samo będzie sobie robić śniadanie. Zanim to nastąpi, wszyscy kładźcie się wcześniej, a rano wstawajcie do dziecka na zmianę, oczywiście jeśli nie karmisz piersią.

OBRACANIE SIĘ PRZEZ SEN

Zawsze kładę dziecko do snu na pleckach, ale od czasu, kiedy mała nauczyła się obracać, przewraca się na brzuszek przez sen. Martwi mnie to w związku z ryzykiem zespołu nagłej śmierci niemowlęcia.

Kiedy niemowlęta opanowują sztukę obracania się, nie istnieje już sposób, by powstrzymać je przed spaniem na brzuszku, jeśli tak akurat jest im wygodniej. Nie tylko nie ma sensu ich powstrzymywać, ale i zamartwiać się tym faktem. Specjaliści są zgodni co do tego, że dzieci, które łatwo zmieniają pozycję podczas snu, są znacznie mniej narażone na ryzyko wystąpienia zespołu nagłej śmierci niemowlęcia. Są dwie przyczyny po temu: po pierwsze, okres największego zagrożenia, w którym istnieje największe niebezpieczeństwo wystąpienia tego zespołu, zwykle się kończy, gdy dziecko umie się obrócić, a po drugie, dziecko, które opanowało tę umiejętność, nie jest już zagrożone tym, co wiąże się ze spaniem na brzuszku i co zwiększa ryzyko wystąpienia zespołu nagłej śmierci niemowlęcia.

Możesz – a zdaniem specjalistów wręcz powinnaś – nadal kłaść dziecko spać na pleckach przez pierwszy rok życia. Ale nie ma sensu nie spać po nocach z obawy, że malec zmieni pozycję. Upewnij się jednak, czy łóżeczko jest bezpieczne, i nadal przestrzegaj wszystkich wskazówek dotyczących zapobiegania zespołowi nagłej śmierci niemowlęcia, które znajdziesz na stronie 238: na przykład używaj twardego materacyka, unikaj poduszek, kocyków, pluszowych zabawek.

KĄPIEL W DUŻEJ WANNIE

Mój synek wyrósł już z plastykowej wanienki, trochę się boję kąpać go w dużej wannie, poza tym mam wrażenie, że on też się boi. Gdy raz spróbowałam, tak głośno protestował, że musiałam go wyciągnąć. Jak więc mam go kąpać?

Pierwsze zanurzenie w rodzinnej wannie może wydawać się przerażające i dla ciebie, i dla dziecka. On jest przecież taki mały, a wanna taka ogromna. Ale jeśli podejmiesz odpowiednie kroki, aby zapobiec wypadkom i ukoić lęki malucha, wielka wanna może okazać się dla sześciomiesięcznego niemowlaka cudowną krainą, a kąpiel ulubionym rodzinnym rytuałem. Pamiętaj o wskazówkach dotyczących bezpiecznej kąpieli dziecka ze str. 121. Przeczytaj również następujące rady:

Niech dziecko wypływa na nie znane wody we własnej łódce. Kilka dni wcześniej kąp maluszka w wanience umieszczonej w pustej, dużej wannie. Wypełniona wodą nie będzie już tak całkiem nieznajoma.

Spróbuj na sucho. Jeśli dziecko nie będzie protestować, włóż je do wanny wyłożonej dużym ręcznikiem, aby zmniejszyć ryzyko poślizgnięcia, i daj mu do zabawy całe mnóstwo zabawek. Będzie mogło przyzwyczaić się do otoczenia, zanim napuścisz wody, i zrozumie, że w tym miejscu można się świetnie bawić. Jeśli łazienka jest przyjemna i ciepła, a dziecko lubi być rozebrane, pozwól mu bawić się na golaska. Jeśli nie lubi być nago, nie rozbieraj go. Tak jak podczas kąpieli w wanience ani na chwilę nie zostawiaj dziecka bez opieki.

Użyj dublera. Niech ktoś potrzyma dziecko, a ty w tym czasie zademonstruj, jak wygląda kąpiel, używając lalki lub zwierzątka. Opowiadaj dokładnie, co robisz. Postaraj się, by wyglądało tak, jakby wszyscy świetnie się bawili.

Unikaj chłodu. Dzieci nie lubią zimna, a gdy kąpiel będzie się z nim kojarzyć, mogą protestować. Sprawdź więc, czy w łazience jest odpowiednia temperatura, a jeśli pomieszczenie jest za zimne, ogrzej je, puszczając gorącą wodę. Najpierw przygotuj wodę, a potem rozbieraj dziecko. Przygotuj sobie duży, miękki ręcznik, najlepiej z kapturem, aby owinąć malucha natychmiast po wyjęciu z wody. Dokładnie wycieraj dziecko, zwłaszcza wszystkie fałdy skóry, przed odwinięciem z ręcznika i ubieraniem.

Przygotuj mnóstwo zabawek. Zamień wannę w wodny kojec. Łatwiej będzie odwrócić uwagę malucha, gdy będziesz zajmowała się poważną operacją mycia. Najlepiej spisują się specjalne zabawki przeznaczone do zabaw w wodzie (utrzymują się na powierzchni), plastykowe książeczki i różnej wielkości plastikowe kubeczki. Po kąpieli wycieraj zabawki ręcznikiem i przechowuj w suchym pojemniku, aby zapobiec tworzeniu się pleśni. Myj wszelkie zabawki kąpielowe, przynajmniej raz na tydzień, w roztworze sporządzonym z jednej części wybielacza chlorowego na piętnaście części wody (dokładnie spłucz po takim czyszczeniu), aby nie rozwijały się na nich żadne bakterie, które mogą wywołać infekcje.

Pozwól dziecku chlapać, ale sama na nie nie pryskaj. Większość dzieci to uwielbia, im bardziej mokre dziecko, tym szczęśliwsze. Jeśli sama nie chcesz się zamoczyć, włóż nieprzemakalny fartuch. Dziecko lubi chlapać, ale nie wolno go opryskiwać. Wiele maluchów na długo zraziło się do kąpieli po jednym niewinnym chlapnięciu.

Spróbuj wspólnej kąpieli. Niektóre dzieci lubią kąpiel w towarzystwie. Spróbuj kąpać się razem z dzieckiem, w temperaturze dostosowanej do niego. A kiedy już przyzwyczai się do wspólnych kąpieli, zobacz, czy zechce kąpać się samo.

Bezpieczna kąpiel w wannie

Aby kąpiel była nie tylko radosna, lecz i bezpieczna, postępuj zgodnie z poniższymi wskazówkami:

Poczekaj, aż dziecko będzie pewnie siedzieć. Będziesz się czuła bezpieczniej, jeśli dziecko jest w stanie siedzieć samodzielnie lub z niewielką pomocą.

Zapewnij dziecku bezpieczne miejsce do siedzenia. Mokre dziecko jest śliskie i nawet to, które potrafi już pewnie siedzieć, może poślizgnąć się w wannie tak samo jak dorosły. Jeśli tylko na chwilę znajdzie się pod wodą, nie stanie mu się pewnie żadna krzywda, lecz na długo może mieć uraz do kąpieli. (Oczywiście jeśli dziecko się poślizgnie, a ciebie przy nim nie będzie, konsekwencje mogą być bardziej poważne.)

Możesz rozważyć kupno krzesełka kąpielowego wkładanego do wanny, ale wielu ekspertów uważa, że nie są one jednak w stu procentach bezpieczne. Zalecają, aby poczekać, aż Amerykańska Konsumencka Komisja Bezpieczeństwa opracuje nowe standardy dotyczące tych mebelków (obecnie prace nad nimi trwają). Jeśli zdecydujesz się na krzesełko dowolnego rodzaju, przy zakupie sprawdź, czy zostało wyposażone w przyssawki umożliwiające przymocowanie go do podłoża wanny. Nigdy nie zostawiaj dziecka w takim krzesełku bez nadzoru osoby dorosłej. Niektóre z nich mają także piankową wyściółkę, na której można posadzić niemowlę, by nie ślizgało się podczas kąpieli. Jeśli twój mebelek go nie ma, użyj czystej myjki albo małego ręczniczka. Spłukuj też i susz ręczniczek albo używaj za każdym razem świeżego, żeby nie dopuścić do rozmnażania się bakterii na wilgotnym materiale. Piankową wyściółkę także należy suszyć przed ponownym użyciem. Jeżeli nie korzystasz z krzesełka, zawsze kładź na dno wanny gumową matę czy inny materiał zapobiegający poślizgnięciu się dziecka.

Bądź przygotowana. Ręcznik, myjka, mydło, szampon, zabawki i wszystkie inne rzeczy potrzebne w kąpieli powinny być przygotowane, zanim włożysz dziecko do wanny. Jeżeli o czymś zapomnisz, zawiń dziecko w ręcznik i zabierz z sobą. Usuń z zasięgu rączki twego malca potencjalnie niebezpieczne przedmioty – mydło, żyletki, szampon.

Bądź z dzieckiem przez cały czas. W kąpieli twoje dziecko potrzebuje nieustannego nadzoru dorosłych, i tak będzie przez pierwsze pięć lat życia. Nigdy, ani przez chwilę, nie zostawiaj dziecka w wannie bez opieki, nawet w specjalnym krzesełku (maluch może z niego wyjść lub się zsunąć). Zawsze gdy dzwoni telefon czy dzwonek do drzwi, gdy wre woda czy dzieje się cokolwiek innego, co odwraca uwagę od dziecka w kąpieli, przypomnij sobie tę przerażającą statystykę: do 55% przypadkowych utonięć niemowląt dochodzi w wannie.

Sprawdź temperaturę wody. Twoje dłonie są mniej wrażliwe niż delikatna skóra dziecka. Dlatego sprawdzając temperaturę wody w wannie, zanurz w niej łokieć lub przegub ręki. Powinna być przyjemnie ciepła, ale nie gorąca. Najpierw zakręcaj kurek z gorącą wodą, tak by spływające krople nie poparzyły dziecka.

Nie kąp dziecka po jedzeniu. To, co twoja matka bezustannie powtarzała na wakacjach, wydawało się bez sensu. A jednak nie należy kąpać dziecka tuż po jedzeniu, gdyż gwałtowne ruchy i wzmożona aktywność mogą spowodować wymioty.

Nie wyciągaj korka przed wyjęciem dziecka z wanny. Nagłe oziębienie może być nie tylko nieprzyjemnym doświadczeniem fizycznym, ale też niekorzystnie wpłynąć na psychikę dziecka. Bulgot wody może je przerazić. Starsze dziecko, widząc wypływającą wodę, będzie się bało, że wkrótce samo znajdzie się w otchłani.

Uzbrój się w cierpliwość. Kiedyś dziecko zacznie się kąpać w dużej wannie! A moment ten nastąpi szybciej, jeśli pozwolisz mu samemu wyznaczyć tempo.

ODRZUCENIE BUTELKI U DZIECKA KARMIONEGO PIERSIĄ

Chciałabym czasem podać córeczce butelkę z pokarmem odciągniętym z piersi, żeby móc na chwilę wyjść, ale ona stanowczo odmawia picia z butelki. Co robić?

Twoja mała nie urodziła się wczoraj. Ma już wystarczająco dużo rozumu, by wiedzieć, co chce, a czego nie chce. Potrafi to wyegzekwować. A chce miłej, miękkiej, ciepłej piersi. Nie chce gumowego lub plastikowego smoczka. Dlatego płacze, by dostać pierś, odrzuca butelkę. Zbyt długo zwlekałaś z wprowadzeniem butelki, najlepiej jest próbować, gdy maleństwo ma około sześciu tygodni (patrz str. 194). Jednak może uda ci się tego dokonać, jeśli wypróbujesz następujące sztuczki:

Karm ją na pusty żołądek. Dzieci przyjmują chętniej butelkę, gdy mają ochotę na coś do jedzenia. Więc podawaj butelkę, gdy dziecko jest naprawdę głodne.

Podawaj butelkę bezpośrednio po karmieniu. U niektórych dzieci widok butelki, kiedy przygotowane są na pierś, wywołuje wrogość, czują się zdradzone. Jeżeli twoja córka tak właśnie reaguje, co jest łatwe do zaobserwowania, nie podawaj jej butelki, gdy jest głodna, ale między karmieniami. Jest wtedy bardziej skłonna eksperymentować i może uda ci się namówić ją na przekąskę.

Udawaj obojętność. Nie zachowuj się tak, jakby bardzo ci zależało, by piła z butelki, nawet jeśli tak jest. Niezależnie od tego, jak zareaguje, udawaj obojętność.

Pozwól jej pobawić się przed jedzeniem. Zanim obie zabierzecie się do pracy, pozwól małej pobawić się butelką. Jeśli będzie miała okazję poznać ten nowy przedmiot, może się z nim zaprzyjaźni. I może nawet sama włoży smoczek do buzi, tak jak to robi z wszystkimi innymi rzeczami.

Schowaj się, gdy pojawi się butelka. Dziecko karmione piersią prędzej zaakceptuje butelkę podawaną przez ojca, babcię lub innego opiekuna, kiedy nie czuje twojej obecności. Do czasu kiedy mała nie przyzwyczai się do mieszanki, nawet dźwięk twojego głosu będzie odrywać ją od butelki.

Spróbuj podać jej ulubiony płyn. Możliwe, że twoja córeczka odrzuca podawany płyn, a nie samą butelkę. Niektóre dzieci akceptują butelkę, jeśli ze smoczka płynie dobrze znany pokarm matki. Natomiast te, którym smak mleka matki kojarzy się wyłącznie z piersią, wolą inny napój. Spróbuj podać mieszankę mleczną, rozcieńczony sok jabłkowy lub pełne mleko krowie, jeżeli lekarz wyrazi na to zgodę.

Spróbuj podać butelkę w czasie snu. Być może po jakimś czasie dziecko zaakceptuje ją, także gdy nie będzie spać.

Wiedz, kiedy się poddać – tymczasowo. Nie dopuść do tego, by butelka stała się obiektem wojny, bo i tak jej nie wygrasz. Jak tylko dziecko zgłosi zastrzeżenia do butelki, odstaw ją i ponów próbę po kilku dniach. Możliwe, że wystarczy wytrwałość i udawanie obojętności. Próbuj podawać butelkę co kilka dni przez parę tygodni, zanim przyznasz się do klęski.

Nawet jeśli poniesiesz porażkę, nie trać nadziei. Jest jeszcze inne wyjście – kubek. Większość dzieci uwielbia pić z kubka i z powodzeniem wypija większą ilość mieszanki, nawet w wieku pięciu, sześciu miesięcy (patrz str. 297). Niekiedy tak świetnie opanowują sztukę picia z kubka, że przy końcu pierwszego roku (a czasem nawet w ósmym, dziewiątym miesiącu) po odstawieniu od piersi mogą być od razu karmione z kubka, z pominięciem etapu butelki.

ZMIANY STOLCA

Od kiedy w zeszłym tygodniu wprowadziłam dziecku karmionemu piersią pokarmy stałe, jego stolce stały się nie tylko twardsze – co mnie nie zdziwiło – ale również ciemniejsze i bardziej cuchnące. Czy to normalne?

No cóż, minął już czas, kiedy kupki maleństwa były słodkie i pachnące. Dla matki karmiącej piersią zmiana miękkich, przypominających musztardę stolców o obojętnym zapachu, na twardsze, ciemniejsze i cuchnące, może być szokująca. I chociaż ta zmiana nie jest zbyt estetyczna, z pewnością jest normalna. Im bardziej urozmaicona dieta, tym bardziej stolce dziecka będą przypominać stolce dorosłych, choć u dzieci karmionych piersią będą nieco luźniejsze.

Po raz pierwszy podałam dziecku marchew, a jego następny stolec miał kolor jasnopomarańczowy.

To, co wchodzi, musi wyjść. U niemowląt, u których układ trawienny jest niedojrzały, pokarm niewiele zmienia się w procesie trawienia. Kiedy zaczynają jeść pokarmy stałe, ich stolce są bardzo różnorodne, często przypominają kolorem i konsystencją ostatni posiłek. Później niedokładnie przeżute jedzenie, zwłaszcza ciężko strawne, może przejść przez układ pokarmowy prawie nie zmienione. Jeśli stolce nie zawierają śluzu i nie są wyjątkowo luźne, co może być sygnałem podrażnienia jelit (i wskazaniem do odstawienia nowego pokarmu na kilka tygodni), możesz spokojnie stosować urozmaiconą dietę.

SZCZOTKOWANIE ZĘBÓW DZIECKA

Mojej córeczce właśnie wyrósł pierwszy ząbek. Sąsiadka twierdzi, że już teraz powinnam go czyścić, a mnie wydaje się to trochę śmieszne.

Te maleńkie perełki, które wywołują tak wiele bólu, zanim się pojawią, a tak wiele radości, kiedy wreszcie przebiją się przez dziąsła, i tak w końcu wypadną. (Zdarzy się to we wczesnym okresie szkolnym.) Czy warto więc teraz o nie dbać? Tak, i to z kilku powodów. Po pierwsze, ponieważ przygotowują miejsce dla zębów stałych, ich zły stan i utrata mogą na stałe zdeformować jamę ustną. Zęby mleczne będą służyć dziecku do żucia i gryzienia pokarmów przez wiele lat, zepsute zęby uniemożliwiają właściwe odżywianie. Zdrowe zęby są także niezbędne do prawidłowego rozwoju mowy i ładnego wyglądu dziecka, obie te cechy są istotne dla jego poczucia własnej wartości. Dziecko, które niewyraźnie mówi z powodu wad zgryzu lub nie otwiera ust, bo wstydzi się zepsutych czy brakujących zębów, straci pewność siebie, a poza tym, jeśli wcześnie rozpoczniesz szczotkowanie ząbków swego dziecka, prawdopodobnie z łatwością przejdzie mu to w nawyk.

Pierwszy ząbek można przecierać czystą, wilgotną gazą, myjką, specjalną jednorazową szczoteczką nakładaną na palec albo szczotkować miękką, małą niemowlęcą szczoteczką do zębów (nie więcej niż trzy rzędy włosia), zamoczoną w niewielkiej ilości wody, po posiłkach i przed spaniem. Poproś stomatologa (musisz wybrać takiego specjalistę dla dziecka) lub farmaceutę, aby polecił ci odpowiednią szczoteczkę. Przed pojawieniem się zębów trzonowych wystarczy gaza, którą dokładniej oczyścisz zęby, chociaż szczoteczka pomoże rozwinąć ważny w życiu nawyk dbania o zęby, więc najlepiej połączyć oba sposoby. Bądź delikatna. Ząbki niemowlęcia są miękkie. Leciutko szczotkuj lub wycieraj język, który może być siedliskiem zarazków (myj jednak tylko przednią część języka, by nie wywołać wymiotów).

Na razie dziecko nie potrzebuje żadnej pasty, chociaż jej odrobina nada szczoteczce smak (używaj jednak wyłącznie specjalnej pasty dla niemowląt, bez fluoru) i szczotkowanie stanie się bardziej interesujące. Jeśli pasta zawiera fluor, wystarczy jej kropla wielkości ziarenka grochu. Większość dzieci uwielbia smak pasty i zjada ją, co może prowadzić do przedawkowania fluoru, zwłaszcza tam, gdzie woda jest już fluorowana.

Większość dzieci uwielbia mycie zębów i chce robić to sama. Za kilka miesięcy, kiedy twoja pociecha będzie już całkiem sprawnie

Pierwsza szczoteczka do zębów

Kupując dziecięcą szczoteczkę do zębów, pamiętaj, że jej wygląd nie jest najważniejszy, choć oczywiście zawsze plusem będzie rysunek ulubionej bajkowej postaci czy intensywne kolory. Najistotniejsza jest jakość: włosie powinno być miękkie, by nie raniło wrażliwych dziąseł. Szczoteczkę należy zmienić wtedy, gdy włosie stanie się szorstkie na krawędziach – a może to nastąpić bardzo szybko, gdyż dzieci zwykle uwielbiają je przeżuwać. Niezależnie od wyglądu szczoteczki, należy ją zmieniać na nową co dwa do czterech miesięcy, ponieważ z czasem osadzają się na niej bakterie pochodzące z jamy ustnej.

posługiwać się rękoma, niech sama czyści ząbki. Wieczorem, podczas kąpieli, dokładnie przetrzyj je gazą lub szczoteczką na palec. Pozwól dziecku obserwować, jak ty czyścisz zęby. Jeśli mama i tata dadzą dobry przykład, jak dbać o zęby, dziecko na pewno będzie pamiętało o szczotkowaniu, a później o używaniu nici dentystycznych.

Chociaż szczoteczka i nici będą najważniejsze w higienie jamy ustnej, istotne będzie także właściwe odżywianie (które rozpoczęło się jeszcze przed urodzeniem dziecka). Zapewniając dziecku odpowiednie dawki wapnia, fosforu, fluoru i innych minerałów (zwłaszcza witaminy C odpowiedzialnej za stan dziąseł) i ograniczając pokarmy o dużej zawartości cukru oraz takie, które przyklejają się do zębów (suszone owoce, nawet rodzynki), możesz zapobiec próchnicy i krwawieniu dziąseł. Najlepiej ograniczać słodycze, nawet te zdrowe, podawać je raz lub najwyżej dwa razy dziennie. Im więcej cukru spożywa dziecko, tym większe stanowi to zagrożenie dla jego zębów. Słodycze podawaj w trakcie posiłków, bo wtedy mniej szkodzą zębom niż podawane między posiłkami. Albo czyść ząbki bezpośrednio po zjedzeniu słodyczy.

Kiedy dziecko zje słodycze lub inną przekąskę bogatą w węglowodany, a nie masz przy sobie szczoteczki, daj mu kawałek sera (np. cheddar), który ma właściwości blokujące działanie kwasów niszczących zęby, produkowanych przez bakterie. Co więcej, przyzwyczajaj dziecko do picia z kubka i nigdy nie pozwalaj, aby zasypiało z butelką. (Soki podawaj rozcieńczone wodą do posiłków – nigdy pomiędzy.) Ograniczaj używanie kubeczków z dzióbkiem – patrz str. 298.

Oprócz właściwej pielęgnacji i diety dziecko będzie również potrzebować fachowej opieki stomatologicznej. Już teraz poproś lekarza o adres dobrego stomatologa dziecięcego. Jeśli masz pytania dotyczące zębów dziecka, natychmiast zadzwoń do niego lub umów się na wizytę. Zdaniem Amerykańskiej Akademii Pediatrii pierwszy rutynowy przegląd stanu uzębienia powinien nastąpić w pierwszym roku życia dziecka (a między szóstym i dwunastym miesiącem w przypadku dzieci zagrożonych próchnicą, do których należą maluchy zasypiające z butelką soczku czy mieszanki, budzące się w nocy na popijanie lub mali spacerowicze nieodłącznie związani z butelką czy kubeczkiem). Im wcześniej ta pierwsza wizyta nastąpi, tym większa jest szansa na zapobiegnięcie ewentualnym problemom. Dziecko, które jest przyzwyczajane do wizyt u stomatologa od pierwszych miesięcy życia, zwykle nie boi się ich, także kiedy podrośnie. Zęby ustawione w pewnej odległości od siebie zwykle później się przesuwają, a szpary między nimi znikają – rzadko więc wymagają interwencji lekarskiej.

ZEPSUTE JEDYNKI MLECZNE

Dziecku mojej koleżanki musiano usunąć ząbki przednie, bo były zepsute. Jak mam uchronić przed tym własne dziecko?

Nie ma nic śliczniejszego niż pierwszoklasista ze szparą w miejscu mleczaków. Natomiast małe dziecko z taką samą szparą na kilka lat przed pójściem do szkoły wcale nie jest śliczne. A niestety staje się to udziałem coraz większej liczby dzieci. Na szczęście można temu z powodzeniem zapobiegać. Najczęściej zdarza się to w dwóch pierwszych latach życia, kiedy ząbki są najbardziej wrażliwe, i jest skutkiem zasypiania ze smoczkiem (czy piersią mamy) w buzi. Cukry znajdujące się w płynie, który dziecko wypija (pokarm matki, mieszanka mleczna, sok owocowy lub inny słodki napój), łączą się z bakteriami w jamie ustnej i powodują psucie ząbków. Ten proces nasila się w czasie snu, kiedy produkcja śliny, która zwykle rozrzedza pokarmy i napoje oraz pobudza odruch połykania, gwałtownie spada. Ostatnie łyki, które dziecko wypiło przed zaśnięciem, na długo pozostają w ustach i na zębach. Dlatego, aby uniknąć zepsucia przednich mlecznych zębów, przestrzegaj następujących zasad:

- Nigdy nie podawaj dziecku wody słodzonej cukrem ani glukozą, nawet przed pojawieniem się pierwszych ząbków, aby nie przyzwyczaiło się do słodkiego smaku. To samo dotyczy koktajli owocowych, napojów i soków owocowych. Nawet stuprocentowe soki owocowe rozcieńczaj wodą. Jeśli to możliwe, podawaj soki wyłącznie z kubeczka, aby malec nie nabrał zwyczaju picia soków z butelki ze smoczkiem.

- Kiedy wyrosną pierwsze ząbki, nie dopuść, by dziecko zasypiało z butelką mleka lub soku. Jeśli zdarza się to od czasu do czasu, nie powinno zaszkodzić, natomiast jeśli powtarza się często, na pewno tak. Jeżeli musisz podawać dziecku butelkę przed snem, nalej do niej zwykłej wody, która nie uszkodzi zębów (a jeśli jest fluorowana, nawet je wzmocni).

- Nie pozwól, by butelka mleka czy soku pełniła funkcję smoczka. Dziecko nie powinno chodzić z nią i popijać, kiedy chce. Całodzienne popijanie jest tak samo szkodliwe dla zębów jak zasypianie z butelką. Butelka jest częścią posiłku i powinna być podawana o określonych porach i w określonych miejscach (w twoich ramionach, na krzesełku). Ta sama zasada dotyczy kubeczków z dzióbkiem (patrz str. 298).

- Nie pozwól, aby dziecko zasypiało przy piersi i popijało przez całą noc, kiedy ma na to ochotę. Pokarm matki też może wpłynąć na osłabienie zębów, zwłaszcza po ukończeniu roku.

- Odstaw dziecko od piersi lub odzwyczaj od butelki po ukończeniu roku.

PRZEJŚCIE NA PODAWANIE DZIECKU KROWIEGO MLEKA

Karmię piersią, ale chciałabym już skończyć. Nie chcę podawać mieszanki mlecznej. Czy mogę podawać mleko krowie?

Nie powinno się podawać dziecku krowiego mleka do pierwszych urodzin. Amerykańska Akademia Pediatrii zaleca, by – jeśli istnieje taka możliwość – karmić dziecko piersią przynajmniej przez pierwszy rok, a potem tak długo, jak tylko tego zapragną obie strony. Jeśli nie – to należy podawać niemowlęciu mieszankę mleczną wzbogaconą żelazem. (Na stronie 99 przeczytasz dlaczego.) Choć w sklepach można znaleźć preparaty specjalnie przygotowane z myślą o starszych niemowlętach, wielu lekarzy nie uważa ich za konieczne. Zanim zdecydujesz się na któryś z nich, porozmawiaj z pediatrą.

A kiedy po pierwszym roku zaczniesz podawać już mleko krowie, pamiętaj, by było nim mleko pełnotłuste. Zalecane jest dzieciom do drugiego roku życia, przy czym wielu lekarzy twierdzi, że po osiemnastym miesiącu można już dawać mleko o zawartości dwóch procent tłuszczu.

SPOŻYCIE SOLI

Jestem bardzo ostrożna, jeżeli chodzi o spożycie soli. Czy powinnam ograniczać sól w diecie córeczki?

Niemowlęta, tak jak my wszyscy, potrzebują soli. Ale, podobnie jak dorośli, nie potrzebują jej dużo. Ich nerki nie są w stanie poradzić sobie z dużymi ilościami sodu, dlatego pokarm kobiecy zawiera tylko 5 mg tego pierwiastka na szklankę (dla porównania – mleko krowie 120 mg). Istnieje coraz więcej dowodów na to, że duże spożycie soli w młodym wieku, zwłaszcza w rodzinach, w których występuje skłonność do nadciśnienia, może przyczyniać się do późniejszego wysokiego ciśnienia krwi. Jedzenie słonych dań we wczesnym okresie życia prowadzi często do powstania zamiłowania do słonego smaku w późniejszych latach.

Ze względu na udowodnioną szkodliwość nadmiaru soli producenci odżywek dla dzieci wyeliminowali ten składnik ze swoich receptur. Matki, które przygotowują pokarmy stałe w domu, powinny uczynić to samo. Niech ci się nie wydaje, że dziecku bardziej przypadnie do gustu posolone jedzenie tylko dlatego, że tobie takie bardziej smakuje. Pozwól, aby twoja pociecha nauczyła się, jak smakują potrawy bez dodatku soli, wtedy polubi naturalny smak potraw, a to zostanie jej na całe życie.

Pilnuj, by dziecko nie przyzwyczaiło się do słonych potraw. Zawsze czytaj nalepki na produktach, które kupujesz. Najprawdopodobniej okaże się, że duża ilość soli znajduje się często w dość nieoczekiwanych produktach, na przykład w chlebie, płatkach śniadaniowych, ciastach i herbatnikach. Ponieważ dzieci między szóstym a dwunastym miesiącem życia nie potrzebują więcej niż 250–750 mg soli dziennie, posiłki zawierające ponad 300 mg szybko pokrywają dzienny limit. Kupując jedzenie dla dziecka, wybieraj produkty o niskiej zawartości soli.

NIECHĘĆ DO PŁATKÓW ŚNIADANIOWYCH

Zaczęliśmy podawać dziecku płatki ryżowe w odpowiedni sposób, ale ono nie chciało ich jeść. Przeszliśmy więc na owoce i warzywa, którymi chętnie się zajada. Czy mojemu synkowi w ogóle nie są potrzebne płatki?

To nie płatków dziecku potrzeba, lecz zawartego w nich żelaza. Jeśli było karmione mieszankami mlecznymi, nie przejmujcie się tą niechęcią do płatków, ponieważ wszystkie potrzebne składniki mineralne znajdują się w butelce. Jednak niemowlęta karmione piersią muszą czerpać żelazo z innego źródła, aż do ukończenia szóstego miesiąca życia. Na szczęście wzbogacone tym biopierwiastkiem płatki nie są jedynym (choć są najpopularniejszym) jego źródłem. Dla dzieci karmionych piersią, które nie lubią płatków, przygotowano jeszcze preparaty uzupełniające z żelazem – zapytaj lekarza, który będzie najodpowiedniejszy dla twojego maleństwa. Zanim całkowicie zrezygnujesz z karmienia płatkami, spróbuj dać dziecku do skosztowania płatki owsiane czy jęczmienne. Czasem kubki smakowe preferują bardziej zdecydowane smaki (płatki ryżowe są mdłe). Możesz też wymieszać niewielką ilość płatków z ulubionym owocem (nie zaleca się takiego dania dla malców chętnie jedzących same płatki, ale nie zaszkodzi spróbować w przypadku płatkowych niejadków).

DIETA WEGAŃSKA

Oboje z mężem ściśle przestrzegamy diety wegańskiej i chcielibyśmy tak samo wychowywać naszą córkę. Czy nasza dieta będzie dla niej dobra?

To, co dobre dla wegańskiej gęsi i gąsiora, może też być dobre dla ich gąsek. Na świecie są miliony rodziców wystrzegających się żywności pochodzenia zwierzęcego, którzy wychowali zdrowe dzieci bez stawiania na stole mleka, mięsa czy ryb. Wegański styl życia może przynieść, na dłuższą metę, wiele korzyści dla zdrowia: zmniejszone zagrożenie chorobami serca, nowotworami czy innymi chorobami wiążącymi się z dietą bogatą w tłuszcze, mięsa, a ubogą w błonnik. Jednak nie można zapomnieć o potencjalnych niebezpieczeństwach czyhających w wegańskiej diecie na dzieci. Aby ich uniknąć, musisz pamiętać o kilku zasadach:

- Karm dziecko piersią. Karmienie co najmniej przez rok sprawi, że dziecko otrzy-

Dieta bezmięsna? Żaden problem!

Jeśli wasza dieta wegetariańska nie wyklucza mleka, produktów mlecznych i jajek, to zapewnienie dziecku zdrowego odżywiania jest proste jak bułka z (prawdziwym) masłem. Wapń na pewno nie stanowi problemu, gdyż dostarcza go nabiał (jednocześnie z witaminami A, B_{12} i D). Z nabiału pochodzi też białko. Tym wegetarianom, którzy jedzą ryby, jeszcze łatwiej jest zadbać o odpowiednią podaż białka. Żółtka jaj mają i białko, i żelazo, a ryby zapewnią dziecku spożycie ważnych kwasów tłuszczowych omega-3.

---

ma wszystkie składniki odżywcze, które są mu niezbędne przez pierwsze sześć miesięcy oraz większość składników potrzebnych mu do ukończenia pierwszego roku – oczywiście zakładając, że pamiętasz o dostarczaniu swemu organizmowi potrzebnych składników odżywczych (w tym kwasu foliowego i preparatu uzupełniającego z witaminą B_{12}). Jeśli nie możesz karmić piersią, podawaj dziecku mieszankę sojową zatwierdzoną przez lekarza.

- Zapytaj lekarza, czy powinnaś podawać karmionemu piersią dziecku dodatkowe dawki żelaza, witaminy D, kwasu foliowego i witaminy B_{12}, których naturalnym źródłem są produkty zwierzęce. (Na str. 156 znajdziesz więcej informacji na temat witamin.) Podawaj je także w momencie odstawiania od piersi lub odstawiania mieszanki.

- Gdy malec wyrośnie z niemowlęcych kaszek, podawaj mu wyłącznie pełnoziarniste płatki śniadaniowe i pieczywo. Zawierają one więcej witamin, składników mineralnych i białka występujących w produktach pochodzenia zwierzęcego niż ich odpowiedniki z białej rafinowanej mąki.

- Wprowadź tofu. Używaj tofu i innych produktów sojowych, które zapewnią dziecku białko, kiedy w jego diecie pojawią się pokarmy stałe. Pod koniec pierwszego roku możesz wprowadzić rozgotowany brązowy ryż z dodatkiem roślin strączkowych (fasola, groch) oraz makarony z pełnoziarnistej mąki. Nie zapominaj o edamame (czyli strączkach sojowych ugotowanych w wodzie, które się następnie obiera, a ziarna rozgniata – są smaczne i zawierają mnóstwo białka!).

- Uważaj na kalorie. Dzieciom do procesu wzrostu potrzeba mnóstwo kalorii, a zapewnienie odpowiedniej ilości „paliwa" jest znacznie trudniejsze, gdy stosuje się wyłącznie roślinną dietę. Sprawdzaj, czy dziecko rozwija się w prawidłowym tempie – jeśli odniesiesz wrażenie, że rośnie za wolno, postaraj się, by piło więcej mleka z piersi, a także wzbogać dietę o wysokokaloryczne owoce, na przykład awokado.

- Po odstawieniu dziecka od piersi nie zapomnij, aby w diecie malca nie zabrakło wapnia, niezbędnego do budowy silnych kości i zębów. Nie jest to proste, gdy w domu brakuje produktów pochodzenia mlecznego. Dobrym dla wegetarian źródłem tego cennego składnika mineralnego jest sok wzbogacony wapniem, tofu z wapniem (uważaj, bo wiele napojów na bazie nasion soi czy mrożone desery zawierają bardzo mało tego pierwiastka albo nie mają go wcale), brokuły i inne zielone warzywa liściaste. A ponieważ te i inne nienabiałowe źródła wapnia nie należą, niestety, do niemowlęcych przysmaków, być może trzeba będzie dziecku podawać wapń w postaci preparatu uzupełniającego. Porozmawiaj na ten temat z lekarzem.

- Nie zapominaj o tłuszczach – tych zdrowych oczywiście. Mięso łososia i innych ryb zawiera niezbędne nienasycone kwasy tłuszczowe omega-3. Ponieważ weganie wystrzegają się wszelkich produktów pochodzenia zwierzęcego, muszą poszukać innego ich źródła. Skoro warzywa nie zawierają tych dobroczynnych kwasów tłuszczowych, porozmawiaj z lekarzem o podawaniu preparatów uzupełniających (na przykład odpowiednich odżywek).

BADANIA PRZESIEWOWE W KIERUNKU NIEDOKRWISTOŚCI (ANEMII)

Nie rozumiem, dlaczego lekarz chce wykonać u mojego dziecka badanie wykluczające anemię. Synek był wcześniakiem, ale teraz rozwija się wspaniale.

Dzięki mieszankom i płatkom śniadaniowym z dodatkiem żelaza niedokrwistość jest obecnie rzadkością u dobrze odżywianych dzieci (tylko 2, 3% dzieci z rodzin klasy średniej cierpi na anemię), dlatego rutynowe badania przesiewowe w kierunku niedokrwistości (niskiego poziomu dostarczanego białka w krwinkach czerwonych) nie są obecnie uznawane za bezwzględnie konieczne. Ale ponieważ dzieci z lekką anemią zwykle nie wykazują typowych objawów tej choroby (bladość, osłabienie i/lub rozdrażnienie), a wręcz wydają się całkowicie zdrowe, jedynym sposobem na sprawdzenie stanu zdrowia jest wykonanie badania krwi. Dlatego właśnie wielu pediatrów nadal, na wszelki wypadek, zleca ich przeprowadzenie (u dzieci z małą masą urodzeniową między szóstym a dziewiątym miesiącem życia, a u pozostałych – między dziewiątym a dwunastym miesiącem).

Najczęstszą przyczyną niedokrwistości jest niedobór żelaza, zwykle pojawiający się u dzieci, które urodziły się ze zbyt małą ilością tego pierwiastka zmagazynowanego w organizmie (zwykle u wcześniaków, które nie zdążyły przed przyjściem na świat odłożyć odpowiednich rezerw, oraz u dzieci, których matki nie przyjmowały odpowiedniej ilości żelaza podczas ciąży). Dzieci z ciąż donoszonych rodzą się zazwyczaj z taką ilością żelaza zgromadzonego w organizmie podczas życia płodowego, która im wystarczy na pierwsze kilka miesięcy życia. Kiedy zapasy się wyczerpią, potrzebne będą spore ilości tego biopierwiastka do produkcji krwi w miarę gwałtownego wzrostu ciała. Źródłem będzie odpowiednia dieta, na przykład preparaty zawierające żelazo (dla dzieci karmionych piersią) czy płatki śniadaniowe. I choć uważa się, że najlepszym sposobem żywienia niemowlęcia przez pierwsze cztery do sześciu miesięcy jest karmienie go piersią, a żelazo z mleka matki jest świetnie przyswajane, dziecko karmione wyłącznie piersią po szóstym miesiącu życia nie otrzymuje wystarczającej ilości tego pierwiastka z pokarmu matki.

Zazwyczaj u dziecka z donoszonej ciąży występuje niedokrwistość, gdy jego dieta opiera się głównie na mleku z piersi (po szóstym miesiącu), krowim mleku czy mieszankach z niską zawartością żelaza lub gdy spożywa zbyt mało pokarmów stałych. Ponieważ przy anemii apetyt na takie pokarmy – główne źródło żelaza – słabnie, rozpoczyna się błędne koło: mało żelaza, mało jedzenia, mniej żelaza, mniej jedzenia. Żelazo w kropelkach szybko poprawia sytuację.

Aby zapobiec powstawaniu niedokrwistości spowodowanej niedoborem żelaza, wypróbuj następujące rady:

- Jeśli karmisz butelką, podawaj mieszankę wzbogaconą żelazem.

- Jeśli karmisz piersią, podawaj po szóstym miesiącu dodatkowe dawki żelaza w postaci kaszek lub w kropelkach (zgodnie z zaleceniem lekarza). Podawaj również pokarmy zawierające witaminę C, które ułatwią wchłanianie żelaza.

- Kiedy dziecko zacznie zjadać większe porcje pokarmów stałych, podawaj produkty bogate w żelazo (patrz str. 291).

- Nie podawaj dziecku otrąb, mogą zaburzać wchłanianie żelaza.

BUTY DLA DZIECKA

Moje maleństwo jeszcze nie chodzi, ale wydaje mi się, że bez butów nie jest całkowicie ubrane.

Na tym etapie rozwoju najlepsze dla dziecka będą skarpetki, włóczkowe buciki lub bose nóżki. Od święta nie zaszkodzi ustroić małe stópki w szykowne buciki, jeśli tylko będą na nie pasowały. Ponieważ nóżki twojego dziecka jeszcze nie potrafią chodzić, jego buciki także nie muszą być do tego przystosowane. Muszą natomiast być lekkie, zrobione z naturalnego materiału (skóry lub płótna, nie z plastiku). Pod podeszwą powinnaś wyczuć paluszki dziecka, twarde podeszwy są wykluczone. Półbuciki usztywniające kostkę są zbędne i niezdrowe – nie będą również zalecane, kiedy dziecko zacznie chodzić. A biorąc pod uwagę, jak szybko rośnie twój maluch, kupuj buciki niedrogie. Rady, jak dobrać buty dla dziecka, które zaczęło już chodzić, znajdziesz na str. 398.

Co warto wiedzieć
Stymulowanie rozwoju starszego dziecka

Pobudzanie rozwoju dziecka w pierwszych miesiącach życia wymaga wyobraźni, stymulowanie rozwoju półrocznego malucha – wyrafinowania. Dziecko nie jest już laleczką w twoich rękach, może aktywnie uczestniczyć w nauce i kontroluje zmysły – widzi, czego dotyka, ogląda się w kierunku głosu, dotyka tego, co je. W dalszym ciągu możesz polegać na wskazówkach ze str. 221 dotyczących pobudzania rozwoju dziecka w pierwszych miesiącach, ale teraz repertuar jest znacznie bogatszy. Będziesz rozwijać następujące umiejętności:

Rozwój motoryki dużej. Najlepszym sposobem, by pomóc dziecku w osiągnięciu dużego rozwoju motorycznego i koordynacji niezbędnej przy siadaniu, raczkowaniu, chodzeniu, rzucaniu piłki i jeżdżeniu na rowerku, jest ich ćwiczenie. Często zmieniaj pozycję dziecka z brzuszka na plecy, z siedzenia do stania, z łóżeczka na podłogę. Gdy dziecko będzie gotowe, a dowiesz się o tym, jeśli spróbujesz, niech ćwiczy:

- podskakiwanie na twoich kolanach;
- podciąganie do siedzenia;
- siedzenie w pozycji „żaby";
- siedzenie z podparciem;
- wstawanie, przytrzymując się łóżeczka, kojca lub innych mebli;
- stawanie na czworakach.

Rozwój motoryki małej. Rozwijanie umiejętności posługiwania się rączkami i paluszkami pomoże w opanowaniu takich umiejętności jak: samodzielne jedzenie, rysowanie, pisanie, mycie zębów, zawiązywanie sznurowadeł, zapinanie guzików, przekręcanie klucza itd. Osiągnięcie biegłości wymaga nieustannych ćwiczeń, dawaj dziecku okazję manipulowania małymi przedmiotami, odkrywania, eksperymentowania. Dobre będą:

- zabawki wymagające manipulowania, uderzania, kręcenia;

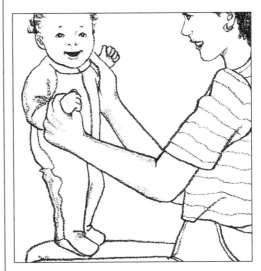

Dzieci uwielbiają stać rodzicom na kolanach. Podciąganie to świetna zabawa, pomaga także wzmacniać mięśnie nóg, co będzie bardzo istotne w nauce samodzielnego stawania i chodzenia.

W jaki sposób rozmawiać teraz z dzieckiem

Lada moment u dziecka rozpocznie się rozwój mowy, wszystko, co do niego mówisz, nabiera znaczenia. Oto, jak pomóc dziecku w rozwoju mowy:

Zwolnij. Dziecko próbuje rozszyfrować twój język, gdy mówisz szybko, jest to trudniejsze. Żeby maluch miał szansę na wyłapanie poszczególnych słów, mów wolniej, wyraźniej i prościej.

Koncentruj się na pojedynczych słowach. Opowiadaj, co robisz, ale podkreślaj poszczególne słowa i zwroty, które dziecko najczęściej słyszy. Na przykład w porze karmienia powiedz: „Wlewam sok do kubka", pokaż i nazwij osobno i sok, i kubek. Koncentruj się na słowach związanych z dzieckiem. Po prezentacji rób małą przerwę, aby dziecko miało czas na przyswojenie tych słów.

Unikaj zaimków. Zaimki stanowią problem dla dziecka. Mów: „To książka mamy", „To lalka Wojtusia".

Naśladowanie. Teraz, kiedy dziecko wydaje już różne dźwięki, możecie naśladować się nawzajem. Na bazie kilku dźwięków można zbudować całą rozmowę. Dziecko mówi „ba-ba", a ty odpowiedz „ba-ba", na „da-da-da" zareplikuj „da-da-da". Możesz mu „zadawać" do powtórzenia inne sylaby, np. „ga-ga-ga". Przerwij zabawę, jeśli dziecko nie ma już na nią ochoty. Za kilka miesięcy ono samo będzie próbowało powtarzać twoje słowa.

Opowiadanie. Mów dziecku przez cały dzień o wszystkim, o czymkolwiek. Niech twoje wypowiedzi będą naturalne, tylko z lekką dziecięcą modulacją głosu (nie mylić z „dziecięcym mówieniem"). W ramce na stronach 198–199 znajdziesz więcej informacji na temat tego, jak rozmawiać z niemowlęciem.

Piosenki i wierszyki. Powtarzanie tego samego wierszyka dziesięć razy dziennie może ci się wydawać nudne. Jednak maluchy uwielbiają to i sporo się uczą. Już teraz możesz puszczać dziecku kasety z piosenkami i wierszykami.

Książeczki. Dziecko nie będzie jeszcze słuchało bajek, ale wierszyki z wyraźnymi obrazkami z pewnością je zainteresują. Pokazuj i nazywaj przedmioty, zwierzątka i ludzi na rysunkach. Zapytaj: „Gdzie jest piesek?" i połóż paluszek dziecka w odpowiednim miejscu na obrazku. Pewnego dnia maluch zaskoczy cię, samodzielnie wskazując czworonoga!

Czekaj na odpowiedź. Choć dziecko jeszcze nie mówi, zaczyna przetwarzać informacje i reaguje na twoje wypowiedzi, np. piskiem, kiedy proponujesz spacer, albo jękiem, gdy mówisz, że czas iść do domu.

Bądź stanowcza. Dziecko musi nauczyć się reagować na polecenia typu: „Daj buzi babci" czy: „Zrób pa-pa" itd. (zawsze dodawaj słowo „proszę", jeśli chcesz, by kiedyś wypowiadanie tego słowa przychodziło dziecku w sposób naturalny). Pamiętaj, że dziecko nie wypełni twych próśb w najbliższych miesiącach, a nawet później nie zareaguje od razu (na przykład pomacha na do widzenia pięć minut po wyjściu gości). Nie okazuj rozczarowania, lecz pomóż dziecku wykonać twoje polecenie. Kiedy już nauczy się reagować, nie traktuj go jak tresowanej foki i nie każ tego powtarzać za każdym razem, kiedy będzie publiczność.

- klocki – drewniane, plastykowe lub z płótna, odpowiednie dla tego wieku;
- miękkie lale i wypchane zwierzaki, przydatne w nauce chwytania, wyrabiają zręczność;
- przedmioty codziennego użytku, prawdziwe lub zabawki, dzieci uwielbiają bawić się telefonami (usuń przewody), kopystkami, dzbanuszkami, sitkami, garnkami, papierowymi kubeczkami, pustymi pudełeczkami;
- piłki różnej wielkości i rodzaju, do trzymania, ściskania, szczególnie przydatne, gdy dziecko siedzi i może je toczyć dookoła lub raczkować za nimi;
- zabawy typu „Warzyła sroczka kaszkę" czy „Idzie kominiarz po drabinie".

Rozwój społeczny. Dla większości dzieci połowa pierwszego roku to czas wielu kontaktów społecznych. Uśmiechają się, śmieją radośnie, porozumiewają się z otoczeniem, dzielą przyjaźnią ze wszystkimi gośćmi. Nie znane im są lęki przed nieznajomymi. Jest to doskonały moment na zachęcanie dzieci do kontaktów z dorosłymi, z innymi dziećmi i z ludźmi w starszym wieku. Możesz to robić podczas zakupów, zapraszając przyjaciół lub odwiedzając ich, spotykając się z rodzicami, którzy także mają małe dzieci. Pokaż dziecku jego własny wizerunek w lustrze. Ucz mówić „cześć", robić „pa-pa", posyłać całuski i mówić „dziękuję".

Rozwój mowy. Dzieci powoli zaczynają rozumieć. Najpierw rozpoznają imiona rodziców i rodzeństwa, potem rozumieją podstawowe słowa: „nie", „mleko", „pa-pa", a wkrótce często słyszane zdania: „Teraz będziemy jeść", „Gdzie jest pieluszka?" Rozumienie zawsze wyprzedza mówienie. Rozpoczyna się również rozwój intelektualny. Jeszcze trudno to zaobserwować, ale dziecko przygotowuje się do rozwiązywania problemów, obserwowania, zapamiętywania. Możesz mu pomóc w następujący sposób:

- Wprowadź zabawy stymulujące intelektualnie (patrz str. 414), dzięki którym dziecko nauczy się rozpoznawać związek między przyczyną a skutkiem (w wannie napełnij kubek wodą i pozwól dziecku ją wylać) oraz stałość rzeczy (zakrywaj zabawkę pieluszką, pozwól dziecku jej szukać, a zdejmując pieluszkę, mów: „Nie ma, nie ma, jest!").
- Wyostrzaj słuch dziecka. Kiedy słychać przelatujący samolot albo przejeżdżający wóz strażacki, pokaż je dziecku i pytaj: „Czy to samolot?", „Czy słyszysz syrenę?" Pozwoli to dziecku wejść w świat dźwięków. Wyraźne wymawianie słów ułatwi ich rozpoznawanie. Postępuj tak samo, włączając odkurzacz, odkręcając wodę, kiedy gwiżdże czajnik albo dzwoni dzwonek. Nie zapomnij o ulubionych dźwiękach typu głośne cmokanie, kląskanie językiem, pogwizdywanie, ponieważ zachęcają do naśladownictwa, co z kolei ułatwia rozwój mowy.
- Wprowadzaj pojęcia. „Ten miś jest miękki", „Kawa gorąca", „Samochód jedzie szybko", „Wstałeś wcześnie", „Piłka jest pod stołem". Gdy używasz jakichś przedmiotów, tłumacz: „Miotła służy do zamiatania, ręcznik do wycierania, mydło do mycia". Z początku te słowa nie będą miały dla dziecka znaczenia, ale później, dzięki częstym powtórkom, wszystkie zrozumie.
- Popieraj twórczość i ciekawość. Jeśli dziecko bawi się zabawką niewłaściwie, nie poprawiaj go. Daj mu możliwość eksperymentowania i odkrywania świata, co w jego wypadku oznacza wyrywanie trawy w ogrodzie albo wyciskanie gąbki w wannie. W ten sposób nauczy się więcej, niż wysłuchując wykładów.
- Rozwijaj w dziecku umiłowanie do nauki. Uczenie faktów i pojęć jest ważne, ale tak samo ważne jest wpajanie dziecku zainteresowania uczeniem się. Pamiętaj, że uczenie się jest zawsze bardziej efektywne, jeśli polega na doświadczeniach i zabawie.

11
Siódmy miesiąc

Dziecko nadal jest towarzyskie, ale mniej zainteresowane kontaktami z ludźmi, za to bardziej zainteresowane tym, co je otacza. Dzieje się tak dlatego, że dziecko jest coraz bardziej ciekawe świata i coraz bardziej niezależne (w najbliższych miesiącach będziesz często obserwować przejawy jego rosnącego poczucia niezależności). Pragnieniu bycia sobą towarzyszy chęć samodzielnego przemieszczania się. Czasy, gdy dziecko posadzone na środku pokoju pozostawało wciąż w tym samym miejscu, odchodzą powoli w przeszłość – jeżeli już do niej nie należą. Zanim się obejrzysz, twoja pociecha się obróci, przewróci, powędruje z jednego końca pokoju na drugi lub jeszcze dalej (zdarzają się przypadki ominięcia etapu raczkowania, szczególnie jeśli dziecko było tylko sporadycznie kładzione na brzuszku). Jeśli do tej pory nie zabezpieczyłaś domu, zrób to natychmiast – lada moment twój mały podróżnik wyruszy zwiedzać świat.

CO TWOJE DZIECKO POTRAFI ROBIĆ

Dzieci osiągają kolejne etapy rozwoju we własnym tempie. Jeśli twój maluszek nie umie wykonać jednej czy kilku z poniżej wymienionych czynności, nie martw się: wkrótce się nauczy. Normalne tempo rozwoju to takie, w jakim dziecko się rozwija. Pamiętaj też, że umiejętności, które można wyćwiczyć, tylko leżąc na brzuszku, nie zostaną przez dziecko opanowane, jeśli nie będzie miało po temu okazji. Koniecznie kładź więc malca (pod nadzorem!) w takiej pozycji. Jeśli rozwój dziecka wzbudza w tobie wątpliwości (ponieważ zauważyłaś, że opuściło któryś z etapów rozwoju, lub obawiasz się, że rozwija się za wolno), skonsultuj się z lekarzem. Porozmawiaj z nim, nawet jeśli on sam danego tematu nie poruszy, gdyż rodzice często zauważają pewne niuanse niewidoczne dla lekarzy. Wcześniaki zwykle wykształcają pewne sprawności nieco później, niż ich rówieśnicy, zazwyczaj w okresie, w którym osiągnęłyby je, gdyby urodziły się o czasie, a nawet później.

Po skończeniu siódmego miesiąca twoje dziecko powinno umieć:

- samodzielnie zjeść biszkopta;
- śmiać się (wydawać dźwięki przypominające śmiech);
- gaworzyć w chwilach radości;
- uśmiechać się często podczas kontaktów z tobą.

Po ukończeniu siódmego miesiąca twoje dziecko prawdopodobnie będzie umiało:

- siedzieć bez podparcia;
- utrzymać ciężar ciała na nogach, podtrzymywane w pozycji pionowej;

- protestować przy próbach odbierania zabawki;
- przesunąć się w kierunku zabawki i wziąć ją;
- śledzić wzrokiem spadający przedmiot;
- sięgnąć po rodzynek i przytrzymać go w piąstce (wszystkie niebezpieczne przedmioty trzymaj poza zasięgiem dziecka);
- obrócić się w kierunku głosu;
- gaworząc, łączyć spółgoski z samogłoskami „ga-ga-ga-ga", „ba-ba-ba-ba", „ma-ma-ma-ma" oraz „da-da-da-da";
- bawić się w „akuku" (7 i 1/4 miesiąca).

Po ukończeniu siódmego miesiąca twoje dziecko być może będzie umiało:

- raczkować lub pełzać*;
- przełożyć klocek lub inny mały przedmiot z jednej rączki do drugiej;
- stać z podparciem, trzymając się kogoś lub czegoś.

Po ukończeniu siódmego miesiąca twoje dziecko może nawet umieć:

- wstać z pozycji siedzącej;
- usiąść z leżenia na brzuchu;
- bawić się w „kosi-kosi" i robić „pa-pa";
- podnieść mały przedmiot, przytrzymując go palcem wskazującym i kciukiem;
- poruszać się, opierając się o meble;
- mówić „mama" i „tata", ale bez zrozumienia.

CZEGO MOŻESZ OCZEKIWAĆ W CZASIE BADANIA LEKARSKIEGO

Większość lekarzy nie wyznacza wizyty kontrolnej zdrowego dziecka w tym miesiącu. Skontaktuj się z pediatrą, jeśli martwi cię coś, co nie może poczekać do przyszłego miesiąca.

KARMIENIE DZIECKA W SIÓDMYM MIESIĄCU
Gdy nie wystarczają już papki

Przechodzenie na pokarmy stałe w postaci papek mogło przebiegać bez zakłóceń, choć często bywa trudne i kłopotliwe. Przed wami następny próg do przekroczenia: od dokładnie zmiksowanych papek do pokarmów ugniatanych widelcem. Niezależnie od tego, czy malec z przyjemnością rzuca się na jedzenie, czy trzeba go długo namawiać, czy przyjmuje pokarmy stałe od dawna, czy dopiero zaczął je jeść, próg lepiej przekroczyć wcześniej niż później. Jak już wspominaliśmy, wraz z upływem czasu dzieci zwykle reagują na nowości z coraz większą niechęcią.

Co nie oznacza, że już można wybrać się z rodziną do ulubionej restauracji serwującej befsztyki. Chociaż w buzi dziecka pobłyskują dwa nowiutkie pierwsze ząbki, malec i tak rozgniata jedzenie dziąsłami, które nie poradzą sobie z mięsem. Na obecnym etapie rozwoju najlepsze będą pokarmy miksowane przez krótką chwilę albo rozgniatane widelcem. Możesz rozduszać te same pokarmy, które przygotowujesz dla całej rodziny, jeżeli oczywiście nie używasz soli i cukru. Możesz podawać zwykłe płatki owsiane z mieszanką lub mlekiem z piersi (nie zapominaj, że nie

---

* Dzieci, które mniej czasu spędzają, leżąc na brzuszku, zwykle później zdobywają tę umiejętność. Nie ma powodu do zmartwień (patrz str. 188).

zawierają dodatku żelaza), twarożki (nie solone), tarte jabłko lub brzoskwinię (możesz je strugać nożem bezpośrednio na talerzyk), ugniecione gotowane owoce (jabłka, morele, brzoskwinie, śliwki) i warzywa (marchew, ziemniaki, kalafior). W siódmym miesiącu możesz już dodawać mięso i drób bez skóry (zmiksowane lub mielone) oraz cienko pokrojoną, miękką rybę. Kiedy lekarz poleci wprowadzić żółtko (białko niech poczeka, jest bardzo uczulające), podawaj je gotowane na twardo i ugniecione, w postaci jajecznicy lub w naleśnikach, najlepiej razem z produktami zawierającymi witaminę C, która ułatwia przyswajanie żelaza. Uważaj na włókna z owoców (banany, mango), warzyw (brokuły, fasolka szparagowa, jarmuż) i mięs. Zwróć szczególną uwagę, czy z kawałków ryby zostały usunięte wszystkie ości. (Na stronie 287 znajdziesz dokładną informację, kiedy które pokarmy można wprowadzać.)

Niektóre dzieci nieźle radzą sobie z jedzeniem chleba i biszkoptów (oczywiście zakładając, że nie wchodzą w grę jakieś alergie; jeśli dziecko nie jest uczulone, teraz możemy zacząć wprowadzać pokarmy z pszenicą). Starannie wybieraj rodzaj pieczywa. Powinno być pełnoziarniste, niesłodkie i niesłone i musi rozpływać się w ustach. Zaleca się pieczywo rozmrożone, jest twarde, ale odgryzione kawałeczki będą gąbczaste, oraz pieczywo ryżowe (łatwo się kruszy i rozpływa na języku – większość dzieci je uwielbia). Kiedy dziecko nauczy się obchodzić z chlebem, podawaj mu pieczywo pełnoziarniste. Żeby uniknąć ryzyka zadławienia, odcinaj skórki; chleb powinien być pokrojony na małe kwadraciki, a bułki na kawałeczki. Nie dawaj dziecku białego pieczywa tostowego, które w buzi zbija się w grudkę i może stać się przyczyną zakrztuszenia. Jeśli cokolwiek wkładasz maluchowi do rączki, aby samodzielnie jadł, bądź przy nim. Dziecko zawsze powinno siedzieć przy jedzeniu. Na str. 527 znajdziesz instrukcję, jak się zachować, kiedy dziecko się zadławi.

CO MOŻE CIĘ NIEPOKOIĆ

NOSZENIE DZIECKA

Jak tylko synek zapłacze, biegnę i wyjmuję go z łóżeczka, a potem przez pół dnia noszę na rękach. Czy psuję go?

Choć trudno „zepsuć" dziecko w tym wieku, istnieje kilka ważnych przyczyn, dla których lepiej nie nosić go zbyt często na rękach. Zabawa w „taksówkę", polegająca na braniu na ręce maleństwa po pierwszym zakwileniu z nudów, zabiera mnóstwo czasu (pełnisz wtedy nieustanny dyżur, gdy dziecko nie śpi). Kiedy nosisz dziecko, nie tylko ty nic nie możesz zrobić – ono też. Siedząc bowiem w twoich ramionach, nie ma okazji do ćwiczenia raczkowania lub pełzania – czyli ważnych umiejętności, które mogłyby zapewnić małemu ciałku pierwszy samodzielny spacerek. Nie może również uczyć się zajmowania sobą choć przez kilka minut oraz przebywania tylko we własnym, doborowym towarzystwie (a są to ważne umiejętności, niezbędne do budowania poczucia własnej wartości). I wreszcie nie uczestniczy w jeszcze jednej niezmiernie ważnej lekcji, która ma mu uświadomić, iż inni ludzie, nawet rodzice – mają także prawa i własne potrzeby. Jako że niemowlęta są z natury egocentrykami, na początku nie rozumieją, na czym może polegać troska o innych. Jeżeli już teraz zaczniesz mu tłumaczyć, twoje dziecko nie będzie przedkładało swych potrzeb nad potrzeby reszty świata – innymi słowy, nie wyrośnie na zepsutego egoistę.

Czasem dzieci płaczą nie po to, by brać je na ręce, lecz z powodu braku poczucia bezpieczeństwa i zainteresowania – a tego niemowlęta potrzebują w ogromnych dawkach. Pomyśl, czy siadałaś kilka razy dziennie do zabawy z synem, czy może twój kontakt z nim polegał głównie na włożeniu do kojca pełnego zabawek, przypięcia do krzesełka w samochodzie i wożenia na zakupy? Może zostawiasz go w huśtawce, kiedy przygotowujesz obiad, i nosisz w nosidełku, załatwiając inne sprawy? Jeżeli tak jest, twój maluszek prawdopodobnie doszedł do wniosku, że lepiej wymuszać noszenie, nawet jeśli jest to mało stymulujące zajęcie, niż nie być w ogóle na rękach mamy.

Po drugie, sprawdź, czy dziecko nie potrzebuje czegoś. Może ma mokrą pieluszkę? Może jest głodne? Spragnione? Zmęczone? Zajmij się tym, po czym przejdź do następnego punktu.

Przenieś go w inne miejsce, do kojca, jeśli było w łóżeczku, do stacjonarnego chodzika, jeśli znudził mu się kojec, albo posadź je na podłodze, jeśli było w chodziku. Może to zaspokoi jego potrzebę zmian.

Dostarczaj mu interesujących zabawek, garnuszków i zwierzaczków, ty wiesz, co lubi najbardziej. Pamiętaj, że dziecko szybko się nudzi, miej dwie, trzy nowe zabawki w zapasie. Wielka góra przedmiotów z pewnością go przytłoczy, dawaj mu nowe, kiedy znudzi się starymi.

Jeśli w dalszym ciągu protestuje, spróbuj odwrócić jego uwagę, przysiądź przy nim, ale nie bierz go na ręce. Pokaż mu, jak uderzać drewnianą łyżką w garnek, gdzie misio ma oczy i uszy, nakręć bączek albo pozytywkę.

Jeśli na chwilę uda ci się zająć malucha, stanowczo powiedz mu, że masz inne sprawy, i wyjdź. Pozostań w zasięgu jego wzroku, rozmawiaj z nim i śpiewaj. Jeśli twój widok wzmaga jego niezadowolenie, zniknij mu z oczu. Od czasu do czasu wychyl głowę zza rogu i zawołaj „akuku", żeby dziecko przekonało się, że choć co chwilę znikasz, to jednak jesteś w pobliżu.

Za każdym razem zostawiaj dziecko na dłużej i pozwól na dłuższe protesty. Zawsze wracaj, gdy zaczyna marudzić, przytul je i znowu wyjdź. Opóźniaj moment, gdy bierzesz je na ręce. Nie wdawaj się w wojnę charakterów, i tak dziecko wygra. Jeśli będziesz przetrzymywać je zbyt długo, zacznie wrzeszczeć, żeby zwrócić na siebie uwagę.

Bądź realistką, większość niemowląt nie potrafi się bawić samodzielnie dłużej niż kilka minut. Nawet najbardziej niezależne dusze potrzebują częstych zmian otoczenia i zabawek. Pamiętaj też, że dzieci, zanim nauczą się raczkować, zazwyczaj są sfrustrowane brakiem umiejętności samodzielnego przemieszczania się. Tymczasem przejażdżka na rękach mamy czy taty to ich paszport do innego miejsca.

Nie czuj się winna, że próbujesz nakłonić syna, by spędzał trochę czasu sam, ponieważ podświadomie dasz mu do zrozumienia, że zabawa bez mamy jest formą kary (a nie jest), a nie frajdą (powinna nią być). I nie zapominaj, że to przecież tylko dziecko, które potrzebuje jak najwięcej czułości, przytulania i noszenia na rękach.

DZIADKOWIE ROZPIESZCZAJĄ WNUKI

Moi rodzice mieszkają niedaleko i odwiedzają nas kilka razy w tygodniu. Kiedy przychodzą, obsypują naszą córeczkę słodyczami i zaspokajają wszelkie jej kaprysy. Kocham ich, ale nie podoba mi się ich zachowanie.

Dziadkowie są w bardzo szczęśliwej sytuacji – mogą pozwolić sobie na bezkarne rozpieszczanie wnuków, nie poniosą bowiem żadnych konsekwencji. Mogą z przyjemnością obserwować, jak dzieci opychają się podarowanymi słodyczami, ale nie muszą się zamartwiać, kiedy wnuki nie jedzą obiadu. Zabawiają je w czasie drzemki i nie obchodzi ich, że później dzieci są niewyspane i rozdrażnione.

Czy dziadkowie mają prawo do psucia wnuków? Tak, ale do pewnego stopnia. Wykonali już swoją „czarną robotę", kiedy byłaś mała – walczyli z ukochanym przez ciebie smoczkiem, namawiali do jedzenia szpinaku i martwili się, kiedy późno wracałaś do domu. Teraz nadeszła twoja kolej na bycie surową mamą, a dziadkowie niech zaznają rozkoszy rozpieszczania ukochanych wnusiów. I chociaż nadmierne rozpieszczanie dopiero w nadchodzących latach może stać się problemem, warto już teraz wyznaczyć rozsądne granice (miejmy nadzieję, że zaakceptują je wszystkie strony):

- Im dalej mieszkają dziadkowie i im rzadziej widują dziecko, tym mniejsza możliwość, że je rozpieszczą. Dziadkowie, którzy rozpieszczają dziecko kilka razy do roku, na wakacjach czy przy szczególnych okazjach, powinni być wręcz do tego zachęcani. Nic się nie stanie, jeśli raz na jakiś czas dziecko nie wyśpi się w ciągu dnia albo pójdzie później spać. Niech dziadkowie traktują wnuczkę jak małą królewnę, jeśli nie zdarza się to zbyt często. Na pewno wkrótce po ich wyjeździe rozkład dnia wróci do normy.

- Dziadkowie mieszkający blisko powinni dostosować się do reguł panujących w twoim domu. Jeśli rozpieszczają dziecko, cierpisz nie tylko ty, cierpi również ono. Maleństwo otrzymuje sprzeczne sygnały – mama nie bierze go na ręce na każde zawołanie, a babcia tak. Dziecko gubi się. Z drugiej strony jednak uczy się, że reguły zmieniają się w zależności od miejsca, u babci można rozmazać jedzenie po całym stole, a w domu mama na to nie pozwala. Pozwalaj na kompromis w sprawach mniej istotnych.

- Pewne prawa rodzicielskie są nienaruszalne. Ponieważ rodzice przebywają z dzieckiem 24 godziny na dobę, muszą stanowczo określić niektóre zasady. A dziadkowie, niezależnie od tego, czy mieszkają blisko czy daleko, muszą się do nich dostosować, nawet jeżeli się z nimi nie zgadzają. W jednej rodzinie kością niezgody będzie pora kładzenia dzieci spać, w drugiej słodycze, w trzeciej programy telewizyjne odpowiednie dla dzieci. Rodzice muszą być stanowczy, dziadkowie zaś mogą negocjować jedynie w wyjątkowych sytuacjach.

- Pewne prawa dziadków także są nienaruszalne. Mają prawo obdarowywać wnuki prezentami, nawet jeśli rodzice nie są nimi zachwyceni. Podarki mogą być w mniemaniu rodziców za drogie, bezsensowne, brzydkie. Dziadkowie mogą dawać prezenty znacznie częściej niż rodzice. (Jeśli w grę wchodzą zabawki niebezpieczne, lepiej wspólnie naradzić się przed zakupem.) Ogólnie rzecz biorąc, dziadkowie mają prawo rozpieszczać wnuki, ofiarowując im dodatkową porcję miłości, czasu i zabawek. Ale tylko do momentu, kiedy nie narusza to praw rodzicielskich.

Co robić, gdy dziadkowie przekraczają rozsądne granice? Gdy ignorują reguły, które ustanowiłaś z rozmysłem i których sama konsekwentnie przestrzegasz? Wtedy jest czas na szczerą rozmowę. Staraj się mówić przyjaznym tonem. Wyjaśnij, nawet jeśli robisz to nie pierwszy raz, jak bardzo zależy ci na tym, by spędzali czas z wnukiem, ale łamanie ustalonych reguł nikomu nie wychodzi na dobre. Powiedz, że czasami dopuszczasz odstępstwa od zasad, ale w niektórych sytuacjach to oni będą musieli się ugiąć. Jeśli takie wyjaśnienie nie wystarczy, zostaw tę książkę na wierzchu, otwartą na tej stronie, tak by nie mogli jej nie zauważyć.

Jeśli wasze poglądy są rozbieżne w sprawach życia i śmierci (dziadek nie chce przyjąć do wiadomości, że nawet na koniec ulicy dziecko musi jechać w foteliku, a teściowa pali papierosa, trzymając maluszka na kolanach), podkreśl wagę problemu, korzystając z tej książki i wszelkich innych materiałów. Wyjaśnij kwestie potencjalnych zagrożeń i wymień, jakimi konsekwencjami może grozić ich postępowanie. Gdyby nadal byli głusi na twe argumenty, postaw sprawę w postaci nakazów i zakazów: żadnych, nawet najkrótszych przejażdżek samochodem bez fotelika, żadnego palenia przy dziecku – kropka, a nawet wykrzyknik!

DZIECKO ODGRYWA SIĘ NA MNIE

Opiekunka synka mówi, że dziecko jest przy niej bardzo grzeczne. Ale kiedy wracam do domu z pracy, wstępuje w niego diabeł. Chyba jestem niedobrą matką.

Nie powinnaś się zniechęcać, lecz cieszyć. Sam fakt, że niemowlaki, a nawet starsze dzieci zachowują się gorzej w obecności rodziców niż opiekunek, oznacza, iż czują się w ich towarzystwie bardziej bezpiecznie i pewnie. Pomyśl lepiej w ten sposób: Jestem tak doskonałą matką, że dziecko pod wpływem mojej bezwarunkowej miłości jest po prostu sobą i nie obawia się utraty moich uczuć.

Takie wieczorne „puszczenie lodów" może również wynikać z faktu, iż wczesny wieczór, czyli pora twego powrotu do domu, to czas, gdy dziecko samo z siebie staje się najbardziej marudne z powodu zmęczenia, nadmiernej stymulacji i głodu – zaczyna więc pokazywać różki. Ty pewnie też jesteś zmordowana po ciężkim dniu w pracy lub po podróży, a dzieci, niczym najczulszy radar, wychwytują nastroje rodziców. Twój stres wzmaga jego stres, a jego – zwiększa z kolei twój, błędne koło wykańcza was oboje. Jeżeli natychmiast po wejściu do domu musisz wykonać wiele czynności (zmienić ubranie, przejrzeć pocztę, nastawić obiad), dziecko swoim nieznośnym zachowaniem pragnie zwrócić na siebie uwagę, gdyż przez cały dzień czuło jej niedosyt. Jeśli maluch nie lubi zmian (im bliżej pierwszych urodzin, tym bardziej ta cecha się nasila), zmiana opiekunów będzie powodem do niepokoju i sprowokuje burzę nastrojów.

Wypróbuj poniższych metod, by przystosować dziecko do wieczornych zmian i załagodzić ich konsekwencje:

- Nie wracaj do głodnego, zmęczonego dziecka. Poproś opiekunkę, by nakarmiła go obiadkiem na godzinę przed twym powrotem. Dziecko nie powinno być przekarmione zawartością butelki, jeśli zaraz po powrocie chcesz je przystawić do piersi. Dobrze zrobi maluszkowi popołudniowa drzemka, nie na tyle jednak późna, by wieczorem wywołała kłopoty z zaśnięciem. Zaproponuj opiekunce, by przed twym powrotem nie stymulowała nadmiernie dziecka i starała się je wyciszyć.

- Zrelaksuj się przed powrotem. Jeśli tkwisz w godzinnym korku, wykonaj kilka ćwiczeń relaksacyjnych. W metrze lub autobusie, zamiast myśleć o tym, czego nie zdążyłaś zrobić w pracy, usuń troski z umysłu i staraj się wypełnić go uspokajającymi myślami.

- Zrelaksuj się po powrocie. Przecież natychmiast po wejściu nie musisz biec do kuchni, by nastawić obiad, sprawdzać poczty czy składać prania. Lepiej spędź piętnaście minut z dzieckiem i jeśli to możliwe, poświęć ten czas tylko i wyłącznie jemu. Jeśli dziecko nie lubi gwałtownych zmian, nie poganiaj opiekunki do wyjścia, stopniowo włączaj się w zajęcia z maluszkiem, a wtedy łatwiej mu będzie oswoić się z myślą, że coś się dzieje. Gdy malec będzie całkiem spokojny, opiekunka może wyjść.

- Zaangażuj dziecko w swe zajęcia. Kiedy już oboje będziecie spokojniejsi, możesz przejść do wykonywania obowiązków domowych, przy czym postaraj się, aby malec w nich współuczestniczył. Na przykład gdy się przebierasz, połóż go na łóżku (i nie spuszczaj z niego oka) lub na dywanie, posadź sobie na kolanach, gdy sprawdzasz maile, a gdy przygotowujesz obiad, ustaw w kuchni wysokie krzesełko, mów do niego w trakcie krojenia warzyw.

- Nie bierz wszystkiego do siebie. Niemal wszyscy pracujący rodzice borykają się z podobnymi problemami, gdy tylko powrócą do swych domów. Ci, którzy oddają dzieci do żłobka, często znoszą fochy przy odbieraniu, w drodze powrotnej albo już po powrocie.

CZY MAM ZDOLNE DZIECKO

Nie chcę być nadgorliwą matką. Ale nie chcę też zaniedbać talentów mojego dziecka, jeśli jest uzdolnione w jakimś kierunku. Jak odróżnić normalne, inteligentne dziecko od wybitnie uzdolnionego?

Należy przede wszystkim pamiętać, iż każde dziecko jest na swój sposób uzdolnione. Jedne mają słuch muzyczny, inne zostały obdarzone talentami artystycznymi, towarzyskimi czy sportowymi. Niektóre są sprytnymi mechanikami albo są utalentowane w wielu kierunkach. Nawet dzieci o niezwykłych zdolnościach intelektualnych różnią się: mogą mieć zdolności matematyczne, orientację i wyobraźnię przestrzenną, jeszcze inne – zdolności językowe. W jednych objawia się twórcza dusza, a w innych – zmysł organizacyjny.

Każdy talent najlepiej rozwija się w domu, gdzie rodzice od pierwszych miesięcy wspomagają ten proces. Wygląda na to, że właśnie chcesz tak uczynić. Jak słusznie zauważyłaś, wspieranie i zachęcanie różni się zasadniczo od wymuszania i wymagania. Trzeba kochać dziecko takim, jakie jest, nie próbując kształtować go według własnych oczekiwań. Wtedy najlepiej pomożesz córce objawić i wykorzystać wrodzone talenty.

Testy na inteligencję przeprowadza się w późniejszym okresie dzieciństwa, ale i tak jednoznaczne stwierdzenie wysokiego poziomu intelektualnego u dziecka to trudne, a także niepotrzebne zadanie. Wszystkie dzieci, niezależnie od tego, jak w przyszłości będzie przebiegać proces ich kształcenia, powinny być jak najlepiej stymulowane, aby mogły w pełni rozwinąć drzemiący w nich potencjał. A stymulacja taka nie musi (i nie powinna) polegać na prowadzeniu specjalnych zajęć czy wykorzystywaniu komputerowych programów edukacyjnych (patrz str. 441). Możesz dać dziecku takie podstawy do rozwoju, z których będzie korzystać w przyszłości. Zrobisz to, mówiąc do niego (i słuchając, gdy próbuje „odpowiedzieć"), czytając mu, bawiąc się z nim, słuchając muzyki, zapewniając wiele interesujących doświadczeń oraz dając mu do zrozumienia, jak bardzo jest kochane (niezależnie od tego, jak się zachowuje).

Oto, jak odnaleźć przebłyski wybitnej inteligencji u dziecka w pierwszym roku życia:

Przyspieszony rozwój. Dziecko, które zawsze robi wszystko wcześniej – uśmiecha się, siada, chodzi, mówi i chwyta za pomocą kciuka – prawdopodobnie będzie rozwijać się w przyspieszonym tempie i rzeczywiście może być utalentowane. Jednak wczesny rozwój mowy, zwłaszcza używanie niezwykłych słów przy końcu pierwszego roku życia, co rodzicom najłatwiej zauważyć, niekoniecznie musi oznaczać wysoki poziom inteligencji. Niektóre wybitne dzieci długo nie mówią.

Dobra pamięć i zdolność obserwacji. Zdolne dzieci często zaskakują rodziców tym, że pamiętają mnóstwo rzeczy na długo przedtem, zanim ich rówieśnicy wykażą się dobrą pamięcią. Błyskawicznie zauważają wszelkie zmiany – nową fryzurę mamy i nowy płaszcz taty.

Twórczość i oryginalność. Chociaż dzieci w pierwszym roku życia nie radzą sobie najlepiej z rozwiązywaniem problemów, zdolne dziecko może zadziwić rodziców wymyśleniem sposobu na wydostanie zabawki zza krzesła czy dosięgnięcie najwyższej półki regału (może wejdzie na własnoręcznie ułożony stos książek?) albo użyciem gestu na określenie słowa, którego jeszcze nie zna (przyłoży rączki do uszu, opisując królika). Zdolne dziecko będzie w niekonwencjonalny sposób bawić się zabawkami lub wykorzysta do zabawy zwykłe przedmioty znalezione w domu.

Poczucie humoru. Nawet w pierwszym roku życia inteligentny malec potrafi zauważyć zabawne sytuacje i uśmiać się do łez, kiedy babcia założy okulary na czubek głowy, a tata potknie się o psa i wyleje sok ze szklanki.

Ciekawość i umiejętność skupienia uwagi. Wszystkie dzieci przejawiają ciekawość świata. Natomiast dzieci zdolne są nie tylko wszystkiego ciekawe, lecz uparcie i konsekwentnie dążą do zbadania tego, co je interesuje.

Zdolność kojarzenia. Zdolne dziecko wcześniej niż inne zauważa wzajemne relacje między różnymi rzeczami i wiedzę swą przenosi na inne sytuacje. Dziewięcio-, dziesięciomiesięczne dziecko, zauważywszy w sklepie książkę, którą poprzedniego dnia czytał ojciec, powie „tata". Albo przyzwyczajone do guzika w domowej windzie w innej windzie zacznie poszukiwać takiego samego przycisku.

Bogata wyobraźnia. Utalentowane dzieci bezustannie obserwują i uczą się, nie mają więc czasu na spanie, co jest bardzo wyczerpujące dla rodziców.

Wrażliwość. Zdolne dziecko wcześnie zauważa nastroje domowników, np. kiedy mama jest smutna albo zdenerwowana, a tacie coś się stało, bo ma plaster na palcu. Będzie próbowało także pocieszyć płaczącego brata.

Nawet jeśli twoje maleństwo zachowuje się w opisany sposób, jest chyba jeszcze za wcześnie na przyklejenie mu etykietki wybitnego dziecka. Nie czas na stwierdzenie, czy dziecko jest uzdolnione w „tradycyjnym" rozumieniu tego słowa (ponieważ dzieci mają różne uzdolnienia). Niekiedy nawet bardzo zdolne dzieci najpierw nie mogą dogonić rówieśników w pewnych dziedzinach rozwoju, a następnie wysuwają się na czoło peletonu. Najlepszym sposobem na wydobycie potencjału dziecka jest kochanie go, a nie przyczepianie mu etykietek. Zapewnij mu jak najlepsze warunki do rozwijania talentów i nie zapominaj, że powinnaś bezwarunkowo cieszyć się z tego, jakie jest – a nie z powodu jego zdolności. Dziecko musi mieć tego świadomość.

JESZCZE NIE SIEDZI

Moja córeczka jeszcze nie siada. Martwię się, czy nie rozwija się zbyt wolno jak na swój wiek.

Ponieważ normalnie rozwijające się dzieci osiągają poszczególne etapy rozwoju w różnym czasie, zakres „normalności" jest bardzo szeroki. Chociaż przeciętne dziecko zaczyna siedzieć bez podparcia około szóstego miesiąca, niektóre maluchy pewnie siedzą w czwartym, a niektóre dopiero w dziewiątym miesiącu życia. A ponieważ twojemu dziecku jeszcze sporo brakuje do osiągnięcia górnej granicy, nie masz powodu do niepokoju.

Moment siadania jest zaprogramowany genetycznie, tak samo jak wszystko inne. Rodzice niewiele mogą zrobić (czy powinni zrobić), by przyspieszyć rozwój, ale mogą sprawić, aby się nie opóźniał. Dziecko, które jest wcześnie sadzane na leżaczku, w spacerówce czy wysokim krzesełku, ma okazję ćwiczyć te umiejętności i możliwe, że zacznie siedzieć nieco wcześniej. Maluch, który większość czasu spędza w pozycji leżącej albo przypięty w nosidełku i nie próbuje siadać, opanuje tę umiejętność znacznie później. Okazuje się, że dzieci wychowywane w krajach prymitywnych, które są ciągle noszone przez matki na plecach, szybciej uczą się stać niż siadać. Innym czynnikiem opóźniającym moment samodzielnego siedzenia jest nadwaga. Grubasek będzie miał kłopoty z utrzymaniem równowagi.

Jeżeli będziesz stwarzać dziecku możliwości rozwoju, powinno zacząć siedzieć w ciągu następnych dwóch miesięcy. Jeśli tak się nie stanie albo rzeczywiście czujesz, że nie rozwija się tak, jak powinno, skontaktuj się z lekarzem.

GRYZIENIE BRODAWEK

Moja córeczka ma już dwa ząbki i uważa, że gryzienie moich brodawek podczas karmienia to świetna zabawa. Jak skończyć z tym bolesnym nawykiem?

Dziecko nie może bawić się twoim kosztem. Ponieważ mała nie jest w stanie gryźć w trakcie ssania (pomiędzy pierś i ząbki wchodzi język), gryzienie oznacza, że już się napiła i teraz chce się z tobą bawić. Możliwe, że wszystko zaczęło się przypadkiem: kiedyś ugryzła cię przez pomyłkę i spodobał jej się twój okrzyk bólu. Teraz gryzie, czeka na reakcję, uśmiecha się łobuzersko i obserwuje, jak usiłujesz zachować kamienną twarz.

Nie zachęcaj jej do takiej zabawy śmiechem (czy przesadną reakcją, którą dziecko też może odebrać jako zaproszenie do powtórzenia zachowania). Daj do zrozumienia, że gryzienie jest niedozwolone poprzez stanowcze, krótkie „nie!" i odstawienie od piersi z komentarzem „gryzienie boli mamusię!" Jeśli nie puszcza, włóż jej palec do ust. Po kilku takich scenach powinna przestać. Musisz już teraz wybić jej z głowy gryzienie, żeby problem nie nasilił się w przyszłości. Nie jest za wcześnie na wyjaśnienie, że chociaż ząbki służą do gryzienia, są rzeczy, w które można wbijać ząbki (gryzaczek, kawałek chleba, banan), i takie, które się do tego absolutnie nie nadają (pierś mamy, palec brata, ramię taty).

PRZEGRYZANIE MIĘDZY POSIŁKAMI

Moje dziecko najchętniej jadłoby przez cały dzień. Czy mogę mu na to pozwolić?

Dzisiejsze mamy ciągle pamiętają to, co ich matki powtarzały bezustannie: „Nie przed obiadem, bo nic potem nie zjesz!" Dlatego niechętnie pozwalamy dzieciom na jedzenie między głównymi posiłkami, chociaż same stale coś pojadamy. Jednak małe przekąski między trzema głównymi posiłkami odgrywają ważną rolę w życiu niemowląt i dzieci.

Doskonalą technikę jedzenia. Posiłki główne zwykle podawane są łyżeczką, natomiast przekąski mogą być spożywane samodzielnie, paluszki same wkładają kawałek chleba do buzi, co jest wielkim osiągnięciem, zważywszy na to, jak mała jest buzia i jak trudno do niej trafić maleńką rączką.

Wypełniają pusty brzuszek. Małe żołądki dzieci szybko napełniają się i równie szybko stają się puste, dlatego dzieci rzadko wytrzymują do następnego posiłku bez przekąski. Kiedy pokarmy stałe stanowią coraz większą część diety, przekąski są potrzebne, aby uzupełnić dzienne zapotrzebowanie na składniki odżywcze. Trzy posiłki nie wystarczą, aby zapewnić maluchowi jego „codzienną dwunastkę".

Stanowią miły przerywnik. Dzieci, tak jak dorośli, potrzebują wytchnienia w ciężkiej pracy i zabawie, bo zabawa jest ich pracą. Mała zakąska doskonale spełnia to zadanie.

Zaspokajają chęć trzymania czegoś w buzi. Dzieci uwielbiają trzymać coś w ustach; wszystko, co biorą do ręki, ląduje w buzi. Pojadając, nie narażają się na wyrzuty, że znowu wkładają coś do ust.

Ułatwiają odstawienie od piersi i butelki. Jeśli dziecko nie pojada, zażąda posiłku w butelce. Przekąski osłabiają potrzebę ssania i ułatwiają odstawienie od piersi i butelki.

Oprócz tych zalet, pojadanie ma kilka wad. Żeby ich uniknąć, pamiętaj o następujących sprawach:

Podawaj dziecku przekąskę w odpowiednim czasie. Mama miała rację – jedzenie krótko przed posiłkiem głównym może zepsuć dziecku apetyt. Dlatego podsuwaj przekąski między posiłkami. Pojadanie bez przerwy może przerodzić się w niebezpieczny nawyk, zgubny dla linii bioder. W buzi bezustannie pełnej jedzenia mogą szybko popsuć się ząbki – nawet resztki zdrowego, ciemnego pieczywa pod wpływem śliny rozkładają się na cukry. Dlatego wystarczy jedna przekąska przed południem, druga po południu. Wyjątkowo możesz dodać jeszcze jedną, jeśli wiesz, że posiłek się opóźni lub dziecko jest wyraźnie głodne.

Pozwól dziecku pojadać ze słusznego powodu. Przyczyny są słuszne i mniej słuszne. Nie podawaj jedzenia, kiedy dziecko jest znudzone (zainteresuj je zabawką), uderzyło się (utul je) albo zrobiło coś, co zasługuje na nagrodę (pochwal maluszka lub entuzjastycznie bij brawo).

Pilnuj, aby dziecko jadło we właściwym miejscu. Przekąski powinny być traktowane równie poważnie jak posiłki główne. Nie dopuszczaj do jedzenia na leżąco, podczas raczkowania czy chodzenia, ze względu na bezpieczeństwo dziecka, zasady dobrego zachowania przy stole czy w końcu na czystość podłóg w domu. Podawaj przekąski, kiedy dziecko siedzi, najlepiej przypięte w wysokim krzesełku. Oczywiście jeśli akurat jesteście na spacerze, możesz podać coś do jedzenia w wózku albo foteliku samochodowym.

Obiad i dziecko

Masz opory co do jedzenia poza domem wspólnie z dzieckiem? Restauracja także może je mieć, jeśli się odpowiednio nie przygotujesz. Zanim dokonasz rezerwacji stolika dla dwóch osób „i jednej w wysokim krzesełku", sprawdź warunki oferowane przez lokal:

- Zadzwoń wcześniej, nie tylko po to, by zarezerwować miejsce (nie chcesz przecież czekać przed wejściem na salę), lecz by się dowiedzieć, czy restauracja jest przygotowana na przyjęcie małych gości. Na przykład czy w wyposażeniu są wysokie krzesełka, krzesełka przypinane do blatu, odpowiednie do wieku malca (na podkładki podwyższające przyjdzie czas później, około pierwszych urodzin) lub czy kucharz jest gotów wprowadzić pewne zmiany w menu i czy kelner poda małą porcję nie przyprawionego mięsa i warzyw dla dziecka (czyli rozgniecione ziemniaki bez soli i pieprzu, pierś kurczaka bez sosu) w cenie niższej od ceny normalnej porcji. Znakomicie, jeśli lokal posiada osobne menu dla dzieci, ale pod warunkiem, że oprócz hot dogów, frytek i paluszków drobiowych oferuje wartościowsze dania. Rozmawiając, nie tylko słuchaj słów, lecz zwróć uwagę na emocjonalne zabarwienie, z jakim są one wypowiadane – w ten sposób zorientujesz się, czy niemowlęta są faktycznie mile widziane.
- Zacznij wcześnie. Zaplanuj posiłek według pór jedzenia dziecka, a nie twoich, nawet gdybyście mieli być pierwszymi klientami na obiedzie (zaleta wczesnego pojawienia się w lokalu: obsługa nie ma jeszcze tak dużo zajęć, tłuszcze w kuchni nie są spalone, a mniej klientów będzie się złościć za stukanie kubeczkiem o blat).
- Poproś o „spokojny stół w narożniku". Oczywiście nie ze względu na jego kameralne walory, lecz po to, by wasze towarzystwo nie było uciążliwe dla innych gości i nie przeszkadzało obsłudze szybko przemykającej pomiędzy stolikami. Odrobina prywatności przyda ci się też, jeśli masz zamiar karmić piersią.
- Nie trać czasu. Powiedzmy sobie szczerze: nawet czterogwiazdkowy posiłek przegrywa z fast foodem, jeśli przy stole siedzi niemowlę. Lepiej więc wybrać się do jadłodajni szybko serwującej dania, gdzie więcej czasu spędza się na jedzeniu niż na czekaniu. Czym prędzej zamów obiad (przeczytaj menu, nim usiądziesz), poproś, by danie dla dziecka podano jak najszybciej.
- Przyjdź przygotowana. Czasy, gdy wchodziłaś do restauracji z samą kartą kredytową, należą już do przeszłości. Oto, co teraz musisz spakować:
  - Śliniaczek i wilgotne chusteczki, by dziecko było czyste. Jeśli w restauracji są wykładziny, osoby sprzątające będą ci wdzięczne, że zrobiłaś użytek z kawałka folii.
  - Zabawki, książeczki i inne rzeczy do zabawiania dziecka między posiłkami. Ale nie

Nie dopuszczaj jednak do sytuacji, kiedy wyjście na spacer będzie automatycznie oznaczało opychanie się ciasteczkami; przypięcie do fotelika nie jest znakiem do tego, że zaraz pojawi się herbatnik czy kubeczek.

POJADANIE WEDŁUG WŁASNEGO UZNANIA

Słyszałam, że najzdrowiej, zwłaszcza dla dzieci, jest jeść to, na co ma się ochotę, i wtedy, kiedy się jest głodnym. Czy powinnam tak karmić swojego synka?

Gdyby dzieciom pozostawić swobodę żywienia, jadłyby jak kozy przez cały czas, a nie zadowalały się zaledwie kilkoma posiłkami, jak współcześni ludzie. Byłyby znacznie szczęśliwsze, przegryzając w ciągu dnia krakersy i popijając soczek w trakcie zabawy i ani razu nie zasiadając do stołu. Ale choć niektórzy sugerują, że lekkie przekąski w ciągu dnia są zdrowszym sposobem na zaspokajanie zapotrzebowania na substancje odżywcze niż jedzenie trzech posiłków z deserem, to inni są przeciwnego zdania. Zastanów się nad tym:

- Jałówka, która pasie się na polu koniczyny,

wyjmuj ich z torby, zanim będą naprawdę potrzebne (dziecku przez pierwsze kilka minut wystarczy zabawa łyżeczką, flirtowanie z obsługą czy patrzenie na lampy). A kiedy zabraknie ci już przedmiotów do zabawy, pobawcie się w „akuku" za pomocą karty z menu lub serwetki.

– Jedzenie w słoiczku, jeśli malec nie jada jeszcze dań podawanych w lokalu, jeśli się obawiasz, że nie znajdziesz w menu nic stosownego albo jako uzupełnienie serwowanego obiadu.

– Przekąski, zwłaszcza takie, które dziecko może samo jeść palcami (to dobre zajęcie dla małych paluszków). Przekąski potrafią uratować sytuację w trakcie długiego oczekiwania na obiad, kiedy malec zaczyna się nudzić. Ale tego typu dodatki trzymaj raczej w głębokiej rezerwie, aż naprawdę okażą się niezbędne.

• Jeśli czegoś nie ma w menu – zapytaj, może będzie w kuchni. Dobry wybór stanowią (w zależności od tego, co już zostało wprowadzone do diety): biały ser, pełnoziarniste pieczywo, żółty ser, dobrze ugotowany i posiekany kotlet mielony, posiekane mięso kurczaka (pieczone lub z rusztu), miękkie mięso ryby (dobrze ugotowane, rozdrobnione, starannie pozbawione ości), rozgnieciony, ugotowany ziemniak, groszek (także rozgnieciony), ugotowane do miękkości marchewki, fasolka szparagowa, makaron, melon.

• Dziecko powinno siedzieć przy stole – nigdy nie pozwalaj mu raczkować ani chodzić po lokalu, nawet gdy jest mało gości. Takie wycieczki mogą się skończyć obrażeniami, zniszczeniami albo i jednym, i drugim, jeśli kelner niosący ciężką tacę z jedzeniem lub piciem potknie się o przeszkodę, która weszła mu pod nogi. Gdy dziecko zacznie się wiercić z nudów, ktoś dorosły powinien wyjść z nim na chwilę na zewnątrz. A jeśli malec pierwszy skończy jeść, rodzice (zakładając, że obecni są oboje) mogą na zmianę zabawiać małego marudę.

• Zwracaj uwagę na gości siedzących przy sąsiednich stolikach. Może zachwycają się uśmiechami dziecka, a może są parą, która wynajęła opiekunkę do swojego niemowlęcia, by uciec od takiego towarzystwa. Zawsze bądź gotowa szybko wyjść na spacer, jeśli twa pociecha zacznie głośno płakać, wydawać rozsadzające uszy piski czy w jakikolwiek inny sposób zakłócać spokój.

• Wiedz, kiedy skończyć posiłek. Czyli na przykład wtedy, gdy dziecko już zjadło porcję ziemniaków, a teraz rzuca resztkami z talerza w sąsiedni stolik. Rozkoszowanie się kawą i deserem to przyjemność, o jakiej rodzice niemowląt muszą raczej zapomnieć (na jakiś czas).

• Napiwek. Zawsze zostawiaj go osobie, która cię obsługiwała, a potem musi pozbierać resztki rozgnieconego groszku ze stołu czy ziemniaczków z podłogi. Jeśli chcesz być mile widzianym gościem, twój napiwek powinien być szczodry (aby uszanować pracę wszystkich kelnerów – choćbyś miała tam już nie wracać).

otrzymuje wszystkie niezbędne składniki odżywcze. Ale dziecko, które przez cały dzień zajada to, co lubi, prawdopodobnie nigdy nie urozmaici swojej diety tak, by otrzymać swą niezbędną „codzienną dwunastkę". Najłatwiej zdrowo odżywiać dziecko, podając trzy posiłki główne.

• Dziecko, które ciągle trzyma w rączce coś do jedzenia, ciasteczko lub butelkę, nie może odkrywać świata i bawić się, tak jak powinno. A im bardziej ruchliwy malec, tym większe ryzyko zadławienia.

• Ten, kto je, nie jest w stanie mówić i nawiązywać kontaktu z otoczeniem. Jeśli dziecko nigdy nie jada przy stole, nie uczy się ważnych umiejętności społecznych.

• Dzieci nie nauczą się właściwego zachowania przy stole, chrupiąc herbatniki na kanapie, popijając mleko w łóżku czy zajadając ser na podłodze.

• Przegryzanie przyczynia się do powstania próchnicy zębów. Nawet najzdrowsza przekąska może zamienić się w ucztę dla bakterii wywołujących próchnicę, jeśli za długo pozostanie w ustach. Do próchnicy prowadzi także zwyczaj ulubionego przez dzieci całodziennego popijania soczku z butelki czy kubka z dzióbkiem (patrz str. 298).

KRZYWO WYRZYNAJĄCE SIĘ ZĘBY

Zęby, które wyrzynają się mojemu synowi, są krzywe. Czy to oznacza, że kiedyś będzie musiał nosić aparat?

Jeszcze nie czas na wizytę u ortodonty, ponieważ wygląd pierwszych ząbków jeszcze nie zwiastuje wyglądu uśmiechu w przyszłości. Często wręcz zęby wydają się początkowo krzywe, zwłaszcza przednie dolne, tworząc jakby literę V, a górne – nieproporcjonalnie duże. Zdarza się też, że górne zęby wyrzynają się przed dolnymi, ale nie jest to powód do zmartwień.

Kiedy malec będzie miał dwa i pół roku, przypuszczalnie stanie się już dumnym posiadaczem pełnego garnituru zębów – czyli dwudziestu. Prawdopodobnie ząbki będą wyprostowane i proporcjonalne względem siebie, lecz nie martw się, gdyby było inaczej, bo krzywe mleczne ząbki nie są zapowiedzią krzywych zębów stałych.

PLAMY NA ZĄBKACH

Dwa ząbki mojej córki zabarwiły się na szaro. Czy już się psują?

Prawdopodobnie winę ponosi żelazo. U niektórych dzieci przyjmujących dodatkowe dawki żelaza w kropelkach pojawiają się plamy na ząbkach. Nie wpływają one na stan zębów. Znikną, gdy dziecko przestanie przyjmować krople i zacznie dostawać witaminy w tabletkach. Szczotkowanie i oczyszczanie ząbków kawałkiem gazy na pewno pomoże (patrz str. 325). Jeśli twoja córeczka nie przyjmuje żelaza w kropelkach, powodem zmian mogą być: zasypianie z butelką w buzi, psucie się ząbków, uraz albo wrodzony defekt szkliwa. Natychmiast skontaktuj się ze stomatologiem dziecięcym lub pediatrą.

CO WARTO WIEDZIEĆ
Wychowywanie geniusza

Słyszałaś już pewnie o nowych olśniewających seriach zabawek edukacyjnych, które bez wątpienia przyspieszą rozwój umysłowy i motoryczny każdego dziecka? O płytach CD i DVD zamieniających twe sześciomiesięczne dziecko w Einsteina czy Mozarta (nie wspominając nawet o tym, że zanim skończy dwa lata, będzie umiało czytać jak czwartoklasista)? O zajęciach (plastycznych, muzycznych, językowych – dopisz, co chcesz) praktycznie gwarantujących, że pod twoim dachem zamieszka mały geniusz? Jak to się dzieje, że rodzice wierzą w takie wspaniałe pomoce i programy – dlaczego chcą, by ich dziecko było nadmiernie rozwinięte jak na swój wiek? Jednocześnie zastanawiasz się, czy przypadkiem nie powinnaś pójść w ich ślady...

Przeczytaj dalej, nim zapiszesz dziecko na kurs dla młodych geniuszy. Choć można – i jest to bardzo satysfakcjonujące zajęcie – nauczyć malca wielu rzeczy, zanim posiądzie wiedzę w sposób naturalny lub we właściwym tempie (łącznie z rozpoznawaniem słów), większość specjalistów zgodnie twierdzi, iż nie ma dowodu na to, że takie wczesne nauczanie przekłada się na lepsze wyniki w przyszłości w porównaniu z tradycyjną edukacją.

Innymi słowy, dziecko przez pierwsze lata swego życia powinno być dzieckiem. Dzieciństwo samo w sobie wypełnione jest wieloma problemami: nie tylko intelektualnymi, lecz również emocjonalnymi, fizycznymi i społecznymi. Podczas tych pierwszych dwunastu miesięcy dzieci uczą się nawiązywania bliskich kontaktów (z rodzicami, rodzeństwem, opiekunami), zaufania (mogę zawsze polegać na mamie i tacie) i pojęcia stałości rzeczy (kiedy mama chowa się za krzesłem, jest tam, mimo że jej nie widać). Muszą nauczyć się kontrolować własne ciało (zmusić je do siadania, stania, chodzenia), ręce (do podnoszenia i upuszczania przedmiotów oraz manipulowania nimi) i umysł (do rozwiązywania problemów typu: „Jak dosięgnąć do tej ciężarówki, która stoi na półce"). Muszą poznać znaczenie setek słów, uczą się je wymawiać, dowiadują się, kim są. Obciążanie ich dodatkowymi informacjami może spowodować, że istotne etapy rozwoju zostaną pominięte.

Najlepiej postawić na wychowanie nie geniusza, lecz po prostu wspaniałego dziecka – osiągającego maksimum swych możliwości we własnym tempie. Zamiast zapisywać je na jakieś zajęcia czy przynosić do domu naręcza edukacyjnych zabawek, lepiej **być przy nim** i zachęcać do zwykłych (i niezwykłych!) pouczających zabaw, typowych dla jego wieku. Lepiej też pobudzać naturalną dziecięcą ciekawość otaczającego nas świata (czy chodzi o kłębek kurzu na podłodze, czy o chmurkę na niebie), pokazywać różne miejsca (sklepy, ogrody zoologiczne, muzea, stacje benzynowe), opowiadać o spotykanych ludziach („Ten pan jeździ na wózku, bo ma chore nogi"), wyjaśniać, na jakich zasadach funkcjonują rzeczy („Odkręcasz kurek i z rur płynie woda") i do czego są przydatne („Krzesło służy do siedzenia"). Jeśli zapewnisz dziecku wzrastanie w otoczeniu, w którym język pełni ważną rolę (spędzacie dużo czasu na rozmowach, śpiewaniu piosenek czy czytaniu książeczek), doskonale przyczynisz się do rozwoju zdolności językowych – ale pamiętaj, że ważniejsze jest, by dziecko wiedziało, że pies szczeka, gryzie, ma cztery nogi, niż jak się pisze „pies".

Jeżeli dziecko wykazuje zainteresowanie słowami, literami i cyframi, zaspokajaj jego ciekawość. Nie rezygnuj jednak ze spacerów na plac zabaw. Uczenie się – czy jest to rozpoznawanie liter czy rzucanie piłki, zawsze powinno sprawiać radość. A nauka nie będzie przyjemna, gdy macie przed sobą nie kończącą się listę celów do osiągnięcia (na to jeszcze przyjdzie czas, gdy zacznie się odrabianie zadań domowych). Obserwuj swoje dziecko, niech samo ustali własne tempo nabywania nowych umiejętności.

12
Ósmy miesiąc

Siedmio- i ośmiomiesięczne dzieci zawsze mają mnóstwo rzeczy do zrobienia. Z determinacją ćwiczą dotychczasowe umiejętności (jak na przykład raczkowanie) oraz zdobywają nowe (jak choćby podnoszenie się do pozycji stojącej). Zajęte zabawą (coraz większa sprawność małych rączek i paluszków sprawia, że daje ona więcej radości, a dzięki zwiększonej zdolności do koncentracji – bardziej absorbuje), wciąż coś badają, odkrywają i uczą się, a poczucie humoru maluje uśmiech na małych twarzyczkach. Dziecko zacznie eksperymentować ze spółgłoskami i samogłoskami, a pod koniec tego miesiąca nareszcie połączy je w zespoły samogłoskowo-spółgłoskowe („ma-ma", „ta-ta"). Malec nadal niewiele rozumie, ale powoli zaczyna wychwytywać znaczenie pojedynczych słów – na przykład jednym z pierwszych, które wreszcie pojmie, będzie „nie". Przeczenie to bardzo mu się przyda w następnych miesiącach, przy czym maluch niekoniecznie będzie mu posłuszny. Ulubionym zajęciem stanie się patrzenie w lustro, ale dziecko nie rozumie jeszcze, kim właściwie jest ten „kolega" z naprzeciwka.

CO TWOJE DZIECKO POTRAFI ROBIĆ

Dzieci osiągają kolejne etapy rozwoju we własnym tempie. Jeśli twój maluszek nie umie wykonać jednej czy kilku z poniżej wymienionych czynności, nie martw się: wkrótce się nauczy. Normalne tempo rozwoju to takie, w jakim dziecko się rozwija. Pamiętaj też, że opóźnienie w zdobywaniu pewnych umiejętności, takich jak na przykład raczkowanie, może być wynikiem pozbawienia dziecka możliwości zabaw na brzuszku (są dzieci, które w ogóle nie raczkują i nie ma w tym nic złego). Jeśli rozwój dziecka wzbudza w tobie wątpliwości (ponieważ zauważyłaś, że opuściło któryś z etapów rozwoju, lub obawiasz się, że rozwija się za wolno), skonsultuj się z lekarzem. Porozmawiaj z nim, nawet jeśli on sam danego tematu nie poruszy, gdyż rodzice często zauważają pewne niuanse niewidoczne dla lekarzy. Wcześniaki zwykle wykształcają pewne sprawności nieco później niż ich rówieśnicy, zazwyczaj w okresie, w którym osiągnęłyby je, gdyby urodziły się o czasie, a nawet później.

Po ukończeniu ósmego miesiąca twoje dziecko powinno umieć:

- podtrzymywane pod paszki, pewnie trzymać się na nogach;
- samodzielnie zjeść biszkopta;
- podnieść i schować rodzynek w zaciśniętej dłoni (wszystkie niebezpieczne przedmioty trzymaj poza zasięgiem dziecka);

- obrócić się w kierunku głosu;
- śledzić wzrokiem spadający przedmiot.

Po ukończeniu ósmego miesiąca twoje dziecko prawdopodobnie będzie umiało:
- przełożyć klocek lub inny mały przedmiot z jednej rączki do drugiej;
- stać, przytrzymując się czegoś lub kogoś;
- zaprotestować przy próbach odbierania zabawki;
- przesunąć się w kierunku zabawki i wziąć ją;
- bawić się w „akuku";
- usiąść z pozycji leżącej na brzuszku.

Po ukończeniu ósmego miesiąca twoje dziecko być może będzie umiało:
- raczkować lub pełzać*;
- podciągnąć się z siedzenia do stania;
- podnieść mały przedmiot, używając palca wskazującego i kciuka;
- mówić „mama" i „tata" bez zrozumienia.

Po ukończeniu ósmego miesiąca twoje dziecko może nawet umieć:

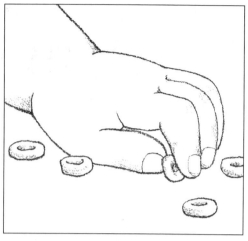

Po ukończeniu ósmego miesiąca niektóre dzieci potrafią podnosić małe przedmioty za pomocą kciuka i palca wskazującego.

- bawić się w „kosi-kosi" i robić „pa-pa";
- chodzić, przytrzymując się mebli;
- samo postać przez chwilę;
- rozumieć słowo „nie" (ale nie zawsze usłucha).

Czego możesz oczekiwać w czasie badania lekarskiego

Większość lekarzy nie wyznacza na ten miesiąc wizyty kontrolnej zdrowego dziecka. To dobrze, bo maluchy nie znoszą teraz spokojnego siedzenia w gabinecie lekarskim ani gdziekolwiek indziej. Skontaktuj się z pediatrą, jeśli martwi cię coś, co nie może poczekać do przyszłego miesiąca.

Karmienie dziecka w ósmym miesiącu
W końcu podajemy jedzenie do rączki

Dla większości rodziców karmienie papkami straciło już urok nowości. Tak trudno trafić łyżeczką do małej, mocno zaciśniętej buzi. A tłuściutka rączka za każdym razem wyrywa łyżkę i jej zawartość ląduje na podłodze. Ten męczący rytuał trzeba powtarzać trzy razy dziennie: doprawdy, nie było do czego się spieszyć. Na szczęście pojawia

---

* Dzieci, które mniej czasu spędzają, leżąc na brzuszku, zwykle później zdobywają tę umiejętność. Nie ma powodu do zmartwień (patrz str. 188).

się nowa możliwość – samodzielne jedzenie pokarmów podawanych do ręki.

Zmiana jest raczej gwałtowna niż stopniowa. Kiedy dzieci odkrywają, że same potrafią włożyć sobie jedzenie do buzi, chcą wszystko jeść w ten sposób. Zaczynają od biszkopta i kawałków chleba. Z początku trzymają je w pięści i z pięści wyjadają, ponieważ nie umieją jeszcze przenosić jedzenia do ust. Denerwują się, kiedy nie potrafią dobrać się do ostatniego kawałeczka schowanego w kurczowo zaciśniętej piąstce. Wtedy niektóre dzieci przykładają płaską dłoń do buzi, inne odkładają resztkę jedzenia i próbują chwytać jeszcze raz.

Umiejętność chwytania przedmiotów za pomocą palca wskazującego i kciuka pojawia się mniej więcej pomiędzy dziewiątym a dwunastym miesiącem życia, czasami wcześniej, czasami później. Umiejętność ta umożliwia dziecku chwytanie bardzo małych przedmiotów, na przykład ziarenek groszku czy monet, i przenoszenie ich do buzi, co znacznie poszerza jadłospis, ale zwiększa znacznie ryzyko zadławienia.

Opanowanie umiejętności przenoszenia pokarmu rączką do buzi jest ważnym krokiem na drodze do samodzielnego jedzenia. Z początku pokarmy podawane do rączki uzupełniają jedynie dietę dziecka. Kiedy malec opanuje już tę sztukę, z jego rączki do buzi powędruje coraz więcej różnych posiłków. Niektóre dzieci mniej więcej po sześciu miesiącach życia nauczą się posługiwać łyżeczką, w związku z czym odżywiają się w sposób bardziej cywilizowany. Niektóre natomiast nie opanowują tej sztuki i ręką jedzą nawet twarożki i kaszki. Te dzieci, którym nie pozwala się na samodzielne jedzenie z obawy przed bałaganem, będą jeszcze długo domagały się, by ktoś je karmił.

Pokarmy, które podajemy dzieciom do rączki, powinny być w miarę miękkie, tak by mogły być rozgniecione dziąsłami lub rozpłynąć się w ustach bez gryzienia. Dziecko dobrze tolerowało je w postaci papek. Twardsze pokarmy należy kroić na kawałeczki wielkości ziarnka grochu, miękkie mogą być nieco większe. Doskonale nadają się do tego: pieczywo ciemne pełnoziarniste, grzanki, biszkopty, ciasteczka ryżowe, kawałeczki żółtego (pasteryzowanego) sera (np. szwajcarskiego, cheddar, edamskiego, havarti), kawałki banana, dojrzałe gruszki, brzoskwinie, morele, kantalupa, melon, mango, gotowana marchewka, ziemniak, brokuły, kalafior (tylko różyczki), groszek (lekko rozduszony), cienko krojona ryba (uważaj na ości), gotowane w sosie pulpety z mielonego mięsa, ugotowane do miękkości makarony różnych kształtów (przeczytaj na etykiecie, czy nie zawierają składników, których dziecko nie może spożywać), ugotowane na twardo żółtko z jajka (a gdy dziecko może już jeść białko, całe jaja), naleśniki (z początku przygotowane bez białek). Możesz już wprowadzać gotowe odżywki zawierające małe kawałeczki pokarmów lub dokładnie siekać to, co podajesz reszcie rodziny.

Podając dziecku jedzenie, połóż cztery lub pięć kawałeczków na nietłukącym talerzu i dokładaj, kiedy maluch upora się z nimi. Początkowo dzieci, widząc zbyt wiele jedzenia na talerzu, mogą albo próbować wszystko wepchnąć do buzi, albo jednym ruchem zmieść je na podłogę. Tak jak inne posiłki, jedzenie do rączki podawaj dziecku, które siedzi, a nie raczkuje na podłodze.

Ze względu na ryzyko zadławienia nie podawaj pokarmów, które nie rozpłyną się w ustach i nie dają się rozgnieść dziąsłami, ani takich, które łatwo mogą wpaść do tchawicy, np. rodzynków, kukurydzy, orzechów, ziaren grochu, surowych twardych warzyw, owoców, kawałków mięsa i drobiu, parówek (ze względu na dużą zawartość soli i konserwantów nie są przeznaczone dla małych dzieci).

Kiedy pojawią się zęby trzonowe (ząbki przednie służą do odgryzania, nie do żucia), mniej więcej pod koniec pierwszego roku, można wprowadzić pokarmy wymagające żucia, np. surowe jabłko (pokrojone na małe kawałeczki) i inne twarde owoce i warzywa, małe kawałki mięsa krojone w poprzek włókien, winogrona (obrane ze skórki i bez pestek). Marchewkę, orzechy i parówki wprowadź, kiedy dziecko potrafi już dobrze przeżuwać.

Niektóre pokarmy, niezależnie od konsystencji, nie powinny być wcale podawane dziecku. Należą do nich przede wszystkim bezwartościowe produkty (tzw. śmietnikowe jedzenie – junk food) czy jedzenie zawierające bardzo mało składników odżywczych, żywność przygotowana z dużą ilością cukru lub soli oraz białe pieczywo czy płatki śniadaniowe rafinowane. Dziecko na pewno kiedyś sięgnie po mniej zdrowe pożywienie, ale nie zepsuje to jego dobrych nawyków żywieniowych – jeżeli wcześniej je w nim wyrobisz. I choć kiedyś skosztuje frytek, białego pieczywa czy pączka, zdrowa żywność będzie mu smakować najbardziej.

Co może cię niepokoić

PIERWSZE SŁOWA DZIECKA

Moja córeczka stale mówi „ma-ma". Bardzo się z tego cieszyliśmy, ale sąsiadka powiedziała, że mała po prostu wydaje takie dźwięki, jednak nie rozumie ich znaczenia. Czy ma rację?

To wie tylko twoje dziecko, ale ono na razie ci tego nie powie. Trudno uchwycić moment przejścia z etapu naśladowania dźwięków do wymawiania słów o określonym znaczeniu. Może dziecko faktycznie ćwiczy wymawianie dźwięku „m", a może woła mamę. Ważne jest, że próbuje naśladować zasłyszane dźwięki. Kiedy najpierw mówi „ta-ta", nie faworyzuje ojca, ale wymawia najłatwiejszą dla niego spółgłoskę.

W wielu językach określenia taty i mamy brzmią podobnie. Daddy, pappa, papa, pita, Vati, abba. Mommy, mama, mummy, maataa, Mutti, imma. Możliwe, że ponieważ tak brzmią pierwsze wypowiadane przez dziecko sylaby, rodzice usiłowali dopatrzyć się w nich pierwszych słów. Kiedy dawno, dawno temu hiszpańskie dziecko pierwszy raz wydukało „ma-ma" w sposób typowy dla niemowląt, jego dumna mama pewnie uważała, że chodziło mu o „madre". A kiedy francuski malec wypowiedział „pa-pa", jego ojciec dumnie wypiął pierś i obwieścił: „On próbuje powiedzieć *père*".

Eksperci uważają, że po raz pierwszy dziecko mówi to, co ma na myśli, pomiędzy dziesiątym a czternastym miesiącem. Pierwsze słowa pojawiają się w połowie drugiego roku, tak przynajmniej się sądzi. Często dzieci używają jednej sylaby na określenie całego słowa, np. „ka" na kaczkę czy „ba" na butelkę, co łatwo może umknąć uwagi rodziców. Dziecko bardzo aktywne fizycznie nie ma czasu na zajmowanie się dźwiękami. Nie jest to powód do niepokoju, jeśli zachowanie malucha wskazuje na to, że rozumie, co do niego mówisz.

Umiejętności językowe rozwijają się na długo przedtem, zanim dziecko wypowie pierwsze słowo. Najpierw uczy się rozumienia słów. Ten proces zaczyna się wkrótce po urodzeniu. Stopniowo uczy się rozróżniać pojedyncze słowa. W połowie pierwszego roku obróci się na dźwięk swojego imienia, a to oznacza, że rozpoznaje słowo. Niedługo nauczy się imion innych ludzi i przedmiotów, z którymi styka się na co dzień, np. mama, tata, mleko, sok, chleb. Po upływie kilku miesięcy zacznie reagować na proste polecenia typu: „Zrób pa-pa" czy „Daj mi kawałek", „Daj buzi". Rozumienie następuje dużo szybciej niż mowa, bez tego dziecko nigdy nie nauczy się mówić. Możesz zachęcać dziecko do rozumienia coraz większej liczby słów i do mówienia, korzystając z porad na str. 346.

DZIECIĘCY JĘZYK MIGOWY

Niektórzy moi znajomi z powodzeniem rozmawiają z dzieckiem za pomocą dziecięcych znaków. Słyszałam jednak, iż stosowanie takiego języka migowego może opóźnić proces nauki mówienia. Nie wiem, co mam o tym wszystkim sądzić.

W piaskownicach czy wózkach widzisz dzieci rozmawiające nie za pomocą słów, lecz znaków. Język migowy, kiedyś używany wyłącznie przez głuchoniemych, jest coraz popularniejszą formą porozumiewania się pomiędzy dziećmi, które co prawda słyszą, ale nie potrafią mówić. Przejmują go również zniecierpliwieni rodzice, pragnący jakoś dogadać się ze swoimi pociechami.

Dziecięcy język migowy jest – jako zajęcie ruchowe – nowością. Jednakże dzieci, przed rozpoczęciem mówienia, właśnie gestami czy ruchami wyrażają to, czego nie potrafią wysłowić. Jeśli dziecko wskazuje na lodówkę, gdy jest głodne czy spragnione, albo na swoją kurteczkę, gdy chce wyjść na dwór, korzysta właśnie z dziecięcego języka migowego. To samo można rzec o malcu ciągnącym się za uszy na widok króliczka na obrazku w książce lub dzieciaku machającym do rodziców „pa-pa", czyli „chcę iść". Zabawy, podczas których używa się rączek, na przykład „Idzie kominiarz po drabinie" czy „Warzyła sroczka kaszkę", są uwielbiane przez maluszków od wielu pokoleń, choć ich małe gardełka nie potrafią jeszcze śpiewać.

Jednak gesty, których dzieci intuicyjnie używają, nie zawsze są czytelne dla rodziców, co frustruje obie strony: jedna stara się być zrozumiana, a druga – usiłuje zrozumieć. Dlatego też eksperci w dziedzinie lingwistyki zaproponowali system służący do porozumiewania się między rodzicami a dziećmi, czyli dziecięcy język migowy.

Ma on wiele zalet. Najważniejsza: pomaga we wzajemnym zrozumieniu; sprawia, że dziewięcio- czy dziesięciomiesięczny malec może dokładnie powiedzieć rodzicom, czego chce, na długo zanim zacznie wymawiać słowa – a zatem frustracja się zmniejsza. Lepsze porozumiewanie się prowadzi do efektywniejszego współdziałania (czytaj: mniej napadów złości), czyli bardziej wartościowego spędzania czasu. Dziecko ma więcej wiary w siebie, jeśli czuje się zrozumiane („Moje słowa są ważne"), a tym samym nie tylko nabiera więcej pewności siebie, lecz również wierzy w swą umiejętność komunikowania się. Ta świadomość z czasem przeradza się w motywację do mówienia. (Pomyśl w ten sposób: gdybyś z wysiłkiem próbowała mówić w obcym języku w jakimś kraju, a tamtejsi mieszkańcy czyniliby starania w celu zrozumienia ciebie, miałabyś większą motywację do kontynuowania prób.) Naukowcy podają w wątpliwość stwierdzenie, że dzieci posługujące się takim swoistym językiem migowym zaczynają mówić nieco później: dwulatki, które wcześniej rozmawiały „na migi", chlubią się szerszym zasobem słów.

Jednak zalety stosowania dziecięcego języka migowego są przeważnie krótkotrwałe. Badania dowodzą, że owszem, dziecko w ten sposób łatwiej porozumiewa się z otoczeniem, ale wcale nie będzie bieglejsze w konwersacji, gdy pójdzie już do szkoły. Korzyści z używania gestów zanikają powoli, w miarę jak malec uczy się mówić i jest rozumiany. Nie używaj więc języka migowego tylko dlatego, że chcesz, by twoja pociecha była mądrzejsza czy bardziej rozwinięta – prawdziwą motywacją powinna być chęć lepszego porozumiewania się z nią już teraz.

Oto, jak można korzystać z gestów:

- Zacznij natychmiast, kiedy tylko dziecko wykaże chęć do porozumiewania się z tobą – najpóźniej w wieku ośmiu czy dziewięciu miesięcy, ale nie zaszkodzi spróbować wcześniej. Między dziesiątym a czternastym miesiącem większość niemowląt będzie odpowiadać za pomocą gestów.

- Gestykuluj tak, jak podpowiada ci intuicja, stwórz język, który oboje z dzieckiem zrozumiecie. Dobry będzie każdy prosty, zrozumiały gest, na przykład ruszanie rękami oznaczać może „ptak", drapanie pod pachami – „małpa", złożone ręce przy uchu – „spać", klepanie po brzuchu – „głodny" (lub „jakie dobre"), składanie rączek jakby w kubeczek – „spragniony", dotykanie nosa – „zapach") Oczywiście możecie korzystać z oficjalnego języka migowego, jednak większość specjalistów jest zdania, że jest on znacznie trudniejszy dla dzieci niż naturalny system gestów.

- Zaproponuj dziecku hasła, które mu się przydadzą, czyli odpowiedniki słów „głodny", „spragniony" czy „zmęczony".

- Bądź konsekwentna. Jeśli dziecko będzie często widzieć dane gesty, zrozumie je i zacznie naśladować.

- Mów i jednocześnie pokazuj gestem, wtedy dziecko będzie się jednocześnie uczyć i słów, i sygnałów.

- Włącz do tego całą rodzinę. Im więcej osób będzie potrafiło porozumieć się z dzieckiem, tym ono będzie szczęśliwsze. Rodzeństwo, dziadkowie, opiekunka, praktycznie każdy, kto spędza dużo czasu z malcem, powinien znać przynajmniej najważniejsze znaki.

- Wiele dzieci wymyśla własne znaki. Jeśli twoje do nich należy, zawsze używaj jego gestów, gdyż są dla malucha bardziej zrozumiałe.

- Nie rób nic na siłę. Używanie gestów do porozumiewania się, podobnie jak każda inna forma komunikacji, powinno się rodzić w sposób naturalny i w tempie odpowiednim dla dziecka. Dzieci najlepiej uczą się przez doświadczenia, a nie formalne polecenia. Jeśli twemu dziecku język migowy nie odpowiada lub je męczy, daj mu odpocząć.

Choć komunikowanie się „na migi" jest łatwiejsze, zanim dziecko nauczy się mówić, to język ten nie jest niezbędny dla dobrego porozumienia między rodzicami a dziećmi ani decydujący dla rozwoju językowego. Jeśli zatem odnosisz wrażenie, że w waszym przypadku nie zdaje on egzaminu, nie ma żadnego przymusu, by stosować taką formę rozmowy. Rodzice od tysiącleci zastanawiają się, co ich dzieci próbują im przekazać, nie korzystając z języka migowego (ponieważ nabrali biegłości w odczytywaniu licznych sygnałów pozawerbalnych, od gestów po nieartykułowane dźwięki) – więc ty także możesz.

MOJE DZIECKO JESZCZE NIE RACZKUJE

Dziecko przyjaciół zaczęło raczkować w wieku sześciu miesięcy. Mój synek ma osiem miesięcy i nie wykazuje żadnego zainteresowania raczkowaniem.

Porównywanie nigdy nie jest sprawiedliwe, najmniej zaś, gdy chodzi o raczkowanie – umiejętność ta uważana jest za opcjonalną i nie stanowi podstaw do oceny ogólnego rozwoju dziecka. Bywają niemowlęta, które zaczynają raczkować już w wieku sześciu miesięcy (szczególnie jeśli wiele czasu spędzają na zabawie na brzuszku, oczywiście pod czujnym okiem opiekunów!). Obecnie mamy do czynienia ze zjawiskiem coraz późniejszego rozpoczynania raczkowania, gdyż niemowlęta mniej czasu spędzają na brzuszku, a niektóre zupełnie nie raczkują. Nie jest to powód do obaw, jeżeli dziecko pod innymi względami rozwija się prawidłowo (na przykład siada – wszystkie dzieci muszą się tego nauczyć, nim w ogóle zaczną raczkować). Nieumiejętność raczkowania tylko na krótko ogranicza możliwości ruchowe, to jest do czasu, gdy malec wymyśli własny sposób podnoszenia się i chodzenia – najpierw spacerek od krzesła do stolika, a potem do sofy – wreszcie samodzielne przemieszczanie się. Czasem nawet te dzieci, które nigdy nie raczkowały, szybciej zaczynają chodzić od swych doskonale raczkujących rówieśników, którym w zupełności wystarczy poruszanie się „na czterech łapkach". Raczkowanie, w przeciwieństwie do siadania i podciągania się, nie jest koniecznym etapem rozwojowym i dlatego nie uwzględnia się go w tabelach.

Style raczkowania bywają różnorodne. Pełzanie na brzuszku zwykle poprzedza poruszanie się na rączkach i kolankach, a bywają i takie maluchy, które wolą tylko pełzać. Czasami dzieci rozpoczynają od poruszania się do tyłu i na boki, tygodnie mijają, zanim opanują poruszanie się do przodu. Niektóre raczkują przy użyciu pupy, inne – jednego kolana. Wiele dzieci przechodzi przez etap raczkowania na dłoniach i stopach. Nieważna jest metoda, liczy się chęć podejmowania wysiłku w celu samodzielnego przemieszczania się. (Porozmawiaj z lekarzem, jeśli dziecko nie używa jednakowo obu stron ciała, nóg i rąk.)

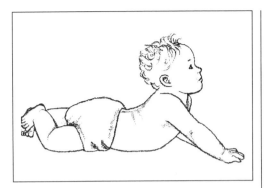

Niektóre dzieci rozpoczynają od poruszania się na brzuchu. Większość z nich nauczy się raczkować na kolanach, ale niektóre będą czołgały się aż do momentu, kiedy zaczną chodzić.

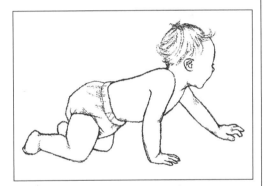

Klasyczne raczkowanie polega na poruszaniu się za pomocą kolan i rąk. Niektóre dzieci robią to tak skutecznie, że przez wiele miesięcy nie odczuwają potrzeby chodzenia.

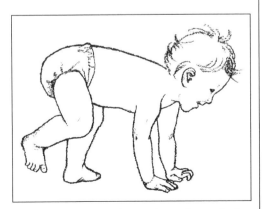

Etap przejściowy między raczkowaniem a chodzeniem – poruszanie się za pomocą rąk i stóp. Niektóre dzieci decydują się na taką postawę już od razu, u niektórych następuje to po etapie klasycznym.

Niektóre niemowlęta nie raczkują dlatego, że nie dano im tej możliwości. Maluszek spędzający cały dzień w łóżeczku, wózku, nosidełku, chodziku lub kojcu nie będzie miał okazji podnosić się na rękach i kolanach i w ten sposób się poruszać. Pamiętaj, by stwarzać dziecku możliwość przebywania na podłodze (nie martw się, że jest brudna, regularnie ją odkurzaj i usuwaj niebezpieczne przedmioty). Umieszczaj ulubioną zabawkę dziecka w pewnej odległości, tak aby zachęcać je do posuwania się do przodu. Ubieraj dziecko w długie spodenki, bo nieprzyjemnie jest raczkować odkrytymi kolanami po twardej lub szorstkiej podłodze. Odstaw chodzik, kojca używaj tylko w chwilach, gdy nie możesz zapewnić malcowi bezpośredniego nadzoru.

Tak czy inaczej, niedługo dziecko stanie na nogach i kłopoty dopiero się rozpoczną. Pomyślisz wtedy: „Czy było się do czego spieszyć?"

DZIWNA POZYCJA

Nasza córeczka przesuwa się na pupie, a nie raczkuje. Porusza się całkiem sprawnie, ale wygląda to dziwnie.

Dla dziecka opanowanego pragnieniem przemieszczania się z miejsca na miejsce wdzięk i wygląd nie grają żadnej roli. Ty też nie powinnaś zwracać na to uwagi. Ważne jest, że twoje dziecko podejmuje próby samodzielnego poruszania się. Masz prawo być zaniepokojona, kiedy dziecko nie potrafi skoordynować ruchów obydwu części ciała, nie umie synchronicznie poruszać rękoma i nogami. Może być to objawem zaburzeń motoryki ciała, które wymagają szybkiego leczenia.

BAŁAGAN W DOMU

Teraz, kiedy mój synek raczkuje i wszystko ściąga na ziemię, nie mogę wytrzymać w tym bałaganie. Co robić – bardziej go pilnować czy machnąć na to ręką?

Dla ciebie bałagan jest najgorszym wrogiem, ale dla przedsiębiorczego malucha – najlepszym przyjacielem. Czyściutko wysprzątane mieszkanie będzie dla niego równie interesujące jak sadzawka dla Krzysztofa Kolumba. W granicach rozsądku (malec nie musi rozrywać twojej książeczki czekowej i przeprogramowywać komputera) oraz pamiętając o zasadach bezpieczeństwa, pozwól dziecku na zaspokajanie naturalnej ciekawości świata i potrzeby ruchu. Zaglądanie we wszystkie kąty i robienie bałaganu jest ważna dla jego rozwoju intelektualnego i fizycznego. Zaakceptowanie tej prawdy zaś jest ważne dla twojego zdrowia psychicznego. Walka o utrzymanie domu w nieskazitelnej czystości jest z góry skazana na niepowodzenie. Oszczędź sobie zdenerwowania.

Możesz jednak podjąć pewne kroki, by łatwiej stawić czoło rzeczywistości.

Niech dom będzie bezpieczny. Nic się nie stanie, jeśli maluch wyrzuci bieliznę z szuflady albo zrobi domek z chusteczek higienicznych na podłodze w kuchni. Ale nie może tłuc pustych butelek i wylewać wybielacza na dywan. Zanim pozwolisz mu wędrować po mieszkaniu, upewnij się, że dom jest bezpieczny i dziecku w nim nic nie grozi (patrz str. 363).

Kontroluj chaos. Porządna strona twojej duszy poczuje się o wiele lepiej, jeśli wydzielisz dwa, trzy pomieszczenia, w których dziecko będzie mogło bałaganić do woli. To znaczy, że może na przykład swobodnie poruszać się we własnym pokoju, w kuchni i w pokoju, w którym spędzacie większość czasu. Ten obszar ograniczaj zamkniętymi drzwiami lub specjalnymi bramkami. W małym mieszkaniu wyznaczenie takich pomieszczeń może być niemożliwe. Będziesz musiała pogodzić się z całodniowym bałaganem i cowieczornymi porządkami.

Potencjalne zagrożenia zredukujesz, układając książki ciasno na półkach dostępnych dziecku. W zasięgu rączek malucha zostaw książeczki przeznaczone dla niego. Szuflady i szafy pozamykaj na specjalne zamki, których dzieci nie są w stanie otworzyć. Pochowaj cenne bibeloty z wyjątkiem tych, którymi może się bawić. Oddaj mu we władanie oddzielną szufladę, gdzie znajdą miejsce papierowe lub plastikowe kubeczki i talerze, drewniane łyżki, metalowy garnuszek czy puste pudełka.

Nie czuj się winna, kiedy nie pozwalasz dziecku wysmarować szminką całej łazienki, wydzierać kartek z ulubionych książek, wysypywać mąki na podłogę, czy przemalowywać ścian wedle jego uznania. Ustalenie wyraźnych granic nie tylko pomoże ci zachować zdrowie psychiczne, będzie również zbawienne dla dziecka – pewne ograniczenia nie wpłyną ujemnie na jego rozwój, a wręcz przeciwnie, nauczą go, że inni ludzie, nawet rodzice, też mają swoje prawa i przedmioty, które należą wyłącznie do nich.

Rozluźnij się. Nie chodź krok w krok za swoim małym niszczycielem, natychmiast naprawiając wszelkie szkody. To go jedynie rozdrażni i przekona, że jego działania nie są akceptowane i idą na marne. A ciebie zdenerwuje ponowne robienie bałaganu tam, gdzie przed chwilą wszystko poukładałaś. Urządzaj porządki dwa razy dziennie, kiedy dziecko śpi, jest w kojcu albo w wysokim krzesełku i wieczorem, kiedy jest już w łóżku.

Stale ucz go porządku. Nie rób generalnego sprzątania, kiedy mały kręci ci się pod nogami. Ale po każdej zabawie wyraźnie powiedz, nawet gdy jest zbyt mały, by zrozumieć: „Czy pomożesz mi podnieść tę zabawkę i odłożyć ją na miejsce?" Daj mu klocek, niech odłoży go na półkę z zabawkami, może zanieść też garnuszek do szafki i wyrzucić papiery do śmieci. Chwal go za wysiłek. Jeszcze długo będzie więcej bałaganić, niż sprzątać, ale te wczesne lekcje dadzą mu pewne zrozumienie porządku.

Zostaw go w spokoju, gdy robi bałagan. Pod żadnym pozorem nie dawaj mu do zrozumienia, że zaspokajanie jego naturalnej i zdrowej ciekawości (Co się stanie, jak odwrócę tę butelkę z mlekiem do góry nogami?

Co znajdę pod tymi rzeczami na dnie szuflady?) jest złe lub znaczy, że on jest niedobry. Jeśli ci się to nie podoba, powiedz mu, jednak z pozycji nauczyciela, nie sędziego.

Może nie wygrasz, ale się nie poddawaj. Nie dochodź do wniosku, że skoro i tak nie wygrasz, możesz dać sobie spokój z porządkami i najlepiej zignorować problem. Takie podejście nie jest korzystne dla twojego dziecka, które może robić bałagan, ale nie powinno w nim żyć. Świadomość, że nieporządek zniknie rano, daje mu poczucie bezpieczeństwa. Poza tym, jaki ma sens bałaganienie w nie posprzątanym pokoju?

Wyznacz miejsce, gdzie obowiązuje zakaz wstępu. Nie zawsze uda ci się uniknąć zniszczeń pozostawionych przez domowy huragan. Spróbuj jednak ocalić przed burzą spokojne miejsce, np. własną sypialnię. Możesz albo zakazać dziecku wstępu, albo zawsze sprzątać to miejsce o określonej porze. Ty i mąż będziecie mieli gdzie się schronić wieczorem.

Bezpieczeństwo przede wszystkim. Nie ma nic złego w nieco liberalnym podejściu do porządku, z wyjątkiem momentów, kiedy zagraża to bezpieczeństwu dziecka. Kiedy maluch rozleje soczek albo wywróci dnem do góry psią miskę z wodą, natychmiast wytrzyj kałużę. W ciągu sekundy może ona zamienić się w ślizgawkę, gdzie o upadek nietrudno. Odkładaj arkusze papieru i gazety, kiedy dziecko już się nimi nie bawi. Zawsze sprzątaj często uczęszczane szlaki, zwłaszcza schody, z zalegających zabawek, przede wszystkim tych na kółkach.

JEDZENIE Z PODŁOGI

Moja córeczka zawsze upuszcza biszkopta na podłogę, a potem go zjada. Wydaje mi się to bardzo niehigieniczne. Czy to bezpieczne?

Nawet jeśli w twoim domu nie można jeść z podłogi, nic nie szkodzi, jeśli od czasu do czasu urządzi sobie tam piknik. Na podłodze oczywiście są zarazki, ale nie aż tak wiele, jak się wydaje. Poza tym dziecko zetknęło się już z nimi przedtem, zwłaszcza jeśli często bawi się na podłodze. To samo dotyczy podłóg w domach innych ludzi, sklepach i supermarketach. Jeżeli zjedzenie czegoś, co spadło na podłogę, razi twoje poczucie estetyki, wyrzucaj ciastko do śmieci i dawaj dziecku nowe. Pamiętaj, że każdy kontakt z wirusami czy bakteriami wzmacnia układ odpornościowy dziecka, więc nie martw się, gdy następnym razem malec zacznie „obgryzać" rączkę wózka sklepowego.

Bywają jednak wyjątki. Chociaż bakterie nie rozmnażają się na suchych powierzchniach, sytuacja wygląda inaczej w miejscach wilgotnych lub mokrych. Nie pozwól dziecku zjadać resztek pozbieranych z podłogi w łazience, w kałużach czy innych wilgotnych i mokrych miejscach. Żaden herbatnik wyjęty z buzi i odłożony na miejsce, gdzie mnożą się bakterie, nie nadaje się do konsumpcji. Nie zostawiaj wilgotnych resztek w zasięgu dziecka. Czasami nie jest to łatwe, maluchy uwielbiają odnajdywać zapomniane resztki i natychmiast wpychają je do buzi, zanim zdążysz zareagować. Na szczęście rzadko z tego powodu chorują. I kolejny wyjątek: jeśli ściany są pomalowane odpadającą starą farbą zawierającą ołów, piknik na podłodze nie będzie dla dziecka bezpieczny (patrz str. 307).

Poza domem także musisz być czujna. Chociaż dzieci często upuszczają butelki na ulicy, potem wkładają do buzi i nic złego się nie dzieje, z pewnością istnieje duże ryzyko przeniesienia bakterii z chodnika, gdzie załatwiają się psy, a bezmyślni ludzie spluwają. Wymień lub wymyj każdą butelkę, smoczek, zabawkę czy jedzenie, które upadło na ulicę, zwłaszcza jeżeli jest mokro. Kiedy nie masz pod ręką bieżącej wody, użyj wilgotnych chusteczek. Na placach zabaw, gdzie nie ma psów, a dorośli prawdopodobnie nie plują, jest bezpieczniej, wystarczy szybko zetrzeć brud. Pamiętaj, że w kałużach mnożą się niebezpieczne zarazki poważnych chorób, dlatego trzymaj z daleka od nich zabawki i jedzenie. Najlepiej zawsze nosić przy sobie dodatkowe zakąski, żeby uniknąć konieczności wyboru między uspokojeniem krzyczącego dziecka a zasadami higieny.

Staraj się jak najczęściej myć rączki dziecka (jest to dobry zwyczaj, który warto nabyć we wczesnym wieku) lub używaj wilgotnych chusteczek czy żelu antybakteryjnego, jeśli w pobliżu nie ma umywalki i mydła.

JEDZENIE BRUDU I ŚMIECI

Mój synek wkłada wszystko do buzi. Teraz spędza dużo czasu na podłodze i trudno mi kontrolować, co zjada. Co można, a czego nie można wkładać do buzi?

W buziach dzieci ląduje dosłownie wszystko: kurz, piasek, pokarm psa, karaluchy i inne owady, niedopałki, zgniłe jedzenie, czasem nawet zawartość pieluszki. Najlepiej oczywiście unikać takiego menu, choć nie zawsze jest to możliwe. Niewiele dzieci przechodzi okres raczkowania bez przynajmniej jednego bliskiego spotkania z czymś, co ich rodziców przyprawia o mdłości. A niektórym nawet przez pół dnia nie udaje się ta sztuka.

Okazuje się jednak, że to, co niehigieniczne, jest na ogół zdrowsze niż środki, których używasz do utrzymania czystości. Garsteczka brudu rzadko komu zaszkodzi, natomiast jeden łyk płynu do mycia podłóg – owszem. Nie jesteś w stanie utrzymać wszystkiego z dala od ciekawskich paluszków dziecka, dlatego skoncentruj się na substancjach szczególnie szkodliwych (patrz lista na str. 367).

Mniej przejmuj się przypadkową muchą czy odrobiną psiej sierści, która dostanie się do ust malucha. Jeśli przyłapiesz go ze skruszoną minką wskazującą na to, że przed chwilą wziął coś do buzi, szybko uchwyć jego policzki kciukiem i palcem wskazującym, żeby otworzyć buzię, i zgiętym palcem drugiej ręki wygarnij mu wszystko z ust.

Oprócz substancji toksycznych zabronione są produkty w trakcie procesu gnicia. Bakterie chorobotwórcze i inne mikroorganizmy gwałtownie mnożą się w temperaturze pokojowej, dlatego nigdy nie zostawiaj w zasięgu dziecka jedzenia, które się popsuło lub właśnie zaczyna się psuć, jak zawartość misek zwierząt domowych, kosza na śmieci; odkurzaj podłogę w kuchni i jadalni. Uważaj również, by do buzi dziecka nie dostały się małe przedmioty, które łatwo połknąć lub którymi można się udławić, np. guziczek, nakrętki butelek, kapsle, spinacze do papieru, agrafki i inne. Zanim pozwolisz dziecku bawić się na podłodze, usuń z niej wszystko, co ma średnicę mniejszą niż dwa centymetry. Usuń też wszystkie potencjalnie toksyczne substancje, na przykład środki czystości. Na str. 363 w podrozdziale „Dom bezpieczny dla dziecka" znajdziesz więcej informacji na ten temat.

BRUDZENIE SIĘ

Moja córka najchętniej czołgałaby się po placu zabaw, gdyby jej na to pozwolić. Ale ziemia jest taka brudna...

Kup uniwersalny odplamiacz i pozwól dziecku się brudzić. Dzieci, którym pozwala się jedynie na obserwację z boku, podczas gdy im marzy się prawdziwa zabawa, są czyściutkie, ale niezaspokojone. Dzieci można umyć. Na placu zabaw czy podwórku usuniesz grubszy brud zmoczoną pieluchą albo wilgotnymi chusteczkami higienicznymi. Reszta zniknie w kąpieli. Upewnij się, czy na placu zabaw lub w piaskownicy nie leżą kawałki stłuczonego szkła lub psie odchody, i nie zabraniaj dziecku raczkować. Jeśli bardzo się wybrudzi, przetrzyj mu rączki wilgotną chusteczką i pozwól bawić się dalej.

Nie wszystkie dzieci lubią się brudzić, niektóre wolą obserwować, niż się bawić. Jeżeli twoja córeczka tak się zachowuje, może robi to dlatego, że myśli, iż nie chcesz, by się brudziła. Zachęcaj ją do większej aktywności, ale nie zmuszaj do niczego. Na betonowej powierzchni ochraniaj jej stopy bucikami; kiedy raczkuje po trawie, nóżki mogą być bose. Wkładaj jej długie spodnie, żeby nie obtarła sobie kolan. Jeśli lubisz, by twoja pociecha wyglądała schludnie, na placu zabaw przebieraj ją w specjalne ubranka, a po skończeniu zabawy wkładaj jej ciuszki wyjściowe.

EREKCJE

Mój synek czasem dostaje erekcji, kiedy go przewijam. Czy za mocno go dotykam?

Jeśli tylko dotykasz jego penisa na tyle, na ile to konieczne w trakcie przewijania i kąpieli, na pewno nie robisz tego za mocno. Erekcje są normalną reakcją wrażliwego organu na dotyk. Małe dziewczynki często doznają erekcji łechtaczki, choć trudniej to zaobserwować. U dziecka może wystąpić erekcja, kiedy penis pociera o pieluszkę, podczas karmienia czy kąpieli. Wszyscy chłopcy miewają erekcje (chociaż mamy mogą tego nie zauważyć), niektórzy częściej niż inni. Nie przejmuj się tym.

ODKRYWANIE GENITALIÓW

Kiedy tylko zdejmę mojej córeczce pieluszkę, ona zaraz zaczyna bawić się swoimi genitaliami. Czy to normalne w tak młodym wieku?

Ludzie robią to, co im sprawia przyjemność. Tego się spodziewała Matka Natura. Skoro za jej sprawą dotykanie genitaliów daje przyjemność, będą dotykane. Z początku robi to sam właściciel, a kiedy nadejdzie właściwy czas, osoba przeciwnej płci, w trosce o zachowanie gatunku.

Dzieci od urodzenia są istotami płciowymi. A właściwie stają się nimi już przed urodzeniem. Nawet płody w macicy miewają erekcje. Niektóre dzieci, tak jak twoja córeczka, zaczynają odkrywać swoją seksualność w połowie pierwszego roku życia, niektóre pod koniec tego roku. To zainteresowanie jest nieuchronne i tak samo zdrowe jak wcześniejsze zainteresowanie paluszkami u rąk i nóg. Tłumienie tej ciekawości (wiele pokoleń uważało to za swój obowiązek) jest również bezpodstawne jak tłumienie zainteresowania paluszkami.

Niezależnie od tego, co mówią inni, takie zachowanie nie wywołuje ani psychicznej, ani fizycznej szkody. Natomiast uzmysławianie dziecku, że jest to złe lub nieczyste, może mieć szkodliwy wpływ na przyszłe życie seksualne i poczucie własnej wartości dziecka. Czynienie samozaspokojenia tematem tabu powoduje większe zainteresowanie tymi sprawami.

Niektóre matki boją się, że paluszki, które dotykały genitaliów, nie powinny znaleźć się w buzi, bo są brudne. Nie ma podstaw do obaw – dziecku nie zaszkodzą własne zarazki. Natomiast na bardzo brudnych rączkach znajdują się bakterie, które mogą spowodować infekcje, dlatego lepiej je umyć. Nie dotyczy to chłopców, ich genitalia nie są takie wrażliwe. I dziewczynkom, i chłopcom myjemy ręce, jeśli dotykali brudnej pupy.

Kiedy dziecko będzie w stanie to zrozumieć, wyjaśnisz mu, że te części ciała należą wyłącznie do niego i chociaż ono może ich dotykać, nie wolno tego robić w obecności innych ludzi i nie może tego robić nikt inny.

KOJEC

Kiedy dwa miesiące temu kupiliśmy kojec, synek stale chciał w nim siedzieć. Teraz wytrzymuje jedynie pięć minut i wrzeszczy wniebogłosy.

Parę miesięcy temu kojec nie ograniczał tak bardzo waszego dziecka, wręcz odwrotnie – wystarczał za cały plac zabaw. Ale teraz mały zauważył, że świat jest nieco większy, i chciałby go poznać. Cztery ściany kojca, które niedawno ograniczały jego własny raj, teraz okazują się więziennymi kratami.

Weź pod uwagę odczucia dziecka i używaj kojca tylko w sytuacjach podbramkowych, kiedy musi w nim przebywać ze względu na własne bezpieczeństwo lub twoją wygodę, kiedy wycierasz na mokro podłogę, wkładasz coś do piekarnika, rozmawiasz przez telefon albo jesteś w łazience.

Nie skazuj twojej pociechy na kojec na dłużej niż piętnaście minut. Aktywne ośmiomiesięczne dziecko nie wytrzyma ani chwili dłużej. Często wymieniaj zabawki, żeby zbyt szybko się nie znudziło. Ustaw kojec w pobliżu miejsca, gdzie najczęściej przebywasz; jeżeli nie przeszkadza mu twoja nieobecność, kojec może być w pokoju obok, ale często zaglądaj do malucha. Jeśli dziecko protestuje przed upływem piętnastu minut, szybko daj mu nową zabawkę, coś, czym normalnie nie bawi się w kojcu, np. puste plastykowe butelki. Jeśli protesty nie ustają, pomyśl o „ułaskawieniu".

Weź pod uwagę próby ucieczki. Sprytne i zwinne dziecko wydostanie się z „celi", wdrapując się na większe zabawki, więc wyjmij je z kojca.

Moja córka najchętniej cały dzień siedziałaby w kojcu, gdybym jej na to pozwalała, ale nie wiem, czy powinnam.

Niektóre spokojne dzieci doskonale czują się w kojcu, nawet w drugiej połowie pierwszego roku życia. Albo nie wiedzą, co tracą, albo nie potrafią domagać się wolności. Chociaż taka sytuacja jest wygodniejsza dla matki, cierpi na tym fizyczny i psychiczny rozwój dziecka. Zachęcaj córeczkę do oglądania świata z innej perspektywy. Z początku może niechętnie opuszczać kojec, będzie się bała utracić poczucie bezpieczeństwa, jakie dawały jej cztery ściany. Usiądź przy niej na podłodze, baw się tam z nią, daj jej ulubione zabawki i pochwalaj próby raczkowania – to wszystko ułatwi przejście do nowego etapu.

CZYTANIE BAJEK

Chciałabym, żeby mój synek polubił książki. Czy jest jeszcze za wcześnie na czytanie mu bajek?

W epoce, kiedy telewizja tak szybko uwodzi małe dzieci, nigdy nie jest za wcześnie na czytanie książek. Niektórzy wierzą, że dziecku można czytać już w okresie płodowym i wkrótce po urodzeniu zaczynają czytać dziecku bajki. Ale niemowlę zaczyna aktywnie uczestniczyć w procesie czytania dopiero w drugiej połowie pierwszego roku, choćby tylko ogryzając z początku rogi książeczek. Potem zaczyna zwracać uwagę na usłyszane słowa, raczej na ich rytm i brzmienie niż na znaczenie. Później interesuje się obrazkami, podobają mu się kolory i wzory, niekoniecznie rozpoznaje znane przedmioty. Chcąc wychować małego mola książkowego, użyj następujących sposobów:

Sama czytaj. Czytanie dziecku nie na wiele się zda, jeśli sama będziesz spędzać większość czasu przed telewizorem. Rodzice małych dzieci z trudnością znajdują odrobinę czasu na czytanie, ale warto podjąć pewien wysiłek. Pamiętaj, że dzieci naśladują twoje zachowanie, czy tego chcesz czy nie. Czytaj w trakcie karmienia, czytaj, kiedy dziecko się bawi, trzymaj książkę na nocnym stoliku do czytania przed snem i pokazuj ją maleństwu, mówiąc: „To jest książka tatusia".

Kompletuj biblioteczkę młodego czytelnika. W księgarniach znajdziesz tysiące książek dla dzieci, lecz tylko niewiele z nich nadaje się dla początkujących czytelników. Zwróć uwagę na następujące cechy:

- Solidne wykonanie uniemożliwiające szybkie zniszczenie – najlepsze są laminowane kartki z grubej tektury, z zaokrąglonymi rogami: wytrzymają częste „wizyty" w buzi i przewracanie stron. Dobre są również laminowane lub miękkie kartki płócienne, jeżeli można je rozłożyć na płasko. Godne polecenia są plastykowe kartki łączone drucianą spiralą, ponieważ łatwo je rozłożyć. Książeczki wykonane z plastyku nadają się do dłuższej lektury w wannie, lecz po kąpieli trzeba je wycierać do sucha.

- Ilustracje powinny być wyraźne, kolorowe, realistyczne, powinny przedstawiać znane przedmioty, zwłaszcza zwierzęta, pojazdy, zabawki i dzieci. Nie mogą być zbyt szczegółowe, aby nie przytłoczyć dziecka.

- Powinny zawierać różne niespodzianki ukryte pod klapkami do podnoszenia, różne rodzaje tkanin, materiałów do dotykania.

- Tekst nie powinien być zbyt skomplikowany. Wierszyki najłatwiej przykuwają uwagę dziecka, maluszek rozkoszuje się brzmieniem dźwięków, niekoniecznie wszystko rozumiejąc. Upłynie kilka miesięcy, zanim będzie w stanie śledzić przebieg wydarzeń w opowiadaniu. Dobre są książeczki, które mają po jednym słowie na stronie, pomagają dziecku zrozumieć znaczenie poszczególnych wyrazów, a w rezultacie rozwijają umiejętność mówienia.

- Dzieci lubią oglądać obrazki z kolorowych czasopism, nie wyrzucaj ich, dopóki dziecko się nimi nie znudzi*.

Naucz się odpowiednio czytać. Oczywiście umiesz czytać na głos, ale czytając dziecku, musisz zwrócić szczególną uwagę na intonację i wymowę. Tempo, ton oraz modulacja głosu mają ogromne znaczenie, więc czytaj powoli, melodyjnie, odpowiednio akcentuj istotne słowa. Zatrzymuj się po każdej stronie i streść najważniejsze punkty („Widzisz, jak chłopiec turla się z górki?" albo: „Zobacz, jak piesek się śmieje!"), pokazuj zwierzątka i dzieci („To jest krowa – krowa robi muuuu" albo „To jest dziecko w kołysce, teraz idzie spać").

Wytwórz nawyk czytania. Niech czytanie stanie się stałym punktem rozkładu dnia, kilka minut dwa razy dziennie, kiedy dziecko jest spokojne, ale czujne, najlepiej po karmieniu. Przed drzemką, po obiedzie, po kąpieli, przed snem – to także dobre momenty na czytanie. Czytaj tylko wtedy, gdy maluch ma ochotę na słuchanie, a nie gdy właśnie zajmuje się raczkowaniem czy uderzaniem w pokrywki. Czytanie nigdy nie może być przykrym obowiązkiem!

Nie zamykaj biblioteki. Książki cenne i te, które można łatwo zniszczyć, przechowuj na wyższych półkach, dziecko może się nimi

---
* Pamiętaj, że farba drukarska zawiera ołów, dlatego dzieci nie powinny brać gazet i czasopism do buzi. Ołów uwalnia się także podczas spalania, nie używaj więc gazet na rozpałkę.

bawić tylko pod opieką dorosłych. W zasięgu jego rąk mogą się znaleźć jedynie książeczki odporne na intensywne czytanie. Czasami maluszek, który nie lubi czytać z mamą czy tatą, woli sam oglądać obrazki i przewracać strony.

LEWO- CZY PRAWORĘCZNOŚĆ

Zauważyłam, że moje dziecko chwyta zabawki obiema rączkami. Czy powinnam przekładać wszystko do prawej rączki?

Żyjemy w świecie, gdzie leworęczni nie są traktowani na równi z praworęcznymi. Większość drzwi, żelazek, noży do obierania ziemniaków, nożyczek itp., zaprojektowana jest dla praworęcznych. Leworęcznym natomiast nie pozostaje nic innego, jak machać „nie tą" ręką czy nosić zegarek w niewygodny dla nich sposób. W przeszłości wielu rodziców, chcąc zaoszczędzić dzieciom problemów, zmuszało leworęczne latorośle do posługiwania się prawą ręką.

Kiedyś naukowcy uważali, że takie zmienianie na siłę tego, co najprawdopodobniej jest genetycznie uwarunkowane, powoduje jąkanie i trudności w nauce. Obecnie w dalszym ciągu nie zalecają prób zmiany naturalnej leworęczności, ale podejrzewają, że ta genetycznie wrodzona cecha ma i dobre, i złe strony. Leworęczni różnią się od praworęcznych pod względem rozwoju lewej i prawej półkuli mózgowej. U ludzi leworęcznych dominuje prawa półkula, odpowiedzialna za relacje przestrzenne, dzięki czemu przodują w takich dziedzinach jak sport, architektura czy sztuka. Ponieważ wśród chłopców leworęczność zdarza się o wiele częściej niż wśród dziewcząt, pojawiła się teoria, że ma to coś wspólnego z poziomem testosteronu, hormonu męskiego. Trzeba przeprowadzić jeszcze sporo badań, aby wyjaśnić zjawisko leworęczności i jej wpływu na różne dziedziny życia.

Większość niemowląt na początku posługuje się obiema rękami. Niektóre wcześnie ujawniają swoje wyraźne preferencje, inne

Jak zapewnić teraz dziecku bezpieczeństwo w łóżeczku

Gdy dziecko staje się bardziej aktywne i żądne przygód, świat otwiera przed nim podwoje, co niestety pociąga za sobą wiele potencjalnych zagrożeń. Łóżeczko może się wydawać na razie bezpiecznym miejscem, jednak nie minie wiele czasu, a mały odkrywca wdrapie się na szczebelki. I choć bywają dzieci, które nigdy nie próbują uciekać z łóżeczka, wiele tak robi, zatem nie od rzeczy byłoby nie dopuścić do tego.

- Jeśli jeszcze nie opuściłaś materaca, teraz przyszedł na to czas. Sprawdź, czy mocowanie materaca nie poluźniło się, gdyż przedsiębiorcze dziecko jest w stanie samo spuścić materacyk i zrobić sobie krzywdę.

- Nie zostawiaj w łóżeczku dużych zabawek, które można ułożyć jedną na drugiej, po czym po takich schodkach wydostać się na wolność – i wpakować się w niezłe tarapaty. Ściągnij karuzelki, za pomocą których dziecko mogłoby się podciągnąć do góry.

- Możesz ściągnąć boczne ochraniacze, gdyż wiele maluchów wykorzystuje je do wspinaczki, czyli w efekcie – do ucieczki (jednak czasem warto je założyć, gdy dziecko śpi niespokojnie i może uderzyć się w głowę).

- Nie wkładaj do łóżeczka poduszeczek czy puszystych kocyków – nie tylko ze względu na zespół nagłej śmierci niemowlęcia (zagrożenie nadal realne, choć mniejsze), lecz ponieważ bystry niemowlak (a czyż nie wszystkie takie są?) także może zrobić sobie z nich schodki.

- Łóżeczko powinno znajdować się w odległości przynajmniej 30 cm od wszelkich mebli czy ścian, pomocnych przy wspinaczce. Zasłony, firany czy sznurki od rolet lub żaluzji także nie mogą być w zasięgu małych rączek.

- Gdy tylko malec zacznie się podciągać do pozycji stojącej, górna krawędź szczebelków łóżeczka stanie się substytutem gryzaczka. Jeśli krawędź ta została wykonana z drewna i chcesz ją ocalić przed dzieckiem (a dziecko przed nią), zainstaluj specjalny ochraniacz.

- Jeśli mimo wszelkich starań dziecko i tak usiłuje czmychnąć z łóżeczka, nie pozostaje nic innego, jak położyć poduszki czy kocyki na podłodze, tuż obok łóżeczka. To zapewni miękkie lądowanie.

- Kiedy niemowlę ma 90 cm wzrostu, przychodzi czas na normalne łóżko.

---

czekają z tym do pierwszych urodzin. Czasami dziecko woli jedną rękę, a po kilku miesiącach – drugą. Ważne jest, by dziecko mogło używać tej ręki, którą samo wybierze, a nie tej, którą woleliby rodzice. Ponieważ około 70% ludzi to osoby wybitnie praworęczne, a 20% oburęczne, możesz przyjąć, że i twoje dziecko okaże się praworęczne, chyba że wybierze leworęczność. Podawaj mu wszystko do prawej rączki. Jeśli sięga i przekłada rzeczy do lewej, może faktycznie czeka go świetlana przyszłość przy desce kreślarskiej lub na stadionach całego świata.

ZABEZPIECZENIE DOMU PRZED DZIECKIEM

Zawsze sądziłam, że dziecko w niczym nie zmieni naszego życia. Ale teraz, kiedy nasza mała córeczka raczkuje, cenne pamiątki, które gromadziliśmy latami, znalazły się w niebezpieczeństwie. Czy mam je spakować i znieść do piwnicy, czy raczej uczyć dziecko, by nie zbliżało się do nich?

Siedmio-, ośmiomiesięczny maluch zachowuje się jak słoń w sklepie z porcelaną, więc jeśli nie chcesz pewnego dnia znaleźć na podłodze kawałków ulubionego serwisu, schowaj wszystkie cenne przedmioty wysoko na półkę do czasu, kiedy maleństwo nauczy się je szanować, co potrwa co najmniej dwa lata. To samo zrób z ciężkimi przedmiotami, które mogą zranić dziecko, gdyby je na siebie ściągnęło.

Nie możecie jednak przez kilka lat mieszkać w domu pozbawionym wszelkich ozdób. Skoro dziecko ma się nauczyć żyć w otoczeniu delikatnych i kruchych przedmiotów, w pewnym momencie musi się z nimi zetknąć.

Zostaw kilka mniej cennych przedmiotów w zasięgu rąk maluszka i kiedy po nie sięga, powiedz stanowczo: „Nie dotykaj tego. To jest mamy i taty". Podaj mu zabawkę i wyjaśnij, że należy do niego. Jeśli w dalszym ciągu sięga po zakazany przedmiot, odłóż go („nie" traci siłę oddziaływania, gdy powtarzasz je zbyt często) i następnego dnia ponownie postaw na miejsce. I tym razem za bardzo nie licz na posłuszeństwo, bo małe dzieci mają krótką pamięć, ale w końcu twój ukochany serwis na pewno wróci na honorowe miejsce. Po pewnym czasie możesz zacząć uczyć dziecko – pozwalaj mu trzymać w rączkach kruche przedmioty, oczywiście pod twoim uważnym nadzorem. W ten sposób nauczy się obchodzić z wartościowymi przedmiotami. Wówczas będzie można wyciągnąć cenną porcelanę!

CO WARTO WIEDZIEĆ
Dom bezpieczny dla dziecka

Jeśli porównasz noworodka z krzepkim siedmiomiesięcznym dzieckiem, wyda ci się on bardzo bezbronny i narażony na niebezpieczeństwa. W rzeczywistości to na starsze dziecko czyha o wiele więcej zagrożeń. Ono wiele już potrafi, nie umie natomiast przewidywać konsekwencji swoich czynów i dlatego w drugiej połowie pierwszego roku jest narażone na wiele niebezpieczeństw. Kiedy dziecko potrafi już samodzielnie się poruszać, zwykły dom zmienia się w wyspę pełną równie ekscytujących, jak groźnych pułapek. Pozwól dziecku poruszać się samodzielnie po domu, który nie został odpowiednio zabezpieczony, a wypadek pewny – czasem niejeden. Aby doszło do nieszczęścia, wystarczy jeden niebezpieczny przedmiot czy substancja (w przypadku niemowlęcia będą to na przykład schody czy leki), nieświadoma ofiara (twoja pociecha) oraz czynniki środowiskowe (nie zabezpieczone schody, nie zamknięta szafka z lekami). Dzieci niezwykle często popadają w tarapaty, gdy choćby na chwilę znajdą się poza zasięgiem wzroku rodziców czy innych opiekunów.

Aby nie doszło do wypadku, trzeba wyeliminować wszystkie zagrożenia. Niebezpieczne przedmioty i substancje muszą zostać usunięte z zasięgu rączek dziecka, malucha należy stopniowo uczyć ostrożności i zapewnić mu bezpieczne środowisko (bramki przy schodach, zamknięcia szafek). Osoby opiekujące się dzieckiem powinny w miarę możliwości cały czas zachowywać czujność, szczególnie w sytuacjach stresowych – wówczas zdarza się najwięcej wypadków.

Ponieważ wiele wypadków zdarza się poza domem, np. kiedy dziecko przebywa u dziadków, powinnaś wszędzie stosować się do zasad bezpieczeństwa. Daj poniższy rozdział do przeczytania osobom, które często zostają z twoim dzieckiem.

ZMIEŃ SWOJE NAWYKI

Wychowywanie dziecka to długi i powolny proces, a twoje postępowanie będzie miało największy wpływ na jego przebieg.

- Bądź zawsze czujna. Nawet jeśli doskonale zabezpieczysz wszystko w domu, zawsze istnieje prawdopodobieństwo wypadku. Musisz stale zwracać uwagę na dziecko, zwłaszcza jeśli jest bardzo aktywne.

- Nie pozwól, by cokolwiek odwróciło twoją uwagę w chwili, gdy zajmujesz się środkami czyszczącymi, lekami, urządzeniami elektrycznymi, narzędziami i innymi niebezpiecznymi przedmiotami. Dziecku wystarczy sekunda, by popaść w poważne tarapaty. Najbardziej niebezpieczne urządzenia – zwłaszcza elektryczne – nie powinny być używane, kiedy nikt nie pilnuje niemowlęcia.

- Bądź podwójnie czujna w momentach, kiedy jesteś zdenerwowana (uwagę rozpraszają np. dzwoniący telefon, głośno grający telewizor, przypalający się obiad), wtedy najłatwiej zostawić nóż na stole, zapomnieć przypiąć dziecku szelki czy zamknąć bramkę przy schodach.

- Nigdy nie zostawiaj dziecka samego w samochodzie lub w mieszkaniu, choćby na krótką chwilę. Nie spuszczaj go z oka nawet we własnym pokoju, chyba że jest bezpiecznie zamknięte w kojcu, łóżeczku czy innym miejscu i śpi albo pokój został dokładnie zabezpieczony, a ty znikasz tylko na kilka minut, mając dziecko w zasięgu słuchu. Nie zostawiaj malucha, nawet bezpiecznie zamkniętego i śpiącego, pod opieką starszego dziecka, cztero- czy pięciolatka (dzieci w tym wieku nie zdają sobie sprawy z własnej siły ani ze skutków swych czynów), lub domowego zwierzęcia, nawet łagodnego.

- Odpowiednio ubieraj dziecko. Na noc wkładaj mu ubranka z możliwie trudno palnych tkanin, nie ubieraj go w rzeczy ze zbyt długimi rękawami i nogawkami ani w skarpetki, w których łatwo się poślizgnąć. Unikaj też długich szalików i zawsze zawiązuj rozwiązane sznurowadła. Usuń wszelkie sznurki ponadpiętnastocentymetrowej długości ze sweterków, kapturów, kurtek i innych ubrań.

- Zapoznaj się z zasadami udzielania pierwszej pomocy (str. 511–536); nie można zapobiec wszystkim wypadkom, ale prawidłowo udzielona pomoc może uratować życie.

- Zostawiaj dziecku dużo swobody. Kiedy właściwie zabezpieczysz otoczenie, przestań chodzić za swoją pociechą krok w krok. Ona musi eksperymentować. Dzieci uczą się na błędach, jeśli nie będą miały okazji ich popełniać, nigdy niczego się nie nauczą. Dziecko, które boi się biegać, wspinać i zapoznawać z nowymi rzeczami, traci nie tylko radość dzieciństwa: nie ćwiczy ważnych umiejętności.

ZMIEŃ OTOCZENIE TWOJEGO DZIECKA

Dotychczas maluch oglądał świat z wysokości twoich ramion, teraz, kiedy patrzy na niego z poziomu podłogi, ty też musisz się do niego zniżyć. Najlepiej sama poraczkuj po pokoju, a zobaczysz, ile czyha w nim niebezpieczeństw, z których nie zdawałaś sobie sprawy. Uważnie przyjrzyj się także wszystkiemu, co znajduje się do wysokości jednego metra nad podłogą, bo tak wysoko zwykle sięgają dzieci.

Zmiany w domu. Dokładnie przyjrzyj się następującym przedmiotom i zmień je, jeśli zachodzi taka potrzeba:

- Okna. Nie mogą otwierać się szerzej niż na 20 centymetrów. Blisko okien nie powinny stać żadne przedmioty, po których dziecko mogłoby się wspiąć.

- Sznury przy zasłonach. Podwiąż je, by dziecko się nie zaplątało.

- Przewody elektryczne. Schowaj je za meblami, żeby maluch nie brał ich do buzi, nie pociągał i nie ściągał lamp. Nie umieszczaj ich jednak pod wykładzinami, gdyż mogą się przegrzać i wywołać pożar.

- Gniazdka. Zabezpiecz je specjalnymi zatyczkami albo zasłoń meblami, żeby dziecko nie włożyło do kontaktu mokrego palca.

- Meble. Sprawdź, czy są stabilne. Półki przytwierdź mocno do ścian, żeby dziecko nie ściągnęło ich sobie na głowę.

- Szuflady w komodach. Zawsze je zamykaj, pamiętaj, dziecko może wspiąć się po otwartych szufladach. Jeśli komoda nie stoi stabilnie, spróbuj przymocować ją do ściany.

- Powierzchnie pokryte farbą. Jeśli nie jesteś pewna, czy są pomalowane farbą bezołowiową, przemaluj lub zaklej tapetą. Gdyby badania składu farby wykazały obecność ołowiu, zapytaj specjalistę o najlepszy sposób usunięcia jej.

- Popielniczki. Stawiaj z dala od dziecka, żeby nie najadło się popiołu, a najlepiej w ogóle zrezygnuj z palenia w domu.
- Rośliny domowe. Nie pozwalaj dziecku zbliżać się do nich, by nie miało okazji gryzienia liści. Strzeż się trujących roślin doniczkowych (patrz str. 372).
- Luźne gałki i uchwyty szuflad i szafek. Jeśli ich średnica nie przekracza dwóch centymetrów, zmień je, gdyż mogą spowodować zadławienie.
- Grzejniki, kominki, piece. Zabezpiecz je w okresie grzewczym.
- Schody. Zamontuj bramki (płotki) na szczycie schodów i trzecim stopniu od dołu.
- Barierki i poręcze. Odległość między elementami pionowymi nie powinna przekraczać 5 centymetrów i muszą być dokładnie zamocowane. Jeśli przestrzeń między tymi elementami jest większa, zainstaluj osłonę z pleksi lub siatkę.
- Kominki, piecyki, paleniska obuduj specjalnymi siatkami, barierkami, żeby dziecko nie poparzyło sobie palców. Jeśli są to urządzenia elektryczne, wyłączaj je z sieci, kiedy ich nie używasz, i przechowuj w miejscu niedostępnym dla dzieci.
- Obrusy. Zlikwiduj do czasu, kiedy dziecko zrozumie, że nie wolno ich ściągać.
- Stoliki ze szklanym blatem. Odstaw na jakiś czas albo przykryj ciężką matą.
- Ostre brzegi i rogi stołów, szafek itp. zakryj specjalnymi, miękkimi nakładkami, zrób je sama albo kup.
- Przesuwające się dywany. Unieruchom je, przyklejając taśmą do podłogi.
- Kafle na podłodze. Napraw te, które są luźne.
- Gumowe końcówki odbojników drzwiowych. Usuń je, gdyż dziecko może się nimi zakrztusić. Albo usuń cały odbojnik, zamiast niego zamocuj górną blokadę drzwi w kształcie litery V.
- Większe drobiazgi. Dziecko jest silniejsze, niż myślisz, odłóż bibeloty tam, gdzie malec ich nie sięgnie.
- Kuferek na zabawki. Powinien mieć lekkie wieczko i bezpieczne zamknięcie (lub w ogóle nie posiadać wieczka) oraz otwory wentylacyjne, na wypadek gdyby dziecko utknęło w nim. Najlepiej jednak w ogóle nie trzymaj zabawek w takim pojemniku.
- Łóżeczko. Kiedy dziecko zacznie się podciągać, opuść materac i odłóż wszystkie zabawki, poduszki itp., po których mogłoby się wspiąć. Patrz str. 362.
- Przedmioty porozrzucane na podłodze. Trasy przelotowe powinny być zawsze przejezdne. Natychmiast wycieraj wszelkie rozlane płyny i zbieraj gazety.
- Garaż i piwnica. Nie wpuszczaj tam dzieci ze względu na możliwość zatrucia niebezpiecznymi substancjami i zranienia ostrymi narzędziami.
- Wszelkie miejsca, gdzie przechowujesz niebezpieczne lub cenne przedmioty, odgrodź barierkami albo bramkami.

Zwracaj baczną uwagę na inne, zagrażające bezpieczeństwu przedmioty, które znajdują się w domu. Jest ich wiele. Przechowuj je w bezpiecznym miejscu, np. w szufladach, których dziecko nie jest w stanie otworzyć, albo wysoko na półkach (zdziwisz się, jak wysoko dzieci potrafią się wdrapać). Kiedy używasz tych rzeczy, upewnij się, że dziecko nie dosięgnie ich, gdy na chwilę odwrócisz się plecami, zawsze odkładaj je na miejsce. Szczególnie zwracaj uwagę na:

- ostre narzędzia, jak: nożyczki, noże, nożyki do listów, żyletki i ostrza;
- wszystko, co nadaje się do połknięcia, np. korale, agrafki, cokolwiek o średnicy mniejszej niż dwa centymetry;
- pióra, długopisy i inne przybory do pisania*;

---

* Niektóre dzieci lubią się nimi bawić. Pozwalaj na to jedynie wówczas, gdy dziecko pewnie siedzi i jest przy nim ktoś dorosły.

- przybory do szycia, zwłaszcza igły i szpilki, naparstki, nożyczki i guziki;
- cienkie torebki plastykowe, dziecko może się udusić, jeśli włoży je na głowę;
- przedmioty palne – usuwaj z zasięgu dziecka zapałki, zapalniczki, palące się papierosy (papierosy są niebezpieczne zarówno jako trucizna, jak i przedmiot, którym można się zakrztusić);
- rozmaite narzędzia, farby, rozpuszczalniki, szpilki, igły, narzędzia stolarskie;
- zabawki należące do starszego rodzeństwa. Nie powinny się nimi bawić dzieci poniżej trzeciego roku życia. Zasada ta dotyczy wszelkich zestawów do budowania zawierających małe elementy, lalek z małymi akcesoriami, rowerków i skuterów, małych autek i ciężarówek, wszystkiego, co ma ostre krawędzie, małe części, jest łamliwe lub zasilane prądem;
- małe, okrągłe baterie stosowane w zegarkach, kalkulatorach, aparatach fotograficznych itp., łatwo je połknąć, wydzielają w żołądku szkodliwe substancje;
- imitacje jedzenia z wosku, gumy, plastiku itp., których dziecko nie powinno brać do buzi, np. gumki do mazania, która wygląda i pachnie jak truskawka;
- środki czyszczące;
- porcelanę, szkło i inne tłukące przedmioty;
- żarówki;
- biżuterię, zwłaszcza koraliki i pierścionki, które przyciągają uwagę dziecka i mogą zostać połknięte. Z tego samego powodu małe dzieci nie powinny nosić biżuterii;
- środki antymolowe;
- pasty do butów;
- perfumy i inne kosmetyki (mogą być trujące), witaminy i leki;
- gwizdki, kuleczka może wypaść i dziecko się udusi;

- trzymaj torby (swoje i gości) poza zasięgiem dziecka, gdyż mogą się w nich znajdować przybory toaletowe, leki czy inne niebezpieczne dla malca przedmioty;
- balony, dziecko może gwałtownie wciągnąć powietrze z pękniętego balona i się udusić;
- małe, twarde rodzynki, orzeszki, cukierki, którymi dziecko może się udławić – to samo dotyczy suchej karmy dla psów czy kotów;
- broń i amunicja, jeśli już musisz trzymać ją w domu;
- kwasy i ługi, a także środki chemiczne udrażniające odpływ (typu „Kret") – lepiej nie trzymać ich w domu;
- alkohole, dziecko może się zatruć nawet małą ilością;
- sznurki, tasiemki, taśmy magnetowidowe i wszystko, co może owinąć się dookoła szyi dziecka;
- wszystko inne, co po połknięciu mogłoby spowodować zatrucie. Sprawdź listę ze strony 367.

Zabezpieczenia przeciwpożarowe. Często dowiadujemy się o tragicznej śmierci dzieci w płomieniach. Ale najtragiczniejsze jest to, że śmierci w płomieniach można było zapobiec. Przejrzyj każdy kąt domu, żeby mieć pewność, że nie zdarzy się tragiczny wypadek.

- Jeżeli pozwalasz na palenie papierosów w domu, wyrzucaj wszystkie niedopałki, popiół, spalone zapałki, nigdy nie zostawiaj ich w zasięgu dziecka. Palacze powinni natychmiast po sobie sprzątać!
- Palenie w łóżku powinno być absolutnie zabronione.
- Zapałki i zapalniczki trzymaj z dala od dziecka.
- Nie przechowuj w domu łatwo palnych śmieci, np. farb.

Uwaga, trucizna!

W samych Stanach Zjednoczonych co roku odnotowuje się ponad milion przypadkowych zatruć dzieci poniżej piątego roku życia. Jest to smutne, ale nie zaskakujące. Dzieci, zwłaszcza małe, odkrywają świat za pomocą ust. Wszystko, co wezmą do rąk, trafia do buzi. Dzieci nie są w stanie ocenić, czy dana substancja jest bezpieczna czy nie, każda natomiast jest interesująca. Ich kubki smakowe nie ostrzegą ich przed niebezpieczeństwem.

Nigdy nie zapominaj o następujących zasadach:

- Wszystkie trujące substancje trzymaj pod kluczem i poza zasięgiem dziecka, raczkujący maluch może wspinać się na niskie stołki, krzesła i poduchy.

- Przestrzegaj zasad bezpiecznego przechowywania i podawania lekarstw (patrz str. 477).

- Nie kupuj środków czystości w kolorowych, atrakcyjnych opakowaniach. Przyciągają uwagę dziecka. Możesz zakleić barwne nalepki czarną taśmą (nie zasłaniaj ważnych informacji). Nie kupuj potencjalnie toksycznych substancji, które mają zapach produktów spożywczych, np. cytryny czy mięty.

- Jeśli to możliwe, kupuj produkty w opakowaniach, których dziecko nie jest w stanie otworzyć.

- Pamiętaj, żeby zawsze odkładać na miejsce niebezpieczne substancje natychmiast po użyciu. Nie zostawiaj płynu do czyszczenia mebli na wierzchu, nawet jeśli jedynie na chwileczkę odchodzisz do telefonu.

- Produkty spożywcze i niejadalne przechowuj w oddzielnych miejscach. Nigdy nie chowaj substancji chemicznych w pojemnikach po jedzeniu, np. smaru w słoikach po dżemie. Dzieci wcześnie się uczą, skąd pochodzi jedzenie, i nie rozumieją, że nie można jeść tego, co jest w słoiku.

- Unikaj imitacji produktów spożywczych, np. owoców wykonanych z wosku czy szkła.

- Usuwaj potencjalnie trujące substancje. Opróżniaj pojemniki zgodnie z instrukcją na opakowaniu, wypłucz starannie pojemnik przed wyrzuceniem (chyba że producent radzi inaczej), następnie dokładnie zamknij pojemnik ze śmieciami. Nigdy nie wrzucaj ich do wiaderka w kuchni.

- W miarę możliwości wybieraj substancje jak najmniej szkodliwe, np. wybielacze nie zawierające chloru.

- Najlepiej na każdy pojemnik zawierający szkodliwą substancję nalep naklejkę „Trucizna". Jeśli nie masz takich nalepek, naklej X z czarnej taśmy klejącej. Twoje dziecko nauczy się, że te produkty są szkodliwe.

- Oto lista trucizn często spotykanych w przeciętnym gospodarstwie domowym (zaznaczone gwiazdką nie powinny w ogóle znajdować się w domu):

    alkohol
    amoniak (nie przeznaczony do użytku medycznego)*
    aspiryna lub paracetamol
    kwas borny
    olejek kamforowy
    wybielacze zawierające chlor
    kosmetyki
    płyny i proszki do zmywania naczyń
    środki do przeczyszczania zapchanych rur, typu „Kret"
    mleczka do polerowania mebli
    środki owadobójcze, trutki na gryzonie
    tabletki i krople zawierające żelazo, nawet przeznaczone dla dzieci
    ług*
    wszelkie lekarstwa (leki dla dzieci są często bardzo smaczne, toteż kuszące)
    środki antymolowe
    środki do płukania ust
    zmywacz do paznokci
    perfumy
    nafta (lub benzyna)*
    terpentyna
    tabletki nasenne
    środki uspokajające
    środki chwastobójcze

- Nie używaj produktów łatwo palnych do usuwania plam z odzieży i mebli. Są one trujące w przypadku spożycia.

- Nie zezwalaj nikomu ubranemu w luźną, powiewną odzież lub z apaszką na szyi (ani dorosłym, ani dzieciom) przebywać blisko kominków, pieców, świeczek czy grzejników.

- Świeczki trzymaj w miejscu niedostępnym dla małych rączek, z którego na pewno nie spadną. Zanim wyjdziesz z pokoju, sprawdź, czy dokładnie je zgasiłaś. Lampki i bombki na choince powinny być na tyle wysoko, by dziecko nie zwaliło całego drzewka, ciągnąc za jedną z nich.

- Stosuj zabezpieczające osłony na żarówki halogenowe.

- Raz na rok kontroluj system ogrzewania, prawidłowo wyciągaj wtyczki z kontaktu (nie ciągnij za sznur), nigdy nie zastępuj bezpiecznika domowym sposobem.

- Nie używaj grzejników w domu, gdzie są dzieci. A jeśli już musisz, sprawdź, czy wyłączają się automatycznie po przewróceniu. Nie zostawiaj przy nich dziecka bez nadzoru!

- W pobliżu miejsc, gdzie ryzyko pożaru jest największe (kuchnia, pomieszczenie z piecem centralnego ogrzewania, blisko kominków, w garażu), trzymaj koce przeciwpożarowe i gaśnice. Sprawdzaj je przynajmniej raz, a najlepiej dwa razy w roku (na przykład wtedy, gdy wymieniasz baterie w wykrywaczu dymu). W nagłych wypadkach do tłumienia ognia używaj sody oczyszczonej. Jeśli nie możesz opanować ognia, opuść dom.

- Zainstaluj w mieszkaniu urządzenia do wykrywania dymu. Kontroluj co miesiąc, czy dobrze działają i czy trzeba wymienić baterie.

- Na górnych piętrach zainstaluj drabinki przeciwpożarowe i ucz starsze dzieci, jak z nich korzystać.

- Od czasu do czasu urządzaj fałszywe alarmy przeciwpożarowe dla wszystkich mieszkańców twojego domu.

Zmiany w kuchni. Dla raczkującego malucha kuchnia jest jednym z najbardziej intrygujących miejsc, ale też jednym z najniebezpieczniejszych. Oto, co możesz zrobić, by dziecko było w kuchni bardziej bezpieczne:

- Zamykaj wszystkie szafki na specjalne zasuwki, zwłaszcza te, w których przechowujesz małe przedmioty szklane, ostre środki czyszczące, leki, niebezpieczne produkty spożywcze (np. orzechy), które mogą spowodować zadławienie dziecka. Jeśli maluch nauczy się otwierać te zasuwki, musisz albo przenieść wszystkie niebezpieczne rzeczy w miejsce dla niego niedostępne, albo całkowicie zakazać dziecku wstępu do kuchni, odgradzając ją od reszty mieszkania specjalną barierką.

- Przydziel dziecku osobną szafkę w kuchni, w której znajdą się garnki i kubki, drewniane łyżki, sitka, ścierki, plastykowe miseczki itp., które zapewnią dziecku zajęcie na długie godziny, zaspokoją jego ciekawość i odwrócą uwagę od miejsc zakazanych.

- Gotując, odwracaj rączki patelni i rondli w kierunku ściany, aby dziecko nie mogło ich dotknąć. Zabezpiecz pokrętła gazu.

- Nie sadzaj dziecka na stole w pobliżu urządzeń elektrycznych lub kuchenki gazowej. Gdy tylko na chwilę odwrócisz wzrok, maluch włoży palec do tostera, dotknie gorącego garnka albo będzie próbował włożyć do buzi ostry nóż.

- Nigdy nie zostawiaj gorących napojów bądź miski z zupą blisko krawędzi stołu, gdyż dziecko może je ściągnąć.

- Pudełka z folią w rolce, papierem woskowym, pergaminem i wszelkie inne pojemniki z ostrą krawędzią tnącą (stanowiącą zagrożenie dla małych paluszków) przechowuj w zamkniętej szafce lub na tyle wysoko, by dziecko do nich nie sięgnęło.

- Worki i torby foliowe także muszą znajdować się poza zasięgiem malucha.

Zabezpieczenia w domu

Gdy dziecko przychodzi na świat, trzeba kupić nie tylko ładne ubranka, wózek i najnowszy fotelik samochodowy, ale także różne zabezpieczenia, dzięki którym mieszkanie stanie się bezpieczniejsze dla malucha:

- zamki na szafki i szuflady (zabezpieczające ich zawartość przed ciekawskimi paluszkami);
- zatrzaski na szafki (w tym samym celu);
- zabezpieczenie na kuchenkę;
- zabezpieczenie na klamki (aby malec nie mógł sam otworzyć sobie drzwi);
- plastikowe przezroczyste osłony na narożniki (na przykład stołu);
- osłonki na ostre krawędzie;
- osłony na gniazdka elektryczne;
- osłony na krawędzie wanny;
- antypoślizgową matę na dno wanny;
- zamknięcie tylnych drzwi;
- zabezpieczenia nocnika (przyssawka lub zatrzask, dzięki któremu wieczko będzie zamknięte).

- Jeśli masz magnesy na drzwiach lodówki, umieść je wysoko – lub zrezygnuj z ich używania. Dziecko może się nimi zakrztusić.

- Starannie zamykaj pojemnik na śmieci. Dzieci uwielbiają grzebać w śmieciach, a ryzyko jest ogromne, mogą połknąć zepsute resztki jedzenia albo zranić się kawałkiem szkła.

- Szybko wycieraj wszelkie kałuże na podłodze, żeby się nie poślizgnąć.

- Opróżniaj wiaderka z wodą natychmiast po użyciu, gdyż niemowlę może wpaść do środka i utonąć.

- Przestrzegaj zasad bezpiecznego przechowywania detergentów, środków czyszczących itp. (patrz str. 467).

Zmiany w łazience. Łazienka jest tak samo interesująca jak kuchnia i tak samo niebezpieczna. Dobrze jest zamykać ją od zewnątrz na haczyk, kiedy nikt z niej nie korzysta. Oto, jakie zasady bezpieczeństwa stosować w łazience:

- Wszelkie lekarstwa (również te sprzedawane bez recepty, na przykład przeciwko nadkwasocie), środki do płukania ust, pasty do zębów, witaminy, środki do pielęgnacji włosów, balsamy do ciała powinny być przechowywane poza zasięgiem rąk dziecka.

- Nie trzymaj wacików ani żadnych drobnych przedmiotów (dziecko może się zakrztusić) w dolnych szufladach szafek łazienkowych.

- Uważaj, by dziecko samo nie włączyło lampy kwarcowej lub grzejnika, najlepiej zawsze wyciągaj wtyczkę z kontaktu, kiedy nie używasz danego urządzenia.

- Nie używaj i nikomu nie pozwalaj używać suszarki do włosów, kiedy dziecko się kąpie. Nie susz włosów dziecka.

- Zawsze wyciągaj wtyczkę z kontaktu, kiedy nie używasz danego urządzenia elektrycznego. Dziecko mogłoby zostać porażone prądem, wrzucając na przykład suszarkę do ubikacji, skaleczyć się maszynką do golenia albo oparzyć lokówką. Ponieważ niektóre maluchy same potrafią włożyć wtyczkę do kontaktu, najlepiej nie zostawiaj urządzeń tego typu na wierzchu.

- Bojler nastawiaj na około 50 stopni, żeby uniknąć ryzyka poparzenia. Zawsze najpierw zakręcaj kurek z ciepłą wodą, a potem z zimną. Przed włożeniem dziecka do kąpieli sprawdzaj temperaturę wody łokciem. Na dno wanny kładź maty przeciwpoślizgowe.

- Jeśli mieszkasz w domu wielorodzinnym, na przykład w bloku, być może nie masz dostępu do głównego grzejnika wody w celu ustawienia go na bezpieczną temperaturę. Porozmawiaj z gospodarzem budynku. Jeśli nie masz możliwości stałego ustawienia temperatury, rozważ możliwość zainstalowania urządzenia antyoparzeniowego do wanny (czasami urządzenia takie są wymagane przez przepisy wewnętrzne najmu), gdyż najwięcej przypadków oparzeń zdarza się w wannie.

- Zawsze opuszczaj klapę ubikacji. Dzieci uważają, że to ich prywatny basen kąpielowy i zrobią wszystko, by móc się w nim pobawić. Jest to niehigieniczne, poza tym malec z łatwością może wpaść głową do wody, a skutek może być tragiczny.
- Kup osłonę na krawędzie wanny, gdyż uderzenie się o nie może się skończyć dla dziecka siniakami lub guzami.
- Nigdy nie zostawiaj dziecka samego w wannie, nawet jeśli pewnie siedzi, nawet jeśli ma już pięć lat. Pamiętaj, że do utopienia wystarczy 5 centymetrów wody, dlatego spuszczaj wodę z wanny natychmiast po kąpieli.

Zmiany na podwórku. Chociaż dom jest najbardziej niebezpiecznym miejscem, poważne wypadki mogą się zdarzyć również na podwórku, na ulicy, na placu zabaw. Wielu z nich można łatwo zapobiec.

- Nigdy nie zostawiaj dziecka na podwórku bez opieki. Nawet niemowlę śpiące w wózku powinno być bez przerwy obserwowane. Może przecież nagle się obudzić i zaplątać w szelkach przy próbach wyjścia z wózka. Nie spuszczaj z oka malucha, który nie jest bezpiecznie przypięty. Pozostawione bez opieki dziecko może stać się ofiarą biegającego bez smyczy psa czy zostać uprowadzone.
- Jeśli masz w ogrodzie basen kąpielowy, ogródź go płotem, a furtkę zawsze zamykaj na klucz. Natychmiast wylewaj wodę z plastykowych brodzików i odwracaj je dnem do góry.
- Zanim wypuścisz dziecko w parku czy na placu zabaw, sprawdź, czy nie ma tam psich odchodów, kawałków szkła i innych niebezpiecznych rzeczy.
- Nie wystarczy zawołać od czasu do czasu: „Nie jedz stokrotek!" Trujące rośliny posadź w miejscu niedostępnym dla dziecka, a najlepiej zrezygnuj z nich całkowicie (patrz ramka na str. 372). Zacznij uczyć malca, że jedzenie roślin jest „be"; nawet jeśli trafi do buzi liść rośliny, która nie jest trująca, natychmiast przerwij taką ucztę.
- Huśtawki muszą być bezpieczne – solidnie zbudowane, mocno przytwierdzone do podłoża, w odległości przynajmniej 2 metrów od płotów i ścian. Najlepiej, jeśli są wykonane z miękkich materiałów, np. skóry i płótna, a nie drewna czy metalu. Plac zabaw powinien być wysypany piaskiem, trocinami, korą, odpadkami gumowymi, porośnięty trawą albo pokryty innymi materiałami umożliwiającymi miękkie lądowanie.

ZMIEŃ WŁASNE DZIECKO

Wypadki zdarzają się tym, którzy są na nie najbardziej narażeni – dzieciom. W momencie, kiedy zaczynasz zabezpieczać swoje otoczenie, przy każdej okazji staraj się uczyć dziecko, co jest dla niego niebezpieczne. Dotknij czubka igły, powiedz: „Boli!" i szybko wycofaj rękę. Ucz dziecko takich słów, jak: „Au!", „Be!", „Nie!", „Gorące!", „Ostre!" i zwrotów: „Nie wolno!", „Nie ruszaj!", „Ostrożnie!", „To jest be!" itp., żeby mogło automatycznie kojarzyć je z niebezpiecznymi przedmiotami, substancjami i sytuacjami. Odgrywaj małe scenki, na przykład: „Oj, jakie gorące!" Stopniowo dziecko zapamięta te informacje, twój wysiłek nie pójdzie na marne. Stosuj się do poniższych rad:

Ostre przedmioty. Kiedy tylko używasz noża, nożyczek, żyletki czy nożyka do listów w obecności dziecka, nie zapomnij wyjaśnić, że jest to ostry przedmiot, a nie zabawka, i mogą go dotykać tylko rodzice i inni dorośli. Kiedy dziecko dorośnie na tyle, by samo potrafiło zapalić zapałkę czy przynieść filiżankę gorącej kawy, naucz je, jak to zrobić w bezpieczny sposób.

Schody. Bardzo często radzi się rodzicom, by przed schodami umieszczali specjalne bramki, aby dzieci uczące się chodzić nie spadały z nich. Wiele rodzin zabezpiecza schody w ten sposób. Z drugiej strony jednak, dziecko, które nigdy nie miało okazji nauczyć się chodzić po schodach, może być narażone na wypadki. Przecież nie wszystkie schody, z którymi z pewnością zetknie się wcześniej czy później, będą zabezpieczone bramkami. Dlatego zainstaluj bramkę na szczycie schodów, które mają więcej niż trzy stopnie. Drugą bramkę umieść na trzecim stopniu od dołu, żeby dać dziecku możliwość ćwiczenia wspinaczki w bezpiecznych warunkach. Czasami otwieraj bramkę i pozwól maluchowi zejść i wejść po schodach. Zdobycie tej umiejętności może potrwać kilka miesięcy. Dzieci, które potrafią zachować się na schodach, są mniej narażone na niebezpieczeństwo, kiedy będą zmuszane pokonać inne schody. Jednak nie zapominaj zawsze zamykać bramki, przynajmniej do czasu, kiedy maluszek dobrze opanuje technikę wspinania się po stopniach, co nastąpi około drugiego roku życia.

Elektryczność. Gniazdka, przewody, urządzenia elektryczne z ogromną siłą przyciągają małe rączki. Nie wystarczy odwrócić uwagi dziecka, kiedy zamierza włożyć paluszek do gniazdka, nie wystarczy pochować wszystkich kabli, trzeba malcowi stale przypominać o grożącym niebezpieczeństwie („Au!"). Starszym dzieciom wyjaśniamy, że elektryczność trzeba szanować i nie wolno łączyć jej z wodą.

Wanny, baseny i inne wodne atrakcje. Woda bawi i uczy. A ty ucz dziecko, by nie wchodziło samo do wanny, basenu, jeziora, nawet jeśli uczyło się już pływać pod opieką instruktora. Nigdy nie zostawiaj malucha samego w pobliżu wody. Ucz go bezpiecznego zachowania.

Substancje trujące. Nawet jeśli ty zawsze zamykasz na klucz szafkę ze środkami czystości czy lekarstwami, ktoś z domowników może zostawiać na wierzchu leki. Znajomi, których odwiedzasz, mogą przechowywać proszki i płyny do naczyń w miejscu dostępnym dziecku. Dlatego w kółko powtarzaj malcowi:

- Możesz jeść tylko to, co podają ci rodzice albo inni dorośli (z początku dziecku będzie trudno zrozumieć tę zasadę, ale w końcu się nauczy).

- Lekarstwa i tabletki to nie cukierki, chociaż czasami tak smakują. (Nigdy nie mów o lekach czy witaminach dziecka, że to „cukiereczek" i że jest „pyszny".) Możesz je jeść tylko wtedy, kiedy dadzą ci je rodzice.

- Jeśli nie wiesz, co to jest, nie wkładaj tego do buzi.

- Tylko rodzice mogą sami zażywać tabletki, szorować wannę proszkiem i używać lakieru do włosów. Powtarzaj to za każdym razem w odpowiednich sytuacjach.

Poza domem na dziecko także czyhają poważne niebezpieczeństwa, na które trzeba być przygotowanym.

Niebezpieczne ulice. Już teraz rozpocznij naukę prawidłowego zachowania na ulicy. Zawsze, kiedy przechodzisz przez jezdnię, wytłumacz, że trzeba uważać na przejeżdżające pojazdy, że ulicę przechodzi się na zielonym świetle. Przypominaj, że trzeba zawsze zatrzymać się przy krawężniku, rozejrzeć się i posłuchać, czy nie nadjeżdża samochód. Jeśli dziecko samodzielnie chodzi, naucz je, że przy przechodzeniu przez jezdnię musi trzymać za rękę osobę dorosłą. Dobrze byłoby prowadzić malca za rękę także na chodniku, jednak wiele dzieci woli chodzić samodzielnie, a wtedy nie wolno ci ani na chwilę spuścić ich z oka. Sekunda wystarczy, by dziecko wpadło pod przejeżdżający samochód. Pod żadnym pozorem nie łam zasady i nie wybiegaj na jezdnię. Naucz dziecko, by samo nie opuszczało mieszkania. Jeśli dziecko złamie ten zakaz, zasłużyło na surową repry-

Czerwone światło dla zielonych roślin

Wiele popularnych roślin pokojowych i ogrodowych może okazać się trującymi. Ponieważ małe dzieci wszystko wkładają do buzi, musimy zachować szczególną ostrożność. Rośliny umieszczaj wysoko, tak aby liście nie opadały na podłogę, a dziecko nie było w stanie ich dosięgnąć. Najlepiej podaruj trujące rośliny znajomym, którzy nie mają dzieci. Na doniczce każdej rośliny, którą hodujesz, umieść jej prawidłową nazwę. W przypadku zjedzenia przez dziecko trujących liści, będziesz mogła dostarczyć dokładnej informacji lekarzom. Nawet rośliny, które nie są trujące, powinny być postawione w miejscu, skąd malec nie będzie mógł ich strącić.

Oto wykaz roślin, które są trujące nawet w małych dawkach:

Dumb cane, bluszcz, naparstnica, cebulki hiacynta (liście i kwiaty w większych dawkach), hortensja, łodyga i kłącza irysa, konwalia, filodendron, psianka koralowa.

Trujące rośliny ogrodowe:

Azalia, rododendron, kaladium, żonkil i narcyz (także cebulki), wawrzynek, bluszcz, naparstnica, ostrokrzew, cebulki hiacynta (liście i kwiaty w większych dawkach), hortensja, łodyga i kłącza irysa, nasiona i liście cisu japońskiego, ostróżka polna, wawrzyn, nasiona powoju, oleander, liguster, liście rabarbaru, groszek pachnący (zwłaszcza nasiona), liście krzaków pomidorów, strąki wistarii, cisy.

Rośliny, które często stanowią dekorację w Boże Narodzenie, czyli ostrokrzew kolczasty i jemioła, rzadziej – gwiazda betlejemska (wilczomlecz nadobny), także znajdują się na liście niebezpiecznych.

---

mendę. Potencjalnej tragedii można zapobiec, zakładając na drzwiach zamki niedostępne dla dziecka.

Bezpieczeństwo w samochodzie. Przyzwyczaj dziecko do jazdy w specjalnym foteliku samochodowym. Wytłumacz, dlaczego jest to konieczne. Jeśli choć raz złamiesz tę regułę, dziecko nie będzie mogło pogodzić się z myślą, że sprawa fotelika jest bezdyskusyjna. W samochodzie nie wolno rzucać zabawek, chwytać kierownicy, bawić się drzwiami.

Bezpieczeństwo na placu zabaw. Ucz dziecko, żeby nie popychało pustej huśtawki i nie przechodziło przed huśtawką, na której bawi się inne dziecko. Sama też przestrzegaj tych reguł. Wyjaśnij, że na zjeżdżalni trzeba poczekać, aż nie będzie na niej innych dzieci, i trzeba wchodzić po drabince, a nie z drugiej strony.

Dziecko uczy się, obserwując rodziców, zatem najskuteczniej można je nauczyć przestrzegania zasad bezpieczeństwa, samemu je stosując. Jeśli sama masz zwyczaj zapinać pasy bezpieczeństwa w samochodzie oraz przestrzegać zasad ruchu ulicznego, twoja pociecha też nabędzie takich nawyków, gdy dorośnie.

13 Dziewiąty miesiąc

Dzieci korzystają teraz z każdej okazji, aby być w ruchu. Są prawdziwymi komediantami, zdecydowanymi zrobić wszystko, by wywołać śmiech, gorliwymi naśladowcami każdego usłyszanego dźwięku, a także urodzonymi aktorami („a na bis jeszcze raz udam, że kaszlę"). Potrafią zrozumieć bardziej złożone zagadnienia, takie jak na przykład trwałość rzeczy – że gdy coś zostanie ukryte (tato za gazetą), to nie znaczy, że znika. Zabawy stają się coraz bardziej złożone. Ale ta dojrzałość ma swoją cenę: lęk przed obcymi. Kiedyś dziecko czuło się szczęśliwe na rękach każdego człowieka, natomiast teraz staje się wybredne, jeśli chodzi o towarzystwo. Toleruje tylko mamusię, tatusia i ulubioną opiekunkę.

CO TWOJE DZIECKO POTRAFI ROBIĆ

Dzieci osiągają kolejne etapy rozwoju we własnym tempie. Jeśli twój maluszek nie umie jeszcze wykonać jednej czy kilku z poniżej wymienionych czynności, nie martw się: wkrótce się nauczy. Normalne tempo rozwoju to takie, w jakim dziecko się rozwija. Pamiętaj też, że opóźnienie w zdobywaniu pewnych umiejętności, takich jak na przykład raczkowanie, może być wynikiem tego, że dziecko rzadko bawi się, leżąc na brzuszku. (Bywają dzieci, które w ogóle nie raczkują, i nie ma w tym nic złego.) Jeśli rozwój dziecka wzbudza w tobie wątpliwości (ponieważ zauważyłaś, że opuściło któryś z etapów rozwoju lub obawiasz się, że rozwija się za wolno), skonsultuj się z lekarzem. Porozmawiaj z nim, nawet jeśli on sam danego tematu nie poruszy, gdyż rodzice często zauważają pewne niuanse niewidoczne dla lekarzy. Wcześniaki zwykle wykształcają pewne sprawności nieco później niż ich rówieśnicy, zazwyczaj w okresie, w którym osiągnęłyby je, gdyby urodziły się o czasie, a nawet później.

Po ukończeniu dziewiątego miesiąca twoje dziecko powinno umieć:

- przesunąć się w kierunku zabawki;
- podążać wzrokiem za spadającym przedmiotem.

Po ukończeniu dziewiątego miesiąca twoje dziecko prawdopodobnie będzie umiało:

- podciągnąć się do stania z pozycji siedzącej;
- raczkować lub pełzać*;

---

* Dzieci, które mniej czasu spędzają, leżąc na brzuszku, zwykle później zdobywają tę umiejętność. Nie ma powodu do zmartwień (patrz str. 188).

- z pozycji leżącej na brzuszku przejść do siedzenia;
- protestować, jeśli ktoś próbuje odebrać mu zabawkę;
- stać, przytrzymując się kogoś lub czegoś;
- podnieść mały przedmiot za pomocą któregoś z palców i kciuka (wszystkie niebezpieczne przedmioty trzymaj poza zasięgiem rączek dziecka);
- mówić „mama" i „tata", ale bez zrozumienia;
- bawić się w „akuku".

Po ukończeniu dziewiątego miesiąca twoje dziecko być może będzie umiało:

- bawić się w „kosi-kosi" i robić „pa-pa";
- przejść dookoła pokoju, przytrzymując się mebli;
- rozumieć słowo „nie", ale nie zawsze usłucha.

Po ukończeniu dziewiątego miesiąca twoje dziecko może nawet umieć:

- potoczyć piłkę w twoim kierunku;
- napić się z kubka;
- podnieść mały przedmiot za pomocą kciuka i palca wskazującego (wszelkie niebezpieczne przedmioty trzymaj poza zasięgiem rączek dziecka);
- przez chwilę samo utrzymać się na nogach;
- pewnie stać bez podparcia;
- powiedzieć „tata" i „mama" ze zrozumieniem;
- powiedzieć słowo inne niż „tata" i „mama";
- prawidłowo zareagować na proste polecenie poparte gestem, np.: „Daj mi to", wzmocnione wyciągnięciem ręki.

CZEGO MOŻESZ OCZEKIWAĆ W CZASIE BADANIA LEKARSKIEGO

Każdy lekarz lub położna ma inne zdanie na temat wizyt kontrolnych zdrowego dziecka. Sposób badania, liczba i rodzaj badań zależą od indywidualnych potrzeb dziecka. Ogólnie rzecz biorąc, w czasie wizyty kontrolnej dziewięciomiesięcznego dziecka możemy się spodziewać:

- Pytań dotyczących ciebie, dziecka i pozostałych członków rodziny, żywienia dziecka, jego snu, rozwoju, a także opieki nad nim, jeśli pracujesz.
- Ważenia, mierzenia długości ciała i obwodu głowy dziecka oraz sporządzenia wykresu rozwoju fizycznego.
- Oceny rozwoju psychomotorycznego. Lekarz może przeprowadzić kilka testów, aby sprawdzić umiejętność siedzenia bez podparcia, samodzielnego wstawania, wyciągania rączki i podnoszenia małych przedmiotów. Sprawdzi, czy dziecko podąża wzrokiem za spadającą zabawką i czy reaguje na swoje imię, czy rozpoznaje słowa takie, jak: „mama", „tata", „nie", i czy umie się bawić w „kosi-kosi" i „akuku". Może również oprzeć się na twoich obserwacjach.
- Szczepień ochronnych, jeżeli nie zostały podane wcześniej, a dziecko jest zdrowe i nie ma innych przeciwwskazań. Nie zapomnij opowiedzieć o reakcji na poprzednie szczepienie.
- Być może pobrania krwi z palca na badania w kierunku niedokrwistości.
- Wskazówek na temat żywienia, snu, rozwoju i bezpieczeństwa dziecka w nadchodzącym miesiącu.

Oto pytania, które możesz zadać, jeśli już wcześniej lekarz na nie nie odpowiedział:

- Jakie nowe pokarmy można wprowadzać w tym miesiącu? Czy można zacząć podawać owoce cytrusowe, rybę, mięso, białko jaj?
- Kiedy odstawić butelkę? Kiedy przestać karmić dziecko piersią?

Pytaj o wszystko, co nurtowało cię w minionych miesiącach. Zapisuj odpowiedzi i wskazówki lekarza, inaczej zapomnisz. Wszystkie istotne informacje, np. masę i długość dziecka, obwód głowy, podane szczepienia, wprowadzane pokarmy, wyniki badań przebyte choroby, podawane leki itp., zapisuj w książeczce zdrowia dziecka.

KARMIENIE DZIECKA W DZIEWIĄTYM MIESIĄCU
Ustalanie prawidłowych nawyków żywieniowych

Znamy to aż za dobrze. Wymęczeni rodzice przedszkolaka, którzy narzekają, że ich pociecha domaga się w sklepie płatków śniadaniowych kapiących cukrem, frytek zamiast zdrowego lunchu w restauracji, nie chce jeść kanapki z pełnoziarnistego pieczywa w mieszkaniu znajomych czy też podczas obiadu woli napoje gazowane od soku. I – jak wszyscy rodzice – chcieliby, aby ich pociechy jadły bardziej wartościową żywność, jednak w głębi serca czują, że są na straconej pozycji. Czyż dzieci nie mają wrodzonego upodobania do bezwartościowych posiłków? O dziwo, nie. Podniebienie dziecka w momencie narodzin jest „czystą tabliczką". Późniejsze preferencje smakowe nabywane są w bardzo wczesnym dzieciństwie. To, co w przyszłości będzie smakować twojemu dziecku (czy wybierze kanapkę z białego czy ciemnego pieczywa, czy sięgnie po jabłko czy po paczkę z chipsami, czy na śniadanie chętniej zje płatki z rodzynkami czy z pianką czekoladową), zależy od tego, co już teraz pojawi się w jego misce. Więc abyś nie musiała później narzekać na niezdrowe nawyki żywieniowe twego dziecka, zacznij je prawidłowo odżywiać.

Zrezygnuj z białego pieczywa. Dyskryminowanie białego pieczywa na rzecz ciemnego jest dobrym zwyczajem. Chociaż dziecko wychowane na pełnoziarnistym pieczywie może lubić też białe, to raczej sięgnie po zdrowy chleb, gdy będzie miało wybór, w najgorszym przypadku zaś nie zaprotestuje na jego widok na stole. Kupuj jedynie ciemną mąkę pełnoziarnistą, piecz z niej ciasta lub kupuj gotowe ciemne pieczywo.

Poczekaj z wprowadzaniem słodyczy. Im dłużej będziesz odkładać ten moment, tym więcej okazji dziecko będzie miało do nabrania smaku na żywność pikantną czy kwaśną. Nie zakładaj, że dziecku będzie bardziej smakował serek czy jogurt z dodatkiem rozgniecionego banana. Nie dodawaj do kaszki słodkiego soku czy musu jabłkowego; dzieciom, których kubki smakowe nie są jeszcze rozwinięte, najprostsze dania smakują najlepiej. Owoce podawaj wyłącznie jako deser do czegoś niesłodkiego, na przykład warzyw (które powinno się zacząć podawać jak najwcześniej i jak najczęściej). Słodkie przekąski wprowadzaj stopniowo (na początku posłodzone skondensowanym sokiem owocowym zamiast cukrem), przy czym nie zastępuj świeżych owoców ciastkami, nie kończ każdego posiłku słodkim deserem i nie smaruj każdego krakersa dżemem. Oczywiście więcej okazji do jedzenia słodyczy będzie miało niemowlę, które ma starsze rodzeństwo (maluchy zawsze chcą to samo co starszy brat czy siostra). Jeśli malec jest jedynakiem, można wychowywać go bez słodyczy do pierwszych urodzin – lub nawet dłużej.

Podawaj mleko bez dodatków. Gdy lekarz zdecyduje, że dziecko może już pić krowie mleko (czyli zwykle około pierwszych urodzin malucha). Mleko czekoladowe co prawda ma wiele wapnia, ale ma też mnóstwo cukru. Pamiętaj też, że za każdym razem, gdy podajesz mleko o zmienionym smaku (choćby to był zdrowy koktajl mleczny), odbierasz dziecku okazję do wyrabiania w sobie preferencji do pokarmów o smaku niezmąconym. Poczekaj z taktyką ukrywania mleka na czasy buntu przedszkolaka.

Ostrożnie z solą. Dzieci nie muszą uzupełniać zawartości soli w pokarmach. Nie dodawaj soli do posiłków dziecka, w żadnym wypadku nie podawaj słonych przekąsek, lepiej żeby dzieci nie przyzwyczajały się do słonego smaku.

Rozmaitość najlepszą przyprawą. Nie dziw się, kiedy dziecko z niechęcią podchodzi do nowych potraw. Najczęściej rodzice podają te same płatki na śniadanie, podobne w smaku papki na lunch czy obiad poza domem, nigdy nie robiąc żadnych zmian i nie dając szansy skosztowania czegoś innego. Spróbuj urozmaicać dietę dziecka – oczywiście z uwzględnieniem wskazówek lekarza i wieku dziecka. Wprowadzaj różne kasze, na ciepło i na zimno, różne gatunki ciemnego pieczywa. Także nabiał może być podawany w formie jogurtu, twarogu, kefiru, żółtego sera, serka topionego. Przyzwyczajanie do różnorodnych pokarmów z pewnością ułatwi zdrowe odżywianie w przyszłości.

Pozwalaj na odstępstwa od reguły. Wszyscy chcemy tego, co zabronione, taka jest ludzka natura. Jeżeli całkowicie odmówisz dziecku słodyczy, ono będzie o nich marzyć. Dlatego, gdy tylko dziecko zacznie rozumieć, co to jest „wyjątek", raz na jakiś czas możesz pozwolić sobie na odstępstwa od reguły. Kiedy kubki smakowe dziecka będą już prawidłowo rozwinięte, prawdopodobnie stwierdzi, że słodycze wcale nie są takie smaczne.

Ty także stosuj się do tych rad. Dzieci chętnie robią to samo co rodzice, zatem jeśli zgromadzisz w domu zdrową żywność i będziesz ją jeść z widocznym apetytem, twoja pociecha weźmie z ciebie przykład. Nie zaszkodzi też udzielić dziecku lekcji – powiedzieć, że cukier jest niezdrowy, że owoce warto jeść, a pełnoziarniste pieczywo jest zdrowsze od białego.

CO MOŻE CIĘ NIEPOKOIĆ

KARMIENIE DZIECKA PRZY STOLE

Naszego synka karmię osobno, a kiedy my jemy, wkładam go do kojca. Czy powinien już jeść z nami przy stole?

Karmienie dziecka i spożywanie swego posiłku w tym samym czasie jest nie lada sztuką. Dlatego, żeby nie narażać się na niestrawność, zanim dziecko nauczy się jeść samodzielnie, najlepiej karmić je osobno. Oczywiście, maluch może już ćwiczyć siedzenie przy stole i odpowiednie zachowanie. Przystawiaj jego wysokie krzesełko do stołu w trakcie waszego posiłku, daj mu osobne, plastykowe nakrycie i coś do jedzenia do rączki i zachęcaj do konwersacji. Późne romantyczne kolacje niech pozostaną jednak kolacjami we dwoje.

STRACIŁ ZAINTERESOWANIE PIERSIĄ

Kiedy siadam do karmienia, synek zawsze zajmuje się czymś innym – bawi się guzikami, ciągnie mnie za włosy, spogląda na telewizor, interesuje go wszystko z wyjątkiem piersi.

W pierwszych miesiącach życia cały świat dziecka obraca się wkoło matczynej piersi. Trudno wtedy uwierzyć, że kiedyś będzie inaczej. Chociaż wiele dzieci z entuzjazmem ssie pierś aż do momentu odstawienia, niektóre maluszki okazują brak zainteresowania piersią mniej więcej w dziewiątym miesiącu.

Niektóre dzieci po prostu odmawiają ssania, inne piją przez parę minut, po czym przestają, jeszcze inne nie mogą skupić się na ssa-

Mleko? Jeszcze nie

Jeśli zastanawiasz się, czy nie pora zastąpić mleko z piersi lub mieszankę mlekiem krowim, wiedz, że nie jest ono odpowiednie dla dzieci 9-miesięcznych. Dlaczego? Przeczytaj na stronie 245. Amerykańska Akademia Pediatrii zaleca, by nie podawać krowiego mleka dzieciom, które nie ukończyły pierwszego roku życia. Pełnomleczny jogurt czy żółty ser są dobrymi dodatkami do diety malucha (chyba że występująca u członków rodziny alergia skłoniła lekarza do udzielenia rady, by ich nie podawać), a niektórzy lekarze radzą, by wprowadzać małe dawki mleka zmieszanego z płatkami czy nawet niewielką ilość samego mleka w kubeczku. Zanim podasz dziecku mleko zamiast własnego pokarmu czy mieszanki, zapytaj lekarza. Do chwili ukończenia przez dziecko dwóch lat podawaj mu wyłącznie pełnotłuste mleko – chyba że lekarz radzi inaczej.

niu, wolą rozglądać się dookoła albo odkrywać świat na własną rękę. Czasami bojkot jest tylko przejściowy. Może zmienił się smak pokarmu na skutek zmian hormonalnych podczas menstruacji albo zjedzenia przez mamę dania mocno przyprawionego czosnkiem. Apetyt na mleko mogą też pogarszać infekcje albo bóle związane z ząbkowaniem. Choć dzieci zwykle same wiedzą, co jest dla nich najlepsze, tym razem nie można zezwolić mu na kierowanie się swymi pragnieniami. Zgodnie z zaleceniami Amerykańskiej Akademii Pediatrii, najlepiej, by dziecko ssało pierś przynajmniej do ukończenia pierwszego roku życia, jeżeli to tylko możliwe. Nie rezygnuj więc bez walki – oto, jak walczyć ze strajkiem:

- Spokój – ciekawskie ośmio- czy dziewięciomiesięczne dziecko łatwo się rozprasza i wystarczy mu do tego telewizor, syrena z wozu strażackiego lub przebiegający pies. Aby było maksymalnie skoncentrowane, karm je w cichym pomieszczeniu przy przyćmionym świetle i głaszcz je uspokajająco w czasie, gdy ssie.

- Karm, gdy malec jest śpiący. Przystawiaj do piersi zaraz po przebudzeniu, nim się rozrusza. Karm po ciepłej, wieczornej kąpieli, po masażu (patrz str. 276) lub tuż przed drzemką.

- Albo karm „w biegu". Bywają dzieci, które lubią wiedzieć, że są w centrum wydarzeń, i nic nie umknie ich uwagi. Jeśli twoje dziecko ma taki charakter, karm je, chodząc po domu. Aby nie musieć go trzymać na rękach, zaopatrz się w chustę.

Gdyby natomiast dziecko nadal odmawiało ssania piersi, być może faktycznie chce już zrezygnować z tego sposobu odżywiania się i nawet jeśli nie jesteś jeszcze na to gotowa, nic nie poradzisz. Wiele matek przed tobą odkryło, że choć można przystawić dziecko do piersi, nie da się zmusić go do ssania.

Najlepiej by było, gdybyś nadal karmiła dziecko mlekiem z piersi, podanym w butelce, przynajmniej do końca pierwszego roku życia malca. Jeśli uważasz, że nie jesteś w stanie ściągnąć tyle pokarmu, by zaspokoić całkowite zapotrzebowanie dziecka, trzeba będzie wprowadzić mieszankę. Podawaj mleko (własne lub mieszankę) w butelce, choć wiele niemowląt odmawiających ssania nie spojrzy przychylnym okiem na gumowy smoczek. Jeśli twoja pociecha nie chce pić z butelki lub nigdy z niej nie piła, nie ma sensu wprowadzać jej teraz, gdyż Amerykańska Akademia Pediatrii i tak zaleca zrezygnowanie z tego sposobu karmienia, gdy dziecko kończy rok. Podawaj mleko w kubeczku – dzieci, które nie chcą jeść w pozycji leżącej, często chętnie się na to godzą. Dość dobrze radzą sobie z piciem z kubeczka te maluchy, którym kubek zaczęto podawać wcześniej, pozostałe zaś też na ogół szybko chwytają, na czym rzecz polega.

Gdybyś jednak musiała całkowicie zaprzestać karmienia piersią, postaraj się, by proces ten – dla dobra dziecka i twej wygody – przebiegał stopniowo. Stopniowo więc dawaj dziecku coraz więcej mieszanki, nim odstawisz go całkowicie od mleka z piersi. Postępując w ten sposób, mniej się umęczysz z powodu nabrzmiałych piersi. (Na stronie 419 znajdziesz wskazówki dotyczące odstawiania dziecka; jeśli malec nie chce już wypić ani kropli twego pokarmu, na stronie 420 przeczytasz, co zrobić, by nagłe odstawienie było łatwiejsze.)

TRUDNOŚCI Z JEDZENIEM

Kiedy zaczęłam wprowadzać pokarmy stałe, mała uwielbiała dosłownie wszystko. Ale ostatnio je wyłącznie chleb.

Jeśli wierzyć w to, co mówią rodzice (aż do momentu, kiedy wygłodzone nastolatki wyjadają wszystko z lodówki), niektórym dzieciom wystarcza do życia powietrze, miłość i odrobina chleba. Ale wbrew obawom troskliwych rodziców niejadki wypijają i zjadają w ciągu dnia tyle, że całkowicie im to wystarcza. Dzieci jedzą tyle, ile potrzebują.

Na obecnym etapie rozwoju niemowlęta pobierają większość składników z pokarmu matki, mieszanki mlecznej lub pełnego mleka krowiego. Inne pokarmy jedynie uzupełniają dietę. Począwszy od dziewiątego miesiąca życia, potrzeby żywieniowe dziecka rosną, a zmniejsza się zapotrzebowanie na mleko. Stosuj następujące zasady, jeśli chcesz zapewnić dziecku pełnowartościową dietę:

Niech je chleb... Kaszkę, banany czy cokolwiek innego, co bardzo lubi. Dzieci czasami tygodniami jadają to samo. Najlepiej uwzględnić ich preferencje, nawet gdyby miały dostawać kaszkę na wszystkie posiłki. W końcu dziecko samo urozmaici jadłospis.

Zrezygnuj z przetartych pokarmów. Buntując się przeciwko jedzeniu, dziecko może dawać ci do zrozumienia, że ma już dosyć dokładnie zmiksowanych papek. Krój pokarmy na większe kawałki i dawaj mu do rączki. Niech eksperymentuje z różnymi smakami i konsystencjami, a możliwe, że wkrótce polubi wszystko.

Urozmaicaj menu. Może twoja pociecha ma już dosyć wciąż tych samych posiłków. Zmiana pomoże jej odzyskać apetyt.

Płatki śniadaniowe z dynią piżmową?

Co zrobić, gdy mały smakosz już nie chce jeść mdłych potraw z wody, gdy ciekawią go nowe smaki, żywność o różnej konsystencji? Brawo dla małego smakosza! Podekscytowani rodzice, chcąc wprowadzić jak najwięcej urozmaicenia małemu domownikowi, nie powinni zapomnieć o płatkach bogatych w żelazo w codziennej diecie. Trudno – tak najlepiej zapewnić mu niezbędną dawkę tego ważnego pierwiastka, chyba że malec pije wzbogaconą mieszankę.

Przekaż inicjatywę w ręce dziecka. Zaciśnięta buzia przy jedzeniu może być sygnałem uporu i niezależności. Niech maluch sam trzyma i prowadzi łyżeczkę do buzi, może wtedy spróbuje potraw, których od ciebie nigdy by nie wziął. Więcej informacji na ten temat znajdziesz na str. 379.

Nie psuj dziecku apetytu. Wiele maluchów je mało, dlatego że za dużo piją – soków, mieszanki mlecznej, pokarmu z piersi. Dziecko nie musi dostawać więcej niż 120–175 ml soków owocowych, a mieszanki (po ukończeniu roku – mleka) nie więcej niż 470–700 ml dziennie. Jeśli jest spragnione, dawaj mu wodę lub sok rozcieńczony wodą. Jeśli karmisz piersią, wystarczy, gdy przystawisz dziecko do niej trzy, najwyżej cztery razy dziennie. Częstsze karmienie z pewnością psuje apetyt na inne pokarmy.

Wydaj wojnę zbędnym przekąskom. Co robi mama, kiedy dziecko nie je śniadania? Całe przedpołudnie dokarmia je słodyczami i przekąskami tak skutecznie, że dziecko traci ochotę na obiad. A co się dzieje, gdy nie zje obiadu? Głodny maluch przez całe popołudnie objada się różnymi smakołykami, nic więc dziwnego, że w brzuszku nie będzie już miejsca na kolację. Takie błędne koło zrujnuje apetyt dziecka i twój nastrój. Dlatego ograniczaj przekąski i słodycze do jednej przed i drugiej po południu, niezależnie od tego, ile dziecko zjada na główne posiłki. Przekąska może być nieco większa po posiłku, podczas którego dziecko mało zjadło lub zupełnie go zignorowało.

Uśmiechnij się. Oto, jak najłatwiej wychować niejadka: rób groźną minę, kiedy dziecko odwraca się na widok łyżeczki z jedzeniem, narzekaj, że nic nie zjadło, na siłę wciskaj mu do zaciśniętej buzi jedzenie, błagaj, by coś zjadło, pokazuj, jak „samochodzik jedzie do garażu". Dziecko musi wiedzieć, że je, bo jest głodne, a nie dlatego, że ty o to prosisz. Za żadną cenę, nawet za cenę nie zjedzonego obiadu, nie dopuść do tego, by jedzenie stawało się wydarzeniem dnia. Jeśli maluch nie chce jeść, po prostu odstaw talerz i nie wdawaj się w dyskusję.

Krótkotrwała utrata apetytu może być spowodowana przeziębieniem czy innymi chorobami, zwłaszcza jeśli dziecko gorączkuje. Chroniczny brak apetytu towarzyszy anemii i niedożywieniu. Jeśli twoja pociecha, oprócz braku apetytu, przejawia niechęć do zabawy, opóźnienie w rozwoju, niedostateczny przyrost masy ciała i zmianę zachowania (nagłe rozdrażnienie), poradź się lekarza.

CHCE SAMA JEŚĆ

Moja córeczka wyrywa mi łyżeczkę zawsze, kiedy ją karmię. Jeśli w zasięgu jej ręki znajduje się miseczka, wkłada do niej rękę i brudzi wszystko dookoła. Ona się nie najada, a ja jestem na nią zła.

Czas przekazać pałeczkę (łyżeczkę) młodemu pokoleniu. Twoja córka wyraża pragnienie niezależności, na razie przy stole. Zachęcaj ją, a nie zniechęcaj. Aby ograniczyć bałagan i nie dopuścić do tego, by chodziła głodna, postępuj ostrożnie i, jeśli to możliwe, stopniowo.

Na początek daj jej osobną łyżeczkę, a karm ją drugą. Na razie będzie nią po prostu wymachiwać, a kiedy wreszcie uda jej się ją napełnić i donieść do buzi, w ostatniej chwili odwróci ją do góry nogami. Samo trzymanie łyżeczki na razie jej wystarczy. Następnym krokiem będzie podanie jej czegoś pożywnego do rączki, w czasie kiedy ty ją karmisz łyżeczką. Połączenie własnej łyżeczki lub kubka z pokrywką i dzióbkiem oraz kawałka czegoś do jedzenia w rączce z pewnością da dziecku zajęcie podczas karmienia. Jednak niektóre dzieci chcą wszystko robić same. Trzeba im na to pozwolić. Posiłki będą dłużej trwały, bałagan też będzie większy, przynajmniej z początku. W końcu jednak maluch nauczy się samodzielnie jeść. (Pod wysokie krzesełko podłóż rozłożoną gazetę, żeby ułatwić sobie sprzątanie.)

Nie pozwól, by stół zamienił się w pole bitwy, bo nigdy już nie pozbędziesz się kłopotów z jedzeniem. Gdy dziecko przestaje jeść, a zaczyna bawić się jedzeniem, przejmij łyżeczkę i karm je sama. Jeśli się obrazi, wytrzyj mu buzię i zakończ posiłek.

DZIWNE STOLCE

Kiedy przewijałam dzisiaj dziecko, zdumiałam się. Stolec wyglądał jak ziarenka piasku, a przecież moja córeczka nie bawiła się w piaskownicy.

Powoli przewijanie dziecka robi się nudne, a tu taka niespodzianka. Czasami łatwo się domyślić, co spowodowało zmianę wyglądu stolca. Intensywny pomarańcz? Prawdopodobnie marchewka. Przerażający czerwony kolor? Buraczki albo sok z buraka. Czarne kłaczki? Banany. Małe dziwne kuleczki? Jagody albo rodzynki. Zielonkawe kuleczki? Może groszek. Żółte? Kukurydza. Ziarenka? Prawdopodobnie pomidory, ogórki albo arbuzy, z których nie usunęłaś wszystkich pestek.

Dzieci gryzą niedokładnie, a ich przewód pokarmowy nie jest w pełni dojrzały, dlatego to, co zjadają, przechodzi przez ich jelita nie zmienione*.

---

* Ugniatanie, krojenie na kawałki rodzynków, jagód, groszku i ziaren ułatwia połykanie i trawienie.

Stolce przypominające piasek są bardzo często spotykane, mimo że dziecko nie jadło w piaskownicy (a chętnie by tak zrobiło, gdyby tylko mu na to pozwolić). Tak właśnie wyglądają niektóre rodzaje płatków śniadaniowych, grubsze kasze i gruszki po przejściu przez przewód pokarmowy dziecka. Dziwne zmiany stolca są spowodowane nie tylko pokarmami naturalnymi, ale także różnymi sztucznymi dodatkami w pokarmach, których dzieci nie powinny jeść. Niektóre barwniki sprawiają, że stolce mają niesamowite kolory, na przykład jaskrawozielony (napoje o smaku winogron) czy różowoczerwony (płatki śniadaniowe o smaku jagodowym).

Zanim ogarnie cię panika na widok zawartości pieluszki, przypomnij sobie, czym ostatnio karmiłaś dziecko.

ZMIANY W ROZKŁADZIE DRZEMEK

Nagle moja córka przestała spać przed południem. Czy jedna drzemka dziennie jej wystarczy?

Jedna drzemka dziennie to z pewnością za mało dla wykończonych rodziców, jednak dziecku całkowicie wystarczy. Niektóre niemowlęta rezygnują z obu drzemek naraz. Najczęściej jednak wypada drzemka przedpołudniowa, rzadziej popołudniowa. Są dzieci, które śpią dwa razy w ciągu dnia nawet w drugim roku życia, i to też jest normalne, jeżeli nie powoduje problemów ze snem w nocy. Gdy tak jest, przestaw dziecko na jedną drzemkę dziennie.

W tej chwili mniej ważne jest, jak długo dziecko śpi, ważniejsze, czy mu to wystarcza. Jeśli maluch nie chce spać w ciągu dnia, ale wieczorem jest wyraźnie przemęczony, oznacza to, że potrzebuje dodatkowej dawki snu, lecz nie chce tracić cennego czasu, który woli przeznaczyć na odkrywanie świata. Niewyspane dziecko jest niezadowolone, odmawia współpracy, wieczorem z trudem zasypia i gorzej śpi w nocy.

Jeśli twoje dziecko nie wysypia się w ciągu dnia, postaraj się nakłonić je do drzemki. Kładź je – nakarmione, przewinięte i spokojne – w ciemnym pokoju, tak by nic go nie rozpraszało. Pobaw się z nim chwilę w jakąś wyciszającą zabawę, puść spokojną muzykę, zrób mu masaż (patrz str. 276). Nie poddawaj się, jeśli malec nie chce od razu zasnąć – czasem dziecku potrzeba więcej czasu, by zasnąć w ciągu dnia. Możesz usypiać je w wózku albo w samochodzie. W razie konieczności lub jeśli te metody zarezerwowałaś również na wieczorne usypianie, spróbuj nauczyć dziecko zasypiać samo (patrz str. 317), zanim postanowisz całkowicie zrezygnować z układania go do drzemki. Pozwól dziecku wypłakać się przed snem, jednak nie dłużej niż w nocy.

Myśleliśmy, że wszystko robimy dobrze. Nasze dziecko zasypiało bez problemu. Ostatnio najchętniej bawiłoby się przez całą noc.

Parę miesięcy temu wasze dziecko nie miało czym się bawić przez całą noc. Dzisiaj czekają na nie nowe odkrycia, nowe zabawki, chce nawiązywać kontakty z innymi ludźmi. Niedawno nauczyło się stać, więc już nie ma ochoty na leżenie. Nie ma czasu na sen.

Niestety, dziecko jeszcze nie wie, co dla niego dobre. Tak jak niedobór snu w ciągu dnia, nocne zabawy powodują przemęczenie, co z kolei utrudnia zaśnięcie. Niewyspane dzieci mają kłopoty z zasypianiem i częściej budzą się w nocy. Są marudne w ciągu dnia i bardziej narażone na wypadki.

Jeśli dziecko ma kłopoty ze spaniem, upewnij się, że wysypia się w dzień (patrz str. 295 i poprzedni list). Następnie ustanów rytuał zasypiania albo stanowczo przestrzegaj tego, który już został ustalony. Jeśli ktoś inny kładzie dziecko spać, powinien również wiedzieć, na czym polega wasz rytuał.

Jeśli nie wiesz, jak to ma wyglądać, wypróbuj następujące rady:

Kąpiel. Po całym dniu szorowania kolanami po podłodze, wcierania banana we włosy i tarzania się w piaskownicy dziecku potrzebne jest porządne szorowanie. Wieczorna kąpiel to coś więcej niż tylko mycie ciała – to również relaks. Ciepła woda ma magiczną moc usypiającą, nie wykorzystuj jej w ciągu dnia. Wypróbuj dziecięce mydełka i emulsje z lawendą i rumiankiem, gdyż mają one właściwości uspokajające.

Senna atmosfera. Zgaś światła, wyłącz telewizor, wyproś starsze dzieci z sypialni i ogranicz wszystkie inne zakłócenia.

Bajka, kołysanka, przytulenie. Po przewinięciu i przebraniu w piżamkę usiądź z dzieckiem na kanapie albo przy jego łóżku. Przeczytaj mu prostą bajkę, cichym, monotonnym głosem. Zaśpiewaj spokojną piosenkę lub kołysankę, trochę poprzytulaj. Unikaj energicznych rozrywek typu zapasy czy łaskotanie. Gdy dziecko się rozbawi, trudno je uspokoić. Jeśli malec lubi masaż, będzie to doskonały sposób na zrelaksowanie go przed snem. Badania wykazują zwiększone wydzielanie melatoniny – hormonu wywołującego senność w organizmie masowanych niemowląt.

Nocna lampka. Niektóre dzieci boją się ciemności. Dla nich zostawiaj w pokoju zapaloną lampkę nocną.

Powiedzmy sobie „dobranoc". Ułóż do snu ulubioną zabawkę czy misia. Niech dziecko powie mu „dobranoc", niech pożegna przed snem rodzeństwo, mamę i tatę. Pocałuj dziecko na dobranoc, przykryj je i wyjdź z pokoju. Kiedy maluch płacze po twoim wyjściu z pokoju, wróć, żeby sprawdzić, czy wszystko jest w porządku. Jeśli potem wciąż płacze, wypróbuj jedną z metod wieczornego usypiania dziecka przedstawionych na stronie 317. Powinny się sprawdzić, choć teraz, gdy malec jest starszy i sprytniejszy, trudniej będzie je wdrożyć. Dziecko już wie, jak nakłonić cię do powrotu, rozumie, że targa tobą poczucie winy. Będzie wstawało, płakało i czekało, aż przyjdziesz je położyć. Będzie wołało „mama" i „tata" i trudno będzie ci to zignorować. Zamiast się uspokoić po twojej kolejnej wizycie, rozzłości się jeszcze bardziej. Najlepiej zrobisz, trzymając się w tej sytuacji z daleka, zanim maluch z powrotem nauczy się sam zasypiać.

Nie mogę ustanowić wieczornego rytuału, ponieważ nasze dziecko zawsze zasypia przy karmieniu.

Jeżeli dziecko zasypia przy karmieniu, rytuał, łącznie z mówieniem „dobranoc", może się odbyć przedtem. Jeśli chcesz sprawić, by zasypiało po jedzeniu, karm je przed kąpielą, w warunkach nie sprzyjających zasypianiu, obiecując bajkę. Gdyby zasnęło, obudź je na kąpiel. Jeśli i to nie działa, odczekaj kilka tygodni, a do tego czasu niech zasypia przy karmieniu.

Bardzo chcielibyśmy nauczyć naszą córkę zasypiać samodzielnie, gdy przebudzi się w nocy. Ale teraz, gdy ząbkuje, czuję się winna, kiedy płacze przez całą noc.

Istnieje wiele sposobów przynoszenia ulgi ząbkującemu dziecku – jednak wszystkie wymagają bycia przy nim. Mały problem, gdy rodzice śpią przy dziecku, ale większy, gdy postanowili, by spało samo. Problem leży w tym, że choć największe cierpienie przy wyrzynaniu się ząbków trwa tylko kilka nocy (a dziecko budzi się na krótko i sporadycznie), to bycie w nocy z rodzicami szybko może stać się trudnym do zerwania nawykiem. Innymi słowy, ząbkowanie wybudza na krótko, a świadomość, że rodzice przybiegną na dźwięk płaczu, wybudza na czas nieokreślony.

Oczywiście warto zerknąć do pokoju, gdy dziecko płacze, aby się przekonać, czy przypadkiem nie podciągnęło się do pozycji stojącej, a teraz nie umie samo się położyć – co w tym wieku zdarza się często. Można je uspokoić (tak długo i taką metodą, jaką oboje lubicie), na przykład pogłaskać, zaśpiewać cichą kołysankę, podać gryzaki, ale jeśli chcesz, by zasypiało samo, nie bierz go na ręce. Poczekaj, aż zaśnie, a jeśli twoja obecność mu w tym przeszkadza, nie wchodź do jego pokoju.

Jeśli dziecko nie jest w stanie się uspokoić, zapytaj lekarza, czy można podać mu jakieś środki; poproś, żeby ci coś polecił. Upewnij się, że płacz nie jest spowodowany zapaleniem ucha, przy którym ból nasila się w nocy.

STAWANIE NA NÓŻKI

Nasze maleństwo nauczyło się podciągać do stania. Przez kilka minut dzielnie stoi, a potem zaczyna strasznie płakać. Czy czasem nie bolą go nóżki?

Gdyby nóżki dziecka nie były gotowe na stanie, maluch nie podciągałby się do tej pozycji. Płacz nie jest wynikiem bólu, raczej frustracji. Dziecko potrafi już stać, ale stale upada i trzeba mu pomagać. Gdy zauważysz zniechęcenie dziecka, pomóż mu bardzo delikatnie. Musi samo nauczyć się siadać. Może to potrwać kilka dni, najdłużej parę tygodni. Do tego czasu ratuj je w potrzebie – przygotuj się na to, że będziesz musiała pomagać mu także w środku nocy, jeśli akurat taką porę obierze sobie do ćwiczeń.

Nasza córka podciąga się do stania, opierając się o wszystkie meble w domu. Czy powinnam ją trzymać cały czas w kojcu, żeby była bezpieczna?

Dzieci najpierw uczą się stawać, potem poruszają się, przytrzymując mebli, w końcu samodzielnie chodzą. A wtedy są szczególnie narażone na niebezpieczeństwo, bo umieją więcej, niż potrafią zrozumieć ich małe rozumki. Chociaż przed tobą szczególnie nerwowy okres, musisz pozwolić dziecku na odkrywanie otaczającego je świata. A ty powinnaś uczynić ten świat bezpiecznym.

Upewnij się, że wszystko, co znajduje się w zasięgu rąk twojego dziecka, jest bezpieczne. Przejdź się po mieszkaniu na czworakach, żeby zauważyć wszelkie niebezpieczeństwa. Przymocuj do ściany lub umieść w pomieszczeniu niedostępnym dla dziecka chwiejące się stoliki, regały, krzesła i lampy stojące, zainstaluj specjalne zamknięcia szuflad, aby dziecko nie mogło ich otworzyć. Kable należy tak schować, by malec nie mógł za nie pociągnąć i zrzucić sobie czegoś ciężkiego na głowę. Zabezpiecz wszelkie ostre krawędzie i rogi, dziecko z pewnością niejeden raz na nie wpadnie. Odstaw wszystkie kruche drobiazgi i bibeloty. Nie zapominaj zamykać zmywarki do naczyń – jej zawartość (na przykład noże, szklanki czy resztki proszku do mycia) stanowi zagrożenie dla zdrowia. Nie zostawiaj dużych płacht papieru na wierzchu i natychmiast wycieraj wszelkie rozlane płyny, żeby uniknąć poślizgnięć. Najlepiej, aby dziecko poruszało się boso albo w specjalnych „antypoślizgowych" skarpetkach, a nie w bucikach z miękkimi podeszwami czy zwykłych skarpetkach.

Szybciej, niż się spodziewasz, mała zacznie poruszać się po pokoju, przytrzymując się mebli i nóg dorosłych. Zwiększona ruchliwość oznacza więcej zagrożeń czyhających na malca – aby więc nic mu się nie stało, całe mieszkanie musi być bezpieczne. Porady, jak tego dokonać, znajdziesz na str. 363.

PŁASKOSTOPIE

Kiedy mój synek stoi, jego stopy są zupełnie płaskie. Czy ma płaskostopie?

U dzieci płaskostopie jest regułą. Co nie znaczy, że nie ma od niej wyjątków. Składa się na to wiele przyczyn. Dziecko mało chodzi, więc jego mięśnie nie są jeszcze właściwie rozwinięte. U tłuściuszków tłuszcz pokrywa podbicie, dlatego trudno jest właściwie ocenić, czy stopy są płaskie czy nie. Poza tym dzieci chodzą na szeroko rozstawionych nóżkach, żeby utrzymać równowagę. To powoduje nacisk na wewnętrzną stronę stóp, co sprawia, że wyglądają na płaskie. U większości dzieci stopy ukształtują się prawidłowo. W tej chwili trudno ocenić, czy będą miały płaskostopie czy nie. Zresztą nie jest to poważny problem.

ZA WCZEŚNIE CHODZI?

Nasza córeczka najchętniej chodziłaby przez cały dzień, trzymając za ręce dorosłych. Czy za wczesne chodzenie popsuje jej nóżki?

Wcześniej popsuje wam kręgosłupy niż jej nóżki. Gdyby mała nie była gotowa na takie chodzenie, z pewnością nie domagałaby się pomocy. Tak samo jak wczesne wstawanie, wczesne chodzenie (z pomocą lub samodzielnie) nie powoduje ani wykrzywienia nóżek, ani innych niepożądanych objawów. Wręcz przeciwnie, sprzyja rozwojowi mięśni niezbędnych do chodzenia. Chodzenie boso dodatkowo wzmacnia mięśnie stóp. Pozwól dziecku na chodzenie, jeśli tylko wytrzymuje to twój kręgosłup.

Jeśli maluch w tym wieku nie chce chodzić, nie powinno się go do tego zmuszać. Tak jak na każdym innym etapie rozwoju musisz uwzględniać indywidualne potrzeby dziecka.

OPÓŹNIONY ROZWÓJ

Martwimy się, ponieważ nasze dziecko nauczyło się samo siadać dużo później niż dzieci znajomych. Czy mamy powody do zmartwień?

Tempo rozwoju każdego dziecka jest zdeterminowane przez geny. To one określają, jak szybko będzie się rozwijał układ nerwowy. Czas siadania, podciągania się do stania, stania, chodzenia, pierwszego uśmiechu i pierwszego wypowiedzianego słowa jest dokładnie zaprogramowany w genach. Jedno dziecko zacznie szybko uśmiechać się i mówić (rozwój społeczny), za to będzie później chodzić (rozwój motoryczny). Inne prędko zacznie samodzielnie się poruszać, ale do końca pierwszego roku nie opanuje chwytu palcem wskazującym i kciukiem. Tempo rozwoju motorycznego nie zależy od poziomu inteligencji. Musicie też pamiętać, że opóźnienie w nabywaniu pewnych umiejętności często wynika z ograniczonej możliwości ćwiczenia ich. Dotyczy to z pewnością siadania – jeśli dziecko większość czasu spędza, leżąc na plecach, przypięte do leżaczka, w nosidełku, to nie ma możliwości próbować przejść do pozycji siedzącej.

Jeśli dziecko zawsze robi wszystko później, ale w dolnej granicy normy, i przechodzi od jednego etapu do drugiego, nie ma powodu do obaw. Jeżeli jednak bardzo opóźnia się w stosunku do innych dzieci, powinnaś poradzić się lekarza. Najczęściej po takiej konsultacji rodzice wychodzą uspokojeni. Niektóre dzieci dojrzewają wolniej, ale jest to normalne. Czasami zachodzi potrzeba przeprowadzenia dodatkowych badań, żeby ustalić, na czym polega problem.

Zdarza się, że rodziców dręczy niepokój wbrew opiniom pediatry. Najlepiej wtedy udać się do specjalisty, możliwe, że pediatra pracujący w przychodni, który widzi dziecko rzadko i przez krótki czas, przeoczy pewne sygnały opóźnionego rozwoju. Specjalista dysponuje możliwością bardziej dokładnych badań. Konsultacja spełnia podwójną funkcję. Po pierwsze, gdy obawy są nieuzasadnione, pomoże rodzicom ostatecznie się uspokoić. Po drugie, jeśli problem rzeczywiście istnieje, im wcześniej podejmie się prawidłowe leczenie, tym lepiej.

LĘK PRZED OBCYMI

Nasza córeczka zawsze była przyjaźnie nastawiona do ludzi. Ale kiedy ostatnio przyjechali teściowie, których dotychczas uwielbiała, wybuchała płaczem, jak tylko podchodzili do niej. Co jej się stało?

Jest to oznaka dojrzałości. Chociaż dzieci zwykle preferują rodziców, niemowlęta poniżej szóstego miesiąca życia reagują pozytywnie na wszystkich dorosłych. I znajomi, i nieznajomi dorośli to ludzie, którzy służą zaspokajaniu potrzeb dziecka. Najczęściej w ósmym, dziewiątym miesiącu dziecko uświadamia sobie dokładnie, kto jest kim. Mama i tata opiekują się nim, a inni chcą je odebrać rodzicom. („Lęk przed obcymi", jak nazywa się ten etap rozwoju dziecka, może pojawić się u dziecka w szóstym miesiącu życia lub nawet wcześniej.) Dlatego w tym okresie dziecko odrzuca uprzednio ulubionych dziadków (czasem nawet opiekunkę) i rozpaczliwie czepia się rodziców.

Lęk przed obcymi może szybko zaniknąć albo rozwinąć się pod koniec pierwszego roku życia. Dwoje na dziesięcioro dzieci nie przechodzi przez tę fazę, ponieważ potrafią szybko przystosować się do nowych sytuacji. Jeśli dziecko przeżywa okres lęku przed obcymi, nie postępuj wbrew jego woli. Na pewno we właściwym czasie po prostu z tego wyrośnie. Poinformuj rodzinę i przyjaciół, że dziecko przechodzi fazę wzmożonej nieśmiałości i nie powinni na siłę brać go na ręce. Lepiej uśmiechnąć się do malucha, porozmawiać, podać zabawkę. Może w końcu ośmieli się i przestanie płakać.

Jeśli niemowlę reaguje w ten sposób na obecność opiekunki, która już od dłuższego czasu zajmuje się nim, z pewnością przestanie histeryzować, kiedy tylko wyjdziesz z domu. Jeśli opiekunka jest nowa, musisz poświęcić więcej czasu na aklimatyzację. Jeżeli dziecko w dalszym ciągu reaguje histerycznie, może warto pomyśleć o zmianie opiekunki. Możliwe, że nie zajmuje się dzieckiem tak, jak powinna. Maluszki karmione piersią mogą płakać godzinami po wyjściu mamy, nawet jeżeli zostają pod opieką taty. Wtedy postaraj się ograniczyć wyjścia z domu bez dziecka dopóty, dopóki okres lęku nie minie. Jeśli nie masz takiej możliwości (pracujesz poza domem i musisz zostawiać dziecko z opiekunką lub w żłobku), spędzaj z nim jak najwięcej czasu po powrocie.

UKOCHANE PRZEDMIOTY

Od pewnego czasu nasz synek jest strasznie przywiązany do swojego kocyka. Ciągle go z sobą nosi, nawet kiedy raczkuje. Czy to oznacza brak poczucia bezpieczeństwa?

Tak, trochę, ale ma ku temu powód. Ostatnio odkrył, że jest odrębną osobą, a nie tylko „przedłużeniem" rąk rodziców. To odkrycie jest z pewnością ekscytujące, ale może też budzić przerażenie. Dziecko przekonuje się, że mama nie zawsze jest pod ręką, dlatego znajduje sobie zastępcę w postaci kocyka, wypchanego zwierzątka, butelki czy smoczka. Ulubiony przedmiot spełnia taką samą funkcję jak rodzice – daje pociechę. Dziecko, które z trudem rozstaje się z rodzicami, łatwiej zasypia we własnym łóżeczku, kiedy ma przy sobie coś, co sprawia, że czuje się bezpieczniej.

Czasami niemowlę, które wcześniej nie przywiązywało się do przedmiotów, w sytuacji stresowej (nowa opiekunka, żłobek, przeprowadzka itp.) zaczyna to robić. Problem mija między drugim a piątym rokiem życia (wtedy, kiedy dziecko przestaje ssać kciuk). Czasami staje się to w momencie, gdy ulubiona zabawka zgubi się albo popsuje. Niektóre dzieci potrafią rozpaczać przez kilka dni, a inne prawie nie zauważają zniknięcia starego przyjaciela.

Z pewnością nie należy dokuczać dziecku ani wyśmiewać się z jego przywiązania do jakiejś rzeczy. Można jednak tak postępować, aby nawyk stał się jak najmniej uciążliwy, a dziecko było przygotowane na nieuchronne rozstanie.

- Kiedy zauważysz, że nawyk się wykształca, już od początku ograniczaj jego zasięg. Dawaj dziecku jego ulubiony przedmiot tylko w domu i tylko przed snem. (Nie zapomnij zabierać danej rzeczy na wakacje i wyjazdy.) Ale jeśli nawyk już się rozwinął, nie wprowadzaj teraz żadnych ograniczeń i pozwalaj zabierać ulubiony przedmiot ze sobą (do wózka, samochodu czy do żłobka).

- Wypierz tę rzecz, zanim nabierze charakterystycznego zapachu. Dziecko przywiązuje się również do woni, będzie narzekać, gdy rzecz świeżo pachnie. Jeśli nie chcesz odebrać dziecku zabawki w ciągu dnia, wypierz ją, kiedy maluch śpi.

- Jeśli ulubionym przedmiotem jest zabawka, kup drugą, identyczną, żebyś nie miała problemu, gdy przypadkiem zginie. Łatwiej będzie ją prać, a dwie nie zniszczą się tak szybko jak jedna. Jeśli jest to kocyk, możesz albo kupić drugi, albo pociąć go i podsuwać dziecku coraz to nowe kawałki.

- Choć lepiej nie przeprowadzać długich rozmów na ten temat, można już teraz od czasu do czasu wspomnieć dziecku, że jak będzie duże, nie będzie już potrzebować swojego kocyka (czy innego przedmiotu).

- Nie pozwól, by obiektem, który daje dziecku ukojenie, stała się butelka (albo kubeczek) soku czy mleka. Długie ssanie, zwłaszcza w nocy, może doprowadzić do zepsucia zębów. Pusta butelka albo butelka z wodą też spełnia swoją funkcję.

- Pamiętaj, by obdarzać dziecko czułością i poświęcać mu niepodzielną uwagę. Poza przytulaniem i całowaniem baw się i rozmawiaj z nim często.

Przywiązanie do przedmiotu jest dla wielu (choć nie dla wszystkich) dzieci normalnym etapem rozwoju. Jeśli ten nawyk przekształca się w obsesję, uniemożliwiając dziecku kontakty z innymi ludźmi i zabawę innymi zabawkami czy zakłócając jego rozwój fizyczny, może to oznaczać nie zaspokojone potrzeby emocjonalne. A wtedy trzeba skontaktować się z lekarzem.

MALUCH NIE MA ZĄBKÓW

Nasza córka ma już prawie dziewięć miesięcy i ani jednego ząbka. Dlaczego? Czy coś im stoi na przeszkodzie?

Póki możesz, rozkoszuj się bezzębnym dzieckiem. Wiele dziewięciomiesięcznych niemowląt, a nawet dzieci, które ukończyły już pierwszy rok życia, nie ma jeszcze ząbków. Ale w końcu wszystkim im ząbki wyrosną. Najczęściej ząbkowanie rozpoczyna się w siódmym miesiącu, ale może się to zdarzyć między drugim a dwunastym miesiącem. Późne ząbkowanie jest najczęściej uwarunkowane dziedzicznie i nie oznacza opóźnionego rozwoju. (Stałe zęby też wyrosną później.) Brak zębów nie przeszkadza dzieciom w przeżuwaniu większych kawałków pokarmu. Do czasu, kiedy pojawiają się zęby trzonowe, w połowie drugiego roku, dzieci i tak gryzą i żują dziąsłami.

BRAK WŁOSÓW

Córeczka urodziła się łysa i do dziś jej główkę pokrywa jedynie meszek. Kiedy urosną jej włosy?

Pewnie już jesteś zmęczona uwagami typu: „Jaki śliczny chłopczyk!" Chciałabyś wyraźnie podkreślić płeć dziecka kokardkami i spineczkami. Brak włosków w drugiej połowie pierwszego roku może być rzeczywiście frustrujący. Ale tak samo jak w przypadku braku ząbków, nie jest to zjawisko niezwykłe i wkrótce minie. Częściej zdarza się dzieciom o jasnej cerze i jasnych włosach i wcale nie oznacza skłonności do łysiny w późniejszym wieku. Wkrótce na główce twojej córeczki pojawią się włosy, będzie ich więcej w drugim roku życia. Na razie ciesz się, że omija cię walka podczas mycia włosów szamponem i szczotkowania.

CO WARTO WIEDZIEĆ
Dziecięce zabawy

Od czasu, kiedy twoje babcie były matkami, wiele zmieniło się w poglądach na opiekę nad dziećmi. Jednak niektóre rzeczy pozostają niezmienne: zwłaszcza zabawy, które uwielbiają wszystkie dzieci.

Zabawy w „Idzie rak nieborak" czy „Akuku" wciąż tak samo wywołują uśmiech na dziecięcych buziach. Służą nie tylko zabawie – uczą nawiązywania kontaktów z otoczeniem i koordynacji słów i gestów. Rozmaite wyliczanki pomagają w nauce liczenia oraz w przyswajaniu nowych słów.

Nawet jeśli wydaje ci się, że nie pamiętasz żadnych dziecięcych wierszyków, wkrótce same przyjdą ci do głowy. Zapytaj swoją matkę, a na pewno ci je przypomni. Popytaj starszych krewnych, również z rodziny męża. Albo spójrz na poniższą listę.

„Akuku". Zakryj twarz (rękoma, rogiem kocyka, schowaj się za firanką) i powiedz: „Gdzie jest mama (albo tata)?" A potem odsłoń twarz i powiedz: „Akuku, tu jest mama!" Większość dzieci mogłaby tak się bawić bez końca.

„Kosi-kosi". Powtarzaj „Kosi-kosi łapci, pojedziem do babci, babcia da nam mleczka i słodkie ciasteczka" i próbuj pokazać dziecku, jak ma klaskać. Z początku malec nie będzie otwierać dłoni, umiejętność klaskania otwartymi dłońmi najczęściej rozwija się dopiero po ukończeniu roczku. Zanim to nastąpi, dziecko może trzymać twoje ręce i nimi klaskać.

„Idzie kominiarz po drabinie" albo „Idzie rak nieborak, jak uszczypnie, będzie znak". Przebierając palcami po ramieniu dziecka, sprawisz mu ogromną radość.

„Warzyła sroczka kaszkę". Po kolei dotykaj paluszków dziecka, a przy słowach: „A temu nic nie dała i frrrrr, poleciała!" pokaż, jak wysoko poleciała sroczka.

Jaka duża? Pytaj: „Jaka Ania duża?" (albo wymieniaj imię rodzeństwa, pieska itp.), niech dziecko wysoko podnosi ramiona i mówi: „Taka duża".

Oczy, nos i buzia. Pokazuj i nazywaj po kolei części swojej twarzy.

„Kółko graniaste". Chwyć dziecko za ręce, zróbcie małe kółeczko, chodząc dookoła, powtarzajcie: „Kółko graniaste, czterokanciaste, kółko nam się połamało, cztery grosze kosztowało, a my wszyscy bęc!", po czym upadajcie na podłogę.

14
Dziesiąty miesiąc

Jedyne, co w tym miesiącu ulega spowolnieniu, to tempo wzrostu dziecka, a zatem również napędzający go apetyt. Nie ma w tym zresztą nic złego, bo ruchliwe szkraby wolą teraz raczej odkrywać zakamarki dużego pokoju, niż siedzieć w wysokim krzesełku. Jak przystało na znakomitego odkrywcę, malec chce teraz poznać terytoria wcześniej będące poza jego zasięgiem, co często oznacza wspinaczkę po meblach. Niestety umiejętność wspinania się pojawia się znacznie wcześniej od umiejętności schodzenia, zatem nieraz zdarzy się mu znaleźć w trudnej sytuacji. (Dziecko nieraz może się znaleźć w niebezpieczeństwie, zatem musisz być zawsze czujna.) Choć rozumie słowo „nie", zdarza mu się sprawdzać twoją wytrzymałość przez odmawianie posłuchania lub w ogóle udawanie, że nic nie słyszy. Pamięć jest coraz lepsza, a lęki (towarzyszące coraz większym zdolnościom poznawczym) coraz silniejsze, na przykład wobec odkurzacza, którego można używać tylko gdy dziecko śpi.

CO TWOJE DZIECKO POTRAFI ROBIĆ

Dzieci osiągają kolejne etapy rozwoju we własnym tempie. Jeśli twój maluszek nie umie jeszcze wykonać jednej lub kilku z poniżej wymienionych czynności, nie martw się: wkrótce się nauczy. Normalne tempo rozwoju to takie, w jakim dziecko się rozwija. Pamiętaj też, że opóźnienie w zdobywaniu pewnych umiejętności, takich jak na przykład raczkowanie, może być wynikiem tego, że dziecko rzadko bawi się, leżąc na brzuszku. (Bywają dzieci, które w ogóle nie raczkują i nie ma w tym nic złego.) Jeśli rozwój dziecka wzbudza w tobie wątpliwości (ponieważ zauważyłaś, że opuściło któryś z etapów rozwoju lub obawiasz się, że rozwija się za wolno), skonsultuj się z lekarzem. Porozmawiaj z nim, nawet jeśli on sam danego tematu nie poruszy, gdyż rodzice często zauważają pewne niuanse niewidoczne dla lekarzy. Wcześniaki zwykle rozwijają pewne sprawności nieco później niż ich rówieśnicy, zazwyczaj w okresie, w którym osiągnęłyby je, gdyby urodziły się o czasie, a nawet później.

Po ukończeniu dziesiątego miesiąca twoje dziecko powinno umieć:

- stać, przytrzymując się kogoś lub czegoś;
- podciągać się z siedzenia do stania;
- protestować przy próbie odbierania zabawki;
- mówić „mama" i „tata" bez zrozumienia;
- wymieniać z tobą gesty w przód i w tył (sięganie, branie, dawanie);
- bawić się w „akuku".

Po ukończeniu dziesiątego miesiąca twoje dziecko prawdopodobnie będzie umiało:

- z leżenia na brzuszku przejść do siedzenia;
- bawić się w „kosi-kosi" i robić „pa-pa";
- podnieść mały przedmiot za pomocą któregoś z palców i kciuka (nie trzymaj niebezpiecznych przedmiotów w zasięgu rączek dziecka);
- chodzić, przytrzymując się mebli;
- rozumieć słowo „nie", ale nie zawsze usłucha.

Po ukończeniu dziesiątego miesiąca twoje dziecko być może będzie umiało:

- przez chwilę samo stać;
- powiedzieć ze zrozumieniem „tata" i „mama";
- wskazać na coś, co chce wziąć.

Po ukończeniu dziesiątego miesiąca twoje dziecko może nawet umieć:

- nie płaczem, ale w inny sposób przekazać swoje pragnienia;
- „grać" w piłkę, potoczyć ją po podłodze w twoim kierunku;
- samo napić się z kubka;
- koniuszkami palca wskazującego i kciuka podnieść mały przedmiot (nie trzymaj niebezpiecznych przedmiotów w zasięgu rączek dziecka);
- pewnie samodzielnie stać;
- gaworzyć, tak jakby mówiło w obcym języku;
- powiedzieć inne słowo niż „mama" i „tata";
- prawidłowo zareagować na proste polecenie typu: „daj mi to", poparte gestem;
- dobrze chodzić.

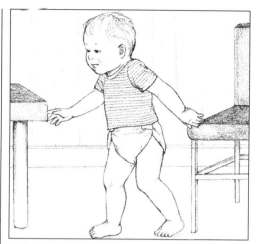

Wiele dzieci w wieku dziesięciu miesięcy potrafi już sprawnie poruszać się dookoła pokoju, przytrzymując się mebli. Jest to ostatni krok poprzedzający samodzielne chodzenie. Jedną ręką mocno trzymają się oparcia, potem ruszają w kierunku następnego mebla, wyciągając najpierw drugą rękę, a potem stopę. Dlatego zanim wypuścisz dziecko na szerokie wody, upewnij się, że żadne meble w twoim mieszkaniu nie chwieją się i nic nie spadnie dziecku na głowę.

Czego możesz oczekiwać w czasie badania lekarskiego

Większość lekarzy nie wyznacza w tym miesiącu wizyty kontrolnej zdrowego dziecka. Skontaktuj się z pediatrą, jeśli martwi cię coś, co nie może poczekać do przyszłego miesiąca.

KARMIENIE DZIECKA W DZIESIĄTYM MIESIĄCU
Kiedy odstawiać dziecko od piersi

Początki karmienia piersią, czyli okres, kiedy z trudem udawało ci się przebrnąć przez każde karmienie, kiedy leczyłaś bolące brodawki, kiedy wypływanie pokarmu przyprawiało cię o rozpacz, odeszły w siną dal. Teraz jest to najbardziej naturalna czynność dla was obojga, wykonywana (nierzadko) wręcz przez sen. Czujesz się tak, jakbyś od zawsze karmiła dziecko, a w skrytości ducha żałujesz, że nie będziesz tego robić już zawsze. A jednocześnie zastanawiasz się, kiedy nadejdzie czas na odstawienie dziecka od piersi.

Kiedy? Na to pytanie nie ma jednoznacznej odpowiedzi, nawet ze strony „ekspertów". Decyzja zależy tylko od ciebie, mamo, choć zanim ją podejmiesz, weź pod uwagę kilka czynników:

Fakty. Słyszałaś to już setki razy: Choć nawet kilkutygodniowe karmienie noworodka piersią jest dla niego lepsze niż nic, Amerykańska Akademia Pediatrii zaleca, by kontynuować karmienie (najlepiej) przynajmniej przez pełne 12 miesięcy, a potem tak długo, jak długo matka i dziecko tego chcą. Jeśli odczekamy z odstawieniem do pierwszych urodzin dziecka, malec, który nigdy nie pił z butelki (w każdym razie nie pił z niej mieszanki mlecznej), może od razu przejść od mleka matki do kubeczka z pełnym mlekiem, bez etapu przejściowego polegającego na piciu mieszanek.

Wiele kobiet decyduje się karmić także w drugim roku życia dziecka, a nawet dłużej, co też jest dobre, jednak ponieważ ich ruchliwe pociechy potrzebują wtedy więcej białka, witamin i innych składników odżywczych nie występujących w mleku matki, muszą także dużo jeść (i pić mleko krowie).

Choć spekulowano, że długie karmienie piersią opóźnia rozwój emocjonalny i społeczny dziecka, nie ma żadnych dowodów na poparcie tych teorii. Starsze dzieci karmione piersią tak samo mają poczucie bezpieczeństwa i czują się szczęśliwe i niezależne jak ich wcześniej odstawieni od piersi rówieśnicy.

Jeśli postanowisz karmić dziecko piersią po ukończeniu przez nie roku, powinnaś wziąć pod uwagę kilka faktów. Po pierwsze, nocne ssanie (czyli coś, za czym śpiące z rodzicami maluchy przepadają) bywa przyczyną próchnicy zębów (podobnie jak długotrwałe nocne picie z butelki) – przy czym dzieci karmione piersią ogólnie rzadziej mają zepsute zęby. Po drugie, ssanie w pozycji leżącej (także częstsze nocą) oznacza zwiększone ryzyko wystąpienia infekcji ucha – choć dzieci karmione piersią, ogólnie biorąc, także rzadziej cierpią na tę dolegliwość. Aby temu zapobiec, karm przed snem, ale nie nocą.

Twoje uczucia. Czy nadal lubisz karmić dziecko i jesteś całkowicie pewna, że nie chcesz jeszcze zrezygnować z tej wyjątkowej więzi, jaka was łączy? Jeśli tak, karm tak długo, jak oboje chcecie.

Ale może zmęczyłaś się już odsłanianiem i zasłanianiem piersi przez cały dzień i noc? Zaczynasz tęsknić za wolnością i możliwością lepszego rozplanowania dnia, co wydaje się nieosiągalne przy karmieniu piersią (choć karmienie starszego dziecka zwykle oznacza mniejsze uwiązanie)? Czy boisz się, że karmienie będzie się wydawać dziwne? Jeżeli masz mieszane uczucia do naturalnego karmienia, dziecko natychmiast to wyczuje. Może odebrać to jako sygnał odrzucenia jego osoby, a nie jedynie pozbawienie przyjemności ssania. Zastanów się nad odstawieniem od piersi, jak pisaliśmy wcześniej, około pierwszych urodzin dziecka.

Uczucia twojego dziecka. Niektóre dzieci same rezygnują z karmienia piersią. Wyraźnie pokazują (są niespokojne, obojętne, krótko piją), że mają ochotę na inny sposób żywienia. Nie odczytaj jednak niewłaściwie sygnałów wysyłanych przez dziecko. (Dzieci tracące zainteresowanie ssaniem piersi często można przekonać, by zmieniły zdanie; te, które łatwo się rozpraszają, często można skłonić do powrotu do ssania – porady znajdziesz na stronie 376.) Brak zainteresowania piersią może w wieku pięciu miesięcy oznaczać rosnące zainteresowanie otaczającym światem, w wieku siedmiu miesięcy coraz większą potrzebę aktywności fizycznej, w wieku dziewięciu miesięcy chęć podkreślenia swojej niezależności i dojrzałości. Niechęć do piersi zawsze może być skutkiem ząbkowania. Nigdy nie oznacza odrzucenia ciebie, a jedynie rezygnację z twojego pokarmu. Dzieci najczęściej rezygnują z piersi między dziewiątym a dwunastym miesiącem. Jeśli dziecko niezmiennie przywiązane jest do piersi nawet w osiemnastym miesiącu, co nie jest niezwykłe, prawdopodobnie będziesz musiała przejąć inicjatywę i sama podjąć decyzję o zaprzestaniu karmienia piersią.

Twoja sytuacja. Choć zaleca się, by niemowlęta piły mleko matki przez cały pierwszy rok życia, czasem nie jest to możliwe lub pożądane. Karmieniu przeszkadza na przykład praca, gdyż częste przerwy na odciąganie pokarmu zaczynają się na niej niekorzystnie odbijać; może to być także szkoła, sport, wreszcie seks. Jeśli karmienie coraz bardziej nie pasuje do twojego stylu życia, pomyśl o odstawieniu dziecka, albo całkowicie, albo częściowo. W miarę możliwości postaraj się jednak, by odstawienie nie zbiegło się w czasie z jakąś zmianą w życiu twoim czy malca (patrz niżej). Choroba bądź konieczność wyjazdu też często bywa przyczyną odstawienia – niekiedy nagłego.

Sytuacja twojego dziecka. Najlepiej odstawiać dziecko od piersi, kiedy w domu panuje spokój. Choroba, ząbkowanie, zmiana opiekunki czy inne stresy powodują dodatkowe obciążenie dla dziecka, a tego lepiej unikać.

Stan twojego zdrowia. Jeśli karmienie wyczerpuje cię i fizycznie, i psychicznie, porozmawiaj z lekarzem na temat odstawienia dziecka od piersi, co umożliwiłoby ci odzyskanie sił. Upewnij się jednak, czy lepsze odżywianie i więcej odpoczynku nie wystarczą, abyś poczuła się lepiej.

Stan zdrowia twojego dziecka. Niekiedy ilość pokarmu gwałtownie maleje, gdy dziecko rośnie. Jeśli maluszek słabo przybiera, jest apatyczny, rozdrażniony i nie rozwija się prawidłowo (lekarz oceni przyczynę), możliwe, że twój pokarm nie zaspokaja już jego potrzeb żywieniowych. Rozważ możliwość wprowadzenia pokarmów stałych, mieszanki mlecznej albo całkowitego odstawienia od piersi. Zdarza się, że po odstawieniu od piersi dziecko nagle wykazuje rosnące zainteresowanie innymi formami odżywiania się.

Inne źródła pokarmu. Przestawienie na butelkę z reguły nie stanowi problemu. W dziewiątym, dziesiątym miesiącu można spróbować podawać dziecku picie wyłącznie z kubka (pomijając etap butelki). Jeżeli jednak maluch chce pić mleko tylko z piersi, poczekaj do momentu, kiedy przyzwyczai się do smoczka czy kubka.

Wiek dziecka. Jeśli ani ty, ani dziecko nie chcecie jeszcze kończyć z karmieniem piersią, sprawa wieku nie istnieje – po prostu karm swą pociechę tak długo, jak długo obojgu wam to odpowiada. Ale jeżeli chciałabyś już skończyć z przystawianiem malca, warto wiedzieć, że łatwiej o to około pierwszego roku życia, kiedy można dokonać już przejścia na mleko krowie w kubeczku (mieszanka nie jest potrzebna). Większość dzieci w tym wieku ma mniejszą potrzebę ssania, nie chce być trzymana ani siadać do karmienia (bywają dzieci, które ssą pierś na stojąco), ogólnie są bardziej samodzielne. W tym wieku mogą być też bardziej elastyczne niż w wieku późniejszym, a co za tym idzie, względnie łatwiej jest je odstawić od piersi.

Decyzja ta jest pierwszym krokiem na długiej drodze do „dorosłego" odżywiania. Proces ten już się zaczął – kiedy dziecko pociągnęło pierwszy łyk z butelki lub wzięło do buzi pierwszą łyżeczkę z pokarmem stałym.

Niezależnie od tego, kiedy i w jakich okolicznościach postanowisz odstawić dziecko, będzie to czas mieszanych uczuć. Z jednej strony odczujesz pewną ulgę, że skończyły się obowiązki związane z karmieniem piersią – a zatem będziesz teraz miała więcej swobody (wieczorne wyjście do miasta, weekend poza domem); będziesz też dumna z tego, że twoje dziecko pokonało kolejny etap w swym życiu. Ale jednocześnie gdzieś w głębi serca poczujesz lekkie ukłucie na myśl, że pewien okres rozwoju zakończył się nieodwołalnie, że rozluźniają się łączące was więzi, że dziecko już nigdy nie będzie tak bardzo od ciebie zależne.

Odstawienie dziecka od piersi jest nieuniknione – jak to mówią, żaden student nie ssie piersi matki. Twoja pociecha, choćby nawet teraz była zapalonym „ssakiem", nie będzie długo tęsknić za ssaniem, a prawdopodobnie przyzwyczai się do nowej sytuacji szybciej niż ty. Zresztą ty też przetrwasz ów wielki moment macierzyństwa, choć pewnie przez wiele następnych lat będzie cię ściskało w dołku na widok innych matek karmiących piersią swe niemowlęta.

CO MOŻE CIĘ NIEPOKOIĆ

BAŁAGAN PRZY STOLE

Zanim mój synek weźmie coś do buzi, musi to najpierw rozgnieść, rozdusić i wetrzeć sobie we włosy. Czy nadszedł już czas na naukę właściwego zachowania przy stole?

Siedzenie przy stole w towarzystwie posilającego się dziesięciomiesięcznego malucha rzeczywiście może niejednemu odebrać apetyt. Zabawa jest równie ważna jak samo jedzenie, które przeważnie ląduje na, a nie w buzi dziecka, brudząc po drodze jego ubranko, krzesełko i zachwyconego psa.

Jest tak dlatego, że czas posiłku staje się również okazją do odkrywania świata. To dzieje się w piaskownicy i w wannie, dziecko obserwuje przyczyny i skutki, różnice temperatury i konsystencji. To, co tobie wydaje się bałaganem – jogurt w zaciśniętej rączce, rozgnieciony ziemniak na stole, kaszka na podłodze obok pokruszonych herbatników – dla dziecka staje się ważnym doświadczeniem naukowym. Ta sytuacja potrwa jeszcze kilka miesięcy, zanim maluch dowie się wszystkiego na temat jedzenia i zajmie się badaniem innych rzeczy. Do tego czasu na pewno zużyjesz mnóstwo papierowych serwetek i ręczników. Spróbuj podjąć pewne kroki, żeby zachować zdrowie psychiczne i ocalić mieszkanie przed zniszczeniem, a dziecko przygotować do właściwego zachowania przy stole w przyszłości.

Zasłaniaj i odsłaniaj. Ochraniaj, co się da. Pod wysokie krzesełko podkładaj gazetę, którą wyrzucisz po posiłku. Ubierz malca w łatwo ścieralny śliniaczek, który chroni nie tylko przód, ale również ramiona dziecka (bardzo dobre są śliniaczki z kieszonką, w której – a nie na podłodze – lądują płatki śniadaniowe czy ziemniaki). Albo używaj śliniaczków jednorazowych (bardzo przydatnych podczas posiłków poza domem). Podwiń dziecku rękawy powyżej łokci. Jeśli w kuchni jest ciepło, możesz malucha rozebrać do pieluszki.

Bądź przewidująca. Nie zabraniaj dziecku eksperymentować, ale nie pozwalaj mu demolować pokoju. Jedzenie podawaj w miseczce, a nie na talerzu, z którego łatwiej wszystko zepchnąć. Albo kładź bezpośrednio na stoliczku przy wysokim krzesełku, jeżeli oczywiście jest czysty. Do gładkiej powierzchni stołu przyczepiają się niektóre rodzaje miseczek ze specjalnymi przyssawkami, ale tylko wtedy, gdy powierzchnia ta i przyssawki są czyste. Chcąc uniknąć rozlewania soczków, podawaj napoje w kubeczku z pokrywką i z dzióbkiem, dopóki malec nie nauczy się pić z normalnego kubka. Jeśli dziecko nie chce pić z takiego kubka, nalewaj do jego kubeczka trochę soczku i odstawiaj go daleko po każdym łyczku. Podawaj posiłek w jednej miseczce i nie serwuj więcej niż dwa, trzy produkty. Kiedy dzieci widzą zbyt wiele różności na talerzu, bawią się nimi, zamiast jeść. Wszystkie naczynia powinny być nietłukące. Jest to bezpieczne i tanie.

Zachowaj spokój. Już chyba wiesz, że dzieci to artyści. Jeśli na ich wygłupy reagujesz śmiechem, nigdy nie zmienisz ich zachowania. Dzieci nie są odporne na krytykę. Dlatego nie krzycz: „Przestań!", bo skutek będzie odwrotny. Najlepiej ignoruj niewłaściwe zachowanie. Jeśli jednak twoja pociecha ładnie poprowadzi łyżeczkę do buzi i trochę zje, nie zapomnij jej pochwalić. Podkreślaj, że ładne jedzenie jest ważne.

Przypominaj o sztućcach. Nawet jeśli dziecko nie bardzo wie, co z nimi robić, i beztrosko wymachuje łyżeczką w powietrzu, dobrze jest od czasu do czasu przypomnieć mu, że w trakcie posiłku grzecznie trzymamy łyżeczkę w rączce. W końcu przyzwyczai się do niej i będzie używało do jedzenia.

Nie karm. Niektóre zdesperowane matki zaczynają same karmić dzieci, pozbawiając je możliwości robienia bałaganu. Po takim posiłku kuchnia nie wymaga gruntownego sprzątania, ale dziecko nie uczy się samodzielnego jedzenia i później opanuje zasady właściwego zachowania przy stole.

Dawaj dobry przykład. Dziecko nie nabędzie dobrych manier, słuchając wykładów. Najlepiej oddziałuje dobry przykład. Jeśli inni członkowie rodziny jedzą palcami, połykają duże kęsy, głośno mlaskają, nie czekają, aż jedzenie zostanie nałożone na talerze, i rozmawiają z pełnymi ustami, nie oczekuj, że twoje dziecko będzie się zachowywać elegancko przy stole.

Przerwij w odpowiednim momencie. Kiedy tylko zauważysz, że dziecko spędza więcej czasu, bawiąc się jedzeniem, niż je kon-

sumując, przerwij posiłek. Sprzątnij wszystko ze stołu, wyjmij dziecko z krzesełka. Z pewnością nie będzie protestować.

UDERZANIE GŁOWĄ W ŚCIANĘ, KOŁYSANIE SIĘ

Mój syn z upodobaniem uderza główką w ścianę albo w pręty łóżeczka. Mnie sprawia ból samo patrzenie na to, ale jego to nie boli, wręcz przeciwnie, wygląda na to, że sprawia mu przyjemność.

Wydaje się, że twój synek odkrył, że ma poczucie rytmu i w ten sposób to objawia. Przynajmniej do momentu, kiedy zacznie tańczyć lub walić w bębenek. Uderzanie głową w ścianę, tak samo jak kręcenie nią i podrzucanie, są całkiem normalne w tym wieku. Rytmiczne ruchy, zwłaszcza te, które same mogą wykonywać, ogromnie fascynują dzieci. Większość maluchów rytmicznie się kołysze, słysząc muzykę, chociaż znaczenie takiego zachowania może być nieco głębsze. Niektórzy podejrzewają, że dzieci usiłują odtworzyć uczucie bycia kołysanym przez rodziców. Ząbkujące maluchy w ten sposób walczą z bólem, a wtedy kołysanie ustępuje po zakończeniu ząbkowania, chyba że zdążyło już przerodzić się w nawyk. Dzieci uderzają głową w ścianę, kołyszą się i przewracają z boku na bok w chwili zasypiania, możliwe, że chcą w ten sposób dać upust napięciom zgromadzonym w ciągu dnia. Stres, spowodowany odstawianiem od piersi, nauką chodzenia, nową opiekunką, przyczynia się do utrwalenia takich zachowań. Dziewczynki kołyszą się i przewracają na boki równie często jak chłopcy, którzy jednak częściej uderzają głową w ścianę.

Kołysanie zwykle występuje około szóstego miesiąca, walenie głową mniej więcej w dziewiątym. Może trwać kilka tygodni, miesięcy, cały rok lub jeszcze dłużej. Najczęściej samo ustępuje, gdy dziecko kończy trzy lata. Robienie wyrzutów, naśmiewanie się i zwracanie nadmiernej uwagi na takie zachowanie nie przynosi rezultatów, a może nawet pogorszyć sytuację.

Chociaż trudno uwierzyć, uderzanie głową nie jest szkodliwe dla zdrowia dziecka. Nie jest również symptomem zakłóceń neurologicznych czy psychicznych. Nie przejmuj się, dopóki wiesz, że dziecko jest zdrowe, nie wali głową w złości i nie jest posiniaczone. Natomiast jeżeli maluch nie ma czasu na inne zabawy, rozwija się gorzej, jest rozdrażniony i przejawia inne dziwne zachowania, porozmawiaj na ten temat z lekarzem.

Nie można zmuszać dziecka do zrezygnowania z tego przyzwyczajenia, zanim jest na to gotowe. Poniższe rady pomogą tobie i dziecku w stopniowym eliminowaniu męczącego nawyku:

- W ciągu dnia i kładąc dziecko spać, obdarzaj je dodatkową porcją miłości, uwagi, pieszczot i kołysania na rękach.

- Podsuwaj dziecku inne pomysły na rytmiczne zabawy, np. bujaj je w fotelu na biegunach, pozwól wybijać rytm na bębenku albo garnku, kołysz na huśtawce, bawcie się w „kosi-kosi" i inne zabawy, którym towarzyszy muzyka i wystukiwanie rytmu.

- Niech dziecko spędza dużo czasu na aktywnej zabawie, a przed snem powoli się wycisza.

- Ustal i przestrzegaj rytuału związanego z zasypianiem, np. spokojne zabawy, przytulanie, masaż (patrz str. 276) i kołysanie, jednak nie prowadzące do zaśnięcia.

- Jeśli dziecko uderza głową w pręty łóżeczka, kładź je spać, kiedy jest bardzo zmęczone.

- Jeśli dziecko energicznie kołysze kołyską, zabezpiecz sąsiadujące meble przed zniszczeniem. Ustaw kołyskę na grubym dywanie, odsuń od ściany, wyłóż miękkim kocykiem. Usuń bieguny. Co jakiś czas sprawdzaj, czy nie poluzowały się w łóżeczku śrubki.

- Miejsca, gdzie dziecko najczęściej uderza głową, wyłóż ochraniaczami i miękkimi matami, chociaż większość dzieci będzie wtedy raczej szukać nowych, twardych miejsc.

WYRYWANIE I NAWIJANIE WŁOSÓW NA PALEC

Kiedy moja córeczka zasypia albo jest w płaczliwym nastroju, nawija sobie loczek na paluszek.

Głaszcząc się i pociągając za włoski, małe dziecko wyładowuje napięcia, a także przypomina sobie uczucie doznawane w trakcie karmienia piersią przez matkę. Dlatego zdarza się w momentach stresujących, kiedy dziecko jest śpiące lub przemęczone. Czasami kręcenie, głaskanie albo pociąganie włosów występuje razem ze ssaniem kciuka i trwa przez cały okres dzieciństwa, nie powodując niekorzystnych skutków. Natomiast gdy problem nasili się, dziecko wyrywa sobie włosy kępkami i jest miejscami łyse, skorzystaj z następujących rad:

- W okresach napięć emocjonalnych poświęć dziecku więcej uwagi.

- Krótko obetnij mu włosy.

- Podsuń zabawkę, do której się przywiąże, np. wypchane zwierzątko z długimi włosami.

- Wymyślaj zabawy, które zajmą rączki dziecka, zwłaszcza gdy zacznie kręcić loczki.

Jeżeli powyższe rady okażą się nieskuteczne, skontaktuj się z lekarzem.

ZGRZYTANIE ZĘBAMI

Kiedy układam synka do snu, często słyszę, jak zgrzyta ząbkami. Czy mu to nie zaszkodzi?

Zgrzytanie zębami, tak samo jak uderzanie głową w ścianę, pociąganie włosów czy ssanie kciuka, jest sposobem wyładowania napięcia. Dlatego chcąc temu zapobiec, wyeliminuj stresujące sytuacje z życia twojego dziecka, a także pozwól mu wyładować się w energicznej zabawie. Pieszczoty przed snem uspokoją dziecko i zmniejszą potrzebę zgrzytania zębami. W większości wypadków przyzwyczajenie mija z wiekiem, zanim ząbki poniosą jakąkolwiek szkodę.

Nie zawsze zgrzytanie zębami jest spowodowane napięciem emocjonalnym. Czasami dziecko jest zafascynowane eksperymentowaniem na nowych ząbkach. Podoba mu się to uczucie i dźwięk. Kiedy straci zainteresowanie nową umiejętnością, przestanie zgrzytać.

Jeśli okaże się, że zgrzytanie nasila się, zamiast zanikać, i obawiasz się, że źle wpłynie na zęby, porozmawiaj na ten temat z lekarzem.

GRYZIENIE

Nasz synek zaczął ostatnio gryźć nas w trakcie zabawy – w ramiona, policzki itp. miękkie, wrażliwe miejsca. Z początku myśleliśmy, że to bardzo miłe. Teraz martwimy się, że przechodzi to w nawyk, i to dosyć bolesny dla nas!

Wasz synek czuje wielką potrzebę testowania nowych ząbków w różnych sytuacjach, wgryzając się w rozmaite powierzchnie. Także w ciebie. Oczywiście, nie masz ochoty chodzić pogryziona, chcesz natomiast z tym nawykiem dziecka skończyć. Gryzienie bowiem może się nasilać, z każdym nowym zębem stając się coraz bardziej bolesne.

Z początku dziecko bawi się i eksperymentuje, nie uświadamiając sobie, że sprawia komuś ból. Przecież gryzło już wiele innych rzeczy w swoim życiu i jakoś nikt nie narzekał. Mama, tata i babcie wykrzykują coś, co wydaje mu się zabawne. Nawet pełne oburzenia zakazy mogą umacniać ten nawyk, ponieważ dziecko przyjmuje je jak wyzwanie rzucone własnej niezależności. Gryzienie dziecka w odwecie może tylko pogorszyć sytuację. Po pierwsze, jest okrutne. Po drugie, wyraźnie dajesz mu do zrozumienia, że gryzienie jest dopuszczalne. Dlatego nigdy nie należy dziecka kąsać, nawet z nadmiaru czułości.

Najlepiej postąpisz, reagując spokojnie i rzeczowo. Odsuń się od gryzącego dziecka i wyraźnie powiedz: „Nie gryź!", po czym szybko odwróć jego uwagę, podsuwając zabawkę albo nucąc piosenkę. Zawsze kiedy cię gryzie, reaguj tak samo, w końcu zrozumie, że tak się nie robi.

MRUGANIE POWIEKAMI

Od paru tygodni moja córeczka stale mruga. Nie odnoszę wrażenia, że słabiej widzi, nic innego jej nie dolega. Martwię się, że coś jest nie w porządku z jej oczkami.

Za to wszystko jest w porządku z ciekawością świata. Już wie, jak wygląda otoczenie oglądane otwartymi oczami, teraz sprawdza, co się dzieje, gdy szybko zamyka oczy. Rezultaty takich doświadczeń są na tyle fascynujące, że trzeba je wielokrotnie powtarzać. (Kiedy nieco dorośnie, mniej więcej w wieku dwóch lat, będzie w podobny sposób eksperymentować z dźwiękami, zakrywając sobie uszy.) Oczywiście, jeśli zauważysz, że dziecko ma problemy z rozpoznawaniem osób i przedmiotów lub mruganie czy mrużenie powiek zdaje się być wywołane wrażliwością na normalne (nie przesadnie ostre) światło słoneczne, jeżeli mała nie wyrośnie z mrugania do czasu następnej wizyty kontrolnej – wspomnij o tym pediatrze.

Innym tymczasowym przyzwyczajeniem bywa zezowanie. Świat wygląda wtedy nieco inaczej. Nie martw się, gdy poza tym dziecku nic nie dolega i przyzwyczajenie mija bez śladu. W przeciwnym wypadku skontaktuj się z lekarzem.

WSTRZYMYWANIE ODDECHU

Ostatnio podczas płaczu mój synek zaczął wstrzymywać oddech. Dzisiaj nie oddychał tak długo, że aż zemdlał. Czy to może być niebezpieczne?

Kiedy dziecko wstrzymuje oddech, najbardziej cierpią rodzice. Dorosły, który był świadkiem takiego zdarzenia, długo nie może się uspokoić, natomiast dziecko, które posiniało i straciło przytomność, błyskawicznie dochodzi do siebie. Mechanizm oddechowy automatycznie „zaskakuje" i rozpoczyna się normalne oddychanie.

Wstrzymywanie oddechu jest zwykle spowodowane złością, zdenerwowaniem albo bólem. Płacz, który normalnie przynosi ulgę, staje się coraz bardziej histeryczny i dochodzi do hiperwentylacji płuc, a w konsekwencji do utraty oddechu. W łagodnych przypadkach dziecku sinieją usta. W poważnych malec sinieje i traci przytomność, czasami nawet sztywnieje i ma drgawki. Nie trwa to zwykle dłużej niż minutę, dlatego nie grozi uszkodzeniem mózgu.

Jednemu na pięcioro dzieci zdarza się wstrzymywać oddech; niekiedy nawet dwa razy dziennie. Przypuszczalnie jest to dziedziczne i najczęściej ujawnia się między szóstym miesiącem a czwartym rokiem życia. Wstrzymywanie oddechu różni od padaczki (z którą nie ma ono absolutnie nic wspólnego) fakt, że poprzedza je płacz i sinienie przed utratą przytomności. Napad padaczki nie jest poprzedzony takimi objawami.

Dziecko, które traci przytomność na skutek płaczu, nie wymaga leczenia. Nie ma na to innego lekarstwa niż czas. Można jednak trochę złagodzić napady wściekłości, używając następujących sposobów:

- Dopilnuj, by dziecko było wypoczęte. Przemęczone i zbytnio pobudzone jest bardziej narażone na ataki.

- Nie walcz o każdy drobiazg. Nadmiar zakazów wpływa frustrująco na malca.

- Próbuj uspokoić dziecko, zanim nastąpi atak histerii, zainteresuj je zabawką albo muzyką, ale nie podawaj jedzenia, bo doprowadzisz do powstania nowego nawyku.

- Spróbuj eliminować wszystkie czynniki, które doprowadzają do niepożądanej reakcji.

- Na ataki wstrzymywania oddechu reaguj spokojem, zdenerwowanie może je tylko nasilić.

- Nie zgadzaj się na wszystko, czego chce dziecko; jeżeli okaże się, że tym sposobem może cię szantażować, na pewno ataki nie ustaną tak szybko – zwłaszcza gdy podrośnie i stanie się bardziej podstępne.

- Pewne badania wykazują, że ataki wstrzymywania oddechu ustępują, gdy dziecko otrzymuje żelazo. Porozmawiaj z lekarzem na ten temat.

Jeżeli wstrzymywanie oddechu jest częste, trwa ponad minutę, nie jest poprzedzone płaczem lub martwi cię z innej przyczyny, jak najszybciej skontaktuj się z lekarzem.

ZAJĘCIA DLA NIEMOWLĄT

Często widzę w gazetach reklamy zajęć dla niemowląt i zaczynam się zastanawiać, czy nie pozbawię mojego dziecka czegoś ważnego, jeśli nie zapiszę go przynajmniej na jeden kurs.

Twoje dziecko ma przed sobą trzynaście lat szkoły (lub siedemnaście, jeśli liczyć żłobek, a znacznie więcej, jeśli dodać też szkoły policealne), więc nie ma potrzeby już teraz zapisywać go gdziekolwiek. Poza tym dzieci najlepiej uczą się nie wtedy, gdy wysłuchają instrukcji (zwłaszcza formalnego typu), lecz przez doświadczenia. Chodzi o takie doświadczenia, które zdobywają, mając odpowiednio dużo czasu i okazji do odkrywania otaczającego je świata przy niewielkiej pomocy ze strony dorosłych. Naturalna chęć do nauki, dzięki której dzieci uczą się najwięcej, może wręcz zostać stłumiona, jeśli będzie się od niego oczekiwać nauki w określony sposób, w określonym czasie, miejscu i tempie. Nadmiar zajęć zorganizowanych może też doprowadzić do przemęczenia, jeszcze zanim malec osiągnie wiek szkolny.

Dziecku na pewno nie są jeszcze potrzebne zajęcia plastyczne, muzyczne ani lekcje pływania, nie zostanie też „w tyle", jeśli będzie jedynym dzieckiem w okolicy, które nigdzie nie jest zapisane. (Może się nawet okazać, że będzie tym dzieckiem, któremu owe zajęcia sprawiać będą kiedyś najwięcej przyjemności, ponieważ nigdy do niczego nie było zmusza-

Życie społeczne dziecka

Dziecko chce więcej rozrywki, niż jesteś w stanie mu zapewnić, dlatego zabawa w grupie zapewni dziecku dodatkową stymulację, która jest mu tak potrzebna. Ale nie tylko dziecko korzysta z uczestnictwa w takiej grupie – ty prawdopodobnie zyskasz jeszcze więcej. Zalety zabawy w grupie to:

Rozmowa z dorosłymi. Choć gaworzenie dziecka jest najsłodszym z dźwięków, jak większości rodziców (szczególnie tych pozostających w domu), tak i tobie pewnie brakuje okazji do rozmowy z dorosłymi. Regularne spotkania z innymi rodzicami są okazją do mówienia pełnymi zdaniami.

Rozrywka dla dziecka. Nie można jeszcze oczekiwać od dziecka, by potrafiło się bawić w gry zespołowe, jednak wiele maluchów w tym wieku jest już zdolnych do sensownych kontaktów z rówieśnikami – zwykle w formie zabaw równoległych (bawienie się obok siebie). Dla malucha ważne jest także samo obserwowanie innych dzieci przy zabawie, a jeśli spotkanie odbywa się w mieszkaniu innej rodziny, poznawanie nowych, fascynujących zabawek.

Nawiązywanie przyjaźni. Dotyczy to was obojga – jeśli grupa się dobrze zgra, twoja pociecha może poznać przyjaciół na długie lata. Przyjaźnie zawarte w grupach mogą przetrwać długo potem, jak sama grupa się rozpadnie, bo zacznie się chodzenie do szkoły i inne obowiązki. A jeśli dzieci z grupy mieszkają w sąsiedztwie, wiele z nich może spotkać się potem w szkole w jednej klasie, co uprzyjemni im pierwszy dzień w szkole. Tobie także dobrze zrobi poznanie grupy osób o podobnych poglądach, szczególnie jeśli ze starymi znajomymi, którzy nie mają jeszcze dzieci, mało znajdziesz teraz wspólnych tematów.

Źródło wiedzy i pomocy. Czy szukasz nowego pediatry, czy zastanawiasz się, jak i kiedy odstawić dziecko od piersi, istnieje możliwość, że ktoś z grupy ci pomoże.

Wsparcie ze strony osób w podobnej sytuacji. Regularne spotkania z innymi rodzicami będą ci przypominać, że nie jesteś jedyną osobą na świecie, która ma: 1) dziecko, które nie chce spać; 2) mało czasu na romantyczne chwile z mężem 3) problemy z pracą; 4) kłęby kurzu w dużym pokoju – lub 5) wszystko od 1 do 4.

Jest wiele sposobów na znalezienie takiej grupy. Pytaj sąsiadów, poszukaj ulotek i ogłoszeń w sklepie, bibliotece, osiedlowym domu kultury, w kościele, szpitalu czy gabinecie lekarskim, wreszcie w czasopismach dla rodziców.

A jeśli (wraz z przyjaciółmi) myślisz o zorganizowaniu takiej grupy od podstaw, musicie wziąć pod uwagę wiele spraw, w tym:

- W jakim wieku mają być dzieci? Na tym etapie rozwoju lepiej, by różniło je kilka miesięcy niż rok czy więcej. Będą mogły bawić się tymi samymi zabawkami i rozumować na mniej więcej tym samym poziomie.

- Jak często grupa ma się spotykać? Czy chcecie, by dzieci bawiły się razem co tydzień, dwa razy w tygodniu, a może co drugi tydzień?

- Jaki dzień i jaka pora są dla was i innych rodziców najbardziej odpowiednie? Postarajcie się, aby nie była to typowa pora drzemki czy też taka, kiedy dzieci często bywają rozdrażnione (na przykład późnym popołudniem). Gdy już opracujecie jakiś plan zajęć, starajcie się go utrzymać, gdyż trwałość jest dla takich grup niezmiernie ważna.

ne.) Jednak choć zajęcia dla niemowląt nie są konieczne, mają swoje zalety – i to dla was obojga. Dziecko z przyjemnością pobawi się obok innych dzieci (jest jeszcze raczej za małe na zabawę z nimi), a ty chętnie skorzystasz z okazji do rozmowy z ich rodzicami, by podzielić się wspólnymi troskami, doświadczeniami czy też zdobyć pomysły na nowe zabawy.

Jest kilka sposobów na to, by zajęcia grupowe przyniosły twojemu dziecku korzyści bez niebezpieczeństw wiążących się z przedwczesną edukacją:

- Zorganizuj grupę dzieci bawiących się razem lub przyłącz się do już istniejącej. Jeśli nie znasz rodziców z dziećmi w wieku twej córki, daj ogłoszenie w przychodni, lokalnej gazecie, kościele lub nawet w skle-

- Gdzie grupa miałaby się spotykać? Czy zawsze w tym samym domu czy na zmianę u każdego uczestnika? W pobliskim parku czy na placu zabaw? Zmiany miejsca są ekscytujące dla najmłodszych członków grupy, a jednocześnie sprawiają, że każdy dorosły jest jednakowo obciążony obowiązkiem organizowania spotkań. Oznacza to również, że dzieci mają okazję do bawienia się coraz to innymi zabawkami. A przeniesienie miejsca do parku przy pięknej pogodzie (czy domu kultury albo muzeum, gdy pogoda nie sprzyja) będzie miłą odmianą dla wszystkich.

- Ilu członków grupa ma liczyć? Czy liczba dzieci będzie ograniczona? Jeśli będzie ich za dużo (powiedzmy, piętnaścioro), zabawa stanie się zbyt hałaśliwa; jeśli za mało (tylko dwójka lub trójka maluszków) – dzieci będą miały za mało stymulacji. (Weźcie też pod uwagę to, że nie zawsze będziecie się spotykać w pełnym gronie – z powodu przeziębień, wizyt u lekarza czy innych spraw.)

- Czy będzie coś do jedzenia? Czy jedynie rodzina, u której będziecie się spotykać, ma o to zadbać? Co z dziećmi z alergią? Czy będą jakieś ograniczenia pokarmów i napojów słodzonych, czy też wybór przekąsek będzie leżał w gestii gospodarza?

- Czy grupa zorganizuje zabawy rodziców z dziećmi, czy też będzie to czas zabawy dla dzieci i czas wolny dla rodziców? Należy wziąć pod uwagę to, że rodzicom może zająć mnóstwo czasu pełnienie roli arbitrów i osób pilnujących spokoju, nim dzieci będą nieco starsze, tak aby się bawić grzecznie (czyli nim będą miały przynajmniej trzy, cztery lata).

- Czy będą obowiązywać jakieś zasady zachowania się i dyscypliny? Warto zaznaczyć, że rodzice odpowiadają wyłącznie za pilnowanie własnych dzieci.

Gdy już sobie odpowiesz na powyższe pytania, musisz zadbać o rozreklamowanie grupy. Powiedz o swych planach przyjaciołom i sąsiadom, porozkładaj ulotki, zamieść ogłoszenie w lokalnej gazecie czy czasopiśmie dla rodziców, porozmawiaj z rodzicami z innej grupy. Gdy znajdzie się kilkoro zainteresowanych, można już rozpocząć zabawę – później zawsze można powiększyć grono o nowe rodziny.

Jednak przyjemnościom związanym z założeniem czy uczestnictwem w grupie towarzyszą też potencjalne niebezpieczeństwa. Po pierwsze, widząc co tydzień inne dzieci w wieku własnego dziecka można niepotrzebnie zacząć porównywać rozwój swojej pociechy z innymi. (Rozwiązanie: Pamiętaj, i ciągle sobie to powtarzaj, że zakres tego, co normalne, jest bardzo duży w przypadku fizycznego, werbalnego i społecznego rozwoju dziecka.) Po drugie, istnieje prawdopodobieństwo, że dziecko będzie się wymieniać z innymi dziećmi nie tylko zabawkami, ale również zarazkami. (Takie są nieuniknione konsekwencje zabawy z rówieśnikami i nie ma powodu do obaw, gdyż często się zdarza, że w rezultacie dziecko rzadziej choruje w późniejszym okresie życia. Niemniej powinno się zaznaczyć, że w grupie panuje zasada: „Chore dzieci zostają w domu".) A po trzecie, uważaj, by nieumyślnie nie wywierać na dziecko presji: zabawa w grupie powinna być przyjemnością, a nie stresem. Jeśli malec chce w niej uczestniczyć – to dobrze, a jeśli nie, to też w porządku.

Uczestniczenie w zajęciach grupowych przynosi wiele korzyści, ale na pewno nie jest niezbędne we wczesnym okresie życia dziecka. Choć maluchy lubią bawić się z rówieśnikami, nie muszą tego robić. Jeśli wam obojgu nie brakuje wrażeń bez takich zabaw albo z powodu wielu obowiązków nie masz na nie czasu, albo nie lubisz zaplanowanych zajęć w większym gronie i wolisz improwizowane spotkania towarzyskie, nie zmuszaj się.

---

pie. Grupy takie, spotykające się zwykle raz na tydzień w mieszkaniu lub na placu zabaw, mają często charakter nieformalny i stanowią doskonały wstęp do zajęć grupowych (patrz ramka na stronie 396–397).

- Zabieraj swoją pociechę na najbliższy plac zabaw. Nawet jeśli jeszcze nie umie chodzić, chętnie pohuśta się na małej huśtawce, pojeździ na zjeżdżalni, pobawi się w piaskownicy – a na pewno chętnie popatrzy na inne dzieci.

- Zapewnij dziecku swobodne zajęcia gimnastyczne, muzyczne, plastyczne czy z rytmiki, kierując się wskazówkami ze strony 277. Pamiętaj, że na tym etapie najważniejsza jest zabawa, a nie nauka.

ODPOWIEDNIE BUTY

Nasza córeczka zaczęła stawiać pierwsze kroki. Jakie powinna mieć teraz buty?

Najlepiej chodzić boso. Lekarze odkryli, że stopy, tak jak i dłonie, najlepiej rozwijają się bez okrycia, gdy nie są niczym skrępowane. Chodzenie boso wzmacnia kostki i podbicie stopy. Dziecko nie musi nosić rękawiczek, gdy jest ciepło, nie potrzebuje też bucików w domu ani w ogrodzie, chyba że jest chłodno. Chodzenie po nierównej powierzchni, np. po plaży, jest bardzo korzystne dla stóp, ponieważ wtedy mocniej pracują mięśnie.

Ze względu na bezpieczeństwo i higienę (nie chcesz, żeby dziecko chodziło po kawałkach szkła albo psich odchodach) oraz elegancję (buciki są dopełnieniem wyjściowej kreacji) musisz jednak sprawić dziecku buty. Przy wyborze kieruj się następującymi sprawami:

Miękkie podeszwy. Miękkie podeszwy nie przeszkadzają w naturalnym ruchu stóp. Niektórzy lekarze polecają tenisówki. Przed zakupem obejrzyj buciki dostępne w sklepie i porozmawiaj z lekarzem.

Półbuciki. Choć buty sięgające powyżej kostki lepiej się trzymają na nodze, większość specjalistów uważa, że zbyt ciasno opinają i krępują ruch kostki. W żadnym wypadku nie należy nakładać ich dziecku, które jeszcze nie próbuje chodzić.

Przepuszczalny materiał. Skóra stóp musi oddychać. Dlatego najlepsze będą buciki ze skóry lub płótna. Obuwie plastykowe albo ze sztucznej skóry jest zbyt twarde i powoduje nadmierne pocenie stóp. Gumowe albo plastykowe kalosze mogą być wkładane tylko na krótko, zdejmuj je zaraz po przyjściu do domu.

Płaskie podeszwy antypoślizgowe. Dziecko, które dopiero stawia samodzielnie pierwsze kroki, ma wystarczająco dużo kłopotów z utrzymaniem równowagi, niepotrzebne mu jeszcze zmagania ze śliskimi podeszwami. Gumowe albo plastykowe podeszwy z rowkami są bardziej przyczepne niż skórzane. Jeśli masz odpowiednie buciki ze śliską podeszwą, przetrzyj je papierem ściernym albo podklej taśmą klejącą.

Sztywne pięty. Pięty powinny być usztywnione. Zwróć uwagę, aby szew był płaski i nie uwierał dziecka.

Luz w palcach. Lepsze są buty za duże niż zbyt małe, ale najlepszy jest właściwy rozmiar. Jeżeli mają być noszone na skarpetkę, przymierzaj je na skarpetkę. Stópki mierzy się i buciki przymierza, kiedy dziecko pewnie stoi na podłodze obiema nóżkami. Pięty nie powinny wysuwać się przy każdym kroku. Sprawdzając szerokość buta, próbuj „uszczypnąć" go z boku, jeśli zdołasz chwycić odrobinę, but jest wystarczająco szeroki. Badając długość, naciśnij czubek buta kciukiem, jeśli mieści się on między palcami dziecka a końcem bucika, rozmiar na pewno będzie dobry. Sprawdź, czy możesz włożyć swój mały palec między piętę dziecka a cholewkę buta. Pamiętaj, że czasami dziecku wystarczy sześć tygodni, żeby wyrosnąć z nowego obuwia, choć najczęściej trwa to trzy miesiące. Buty nie są już odpowiednie, jeżeli po zdjęciu okazuje się, że dziecko ma zaczerwienione paluszki albo pięty.

Zwykły fason. Niezwykłe fasony, np. lakierki z wąskimi czubkami albo buty kowbojskie, może są modne, ale mogą zniekształcać stopy. Kupuj buty szerokie w palcach, bez obcasów.

Trwałość nie jest istotną cechą obuwia dziecięcego, ponieważ dzieci i tak szybko z niego wyrastają. Ponieważ jednak jest dosyć drogie, czasami kusi nas, żeby rodzeństwo nosiło po sobie buty. Opieraj się tej pokusie. Buty przybierają kształt stopy osoby, która je nosi, a małe dzieci nie powinny nosić bucików o kształcie już wymodelowanym. Wyjątek mogą stanowić buty nie znoszone, np. wyjściowe, nie wykoślawione, z dobrymi podeszwami.

Pamiętaj, że skarpetki również powinny mieć odpowiedni rozmiar i być wykonane z naturalnych włókien, np. z bawełny. Za ciasne skarpetki mogą zniekształcić stopę, za duże marszczą się i powodują otarcia. Za duże skarpetki to takie, które można zrolować przy palcach. Zbyt małe skarpetki zostawiają ślady na stopach dziecka. Dzieci wrażliwe na dotyk lepiej się czują w skarpetkach, które mają szew pod paluszkami.

JAK DBAĆ O WŁOSY DZIECKA

Córeczka urodziła się z długimi, gęstymi włosami, które trudno rozczesać i ułożyć.

Wielu rodziców łysych dziewięciomiesięcznych maluchów chciałoby mieć ten problem. Ale nawet najlepszy stylista załamałby ręce, gdyby musiał rozczesywać gęstą czuprynę wiercącego się we wszystkie strony dziecka. Sytuacja może się pogorszyć, gdy malec dorośnie, wiele przedszkolaków przeżywa katusze przy każdym myciu włosów. Takie dzieci powinny mieć krótko obcięte włosy. Przeczytaj również następujące rady:

- Rozczesuj włosy przed myciem.

- Używaj szamponu z odżywką lub sprayu ułatwiającego rozczesywanie, którego nie trzeba spłukiwać.

- Używaj grzebienia z rzadkimi zębami albo szczotki, której końce pokryte są plastykowymi zgrubieniami. Gęsty grzebień niszczy końce włosów i utrudnia ich czesanie.

- Nie używaj suszarki.

- Nie zaplataj warkoczyków, nie ściągaj włosów ciasno do tyłu, nie rób kitek. Może to doprowadzić do przerzedzenia włosów czy wręcz do wyłysienia. Włosy związuj luźno, spinaj specjalnymi spinkami, nie używaj zwykłych gumek. Nie używaj spinek lub klamer, które są na tyle małe, że dziecko mogłoby się nimi zakrztusić. Ściągaj wszystkie gumki czy spinki z włosów, nim położysz dziecko spać.

- Obcinaj dziecku włosy co najmniej co dwa miesiące, żeby się wzmacniały. Grzywkę przycinaj, kiedy sięga brwi.

- Zaplanuj obcinanie włosów, gdy dziecko jest wyspane, najedzone, w dobrym nastroju. Przedtem daj córce do zabawy długowłosą lalkę i grzebień. Posadź ją przed lustrem, żeby widziała, co robisz z jej włosami. Jeśli spodoba się jej nowa fryzura, będzie spokojnie siedziała następnym razem.

LĘKI

Kiedyś moje dziecko uwielbiało, jak włączałam odkurzacz, a ostatnio zaczęło się tego panicznie bać. Boi się wszystkiego, co robi hałas.

Boi się, ponieważ mądrzeje. Gdy było młodsze, hałasy nie przerażały go – najwyżej chwilowo nastraszały – ponieważ nie uważało, że mogą się wiązać z ewentualnym niebezpieczeństwem. Teraz, gdy coraz lepiej rozumie, co się dzieje wokół niego, boi się coraz częściej.

Zaczyna zdawać sobie sprawę, że przedmioty mogą być niebezpieczne. Dźwięki, takie jak szum odkurzacza, miksera, szczekanie psa, syrena, spuszczanie wody w ubikacji, woda uciekająca z wanny, a także ściąganie bluzeczki przez głowę, podnoszenie wysoko do góry, początek kąpieli, ruch mechanicznej zabawki – wszystko to może wywołać u dziecka paniczny lęk.

Prawdopodobnie takie lęki przeżywają wszystkie dzieci, niektóre jednak wyrastają z nich tak szybko, że rodzice nie zdążą tego zauważyć. Maluchy, które przebywają w otoczeniu pełnym interesujących rzeczy, zwłaszcza jeśli mają starsze rodzeństwo, rzadziej się boją i szybciej uwalniają się od strachu.

Wcześniej czy później wszystkie dzieci wyrosną ze strachów wczesnego dzieciństwa. Do tego czasu spróbuj im pomóc pozbyć się lęków (których może znacznie przybyć w ciągu najbliższego roku), korzystając z następujących rad:

Nic na siłę. Zmuszanie dziecka do bliskiego kontaktu z ryczącym odkurzaczem może jedynie nasilić lęk. To, co tobie wydaje się irracjonalne, dla niego jest przerażająco realne. Daj mu czas. Musi poczekać i stanąć twarzą w twarz z potworem we właściwym czasie, kiedy poczuje się bezpieczne.

Nie wyśmiewaj go. Wyśmiewanie się z lęków dziecka lub nazywanie ich niemądrymi zaniży jedynie jego poczucie własnej wartości i w żadnym razie nie nauczy pokonywania strachu. Traktuj jego lęki tak poważnie jak ono samo.

Okazuj wyrozumiałość. Traktując lęki dziecka z powagą i pocieszając malca w trudnych sytuacjach, pomożesz mu szybciej poradzić sobie ze stresem. Kiedy zaczyna rozpaczliwie płakać na dźwięk odkurzacza, miksera czy spuszczanej wody, weź go na ręce i utul. Jednak nie przesadzaj z pocieszaniem, utrwalisz jego przekonanie, że jest się czego bać.

Ucz pokonywania strachu. Chociaż powinnaś okazywać dziecku zrozumienie, najważniejszą sprawą jest uczenie go radzenia sobie z uczuciem lęku. Osiągniesz to, zaznajamiając je z przedmiotami, których się obawia, dając mu możliwość kontrolowania ich. Niech dotyka, a nawet bawi się wyłączonym odkurzaczem, ta maszyna fascynuje je tak samo, jak przeraża. Następnie, kiedy już się nie boi wyłączonego odkurzacza, spróbuj odkurzać, trzymając dziecko na jednym ręku. Potem naucz je, jak włącza się odkurzacz.

Jeśli obiektem lęków jest ubikacja, pozwól mu wrzucać do środka papier i zachęcaj do samodzielnego spłukiwania. Jeśli boi się wypływającej z wanny wody, wyciągaj korek, kiedy mały jest już ubrany po kąpieli i bezpieczny w twoich ramionach. Lęk przed psem niech pokonuje, przyglądając się z pewnej odległości, jak bawisz się z nim. Trzymając maluszka w ramionach, podejdź do psa i zachęcaj dziecko, żeby go głaskało.

CO WARTO WIEDZIEĆ
Początki dyscypliny

Tak bardzo się cieszyłaś, kiedy dziecko po raz pierwszy stanęło na nóżki. Biłaś brawo, gdy zaczynało raczkować. A teraz zastanawiasz się, czy było z czego się cieszyć. Umiejętność poruszania się powoduje mnóstwo kłopotów. Dziecko potrafi już wyłączyć telewizor, ściąga obrus ze stołu, radośnie rozwija rolki papieru toaletowego i moczy je w sedesie. Pracowicie opróżnia szuflady, szafki i półki, wyrzucając ich zawartość na podłogę. Przedtem musiałaś jedynie trzymać dziecko w bezpiecznym miejscu, obecnie okazuje się, że takiego miejsca po prostu nie ma.

Po raz pierwszy osiągnięcia dziecka martwią cię, zamiast napawać dumą. Po raz pierwszy zaczynasz się zastanawiać nad wprowadzeniem dyscypliny. Czas już nadszedł. Jeżeli będziesz dłużej zwlekała, może się okazać, że później będzie coraz trudniej egzekwować posłuszeństwo. Natomiast wcześniej nie było sensu się nad tym zastanawiać, pamięć dziecka była zbyt krótka i wysiłki prawdopodobnie poszłyby na marne.

Dlaczego mamy wymagać posłuszeństwa od małego dziecka? Po pierwsze dlatego, żeby zaszczepić mu pojęcie dobra i zła. Dużo czasu upłynie, zanim maluch ostatecznie zrozumie, o co chodzi, ale już teraz możesz tłumaczyć pewne sprawy. Po drugie, dziecko musi się uczyć panowania nad sobą. Bez tego nie da sobie rady w przyszłości. Po trzecie, musi zrozumieć, że inni ludzie mają swoje prawa i odczucia, nie może być egoistą skoncentrowanym wyłącznie na własnej osobie. Po czwarte, masz ochronić swoje dziecko, mieszkanie i zdrowie psychiczne, które niejednokrotnie w nadchodzących miesiącach zostanie poddane ciężkim próbom.

Wprowadzając pojęcie dyscypliny, pamiętaj o następujących sprawach:

- Chociaż słowo „dyscyplina" kojarzy się z porządkiem, regułami i karami, pochodzi z łaciny, gdzie oznacza „naukę".

- Każde dziecko jest inne, inna jest każda rodzina i sytuacja. Ale istnieją uniwersalne

- zasady postępowania wspólne dla wszystkich ludzi.
- Zanim dzieci zrozumieją, co jest bezpieczne, a co nie, na co można sobie pozwolić, a co jest zakazane, na rodzicach spoczywa całkowita odpowiedzialność za zapewnienie bezpieczeństwa dziecku, swojemu domowi i własności innych ludzi.
- Brak miłości rodzicielskiej obniża poczucie własnej godności dziecka. Trzeba je zapewniać o swojej miłości, nawet gdy nie akceptujemy złego zachowania.
- Najlepsze efekty osiągniesz, stosując złoty środek. Surowa dyscyplina, która wymaga jedynie przestrzegania zakazów, nie uczy samokontroli. Dzieci tak wychowywane są posłuszne rodzicom, ale w momencie wymknięcia się spod rodzicielskiej kontroli tracą nad sobą panowanie. Zbyt pobłażliwi rodzice nie wychowają grzecznych dzieci. Dzieci, którym wszystko wolno, będą miały kłopoty w przyszłości, ponieważ mogą wyrosnąć na egoistów. Będą nieznośne, nieprzyjemne, kłótliwe. Ekstremalne postawy dają dziecku wrażenie braku miłości. Surowi rodzice wydają się okrutni, z drugiej strony można odnieść wrażenie, że pobłażliwi tak naprawdę nie dbają o swoje dzieci. Złoty środek polega na wyraźnym określeniu rozsądnych reguł i stanowczym przestrzeganiu ich. Oczywiście każdy rodzic inaczej ustala zasady. Jeden jest bardziej wymagający, inny bardziej „na luzie". Najważniejsze, żeby nie popadać w skrajności.
- Zasady trzeba zindywidualizować. Jeżeli masz więcej niż jedno dziecko, z pewnością zauważasz różnice w osobowościach, widoczne już od chwili narodzin. Te odrębności sprawiają, że od każdego będziesz inaczej wymagać. Jednemu dziecku wystarczy raz powiedzieć, że nie wolno wkładać paluszków do gniazdka. Na drugie trzeba trochę nakrzyczeć, a trzecie musisz na siłę odciągać od niebezpiecznego miejsca. Styl egzekwowania posłuszeństwa musisz dostosować do dziecka.
- Pewne okoliczności mogą odmienić reakcje dziecka na krytykę. Nawet najbardziej przebojowy maluch może się zalać łzami, kiedy mama krzyknie na niego, a on akurat ząbkuje. Zmieniaj styl w zależności od sytuacji.
- Dzieci potrzebują ograniczeń. Same nie potrafią się kontrolować. Odpowiednie dla ich wieku ograniczenia ustalone przez kochających rodziców dają im poczucie bezpieczeństwa. Rozszerzanie tych granic, „bo to przecież tylko dziecko", jest niesprawiedliwe w stosunku i do niego, i do innych ludzi. Fakt, że maluszek ma dziesięć miesięcy, nie może usprawiedliwiać ciągnięcia rodzeństwa za włosy albo podarcia gazety, zanim mama zdążyła ją przeczytać. Jeśli już teraz nauczymy dziecko szanować ograniczenia, z pewnością łatwiej mu będzie przeżyć trudny okres buntu w wieku dwóch lat. Łatwiej przystosuje się do życia w środowisku szkolnym, w pracy i w zabawie, gdzie również trzeba stosować się do ogólnych reguł.

Wymagania, które stawiasz dziecku, zależą od twojego systemu wartości. W niektórych domach najważniejszą zasadą jest niewchodzenie butami na kanapę i jedzenie wyłącznie w kuchni. Gdzie indziej dzieciom nie wolno zbliżać się do biurka rodziców. W większości rodzin wymaga się mówienia „proszę" i „dziękuję". Zastanów się dobrze przed wyznaczeniem ograniczeń, by nie było ich za wiele, gdyż wówczas malec nie będzie miał okazji do uczenia się na własnych doświadczeniach i błędach.

Przy ustanawianiu reguł zachowania kieruj się wiekiem dziecka. Od trzylatka można wymagać, by mówił „proszę" i „dziękuję" lub by odkładał zabawki na miejsce, natomiast trudno tego samego oczekiwać od rocznego brzdąca. Za duże oczekiwania na pewno sprawią, że całe zamierzenie spełznie na niczym.

Oczywiście, prościej jest opowiadać o konieczności ustalania zasad, niż je egzekwować. Trudno nie poddać się woli słodkiego maluszka, który na dodatek potrafi się rozpłakać, gdy usłyszy słowo „nie!" Pamiętaj, że wymagasz dla dobra dziecka. Może w danym momencie nie jest istotne, czy pokruszy ciasteczko na dywanie czy nie, ale ważne jest, by przestrzegało choćby kilku zasad. Później na pewno ich przybędzie. Przygotuj się na protesty, które z czasem ustaną.

- Rozbrykane dziecko nie jest „niedobre". Małe dzieci nie wiedzą, co jest dobre, a co złe, dlatego nie robią ci na złość. Doświadczają świata, obserwują przyczyny i skutki i badają granice wytrzymałości dorosłych. Co stanie się, jak przewrócę szklankę z sokiem do góry nogami? Czy to się stanie jeszcze raz? Co jest w tej szufladzie i co zrobi mama, kiedy wszystko stamtąd wyrzucę? Ciągłe powtarzanie dziecku, że jest nieznośne, zniszczy jego poczucie własnej wartości. Maluch, który stale słyszy: „Jesteś niedobry!", w przyszłości za takiego właśnie będzie się uważać. („Jeśli tak mówią, tak musi być".) Krytykuj zachowania („Nie gryź!"), ale nie osobę („Jesteś niegrzeczna!").

- Istotna jest konsekwencja. Gdy ustanowisz już pewne reguły, trzymaj się ich konsekwentnie, bo nie ma nic bardziej niepokojącego dla małego dziecka niż zasady, które obowiązują tylko czasami lub które zależą wyłącznie od tego, czy jest pilnowane przez mamę, tatę czy opiekunkę. Jeśli jednego dnia wolno wchodzić butami na kanapę, a drugiego nie można, jeśli wczoraj trzeba było myć ręce przed obiadem, a dzisiaj niekoniecznie, dziecko dowiaduje się, że świat jest pokręcony, a reguły bezsensowne.

- Dopilnuj wykonywania poleceń. Nie wystarczy pokrzykiwać: „Nie ruszaj!" znad książki, kiedy dziecko wplątuje się w kable przy telewizorze. Odłóż książkę, weź malucha na ręce, zabierz daleko od zakazanego miejsca i zajmij ciekawą zabawką. Dzieci szybko zapominają o tym, czego nie widzą.

- Dzieci mają krótką pamięć, nie możesz oczekiwać, że od razu wszystko zapamiętają. Bądź cierpliwa, czasami będziesz musiała powtarzać w kółko to samo przez kilka tygodni („Nie dotykaj telewizora" albo „Nie wyjadaj pieskowi z miski"), zanim twoja pociecha zapamięta, o co ci chodzi.

- Dzieci lubią zabawę w „nie". Sprawdzają, czy rodzice naprawdę tak uważają. Będą cię czarować tak długo, aż wybuchniesz śmiechem i pozwolisz na wszystko, czego chcą. A potem już nigdy nie będą traktować cię poważnie.

- Nie stosuj zbyt wielu zakazów, gdyż to nie jest skuteczne. Sama nie chciałabyś żyć w świecie, w którym bez przerwy słyszałabyś „nie, nie, nie". Zakazy stosuj w sytuacjach zagrożenia bezpieczeństwa dziecka i naruszania prywatności innych ludzi. Nie każdy drobiazg jest wart kłótni. Jeżeli odpowiednio zabezpieczysz otoczenie dziecka (patrz strona 363), zredukowanie zakazów do minimum okaże się możliwe. Niech każdemu „nie" towarzyszy możliwość „tak". „Nie wolno ci ruszać książek taty, ale pobaw się tymi". „Nie wolno otwierać tej szafki, ale zobaczmy, co jest w tej szufladzie". Dzięki temu zabiegowi dziecko zachowa twarz i nie będzie się dowiadywać, że jest niegrzeczne. Od czasu do czasu, gdy gra nie toczy się o wysoką stawkę albo stwierdzisz swoją pomyłkę, pozwól dziecku wygrać. I tak w większości wypadków przegrywa.

- Dzieci mają prawo popełniać błędy i uczyć się na nich. Jeśli nie stworzysz dziecku warunków do robienia błędów, nie będziesz musiała powtarzać „nie", ale też niczego go nie nauczysz. Pozwalaj na pomyłki, tak by dziecko mogło się uczyć.

- Zamiast karać, poprawiaj i nagradzaj dziecko. Maluchy nie bardzo rozumieją, za co są karane, nie potrafią połączyć faktu odesłania do kojca z tym, że wysypały sól z solniczki. Albo że nie dostają butelki, bo uderzyły rodzeństwo. Lepiej zrobisz, starając się uchwycić moment, kiedy dziecko zachowuje się dobrze. Nagrody i pochwały przynoszą lepsze rezultaty. Budują, a nie niszczą poczucie własnej wartości dziecka i sprzyjają dobremu zachowaniu. Inną dobrą metodą jest udział winowajcy w likwidowaniu skutków złego zachowania, np. w ścieraniu rozlanego mleka, zbieraniu kawałków rozbitego talerza itp.

- Złość rodzi złość. Jeżeli pozwolisz sobie na wybuch wściekłości na widok szkody wyrządzonej przez dziecko, spodziewaj się, że i ono tak zareaguje, a nie poczuje się winne. Zanim zaczniesz rozmawiać z dzieckiem, uspokój się, nawet wyjdź na chwilę z pokoju. Potem spokojnie wyjaśnij, co było złe w jego zachowaniu i dlaczego. („To nie była zabawka, tylko talerz mamusi. Zbiłaś go i teraz mama jest smutna".) Trzeba to zrobić, nawet jeśli dziecko myśli już o czymś innym. W chwilach wielkiego zdenerwowania pamiętaj, że twoim ostatecznym celem jest nauczenie dziecka właściwych zachowań, a wrzaski i krzyki nie stanowią dobrego przykładu. Nie martw się, jeśli od czasu do czasu nie uda ci się pohamować gniewu. Jesteś tylko człowiekiem, nie jesteś doskonała, i dziecko powinno o tym wiedzieć. Jeśli tylko awantury nie będą zbyt częste i długie, nie powinny zakłócać procesu wychowawczego. A gdy coś takiego się zdarzy, nie zapomnij przeprosić: „Przykro mi, że krzyczałam na ciebie, ale byłam bardzo zła". Jeśli jeszcze dodasz: „Kocham cię", dziecko zrozumie, że czasami złościmy się na ludzi, których kochamy, i nie ma w tym nic złego.

- Dyscyplina może być zabawna. Poczucie humoru ułatwia nam życie i jest bardzo skutecznym środkiem wychowawczym. Znakomicie rozwiązuje męczące sytuacje. Na przykład walczysz z dzieckiem, które nie chce włożyć zimowego kombinezonu. Zamiast doprowadzać je do ataku wściekłości, powiedz, że włożysz kombinezon pieskowi, kotkowi albo lalce, i udawaj, że tak robisz. Dziecko na pewno zainteresuje zabawna sytuacja, zapomni o swoich protestach i pozwoli włożyć sobie kombinezon.

Humor często się przydaje. Wydając polecenia, możesz udawać, że jesteś psem albo lwem, albo inną ulubioną postacią dziecka. Układaj proste piosenki i śpiewaj je, wykonując codzienne czynności. Do znienawidzonego stolika do przewijania przynoś dziecko, trzymając je (bardzo ostrożnie) do góry nogami. Zamiast powtarzać: „Nie płacz, nie płacz", zrób kilka głupich min do lustra. Nie traktuj wszystkiego ze śmiertelną powagą. W sytuacjach krytycznych zachowaj jednak należytą powagę.

- Trzeba odróżniać wypadki od świadomego złego zachowania. Dzieci mają prawo popełniać błędy. Kiedy maluch przewróci kubek z mlekiem, sięgając po chleb, powiedz: „Oj, mleko się rozlało, musisz bardziej uważać". Natomiast jeśli mleko zostało rozlane celowo, lepiej powiedzieć: „Mleko się pije, a nie rozlewa. Na stole jest teraz brudno i nie masz już mleka". Podaj dziecku papierowy ręcznik, żeby samo starło stół. Najlepiej nalewać do kubka niewielką ilość płynu. Pozwól dziecku ćwiczyć przelewanie wody do różnych pojemników w wannie.

- Rodzice muszą zachowywać się po dorosłemu. Oznacza to na przykład zachowanie spokoju, gdy dziecko dostanie ataku złości, przepraszanie za popełnione błędy, niezmuszanie do robienia wszystkiego „po waszemu" wtedy, gdy dziecko może zrobić coś na swój sposób – czyli postępowanie zgodnie ze swoim wiekiem wtedy, gdy dziecko postępuje zgodnie ze swoim.

- Dzieci zasługują na szacunek. Nie traktuj dziecka jak przedmiotu, własności, bo to „twoje dziecko". Traktuj je tak, jak każdą inną dorosłą osobę. Bądź uprzejma (mów „proszę", „dziękuję", „przepraszam"), wyjaśniaj (nawet jeżeli przypuszczasz, że maluch nie rozumie), dlaczego czegoś zabraniasz, wykazuj zrozumienie dla potrzeb i odczuć dziecka, nie zawstydzaj go w obecności innych ludzi (krzycząc na nie), słuchaj tego, co ma do powiedzenia. Słuchanie malucha, który nie skończył jeszcze czterech, pięciu lat, może być wyczerpujące, ale warto podjąć wysiłek. Pamiętaj, dziecku też jest trudno. (Zobacz „Dziecięcy język migowy" na stronie 352 – znajdziesz tam porady, jak pokonać problemy z porozumiewaniem się.)

Bić czy nie bić

Bicie dzieci przechodzi z pokolenia na pokolenie, chociaż naukowcy zgadzają się, że nie jest to skuteczna metoda wychowawcza. Bite dzieci powstrzymują się od złych zachowań tylko po to, by uniknąć następnego bicia. Są posłuszne tak długo, jak długo obawiają się lania. Biciem powstrzyma się dziecko od określonego działania, ale nie zmieni jego zachowania. Nie nauczy się go rozróżniać dobra od zła (a jedynie to, za co dostanie lanie, od tego, za co nie dostanie) – a tego chcemy przecież nauczyć dziecko.

Z badań wynika, iż krótkotrwałe skutki bicia, czyli natychmiastowe (krótkotrwałe) posłuszeństwo, są mniej ważne niż długotrwałe konsekwencje. Bicie bowiem wzmaga przemoc, agresję i inne aspołeczne zachowania. Po drugie, uczy dzieci, że problemy rozwiązuje się przy użyciu siły, nie pokazuje innych sposobów wyładowywania gniewu. Pokazuje, jak silniejszy wykorzystuje swoją przewagę. Poza tym może prowadzić do okaleczenia dziecka, nawet niechcąco. Bicie „na zimno", po opadnięciu gniewu, jest jeszcze bardziej okrutne niż natychmiastowe wyładowanie i z pewnością nie wpływa na zmianę zachowania dziecka. Eksperci są wręcz zdania, że często jest tylko cienka granica pomiędzy dawaniem klapsa a znęcaniem się nad dzieckiem.

Amerykańska Akademia Pediatrii twierdzi, że bicie ma negatywne konsekwencje i nie jest bardziej skuteczną formą dyscypliny niż inne metody, takie jak „siedzenie w kącie" (gdy dziecko już rozumie znaczenie takiej kary) czy wzmocnienie pozytywne. Jeśli klaps zostaje wymierzony spontanicznie, w złości, AAP zaleca, by rodzice wyjaśnili potem na spokojnie, dlaczego tak się zachowali, jakie dokładnie zachowanie ich do tego sprowokowało i jak bardzo byli źli – a także przeprosili (ta metoda również dotyczy dzieci, które są już na tyle duże, że mogą zrozumieć takie postępowanie).

Nie radzimy rodzicom bić dzieci, tym bardziej nie powinny tego robić obce osoby. Powiedz opiekunom i nauczycielom dziecka, że pod żadnym pozorem nie wolno bić twojego dziecka ani wymierzać mu innych kar cielesnych.

Większość lekarzy i rodziców przyznaje, że w niebezpiecznych sytuacjach solidny klaps gwarantuje natychmiastowe zrozumienie – na przykład kiedy malutkie dziecko wybiega na ulicę albo zbliża się do kuchenki, a długie tłumaczenia nie odnoszą skutku. Gdy dziecko będzie już nieco starsze i będzie więcej rozumieć, przymus fizyczny stanie się nieuzasadniony.

- Rodzice i dzieci powinni mieć swoje prawa. Kiedy dziecko jest małe, a rodzice niedoświadczeni, łatwo popełniać błędy w tej kwestii, popadając z jednej skrajności w drugą. Niektórzy wyzbywają się swoich praw na korzyść dzieci – całe swoje życie podporządkowują dziecku, rzucają wszystko gdy tylko zakwili, zawsze przedkładają potrzeby dziecka nad swoje, w efekcie ucząc malca, że jest najważniejszy. Inni zachowują się tak, jakby nie mieli dzieci. Nie zważając na ich potrzeby, zabierają dziecko na przyjęcia, nie kąpią, bo oglądają mecz w telewizji, całą niedzielę siedzą w domu, zamiast pójść z dzieckiem na plac zabaw. Ci drudzy nadużywają swojej władzy, ci pierwsi w ogóle z niej nie korzystają. Potrzebna jest równowaga.

- Nikt nie jest doskonały. Nie wyznaczaj dziecku nieosiągalnych celów. Dzieciństwo jest potrzebne w procesie dojrzewania. W późniejszych latach także powinno wiedzieć, że nie oczekujesz od niego doskonałości. Chwal pojedyncze osiągnięcia, a nie dziecko jako takie. Lepiej powiedzieć: „Dzisiaj byłeś bardzo grzeczny", zamiast: „Jesteś najwspanialszym dzieckiem na świecie". Przesadne pochwały mogą sprawić, że dziecko będzie się bało, że nie sprosta twoim wyobrażeniom. Albo stanie się kimś, kto bez pochwał nie będzie miał dobrego samopoczucia.

Od siebie też nie wymagaj perfekcji. Nie istnieją rodzice, którzy nie tracą cierpliwości, nigdy nie krzyczą i nie mieliby ochoty dać klapsa rozbrykanemu maluchowi. Słowne wyładowanie złości i frustracji (bez podążania za impulsem, by przyłać w pupę – patrz ramka powyżej) jest zdrowsze niż tłamszenie w sobie agresji, która może wybuchnąć z pełną siłą w najmniej odpowiednim momencie. Jeżeli bardzo często tracisz cierpliwość, przebywając ze swoim dzieckiem, zastanów się, jaka jest tego głębsza przyczyna. Czy denerwuje cię, że sama musisz wszystko robić przy dziecku? Czy jesteś zła na siebie czy na kogoś innego i wyżywasz się na dziecku? Dlaczego wyładowujesz się na bezbronnym maleństwie? Czy narzuciłaś za wiele ograniczeń? Czy nie zabezpieczyłaś odpowiednio mieszkania i dziecko bez przerwy coś niszczy? Spróbuj zmienić tę sytuację.

- Dzieci muszą czuć, że mogą kontrolować swoje życie. Nawet maluszek musi od czasu do czasu podejmować decyzje. Nie zawsze będzie mógł wszystkim rządzić, ale jak tylko to możliwe, pozwól mu poczuć się ważnym. Niech zadecyduje, czy woli ciastko czy kawałek chleba, huśtawkę czy zjeżdżalnię, śliniak ze słoniem czy z pajacykiem. Ale nie każ mu podejmować zbyt wielu decyzji (to tylko przytłoczy malca) ani wtedy, kiedy to nie ono powinno decydować (na przykład w kwestii siedzenia w foteliku samochodowym).

15
Jedenasty miesiąc

Najprawdopodobniej w tym miesiącu masz do czynienia z małym sztukmistrzem, który a to wchodzi tam, gdzie wchodzić nie powinien, a to wyłazi z miejsc, z których nie powinien wychodzić. Żadna półka nie jest teraz za wysoka, żaden uchwyt szafki nie jest zbyt nieporęczny, by odstraszyć dzielnego dziesięciomiesięcznego brzdąca od spełniania misji: szukać i (co oznacza prawie to samo) niszczyć. Jest mistrzem w ucieczkach, a teraz próbuje wykręcić się od zmiany pieluchy, spacerów w spacerówce, siedzenia w wysokim krzesełku – innymi słowy, z każdej unieruchamiającej go sytuacji. Obok ogromnych postępów fizycznych (niektóre dzieci wykonają w tym miesiącu te najważniejsze pierwsze kroki) pojawiają się postępy werbalne – może nie tyle pod względem liczby słów wypowiadanych, ile rozumianych. Coraz bardziej interesującym i wartościowym zajęciem staje się przeglądanie książeczek, ponieważ dziecko powoli rozpoznaje, a nawet wskazuje na znane sobie obrazki. Wskazywanie teraz stanie się ulubionym wręcz zajęciem, niezależnie jakiej czynności towarzyszy – jest to bowiem sposób na porozumiewanie się bez słów.

CO TWOJE DZIECKO POTRAFI ROBIĆ

Dzieci osiągają kolejne etapy rozwoju we własnym tempie. Jeśli twój maluszek nie umie jeszcze wykonać jednej lub kilku z poniżej wymienionych czynności, nie martw się: wkrótce się nauczy. Pamiętaj, że niektóre dzieci szybciej rozwijają się pod pewnymi względami (na przykład rozwoju motoryki dużej), a później w innych sferach (na przykład werbalnej). Normalne tempo rozwoju to takie, w jakim dziecko się rozwija. Jeśli rozwój dziecka wzbudza w tobie wątpliwości (ponieważ zauważyłaś, że opuściło któryś z etapów rozwoju, lub obawiasz się, że rozwija się za wolno), skonsultuj się z lekarzem. Porozmawiaj z nim, nawet jeśli on sam danego tematu nie poruszy, gdyż rodzice często zauważają pewne niuanse niewidoczne dla lekarzy. Wcześniaki zwykle wykształcają pewne sprawności nieco później niż ich rówieśnicy, zazwyczaj w okresie, w którym osiągnęłyby je, gdyby urodziły się o czasie, a nawet później.

Po ukończeniu jedenastego miesiąca twoje dziecko powinno umieć:

- usiąść z leżenia na brzuchu;
- podnieść mały przedmiot za pomocą kciuka i palca wskazującego (wszystkie niebezpieczne przedmioty trzymaj poza zasięgiem rączek dziecka);
- rozumieć słowo „nie", choć nie zawsze usłucha.

Po ukończeniu jedenastego miesiąca twoje dziecko prawdopodobnie będzie umiało:

- bawić się w „kosi-kosi" i robić „pa-pa";
- chodzić, przytrzymując się mebli;
- wskazać lub pokazać to, czego potrzebuje.

Po ukończeniu jedenastego miesiąca twoje dziecko być może będzie umiało:

- delikatnie podnieść przedmiot końcami palców (pamiętaj: wszystkie niebezpieczne przedmioty trzymaj poza zasięgiem dziecka);
- przez chwilę stać bez oparcia;
- powiedzieć „mama" i „tata", ale bez zrozumienia;
- powiedzieć jedno słowo inne niż „mama" i „tata".

Po ukończeniu jedenastego miesiąca twoje dziecko może nawet umieć:

- pewnie stać bez oparcia;
- inaczej niż płaczem wyrazić swoje potrzeby;
- pokulać piłkę w twoją stronę;
- samo napić się z kubka;
- gaworzyć tak, jakby mówiło w obcym języku;
- powiedzieć trzy lub więcej słów innych niż „mama" i „tata";
- prawidłowo zareagować na proste polecenie nie poparte gestem, np. „Daj mi to", nie wzmocnione wyciągniętą ręką;
- samodzielnie chodzić.

CZEGO MOŻESZ OCZEKIWAĆ W CZASIE BADANIA LEKARSKIEGO

Większość lekarzy nie wyznacza w tym miesiącu wizyty kontrolnej zdrowego dziecka – to dobrze, bo dzieci w tym wieku nie lubią być zmuszane do trwania w bezruchu podczas badania. Ponadto maluchy, które obawiają się obcych, wystraszą się lekarza, choćby był bardzo miły i przyjacielski. Skontaktuj się z pediatrą, jeśli martwi cię coś, co nie może poczekać do następnej wizyty.

KARMIENIE DZIECKA W JEDENASTYM MIESIĄCU
Odstawianie dziecka od butelki

Gdyby zapytać większość pediatrów, kiedy można odstawić dziecko od butelki, najczęściej usłyszy się odpowiedź, że najlepiej po ukończeniu pierwszego roku życia, a nie później niż w osiemnastym miesiącu. Gdyby natomiast spytać większość rodziców, kiedy faktycznie odstawili swe dzieci od butelki, wówczas zwykle pada odpowiedź, że... znacznie później. Rodzice (i ich dzieci) trzymają się karmienia butelką znacznie dłużej, niż zalecają lekarze, z wielu przyczyn – jest to wygodne dla rodziców, zapewnia dziecku spokój, nie powoduje bałaganu. Gdyby wziąć jeszcze pod uwagę zmęczenie rodziców oraz przywiązanie dzieci do butelki, nikogo nie powinno dziwić, że miliony dwu- i trzylatków nie zerwały jeszcze z piciem z butelki.

Jednakże specjaliści uważają, iż rodzice powinni pamiętać o czymś bardzo ważnym: odstawienie w wieku jednego roku (lub jak najszybciej po pierwszych urodzinach) jest dla dziecka z wielu powodów najlepsze. Po pierwsze i najważniejsze, podobnie jak z innymi nawykami okresu wczesnodziecięcego (smoczki, kołysanie do snu itd.), trudno jest z takimi starymi nawykami zerwać. A im one starsze (i dziecko też), tym trudniej je wykorzenić. Odstawienie jeszcze w miarę uległego rocznika to jak zabranie dziecku cukierka w porównaniu ze zmaganiem się z upartym dwulatkiem w kwestii butelki.

Po drugie, jeśli starsze dziecko chodzi z butelką, pojawia się ryzyko próchnicy zębów – i to nie tylko dlatego, że malec ma już zęby, które mogą się zepsuć. Dzieje się tak, ponieważ mniejsze dzieci są karmione przez rodziców, którzy zabierają butelkę pod koniec posiłku, natomiast ruchliwy starszy dzieciak sam sobie bierze picie i z nim chodzi. Takie picie czy popijanie przez cały dzień sprawia, że ząbki wystawione są na działanie zawartego w mleku czy soku cukru, a zatem mogą się w nich pojawiać dziury.

Po trzecie wreszcie, dzieci pijące z butelki wypijają więcej, niż powinny, a jedzą za mało. Marudzą przy posiłkach (cóż się dziwić, wszak ich brzuszki są pełne soczku i mleka), a ich organizm nie otrzymuje ważnych składników odżywczych. Jeśli butelka napełniona jest sokiem – zwłaszcza jabłkowym – miewają też częste biegunki.

Jeśli to cię nie przekonuje do zamiany butelki na kubeczek w najbliższym miesiącu, weź pod uwagę zły wpływ picia z butelki na rozwój dziecka. Malec, który stale chodzi z butelką, ma tylko jedną wolną rękę na zabawę i odkrywanie świata – a buzię zbyt zajętą, by ćwiczyć mówienie.

Jeśli jeszcze nie zapoznałaś swej pociechy z kubeczkiem, przeczytaj wskazówki na stronie 297. Choć początki są dość łatwe (mimo iż wiążą się z bałaganem), namówienie malca, by pożegnał się z butelką i pił wyłącznie z kubka, będzie znacznie trudniejszym zadaniem. Będzie ci łatwiej, jeśli skorzystasz z poniższych rad:

Wybierz odpowiednią chwilę. Nie odstawiaj od piersi (butelki) dziecka, które jest chore, bardzo zmęczone czy nawet głodne. Rozdrażniony malec nie zareaguje pozytywnie na próbę oduczenia go picia z butelki. Poczekaj też, aż uspokoi się sytuacja po jakiejś wielkiej zmianie, zapoznaniu z nową opiekunką czy innych stresujących wydarzeniach.

Nie za szybko. Jeżeli nie musisz odstawić dziecka gwałtownie, z dnia na dzień (metoda skuteczniejsza w wypadku nieco starszych maluchów lub wręcz przedszkolaków, które często same pomagają w takich przedsięwzięciach), najlepiej dokonywać zmiany stopniowo, coraz rzadziej podsuwając butelkę, a coraz częściej kubeczek. Można to zrobić na kilka sposobów:

- Jedno karmienie butelką dziennie zamień na karmienie z kubeczka. Po kilku dniach do tygodnia zamień jeszcze jedno karmienie. Najłatwiej powinno ci pójść z karmieniem w środku dnia, trudniej zwykle jest z karmieniami wieczornymi i porannymi.

- Nalewaj mniej niż zwykle mleka (mieszanki – dla dzieci poniżej pierwszego roku życia, krowiego – dla starszych) do butelki, a pod koniec karmienia zaproponuj malcowi kubeczek. Stopniowo nalewaj coraz mniej picia do butelki, a więcej do kubka.

- Do butelki nalewaj tylko wodę, poczynając od jednego karmienia dziennie, natomiast do kubka – mleko, mieszankę czy sok. Być może dziecko samo dojdzie do wniosku, że w butelce nie ma nic ciekawego. Uważaj jednak, żeby co dzień wypiło odpowiednią ilość mleka czy mieszanki albo przyjmowało wapń w postaci żywności bogatej w ten pierwiastek.

Butelka poza zasięgiem wzroku. Czego oczy nie widzą, tego sercu nie żal. Jeśli dziecko nie będzie widziało butelki (karmienie odbywać się będzie z kubeczka), mniej będzie jej pragnąć. Schowaj ją w kredensie, połóż na najwyższą półkę, a gdy będziesz podawać butelkę już tylko raz dziennie i zacznie się zbliżać pora jej całkowitego odstawienia – po prostu ją wyrzuć. W tym samym okresie dziecko powinno jak najczęściej natykać się w domu na kubeczek: w lodówce, na kuchennym stole, w dużym pokoju.

Atrakcyjny kubeczek. Daj dziecku kubek w intensywnym kolorze, z bohaterem ulubionej bajki lub przezroczysty, przez który będzie widać płyn – taki, który najbardziej podoba się dziecku.

Przygotuj się na bałagan. Jeśli nie korzystasz z kubeczka z dzióbkiem niekapkiem (którego nie powinno się pozwolić dziecku nosić cały czas, patrz str. 298), przygotuj się na wiele wypadków i ścierania plam, w trakcie gdy malec będzie opanowywać sztukę picia z kubka. Pozwól mu poeksperymentować (oraz pić samemu), chroniąc jednocześnie podłogę, ściany i siebie za pomocą gazet, fartuszków czy ręczników. Ale oprzyj się pokusie pojenia dziecka: skoro butelka była pod jego kontrolą, kubek też powinien być.

Przygotuj się na... mniej. To znaczy mniej mleka. Dziecko będzie teraz pić mniej mleka. Kiedy już się przyzwyczai do tego, że korzysta wyłącznie z kubka, ilość wypijanego mleka znowu wzrośnie.

Ucz na przykładzie. Dzieci w tym wieku uwielbiają naśladować dorosłych (zwłaszcza tych, których kochają). Wykorzystaj to i pij z kubka w tym samym czasie (albo niech ten obowiązek weźmie na siebie starsze rodzeństwo).

Pozytywna reakcja. Pochwal dziecko za każdym razem, gdy użyje kubka: klaskaj, gdy trzyma kubek (choćby nawet z niego nie pił), wznieś okrzyk radości, gdy weźmie łyk.

Bądź cierpliwa. Z odstawieniem od butelki jest jak z budową Rzymu – nie da się tego zrobić w jeden dzień. Przygotuj się, że cały proces może potrwać kilka tygodni, a nawet miesiąc lub dwa. Pierwsze dni na pewno nie będą łatwe, ale rodzicielska stanowczość (niepoddawanie się i niedawanie na powrót butelki) oraz cierpliwość sprawią, że przejście będzie o wiele łagodniejsze. Nie poddawaj się, gdy okaże się, że dziecko jest już tak przywiązane do butelki, że będzie potrzebować więcej czasu. Czas nie ma znaczenia, jeśli tylko osiągnie się zamierzony efekt.

Jak najwięcej miłości. Wiele dzieci traktuje butelkę nie tylko jako źródło pożywienia, ale także spokoju. Jednocześnie z ograniczaniem butelki musisz jak najczęściej przytulać dziecko, więcej się z nim bawić, więcej czytać do snu, dać kolejną przytulankę, aby poczuło się bezpieczne i spokojne.

CO MOŻE CIĘ NIEPOKOIĆ

KRZYWE NOGI

Moje dziecko zaczyna stawiać pierwsze kroczki i wydaje mi się, że ma krzywe nogi.

Prawie wszystkie dzieci, które nie ukończyły jeszcze dwóch lat, mają krzywe nogi, tzn. ich kolana nie stykają się, gdy stoją, trzymając stopy razem. Potem, kiedy więcej chodzą, nóżki wykrzywiają się im w kształt litery „x", tzn. kolana schodzą się razem, ale stopy nie. Dopiero w wieku kilkunastu lat kolana i stopy się stykają. Niepotrzebne są specjalne buty ortopedyczne ani inne urządzenia. Czasami lekarz dopatrzy się nieprawidłowości w budowie nóg dziecka. Może skrzywiona jest tylko jedna nóżka albo wada się pogłębia. Dodatkowe badania będą konieczne, jeśli w rodzinie zdarzały się przypadki iksowatych nóg. Na szczęście, dzięki uzupełnianiu diety witaminą D, przypadki krzywicy nóg są rzadkie.

NAGOŚĆ RODZICÓW

Czasami rozbieram się przy moim dziecku, ale zastanawiam się, jak długo mogę pokazywać mu się nago.

Upłynie jeszcze trochę czasu, zanim będziesz musiała zamykać się przy przebieraniu. Naukowcy zgadzają się, że do pewnego momentu rodzicielska nagość nie jest niczym szkodliwym, (Kiedy dziecko skończy już trzy, cztery lata, lepiej, by nie widziało rozebranego do naga rodzica płci przeciwnej.) W pierwszym roku życia dziecko jest za małe, by pobudzał je widok rozebranej mamy, choć na widok odsłoniętych piersi może mlasnąć, myśląc o jedzeniu. Ma zbyt krótką pamięć, by pamiętać, co widziało. Nagość matki będzie interesować malucha w takim samym stopniu jak jej nowa suknia wieczorowa, czyli wcale. Jeżeli dziecko jest ciekawe, chce dotykać twoich sutków i owłosienia, spokojnie przerwij wszelkie „badania". Bądź rzeczowa, nie reaguj przesadnie. Twoje intymne miejsca interesują je w równym stopniu co twoje uszy i nos (choć bywają bardziej interesujące, jako że zwykle są zasłonięte). Stwierdzenie: „To moje" pomoże dziecku zrozumieć pojęcie prywatności, a nie zaszczepi w nim poczucia winy.

To samo dotyczy małej dziewczynki i jej ojca – na razie nagość nie stanowi żadnego problemu (choć oczywiście można ją osłaniać).

UPADKI

Czuję, że znalazłam się na krawędzi katastrofy, odkąd mój synek zaczął chodzić i wspinać się po meblach. Potyka się o własne nogi, uderza głową w rogi stołu, przewraca krzesła...

Nadszedł moment, w którym rodzice zaczynają się zastanawiać, kto przeżyje – oni czy dzieci. Rozcięte wargi, siniaki pod oczami, upadki, uderzenia, potłuczenia – to wszystko zdarza się dzieciom, rodzicom zaś przypadają w udziale nerwy i przyspieszone bicie serca.

Mówi się czasem, że wystarczy spaść z konia siedem razy, żeby stać się dobrym jeźdźcem. Chodzenie jest bardziej skomplikowane, nie wystarczy upaść siedem razy. Niektóre dzieci są z natury ostrożne, po pierwszym upadku z ławy wycofują się na parę dni, po czym są już bardziej uważne. Inne (te, które ku rozpaczy rodziców, pewnie zawsze będą lubiły w życiu dreszczyk emocji) zachowują się, jakby nigdy niczego nie pamiętały, są odważne, nie czują bólu i wdrapują się mozolnie na stół, z którego przed chwilą spadły.

Nauka chodzenia odbywa się metodą prób i błędów. Nie możesz i nie powinnaś ingerować w ten proces. Twoja rola polega na obserwowaniu poczynań dziecka z dumą, ale i z rozdygotanym sercem. Musisz zapewniać mu bezpieczne upadki. Kiedy przewróci się na dywanie, zraniona będzie tylko jego duma, kiedy spadnie ze schodów, konsekwencje mogą być poważniejsze. Jeśli uderzy się o miękki róg kanapy, trochę popłacze, jeśli uderzy się o ostry kant szklanego stolika, może polać się krew. Upewnij się, że twoje mieszkanie jest bezpieczne dla dziecka, tylko w ten sposób możesz zmniejszyć liczbę wypadków (str. 363). Kiedy już usuniesz wszystkie dostrzeżone zagrożenia, nie zapominaj o tym, że najważniejszą gwarancją bezpieczeństwa w twoim domu jesteś ty sama. Dziecko potrzebuje swobody w odkrywaniu świata, ale pod stałym nadzorem dorosłej osoby, gdyż nawet w najlepiej zabezpieczonym mieszkaniu może dojść do wypadku. Przygotuj się na taką ewentualność, naucz się robić sztuczne oddychanie i udzielać pierwszej pomocy (patrz str. 511).

Reakcja dziecka na wypadek często zależy od reakcji rodziców. Jeśli za każdym razem, kiedy maluch się przewróci, podbiegasz, by go podnieść, i pytasz przerażonym głosem: „Nic ci się nie stało?", dziecko również nauczy się przesadnie reagować. Będzie płakać po każdym najmniejszym upadku albo straci ochotę na odkrywanie świata, co mogłoby zakłócić jego prawidłowy rozwój fizyczny. Jeśli jednak rodzice na upadek reagują spokojnym: „Oj, przewróciłeś się! Wszystko w porządku. Wstawaj", dziecko wyrośnie na prawdziwego odkrywcę, nie będzie przejmowało się drobnymi nieszczęściami i będzie umiało szybko się pozbierać.

JESZCZE NIE STAJE NA NÓŻKI

Moja córeczka od dłuższego czasu bezskutecznie próbuje stawać na nóżki. Martwię się, że nie rozwija się prawidłowo.

Życie dziecka składa się z długiej serii fizycznych, emocjonalnych i intelektualnych progów do pokonania. To, co dla dorosłych jest niezauważalnym drobiazgiem – przewracanie się na bok, siadanie, stawanie – dla dziecka jest przeszkodą, po której pokonaniu pojawia się szereg następnych.

Jeżeli chodzi o podciąganie się do stania, niektóre niemowlęta potrafią to osiągnąć już w piątym miesiącu życia, inne dopiero po ukończeniu roczku. Najczęściej dzieci stają, i upadają, między piątym a dwunastym miesiącem. Ma na to wpływ również masa ciała dziecka, grubaski mają więcej do dźwigania, muszą więc bardziej się namęczyć. Z kolei silne i zwinne dziecko będzie się wcześnie podciągać, niezależnie od tego, ile waży. Dziecko, które całe dni spędza w wózku, nosidełku albo kojcu, nie będzie miało okazji ćwiczyć stawania na nóżki. Podobnie w pokoju umeblowanym lekkimi sprzętami, które przewracają się przy każdym dotknięciu, dziecko nie będzie chciało podciągać się do stania, przytrzymując się mebli. Śliskie buty albo skarpetki też nie ułatwiają nauki stawania, lepsze są bose nóżki albo specjalne skarpetki antypoślizgowe. Maluch, który za często upada, traci zapał do prób. Możesz zachęcać dziecko, kładąc jego ulubioną zabawkę tak wysoko, by musiało stanąć, żeby jej dosięgnąć. Pozwalaj mu często podciągać się na twoich kolanach, wzmocni sobie mięśnie i wiarę w siebie.

Dziecko zaczyna stawać na nóżki w dziewiątym miesiącu i większość dzieci opanuje tę umiejętność do dwunastego miesiąca. Jeśli twoja córeczka nie stanie na nóżki przed ukończeniem roczku, porozmawiaj na ten temat z lekarzem. Teraz usiądź i czekaj, aż stanie, w sobie właściwym czasie. Dzieci zdobywają wiarę w siebie, kiedy mogą się rozwijać w odpowiednim dla siebie tempie i widzą, że mogą do wszystkiego dojść samodzielnie. Stawianie jej na siłę, zanim jest na to gotowa, może jedynie przyhamować jej rozwój, zamiast go przyspieszyć.

USZKODZENIA ZĘBÓW MLECZNYCH

Mój syn upadł i ukruszył sobie jeden ząbek mleczny. Czy powinnam zabrać go do dentysty?

Jako że te śliczne małe ząbki i tak kiedyś wypadną, by zrobić miejsce dla zębów stałych, nie trzeba się martwić ich małymi nadkruszeniami, które są dość częste, wziąwszy pod uwagę częstotliwość upadania przeciętnego niedoświadczonego niemowlęcia w ciągu dnia. Warto jednak upewnić się, czy uszczerbek jest tylko na urodzie. Po pierwsze, obejrzyj ząb, a jeśli po nadłamaniu pozostała ostra krawędź, przy pierwszej okazji zadzwoń do dentysty, który wyszlifuje brzeg albo wykona uzupełnienie. Dzwoń natychmiast, jeśli zauważysz, że dziecko wyraźnie coś boli (nawet kilka dni później), że ząb zmienił ułożenie lub że doszło do zakażenia (wskazówką będą opuchnięte dziąsła), lub gdy na środku nadkruszonego zęba pojawiła się różowa plamka. Każdy z tych objawów może wskazywać, że pęknięcie uszkodziło nerw; dentysta określi (po prześwietleniu), czy ząb lepiej usunąć, czy też niezbędne będzie leczenie kanałowe nerwu. Nieleczone uszkodzenie nerwu może stać się przyczyną uszkodzenia kształtujących się w buzi dziecka już stałych zębów. Cokolwiek by się stało, uśmiechnij się: nim dziecko nauczy się chodzić, nieraz jeszcze zrobi sobie krzywdę!

CHOLESTEROL W DIECIE DZIECKA

Moja żona i ja jesteśmy bardzo ostrożni, jeżeli chodzi o cholesterol w naszej diecie. Zapytaliśmy lekarza, czy mamy podawać dziecku po ukończeniu przez nie roku odtłuszczone mleko, a on powiedział, że nie, wyłącznie pełne. Czy to znaczy, że nie musimy przejmować się cholesterolem u malca?

W pierwszych dwóch latach życia dziecka tłuszcze i cholesterol nie są szkodliwe, a wręcz są niezbędne do prawidłowego wzrostu i rozwoju komórek mózgowych oraz całego układu nerwowego. Choć jednak powinno się włączyć pełne mleko i inne pełne produkty mleczne (w tym pełnotłusty jogurt i sery) do diety dziecka, warto już teraz postarać się, aby dziecko w przyszłości nie cierpiało na choroby sercowo-naczyniowe, wyrabiając w nim zdrowe nawyki żywieniowe:

Zrezygnuj z masła. Jeśli teraz nie przyzwyczaisz dziecka do jedzenia chleba, naleśników, warzyw, ryb czy też innych potraw z dodatkiem masła lub margaryny, nie będziesz miała później kłopotów z jego ograniczaniem. Kiedy dorośnie, wystarczy mu odrobina masła do smaku. (Dbając o poziom cholesterolu u członków rodziny, kupuj margarynę z niską zawartością kwasów tłuszczowych trans; ogólnie miękka margaryna jest zdrowsza od twardej.)

Zrezygnuj ze smażenia. Smażone potrawy szkodzą wszystkim, małym dzieciom też. Zamiast frytek podawaj ziemniaki pieczone w mundurkach (lub frytki pieczone), kurczaka przyrządzaj na grillu, a rybę zapiekaj w piekarniku. Jeśli do gotowania używasz tłuszczy, wybieraj te wielonienasycone, takie jak oliwa z oliwek, olej rzepakowy, szafranowy, słonecznikowy lub z soi, zamiast nasyconych, takich jak olej palmowy czy kokosowy, roślinne utwardzone tłuszcze piekarskie czy tłuszcze zwykłe, masło kokosowe lub tłuszcze pochodzenia zwierzęcego.

Uważaj na źródło białka. Czerwone mięso jest dla dziecka dobre (stanowiąc cenne źródło żelaza), ale warto, by malec zakosztował w niskocholesterolowych i niskotłuszczowych źródłach białka (takich jak ryby, drób bez skóry, suszona fasola i groch oraz tofu), bo w przeciwnym razie, dorastając, nie będzie chciał jeść nic poza hamburgerami. Można też całkowicie wykluczyć czerwone mięso, ale wówczas należy zapewnić inne źródła żelaza. Dla dziecka doskonałym źródłem białka są jajka – staraj się wybierać te wzbogacone kwasami tłuszczowymi omega-3, gdyż pomagają w rozwoju mózgu i są zdrowe dla serca.

Jedzcie ryby. Nie ma zdrowszej dla serca żywności niż ryby, szczególnie te gatunki, które mają wysoką zawartość kwasów tłuszczowych z grupy omega-3, dlatego warto we wczesnym dzieciństwie nabrać zwyczaju jedzenia ryb. Dawaj dziecku różne ryby do spróbowania, w szczególności te, które mają przyjemny, łagodny smak i są miękkie. (Pewne gatunki są dla małych dzieci bardziej wskazane, natomiast innych należy unikać ze względu na skażenie rtęcią – patrz str. 311.) Podając rybę, dokładnie usuwaj ości.

Czytaj napisy na opakowaniach. Większość tłuszczu i cholesterolu ukrywa się w żywności przetworzonej, przeznaczonej tak dla dzieci, jak i dla dorosłych. Oczywiście głównym źródłem tłuszczu w diecie Amerykanów są frytki i inne dania typu fast food, ale są nimi także ciasta i ciastka. Dokładnie czytaj etykiety, na których podaje się skład produktu. Szukaj produktów odtłuszczonych, a przynajmniej nie zawierających tłuszczów i olejów nasyconych.

Unikaj dań typu fast food. Choć na ich widok leci ślinka, zwykle zawierają dużo tłuszczu, cholesterolu i sodu, natomiast mało ważnych substancji odżywczych i błonnika. Poza tym łatwo można się od nich uzależnić. Jeśli nie będziesz serwować swemu dziecku żadnych dań typu fast food, nie zasmakuje w nich w tak młodym wieku. Kolejnym powodem, by unikać takich dań, jest to, że większość z nich nie nadaje się dla małych dzieci. Choć nie ma nic złego w jedzeniu hamburgerów przygotowanych w domu, to należy pamiętać, że te z barów szybkiej obsługi zawierają zbyt dużo sodu. To samo dotyczy fastfoodowej wersji paluszków z kurczaka, tak ulubionej potrawy przedszkolaków. Dziecku lepiej zrobi przegryzanie domowych paluszków (pieczonych w piekarniku) lub kupionych w sklepie ze zdrową żywnością. Nie ma też potrzeby, aby tak małe dziecko zajadało się frytkami, które zawierają mnóstwo soli i niezdrowych tłuszczów. Jeśli macie zwyczaj chodzić całą rodziną do restauracji typu fast food, nie róbcie tego często oraz starannie wybierajcie zamawiane dania. Dla dzieci najlepsze będzie grillowane mięso kurczaka oraz pieczone ziemniaki bez dodatków.

SKOKI WZROSTU

Pediatra stwierdził, że wzrost mojego synka obniżył się z dziewięćdziesiątego centyla na pięćdziesiąty. Dodał również, że nie mam się czym martwić, ale to przecież taki duży spadek...

Zdrowe dzieci mogą być wysokie lub niskie. Kiedy lekarz ocenia rozwój dziecka, sprawdza nie tylko wykres wzrastania. Patrzy, czy wzrost i masa ciała są proporcjonalne, czy dziecko we właściwym czasie przechodzi przez wszystkie etapy rozwoju, takie jak siadanie, podciąganie się do stania. Obserwuje, czy dziecko jest aktywne, zadowolone, czy ma dobry kontakt z rodzicami, czy jego włosy i skóra są zdrowe. Prawdopodobnie lekarz ocenił, że twój synek rozwija się oraz rośnie prawidłowo. Jeżeli nie masz innych (niż spadek tempa wzrostu) powodów do zmartwień, to powinno być dla ciebie najważniejsze.

Przyczyna nagłego obniżenia poziomu wzrostu może być następująca: dziecko urodziło się duże, ale w genach ma zapisany wzrost średni, dlatego teraz zbliża się do sobie właściwego wzrostu. Jeżeli oboje z mężem nie jesteście wysocy, nie możecie oczekiwać, że synek będzie wysoki, bo nie będzie. Wzrost nie jest przekazywany za pomocą jednego genu. Jeśli ojciec ma ponad metr osiemdziesiąt, a matka około metra pięćdziesiąt, dziecko wyrośnie wyższe niż matka i nieco niższe niż ojciec. Jednak każde pokolenie jest trochę wyższe niż poprzednie. (Wzrost matki ma bardziej przeważający wpływ na wzrost dzieci niż ojca. Dotyczy to zwłaszcza córek – przyp. red. nauk.)

Czasami taki nagły skok jest jedynie pomyłką przy mierzeniu podczas ostatniej lub przedostatniej wizyty u lekarza. Maluchy mierzy się na leżąco, kiedy się wiercą, łatwo o pomyłkę. Większe dzieci stoją przy mierzeniu, może się wtedy wydawać, że nieco zmalały, bo przy staniu kości trochę „osiadają".

Ponieważ powinno się zapisywać wszystkie informacje o stanie zdrowia dziecka, notuj wyniki pomiarów wzrostu, ale się nimi nie przejmuj. Już wkrótce przekonasz się, że dzieci i tak rosną zbyt szybko.

CO WARTO WIEDZIEĆ
Jak pomagać dziecku w rozwoju mowy

Noworodek porozumiewał się z otoczeniem za pomocą płaczu. Nie rozumiał nic, obchodziły go jedynie własne potrzeby. Sześciomiesięczne dziecko potrafiło już artykułować dźwięki, rozumieć znaczenie niektórych słów, umiało wyrażać złość, bezradność i zadowolenie. W wieku ośmiu miesięcy dziecko przekazywało informacje za pomocą kilku dźwięków i gestów, a jedenastomiesięczne już wkrótce wymówi pierwsze słowo. (Albo już to zrobiło.) Wydaje się, że malec osiągnął całkiem sporo, a jednak najciekawsze jeszcze przed nami. W nadchodzących miesiącach zdolność rozumienia wzrośnie. Mniej więcej w wieku osiemnastu miesięcy gwałtownie poszerzy się zasób słownictwa.

Oto, jak możesz pomóc dziecku w rozwoju mowy:

Nazywaj rzeczy po imieniu. W świecie dziecka wszystko ma swoją nazwę. Nazywaj wszystkie przedmioty w otoczeniu dziecka – wannę, zlew, łóżeczko, kojec, lampy, kanapę, pokazuj mu, gdzie jest nosek, gdzie oczy. Na spacerze wskazuj na ptaki, psy, drzewa, liście, kwiaty, samochody, ciężarówki, samoloty. Nazywaj też przechodzących ludzi. Często używaj imienia dziecka, żeby podkreślać jego odrębność.

Słuchaj, co mówi dziecko. Nawet jeśli maluszek na razie tylko gaworzy, okazuj zainteresowanie tym, co chce ci przekazać. Mów:

„Naprawdę?", „To bardzo ciekawe". Zadawaj pytania i czekaj na odpowiedzi, nawet jeśli miałby to być jedynie uśmiech albo jakiś gest. Postaraj się wyłapywać słowa z nieporadnych prób dziecka, choć bywają tak zniekształcone, że trudno je rozpoznać. Czasami nazwa używana przez dziecko nie ma nic wspólnego z prawidłowym słowem, jednak jeśli dziecko stale jej używa, można uznać ją za słowo. Kiedy masz kłopoty z tłumaczeniem życzeń swojej pociechy, wskazuj na różne możliwości, np. „Czy chcesz piłkę? butelkę? lalkę?" Na pewno do czasu, kiedy mowa dziecka stanie się bardziej zrozumiała, nieraz poczujesz bezsilność. Twoje próby tłumaczenia słów dziecka przyspieszą rozwój jego mowy i dadzą mu poczucie, że ktoś je rozumie.

Koncentruj się na pojęciach. To, co tobie wydaje się oczywiste, dla dziecka jest nowością. Oto niektóre z pojęć, których dobrze nauczyć dziecko. Nie zapominaj o wypowiadaniu odpowiednich słów w trakcie pokazywania.

- *Gorące i zimne*. Niech dziecko dotknie filiżanki z gorącą kawą, kostki lodu, ciepłej wody, ciepłej kaszki i zimnego mleka.
- *Góra i dół*. Podnieś dziecko i opuść na ziemię, połóż klocek na półce, a potem na podłodze, weź dziecko na ślizgawkę.
- *Jest i nie ma*. Umieść klocki w pudełku lub wiaderku, a następnie je wysyp. Zrób to samo z innymi przedmiotami.
- *Puste i pełne*. Pokaż dziecku pojemnik napełniony wodą z wanny, a potem drugi – pusty. Albo jeden z piaskiem z piaskownicy i drugi pusty.
- *Stanie i siedzenie*. Przytrzymując dziecko za rękę, usiądźcie razem, a potem wstańcie (dziecku może być łatwiej zrozumieć te pojęcia, jeśli zabawicie się w „Stary niedźwiedź mocno śpi").
- *Mokre i suche*. Porównaj mokry ręcznik z suchym, umyte włosy dziecka z twoimi.
- *Duże i małe*. Ustaw dużą piłkę obok maluszka, pokaż, że mama jest duża, a dziecko małe.

Wyjaśniaj związki przyczynowo-skutkowe. „Słońce świeci, więc jest jasno", „Lodówka pracuje, więc jedzenie będzie świeże", „Mama myje zęby małą szczoteczką, a dużą szczotką zamiata", „Jak podrzesz książkę, nie będziesz miał co czytać". Poszerzasz w ten sposób wiedzę dziecka o otaczającym świecie, uczysz je wrażliwości na innych ludzi, ich potrzeby i uczucia. Jest to niezbędne do opanowania języka i umiejętności czytania.

Nazywaj kolory. Możesz już zacząć nazywać poszczególne barwy. „Zobacz, balonik jest czerwony, tak jak twoja koszulka", „Ciężarówka jest zielona i twój wózek też" albo: „Spójrz na te żółte kwiaty". Pamiętaj jednak, że większość dzieci uczy się kolorów dopiero około trzeciego roku życia.

Tłumacz. Używaj dorosłych zwrotów, po czym tłumacz je na mowę dziecka. „A teraz Ania pójdzie z mamą na spacer, Ania i mama da-da". Dzięki temu dziecko zrozumie więcej.

Nie mów jak dziecko. Upraszczaj język, którym posługują się dorośli, zamiast wszystko zdrabniać. Lepiej powiedzieć: „Jacek chce pić?" niż: „Dzidzia cie piciu".

Wprowadzaj zaimki. Dzieci nie potrafią prawidłowo stosować zaimków w pierwszym roku życia, a może jeszcze dłużej, jednak nadszedł czas na wprowadzanie ich przy okazji wspominania imion. „Tatuś przyniesie Jacusiowi śniadanie – ja idę przynieść tobie coś do jedzenia". „To jest książka mamy – jest moja – a ta jest Oli – jest twoja". W ten sposób dziecko uczy się także pojęcia własności.

Zachęcaj dziecko do odpowiadania. Rób wszystko, by zachęcać dziecko do reakcji słowem albo gestem. Podawaj dwie rzeczy do wyboru: „Chcesz chleb czy sucharka?", „Włożysz piżamkę z motylkami czy ze słonikami?" i poczekaj, aż dziecko wskaże, co woli. Pytaj: „Jesteś głodna?", „Chcesz spać?", „Idziemy na huśtawkę?" Wystarczy, jeżeli maluch kiwnie głową. Pytaj dziecko, gdzie znajdują się poszczególne zabawki, może je przynieść albo wskazać kierunek.

Nigdy nie zmuszaj dziecka do używania języka. Zachęcaj dziecko do mówienia: „Powiedz mamusi, co chcesz", kiedy coś chce ci pokazać, sapie i mruczy. Podsuwaj możliwości: „Chcesz misia czy pieska?" Jeśli dziecko pokaże, co chce, nazwij tę rzecz: „Więc chcesz pieska" i podaj. Nigdy nie odmawiaj dziecku czegoś, bo nie potrafi o to poprosić albo źle wymawia jakieś słowo. Próbuj i zachęcaj do prawidłowej wymowy cierpliwie i życzliwie. Z czasem odpowiedzi słownych będzie coraz więcej.

Wyrażaj się jasno. Dzieci w wieku około roku (czasem wcześniej) potrafią wypełniać proste polecenia, ale tylko jedno naraz. Nie mów: „Podnieś łyżeczkę i przynieś mi", lepiej powiedzieć: „Proszę podnieść łyżeczkę", a kiedy dziecko to zrobi, dodaj: „Teraz podaj ją tacie". Możesz wydawać polecenia, by dziecko zrobiło coś, co i tak w danej chwili wykonuje. Jeśli właśnie sięga po herbatnika, powiedz: „Weź ciastko, proszę". W ten sposób rozwijasz u dziecka zdolność rozumienia, która jest niezbędna w nauce mówienia.

Poprawiaj z wyczuciem. Rzadko kiedy usłyszysz w wykonaniu dziecka doskonale wypowiedziane słowo. Żadne dziecko nie wyraża się tak precyzyjnie jak dorosły. Jeszcze przez kilka lat nie będzie potrafiło prawidłowo wymówić niektórych spółgłosek. Jeszcze przez kilka miesięcy będzie opuszczać końcówki wyrazów. Kiedy dziecko nieprawidłowo wypowie jakieś słowo, nie poprawiaj z zacięciem wymagającej nauczycielki. Krytykowanie dziecka może je zniechęcić do mówienia. Bądź wyrozumiała, nie rań psychiki maluszka. Powtarzaj to, co powiedziało, we właściwy sposób. Chociaż niektóre jego przejęzyczenia brzmią zabawnie, unikaj ich powtarzania, żeby dziecka nie mylić. Powinno się przecież nauczyć prawidłowej wymowy.

Dużo czytaj. Dzieci w tym wieku uwielbiają rozmaite wierszyki i wyliczanki, książeczki z obrazkami przedstawiającymi zwierzęta, pojazdy, zabawki i dzieci. Niektóre maluchy są już w stanie wysłuchać prostej bajki. Czytając dziecku książeczkę, nie licz na więcej niż trzy, cztery minuty uwagi. Jeżeli chcesz, aby malec wytrzymał przy książeczce dłużej, musisz włączyć go do zabawy. Przerywaj czytanie, aby porozmawiać o obrazkach („Popatrz, ten kot ma kapelusz!"), poproś dziecko o wskazanie znanych mu przedmiotów (na nazywanie ich przyjdzie czas później), powiedz, jak się nazywają te, których nie zna lub nie pamięta. Już niedługo dziecko będzie potrafiło dopowiadać ostatnie słowa wierszyków czy bajek.

Wprowadzaj liczby. Liczenie jest oczywiście jeszcze za trudne, ale pojęcie jednego i wielu – nie. Można dziecku wpoić podstawowe pojęcia matematyczne, mówiąc „Możesz wziąć jedno ciastko", „Zobacz, ile ptaków jest na drzewie" albo: „Masz dwa kotki". Licz lub recytuj wierszyki z liczbami, gdy idziesz z dzieckiem po schodach, zwłaszcza kiedy malec – trzymany za obie rączki – zacznie już wchodzić po stopniach. Śpiewaj piosenki, w których są liczby, wprowadź liczenie do codziennych zajęć. Na przykład robiąc ćwiczenia na mięśnie brzucha, licz od jeden do dziesięciu; licz kolejne dodawane do ciasta łyżki mąki; licz kawałeczki banana dodawane do płatków śniadaniowych malca.

Rozmawiajcie na migi. Wielu rodziców używa gestów zamiast słów, by zachęcić dziecko do rozmawiania, by lepiej się nawzajem rozumieć, a nawet – jak wynika z badań – przyspieszyć rozwój mowy. Więcej na ten temat znajdziesz na stronie 352.

16
Dwunasty miesiąc

Dla dzieci w tym wieku życie to zabawa, a ze względu na to, że potrafią się skoncentrować jedynie przez krótki czas, wiele zabaw, jedna po drugiej. Jedną z tych, które wkrótce pochłoną je bez reszty, jest upuszczanie przedmiotów (wreszcie już wiadomo, jak to się robi!), obserwowanie, jak spadają, patrzenie, jak mama czy tata podnoszą – i od nowa, zwykle do czasu, gdy plecy oraz cierpliwość rodziców zostaną poważnie nadwerężone. Ulubione stają się teraz wszelkie ruchome zabawki, które można pchać. A ponieważ w tym okresie dziecko opanowuje najważniejszą umiejętność motoryczną, czyli chodzenie, dzięki takim zabawkom czuje się pewniej i powoli zaczyna stawiać jedną stópkę za drugą. W tym miesiącu być może zauważysz również pierwsze oznaki tego, że choć twoja pociecha jest oczywiście nadal słodka i śliczna, powoli przestaje być niemowlęciem. Z wolna pojawiać się będą pewne zachowania (jak rosnąca niezależność, pierwsze wybuchy złości, postawa „wszystko ma być tak, jak ja chcę"), które zapowiadają motyw przewodni kolejnego roku życia dziecka, mianowicie „Ja tu jestem najważniejszy".

CO TWOJE DZIECKO POTRAFI ROBIĆ

Dzieci osiągają kolejne etapy rozwoju we własnym tempie. Jeśli twój maluszek nie umie wykonać jednej czy kilku z poniżej wymienionych czynności, nie martw się: wkrótce się nauczy. Pamiętaj, że niektóre dzieci szybciej rozwijają się pod pewnymi względami (na przykład rozwoju motoryki dużej), a później w innych sferach (na przykład werbalnej). Normalne tempo rozwoju to takie, w jakim dziecko się rozwija. Jeśli rozwój dziecka wzbudza w tobie wątpliwości (ponieważ zauważyłaś, że opuściło któryś z etapów rozwoju, lub obawiasz się, że rozwija się za wolno), skonsultuj się z lekarzem. Porozmawiaj z nim, nawet jeśli on sam danego tematu nie poruszy, gdyż rodzice często zauważają pewne niuanse niewidoczne dla lekarzy. Wcześniaki zwykle rozwijają pewne sprawności nieco później niż ich rówieśnicy, zazwyczaj w okresie, w którym osiągnęłyby je, gdyby urodziły się o czasie, a nawet później.

Po ukończeniu dwunastego miesiąca twoje dziecko powinno umieć:

- przejść dookoła pokoju, przytrzymując się mebli;
- wskazać gestem to, czego potrzebuje.

Po ukończeniu dwunastego miesiąca twoje dziecko prawdopodobnie będzie umiało:

Ty najlepiej znasz swoje dziecko

Może i nie jesteś dyplomowaną specjalistką w dziedzinie rozwoju dzieci, ale jeśli chodzi o rozwój własnej pociechy, to nawet eksperci zgodnie przyznają, że w tym wypadku ty jesteś ekspertem. W przeciwieństwie do pediatry, który widzi twoje dziecko raz na miesiąc lub rzadziej (a codziennie ogląda wiele innych maluchów), ty masz je na co dzień. To ty masz z nim najwięcej kontaktu i zauważasz szczegóły w jego rozwoju, które innym mogłyby umknąć.

Jeśli rozwój dziecka przysparza ci trosk – wydaje ci się, że pozostaje ono w tyle z pewnymi umiejętnościami, obawiasz się, że zapomniało wcześniej opanowaną umiejętność czy wreszcie masz niepokojące przeczucia, że coś jest nie tak, jak być powinno – nie zachowuj tych obaw dla siebie. Specjaliści w dziedzinie rozwoju dziecięcego uważają, że rodzice nie tylko są najlepszymi obrońcami swych dzieci, ale także ekspertami we wczesnym rozpoznawaniu wad rozwojowych, takich jak na przykład autyzm. Wczesne rozpoznanie natomiast pomaga wcześnie interweniować, a to może wiele zmienić, jeśli chodzi o przyszłość dziecka autystycznego lub cierpiącego na inne zaburzenia rozwoju.

Chcąc pomóc rodzicom w pomaganiu dzieciom, lekarze wyszczególnili kilka spraw, na które należy zwrócić uwagę w rozwoju dwunastomiesięcznego dziecka, gdyż mogą wskazywać na istnienie problemu. Lekarz twojego dziecka powinien wziąć je pod uwagę w trakcie badania. Jeśli zauważysz, że dziecko nie bawi się z tobą w wymianę dźwięków, nie uśmiecha się do ciebie, nie wykonuje do ciebie żadnych gestów, nie nawiązuje ani nie utrzymuje z tobą kontaktu wzrokowego, nie wskazuje przedmiotów ani nie używa innych gestów, by osiągnąć to, czego potrzebuje, nie bawi się we wspólne zabawy (takie jak „kosi-kosi"), nie reaguje, gdy wołasz je po imieniu, nie patrzy, kiedy na coś wskazujesz – powiedz o tym lekarzowi. Prawdopodobnie nic złego się nie dzieje, jednak warto przeprowadzić dodatkowe badanie lub pójść do specjalisty, aby potwierdzić, że faktycznie nie ma powodu do obaw.

- robić „kosi-kosi" (klaskać w rączki) i „pa--pa" (większość dzieci zdobywa te umiejętności w 13 miesiącu);
- samo napić się z kubka;
- podnieść mały przedmiot końcami palców wskazującego i kciuka (wiele dzieci potrafi to dopiero w 15 miesiącu; nadal trzymaj wszelkie niebezpieczne przedmioty poza zasięgiem dziecka);
- przez chwilę stać samo (wiele dzieci potrafi to zrobić dopiero po 13 miesiącu);
- powiedzieć „tata" i „mama" ze zrozumieniem (większość dzieci mówi przynajmniej jedno z tych słów w 14 miesiącu);
- powiedzieć jedno słowo inne niż „tata" i „mama" (wiele dzieci czeka z pierwszym słowem do 14 miesiąca lub dłużej).

Po ukończeniu dwunastego miesiąca twoje dziecko być może będzie umiało:

- potoczyć piłkę w twoim kierunku (zwykle w 16 miesiącu);
- samo pewnie stać (wiele dzieci nie potrafi tego zrobić do 14 miesiąca);
- porozumiewać się za pomocą mowy, która brzmi jak język obcy (połowa dzieci nie osiąga tego etapu przed ukończeniem roku, a wiele mówi w ten sposób dopiero w 15 miesiącu);
- dobrze chodzić (troje na czworo dzieci swobodnie chodzi po ukończeniu 13 i 1/2 miesiąca, a wiele nawet później; dzieci, które sprawnie raczkują, mogą później chodzić, jeśli rozwój dziecka przebiega prawidłowo; fakt, że długo nie umie chodzić, nie powinien być powodem zmartwienia).

Po ukończeniu dwunastego miesiąca twoje dziecko może nawet umieć:

- powiedzieć trzy słowa inne niż „tata" i „mama" (połowa dzieci nie osiągnie tego etapu przed ukończeniem 13 miesięcy, a wiele – 16);
- prawidłowo zareagować na proste polecenie nie poparte gestem, np. „Daj mi to", nie wzmocnione wyciągnięciem ręki (większość dzieci nie osiągnie tego etapu przed ukończeniem roku, wiele – 16 miesięcy).

CZEGO MOŻESZ OCZEKIWAĆ W CZASIE BADANIA LEKARSKIEGO

Każdy lekarz lub położna ma inne zdanie na temat wizyt kontrolnych zdrowego dziecka. Liczba i rodzaj testów zależy od indywidualnych potrzeb dziecka. Ogólnie rzecz biorąc, w czasie wizyty kontrolnej rocznego dziecka możemy spodziewać się:

- Pytań dotyczących samopoczucia całej rodziny, żywienia dziecka, jego snu, rozwoju.
- Ważenia, mierzenia długości ciała i obwodu głowy dziecka oraz sporządzenia wykresu rozwoju fizycznego.
- Badania ogólnego, ze szczególnym uwzględnieniem uprzednio zauważonych problemów. Kiedy dziecko podciąga się, można sprawdzić jego stopy i nogi podczas chodzenia i siadania.
- Badania w kierunku niedokrwistości, jeśli nie zostało wykonane wcześniej.
- Ogólnej oceny rozwoju. Pediatra może poddać dziecko wielu badaniom, aby ocenić jego umiejętność siedzenia, podciągania się, chodzenia, sięgania przedmiotów, chwytania za pomocą palca wskazującego i kciuka, patrzenia w kierunku spadającego przedmiotu, reagowania na swoje imię, aktywnego współuczestniczenia w ubieraniu, rozpoznawania i wypowiadania słów: ,,mama", ,,tata", ,,pa-pa", ,,nie", zabawy w ,,akuku", albo oprze się na własnych obserwacjach i twojej relacji.
- Szczepienia, jeśli dziecko nie było jeszcze szczepione, a jest zdrowe i nie ma innych przeciwwskazań. Przed podaniem szczepionki powiedz, jak dziecko zareagowało na poprzednią. Szczepionkę przeciw gruźlicy można podać teraz lub w piętnastym miesiącu życia.
- Wskazówek na temat żywienia, snu, rozwoju i bezpieczeństwa dziecka w nadchodzących miesiącach.
- Wskazówek na temat dodatkowych dawek fluoru, jeśli jest taka potrzeba.

Oto pytania, które możesz zadać, jeśli lekarz jeszcze na nie nie odpowiedział:

- Jakie nowe pokarmy można wprowadzać? Kiedy wprowadzać produkty pszenne, owoce cytrusowe, ryby, mięso, pomidory, truskawki i białko jajek, jeśli jeszcze tego nie zrobiłaś?
- Kiedy odstawić dziecko od butelki lub piersi? Kiedy można wprowadzić mleko krowie?
- Czy zabrać dziecko do dentysty? Amerykańska Akademia Pediatrii zaleca, by dzieci po raz pierwszy odwiedziły dentystę między pierwszym a drugim rokiem życia (wcześniej, jeśli istnieje ryzyko wystąpienia próchnicy).
- Porozmawiaj także o problemach, które niepokoiły cię w ostatnich miesiącach. Zapisz wszystko, co powie ci lekarz, zanotuj w książeczce zdrowia dziecka takie informacje, jak masa ciała i wzrost dziecka, obwód głowy, szczepienia, wyniki badań, choroby, podawane lekarstwa itp.

KARMIENIE DZIECKA W DWUNASTYM MIESIĄCU
Odstawienie od piersi

Możesz odstawić dziecko albo teraz, albo za kilka miesięcy (czy wręcz lat). Jest to wielki krok na drodze do niezależności, który oznacza, że dziecko nie będzie już tak od ciebie zależne w sprawach odżywiania się (przy czym oczywiście jeszcze przez wiele lat słyszeć będziesz okrzyk: ,,Mamo, jestem głodny! Co jest na obiad?"). Odstawienie od piersi to także wielkie wydarzenie dla ciebie, więc powinnaś przygotować się tak fizycznie, jak i emocjonalnie. Poniżej znajdziesz informacje pomagające przeprowadzić tę zmianę.

ODSTAWIENIE OD PIERSI

Zadanie to początkowo wydaje się przytłaczające, zresztą tak jak każde inne związane z wychowywaniem dziecka, dlatego pewnie doda ci otuchy świadomość, że pierwsze kroki ku odstawieniu dziecka już poczyniłaś, na przykład podając mu kubeczek, butelkę czy też jedzenie na łyżeczce.

Odstawienie to proces dwuetapowy.

Etap pierwszy: Przyzwyczajenie dziecka do innych sposobów zaspokajania głodu. Ponieważ dziecko karmione piersią potrzebuje zwykle miesiąca, by nauczyć się korzystać z kubeczka (niektórym potrzeba dodatkowego czasu na to, by w ogóle zechciały spróbować takiej metody odżywiania się), warto wprowadzić kubeczek na jakiś czas przed planowanym całkowitym odstawieniem*. Dlatego warto już teraz rozpocząć etap pierwszy odstawiania dziecka, nawet jeśli zamierzasz całkowicie je odstawić, gdy skończy rok, a nawet później (zgodnie z zaleceniami Amerykańskiej Akademii Pediatrii).

Im dłużej zwlekasz z wprowadzeniem substytutu dla piersi (w tym wieku najlepszy będzie kubeczek), tym wolniej i z większymi trudnościami będzie przebiegać odstawienie malca. Im dziecko starsze bowiem, tym bardziej oporne na zmiany. Jeśli twoja pociecha nie chce pić z kubeczka, spróbuj złamać opór za pomocą następujących metod:

- Poczekaj, aż malec zgłodnieje. Nie należy dziecka głodzić, lecz poczekać, by głód zmiękczył jego upór. Spróbuj zaniechać (lub opóźnić porę) jednego karmienia pier-

---

* Jeśli zamierzasz odstawić dziecko i przejść na karmienie butelką, pamiętaj, że dobrze odstawić je od butelki w okolicy pierwszych urodzin lub niewiele później, aby uniknąć problemów z próchnicą.

sią dziennie, a podsunąć kubeczek. Z braku innej możliwości dziecko być może zdecyduje się wypić łyk.

- Nie pokazuj się dziecku. Zasada podobna jak przy wprowadzaniu butelki (jeśli ją wprowadzałaś): dziecko zwykle jest bardziej posłuszne, jeśli to nie mama oferuje kubek.

- Urozmaicaj to, co podajesz w kubku. Niektóre dzieci chętniej przyjmą kubek, jeśli jest napełniony znajomym im mlekiem z piersi mamy. Inne są otwarte na nowe doświadczenia, jeśli tylko nie przypominają im one o ssaniu piersi. W tym drugim przypadku lepiej będzie, jeśli w kubeczku podasz mieszankę (przed pierwszym rokiem życia) albo sok rozcieńczony wodą. Kiedy malec ukończy rok, można (za zgodą lekarza) przejść od razu na pełnotłuste mleko krowie. (Aktualnie ogranicza się podawanie mleka krowiego z uwagi na zagrożenie alergizacją lub występującą często nietolerancją laktozy – przyp. red. nauk.).

- Używaj różnych kubków. Jeśli dawałaś już zwykły kubeczek, teraz daj kubek z dzióbkiem lub odwrotnie: jeśli dziecko zna już kubek z dzióbkiem, daj mu zwykły. Z pewnością bardziej będą mu się podobać kubeczki opatrzone obrazkiem ulubionej postaci.

- Bądź wytrwała. Zachowuj się tak, jakby nie miało to dla ciebie najmniejszego znaczenia, czy dziecko zacznie pić z kubka czy nie. Poczekaj cierpliwie – wszystkie dzieci prędzej czy później zaczynają używać kubeczka.

Etap drugi: ograniczanie karmienia piersią. W przeciwieństwie do zrywania z nałogiem palenia czy jedzenia czekolady, karmienia piersią nie powinno się zaprzestawać nagle, z dnia na dzień. Nie jest to dobre ani dla dziecka, ani dla matki. Dla malca sytuacja taka będzie niepokojąca, dla matki zaś nie tylko wiąże się ona z problemami emocjonalnymi (pogłębionymi przez nagły wstrząs hormonalny, który temu procesowi towarzyszy),

Jak pomóc sobie

Często się zdarza, że matki mają więcej problemów z zakończeniem karmienia piersią niż ich dzieci, i to zarówno pod względem fizycznym, jak i emocjonalnym. Można uniknąć wielu fizycznych niedogodności, odstawiając dziecko stopniowo pod koniec pierwszego roku jego życia lub z początkiem drugiego. Wtedy nie doświadcza się zwykle nabrzmienia piersi, a powolne odstawianie ułatwia przetrwanie tego momentu pod względem emocjonalnym – choć należy jasno powiedzieć, że pewnego wstrząsu emocjonalnego uniknąć się nie da. Odstawianie dziecka od piersi, podobnie jak menstruacja, ciąża, poród i okres poporodowy, są czasem wstrząsów hormonalnych, dlatego też często wiążą się z depresją, rozdrażnieniem i huśtawką nastrojów. Uczucia te nasilają się przez poczucie straty i smutku, że kończy się okres tej jedynej w swoim rodzaju więzi z dzieckiem – zwłaszcza jeśli nie planujesz mieć więcej potomstwa. (Niektóre kobiety po odstawieniu cierpią na silną depresję, podobną do depresji poporodowej. Mogą potrzebować nawet fachowej pomocy – na stronie 605 znajdziesz objawy wskazujące na ten stan.)

Jeśli zdarzy się tak, że będziesz musiała gwałtownie zaprzestać karmienia, możesz czuć silny dyskomfort, zwłaszcza gdyby nastąpiło to w pierwszych miesiącach, gdy pokarmu jest szczególnie dużo. Może wówczas wystąpić silne nabrzmienie piersi, któremu towarzyszy gorączka i objawy grypopodobne, czasem występuje również zapalenie piersi i inne komplikacje. Częściowo ból da się złagodzić gorącymi okładami, prysznicami oraz lekarstwami przeciwbólowymi, można także ściągać nieco pokarmu – tylko tyle, by ulżyć nabrzmieniu, ale by nie stymulować piersi do wytwarzania go. Porozmawiaj z lekarzem, jeśli objawy nie złagodnieją po upływie doby.

Takie nagłe odstawienie jest również stresujące dla dziecka. Jeśli musisz zakończyć karmienie bez wcześniejszego okresu przygotowawczego, koniecznie poświęcaj dziecku jak najwięcej czasu, okaż mu miłość, przytulaj je i staraj się, by miało jak najmniej innych przykrych przejść. Jeśli musisz wyjechać, przypilnuj, by tato, babcia czy inni członkowie rodziny, a także ukochana opiekunka postępowali z dzieckiem łagodnie i okazywali mu dużo uczucia.

Kilka tygodni po zaprzestaniu karmienia może ci się wydawać, że w piersiach nie ma już pokarmu, ale nie zdziw się, jeśli po kilku miesiącach czy nawet roku nadal będziesz w stanie go nieco odciągnąć – to zupełnie normalne. Także normalne jest to, że piersi dopiero po pewnym czasie powracają do swej poprzedniej wielkości, przy czym mogą być nieco większe lub nieco mniejsze. Zwykle są też później mniej jędrne, bardziej jednak z przyczyn dziedzicznych lub z powodu ciąży niż samego karmienia.

---

ale także fizycznymi, takimi jak wyciekanie pokarmu, nabrzmienie piersi, zablokowane przewody mleczne czy zapalenie. Zatem, jeżeli przyspieszone zakończenie karmienia nie jest konieczne z powodu podróży, w którą nie możesz zabrać dziecka, czy innego wydarzenia w twoim życiu, nie spiesz się. Odstawiaj dziecko stopniowo, zaczynając na kilka tygodni (czy nawet miesięcy) przed planowanym całkowitym zakończeniem karmienia. Wstrzymaj się, jeśli w życiu dziecka następują właśnie jakieś (poważne czy drobne) zmiany, na przykład ma nową opiekunkę, mama wraca do pracy lub cała rodzina przeprowadza się do nowego domu.

Najczęstszą metodą odstawiania jest opuszczanie po jednym karmieniu i przeczekanie kilku dni (najlepiej tygodnia), dopóki i piersi, i dziecko przyzwyczają się do nowej sytuacji. Dla większości matek najłatwiej jest zrezygnować na początek z tego posiłku, którym malec był i tak najmniej zainteresowany i ssał najmniej, albo z tego, który najbardziej kolidował z planem dnia. W wypadku matek pracujących poza domem zwykle oznaczało to południowe karmienie. Dzieciom, które mają mniej niż 6 miesięcy i odżywiają się przede wszystkim mlekiem, powinno się w zamian za każde takie opuszczone karmienie podawać mieszankę. Natomiast dzieci nieco starsze mogą w zamian dostać przekąskę lub posiłek (plus picie w kubku).

Jeśli karmisz dziecko na żądanie, a żądania te nie układają się w żaden regularny plan

W kwestii mleka

Zamierzasz odstawić roczne dziecko od piersi i nie jesteś pewna, jakiego mleka najlepiej nalać do butelki czy kubeczka? Amerykańska Akademia Pediatrii zaleca podawanie do 24 miesiąca mleka pełnotłustego, gdyż zawiera tłuszcze i cholesterol potrzebne małym dzieciom do optymalnego rozwoju mózgu i układu nerwowego. Ale nie każde pełnotłuste mleko jest dobre – ze względów bezpieczeństwa wybieraj dla dziecka wyłącznie mleko pasteryzowane (nie surowe).

Pewnie też teraz, gdy skończyło się karmienie na żądanie czy podawanie butelek z miarką, zastanawiasz się, skąd będziesz mieć pewność, czy dziecko wypija wystarczająco dużo mleka. Faktem jest natomiast, że większość małych dzieci, którym podaje się urozmaicony wybór zdrowej żywności i pozwala jeść tyle, ile chcą, sama zwykle pokrywa zapotrzebowanie swego organizmu na substancje odżywcze, łącznie z wapniem. Każdego dnia (lub niemal każdego) pije wystarczająco dużo mleka (i/lub je dostatecznie dużo pokarmów bogatych w wapń), a rodzice nie muszą zapisywać, ile mililitrów dziecko wypiło.

Jeśli chcesz mieć pewność, że tak jest też z twoim dzieckiem, zrób następujący eksperyment: odmierzaj każdego ranka przez tydzień trzy kubki mleka (czyli tyle, ile wynosi dzienne zapotrzebowanie dziecka plus trochę zapasu na wypadek wylania się), wlej mleko do czystego słoika i włóż do lodówki. Z tego słoika następnie nalewaj dziecku mleko do np. płatków śniadaniowych, picia, do ugniatanych ziemniaków czy innych warzyw. Jeśli pod koniec dnia słoik jest pusty, to znaczy, że malec wypił tyle, ile powinien. Nie martw się, gdyby nie każdego dnia udało się opróżnić ten pojemnik, czy nawet jeśli raz lub dwa razy w tygodniu zostanie dużo mleka – zwłaszcza jeżeli dziecko otrzymało wapń (i białko) z innych źródeł, takich jak sery czy jogurt. Gdyby jednak okazało się, że dziecko często odrzuca pokarmy bogate w wapń i białko, porozmawiaj z lekarzem, czy nie trzeba by zmienić taktyki.

Uważaj też, bo bywa, że maluchy uwielbiają mleko za bardzo i wypijają go za dużo, przez co nie mają potem miejsca na inne dania. Jeśli dziecko stale wypija więcej niż trzy kubki mleka dziennie, a je za mało pokarmów stałych, trzeba ograniczyć mu ten ulubiony napój.

(innymi słowy, twoja pociecha traktuje cię jak bar przekąskowy), pewnie trzeba będzie wprowadzić większą dyscyplinę, ustanowić stały plan karmień i jakoś zmniejszyć ich liczbę, nim na poważnie zaczniesz odstawiać dziecko.

Niezależnie od zajęć matki, zwykle najpóźniej rezygnuje się z pierwszego porannego karmienia i ostatniego przed snem. Są kobiety utrzymujące jedno z nich – lub oba karmienia (choć ich dzieci można już uznać za „odstawione") – przez wiele kolejnych tygodni czy nawet miesięcy, dla samej przyjemności. (Oczywiście nie każda matka może tak robić – czasem organizm nagle przestaje wytwarzać pokarm po odstawieniu dziecka.)

Części kobiet, zwłaszcza tych pozostających w domu, łatwiej jest skończyć z wszystkimi karmieniami, niż po jednym. Oto, na czym polega ta metoda: na początek dziecko dostaje 30 ml mieszanki (lub pełnotłustego mleka krowiego, jeśli skończyło już pierwszy rok życia) z butelki lub kubeczka przed każdym karmieniem piersią, a następnie mniej czasu pozwala mu się ssać. Stopniowo, przez kilka tygodni, coraz więcej picia dziecko dostaje w kubeczku, a coraz krócej może ssać pierś. Po pewnym czasie, gdy wypija z kubeczka czy butelki tyle, ile mu potrzeba, odstawienie można uznać za dokonane.

Czasami proces odstawiania zakłócają choroby, bolesne ząbkowanie czy dezorientująca malca zmiana miejsca lub ustalonego porządku dnia – dziecko wtedy domaga się częstszego karmienia piersią. Zrozum je i nie martw się; kiedy sytuacja się uspokoi, można wrócić do wypełniania zadania.

Pamiętaj też, że karmienie to nie jedyna twoja więź z dzieckiem; zakończenie karmienia nie osłabi ani samej więzi, ani miłości. Wiele kobiet twierdzi wręcz, że gdy przestały karmić, więź ta stała się silniejsza, ponieważ mniej czasu zajmowały się karmieniem, a więcej – zabawą z dzieckiem.

Dziecko może w trakcie odstawiania od piersi lub po całkowitym zakończeniu ssania piersi szukać innych źródeł pociechy, na przykład ssać kciuk czy przytulać się do kocyka. To normalne i zdrowe. Może też potrzebować więcej uwagi z twojej strony, zatem nie odmawiaj mu jej. Większość maluchów zdaje się nie tęsknić za czasami, gdy ssały pierś, i potrafią przerzucić się na inne metody żywienia szybciej, niż gotowe są do tego ich matki, z łezką w oku wspominające stare czasy.

Co może cię niepokoić

PRZYJĘCIE Z OKAZJI PIERWSZYCH URODZIN

Cała rodzina z niecierpliwością wyczekuje pierwszych urodzin naszej córeczki. Chcę uczcić tę szczególną okazję, ale obawiam się, żeby za bardzo jej nie zmęczyć.

Wielu rodziców, podnieconych przygotowaniami do przyjęcia z okazji roczku, zapomina przy tym, że jubilat to jeszcze, pod wieloma względami, tylko malutkie dziecko. A zbyt wiele atrakcji (za dużo gości, za dużo wrażeń, nieodpowiednie rozrywki) może doprowadzić do rozdrażnienia i łez bohatera uroczystości. Planując niezapomniane pierwsze przyjęcie urodzinowe, nie zapominaj o następujących sprawach:

Nie zapraszaj zbyt wielu gości. Pokój pełen wielu, nawet znajomych ludzi, prawdopodobnie przerazi malucha, wywoła płacz i rozpaczliwą chęć przebywania w pobliżu rodziców. Długa lista gości będzie bardziej odpowiednia przy okazji przyjęcia weselnego. Nie zapraszaj zbyt wielu osób, jedynie członków rodziny i bliskich przyjaciół. Jeśli maluch regularnie spotyka się z innymi dziećmi, możesz zaprosić dwoje lub troje. Jeśli nie, roczek raczej nie jest dobrą okazją do rozpoczynania kariery towarzyskiej.

Nie przesadzaj z dekoracjami. To, co podoba się tobie, może po prostu przerazić dziecko. Za dużo baloników, serpentyn, masek, czapeczek, za dużo gości – to stanowczo za wiele jak na jedno małe dziecko. Nie przesadzaj więc z ozdobami i wybierz takie, które spodobają się jubilatowi – na przykład z ulubionym bohaterem lub w kolorowe misie. Pamiętaj, by dokładnie posprzątać balony po przyjęciu, gdyż maluch może udławić się kawałeczkiem gumy z pękniętego balonika.

Dobrze zaplanuj czas. Właściwe planowanie jest bardzo istotne w wypadku dziecięcego przyjęcia. Powinno ono odbyć się w chwili, gdy dziecko jest wypoczęte i najedzone (daj mu normalny obiad, nie licz na to, że naje się na urodzinach). Jeśli sypia przed południem, nie planuj uroczystości w tym czasie. Jeśli zwykle ucina drzemkę po obiedzie, lepiej będzie, gdy przyjęcie odbędzie się przed południem. Zmęczone dziecko na własnych urodzinach to murowana katastrofa. Nie przeciągaj przyjęcia dłużej niż półtorej godziny, żeby dziecko nie było wykończone po, albo co gorsze, w trakcie przyjęcia.

Przygotuj odpowiedni tort. Nie podawaj ciasta, którego dziecko nie powinno jeść (z czekoladą, orzechami, cukrem czy miodem). Przygotuj tort marchewkowy lub bananowy z bitą śmietaną lub polewą śmietankowo-serową. Porcje dziecięce pokrój na maleńkie kawałeczki, żebyś nie musiała później niczego wyrzucać. Czasem kawałek tortu zastąpi cały posiłek, nie zdziw się, jeżeli potem maluch nie będzie miał ochoty na obiad. Staraj się unikać popularnych zakąsek typu popcorn, orzeszki, frankfurterki, winogrona, surowe warzywa czy precelki itp., żeby nie ryzykować udławienia któregoś z małych gości. Ze względów bezpieczeństwa każ im siedzieć grzecznie przy stole podczas posiłku.

Nie zapraszaj klaunów. Ani magików czy jakichkolwiek innych „zabawiaczy", zawodowych czy amatorów, gdyż mogą wystraszyć jubilata lub jego gości. Roczne dzieci są bardzo wrażliwe i nieprzewidywalne: to, co w jednej chwili bardzo im się podoba, za chwilę może je przerazić. Nie próbuj też organizować żadnych urodzinowych zabaw, dzieci są jeszcze na to za małe. Małym gościom daj do dyspozycji zabawki i pozwól bawić się tak, jak sami chcą, a żeby uniknąć wyrywania sobie zabawek, warto przygotować kilka podobnych przedmiotów. Duże gumowe piłki, książeczki z twardymi kartkami czy zabawki kąpielowe są proste, bezpieczne i lubiane przez maluchy; można je dać do zabawy przed rozpakowaniem prezentów.

Nie licz na popisy. Byłoby pięknie, gdyby dziecko uśmiechnęło się słodko w kierunku kamery, zrobiło kilka kroczków, otwierało z zadowoleniem prezenty – ale specjalnie na to nie licz. Jeśli będziecie dużo ćwiczyć, może nauczy się zdmuchiwać świeczkę, ale nie zmuszaj go do tego. Pozwól swemu dziecku zachowywać się normalnie, tzn. wiercić się w twoich ramionach podczas pozowania do pamiątkowego zdjęcia, odmawiać stanięcia na nóżki, nie mówiąc o chodzeniu, bawić się pustym pudełkiem po drogim prezencie, który zupełnie zignoruje.

Nagraj i zachowaj dla potomności. Przyjęcie minie szybko, tak jak dzieciństwo maluszka. Warto udokumentować uroczystość na zdjęciach lub taśmie wideo.

JESZCZE NIE CHODZI

Dzisiaj mój synek kończy roczek, a nawet nie próbuje jeszcze stawiać kroków. Czy nie powinien już chodzić?

Wszystkim się wydaje, że maluszek powinien zacząć stawiać pierwsze kroki na przyjęciu z okazji roczku (również po to, aby dorośli mieli przyjemność płynącą z zakupu pierwszych bucików), ale niewielu udaje się ta sztuka. Niektóre zaczynają chodzić na kilka tygodni lub nawet miesięcy przed ukończeniem roku, a inne długo potem (kiedy rodziców akurat nie ma w pokoju). I nawet jeśli maluch nie chodzi na pierwszych urodzinach, ku rozczarowaniu krewnych, którzy specjalnie przywieźli z sobą kamerę wideo, nie oznacza to, że jego rozwój przebiega nieprawidłowo. Okazuje się, że większość dzieci nie potrafi chodzić przed ukończeniem roku. Nieważne, czy dziecko zaczyna chodzić, mając 9 czy 15 miesięcy, nie jest to odbiciem jego inteligencji ani przyszłego powodzenia w jakiejkolwiek dziedzinie (włącznie ze sportem).

Moment, w którym dziecko zaczyna chodzić, jest uwarunkowany genetycznie, a także uzależniony od jego budowy fizycznej – ruchliwe, muskularne dziecko będzie prawdopodobnie prędzej chodzić niż dziecko spokojne i otyłe. Maluch o krzepkich, krótkich nóżkach zacznie chodzić wcześniej niż dziecko z długimi, szczupłymi nogami, któremu trudniej utrzymać równowagę. Może też zależeć od charakteru: młody ryzykant chętniej podejmie próby stawiania pierwszych kroków niż dziecko z natury ostrożne. Może to być również związane z umiejętnością raczkowania. Jeśli raczkowanie idzie mu słabo, będzie bardziej zainteresowany chodzeniem, jeśli skutecznie porusza się na czworakach, chodzenie nie będzie dla niego atrakcyjne.

Czasem opóźnienie ze stawianiem pierwszych kroków jest skutkiem złych doświadczeń, na przykład bolesny upadek przy pierwszej próbie puszczenia ręki mamy. Wówczas dziecko nie będzie ryzykować, dopóki nie stanie pewnie na nogach, a wtedy pomaszeruje jak zawodowy żołnierz, a nie niedoświadczony amator. Dziecko przymuszane przez rodziców do nauki chodzenia może się zbuntować i chodzić później, niż gdyby pozwolono mu ustalić własne tempo. Choroba, np. zapalenie ucha, grypa lub inne infekcje, pozbawia dziecko energii potrzebnej do nauki chodzenia, a także może spowodować regresję.

Dziecko, które przez cały czas jest zamknięte w kojcu, przypięte szelkami do wózka i nie ma okazji ćwiczyć mięśni oraz pewności siebie, będzie chodziło później, w ogóle będzie się gorzej rozwijać. Ciągłe przebywanie w chodziku też nie sprzyja nauce samodzielnego chodzenia – a nawet nabywaniu innych umiejętności. Dawaj dziecku czas i przestrzeń do ćwiczenia podciągania się, chodzenia przy meblach, stania i samodzielnego kroczenia. Zlikwiduj małe dywaniki, żeby maluch nie mógł się poślizgnąć. Poprzestawiaj meble, żeby było mu łatwiej przemieszczać się od jednego do drugiego. Najlepiej, jeśli dziecko chodzi boso, w stawianiu pewnych kroczków pomagają mu wtedy palce u nóg. W skarpetkach jest ślisko, buty mogą być za sztywne i zbyt ciężkie.

Chociaż wiele całkowicie normalnych, a nawet wybitnie inteligentnych dzieci nie chodzi aż do drugiej połowy drugiego roku życia, zwłaszcza jeśli któreś z rodziców też późno stawiało pierwsze kroki, dziecko, które nie chodzi w osiemnastym miesiącu powinno być zbadane przez lekarza, aby wykluczyć możliwość opóźnień w rozwoju fizycznym i emocjonalnym. Ale nawet w tym wieku, a z pewnością w wieku dwunastu miesięcy, fakt, że dziecko nie chodzi, nie powinien być powodem niepokoju.

WZMOŻONY LĘK PRZED ROZSTANIEM

Już wcześniej zostawialiśmy dziecko z opiekunką. Ale ostatnio synek zaczął straszliwie rozpaczać, kiedy widzi, jak przygotowujemy się do wyjścia.

Gdy rodzice rocznego dziecka wychodzą wieczorem z domu, mają do czynienia nie tylko ze ściskaniem w sercu, lecz także... głośnymi lamentami. Wasze dziecko nie jest pod tym względem żadnym wyjątkiem. Lęk przed rozstaniem o różnym nasileniu (czasem bardzo silny) jest typowy dla większości niemowląt i małych dzieci.

Choć wydaje się, że dziecko cofa się w rozwoju (nigdy wcześniej nie protestowało na

Ostrożnie trzymaj za rękę

Być może kusi cię teraz – gdy twa pociecha już chodzi (mniej lub bardziej pewnie) – pobawić się w uwielbianą przez wszystkich zabawę polegającą na tym, że jedno z rodziców trzyma jedną, a drugie – drugą rączkę dziecka, po czym będący pomiędzy dorosłymi malec jest bujany w powietrzu. Ale nie rób tego, gdyż twa pociecha ma jeszcze dość słabe stawy. Bujanie, nagłe skręcenie czy gwałtowne pociągnięcie za rękę (na przykład by szła szybciej) może się skończyć bolesnym (choć „naprawialnym") przemieszczeniem się łokcia lub ramienia.

widok opiekunki), tak naprawdę lęk przed rozstaniem sygnalizuje, że malec dorasta. Po pierwsze, jest już bardziej niezależny, ale jednak nadal bardzo przywiązany (do ciebie). Gdy staje na obie nogi (lub kolana i dłonie), by poznać świat, uspokaja go myśl, że w razie czego jesteś blisko. Natomiast kiedy odchodzi (na przykład oddala się, bo chce poznać plac zabaw), robi to z własnej woli. Ale gdy ty się oddalasz (wychodzisz do kina czy restauracji i zostawiasz go z opiekunką), sprawa wygląda już inaczej. Pojawia się lęk. Po drugie, dziecko rozumie już złożone (jak dla niego) pojęcie trwałości rzeczy, czyli że nawet jeśli kogoś nie widać, to nadal jest. Kiedy było młodsze, nie tęskniło za tobą, bo kiedy znikałaś z zasięgu jego wzroku, przestawało o tobie myśleć. Teraz nadal myśli o tobie, choć cię nie widzi – co oznacza, że potrafi tęsknić. A ponieważ pojęcie czasu jest jeszcze dla niego obce, nie wie, kiedy – a nawet czy – wrócisz. To nasila lęk. Rolę też odgrywa tu lepsza pamięć, czyli kolejny znak dorastania. Dziecko pamięta, co się dzieje, gdy wkładasz płaszcz i mówisz mu „pa-pa": że może się spodziewać, iż przez jakiś nieokreślony czas cię nie będzie. Jeśli dziecko rzadko zostawało z opiekunką (i rzadko widziało powrót rodziców), może wręcz zastanawiać się, czy w ogóle powrócisz. Lęk jest jeszcze większy.

Lęk przed rozstaniem jest najsilniejszy u dzieci w wieku pomiędzy dwunastym a osiemnastym miesiącem życia, choć czasem występuje już u siedmiomiesięcznych maluchów. Jak to bywa z wszystkim, gdy chodzi o rozwój dzieci, lęk ten u każdego może występować w innym okresie. Bywają dzieci, które zupełnie go nie znają, inne odczuwają niepokój znacznie później, dopiero w wieku trzech czy czterech lat. U jednych znika po kilku miesiącach, u innych trwa kilka lat, czasem lęk obecny jest cały czas, w innych przypadkach pojawia się i znika. Pojawienie się lęku lub jego nasilenie może wiązać się z przeżyciami, takimi jak przeprowadzka, narodziny młodszego rodzeństwa, nowa opiekunka, a nawet kłótnie w rodzinie.

Lęk przed rozstaniem zwykle się uwidacznia, gdy zostawiasz dziecko z kimś innym, ponieważ, na przykład, wychodzisz do pracy, na wieczorne spotkanie albo chodzi do żłobka. Czasem jednak może pojawić się wieczorem, kiedy kładziesz malca spać (patrz str. 428). Niezależnie od tego, czym ten lęk jest wywołany, objawy są identyczne: dziecko chwyta cię z całej siły, tak że trudno je odciągnąć, płacze w sposób nieopanowany, nie daje się uspokoić opiekunce oraz w sposób nie budzący wątpliwości okazuje, że nie chce, byś odeszła. Scena ta wywołuje u matki tak silne poczucie winy i żalu, że zaczyna się zastanawiać, czy to wyjście na pewno jest warte waszego niepokoju.

Ale choć tobie może być bardzo przykro, to pamiętaj, iż taki lęk jest normalnym etapem rozwoju, tak jak chodzenie czy mówienie. Jeśli teraz pomożesz mu radzić sobie z tym uczuciem, będzie mu łatwiej je znieść, gdy nieco podrośnie.

Planując wyjście z domu, upewnij się, że:

- Opiekunka jest nie tylko osobą odpowiedzialną, jest również wyrozumiała, cierpliwa, rozumie i kocha dzieci, nawet wtedy, gdy stają się trudne.
- Opiekunka przychodzi przynajmniej 15 minut przed twoim wyjściem (jeśli zostaje z dzieckiem po raz pierwszy, niech zjawi się jeszcze wcześniej), tak by oboje mieli czas zająć się jakąś zabawą (budowaniem domków z klocków, rysowaniem, kładze-

niem misia spać), zanim zakończysz przygotowania. Pamiętaj, że dziecko może w twojej obecności zupełnie zignorować opiekunkę (nawet jeśli ją dobrze zna). Daje ci w ten sposób znać, że zgoda na zabawę to tak jak zgoda na twoje odejście. Nie martw się: kiedy wyjdziesz, z pewnością chętnie podejmie wspólną zabawę.

- Postaraj się, by chwila twego wyjścia przypadała na czas po drzemce i posiłku. Głodne czy śpiące dzieci są bardziej podatne na lęk. Zawsze też niepokoją się bardziej, gdy są chore, ale jeśli nie możesz zmienić planów, nic na to nie poradzisz.

- Dziecko wie o planowanym wyjściu. Jeśli próbując uniknąć rozdzierającej sceny, potajemnie wymkniesz się z domu, tak żeby maluch tego nie widział, wpadnie w panikę, gdy tylko zauważy, że cię nie ma (albo gdy się obudzi i ciebie nie zobaczy). Może też zareagować nadmierną „przyczepliwością", bo będzie się bał, że w każdej chwili możesz go zostawić. Lepiej powiedz mu, że zamierzasz wyjść, lecz nie rób tego zbyt wcześnie, bo może zapomnieć i nie będzie umiał przystosować się do sytuacji.

- Traktuj lęk dziecka poważnie. Spokojnie i czule (ale bez cienia niepokoju) wytłumacz dziecku, że wiesz, jak bardzo się niepokoi i że nie chce, byś wychodziła, ale że wkrótce będziesz z powrotem.

- Rozstanie powinno kojarzyć się z miłym rytuałem. Przytulcie się, pocałujcie. Nie musisz przedłużać pożegnania ani zbytnio się rozczulać. Uśmiechaj się, nawet gdy jemu zbiera się na płacz. Sprawiaj wrażenie, że wszystko jest w porządku. (Jeśli ty będziesz roztrzęsiona, dziecko będzie uważało, że jest się czego bać.) Niech patrzy przez okno, kiedy wychodzisz, pomachaj mu na pożegnanie.

- Powiedz mu, że na pewno wrócisz. Mów mu: „Całuski w łuski, rybko!", wtedy zacznie kojarzyć ten zwrot z twoim odejściem i powrotem. Pewnego dnia odpowie ci radośnie: „Jesteś szybko, moja rybko!"

- Nie przedłużaj wychodzenia. Wychodzenie i wracanie utrudni rozstanie tobie, dziecku i opiekunce.

- Jeżeli to możliwe, postaraj się, by pierwsze rozstania nie trwały długo; pierwsze nie powinno przekraczać godziny czy dwóch. Kiedy dzięki takim krótkim wyjściom malec nabierze pewności, że wrócisz, zniesie także dłuższe okresy rozłąki. Wydłużaj kolejne wyjścia, w miarę jak dziecko przyzwyczaja się do takich rozstań, po 15 minut, aż staną się kilkugodzinne.

- Powiedz, kiedy wrócisz. Choć dziecko jeszcze tego nie rozumie, można już powoli wprowadzać takie pojęcia czasu, które są dla niego zrozumiałe, np. „Wrócę po twojej drzemce", „Wrócę, gdy będziesz jadła kolację" albo „Zobaczymy się, gdy się obudzisz".

Pamiętaj, że lęk przed rozstaniem kiedyś się skończy. Ani się obejrzysz, a dziecko samo zacznie łatwo i bezboleśnie rozstawać się z tobą (dla ciebie pewnie za łatwo i za bezboleśnie). Pewnego dnia, gdy nastolatek, idąc do szkoły, rzuci ci niedbale w drzwiach „na razie" i (jeśli ładnie poprosisz) równie od niechcenia da ci buziaka na pożegnanie, zatęsknisz do czasów, gdy nie mogłaś oderwać jego małych rączek od swych nóg.

PRZYWIĄZANIE DO BUTELKI

Miałam nadzieję oduczyć synka picia z butelki, kiedy będzie miał rok, ale nie rozstaje się z nią nawet na minutę, a co dopiero na stałe.

Tak jak ulubiony miś czy kocyk, butelka jest rodzajem pocieszenia i nagrody. Ale w przeciwieństwie do misia i kocyka, butelka bywa szkodliwa, jeśli dziecko używa jej po ukończeniu roku. Masz zatem rację; teraz nadeszła odpowiednia chwila na zakończenie picia z butelki. Wszystko o tym, dlaczego należy tak zrobić, znajdziesz na stronie 408, natomiast porady, co zrobić, by proces przebiegał w miarę łatwo, znajdują się na stronie 409.

Nie kupuj krowy

Masz roczne dziecko, które powinno przejść z mleka zastępczego na krowie. Jest jednak pewien problem: ma uczulenie na nie, a lekarz zalecił, by zamiast niego podawać mleko sojowe. Tymczasem martwisz się, czy malec na takiej diecie będzie przyjmować odpowiednią ilość tłuszczu, skoro mleko sojowe ma o połowę mniej tłuszczu niż pełnotłuste mleko krowie. Nie ma jednak czym się przejmować, bo choć faktycznie mleko sojowe nie może wypełnić całego zapotrzebowania na tłuszcz potrzebny do prawidłowego rozwoju mózgu dziecka poniżej drugiego roku życia, nie jest ono jedynym źródłem tego składnika w diecie malca. Jeśli dieta będzie zrównoważona, dziecko otrzyma także tłuszcz z mięsa, ryb, drobiu czy olejów używanych do gotowania. (Spytaj lekarza, jak najlepiej zapewnić dziecku odpowiednią ilość tłuszczu.) Po ukończeniu drugiego roku życia dziecku wystarczy tylko tyle tłuszczu ile dorosłemu.

JAK ZASNĄĆ BEZ BUTELKI

Zawsze odkładam córeczkę do łóżka, kiedy już zaśnie, ponieważ ma zwyczaj zasypiania przy jedzeniu. Jak ją uśpić, kiedy będzie piła z kubka?

Dotychczas wszystko było proste, mała zasypiała przy piersi lub butelce, wieczory mijały spokojnie. Teraz jednak, jeśli myślisz poważnie o odzwyczajaniu od butelki, obie będziecie musiały się do tego przyłożyć. Tak jak każdego przyzwyczajenia związanego z zasypianiem, np. brania tabletek nasennych czy oglądania telewizji do późnej nocy, zasypiania przy karmieniu można się oduczyć. A wtedy dziecko nabędzie ważną umiejętność – samodzielnego zapadania w sen. Oto, jak do tego doprowadzić:

Przestrzegaj ustalonego rytuału. Wieczorny rytuał polegający na wykonywaniu tych samych czynności w tej samej kolejności ma magiczny wpływ na sen i u dorosłych, i u dzieci. Jeśli nie przestrzegasz żadnego rytuału przed pójściem spać, zacznij to robić przynajmniej na dwa tygodnie przed planowanym odstawianiem butelki. Sypialnia powinna być zaciemniona, wyciszona, temperatura umiarkowana. Z pozostałej części mieszkania niech dochodzą normalne odgłosy, dziecko musi czuć, że rodzice są w pobliżu. (Na str. 380 znajdziesz więcej rad, jak uśpić dziecko – patrz także następne pytanie.)

Dodaj nowy element. Na kilka dni przed wyeliminowaniem butelki do wieczornego picia dodaj małą przekąskę, którą można zjeść w łóżku, kiedy czytasz dziecku bajkę (oczywiście jeśli już nie wprowadziłaś takiego zwyczaju). Może to być pełnoziarnista mała babeczka i pół kubka mleka (gdy dziecko skończy rok) lub kawałeczek sernika i ciastko ryżowe. Malec może jeść, siedząc na twoich kolanach. Ten lekki posiłek w końcu zastąpi butelkę, a ciepłe mleko ma właściwości usypiające. Oczywiście, po posiłku czyścimy dziecku zęby, jeśli potem chce mu się pić, podajemy wodę.

Nie zastępuj starego nawyku nowym. Kołysanie, nucenie kołysanek i tym podobne na pewno pomogą dziecku zasnąć, ale jeśli chcesz, by nauczyło się zasypiać samo, trzeba mu pomóc się tego nauczyć. Wieczorową porą okaż jak najwięcej czułości, a następnie połóż je do łóżka, gdy jest suche, zadowolone (oby!), wygodnie ułożone, śpiące – ale przebudzone. Możesz chwilkę zostać, by je pogłaskać i uspokoić. Na stronie 317 znajdziesz porady, jak pomóc dziecku zasypiać samemu.

Bądź przygotowana na protesty. I to całkiem zdecydowane. Prawdopodobnie maluch zareaguje płaczem na nowe podejście do zasypiania, niewiele dzieci podda się bez walki. Niektóre natomiast łatwiej pogodzą się z sytuacją, jeśli to nie mama (bliskość jej piersi stale przypomina o tym, co było kiedyś) kładzie je spać. Spodziewaj się też tego, że malec dość szybko przyzwyczai się do zasypiania bez karmienia, tak samo jak do innych przejść związanych z odstawianiem.

WIECZORNY LĘK PRZED ROZSTANIEM

Kiedyś nasze dziecko zasypiało bez problemów i spało całą noc. Teraz nagle chwyta nas i płacze w momencie, gdy kładziemy je do łóżka. Budzi się także w nocy z płaczem.

Lęk przed rozstaniem w ciągu dnia, nasilający się między dwunastym a czternastym miesiącem życia dziecka, może także pojawiać się wieczorem. Ponieważ dzieci zostawione wieczorem są zupełnie same, często boją się bardziej niż w ciągu dnia. I tak powstaje nowy rozdział historii o młodych niespokojnych.

Na szczęście dalszego ciągu nie będzie. Jeśli rodzice śpią razem z dzieckiem, problem w ogóle nie istnieje, ponieważ nie ma rozłąki. Natomiast ci, którzy chcą spać bez swej pociechy, mogą skorzystać z poniższych rad, które pomogą im złagodzić lęki malca:

- Lęk jest czymś normalnym. Wiele dzieci obawiających się rozdzielenia z rodzicami w ciągu dnia będzie czuć to samo wieczorem. Lęk ten nie oznacza wcale, że malec czuje się niekochany, zaniedbywany albo że robicie coś źle, lecz że się rozwija, co czasem boli. (Na stronie 425 znajdziesz więcej informacji na temat lęku przed rozstaniem.)

- Przed położeniem spać stwórz sprzyjającą atmosferę. Godzina czy dwie przed snem powinny być spokojne i krzepiące, szczególnie jeśli cały dzień byłaś w pracy albo krzątałaś się po domu. Okaż dziecku jak najwięcej uwagi, odkładając wszystkie inne sprawy na bok (gotowanie i jedzenie obiadu, robotę papierkową), do chwili gdy twoja pociecha zaśnie. Złagodzisz wieczorny stres, a dasz więcej matczynego ciepła.

- Ważna jest rutyna. Rytuał związany z układaniem dziecka do snu nie ma jedynie na celu go uśpić, ale także dać dziecku spokój płynący z poczucia stałości. Każdego wieczoru dziecko się przekonuje, że wydarzenia następują po sobie w tej samej kolejności (brak niespodzianek to brak obaw). Może z czasem dziecko zacznie oczekiwać na wieczorne zajęcia (kąpiel, zasypianie, budzenie się rano), zamiast się ich bać. Uważaj, by nawet w najmniejszym stopniu nie zmieniać tego rytuału, na przykład zastępując kąpiel przekąską albo rezygnując ze śpiewania kołysanki. Spokój dziecka wynika ze świadomości, iż **dokładnie** wie, czego może oczekiwać. (Na stronie 380 znajdziesz więcej informacji na ten temat.)

- Złagodź czymś tę zmianę. Około pierwszych urodzin dzieci stają się szczególnie uczulone na chwile, gdy jedna sytuacja się ma zakończyć, a druga zacząć, dlatego też można uciec się do pomocy w postaci różnych przedmiotów łagodzących napięcie. Takim przedmiotem może być ulubione zwierzątko przytulanka, mały kocyk (nadal nie zaleca się dawać większych koców do przykrywania) czy nawet nie stanowiące zagrożenia przedmioty przypominające twoją osobę (na przykład koszulka, którą nosiłaś). Większość dzieci (choć nie wszystkie) uspokaja się dzięki takim rzeczom. Rozstanie z tobą (oraz ta dziwna zmiana z czuwania na sen) dzięki nim staje się łatwiejsze.

- Bądź czuła, ale nie roztkliwiaj się. Wystarczy przytulić dziecko, pocałować, po czym położyć do łóżeczka i powiedzieć „dobranoc". Trzeba być konsekwentnym, na przykład zawsze przed wyjściem z pokoju mówić te same słowa (na przykład: „Dobranoc, pchły na noc"). Mów głosem pełnym miłości, ale lekkim tonem — dziecko wyczuje twój niepokój i też zacznie się bać.

  Jeśli malec płacze, wróć, by spokojnie, cicho go uspokoić: połóż go delikatnie, jeśli podciągnął się do pozycji stojącej, lecz nie bierz na ręce, nie włączaj światła i nie zostawaj, aż zaśnie. Zrób tak samo, jeśli obudzi się w środku nocy. Pamiętaj, że musisz być konsekwentna, zawsze tak samo postępować i mówić te same słowa — a jednocześnie spróbuj każdej nocy skracać rytuał (na początku siedząc przy łóżeczku dziecka, potem stojąc kilka kroków dalej, wreszcie — w drzwiach). Dziecku łatwiej będzie przyjąć, że noc się skończy i nastanie dzień, jeśli będziesz mówić: „Mamusia (lub tatuś) jest obok, zobaczymy się rano".

- Konsekwencja polega na wielokrotnym powtarzaniu wszystkiego, bo bez konsekwencji życie jest dla małych dzieci niezrozumiałe; dla rodziców zaś jej brak oznacza, iż wszystkie zabiegi wychowawcze są skazane na niepowodzenie. Jeśli natomiast będziecie zdecydowani i niezłomni, dziecko nauczy się radzić sobie z lękiem przed wieczornym rozstaniem i problem z kładzeniem się spać minie.

- Nie czuj się winna. Zostawanie przy dziecku przez całą noc nie pomoże mu pokonać lęku przed zasypianiem samemu (podobnie jak unikanie zostawiania go z opiekunką nie pomoże mu pozbyć się lęku przed rozstaniem w ciągu dnia). Natomiast niezmienna kolejność wykonywanych czynności — tak.

Bywają dzieci, które budzą się w nocy, ponieważ wyrzynają się im zęby trzonowe — jeśli tak wygląda sytuacja, zajrzyj na stronę 381.

NIEŚMIAŁOŚĆ

Mąż i ja jesteśmy bardzo towarzyscy. Dlatego martwi nas nieśmiałość naszej córki.

Zachowanie dziecka nacechowane niepewnością w nowych sytuacjach czy przy obcych ludziach w tym wieku nie jest nieśmiałością, lecz normalnym, typowym dla tego etapu rozwoju postępowaniem. Do tego występującego u niemal wszystkich niemowląt i małych dzieci zachowania przyczynia się kilka czynników:

- Lęk przed obcymi. Czasem już siedmiomiesięczne dzieci zachowają się nieśmiało przy wszystkich z wyjątkiem mamy i taty, ale zwykle lęk ten zaczyna się objawiać u dzieci około pierwszego roku życia (patrz str. 383).

- **Lęk przed rozstaniem.** Przebywanie w towarzystwie innych często wiąże się z rozstaniem z mamą i tatą. Trzymanie się twej spódnicy boku podczas zabaw w grupie, lub gdy przyjaciel rodziny chce wziąć malca na ręce, nie musi oznaczać nieśmiałości, lecz strach, że zostanie bez ciebie (patrz str. 425).

- **Lęk przed nieznanym.** Dla dziecka, które dopiero co nauczyło się chodzić, świat jest interesującym miejscem do odkryć, ale też nierzadko miejscem strasznym. Stanie na własnych nogach daje wspaniałe poczucie niezależności, jednak bywa czasem denerwujące. Zdarza się więc, że w obliczu tak wielkiego wyzwania starsze niemowlęta i małe dzieci wzdrygają się przed nieznanym, wybierając spokój, jaki niesie coś co prawda starego, ale znajomego. Takie niepewne zachowanie łatwo pomylić z nieśmiałością.

- **Lęk społeczny.** To, co sprawia wrażenie nieśmiałości, może być brakiem doświadczenia społecznego. Najczęściej występuje u dzieci, których całym towarzystwem do tej pory była matka lub jeden tylko opiekun i które nie miały kontaktów z grupą (na przykład nie chodziły do żłobka). Na razie nie można jeszcze ocenić, czy twa pociecha nie stanie się, po wielu próbach i odrobinie namowy, duszą towarzystwa. Często się zdarza, że początkowo nieśmiałe dzieci w wieku trzech lat zaczynają nagle robić znaczne postępy w sztuce kontaktów z innymi.

Oczywiście jedne dzieci są z natury bardziej śmiałe, inne mniej. Badania wykazują, że wiele cech osobowościowych tylko częściowo jest uwarunkowanych genetycznie. Według niektórych naukowców, nieśmiałość tylko w 10% jest wrodzona (pozostałe 90% przypada na wychowanie); inni natomiast są zdania, że geny odgrywają jeszcze większą rolę. Nawet jeśli rodzice sami nie mają tej cechy charakteru, często zaszczepiają ją dziecku. I choć do pewnego stopnia mogą pomóc mu pokonać nieśmiałość (by stało się częścią towarzystwa, jeśli już nie duszą), na pewno nie mogą wyeliminować jej całkowicie – wręcz nie powinni tego robić. Nieśmiałość należy po prostu traktować jako integralną cechę charakteru malca.

Choć wiele „nieśmiałych" dzieci zachowuje pewną podstawową rezerwę przez całe życie, to większość z nich wyrasta na dość ekstrawertycznych dorosłych. To nie nacisk i ponaglanie do zachowań społecznych wydobędą bojaźliwe dziecko z jego skorupki, lecz ogrom opiekuńczości i ciepłego wsparcia. Zwracanie uwagi na nieśmiałość dziecka („Ależ on nieśmiały!") tylko tę cechę wzmocni; przedstawianie jej jako wady podkopie jego pewność siebie, co z kolei pogłębi jego niepewność i niewiarę w siebie w relacjach z innymi. Z drugiej strony, podnoszenie jego poczucia wartości pomoże mu poczuć się w swojej skórze dobrze, pozwoli mu poczuć się lepiej wśród innych, a to w końcu przyczyni się do osłabienia jego nieśmiałości.

Na razie staraj się zachęcać córeczkę do bycia między ludźmi. (Na uroczystości urodzinowej rówieśnika usiądź z nią na podłodze, by czuła się lepiej; trzymaj ją, gdy przyjaciele przychodzą, by się z nią przywitać.) Ale nic na siłę; pozwól jej reagować na innych w swój własny sposób; jednocześnie staraj się, by zawsze wiedziała, że jesteś przy niej, gdyby cię tylko potrzebowała – by się chwycić twojej nogi lub schować za twoim ramieniem.

UMIEJĘTNOŚCI SPOŁECZNE

Od kilku tygodni chodzę z dzieckiem na zajęcia grupowe i zauważyłam, że nie bawi się z rówieśnikami. Jak doprowadzić do tego, by polubiło kontakty z dziećmi?

Nie możesz i nie powinnaś podejmować żadnych prób w tym kierunku. Choć dziecko jest od urodzenia istotą społeczną, nie potrafi być „towarzyskie" w pełnym znaczeniu tego słowa do około osiemnastego miesiąca życia. Zauważysz to sama, gdy poobserwujesz jakąkolwiek grupę niemowląt i małych dzieci „przy zabawie". Choć bawiące się brzdące będą się ze sobą kontaktować (zwykle na tyle długo, ile trwa wyrwanie drugiemu dziecku łopatki lub odepchnięcie kolegi od interesującej zabawki), najczęściej bawią się równolegle: obok siebie, lecz nie razem. Chętnie obserwują inne dzieci przy zabawie, ale niekoniecznie chcą się do nich dołączyć. Są z natury egocentryczne, więc nie widzą na razie w innych dzieciach interesujących partnerów do zabaw. Postrzegają je wręcz głównie jako przedmioty – ruszające się, ciekawe – ale tylko przedmioty.

I wszystko to jest zupełnie normalne w ich wieku. Roczne dziecko, które ma doświadczenia wyniesione z zabawy w grupie, może szybciej opanować umiejętności społeczne, niemniej jednak każde kiedyś je opanuje. Jeśli będziesz zmuszać córkę do zabawy z innymi, wywołasz odwrotny skutek. Najlepiej stwórz okazję, by mogła przebywać z innymi, a potem pozwól jej na nawiązywanie kontaktów w jej własnym tempie.

DZIELENIE SIĘ

Mój synek uczęszcza na zajęcia grupowe z rówieśnikami. Większość czasu upływa im na wydzieraniu sobie nawzajem zabawek. Kiedy to się skończy?

Jeszcze przez najbliższe dwa lata będziecie z innymi rodzicami grać rolę rozjemców podczas takich zajęć. Dopiero w drugiej połowie drugiego roku życia do dziecka zaczyna docierać świadomość, że pożądany przez niego przedmiot może należeć do kogoś innego – a jest ona niezbędna do tego, by kiedyś (zwykle około trzeciego roku życia) nauczyło się dzielić. Nim jednak ten piękny dzień nadejdzie, jedynym zwrotem, którego użyje na określenie własności, będzie: „To moje!" Na razie bowiem jedyne, co się dla twojego synka liczy, są jego własne potrzeby i pragnienia, a jego rówieśnicy są w jego oczach przedmiotami potrzeb i pragnień pozbawionymi. Oczywiście nie on jeden tak czuje. Ponieważ koncentrowanie się wyłącznie na sobie jest typowe dla tego wieku (niemowlęta i małe dzieci muszą się najpierw nauczyć troszczyć o siebie, a dopiero potem o innych), każdy berbeć na zajęciach w grupie uważać będzie, że to on ma wyłączne prawo do wszystkich zabawek.

Można pomóc dzieciom zrozumieć, na czym polega sztuka kompromisu, na przykład ustawiając stoper odmierzający dzieciom czas zabawy wozem strażackim, ale zabiegi takie nabierają sensu dopiero później, w drugim czy trzecim roku życia. Małe dzieci nie zrozumieją czegoś tak złożonego i nie będą umiały się dostosować. Na razie lepiej mieć kilka takich samych zabawek lub rodzajów zabawek, a walki o nie staną się krótsze. Gdyby nie było takiej możliwości, skuteczną metodą będzie odwrócenie uwagi dziecka przez jedno z dorosłych, na przykład pokazanie innej zabawki czy lub pobawienie się w coś innego.

Ucz dziecko przy każdej okazji, na czym polega dzielenie się (daj mu pooglądać swoją gazetę, mówiąc: „Dzielę się moją gazetą"; kiedy dajesz mu kawałek swojej kanapki, powiedz: „Dzielę się z tobą moją kanapką"). Choć nie stanie się skory do okazywania szczodrości z dnia na dzień, jednak powoli zacznie rozumieć wartości, jakie chcesz mu przekazać. Jednakże nie zmuszaj go do dzielenia się, gdyż zranisz jego wrażliwą samoświadomość, ukazując, że jego potrzeby są mniej ważne niż innych. Może też stać się z tego powodu osobą, która nie lubi niczego wyrzucać. Jeśli dziecko czuje, że zawsze ktoś może sięgnąć po jego rzeczy, mniej chętnie będzie się nimi dzielić z własnej woli, zazdrośnie je chroniąc.

Trzeba też umieć spojrzeć z innej perspektywy na sytuację, w której dziecko nie pozwala gościowi nawet dotknąć swego autka lub misia, nie chce podzielić się choćby jednym ciasteczkiem z innym dzieckiem w parku i głośno protestuje, kiedy młodszy kuzyn jest wożony w jego wózku. Jak często wszak ty sama pozwalasz znajomym (nie wspominając o obcych) pojeździć swym samochodem, pożyczyć cenny naszyjnik lub usiąść w ulubionym fotelu?

BICIE

Mój synek chodzi do żłobka z nieco starszymi dziećmi. Niektóre z nich biją go, aby wymusić pewne rzeczy, i widzę, że on zaczyna postępować tak samo. Co mam robić?

Najpierw dobrze byłoby zrozumieć, dlaczego twój syn bije. Bicie, podobnie jak wszelkie inne formy agresji, jest powszechne wśród rocznych dzieci z wielu powodów. Po pierwsze, stanowi sposób porozumiewania się. Ponieważ na razie maluchy nie potrafią powiedzieć: „Strasznie mnie denerwujesz!" czy: „Oddawaj moje autko!", więc biciem nadrabiają ten brak. Po drugie, pomaga zlikwidować frustrację płynącą z faktu, że jest się tylko niewielkim trybikiem w ogromnej maszynie; frustrację z powodu niemożliwości wywierania wpływu na otaczający świat (i osoby do niego należące); frustrację, jaką powodują wciąż jeszcze ograniczone umiejętności (które nie nadążają jakoś za tym, co dziecko chciałoby umieć robić). Nie ma się co dziwić, że zabawa w grupie zamieniła się w walkę bokserską, jeśli dodać do tego wszystkiego naturalny egocentryzm maluchów (za którego sprawą traktują oni swych rówieśników jak przedmioty i który idzie ręka w rękę – a raczej pięść w pięść – z brakiem empatii), nieumiejętność opanowywania impulsów (dziecko nie pomyśli, nim uderzy), brak umiejętności społecznych (ludzie się z nimi nie rodzą, lecz dopiero ich nabywają i ćwiczą przez lata) oraz nawyk naśladowania (zapewne przyjął zwyczaj bicia od innych bijących kolegów). Do kolejnych pojedynków zachęca natomiast dzieci interesująca reakcja na bicie, którą zwykle jest płacz.

Choć bicie jest zatem czymś zrozumiałym, nie powinno być dozwolone. Na długo przed tym, nim dziecko będzie w stanie pojąć, że kogoś krzywdzi, potrafi zrozumieć, iż bicie jest zabronione. Reaguj zatem natychmiast, jeśli twój syn uderzy kogoś (albo ugryzie czy zrobi coś równie niepożądanego). Zachowaj się w sposób stanowczy i spokojny – twój gniew nasili agresję dziecka. Natomiast wymierzając dziecku klapsa, nauczysz je tylko, że tak właśnie rozwiązuje się spory (lub okazuje złość). A jeśli zachowasz się przesadnie, prawdopodobnie zachęcisz dziecko do powtórnego zachowania się w niewłaściwy sposób, po to tylko, żebyś zwróciła na niego uwagę. Lepiej powiedzieć prosto „Nie wolno bić, bo to sprawia ból" i zabrać syna z miejsca potyczki. Bez żadnych następnych ceregieli zajmij go jakąś zabawką czy grą, a potem przygotuj się na wiele jeszcze takich incydentów, nim malec zacznie w końcu rozumieć, o co chodzi. (Pamiętaj, że nawet wtedy, gdy twój syn będzie już wiedział, iż nie wolno bić, czasem nie będzie umiał się powstrzymać przed daniem komuś kuksańca.)

Sprawdź, czy dzieci mają właściwą opiekę w czasie zabawy z rówieśnikami. Choć dziecko nie zrobi wielkiej krzywdy ciosem dłoni, zawsze istnieje ryzyko, że w bijatyce w użyciu będą nie tylko pięści. Maluchy mogą wyrządzić sobie nawzajem większą krzywdę, kopiąc, rzucając zabawkami czy kamieniami, niż okładając się pięściami.

A ponieważ głód i niewyspanie wzmagają agresję u dzieci, prowadź na zajęcia grupowe dziecko, które jest najedzone i wyspane.

ZAPOMINANIE WYUCZONEJ UMIEJĘTNOŚCI

W zeszłym miesiącu córeczka robiła „pa-pa", a teraz wygląda na to, że wszystko zapomniała. Myślałam, że rozwój powinien postępować, a ona się cofa.

Twoja pociecha pracuje w tej chwili nad innymi umiejętnościami. Bardzo często dzieci uparcie ćwiczą jedną rzecz – ku wielkiej uciesze swojej i bliskich, a kiedy już doskonale ją opanują, przestają się nią zajmować. Chociaż małą znudziło już robienie „pa-pa", na pewno podniecają ją nowe sztuczki, np. szczekanie jak piesek czy zabawa w „aku-ku" i „kosi-kosi", które również wkrótce ją znudzą. Zamiast przejmować się tym, co już potrafi, pomóż jej ćwiczyć umiejętność, którą zajmuje się w tej chwili. Powodem do zmartwienia może być sytuacja, gdy dziecko nagle zapomina wielu umiejętności i nie uczy się niczego nowego. Wówczas należy zasięgnąć porady lekarza.

POGORSZENIE APETYTU

Ni stąd, ni zowąd, mój synek stracił zainteresowanie jedzeniem – pogrzebie trochę w miseczce i już wyrywa się z wysokiego krzesełka. Czy może jest chory?

Ta zmiana jest absolutnie naturalna. Gdyby jadł ciągle tak jak w pierwszym roku życia i w tym samym tempie przybierał na wadze, już wkrótce wyglądałby jak spory kloc, a nie jak dziecko. W pierwszym roku życia dzieci potrajają masę urodzeniową, a w drugim przybierają jedynie jedną czwartą swojej masy. Jest to naturalne zwolnienie tempa przyrostu masy ciała. Stąd pogorszenie apetytu. Na apetyt dziecka w tym okresie wpływają również inne czynniki. Jednym z nich jest wzmożone zainteresowanie otaczającym światem. W pierwszym roku posiłki w ramionach mamy albo w wysokim krzesełku były najciekawszymi chwilami w jego życiu. Teraz stanowią niepotrzebne zakłócenie w życiu wszędobylskiego tuptusia, który woli wędrować po świecie (tak wiele jest do zrobienia, zobaczenia i zbrojenia, a dzień taki krótki!).

Reakcja na jedzenie serwowane maluchowi jest spowodowana także jego rosnącym poczuciem niezależności. Roczne dziecko chce samo decydować o tym, co znajdzie się na jego talerzu. W najbliższych miesiącach możesz spodziewać się częstych zmian w zachciankach, na przykład jednego tygodnia wszystko musi być z serem, następnego – nie może patrzeć na ser. Lepiej poddać się tym upodobaniom, jeśli są to produkty zdrowe i pożywne, niż z nimi walczyć. W końcu te dziwactwa znikną, choć niemal na pewno najpierw będzie dużo gorzej, nim wreszcie coś zmieni się na lepsze. Coraz bardziej niezależne dziecko może też walczyć z tobą o to, kto ma trzymać łyżeczkę, więc teraz nadszedł czas na przekazanie obowiązku karmienia w inne ręce – a raczej rączki. Pozwól synkowi jeść samemu (niech sobie radzi tak, jak potrafi) jego własną łyżeczką i dawaj mu dużo przekąsek, które może jeść palcami.

Możliwe, że dziecko nie je, bo nie lubi być przypięte do wysokiego krzesełka. Jeżeli tak jest, posadź synka przy rodzinnym stole na krześle z poduszką. Może trudno mu wysiedzieć tak długo w jednym miejscu, w takim razie sadzaj go na krześle, gdy jedzenie jest już na stole, i zsadzaj, jak tylko zacznie się wiercić. Podczas wspólnego posiłku spoglądaj co chwilę na niego lub podaj mu obiad, zanim sama do niego siądziesz.

Niektóre dzieci tracą apetyt w czasie ząbkowania, zwłaszcza kiedy wyrzynają się zęby trzonowe, i nic w tym złego. Jeśli utracie apetytu towarzyszy rozdrażnienie, gryzienie palców i inne objawy ząbkowania, możesz być pewna, że apetyt wróci, kiedy ustąpi ból. Nie martw się też utratą apetytu, której towarzyszą niegroźne objawy przeziębienia czy gorączka. Taka reakcja jest typowa, a kiedy objawy znikną, apetyt wróci do normy. Porozmawiaj jednak z lekarzem, jeśli dziecko przestanie przybierać, będzie chude, słabe, apatyczne, rozdrażnione, będzie miało kruche i łamliwe włosy, a skórę wiotką i suchą. Nie możesz nic poradzić na utratę apetytu spowodowaną procesem wzrastania, są jednak sposoby, by upewnić się, czy dziecko zjada wszystko to, co niezbędne dla prawidłowego rozwoju – patrz kolejne pytanie.

WYBREDZANIE

Boję się, że mój synek nie otrzymuje dość białka i witamin, bo nie chce jeść mięsa i warzyw.

Do rodziców wybrednych dzieci (innymi słowy starszych niemowląt i małych dzieci): nie ma powodu do niepokoju. Po pierwsze, zapotrzebowanie na substancje odżywcze jednorocznego dziecka jest zaskakująco małe, czyli łatwe do zaspokojenia. Po drugie, dane substancje nie zawsze pochodzą z najbardziej typowych źródeł (białko z mięsa i ryb, witaminę A z brokułów). Czasem biorą się z najmniej oczekiwanych, acz przyjemnych dla malców dań:

Białko. Dziecko może zaspokoić dzienne zapotrzebowanie na białko, nigdy nie jedząc mięsa, drobiu czy ryb. Twarożek, żółte sery, mleko, jogurt, jajka, kasze gruboziarniste i ciemne pieczywo, kiełki pszenicy, suszony groch i fasola, a nawet makarony dostarczają białka. Pełne zapotrzebowanie na białko zaspokoją: 2 i 2/3 kubka mleka i dwa kawałki pełnoziarnistego chleba albo 2 kubki mleka i 3 dag żółtego sera, albo 1 kubek mleka, 1 kubek jogurtu, 1 miseczka płatków owsianych i 1 kawałek ciemnego chleba, albo 1 kubek mleka, 1/4 kubka twarożku, 1 miseczka owsianki i 2 kawałki chleba. Jeśli twoje dziecko nie przepada za tymi produktami, wypróbuj różne sztuczki. Zrób koktajl owocowy na mleku lub jogurcie; naleśniki na mleku, jajkach i z kiełkami pszenicy; tosty z chlebem pełnoziarnistym, jajkami i mlekiem (im dłużej będziesz moczyć chleb w mleku ubitym z jajkami, tym więcej go wchłonie); dodawaj ser do jajecznicy, a sos mięsny i starty ser – do makaronu z mąki z pełnego ziarna. Zerknij także na przepisy, począwszy od strony 679.

Witaminy zawarte w warzywach. Jarzyny łatwo ukryć, „przebierając" je za coś innego: zrób ciasteczka z dyni, tort z marchwi, sos pomidorowy z brokułami i serem do makaronu, naleśniki warzywne, warzywa polej sosem serowym albo zapiecz z makaronem. Czasem rocznemu niejadkowi łatwiej jest zaakceptować gotowane warzywa podawane z dipem, na przykład zimnym (jogurtowym) lub ciepłym (serowym), gdyż jedzenie ich sprawia dziecku frajdę. Danie takie sprawdzi się szczególnie, kiedy dziecko jest głodne, zatem poczekaj z podaniem warzyw z dipem do pory obiadowej. Możesz też na razie dać sobie zupełnie spokój z warzywami, proponuj je jednak nadal, jeśli sama je jadasz. Wiele lubianych owoców, takich jak kantalupa, mango, brzoskwinie i morele, zawiera te same witaminy co mniej lubiane zielone liściaste i żółte warzywa. Słodkie ziemniaki (pataty) są co prawda warzywem, ale po upieczeniu i pokrojeniu smakują jak owoce.

Staraj się nie zapominać o następujących sprawach:

Kieruj się apetytem dziecka. Pozwól mu samemu decydować, co będzie jadło. Nigdy nie zmuszaj do jedzenia. Aby poprawić apetyt malucha, nie podawaj mu słodyczy tuż przed posiłkami.

Unikaj wypełniaczy. Duże ilości soku jabłkowego lub winogronowego (120–180 ml dziennie) mogą zapełnić brzuszek dziecka, nie zostawiając już wiele miejsca na pokarmy stałe. Apetyt mogą stłumić także podawane w nadmiarze mleko i mieszanki mleczne. Uważaj na soki i nie podawaj więcej mleka, niż dziecko w tym wieku potrzebuje (patrz ramka na str. 422). Łatwiej będzie wprowadzić takie ograniczenia, jeśli zamiast butelki zaczniesz podawać dziecku kubeczek.

Pozwól dziecku zrobić obiad. A przynajmniej pomóc przy gotowaniu. Im bardziej dziecko angażuje się w przygotowania posiłku, który potem dostanie, tym chętniej go zje. Jeśli chce, niech wybierze w sklepie fasolkę szparagową i włoży ją do woreczka. Może też szorować marchewkę miękką szczoteczką lub podrzeć sałatę do miseczki. Jeśli poczuje, że samo coś zrobiło, chętniej skosztuje czegoś, czego w przeciwnym razie na pewno by nie tknęło. Po jakimś czasie możecie urządzić razem mały ogródek warzywny (jeśli masz czas i chęci), a gdy roślinki dojrzeją, przynosić zbiory do kuchni. Jeśli polubi ogrodnictwo, może też polubić jedzenie warzyw.

Nie poddawaj się. To, że dzisiaj dziecko nie chce jeść mięsa i warzyw, nie oznacza, że zawsze tak będzie. Niech mają one stałe miejsce na twoim stole. Nie zmuszaj dziecka do jedzenia tego, na co nie ma ochoty. Może pewnego dnia zaskoczy cię, gdy samo sięgnie po rybę lub szpinak.

Co z orzechami?

Większość dzieci i ich rodziców uwielbia masło orzechowe. Dzieci – ze względu na smak, rodzice – ponieważ jest to niedrogie i bardzo uniwersalne źródło białka, błonnika, witaminy E i minerałów, któremu nie oprze się nawet najbardziej wybredny berbeć. Jest też bardzo trwałe, co oznacza, że można zrobić z nim kanapki na wycieczkę.

Jednak coraz więcej dzieci cierpi na alergię pokarmową, a na alergię na orzechy w szczególności, dlatego też trzeba nieco zmodyfikować przysmaki. Jeśli w twoim wywiadzie rodzinnym nie występuje alergia, prawdopodobnie pediatra zezwoli na dawanie rocznemu dziecku miękkiego masła orzechowego (aby malec się nie zakrztusił, zawsze smaruj cienką warstwą, nigdy nie pozwalaj na jedzenie prosto ze słoika palcami czy łyżeczką i poczekaj do czwartych urodzin z wprowadzeniem twardszej odmiany masła). Jeżeli natomiast w rodzinie zdarzała się alergia (na orzechy lub inne produkty spożywcze), poczekaj, aż lekarz zezwoli podawać dziecku produkty z orzeszkami. Prawdopodobnie nie nastąpi to wcześniej niż w drugim, trzecim, czwartym lub nawet późniejszym roku życia.

Tak samo będzie w wypadku orzeszków ziemnych w całości czy posiekanych. Ogólnie nie ma przeciwwskazań, by dziecko je jadło po ukończeniu pierwszego roku życia, jeśli w rodzinie nie występowała alergia – znacznie później natomiast, jeżeli była. Orzeszkami w całości dziecko może się zakrztusić, dlatego lepiej nie podawać ich malcowi, nim skończy cztery, pięć lat.

Nie myśl o tym, czy jego posiłki są zrównoważone, ani o tym, czy danego dnia jego dieta była zrównoważona. Lepiej zwróć uwagę na to, co zjadł w ciągu tygodnia, i spróbuj oszacować, czy udało się wypełnić zapotrzebowanie na „codzienną dwunastkę" (patrz str. 289).

WZROST APETYTU

Myślałam, że u rocznego dziecka powinien wystąpić spadek apetytu. U mojej córeczki zaobserwowałam coś przeciwnego. Nie jest gruba, ale martwię się, że będzie, jeśli dalej będzie tyle jeść.

Najprawdopodobniej twoja córeczka je więcej, ponieważ mniej pije. Dzieci odstawione od piersi i przestawione na butelkę będą pobierały z mleka i płynów mniej kalorii, a więcej z pokarmów stałych. Mimo że wygląda na to, że mała je więcej, ona po prostu pobiera tę samą liczbę kalorii w innej formie. Zwiększony apetyt może też być skutkiem skoku wzrostu albo większej aktywności fizycznej. Może mała dużo chodzi i jej organizm potrzebuje dodatkowych kalorii? Zdrowe dzieci, którym pozwala się jeść to, na co mają ochotę, niezależnie od tego, czy są to produkty zdrowe czy nie, bez ingerencji ze strony rodziców, będą rozwijały się prawidłowo. Jeśli wykresy wzrostu i masy ciała twojej córki są w miarę harmonijne, nie ma powodu do obaw. Zwracaj uwagę na jakość, a nie ilość zjadanych posiłków, unikaj produktów zawierających dużo tłuszczu, bo to może prowadzić do otyłości. Zastanów się, dlaczego mała tak dużo je. Jakie są tego przyczyny? Jeśli je z nudów, zajmij się nią między posiłkami. Postaraj się także, aby nie nabrała złych nawyków żywieniowych: nie dawaj jej za każdym razem przekąski na spacerze czy w samochodzie albo gdy płacze podczas zakupów. A jeśli podejrzewasz, że jedzenie jest u niej formą zaspokojenia potrzeb emocjonalnych, poświęć jej więcej uwagi i częściej ją przytulaj. Zamiast wręczać jej ciasteczko za każdym razem, gdy boleśnie upadnie, przytul ją mocno.

NIE CHCE SAM JEŚĆ

Wiem, że mój synek potrafi sam jeść, bo już kilka razy to zrobił. Ale teraz absolutnie odmawia trzymania butelki, kubka i łyżeczki.

U synka właśnie rozpoczęła się wewnętrzna walka między dwoma pragnieniami – tym, by pozostać dzidziusiem, i tym, by urosnąć. Po raz pierwszy potrafi zaspokoić samodzielnie jedną z najważniejszych własnych potrzeb, ale nie jest do końca pewny, czy chce zrezygnować z wygodnej i bezpiecznej roli małego dziecka. Wyczuwa, że im będzie większy, tym rola mamy w jego życiu będzie coraz mniejsza. Wszystkie aspekty dojrzewania łączą się z niezdecydowaniem – ten także. Nie zmuszaj dziecka do szybkiego dojrzewania. Kiedy chce samo jeść, pozwól mu na to, kiedy nie, nie zmuszaj. W końcu duży chłopiec zwycięży małego dzidziusia, ale niech ta walka przebiega we właściwym czasie. Ten konflikt (oraz wspomniane wcześniej mieszane uczucia) powtórzy się na każdym etapie rozwoju i przy każdym rozstaniu. Teraz dawaj mu okazję do wykazania się samodzielnością, niech trzyma butelkę, kubek i łyżkę, ale nie nalegaj, aby z nich korzystał. Podawaj mu jedzenie do rączki. W tym wieku paluszki są dużo bardziej skuteczne niż łyżeczka. Uważaj, by nieświadomie nie zniechęcić malca, wymagając zachowania pozorów porządku (którego jeszcze przez wiele miesięcy nie uświadczysz). Kiedy sam coś zje, zwróć na to uwagę i chwal go. To, że mama już go nie karmi, nie znaczy, że już go nie kocha.

WIĘKSZA NIEZALEŻNOŚĆ

Nasza mała córeczka nie może zdecydować, czego chce. Albo chodzi za mną krok w krok, kiedy usiłuję coś zrobić, albo ucieka, gdy chcę usiąść z nią i przytulić.

Każde normalne roczne dziecko miewa sprzeczne uczucia. Tak jak maluch, który nie chce sam jeść, córeczka jest rozdarta między pragnieniem niezależności i lękiem przed zapłaceniem za nią zbyt wysokiej ceny. Kiedy zajmujesz się czymś innym i szybko wykonujesz różne czynności, mała nie może za tobą nadążyć, boi się, że straci z tobą kontakt. Dlatego wczepia się w ciebie. Kiedy jesteś do jej dyspozycji, udaje, że jest nieosiągalna, i w twojej obecności sprawdza swoją niezależność.

Kiedy poczuje się pewniej w swojej niezależności i pogodzi z faktem, że nawet kiedy urośnie, zawsze będziesz jej mamusią, przestanie chodzić za tobą krok w krok. Takie rozdwojenie osobowości będzie towarzyszyć jej w nadchodzących latach, a może nawet wtedy, gdy sama zostanie mamą.

Najbardziej pomożesz córeczce, wzmacniając jej poczucie bezpieczeństwa. Kiedy obierasz w kuchni marchewki, a ona stoi za bramką w pokoju, rozmawiaj z nią i podejdź czasami do niej albo pozwól jej pomagać sobie. Może stanąć obok ciebie na krześle i czyścić cukinię szczotką. Zachęcaj dziecko do samodzielności, chwal każdy krok w tym kierunku. Kiedy potyka się i biegnie schronić się w twoich ramionach, okaż cierpliwość i zrozumienie. Oczywiście, nie możesz ulegać żądaniom dziecka i spędzać z nim tyle czasu, ile ono zapragnie. Jest to po prostu niemożliwe. Czasami, gdy mała będzie wisiała ci przy spódnicy, będziesz musiała zostawić ją płaczącą, by zająć się przygotowaniem obiadu. Czasami będziesz musiała uporządkować rachunki i podliczyć wydatki, a wtedy poświęcisz córeczce mniej uwagi. Ona musi wiedzieć, że zawsze może liczyć na twoją miłość i na to, że zaspokoisz jej potrzeby. Ale musi też nauczyć się, że inni ludzie, łącznie z tobą, też mają swoje prawa.

JĘZYK BEZ SŁÓW

Nasza córeczka mówi niewiele słów, ale wygląda na to, że wymyśliła sobie język migowy na własny użytek. Czy powodem może być wada słuchu?

Nic złego nie dzieje się z jej słuchem. Powodem jest jej pomysłowość. Jeśli dziecko rozumie to, co do niego mówisz, i próbuje naśladować dźwięki, z całą pewnością dobrze słyszy. Używanie języka migowego i innych prymitywnych sposobów wyrażania swoich potrzeb i myśli (np. chrząkanie) jest metodą radzenia sobie z brakiem zrozumiałego słownictwa. W tym wieku niektóre maluchy mają kłopoty z formowaniem słów, część dzieci nawet w wieku przedszkolnym ma problemy z wymawianiem niektórych dźwięków. Nie mogąc komunikować się za pomocą słów, wymyślają sobie własną formę języka, np. mówią za pomocą rąk (tak jak twoja córka). Pokazują, co chcą dostać, odsuną to, czego nie chcą. Machają rączką na pożegnanie, paluszek skierowany w górę oznacza górę, a w dół – dół. Słoń to rączka przyłożona do nosa, a królik – dotknięcie ucha. Niektóre dzieci nucą kołysanki, kiedy są śpiące, a melodia z *Ulicy Sezamkowej* oznacza, że chcą oglądać telewizję. (Więcej o rozmawianiu z dziećmi bez słów znajdziesz na stronie 352.) Takie podejście wymaga wyobraźni i wielkiej chęci komunikowania się z innymi – obie te cechy zasługują na pogłębianie, dlatego powinnaś postarać się rozszyfrować język dziecka i dawać do zrozumienia, że je rozumiesz. Jednak ostatecznym celem jest prawdziwa mowa. Kiedy dziecko nuci kołysankę, powiedz: „Chcesz iść spać?", kiedy pokazuje na butelkę, zapytaj: „Chciałabyś napić się mleka, tak?" A kiedy widząc na rysunku królika, przykłada rączki do uszu, powiedz: „Bardzo dobrze, to jest królik. Królik ma długie uszy".

Jeżeli jednak wydaje ci się, że dziecko nie słyszy osoby stojącej z tyłu albo będącej w innym pokoju, jeżeli nie rozumie prostych poleceń, porozmawiaj z pediatrą na temat przebadania słuchu dziecka.

RÓŻNICE MIĘDZY PŁCIAMI

Bardzo nam zależy na tym, aby nie wychowywać chłopców inaczej niż dziewczynki. Ale wbrew naszym wysiłkom nasz roczny synek nie chce bawić się lalkami, woli rzucać nimi o ścianę.

Odkrywacie to samo, co przed wami odkrywali inni rodzice, zdecydowani unikać wtłaczania dzieci w stereotypy dotyczące cech obydwu płci. Równouprawnienie to idea, która jest bardzo na czasie, jednak równość płci to całkiem inna sprawa. Natura całkiem wyraźnie wypowiedziała się na ten temat. Dziewczynki i chłopcy ukształtowują się w łonach matek, a nie w pokojach dziecinnych i na podwórku. Badania naukowe dowodzą, że różnice między płciami biorą początek w macicy, kiedy rozpoczyna się produkcja hormonów – testosteronu i estradiolu. Płody męskie otrzymują więcej testosteronu, a żeńskie – estradiolu. To powoduje nieco inny proces rozwoju mózgu, różnych zdolności i podejścia do życia.

Naukowcy nie określili jeszcze precyzyjnie tych różnic, ale wiadomo już, że niektóre istnieją już od momentu narodzin. Noworodki płci żeńskiej koncentrują się na twarzach, zwłaszcza tych mówiących, później bardziej reagują na dotyk, ból, hałas. Chłopcy silniej reagują na bodźce wzrokowe. Dziewczynki są bardziej wrażliwe, ale łatwiej je ukoić. Chłopcy więcej płaczą i łatwo wpadają w złość. Te różnice odnoszą się do większości dziewczynek i chłopców, zdarzają się jednak dziewczynki o cechach „męskich" i chłopcy o cechach „żeńskich".

Już od początku widać, że chłopcy mają więcej mięśni, większe płuca i serce oraz mniejszą odporność na ból. Dziewczynki są nieco pulchniejsze, mają inny kształt bioder i używają innych mięśni przy oddychaniu. Gdy dorosną, nie są tak silne jak chłopcy. Kiedy dzieci dorastają, okazuje się, że chłopcy przejawiają większą aktywność fizyczną niż dziewczynki. Od wczesnego dzieciństwa dziewczynki bardziej interesują się ludźmi, a chłopcy przedmiotami, może dlatego dziewczynki wolą lalki i zabawy w przebieranie, a chłopcy preferują ciężarówki i wozy strażackie. Dziewczynki szybciej zaczynają mówić, prawdopodobnie dlatego, że w rezultacie działania hormonów w macicy obie półkule mózgowe rozwijają się u nich harmonijnie. Chłopcy lepiej radzą sobie w rozwiązywaniu zadań wymagających umiejętności technicznych i wyobraźni przestrzennej, może na skutek lepszego rozwoju prawej półkuli. Okazuje się, że nawet mali chłopcy potrafią być tak samo opiekuńczy jak dziewczynki, a one wcale nie są bardziej bojaźliwe niż chłopcy. Okazywanie lęku jest prawdopodobnie cechą wyuczoną.

Kiedy dzieci zaczynają przebywać z rówieśnikami (w tym wieku bawią się obok siebie), wyraźnie widać, że na ogół chłopcy są bardziej agresywni fizycznie i werbalnie, dziewczynki są bardziej uległe. Chłopcy lubią bawić się w grupach, a dziewczynki w parach. W szkole dziewczynki świetnie radzą sobie z pisaniem, czytaniem i wypracowaniami, a chłopcy są lepsi w matematyce, rozwiązywaniu problemów i czytaniu map. Dziewczynki wcześniej dojrzewają, choć nie jest to regułą. Psychiczne i emocjonalne różnice pogłębiają się z wiekiem. Chłopcy są mniej odporni psychicznie, np. gorzej znoszą rozwód rodziców. Wydają sądy, opierając się na prawie i zasadach sprawiedliwości, dziewczynki kierują się dobrem innych ludzi.

Czy fakt, że większość dziewczynek bawi się lalkami, a większość chłopców szaleje za ciężarówkami, oznacza, że ich przyszłe role są określone z góry? Częściowo tak – dziewczynki wyrosną na kobiety, a chłopcy na mężczyzn. Ale ich podejście do życia zależeć będzie od poglądów rodziców i przykładów, jakie dostarczą oni dzieciom. Możesz wychować dziecko, które ma tolerancyjne poglądy, szanuje obie płci, czuje się dobrze we własnej skórze, obierze sobie drogę życiową zgodną ze swymi zdolnościami i pragnieniami, a nie stereotypami dotyczącymi obu płci, będzie też dobrym partnerem w związku, który w przyszłości stworzy. Przestrzeganie następujących wskazówek pomoże ci osiągnąć te cele:

- Pamiętaj, że istnieją wrodzone różnice między kobietami i mężczyznami, ale nie znaczy to, że któraś płeć jest lepsza albo gorsza, słabsza albo silniejsza. Różnice nas wzbogacają, a brak różnic – zubaża. Przekaż ten pogląd swoim dzieciom.

- Do każdego dziecka podchodź indywidualnie. Mężczyźni są z reguły bardziej muskularni i agresywni niż kobiety, chociaż zdarzają się również kobiety o tych cechach. Jeżeli twoja córka przejawia cechy męskie albo syn żeńskie, nie poniżaj ich, nie próbuj też zmieniać. Zachęcaj do wykorzystania swych silnych stron. Akceptuj, popieraj i kochaj swoje dziecko takie, jakie jest.

- Nie dopuszczaj do skrajności. Akceptowanie dziecka takim, jakie jest, nie oznacza, że niepotrzebne są jakiekolwiek zmiany, jeśli dyktuje ci je zdrowy rozsądek. Jeśli dziecko jest nadmiernie agresywne, naucz je radzić sobie z tym uczuciem. Jeśli jest zbyt uległe, zachęcaj do zachowań bardziej stanowczych.

- Wybierając zabawki, nie kieruj się stereotypami (chcesz je umacniać albo burzyć), ale przekonaniem, że dziecko je polubi i odniesie korzyści z zabawy nimi. Jeżeli dziecko używa zabawki nie tak, jak byś tego oczekiwała (każde dziecko inaczej bawi się taką samą zabawką), zaakceptuj to. Pamiętaj, że chłopiec nie musi kołysać lalki do snu, by stać się opiekuńczym ojcem. Znacznie większy wpływ na niego będzie miał opiekuńczy ojciec (czy inny troskliwy mężczyzna w jego życiu).

- Nie popadaj w stereotypy. Nie mów płaczącemu synkowi, że jest dużym chłopcem i nie przystoją mu łzy, jeśli regularnie utulasz jego siostrę. Nie powtarzaj córce, że ładnie wygląda, a synkowi, że jest silny. Oczywiście, możesz tak powiedzieć, jeśli wymaga tego sytuacja. Chwal synka również za to, że był miły dla siostry, a dziewczynkę za celny rzut piłką. Nie próbuj wtłaczać dzieci w inne role, ale pamiętaj, że na osobowość dziecka składa się wiele cech, które warto pielęgnować.

- Próbuj unikać wydawania wartościujących opinii na temat różnych umiejętności lub stylów życia. Jeśli dasz dzieciom odczuć, że opiekowanie się nimi nie jest zajęciem zasługującym na szacunek, nie oczekuj, że jako dorośli będą wysoko oceniać rolę opieki nad dziećmi. Jeśli dasz im do zrozumienia, że praca w biurze jest bardziej wartościowa niż prowadzenie domu, możesz się spodziewać, że tak będą uważać w przyszłości.

- Rozdzielaj obowiązki domowe zgodnie ze zdolnościami, zainteresowaniami, czasem, a nie z góry określonymi stereotypami albo tak, by je burzyć. Osoba, która lubi gotować, niech będzie odpowiedzialna za posiłki, podczas gdy inni mogą zmywać albo sprzątać. Osoba dobra w rachunkach niech

> ### Szczenięce lata... ciąg dalszy
>
> Może sądzisz, że wiesz już coś na temat negatywizmu? Że wiesz, czym jest upór? To dopiero początek tego, co czeka się w najbliższych latach. Wtedy wiele egocentrycznych i innych sposobów zachowania zacznie cię na zmianę oczarowywać i doprowadzać do rozpaczy, zachwycać i odbierać mowę, fascynować i doprowadzać do frustracji, wystawiać na próbę pomysłowość i cierpliwość. Małe dzieci mają wybitne zdolności do wprawiania w zdumienie rodziców – a to nieustępliwością wobec jakiegoś jedzenia, a to rytualizmem – i zmuszaniem ich do szukania optymalnego sposobu radzenia sobie ze swymi dziwacznymi, całkowicie niezależnymi potomkami. A ponieważ dzieci często już przed ukończeniem pierwszego roku życia zaczynają przejawiać takie zachowania, w tym rozdziale znajdziesz nieco porad dotyczących poskramiania maluchów. Więcej na ten temat znajdziesz w książce *Drugi i trzeci rok życia dziecka* (wydał ją także Dom Wydawniczy REBIS – przyp. red.).

prowadzi domowe finanse. Nie lubiane prace powinny albo przypadać każdemu po kolei, albo być przydzielane za zgodą wszystkich zainteresowanych. Można też próbować zlecać je innym („Kochanie, czy mógłbyś dziś wynieść śmieci?"), choć ten system często bywa zawodny i w rezultacie nikt nie wynosi śmieci.

- Dawaj dobry przykład. Zdecydujcie z mężem, jakie cechy cenicie najwyżej u kobiet i mężczyzn, i starajcie się pielęgnować je i u siebie, i u dzieci. Dzieci zdobywają poczucie przynależności do własnej płci poprzez zabawę z rówieśnikami i identyfikację z rodzicem tej samej płci. Jeśli sama masz wątpliwości co do swojej roli, zaszczepisz to uczucie dziecku. Pamiętaj, że to nie dzięki zabawie lalkami chłopiec nauczy się być opiekuńczym ojcem, lecz od swego opiekuńczego ojca (czy innego mężczyzny w jego życiu), natomiast dziewczynki nabierają zamiłowania do sportu nie dlatego, że mają dużo piłek, lecz dlatego, że mają mamę, która codziennie ćwiczy.

SPANIE NA TAPCZANIE

Za sześć miesięcy urodzi się nasze drugie dziecko. Kiedy i jak powinniśmy przestawić synka na spanie na tapczaniku?

To, czy dziecko jest na to gotowe, zależy od jego wieku i wzrostu, rozwoju i przebojowości, a nie od tego, czy będzie miało młodsze rodzeństwo. Oto ogólna zasada: jeśli dziecko ma 90 centymetrów wzrostu i potrafi samo wyjść z łóżeczka (albo próbuje i niewiele mu brakuje do osiągnięcia tego celu), jest gotowe do spania na tapczanie. Niektóre zwinne dzieci wychodzą z łóżeczka, zanim jeszcze osiągną 90 centymetrów, inne nawet tego nie próbują. (Jeśli malec ma już ponad 90 centymetrów wzrostu, ale lubi spać w swoim łóżeczku i nie próbuje z niego wychodzić, nie ma sensu go przekładać.)

Ponieważ starsze dziecko będzie jeszcze bardzo małe w chwili, gdy urodzi mu się młodsze rodzeństwo, należy wątpić, czy będzie już przygotowane na spanie na tapczanie „dla dużego chłopca". A nawet jeśli będzie, to może uważać, że przyczyną zmiany było pojawienie się nowego dziecka w rodzinie. Lepiej więc przenieść go teraz do łóżeczka, które przekształca się w mały tapczanik.

PODUSZKI

Nie dawałam mojemu dziecku poduszek ani kocyka do łóżeczka ze względu na zagrożenie ze strony zespołu nagłej śmierci niemowlęcia. Ale teraz mała ma 11 miesięcy i zastanawiam się, czy może już bezpiecznie z nimi spać?

Być może dla ciebie łóżko bez poduszki (a nawet dwóch czy trzech poduszek) pod głową i puszystego kocyka nie jest po prostu tym, czym być powinno, ale dla dziecka śpiącego na płaskim materacu i bez przykrycia od urodzenia nie ma w braku poduszki i kocyka żadnego problemu. I niech tak zostanie. Choć czas największego zagrożenia zespołem nagłej śmierci niemowlęcia już minął, większość specjalistów jest zdania, że lepiej się powstrzymać z dawaniem poduszek malcom do czasu, gdy zaczną spać na normalnym łóżku – lub do okresu między osiemnastym a dwudziestym czwartym miesiącem życia. Wtedy bowiem nie ma już nawet najmniejszego ryzyka. Weź też pod uwagę, że wielu ekspertów zaleca spanie na płasko i dzieciom, i dorosłym.

Jeśli chodzi o kocyk, sprawa wygląda tak samo jak z poduszkami – im później, tym lepiej. Choć wielu rodziców zaczyna przykrywać swe pociechy kocykiem już około dwunastego miesiąca, specjaliści zalecają, by powstrzymać się przynajmniej do połowy drugiego roku życia malca. Zagrożenie – szczególnie w przypadku ruchliwego dziecka – nie tyle polega na tym, że dziecko może się udusić, ile na tym, że zaplącze się w kocyk przy wstawaniu i przewróci się, nabije guza, wystraszy. Dlatego też większość rodziców woli ubierać swe pociechy w śpiworek na lekką bawełnianą pidżamę, aby maluch nie marzł w zimną noc.

A kiedy już postanowisz dać dziecku kocyk i poduszkę, nie kieruj się przy kupnie swoim gustem, lecz wybierz małą dziecięcą poduszeczkę i lekkie przykrycie.

OGLĄDANIE TELEWIZJI

Czuję się winna, bo zaczęłam włączać **Ulicę Sezamkową**, *kiedy przygotowuję obiad. Mała to uwielbia, a ja się boję, że za bardzo przyzwyczai się do telewizji.*

Nie tylko ty się martwisz, większość specjalistów także. Według raportu firmy Nielsen Media Research dzieci w wieku od dwóch do dwunastu lat oglądają telewizję przeciętnie dwadzieścia pięć godzin tygodniowo. Jeśli twoja córeczka do nich dołączy, spędzi przykuta do telewizora 15 tysięcy godzin do czasu ukończenia szkoły średniej, tzn. o 4 tysiące godzin więcej, niż będzie w tym czasie miała zajęć szkolnych. Zobaczy 18 tysięcy morderstw i mnóstwo innych zbrodni, od rabunków i gwałtów po bombardowania i pobicia, oraz więcej scen erotycznych, niż możesz sobie wyobrazić. Stanie się celem 350 tysięcy reklam.

Nadmierne oglądanie telewizji stanowi też inne zagrożenie. Jest związane z otyłością i gorszymi stopniami w szkole. A ponieważ prowadzi do zaniku kontaktów między członkami rodziny (zwłaszcza jeśli dziecko ogląda ją podczas posiłków lub gdy ma telewizor w swoim w pokoju), może źle wpłynąć na życie rodzinne teraz i w przyszłości. Najgorsze jest to, że telewizja tworzy zafałszowany obraz rzeczywistości, zakłóca rozwój systemu wartości u dziecka, ponieważ ustala normy zachowań i poglądy, które nie sprawdzają się w realnym świecie. Dziecko poniżej dziesiątego miesiąca odbiera ekran telewizyjny jako skupisko świateł i kolorów, zupełnie nie pojmując, o co chodzi.

Oczywiście lepsze od programów dla starszych widzów są programy dla dzieci. Choć nadal nie brak programów bezwartościowych, większość ma znacznie większą wartość niż kiedyś, a dzieje się tak za sprawą agencji kontrolujących media. Dlatego też obecnie lwia część dziecięcych audycji telewizyjnych jest wysokiej jakości, a prócz rozrywki zapewnia też edukację. Wiele (szczególnie emitowanych przez stację państwową PBS, choć również inne stacje) próbuje nauczyć dzieci nie tylko cyferek i literek, ale również przekazać wartości, takie jak dzielenie się, współpraca, samokontrola, tolerancja rasowa, świadomość ekologiczna, uprzejmość wobec innych. Są również programy interaktywne, których oglądanie jest nieco mniej bierne.

Niewiele przeprowadzono badań nad wpływem telewizji na niemowlęta i małe dzieci, głównie dlatego, że nie jest to łatwe (dzieci w tym wieku posługują się bardzo podstawowym słownictwem, więc trudno stwierdzić, co zyskują dzięki oglądaniu telewizji). Niemniej jednak na podstawie tego, co wiadomo, większość ekspertów – w tym również z Amerykańskiej Akademii Pediatrii – zgodnie uważa, że nawet najlepsze z tego, co telewizja ma do zaoferowania, nie jest wcale dobre dla rocznego dziecka. AAP zaleca również, by dzieci poniżej drugiego roku życia jej nie oglądały. Przed drugimi urodzinami maluchy najwięcej korzystają z kontaktów międzyludzkich z rodzicami lub z innymi opiekunami; kontakty te pomagają w tworzeniu najważniejszych połączeń mózgowych i w rozwoju społecznym, emocjonalnym i intelektualnym. Choć z telewizji można się wiele nauczyć, nie zapewnia ona malcom możliwości uczenia się z bezpośredniego doświadczenia – a tak właśnie dzieci uczą się najwięcej.

Zapewne największym niebezpieczeństwem czyhającym na siedzące przed telewizorem dziecko jest możliwość wyrobienia sobie nawyku. I to nawet nie dla samego malucha (którego w tym wieku łatwo zająć czymkolwiek innym), lecz dla ciebie. Dla wielu zabieganych rodziców telewizor staje się „zastępczą opiekunką" i choć jest to całkowicie zrozumiałe (dziecko potrafi się zająć oglądaniem programu i siedzieć w jednym miejscu, w trakcie gdy mama lub tata gotują obiad, sprawdzają pocztę elektroniczną albo rozmawiają przez telefon), a czasem wręcz nieuniknione, nie powinno być zwyczajem. Niewiele trzeba, by te „pięć minut na wyciągnięcie naczyń ze zmywarki" stało się dwudziestoma minutami, a potem przerodziło w pół godziny, godzinę, a potem... wiadomo. Poza tym zaleca się, by dziecko, które już ogląda telewizję, siedziało przed telewizorem razem z rodzicami. W ten sposób będzie to bardziej kształcące, ponieważ rodzice mogą zadawać pytania, wskazywać na obrazki, rozmawiać na dany temat – a wszystko to jest niemożliwe, jeśli telewizor zastępuje opiekuna.

W wielu rodzinach zwlekanie z posadzeniem dziecka przed telewizorem do drugich urodzin malucha jest niewykonalne, zwłaszcza jeśli w domu są też starsze dzieci. Jeżeli telewizja staje się częścią życia dziecka, od początku musisz wyznaczyć ścisłe reguły. Na początek wystarczy jeden niekomercyjny program o przyzwoitej wartości. Ty także nie oglądaj telewizji w czasie, gdy dziecko nie śpi, zwłaszcza w trakcie posiłków – wtedy hipnotyzujące właściwości telewizora nie pozwolą rodzinie porozmawiać. Staraj się, nawet gdyby to nie zawsze było możliwe, oglądać programy razem z dzieckiem, pomagając mu zrozumieć więcej z tego, co widzi na ekranie – podobnie do wspólnego oglądania książeczki.

Nie pozwól, by telewizja była jedyną audiowizualną rozrywką dziecka: puszczaj mu więc kasety i płyty, które wymagają większego korzystania z wyobraźni (do oglądania telewizji wyobraźnia nie jest potrzebna), pobudzają kreatywność oraz, jeśli są muzyczne, dają okazję do wyrażania siebie poprzez taniec i śpiew.

Jest jeszcze jeden powód, dla którego na razie warto unikać siedzenia przed szklanym ekranem: nigdy później nie będzie to takie proste. Pierwsze dwa lata życia dziecka to jedyny czas, w którym uda się uniknąć sporów o oglądanie telewizji. Kiedy malec trafi do przedszkola i znajdzie się pod wpływem rówieśników z rodzin, w których do oglądania telewizji podchodzi się z większą pobłażliwością – wiek niewinności medialnej zakończy się ostatecznie.

PROGRAMY KOMPUTEROWE DLA DZIECI

Widziałam w sklepie CD-ROM-y z programami specjalnie dla małych dzieci. Czy powinnam już dawać dziecku gry komputerowe do zabawy?

W czasach, gdy nie umiejące jeszcze czytać przedszkolaki potrafią obsługiwać komputer nie gorzej od rodziców, kwestią czasu było jedynie, kiedy zaczną się pojawiać programy dla dzieci w pieluchach. Tak więc „lapware" – nazywane tak, ponieważ zostało zaprojektowane dla malców siedzących rodzicom na kolanach (od angielskiego słowa *lap* – kolana), żeby mogły zobaczyć, co jest na monitorze, i sięgnąć do klawiatury, staje się coraz bardziej popularne wśród rodziców chcących jak najwcześniej przyuczyć swe pociechy do komputera i dać im szansę, jakiej sami nie mieli.

Programy typu „lapware" są przeznaczone głównie dla grupy wiekowej od dziewięciu do dwudziestu czterech miesięcy, a zawierają przede wszystkim takie przyjazne dla maluchów i edukacyjne zadania, jak sortowanie przedmiotów, słuchanie dźwięków wydawanych przez zwierzęta, ubieranie postaci, składanie prostych układanek, zabawa w chowanego i słuchanie bajeczek. Niektóre programy umożliwiają rodzicom wgranie zdjęć rodzinnych oraz głosów do gry, co sprawia małym graczom wielką frajdę. Dodatkowo dziecięca klawiaturka ma kolorowe klawisze zachęcające do stukania w nie, a zamiast myszki – łatwiejszy do obsługi dla kogoś z ograniczonymi umiejętnościami motorycznymi mały joystick.

Zatem programy te są edukacyjne, przyjemne, a wiele małych dzieci przepada za nimi i głośno domaga się siedzenia przed komputerem przy każdej okazji. Ale lapware jest obecnie tematem debaty między ekspertami – debaty, która dopiero się rozkręca i na pewno szybko się nie zakończy, głównie dlatego, że niewiele na razie zgromadzono dowodów na to, jaki wpływ mają komputery na niemowlęta i małe dzieci. Wiele jeszcze informacji trzeba zgromadzić, a Amerykańska Akademia Pediatrii też jest zaangażowana w badania, badając wpływ „komputeryzacji" na rozwój najmłodszych.

Pozostało więc samemu rozważyć dobre i złe strony programów komputerowych dla dzieci, zanim posadzi się swą pociechę do jednego z nich. Na pewno ich plusem będzie to, że malec zapozna się w bardzo młodym wieku z komputerem, być może nabywając ważnej umiejętności i zainteresowania techniką (choć prawdopodobnie taki sam skutek osiągnie się, jeśli rozpocznie zdobywanie tych umiejętności później, w przedszkolu). Lapware może też być dobrym ćwiczeniem na rozwój motoryczny i dzięki ciekawej grafice czy grom zapewnić potrzebną malcom stymulację. Może również zachęcać do nauki (choć prawdopodobnie mniej niż gdy rodzice czytają dziecku, grają z nim w zwykłe gry albo zapewniają mu różnorodne doświadczenia poza domem). Komputer zapewnia dziecku okazję do naśladowania innych domowników – tak samo jak podawanie obiadu w „małej kuchni" czy gaworzenie do telefonu zabawki. Wreszcie komputer, ponieważ wymaga uczestnictwa kogoś dorosłego (a przynajmniej jego kolan, na których malec siedzi), w przeciwieństwie do telewizji (przed którą można dziecko po prostu usadzić), sprawia, że rodzice i ich pociechy spędzają razem wartościowo czas, podczas którego dzieci się uczą i bawią – przy czym można spędzić ciekawie czas także bez pomocy najnowszych osiągnięć technicznych.

A jakie są wady podsuwania dziecku komputerowej papki już na początku życia? Po pierwsze, w przeciwieństwie do innych zabaw, gry komputerowe (nawet edukacyjne) nie pobudzają zbytnio mózgu. Kiedy malec składa puzzle na podłodze w pokoju, musi najpierw oczyma wyobraźni zobaczyć, jak będą pasować do siebie elementy, następnie obracać je w rączce, by ten obraz odtworzyć, po czym położyć je w odpowiednim miejscu. Kiedy natomiast składa układankę na komputerze, może przypadkowo uderzać w klawisze, co powoduje jakieś akcje widoczne na monitorze. Lapware nie pobudza dziecka do kreatywności. Zakres tego, co widzi ono podczas zabawy, ogranicza się do tego, co pokazuje gra – natomiast podczas zabaw z rodzinką misiów czy autkami jego wyobraźnia pracuje bez ograniczeń. Co więcej, jeśli dziecko spędza za dużo czasu przed komputerem, będzie miało za mało okazji do ćwiczenia ważnych życiowych umiejętności, takich jak samokontrola lub porozumiewanie się z innymi – programy komputerowe nie uczą ich. Choć nie ma nic złego w kontaktach z cyberprzestrzenią, jeśli nie ma ich za dużo, dzieciom bardziej potrzebny, wręcz niezbędny, jest kontakt z ludźmi. I choć zabawa z grami komputerowymi jest mniej bierna niż oglądanie telewizji, to bardziej bierna od innego rodzaju zabaw. Dlatego też będzie szczególnie nieodpowiednia dla aktywnego rocznego dziecka, które chce (i powinno) przez większość czasu samodzielnie odkrywać świat. Choć rzeczywiście zabawa przy komputerze gwarantuje spędzanie czasu razem z rodziną, eksperci są zdania, że komputer może stać się przyczyną konfliktów pomiędzy dziećmi i rodzicami. Zdaniem tych specjalistów rodzinne zabawy bez korzystania z elektronicznych technologii (takie jak czytanie dziecku, tańczenie z nim czy kulanie do siebie piłki, zabawy w przyjęcie dla lalek) mają znacznie większą wartość niż „wartościowe" programy komputerowe. Poza tym zadają oni pytanie: Po co ten pośpiech?

Zanim specjaliści dojdą do porozumienia w sprawie programów komputerowych dla najmłodszych, najlepiej podchodzić do tych gier z umiarem. Jeśli zdecydujesz się na ich nabycie, weź pod uwagę następujące sprawy:

- Pamiętaj, by siedzieć z dzieckiem przy komputerze; nie sadzaj malca przed monitorem przypiętego do krzesełka.

- Nie podawaj więcej, niż malec może przyswoić – co oznacza, że na taką zabawę wystarczy dziesięć do piętnastu minut jednorazowo. Jeśli za dużo czasu będzie poświęcane na komputer, może go braknąć na pracę nad rozwojem społecznym, emocjonalnym, fizycznym i intelektualnym. Dziecko nie będzie mogło się uczyć tradycyjnie, robiąc coś. Nie zmuszaj nigdy do siedzenia przy komputerze dziecka, które już straciło cierpliwość czy zdolność koncentracji, gdy jest zmęczone stukaniem w klawisze i chciałoby się pobawić zwykłymi zabawkami.

- Używaj komputera z dobrych powodów. Zabawa nim jest fajna, w pewnym stopniu stymulująca i kształcąca, ale nie sprawi, że dziecko będzie miało wyższy iloraz inteligencji, będzie się lepiej uczyć w szkole czy stanie się specem od techniki.

Na pewno jeśli nie poddasz się komputerowemu szaleństwu i spędzisz czas z dzieckiem na śpiewaniu piosenek, zabawie w „kosi-kosi łapki" – nie wspominając o przytulaniu się – nie pozbawisz dziecka niczego, co jest mu niezbędne, by żyć w świecie zaawansowanej technologii. Ma jeszcze wiele, wiele czasu na naukę!

NADPOBUDLIWOŚĆ

Moja córeczka ani na chwilę nie usiądzie spokojnie, przez cały dzień raczkuje, chodzi, wspina się na meble, ciągle jest w ruchu. Boję się, czy nie grozi jej nadpobudliwość.

Obserwując energiczne roczne dziecko, trudno oprzeć się wrażeniu, że może być nadpobudliwe. Jednak większość rodziców może martwi się tym samym co ty – i niepotrzebnie. Osobie, która nie ma doświadczenia z dziećmi, normalne zachowanie może wydać się nienormalne. Po wielu miesiącach niemożności poruszania się dziecko w końcu potrafi wszędzie wejść. Nic więc dziwnego, że jest stale w ruchu, że biega jak szalone (raczkuje albo się wspina). Z jego punktu widzenia dzień jest za krótki, aby zdążyć wszystkiego doświadczyć.

Na razie jest jeszcze za wcześnie, aby myśleć o prawdziwej nadpobudliwości, zwanej ADHD – z angielskiego Attention-Deficit Hyperactivity Disorder (zespół nadpobudliwości psychoruchowej z deficytem uwagi). Diagnozę taką stawia się w pierwszych latach nauki w szkole podstawowej, kiedy już wiadomo, że dziecko nie jest w stanie na długo się skoncentrować – że czas koncentracji nie wydłuża się z wiekiem. Na razie natomiast krótki okres koncentracji u twej córki jest tak samo prawidłowy jak bałaganienie przy jedzeniu. A kiedy musisz wieczorem sprawić, by te małe trybiki pracowały na wolniejszych obrotach, pomóc powinna ciepła kąpiel, zajęcia wyciszające, masaż (jeśli dziecko lubi), czytanie lub śpiewanie.

NEGATYWIZM

Od kiedy mój synek nauczył się kręcić głową i mówić „nie", neguje wszystkie moje propozycje, nawet jeśli ma na coś ochotę.

Gratulacje – dziecko rozwija się prawidłowo. W miarę upływu czasu zaobserwujesz zmiany w zachowaniu, które nasilą się w nadchodzącym roku. To zjawisko zwane negatywizmem.

Rodzicom trudno jest znosić takie zachowanie, jest ono jednak naturalnym i zdrowym etapem w rozwoju każdego dziecka. Po raz pierwszy może ono stanowić o sobie, zamiast poddawać się woli rodziców, może zademonstrować własną siłę, sprawdzać dopuszczalne granice i podważać autorytet rodziców. Może jasno i wyraźnie wyrażać własne opinie. A największe wrażenie wywiera na wszystkich słowo: „nie!" Na szczęście, na tym etapie negatywizmu dziecięce „nie" nie jest tak bardzo stanowcze, jak mogłoby się wydawać. Prawdę mówiąc, to „nie" najczęściej nic nie znaczy. Mówi „nie" na widok banana, na którego ma ochotę, potrząsa głową, kiedy chce pójść na huśtawki. Tak jak podciąganie się do stania i stawianie pierwszych kroków, mówienie „nie" i potrząsanie głową to umiejętności, które dziecko musi poćwiczyć, nawet gdy są w danej chwili nie na miejscu. To, że dzieci o wiele wcześniej potrafią potrząsać głową na „nie", niż kiwać na „tak", nie jest związane z negatywizmem, tylko z faktem, że jest to gest łatwiejszy, wymagający mniejszej koordynacji mięśni.

Negatywizm można kontrolować za pomocą sprytnej manipulacji słownej, jeśli nie chcesz słyszeć „nie", nie zadawaj pytań, na które to słowo może być odpowiedzią. Nie pytaj: „Czy chcesz jabłko?", lecz wyciągnij w jego kierunku rękę z bananem i jabłkiem, pytając: „Chcesz jabłko czy banana?" Zamiast pytać: „Czy chcesz się pohuśtać?", zaproponuj: „Idziemy na huśtawkę czy na zjeżdżalnię?" Musisz jednak wiedzieć, że niektóre dzieci również na takie pytania odpowiedzą „nie".

Czasami się zdarza, że dziecko, które skończyło dopiero roczek, odegra uproszczoną wersję ataku złości charakterystycznego dla „okropnych dwulatków". Zwykle jest to po prostu zabawne, chociaż lepiej się nie śmiać (nie śmiej się ze stanowczych „nie" i potrząsania głową), śmiech przedłuży jedynie takie zachowania i zachęci do powtórek. Później ta metoda nie sprawdzi się (starsze dziecko tak zapamięta się w ataku złości, że nie uspokoi się, dopóki albo ono, albo rodzice nie padną z wyczerpania). Zignorowanie ataku rocznego malucha spowoduje zaprzestanie walki i spokojne odejście do pokoju z zabawkami. Podobny skutek można osiągnąć, odwracając uwagę dziecka, przytulając je czy żartując. Słowo „nie" będzie przez najbliższy czas stałym gościem w waszym domu i prawdopodobnie protesty przybiorą na sile. Najlepiej nie przywiązywać wagi do negatywnych zachowań, im więcej poświęcasz uwagi każdemu „nie", tym częściej usłyszysz to słowo. Podchodź do negatywizmu z dystansem, zachowuj poczucie humoru – problem nie zniknie, ale będziesz sobie lepiej z nim radzić.

CO WARTO WIEDZIEĆ
Pobudzanie rozwoju małego dziecka

Pierwsze słowa. Pierwsze kroki. Teraz mały tuptuś może przystąpić do fascynującej zabawy w poznawanie świata, który nagle staje przed nim otworem. Daj maluchowi szansę odkrywania go, dbaj o jego rozwój fizyczny, społeczny, intelektualny i emocjonalny. Staraj się zapewnić dziecku odpowiednie do tego rozwoju warunki.

Bezpieczna przestrzeń do chodzenia w domu i na podwórku. Gorliwy wędrowniczek nie chce być stale przypięty do wózka czy nosidełka, używaj ich tylko w razie prawdziwej potrzeby. Zachęcaj dziecko do chodzenia, ale zachowaj ostrożność na ulicy, na drodze, na podjazdach. Dziecko, które jeszcze dobrze nie chodzi, zachęcaj do ruchu i stawania na nóżki za pomocą interesujących przedmiotów umieszczonych w pewnej odległości. W złapaniu równowagi w pozycji stojącej mogą dziecku pomóc zabawki z kijkiem do popychania.

Bezpieczne warunki do wspinaczki. Dzieci lubią wspinać się na schody (jeśli nie możesz go pilnować, bramka jest niezbędna), zjeżdżalnie, krzesła i łóżka. Pozwól twemu maluchowi to robić, ale bądź przy nim, aby w razie konieczności przyjść z pomocą.

Zachęcaj dziecko do aktywności fizycznej. Jeśli dziecko jest mało aktywne, może trzeba będzie je nieco zachęcać, by zaczęło się więcej ruszać. Zacznij sama chodzić na czworaka i proponować, by podążyło twym śladem („Spróbuj mnie złapać!") albo odbiegło od ciebie („Zaraz cię złapię!"). Poukładaj zabawki lub inne ulubione przedmioty poza bezpośrednim zasięgiem dziecka, skłaniając je tym sposobem do ruchu. Dziecku lękliwemu potrzeba często więcej moralnej i fizycznej zachęty – zachęcaj więc, ale nie zmuszaj. Możesz razem ze swym nieśmiałkiem wchodzić na zjeżdżalnię i zjeżdżać razem z nim, zanim zdecyduje się spróbować zjechać sam. Spacerujcie, trzymając się za rękę (lub obie ręce). Pokołyszcie się razem na huśtawce dla starszych dzieci – to zachęci malca do samodzielnego bujania się na małej huśtawce.

Interesujące otoczenie. Dziecko, które nie widzi niczego poza wnętrzem własnego domu, samochodu i supermarketu, będzie bardzo znudzone (podobnie jak opiekunka). Za drzwiami domu znajduje się interesujący świat i twoja pociecha powinna codziennie go oglądać. Nawet wyjście na deszcz i śnieg może być ciekawym doświadczeniem (chyba że jest oberwanie chmury albo śnieżyca). Zabieraj maluszka na plac zabaw, do parku, do muzeów (dzieci zachwycają się obrazami i rzeźbami, przestronne galerie wspaniale nadają się do raczkowania), do sklepów z zabawkami (zachowaj szczególną czujność), do restauracji (w której dzieci są mile widziane), do sklepów ze zwierzątkami, do centrów handlowych, gdzie jest dużo wystaw i ludzi do oglądania.

Odpowiednie zabawki. Spacerowanie z zabawkami, które trzeba pchać lub ciągnąć, to dobre ćwiczenie dla początkujących wędrowniczków. Zabawki, na które dziecko siada

> ### Co z oczu...
>
> Wszyscy rodzice mają nadzieję, że dzieci będą zwracać się do nich po wskazówki. Według niezwykle ciekawych badań, maluchy rzeczywiście patrzą w tym celu na swych ojców i matki (oraz inne osoby dorosłe) dużo wcześniej, niż dotąd uważano. Naukowcy odkryli bowiem, że już dwunastomiesięczne dzieci są bardziej skłonne spojrzeć w kierunku jakiegoś przedmiotu, jeśli ktoś dorosły spojrzał na niego wcześniej. A to – zdaniem specjalistów – oznacza, że już tak małe dzieci rozumieją, jak wielkie znaczenie mają oczy, i już zaczynają ich używać do odbierania sygnałów społecznych. (Pytaniem pozostaje, czy ten sam eksperyment powiódłby się z szesnastolatkami?)

i odpycha się nóżkami, mogą niektórym pomóc w nauce chodzenia, choć inne maluchy wolą maszerować bez niczyjej pomocy. Na tym etapie rozwoju chodzik raczej zaszkodzi, niż pomoże.

Materiały do twórczości artystycznej. Wiele rocznych dzieci uwielbia bazgrać kredkami świecowymi. Chcąc nauczyć dziecko, jak się rysuje, przyklej papier taśmą do stołu lub podłogi, żeby się nie przesuwał, a kredki zabieraj, jak tylko dziecko zaczyna gryzmolić nie tam, gdzie powinno, albo wkłada je do buzi. Nie dawaj dziecku piór i długopisów, bo ich ostre końce mogą być niebezpieczne, chyba że cały czas nadzorujesz zabawę. Wiele dzieci uwielbia malować paluszkami, choć niektóre wzbraniają się przed tym, gdyż nie lubią mieć brudnych rączek (choć mycie udowadnia, że stan ten jest tymczasowy, maluchy nadal odmawiają wkładania paluszków do farby). Zabawki muzyczne też są dobre, lecz kupuj tylko takie, które porządnie grają. Dziecko nauczy się wybijać rytm na garnku drewnianą lub metalową łyżką, jeśli pokażesz mu, jak to robić.

Wkładanie i wyjmowanie. Dzieci uwielbiają wkładać i wyjmować przedmioty, wcześniej opanowują wyjmowanie. Możesz kupić zabawki tego typu albo wykorzystać przed-

Zasady bezpieczeństwa – przypomnienie

Twoje dziecko staje się coraz bardziej inteligentne, ale jeszcze przez dłuższy czas rozwój umiejętności ruchowych i intelektualnych będzie wyprzedzać zdolność przewidywania. Ponieważ potrafi wymyślać nowe sposoby na pakowanie się w kłopoty, teraz czyha na nie jeszcze więcej niebezpieczeństw, niż kiedykolwiek wcześniej.

W drugim roku życia dziecko wymaga nieustającego nadzoru. Wszystkie środki bezpieczeństwa, jakie podjęłaś, są w dalszym ciągu aktualne, pomyśl o kilku nowych, ponieważ dziecko potrafi już skutecznie się wspinać. A to znaczy, że tylko zamki i zasuwki są w stanie stawić opór małym rączkom. Po raz kolejny sprawdź, czy usunęłaś niebezpieczne przedmioty, nie tylko z podłogi, również z zasięgu rączek dziecka. Głęboko schowaj wszystko, co chcesz przed maluchem ocalić i co może być dla niego niebezpieczne. Pamiętaj, że w tym wieku on już umie przysunąć sobie krzesło lub większą zabawkę, aby sięgnąć do upatrzonej półki. Krzesła, stoły i półki powinny być wystarczająco mocne, by wytrzymać ciężar dziecka. Wydawaj stanowcze zakazy („Nie wolno ci na to wchodzić!"), ale nie oczekuj, że dziecko będzie jutro pamiętało zakaz, który usłyszało dzisiaj.

---

mioty znajdujące się w każdym domu, np. puste pudełka, drewniane łyżki, plastykowe łyżeczki, papierowe kubeczki i talerze, serwetki. Włóż do koszyczka sporo niewielkich przedmiotów (nie za małych, bo dziecko może się udławić). Przygotuj się na to, że spędzisz dużo czasu, wkładając je z powrotem, zanim dziecko samo nie opanuje tej czynności. Zabawa z piaskiem (w domu rodzice wolą używać surowych ziaren ryżu) i wodą (wlej trochę do miski) pozwala na ćwiczenie umiejętności wkładania i wyjmowania w formie wsypywania i wlewania. Nie spuszczaj dziecka z oka, kiedy bawi się w piasku i w wodzie.

Rozpoznawanie kształtów. Dzieci jeszcze nie potrafią wymówić słów „kółko", „kwadrat" i „trójkąt", ale umieją już rozpoznawać te kształty i wkładać je w odpowiednie dziurki w specjalnych zabawkach-pudełkach. Wyrabiają one sprawność manualną i uczą rozpoznawania kolorów. Pamiętaj, że dziecku trzeba kilkakrotnie pokazać, gdzie i jak wkładać klocki, zanim opanuje tę umiejętność.

Sprawność manualna. Zabawki, które wymagają obracania, kręcenia, popychania, naduszania i pociągania, zachęcają dzieci do manipulowania rączkami w różnych sytuacjach. Rodzice powinni pokazać dziecku, jak używać takich zabawek, które dostarczają okazji do pełnej skupienia zabawy.

Zabawki w kąpieli. Uczą rozumienia wielu zjawisk, pozwalają rozkoszować się pluskaniem w wodzie i nie grożą zabrudzeniem podłogi czy zniszczeniem mebli. Wanna jest dobrym miejscem do puszczania baniek mydlanych, choć na razie będziesz musiała puszczać je sama.

„Róbcie wszystko to, co ja". Tata klaszcze, potem robi to mama, a w końcu kolej na malucha. Następnie tata unosi kilka razy zgięte ramiona, po nim mama, w końcu dziecko. Po jakimś czasie samo będzie wiedziało, kiedy i co ma robić, a może nawet będzie inicjować zabawę.

Książki, czasopisma z obrazkami. Nie zaprosisz do domu żywego konia, słonia czy lwa, ale możesz znaleźć te zwierzęta na obrazkach w książkach bądź czasopismach. Kilka razy w ciągu dnia oglądaj z dzieckiem książeczki, choćby tylko przez parę minut, bo maluch nie potrafi dłużej skupić uwagi. Kładziesz w ten sposób fundament pod przyszłą przyjaźń z książką.

Zabawa w udawanie. Serwisy dla lalek, wyposażenie kuchni, plastykowe jedzenie, domki dla lalek, ciężarówki i samochody, kapelusze, dorosłe buty, poduchy – wszystko to może w magiczny sposób stać się częścią wymyślonego świata w rękach dziecka obdarzonego wyobraźnią. Zabawy takie rozwijają umiejętność nawiązywania kontaktów, zdolności ruchowe oraz wyobraźnię.

Cierpliwość. Roczne dzieci opanowały już o wiele więcej umiejętności niż półroczne, ale ich zdolność koncentracji niewiele się zmieniła. Czasem jakąś zabawką zajmą się troszkę dłużej, lecz zasadniczo wszystkim innym interesują się tylko na chwilkę. Najkrócej zaangażują się w zabawę, która wymaga spokojnego siedzenia – na przykład czytanie książeczki. Bądź wyrozumiała, nie zmuszaj rocznego dziecka i nie martw się – w miarę jak dzieci rosną, ich zdolność koncentracji jest coraz lepsza.

Oklaski (ale bez owacji na stojąco). Wyrażaj radość, gdy dziecko opanuje nową umiejętność. Sukces cieszy bardziej, jeśli jest zauważony. Nie przesadzaj jednak z okazywaniem zachwytu, gdyż dziecko może się od tego uzależnić i stać się niezdolne do podejmowania nowych kroków bez admiracji. Uczucie satysfakcji z własnych dokonań jest równie ważne i czasem powinno dziecku całkowicie wystarczyć.

Część 2

PROBLEMY SZCZEGÓLNEJ TROSKI

17
Dziecko na słońce i niepogodę

Niezależnie od tego, podczas której pory roku dziecko przyszło na świat, w ciągu pierwszego roku życia doświadczy ich wszystkich. Wraz ze zmianami pór roku – słońcem, wiatrem, ciepłem, zimnem, deszczami i śniegiem – pojawiają się nowe problemy. Są to kwestie nie związane z którymś miesiącem życia dziecka, lecz z tym, jak je karmić, ubierać i się z nim bawić w czasie różnej pogody; pytania dotyczące udaru słonecznego i odmrożeń, moskitier i osłon na kominki, świątecznych ozdób, a może nawet lekcji pływania. Przeczytaj ten rozdział, by przygotować się na to wszystko.

CO MOŻE CIĘ NIEPOKOIĆ W CZASIE UPAŁÓW

NIE PRZEGRZEWAJ DZIECKA

Oto znajomy obrazek: rodzice w szortach, bluzkach z krótkim rękawem i sandałach, pchają wózek z niemowlęciem ubranym jak na wyprawę na koło podbiegunowe. W czasie upałów niemowlęta (nawet noworodki) nie muszą być ubrane cieplej niż dorośli. Dodatkowe warstwy ubranek są niepotrzebne, przegrzanie może doprowadzić nawet do udaru cieplnego.

Ubieraj dziecko tak, jak ubierasz się sama. Jeśli tobie nie jest zimno w krótkich spodenkach i bluzce, włóż dziecku dziecięcą wersję tego samego ubioru. Jeśli pocisz się w swetrze, dziecko też się spoci. Na upały najlepsze są rzeczy lekkie, luźne i kolorowe; lekkie czapeczki i kapelusiki ochronią główkę malucha. Materiały powinny wchłaniać pot, ale kiedy przesiąkną wilgocią, przebierz dziecko. Zawsze noś przy sobie rzeczy na zmianę.

Solidne nosidełko wykonane z grubego materiału nie pozwoli dziecku zmarznąć w zimie, ale w lecie sprawi, że malec (zwłaszcza jeśli będzie okryty od stóp do głów) zaleje się potem, ogrzewany ciepłem twego ciała i powietrzem, przy jednoczesnym całkowitym braku wentylacji.

Upały spędzane w pomieszczeniu są dla dziecka o wiele mniej dotkliwe, gdy włączona jest klimatyzacja lub wentylator. Należy jednak sprawdzić, czy strumień powietrza nie jest skierowany bezpośrednio na dziecko oraz czy temperatura powietrza w pomieszczeniu nie spada poniżej 22°C. Przewody elektryczne wentylatorów powinny znajdować się poza zasięgiem rąk dziecka. W upalne noce wystarczy okryć malca pieluszką, jeśli jednak włączona jest klimatyzacja, należy nałożyć dziecku lekki śpioszek i okryć je cienkim kocykiem.

Zimne rączki i stopki nie oznaczają wyziębienia, ale pot na szyi, główce i pod pachami oznacza przegrzanie.

Wysypka z gorąca

Wiele dzieci cierpi na tę letnią dolegliwość, która objawia się malutkimi, czerwonymi wypryskami na buzi, szyi, pod paszkami i w górnej części tułowia. Ich przyczyną jest gromadzenie się potu z powodu zatkanych ujść gruczołów potowych. Choć wysypka taka zwykle sama znika po tygodniu, można chłodzić dziecko kąpielami (przy użyciu bardzo łagodnego mydełka), ale nie powinno się stosować pudrów ani emulsji, gdyż te jeszcze bardziej zatykają gruczoły potowe. Zabierz dziecko do lekarza, jeśli pojawią się krosty oraz zaczerwienione, swędzące miejsca, gdyż mogą one oznaczać infekcję bakteryjną lub grzybicę.

UDAR SŁONECZNY

Chociaż mamy najczęściej obawiają się, czy dzieciom nie jest za zimno, nie zdają sobie sprawy, że przegrzanie jest równie niebezpieczne. W pierwszym roku życia dzieci są szczególnie wrażliwe na upały, bo ich system termoregulacji nie jest jeszcze doskonały i nie potrafi skutecznie obniżać temperatury ciała. W rezultacie przegrzanie może prowadzić do poważnych, a nawet śmiertelnych udarów cieplnych. Udar następuje niespodziewanie. Jego zwiastuny to: gorąca i sucha, czasami wilgotna skóra, bardzo wysoka temperatura, biegunka, podniecenie lub apatia, rozdrażnienie, drgawki i utrata przytomności. Gdybyś zaobserwowała takie objawy u dziecka, natychmiast skontaktuj się z lekarzem i udziel pierwszej pomocy (patrz str. 520).

Tak jak we wszystkich nagłych przypadkach, najlepszym sposobem leczenia jest zapobieganie. Oto, jak zapobiegać udarom:

- Nigdy nie zostawiaj niemowlaka albo małego dziecka w zaparkowanym samochodzie w ciepłe czy gorące dni (zresztą dziecka nigdy nie powinno się zostawiać samego w zaparkowanym samochodzie, niezależnie od pogody). Nawet przy otwartych oknach temperatura w aucie może niebezpiecznie wzrosnąć. Na przykład przy temperaturze powietrza powyżej 21°C w ciągu piętnastu minut temperatura w samochodzie, przy uchylonych oknach, może podskoczyć do 26°C, a przy zamkniętych nawet do 50°C.

- Nie otulaj gorączkującego dziecka w kołdry i koce. Taki maluch potrzebuje ochłody, a nie przegrzewania. Zasada „najlepiej się wypocić" nie jest słuszna.

- W czasie upałów ubieraj dziecko lekko i nie wystawiaj go na słońce. Pamiętaj o ryzyku przegrzania w nosidełku.

- Nie zapominaj o dodatkowych porcjach napojów.

ZBYT WIELE SŁOŃCA

Kiedyś uważano, że dzieci opalone na brąz dzięki godzinom zabawy w gorącym letnim słońcu są zdrowe, a blade, które siedziały w domu, uważano za „chorowite". Wierzono, że promienie słoneczne są zdrowe jak owoce i dodają energii jak weekend na wsi.

Dzisiaj już wiemy, że jest inaczej. Lekarze, którzy kiedyś zalecali pacjentom kąpiele słoneczne, teraz każą wystrzegać się słońca. Jeśli ktoś za długo wystawia na działanie promieni słonecznych skórę nie chronioną odpowiednimi emulsjami, może się nabawić raka skóry (w tym czerniaka), brązowych plam na skórze, przedwczesnych zmarszczek i zestarzenia się skóry. Choć sama opalenizna wygląda „zdrowo", jest w rzeczywistości objawem uszkodzenia skóry, która próbuje w jakiś sposób obronić się przed dalszymi szkodami.

Nadmierne wystawianie ciała na działanie promieni słonecznych może być przyczyną zaćmy, okazuje się, że obniża także poziom beta-karotenu (substancji hamującej rozwój raka). Słońce może też przyspieszyć rozwój innych chorób, np. opryszczki, wirusowych chorób skóry, przebarwień skóry i innych zmian skórnych. W połączeniu z zażywanymi lekarstwami może wywoływać niepożądane efekty uboczne.

Kiedyś codzienne przebywanie bezpośrednio na słońcu było istotne dla zdrowego wzrostu dzieci, bo było jedynym dostępnym źródłem witaminy D, niezbędnej dla budowy mocnych kości. Dzisiaj wiele produktów nabiałowych, mieszanek mlecznych i wszystkie gatunki mleka są wzbogacone tą witaminą, dodatkowo podaje się ją wszystkim dzieciom karmionym piersią. Nie potrzeba już poświęcać skóry twojego dziecka, aby zapewnić mu odpowiednią dawkę witaminy D. Chcąc zabezpieczyć dziecko przed konsekwencjami zbyt długiego przebywania na słońcu, pamiętaj o następujących faktach i radach:

Fakty dotyczące słońca

- Niemowlęta są szczególnie narażone na porażenie słoneczne, ponieważ mają bardzo cienką skórę. Wystarczy, że raz zdarzy się malcowi dostać poważnego udaru we wczesnym lub późniejszym dzieciństwie, a stanie się narażony na dwukrotnie większe ryzyko wystąpienia najbardziej niebezpiecznej odmiany raka skóry, czerniaka złośliwego. Ale nawet niewinne pozornie opalanie się (bez poparzenia) powiązano z rakiem podstawnokomórkowym i płaskonabłonkowym skóry, najczęściej występującymi nowotworami skóry, oraz jej przedwczesnym starzeniem się. Uważa się, że działanie słońca jest winne co najmniej 90% wszystkich przypadków raka skóry, z których większości można było zapobiec.
- Nie istnieje bezpieczne opalanie się, choćby było bardzo powolne, stopniowe. Nie chroni też ono skóry przed późniejszymi oparzeniami.
- Choć osoby o jasnej cerze, jasnych oczach i włosach są najbardziej narażone na działanie słońca, nikt nie jest na nie odporny.
- Nos, usta i uszy są najbardziej zagrożonymi częściami ciała.

- Słońce świeci najintensywniej i jest najbardziej niebezpieczne między godziną 10 a 15 (11 a 16 czasu letniego).
- 80% promieni słonecznych przechodzi przez chmury; nawet w ciepłe, pochmurne dni trzeba zabezpieczać się przed słońcem.
- Woda i piasek odbijają promienie słoneczne, zwiększają ryzyko poparzeń skóry, musisz się przed tym zabezpieczyć podczas pobytu na plaży, basenie czy nad jeziorem.
- Wysokie temperatury, wiatr, wysokość i bliskość równika również zwiększają ryzyko poparzenia, pamiętaj o dodatkowym zabezpieczeniu.
- Śnieg leżący na ziemi odbija w jasny dzień tyle promieni słonecznych, że też może spowodować oparzenia.

Porady praktyczne

- Niemowlęta poniżej szóstego miesiąca życia nie powinny przebywać w ostrym słońcu, zwłaszcza podczas upalnego lata albo w klimacie tropikalnym. Ochraniaj dzieci parasolką przymocowaną do wózka.
- Jeśli nie możesz trzymać dziecka w cieniu, użyj odpowiedniej emulsji ochronnej, smarując malcowi buzię, rączki, dłonie i ciało przynajmniej na piętnaście (lepiej – trzydzieści) minut przed wyjściem na słońce. Starszym dzieciom nie skąp emulsji; maluchy poniżej szóstego miesiąca smaruj mniejszą ilością (staraj się jak najbardziej ograniczyć ich pobyt na słońcu). Uważaj, by krem nie dostał się do ust lub oczu dziecka. Usta, nos i uszy posmaruj specjalną szminką ochronną albo maścią cynkową. Jeśli dziecko będzie się kąpać, użyj emulsji wodoodpornej.
- Pamiętaj, by nakładać emulsję co dwie lub trzy godziny, a częściej, jeśli malec bawi się w wodzie lub jeśli mocno się poci. Miej emulsję przeciwsłoneczną zawsze w torbie na pieluchy, bo nigdy nie wiadomo, kiedy może ci się przydać.

Jak wybrać odpowiedni preparat przeciwsłoneczny

Wysoki faktor. Preparaty przeciwsłoneczne oznaczone są numerami, zwanymi faktorami, od 2 do 30 (wyjątkowo do 50 lub nawet 100). Im wyższy numer, tym dłużej zabezpiecza przed szkodliwym działaniem promieni słonecznych. Dzieci powinny używać preparatów oznaczonych numerem 15, dla tych z jasną, wrażliwą cerą jeszcze lepszy byłby numer 30 lub 45. Nie używaj kremów i olejków do opalania, nie chronią one przed szkodliwym działaniem promieni słonecznych.

Skuteczność. Szukaj preparatów, które zawierają składniki chroniące przed promieniami ultrafioletowymi typu UVB i UVA; promienie UVB powodują raka skóry, promienie UVA opalają i wzmacniają efekt rakotwórczy promieni UVB.

Bezpieczeństwo. Niektóre preparaty przeciwsłoneczne powodują reakcje alergiczne, zwłaszcza u niemowląt, których skóra jest wyjątkowo delikatna. Najczęściej szkodzą PAB (kwas paraaminobenzoesowy) i jego odmiany, np. octan dwumetylowy, środki zapachowe i barwniki. Dla stuprocentowej pewności zrób dziecku test naskórkowy na 48 godzin przed użyciem na całym ciele malca. Jeśli po zastosowaniu danego produktu na ciele dziecka wystąpi swędząca czerwona wysypka lub inna niepożądana reakcja skórna albo zaczerwienienie oczu, wypróbuj inny preparat – najlepiej hipoalergiczny dla niemowląt. Dla dziecka o wrażliwej skórze odpowiedni będzie wolny od chemii preparat, w którym aktywnym składnikiem jest dwutlenek tytanu.

Odporność na wodę. Jeśli dziecko będzie zażywało kąpieli, wybierz produkt odporny na wodę, tzn. taki, który będzie skuteczny po 20 minutach zamoczenia w wodzie albo po dwóch kąpielach.

- Przebywanie na słońcu rozpoczynaj od kilku minut, stopniowo przedłużając o kilka minut dzień po dniu, aż dojdziesz do 20 minut.

- Dzieci powinny nosić lekkie czapeczki z daszkiem, które chronią ich oczy i buzie, oraz koszulki, by nie spalić ramion, nawet kiedy bawią się w wodzie. Ubranka powinny być uszyte z lekkich materiałów. Dwie cienkie warstwy chronią lepiej niż jedna. Promienie słoneczne potrafią przeniknąć przez niektóre materiały. Ale nie ubieraj dziecka za grubo.

- Słońce ma szkodliwe działanie nie tylko na skórę, ale również na oczy. Dzieci przebywające dużo czasu na słońcu powinny nosić okulary przeciwsłoneczne z filtrem ochronnym. Kiedy malec skończy osiem lub dziewięć miesięcy (zwłaszcza jeśli często bawi się na dworze), czas na okularki – wybierz takie, które są oznaczone jako chroniące przed promieniami UV w stu procentach i odpowiadają standardom ANSI (American National Standards Institute – Amerykański Narodowy Instytut Normalizacyjny).

Już we wczesnym dzieciństwie należy wyrobić w dziecku nawyk noszenia okularów przeciwsłonecznych.

- Podczas upałów wychodźcie na dwór wcześnie rano albo późnym popołudniem. Dzieci nie powinny przebywać na słońcu w samo południe.

- Jeśli dziecko zażywa lekarstwa, upewnij się, czy nie powodują one zwiększonej wrażliwości na światło słoneczne.

- Daj dobry przykład, chroń własną skórę przed niszczącym wpływem promieni słonecznych.

Oznaki udaru słonecznego

Rodzicom się wydaje, że wszystko jest w porządku, bo skóra nie jest zaczerwieniona. Niestety, mylą się. Nie można dokładnie zaobserwować momentu, kiedy dochodzi do udaru słonecznego, ale gdy efekty są widoczne, jest już za późno. Skóra staje się czerwona w 2 do 4 godzin po poparzeniu, a purpurowa – 10 do 14. Udarowi mogą towarzyszyć bąble, bóle, a także ból głowy, nudności, dreszcze i wyczerpanie. Po 4, 5 dobach zaczerwienienie skóry i objawy zanikają. Czasami dochodzi do łuszczenia skóry. Złe samopoczucie może trwać tydzień do dziesięciu dni.

Na str. 520 znajdziesz wskazówki dotyczące postępowania w wypadku udaru słonecznego.

UKĄSZENIA OWADÓW

Najczęściej ukąszenia owadów nie są szkodliwe, ale powodują ból i nieprzyjemne swędzenie. Czasami owady przenoszą niebezpieczne choroby lub powodują ostre reakcje alergiczne. Dlatego warto chronić dziecko przed ich ukąszeniami (dokładne postępowanie w przypadku ukąszenia opisano na str. 520).

Zapobieganie ukąszeniom i użądleniom

Pszczoły i inne owady, które mogą użądlić. Nie pozwalaj dziecku na zabawę w pobliżu miejsc, gdzie gromadzą się pszczoły. Można je znaleźć w koniczynie, na łąkach, w sadach i przy poidłach dla ptaków. Mogą pojawić się także na twoim podwórku. Jeśli znajdziesz ul lub gniazdo os w pobliżu domu, zamów specjalistę, który je fachowo usunie. Do zabawy na dworze ubieraj rodzinę w białe lub pastelowe ubrania, a unikaj ciemnych czy intensywnych barw lub wzorków w kwiatki. Nie używajcie pudrów zapachowych, emulsji, wody kolońskiej ani pachnących lakierów do włosów.

Komary. Rozmnażają się w wodzie, kałużach, zbiornikach deszczówki itp. Kiedy się roją, nie wychodź z dzieckiem, zwłaszcza wieczorem. Małe dziecko można ochronić przed komarami siatką rozpinaną nad wózkiem, natomiast maluchy powyżej szóstego miesiąca życia smaruj specjalnym środkiem odstraszającym komary dla niemowląt lub takim, który zawiera olejek z cytroneli albo soi (przy czym te środki są mniej skuteczne niż te, które zawierają DEET – patrz niżej).

Przy nakładaniu preparatu postępuj zgodnie z zaleceniami producenta, używaj go oszczędnie, unikając kontaktu z dłońmi i buzią dziecka, a po powrocie do domu zmyj go wodą z mydłem. Najlepsze są emulsje – spraye mogą dostać się do oczu lub górnych dróg oddechowych.

Kleszcze. Zanim wybierzesz się na spacer w okolicy, gdzie zdarzają się kleszcze, zastosuj środek odstraszający owady. Pamiętaj, by nie był silnie skoncentrowany (najlepiej 10% albo mniej DEET, jeśli dziecko ma co najmniej sześć miesięcy), a także by nie miał bezpośredniego kontaktu ze skórą dziecka, jedynie z jego ubraniem. Sprawdzaj, czy nie ma kleszczy, najczęściej wielkości łebka od szpilki, na ubraniu lub skórze innych członków rodziny, trzymanych w domu zwierząt, a także na powierzchni sprzętów. (Łatwiej zauważyć kleszcze na jasnej odzieży. Rzadziej przyczepiają się do ciasno tkanych materiałów.) By zapobiec chorobie z Lyme, należy kleszcza niezwłocznie usunąć (patrz str. 521).

Wszystkie kąsające lub żądlące owady. Ubierajcie się tak, aby ręce, nogi, stopy i głowa były zakryte. W miejscach, gdzie bywają kleszcze, włóżcie nogawki w skarpetki.

BEZPIECZEŃSTWO W LECIE

Początek lata to początek sezonu, w którym musimy być przygotowani na rozmaite wypadki. Weź pod uwagę następujące środki ostrożności, żeby zminimalizować ryzyko ich wystąpienia:

- Ponieważ w ciepłe dni często otwieramy okna, pamiętaj o zainstalowaniu barierek na wszystkich oknach w domu. Siatki przeciw owadom nie są wystarczająco mocne, dziecko może je po prostu wypchnąć. Jeśli nie masz takich barierek albo jesteś u kogoś z wizytą, nie otwieraj okien szerzej niż na 15 centymetrów i zablokuj je lub otwieraj wyłącznie górną część. Zainstaluj ograniczniki, które uniemożliwiają uchylenie

Wody, kochanie?

W czasie letniej kanikuły (a okres ten może zacząć się na wiosnę i trwać czasem przez całą jesień) maluchy potrzebują więcej płynów, żeby uzupełnić to, co wypacają. Niemowlęta poniżej szóstego miesiąca życia, które wyłącznie ssą pierś, nie mają z tym problemu – po prostu częściej chcą być przystawiane, niemniej jednak spytaj lekarza, czy powinnaś dawać mu odrobinę wody w gorące dni. Niemowlętom karmionym mieszankami lekarz prawdopodobnie zaleci podawanie wody pomiędzy posiłkami, sama jednak nie pój dziecka wodą. Starsze niemowlęta mogą dostawać wodę lub rozcieńczony sok w kubeczku lub butelce. (Za dużo wody nie jest dla dziecka zdrowe – patrz str. 155.)

Do uzupełniania płynów doskonale nadają się takie soczyste owoce i warzywa, jak melon, brzoskwinia czy pomidory – oczywiście jeśli zostały wprowadzone do diety dziecka. Nie dawaj maluchom do picia napojów słodzonych cukrem, na przykład napojów gazowanych, owocowych czy ponczu, gdyż zwiększają pragnienie (a nie są odpowiednie dla niemowląt), ani napojów, do których dodana została sól (specjalne napoje dla sportowców).

---

okna na więcej niż 10 centymetrów. Nie ustawiaj pod oknami mebli ani niczego, na co dziecko potrafiłoby się wspiąć.

- W ciepłe dni, kiedy zostawiamy otwarte drzwi, maluchy mogą wybrać się w niebezpieczną podróż. Wszystkie drzwi porządnie zamykaj.

- Na dworze nigdy nie spuszczaj dziecka z oka, zwłaszcza w pobliżu huśtawek. Wszystkie huśtawki w ogrodzie ustawiaj w odległości przynajmniej 2 metrów od płotu lub ściany, powierzchnie pod nimi wysyp kawałkami gumy, piaskiem, trocinami lub korą. Brzdące poniżej pierwszego roku życia mogą się huśtać wyłącznie na huśtawkach z zapięciem i pasem w kroku – lub ze specjalnym siedzonkiem, do którego wkłada się malucha. Podczas upałów sprawdzaj, czy metalowe części huśtawek nie rozgrzały się za bardzo, pamiętaj, że mogą spowodować oparzenie.

- Nie pozwalaj dziecku bawić się w wysokiej trawie i w miejscach, gdzie mogą rosnąć trujące rośliny, np. sumak jadowity albo trujący bluszcz. Dziecko może wziąć do buzi i połknąć kawałek trującego kwiatu, krzewu czy drzewa. W lesie dziecko powinno mieć długie rękawki i długie spodnie. Jeśli malec przez przypadek dotknął trującej rośliny, natychmiast rozbierz go i umyj wodą z mydłem. Jeśli będziesz z tym zwlekać, może być za późno i wystąpi reakcja alergiczna. Wszystkie rzeczy, które zetknęły się z trującą rośliną (ubranka, wózek, nawet pies), też powinny zostać umyte. Nie zapominaj o butach – włóż je do pralki, jeśli można je prać, lub przynajmniej porządnie wyszoruj. Jeśli wystąpi reakcja na skórze, posmaruj zaczerwienione miejsce maścią łagodzącą swędzenie (patrz str. 519).

- Lato to sezon na grillowanie, ochraniaj malucha przed przypadkowym poparzeniem. Nie pozwalaj mu dotykać grilla, nie ustawiaj krzeseł w jego pobliżu. Grille domowe czy w stylu japońskim należy ustawiać wyłącznie na stabilnych stołach. Pamiętaj, że rozżarzony węgiel długo jest gorący. Dlatego po zakończeniu posiłku zalej go wodą i wyrzuć w miejsce niedostępne dla dzieci.

WODNE DZIECI

Rodzice pragną, by ich dzieci jak najwcześniej rozpoczynały naukę pływania, i zapisują na basen nawet niemowlaki. Ale wielu naukowców uważa, że lekcje pływania nie przynoszą małym dzieciom żadnych korzyści. Z łatwością uczą się one leżenia na wodzie, ponieważ ich ciałka pokryte są proporcjonalnie grubszą warstwą tłuszczu, ale nie potrafią wykorzystać tej umiejętności w razie zagrożenia. To, że niemowlęta uczęszczają na basen, nie oznacza, że w przyszłości będą lepszymi pływakami niż dzieci, które rozpoczną naukę później. Wydaje się wątpliwe, czy takie lekcje w ogóle przynoszą maluchom jakiekolwiek korzyści. Po pierwsze, jeśli dziecko ma głowę pod wodą, może dość do „zatrucia wodnego" (patrz dalej). Po drugie, kąpiele w basenach publicznych zwiększają ryzyko wystąpienia takich infekcji, jak biegunka (dziecko w trakcie zabawy wypija wodę z zarazkami), zapalenie ucha zewnętrznego (zwane potocznie „uchem pływaka", a wywołane przez nalanie się wody do ucha) lub podrażnienia skóry.

Nie znaczy to, że nie powinnaś oswajać dziecka z wodą – to pierwszy krok ku bezpieczeństwu w wodzie. Zanim zanurkujesz z dzieckiem, zapoznaj się z poniższymi uwagami. Rozważ je, zastanawiając się, czy zapisać dziecko na naukę pływania.

- Nie powinno się zabierać dziecka na basen, jeśli nie potrafi ono mocno trzymać głowy, tzn. leżąc, podnieść jej o 90°. Tę umiejętność dziecko zwykle opanowuje w czwartym, piątym miesiącu życia. Wcześniej może przez przypadek zanurzyć główkę w wodzie.

- Dziecko cierpiące na przewlekłą chorobę, a także na częste zapalenia uszu, powinno uzyskać zgodę lekarza na zabawy w wodzie. W czasie przeziębienia lub temperatury oraz innych objawów chorobowych (zwłaszcza biegunki) dziecko nie powinno chodzić na basen. Wystarczy kąpiel w wannie.

- Dziecko, które lubi wodę i jest do niej przyzwyczajone, jest mniej bezpieczne niż to, które boi się wody. Nie zostawiaj swojej pociechy ani na chwilę bez opieki, nawet jeśli ma rękawki do pływania, w pobliżu wody (basenu, wanny, jeziora, oceanu, kałuży), nawet jeśli chodzi na lekcje pływania. Dziecko może utonąć szybciej, niż ty zdążysz odebrać telefon, do utonięcia wystarczy zaledwie pięć centymetrów wody. Jeżeli musisz na chwilę wyjść, zabierz dziecko z sobą.

- Wszystkie zajęcia w wodzie powinny się odbywać zgodnie z zasadą dziecko plus odpowiedzialna osoba dorosła, która nie boi się wody (dzieci wyczuwają lęk).

- Instruktor pływania powinien mieć kwalifikacje do prowadzenia zajęć z niemowlętami oraz certyfikat ukończenia kursu niesienia pierwszej pomocy niemowlętom. Dzieci powinny być w tym samym wieku i na tym samym etapie rozwoju. Wystrzegaj się kursów, których ukończenie ma sprawić, że dziecko nigdy się nie utopi.

- Dziecko, które boi się wody i zanurzania, nie powinno być zmuszane do zabaw w basenie.

- Woda, w której przebywają niemowlaki, powinna być przyjemnie ciepła, najlepiej podgrzana do temperatury 28–30°C. Niemowlęta poniżej szóstego miesiąca nie powinny być zanurzane w chłodniejszej wodzie. Temperatura powietrza powinna być przynajmniej o trzy stopnie wyższa niż temperatura wody. Żeby uniknąć przeziębienia, ograniczaj przebywanie w wodzie do pół godziny. Woda w basenie musi być chlorowana, a naturalne zbiorniki wodne czyste, aby zmniejszyć ryzyko infekcji. Obiekt powinien być przebadany przez Sanepid.

- Niemowlaki powinny nosić pieluchy typu „pampers", z gumką przylegającą do ud, nie martw się, że zasiusiają cały basen, mają przecież małe pęcherze i wydalają niewiele moczu, a bakterie rozkładane są przez chlor.

- Buzia dziecka nie powinna znajdować się pod wodą. Chociaż dziecko instynktownie przestaje oddychać pod wodą, nie przestaje połykać. Wypicie dużej ilości wody, co zdarza się podczas zabawy w basenie, może rozcieńczyć krew i prowadzić do zatrucia wodnego, czyli niebezpiecznego obniżenia poziomu sodu w organizmie. W rezultacie dochodzi do obrzęku mózgu, któremu może towarzyszyć rozdrażnienie, osłabienie, nudności, skurcze mięśni, apa-

Zepsute jedzenie

Zepsute jedzenie może dorosłym najwyżej zepsuć letni dzień, ale niemowlęta i małe dzieci mogą znacznie poważniej ucierpieć z tego powodu. Jedzenie znacznie szybciej psuje się w wysokiej temperaturze, więc bądź szczególnie ostrożna, jeśli chodzi o posiłki dziecka. Przestrzegaj wskazówek dotyczących właściwego przechowywania żywności; znajdziesz je na stronach 300––301. Wybierając się na piknik, pamiętaj o zabieraniu przenośnej lodówki i kostek lodu do oziębiania mleka, otwartych słoiczków z sokami albo gotowymi obiadkami. Napoje przechowuj w termosie albo słoiku z kostkami lodu (dotyczy to soków, mleko nie powinno być rozcieńczone). Jeśli jedzenie lub picie nie są już zimne w dotyku, wyrzuć je, możliwe, że rozwinęły się już w nich bakterie. Wyjątek stanowią zamknięte fabrycznie napoje w kartonikach i słoiczki z jedzeniem.

tia, drgawki, a nawet śpiączka. Dzieci są bardziej podatne na zatrucie wodne niż dorośli, ponieważ ich krew ma mniejszą objętość (nie potrzeba wiele wody, by ją rozcieńczyć) i mają skłonności do połykania wszystkiego. Symptomy zatrucia występują dopiero po trzech do ośmiu godzin od momentu wypicia wody, dlatego często choroby nie łączy się z pływaniem. Zanurzenie zwiększa ryzyko infekcji, zwłaszcza uszu i zatok, oraz hipotermii, czyli niebezpiecznego obniżenia temperatury ciała.

- Łódki, skrzydełka, materace oraz inne plastykowe zabawki przeznaczone do zabawy w kąpieli dają rodzicom i dziecku złudne poczucie bezpieczeństwa. Wystarczy chwila, by maluch ześlizgnął się z łódki lub spadł z materaca. Niemowlęta i małe dzieci powinny nosić specjalne kamizelki-kapoki, kiedy przebywają w pobliżu wody, a i one nie dają pełnej gwarancji bezpieczeństwa.

- Zabawka unosząca się na wodzie może stanowić śmiertelne niebezpieczeństwo dla zainteresowanego nią dziecka. Kiedy nie korzystacie z basenu, zabierajcie z niego wszystkie zabawki.

- Nie należy używać baseników czy brodzików, jeśli zgubił się korek. Niemowlę może poważnie ucierpieć na skutek działania siły zasysania odpływającej wody.

- Dorośli nadzorujący zabawę dzieci w wodzie powinni znać techniki wykonywania sztucznego oddychania i masażu serca (patrz str. 530). W pobliżu miejsca, gdzie się kąpiecie, powinien znajdować się sprzęt ratowniczy, plakat informujący, jak wykonać sztuczne oddychanie i masaż serca, oraz telefon niezbędny w nagłych wypadkach.

CO MOŻE CIĘ NIEPOKOIĆ ZIMĄ I W CZASIE CHŁODÓW

CIEPŁE UBIERANIE DZIECKA

Oj, jak zimno na dworze! Tak jak w czasie upałów, ubierając niemowlęta i małe dzieci, kieruj się własnymi odczuciami. Ale u niemowląt poniżej szóstego miesiąca stosunek powierzchni ciała do masy jest wyższy i nie potrafią one jeszcze wytwarzać ciepła za pomocą dreszczy, dlatego potrzebują nieco więcej ochrony niż ty. Nawet kiedy niebo jest tylko trochę zachmurzone, małe dziecko powinno nosić czapeczkę, żeby uchronić się przed utratą ciepła (większość ciepła uchodzi przez głowę). Kiedy wieje ostry, zimny wiatr i temperatura spada do zera, należy koniecznie ubrać dziecko w czapkę, rękawiczki, ciepłe skarpetki i buciki, oraz owinąć szyję szalikiem. Przy ostrym wietrze i niskiej temperaturze szalik owijamy wokół buzi dziecka, tak by nie zablokować nosa. Szaliczek musi

Zmienna pogoda

Wiosenna i jesienna pogoda to nie lada zagadka dla tych, którzy lubią być dobrze ubrani. Młoda mama może mieć kłopoty z jej rozwiązaniem. Jak ubrać dziecko, kiedy zapowiadany pogodny dzień rozpoczyna się przymrozkiem (i odwrotnie)? Kluczem do sukcesu jest wielowarstwowość. Najpraktyczniejsze są lekkie warstwy, które łatwo włożyć i zdjąć w wypadku nagłej zmiany pogody. Dodatkowy sweter lub kocyk to rozsądne rozwiązanie. Czapeczka dla niemowlaka jest niezbędna prawie przy każdej pogodzie – w upały cienka z daszkiem, cieplejsza na chłodniejsze dni. Starsze dziecko może być bez czapeczki, kiedy temperatura przekracza 20°C, gdy nie ma mocnego wiatru. Po ukończeniu przez dziecko szóstego miesiąca życia jego termoregulacja zaczyna działać bez zarzutu i wtedy możesz zdać się na własne odczucia. Szybka kontrola ciepłoty ramion lub karku dziecka (nie stóp i rąk, które są prawie zawsze zimne) powie ci, czy dziecku jest dość ciepło. Jeśli ramiona i kark są chłodne, a dziecko niespokojne, prawdopodobnie jest mu za zimno.

być dobrze owinięty, by jego koniec nie wkręcił się w kółka wózka ani nie zaczepił o coś na placu zabaw. Wózek zakrywamy wodoszczelnym pokrowcem, aby nie dostał się do niego wiatr i śnieg. Nawet dobrze opatulone dziecko nie powinno za długo przebywać na dworze w niskiej temperaturze. W takich warunkach lepiej sprawdzi się kilka warstw lekkiej odzieży niż jedna gruba warstwa. Jedna z nich powinna być wełniana. Najcieplejsze kombinezony i śpiworki to te wypełnione puchem lub imitacją puchu.

Następujące wskazówki pomogą ci zapewnić dziecku ciepło i wygodę w mroźne dni:

- Przed wyjściem na spacer nakarm dziecko, utrzymanie ciepła w organizmie wymaga spalania kalorii.
- Zdejmuj natychmiast mokre rzeczy i wkładaj dziecku suche.
- Dziecko, które już chodzi, powinno mieć ocieplane, nieprzemakalne buciki na zimną pogodę, buty muszą być luźne w palcach, by zmieściło się w nich powietrze stanowiące dodatkową warstwę izolującą.
- W samochodzie zdejmij dziecku czapeczkę i jedną warstwę odzieży, żeby zapobiec przegrzaniu, albo nie włączaj ogrzewania. W autobusie i pociągu też rozbieraj dziecko.
- Gdy wieje wiatr, smaruj buzię dziecka łagodnym kremem nawilżającym.
- Nie martw się, jeśli w zimne dni na spacerze dziecku leci z noska (nie przeziębi się od samego zimnego powietrza). Małe włoski w nosie, które zwykle zatrzymują wydzielinę, są czasowo unieszkodliwione przez chłód, po powrocie do domu katar powinien ustąpić. Skórę pod noskiem smaruj odrobiną kremu lub wazeliny, żeby zapobiec jej popękaniu.

ODMROŻENIE

Nie musisz się martwić cieknącym noskiem, ale nie dopuść do tego, by nos, uszy i policzki oraz palce u rąk i nóg oziębiły się i stały się białe lub sinożółte. Jest to oznaką odmrożenia, które może w konsekwencji spowodować poważne okaleczenia. Odmrożone części ciała należy błyskawicznie rozgrzać. Na str. 512 znajdziesz wskazówki, jak to zrobić. Po dłuższym przebywaniu na zimnie temperatura ciała dziecka może spaść poniżej normalnego poziomu. To jest powód do natychmiastowej interwencji lekarskiej. Jeśli dziecko wydaje ci się wyjątkowo zimne, bezzwłocznie zgłoś się do lekarza. Zanim lekarz dotrze, ściągnij wilgotną odzież, otul malca w koce lub inne ubrania, daj mu coś ciepłego do picia (mleko z piersi, ciepłą mieszankę mleczną lub zupę), ogrzej go ciepłem własnego ciała. Ubieraj dziecko odpowiednio do pogody, ochraniaj jego buzię i ograniczaj przebywanie na powietrzu w ekstremalnych warunkach pogodowych.

POPARZENIA NA ŚNIEGU

Nie tylko dziecko baraszkujące na zalanych słońcem plażach jest narażone na poparzenia skóry. To samo może zdarzyć się w czasie Bożego Narodzenia. Ponieważ śnieg odbija 85% promieni ultrafioletowych, nawet słabe zimowe słońce może oparzyć delikatną skórę dziecka. Właściwie ubieraj maluszka, przyda się czapka z daszkiem i odpowiedni preparat ochronny, jeśli planujesz dłuższy pobyt na śniegu w słoneczny dzień.

CIEPŁE UBIERANIE DZIECKA W DOMU

W zimne dni w pokoju dziecka powinno być 20–22°C w dzień i około 15–18 w nocy. Jeżeli temperatura w pokoju jest wyższa, suche powietrze wysuszy błonę śluzową nosa, co spowoduje obniżenie odporności na zarazki oraz wysuszenie i swędzenie skóry. Dobra na tę porę roku jest pościel z flaneli, która zatrzymuje ciepło nawet w zimne noce. Podczas snu zwalnia się metabolizm, dlatego też należy maluszka otulić dodatkowym przykryciem (najlepiej ubrać go w pidżamkę ze stópkami). Ale nie popełniaj błędu, który zdarza się wielu rodzicom – nie ubieraj dziecka za ciepło. Jeśli budzi się w nocy zlane potem, nie przykrywaj go dodatkowym kocykiem.

SUCHA SKÓRA

Zimą prawie wszyscy narzekamy na przesuszoną, wrażliwą skórę. Większość rodziców uważa, że wystarczy ochraniać skórę dziecka w okresie gwałtownych wiatrów i mrozów. Okazuje się jednak, że głównym powodem zimowego wysuszenia skóry jest suche powietrze w naszych mieszkaniach, a nie na dworze. W większości domów wraz z rozpoczęciem sezonu grzewczego powietrze staje się gorące i suche. I to gorące, suche powietrze powoduje wysuszanie skóry zimą. Oto, jak radzić sobie z tym problemem:

Nawilżaj powietrze w domu. Kup nawilżacz, a jeśli to niemożliwe, ustawiaj na kaloryferze garnki z ciepłą wodą; wyparowując, woda nawilża pokój. Na stronie 41 znajdziesz porady dotyczące kupna nawilżacza.

Podawaj dziecku dodatkowe napoje. Dzieci, tak jak my wszyscy, potrzebują wilgoci dla skóry, nie tylko od zewnątrz, również od wewnątrz. Zadbaj o to, by maluch dużo pił.

Nawilżaj skórę dziecka. Pokrycie ciałka dziecka dobrą emulsją nawilżającą po kąpieli pomoże zachować wilgotność skóry. Wybieraj produkty zalecane przez pediatrów i hipoalergiczne.

Ograniczaj użycie mydła. Mydło wysusza. Niemowlęta nie muszą być myte mydłem, wystarczy raz dziennie umyć im pupę. Dzieciom raczkującym umyj mydłem kolana, stopy i ręce. Z zasady nie używaj za dużo mydła, zwłaszcza płynów do kąpieli i mydeł w płynie, bo woda z mydłem bardziej wysusza skórę. Używaj delikatnego mydełka lub emulsji nawilżających zalecanych przez pediatrów.

Zmniejsz ogrzewanie. Im cieplejszy dom, tym bardziej suche powietrze (jeśli go nie nawilżasz). Dla niemowlaków wystarczy temperatura 20°C. Jeśli dziecku jest zimno, przykryj je dodatkowym kocykiem, zamiast podnosić temperaturę w mieszkaniu.

KOMINEK W DOMU

Zanim wymyślono telewizję, miejscem, które jednoczyło rodzinę w długie zimowe wieczory, był kominek. Nawet dziś ogień buzujący na kominku skutecznie rywalizuje z atrakcyjnym programem telewizyjnym, ogrzewa ciała i dusze. Kiedy w pobliżu ognia znajdują się dzieci, trzeba na nie szczególnie uważać. Zasłaniaj kominek ciężkim parawanem, nawet gdy ogień już wygasł. Pamiętaj, że rozgrzane węgielki długo pozostają gorące. Jeśli nie jesteś w stanie zapobiec temu, by malec miał dostęp do rozgrzanych powierzchni, nie rozpalaj kominka w domu. Ucz dziecko, że ogień jest gorący, a dotykanie go bolesne. Sprawdzaj drożność przewodu dymnego w kominie, dym nie może przedostawać się do pokoju. Jeśli ktoś z członków rodziny cierpi na przewlekłe choroby układu oddechowego (np. astmę), porozmawiaj z lekarzem, czy palenie w kominku może zaostrzyć objawy tej dolegliwości.

ŚWIĄTECZNE ZAGROŻENIA

Dla dziecka jedną z najpiękniejszych rzeczy jest widok domu ozdobionego świątecznymi dekoracjami. Ale jeśli nie podejmiesz odpowiednich środków ostrożności, mogą one stać się powodem nieszczęścia. Wymienione poniżej popularne ozdoby świąteczne mogą stanowić zagrożenie. Dopóki dziecko nie będzie starsze, mądrzejsze i mniej narażone na wypadki, używaj ich ostrożnie lub w ogóle z nich zrezygnuj.

Jemioła i psianka koralowa. Może być śmiertelnie trująca, jeśli dziecko weźmie ją do buzi. Nie przynoś jemioły do domu, nie pozwalaj dziecku bawić się w jej pobliżu, kiedy jesteście u znajomych.

Ostrokrzew kolczasty. Roślina ta jest w niewielkim stopniu trująca (dziecko musiałoby zjeść wiele jej liści, by się rozchorować), ale lepiej trzymać ją poza zasięgiem małych rączek. Nieszkodliwą rośliną jest natomiast tzw. kaktus świąteczny (*Schlumbergera bridesii*).

Gwiazda betlejemska. Ta roślina może spowodować miejscowe podrażnienie jamy ustnej, a skonsumowana w dużych ilościach wywoła zatrucie. Usuń ją z zasięgu rąk dziecka.

Rośliny zimozielone. Drzewko powinno być świeżo ścięte i podlewane, a gdy wyschnie, trzeba je wyrzucić, by się nie zapaliło. Sztuczne drzewko nie wyklucza niebezpieczeństwa pożaru, chyba że kupisz takie, które jest niepalne. Nigdy nie przypinaj elektrycznych lampek do metalowych części. Nie pozwalaj też dziecku bawić się samemu w pobliżu choinki, gdyż może pociągnąć za gałązkę i przewrócić drzewko.

Igły sosnowe. Jeżeli dostaną się do tchawicy, mogą spowodować męczący kaszel krtaniowy (jak przy pseudokrupie). Można je usunąć, trzymając dziecko nogami do góry i mocno uderzając je w plecy. Regularnie zamiataj igły, sosnowe ozdoby usuwaj z zasięgu dziecka.

Szklane kule ze „śniegiem". Wbrew obiegowym opiniom płyn wewnątrz kuli nie jest trujący, ale kiedy kula pęknie, mogą mnożyć się w nim zarazki, dlatego lepiej wyrzuć popękaną kulę.

Włosy anielskie. Są wykonane ze szklanych nitek, dlatego też mogą wywołać podrażnienia skóry i oczu, a w przypadku połknięcia wywołać krwotok wewnętrzny. Jeśli koniecznie chcesz nimi ozdobić choinkę, zawieś je wysoko, poza zasięgiem rąk dziecka.

Sztuczny śnieg w aerozolu lub płatkach. Może nasilać problemy z oddychaniem, nie używaj go, gdy ktoś w domu cierpi na tego typu alergię.

Światełka na choinkę. Małe dzieci potrafią poprzegryzać przewody, dlatego umieszczaj światełka wysoko. Małe, migające lampki mogą zawierać trujące związki chemiczne.

Świąteczne opakowania

Nie wszystkie błyszczące opakowania prezentów są bezpieczne. Wstążeczki, kokardki, małe figurki, a nawet sam papier są ładne, lecz ciekawskie dziecko może się nimi zadławić czy zadusić podczas sprawdzania, co też kryje się pod drzewkiem. Nie rozpakowane prezenty, a także ściągnięte już opakowania muszą być trzymane z dala od dziecka.

Świece. Zapalaj i umieszczaj z daleka od dziecka. Jeżeli stawiasz je na oknie, starannie upinaj zasłony. Gdy palą się świeczki, zawsze w pomieszczeniu musi przebywać osoba dorosła, która starannie je zgasi przed wyjściem z domu czy przed położeniem się spać.

Malutkie ozdoby choinkowe. Małe bombki, lampki, wszystko, co ma mniej niż 4 centymetry średnicy lub zbudowane jest z niewielkich części, może spowodować udławienie. Wieszaj je wysoko, by dziecko nie mogło ich dosięgnąć.

Aerozole do przedłużania świeżości drzewka. Zawierają azotany, które po przypadkowym skonsumowaniu powodują choroby krwi. Nie pozwól, by pojemnik dostał się w rączki ciekawskiego maluszka.

Prezenty. Oczywiście prezenty przygotowane dla dziecka nie są dla niego niebezpieczne, ale pod choinką mogą znajdować się przecież także niespodzianki dla pozostałych członków rodziny. Po odpakowaniu paczek przypilnuj, by wszystkie niebezpieczne dla niemowlaka przedmioty znalazły się w miejscu, gdzie ich nie dosięgnie.

Potrawy i napoje. Nie tylko dekoracje świąteczne mogą stanowić zagrożenie. To samo dotyczy potraw na świątecznym stole. Co roku setki dzieci znajdują się w szpitalu z powodu wypicia martini, piwa, ajerkoniaku itp. Inne dławią się oliwkami, orzeszkami, koktajlowymi frankfurterkami, twardymi cukierkami i innymi przekąskami dla dorosłych. Gdy jesteś gospodynią na świątecznym przyjęciu, nie zostawiaj na stole nieodpowiedniej żywności czy nie dopitych napojów alkoholowych, nawet jeśli masz niezbyt ruchliwe dziecko. Pewne potrawy, takie jak na przykład ciasta owocowe z likierem, popcorn, czekolada, orzeszki i wszystko, co zawiera miód, trzeba trzymać poza zasięgiem dziecka przez cały rok.

Udekoruj mieszkanie i świętuj ostrożnie. Na wszelki wypadek zapoznaj się z zasadami udzielania pierwszej pomocy, sztucznego oddychania i masażu serca. Zapisz numer miejscowego oddziału zatruć.

KUPUJ BEZPIECZNE PREZENTY

Kupując świąteczne prezenty, przede wszystkim kieruj się bezpieczeństwem. W okresie gwiazdkowym sklepy są niezwykle kuszące, przed zakupem zapoznaj się ze wskazówkami ze str. 279. W tym gorącym okresie dobro twojego dziecka nie jest najważniejszą sprawą dla producentów.

Co warto wiedzieć
Kiedy podróżować

Zanim dziecko przyszło na świat, każda pora była dobra, by ruszyć w podróż. Wakacyjne wyjazdy do letniego domku przyjaciół, zimowe wczasy lub zwariowany wypad na narty w jakiś weekend z trudem wykrojony w trakcie pracowitego miesiąca. A co teraz? Biorąc pod uwagę wysiłek, jaki trzeba włożyć w wyprawę po podstawowe zakupy na drugi koniec miasta – wyjazd z dzieckiem to wielogodzinne planowanie, określenie dogodnego terminu, dziesięciokilogramowe dziecko i jego obfity bagaż na twoich obolałych plecach – wszystko po to, by spędzić dwa tygodnie „wakacji" czy zaledwie dwa dni u dziadków – może wydawać się niepotrzebnym zawracaniem sobie głowy i kłopotem niewartym zachodu. Z drugiej jednak strony nie należy czekać, aż dzieci osiągną taki wiek, by mogły same dźwigać swój bagaż czy też wybrać się na letni obóz dla usatysfakcjonowania waszej chęci wyjazdu na letnią włóczęgę albo odwiedzenia stęsknionych rodziców.

Choć wakacje z małym dzieckiem rzadko oznaczają wypoczynek i zawsze stanowią pewne wyzwanie, są do zniesienia, a mogą być nawet przyjemne.

TRZEBA PLANOWAĆ Z WYPRZEDZENIEM

Czasy spontanicznych, nie planowanych wypadów na weekend, kiedy niespokojny duch, kilka łaszków i przyborów pośpiesznie wrzuconych do podręcznej torby wiodły was w wymarzone miejsce, skończyły się z chwilą pojawienia się dziecka. Teraz prawdopodobnie więcej czasu pochłonie zaplanowanie wyjazdu niż sam wyjazd. Żeby wybrać się w podróż z małym dzieckiem, należy podjąć pewne działania przygotowawcze.

Nie planuj zbyt wiele. Zapomnij o wędrówkach, które powiodą przez sześć miast w ciągu pięciu szalonych dni. Planuj urlop w nieco wolniejszym tempie, dając sobie dużo wolnego czasu – pomyśl o dodatkowym dniu na podróż (może się przydać), jeszcze jednym popołudniu na plaży czy poranku spędzonym na basenie – może akurat będzie ci potrzebny?

Paszport. Nie możesz wziąć ze sobą dziecka za granicę na swój paszport – obecnie każdy podróżnik, niezależnie od wieku, musi mieć swoje dokumenty. Sprawdź, co musisz zrobić, by je otrzymać.

Medyczne środki ostrożności. Jeśli wybierasz się za granicę, sprawdź razem z lekarzem dziecka, czy wszystkie szczepienia ochronne są aktualne. Jeśli zmierzasz do miejsc egzotycznych, wszyscy możecie potrzebować szczególnych szczepień (na przykład przeciw durowi brzusznemu) lub zabiegów profilaktycznych (by uchronić się przed malarią lub żółtaczką typu A). Najświeższe informacje na temat środków ostrożności, jakie trzeba przedsięwziąć, znajdziesz na stronie internetowej z informacjami turystycznymi CDC (www.cdc.gov/travel/vaccinat.htm) – albo poproś lekarza, by zarekomendował ci odpowiednią klinikę, w której poinformują cię, jakie szczepienia powinno się przejść przed podróżą do krajów egzotycznych.

Zanim wyruszysz w dłuższą podróż, zaplanuj dokładne badanie lekarskie dziecka – jeśli w ostatnim czasie takie się nie odbyło. Oprócz pewności, że dziecko jest zdrowe, konsultacja z lekarzem da ci szansę przedyskutowania z nim całej podróży i zadania paru pytań, które mogłyby cię później nurtować, a kontakt z lekarzem mógłby się okazać trudny czy wręcz niemożliwy. Jeśli dziecko było dokładnie przebadane w ciągu ostatniego miesiąca, nie trzeba powtarzać badania – powinna wystarczyć konsultacja telefoniczna.

Jeśli maluch jest w trakcie jakiegoś leczenia, upewnij się, że masz wystarczający zapas lekarstwa na wyjazd plus receptę na kolejną dawkę, na wypadek gdyby lekarstwo zostało zgubione, rozlane czy uległo innemu zniszczeniu. Jeśli lek musi być przechowywany w lodówce, utrzymanie go w wymaganej niskiej temperaturze w podróży może okazać się kłopotliwe. Poproś zatem lekarza – jeśli to możliwe – o lek zastępczy, którego nie trzeba trzymać w warunkach chłodniczych.

Problemem w podróży może być zapchany nosek – dziecko jest kapryśne, nie może spać, może boleć je uszko np. podczas lotu samolotem. Poproś zatem lekarza o jakiś lek udrażniający drogi oddechowe – jeśli spodziewasz się, że urlop zacznie się od przeziębienia. Jeśli wybierasz się do miejsca, gdzie mogą wystąpić problemy żołądkowe, poproś również o lekarstwa przeciw biegunce. Przy jakimkolwiek leczeniu upewnij się, że stosujesz dawkę odpowiednią dla twojego dziecka, że podajesz lek w odpowiednich warunkach i jesteś świadoma możliwych efektów ubocznych. Przydatne w czasie długiej podróży może się również okazać nazwisko pediatry w miejscu docelowym. Oczywiście z każdego miejsca na świecie możesz zadzwonić do pediatry, do którego zwykle chodzisz.

Określ czas wyjazdu. To, o której godzinie dnia lub nocy wyruszysz w podróż, zależeć będzie między innymi od rozkładu dnia

Podróż we dwoje?

W dzisiejszych czasach możesz, ze względów bezpieczeństwa, potrzebować zgody drugiego z rodziców, jeśli chcesz pojechać z dzieckiem za granicę, lub dokumentu stwierdzającego, że samotnie je wychowujesz. Wymagania są różne w różnych krajach (czasem mogą się zmieniać z dnia na dzień, w zależności od tego, kto podejmuje decyzje w danej chwili), zatem starannie się przygotuj przed wyjazdem. Porozmawiaj z przedstawicielem linii lotniczych, agentem biura podróży, pracownikiem ambasady reprezentującym kraj docelowy. Lepiej zrobić więcej niż mniej – na przykład potwierdzić u notariusza zgodę na wyjazd dziecka, bo nigdy nie wiadomo, o co zostaniesz zapytana.

dziecka, od tego, jak reaguje na zmiany w rytmie dnia, od rodzaju środka lokomocji, odległości i czasu trwania podróży. Jeśli wybierasz się w daleką podróż, rozsądnie będzie zaplanować ją tak, by dotrzeć na miejsce w porze zasypiania dziecka. Biorąc pod uwagę drzemkę, jaką zapewne maluch utnie sobie po drodze, oraz podniecenie i zamieszanie wokół wyjazdu, należy się spodziewać, że dziecko nie zaśnie tego dnia o swojej normalnej porze.

Jeśli zamierzasz podróżować innym środkiem niż samochód, staraj się to zrobić poza okresem szczytowym (np. zmiana turnusu wczasowego), kiedy łatwiej będzie o wolne miejsce dla dziecka, by je wygodnie ułożyć. W pociągu lub autobusie będzie wtedy prawdopodobnie mniej podróżnych, którym mogłoby ono ewentualnie przeszkadzać. Jeżeli dziecko ma zwyczaj zasypiać w samochodzie, a planujesz długotrwałą podróż – wykorzystaj w maksymalny sposób pory spania malucha i w dzień, i w nocy. W przeciwnym razie możesz dotrzeć na miejsce z dzieckiem, które całkowicie się wyspało w ciągu dnia i jest gotowe do zabawy, nawet jeśli zapada noc. Jeśli maluch dobrze śpi w pociągu czy w samolocie, a staje się marudny, kiedy mu się ten sen przerwie, staraj się dostosować porę wyjazdu do pory dziennej drzemki. Jeśli zaś maluszek wpada w zbytnie podniecenie w takich niecodziennych warunkach i na pewno nie zaśnie, wyrusz w drogę po dziennej drzemce, by uniknąć kapryszenia podczas podróży.

Mogłoby się wydawać, że im prędzej dotrzesz na miejsce, tym lepiej. Nie zawsze tak jest. Dla dziecka bardzo żywego na przykład podróż odbywana etapami – kiedy jest trochę czasu na rozprostowanie kości i złapanie oddechu – może okazać się bardziej korzystna niż jazda bez przystanku.

Jedzenie podczas podróży. Jeśli planujesz podróż samolotem, nie próbuj karmić nawet starszego dziecka standardowymi daniami podawanymi podczas lotu, gdyż są dla niego nieodpowiednie. Możesz natomiast złożyć zamówienie (na przykład biały ser z owocami czy pełnoziarniste pieczywo dla starszego niemowlęcia) – zwykle wystarczy to zrobić na 24 godziny przed odlotem lub przy potwierdzaniu biletu. Mimo to jednak warto spakować jakieś małe przekąski do bagażu podręcznego. Jeśli lot jest opóźniony lub za specjalnie zamówiony posiłek dla dziecka trzeba słono zapłacić (a to się często zdarza), długie przerwy między posiłkami unieszczęśliwią malucha – i wszystkich w pobliżu. Jeśli podczas lotu nie podaje się posiłków (a jedynie małą paczkę nieodpowiednich dla małego pasażera orzeszków), weź ze sobą tyle jedzenia, aby mieć spokój do lądowania. Niektóre linie lotnicze oferują podczas lotów przez ocean nie tylko żywność dla niemowląt, ale również buteleczki, pieluchy i małe łóżeczka. Spytaj o to przy rezerwowaniu biletów.

Postaraj się o odpowiednie miejsce. Jeśli chcesz podróżować samolotem, staraj się to robić poza sezonem i poproś linię lotniczą o to, by miejsce obok ciebie było wolne, albo skorzystaj z pięćdziesięcioprocentowej zniżki dla dzieci w wieku poniżej lat dwóch. Weź fotelik samochodowy, w którym dziecko siedzi tyłem do kierunku jazdy (sprawdź, czy ma certyfikat FAA – Federalnej Agencji Nadzoru Transportu Lotniczego). Miejsce na twoich kolanach nie jest bezpieczne w trakcie startu, lądowania czy turbulencji.

Najlepiej by było, gdybyś ty miała miejsce

przy przejściu (byś w razie konieczności mogła się swobodnie poruszać), a dziecko – przy oknie (zwłaszcza jeśli widać chmurki lub zachód słońca), lecz nie zawsze jest to wykonalne. Ale nie gódź się na miejsce w środkowej części kabiny, gdzie w jednym rzędzie siedzi kilka osób – i to właśnie ze względu na nie.

Podróżując pociągiem, można i oczywiście powinno się zarezerwować miejsca; nie zawsze można je jednak wybrać. Można zarezerwować przedziały sypialne na niektórych długich trasach. Takie przedziały zapewniają nieco prywatności – coś, co naprawdę się liczy, kiedy ma się w perspektywie długie godziny podróży z dzieckiem.

Rezerwacja hotelu. Można założyć, że podróżując poza szczytem sezonu, nie będzie trudności ze znalezieniem miejsca w hotelu. Jednak w krajach, gdzie turystyka jest bardzo popularna, wiele przydrożnych moteli – szczególnie tańszych – wystawia na noc tabliczki z napisem: „Brak wolnych miejsc". Należy więc z góry zaplanować postój, obliczyć czas na dojazd do tego miejsca (z dużym zapasem) i zarezerwować pokój z łóżeczkiem dla dziecka. (Upewnij się, że spełnia ono wymogi wymienione na stronie 42, albo zabierz łóżeczko podróżne.)

Wybór odpowiedniego hotelu (pensjonatu). Zawsze – jeśli to tylko możliwe – wybieraj hotel czy pensjonat przystosowany do przyjmowania rodzin. Nie każde miejsce bowiem będzie się nadawało dla twojego dziecka. Pewnym sygnałem, czego można się spodziewać po danym hotelu, jest to, czy można liczyć na łóżeczko i pomoc do dziecka. Pobyt w miejscu pozbawionym takich wygód nie będzie wypoczynkiem, a gość z niemowlęciem nie będzie mile widziany.

Co zabrać. Życie na wakacjach będzie znacznie prostsze – zwłaszcza gdy wybierasz się z więcej niż jednym dzieckiem, a bez pomocy innej osoby dorosłej – jeśli zabierzesz z sobą odpowiedni sprzęt.

- Nosidełko – jeśli dziecko jest małe. Będziesz miała wolne ręce, a jest to istotne, jeśli masz bagaż. Pamiętaj jednak, że zawsze kiedy coś podnosisz, musisz kucać, a nie schylać się.

- Lekki, składany wózek-parasolkę dla starszego dziecka. Możesz obwiesić go torbami, ale uważaj, by się nie przewrócił. Wiele linii lotniczych odbierze go od ciebie przy wsiadaniu do samolotu i odda przy wysiadaniu.

- Przenośne krzesełko dziecięce – jeśli jest z materiału, niezbyt obciąży twój bagaż.

- Fotelik samochodowy. W samolocie – jeśli miejsce obok jest wolne – taki fotelik może stanowić dodatkowe zabezpieczenie albo może sobie spokojnie leżeć na półce nad głową. Gdybyś miała w planie wynajęcie samochodu już na miejscu, możesz oczywiście zażyczyć sobie i fotelika, ale nie zapomnij wspomnieć o tym, dokonując rezerwacji.

Cały sprzęt (łóżeczko, kojec, wysokie krzesełko, krzesełko do karmienia itp.) możesz – rzecz jasna – pożyczyć od kogoś albo wypożyczyć na miejscu, ale pamiętaj, że trzeba to zorganizować wcześniej.

Nie próbuj zrywać się do lotu, dopóki dobrze nie staniesz na nogach. Żeby uniknąć niepotrzebnych problemów w podróży, nie wprowadzaj bezpośrednio przed wyjazdem żadnych nowości i zmian. Nie próbuj na przykład odstawiać dziecka od piersi bezpośrednio przed wyjazdem; nie znane otoczenie i zmiany w rozkładzie dnia będą dostatecznie trudne, by sobie z nimi poradzić, po co jeszcze dodatkowe stresy? Poza tym trudno o wygodniejszą formę karmienia w czasie podróży niż podanie piersi. Bezpośrednio przed wyjazdem nie wprowadzaj też pokarmów stałych. Nauka jedzenia łyżeczką jest wystarczająco dużą sztuką dla mamy i dziecka nawet w warunkach domowych. Jeśli jednak maluszek gotowy jest już na trzymanie czegoś do jedzenia w rączce, zastanów się, czy nie przećwiczyć tej umiejętności na kilka tygodni przed wyjazdem. Praktyczne w podróży suche przekąski potrafią zająć i uszczęśliwić dziecko przez cały czas jazdy. Jeśli dziecko ma kłopoty ze snem, nie pora teraz na terapię. Najprawdopodobniej w nowych warunkach nastąpi regres ewentualnie nabytej umiejętności przesypiania nocy. Budzić może się również jeszcze jakiś czas po powrocie do domu. Przetrzymywanie płaczącego dziecka w jakimś obcym pokoju hotelowym czy u babci nie uprzyjemni pobytu tobie ani gospodarzom czy sąsiadom w hotelu.

Potwierdzenie. Na dzień przed wyjazdem potwierdź jeszcze raz wszystkie rezerwacje (jeśli jeszcze tego nie zrobiłaś) i sprawdź dokładnie godziny odjazdu. Zapewne nie chciałabyś zaraz po przyjeździe na lotnisko dowiedzieć się, że twój lot został odwołany czy też jest spóźniony o kilka godzin albo że pociąg właśnie odjechał.

SPAKOWAĆ SIĘ MĄDRZE

Podczas gdy właściwie wszystko – łącznie z kuchennym zlewozmywakiem (do przepłukania upuszczonych butelek i zamoczenia poplamionych rzeczy) – może się przydać w podróży, spakowanie tego wszystkiego jest nonsensowne i nierealne. Jednak nie można też lekkomyślnie pozbywać się niezbędnych przedmiotów. Należy oczywiście wypośrodkować i zabrać rzeczywiście to, co absolutnie konieczne, by pozostać samowystarczalnym: dziecięce mydło, paracetamol, pastę do zębów itp.; sprawdzone pieluszki jednorazowe; wielofunkcyjne ubranka w różnokolorowe wzorki, które dobrze maskują plamy i w ten sposób starczają na dłużej, oraz lekkie, szybko schnące ściereczki, które często trzeba płukać.

Można naturalnie zabrać mniej, jeśli miejsce pobytu zapewni możliwość uzupełnienia braków. Takie uzupełniające zakupy mogą być też nie lada przyjemnością. Jeśli jednak przyjdzie ci jeździć parę kilometrów po jakiś drobiazg, lepiej mieć go w zapasie w swojej walizce. Na typowy urlop spakuj swoje rzeczy w sposób następujący:

Torba na pieluszki. Powinna być lekka, wykonana z tworzywa i posiadać kieszenie na chusteczki, szmatki, buteleczki i inne podręczne akcesoria oraz pasek do przewieszenia przez ramię, żeby nie angażować niepotrzebnie rąk do jej dźwigania. W takiej podręcznej torbie powinny się znajdować:

- Lekka nieprzemakalna kurtka (najlepiej z kapturem) albo sweterek, na wypadek gdyby w samochodzie, pociągu, samolocie czy autobusie było chłodno.

- Dostateczna liczba dobrze wchłaniających pieluszek jednorazowych na pierwszy etap podróży i kilka zapasowych na wypadek ewentualnych opóźnień czy dodatkowych wypróżnień. Pieluszki raczej kupuj w podróży, nie dźwigaj ich z domu (chyba że jedziesz samochodem i masz dużo miejsca albo wiesz, że nie będziesz mogła dokonać takiego zakupu na miejscu).

- Wilgotne chusteczki do przecierania twoich rąk oraz rączek i pupy dziecka. Można też posłużyć się nimi do przetarcia poręczy foteli w samolocie (dziecko może próbować je obgryzać) czy okna w pociągu (małe dzieci lubią wodzić noskiem i języczkiem po szybie) albo też do usunięcia świeżych zabrudzeń na ubraniu, zanim zmienią się w trwałe plamy.

- Maść na rumień pieluszkowy, gdyż nowe jedzenie, niezbyt częste zmienianie pieluszki i upał mogą spowodować podrażnienia skóry.

- Duży nieprzemakalny śliniaczek lub paczka śliniaczków jednorazowych, by ochronić ubranie. Na wypadek, gdybyś zgubiła plastykowy śliniaczek i nie miała jednorazowych, miej pod ręką agrafkę, za pomocą której mogłabyś umocować pod bródką dziecka serwetkę.

- Plastykowe woreczki na przeciekające czasami butelki, brudne śliniaczki czy ubranka, no i zmoczone pieluszki, gdy nie ma pod ręką kosza na śmieci.

- Ochronny preparat przeciwsłoneczny, jeśli w miejscu, do którego się udajesz, będzie dużo słońca lub obfite opady śniegu.

- Lekki kocyk lub kołderkę do okrycia lub do ułożenia na nim dziecka do zabawy. Możesz też zabrać jakąś większą chustę, która tobie posłuży do okrycia ramion, a w razie potrzeby przyda się i dziecku.

- Mały, plastikowy podkład, na którym będziesz mogła swobodnie przewijać dziecko bez ryzyka, że maluch zmoczy hotelowy materac.

- Ulubioną zabawkę, jeśli dziecko taką ma (weź na wszelki wypadek dwie, gdyby jedna się zgubiła).

- Para skarpetek lub paputków dla dziecka nie noszącego jeszcze bucików, na wypadek, gdybyś znalazła się z maluchem w pomieszczeniu silnie klimatyzowanym.

- Przekąski i napoje. Nie łudź się, że kupisz coś smacznego dla dziecka w czasie podróży, czy to w samolocie, czy na stacji kolejowej. Powinnaś mieć przy sobie dość jedzenia na jeden czy nawet dwa posiłki, których w ogóle nie przewidujesz – tak na wszelki wypadek. W zależności od tego, co dziecka jada, zabierz z sobą jego przysmaki (najlepiej w proszku, jeżeli musisz ograniczyć bagaż), np. pełnoziarniste ciasteczka, chrupkie płatki śniadaniowe, błyskawiczną w przygotowaniu mieszankę mleczną – najlepiej przy użyciu jednorazowych butelek (najlepsze są z lekkiego, nie tłukącego plastiku); sok w małej butelce albo termos z kubkiem (jeśli dziecko ma swój ulubiony kubeczek, spakuj go również). Jedzenie zapakuj w maleńkie słoiczki – można wówczas zadbać o to, by posiłki były urozmaicone i jedzenie niepotrzebnie się nie marnowało.

- Mnóstwo plastikowych łyżeczek do karmienia malucha w podróży. Jeśli nie ma gdzie ich umyć – należy je wyrzucić.

- Papierowe ręczniki, które są praktyczniejsze, mocniejsze i lepiej wchłaniają od chusteczek.

- Coś starego i coś nowego do zabawy; to stare dla wygody i pewności, że dziecku się spodoba; to nowe – by nieco podniecić i zainspirować malca do nowej zabawy. Mały blacik do zabawy i kolorowo ilustrowana książka – to znakomita zabawa dla nieco starszego dziecka; lusterko, grzechotka, zwierzątko wydające przy przyciskaniu dźwięk – to zabawki dla młodszego. Wszelkie zabawki składające się z części zostaw w domu – poszczególne elementy się zagubią i są zbyt uciążliwe w pakowaniu; nie zabieraj także grających zabawek, które przysparzają tylko bólu głowy. Dla dziecka ząbkującego koniecznie zabierz kilka zabawek do gryzienia.

- Mała portmonetka. Ponieważ masz ograniczoną liczbę rąk, trzymanie oddzielnej torebki jest po prostu niemożliwe i ryzykowne (najprawdopodobniej i tak będziesz wyglądać na osobę rozkojarzoną i zdezorientowaną, a więc łatwy łup dla kieszonkowca). Wszystkie osobiste drobiazgi, bilety lotnicze, kolejowe, autobusowe, portfel, recepty lekarskie, ważne telefony trzymaj w małej, łatwej do odszukania torebeczce w torbie z pieluchami. Możesz też schować portfel bardziej pod ręką, tzn. w kieszeni (jeśli wszystkie wartościowe drobiazgi znajdą swoje bezpieczne miejsce w głębokich kieszeniach, życie stanie się dużo prostsze).

- Telefon komórkowy – w razie nagłego wypadku, do wezwania pomocy czy jakiejkolwiek innej potrzeby.

- Jeśli masz jeszcze odrobinę miejsca (i chęci), kwadratowy plastikowy dywanik, który położysz pod krzesełko dziecka w restauracji czy w pokoju hotelowym na czas karmienia.

Torba na ubranka dziecka. Idealna do przewożenia odzieży jest lekka, brezentowa torba z paskiem do przewieszenia przez ramię lub paskami do noszenia jej na plecach. Powinna być zawsze pod ręką, czy to w samochodzie, czy w samolocie lub pociągu, by można było w każdej chwili sięgnąć po świeże ubranie bez publicznego „przekopywania" własnej walizki. Jeśli jednak zdecydujesz się zapakować rzeczy dziecka do swojej walizki i nie masz do niej dostępu podczas podróży (bo jest np. w bagażniku autobusu czy samolotu), zapakuj coś do przebrania do torby z pieluszkami.

Torba na przybory toaletowe i lekarstwa. Ta torba pod żadnym pozorem nie powinna się znaleźć nigdy w rękach ciekawskiego dziecka (np. w pociągu zawsze układaj ją na półkach nad głową). Najlepiej, jeśli można zamknąć ją na kluczyk lub w inny sposób utrudnić otwieranie. Powinna być również wodoodporna i łatwa do czyszczenia. Dużym plusem będzie – jak i w przypadku innych toreb – pasek do przewieszenia jej przez ramię. Tę część bagażu miej zawsze przy sobie, by w razie potrzeby wszystkie leki były dostępne. Torba powinna zawierać:

- Wszystkie leki recepturowe i witaminy potrzebne w czasie podróży: dziecięcy środek przeciwbólowy, wszelkie inne leki zalecane przez lekarza.

- Na wycieczki i wyprawy środek łagodzący ukąszenia owadów oraz zestaw na wypadek użądlenia przez pszczołę, jeśli dziecko jest alergikiem.

- Apteczkę pierwszej pomocy zawierającą bandaże i małe, samoprzylepne opatrunki; maść z antybiotykiem; bandaże elastyczne na zwichnięcia; termometr; pincetę; nożyczki do obcinania paznokci.

- Dziecięce mydło w płynie służące do mycia zarówno skóry, jak i włosów. Mydło znajdujące się w hotelu zwykle nie jest odpowiednie dla dziecka.

- Szczoteczkę do zębów dla dziecka lub gazę do pielęgnacji zębów.

- Wieloczynnościowy mały scyzoryk zawierający otwieracz do puszek i nożyczki (nie próbuj jednak wnosić go na pokład samolotu, gdyż zostanie skonfiskowany).

- Lampkę nocną – jeśli dziecko lubi zasypiać przy świetle.

PODRÓŻ TAKŻE MOŻE BYĆ ZABAWĄ

Choć jest to raczej wątpliwe, by podróż była wielką przyjemnością, jest jednak kilka sposobów na to, by ją uczynić bardziej znośną.

Podróż samolotem. Samoloty mają tę zaletę przy podróżach rodzinnych, że zwykle są jednak najszybszym środkiem lokomocji. Podróż samolotem możesz sobie stosunkowo uatrakcyjnić i udogodnić, jeżeli:

- Poprosisz o miejsce w pierwszym rzędzie – będziesz miała więcej miejsca przed sobą, więcej prywatności, choć także nieco mniej miejsca na bagaż podręczny z pieluchami etc. Innym plusem jest to, że dziecko nie będzie miało okazji stukać w siedzenie przed sobą i denerwować współpasażera.

- Zjawisz się na lotnisku dostatecznie wcześnie, by załatwić wszystkie formalności wyjazdowe bez pośpiechu, ale nie na tyle wcześnie, by w nieskończoność czekać na swój lot.

- Wcześniej wejdziesz na pokład samolotu. Jest to udogodnienie dla podróżujących z dziećmi. Pozwala to na swobodne rozlokowanie i ułożenie podręcznego bagażu na półkach. Jeśli jednak twoje dziecko jest niespokojne w zamkniętej przestrzeni (pamiętaj, że nie będziesz mogła ciągle spacerować z nim po pokładzie), lepiej jeśli wsiądziesz jako jedna z ostatnich. Jeśli towarzyszy ci w podróży jakaś inna osoba dorosła, poproś, by jedna mogła wsiąść wcześniej i ulokować bagaż, a druga w tym czasie niech pospaceruje jeszcze z dzieckiem po poczekalni.

- Spróbuj dostosować pory karmienia do pory startu i lądowania samolotu. Dzieci (szczególnie niemowlęta) są jeszcze bardziej wrażliwe niż dorośli na zmiany ciśnienia, mogą nawet czuć ból w uszach, spowodowany ciśnieniem powietrza w kabinie podczas wznoszenia się i opadania maszyny.

Karmienie piersią lub butelką albo zaproponowanie dziecku małych przekąsek czy smoczka w takich momentach albo też podanie jakiejś przekąski do rączki powoduje częste połykanie, co łagodzi dolegliwości i towarzyszące im kaprysy i płacz. Nie można wtedy karmić piersią, ponieważ malec powinien być przypięty pasami bezpieczeństwa.

- Jeśli dziecko źle znosi podróż, dużo płacze i marudzi, nie odrzucaj pomocy współpasażerów chcących cię wyręczyć; nie przejmuj się też tymi, którzy nie rozumieją sytuacji i rzucają ci nieprzyjazne spojrzenia.

- Podawaj dziecku dużo napojów, gdyż podróż samolotem w znacznym stopniu odwadnia organizm. Jeśli jeszcze karmisz piersią, nie zapominaj o sobie i zapewnij sobie dużo płynów (pamiętaj jednak, że musisz unikać napojów z kofeiną i alkoholem).

- Jeśli dziecko zażąda ciepłego posiłku, poproś obsługę samolotu o podgrzanie butelki lub słoiczka z pożywieniem malucha (bez nakrętek). Nie zapomnij jednak dokładnie wszystko wymieszać czy wstrząsnąć i kilkakrotnie sprawdzić temperatury posiłku przed podaniem; kuchenki mikrofalowe podgrzewają bowiem nierówno i łatwo o poparzenie. Weź także pod uwagę, że zapracowany personel może nie być w stanie spełnić twojej prośby.

- Jeśli podróżujesz sama z dzieckiem, nie wahaj się poprosić stewardesy o przypilnowanie dziecka, gdy ty musisz udać się do toalety – poczekaj jednak, aż będzie miała wolną chwilę.

- Wysiadaj na końcu, by uniknąć ścisku i mieć pewność, że zabrałaś wszystkie swoje rzeczy. Jeśli ktoś ma na ciebie czekać na lotnisku, powiadom go, że będziesz wychodziła z samolotu ostatnia.

Podróż pociągiem. Nie jest może tak szybka jak samolotem, ale pozwala dzieciom na odrobinę ruchu. Będzie jeszcze łatwiejsza, jeśli nie zapomnisz:

- Wsiąść jak najprędzej, by znaleźć dogodne miejsce – najlepiej takie, żeby dziecko miało nieco przestrzeni do poruszania się i drzemki. Jeśli w pociągu jest tłok, a podróż długa, rozsądnie byłoby wykupić miejsce również dla malucha (można to załatwić u konduktora). Jeśli masz wykupione jedno miejsce, trudno doradzić, czy lepiej, żeby było to miejsce przy oknie, przez które dziecko może oglądać mijane krajobrazy, czy też przy drzwiach – co ułatwi odbywanie częstych zapewne spacerów małej wiercipięty.

- Zabrać małego wózka – jeśli podróżujesz z dzieckiem sama. Bez wózka możesz mieć trudność nawet z pójściem do toalety; nie zostawiaj maluszka nawet na krótko z nikim, bez względu na to, jak dobrze poznałaś towarzyszy podróży (szczególnie wtedy, gdy pociąg zbliża się do stacji).

- Zabrać wielu różnych zabawek, by można było wyciągnąć jakąś nową, gdy poprzednia się znudzi. Pokazuj dziecku, co dzieje się za oknem – samochody, konie, krowy, psy, ludzi, domy, niebo, chmury. Sztuka zainteresowania dziecka otoczeniem niejednej mamie znacznie ułatwiła podróż.

- Zabrać różnych smakołyków do chrupania. Wagon restauracyjny może być daleko i raczej nie znajdziesz w nim tego, co lubi i powinno jeść twoje dziecko.

Podróż samochodem. Podróż samochodem trwa dłużej niż innymi środkami lokomocji, jest też bardziej wyczerpująca – zwłaszcza jeśli ty prowadzisz. Jest jednak wygodna, gdyż jedziesz tak szybko, jak chcesz, zatrzymujesz się, gdzie i kiedy chcesz, no i już na miejscu na każde zawołanie masz własny pojazd. Poniższe uwagi pomogą ci ułatwić i uprzyjemnić rodzinną podróż i sprawić, by była bezpieczna.

- Upewnij się, że dla każdego dorosłego pasażera jest pas bezpieczeństwa, a dla maluchów odpowiednie foteliki podróżne; nie ruszaj, nie upewniwszy się, że wszystkie pasy są pozapinane, a drzwi pozamykane

Duże wysokości

Wybierając się na tereny położone wysoko nad poziomem morza, należy przedsięwziąć pewne kroki ostrożności. Ponieważ promienie słoneczne w górach są intensywniejsze, trzeba szczególnie pamiętać o zabezpieczeniu się przed nimi i ograniczeniu przebywania na słońcu. Zwiększone też jest w takich warunkach zapotrzebowanie na płyny, więc należy dziecku podawać więcej soków lub wody. U dziecka anemicznego obniżony poziom tlenu w powietrzu może przyśpieszyć pracę serca i płuc, a tym samym powodować zmęczenie. Nie jest to nic poważnego, chyba że dziecko jest przeziębione lub ma inne problemy zdrowotne, np. niewydolność serca. W takim wypadku należy przed wyjazdem zasięgnąć porady lekarza. Tak czy inaczej, w trakcie takiej podróży planuj wiele przystanków.

(więcej o bezpieczeństwie podróży samochodem przeczytasz na stronie 126).

- Zatrzymuj się w miarę często (idealnie byłoby co dwie godziny), ponieważ małe dzieci niecierpliwią się, siedząc w foteliku przez dłuższy czas. Kiedy się zatrzymasz, wyjdź z dzieckiem na świeże powietrze. Jeśli już chodzi, niech troszkę sobie pospaceruje. Przerwy w podróży wykorzystaj też na karmienie.

- Jeśli towarzyszy ci w podróży jakaś osoba dorosła, zamieniajcie się od czasu do czasu rolami: trochę prowadź, trochę zabawiaj dziecko, siedząc z nim z tyłu. Zabawki dziecka przytwierdź do fotelika sznureczkami lub wstążeczkami (nie dłuższymi jednak niż 10–15 cm), żebyś nie musiała co chwilę zatrzymywać się i podnosić wyrzuconych drobiazgów.

- Jeśli przyjdzie ci podróżować w chłodny dzień – szczególnie gdy przewidywana jest burza – miej pod ręką zapasową odzież i koce, bo możesz ich potrzebować. Samochód bardzo szybko może zmienić się w wyziębione pudełko, jeśli temperatura spadnie do zera.

- Nigdy nie zostawiaj dziecka w zaparkowanym samochodzie w upał lub bardzo ciepły dzień. Nawet gdy okna są pootwierane, samochód szybko może się zamienić w śmiertelny piekarnik. Zresztą nigdy nie powinno się zostawiać dziecka samego w samochodzie, niezależnie od pogody.

Z DALA OD DOMU (HOTELE, MOTELE, PENSJONATY)

Pierwsza noc z dzieckiem z dala od domu może być trudna, ale wszystko można przeżyć, jeśli odpowiednio się do tego przygotujesz.

- Zaraz po przybyciu sprawdź różne urządzenia w wyznaczonym ci pokoju – szczególnie jeśli dziecko już chodzi. Niektóre rodzinne hotele oferują pokoje bezpieczne dla małych dzieci – do innych hoteli trzeba będzie zabrać własny zestaw zabezpieczeń. Upewnij się, że otwarte okna, przewody elektryczne, szklanki itp. (patrz str. 364––365) są niedostępne. Zabezpiecz widoczne gniazdka elektryczne. Obejrzyj dokładnie łóżeczko (patrz str. 42). Jeśli w pokoju znajduje się barek, poproś, by albo był pusty, albo zamknięty.

- Jeśli kładziesz dziecko na łóżku, by zmienić mu pieluszkę lub pobawić się z nim, rozłóż wodoszczelny podkład. Uchroni to łóżko przed zmoczeniem, a dziecko przed ewentualnie niezbyt sterylnym pokryciem łóżka.

- Jeśli karmisz dziecko w pokoju, najlepiej rozłóż na podłodze gazetę lub kawałek folii, by uchronić wykładzinę przed zabrudzeniem. Okażesz w ten sposób szacunek dla cudzej własności, a także unikniesz konieczności pokrywania kosztów zniszczeń.

- Nie ograniczaj ruchliwego dziecka. Raczkowanie pod twoim nadzorem nikomu nie przeszkadza – chyba że wykładzina jest wyraźnie brudna. Na pierwsze samodzielne kroczki również można pozwolić, ale oczywiście pod czujnym okiem osoby dorosłej. Sprawdź, czy pod łóżkiem nie kryją się niebezpieczne lub po prostu brudne przedmioty.

- Postaraj się o opiekunkę na miejscu – większość hoteli i kurortów oferuje jakąś formę opieki nad dziećmi, ale rodzaj tej opieki może być bardzo różny. Czasem sprzątaczka hotelowa próbuje dorobić opieką nad dziećmi, innym razem możesz dostać spis telefonów do opiekunek (sama masz dokonać wyboru), kiedy indziej zaoferują ci cały program dla maluchów (nierzadkie w przypadku dużych kurortów goszczących rodziny). Traktuj każdą taką „wakacyjną opiekunkę" tak samo, jakbyś traktowała taką osobę we własnym domu: uważnie przeprowadź rozmowę wstępną i sprawdź, czy ma rekomendacje, licencję, ubezpieczenie i umowę. Spotkaj się z nią w obecności przełożonych pracowników hotelowych, aby mieć pewność, że rozmawiasz z właściwą osobą.

JAK MIŁO SPĘDZIĆ CZAS

Już wszystko zaplanowałaś, spakowałaś, a teraz wyruszasz w podróż. Czas na zabawę! Oto kilka rad, które pomogą wam dobrze się bawić:

- Daj sobie spokój z pieszymi wędrówkami. Nie będziesz mogła nadążyć za innymi uczestnikami wycieczki, mając z sobą małe dziecko. Nie próbuj więc takich atrakcji, bo skończy się to niepowodzeniem.

- Nie trzymaj się sztywno wyznaczonego planu. Jeśli zaplanowałaś np. przejazd ze Szczecina do Gdańska w ciągu jednego dnia, a dziecko w połowie drogi staje się nieznośnie kapryśne, rozważ, czy nie warto zatrzymać się na noc w Koszalinie. Albo jeśli zaplanowałaś dwa dni zwiedzania Aten, a dziecko już pierwszego dnia jest straszliwie marudne, przełóż zwiedzanie Partenonu na kolejny dzień.

- Staraj się odwiedzać miejsca, gdzie maluch będzie miał dużo swobody, nakrzyczy się i nabiega do woli. Ruiny budowli na wolnym powietrzu, parki, ogrody zoologiczne, a nawet niektóre muzea – wszystkie te miejsca mogą okazać się interesujące dla dziecka, nawet jeśli maluch przygląda się w tym czasie innym ludziom. Jeśli masz ochotę wybrać się do opery, na koncert czy do teatru, najlepiej zatrudnić na ten czas opiekunkę.

- Zawsze pamiętaj o tym, czyje potrzeby są najważniejsze. Jeśli dziecko nie sypia lub nie jada o swojej porze w ciągu dnia i regularnie idzie spać o niezwykle późnej godzinie, konsekwencje będą bolesne dla was obojga. Jedyny rozkład, którego bezwzględnie trzeba przestrzegać, to plan dnia dziecka. Korzystaj z uroków wczasów, ale tylko wtedy, gdy dziecko bez trudu będzie umiało się do tego przystosować.

18
Kiedy dziecko jest chore

Trudno wyobrazić sobie istotę równie słabą i bezbronną jak chore dziecko. Oczywiście z wyjątkiem jego rodziców, którzy nawet najłagodniejszą chorobę maleństwa przeżywają zwykle boleśniej niż ono samo. Zwłaszcza gdy jest to dla nich zupełnie nowe doświadczenie życiowe.

Pierwsze objawy choroby budzą niepokój, który stopniowo przeradza się w poczucie lęku i zagrożenia. Rodzice zaczynają rozważać, czy stan dziecka nie wymaga natychmiastowej interwencji lekarza. Te trudne decyzje muszą często podejmować w środku nocy lub w dni wolne od pracy, gdy są nieczynne poradnie. Po wezwaniu lekarza nerwowym krokiem przemierzają pokój, a każda minuta oczekiwania wydaje im się wiecznością. Później ciężko przeżywają podawanie lekarstw i zamartwiają się.

Trzeba wierzyć, że z upływem czasu będzie coraz lepiej. Nabywając doświadczenia, rodzice reagują na gorączkę lub wymioty niemowlęcia z mniejszą paniką i większą wiarą w siebie. By szybciej osiągnąć ten cel, warto zapoznać się z najczęstszymi chorobami wieku dziecięcego oraz nauczyć się kilku podstawowych czynności, a mianowicie:

- jak oceniać poszczególne objawy;
- jak mierzyć i odczytywać temperaturę;
- jak odżywiać dziecko w czasie choroby;
- jak rozpoznać stan zagrożenia życia i co uczynić w takim wypadku.

ZANIM WEZWIESZ LEKARZA

Większość pediatrów, niezależnie od pory dnia i nocy, pyta, czy dziecko jest rzeczywiście chore. Dlatego też przed wykręceniem być może dobrze znanego nam numeru telefonu należy sporządzić listę zawierającą wszelkie możliwe dane, których będzie potrzebował lekarz, pragnący dokonać precyzyjnej oceny sytuacji.

Zacznij od wymienienia objawów. W większości zwykłych zachorowań nie ma ich więcej niż dwa lub trzy, a niekiedy tylko jeden – ale lepiej i tak je spisać, by o niczym nie zapomnieć. Aby skutecznie współpracować w procesie leczenia dziecka, powinniśmy przygotować następujące informacje:

- kiedy wystąpiły pierwsze objawy;
- jaka jest ich domniemana przyczyna;
- co wzmaga i co łagodzi ich nasilenie (np. pozycja siedząca łagodzi kaszel, a jedzenie nasila wymioty);
- zastosowane przez nas domowe sposoby leczenia;

- podane przez nas ogólnie dostępne lekarstwa;
- ewentualny kontakt dziecka z chorobą zakaźną (np. z kuzynem chorym na ospę wietrzną lub rodzeństwem cierpiącym na biegunkę);
- ostatnie urazy (np. przy upadku) i choroby;
- wiek dziecka;
- wszystkie dotyczące dziecka przewlekłe choroby.

Warto mieć również pod ręką telefon i adres dyżurnej apteki, a także kartkę i długopis, aby zapisać otrzymane od lekarza zalecenia.

Temperatura. Stara metoda polegająca na mierzeniu temperatury dziecka poprzez przyłożenie do jego czółka ust nie jest wiarygodna (choć i tak bardziej niż dotykanie czoła dłonią), zwłaszcza jeśli niedawno piłaś ciepły lub zimny napój albo jeśli weszłaś właśnie z zimnego lub bardzo ciepłego pomieszczenia. Choć można ogólnie oszacować w ten sposób temperaturę (zwłaszcza jeśli nie masz termometru pod ręką – metoda ta jest bardziej skuteczna przy braku gorączki), nie należy na niej polegać. Gdy sądzisz, że dziecko rzeczywiście ma gorączkę, zmierz ją termometrem (patrz str. 503). Pamiętaj, że odczyt może być zniekształcony przez takie czynniki, jak temperatura w pokoju lub powietrza (temperatura ciała dziecka będzie wyższa, gdy przebywa ono w przegrzanym pomieszczeniu, niż po spacerze na śniegu); poziom aktywności (ćwiczenia, energiczna zabawa, niepohamowany płacz) i porę dnia (wyższa pod wieczór). Jeśli czoło dziecka jest chłodne, można przyjąć założenie, że nie ma gorączki.

Rytm pracy serca. W niektórych wypadkach ważna jest informacja o rytmie pracy serca. Jeśli dziecko jest ospałe lub ma gorączkę, należy zmierzyć mu tętno na tętnicy ramiennej w sposób, który przedstawia ilustracja na stronie 475. Normalne tętno u niemowlęcia jest znacznie wyższe niż u dorosłego człowieka i wynosi od 120 do 140 uderzeń na minutę w czasie aktywności, choć może spaść do 70 uderzeń w czasie snu i skoczyć do 170, gdy malec płacze.

Oddech. Jeśli u dziecka występują trudności z oddychaniem, w postaci kaszlu lub przyspieszonego, nieregularnego oddechu, należy sprawdzić częstość oddechu, licząc, ile razy na minutę wznosi się i opada klatka piersiowa. Na szybkość oddechu wpływa aktywność dziecka (łącznie z płaczem), a choroba może ją zwolnić bądź przyspieszyć. Liczba wdechów i wydechów waha się między 40 a 60 na minutę u noworodków i pomiędzy 25 a 35 u rocznych dzieci. Jeśli zaobserwujemy, że klatka piersiowa dziecka nie unosi się i nie opada bądź oddech jest ciężki i charczący (nie związany z sapką, czyli zatkanym noskiem), powinniśmy powiadomić o tym lekarza.

Zaburzenia oddychania. Czy dziecku ciekne z noska? Czy ma zatkany nos? Czy wydzielina jest wodnista czy gęsta? Przezroczysta, biała, żółta czy zielona? Czy malec kaszle? Czy kaszel jest suchy, męczący czy mokry? Czy dziecko odkaszluje śluz? (Czasem przy silnym kaszlu śluz może nawet wydostać się na zewnątrz.) Czy występuje sapka (gwiżdżący dźwięk, głównie przy wydechu)? Czy słychać świst krtaniowy?

Zachowanie dziecka. Warto się zastanowić, czy nie nastąpiły zmiany w zachowaniu dziecka, np. jest zmęczone i ospałe, kapryśne i drażliwe, niespokojne lub nie reaguje na bodźce. Czy potrafimy wywołać na jego twarzy uśmiech?

Sen. Czy dziecko śpi znacznie więcej niż zwykle lub wydaje się bardziej ospałe? Czy jego sen jest spokojny?

Płacz. Czy zaobserwowaliśmy, że dziecko jest bardziej płaczliwe? A może płacze inaczej, z innym nasileniem lub brzmieniem – np. ton płaczu jest o wiele wyższy?

Apetyt. Czy dziecko je ze zwykłym apetytem, czy też odpycha butelkę, pierś lub po-

> ### Intuicja rodziców
>
> Zdarza się, że dziecko wygląda na chore, pomimo że trudno podać konkretne objawy. Warto wtedy skontaktować się z lekarzem. W większości wypadków lekarz uspokoi rodziców, może się jednak zdarzyć, że zaobserwowali oni subtelną zmianę, która sygnalizuje chorobę wymagającą leczenia.

karmy o konsystencji stałej? A może ma wzmożony apetyt i chętnie zjadłoby wszystko, co znajduje się w zasięgu wzroku?

Skóra. Czy nastąpiły jakieś zmiany w wyglądzie skóry? Czy nie jest czerwona i zarumieniona, biała i blada, sina lub szara? Należy sprawdzić przez dotyk, czy skóra jest ciepła i wilgotna (spocona), czy też wilgotna i chłodna (lepka) bądź bardzo wysuszona. Czy usta, nozdrza i policzki dziecka są suche, czy też spękane? Czy pod pachami, za uszami, na kończynach, tułowiu lub w innych miejscach nie pojawiły się plamy lub inne zmiany? Jaki mają kształt, kolor, wielkość i strukturę? Czy dziecko nie usiłuje ich drapać?

Usta. Obrzmiałe dziąsła mogą sygnalizować wyrzynanie się ząbków. Należy sprawdzić, czy nie pojawiły się czerwone bądź białe kropki lub plamy na dziąsłach, na wewnętrznej stronie policzków, na podniebieniu i języku.

Gardło. Czy łuk podniebienny jest zaczerwieniony? Mogą na nim wystąpić białe lub czerwone kropki i plamy.

Ciemiączko. Czy miękkie miejsce na główce dziecka wydaje się nadal niezrośnięte? Może jest zapadnięte lub wybrzuszone?

Oczy. Czy oczy dziecka nie zmieniły wyglądu? Czy wydają się szkliste, matowe, puste, zapadnięte, wodniste lub zaczerwienione? Czy są podkrążone lub przymknięte? Jeśli zauważysz jakąś wydzielinę, sprawdź, jaki ma kolor i konsystencję. Czy jest jej dużo?

Uszy. Czy dziecko próbuje ciągnąć się za uszy lub wepchnąć do nich paluszki? Czy w uszach nie pojawiła się wydzielina?

Układ pokarmowy. Czy dziecko wymiotuje? Jak często? Czy wymioty są obfite lub bez treści? W jaki sposób można opisać wymiociny – podobne do grudek sera, śluzowate, podbarwione na różowo czy też krwawe? Czy wymioty są wymuszane? Czy są chlustające? Co może je wywoływać (np. jedzenie)? Czy nie zaobserwowaliśmy zmiany w ruchach jelit? Czy wymiotom towarzyszy biegunka z luźnym, wodnistym śluzem albo krwawe stolce? Czy ruchy jelit są częstsze, gwałtowniejsze i nasilające się? Czy wydaje nam się, że dziecko ma zaparcie? Czy nie uległa zmianie ilość wydzielanej śliny? Czy dziecko nie ma widocznych trudności z połykaniem?

Układ moczowy. Czy dziecko rzadziej czy częściej moczy pieluszki? Czy zaobserwowaliśmy jakąś istotną różnicę w zapachu lub barwie moczu (np. ciemnożółta lub różowa)?

Brzuszek. Czy brzuszek dziecka wygląda inaczej – jest bardziej płaski, zaokrąglony, wydęty? Czy dziecko nie odczuwa bólu przy delikatnym naciskaniu lub przywodzeniu nóżek do brzuszka? Gdzie można zlokalizować

Warto ćwiczyć mierzenie tętna, kiedy dziecko jest zdrowe i spokojne.

ból – po prawej czy lewej stronie, w dolnej czy górnej części brzuszka?

Układ nerwowy i narządy ruchu. Czy wystąpiły u dziecka dreszcze, drżenie, sztywność lub drgawki? Czy szyja nie wydaje się usztywniona i trudno nią poruszyć – czy brodą można dotknąć klatki piersiowej? Może inna część ciała wykazuje ograniczony zakres ruchów?

ILE ODPOCZYNKU WYMAGA CHORE DZIECKO

Jeśli chodzi o sprawy związane z funkcjonowaniem organizmu dziecka, rodzice mogą się wiele nauczyć od własnego maluszka. Można im zaufać w sprawach tego, ile potrzebują wypoczynku w chorobie, i dostosować się do potrzeb, które sygnalizują całym ciałem. Ciężko chore dziecko nie wykazuje zainteresowania zabawą i szuka odpoczynku.

Jeśli natomiast choroba ma łagodny przebieg lub jest już w fazie końcowej, dziecko jest aktywne i pragnie zabawy. W żadnej z przytoczonych sytuacji nie należy narzucać dziecku ograniczeń, lecz kierować się jego potrzebami. (Jeśli ktokolwiek naprawdę potrzebuje odpoczynku w czasie choroby dziecka, to tą osobą jest jego matka.)

ODŻYWIANIE DZIECKA W CZASIE CHOROBY

Chorobie często towarzyszy utrata apetytu. Czasami, jak np. w wypadku zaburzeń trawiennych, jest to sytuacja korzystna, gdyż żołądek i jelita odpoczywają, co jest niezbędne do prawidłowego przebiegu procesu zdrowienia. Niekiedy jednak, jak w wypadku gorączki, potrzebne są dodatkowe kalorie, za pomocą których organizm ma większe szanse zwalczyć infekcję. Większość łagodnych chorób, nie dotyczących układu pokarmowego, nie wymaga specjalnej diety. Istnieje jednak kilka ogólnych zasad pomocnych w odżywianiu każdego chorego dziecka:

Ważne są napoje. W wypadku gorączki, infekcji dróg oddechowych (np. przeziębienie, grypa czy bronchit) lub zaburzeń żołądkowo-jelitowych z biegunką płyny zapobiegają odwodnieniu, i dlatego mają w tych sytuacjach większe znaczenie niż pokarmy o konsystencji stałej. Jeśli nie ma przeciwwskazań lekarza, niemowlęta karmione piersią lub mieszanką mleczną powinny pić, gdy tylko sygnalizują pragnienie. Starszym dzieciom należy podawać czyste napoje oraz żywność z dużą zawartością wody (soki, napoje owocowe, zupy, galaretki i mrożone desery owocowe, jeśli wprowadziliśmy je już do diety dziecka). Dziecku powinno się przez cały dzień proponować coś do picia, nawet jeśli jednorazowo wypije tylko łyczek. Lekarz może zalecić płyny zapobiegające odwodnieniu, jeśli są częste biegunki lub wymioty i/lub mały pacjent sprawia wrażenie odwodnionego.

Ulubione pokarmy. Gdy jesteś chora, na jedne rzeczy masz ochotę, na inne – nie. Miej więc zrozumienie dla zmienionego apetytu chorego dziecka. Nic się nie stanie, jeśli przez cztery dni pod rząd będzie domagało się wyłącznie mleka z piersi lub mieszanki i bananów.

Nie wolno zmuszać do jedzenia. Nawet jeśli dziecko nie jadło nic przez całą dobę, nie należy go zmuszać do przyjęcia pokarmu. Dzieci same z siebie jedzą tyle, ile potrzebują i kiedy potrzebują. Gdy choroba przeminie, wróci apetyt. Po wyzdrowieniu maluchy zwykle wyrównują straty, jedząc łapczywie. Powiadom jednak lekarza o braku apetytu.

GDY MUSIMY PODAWAĆ LEKARSTWA

Niewiele dzieci przebrnie przez pierwszy rok życia, w ogóle nie chorując i nie potrzebując ani razu lekarstw. O lekarstwach przepisywanych lub tylko zalecanych przez lekarza musisz wiedzieć znacznie więcej niż tylko to, w której aptece je kupić. Aby mieć pewność, że leczenie będzie odpowiednie, trzeba zadać właściwe pytania.

CO NALEŻY WIEDZIEĆ O LECZENIU

Na przytoczone poniżej pytania powinniśmy otrzymać wyczerpujące odpowiedzi bezpośrednio od lekarza lub w aptece albo znaleźć je w ulotce dołączanej do leku przez producenta. A ponieważ zapewne wyjaśnień będziesz słuchać z płaczącym dzieckiem na ręku (i/lub o trzeciej nad ranem w stanie sennego otępienia), pamięć może się okazać zawodna. Wyjaśnienia należy zapisać w notesie, a jeszcze lepiej w domowej „historii zdrowia", która w przyszłości może posłużyć nam jako poradnik.

Oto lista najważniejszych pytań:
- Jaka jest nazwa towarowa i handlowa leku?
- Jakie jest jego działanie?
- Jaką dawkę powinno otrzymać dziecko? (Zawsze warto wiedzieć, ile dziecko waży, aby w razie potrzeby lekarz mógł szybko obliczyć dawkę w zależności od masy ciała.)
- Jak często należy podawać lek i czy konieczne jest w tym celu budzenie dziecka w środku nocy?
- Czy lek należy podawać przed posiłkiem, w trakcie czy po?
- Czy do popicia leku można stosować dowolne napoje?
- Jakich efektów ubocznych można się spodziewać?
- Czy lek może wywołać reakcje nietolerancji? O których z nich trzeba powiadomić lekarza? (Należy poinformować lekarza o poprzednich reakcjach na lek.)
- Czy w wypadku jakiejś przewlekłej choroby preparat może pogorszyć jej przebieg? (Konieczne jest przypomnienie o tym lekarzowi, gdyż w danej chwili może on nie mieć dostępu do dokumentacji.)
- Czy w wypadku stosowania innych leków mogą nastąpić szkodliwe interakcje?
- Kiedy można oczekiwać poprawy stanu dziecka?
- Jeśli poprawa nie nastąpi, kiedy należy powiadomić o tym lekarza?
- Kiedy można przerwać kurację?

PRAWIDŁOWE PODAWANIE LEKÓW

Lekarstwa powinny leczyć, zdarza się jednak, że nieodpowiednio podane wyrządzają więcej krzywdy niż pożytku. Dlatego przestrzegaj następujących zasad:

- Nie podawaj żadnych lekarstw nie przepisanych przez lekarza, nawet ogólnie dostępnych, dziecku, które nie ukończyło trzeciego miesiąca życia.
- Upewnij się, że nie minęła data ważności leku. Nie stosuj preparatów przeterminowanych lub o zmienionej barwie, zapachu czy też konsystencji. Przeterminowane leki starannie owiń i wyrzuć.
- Dokładnie odmierz ilość przepisaną przez pediatrę, a w wypadku leków dostępnych bez recepty, ściśle przestrzegaj dawkowania podanego na opakowaniu*. Używaj ły-

---

* Nie podaje się dokładnych dawek dla dzieci poniżej drugiego roku życia na ulotkach leków przeciwgorączkowych u niemowląt i dzieci, ponieważ dawka ta zależy nie od wieku, lecz od masy ciała chorego. Spytaj lekarza lub farmaceutę, jaka dawka będzie odpowiednia dla twojego dziecka.

żeczek, zakraplaczy, plastykowych strzykawek doustnych i kubeczków zaopatrzonych w miarkę (zazwyczaj można je kupić w aptekach), by precyzyjnie odmierzyć lek (łyżki używane w kuchni różnią się wielkością, więc lepiej nie używać ich do tego celu).

- By zawsze wiedzieć, kiedy dziecko otrzymało ostatnią dawkę, zapisuj, o której godzinie podajesz lekarstwo, najlepiej na kartce przyklejonej do lodówki lub nad blatem do przewijania. Możesz prowadzić zapisy w podręcznym notesie, zawierającym inne informacje dotyczące dziecka. Notatki zminimalizują ryzyko przypadkowego pominięcia lub powtórzenia dawki. Nie martw się nieznacznym opóźnieniem i postaraj się wyrównać odstępy czasowe następnym razem.

- Sprawdź na opakowaniu sposób przechowywania. Niektóre lekarstwa powinny być przechowywane w lodówce lub chłodnym miejscu, inne należy wstrząsnąć przed użyciem. Zastosuj się do tych zaleceń.

- Jeśli zauważysz sprzeczność pomiędzy zaleceniami otrzymanymi od lekarza lub w aptece a instrukcją na opakowaniu, jeszcze przed podaniem leku zadzwoń do lekarza lub apteki, by wyjaśnić wszelkie niejasności.

- Nawet jeśli jesteś absolutnie pewna, że trzymasz w ręku odpowiednią butelkę, przeczytaj nazwę leku przed podaniem go dziecku. Jeśli podajesz lek w ciemnościach, najpierw sprawdź nalepkę przy świetle.

- Bez zgody lekarza nie podawaj lekarstw zapisanych komuś innemu (nawet rodzeństwu dziecka). Bez konsultacji z lekarzem nie używaj też leków zapisanych dziecku podczas poprzedniej choroby.

- Nie podawaj lekarstw leżącemu dziecku, gdyż może się udusić. Podnieś lekko jego główkę, a starsze dziecko – posadź.

- Nie dodawaj leku do butelki z soczkiem czy mieszanką mleczną, chyba że lekarz tak zaleci. Dziecko może nie wypić całej zawartości butelki, a przez to nie przyjąć całej dawki leku. Poza tym kwas zawarty w sokach owocowych osłabia działanie niektórych lekarstw.

- Bez porozumienia z lekarzem nie skracaj okresu podawania antybiotyków, nawet gdy wydaje ci się, że dziecko jest już zupełnie zdrowe.

- Jeśli wystąpią objawy braku tolerancji na dany lek, chwilowo przestań go podawać i bezzwłocznie skonsultuj się z lekarzem.

- Nie podawaj leku przez okres dłuższy niż zalecił to lekarz ani nie podejmuj przerwanej kuracji bez jego zgody.

- Nazwę każdego podawanego dziecku preparatu, chorobę, okres podawania oraz wszelkie skutki uboczne i reakcje, które wywołał u dziecka, zapisuj w domowej „historii zdrowia" (patrz str. 490), aby w przyszłości z nich korzystać.

JAK POMÓC DZIECKU W PRZYJĘCIU LEKARSTWA

Nauczenie się prawidłowego podawania leku jest dla rodziców zazwyczaj pierwszym i najłatwiejszym zadaniem. Niestety, praktyka zwykle jest bardziej skomplikowana i dla wielu dzieci lekarstwa są znacznie gorsze od samej choroby, a bez ich współpracy podanie leku może stać się koszmarnym zajęciem. Nawet jeśli malec zdołał połknąć lek, często zdarza się, że za chwilę go zwraca, brudząc przy tym siebie, rodziców, meble i podłogę.

Można mówić o wyjątkowym szczęściu, gdy nasze dziecko rozkoszuje się rytuałem podawania oraz smakiem nie znanego mu płynu (niezależnie od tego, czy są to witaminy, antybiotyki czy też środki przeciwbólowe). Takie maleństwo otwiera buzię jak pisklę już na sam widok zakraplacza. Jeśli jednak ominie nas to niewątpliwe szczęście (a niestety tak może być), mamy do czynienia z zagorzałym buntownikiem, który zamyka buzię na sam widok każdego lekarstwa.

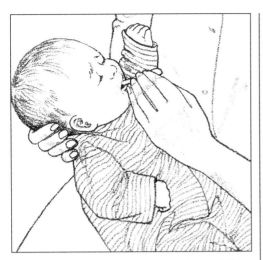 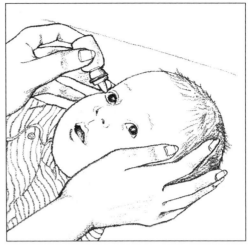

Stosowanie specjalnej łyżeczki do lekarstw lub zakraplacza ułatwi doustne podawanie płynnych leków.

Unieruchomienie głowy dziecka w czasie podawania kropli do oczu zwiększa prawdopodobieństwo, że chociaż część lekarstwa dostanie się do oka.

Prawdopodobnie nic nie uprzyjemni mu połykania lekarstw. Zamieszczone poniżej wskazówki pomogą nam jednak uniknąć niektórych problemów.

- Podawaj leki tuż przed karmieniem, chyba że wyraźnie zalecono ci, żeby dziecko otrzymało je po lub w trakcie posiłku. Malec prędzej połknie coś, gdy jest głodny, a poza tym gdyby zwymiotował, ostatni posiłek nie pójdzie na marne.

- Schłódź lekarstwo, jeśli to możliwe (zapytaj w aptece, czy niska temperatura nie osłabi jego działania). Smak oziębionego leku jest na ogół mniej intensywny.

- Spytaj w aptece, czy można jakimś środkiem poprawić smak gorzkiego leku. Pamiętaj, że wszystkie leki należy trzymać z daleka od małych rączek – ale najbardziej musisz uważać na takie, za których smakiem dziecko przepada.

- Poproś w aptece o specjalną łyżeczkę do lekarstw lub plastykową strzykawkę, która pozwoli wstrzyknąć płyn głęboko od gardła, ale uważaj, by nie było to więcej, niż dziecko jest w stanie jednorazowo przełknąć. Lekarstwo podawaj stopniowo, pozwalając dziecku przełykać. Jeśli dziecko odrzuca łyżeczkę, zakraplacz i strzykawkę, a akceptuje smoczek, spróbuj wlać małe ilości lekarstwa bezpośrednio do smoczka od butelki i daj go dziecku do ssania. Następnie wlej do smoczka trochę przegotowanej wody, aby dziecko wyssało pozostałości leku.

- Pamiętaj, że kubki smakowe są skoncentrowane w przedniej i środkowej części języka. Dlatego łyżeczkę kieruj ku tylnej części gardła, a zakraplacz lub strzykawkę z tyłu, pomiędzy dziąsła a wewnętrzną stronę policzka. Staraj się nie dotykać zakraplaczem lub łyżeczką tylnej części języka, gdyż możesz wywołać odruch wymiotny.

- W ostateczności możesz – jeżeli lekarz lub farmaceuta wyraźnie tego nie zabraniają – wymieszać lek z niewielką ilością (jedna lub dwie łyżeczki) roztartych owoców lub soku owocowego. Nie rozcieńczaj za bardzo leku, gdyż dziecko może wówczas nie wypić wszystkiego. Jeśli malec nie podchodzi niechętnie do nowych smaków, dodaj lek do nie znanego mu owocu, ponieważ smak lekarstwa może zmienić smak znanego soczku i dziecko zniechęci się do niego.

- Paracetamol w postaci kapsułek jest pozbawiony smaku, toteż można go podać z łyżeczką soku lub z owocem dla łatwiejszego przełknięcia.

- Jeśli to możliwe, poproś kogoś o pomoc. Przytrzymywanie wyrywającego się dziecka przy równoczesnej próbie wepchnięcia wypełnionej po brzegi łyżeczki w wykrzywiające się usta byłoby nie lada zadaniem nawet dla mamy-ośmiornicy, nie mówiąc o mamie mającej do dyspozycji tylko dwie ręce. Gdy nie ma w pobliżu pomocnika, który przytrzymałby dziecko, użyj leżaczka albo wysokiego krzesełka. Zanim jednak zaczniesz podawać lek, upewnij się, że dziecko jest mocno przypięte. Kiedy możesz polegać tylko na sobie i nie masz leżaczka, skorzystaj ze „sposobu na małego buntownika": najpierw odmierz lekarstwo do specjalnej miarki, zakraplacza lub łyżeczki (która nie powinna być wypełniona po brzegi) i trzymaj je w pogotowiu. Usiądź na prostym krześle i połóż dziecko na kolanach, twarzą do góry. Lewym ramieniem obejmij ramiona dziecka, a dłonią przytrzymaj żuchwę (kciuk trzymając na jednym policzku, a palec wskazujący na drugim).

Przechyl główkę lekko do tyłu i delikatnie ściśnij policzki, by otworzyć buzię. Prawą ręką podaj lekarstwo. Wykonuj wszystko odwrotnie, gdy jesteś leworęczna. Ściskaj lekko policzki, aż lek zostanie połknięty. Cała operacja nie powinna trwać dłużej niż kilka sekund, inaczej dziecko zacznie się bronić.

- Lekko pochyl się nad buzią dziecka, gdy dajesz mu lekarstwo. U niemowląt wyzwala to odruch połykania.

- Jeśli musisz się zmagać z dzieckiem przy każdej dawce leku, spytaj lekarza, czy może przepisać to samo lekarstwo w większym stężeniu lub inne, które podaje się rzadziej.

- Zawsze podchodź do dziecka z pewnością siebie, nawet jeśli z wcześniejszych doświadczeń wiesz, że możesz się spodziewać najgorszego. Gdy malec wyczuje twe obawy, na pewno skorzysta z okazji do walki. Oczywiście nie znaczy to, że uda ci się jej uniknąć, ale stanowcze podejście często przechyla szalę zwycięstwa na twoją korzyść.

Najczęstsze problemy zdrowotne u dzieci

W pierwszym roku życia niemowlęta są zazwyczaj zdrowe, a większość chorób, które przebyły, nie występuje ponownie. (Szczegóły znajdziesz w tabelach od str. 692.) U niektórych dzieci zdarzają się jednak choroby tak powszechne lub tak często się powtarzające, że rodzice powinni wiedzieć na ich temat jak najwięcej. Należą do nich różne typy alergii, choroby żołądkowo-jelitowe z wymiotami i biegunką, infekcje ucha, zwyczajne przeziębienia oraz zaparcia.

ALERGIE

Objawy. Zależą od narządu lub układu, którego dotyczy nadwrażliwość. Oto najczęściej atakowane układy wraz z towarzyszącymi im objawami:

- Górne drogi oddechowe: katar – nieżyt sienny (*rhinitis allergica*), zapalenie zatok przynosowych (*sinusitis*) – niespotykane u niemowląt, ból ucha – zapalenie ucha środkowego (*otitis media*), ból gardła (jako rezultat wdychania suchego powietrza lub alergii), wydzielina z noso-gardzieli (kapanie śluzu z tylnej części nosa do gardła może doprowadzić do przewlekłego kaszlu), pseudokrup (podgłośniowe zapalenie krtani). Obrzęk w okolicy gardła może utrudniać oddychanie.

- Dolne drogi oddechowe: bronchit alergiczny, astma.

- Układ pokarmowy: wodnista, czasem krwawa biegunka, wymioty, nadmierne gazy.

- Skóra: atopowe zapalenie skóry obejmują-

Nie ma co psioczyć na psa

Dawniej wierzono, że aby zminimalizować ryzyko wystąpienia alergii na zwierzęta, dzieci z alergicznych rodzin powinny trzymać się z daleka od czworonogów. Maluchy te znały więc pieski czy papużki tylko z książeczek. Jednak mamy coraz więcej dowodów na to, że posiadanie zwierzaka w domu może wręcz uchronić dziecko przed alergią na niego. Naukowcy stwierdzili bowiem, że maluchy wychowujące się w domach, w których są psy czy koty, rzadziej mają uczulenia na zwierzęta w wieku lat siedmiu. Im więcej też zwierząt w domu, tym lepiej.

Ponieważ jednak na razie nie wiadomo, dlaczego posiadanie zwierzęcia w domu chroni dzieci przed alergią, nie ma co oczekiwać, by lekarze wkrótce zaczęli wydawać zalecenia o kupnie pieska czy kotka, jeśli w rodzinie były przypadki alergii. Poza tym pamiętaj, że unosząca się w powietrzu sierść wywoła kichanie i prychanie u tych osób w domu, które są uczulone.

---

ce swędzące wysypki, takie jak wyprysk (egzema, skaza) – patrz str. 296, pokrzywkę (*urticaria*) – czerwona, swędząca wysypka plamista oraz naczyniowo-nerwowy obrzęk twarzy, szczególnie wokół oczu i ust, mniej swędzący niż pokrzywka.

- Oczy: świąd, zaczerwienienie, łzawienie i inne oznaki zapalenia spojówek.

Okres występowania. Większość alergii występuje niezależnie od pory roku, alergia związana z pyłkami roślin – wiosną, latem i jesienią.

Przyczyny. Uwolnienie przez układ odpornościowy histaminy w odpowiedzi na kontakt osoby uczulonej z określonym alergenem (czyli substancją wywołującą uczulenie) lub jemu podobnym (objawy nadwrażliwości występują już przy wcześniejszym kontakcie z alergenem).

Skłonności do alergii są dziedziczne. Często jednak bywa, że poszczególni członkowie tej samej rodziny cierpią na różne alergie, np. jedna osoba na katar sienny, inna na astmę, jeszcze inna na pokrzywkę po zjedzeniu truskawek. (Rodzaj i częstość występowania zależy też od wieku – przyp. red. nauk.)

Drogi uczuleń. Wziewna (np. wdychanie pyłku roślin, sierści zwierząt), pokarmowa (np. spożywanie mleka lub białka jaja kurzego), polekowa (np. zastrzyk penicyliny) lub po ukąszeniu owada, kontaktowa (proszki do prania, farby itp.).

Czas trwania. Różny, od kilku minut do kilku godzin lub dni. Niektóre rodzaje alergii związane są z wiekiem, np. uczulenie na mleko krowie jest czasowe i dziecko z niego wyrasta. Istnieją również alergie, które z wiekiem zmieniają się w inne rodzaje alergii (tzw. marsz alergiczny), tak więc większość alergików w ciągu życia cierpi na różne typy uczuleń.

Leczenie. Najpewniejszym sposobem leczenia, choć często najtrudniejszym, jest usunięcie z życia alergika wszystkich alergenów, które wywołują w nim reakcje uczuleniowe. Oto kilka sposobów na usunięcie alergenów z otoczenia dziecka definitywnie lub przypuszczalnie cierpiącego na alergię (testy skórne, za pomocą których wykrywa się alergie, nie są precyzyjne u dzieci poniżej osiemnastego miesiąca życia):

- Alergeny pokarmowe. Patrz „Zmiany w diecie", strona 484.

- Pyłki roślin. Alergia ta jest rzadka u niemowląt, niemniej jednak jeśli podejrzewasz uczulenie na pyłki roślin (objawy występują w okresie kwitnienia poszczególnych roślin, a następnie zanikają), ogranicz do minimum przebywanie dziecka na powietrzu w czasie największej koncentracji pyłku oraz w wietrzne dni okresu kwitnienia (wiosną, późnym latem lub jesienią, w zależności od rodzaju pyłku). Pamiętaj o codziennych kąpielach oraz myciu włosów szamponem, aby usunąć pyłek z powierzchni skóry. Jeśli w mieszkaniu jest kli-

Leczenie objawowe dziecka

OBJAW	LECZENIE
Biegunka	Zmiana diety (patrz str. 486) Lekarstwo przeciw biegunce (tylko jeśli zalecone przez lekarza, ponieważ takie leczenie zwykle nie jest odpowiednie dla niemowląt)
Ból lub dolegliwości po małych urazach	Ukojenie (utulenie) dziecka Odwrócenie uwagi dziecka Środek przeciwbólowy, np. paracetamol lub ibuprofen Miejscowe ogrzanie lub ochłodzenie ciała, w zależności od potrzeby
Ból ucha	Środek przeciwbólowy, np. paracetamol lub ibuprofen Suchy kompres rozgrzewający na uszy lub termofor (ciepła woda w butelce) Lek udrażniający (tylko jeśli zalecony przez lekarza, ponieważ leczenie takie zwykle nie jest odpowiednie dla niemowląt) Antybiotyki do zwalczenia infekcji (tylko jeśli zalecone przez lekarza) Kropelki do uszu (tylko jeśli zalecone przez lekarza)
Bóle okresu ząbkowania	Ukojenie (utulenie) dziecka Oziębienie dziąseł (na przykład zmrożonym gryzakiem) Masaż dziąseł (patrz str. 294) Środek przeciwbólowy, np. paracetamol lub ibuprofen, lub miejscowy środek znieczulający (tylko jeśli zalecone przez lekarza)
Gorączka	Dodatkowe napoje (patrz str. 507) Dieta o odpowiedniej liczbie kalorii Lekarstwo przeciwgorączkowe, np. paracetamol lub ibuprofen (tylko jeśli zalecone przez lekarza) Letnia kąpiel, okłady z mokrych pieluch lub obmycie ciała gąbką, jeśli stosowane lekarstwo jest nieskuteczne (patrz str. 507) Lekka odzież i obniżona temperatura pomieszczenia (patrz str. 506)

matyzacja, w ciepłe dni powinna zastąpić otwieranie okien, przez które pyłek dostaje się do pomieszczeń. Częste kąpiele winny również dotyczyć zwierząt domowych, przynoszących pyłek do domu ze spacerów.

- Sierść zwierząt. Czasami same zwierzęta są przyczyną alergii. Wtedy pies lub kot nie powinien przebywać w pokoju dziecka. Najlepiej przenieść go na dwór. (W szczególnych przypadkach należy nawet rozważyć poszukanie dla czworonoga zastępczego domu.) Nie kupuj materacyka z końskiego włosia, które również może wywołać uczulenie.

- Roztocza żyjące w kurzu. Te mikroskopijnej wielkości żyjątka nie są kłopotliwe dla większości dorosłych, ale mogą stać się przyczyną poważnych dolegliwości u kogoś z nadwrażliwością na nie. Jeśli podejrzewasz, że dziecko może mieć alergię na roztocza, postaraj się, by miało jak najmniejszy kontakt z nimi – poprzez częste ścieranie kurzu. Używaj mokrej ścierki lub sprayu do mebli wtedy, gdy malca nie ma w pokoju. Odkurzaj dywany i wykładziny oraz meble, myj często podłogę. W pomieszczeniu, w którym dziecko bawi się i śpi, nie powinno być koronkowych kap na łóżko, wykładzin, draperii czy innych tkanin, na których

OBJAW	LECZENIE
Kaszel	Nawilżanie powietrza* Dodatkowe napoje* Ograniczenie spożycia produktów mlecznych (dotyczy dzieci powyżej szóstego miesiąca życia, u których po wypiciu mleka zaobserwowano zwiększone wydzielanie śluzu) Syrop przeciwkaszlowy (tylko jeśli zalecony przez lekarza, ponieważ leczenie takie zwykle nie jest odpowiednie dla niemowląt)
Sapka (zatkany nos)	Nawilżanie powietrza* Płukanie wodnym roztworem soli* Odsysanie nosa za pomocą gruszki* Uniesienie głowy* Dodatkowe napoje* Środek udrażniający (tylko jeśli zalecony przez lekarza) Krople do nosa (tylko jeśli zalecone przez lekarza)
Świąd	Maść przeciw swędzeniu (mieszanina tlenku cynku z wodą wapienną) Łagodząca kąpiel w wodzie o temperaturze ciała (sprawdź temperaturę wody łokciem lub przegubem dłoni) – dla dziecka powyżej szóstego miesiąca życia Uspokajająca kąpiel w letniej wodzie* Kąpiel w otrębach Zabezpieczenie przed drapaniem i infekcją (częste obcinanie paznokci oraz mycie rączek mydłem przeciwbakteryjnym, nakładanie na rączki skarpetek lub rękawiczek w czasie snu) Środek przeciwbólowy, np. paracetamol (lecz nie aspiryna, patrz str. 508) Doustny środek przeciwuczuleniowy (tylko jeśli zalecony przez lekarza, ponieważ leczenie takie zwykle nie jest odpowiednie dla niemowląt)
Wymioty	Dodatkowe napoje, w małych dawkach (patrz str. 486) Ścisła dieta (patrz str. 486)
Zapalenie gardła	Łagodne, niekwaśne pokarmy i napoje Środek przeciwbólowy, np. paracetamol lub ibuprofen W razie konieczności leki przeciwgorączkowe

* Szczegółowe rady w rozdziale „Wskazówki praktyczne", strona 677.

osiada kurz. Trzymaj ubranka w plastykowych pojemnikach lub torbach. Często pierz pluszowe zabawki. Załóż filtry na otworach, którymi wydostaje się gorące powietrze, i zainstaluj filtry powietrza. Możesz także kupić odkurzacz lub oczyszczacz powietrza z filtrem HEPA (High Efficiency Particulate Arrestors – wysoko wydajny pochłaniacz cząstek stałych), który wyłapuje roztocza i inne alergeny. Wszelkie zasłony, narzuty i tym podobne, powinny być prane przynajmniej dwa razy w miesiącu bądź w ogóle schowane. Jako że występowaniu roztoczy sprzyja wilgoć powietrza, utrzymuj je we względnej suchości.

- Pleśń. Nie dopuszczaj do powstania wilgoci w mieszkaniu, stosując sprawne urządzenia wentylacyjne, pochłaniacze pary w kuchni, pralni i łazience oraz regularnie wietrząc pomieszczenia. Za pomocą preparatu przeciwpleśniowego czyść dokładnie miejsca, w których może pojawić się pleśń (szczególnie pojemniki na śmieci, lodówki, zasłony kabin prysznicowych, zawilgocone kąty). Upewnij się, że na zewnątrz sprawnie działa system ściekowy i nie gromadzą się liście oraz inne szczątki roślin. Dom powinien stać w miejscu nasłonecznionym, gdyż słońce zapobiega rozprzestrzenianiu się wilgoci. Podczas deszczu

Alergia czy jedynie nietolerancja?

Jeśli wybierzesz się na przyjęcie w większym gronie, możesz odnieść wrażenie, że alergie żywieniowe przybrały formę epidemii. Jedni biesiadnicy nie zjedzą zupy (bo „nabiał"), inni – pieczywa („pszenica"), i tak coraz więcej osób odmówi pokarmu, na który – jak uważają – są uczuleni. Prawda jest jednak taka, że prawdziwa alergia pokarmowa, która naraża układ odpornościowy, należy do rzadkości. Jeśli ktoś ma alergię na dany produkt, musi się go całkowicie wystrzegać (zwłaszcza przy silnej reakcji alergicznej). Nawet mikroskopijna porcja nie wchodzi w grę. Tymczasem ktoś, u kogo występuje jedynie nietolerancja, nie musi być aż tak czujny; reakcja zwykle oznacza jedynie przejściowy dyskomfort. Od czasu do czasu może zjeść niewielką ilość „niebezpiecznego" składnika i nie odczuć żadnych przykrych skutków. Nakarmione mlekiem dziecko z nietolerancją laktozy (nie ma enzymu potrzebnego do strawienia cukru w mleku) będzie jedynie bolał brzuszek, może mieć gazy i ewentualnie biegunkę, natomiast dziecko z alergią będzie miało również krew i/lub śluz w stolcu. Jeśli więc malec ma objawy mogące wskazywać na alergię, skonsultuj się z lekarzem, który jednoznacznie określi, czy to alergia czy tylko nadwrażliwość.

---

przykrywaj piaskownicę, w której bawi się dziecko.

- Jad pszczół. Osoby uczulone na jad pszczół powinny unikać miejsc, w których przebywają roje pszczół lub os. Jeśli dziecko jest uczulone na jad pszczół, każda osoba opiekująca się nim musi nosić z sobą lek, który będzie mogła mu szybko podać.

- Różnorodne alergeny. Oczywiście z otoczenia dziecka można usunąć wiele innych potencjalnych alergenów: wełniane koce (powinny być powleczone lub zastąpione syntetycznymi), poduszki z pierza lub puchu (stosuj poduszki wypełnione pianką lub specjalnym przeciwuczuleniowym poliestrem), dym papierosowy (w całym domu, a także poza domem w obecności dziecka powinien obowiązywać bezwzględny zakaz palenia), perfumy (stosuj nieperfumowane chusteczki, aerozole itp.), mydło (używaj jedynie specjalnych mydeł przeciwuczuleniowych), detergenty (stosowanie proszków do prania jest jednak koniecznością).

Jako że alergia jest reakcją nadwrażliwości układu odpornościowego na określone substancje, czasami udaje się ją skutecznie wyeliminować poprzez odczulanie (najczęściej polega ono na wstrzykiwaniu stopniowo zwiększanej dawki alergenu, który wywołuje uczulenie). Dotyczy to szczególnie alergii na pyłki, kurz i sierść zwierzęcą. Z wyjątkiem ciężkich przypadków, odczulania nie stosuje się przed ukończeniem czwartego roku życia. Antyhistamina oraz steroidy mogą przeciwdziałać reakcji alergicznej i obniżyć obrzęk błon śluzowych zarówno u niemowląt, jak i u starszych dzieci.

Zmiany w diecie:

- Wyeliminowanie z diety alergenów mogących wywołać uczulenie, używanie w zamian jednakowo odżywczych pokarmów zastępczych (patrz „Codzienna dwunastka" na str. 289). Pod kontrolą lekarza wyklucz z diety dziecka podejrzane alergeny pokarmowe (wśród możliwości są: krowie mleko, pszenica, białka jaj, owoce cytrusowe). Jeśli w ciągu kilku tygodni znikną objawy, prawdopodobnie znalazłaś przyczynę alergii. Możesz się upewnić, wprowadzając na nowo pożywienie do diety (objawy powinny powrócić; jednak zrób tak wyłącznie w porozumieniu z lekarzem). Zastąp mąkę pszenną jęczmienną, owsianą lub ryżem, całe jaja żółtkami, mleko krowie mieszanką sojową lub hydrolizatem*, żółtka – białkami, mango, kantalupa, brokuły, kalafiory i słodka papryka mogą zastąpić cytrusy.

---

* Około 40% niemowląt uczulonych na mleko krowie ma również uczulenie na soję, dlatego też zwykle najbezpieczniejszy jest dla nich hydrolizat. Nie używaj tak zwanego mleka sojowego, gdyż nie jest ono dostatecznie odżywcze dla małego dziecka.

Przeziębienie czy alergia?

Objawy przeziębienia i alergii są tak podobne, że trudno te dwie przypadłości od siebie odróżnić. Jednak przy odrobinie medyczno-detektywistycznego zacięcia rozwiążesz tajemnicę zatkanego noska. Jeśli na co najmniej jedno z poniższych pytań odpowiesz „tak", istnieje spore prawdopodobieństwo, że masz do czynienia z alergią:

- Czy są objawy utrzymujące się dłużej niż 10 do 14 dni? (Co prawda może to również oznaczać, że przeziębienie przerodziło się w infekcję wtórną – zapytaj lekarza.)
- Czy dziecko zawsze ma zatkany nosek lub katar?
- Czy śluz wyciekający z noska jest czysty i rzadki (w przeciwieństwie do żółtego lub zielonego i gęstego)?
- Czy dziecko ciągle pociera nos, pociąga nim lub go wydmuchuje?
- Czy dziecko często kicha?
- Czy oczka malca są załzawione i zaczerwienione? Czy często je pociera (choć nie jest śpiący ani zmęczony)?
- Czy ma wysypkę?

Zapobieganie:

- Karmienie piersią przez okres co najmniej sześciu, a najlepiej dwunastu miesięcy, zwłaszcza gdy w rodzinie występują wypadki alergii.

- Późniejsze i ostrożne (patrz str. 288) wprowadzanie do diety pokarmów stałych, zazwyczaj po ukończeniu przez dziecko sześciu miesięcy. Jeszcze późniejsze wprowadzanie pożywienia, które wywołuje największe uczulenie (mleko krowie, białko jaj, pszenica, czekolada, orzeszki ziemne i inne orzechy, skorupiaki, cytrusy). Wnikliwa obserwacja reakcji po wprowadzeniu nowego pokarmu.

Powikłania:

- Astma;

- Wstrząs anafilaktyczny, który wprawdzie rzadko występuje, ale nie leczony bywa śmiertelny.

Kiedy należy wezwać lekarza: Gdy tylko zaczniesz podejrzewać alergię lub zaobserwujesz nowe objawy. Natychmiastowej interwencji lekarza wymagają: astma (objawem jest charczenie), trudności z oddychaniem, wstrząs (dezorientacja, brak tchu, szybkie tętno, blada, zimna i wilgotna skóra, senność, utrata przytomności).

Prawdopodobieństwo nawrotu: Niektóre alergie znikają w dorosłym wieku, inne powracają pod zmienioną postacią.

Choroby o podobnych objawach:

- Przeziębienie (podobne do kataru siennego) patrz ramka powyżej;

- Bronchit – zapalenie oskrzeli (dziecko, u którego jednak występują nawroty choroby, cierpi prawdopodobnie na astmę oskrzelową);

- Choroby żołądkowo-jelitowe (przypominające objawy alergii pokarmowych);

- Nietolerancje pokarmowe (przypominające objawy alergii pokarmowych); patrz ramka na stronie 484.

BIEGUNKA

Również ten problem rzadko dotyczy niemowląt karmionych piersią, gdyż pokarm matki zawiera substancje odpornościowe, niszczące mikroorganizmy, które wywołują biegunki.

Objawy:

- Wodniste, luźne stolce (lecz nie ziarniste, jak u dzieci karmionych piersią).

Czasami:

- Częstsze wypróżnienia;
- Zwiększona ilość stolca;
- Śluz;
- Krew w stolcu;
- Wymioty.

Przyczyny:
Różnorodne:

- Infekcja żołądkowo-jelitowa (wirusowa, najczęściej rotawirusowa, bakteryjna lub pasożytowa);
- Czasem inna infekcja;
- Ząbkowanie;
- Nadwrażliwość na poszczególne pokarmy;
- Nadmierna ilość owoców lub soków (szczególnie z jabłek i gruszek);
- Leczenie antybiotykami (związanej z tym biegunce może zapobiec podawanie jogurtu z żywymi kulturami bakterii).

Sposób przenoszenia: Zaraźliwe biegunki rozprzestrzeniają się drogą brudnych rąk (kał--ręka-usta). Również przez zakażone jedzenie.

Okres wylęgania: Zależy od przyczyny.

Czas trwania: Zwykle od kilku godzin do kilku dni, zdarzają się jednak przypadki przewlekłe, gdy biegunka nie jest leczona.

Postępowanie: Zależy od przyczyny, lecz najczęściej polega na stosowaniu odpowiedniej diety (patrz niżej). Niekiedy wymaga przyjmowania lekarstw. Niemowlętom nie należy podawać żadnych leków przeciwbiegunkowych bez zgody lekarza, gdyż niektóre preparaty mogą okazać się dla nich szkodliwe. Specjalnej higieny wymagają okolice krocza i odbytu, które mogą łatwo ulec podrażnieniu. Pieluszki powinny być zmieniane tuż po zabrudzeniu, a skóra niemowlęcia posmarowana gęstą maścią. Jeśli pojawi się rumień pieluszkowy, patrz str. 247.

W przypadku bardzo poważnej biegunki może zajść konieczność umieszczenia dziecka w szpitalu w celu wyrównania gospodarki wodno-elektrolitowej.

Zmiany w diecie:

- Ograniczenie dobowych racji żywności. Niektórzy lekarze zalecają również ograniczenie ilości podawanej mieszanki, z wyjątkiem mleka matki. Inni uważają, że w większości biegunek o łagodnym przebiegu należy nadal podawać mieszankę. Biegunka może u niemowlęcia wywołać czasową nietolerancję laktozy. W takim wypadku zaleca się podawanie pozbawionej laktozy mieszanki sojowej aż do wyzdrowienia;

- Dodatkowe napoje (co najmniej 60 ml na godzinę) w celu uzupełnienia płynów utraconych w wyniku biegunki. Jeśli niemowlę jest karmione naturalnie, może otrzymać stosowną ilość płynu przez dodatkowe przystawienie do piersi. Jeśli jest natomiast karmione mieszanką, może dostać dodatkową jej porcję. Lekarze czasem zalecają podawanie rozcieńczonego soku owocowego lub płynu nawadniającego. Nie powinny to być napoje słodzone (typu cola), nie rozcieńczone soki jabłkowe, odżywcze napoje dla sportowców, woda z dodatkiem glukozy ani też domowa mieszanka wody, soli i cukru;

- U niemowląt poniżej szóstego miesiąca życia, których dieta zawiera już pokarmy stałe, lekarz może zalecić podjęcie karmienia po 8 do 24 godzin od wystąpienia choroby. Można podawać delikatne pokarmy, takie jak rozdrobniony banan, kleik ryżowy, ziemniaki, makaron lub suche tosty z białego pieczywa, w zależności od tego, co dziecko zwykle je. Dobry wybór stanowią także pokarmy bogate w białko, na przykład kurczak. Nie dawaj dziecku przez pewien czas warzyw oraz innych owoców niż banany;

- Jeśli niemowlę wymiotuje, z diety eliminuje się pokarmy stałe do czasu ustania wymiotów. Należy jednak podawać maleństwu napoje (rozcieńczone soki lub doustnie płyn nawadniający, jeśli przepisze go lekarz). Starszemu niemowlęciu podaj napój musujący z rozcieńczonego soku owocowego. Napoje podawaj w małych objętościach (nie więcej niż jedną lub dwie łyżki stołowe za każdym razem, a w przypadku noworodka jeszcze mniej), gdyż w ten sposób zwiększysz prawdopodobieństwo przyjęcia płynu przez dziecko. Gdy tylko ustąpią wymioty, można powoli włączać pokarmy w opisany powyżej sposób;

- Kiedy stolec zaczyna powracać do normalnej konsystencji, zwykle po dwóch lub trzech dobach, przez kolejny dzień lub dwa lekarz zaleci powrót do zwykłej diety z ograniczeniem mleka i nabiału (z wyjątkiem mleka matki oraz mieszanki);

- W przypadku biegunki trwającej dłużej niż dwa tygodnie u niemowląt karmionych butelką lekarz może zalecić zmianę mieszanki.

Zapobieganie: Nie zawsze można zapobiec biegunce, można jednak obniżyć ryzyko jej wystąpienia poprzez:

- Przestrzeganie higieny przy przygotowywaniu posiłków (patrz str. 300);

- Dokładne mycie rąk przez opiekunów dziecka po zmianie pieluszek i korzystaniu z ubikacji;

- Rozcieńczanie soków owocowych podawanych dziecku, ograniczenie ich objętości do najwyżej 120–175 ml dziennie; najlepiej soku z białych winogron (patrz ramka na str. 499).

Powikłania:

- Rumień pieluszkowy;

- Odwodnienie, jeśli biegunka jest ostra i nie leczona.

Kiedy należy wezwać lekarza: Jeden lub dwa luźne stolce nie powinny budzić niepokoju. Dziecko może wymagać interwencji lekarza, jeżeli:

- Podejrzewasz, że zatruło się zepsutym jedzeniem lub mieszanką;

- Ma luźne, wodniste stolce przez 24 godziny;

- Wymiotuje (nie jest to zwykłe ulewanie) w określonych odstępach czasu lub nieprzerwanie od 24 godzin;

- W stolcu pojawiła się krew;

- Dziecko ma gorączkę lub wygląda na chore.

Jeśli zaobserwujesz objawy odwodnienia: skąpomocz (pieluszki są suche), brak łez i zapadnięte oczy, zapadnięte ciemiączko, wysuszoną skórę, brak śliny w ustach, natychmiast wezwij lekarza.

Prawdopodobieństwo nawrotu: Biegunka może wystąpić ponownie, jeśli nie została usunięta jej przyczyna. Niektóre niemowlęta są szczególnie podatne na biegunki.

Choroby o podobnych objawach:

- Alergia pokarmowa;

- Zatrucie pokarmowe;

- Niedobory enzymów.

ODPŁYW TREŚCI ŻOŁĄDKA DO PRZEŁYKU (REFLUKS ŻOŁĄDKOWO-PRZEŁYKOWY)

W ostatnich latach drastycznie zwiększyła się liczba dzieci cierpiących z powodu refluksu, lecz jedynie dlatego, że po prostu coraz więcej tych przypadków jest właściwie zdiagnozowanych. Lekarze uważają obecnie, iż wiele dzieci podejrzewanych w przeszłości o kolkę tak naprawdę cierpiało z powodu refluksu – dolegliwości często występującej u niemowląt poniżej pierwszego roku życia, a jeszcze częściej u wcześniaków.

Objawy: Refluks przypomina zgagę u dorosłych. Kwas z żołądka odpływa do przełyku lub nawet do gardła, wywołując częste ulewanie i wymioty oraz podrażnienie przewodu pokarmowego, co dziecko oznajmia nieustannym płaczem i rozdrażnieniem. Do objawów należą:

- Nagły lub trudny do ukojenia płacz, ostry ból, wyginanie się w łuk w trakcie karmienia;
- Częste ulewanie i wymioty;
- Silne wymioty;
- Wymiotowanie kilka godzin po karmieniu;
- Nieregularne karmienie, odmawianie jedzenia, jedzenie i picie cały czas;
- Powolny przyrost masy ciała;
- Kłopoty ze snem;
- Częste odbijanie się, czkawka;
- Trudności z przełykaniem, głośne połykanie;
- Obfite ślinienie się.

Czasami:

- Przewlekły kaszel;
- Częste zaczerwienienie i ból gardła;
- Częste infekcje ucha;
- Sapka, wysiłkowe oddychanie, astma, zapalenie oskrzeli, zapalenie płuc, bezdech i inne zaburzenia układu oddechowego.

Okres występowania: W każdej porze roku.

Przyczyny: Refluks polega na odpływie treści żołądkowej do przełyku. Rolą przełyku jest transportowanie pogryzionego pokarmu z jamy ustnej do żołądka. W żołądku dochodzi do trawienia przy udziale kwasów żołądkowych. W dolnej części przełyku znajduje się specjalny układ mięśni (dolny zwieracz) utrzymujący zawartość żołądka w jego obrębie. Jednak u wcześniaków oraz niektórych donoszonych niemowląt mechanizm ten jest niedorozwinięty i dochodzi do rozluźnienia dolnego zwieracza. Wtedy kwaśna treść żołądkowa cofa się do przełyku, podrażniając błonę śluzową i wywołując zgagę.

Czas trwania: Zwykle pojawia się po raz pierwszy między drugim a czwartym tygodniem życia i może trwać do ukończenia przez dziecko pierwszego lub drugiego roku życia. Objawy są nasilone najbardziej około czwartego miesiąca, a słabną po siódmym miesiącu, kiedy dziecko zaczyna siadać i przyjmuje więcej pokarmów stałych.

Leczenie: Refluks w formie łagodnej to stan dość częsty, nie wymagający interwencji medycznej, gdyż po kilku miesiącach zanika samoistnie. W poważniejszych przypadkach leczenie nie obejmuje samej choroby, lecz zmierza do poprawienia samopoczucia malucha do czasu, aż z niego wyrośnie. Dziecko poczuje się lepiej, jeśli skorzystasz z poniższych rad dotyczących zapobiegania odpływaniu treści żołądkowej do przełyku. Często pomagają leki zmniejszające ilość kwasów w żołądku, neutralizujące je lub zwiększające motorykę żołądka, ale należy je podawać wyłącznie ze wskazań lekarskich. Poważny stan, nie reagujący na żadne leczenie, może wymagać operacji dolnego zwieracza przełyku.

Zmiany w diecie:

- Nie przekarmiaj dziecka, dawaj mu często małe porcje mleka z piersi, mieszanki lub pokarmów stałych;
- Lepsze są gęste pokarmy stałe (jeśli już są wprowadzone do diety dziecka), niż wodniste – cięższa żywność pozostaje w żołądku dzięki sile grawitacji. Nie dawaj też dziecku pokarmów kwaśnych i tłustych w dużych ilościach.

Zapobieganie: Refluks to stan, któremu nie zawsze można całkowicie zapobiec, znamy jednak wiele sposobów na sprawienie, by był mniej uciążliwy.

- Jak najdłużej karm dziecko piersią. Refluks rzadziej występuje u dzieci ssących pierś matki, ponieważ matczyne mleko jest łatwiej i szybciej trawione niż mieszanki i działa jak naturalny środek na nadkwasotę. Jeśli karmisz piersią, zrezygnuj z picia kawy, która może powodować zgagę;

- Karm w spokojnym, cichym miejscu, gdzie nic nie będzie wam przeszkadzać;

- Często podnoś dziecko do odbicia;

- Podpieraj maluszkowi plecki podczas karmienia oraz przez dwie do trzech godzin po karmieniu, najlepiej zapewniając mu spokój. Gdy zaśnie podczas karmienia, połóż go do łóżeczka płasko, na lekko pochylonym materacyku (połóż kilka poduszek pod tę część, gdzie dziecko kładzie główkę, lub użyj nachylonej poduszki specjalnie zaprojektowanej dla dzieci z refluksem (aby dziecko nie zjechało w dół, przypina się je rzepami)*;

- Ssanie smoczka po karmieniu często pomaga zapobiegać odpływom treści żołądkowej do przełyku;

- Nie baw się z dzieckiem, nie podrzucaj go i nie kąp zaraz po karmieniu;

- Nie pal przy dziecku. Nikotyna stymuluje wydzielanie kwasów trawiennych.

Powikłania:

- Problemy rozwojowe;
- Ataki ostrego kaszlu;
- Sapka, zachłystowe zapalenie płuc, inne choroby płuc;
- Bezdech.

Kiedy należy wezwać lekarza:

- Jeśli z powodu refluksu dziecko nie przybiera i występują zaburzenia snu;
- Jeśli dziecko bardzo cierpi.

---

*Choć niektórym dzieciom pomaga zmienianie pozycji ich ciała podczas i po karmieniu, istnieją dowody na to, że kładzenie dziecka w pozycji lekko uniesionej może wręcz pogorszyć sytuację. Porozmawiaj z lekarzem i ustalcie, jakie postępowanie będzie najlepsze w przypadku twojej pociechy.

Prawdopodobieństwo nawrotu: Na szczęście większość dzieci wyrasta z tej dolegliwości i nawroty się nie zdarzają. W rzadkich przypadkach zgaga trwa do wieku dorosłego.

Choroby o podobnych objawach:

- Infekcje wirusowe i bakteryjne;
- Astma;
- Zwężenie odźwiernika;
- Choroby układu pokarmowego;
- Choroba Hirschsprunga.

PRZEZIĘBIENIE, CZYLI INFEKCJA GÓRNYCH DRÓG ODDECHOWYCH

Przeziębienia należą do najczęstszych chorób występujących u niemowląt i małych dzieci, u których słabo funkcjonuje układ odpornościowy przeciw różnorodnym wirusom. Przygotuj się więc na co najmniej kilka przeziębień w ciągu pierwszych kilku lat, a więcej, jeśli dziecko chodzi do żłobka lub ma starsze rodzeństwo.

Objawy:

- Katar (wydzielina jest początkowo wodnista, później gęstnieje i staje się żółtawa);
- Kichanie;
- Sapka, czyli zatkany nos.

Czasami:

- Suchy kaszel, nasilający się w czasie leżenia;
- Gorączka;
- Drapanie w gardle;
- Zmęczenie;
- Utrata apetytu.

Okres występowania: Cały rok, częściej jednak w czasie roku szkolnego, jeśli dziecko ma rodzeństwo w wieku szkolnym.

Historia zdrowia twojego dziecka

Jeżeli w książeczce zdrowia dziecka nie ma zbyt dużo miejsca, kup notes, w którym zapisuj wszystko, co jest związane ze zdrowiem twego dziecka. Zapisz ocenę stanu dziecka po porodzie oraz informacje o wszystkich chorobach, podanych lekarstwach, szczepieniach, zaleceniach lekarzy itd. Oto przykład danych, które powinna zawierać historia zdrowia twojego dziecka*:

PRZY URODZENIU

Masa ciała:	Długość:	Obwód głowy:

Stan po urodzeniu:

Apgar po 1 i 5 minutach:

Wyniki innych przeprowadzonych testów:

PRZEBYTE CHOROBY DZIECIĘCE

Data:	Wyleczony:

Objawy:

Wezwany lekarz:

Diagnoza:

Zalecenia:

Podane lekarstwo:	Przez okres:

Skutki uboczne:

SZCZEPIENIA

Rodzaj:	Data:	Reakcja:
Krztusiec:		
Błonica:		
Tężec:		
Polio:		
Odra:		
Ospa:		
Inne:		

* W Polsce tego rodzaju informacje zostają udokumentowane w książeczce zdrowia dziecka, którą otrzymuje dziecko po urodzeniu – przyp. red. nauk.

Przyczyny: Ponad sto wirusów wywołujących przeziębienie.

Sposób przenoszenia: Kontakt z chorym.

Okres wylęgania: 1–4 dni.

Postępowanie: Nie ma lekarstwa zwalczającego przeziębienie jako takie. Leczenie objawowe, w zależności od potrzeby stosuje się:

- Odsysanie śluzu za pomocą gruszki (patrz ilustracja poniżej). Jeśli wydzielina stwardniała, przed przystąpieniem do odsysania należy zmiękczyć ją kropelkami zawierającymi roztwór soli (są dostępne bez recepty). Jest to zabieg ułatwiający dziecku jedzenie i oddychanie. (Jeśli dziecko protestuje przed odsysaniem, możesz zastosować same krople, które sprawią, że zmiękczona wydzielina sama wypłynie.)
- Nawilżanie powietrza (patrz str. 688), by udrożnić nosek i ułatwić dziecku oddychanie;
- Ułożenie dziecka na brzuszku, z główką powyżej tułowia (można podwyższyć wezgłowie łóżeczka lub podłożyć coś pod materacyk – np. poduszki – nigdy jednak nie wkładaj poduszek do łóżeczka, w którym leży dziecko), by ułatwić dziecku oddychanie;
- Leki udrażniające także ułatwiają jedzenie i oddychanie, jednak można je stosować wyłącznie za zgodą lekarza (rzadko stosuje się je u niemowląt; zwykle są nieskuteczne i wywołują rozdrażnienie);
- Dostępne bez recepty kropelki do nosa, jeśli lekarz je zaleci, by udrożnić nos. Należy ściśle przestrzegać instrukcji, gdyż mogą mieć skutki uboczne oraz są szkodliwe w przypadku przedawkowania. Stosowane przez okres dłuższy niż kilka dni mogą wywołać nawrót choroby.
- Wazelina lub podobna maść, którą smaruje się delikatnie zewnętrzną część nosa, co zapobiega zaczerwienieniu i pękaniu skóry. Należy uważać, by wazelina nie dostała się do nozdrzy, może bowiem zablokować nosek i utrudniać oddychanie;
- Syrop przeciwkaszlowy, tylko w wypadku suchego kaszlu, przeszkadzającego we śnie. Należy go stosować wyłącznie z przepisu lekarza (wielu pediatrów podaje w wątpliwość skuteczność oraz bezpieczeństwo stosowania tych leków w przypadku niemowląt). Antybiotyki nie pomogą, zatem nie powinno się ich stosować, z wyjątkiem wtórnych infekcji bakteryjnych;

Zmiana diety: Można stosować normalną dietę (chociaż niemowlę najprawdopodobniej straci apetyt), z następującymi wyjątkami:

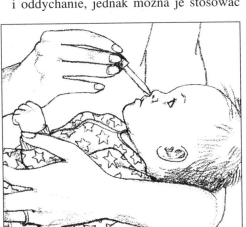 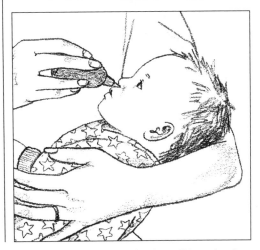

Dziecku, które ma trudności z oddychaniem przez zatkany nosek, przyniosą ulgę kropelki zawierające roztwór soli, zmiękczające śluz (rys. lewy) oraz odsysanie nosa za pomocą gruszki (rys. prawy).

Nie dując się grypie

Wiele osób uważa, że grypa to takie silniejsze przeziębienie, przynajmniej w przypadku osób młodych i zdrowych. Kilka dni z gorączką w łóżku, niechodzenie do szkoły, lekkie dreszcze i dokuczliwy kaszel. Trochę to przykre i dokuczliwe, ale nie niebezpieczne – chyba że jest się osobą starszą lub schorowaną.

Obecnie społeczność lekarska stara się zmienić takie wyobrażenie o grypie, namawiając rodziców do szczepienia dzieci, dziadków i pradziadków przeciwko tej chorobie. Co prawda poważne choroby i powikłania pogrypowe rzeczywiście dotyczą najczęściej osób powyżej 65 roku życia, ale najwięcej przypadków zachorowania na grypę notuje się właśnie u dzieci. Choroba ta jest bardziej niebezpieczna dla niemowląt i małych dzieci, niż rodzicom mogłoby się wydawać. Maluchy w wieku między szóstym a dwudziestym trzecim miesiącem, które zachorowały na grypę, zwykle trafiają do szpitala.

Na szczęście mamy już szczepionkę przeciwko grypie dla dzieci w wieku powyżej szóstego miesiąca życia (patrz str. 212). Podaje się ją zwykle w październiku (sezon grypowy w Stanach Zjednoczonych zwykle trwa od listopada do kwietnia). Już dwa tygodnie później dziecko jest uodpornione na cały rok. Niemowlętom przy pierwszym szczepieniu w życiu robi się dwa zastrzyki w odstępie przynajmniej miesiąca.

Nie opracowano natomiast dotąd szczepionki dla niemowląt poniżej szóstego miesiąca życia. Zanim to nastąpi, rodzice mogą szczepić siebie i starsze rodzeństwo oraz innych domowników, aby ochronić swe dzieci przed wirusem. Co ważne: nawet jeśli rodzina została zaszczepiona, należy pamiętać o częstym dokładnym myciu rąk, aby zapobiec rozprzestrzenianiu się wielu innych wirusów wywołujących przeziębienie i grypę.

Więcej na temat objawów grypy znajdziesz na stronie 692.

- Podawanie dziecku większej ilości napojów, by uzupełnić płyny utracone w wyniku gorączki i kataru. Jeżeli niemowlę jest już duże, wygodniej je poić z kubeczka, gdyż zatkany nosek utrudnia picie (ssanie) z piersi lub butelki.

- Ograniczenie ilości podawanego mleka i innych produktów mlecznych, gdyż prawdopodobnie zwiększają one gęstość wydzieliny. U niemowląt karmionych wyłącznie piersią lub mieszanką dieta nie ulega zmianie, chyba że lekarz zaleci inne postępowanie.

Zapobieganie: Dokładne mycie rąk przez wszystkich członków rodziny, szczególnie gdy któraś z osób jest przeziębiona oraz gdy bierzemy maleństwo na ręce lub dotykamy jego rzeczy. Należy pamiętać o zakrywaniu ust podczas kaszlu oraz nosa przy kichaniu.

Powikłania: Czasami przeziębienie pociąga za sobą powikłania w postaci zapalenia ucha lub oskrzeli. (W przypadku niemowląt i małych dzieci wirusowe zapalenie oskrzeli często jest naturalnym skutkiem rozszerzania się przeziębienia na większe kanały oddechowe płuc. Sytuacja taka zwykle nie wymaga osobnego leczenia, a choroba ustępuje samoistnie. Jeśli jednak kaszel utrzymuje się znacznie dłużej niż inne objawy przeziębienia, powiadom o tym lekarza.) Znacznie rzadziej przeziębienie przeradza się w zapalenia płuc lub zatok.

Kiedy należy wezwać lekarza:

- Jeśli jest to pierwsze w życiu dziecka przeziębienie, jeśli niemowlę nie skończyło jeszcze 3 miesięcy, a wystąpiła temperatura powyżej 40°C;

- Jeśli nastąpił nagły wzrost temperatury lub wysoka temperatura utrzymuje się dłużej niż dwa dni;

Znaczenie mycia rąk

Najlepszym sposobem zapobiegania rozprzestrzenianiu się wszelkich infekcji jest częste mycie rąk po zmianie pieluch, korzystaniu z toalety czy wydmuchaniu nosa, przed dotykaniem żywności itp. Myj ręce gorącą wodą z mydłem przez co najmniej dziesięć sekund.

Częste przeziębienia

Czy masz wrażenie, że dziecko dosłownie nie wychodzi z przeziębienia, zaraża się za każdym razem, gdy choruje starsze rodzeństwo, lub co drugi tydzień „przynosi" chorobę ze żłobka? Nie martw się. Choć takie choroby wystawiają twoją cierpliwość na próbę i na pewno są dokuczliwe, to mimo że często występują, nie wyrządzają dziecku większej krzywdy, a mogą być wręcz korzystne dla niego.

Jakie to są korzyści? Częste przeziębienia (również infekcje ucha czy inne choroby) wzmacniają układ odpornościowy, dzięki czemu w późniejszym okresie życia dziecko będzie mniej podatne na zachorowania. Maluchy oddawane do żłobka, które łapią przeziębienie znacznie częściej niż te zostające w domu, znacznie rzadziej chorują na przeziębienia w okresie szkolnym.

Częste przeziębianie się nie ma żadnego wpływu na rozwój dziecka. Według badań, dzieci, które często się przeziębiały, przechodziły wiele infekcji ucha czy często miały biegunkę, nie są wcale gorzej przygotowane do szkoły i są tak samo przystosowane społecznie jak ich rzadziej chorujący rówieśnicy. (Lepiej potrafią się dzielić – przynajmniej zarazkami...)

- Jeśli suchy kaszel trwa dłużej niż dwa tygodnie, przerywa sen, wywołuje duszność lub wymioty, staje się wilgotny lub świszczący lub dziecko ma kłopoty z oddychaniem. Konsultacja ze specjalistą może być konieczna, jeśli kaszel utrzymuje się ponad trzy tygodnie u niemowlęcia lub sześć tygodni u kilku- lub kilkunastomiesięcznego dziecka;
- Jeśli gęsta, zielonożółta wydzielina z nosa trwa dłużej niż dzień lub pojawiają się w niej pasemka krwi;
- Jeśli niemowlę jest bardzo płaczliwe (przy dotykaniu uszu lub bez dotykania);
- Jeśli dziecko całkowicie utraciło apetyt;
- Maleństwo jest wytrącone z równowagi.

Prawdopodobieństwo nawrotu: Przeziębienie wywołane przez jeden wirus nie uodparnia przeciw innemu wirusowi. Zatem niemowlęta, które nie mają wytworzonej odporności na ponad 100 istniejących wirusów, mogą po jednym przeziębieniu zachorować na następne.

Nagły kaszel

Jeśli u twego niemowlęcia lub starszego dziecka nagle wystąpi silny kaszel, przy równoczesnym braku objawów przeziębienia lub jakiejkolwiek innej choroby, przyczyną może być przedmiot, który dostał się do dróg oddechowych. Patrz str. 529.

Choroby o podobnych objawach:

- Różyczka, ospa wietrzna i odra zaczynają się objawami podobnymi do przeziębienia. Sprawdź dodatkowe objawy (patrz tabela od str. 692);
- Alergie wziewne;
- Grypa.

ZAKAŻENIE UKŁADU MOCZOWEGO

Jest to bakteryjna infekcja układu moczowego (nerek, moczowodów, pęcherza moczowego i cewki moczowej).

Objawy: Mogą być trudne do rozpoznania u niemowląt i małych dzieci, ale należy je sprawdzić, jeśli dziecko jest chore, ma gorączkę i wydaje się, że oddawanie moczu sprawia mu ból. Do objawów należą:

- Nie dająca się niczym wytłumaczyć gorączka;
- Płacz, rozdrażnienie, trzymanie się za narządy płciowe, inne sposoby sygnalizowania bólu przy oddawaniu moczu;
- Bóle brzucha lub pleców (trudne do określenia u niemowląt);
- Cuchnący mocz;
- Mętny mocz;

- Krew w moczu (mocz jest brązowy, czerwony lub różowy);
- Częstsze oddawanie moczu;
- Nudności, wymioty lub biegunka przy innych objawach chorób układu moczowego;
- Zmniejszony apetyt lub jego brak;
- Rozdrażnienie;
- Powolny wzrost (w przypadku najmłodszych dzieci).

Okres występowania: Cały rok.

Przyczyna: Układ moczowy składa się z nerek, pęcherza moczowego, moczowodów, przez które mocz przepływa z nerek do pęcherza oraz cewki moczowej służącej do wydalania moczu z organizmu. Do zapalenia dróg moczowych dochodzi wtedy, gdy w układzie tym namnażają się bakterie (rzadziej wirusy bądź grzyby). Choroby te często zdarzają się małym dzieciom, gdyż ich cewka moczowa jest jeszcze krótka i bakterie z łatwością przedostają się do pęcherza.

Sposób diagnozowania: Lekarz przeprowadza hodowlę bakterii ze sterylnej próbki moczu, aby określić, czy rzeczywiście doszło do infekcji dróg moczowych. Mocz pobiera się do plastykowego woreczka lub pojemniczka. Niestety ten sposób otrzymania próbki nie jest najlepszy, ponieważ bakterie (na przykład z odbytu czy jego okolic) mogą przedostać się do zbiorniczka. Lepszym sposobem jest umieszczenie cewnika w cewce moczowej i pobranie moczu prosto z pęcherza.

Sposób przenoszenia: Bakterie mogą przenieść się do pęcherza z okolic odbytu lub narządów płciowych. Czasem przyczyną infekcji układu moczowego są bakterie, które z krwią przedostały się do nerek.

Czas trwania: W zależności od rodzaju infekcji i stopnia jej nasilenia.

Leczenie: Większość przypadków poddaje się leczeniu antybiotykami.

Zmiany w diecie: Większa podaż płynów w diecie.

Zapobieganie: U niektórych dzieci skłonność do infekcji układu moczowego wiąże się z budową anatomiczną. Zapobiegać tym zakażeniom można następującymi sposobami:

- Przy zmianie pieluchy zawsze przecieraj dziecku pupę od przodu do tyłu – także u chłopców;
- Podawaj dziecku jak najwięcej płynów, by wypłukać bakterie z organizmu;
- Nie kąp dziecka (zwłaszcza dziewczynek) w wodzie z płynem do kąpieli i nie myj perfumowanymi mydełkami, gdyż podrażniają one okolice narządów rodnych;
- Według pewnych badań skuteczny w walce z infekcjami dróg moczowych jest sok żurawinowy, jednak badania te przeprowadzono na osobach dorosłych; spytaj o opinię lekarza;
- Można też obrzezać chłopca – jak wynika jednak pewnych badań, nie obrzezani chłopcy są nieco bardziej podatni na infekcje dróg moczowych.

Powikłania: Nie leczona prowadzi do infekcji nerek, która – jeśli nie jest leczona – może mieć bardzo poważne skutki dla zdrowia.

Kiedy należy wezwać lekarza: Jeśli dziecko przez kilka dni gorączkuje bez objawów przeziębienia (na przykład nie ma kataru), jeśli odnosisz wrażenie, że oddawanie moczu sprawia mu ból, albo jeśli ma któryś z wymienionych wcześniej objawów.

Prawdopodobieństwo nawrotu: Nawrót może nastąpić w każdej chwili.

ZAKAŻENIE WIRUSEM ODDECHOWYM (WIRUSEM RS)

Wirus RS wywołuje infekcję dolnego odcinka dróg oddechowych niemowląt i dzieci. Szacuje się, że dwie trzecie niemowląt w Stanach Zjednoczonych przechodzi przynajmniej jedną infekcję w pierwszym roku życia. U większości dzieci zakażenie tym wirusem przebiega lekko, jednak dla dzieci z grupy wysokiego ryzyka infekcja ta może mieć poważne skutki.

Objawy: U większości niemowląt występują objawy przypominające przeziębienie, m.in.:

- Zatkany nos;
- Katar;
- Niewysoka gorączka;
- Zmniejszone łaknienie;
- Rozdrażnienie.

U niektórych dzieci mogą wystąpić objawy płucne (zapalenie oskrzelików):

- Szybki oddech;
- Rozszerzanie nozdrzy;
- Przyspieszona akcja serca;
- Suchy, męczący kaszel;
- Pochrząkiwanie;
- Wyraźne niebieskie zabarwienie skóry wokół ust (sinica);
- Świszczący oddech;
- Zapadanie się skóry na żebrach podczas oddychania;
- Ospałość, senność, odwodnienie.

Okres występowania: Najczęściej między październikiem a kwietniem.

Przyczyny: Zakażenie wirusem RS przechodzą niemal wszyscy dorośli i dzieci w pewnym okresie życia. W przypadku zakażenia wirusem wywołującym przeziębienie lub przy lekkiej postaci infekcji wirusem RS, choroba rozwija się wyłącznie w górnym odcinku dróg oddechowych oraz górnej części płuc. Jednak czasem u niemowląt dochodzi do znacznego pogorszenia, gdy wirus zaatakuje płuca oraz najmniejsze wewnętrzne odgałęzienia dróg oddechowych. Pojawiają się problemy z oddychaniem (gdy dojdzie na przykład do zapalenia oskrzelików). U większości dzieci choroba ma łagodny przebieg, lecz te z grupy wysokiego ryzyka (na przykład wcześniaki, które mają niedorozwinięte płuca oraz które nie otrzymały od swych matek dość przeciwciał do zwalczania wirusa RS lub gdy już zostały wystawione na jego działanie) są bardziej podatne na ostre zapalenie oskrzelików oraz częściej są hospitalizowane. Do grupy wysokiego ryzyka zalicza się niemowlęta, które:

- Urodziły się przed terminem;
- Wcześniej przeszły zakażenie dolnych dróg oddechowych;
- Były narażone na wdychanie dymu tytoniowego;
- Pochodzą z ciąż mnogich, ponieważ dzieci te częściej rodzą się przed terminem;
- Urodziły się po okresie sześciu miesięcy uważanych za sezon zachorowań wywołanych wirusem RS (urodzone w kwietniu i później);
- Są oddawane do żłobka (gdzie są bardziej narażone na kontakt z wirusem);
- Mają rodzeństwo w wieku szkolnym (powód ten sam, co wyżej).

Sposób przenoszenia: Wirus RS jest bardzo zaraźliwy i przenosi się poprzez bezpośredni kontakt z osobą zarażoną bądź drogą kropelkową (katar, kaszel). Na powierzchniach takich jak łóżeczko czy blat kuchenny wirus może przetrwać od czterech do siedmiu godzin.

Sposób diagnozowania: Zwykle przez wymaz z nosa oraz prześwietlenie płuc dla potwierdzenia.

Okres wylęgania: Cztery do sześciu dni od kontaktu z wirusem.

Czas trwania: Dzieci z łagodnym zapaleniem oskrzelików wywołanym wirusem RS są leczone w domu, a poprawa następuje w ciągu trzech do pięciu dni, jednak jeszcze przez tydzień mogą zarażać innych.

Leczenie: W przypadku ostrej postaci zapalenia oskrzelików:

- Podawanie tlenu, jeśli występują zaburzenia oddechowe lub poziom tlenu we krwi jest niski. Czasami, choć rzadko, trzeba dziecko na krótko poddawać wentylacji;
- Podawanie albuterolu w nebulizatorze. Jest to lek udrażniający drogi oddechowe. Nebulizator powoduje, że lek w stanie ciekłym zamienia się w łatwą do wdychania mgiełkę;
- Steroidy łagodzą stan zapalny płuc i czasem wykorzystywane są do leczenia ostrych przypadków zapalenia oskrzelików;
- Antybiotyki nie są skuteczne, gdyż choroby wywoływane są przez wirus, a nie bakterię.

Zmiany w diecie: Podobnie jak podczas przeziębienia podawaj dziecku dużo płynów.

Zapobieganie:

- W miarę możliwości karmienie piersią;
- Obowiązkowo mycie rąk przez wszystkich domowników;
- Jeśli starsze rodzeństwo ma katar, przeziębienie lub gorączkę, nie powinno mieć kontaktu z niemowlęciem;
- W sezonie zachorowań wywołanych wirusem RS nie zabieraj dziecka z grupy wysokiego ryzyka w miejsca, gdzie gromadzi się wiele osób, na przykład do hipermarketów;
- Nie pal przy dziecku;
- Istnieje szczepionka przeciwko wirusowi RS (nie jest lekiem), ale immunoglobulina ta występująca pod nazwą handlową Synagis nie zapewnia długotrwałej ochrony i musi być podawana w szpitalu dzieciom z grupy wysokiego ryzyka w czasie sezonu zachorowań co miesiąc. Jest niestety bardzo droga.

Powikłania:

- Dzieci z grupy wysokiego ryzyka zwykle muszą być hospitalizowane;
- Odwodnienie;
- Niewydolność oddechowa.

Kiedy należy wezwać lekarza:

- Jeśli dziecko ma objawy zapalenia oskrzelików (patrz str. 692);
- Jeśli gorączka utrzymuje się przez ponad cztery, pięć dni i nie obniża jej podanie paracetamolu;
- Jeśli u dziecka zajdą zmiany w sposobie oddychania (gwałtowny oddech, świst wydechowy, przy każdym wydechu skóra na żebrach zapada się) albo nie można go uspokoić.

Prawdopodobieństwo nawrotu: Niemal u wszystkich dzieci następuje wyleczenie i choroba nie pozostawia śladów. Często w późniejszym okresie życia dochodzi do ponownych zakażeń, ale objawy zapalne dolnych dróg oddechowych częściej obserwuje się u niemowląt przy pierwszej infekcji. W przypadku starszych dzieci nie można odróżnić infekcji wirusem RS od przeziębienia.

Choroby o podobnych objawach:

- Przeziębienie;
- Astma;
- Zapalenie płuc;
- Refluks żołądkowo-przełykowy może także wywołać objawy przypominające zapalenie oskrzelików, ale w tym przypadku objawy przeziębienia nie poprzedzają zaburzeń oddechowych.

ZAPALENIE UCHA ŚRODKOWEGO (*OTITIS MEDIA*)

Niemowlęta są z wielu powodów bardziej wrażliwe na infekcje ucha. Większość dzieci wyrasta z tej nadwrażliwości.

Objawy: Ostremu zapaleniu ucha środkowego towarzyszą następujące objawy:

Zwykle:

- Ból ucha, nasilający się w nocy (niemowlęta często dotykają, pocierają lub ciągną się za uszy, płacz w czasie ssania może oznaczać ból ucha promieniujący na szczękę);
- Gorączka, nieznaczna lub bardzo wysoka;
- Zmęczenie i rozdrażnienie;
- Katar, zatkany nos (często, lecz nie zawsze).

Czasami:

- Nudności lub wymioty;
- Utrata apetytu.

Rzadko:

- Brak wyraźnych objawów.

W czasie badania błona bębenkowa na wczesnym etapie choroby wydaje się różowa, następnie czerwona i obrzmiała. Choroba ta często przechodzi samoistnie, bez leczenia (przy czym decyzję o leczeniu lub przeczekaniu musi podjąć lekarz; patrz niżej). Czasami bowiem przy braku leczenia błona bębenkowa może samoistnie ulec pęknięciu na skutek zwiększonego ciśnienia, uwalniając do przewodu usznego ropę i łagodząc ból. Błona bębenkowa ostatecznie się regeneruje, jednak leczenie zapobiega powstawaniu uszkodzeń słuchu.

W surowiczym zapaleniu ucha (lub wysięku w obrębie ucha środkowego) występują następujące objawy:

Zwykle:

- Występuje utrata słuchu (czasowa, lecz może przerodzić się w stałą, jeśli choroba pozostaje nie leczona przez wiele miesięcy).

Czasami:

- Przy połykaniu i ssaniu słychać trzaski (zgłaszają je starsze dzieci);
- Brak objawów, oprócz wydzieliny w uchu.

Okres występowania: Cały rok, lecz częściej zimą.

Przyczyny: Zwykle bakterie lub wirusy, chociaż zapalenie ucha środkowego może spowodować również alergia. Najbardziej podatne na infekcje uszu są niemowlęta i małe dzieci. Decydują o tym następujące względy: kształt trąbki Eustachiusza, podatność na infekcje dróg oddechowych, które z kolei prowadzą do infekcji uszu, niedojrzały układ odpornościowy, spożywanie pokarmów w pozycji leżącej. Trąbki Eustachiusza, które odprowadzają z uszu wydzielinę i śluz oraz wentylują ucho środkowe powietrzem, są krótsze u dziecka niż u osoby dorosłej, co ułatwia zarazkom wtargnięcie do ucha środkowego. Trąbki są ułożone bardziej poziomo niż pionowo (jak u dorosłych), co wpływa na oczyszczanie uszu, zwłaszcza u niemowląt, które dużo leżą na plecach. Mniejsze w średnicy trąbki są również podatniejsze na zablokowanie (przez obrzęk wynikający z alergii lub infekcji, np. przeziębienia, przez wadę rozwojową lub przerost migdałków). Kiedy wydzielina nie może odpływać naturalną drogą, zatrzymuje się w uchu środkowym, prowadząc do zapalenia surowiczego. Wydzielina ta stanowi doskonałe podłoże dla bakterii wywołujących infekcje (najczęściej paciorkowce lub *Hemophilus influenzae*).

Sposób przenoszenia: Pośredni (nie można „złapać" zapalenia ucha od kogoś), lecz bardziej narażone na infekcję uszu są dzieci w żłobkach dlatego, że częściej się przeziębiają, a przeziębienia mogą prowadzić do infekcji ucha. Skłonności do chorób uszu mogą być też rodzinne.

Okres wylęgania: Często bezpośrednio po przeziębieniu lub grypie.

Czas trwania: Kilka dni; może przejść w stan przewlekły.

Leczenie: Infekcje uszu wymagają interwencji lekarza, nie próbuj zatem leczyć dziecka na własną rękę. Leczenie na ogół obejmuje:

- Antybiotyki, jeżeli lekarz uzna za konieczne (czasem są absolutnie niezbędne, a czasem nie; patrz niżej). Jeśli lekarz przepisze antybiotyki, należy je podawać przez cały zalecony okres – zwykle pięć do dziesięciu dni – aby nie wywiązała się infekcja wtórna, przewlekła lub nie doszło do uodpornienia na antybiotyk. Środki udrażniające zwykle nie są skuteczne.

- Uważne wyczekiwanie w sytuacjach nie wymagających leczenia antybiotykami. Badania wykazują, że większość przypadków bez powikłań ostrego zapalenia ucha środkowego przechodzi w ciągu czterech do siedmiu dni bez leczenia. Zapytaj lekarza, czy antybiotyki są absolutnie niezbędne przy danej infekcji.

- Podawanie kropli do uszu, tylko jeśli zostały zalecone przez lekarza.

- Stosowanie paracetamolu lub ibuprofenu dla niemowląt jako środka przeciwbólowego lub przeciwgorączkowego.

- Rozgrzanie ucha przez przyłożenie lekko nagrzanej elektrycznej poduszki, termoforu wypełnionego ciepłą wodą lub ciepłych okładów (patrz str. 687) – można użyć każdego z tych sposobów, oczekując na lekarza.

- Nacięcie błony bębenkowej w celu oczyszczenia ucha z płynu wysiękowego, zwłaszcza gdy błona bębenkowa ma pęknąć. Nacięcie goi się w ciągu około dziesięciu dni, lecz może wymagać szczególnej opieki. Nowszą metodą jest wykonanie laserowego, punktowego nacięcia błony bębenkowej. Wydzielina wydostaje się przez niewielki otwór, a ucho zostaje oczyszczone.

- Założenie maleńkiego sączka w celu wpuszczenia powietrza do ucha środkowego, jeśli infekcja (surowicze zapalenie ucha) nie poddaje się leczeniu antybiotykami. Zabieg ten wykonywany jest w znieczuleniu ogólnym w wypadkach, w których nie skutkują inne sposoby lekarskie. Sączek (który można nazwać „sztuczną trąbką Eustachiusza") zakłada się zwykle, gdy płyn pozostaje w jednym uchu przez sześć miesięcy lub w dwóch przez cztery miesiące, bez żadnych oznak poprawy. Sączek wypada z ucha po upływie 6–9 miesięcy. Przed założeniem sączka należy rozważyć ryzyko i korzyści, przy czym długotrwałe korzyści są nieznane.

- Okresowe badania uszu do czasu, gdy ucho (uszy) jest całkowicie wyleczone, w celu upewnienia się, że stan nie jest przewlekły.

- Eliminowanie lub leczenie alergii związanych z nawracającymi infekcjami uszu.

Zmiany w diecie: Dodatkowe napoje w przypadku gorączki. Jeśli dziecko przyjmuje antybiotyki, należy podawać mu jogurty z żywymi kulturami bakterii (po wprowadzeniu nabiału), co zapobiega wyjałowieniu żołądka.

Zapobieganie: Nadal nie znamy absolutnie pewnego sposobu zapobiegania zapaleniu ucha środkowego. Najnowsze badania sugerują, że następujące działania mogą zmniejszyć ryzyko wystąpienia infekcji uszu u niemowlęcia:

- Dobry ogólny stan zdrowia, który zapewnia odpowiednie odżywianie, duża ilość wypoczynku i regularna opieka medyczna;

- Karmienie piersią przez okres co najmniej trzech miesięcy, najlepiej przez cały pierwszy rok;

- Szczepienie przeciw grypie, szczepionka pneumokokowa (patrz str. 212);

- Bardziej pionowa pozycja ciała podczas karmienia, zwłaszcza gdy dziecko cierpi na infekcję dróg oddechowych;

- Używanie zakrzywionych butelek (w odróżnieniu od tradycyjnych, prostych);

- Spanie z ułożoną wyżej główką, gdy niemowlę jest przeziębione (podłóż poduszki pod materac, nie bezpośrednio pod główkę dziecka);

- Karmienie dzieci piersią lub butelką podczas startu oraz szczególnie podczas lądowania samolotu, kiedy występuje najwięcej problemów związanych z uszami;

- Ograniczenie dziecku smoczka w ciągu dnia, wyciąganie go z buzi dziecka natychmiast po zaśnięciu;

- Podawanie profilaktyczne małych dawek antybiotyków dzieciom, u których często występują infekcje uszu w sezonie nasilenia choroby lub w czasie przeziębienia (antybiotyki nie leczą przeziębienia, lecz mogą zapobiec takim wtórnym infekcjom, jak zapalenie ucha środkowego).

- Unikanie kontaktu z dymem papierosowym (palenie bierne prowadzi do zagęszczenia śluzu w nosie, a w efekcie do zapalenia ucha);

- Opieka nad dzieckiem w domu, gdyż w większych grupach dzieci (np. w żłobku) infekcje łatwo się rozprzestrzeniają.

Powikłania:
Między innymi:

- Przewlekłe zapalenie ucha środkowego połączone z utratą słuchu;

- Infekcja wyrostka sutkowatego (rzadki stan polegający na infekcji kości sutkowatej czaszki);

- Zapalenie opon mózgowych, zapalenie płuc.

Kiedy należy wezwać lekarza: Natychmiast, kiedy zaczniesz podejrzewać, że dziecko boli ucho. Wezwij lekarza po raz drugi, gdy objawy nie ustąpią w ciągu dwóch dni lub stan dziecka ulegnie pogorszeniu. Skontaktuj się z pediatrą również wtedy, gdy nie podejrzewasz infekcji uszu, lecz odnosisz wrażenie, że dziecko gorzej słyszy.

Prawdopodobieństwo nawrotu: Niektóre niemowlęta nigdy nie chorują na zapalenie ucha, inne chorują raz lub dwa razy bez późniejszych nawrotów choroby, jeszcze inne mają powtarzające się zapalenia ucha, które nie ustępują aż do wieku szkolnego.

Choroby o podobnych objawach: Ciało obce tkwiące w uchu, „ucho pływaka" oraz ból pochodzący z infekcji dróg oddechowych mogą przypominać ból ucha. Przy ząbkowaniu ból czasem obejmuje także ucho.

ZAPARCIA

Problem ten rzadko dotyczy niemowląt karmionych piersią, nawet jeśli dziecko wypróżnia się rzadko i z trudem. (Rzadkie wypróżnienia u noworodków mogą być objawem niedożywienia; patrz str. 149.) Natomiast jest częstym zjawiskiem u dzieci karmionych mieszanką.

Objawy:

- Zwolniona perystaltyka jelit i oddawany z wysiłkiem twardy stolec (często w postaci małych kuleczek) niekoniecznie muszą świadczyć o zaparciu i mogą być normalnym sposobem wypróżniania u dziecka;

- Stolec z pasemkami krwi przy szczelinach w odbycie (spowodowanych wyciskaniem twardego stolca);

- Rozstrój żołądka i ból podbrzusza;

- Rozdrażnienie.

Inny soczek dla chorego dziecka?

Czy dziecko choruje na brzuszek? Może warto zmienić soczek? Badania wykazują, że łatwiej wyleczyć biegunkę, jeśli dziecko pije sok z białych winogron niż tak popularne soki z jabłek czy gruszek. Sok z białych winogron zapobiega też nawrotom choroby. Należy więc wnioskować, że występująca w tym soku kombinacja cukrów i węglowodanów jest lepsza dla młodego układu pokarmowego. Soki jabłkowe i gruszkowe zawierają naturalny sorbitol (niestrawny węglowodan wywołujący gazy, wzdęcia i bóle) oraz więcej fruktozy niż glukozy, natomiast sok z białych winogron nie zawiera sorbitolu i ma jednakową ilość fruktozy i glukozy.

Jednak zanim zrezygnujesz z dotychczasowego soku na rzecz soku z białych winogron, porozmawiaj z lekarzem, który może zalecić podawanie dziecku wody lub płynów przeciwko odwodnieniu. W niektórych przypadkach żaden rodzaj soku owocowego nie będzie wskazany.

Medycyna komplementarna i alternatywna

Większości rodziców nie przyszłoby do głowy leczenie dziecka czymś silniejszym od paracetamolu bez konsultacji z lekarzem. Inni nie podaliby bez zgody pediatry nawet panadolu dla niemowląt. A jednak ci sami rodzice bez wahania idą do sklepu ze zdrową żywnością, by szukać holistycznego leku dla niemowlęcia, które jest przeziębione, ma grypę lub zaparcie; nie zastanawiają się też, zanim podadzą maluszkowi ziołowy preparat bez zapytania lekarza.

Takich rodziców jest bardzo wielu. Szacuje się, że około 40% rodziców w Stanach Zjednoczonych stosuje medycynę alternatywną w leczeniu swoich dzieci. Na przeziębienie podają echinaceę, stres łagodzą zapachem lawendy, butelka z herbatką rumiankową ma pomóc na kolkę. Chodzą też do kręgarza, na przykład żeby zapobiec powtarzającym się infekcjom ucha środkowego. Medycyna komplementarna i alternatywna ma wielu klientów wśród najmłodszych.

Ale czy na pewno niemowlęta powinny korzystać z tego rodzaju medycyny? Przez wiele lat medycyna alternatywna i ci, którzy ją praktykowali, uważani byli za zjawisko marginalne; dzisiaj, w takiej czy innej formie, wkracza ona praktycznie do każdej dziedziny medycyny konwencjonalnej, od kardiologii po onkologię. Niestety, jeśli chodzi o leczenie małych dzieci, nie ma żadnych wyników badań na temat skuteczności medycyny alternatywnej i ani jeden terapeuta nie został sprawdzony, zatem nie wiemy, które metody są bezpieczne dla niemowląt, a które pozostają wielką niewiadomą nawet dla naukowców. Rodzice wiedzą zaś zwykle tyle, ile wieść gminna niesie.

Obecnie trwają badania nad medycyną alternatywną, lecz wymagają one jeszcze wiele czasu. Musisz więc wziąć pod uwagę kilka spraw, nim zdecydujesz się skorzystać z tego rodzaju leczenia dla swojego dziecka. Po pierwsze, w przeciwieństwie do wszelkich leków sprzedawanych na receptę czy bez, preparaty ziołowe nie podlegają w Stanach Zjednoczonych kontroli Urzędu Kontroli Leków i Żywności. Nie sprawdzano ich skuteczności, bezpieczeństwa stosowania czy dawkowania, nawet dla dorosłych. Po drugie, „naturalne" nie musi oznaczać „bezpieczne". Specyfiki ziołowe nie muszą wcale być bezpieczniejsze dla organizmu od zwykłych lekarstw, a czasem mogą być wręcz bardziej szkodliwe. Niektóre takie „leki" mogą wywołać u dzieci silne objawy niepożądane, inne zakłócą działanie tradycyjnego leczenia. Po trzecie, choć na pewno wiele metod zaliczanych do medycyny komplementarnej i alternatywnej przynosi wiele dobrego, każde leczenie, czy to konwencjonalne, czy alternatywne może być podjęte w y ł ą c z n i e po konsultacji z lekarzem. Jeśli chcesz skorzystać z medycyny alternatywnej w przypadku dziecka, najpierw porozmawiaj z jego pediatrą.

Okres występowania: Niezależnie od pory roku.

Przyczyny:

- Zwolniona perystaltyka jelit;
- Choroba;
- Zbyt mało błonnika lub płynów w diecie;
- Niewystarczająca ilość ruchu;
- Pęknięcia odbytu powodujące bolesne wypróżnianie;
- Ogólny zły stan zdrowia (rzadko).

Czas trwania: Zaparcia mogą być zarówno przewlekłe, jak i sporadyczne.

Postępowanie: Chociaż zaparcia są dość częstym zjawiskiem u niemowląt karmionych mieszanką, należy informować lekarza o objawach. Jeśli zaistnieje potrzeba, sprawdzi on ewentualne nieprawidłowości, które mogą stanowić przyczynę zaparć. Sporadyczne, a także przewlekłe zaparcia o łagodnym przebiegu leczy się zazwyczaj zmianą diety (patrz dalej) oraz ćwiczeniami (niemowlętom można robić „rowerek"). Bez porozumienia z lekarzem nie wolno podawać środków przeczyszczających, żadnych innych lekarstw ani też robić wlewów.

Zmiany w diecie: Tylko po konsultacji z lekarzem dziecka:

- Za pomocą butelki, kubka lub łyżki podaj 30–60 mililitrów soku z suszonych śliwek lub jabłek;
- Jeśli dziecko je już pokarmy stałe, dawaj mu więcej owoców (prócz bananów) i warzyw;
- U starszych niemowląt ogranicz produkty mleczne (ale nie karmienie piersią czy mieszanką).

Zapobieganie: Gdy wprowadzasz do diety dziecka pokarmy stałe, pamiętaj, by były one bogate w produkty pełnoziarniste oraz zawierały dużo owoców i warzyw. Jeśli tylko dziecko jest gotowe, już w pierwszym roku życia podawaj większe kawałki jedzenia, nie ograniczając się wyłącznie do papek. Upewnij się, czy twój maluszek otrzymuje wystarczającą ilość napojów oraz ma dużo ruchu.

Powikłania:
- Szczeliny odbytu;
- Kamienie kałowe (stolec, który nie jest wydalany w naturalny sposób, sprawia ból i musi być usunięty ręcznie);
- Kłopoty z wyrobieniem u dziecka nawyku korzystania z nocnika, jeśli stan jest przewlekły i utrzymuje się w okresie niemowlęcym i przedszkolnym.

Kiedy należy wezwać lekarza:
- Jeśli zaparcia występują często lub regularnie;
- Jeśli zaparcie pojawiło się nagle, bez wcześniejszych objawów;
- Gdy w stolcu znajduje się krew.

Prawdopodobieństwo nawrotu: Jeśli zaparcie nie jest leczone od samego początku, może przerodzić się w nawykowe.

Choroby o podobnych objawach:
- Skurcze jelit.

CO WARTO WIEDZIEĆ
Wszystko na temat gorączki

Być może ciągle jeszcze pamiętasz mamę, która stała nad tobą, trzymając termometr, i oznajmiała zatroskanym głosem: „Masz gorączkę, muszę wezwać lekarza". Gorączka nie zawsze jednak była źródłem niepokoju. W starożytności wierzono, że wypala „złe humory" i witano ją wręcz z radością. Także Hipokrates spekulował, że gorączka czyni więcej dobrego niż złego. W średniowieczu specjalnie wywoływano gorączkę, by zwalczyć kiłę i inne infekcje. Faktycznie, lekarze tak bardzo ufali w zbawienne działanie gorączki, że zaczęli ją leczyć dopiero około stu lat temu, gdy wkroczyła na scenę aspiryna z jej zdolnościami obniżania temperatury. Wraz z pojawieniem się aspiryny zmieniła się całkowicie opinia lekarzy na temat gorączki. Przez cały XX wiek nawet najmniejszy wzrost temperatury wywoływał niepokój, a wysoka gorączka – absolutną panikę.

Zadziwiające, ale okazuje się, że więcej pojęcia o gorączce miał Hipokrates niż nowoczesna medycyna o jedno pokolenie wstecz. Najnowsze badania potwierdzają to, co było przedmiotem spekulacji Hipokratesa – gorączka na ogół czyni więcej dobrego niż złego i faktycznie wypala, jeśli nie złe humory, to przynajmniej zarazki atakujące organizm i stanowiące dla niego zagrożenie. Gorączkę traktuje się obecnie już nie jako niepokojący objaw, który należy zwalczyć, lecz jako istotną reakcję obronną układu odpornościowego na infekcję. Gorączka nie jest chorobą, lecz sygnałem, że organizm jest chory – sygnałem, że organizm stara się zwalczyć chorobę.

Oto, jak współczesna medycyna wyjaśnia rolę gorączki. W odpowiedzi na inwazję wirusów, bakterii, grzybów itp. białe krwinki w organizmie wydzielają hormon zwany interleukiną, który wędruje do mózgu, by na-

Drgawki u dziecka z gorączką

Czasem niemowlę lub małe dziecko z wysoką gorączką miewa drgawki, zwykle na samym początku gorączkowania. Choć takie drgawki gorączkowe mogą przerazić rodziców, lekarze są obecnie zdania, że nie należy się nimi martwić. (Na stronie 507 znajdziesz wskazówki, jak postępować w przypadku drgawek.) Badania wykazują, że dziecko, które ma krótkotrwałe drgawki przy wysokiej gorączce, nie wykazuje w późniejszym okresie życia upośledzeń neurologicznych ani psychicznych. Jeśli niemowlę miało drgawki z powodu wysokiej temperatury, prawdopodobieństwo nawrotu jest o 30 do 40% większe i leczenie nie zmienia tego stopnia ryzyka. Także leczenie gorączki w czasie choroby nie zmienia częstości występowania drgawek u dzieci z predyspozycjami do nich, zapewne dlatego, że drgawki pojawiają się na samym początku choroby, kiedy gorączka wzrasta, a leczenie jeszcze nie zostało rozpoczęte.

kazać przysadce „podkręcenie termostatu" ciała. Najprawdopodobniej przy podwyższonej temperaturze ciała reszta układu odpornościowego ma większą zdolność zwalczania infekcji. Wirusy i bakterie namnażają się szybciej w niższej temperaturze, zatem przy podwyższonej temperaturze organizm jest mniej podatny na infekcje. Być może gorączka obniża również poziom żelaza, podnosząc jednocześnie zapotrzebowanie na nie ze strony atakujących bakterii, i w ten sposób zabiera im pożywienie. Kiedy inwazji dokonują wirusy, gorączka ułatwia zwiększenie produkcji interferonu i innych substancji antywirusowych.

Kiedy temperatura ciała wzrasta o kilka stopni powyżej normy (37°C, mierzone w ustach), chory często, paradoksalnie, czuje dreszcze. Na kilka sposobów mobilizują one organizm do kolejnego wzrostu temperatury. Mimowolne dreszcze stanowią sygnał dla organizmu, by podwyższyć temperaturę o kilka kolejnych kresek, a także podpowiadają choremu, kiedy ma sięgnąć po dalsze środki powodujące wzrost temperatury: gorące napoje, przykrycie się dodatkowym kocem, włożenie swetra. Jednocześnie, by zapobiec utracie ciepła, obkurczają się naczynia krwionośne na powierzchni skóry, natomiast tkanki, takie jak tkanka tłuszczowa, ulegają rozpadowi w celu wytworzenia ciepła (dlatego też w czasie gorączki ważne jest dostarczanie organizmowi dodatkowych kalorii).

Około 80 do 90% wszystkich przypadków gorączki u dzieci związanych jest z przejściowymi infekcjami wirusowymi (ustępują bez leczenia). Lekarze w większości nie zalecają obniżania tego typu gorączki u niemowląt powyżej szóstego miesiąca życia, chyba że przekracza ona 38,9°C (mierzone w odbycie). Niektórzy pediatrzy, zanim podejmą zdecydowane działania, czekają, aż wystąpi znacznie podwyższona temperatura. (Odpowiedź na pytanie, kiedy wezwać lekarza, znajduje się na stronie 506.) Mogą jednakże, nawet przy niższej gorączce, zalecić podanie paracetamolu dla niemowląt. Łagodzi on ból, uspokaja dziecko (tym samym też zdenerwowaną matkę) oraz poprawia sen. Ale nawet jeśli gorączka nie musi być zbijana, na pewno trzeba zająć się chorobą, która ją wywołała. Na przykład choroby wywołane przez bakterie zwykle leczy się antybiotykami, które usuwają infekcję (pośrednio zwalczając gorączkę). W zależności od rodzaju choroby, wybranego antybiotyku, stanu dziecka oraz wysokości gorączki, lekarz może zalecić jednoczesne stosowanie leku przeciwgorączkowego.

W przeciwieństwie do innych typów gorączki związanych z infekcją gorączka wynikająca ze wstrząsu septycznego (obecność bakterii i toksyn bakteryjnych we krwi) wymaga natychmiastowej interwencji lekarza i obniżenia temperatury.

Normalnie temperatura ciała jest najniższa (35,9°C w jamie ustnej) w nocy, między 2.00 a 3.00 rano, jest nadal stosunkowo niska (36,4°C), gdy wstajemy, a następnie w ciągu dnia wolno wzrasta aż do najwyższej wartości (37,2°C) między 18.00 a 22.00. Ma tendencje do nieznacznego wzrostu w upalne dni, podczas ćwiczeń gimnastycznych, a obniża się w mrozy i w czasie odpoczynku. Podlega większym wahaniom u niemowląt i małych dzieci niż u dorosłych.

Przebieg gorączki zależy od rodzaju choroby, której ona towarzyszy. W niektórych przypadkach u dziecka utrzymuje się bardzo wysoka gorączka aż do momentu wyzdrowienia, w innych gorączka regularnie obniża się rano i wzrasta wieczorem, wahania temperatury układają się w pewien schemat lub też nie przedstawiają żadnej regularności. Schemat wahań temperatury czasami pomaga lekarzowi postawić właściwą diagnozę.

Kiedy gorączka stanowi jedną z reakcji organizmu na infekcję, temperatura najczęściej nie przekracza 40,5°C, natomiast nigdy nie jest wyższa niż 41°C. Jeśli natomiast gorączka wynika z uszkodzenia mechanizmu termoregulacji organizmu, jak w wypadku udaru, temperatura może wzrosnąć nawet do 45°C. Tak wysoka temperatura może wystąpić w sytuacji, gdy otoczenie jest za gorące, a organizm nie potrafi się skutecznie ochłodzić, lub na skutek zaburzeń wewnętrznych albo (co występuje częściej) przegrzania, spowodowanego przez zewnętrzne źródło ciepła, np. saunę, gorącą kąpiel lub przebywanie w czasie upału w zamkniętym samochodzie (temperatura w zaparkowanym samochodzie może dochodzić do 45°C, nawet przy uchylonych oknach i temperaturze na zewnątrz 30°C). Przegrzanie może być również wynikiem intensywnego wysiłku fizycznego w upalny, parny dzień lub zbyt ciepłego ubrania. Niemowlęta i ludzie starsi są najbardziej podatni na chorobę termiczną, z powodu zaburzeń mechanizmu termoregulacji. Gorączka wynikająca z tych właśnie zaburzeń jest niebezpieczna i wymaga natychmiastowej interwencji lekarza. Niezwłocznego leczenia wymaga również bardzo wysoka temperatura (ponad 40°C), niezależnie od tego, czym wywołana, gdyż grozi uszkodzeniem mózgu i innych organów wewnętrznych. Uważa się, że tak wysoka gorączka przestaje pomagać organizmowi w zwalczaniu choroby, wręcz przeciwnie, może mieć negatywny wpływ na reakcje odpornościowe.

MIERZENIE TEMPERATURY

Lekarze zwykle wolą dokładniejszą informację o wysokości temperatury, niż tyle, że „dziecko ma ciepłe czoło", gdy je pocałować (oczywiście pocałunek sprawi wiele radości choremu maluszkowi). Pomiar temperatury w trakcie choroby udziela odpowiedzi na ważne pytania, a mianowicie: czy leczenie skutecznie obniżyło gorączkę, czy też temperatura wzrosła (co jednocześnie oznacza pogorszenie stanu dziecka). Ale pamiętaj, że chociaż odczyt temperatury bywa pomocny, nie ma sensu wykonywać go dokładnie co godzinę, jak czynią to niedoświadczone mamy. Zwykle wystarczają dwa pomiary – jeden rano i jeden wieczorem. Można dodatkowo zmierzyć temperaturę w ciągu dnia, jeśli wydaje się nam, że choroba się nasila. Jeżeli natomiast dziecko czuje się lepiej, a jego czoło przy pocałunku nie jest gorące, nie potrzeba potwierdzenia za pomocą termometru. Maleństwo będzie z pewnością szczęśliwe, że ominie je ta trudna próba.

Najdokładniejsze pomiary temperatury uzyskujemy w czterech miejscach: w jamie ustnej, w odbycie, pod pachą oraz w uchu. Wkładanie termometru do buzi dziecka nie jest bezpieczne, stąd większość lekarzy nie zaleca mierzenia temperatury w jamie ustnej przed ukończeniem czwartego lub piątego roku życia.

Czynności wstępne. Postaraj się uspokoić dziecko już pół godziny przed mierzeniem temperatury. Na skutek płaczu i krzyku lekko podwyższona temperatura może znacznie wzrosnąć. Przed pomiarem temperatury w jamie ustnej nie należy podawać gorących lub zimnych napojów, gdyż wpływają one na wysokość odczytu (co nie dotyczy pomiaru dokonywanego w odbycie lub pod pachą).

Wybór termometru. Amerykańska Akademia Pediatrii zaleca, by nie używać termometrów rtęciowych ze względu na niebezpieczeństwo kontaktu z rtęcią. Lepiej wybierz jeden z poniżej opisanych:

Gorączka to jeszcze nie wszystko

Gorączka nie jest jedyną oznaką, że dziecko jest chore, a sama w sobie nie wskazuje, jak poważna jest choroba. Jeśli malec ma dość wysoką temperaturę, ale dobre samopoczucie i jest aktywny, będzie mniej chory od niemowlęcia z niższą gorączką (lub wręcz z normalną temperaturą) wyraźnie wyglądającego na chore i ospałe. Po zmierzeniu temperatury sprawdź, czy występują inne objawy choroby, przyjrzyj się, jak dziecko wygląda, jak się zachowuje i jak je.

- *Termometr cyfrowy.* Jest bezpieczny, łatwy w użyciu, zawsze gotowy do użycia i stosunkowo niedrogi. Za jego pomocą można zmierzyć temperaturę w odbycie, w jamie ustnej oraz pod pachą (nie używaj tego samego termometru do pomiaru w odbycie i buzi dziecka). Termometr cyfrowy dokonuje pomiaru w 20 do 60 sekund, zatem jest bardzo przydatny w przypadku wiercącego się maluszka. Rozejrzyj się za modelem z giętką końcówką. Można używać jednorazowych końcówek, ale nie jest to konieczne.

- *Termometr-smoczek.* Ma kształt smoczka; za jego pomocą mierzy się temperaturę niemowlęcia, które jest jeszcze zbyt małe, by można mu ją zmierzyć w ustach. Odczyt na nim jest zwykle o $0{,}1°C$–$0{,}3°C$ niższy niż na termometrach sprawdzających temperaturę w odbycie. A ponieważ trzeba poczekać około trzech minut, by pomiar był prawidłowy, nie nadaje się dla dzieci, które nie chcą współpracować. Raczej nie można polegać na jego dokładności.

- *Termometr do ucha.* Termometr ten mierzy temperaturę w uchu i jest dość drogi. Choć pomiar trwa kilka sekund, prawidłowe jego użycie nie jest łatwe, zwłaszcza u najmłodszych. Odczyt w uchu jest zawsze mniej dokładny niż pod pachą, a najdokładniejszy otrzymujemy z odbytu. Najmniej dokładny odczyt z ucha otrzymamy u noworodków i niemowląt, gdyż mają bardzo wąski przewód słuchowy, dlatego też większość specjalistów jest zdania, że należy poczekać z mierzeniem temperatury w uchu do momentu, aż dziecko skończy trzy miesiące, a najlepiej rok. Niezależnie od wieku dziecka pomiar może być zniekształcony przez odkładającą się w uchu woskowinę. Jeśli masz termometr do ucha, poproś lekarza, by ci zademonstrował, jak poprawnie go używać.

- *Termometr skroniowy.* Temperatura mierzona jest za pomocą przetwornika przyklejonego do czoła dziecka. Jak wynika z badań, za pomocą takiego termometru otrzymujemy bardzo dokładny pomiar (choć nie aż tak, jak podczas pomiaru w odbycie). Są drogie, ale łatwe w użyciu i w Stanach Zjednoczonych cieszą się rosnącą popularnością.

Mierzenie temperatury

- *W odbycie.* Przygotuj termometr (posmaruj końcówkę wazeliną) i odkryj pośladki dziecka, przemawiając do maleństwa łagodnym głosem. Następnie przewróć dziecko na brzuszek i połóż je sobie na kolanach (pozycja ta daje ci większą kontrolę, a nóżki zwisające pod kątem $90°$ nie będą przeszkadzać podczas wkładania termometru do odbytu). Niemowlę można też ułożyć na łóżku czy stole służącym do przewijania (podłóż pod bioderka dziecka małą poduszeczkę lub zwinięty ręcznik, by ułatwić wsunięcie termometru do odbytu). Najlepiej odwrócić uwagę dziecka, śpiewając jego ulubione piosenki lub kładąc w zasięgu wzroku zabawkę czy książkę. Jedną ręką rozsuń pośladki, drugą delikatnie wsuń termometr do odbytu na głębokość około 2,5 cm i podtrzymuj go przez dwie minuty między dwoma palcami. Pozostałymi palcami lekko ściskaj pośladki, by zapobiec wysunięciu się termometru i uniemożliwić dziecku wykonywanie gwałtownych ruchów. Jeśli jednak niemowlę stawia bardzo silny opór, wyjmij termometr natychmiast.

- *Pod pachą.* Metoda ta jest wygodna, gdy dziecko ma biegunkę, jest niespokojne pod-

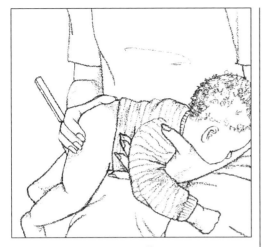
Mierzenie temperatury w odbycie.

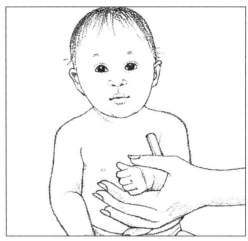
Mierzenie temperatury pod pachą.

czas mierzenia temperatury w odbycie lub masz do dyspozycji jedynie termometr doustny (którego nigdy nie wolno stosować doodbytniczo). Możesz użyć termometru cyfrowego lub mierzącego temperaturę w jamie ustnej, a przeznaczonego do pomiaru pod pachą. Zdejmij dziecku koszulkę, aby termometr przylegał bezpośrednio do ciała, oraz upewnij się, czy skóra pod pachą jest sucha. Wsuń koniec ze zbiorniczkiem z rtęcią dość głęboko, pod rączkę malca, przyciskając jego łokieć do boku. Trzymaj dziecko w tej pozycji przez zalecany czas. Jeśli to potrzebne, odwróć uwagę dziecka.

- *W uchu.* Użycie tego rodzaju termometru wymaga pewnych umiejętności, dlatego poproś lekarza, żeby pokazał ci, jak się nim posługiwać.

Odczytywanie temperatury. Najdokładniejsza jest temperatura mierzona w odbycie, gdyż pochodzi z wnętrza ciała. Temperatura mierzona w odbycie (najczęstszy sposób pomiaru u niemowląt) jest zwykle o 0,5–1°C wyższa niż mierzona w jamie ustnej. Natomiast pod pachą jest o 1°C niższa. Normalna temperatura ciała wynosi zatem: 37,0°C w jamie ustnej, 37,6°C w odbycie, oraz 36,3°C pod pachą. Gorączka 39,0°C mierzona w odbycie odpowiada 38,4°C w jamie ustnej i 37,9°C pod pachą.

Sposób przechowywania termometru. Po zmierzeniu temperatury ponownie umyj go w zimnej mydlanej wodzie, wypłucz i przetrzyj spirytusem. Uważaj, by woda nie dostała się do wyświetlacza termometru cyfrowego, jego włącznika lub osłony baterii.

JAK OCENIĆ GORĄCZKĘ

Zachowanie dziecka jest na ogół lepszym wskaźnikiem choroby niż temperatura ciała. Niemowlę może być poważnie chore, np. na zapalenie płuc lub zapalenie opon mózgowo-rdzeniowych, a w ogóle nie mieć gorączki lub też mieć bardzo wysoką temperaturę przy niewielkim przeziębieniu.

Niemowlę, u którego stwierdzisz gorączkę, wymaga natychmiastowej interwencji lekarza (wezwij lekarza nawet w środku nocy lub zawieź dziecko na pogotowie), jeżeli:

- Nie skończyło jeszcze dwóch miesięcy życia i ma gorączkę przekraczającą 37,9°C;

- U dziecka powyżej dwóch miesięcy życia temperatura mierzona w odbycie przekracza 39,0°C ;

- Ma pierwszy raz w życiu drgawki (ciało sztywnieje, gałki oczne wywracają się do góry, kończyny wiotczeją);

- Rozpaczliwie płacze (przyczyną nie jest kolka), krzyczy z bólu przy dotykaniu i przenoszeniu lub bezsilnie łka;
- Na skórze pojawiły się czerwone plamy;
- Ma trudności z oddychaniem po oczyszczeniu noska;
- Ma sztywną szyję, stawia opór przy próbach przyciągania główki do klatki piersiowej;
- Wystąpienie gorączki poprzedzało długie wystawienie dziecka na źródło ciepła, np. przebywanie w słońcu lub w zamkniętym samochodzie w upalny dzień. Może wystąpić udar cieplny (patrz str. 520) i konieczna jest natychmiastowa pomoc medyczna;
- U dziecka z niewysoką gorączką nastąpił gwałtowny skok temperatury, gdyż było zbyt ciepło ubrane lub przykryte. Taki przypadek należy traktować jako przegrzanie;
- Lekarz zalecił natychmiastowe wezwanie go w przypadku gorączki;
- Czujesz, że dzieje się coś bardzo złego, chociaż nie wiesz co.

Niemowlę wymaga interwencji lekarza tak szybko, jak pozwalają na to warunki, jeżeli:

- Gorączka, mierzona w odbycie, przekracza 38,0°C w przypadku dziecka w wieku dwóch do sześciu miesięcy lub ponad 39,2°C dla dziecka, które ma więcej niż sześć miesięcy (lub wedle wskazówek lekarza). Choć taka temperatura sama w sobie nie oznacza, że dziecko jest poważnie chore (ponieważ niemowlęta miewają czasem przy lekkich chorobach gorączkę sięgającą nawet 40,0°C), na wszelki wypadek skontaktuj się z lekarzem. Pamiętaj, że zawsze trzeba wezwać lekarza, gdy temperatura dziecka przekracza 39,0°C;
- Cierpi na przewlekłe choroby, np. serca, nerek, choroby układu nerwowego, niedokrwistość sierpowato-krwinkową lub inny rodzaj przewlekłej anemii;
- Ma drgawki wywołane gorączką lub miało w przeszłości drgawki towarzyszące gorączce;

Nim gorączka wystąpi pierwszy raz

Najlepiej zapytać lekarza, co robić w przypadku gorączki, zanim dziecko po raz pierwszy będzie ją miało – zwłaszcza że niemal na pewno do pierwszego przypadku dojdzie w środku nocy (nazwijmy to „Prawem Murphy'ego dla rodziców"). Wizyta kontrolna z dwumiesięcznym dzieckiem to dobry moment na zadanie tego pytania. Spytaj, kiedy wezwać lekarza, kiedy i jakie leki podać, jakie inne sposoby obniżania temperatury można zastosować.

- Jest odwodnione, czego dowodzą takie objawy, jak: skąpomocz, ciemnożółty kolor moczu, brak śliny i łez, zapadnięte oczy;
- Zachowuje się inaczej niż zwykle – jest bardzo kapryśne, letargiczne lub bardzo śpiące, wrażliwe na światło, płaczliwe, nie potrafi zasnąć, odmawia przyjmowania pokarmów, ciągnie się za uszy;
- Niska temperatura gwałtownie wzrasta lub niemowlę, które od kilku dni jest przeziębione, nagle zaczyna gorączkować (może to oznaczać wtórną infekcję, np. zapalenie ucha środkowego lub paciorkowcowe zapalenie gardła);
- Gorączki nie obniżyły zalecone lekarstwa;
- Od co najmniej trzech dni utrzymuje się niska temperatura (poniżej 39,0°C w odbycie) z objawami przeziębienia lub grypy;
- Gorączka trwa ponad 24 godziny bez żadnych dodatkowych objawów choroby.

POSTĘPOWANIE W PRZYPADKU GORĄCZKI

Jeśli dziecko ma gorączkę, a lekarz nie dał innych zaleceń, zastosuj się do następujących wskazówek:

Ochłodź dziecko. W przeciwieństwie do rozpowszechnionych opinii, takie praktyki, jak przykrywanie rozgorączkowanego niemow-

Postępowanie w przypadku drgawek

Drgawki gorączkowe zwykle trwają 1–2 minuty. Jeśli przytrafią się twemu dziecku, przede wszystkim zachowaj spokój (pamiętaj, że drgawki tego typu nie są niebezpieczne) i wykonaj następujące czynności. Trzymaj dziecko swobodnie w ramionach lub połóż na łóżku albo innym miękkim podłożu, na boku, z głową spoczywającą poniżej tułowia. Usuń wszystko (jedzenie, smoczek) z ust dziecka i nie próbuj go w tym momencie karmić. Niemowlęta podczas ataku często tracą przytomność, lecz wkrótce ją samoistnie odzyskują. Bezpośrednio po ataku dziecko jest na ogół bardzo senne.

Gdy drgawki przeminą, wezwij lekarza. Jeśli napad drgawek trwa ponad 5 minut, wezwij pogotowie. Czekając na pomoc, możesz podać paracetamol, by obniżyć temperaturę – jeśli dziecko skończyło już sześć miesięcy (ale dopiero po ustaniu drgawek). Możesz też przemyć je gąbką, ale nie kąp dziecka w wannie, bo gdyby doszło do kolejnego ataku, niemowlę mogłoby się zakrztusić wodą.

lęcia kocykami, ubieranie go w ciepłe rzeczy, trzymanie w przegrzanym pokoju, nie są wcale bezpieczne. W rzeczywistości mogą one znacznie podwyższyć temperaturę ciała i doprowadzić do udaru cieplnego. Ubierz dziecko w lekkie rzeczy, by umożliwić oddawanie przez nie ciepła (w upał wystarczy jedynie pieluszka) oraz utrzymuj temperaturę w pokoju na poziomie od 20° do 21°C (jeśli zaistnieje potrzeba, użyj w celu ochłodzenia powietrza klimatyzatora lub wachlarza, pamiętając jednak o tym, że dziecko nie powinno znajdować się w przeciągu).

Podawaj więcej płynów. Ponieważ w czasie gorączki organizm wyparowuje przez skórę większą ilość wody, należy upewnić się, czy niemowlę otrzymuje wystarczająco dużo płynów. Najmłodsze niemowlęta powinny często ssać pierś lub pić mleko zastępcze z butelki. Starszym dzieciom staraj się często podawać wartościowe źródła płynów, które obejmują rozcieńczone soki i soczyste owoce (np. arbuzy i cytrusy), wodę, rosół, desery z galaretek (jeśli zostały już wprowadzone do diety dziecka) (patrz str. 683–684). Młodsze niemowlęta powinny być częściej karmione mlekiem matki lub mieszanką. Zachęcaj dziecko do picia, lecz nie zmuszaj go. Skontaktuj się z lekarzem, jeżeli niemowlę odmówi przyjmowania jakichkolwiek napojów przez kilka godzin w ciągu dnia.

Jeśli to konieczne, podaj lekarstwo przeciwgorączkowe. Do lekarza należy decyzja, czy (i kiedy) podać dziecku leki obniżające gorączkę (warto spytać o to wcześniej). Zwykle lekarze zalecają, by rodzice przed wezwaniem pomocy podali dziecku paracetamol – jeśli malec ma ponad dwa miesiące, a gorączka jest wysoka (ponad 38,0°C mierzone w odbycie u dziecka w wieku między dwa a sześć miesięcy; ponad 39,0°C w wypadku dziecka ponad sześciomiesięcznego). Jeśli gorączka spadnie po podaniu leku, a malec nie ma innych objawów wymagających interwencji medycznej (patrz „Jak ocenić gorączkę", str. 505), skontaktuj się z lekarzem przy najbliższej okazji (czyli na przykład rano, jeśli dziecko zaczęło gorączkować w nocy). Jeśli jednak gorączka nie ustąpi lub wzrośnie albo dziecko wyraźnie cierpi, wezwij pomoc natychmiast, nawet w środku nocy.

Nacieranie wodą. Kiedyś rutynowy zabieg w przypadku gorączki, obecnie zalecany jest jedynie w szczególnych przypadkach, np. wtedy, gdy nie zadziała preparat przeciwgorączkowy (temperatura nie spada godzinę po podaniu leku), gdy usiłujemy obniżyć temperaturę u niemowlęcia poniżej szóstego miesiąca życia bez stosowania lekarstw lub gdy chcemy przynieść ulgę rozgorączkowanemu dziecku.

Do nacierania można użyć jedynie letniej wody (o temperaturze ciała, ani ciepłej, ani chłodnej w dotyku). Użycie chłodnej lub zimnej wody czy też spirytusu (kiedyś popularny był zabieg wcierania spirytusu w celu obniżenia temperatury) może raczej doprowadzić do

Paracetamol czy ibuprofen?

Istnieje wiele leków przeciwbólowych i obniżających gorączkę, ale tylko dwa z nich można podawać małym dzieciom: paracetamol (Tylenol, Tempra, Panadol i inne nazwy handlowe [w Polsce: Apap i Paracetamol – przyp. red. nauk.]) oraz ibuprofen (Motril, Advil i inne nazwy handlowe [w Polsce: Ibufen i Nurofen – przyp. red. nauk.]). Zaprzestano podawania aspiryny dzieciom po tym, jak odkryto, że dzieci, którym ją podawano w celu leczenia objawów infekcji wirusowych (np. grypy), były bardziej podatne na zachorowanie na zespół Reye'a – rzadką i potencjalnie śmiertelną chorobę, w której dochodzi do uszkodzenia wątroby i mózgu. Ze względu na to ryzyko, Amerykańska Akademia Pediatrii nie zaleca podawania dzieciom aspiryny bez wyraźnego zalecenia lekarza.

Paracetamol i ibuprofen równie skutecznie jak aspiryna uśmierzają ból i obniżają gorączkę (wielu dzieciom bardzo też smakują), mają jednak inne działanie na organizm i inne skutki uboczne. Przez wiele lat największym powodzeniem wśród leków przeciwbólowych innych niż aspiryna cieszył się paracetamol. Potem pojawiły się leki w płynie bez recepty zawierające ibuprofen i wielu pediatrów zaczęło je zalecać ze względu na nieco silniejsze oraz dłuższe działanie (wystarczy podawać lek co sześć do ośmiu godzin, podczas gdy paracetamol trzeba było podawać co cztery do sześciu godzin).

Paracetamol dla niemowląt ma postać syropu, kropli, proszku i czopków (przydatnych, gdy dziecko ma grypę żołądkową i musi wziąć lek obniżający gorączkę, a wymiotuje lub gdy odmawia połknięcia czegokolwiek). Ibuprofen także występuje w postaci płynu lub kropli. Można go podawać wyłącznie dzieciom powyżej szóstego miesiąca życia, nigdy – gdy dziecko jest odwodnione, często wymiotuje lub boli je brzuszek.

Jeśli leki są podawane prawidłowo, mają niewiele skutków ubocznych. Sprawa ta jest niezmiernie ważna, gdyż choć paracetamol dawkowany zgodnie z zaleceniem lekarza uważa się za bezpieczny, przyjmowanie go dłużej niż tydzień może być szkodliwe. Duża dawka tego leku (piętnastokrotnie większa od zalecanej) może wywołać nieodwracalne uszkodzenie wątroby. Prawdopodobnie dlatego paracetamol dla dzieci sprzedawany jest w malutkich buteleczkach (z tej samej przyczyny wszystkie leki należy przechowywać w miejscach niedostępnych dla dzieci). Natomiast największą wadą ibuprofenu jest jego zdolność do podrażniania żołądka, dlatego należy podawać go jednocześnie z jedzeniem lub piciem.

Niektórzy pediatrzy zalecali podawanie paracetamolu i ibuprofenu na zmianę, lecz obecnie większość lekarzy jest zdania, że praktyka ta na dłuższą metę nie jest skuteczna, a może być szkodliwa. Taka terapia w kilku przypadkach prowadziła do uszkodzeń nerek.

Jeśli dziecko ukończyło sześć miesięcy i ma bóle lub gorączkę, na początek podaj którykolwiek z tych leków (młodsze dziecko może dostać tylko paracetamol). Gdyby okazał się nieskuteczny, weź drugi – uważaj tylko, by dawka była odpowiednia, odczekaj zalecany czas do podania kolejnej porcji (czyli przynajmniej 4 godziny dla paracetamolu oraz 6 godzin dla ibuprofenu) oraz postępuj zgodnie z informacjami podanymi na etykietce lub udzielonymi przez lekarza. Wszystkie leki należy przechowywać w miejscu niedostępnym dla dzieci.

---

wzrostu niż obniżenia temperatury, wywołując dreszcze, które z kolei prowadzą do dalszego wzrostu temperatury. Oprócz tego wdychanie oparów alkoholu jest szkodliwe. Nacieranie gorącą wodą również podwyższa temperaturę ciała i podobnie jak zbyt ciepłe ubranie może doprowadzić do udaru. Niemowlę można nacierać wodą w wannie lub poza nią, w ciepłym pomieszczeniu bez przeciągów. Jeśli masz wrażenie, że przecieranie wodą nie sprawia dziecku przyjemności, przerwij zabieg.

- Nacieranie wodą poza wanną. Przed przystąpieniem do zabiegu przygotuj w wanience lub misce z letnią wodą trzy pieluchy. Na łóżku lub kolanach rozłóż nieprzemakalny materacyk albo prześcieradło, na nim połóż gruby ręcznik, a następnie dziecko, twarzą do góry. Rozbierz niemowlę i okryj je cienkim kocykiem lub ręcznikiem. Wykręć pieluszkę, tak by nie ciekła z niej woda, złóż ją i połóż na czole dziecka (zmocz ją, gdy tylko zacznie wysychać). Drugą pieluchą delikatnie nacieraj skórę niemowlęcia, odkrywając po kolei nacierane okolice ciała, a resztę otulając. Skoncentruj się na twarzy, szyi, brzuszku, wewnętrznej stronie łokci i kolan, a także pach i pachwin. Nacieranie pobudza krążenie krwi, która, docierając do skóry, ochładza się dzięki parowaniu letniej wody. Kiedy pielucha, którą nacierasz skórę, zaczyna wysychać, odłóż ją do miski, a wykręć trzecią. Nacieraj i rób okłady przez co najmniej dwadzieścia minut do pół godziny (tak długo trwa ochładzanie ciała), zmieniając pieluchy w miarę ich wysychania. Jeśli woda w misce ostygnie, dolej gorącej, by utrzymywać stałą temperaturę ciała.

- Nacieranie w wannie. Wielu niemowlętom, zwłaszcza chorym, kąpiele przynoszą ulgę i odprężenie. Jeśli twoje dziecko lubi kąpiele, nacieraj je wodą w wannie. Oczywiście woda powinna mieć temperaturę ciała, a skuteczne nacieranie powinno trwać od dwudziestu do trzydziestu minut. Nie nacieraj w wanience niemowlęcia, które miało drgawki.

Jak nie wolno postępować. (Jest to wiedza równie ważna jak znajomość czynności, które należy wykonać w przypadku gorączki.)

- Nie zmuszaj dziecka do odpoczynku. Rzeczywiście chore dziecko samo szuka wypoczynku, niezależnie od tego, czy znajduje się w łóżeczku czy też poza nim. Jeśli twoje dziecko nie chce leżeć w łóżku, pozostaw mu swobodę, nie zezwalając jednak na wzmożoną aktywność, która mogłaby doprowadzić do jeszcze większego wzrostu temperatury.

- Nie rób dziecku lewatywy, chyba że wynika to ze wskazań lekarza.

- Nie ubieraj malucha zbyt ciepło ani nadmiernie go nie przykrywaj.

- Nie przykrywaj dziecka mokrym ręcznikiem lub prześcieradłem, gdyż może to powstrzymać oddawanie ciepła przez skórę.

- Nie „głodź" gorączki. Gorączka wzmaga zapotrzebowanie organizmu na kalorie i chore niemowlęta potrzebują więcej kalorii.

- Jeśli podejrzewasz udar cieplny, nie podawaj aspiryny ani paracetamolu. Postępuj zgodnie ze wskazówkami ze strony 520.

19
Pierwsza pomoc – podstawowe czynności i najczęstsze błędy

Wypadki są nieuniknione, nawet jeśli jesteś bardzo sumienna, uważna i czujna, nawet jeśli podjęłaś wszystkie możliwe środki zapobiegawcze. Być może nic poważnego nie stanie się twojemu dziecku i wystarczy pocałować, żeby przestało boleć, lepiej jednak wiedzieć, jak postępować w poważniejszych przypadkach oraz co robić, jeśli dojdzie do obrażeń (takich jak rany, siniaki, oparzenia czy złamania), na które nie pomoże najczulsze przytulenie. Rozdział ten ma ci służyć pomocą. Lepiej spełniłby swoje zadanie, wzbogacony o praktyczny kurs pierwszej pomocy. Nie czekaj więc, aż dziecko spadnie ze schodów lub zacznie żuć liść rododendrona, by się dowiedzieć, co robić w nagłym wypadku. Już teraz, zanim zdarzy się nieszczęście, przygotuj się do udzielenia pomocy przy najczęstszych urazach, tak jak przygotowujesz się do opieki nad noworodkiem. Gdy zaistnieje potrzeba, zaznajom się również z rzadziej spotykanymi obrażeniami (np. ukąszeniami przez węża, jeśli mieszkasz w okolicy, gdzie zwierzęta te występują, lub masz w planie wyjazd na biwak). Upewnij się też, czy osoba opiekująca się twoim dzieckiem posiada dostateczną wiedzę na ten temat.

Poniżej znajdziesz listę najczęstszych urazów, informacje, z którymi należy się zapoznać, czynności, które należy (i których nie należy) wykonać, oraz sytuacji wymagających pomocy medycznej. Zastosowaliśmy porządek alfabetyczny oraz system odsyłaczy.

Szary pasek na górze tych stron ma ułatwić ich odnalezienie w nagłym wypadku.

Drgawki

1. Objawy napadu drgawek to: skierowane ku górze gałki oczne, zesztywnienie ciała przechodzące w drgawki oraz – w ciężkich przypadkach – trudności z oddychaniem. Krótkie napady drgawek nierzadko występują przy wysokiej gorączce (patrz str. 507). Zasady postępowania: usuń wszystkie przedmioty leżące w pobliżu dziecka, lecz nie ograniczaj mu swobody ruchów, chyba że grozi mu samookaleczenie. Rozepnij ubranie i ułóż niemowlę na boku, z głową poniżej tułowia. Nie wkładaj dziecku nic do ust, nawet jedzenia, napojów, butelki ani piersi. Wezwij lekarza. Kiedy miną drgawki, zrób zimne okłady, jeśli występuje gorączka, lecz nie wkładaj dziecka do wanienki ani nie nacieraj wodą. Jeśli dziecko nie oddycha, natychmiast zastosuj sztuczne oddychanie i masaż serca (patrz str. 530).

Odcięcie kończyny lub palca

2. Te poważne wypadki zdarzają się wprawdzie rzadko, jednak nieznajomość zasad postępowania w tych sytuacjach może oznaczać utratę kończyny lub palca. Zatem natychmiast:

- Staraj się powstrzymać krwawienie. Mocno uciskaj ranę przez kilka jałowych opatrunków z gazy, czystą pieluszkę, podpaskę lub czysty kawałek płótna. Jeśli krwawienie nie ustanie, zwiększ ucisk. Nie martw się ewentualnymi uszkodzeniami z powodu zbyt mocnego ucisku. Bez specjalnych zaleceń ze strony lekarza lub pielęgniarki nie stosuj opaski uciskowej.

- Jeśli wystąpił wstrząs (skóra dziecka robi się blada, zimna, wilgotna, puls jest przyspieszony, a oddech płytki), rozluźnij ubranie, lekko okryj dziecko, by zapobiec utracie ciepła, oraz podłóż pod nogi poduszkę (lub zwiniętą odzież), aby poprawić ukrwienie mózgu. Jeżeli dziecko ma trudności z oddychaniem, lekko unieś jego głowę i ramiona.

- W razie konieczności postaraj się przywrócić oddychanie. Gdy dziecko nie oddycha, natychmiast zastosuj sztuczne oddychanie i masaż serca (patrz str. 530).

- Zachowaj odciętą kończynę lub palec. Jak najszybciej zawiń ją w zmoczoną czystą szmatkę lub gąbkę i włóż do worka foliowego, obłóż worek lodem i zawiąż go. Nie kładź odciętej części ciała bezpośrednio na lód ani nie zanurzaj jej w wodzie czy też antyseptyku. Nie stosuj również suchego lodu.

- Wezwij pomoc. Zadzwoń na pogotowie lub udaj się tam sama, uprzedzając wcześniej o wypadku, aby przygotowano się do zabiegu. Upewnij się, czy zabrałaś z sobą odciętą kończynę, gdyż być może chirurg będzie mógł ją przyszyć. W czasie drogi uciskaj ranę i jeśli to konieczne, kontynuuj sztuczne oddychanie oraz masaż serca.

Odmrożenie i hipotermia

3. Niemowlęta są szczególnie wrażliwe na odmrożenia, zwłaszcza palców rąk i nóg, uszu, nosa oraz policzków. Odmrożona część ciała robi się bardzo zimna i zmienia kolor na biały lub żółtoszary. Jeśli u dziecka wystąpiły podobne objawy, staraj się natychmiast rozgrzać odmrożone miejsca ciepłem swego ciała – rozepnij płaszcz i bluzkę, a następnie przytul dziecko bezpośrednio do ciała. Udaj się jak najszybciej do szpitala lub na pogotowie. Jeśli nie jest to możliwe, zanieś dziecko do domu i zacznij je stopniowo rozgrzewać. Nie kładź dziecka z odmrożeniami w pobliżu kaloryfera, pieca, grzejnika, otwartego ognia itp., gdyż możesz poparzyć uszkodzoną skórę. Nie próbuj też szybkiego odmrażania w gorącej wodzie, które również może doprowadzić do większych uszkodzeń. Możesz natomiast zanurzyć odmrożone palce nóg i rąk w wodzie o temperaturze około 37°C – niewiele cieplejszej od temperatury ciała. Do miejsc, których nie można zanurzyć, np. nos, uszy, policzki, przyłóż kompresy (mokre kawałki płótna lub ręczniki) o tej samej temperaturze, lecz nie uciskaj. Stosuj kompresy lub moczenie w wodzie, dopóki skóra z powrotem się nie zaróżowi, co zazwyczaj trwa od 30 do 60 minut (w zależności od potrzeb, dolej cieplejszej wody). Jednocześnie karm dziecko piersią, butelką lub kubeczkiem, pamiętając, by podawane napoje były ciepłe, lecz nie gorące. Odmrożona skóra w czasie ocieplania robi się czerwona, lekko opuchnięta i może pokryć się pęcherzami. Jeśli do tej pory dziecka nie oglądał lekarz, teraz należy wezwać pomoc.

Jeśli po rozgrzaniu odmrożonych części ciała musisz znów wyjść, by zawieźć dziecko do lekarza (lub gdziekolwiek indziej), dokładnie otul te miejsca, żeby w czasie drogi nie doszło do ich ponownego odmrożenia, które mogłoby doprowadzić do dalszych uszkodzeń ciała.

Znacznie częstsze od odmrożeń (i mniej groźne) są miejscowe wychłodzenia. Ciało staje się zimne i blade, lecz ogrzewa się szybciej (w porównaniu z odmrożeniem), a ból i opuch-

Przygotuj się

- Omów z pediatrą leczącym twoje dziecko najlepszy możliwy plan działania w nagłym wypadku – wizyta w gabinecie, szpitalu, wezwanie pogotowia lub też inne rozwiązania. Zalecenia mogą być różne, w zależności od rodzaju obrażeń, dnia tygodnia i pory dnia.
- Leki pierwszej pomocy (patrz str. 40) przechowuj w niedostępnej dla dziecka przenośnej apteczce, którą łatwo będzie zabrać na miejsce wypadku. Zawsze miej naładowany telefon bezprzewodowy lub komórkowy, by zawsze móc przenieść go na miejsce wypadku, zarówno w domu, jak i na zewnątrz.
- Przy każdym aparacie telefonicznym w domu przywieś listę z numerami lekarzy leczących członków twojej rodziny (lekarza domowego), numer oddziału zatruć, najbliższego szpitala (lub tego, do którego planujesz się udać), najbliższej apteki, pogotowia, a także numer przyjaciela lub sąsiada, na którego możesz liczyć w potrzebie. Taką samą listę zapakuj do torby, w której przechowujesz pieluszki.
- Poznaj najkrótszą drogę do pobliskiego szpitala lub punktu pomocy medycznej.
- Zrób kurs reanimacji, a następnie uczęszczaj na kursy przypominające zdobytą wiedzę oraz ćwicz umiejętności na lalce. Zaznajom się z zasadami udzielania pierwszej pomocy w najczęstszych urazach.
- Zawsze miej odłożone pieniądze na taksówkę do szpitala (gabinetu lekarskiego).
- Naucz się działać bez paniki w niegroźnych sytuacjach, co może okazać się bardzo pomocne w razie poważnego wypadku. Twoje (lub innego opiekuna) zachowanie oraz ton głosu wpływają na reakcję dziecka. Pamiętaj, że twoja panika i niepokój udzielą się również dziecku. Wtedy trudniej o współpracę malca w nagłym wypadku oraz w całym procesie leczenia.
- Pamiętaj, że w niegroźnych wypadkach najlepszym sposobem leczenia jest czułość i troska. Oczywiście miej na uwadze zagrożenie wynikające z sytuacji. Niewielkie stłuczenie kolana nie wymaga niczego poza uśmiechem, całusem i pocieszającym zdaniem („Głowa do góry – nic ci nie jest"). Lecz bolesne ściśnięcie palca nie obejdzie się bez obsypania dziecka całusami i odwrócenia uwagi. W większości wypadków przed przystąpieniem do niesienia pierwszej pomocy dziecko należy uspokoić. Jedynie w sytuacjach zagrożenia życia (które na szczęście przytrafiają się rzadko i w których dziecko na ogół nie stawia oporu) nie wolno tracić czasu na uspokajanie malca.

nięcie są mniejsze. Podobnie jak przy odmrożeniach, nie ogrzewaj wyziębionych części ciała suchym ciepłem i uważaj na ponowne odmrożenie. Wzywanie pogotowia nie jest konieczne, ale można zadzwonić do lekarza.

Po długim przebywaniu na mrozie temperatura dziecka może spaść poniżej normy. Jest to groźny stan zwany hipotermią i wymaga natychmiastowej pomocy medycznej. Z niemowlęciem, którego skóra przy dotyku wydaje się zdecydowanie chłodniejsza niż zwykle, należy niezwłocznie udać się do szpitala. W czasie drogi przytul dziecko do swego ciała.

Omdlenia

4. Jeśli niemowlę nie oddycha, **natychmiast** rozpocznij sztuczne oddychanie i masaż serca (patrz str. 530). W wypadku gdy oddycha, ułóż dziecko na plecach oraz, jeśli trzeba, lekko je okryj. Rozluźnij ubranie wokół szyi, przechyl główkę na bok i oczyść jamę ustną z jedzenia i ciał obcych. Nie podawaj pokarmów ani napojów. Natychmiast wezwij lekarza.

Oparzenia

Uwaga: Jeśli na dziecku pali się ubranie, użyj płaszcza, koca, chodnika, okrycia na łóżko, względnie własnego ciała (nie bój się, że się poparzysz), by ugasić ogień.

5. Oparzenia o ograniczonym zasięgu. Zanurz poparzoną kończynę w wodzie lub przykładaj chłodne kompresy (20–25°C) do oparzeń twarzy lub tułowia. Ochładzanie kontynuuj do momentu, kiedy dziecko przestanie odczuwać ból (zwykle trwa to mniej więcej pół godziny). Nie przykładaj lodu, nie smaruj masłem ani maściami, które mogą spowodować dodatkowe uszkodzenia skóry. Nie przekłuwaj też tworzących się pęcherzy. Po zmoczeniu poparzonych miejsc delikatnie je osusz i okryj materiałem, który nie przylepia się do skóry (np. bandażem bez przylepca, a w nagłym wypadku nawet folią aluminiową). Poparzona twarz, dłonie, stopy i genitalia powinny zostać natychmiast poddane oględzinom lekarza. Każde oparzenie, nawet niewielkie, u dziecka poniżej jednego roku życia wymaga skontaktowania się z lekarzem.

6. Rozległe oparzenia. Połóż dziecko na płaskiej powierzchni. Zdejmij odzież z poparzonej okolicy. Nie odrywaj materiału, który przywarł do rany. Zastosuj chłodne, mokre okłady (okrywając nimi jednocześnie nie więcej niż 25% powierzchni ciała). Otul dziecko i jeśli poparzeniu uległy nogi, unieś je powyżej tułowia. Nie stosuj ucisku, maści, masła ani innych tłuszczów, pudru ani okładów z kwasu bornego. Jeśli niemowlę nie straciło przytomności i nie ma ciężko poparzonych ust, nakarm je piersią albo podaj wodę lub inny napój. Natychmiast zawieź dziecko do lekarza, szpitala lub wezwij pogotowie.

7. Oparzenia chemiczne. Substancje żrące (jak np. ług i kwasy) mogą być przyczyną poważnych oparzeń. Suche resztki substancji żrących usuń delikatnie ze skóry za pomocą szczoteczki. Zdejmij zanieczyszczone ubranie. Natychmiast spłucz skórę dużą ilością wody. Zadzwoń do lekarza, oddziału oparzeń (lub toksykologii) lub na pogotowie po dalsze wskazówki. Natychmiast wezwij pomoc w przypadku, gdy dziecko ma trudności z oddychaniem lub odczuwa ból przy oddychaniu, co może oznaczać uszkodzenia płuc w wyniku wdychania szkodliwych oparów. (Gdy substancje chemiczne zostały połknięte, patrz pkt 48.)

8. Oparzenia prądem elektrycznym. Jeśli to możliwe, natychmiast wyłącz urządzenie elektryczne z sieci lub odciągnij ofiarę od źródła prądu, używając suchego przedmiotu nie wykonanego z metalu, np. szczotki, drewnianej drabiny, sznura, poduszki, krzesła, a nawet dużej książki – nigdy gołymi rękoma. Jeśli dziecko nie oddycha, rozpocznij sztuczne oddychanie i masaż serca (str. 530). Dziecko oparzone prądem elektrycznym powinno zostać poddane oględzinom lekarza, zatem natychmiast zadzwoń do pediatry lub udaj się z dzieckiem do szpitala.

9. Oparzenia słoneczne. Jeśli dziecko (lub ktokolwiek inny) dozna oparzeń słonecznych, zastosuj chłodzące okłady, nasączając je wodą z kranu (patrz str. 683). Poparzone miejsca ochładzaj przez 10–15 minut 3–4 razy dziennie, dopóki nie ustąpi zaczerwienienie. Parująca woda chłodzi skórę. W czasie kiedy nie przykładasz kompresów, posmaruj skórę wyciągiem z aloesu (dostępnym w aptece lub przyłóż miąższ z liścia aloesu, jeśli masz tę roślinkę w domu) lub kremem nawilżającym. Nie stosuj wazeliny ani innych oleistych maści przeciw oparzeniom, gdyż blokują one dostęp powietrza, niezbędnego do wyleczenia rany. Bez porozumienia z lekarzem nie podawaj leków przeciwuczuleniowych. W przypadku ciężkich oparzeń lekarz może zalecić maści zawierające steroidy, a rozległe pęcherze mogą być osuszane i bandażowane. Ból wywołany oparzeniem można uśmierzyć paracetamolem dla niemowląt; przy opuchliźnie lepszy będzie ibuprofen. Podobnie jak w wypadku wszelkich innych oparzeń, oparzenia słoneczne wymagają przynajmniej telefonicznego kontaktu z lekarzem. Jeśli przypadek jest ciężki, mogą wystąpić poważne objawy, na przykład ból głowy i wymioty. Konieczna jest szybka interwencja medyczna.

Połknięcie ciała obcego

10. Monety, kulki lub inne małe, okrągłe przedmioty. Jeśli dziecko połknęło taki przedmiot i nie ma żadnych objawów wskazujących, że dzieje się coś niedobrego, najlepiej poczekać, aż przedmiot przejdzie przez układ pokarmowy. Dzieci wydalają małe połknięte rzeczy w ciągu dwóch do trzech dni – sprawdzaj stolec do czasu wydalenia ciała obcego. Jedynym wyjątkiem są małe baterie: jeśli dziecko połknęło taką, natychmiast skontaktuj się z lekarzem.

Gdyby dziecko miało po połknięciu przedmiotu kłopoty z przełykaniem lub gdyby jakiś czas później wystąpił świst wydechowy, ślinotok, krztuszenie, wymioty, może to oznaczać, że ciało obce utknęło w przełyku. Natychmiast wezwij lekarza lub zawieź dziecko na pogotowie.

Jeśli dziecko kaszle i oddycha z trudem, przedmiot mógł dostać się do dróg oddechowych – postępuj podobnie jak w przypadku zadławienia (patrz str. 527).

11. Ostre przedmioty. Natychmiast wezwij pogotowie, jeśli dziecko połknęło ostry przedmiot (szpilka czy pinezka, ość ryby, zabawkę o ostrych kształtach). Prawdopodobnie trzeba będzie to usunąć w szpitalu za pomocą specjalnych narzędzi medycznych.

Porażenie prądem elektrycznym

12. Przerwij łączność ciała z prądem, wyłączając urządzenie z sieci lub odciągając dziecko za pomocą suchego, niemetalowego przedmiotu, np. miotły, drewnianej drabiny, materiału, poduszki lub nawet dużej książki. Wezwij pogotowie, a jeśli dziecko nie oddycha, zastosuj sztuczne oddychanie i masaż serca (patrz str. 530).

Rany skóry

Uwaga: Każde uszkodzenie skóry grozi zachorowaniem na tężec. Jeśli dziecko zrani skórę, upewnij się, czy ma aktualne szczepienie przeciw tężcowi. Obserwuj uważnie, czy nie wystąpią oznaki infekcji (obrzęk, wzmożone ocieplenie, tkliwość, zaczerwienienie skóry w okolicy rany, wydzielina z rany). Jeśli stwierdzisz ich obecność, skontaktuj się z lekarzem.

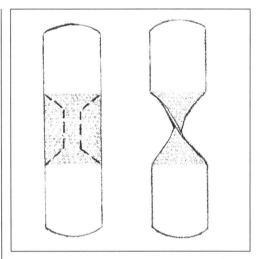

Opatrunek motylkowy przytrzymuje rozchylające się brzegi rany, co ułatwia gojenie. Jeśli nie masz takiego, przytnij zwykły plaster i skręć, aby mocniej trzymał.

13. Krwiaki – sińce. Zachęć dziecko do spokojnej zabawy, by nie urażać zranionej części ciała. Przez pół godziny rób zimne okłady, np. z worka z lodem lub lodu owiniętego płótnem (nigdy nie przykładaj lodu bezpośrednio na skórę). Jeśli skóra jest przerwana, postępuj jak w przypadku rany ciętej (pkt. 15 i 16). Skontaktuj się z lekarzem w przypadku, gdy krwiak powstał w wyniku wykręcenia kończyny lub wkręcenia jej między szprychy obracającego się koła. Poinformuj również lekarza o krwiakach, które pojawiają się bez wiadomej przyczyny lub podczas gorączki.

14. Otarcie naskórka. W przypadku skaleczeń tego typu (najczęściej na kolanach i łokciach) zdarte są górne warstwy skóry, a miejsce jest wrażliwe. Na ogół występuje krwawienie powierzchniowych warstw skóry. Obmyj delikatnie ranę jałową gazą lub kawałkiem płótna zmoczonym wodą z mydłem, by oczyścić ranę z brudu i ciał obcych. Jeśli dziecko stanowczo protestuje, obmyj ranę podczas kąpieli. Jeśli krwawienie nie ustaje samoistnie, uciskaj ranę. Załóż jałowy opatrunek. Otarcia naskórka najczęściej goją się szybko.

Opatrywanie skaleczeń

Można śmiało powiedzieć, że gdy ma się dziecko, dziesiątki lub wręcz setki razy w użyciu będzie plaster lub bandaż na małe zwykle rany i zadrapania. Poniżej znajdziesz rady, jak dobrze stosować opatrunki i sprawić, by wszystkie „auki" szybciej się goiły:

- Postępuj z raną odpowiednio do jej rodzaju (patrz opisy danych skaleczeń).

- Plaster lepiej przykleja się do czystej, suchej skóry.

- Jeśli dziecko protestuje na widok opatrunku lub przy zrywaniu go albo jeśli skaleczenie jest w takim miejscu, że trudno założyć opatrunek, możesz zastosować opatrunek w płynie, żelu lub sprayu.

- Jeśli rana jest otwarta, można na nią przyłożyć wyłącznie sterylny opatrunek, który został otwarty tuż przed założeniem. Nie dotykaj palcami tej części, która będzie miała kontakt z raną. Trzymaj opatrunek za brzegi.

- Używaj plastra z opatrunkiem i/lub maści antybiotykowej, żeby plaster nie przylepił się do rany. Jeśli jednak tak się stanie, usuń go poprzez namoczenie w ciepłej wodzie; nie odrywaj.

- Opatrunki powinny być luźne, żeby powietrze miało dostęp do rany. Wyjątek stanowią rany, które trzeba ściskać do zrośnięcia.

- Nie nakładaj opatrunku na palce zbyt ciasno, ponieważ może to utrudniać krążenie.

- Codziennie zmieniaj opatrunek i sprawdzaj, jak rana się goi (najlepiej w trakcie kąpieli lub tuż po niej, kiedy opatrunek jest wilgotny, poluźniony i odchodzi bez zrywania). Jeśli skaleczenie nadal się nie zagoiło, nałóż nowy opatrunek. Jeśli natomiast na ranie pojawił się strupek lub rana się zrosła, opatrunek nie jest potrzebny.

- Zmieniaj opatrunek, który jest wilgotny lub brudny.

---

15. Niewielkie rany cięte. Obmyj okolice rany czystą wodą z mydłem, a następnie skieruj na nią strumień bieżącej wody, by wypłukać brud i ciała obce. Załóż jałowy opatrunek. Opatrunek motylkowy (patrz ilustr. str. 515) przyspieszy proces gojenia, zamykając brzegi rany. Nim nałożysz bandaż, w celu uniknięcia infekcji zastosuj środek antyseptyczny lub posmaruj miejsce maścią antybakteryjną (na przykład bacitracin; poproś lekarza, aby ci którąś polecił). Skonsultuj się z lekarzem w przypadku ran ciętych na twarzy dziecka.

16. Rozległe rany cięte. Przede wszystkim zatamuj krwawienie, uciskając przez kilka jałowych opatrunków z gazy, czystą pieluszkę, kawałek płótna. Jeśli nie masz tych materiałów pod ręką, uciskaj krwawiącą ranę gołymi palcami, unosząc zranione miejsce powyżej tułowia. Jeżeli po 15 minutach uciskania rany krwawienie nie ustępuje, dodaj kilka opatrunków z gazy lub parę kawałków płótna i zwiększ ucisk. (Nie martw się, że dodatkowo uszkodzisz ranę przez zbyt silny ucisk.) Jeśli to konieczne, nie zwalniaj ucisku aż do przybycia pomocy lub dotarcia z dzieckiem do szpitala. W przypadku gdy występują inne urazy, postaraj się przywiązać opatrunek, by mieć wolne ręce. Gdy ustanie krwawienie, załóż na ranę jałowy opatrunek z gazy. Nie bandażuj go zbyt ciasno, by nie zahamować krążenia. Nie stosuj jodyny, płynu Burowa ani innych antyseptyków bez porozumienia z lekarzem. Jeśli krwawienie nie ustaje w ciągu pół godziny, rana rozchodzi się lub wygląda na głęboką, skontaktuj się z lekarzem. Rany na twarzy, dłuższe niż 1,5 cm, głębokie lub silnie krwawiące, czasem wymagają szycia lub użycia klamer.

17. Obfite krwawienie. W przypadku odcięcia kończyny lub obfitego krwawienia natychmiast wezwij pogotowie lub udaj się z dzieckiem do szpitala. Oczekując na pomoc, uciskaj ranę przez kilka opatrunków jałowych z gazy, czystą pieluszkę, podpaskę, ręcznik lub kawałek płótna. Jeśli krwawienie nie ustaje, zwiększ ucisk i przyłóż dodatkowy opatrunek. Bez zalecenia lekarza nie stosuj opaski uciskowej, która często przynosi więcej szkody niż pożytku. Uciskaj ranę tak długo, aż przybędzie pomoc.

18. Rany kłute. Zanurz zranione miejsce na 15 minut w ciepłej wodzie z mydłem. Skonsultuj się z pediatrą lub zadzwoń na pogotowie. Nie usuwaj żadnego przedmiotu (np. patyka lub noża) wystającego z rany, gdyż możesz w ten sposób zwiększyć krwawienie. Jeśli to niezbędne, załóż opatrunek, by uniemożliwić wędrowanie ciała obcego w ranie. Postaraj się uspokoić dziecko, które w wyniku pobudzenia pourazowego może doprowadzić do dodatkowych uszkodzeń zranionej skóry.

19. Drzazgi. Obmyj okolice skaleczenia czystą wodą z mydłem i przyłóż worek z lodem (patrz str. 688). Jeśli drzazga nie wystaje ze skóry, postaraj się ją uwolnić za pomocą jednorazowej igły lub igły do szycia, uprzednio wyjałowionej alkoholem lub w płomieniu zapałki. Gdy wyraźnie widać jeden koniec drzazgi, spróbuj wyciągnąć ją pincetą (również wyjałowioną w ten sam sposób). Nie usuwaj drzazg paznokciami, które mogą być brudne. Po skończonym zabiegu przemyj ponownie skaleczone miejsce. Jeśli przy usuwaniu drzazgi napotkasz trudności, wykonuj 3 razy dziennie piętnastominutowe kąpiele skaleczonego miejsca w ciepłej mydlanej wodzie przez kilka kolejnych dni. W przypadku gdy nie pomogą kąpiele, najprawdopodobniej dojdzie do infekcji, której objawami są: zaczerwienienie, wzmożone ocieplenie i obrzęk. Należy wówczas skontaktować się z lekarzem. Zadzwoń do lekarza również w przypadku, gdy drzazga utkwiła głęboko, a dziecko nie ma aktualnych szczepień przeciw tężcowi.

Rany jamy ustnej

20. Rozcięta warga. Niewielu dzieciom udaje się przeżyć pierwszy rok życia bez przynajmniej jednego rozcięcia wargi. Na szczęście rany te zwykle tylko groźnie wyglądają i nie stanowią prawdziwego niebez-

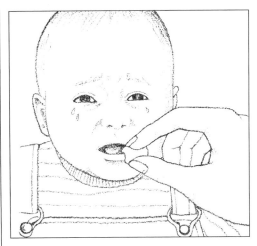

Aby zatamować krwawienie z rozciętej wargi, należy uciskać ją kawałkiem gazy przytrzymywanej kciukiem i palcem wskazującym.

pieczeństwa, a goją się szybko. Przyłóż worek z lodem, by złagodzić ból oraz zmniejszyć krwawienie. Większemu niemowlęciu, i to tylko pod kontrolą osoby dorosłej, możesz dać do ssania dużą kostkę lodu. Jeśli rana rozchodzi się lub krwawienie nie ustaje w ciągu piętnastu minut, skontaktuj się z lekarzem. Czasami dochodzi do skaleczenia wargi, gdy dziecko wkłada do buzi i żuje przewód elektryczny. Zadzwoń wtedy do lekarza.

21. Rany cięte w jamie ustnej (w tym także języka). Skaleczenia te, podobnie jak poprzednie, często przytrafiają się maluchom. Worek z lodem w przypadku niemowląt i duża kostka do ssania u starszych dzieci złagodzą ból i zmniejszą krwawienie z wewnętrznej części wargi lub policzka. Aby zatamować krwawienie z języka (jeśli nie ustanie samoistnie), ściśnij obydwa brzegi rany przez kawałek jałowej gazy lub czystego płótna. Gdy skaleczona jest tylna okolica gardła lub podniebienie miękkie (tył górnej części jamy ustnej), występuje rana kłuta od ostrego przedmiotu (np. ołówka lub patyka) lub krwawienie nie ustaje w ciągu 10 do 15 minut, skontaktuj się z lekarzem.

22. Wybity ząb. Szansa, iż stomatolog wykona reimplantację (umieści ząb ponownie w dziąśle), jest niewielka, więc staranne przechowywanie zęba nie jest potrzebne. Stomatolog będzie chciał się natomiast upewnić, czy ząb jest cały, gdyż fragmenty pozostałe w dziąśle mogą wypaść i następnie dostać się podczas wdechu do dróg oddechowych i zablokować je. Zatem zabierz ząb do stomatologa lub szpitala (jeśli nie ma w pobliżu tego pierwszego).

23. Złamany ząb. Oczyść dokładnie jamę ustną z odłamków i brudu ciepłą wodą i gazą lub czystą szmatką. Upewnij się, czy w jamie ustnej dziecka nie ma żadnych fragmentów zęba, którymi mogłoby się ono zakrztusić. Przyłóż do policzka w okolicy uszkodzonego zęba zimny okład (patrz str. 689), by zmniejszyć obrzęk. Natychmiast skontaktuj się ze stomatologiem, który udzieli ci dalszych wskazówek.

Skaleczenia oka

Uwaga: Skaleczonego oka nie należy dotykać palcami, uciskać ani stosować żadnych lekarstw bez zalecenia lekarza. Aby dziecko nie dotykało oka, nałóż na nie mały kubeczek lub kieliszek i jeśli to konieczne, przytrzymaj rączki dziecka.

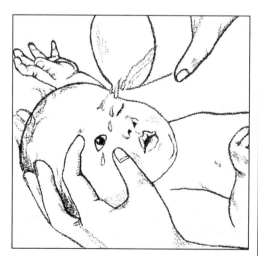

Jeśli do oka dostanie się substancja żrąca, przepłucz je wodą. Dziecko nie będzie zachwycone, ale zabieg ten jest konieczny.

24. Ciało obce w oku. Jeśli widzisz w oku ciało obce (np. rzęsę lub ziarenko piasku), umyj ręce i przy użyciu wilgotnego kawałka płótna postaraj się je wyjąć, podczas gdy inna osoba przytrzymuje dziecko (tylko gdy przedmiot znajduje się w kąciku oka, pod dolną powieką lub na białku oka – nie dotykaj źrenicy, aby nie zadrapać rogówki). Możesz też nałożyć górną powiekę na dolną i przytrzymać ją przez kilka sekund. Jeśli twe starania nie zostaną uwieńczone sukcesem, spróbuj wypłukać przedmiot, polewając oko letnią wodą (o temperaturze ciała) z dzbanuszka, kubeczka lub butelki, podczas gdy ktoś trzyma dziecko (uważaj, by woda nie dostała się do noska).

Jeśli wszystkie te próby zawiodą, konieczna jest wizyta u lekarza, który wyjmie ciało obce z oka, gdyż inaczej może ono ulec otorbieniu. Udaj się z dzieckiem do lekarza również wtedy, gdy nie może się ono uspokoić, gdyż mogło dojść do uszkodzenia gałki ocznej. Nie próbuj usuwać otorbionego ciała obcego z oka. Załóż opatrunek z jałowej gazy i przylep go delikatnie plastrem. Możesz zamiast jałowej gazy użyć kilku jednorazowych chusteczek do nosa lub czystej chusteczki bawełnianej.

25. Substancja żrąca w oku. Natychmiast przepłucz dokładnie oko letnią wodą. Wodę lej z dzbanuszka, butelki lub kieliszka przez 15 minut, przytrzymując otwarte powieki palcami. Jeśli substancja żrąca dostała się tylko do jednego oka, przechyl główkę dziecka tak, aby nie uszkodzone oko było wyżej niż uszkodzone i wypływający środek nie dostał się do drugiego oka. Nie stosuj kropli ani maści. Nie pozwalaj też, aby dziecko tarło oko rączką. Zadzwoń do lekarza lub oddziału zatruć po dalsze instrukcje.

26. Uszkodzenie oka ostrym przedmiotem. Przytrzymaj dziecko w pozycji półleżącej i wezwij pomoc. Jeśli przedmiot nadal tkwi w oku, nie staraj się go wyjąć. Jeśli go nie ma, przykryj oko opatrunkiem z gazy, czystym kawałkiem płótna, chusteczką. Nie stosuj ucisku. W każdym przypadku natychmiast wezwij pogotowie. Chociaż czasami skaleczenia

Leczenie małego pacjenta

Niemowlęta rzadko współpracują w procesie leczenia. Bez względu na poczucie dyskomfortu i ból wynikający z odniesionych ran uważają, że zaoferowana im pomoc jest jeszcze gorsza. Nie pomoże tłumaczenie, że lekarstwo złagodzi ból i przyniesie ulgę. Nawet starsze dzieci, które rozumieją nasze wyjaśnienia, niemal zawsze stawiają opór. Dlatego w udzielaniu pomocy niemowlęciu i małemu dziecku koniecznie trzeba odwrócić ich uwagę.

Zabawa (rozpoczęta wcześniej, jeszcze zanim popłyną pierwsze łzy), np. puszczenie ulubionej pozytywki, taśmy magnetofonowej, udawanie psa, który goni swój ogon, ciuchci mknącej przez stół, taniec i zabawne piosenki w wykonaniu rodziców czy też rodzeństwa, może zadecydować o powodzeniu całego przedsięwzięcia. Można spróbować też puszczania łódek na wodę, mierzenia temperatury misiowi, podawania lekarstw lalce lub przykładania pieskowi worka z lodem.

Oczywiście twoja stanowczość uzależniona będzie od stanu dziecka. Z powodu niewielkiego siniaka nie ma sensu denerwować dziecka nie akceptującego worka z lodem. Zimne okłady są jednak niezbędne w przypadku rozległego oparzenia, nawet jeśli dziecko wrzeszczy jak opętane. Staraj się udzielić dziecku pomocy chociaż przez chwilę – nawet kilkuminutowe moczenie sprawi, że poparzone miejsce będzie mniej rozognione, a kilkuminutowe przykładanie lodu na siniak zmniejszy opuchnięcie. Musisz wiedzieć, kiedy dać za wygraną. Jeśli zdenerwowanie dziecka nie jest warte dalszego postępowania, zaprzestań go.

---

te wyglądają gorzej, niż jest w rzeczywistości, rozsądniej będzie skontaktować się z pediatrą lub okulistą, który dokona oględzin.

27. Uszkodzenie oka tępym przedmiotem. Połóż dziecko na wznak i nałóż na oko worek z lodem lub zimny okład (patrz str. 689), by zlikwidować ucisk. Jeśli oko ciemnieje, dziecko ma trudności z widzeniem lub często pociera oko, lub jeśli przedmiot uderzył w oko przy dużej prędkości, skontaktuj się z lekarzem.

Skaleczenia ucha

28. Ciało obce w uchu. Spróbuj usunąć przedmiot z ucha, postępując według następujących wskazówek:

- Jeśli to owad, spróbuj zwabić go na powierzchnię, oświetlając ucho intensywnym światłem (np. lampą błyskową);
- Jeśli to metal, spróbuj wyciągnąć przedmiot za pomocą magnesu (nie wkładaj magnesu do ucha);
- Jeśli to przedmiot z plastiku lub drewna (który jest widoczny i nie utknął głęboko w kanale słuchowym), posmaruj spinacz do papieru kropelką szybko schnącego kleju (nie używaj kleju, który mógłby przylepić się trwale do skóry), a następnie dotknij spinaczem przedmiotu tkwiącego w uchu. Nie zagłębiaj się do ucha środkowego. Poczekaj, aż klej wyschnie, i wyciągnij spinacz wraz z przyklejonym przedmiotem. Nie próbuj wykonywać tego zabiegu sama, bez pomocy drugiej osoby, przytrzymującej dziecko.

Jeśli żaden z proponowanych sposobów nie okaże się skuteczny, nie próbuj wydobywać przedmiotu z ucha palcami lub za pomocą narzędzi. Udaj się z dzieckiem do lekarza.

29. Uszkodzenia ucha. W przypadku gdy ucho zostało skaleczone ostrym przedmiotem lub zauważysz objawy uszkodzenia ucha (krwawienie z przewodu słuchowego, niedosłuch, obrzmiała małżowina), skontaktuj się z lekarzem.

Trujący bluszcz i sumak jadowity

30. U większości dzieci rośliny te wywołują reakcje alergiczne (zwykle w postaci czerwonej, swędzącej wysypki, czasem z towarzyszącą im opuchlizną, pęcherzami i sączeniem z pęcherzy) pojawiające się w 12 do 48 godzin po kontakcie z rośliną i trwające od 10 dni do 4 tygodni. Jeśli wiesz, że dziecko miało kontakt z którąś z tych roślin, rozbierz je, uważając, by nie dotknąć soku rośliny (zawierającego żywice z toksynami wywołującymi reakcję), chroniąc ręce rękawiczkami, papierowym ręcznikiem lub czystą pieluszką. Wysypka nie jest zakaźna, nie przenosi się na inne osoby ani inne części ciała, jeśli trujący sok został zmyty (postaraj się umyć dziecko jak najszybciej, najlepiej w ciągu 10 minut).

Aby żywice nie zastygły na ciele dziecka, dokładnie umyj skórę maluszka wodą z mydłem, po czym spłukuj chłodną wodą przez co najmniej 10 minut. W ostateczności użyj wilgotnych chusteczek. Spłucz wodą wszystko, co mogło dotknąć rośliny, czyli np. pieluchy, zwierzęta domowe, wózek – wywołująca reakcję żywica pozostaje aktywna nawet przez rok, jeśli osadzi się na takich przedmiotach. Buty, których nie można prać, należy dokładnie przetrzeć.

Jeśli u dziecka wystąpiła reakcja na trujące rośliny, zastosuj płyn zwierający węglan cynku, emulsję łagodzącą podrażnienia, która zawiera pramoxine – na przykład Caladryl. Nie stosuj jednak emulsji zawierających związki antyhistaminowe, by złagodzić swędzenie i by dziecko się nie drapało; w przypadku silnego obrzęku we wrażliwych miejscach ciała być może lekarz zaleci kilkudniowe podawanie steroidów doustnie. Ulgę przynosi też paracetamol, chłodne kompresy lub kąpiel w otrębach. Aby dziecko nie podrapało się mocno, przytnij mu paznokcie. Skontaktuj się z pediatrą, jeśli wysypka wygląda poważnie lub występuje w okolicy oczu, na twarzy czy narządach rodnych.

Udar cieplny

31. Udar cieplny występuje nagle. Objawami są na ogół: gorąca i sucha (rzadko wilgotna) skóra, bardzo wysoka gorączka, biegunka, ożywienie lub senność, dezorientacja, drgawki, utrata przytomności. Jeśli podejrzewasz u dziecka udar cieplny, owiń je w duży ręcznik kąpielowy, wcześniej zamoczony w lodowatej wodzie (wrzuć do zlewu napełnionego wodą z kranu kostki lodu, a następnie zamocz ręcznik). Natychmiast wezwij pogotowie lub udaj się z dzieckiem do najbliższego punktu pomocy medycznej. Gdy ręcznik zaczyna być ciepły, zmień go na zimny.

Ukąszenia

32. Pogryzienie przez psa i inne zwierzęta. Unikaj poruszania zranioną częścią ciała i natychmiast wezwij lekarza. Delikatnie, lecz dokładnie obmywaj ranę wodą z mydłem. Nie używaj antyseptyków ani też innych środków bezpośrednio na ranę. Zatrzymaj krwawienie (pkt. 15–17) i załóż jałowy opatrunek. Jeśli to możliwe, przetrzymaj zwierzę aż do wykonania badań na wściekliznę, lecz uważaj, by cię nie pogryzło. (Nietoperze, wiewiórki, koty i psy mogą być wściekłe; podejrzewaj wściekliznę zwłaszcza wtedy, gdy ukąszenie nie zostało sprowokowane.)

Niegroźne pogryzienie przez psa (o którym wiesz, że nie choruje na wściekliznę) zwykle nie wymaga leczenia antybiotykami, ale zawsze należy skontaktować się z lekarzem, ponieważ trzeba zadecydować, czy potrzebne jest podanie antybiotyków oraz poekspozycyjna ochrona przed wścieklizną. Skontaktuj się z lekarzem natychmiast, jeśli w okolicy ugryzienia zauważysz zaczerwienienie, opuchnięcie czy podrażnienie.

33. Ugryzienie przez człowieka. Nie musisz się martwić, jeśli niemowlę zostało ugryzione przez brata czy siostrę lub inne dziecko, chyba że ma ranę. W takim wypadku należy starannie przemyć ugryzione miejsce mydłem i obficie spłukać chłodną wodą z kranu (jeśli masz taką możliwość) lub dzbanka czy kubka. Nie pocieraj rany, nie stosuj żadnych sprayów ani maści (antybiotykowych ani żadnych innych). Wystarczy przyłożyć sterylny opatrunek i wezwać lekarza. W razie konieczności zatamuj krwawienie (pkt 16). Antybiotyki przepisuje się, by zapobiec infekcji.

34. Użądlenie przez owady. Jeśli dziecko zostanie użądlone lub pogryzione przez owada, udziel mu pierwszej pomocy w następujący sposób:

- Zdrap żądło pszczoły tępą krawędzią noża, kartą kredytową lub paznokciem albo chwyć je paznokciami lub pincetą i usuń. Uważaj przy tym, by go nie ścisnąć, gdyż możesz w ten sposób wprowadzić resztki jadu pod powierzchnię skóry. Następnie postępuj zgodnie z poniższymi radami.

- Kleszcze usuwaj natychmiast tępą pincetą lub paznokciami osłoniętymi chusteczką higieniczną, papierowym ręcznikiem lub gumową rękawiczką. Schwyć kleszcza jak najbliżej skóry dziecka i ciągnij go równomiernym, nieprzerwanym ruchem. Nie przekręcaj, nie wyciskaj, nie rozgniataj ani nie nakłuwaj kleszcza. Nie stosuj też wazeliny, benzyny, zmywacza do paznokci – te metody są nieskuteczne i mogą pogorszyć sytuację. Jeśli podejrzewasz chorobę z Lyme (patrz str. 692), wezwij lekarza.

- Obmyj miejsce, w które użądliła dziecko pszczoła, osa, mrówka, pająk lub kleszcz, wodą z mydłem. Następnie przyłóż lód lub zimny okład (str. 689), jeśli wystąpi obrzęk lub dziecko odczuwa ból.

- Jeśli dziecko odczuwa swędzenie, np. przy pogryzieniu przez komary, posmaruj skórę mieszaniną tlenku cynku z wodą wapienną.

- Jeśli dziecko odczuwa po pogryzieniu przez pająka ogromny ból, przyłóż lód lub zimny kompres i natychmiast wezwij pomoc. Postaraj się odnaleźć pająka (uważaj, by ciebie nie ukąsił) lub przynajmniej dokładnie go opisać. Jeśli to możliwe, weź go z sobą do szpitala, gdyż może być jadowity. W przypadku gdy wiesz, że pająk jest jadowity – czarna wdowa lub tarantula – natychmiast wezwij pomoc, zanim jeszcze wystąpią objawy.

- Uważnie obserwuj, czy po użądleniu przez pszczołę, osę lub szerszenia nie występują objawy nadwrażliwości, takie jak: silny ból, obrzęk, krótki oddech. Osoby, u których wystąpią takie objawy już przy pierwszym użądleniu, są zazwyczaj później uczulone na jad i każde następne użądlenie może być śmiertelne, gdy nie zostanie natychmiast udzielona pomoc. Jeśli u dziecka wystąpią inne objawy oprócz niewielkiego bólu i małego obrzęku, skontaktuj się z lekarzem, który prawdopodobnie zaleci wykonanie prób uczuleniowych. W przypadku gdy zostanie potwierdzona alergia, być może konieczne będzie noszenie z sobą zestawu leków przeciw użądleniu przez całe lato.

- Możliwe jest również, zwłaszcza u niemowląt, nagłe wystąpienie nadwrażliwości na jad pszczół, bez wcześniejszej reakcji uczuleniowej. Natychmiastowej interwencji lekarza wymaga dziecko, u którego w konsekwencji użądlenia pojawią się któreś z przytoczonych objawów: pokrzywka na całym ciele, trudności w oddychaniu, chrapliwy oddech, kaszel, charczenie, intensywny ból głowy, nudności, wymioty, obrzęk języka lub twarzy, ogólna słabość, zawroty głowy lub omdlenie.

35. Ukąszenie przez węże. Ukąszenie dziecka przez jadowitego węża, które jest niezwykle niebezpieczne, zdarza się na szczęście rzadko. W związku z tym, że niemowlę ma niewielką masę ciała, nawet znikoma ilość jadu może okazać się śmiertelna. Po ukąszeniu dziecko nie powinno się poruszać. Jeśli to możliwe, należy unieruchomić ukąszoną część ciała. Kończynę najlepiej unieruchomić szyną i trzymać ją poniżej tułowia. Gdy dostępny jest zimny kompres, przyłóż go w celu złagodzenia bólu, lecz nie stosuj lodu ani żadnych lekarstw bez konsultacji medycznej.

Natychmiast sprowadź pomoc i przygotuj się do odpowiedzi na pytania dotyczące wyglądu węża. Jeśli nie możesz w ciągu godziny sprowadzić żadnej pomocy, zastosuj luźno umocowaną tymczasową opaskę uciskową (pasek, krawat, wstążkę do włosów zawiązaną na tyle luźno, by zmieścił się pod nią palec) 5 cm nad ukąszeniem, by zwolnić krążenie krwi. (Nie zawiązuj tego typu opaski uciskowej dookoła palców rąk i nóg, a także szyi, głowy i tułowia.) Często mierz tętno (patrz str. 533) poniżej opaski, aby upewnić się, czy nie zostało zahamowane krążenie. Poluźnij opaskę, jeśli kończyna jest opuchnięta. Zanotuj czas założenia opaski. Może pomóc wyssanie jadu ustami (a następnie wyplucie go), jednak pod warunkiem że wykonane jest natychmiast. Nie nacinaj skóry, chyba że dotarcie do najbliższego punktu pomocy potrwa 4–5 godzin, a wystąpią ostre objawy zatrucia. Jeśli dziecko nie oddycha, wykonaj sztuczne oddychanie i masaż serca (str. 530). Gdy zaistnieje konieczność, postępuj jak w przypadku wstrząsu (pkt 47).

Przy ukąszeniu węży niejadowitych postępuj jak w przypadku ran kłutych (pkt 18) i skontaktuj się z lekarzem prowadzącym dziecko.

36. Ukąszenia lub oparzenia przez zwierzęta morskie. Wypadki tego typu nie są zazwyczaj groźne, chociaż czasami występuje u dziecka ostra reakcja. Należy wtedy niezwłocznie skontaktować się z lekarzem, by uniknąć ewentualnych groźnych konsekwencji. Pierwsza pomoc uzależniona jest od gatunku zwierzęcia, jednak ogólnie rzecz biorąc, należy za pomocą pieluszki lub kawałka płótna (w celu zabezpieczenia rąk) usunąć ze skóry wszelkie fragmenty zwierzęcia. Jeśli wymaga tego sytuacja, natychmiast rozpocznij podstawowe czynności w zakresie tamowania krwawień (pkt 17), wstrząsu (pkt 47) lub zatrzymania oddychania (patrz str. 530). Nie martw się z powodu niewielkiego krwawienia, gdyż pomaga ono w usunięciu toksyn. Jad płaszczki, skrzydlicy, zębacza smugowego, szkaradnicy lub jeżowca wypłukuje się, mocząc ukąszone miejsce przez 30 minut lub do przybycia pomocy medycznej. Toksynom meduzy przeciwdziała alkohol lub rozcieńczony amoniak. Zatem na wszelki wypadek noś w torbie plażowej kilka kompresów nasączonych alkoholem.

Urazy brzucha

37a. Urazy brzucha – krwawienie wewnętrzne. Uraz brzucha może u dziecka spowodować uszkodzenia wewnętrzne, których objawy są następujące: zasinienie lub innego typu przebarwienie brzucha, krwawe wymioty lub wykrztuszanie krwi o ciemnej lub jasnoczerwonej barwie i konsystencji fusów od kawy (fusowate wymioty mogą również oznaczać połknięcie żrącej substancji), obecność krwi (ciemnej lub jasnoczerwonej) w moczu lub stolcu, wstrząs (zimna, wilgotna i blada skóra, słaby, przyspieszony puls, dezorientacja, dreszcze oraz czasami nudności, wymioty lub płytki oddech). Wezwij natychmiast pogotowie. Jeśli dziecko jest we wstrząsie (pkt 47), postępuj zgodnie ze wskazówkami. Nie podawaj mu jedzenia i napojów.

37b. Urazy brzucha – rany cięte. Postępuj jak w przypadku innych ran ciętych (pkt. 15 i 16). Przy głębokiej ranie jelita mogą wypaść na zewnątrz. Nie wkładaj ich z powrotem do jamy brzusznej, lecz okryj czystą, wilgotną pieluszką lub kawałkiem płótna i natychmiast wezwij pogotowie.

Urazy głowy

38a. Urazy głowy – rany cięte i krwiaki. Uwaga: Urazy głowy są zwykle najcięższe, jeśli dziecko spadnie na twardą powierzchnię z wysokości równej lub większej od jego wzrostu albo jeśli zostanie uderzone twardym przedmiotem. Od ciosów w przód lub tył głowy poważniejsze są uderzenia w bok.

W związku z tym, że okolica głowy jest silnie ukrwiona, nawet przy niewielkich ranach ciętych występuje często obfite krwawienie, a krwiaki bardzo szybko urastają do rozmiarów jajka. Postępuj jak w przypadku innych ran ciętych (pkt. 15 i 16) lub krwiaków (pkt 13). Z wyjątkiem niewielkich skaleczeń rany głowy wymagają oględzin lekarza.

38b. Poważne urazy głowy. Uderzenia w głowę przytrafiają się dzieciom w ciągu pierwszego roku życia co najmniej kilka razy. Zazwyczaj wystarczają w takich sytuacjach pocałunki mamy, ale w przypadku silnego uderzenia należy dokładnie obserwować malca przez 6 godzin. Natychmiast wezwij lekarza lub pogotowie, jeśli po urazie głowy za-

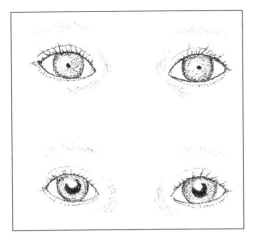

Źrenice powinny zmniejszać się w reakcji na światło (wyżej) i powiększać się przy oddalaniu źródła światła (niżej).

uważysz któryś z przytoczonych poniżej objawów:

- Utrata przytomności (choć krótkotrwałe poczucie senności trwające 2–3 godziny jest normalną reakcją i nie powinno budzić niepokoju, sama oceń powagę sytuacji na podstawie czasu trwania tego stanu i stopnia jego nasilenia);

- Drgawki;

- Trudności z przebudzeniem dziecka (jeśli niemowlę śpi, należy sprawdzić, czy występuje reakcja na lekkie potrząsanie – w ciągu dnia co godzinę lub dwie, w nocy dwu- lub trzykrotnie przez sześć godzin po urazie. Przy braku reakcji sprawdź, czy dziecko oddycha (patrz str. 531);

- Wymioty – jeśli występują więcej niż dwa razy;

- Wgniecenie lub zagłębienie w czaszce lub obrzęk uniemożliwiający ocenę, czy czaszka została zdeformowana;

- Niezdolność poruszania ramieniem lub nogą;

- Krwawa lub wodnista wydzielina z uszu lub nosa;

- Zasinienie wokół oczu lub za uszami;

- Zdecydowany ból, trwający co najmniej godzinę, zakłócający normalne funkcjonowanie lub sen;

- Zawroty głowy (zachwiania równowagi) utrzymujące się dłużej niż godzinę po uderzeniu;

- Nierówna wielkość źrenic lub brak reakcji źrenic na światło (przy zbliżaniu źródła światła źrenice powinny się kurczyć, a przy oddalaniu rozszerzać, patrz ilustracja);

- Nadmierna bladość trwająca dłużej niż chwilę;

- Dziecko dziwnie się zachowuje – sprawia wrażenie oszołomionego, zdezorientowanego, nie rozpoznaje ciebie, jest bardziej nieporadne itp.

Oczekując na pomoc, uspokój dziecko i połóż je na wznak, z główką przechyloną na bok. Jeśli maleństwo jest w stanie wstrząsu, postępuj zgodnie ze wskazówkami (pkt 47). Rozpocznij sztuczne oddychanie i masaż serca (patrz str. 530), jeśli niemowlę nie oddycha. Aż do momentu przybycia lekarza nie podawaj dziecku jedzenia i napojów.

Urazy nosa

39. Krwawienie z nosa. Posadź dziecko z wyprostowanymi lub lekko pochylonymi do przodu plecami i delikatnie ściskaj obydwa nozdrza palcem wskazującym i kciukiem przez 5–10 minut. (Niemowlę automatycznie zacznie oddychać przez usta.) Postaraj się uspokoić dziecko, gdy na skutek płaczu zwiększa się krwawienie. Jeśli krwawienie nie ustępuje, ściskaj nosek przez następne 10 minut. Jeśli pomimo tych zabiegów nos nadal krwawi, zadzwoń do lekarza, pamiętając, by dziecko siedziało z wyprostowanymi plecami. O częstych krwawieniach z nosa, nawet jeśli szybko ustępują, należy powiadomić lekarza.

40. Ciało obce w nosie. Trudności przy oddychaniu przez nos i/lub cuchnąca, czasem krwawa wydzielina mogą sygnalizować obecność ciała obcego w nosie. Uspokój dziecko

Ściśnięcie nozdrzy tamuje krwotok z nosa.

i zachęć je do oddychania przez usta. Jeśli przedmiot nie tkwi głęboko, usuń go palcami. Nie używaj pincety ani innego narzędzia, które mogłoby uszkodzić nos przy niespodziewanym ruchu dziecka lub też mogłoby wepchnąć przedmiot głębiej do kanału nosowego. Jeśli nie potrafisz wydobyć przedmiotu, dmuchaj przez nos i zachęć dziecko, by cię naśladowało. Gdy i ta próba skończy się niepowodzeniem, udaj się z dzieckiem do lekarza lub do szpitala.

41. Uderzenie w nos. Jeśli w wyniku uderzenia nos krwawi, posadź dziecko z wyprostowanymi lub lekko pochylonymi do przodu plecami, by malec nie połykał i nie zakrztuszał się krwią (pkt 39). Przyłóż worek z lodem lub zimny okład (patrz str. 683), które zmniejszą obrzęk. Udaj się z dzieckiem do lekarza, aby upewnić się, czy nie ma złamania.

Urazy palców rąk i nóg

42. Krwiaki – sińce. Ciekawe świata niemowlęta często kładą paluszki między drzwi i szuflady, co kończy się na ogół stłuczeniem. Najlepszym lekarstwem jest kąpiel palca w lodowatej wodzie przez całą godzinę z przerwami co 15 minut, aby nie uległ on odmrożeniu. Niestety większość niemowląt nie wytrzymuje tak długiego siedzenia w bezruchu, lecz odwracając uwagę dziecka lub nawet używając siły, możesz przytrzymać dziecko chociaż przez kilka minut. Kąpiel w lodowatej wodzie jest również najskuteczniejsza przy urazach palców. Najczęściej bywa jednak niemożliwa przy braku współpracy ze strony dziecka. Obrzęk palców rąk i nóg zmniejszy się przy uniesieniu ich w górę, co także w wypadku niemowląt jest zwykle niewykonalne.

Jeśli uderzony palec ręki lub nogi bardzo szybko i bardzo mocno obrzmiewa, wydaje ci się, że jest zniekształcony lub nie można go wyprostować, oznacza to, że mógł ulec złamaniu (pkt 50). Natychmiast skontaktuj się z lekarzem, jeżeli krwiak powstał na skutek wykręcenia palca lub też wkręcenia się go pomiędzy szprychy obracającego się koła.

43. Krwawienie pod paznokciem. Jeśli palec został dotkliwie stłuczony, pod paznokciem może utworzyć się skrzep, powodując bolesny ucisk. Gdy spod paznokcia wypływa krew, naciśnij na paznokieć, by zwiększyć krwawienie i w ten sposób zlikwidować ucisk. Jeśli dziecko nie stawia oporu, zanurz palec w lodowatej wodzie. W przypadku gdy ból nie ustępuje, może być konieczne nakłucie paznokcia w celu zlikwidowania ucisku. Lekarz nakłuje paznokieć lub udzieli ci wskazówek, w jaki sposób to zrobić.

44. Częściowe uszkodzenie płytki paznokciowej. W przypadku niewielkiego uszkodzenia płytki owiń paznokieć plastrem z przylepcem i poczekaj, aż odrośnie na tyle, że można będzie naderwane miejsce obciąć. W przypadku gdy linia złamania przebiega przez cały paznokieć, obetnij wzdłuż niej paznokieć, a następnie nałóż opatrunek do czasu, aż paznokieć odrośnie, by zabezpieczyć opuszkę palca przed dalszymi urazami.

45. Całkowite uszkodzenie płytki paznokciowej. Paznokieć samoistnie odpadnie i nie ma potrzeby go odrywać. Nie zaleca się moczenia palca, ponieważ gdy ciało pod paznokciem, pozbawione ochronnej płytki, ma długotrwały kontakt z wodą, może dość do infekcji grzybicowej. Należy jednak miejsce starannie oczyścić. Czasami stosuje się maść z antybiotykiem – porozmawiaj o tym z lekarzem. Często zmieniaj plaster na palcu do czasu, gdy paznokieć zacznie odrastać. Wtedy plaster przestaje być potrzebny. Paznokieć zwykle odrasta do swej normalnej wielkości w około cztery do sześciu miesięcy. Zadzwoń do lekarza, gdy zauważysz zaczerwienienie, miejscową gorączkę czy obrzęk wskazujący na infekcję.

Utonięcie

46. Nawet jeśli dziecko po wyjęciu z wody szybko odzyskuje przytomność, powinno zostać poddane badaniu lekarskiemu. Jeśli pozostaje nieprzytomne, poproś inną osobę o sprowadzenie pomocy medycznej, a sama udrożnij drogi oddechowe (patrz str. 531) i po oczyszczeniu jamy ustnej i gardła rozpocznij sztuczne oddychanie i masaż serca (patrz str. 530). Jeśli jesteś sama, natychmiast rozpocznij reanimację, odkładając telefon na później. Nie przerywaj czynności, dopóki dziecko nie odzyska przytomności lub nie przybędzie pomoc. Jeśli dziecko wymiotuje, przewróć je na bok, by uniknąć zakrztuszenia. Gdy podejrzewasz uraz głowy lub szyi, usztywnij te części ciała (pkt 52).

Wstrząs

47. Do wstrząsu dochodzi przy poważnych urazach i chorobach. Do objawów należą: zimna, wilgotna i blada skóra, przyspieszone, słabo wyczuwalne tętno, dreszcze, drgawki oraz często nudności lub wymioty, nadmierne pragnienie i/lub płytki oddech. Zadzwoń natychmiast na pogotowie. Nim przybędzie pomoc, rozluźnij krępujące dziecko ubranie, unieś nogi i ułóż je na poduszce lub zwiniętym ubraniu, by skierować krew do mózgu, oraz lekko przykryj, żeby zapobiec utracie ciepła i dreszczom. Jeśli dziecko ma trudności z oddychaniem, lekko unieś mu głowę i ramiona. Nigdy nie podawaj jedzenia ani wody, nie stosuj okładów termoforem z ciepłą wodą, by ogrzać dziecko we wstrząsie.

Zatrucia

48. Poza jedzeniem każda połknięta substancja jest potencjalną trucizną. Jeśli dziecko straci przytomność, a wiesz lub podejrzewasz, że połknęło niebezpieczną substancję, natychmiast rozpocznij akcję ratunkową. Połóż dziecko na wznak na stole i sprawdź, czy oddycha (patrz str. 531). Jeśli nie oddycha, niezwłocznie rozpocznij sztuczne oddychanie i masaż serca. Po 2 minutach wezwij pogotowie i kontynuuj czynności, aż dziecko odzyska przytomność lub nadejdzie pomoc.

Najczęstsze objawy zatrucia obejmują: śpiączkę, ożywienie lub inne odbiegające od normy zachowanie, przyspieszone, nieregularne tętno i/lub przyspieszony oddech, biegunkę lub wymioty (dziecko należy obrócić na bok, aby nie zakrztusiło się wymiocinami), nadmierne łzawienie, pocenie się, ślinę cieknącą z ust, gorącą, suchą skórę i usta, szerokie lub zwężone (szpilkowate) źrenice, oczopląs, drżenie i drgawki.

Jeśli zaobserwujesz u dziecka któreś z tych objawów i nie potrafisz znaleźć dla nich żadnego logicznego wytłumaczenia lub jeśli masz namacalny dowód, że dziecko połknęło wątpliwą substancję, nie lecz go na własną rękę. Natychmiast skontaktuj się z lekarzem, oddziałem zatruć lub pogotowiem po dalsze wskazówki. Zadzwoń, nawet jeśli tymczasowo nie ma objawów – mogą pojawić się po kilku godzinach. Weź z sobą do telefonu opakowanie, z którego pochodzi domniemana trucizna, wraz z ulotką i ewentualnymi resztkami substancji. Podaj przez telefon nazwę substancji (lub rośliny, jeśli dziecko ją zjadło) oraz, jeśli potrafisz sprecyzować, połkniętą ilość. Bądź przygotowana na pytania dotyczące wieku, wzrostu, masy ciała dziecka oraz objawów.

Nigdy nie podawaj dziecku węgla ani żadnego środka na wywołanie wymiotów (w tym syropu wymiotnego Ipecac) bez konsultacji z lekarzem. Niewłaściwe postępowanie może wyrządzić więcej krzywdy niż przynieść poprawy.

49. Szkodliwe wyziewy i gazy. Opary z benzyny, spaliny samochodowe, niektóre trujące chemikalia oraz gęsty dym od ognia mogą być toksyczne. Dziecko, które było narażone na któreś z tych niebezpieczeństw, powinno zostać natychmiast wyniesione na świeże powietrze (jeśli to niemożliwe, należy otworzyć okno). Jeśli niemowlę nie oddycha, natychmiast rozpocznij sztuczne oddychanie i masaż serca (patrz str. 530) i wykonuj je, dopóki dziecko nie zacznie miarowo oddychać lub dopóki nie przybędzie pomoc. Jeśli to możliwe, poproś kogoś o niezwłoczne zatelefonowanie do oddziału zatruć. Gdy nie ma nikogo w pobliżu, po 2 minutach reanimacji zadzwoń sama i natychmiast wróć do przerwanej akcji ratunkowej. Jeśli nie możesz wezwać pogotowia, natychmiast przetransportuj dziecko do szpitala lub najbliższego punktu pomocy medycznej, lecz nie w przypadku, gdy oznacza to przerwanie sztucznego oddychania i masażu serca lub gdy sama byłaś narażona na trujące wyziewy i trudno ci dokonać oceny sytuacji. Samochód powinien prowadzić ktoś inny. Nawet jeśli uda ci się przywrócić oddychanie, niezbędna jest szybka interwencja lekarza.

Złamania kości

50. Złamanie u dziecka trudno rozpoznać. Podejrzenie o złamanie kości ramienia, nogi, obojczyka i palca. Objawy złamania to: słyszalne chrupnięcie podczas upadku, zniekształcenie, chociaż może ono oznaczać również zwichnięcie (pkt 53), brak możliwości wykonania ruchu lub utrzymania ciężaru na złamanej kości (dotkliwy ból, dziecko nie przestaje płakać), brak czucia i/lub uczucie mrowienia (które trudno stwierdzić u nie mówiącego jeszcze dziecka), obrzęk i zasinienie. Jeśli podejrzewasz złamanie kończyny, nie ruszaj dziecka bez porozumienia się z lekarzem, chyba że jest to konieczne ze względu na jego bezpieczeństwo. W przypadku, gdy musisz ruszyć dziecko, najpierw spróbuj unieruchomić złamaną część ciała (kończynę, głowę, szyję) w pozycji, w której się aktualnie znajduje, za pomocą linijki, grubej gazety, książki lub innego twardego przedmiotu, owiniętego miękką szmatką, która zabezpieczy skórę. Jako szyny można też użyć małej, twardej poduszeczki. Przymocuj bezpiecznie szynę w miejscu złamania, poniżej i powyżej, za pomocą bandaży, pasów materiału, szalików lub krawatów, niezbyt ciasno, by nie utrudniać krążenia krwi. Sprawdzaj regularnie puls, żeby się upewnić, czy szyna nie ogranicza krążenia. Jeśli nieosiągalna jest żadna prowizoryczna szyna, użyj swojego przedramienia. Dopóki dziecka nie opatrzy lekarz, przyłóż worek z lodem, by zmniejszyć obrzęk. Chociaż złamania u małych dzieci na ogół szybko się zrastają, niezbędne jest właściwe leczenie pod kontrolą lekarza. Nawet jeśli tylko podejrzewasz złamanie, dziecko powinien zbadać lekarz.

51. Złamanie otwarte. Nie dotykaj wystającej przez skórę kości. Przykryj ją opatrunkiem z jałowej gazy lub czystą pieluszką. Jeśli rana obficie krwawi, zatamuj krwawienie poprzez ucisk (pkt 16) i wezwij pogotowie.

52. Podejrzenie o złamanie szyi i kręgosłupa. Jeśli podejrzewasz któryś z tych urazów, nie wolno ruszać dziecka. Wezwij pogotowie. Przykryj dziecko i zapewnij mu opiekę, dopóki nie przybędzie pomoc. Jeśli to możliwe, usztywnij głowę, układając wokół niej ciężkie przedmioty (np. książki). Nie podawaj jedzenia ani napojów. Jeśli wystąpiło obfite krwawienie (pkt 17), wstrząs (pkt 47) lub dziecko nie oddycha (patrz str. 531), natychmiast rozpocznij odpowiednie działania.

Zwichnięcia

53. Wśród raczkujących i chodzących już maluchów często dochodzi do zwichnięć stawu ramiennego i łokciowego. Najczęściej dzieje się tak, gdy spieszący się dorośli ciągną dziecko za rękę (lub gdy dziecko jest unoszone w powietrzu przez kręcącego się ojca czy matkę – „fruwanie"). Typowe objawy to: zniekształcenie ramienia, brak możliwości wykonania ruchu oraz uporczywy płacz. Należy szybko udać się z dzieckiem do lekarza, który nastawi zwichniętą kończynę, przynosząc natychmiastową ulgę w cierpieniach malca. Jeśli dziecko odczuwa bardzo dotkliwy ból, przyłóż worek z lodem oraz załóż szynę (patrz str. 688 i 526).

REANIMACJA NIEMOWLĄT

Podane niżej wskazówki mają służyć ci jedynie jako przypomnienie praktycznych umiejętności zdobytych na kursie reanimacji niemowląt (dowiedz się od pediatry leczącego twoje dziecko, w szpitalu rejonowym lub przychodni, gdzie organizowane są takie kursy). Musisz mieć całkowitą pewność, że potrafisz właściwie wykonać wszystkie czynności ratujące życie. Co pewien czas przeczytaj opisany tu plan działania lub też swoje notatki z kursu i wykonaj sztuczne oddychanie na lalce (nigdy nie na dziecku, innej osobie lub na domowym czworonogu) przynajmniej raz w miesiącu, aby w razie potrzeby automatycznie przystąpić do czynności reanimacyjnych. Również następne kursy odświeżą twoje umiejętności i zaznajomią cię z najnowszymi technikami reanimacyjnymi.

ZADŁAWIENIE

Kaszel jest naturalnym sposobem usunięcia z organizmu przeszkody tkwiącej w drogach oddechowych. Dziecku (lub komukolwiek innemu), które zakrztusiło się jedzeniem lub ciałem obcym, lecz może oddychać i mocno kaszleć, nie należy przeszkadzać. Jeśli jednak kaszel trwa dwie lub trzy minuty, zadzwoń do lekarza. W przypadku gdy ofiara walczy o oddech i nie potrafi skutecznie kaszleć, lecz wydaje z siebie wysokie chrapliwe dźwięki i/lub sinieje (na początku wokół ust), wykonaj opisane poniżej czynności. Wykonaj je natychmiast, jeśli dziecko straciło przytomność i nie oddycha, a próby udrożnienia górnych dróg oddechowych (patrz punkty A i B, str. 531) są bezskuteczne.

Uwaga: Niedrożność górnych dróg oddechowych może również wystąpić na skutek infekcji, np. w przypadku błonicy i zapalenia nagłośni (*epiglottitis*). Krztuszące się dziecko, które wygląda na chore, wymaga natychmiastowej interwencji pogotowia. Nie trać czasu na niebezpieczne i bezowocne próby domowego leczenia.

U DZIECKA PONIŻEJ JEDNEGO ROKU ŻYCIA (PRZYTOMNEGO LUB NIEPRZYTOMNEGO)

1. Wezwij pomoc. Jeśli w pobliżu jest inna osoba, poproś ją o zatelefonowanie na pogotowie. Jeśli jesteś sama i nie znasz technik ratownictwa lub jeśli wpadłaś w panikę i nie możesz ich sobie przypomnieć, zanieś dziecko do telefonu lub przynieś przenośny czy komórkowy telefon w pobliże dziecka i natychmiast zadzwoń na pogotowie. Zaleca się, aby nawet w wypadku, kiedy znasz zasady ratownictwa, zadzwonić na pogotowie, zanim pogorszy się sytuacja (najlepiej przeprowadzać akcję ratunkową przez minutę, po czym wezwać pogotowie).

2. Ułóż dziecko. Przerzuć dziecko przez przedramię, głową w dół (pod kątem 60°, patrz ilustr. na str. 528). Podeprzyj podbródek dziecka łukiem pomiędzy palcem wskazującym a kciukiem. Jeśli siedzisz, oprzyj przedramię na udzie. Gdy dziecko jest zbyt duże, by oprzeć się wygodnie na przedramieniu, usiądź na krześle lub uklęknij na podłodze i przełóż dziecko przez kolana, głową w dół.

3. Uderzaj dziecko w plecy. Wykonaj nadgarstkiem wolnej ręki cztery silne uderzenia pomiędzy łopatki dziecka.

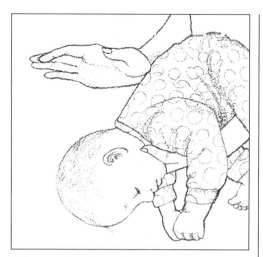

Uderzanie dziecka w plecy często pomaga wydostać połknięte ciało obce.

4. Uciskaj klatkę piersiową. Jeśli nic nie wskazuje na to, że drogi oddechowe zostały udrożnione (silny kaszel, normalny oddech, wypadnięcie ciała obcego na zewnątrz), połóż wolną dłoń na plecach dziecka i podpierając głowę, szyję i klatkę piersiową drugą ręką, przewróć dziecko z głową zwisającą poniżej tułowia. Podeprzyj ręką głowę i szyję i oprzyj ramię na udzie. (Dziecko, które jest za duże, by trzymać je w tej pozycji, możesz położyć na wznak na swoich kolanach.)

Wyobraź sobie poziomą linię łączącą sutki. Przyłóż opuszkę palca wskazującego tuż poniżej miejsca przecięcia się tej linii z mostkiem (płaską kością biegnącą w dół między żebrami). Miejsce, które należy uciskać, leży o szerokość palca poniżej tego punktu. Przyłóż dwa palce (trzy, jeśli uciski dwoma nie są skuteczne – lecz uważaj, żeby nie przekroczyć obszaru ograniczonego: 1. linią leżącą o szerokość palca poniżej sutków oraz 2. linią o szerokości palca powyżej wyrostka mieczykowatego) i wykonaj 5 ucisków mostka do głębokości 1,5 cm. Po każdym ucisku poczekaj, aż mostek powróci do pozycji wyjściowej, nie zdejmując z niego palców. Uciski te przypominają masaż serca (patrz str. 535), lecz wykonywane są wolniej – z przerwą 1–1,5 sekundy (i raz, i dwa, i trzy, i cztery). Jeśli dziecko jest przytomne, powtarzaj uderzenia w plecy i ucisk klatki piersiowej, aż udrożnisz górne drogi oddechowe lub aż dziecko straci przytomność. Jeśli malec straci przytomność, wykonaj czynności opisane poniżej.

5. Sprawdź, czy w górnych drogach oddechowych nie utknęło ciało obce. Jeżeli nic nie wskazuje na to, że górne drogi oddechowe zostały udrożnione (silny kaszel, normalny oddech, wypadnięcie ciała obcego z ust), sprawdź, czy w gardle nie widać ciała obcego. Otwórz usta przez włożenie kciuka, a następnie schwyć język i żuchwę pomiędzy kciuk i palec wskazujący. Kciukiem naciśnij na język i unieś do góry szczękę. Jeśli widzisz ciało obce, spróbuj wygarnąć je palcem. Nie wkładaj palca do gardła, jeśli nie widzisz tam ciała obcego, ani nie próbuj go usuwać, chwytając dwoma palcami, gdyż możesz je wepchnąć do tchawicy.

6. Sprawdź drożność górnych dróg oddechowych. Jeśli dziecko ciągle normalnie nie oddycha, udrożnij górne drogi oddechowe sposobem: odchylenie głowy/uniesienie podbródka, a potem dwukrotnie wdmuchnij powietrze ustami, obejmując jednocześnie usta i nos dziecka (patrz str. 532). Jeżeli klatka piersiowa unosi się i opada za każdym oddechem, oznacza to, że drogi oddechowe są drożne.

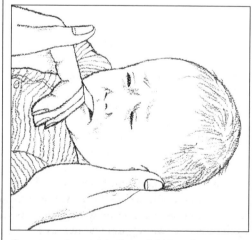

Oczyszczanie ust dziecka z ciał obcych.

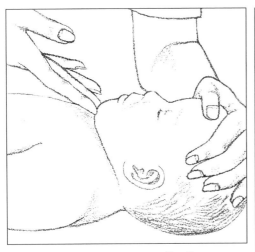

Odchylenie głowy/uniesienie podbródka.

7. Powtórz kolejne czynności. Jeśli drogi oddechowe są nadal zablokowane, powtarzaj opisane powyżej czynności (punkty 2–6) aż do skutku (dziecko jest przytomne i normalnie oddycha) lub do przybycia fachowej pomocy. Nie poddawaj się, gdyż im dłużej dziecko pozostaje bez tlenu, tym bardziej rozluźniają się mięśnie gardła i łatwiej usunąć tkwiącą w nim przeszkodę.

U DZIECKA POWYŻEJ JEDNEGO ROKU ŻYCIA (NIEPRZYTOMNEGO)

1. Ułóż dziecko. Połóż dziecko na wznak na twardym, płaskim podłożu (stole lub podłodze). Stań lub uklęknij u stóp dziecka (na małym dziecku nie wolno siadać okrakiem) i przyłóż nadgarstek jednej ręki (palce w kierunku twarzy dziecka) do brzuszka w połowie odległości pomiędzy pępkiem i łukiem żebrowym. Drugą rękę połóż na pierwszej.

2. Uciskaj brzuszek. Wykonaj serię 5 szybkich ucisków brzuszka (górna ręka wywiera ucisk na dolną), by uwolnić ciało obce. Uciski nie powinny być tak silne jak w przypadku osoby dorosłej lub starszego dziecka. Uważaj, żeby nie uciskać wyrostka mieczykowatego i żeber.

3. Sprawdź, czy w górnych drogach oddechowych nie utknęło ciało obce. Jeśli nic nie wskazuje na to, że górne drogi oddechowe zostały udrożnione (silny kaszel, prawidłowy oddech, wypadnięcie ciała obcego z ust), sprawdź, czy w gardle nie widać ciała obcego. Otwórz usta przez włożenie kciuka, a następnie chwyć język i żuchwę pomiędzy kciuk i palec wskazujący. Kciukiem naciśnij na język i unieś do góry szczękę. Jeśli widzisz ciało obce, spróbuj wygarnąć je palcem. Nie wkładaj palca do gardła, jeśli nie widzisz tam ciała obcego, ani nie próbuj go usuwać, chwytając dwoma palcami, gdyż możesz je wepchnąć do tchawicy.

4. Sprawdź drożność dróg oddechowych. Jeśli dziecko nadal spontanicznie nie oddycha, przechyl główkę i wykonaj dwa wolne wdmuchnięcia powietrza (usta-usta), jednocześnie ściskając mu nozdrza. Jeśli przy każdym oddechu klatka piersiowa unosi się i opada, drogi oddechowe są udrożnione. Sprawdź, czy dziecko spontanicznie oddycha (patrz str. 531, punkt B) i kontynuuj czynności w zależności od potrzeby.

5. Powtórz kolejne czynności. Jeśli drogi oddechowe pozostają zablokowane, powtarzaj opisane powyżej czynności aż do skutku (dziecko odzyska przytomność i normalny oddech) lub dopóki nie przybędzie pomoc. Nie poddawaj się, gdyż im dłużej dziecko

---

Ciało obce w dolnych drogach oddechowych

Jeśli wydaje ci się, że dziecko się czymś zakrztusiło, lecz później w wyniku (lub bez) akcji ratunkowej czuje się lepiej, dokładnie obserwuj, czy nie wystąpią takie objawy, jak: inny ton podczas płaczu i mówienia, cichszy oddech, świsty, kaszel bez przyczyny, sinienie wokół ust, paznokci lub ogólne sinienie skóry. Jeśli którekolwiek z przytoczonych objawów są bezsporne, niezwłocznie udaj się z dzieckiem do szpitala. Możliwe, że w dolnym odcinku dróg oddechowych tkwi ciało obce.

pozbawione jest tlenu, tym bardziej rozluźniają się mięśnie gardła i łatwiej usunąć ciało obce.

U DZIECKA POWYŻEJ JEDNEGO ROKU ŻYCIA (PRZYTOMNEGO)

1. Ustaw się w odpowiedniej pozycji. Stań za dzieckiem (w przypadku małego dziecka musisz albo przykucnąć, albo je podnieść i postawić na stole lub krześle) i obejmij je ramionami w pasie.

2. Ułóż ręce. Kciuk jednej ręki powinien być oparty o środek brzuszka, nieco powyżej pępka oraz poniżej wyrostka mieczykowatego.

3. Uciskaj brzuszek. Przyłóż drugą rękę do pierwszej i uciskaj brzuszek dziecka szybkimi ruchami, pamiętając, aby uciskać dziecko słabiej niż osobę dorosłą. Powtarzaj czynności, dopóki nie wypadnie z ust ciało obce lub dziecko nie zacznie normalnie oddychać. Gdyby dziecko straciło przytomność, postępuj zgodnie z poradami na sąsiedniej stronie.

Uwaga: Nawet jeśli stan dziecka szybko się poprawi, potrzebna będzie pomoc medyczna. Zadzwoń do lekarza lub na pogotowie.

SZTUCZNE ODDYCHANIE I MASAŻ SERCA

Sztuczne oddychanie rozpocznij jedynie w przypadku, gdy dziecko nie oddycha lub walczy o oddech i sinieje (sprawdź kolor skóry wokół ust i na opuszkach palców).

Jeśli dziecko walczy o oddech, lecz nie sinieje, niezwłocznie wezwij lekarza lub udaj się do najbliższego punktu pomocy medycznej. Tymczasem uspokój i okryj dziecko, układając je w jak najwygodniejszej pozycji.

Jeśli konieczna jest reanimacja, wykonaj następujące czynności:

1. SPRAWDŹ, CZY DZIECKO REAGUJE NA BODŹCE

Postaraj się obudzić dziecko, które wygląda na nieprzytomne, wypowiadając głośno jego imię co najmniej kilka razy, np. „Aniu, Aniu, czy dobrze się czujesz?" Jeśli nie reaguje, spróbuj delikatnie uderzać palcami w jego stopy lub, w ostateczności, lekko potrząsać za ramię. Nigdy nie potrząsaj dziecka za ramię, jeśli podejrzewasz złamanie kości lub urazy głowy, szyi lub kręgosłupa.

2. WEZWIJ POMOC

Przy braku reakcji poproś inną osobę o zatelefonowanie po pogotowie, a ty przejdź do punktu 3. Jeśli nie ma nikogo w pobliżu i jesteś pewna swoich umiejętności, nie zwlekaj z rozpoczęciem reanimacji, co pewien czas głośno wzywając pomoc, by zwrócić uwagę sąsiadów lub przechodniów. Gdy jednak nie znasz zasad reanimacji i/lub ogarnęła cię panika, natychmiast, z dzieckiem na ręku (oczywiście jeśli nie ma ono uszkodzeń głowy, szyi i kręgosłupa), pobiegnij do najbliższego telefonu albo, lepiej, przynieś bezprzewodowy aparat lub telefon komórkowy do boku dziecka. Zadzwoń na pogotowie i postępuj zgodnie ze wskazówkami dyspozytora.

Uwaga: Osoba wzywająca telefonicznie pogotowie powinna udzielić wszystkich istotnych informacji dyspozytorowi. Zawierają one: nazwisko i wiek dziecka, dokładny adres (numer domu, najkrótszą drogę, którą można tam dotrzeć), stan dziecka (czy jest przytomne, czy oddycha, czy krwawi, czy jest we wstrząsie, czy nie zatrzymała się czynność serca), jaka jest prawdopodobna przyczyna tego stanu (zatrucie, utonięcie, upadek itd.), numer telefonu, jeśli jest na miejscu. Poproś osobę, która dzwoniła, o zwięzłą relację z przebiegu rozmowy.

3. UŁÓŻ DZIECKO W ODPOWIEDNIEJ POZYCJI

Przenieś dziecko, unosząc jednocześnie całe ciało i podtrzymując ostrożnie głowę, szyję i kręgosłup, na twardą i płaską powierzchnię (najlepiej na stół, gdyż nie trzeba będzie klęczeć, ale może być podłoga). Ułóż dziecko na wznak, z głową na wysokości serca i przystąp do wykonania zaleceń A, B i C*.

A. Udrożnij górny odcinek dróg oddechowych

Jeśli nie nastąpił uraz głowy, szyi i kręgosłupa, udrożnij górny odcinek dróg oddechowych poprzez odciągnięcie głowy do tyłu i uniesienie podbródka. Jeśli nie, zastosuj technikę wysunięcia żuchwy (patrz dalej).

Uwaga: U nieprzytomnego dziecka górny odcinek dróg oddechowych może być zablokowany zapadniętym językiem, nagłośnią lub ciałem obcym i musi zostać udrożniony, by dziecko zaczęło oddychać.

Odchylenie głowy/uniesienie podbródka. Połóż jedną rękę na czole dziecka oraz jeden lub dwa palce (oprócz kciuka) drugiej ręki na podbródku poniżej kostnej części żuchwy. Delikatnie odchyl głowę do tyłu, uciskając czoło i unosząc podbródek. Nie uciskaj tkanek miękkich pod brodą ani też nie dopuść do całkowitego zamknięcia ust (jeśli to konieczne, trzymaj w nich kciuk). Dziecko powinno mieć głowę zwróconą do sufitu, w tak zwanej neutralnej pozycji, w której broda ani nie leży na piersiach, ani nie jest zadarta w górę. Odchylenie głowy konieczne do otwarcia górnych dróg oddechowych u dziecka powyżej roku życia może być nieco większe (pozycja neutralna plus). Jeśli drogi oddechowe nie otworzą się w pozycji neutralnej, przejdź do kolejnej czynności – sprawdź, czy dziecko oddycha (B).

Wysunięcie żuchwy przy podejrzeniu o uraz szyi lub kręgosłupa. Opierając łokcie na powierzchni, na której leży dziecko, połóż dwa lub trzy palce po obydwu stronach żuchwy,

---

* Jeśli podejrzewasz, że doszło do urazu głowy, szyi lub kręgosłupa, zanim ruszysz dziecko, sprawdź, czy ono oddycha (pkt B). Jeśli oddycha, nie ruszaj go, chyba że zagraża mu bezpośrednie niebezpieczeństwo (pożar, wybuch). Jeśli nie oddycha, a pozycja, w jakiej się znajduje, uniemożliwia zastosowanie sztucznego oddychania, przekręć dziecko na plecy tak, by jednocześnie obrócić tułów, szyję i głowę.

w miejscu połączenia szczęki i żuchwy. Delikatnie wysuń żuchwę do przodu, do pozycji neutralnej (patrz wcześniej – odchylenie głowy).

Uwaga: Nawet jeśli dziecko natychmiast odzyska oddech, sprowadź lekarza. Każde dziecko, które straciło przytomność, przestało oddychać lub niemal utonęło, wymaga zbadania przez lekarza.

B: Sprawdź, czy dziecko oddycha

1. Po dokonaniu jednej z dwóch przytoczonych czynności (odchylenie głowy lub wysunięcie żuchwy) przez 3–5 sekund sprawdzaj, czy dziecko zaczęło oddychać: Czy słyszysz lub czujesz przepływ powietrza, gdy zbliżysz ucho do nosa i ust dziecka? Czy lusterko przysunięte do jego ust pokrywa się parą? Czy widzisz wznoszenie się i opadanie klatki piersiowej i brzuszka (ruchy te nie są dowodem na oddychanie, gdyż mogą oznaczać, że dziecko bezskutecznie walczy o oddech)?

Jeśli dziecko odzyskało normalny oddech, podtrzymuj odchyloną głowę lub wysuniętą żuchwę, by powietrze swobodnie przepływało przez górny odcinek dróg oddechowych. Gdy odzyskało również przytomność (i nie ma wyraźnych obrażeń, będących przeciwwskazaniem do wykonywania jakichkolwiek ruchów), przewróć je na bok. Jeśli do tej pory nikt nie wezwał pogotowia, uczyń to teraz. Samodzielny oddech oraz silny kaszel mogą oznaczać, że organizm próbuje wydalić przeszkodę. Nie zapobiegaj kaszlowi.

Jeśli nie ma oddechu lub dziecko walczy o oddech i ma zsiniałe usta oraz/lub występuje słaby, przytłumiony płacz, natychmiast musisz wprowadzić mu powietrze do płuc. Wykonuj opisane poniżej czynności. Jeśli nie udało ci się wezwać pogotowia i jesteś sama, nadal próbuj krzykiem przywołać sąsiadów lub przechodniów.

2. Dotykając jedną ręką czoła dziecka, przytrzymuj jego główkę w pozycji neutralnej (lub neutralnej plus w przypadku dziecka powyżej roku), by górny odcinek dróg oddechowych był nadal udrożniony. Palcem drugiej

Przy stosowaniu sztucznego oddychania u niemowląt należy objąć ustami zarówno nos, jak i usta dziecka.

ręki oczyść jamę ustną dziecka z **widocznych** wymiocin, brudu i innych ciał obcych. Nie czyń tego, gdy nic nie widzisz.

Uwaga: Jeśli w którymś momencie wystąpią wymioty, bezzwłocznie obróć dziecko na bok, oczyść jamę ustną palcem, ułóż malca ponownie na plecach i natychmiast podejmij przerwaną akcję reanimacyjną.

3. Nabierz powietrza w usta i ściśle obejmij nimi usta oraz nos dziecka (patrz ilustracja powyżej). Dziecku powyżej roku obejmij jedynie usta, natomiast nozdrza ściśnij palcami ręki podtrzymującej odchyloną do tyłu głowę.

4. Wykonaj dwa lekkie, powolne wdmuchnięcia, trwające 1–1,5 sekundy każde, robiąc pomiędzy nimi pauzę na odchylenie głowy w bok i nabranie świeżego powietrza. Obserwuj klatkę piersiową dziecka po każdym wdmuchnięciu powietrza. Jeśli się uniosła, poczekaj, aż opadnie, zanim wykonasz kolejne wdmuchnięcie powietrza. Przybliż twarz do ust dziecka i słuchaj, czy nastąpi wdech powietrza.

Uwaga: Pamiętaj, że małe dziecko potrzebuje do wypełnienia płuc niewielkiej ilości powietrza. Dlatego też zbyt lekkie wdmuchiwanie powietrza może nie rozszerzyć w pełni płuc, natomiast zbyt silne i zbyt szybkie wdmuchiwanie może doprowadzić do przepływu powietrza do żołądka, powodując jego wzdęcie. Jeśli podczas sztucznego oddychania dojdzie do wzdęcia brzuszka, nie naciskaj go, gdyż możesz spowodować wymioty. W czasie wdechu wymiociny mogą dostać się do płuc. Jeśli wzdęcie utrudnia rozszerzenie się klatki piersiowej, przewróć dziecko na bok, z głową zwieszoną w dół, i delikatnie uciskaj brzuszek przez 1–2 sekundy.

5. Jeśli klatka piersiowa nie unosi się i nie opada za każdym oddechem, powróć do pozycji odchylenia głowy (uniesienie podbródka lub wysunięcie żuchwy) i jeszcze dwukrotnie wdmuchnij powietrze w usta dziecka. Jeśli to konieczne, dmuchaj silniej. Jeśli nadal nie unosi się klatka piersiowa, prawdopodobnie górny odcinek dróg oddechowych jest zablokowany kawałkiem jedzenia lub ciałem obcym, które należy bezzwłocznie usunąć (patrz str. 527 – Zadławienie).

Pozycja neutralna plus. U dziecka powyżej roku, a czasem u dużego niemowlęcia, otwarcie górnego odcinka dróg oddechowych i wentylacja płuc może wymagać trochę większego wysunięcia żuchwy (pozycja neutralna plus). Wysuń ponownie żuchwę i dwukrotnie wdmuchnij powietrze. Jeśli brak rezultatu, jeszcze bardziej wysuń żuchwę, spróbuj ponownie, aż podbródek będzie zadarty w górę. Jeśli klatka piersiowa nadal się nie unosi, postępuj jak w przypadku zadławienia (str. 527).

C. Zbadaj tętno

1. Natychmiast po upewnieniu się, że górne drogi oddechowe są drożne, sprawdź tętno. U niemowlęcia poniżej roku życia spróbuj znaleźć tętno ramienne na bliższym ciebie ramieniu: trzymając jedną rękę na główce dziecka, by górne drogi oddechowe były nadal udrożnione, drugą rękę odciągnij od tułowia i odwróć ją dłonią do góry. Wskazującym i środkowym palcem poszukaj tętna pomiędzy dwoma mięśniami na wewnętrznej stronie środkowej części ramienia, pomiędzy bar-

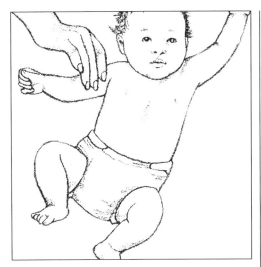

Sprawdzanie tętna w ramieniu niemowlęcia

kiem i łokciem (patrz ilustracja na str. 596). (U starszego dziecka zbadaj tętno szyjne – postaraj się wyczuć tętnicę szyjną pod uchem, tuż poniżej żuchwy.) W związku z tym, że wykonywanie reanimacji (sztucznego oddychania i masażu serca) u dziecka, którego serce bije, jest niebezpieczne, bardzo dokładnie sprawdź, czy jest tętno – szukaj co najmniej 10 sekund. (Rodzice powinni ćwiczyć badanie tętna u dziecka w normalnych warunkach, aby bez trudu je znaleźć w nagłym wypadku.)

2. Jeśli nie znajdziesz tętna, natychmiast rozpocznij masaż serca (patrz str. 534). Jeśli znajdziesz tętno – serce dziecka bije. Bezzwłocznie rozpocznij sztuczne oddychanie (patrz poniżej) w przypadku, gdy dziecko nie zacznie samoczynnie oddychać.

Wezwij pogotowie

Jeśli do tej pory nie zostało wezwane pogotowie, poproś kogoś o zatelefonowanie. Jeśli telefonowałaś przed dokonaniem oceny stanu dziecka, zadzwoń lub poproś inną osobę o ponowne skontaktowanie się z dyspozytorem, aby dostarczyć mu kolejnych informacji: czy dziecko odzyskało przytomność, czy oddycha i czy obecnie jest tętno. Jeśli dziecko wymaga sztucznego oddychania lub reani-

macji, a nie ma nikogo w pobliżu, nie trać czasu na telefonowanie.

Nie zwlekając, wykonuj kolejne czynności, od czasu do czasu głośno wzywając pomocy, by przywołać sąsiadów lub przechodniów.

SZTUCZNE ODDYCHANIE (METODA USTA-USTA)

Jeśli postępowanie według punktów 1 – 2 – 3 (A – B – C) na stronie 530 sprawi, że poczujesz puls, ale dziecko nie zaczęło samoistnie oddychać, rozpocznij następującą procedurę:

1. Wdmuchuj powietrze do ust dziecka w sposób opisany na stronie 532, w tempie mniej więcej jednego oddechu na 3 sekundy (20 oddechów na minutę) w przypadku niemowlęcia poniżej jednego roku (oddech, i raz, i dwa, i trzy, i oddech) oraz jednego oddechu na 4 sekundy (15 oddechów na minutę) w przypadku dziecka powyżej roku życia. Obserwuj, czy za każdym wdmuchnięciem powietrza unosi się i opada klatka piersiowa.

2. Po minucie zbadaj tętno, by upewnić się, czy nie ustała czynność serca. Jeśli ustała, przejdź do sztucznego oddychania i masażu serca. Jeśli serce bije, przez 3–5 sekund szukaj oznak spontanicznego oddechu (patrz str. 531). Gdy dziecko samodzielnie oddycha, kontynuuj udrażnianie górnych dróg oddechowych oraz często sprawdzaj oddech i tętno w oczekiwaniu na pomoc. Uspokój dziecko oraz okryj je. Przy braku spontanicznego oddechu kontynuuj sztuczne oddychanie, co minutę sprawdzaj oddech i tętno.

Uwaga: Aby sztuczne oddychanie było skuteczne, górne drogi oddechowe muszą być drożne. Pamiętaj, aby główka dziecka spoczywała w pozycji naturalnej.

3. Jeśli jesteś sama i nie zdołałaś dotąd wezwać pogotowia, uczyń to natychmiast po odzyskaniu przez dziecko samodzielnego oddechu. Jeśli w ciągu kilku minut dziecko nie zacznie samodzielnie oddychać, zanieś je do telefonu, kontynuując podczas drogi sztuczne oddychanie. Przez telefon podaj zwięzłą informację: „Dziecko nie oddycha" i szybko, lecz wyraźnie udziel wszystkich istotnych wyjaśnień. Nie odkładaj pierwsza słuchawki. Jeśli to możliwe, kontynuuj sztuczne oddychanie pod kierunkiem dyspozytora.

Uwaga: Nie przerywaj sztucznego oddychania, dopóki dziecko nie zacznie samodzielnie oddychać lub nie przybędzie fachowa pomoc.

SZTUCZNE ODDYCHANIE I MASAŻ SERCA U DZIECI PONIŻEJ JEDNEGO ROKU ŻYCIA*

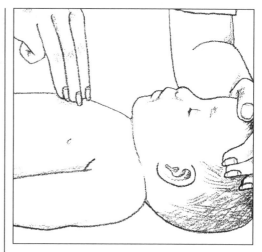

Ucisk klatki piersiowej u niemowląt można wykonywać za pomocą dwóch lub trzech palców.

Jeśli po zastosowaniu punktów 1 – 2 – 3 (A – B – C) ze strony 530 dziecko nie oddycha i nie ma pulsu, rozpocznij masaż serca:

Uwaga: Przy sztucznym oddychaniu z masażem serca tlen zostaje wtłoczony w płuca, gdzie miesza się z krwią, zatem podanie powietrza należy wykonywać naprzemiennie z uciskiem na klatkę piersiową. W ten sposób sztucznie pompuje się dotlenioną krew do ważnych organów i pozostałych części ciała.

1. Dziecko powinno nadal leżeć na wznak, na twardym, płaskim podłożu, z główką na poziomie serca. Nadal podtrzymuj główkę w pozycji neutralnej. Podłóż zwinięty ręcznik, poduszkę lub coś innego pod barki dziecka i lekko je unieś. Pomaga to udrożnić górne drogi oddechowe. Główka nie powinna być zbytnio odchylona do tyłu (patrz ilustr. str. 529).

2. Połóż trzy palce wolnej ręki na klatce piersiowej dziecka: wyobraź sobie poziomą linię przecinającą sutki. Umieść opuszkę palca wskazującego tuż poniżej punktu przecięcia się tej linii z mostkiem (czyli płaską kością biegnącą pomiędzy żebrami w dół klatki piersiowej). Należy uciskać miejsce leżące o szerokość palca poniżej punktu przecięcia się tych dwóch linii.

3. Dwoma z trzech palców uciskaj prostopadle mostek do głębokości 1,5–2,5 cm (łokieć powinien być zgięty). W końcowej fazie zwolnij ucisk, nie zdejmując palców z mostka i pozwalając mu powrócić do normalnej pozycji. Ważne jest, aby masaż serca wykonywać płynnie i miarowo (ucisk–rozluźnienie), przeznaczając równą ilość czasu na poszczególne jego fazy, bez nagłych ruchów.

4. Po wykonaniu piątego ucisku, nadal trzymając ręce na mostku, wdmuchnij powoli (przez 1–1,5 sekund) powietrze w usta dziecka. Obserwuj ruchy klatki piersiowej. (Jeśli

---

* Ukończenie pierwszego roku życia jest granicą wyznaczoną arbitralnie przez Amerykańskie Stowarzyszenie Chorób Serca (American Heart Association), Amerykański Czerwony Krzyż oraz Amerykańską Akademię Pediatrii w celu rozróżnienia sposobu przeprowadzania reanimacji: innej dla niemowląt, innej dla starszych dzieci. Wielkość dziecka może być w niektórych przypadkach ważnym czynnikiem, jednak eksperci są zdania, że niewielki błąd w obie strony nie ma decydującego znaczenia.

się nie unosi, zabierz palce z mostka, unieś podbródek i ponownie wdmuchnij powietrze.) Staraj się zachować tempo 100 ucisków na minutę, z jednym wdechem po każdym piątym ucisku. Licz trochę szybciej, niż kiedy liczysz sekundy: raz, dwa, trzy, cztery, pięć – wdech.

5. Po upływie około 1 minuty zrób pięciosekundową przerwę, by zbadać tętno (patrz ilustracja na str. 533). Jeśli jest niewyczuwalne, raz wolno wdmuchnij powietrze i kontynuuj poprzednie cykle uciskowo-wentylacyjne, badając tętno co 5 minut. Jeśli wyczujesz tętno, zakończ masaż serca. Przez 5 sekund szukaj oznak spontanicznego oddechu. Jeśli wystąpi oddech, kontynuuj udrażnianie górnych dróg oddechowych, przykryj i uspokój dziecko, obserwując oddech. Jeśli dziecko nadal nie oddycha, kontynuuj sztuczne oddychanie w opisany powyżej sposób.

6. Jeżeli w dalszym ciągu jesteś sama i nie zdołałaś wezwać nikogo, kto zadzwoniłby po pogotowie, po upływie 1 minuty sztucznego oddychania i masażu serca udaj się szybko do najbliższego telefonu (niosąc dziecko, jeśli to możliwe) lub przynieś aparat do miejsca, gdzie leży dziecko, i wezwij pomoc. Następnie bezzwłocznie wróć do przerwanej reanimacji.

Uwaga: Nie przerywaj reanimacji, dopóki u dziecka nie wystąpi samodzielny oddech i nie zostanie wznowiona czynność serca lub dopóki nie przybędzie fachowa pomoc.

SZTUCZNE ODDYCHANIE I MASAŻ SERCA U DZIECI POWYŻEJ JEDNEGO ROKU ŻYCIA

Jeśli pozastosowaniu punktów 1 – 2 – 3 (A – B – C) ze strony 530 dziecko nie oddycha i nie ma pulsu, rozpocznij masaż serca:

1. Ułóż dziecko na wznak na twardym, płaskim podłożu. Pod główkę nie wkładaj poduszki. Głowa powinna leżeć na poziomie serca, w pozycji neutralnej plus (patrz str. 532), w celu udrożnienia górnych dróg oddechowych.

2. Ułóż ręce: połóż dłoń bokiem w dolnej jednej trzeciej długości mostka (płaską kością pomiędzy żebrami, biegnącą w dół klatki piersiowej).

Uwaga: Nie uciskaj końca mostka (czyli wyrostka mieczykowatego), gdyż możesz spowodować poważne uszkodzenia wewnętrzne.

3. Uciskaj klatkę piersiową nasadą dłoni do głębokości 2,5–3,5 cm. Nigdy nie uciskaj żeber, lecz jedynie płaską, dolną część mostka. Po każdym ucisku klatka piersiowa powinna powrócić do poprzedniej pozycji. Pomiędzy uciskami nie zdejmuj ręki z klatki piersiowej. Wykonuj masaż serca płynnie i miarowo (ucisk–rozluźnienie), przeznaczając równą ich liczbę na każdą fazę i unikając nagłych ruchów.

4. Po wykonaniu piątego ucisku zrób przerwę, zaciśnij nozdrza dziecka i wdmuchnij powoli (przez 1–1,5 sekundy) powietrze do jego ust. Uciskom klatki piersiowej musi zawsze towarzyszyć sztuczne oddychanie, które dostarcza świeży tlen do mózgu (dziecko, u którego ustała czynność serca, nie oddycha

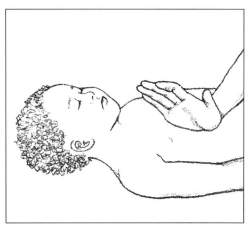

Ułożenie ręki podczas masażu serca u dziecka powyżej jednego roku życia.

i nie otrzymuje tlenu). Staraj się zachować tempo od 80 do 100 ucisków na minutę, z jednym wdechem po każdym piątym ucisku. Licz trochę szybciej, niż kiedy liczysz sekundy: raz, dwa, trzy, cztery, pięć – wdech.

5. Po upływie około 1 minuty zrób pięciosekundową przerwę na zbadanie pulsu. Jeśli tętno jest niewyczuwalne, wykonaj jedno powolne wdmuchnięcie powietrza do ust dziecka (zaciśnij nozdrza), a następnie kontynuuj cykle uciskowo-wentylacyjne, regularnie badając tętno. Jeśli je wyczujesz, zakończ masaż serca. Jeżeli dziecko nadal nie oddycha, kontynuuj jedynie sztuczne oddychanie.

6. Jeśli do tej pory jesteś sama i nie zdołałaś wezwać pogotowia, szybko udaj się do telefonu (jeśli jest w pobliżu) i bezzwłocznie powróć do przerwanej akcji ratunkowej. Jeśli to możliwe, zabierz z sobą do telefonu dziecko, wykonując podczas drogi sztuczne oddychanie.

Uwaga: Nie przerywaj reanimacji, dopóki nie wystąpi samodzielny oddech i nie zostanie wznowiona czynność serca lub dopóki nie przybędzie fachowa pomoc.

20
Noworodek z małą masą urodzeniową

Większość przyszłych rodziców oczekuje, że ich dzieci przyjdą na świat o czasie, ewentualnie o kilka dni lub tygodni wcześniej lub później. I faktycznie, niemowlęta w większości rodzą się o czasie, czyli po upływie 9 miesięcy, wystarczających im na przygotowanie się do życia poza ustrojem matki, a rodzicom na przygotowanie się do życia z dzieckiem.

W Stanach Zjednoczonych w 400 tysiącach przypadków rocznie ten istotny czas na przygotowanie się ulega niespodziewanemu, a czasem niebezpiecznemu skróceniu. Wtedy dziecko rodzi się przedwcześnie i jest bardzo małe. Niektóre z wcześniaków ważą prawie 2500 gramów (górna granica małej masy urodzeniowej) i szybko wyrównują niedowagę w stosunku do noworodków urodzonych o czasie. Lecz inne, okradzione z wielu tygodni rozwoju w macicy, rodzą się tak maleńkie, że mieszczą się na dłoni i trzeba wielu miesięcy intensywnej terapii, by urosły do wielkości, którą powinny osiągnąć w łonie matki.

Również wielu rodziców jest nieprzygotowanych na przedwczesne narodziny maleństwa. Pierwsze dni po porodzie, a czasami tygodnie i miesiące, zamiast pisania podziękowań, nauki pieluszkowania i przyzwyczajania się do obecności dziecka w domu, wypełnia im czytanie kart szpitalnych, nauka karmienia dziecka przez rurkę oraz przyzwyczajanie się do nieobecności dziecka w domu.

Chociaż noworodki z małą masą urodzeniową (urodzone przedwcześnie lub nie) są dziećmi wysokiego ryzyka, gwałtowny rozwój intensywnej opieki nad noworodkiem umożliwia większości z nich normalny rozwój. Jednak zanim rodzice będą mogli je z dumą zabrać do domu, często i rodziców, i dzieci czeka długa droga do przebycia.

Jeśli twoje dziecko urodziło się zbyt wcześnie i jest zbyt małe, na następnych stronach znajdziesz potrzebne ci informacje i pomoc.

Karmienie wcześniaków lub noworodków z małą masą urodzeniową

Nawet donoszonym dzieciom nauka jedzenia poza macicą nie przychodzi początkowo z łatwością, gdyż muszą nauczyć się sztuki ssania piersi lub smoczka. Zadanie to jest dla wcześniaków o wiele trudniejsze, a im młodsze i mniejsze jest niemowlę, tym większy stanowi to dla niego problem. Jeśli dziecko urodziło się trzy czy cztery tygodnie przez terminem, zwykle może zaraz po urodzeniu zacząć ssać pierś czy pić z butelki, oczywiście jak tylko nauczy się, na czym to polega. Niestety dzieci urodzone przed 36 tygodniem mają szczególne potrzeby żywieniowe, których tradycyjne karmienie nie zaspokaja nie tylko dlatego, że dzieci te urodziły się mniejsze, lecz ponieważ rosną one szybciej od dzieci donoszonych, nie są w stanie dobrze ssać i/lub mają nie w pełni rozwinięty układ pokarmowy.

Po pierwsze, tym maleństwom potrzebna jest dieta odzwierciedlająca to, co otrzymałyby w łonie matki, a co jest im potrzebne do szybkiego zwiększania masy ciała. Po drugie, niezbędne składniki odżywcze muszą być podane w możliwie najbardziej skondensowanej postaci, gdyż wcześniaki i dzieci o małej masie urodzeniowej są w stanie przyjąć jednorazowo tylko bardzo małe dawki jedzenia. Ich żołądeczki są małe, a nie w pełni rozwinięty układ pokarmowy nie działa prawidłowo, dlatego też jedzenie przechodzi przez niego znacznie wolniej. A ponieważ dzieci te nie umieją dobrze (lub wcale) ssać, nie są w stanie przyjąć posiłku z piersi mamy czy z butelki – przynajmniej nie od razu. Na szczęście mleko z piersi (normalne lub wzbogacone) bądź specjalne mieszanki dla wcześniaków zwykle zapewniają dzieciom urodzonym przed terminem wszystko, czego im trzeba do tego, by rosnąć i rozwijać się prawidłowo.

Dla rodziców wcześniaków karmienie dziecka oraz monitorowanie przyrostu jego masy ciała jest zajęciem, któremu poświęcają najwięcej czasu i które najbardziej pochłania ich emocjonalnie. Neonatolodzy wraz z pielęgniarkami dbają, by dieta najmłodszych pacjentów była optymalna. Sposób podawania pokarmu zależy od tego, kiedy dziecko przyszło na świat:

Karmienie dożylne. Kiedy bardzo małe dziecko trafia na oddział intensywnej opieki nad noworodkiem, zwykle otrzymuje dożylnie roztwór wody, glukozy i elektrolitów, aby zapobiec odwodnieniu czy niedoborowi elektrolitów. Poważnie chore czy małe dzieci (czyli zwykle wcześniaki urodzone przed 28 tygodniem ciąży) są potem odżywiane także przez kroplówkę. TPN (*total parenteral nutrition* – całkowite żywienie pozajelitowe zwane także karmieniem pozajelitowym), polega na podawaniu dziecku mieszanki białka, tłuszczu, cukru, witamin, składników mineralnych i płynów dożylnych do czasu, gdy dziecko będzie tolerowało pokarm matki lub mieszankę. Kiedy będzie można odżywiać je mlekiem przez zgłębnik, żywienie pozajelitowe zostanie stopniowo zaniechane.

Odżywianie przez zgłębnik. Dzieci urodzone między 28 a 34 tygodniem ciąży i wobec których nie trzeba stosować odżywiania dożylnego, są odżywiane przez zgłębnik. Metoda ta nie wymaga ssania, ponieważ tak małe niemowlęta zwykle nie mają jeszcze odruchu ssania. (Jest ona stosowana również u maluszków, które początkowo były odżywiane pozajelitowo, a z czasem dorosły na tyle, że mogą być karmione mlekiem.) Przez buzię dziecka (lub nosek) do żołądka wkłada się małą elastyczną rurkę (zgłębnik). Następnie co kilka godzin zalecona porcja mleka odciągniętego (i ewentualnie wzmocnionego) z piersi matki albo specjalna mieszanka jest podawana dziecku (na stronie 539 przeczytasz o zaletach podawania mleka z piersi). Zgłębnik albo pozostawia się w czasie między karmieniami, albo wyciąga i wkłada ponownie. (Rurka nie przeszkadza wcześniakom, ponieważ odruch wykrztuśny rozwija się dopiero około 35 tygodnia.)

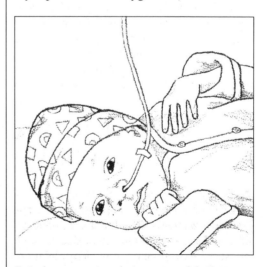

Dziecko otrzymuje pokarm przez zgłębnik

Wczesna utrata masy ciała

Jeśli jesteś matką wcześniaka lub dziecka o małej masie urodzeniowej, będziesz z niepokojem czekać, aż wskazania wagi zaczną rosnąć. Nie zniechęcaj się, gdy stanie się odwrotnie i nastąpi pozorna utrata masy ciała. To zupełnie normalne, że wcześniaki (a także dzieci urodzone w terminie) tracą trochę gramów – zwykle między 5 a 15% masy urodzeniowej – nim zaczną przybierać. I podobnie jak rzecz się ma w przypadku dzieci donoszonych, za spadek ten głównie odpowiada utrata płynów. Wcześniaki zwykle odzyskują masę urodzeniową po drugim tygodniu życia, po czym zaczynają ją przekraczać.

Nieco czasu może minąć, nim będziesz mogła karmić swe dziecko tak, jak o tym marzyłaś, piersią lub butelką. Zanim te marzenia się spełnią, możesz uczestniczyć w karmieniach, przytrzymując rurkę i odmierzając, ile dziecko przyjęło; możesz głaskać je w trakcie karmienia (jeśli zezwala się na trzymanie malca) albo dawać mu swój palec do ćwiczenia ssania, gdy jest karmione (w ten sposób wzmacnia się odruch ssania oraz pomaga dziecku skojarzyć ssanie z uczuciem pełnego brzuszka).

Karmienie z piersi lub butelki. Jednym z największych wydarzeń w trakcie pobytu wcześniaka w szpitalu będzie przejście z karmienia przez zgłębnik na karmienie z piersi lub butelki. Gotowość do poczynienia tego znaczącego kroku pojawia się w różnym czasie u różnych dzieci. Niektóre są gotowe do ssania z piersi czy butelki już w 30 czy 32 tygodniu wieku ciążowego. Inne mogą zacząć ssać w 34 tygodniu, pozostałe – dopiero w 36 tygodniu wieku ciążowego.

Nim neonatolog pozwoli ci karmić dziecko piersią lub butelką, musi wziąć pod uwagę kilka spraw: Czy stan dziecka jest stabilny? Czy może być karmione w twych ramionach? Czy dziecko fizycznie jest na to gotowe? (Dzieci gotowe do karmienia piersią lub butelką okazują to przez rytmiczne ssanie smoczka czy zgłębnika, są w stanie oddychać podczas ssania, są przez dłuższy czas przebudzone, wydalają, wydaliły smółkę, nie mają wzdęcia ani objawów infekcji jelitowej.)

Ponieważ dla małego dziecka ssanie jest męczącym zajęciem, należy zacząć powoli, od jednego czy dwóch takich karmień dziennie, na zmianę z odżywianiem przez zgłębnik. Jeśli niemowlę ma problemy z układem oddechowym, ssanie będzie dla niego jeszcze trudniejsze, dlatego też może zaistnieć potrzeba podawania mu tlenu w trakcie karmienia. W czasie ssania mogą też wystąpić epizody krótkotrwałego bezdechu (dziecko tak bardzo skupia się na jedzeniu, że zapomina o oddychaniu). Dzieciom, które mają trudności z opanowaniem sztuki ssania, podaje się specjalnie zaprojektowany smoczek ułatwiający naukę ssania i służący do ćwiczeń przed przejściem na karmienie piersią czy z butelki.

Dzieci gotowe do ssania można karmić albo mlekiem z piersi (naturalnym lub wzbogaconym) bądź mieszanką:

- Mleko z piersi. Pierś jest najlepsza nie tylko dla dzieci urodzonych w terminie. Większość specjalistów uznaje, że mleko z piersi jest lepsze od mieszanek także dla wcześniaków, a dzieje się tak z wielu powodów. Po pierwsze i najważniejsze, pokrywa ono dokładnie zapotrzebowanie wcześniaka. Mleko matki, która urodziła dziecko przed terminem, różni się od mleka matki dziecka donoszonego. Zawiera więcej białka, sodu, wapnia i innych składników odżywczych niż mleko dla dziecka urodzonego w terminie, lecz mniej niż mieszanki. Dzięki temu, że mleko to jest idealnie dopasowane do potrzeb wcześniaka, malec nie traci za dużo płynów, a zatem może utrzymać stałą temperaturę ciała. Jest łatwiejsze do strawienia, sprawia, że przyrost masy ciała jest prawidłowy. Po drugie, mleko matki zawiera ważne substancje, których brakuje mieszankom. Siara ma bardzo dużo przeciwciał i komórek pomagających walczyć z infekcjami. Jest to bardzo ważne, jeśli dziecko choruje lub jest wcześniakiem, a zatem jego organizm jest bardziej podatny na

Odciąganie pokarmu dla wcześniaka

Podjęcie decyzji o karmieniu piersią wcześniaka jest trudne nawet dla matek, które planowały karmić. Na ogół brakuje, przynajmniej na początku, najcenniejszego dla matki elementu karmienia piersią – bezpośredniego kontaktu z dzieckiem. Zamiast tego intymnego kontaktu stykają się z zimną, bezosobową maszyną do ściągania pokarmu, przez którą karmienie staje się relacją typu matka–maszyna–dziecko. Chociaż prawie wszystkie kobiety uważają, że odciąganie pokarmu jest wyczerpujące i pochłania dużo czasu, czynią to z uwagi na dobro dziecka, mają bowiem świadomość, że jest to jedyny sposób, w który mogą włączyć się w opiekę nad maleństwem.

Oto kilka praktycznych rad, dzięki którym karmienie wcześniaka stanie się być może przyjemniejsze i bardziej efektywne:

- Przeczytaj na stronie 140, jak ściągać pokarm. Zapytaj obsługę szpitala o udogodnienia. W większości szpitali znajdują się specjalne pokoje, wyposażone w wygodne krzesła i elektryczne odciągacze pokarmu dla matek.

- Zacznij odciągać pokarm jak najszybciej po porodzie, nawet jeśli twoje dziecko nie może go jeszcze przyjąć. Odciągaj mleko co dwie, trzy godziny (mniej więcej tak często, jak karmi się noworodka), gdy dziecko przejdzie na twój pokarm. Jeśli pokarm ma być przechowywany w lodówce na później, odciągaj go co cztery godziny. Przekonasz się sama, czy na przyrost pokarmu lepiej wpływa wstawanie i odciąganie go w nocy, czy też przesypianie nocy do samego rana.

- Możliwe, że ostatecznie będziesz odciągać więcej pokarmu, niż będą tego wymagały potrzeby twojego dziecka. Nie ograniczaj jednak odciągania, gdyż zmarnujesz bezcenne wartości. Regularne odciąganie pokarmu wpływa bowiem na obfity napływ mleka w przyszłości, kiedy będziesz mogła przystawić dziecko do piersi. Do tej pory nadmiar pokarmu może być zamrożony w szpitalu lub w domu, do późniejszego wykorzystania.

- Nie zniechęcaj się zróżnicowaną ilością pokarmu w ciągu kolejnych dni lub nawet godzin. Jest to zjawisko normalne, o którym nie wiedziałabyś, przystawiając niemowlę do piersi. Równie normalny przy mechanicznym odciąganiu mleka jest nagły spadek wydajności po upływie kilku tygodni. Dziecko będzie o wiele lepszym stymulatorem niż najefektywniejszy odciągacz. W momencie kiedy przystawisz maleństwo do piersi, z pewnością zwiększy się napływ pokarmu.

- Kiedy dziecko jest już przygotowane, by przyjmować pokarm doustnie, spróbuj najpierw karmić je piersią, a nie butelką. Najnowsze badania potwierdzają, że noworodki z niską masą urodzeniową łatwiej przyjmują pokarm bezpośrednio z piersi niż z butelki. Zacznij karmienie od przystawienia dziecka do piersi, potem dopiero podaj mu butelkę albo skorzystaj z produktów wspomagających karmienie piersią (patrz str. 151).

infekcje. Po trzecie, badania wykazują, że wcześniaki karmione piersią rzadziej chorują na martwicze zapalenie jelit, infekcję jelitową występującą wyłącznie u tych dzieci (patrz str. 558); lepiej przyswajają pokarm, rzadziej cierpią na alergię oraz szybciej się rozwijają, otrzymując z mleka matki wszystko, co najlepsze, tak samo jak dzieci urodzone w terminie. Nawet jeśli nie planujesz przez dłuższy okres karmić piersią, dawaj dziecku mleko teraz, gdy jest w szpitalu, a ułatwisz mu start w życie, które rozpoczęło się przedwcześnie.

Żeby mieć pewność, iż dziecko w początkowym okresie karmienia (kiedy ssie jeszcze dość słabo lub masz mało pokarmu) otrzymuje wystarczającą ilość substancji odżywczych, porozmawiaj z lekarzem na temat dodatkowych metod karmienia, które nie zakłócają karmienia piersią:

- karmienie dziecka z założonym zgłębnikiem;

- stosowanie systemu wspomagającego karmienie piersią (patrz str. 151);

- stosowanie systemu karmienia przymocowanego do twojego palca;

- karmienie ze specjalnie wykonanego kubeczka;

- karmienie strzykawką;
- karmienie z butelki ze smoczkiem, z którego mleko wypływa powoli.

Więcej o karmieniu wcześniaków piersią znajdziesz na stronie 550.

- Wzbogacone mleko z piersi. Czasem się zdarza, że nawet mleko matki wcześniaka nie wystarcza wcześniakowi. Ponieważ niektóre dzieci, szczególnie te najmniejsze, potrzebują składników odżywczych (w tym tłuszczu, białek, węglowodanów, wapnia i fosforu oraz ewentualnie innych składników, takich jak na przykład cynk, magnez, miedź czy witamina B_6) w bardzo silnie skoncentrowanej postaci, mleko z piersi podawane przez rurkę czy z butelki zostaje wcześniej wzbogacone dodatkami do mleka kobiecego, odpowiednio do potrzeb dziecka. Dodatki te mają postać proszku do rozpuszczania w mleku lub płynu, który podaje się, jeśli matka nie ma dostatecznej ilości pokarmu.

- Mieszanki. Dzieci dobrze się rozwijają także wtedy, gdy są karmione specjalnymi mieszankami dla niemowląt. Dziecko może być nimi dodatkowo karmione (butelką czy systemem karmienia uzupełniającego), gdy matka karmi je piersią. Wcześniaki karmi się małymi plastykowymi buteleczkami z oznaczeniem w centymetrach sześciennych lub mililitrach. Smoczek do takiej butelki ma specjalny kształt i nie wymaga od dziecka silnego ssania. Poproś pielęgniarkę, by ci pokazała, jak prawidłowo podawać butelkę wcześniakowi, gdyż ułożenie butelki może być nieco inne, niż przy karmieniu dziecka urodzonego terminowo.

KARMIENIE W DOMU

Po przybyciu do domu karmienie będzie tak samo trudne i czasochłonne jak w szpitalu. Będziesz musiała poeksperymentować z różnymi smoczkami, buteleczkami, pozycjami karmienia i tak dalej. Zgodnie z ogólną zasadą wcześniaki karmi się mniejszymi porcjami, ale częściej niż dzieci donoszone, gdyż wolniej jedzą i szybciej się męczą. W zależności od tego, jakie twoja pociecha będzie robić postępy, okaże się, czy będziesz musiała nadal karmić dziecko mieszankami dla wcześniaków. Często rodzice używają w domu buteleczek, które były w użyciu w szpitalu, jednak pamiętaj, że to, co zdało egzamin w warunkach szpitalnych, może nie sprawdzić się teraz, w domu, gdy dziecko rośnie i dojrzewa.

Przygotuj się na przynajmniej jeden z poniższych problemów, które mogą wystąpić w domu (są szczęśliwi rodzice, którym udaje się ich uniknąć):

- Senność. Większość wcześniaków łatwo się męczy i wolą czasem spać, niż jeść. Ale ponieważ dla wszystkich dzieci, a dla wcześniaków w szczególności, regularne jedzenie jest najistotniejsze, musisz koniecznie sprawić, by dziecko nie zasnęło przy jedzeniu. Sposoby na przebudzenie takiego śpioszka znajdziesz na stronie 111.

- Wstrzymywanie oddechu. Niektóre wcześniaki, głównie te, u których po urodzeniu wystąpiły zaburzenia koordynacji ssania i oddechu, zapominają o zaczerpnięciu powietrza w trakcie ssania. Dziecko się męczy, matka – niepokoi. Jeśli zauważysz, że dziecko nie zrobiło wdechu po kilku ruchach ssania lub ssąc, wygląda blado, odstaw je na chwilkę od piersi i poczekaj, aż złapie oddech. Jeśli masz wrażenie, że dziecko zawsze wstrzymuje oddech w trakcie karmienia, odstawiaj je na chwilkę co trzeci lub czwarty ruch ssania.

- Awersja oralna. Jeśli dziecko spędziło wiele czasu na oddziale intensywnej opieki nad noworodkiem, może łączyć buzię z nieprzyjemnymi przeżyciami (rurki do dokarmiania, do wentylowania, do odsysania i tak dalej) i nabawić się po powrocie do domu silnej awersji do wszystkiego, co znajduje się w lub w pobliżu jego buzi. Aby zwalczyć tę niechęć, postaraj się, by dziecko nabrało innych, przyjemniejszych skojarzeń. Dotykaj maluszka wokół ust uspokajającym gestem, daj mu do ssania swój palec lub smoczek, zachęć je do dotknięcia własnej buzi lub ssania własnego kciuka lub piąstki.

- **Refluks.** Wiele wcześniaków ma skłonność do ulewania oraz do refluksu żołądkowo-przełykowego, ponieważ ich układ pokarmowy jest nie w pełni rozwinięty. Rady, jak postępować w przypadku ulewania i refluksu, znajdziesz na stronach 156 i 487.

- **Wprowadzenie stałych pokarmów.** Podobnie jak dzieci urodzone w terminie, wcześniaki mogą zacząć przyjmować pokarmy stałe między czwartym a szóstym miesiącem życia. Ale u wcześniaków termin ten należy nieco skorygować i liczyć od terminu, w którym powinny się urodzić. Ponieważ czasem dzieci urodzone przedwcześnie wolniej się rozwijają, trzeba się wstrzymać z urozmaicaniem diety, aż maleństwo będzie na ten krok gotowe (patrz str. 265), nawet gdyby wiek po skorygowaniu wskazywał na „gotowość" na przyjmowanie pokarmów stałych. Niektórym wcześniakom jest szczególnie trudno przyjmować takie pokarmy, zwłaszcza w postaci większych kawałków.

Co może cię niepokoić

ODDZIAŁ INTENSYWNEJ OPIEKI NAD NOWORODKIEM

Moje dziecko zostało zabrane na oddział intensywnej opieki nad noworodkiem natychmiast po urodzeniu. Czego mogę się spodziewać, gdy pierwszy raz pójdę je tam zobaczyć?

Gdy pierwszy raz znajdziesz się na tym oddziale, możesz się wystraszyć, zwłaszcza jeśli twoje dziecko jest jednym z tych maleńkich, bezbronnych pacjentów. Ale jeśli będziesz wiedzieć, na co patrzysz, zdołasz pokonać strach. Oto, czego możesz się spodziewać na większości oddziałów intensywnej opieki nad noworodkiem:

- Dużego pomieszczenia lub rzędu pokoi z wydzielonymi wzdłuż ścian miejscami na łóżka. Na oddziale może znajdować się też kilka izolatek. Czasem do pomieszczenia dla noworodków przylegają małe pokoiki rodzinne, w których matki mogą odciągać pokarm (zwykle pomieszczenia te wyposażone są w odciągacze pokarmu) i w których rodzina może spędzać czas z dzieckiem (gdy będzie już nieco silniejszy).

- Atmosfery krzątaniny. Wiele pielęgniarek i lekarzy będzie się tam krzątać przy leczeniu i karmieniu noworodków. Rodzice także mogą opiekować się swoimi pociechami lub je karmić.

- Względnej ciszy. Choć jest to jedno z najbardziej ruchliwych miejsc w szpitalu, zwykle panuje w nim największa cisza. Dzieje się tak dlatego, że hałas wpływa stresująco na małych pacjentów i może być wręcz szkodliwy dla ich uszu. Uszanuj ciszę i rozmawiaj szeptem, zamykaj ostrożnie drzwi czy otwory inkubatorów, uważaj, by nie upuścić czegoś lub nie narobić hałasu, kładąc coś na inkubatorze. (Jest jednak jeden dźwięk, który jest ważny dla twojego dziecka – to dźwięk twego głosu; patrz str. 547.) A ponieważ oczy wcześniaków także są wrażliwe, zwykle jest tam przyćmione światło. Są jednak pomieszczenia jasno oświetlone, w których lekarze i pielęgniarki w przeprowadzają zabiegi.

- Ścisłego przestrzegania zasad higieny. Jedną z najważniejszych zasad obowiązujących na oddziale intensywnej opieki nad noworodkiem jest dokładanie wszelkich starań, by miejsce to było wolne od drobnoustrojów chorobotwórczych (czyli pogarszających stan dzieci, które już i tak są słabe). Przy każdej wizycie musisz myć ręce mydłem antybakteryjnym (zwykle tuż przed wejściem znajduje się umywalka przeznaczona do tego celu). Możesz też być poproszona o włożenie fartucha szpitalnego. Jeśli dziecko jest w izolatce, być może będziesz musiała nałożyć też rękawice i maskę.

- Wielu malutkich dzieci. Zobaczysz je w inkubatorach (przezroczystych aparatach, całkowicie zamkniętych z wyjątkiem czterech otworów, przez które można zajmować się dzieckiem) lub otwartych łóżeczkach. Noworodki leżące w „promiennikach", czyli na regulowanych materacykach umieszczonych pod ogrzewającym je światłem. Niektóre dzieci mogą być zawinięte w celofan, by zapobiec utracie płynów i ciepła przez skórę – dzięki temu wcześniaki utrzymują właściwą temperaturę ciała. (Jest to szczególnie ważne w przypadku maluszków ważących mniej niż 1800 g, które nie mają tkanki tłuszczowej umożliwiającej regulowanie temperatury organizmu, nawet gdyby owinąć je w kocyk.)

- Nie kończącego się ciągu aparatury medycznej. Przy każdym łóżku zobaczysz mnóstwo wszelakiego sprzętu. Będą to monitory odbierające sygnały życiowe (sygnalizujące każdą zmianę, która wymaga natychmiastowej interwencji), podłączone przewodami do ciał dzieci za pomocą przyssawek z żelem albo igły umieszczonej pod skórą. Dziecko może być podłączone dodatkowo do zgłębnika, do kroplówki (przez ramię, nogę, dłoń, stopę lub głowę), może mieć cewnik w kikucie pępowiny, mierniki temperatury (przymocowane opaską do skóry) oraz oksymetr, przyrząd służący do pomiaru stężenia tlenu we krwi dziecka z małą lampką przymocowaną do dłoni lub stopy. W prawidłowym oddychaniu może dziecku pomagać mechaniczny wentylator – szczególnie jeśli dziecko urodziło się przed 30–33 tygodniem ciąży. W innym wypadku dziecko otrzymuje tlen przez maskę lub do nosa poprzez miękkie plastykowe kaniule donosowe. Zobaczysz również ssaki do regularnego odsysania nadmiaru wydzieliny z dróg oddechowych i lampy do fototerapii dla noworodków z żółtaczką. Dzieci poddawane fototerapii są nagie i mają na oczach osłony, zabezpieczające przed światłem.

- Miejsca, w którym rodzice mogą usiąść i przytulić dziecko. Pośród tych wszystkich najnowszych osiągnięć techniki medycznej znajdziesz pewnie fotele na biegunach, na których możesz usiąść, by nakarmić dziecko piersią i potrzymać je na rękach.

- Wielu wysoko wyspecjalizowanych lekarzy. Wśród personelu zajmującego się twym dzieckiem na oddziale intensywnej opieki nad noworodkiem znajdą się zapewne: neonatolog (pediatra, który przeszedł specjalne szkolenie w intensywnej opiece nad noworodkiem); lekarze pediatrzy na stażu specjalistycznym z neonatologii; asystenci i dyplomowane pielęgniarki; pielęgniarki ze specjalizacją kliniczną; pielęgniarka oddziałowa (która najczęściej będzie opiekować się twym maleństwem i nauczy cię, jak to się robi); dietetyk; terapeuta oddechowy i inni specjaliści, w zależności od konkretnych potrzeb dziecka; pracownicy opieki społecznej, fizykoterapeuci i specjaliści od terapii zajęciowej; technicy wykonujący zdjęcia rentgenowskie i laboranci, a także specjaliści z poradni laktacyjnej.

- Przyłączenia się do personelu. Pamiętaj, że jesteś jednym z najważniejszych partnerów w opiece nad swym dzieckiem. Naucz się jak najwięcej o sprzęcie wykorzystywanym na tym oddziale i o zabiegach tam wykonywanych, zapoznaj się ze stanem dziecka oraz postępami w leczeniu. Poproś, by ci wyjaśniono, jak wentylatory, urządzenia i monitory pomagają dziecku, oraz by ci wyjaśniono żargon medyczny, który przyjdzie ci teraz słyszeć. Dowiedz się jak najwięcej o zwyczajach panujących na oddziale: jakie są godziny odwiedzin i jakich zasad odwiedzający muszą przestrzegać, kiedy zmieniają się pielęgniarki, kiedy lekarze robią obchód. Sprawdź, kto będzie ci udzielał najświeższych informacji o stanie zdrowia dziecka i kiedy takie informacje możesz otrzymać. Daj osobom z personelu swój numer telefonu komórkowego i pagera, by w razie potrzeby zawsze mogli do ciebie zadzwonić.

Pielęgniarki uprzedziły mnie, że pobyt mojej córeczki na oddziale intensywnej opieki nad noworodkami będzie pod względem emocjonalnym czymś jak jazda kolejką wysokogórską: raz w górę, raz w dół. Ale i tak jestem zaskoczona ogromnym zakresem uczuć, których doświadczam.

Nie tylko ty. Większość rodziców, których dzieci przebywają na takim oddziale, doświadcza całego spektrum ciągle zmieniających się uczuć, w tym szoku, złości, stresu, paniki, strachu, otępienia, frustracji, rozczarowania, zamętu, smutku, wielkiej zgryzoty i równie wielkiej nadziei. Wszystko to nie bez powodu. Możesz czuć się przytłoczona, patrząc na ten cały sprzęt medyczny, do którego podłączone jest twoje dziecko, i przez ciągłą krzątaninę pielęgniarek i lekarzy. Możesz się niepokoić zabiegami, które dziecko przechodzi lub czuć sfrustrowana uczuciem bezradności. Możesz być rozczarowana tym, że twoja córeczka nie jest słodkim donoszonym dzieckiem z dołeczkami, jakiego oczekiwałaś (i jakiego obraz nosiłaś w myślach), będąc jeszcze w ciąży; sfrustrowana, bo nie możesz wziąć jej do domu, by rozpocząć wspólne życie, a także czuć się winna z powodu swego rozczarowania i sfrustrowania. Możesz czuć się winna, że nie jesteś szczęśliwa z narodzin dziecka lub dlatego, że nie byłaś w stanie donosić ciąży (nawet jeśli nie mogłaś zrobić zupełnie nic, żeby uniknąć przedwczesnego rozwiązania). Możesz być zrozpaczona niepewnością o przyszłość dziecka, szczególnie jeśli jest ono bardzo małe i chore. Możesz wręcz podświadomie dystansować się od córeczki w obawie, żeby zbytnio się do niej nie przywiązać lub ponieważ trudno ci poczuć więź, gdy masz kontakt z dzieckiem tylko przez otwory w inkubatorze. Albo poczujesz, jak mocno kochasz swoje dziecko, a wszystkie trudności, jakie się przed wami pojawiły, jeszcze tę miłość wzmacniają. Możesz być zła na siebie za swoje reakcje, na swego męża – że nie reaguje tak samo jak ty; na rodzinę i znajomych, że nie rozumieją, przez co przechodzisz, lub zachowują się tak, jakby nic się nie stało; na lekarza, że nie zapobiegł całej sytuacji. Zamęt ten pogarsza fakt, iż uczucia te często bywają sprzeczne. Na przykład w jednej chwili czujesz przypływ nadziei, a po chwili myślisz, że to wszystko nie ma sensu; jednego dnia mocno swe dziecko kochasz, drugiego obawiasz się je kochać. Zmęczenie, które czujesz, czuwając przez całą dobę przy łóżku dziecka, nasila te uczucia; stają się one wręcz wycieńczające dla matek, które same jeszcze nie doszły do siebie po przebytym porodzie.

Bardzo trudno radzić sobie z takimi uczuciami, ale poniższe rady powinny ci pomóc:

- To, co czujesz, mówisz i robisz, jest całkowicie normalne. Takie krańcowe, czasem sprzeczne uczucia znają niemal wszyscy rodzice wcześniaków (choć tobie może się wydawać, że nikt inny nie czuje tego co ty).

- Nie ma jednego słusznego uczucia; ty możesz czuć co innego niż twój mąż, rodzice dziecka w sąsiedniej izolatce czy przyjaciele, których dziecko także urodziło się przed terminem. To zupełnie normalne, że każdy reaguje w takiej sytuacji nieco inaczej.

- Pamiętaj, że okazywanie uczuć jest ważne. Jeśli będziesz je tłumić w sobie, poczujesz się jeszcze bardziej osamotniona i bezradna. Powiedz personelowi na oddziale, co czujesz i czego się boisz. Nie tylko zrozumieją dokładnie, przez co przechodzisz (pomaganie rodzicom jest niemal tak samo ważną częścią ich pracy, jak dbanie o dzieci), ale mogą podać ci uspokajające informacje.

- Nie odcinaj się od męża – jeśli będziecie się wzajemnie wspierać, nabierzecie siły. Mówienie o wszystkim otwarcie; to jedyny sposób, by stres, jakim jest opieka nad dzieckiem urodzonym przedwcześnie, nie nadwerężył waszego związku.

Portret wcześniaka

Bywa, że nawet rodzice noworodków urodzonych o czasie są zaskoczeni widokiem swoich dzieci. Rodzice wcześniaków są na ogół zaszokowani. Typowy wcześniak waży przy urodzeniu 1600–1900 gramów lub jeszcze mniej. Najmniejsze mieszczą się na dłoni dorosłej osoby i mają tak maleńkie nadgarstki, że pasowałaby na nie ślubna obrączka. Skóra wcześniaka jest przezroczysta i widać przez nią tętnice i żyły. Wydaje się też, że pozbawiona warstwy tłuszczu, jest zbyt luźna (z tego też powodu organizm dziecka nie może sam regulować temperatury). Często pokrywa ją delikatne owłosienie, czyli meszek, którego dzieci urodzone o czasie już nie mają. Skóra zmienia zabarwienie, kiedy dziecko bierzemy na ręce lub je karmimy, gdyż układ krążenia nie jest jeszcze w pełni rozwinięty. Uszy, pozbawione nadającej im kształt chrząstki, są na ogół płaskie, pozwijane lub zwisające. Wcześniaki często leżą z rączkami i nóżkami wyprostowanymi, zamiast lekko zgiętymi, ponieważ ich mięśnie nie mają wystarczającej siły.

Cechy płciowe są zazwyczaj niewykształcone – niezstąpione jąderka oraz niedojrzały napletek u chłopców, nie w pełni rozwinięte wewnętrzne fałdy warg sromowych u dziewczynek. Często brakuje też otoczek wokół sutków. W związku z niedojrzałością układu nerwowego i mięśniowego mogą nie wystąpić niektóre odruchy (np. chwytania, ssania, strachu, przywiązania do matki), a ponieważ wcześniak jest na ogół słaby i niedostatecznie wentylowany, w przeciwieństwie do dziecka donoszonego może niewiele płakać lub nie płakać wcale. Mogą również pojawić się fazy bezdechu.

Na szczęście wcześniakiem jest się tylko czasowo. Gdy urodzone przed czasem noworodki osiągają czterdziesty tydzień rozwoju, czyli czas, kiedy zgodnie z kalendarzem powinny przyjść na świat, zaczynają już wielkością i stopniem rozwoju przypominać dzieci urodzone o czasie.

- Największe wsparcie dadzą wam ci, którzy znają temat. Porozmawiaj z innymi rodzicami, których spotykasz na oddziale, a odkryjesz, że oni także czują się samotni, niepewni i przerażeni. Na oddziale łatwo nawiązać przyjaźnie, ponieważ inni rodzice potrzebują ciebie tak samo, jak ty potrzebujesz ich. Wiele szpitali oferuje wsparcie poprzez organizowanie (przy pomocy pracownika opieki społecznej) grup na oddziałach intensywnej opieki nad noworodkami; mogą też skontaktować cię z rodzicami, których dzieci opuściły oddział. Nikt nie zrozumie lepiej, co czujesz, i nie okaże współczucia niż rodzice, którzy sami doświadczyli tego co ty. Spróbuj też skontaktować się z jedną z wielu grup dyskusyjnych na internetowych stronach poświęconych wcześniakom.

- Czas leczy rany. Prawdopodobnie równowagę emocjonalną odzyskasz dopiero wtedy, gdy stan dziecka nie będzie budził obaw. Zanim to nastąpi, czekają cię dni lepsze i gorsze (będzie to w dużym stopniu uzależnione od stanu dziecka). Jeśli będziesz sobie powtarzać, że takie stany emocjonalne są normalne, że wszyscy rodzice wcześniaków przeżywają huśtawki nastrojów do chwili, gdy ich dzieci wracają do domu całkiem zdrowe, nie sprawi to, że stany te znikną, ale pomoże ci popatrzeć na sytuację z pewnej perspektywy i sobie z nimi poradzić.

Jeśli masz w domu drugie dziecko, najważniejszym twoim zadaniem będzie teraz pomóc mu radzić sobie z lękiem – patrz strona 549.

UZYSKANIE OPTYMALNEJ OPIEKI

Skąd mogę wiedzieć, że moje przedwcześnie urodzone dziecko, które waży zaledwie 1300 gramów, jest pod najlepszą możliwą opieką?

Po pierwsze, należy się upewnić, czy dziecko jest w szpitalu, który najlepiej się o niego zatroszczy. Małe szpitale są przygotowane do prowadzenia porodów niskiego ryzyka oraz do opieki nad przeciętnymi noworodkami, które nie sprawiają skomplikowanych problemów. Na ogół nie mają oddziałów intensywnej terapii dla noworodków o bardzo małej masie urodzeniowej. Zdrowe noworodki oraz wcześniaki, które ważą ponad 2250 gramów, zazwyczaj nie wymagają pomocy wysoce wyspecjalizowanej kadry ani najnowocześniejszych urządzeń. Jednakże wcześniaki o bardzo małej masie urodzeniowej (ważące w chwili urodzenia mniej niż 1500 gramów), a także noworodki chore mają najlepsze szanse przeżycia w dobrze wyposażonych szpitalach wielospecjalistycznych. Umieszczenie dziecka w klinice jest najlepszą gwarancją fachowej pomocy. Jeśli twojego dziecka nie przeniesiono do szpitala specjalistycznego, przedyskutuj tę możliwość z leczącym je pediatrą, a także z lekarzem ze szpitala, w którym planujesz umieścić maleństwo.

Gdziekolwiek znajduje się dziecko, twoje własne zaangażowanie jest niezwykle ważne. Powinnaś zaznajomić się z problemami noworodków o małej masie urodzeniowej, a także wiedzieć jak najwięcej o konkretnym przypadku, którym jest twoje dziecko. Dotrzyj do literatury na ten temat oraz nie wahaj się zadawać pytań. Jeśli sposób leczenia dziecka budzi twój niepokój lub jesteś z niego niezadowolona, porozmawiaj o tym z pediatrą, neonatologiem lub pielęgniarkami, pod których opieką znajduje się maleństwo. Być może ich wyjaśnienia rozwieją twoje wątpliwości lub też konieczne jest dokonanie jakichś zmian. Jeśli jesteś nadal niezadowolona z opieki, poproś o konsultację z innym neonatologiem. Gdy krępuje cię kwestionowanie kompetencji lekarzy, zwróć się do jakiejś bliskiej osoby o występowanie w twoim imieniu.

POCZUCIE BRAKU WIĘZI

Spodziewaliśmy się uczuciowej więzi z córeczką już od momentu narodzin. Przyszła jednak na świat sześć tygodni wcześniej i ważyła zaledwie 1600 gramów. Zabrano nam ją, zanim mieliśmy szansę jej dotknąć. Martwimy się, że może mieć to negatywny wpływ na nią samą i na nasz stosunek do niej.

Podczas tych stresujących chwil na pewno nie potrzeba wam dodatkowego zmartwienia. A ostatnią rzeczą, o którą musicie się martwić, jest uczuciowa więź powstająca od momentu urodzenia. Miłość i przywiązanie dziecka do rodziców kształtuje się przez wiele miesięcy, a nawet lat, dojrzewa przez całe życie. Nie spodziewajcie się, że nagle cudownie zaistnieje tuż po przyjściu maleństwa na świat. Zatem zamiast żałować kilku straconych chwil lub dni, starajcie się jak najlepiej wykorzystać teraźniejszość i wszystkie miesiące rodzicielstwa, które są jeszcze przed wami. Chociaż zbudowanie więzi od chwili narodzin nie jest bezwzględnie konieczne, być może uda się wam zapoczątkować ten proces jeszcze w czasie pobytu dziecka w szpitalu. Oto, jak to uczynić:

Poproś o zdjęcie. Jeśli twoje dziecko przewieziono do innego szpitala, by zapewnić mu specjalistyczną opiekę (być może konieczną do przeżycia), a ty nadal nie zostałaś zwolniona do domu, poproś o dostarczenie ci zdjęć maleństwa. Może zrobić je mąż lub personel szpitala. Dopóki nie możesz ujrzeć dziecka, muszą zastąpić ci je fotografie. Nawet jeśli na zdjęciach widoczne są rurki i aparatura podtrzymująca dziecko przy życiu, będzie to mniej przerażający widok niż twoje wyobrażenia. Równie pomocne okażą się słowa – męża, a później personelu szpitala opisujące w detalach wygląd maleństwa i jego stan.

Napawaj się widokiem dziecka. Samo oglądanie dziecka w inkubatorze lub na ogrzewanym materacyku może pomóc w budowaniu uczuciowej więzi.

Pieść dziecko. Chociaż może się wydawać, że lepiej nie dotykać tak malutkiego i wrażliwego dziecka, badania wykazują, że wcześniaki przebywające na oddziale intensywnej terapii dla noworodków rozwijają się lepiej, gdy są głaskane i delikatnie masowane. Są bardziej aktywne i lepiej reagują na bodźce. Ich zachowanie jest bardziej dojrzałe niż wcześniaków rzadko dotykanych. Zacznij od delikatnego dotykania ramion i nóżek, które

Czy wyłączyć światło?

Nadmiar światła może niepokoić małe dziecko, które powinno jeszcze ciągle przebywać w spokojnym i raczej ciemnym łonie matki, a przez to stać się może przyczyną nieregularnej pracy serca oraz niedoboru snu czy nawet szkodzić wrażliwym oczom. Dziecko może nie chcieć otworzyć oczu, by rozejrzeć się wokół lub nawiązać z tobą kontakt. Z drugiej strony jednak mamy dowody na to, że jeśli światło jest stale przyćmione, pojawiają się inne problemy, na przykład dochodzi do zakłócenia rytmu organizmu, spowolnienia rozwinięcia naturalnego cyklu snu i czuwania. Naukowcy sugerują, że jeśli światło jest włączane i wyłączane wcześniakom tak, by naśladować naturalny cykl dnia i nocy, to dzieci te szybciej przybierają niż dzieci trzymane w pomieszczeniach, w których światło jest przez całą dobę zapalone lub przyciemnione. (Spytaj neonatologa, czy nie ma przeciwwskazań, by twoje dziecko przebywało w zmiennym świetle.)

Na większości oddziałów intensywnej opieki nad noworodkiem dokłada się wszelkich starań, by światło było przyćmione, naśladując warunki w łonie matki, choć oczywiście czasem trzeba włączyć mocniejsze lampy w celu przeprowadzenia zabiegów. Prawdopodobnie nie możesz zmienić oświetlenia sali, więc gdy jesteś przy dziecku, zakryj kocykiem inkubator, w którym przebywa twoje maleństwo.

są początkowo mniej wrażliwe niż tułów. Postaraj się przeznaczyć przynajmniej 20 minut dziennie na delikatne pieszczoty dziecka. (Czasem bardzo małe dzieci ogromnie stresują się dotykiem. Jeśli neonatolog zasugeruje ograniczenie kontaktu fizycznego, spędzaj jak najwięcej czasu z dzieckiem, powstrzymując się jednak od dotykania go.)

Opieka kangurza. Torbacze mają rację: kontakt ciała z ciałem nie tylko daje matce bliskość z dzieckiem, ale też pomaga maleństwu szybciej rosnąć i zdrowieć. Według wyników badań, dzieci, które otrzymywały tak zwaną „opiekę kangurzą", szybciej opuszczały oddział intensywnej opieki nad noworodkiem. Opieka ta polega na kładzeniu dziecka na piersi, pod koszulą, tak by leżało bezpośrednio na twojej skórze (maleństwo będzie prawdopodobnie miało założoną tylko pieluchę i czapeczkę, która zapobiega utracie ciepła przez głowę). Aby nie zmarzło, otul je lekko koszulą lub kocykiem.

Rozmawiaj z dzieckiem. Oczywiście, początkowo będzie to tylko twój monolog – dziecko przebywające na oddziale intensywnej opieki nie będzie prowadziło z tobą rozmowy, a nawet nie będzie zbyt wiele płakać. Być może odniesiesz nawet wrażenie, że cię nie słucha. Z pewnością jednak rozpozna głosy mamy i taty, które słyszało w okresie życia płodowego. Dźwięk tych znajomych głosów będzie działał uspokajająco. Jeśli nie możesz być z dzieckiem tak często, jak byś chciała, spytaj pielęgniarkę, czy istnieje możliwość puszczenia dziecku z magnetofonu nagrania z twoim głosem. Możesz nagrać na kasetę swój śmiech, ciche czytanie lub po prostu uspokajające słowa. (Pamiętaj, by przy dziecku i do dziecka mówić łagodnym głosem, ponieważ jego uszka są jeszcze ciągle bardzo wrażliwe na dźwięki. Najmłodsze wcześniaki są czasem tak wrażliwe, że każdy dźwięk jest dla nich niepokojący, więc najpierw spytaj lekarza, co będzie dla maluszka dobre, a co nie.)

Patrz dziecku w oczy. Jeśli maleństwo z powodu żółtaczki jest poddane fototerapii i ma zasłonięte oczy, poproś o wyłączenie świateł i odkrycie oczu chociaż na kilka minut, byś mogła nawiązać z maluszkiem kontakt wzrokowy, który jest istotną częścią więzi rodziców z dzieckiem.

Przejmij obowiązki pielęgniarek. Kiedy tylko minie stan bezpośredniego zagrożenia, pielęgniarki na pewno z przyjemnością pokażą ci, jak zmieniać pieluszki, karmić i kąpać dziecko, a nawet jak wykonywać proste czynności medyczne. Zwykle jedną z pierwszych czynności, jaką rodzice wykonują, jest mierzenie temperatury ciała dziecka. Opieka nad maleństwem podczas wizyt w szpitalu nie tylko sprawi, że poczujesz się pewniej w roli matki, ale także dostarczy ci wielu cennych doświadczeń na czekające cię miesiące.

Nie stój z boku. Wielu rodziców zajmuje postawę niezaangażowaną, ponieważ boją się, że pokochają, a następnie utracą przedwcześnie narodzone dziecko. To błąd. Po pierwsze, dlatego że szanse są po stronie dziecka, gdyż większość wcześniaków przeżywa i prawidłowo się rozwija. Po drugie, dlatego że jeśli stoisz z boku i zdarzy się to najgorsze, zawsze będziesz żałować straconych chwil. Trudniej ci będzie zaakceptować utratę dziecka.

DŁUGI POBYT W SZPITALU

Kiedy po raz pierwszy ujrzałam dziecko na oddziale intensywnej opieki, byłam zdruzgotana. Przeraża mnie myśl, że nasz mały spędzi pierwsze tygodnie, a może miesiące życia w sterylnym otoczeniu sali szpitalnej.

Zazwyczaj rodzice muszą poczekać na zabranie dziecka do domu, aż malec osiągnie wiek 37 lub 40 tygodnia ciąży, czyli mniej więcej tyle, ile musieliby czekać na dziecko urodzone w terminie. Gdy jednak wcześniak ma poważniejsze problemy zdrowotne, niż jedynie małą masę urodzeniową, oczekiwanie to może się przedłużyć. Niezależnie jednak od tego, ile ostatecznie czasu dziecko spędzi w szpitalu, tobie zawsze czas będzie się dłużyć. Aby więc jak najlepiej wykorzystać ten okres i zrobić coś, by minął nieco szybciej, możesz:

Być partnerką dla personelu szpitala. Rodzice wcześniaka często czują, że ich dziecko należy nie do nich, lecz do pielęgniarek i lekarzy, którzy zajmują się noworodkiem i wydają się bardzo kompetentni. Zamiast współzawodniczyć z personelem szpitala, postaraj się z nim współpracować. Poznaj pielęgniarki (będzie ci łatwiej, jeśli na każdej zmianie dzieckiem zajmuje się ta sama dyżurna osoba), neonatologa oraz innych lekarzy. Daj im do zrozumienia, że z przyjemnością wyręczysz ich w prostych obowiązkach. Zaoszczędzisz ich czas, dobrze wykorzystasz swój i poczujesz się potrzebna.

Dokształcać się. Naucz się języka i terminologii używanej na oddziale intensywnej opieki nad noworodkiem. Poproś kogoś z personelu, by w wolnej chwili nauczył cię odczytywać kartę dziecka. Jeśli czegoś nie rozumiesz, pytaj neonatologa o wyjaśnienie. Rodzice wcześniaków na ogół stają się ekspertami w dziedzinie neonatologii i swobodnie operują terminami typu „intubacja", „RDS" itp.

Jak najwięcej przebywać przy dziecku. Niektóre szpitale zezwalają na pobyt matki z dzieckiem, lecz jeśli w twoim przypadku jest to niemożliwe, powinniście na zmianę z mężem spędzać możliwie jak najwięcej czasu przy dziecku. W ten sposób poznacie nie tylko problemy medyczne dotyczące waszego maleństwa, ale także samo dziecko. Jeśli w domu są jeszcze inne dzieci, pamiętajcie, że i one was potrzebują. Upewnijcie się, czy poświęcacie im wystarczająco dużo czasu.

Dołożyć starań, aby dziecko czuło się jak w domu. Nawet jeśli inkubator jest tylko tymczasową przystanią dla dziecka, zrób wszystko, aby przypominał dom. Poproś o zgodę na umieszczenie w pobliżu dziecka kolorowych zabawek, zdjęć (może również powiększonych fotografii rodziców) oraz zabawki z pozytywką czy kasety z nagraniem twego głosu, jeśli lekarz wyrazi zgodę. Pamiętaj, że każda rzecz, którą umieszczasz w inkubatorze, powinna uprzednio zostać wysterylizowana i że nic nie powinno przeszkadzać w działaniu aparatury podtrzymującej życie. Starajcie się zachowywać cicho.

Być gotowa do przystawienia dziecka do piersi. Twój pokarm jest idealnym pożywieniem dla przedwcześnie urodzonego maleństwa (patrz str. 550). Dopóki nie będziesz go mogła przystawić do piersi, odciągaj pokarm. Odciąganie stymuluje wydzielanie pokarmu, który dziecko otrzyma przez zgłębnik. Ma też znaczenie psychologiczne – poczujesz się potrzebna odizolowanemu maleństwu.

Zrobić wielkie zakupy. Skoro twoje dziecko narodziło się przedwcześnie, mogłaś nie zdążyć kupić łóżeczka, materacyka, pieluszek, śpioszków itp. A zatem czas na wielkie zakupy. Jeśli jesteś przesądna i wolisz nie kupować rzeczy dla maleństwa, zanim zwolnią je ze szpitala, zrób generalne porządki w domu na jego przyjście. Sprzątanie mieszkania i tak cię czeka, a poświęcając na nie czas podczas pobytu dziecka w szpitalu, wypełniasz nie kończące się godziny oczekiwania i deklarujesz (przynajmniej przed sobą), że wierzysz w jego przyjście do domu.

DYSTROFIA PŁODU

Chociaż moje dziecko nie urodziło się przedwcześnie, ważyło 2500 gramów. Lekarz wyjaśnił, że przyczyną była dystrofia, czyli opóźniony wzrost płodu. Czy oznacza to również opóźnienie w rozwoju umysłowym?

Wydaje się, że jest to jeden z mechanizmów natury, zabezpieczający przeżycie płodu w jamie macicy, gdzie z jakiejś przyczyny nie jest wystarczająco odżywiany przez łożysko. Mniejsza masa ciała dziecka pozwala mu normalnie się rozwijać przy zmniejszonym odżywianiu. Lekarze twierdzą, że ten mechanizm obronny włącza się w następujących przypadkach: gdy łożysko nie jest wystarczająco wydajne i ogranicza przepływ pokarmu do płodu, gdy matka jest niedożywiona (zbyt uboga dieta), pali papierosy, choruje, a także z innych, nieznanych przyczyn.

Mechanizm obronny zabezpiecza również mózg dziecka, który rośnie normalnie dzięki temu, że pobiera z dostępnego pokarmu więcej środków odżywczych, niż powinien. Dlatego też dystroficzne noworodki mają na ogół większe w proporcji do reszty ciała głowy niż noworodki o normalnej masie urodzeniowej.

Chociaż noworodków o małej masie urodzeniowej dotyczy wzmożone ryzyko wystąpienia komplikacji w pierwszych dniach życia, zdarza się to bardzo rzadko, jeśli dziecko znajduje się pod fachową opieką neonatologiczną. Możesz się spodziewać, że odpowiednio odżywione (najlepiej od początku mlekiem matki) dziecko zacznie rosnąć jak na drożdżach i przed ukończeniem roku dogoni swoich rówieśników. Jeśli jednak planujesz następną ciążę, postaraj się najpierw przy pomocy lekarza ustalić przyczyny, które zwalniają wzrost dziecka w twoim łonie. Być może kolejne dziecko nie będzie musiało walczyć z tymi samymi problemami.

RODZEŃSTWO

Nie wiemy, jak powiedzieć naszej trzyletniej córcze, że ma przedwcześnie urodzoną siostrzyczkę.

Dzieci, nawet takie małe jak twoja córeczka, potrafią zrozumieć i poradzić sobie z o wiele większymi problemami, niż sądzą dorośli. Próba uchronienia dziecka poprzez utrzymywanie go w stanie nieświadomości pobudzi jedynie jego ciekawość oraz odbierze mu poczucie bezpieczeństwa – zwłaszcza w sytuacji, gdy wraz z mężem zaczynacie z tajemniczej przyczyny spędzać dużo czasu poza domem. A zatem w pełni uświadomcie waszą córeczkę o stanie rzeczy, przemawiając w sposób dla niej zrozumiały. Wyjaśnijcie, że dzidziuś za wcześnie wyszedł z brzuszka mamy, nie zdążył jeszcze urosnąć i musi zostać w szpitalu, w specjalnym łóżeczku, dopóki nie będzie dosyć duży, by wrócić do domu. Za zgodą szpitala wprowadźcie starszą córkę na oddział, na którym przebywa maleństwo, a jeśli pierwsze odwiedziny wypadną pomyślnie, zabierajcie ją regularnie. Dzieci są nie tylko przerażone, ale i zafascynowane drucikami i rurkami, zwłaszcza gdy rodzice wyjaśnią im wszystko w odpowiedni sposób – z pewnością siebie i żartobliwym tonem, a nie nerwowo i smutno. Niech mała zabierze dla siostrzyczki niewielki prezent, który będzie mógł zostać w inkubatorze. W ten sposób starsze dziecko poczuje się częścią zespołu opiekującego się maleństwem. Jeśli wyraża chęć, a uzyskasz zgodę lekarza, pozwól mu dotykać maleństwa przez otwory w inkubatorze. Podobnie jak w twoim przypadku, kontakt ten pomoże wytworzyć bliższą więź łączącą dziecko z malutką siostrzyczką lub braciszkiem już po powrocie do domu. (O stosunkach między rodzeństwem przeczytasz w rozdziale 25.)

KARMIENIE PIERSIĄ

Zawsze byłam zdecydowana karmić piersią, ale moja córeczka urodziła się przedwcześnie i muszę odciągać pokarm, który jest jej podawany przez zgłębnik. Czy bez problemów przestawi się później na picie bezpośrednio z piersi?

Jak dotychczas, wszystko przebiega prawidłowo. Od momentu urodzenia zapewniasz dziecku najlepszy możliwy pokarm dla wcześniaka, w jedyny sposób, w który tak maleńki noworodek może go przyjąć – przez rurkę. Oczywiście niepokoi cię, czy kiedy twoja córeczka dojrzeje już do ssania, będzie nadal mogła otrzymywać to doskonałe pożywienie.

Niedawno przeprowadzone badanie wykazało, że nie ma podstaw do obaw. Wykazało też, że wcześniaki ważące zaledwie 1300 gramów, jakkolwiek początkowo nie potrafiły ssać z piersi, miały z tym mniej problemów niż ze ssaniem z butelki. Efektywniejsze opanowanie ssania z butelki niż z piersi zajęło im od jednego do czterech tygodni. Poza tym wcześniaki lepiej reagowały na karmienie piersią. Podczas karmienia piersią poziom tlenu ulegał jedynie nieznacznym wahaniom, natomiast podczas karmienia butelką znacznie spadał i utrzymywał się na niskim poziomie także po karmieniu. Karmienie piersią zapewniało im ponadto ciepło, co jest szczególnie ważne dla wcześniaków, mających kłopoty z utrzymaniem ciepła w związku ze słabą termoregulacją organizmu. Badanie to, a także inne podobne badania, stwierdza, że odruch ssania występuje u wcześniaka w 30 tygodniu od chwili poczęcia (choć u niektórych dzieci odruch ten może pojawić się później).

Aby przystawienie do piersi zakończyło się sukcesem, pamiętaj, by zapewnić dziecku najlepsze możliwe warunki.

- Zanim zaczniesz karmić, przeczytaj wszystko na temat karmienia piersią, począwszy od str. 59.

- Okaż cierpliwość, jeśli neonatolog lub pielęgniarka będą chcieli w trakcie karmienia monitorować wahania temperatury oraz stężenia tlenu. Nie zakłóci to przebiegu karmienia, a w razie złej reakcji organizmu dziecka zasygnalizuje niebezpieczeństwo.

- Postaraj się odprężyć oraz upewnij się, czy dziecko jest ożywione. Pielęgniarka prawdopodobnie zadba, by w tej doniosłej chwili było odpowiednio ciepło ubrane.

- Zapytaj personel, czy na terenie oddziału znajduje się specjalny pokój przeznaczony do karmienia wcześniaków lub też jakiś bardziej intymny kącik z fotelem, gdzie nikt nie będzie ci przeszkadzał, albo czy można ustawić parawan.

- Zajmij wygodną pozycję, podpierając dziecko na poduszkach. Wielu kobietom odpowiada chwyt pod pachą (patrz str. 64), który jest też wygodny dla brodawek.

- Jeśli twoje dziecko nie ma odruchu chwytania (a prawdopodobnie go nie ma), pomóż mu rozpocząć ssanie, umieszczając brodawkę wraz z otoczką w ustach maluszka. Delikatnie naciśnij brodawkę, by dziecko mogło łatwiej ją schwycić (patrz str. 66). Ponawiaj próby, aż się uda.

- Uważnie obserwuj, czy z piersi płynie mleko. Przez kilka pierwszych minut dziecko może ssać bardzo szybko, chociaż nie otrzymuje wtedy pokarmu. Jest to ssanie stymulujące, po którym nastąpi wypływ pokarmu. Twoje piersi, przyzwyczajone do mechanicznego odciągania (pompowania) mleka, muszą najpierw nauczyć się reagować na inne ruchy, które wykonują usta dziecka. Wkrótce zauważysz, że niemowlę ssie wolniej i coś połyka. Oznacza to, że z piersi płynie mleko, a dziecko otrzymuje pokarm.

- Jeśli dziecko wykazuje brak zainteresowania piersią, spróbuj wycisnąć mu kilka kropel mleka prosto do buzi, by poczuło jego smak.

- Karm dziecko tak długo, jak długo ono chce być przy piersi. Specjaliści badający karmienie piersią przedwcześnie urodzonych niemowląt zalecają pozostawienie dziecka przy piersi przynajmniej dwie minuty po zakończeniu przez nie aktywnego ssania. Małe wcześniaki na osiągnięcie pełnego zadowolenia potrzebują prawie godziny.

- Nie zniechęcaj się po jednej lub kilku nieudanych próbach. Wiele noworodków urodzonych o czasie ma początkowo problemy z ssaniem piersi. Wcześniakom trzeba dać taką samą szansę.

- Poproś, aby karmienie, w którym nie możesz uczestniczyć, odbywało się przez zgłębnik (umieszczony w nosie), a nie butelkę. Jeśli w czasie, kiedy rozpoczynasz karmienie piersią i niemowlę przyzwyczaja się do brodawki, zostanie wprowadzona butelka z gumowym smoczkiem, twoje wysiłki mogą pójść na marne, gdyż dziecko będzie zdezorientowane. Również odżywki powinny być dostarczane dziecku przez zgłębnik lub systemem zastępczego odżywiania (patrz str. 151).

Codzienne ważenie dziecka przekona cię, jak toleruje ono pokarm matki. Jeśli przybiera 1–2% masy ciała dziennie lub 100 do 200 gramów tygodniowo, oznacza to, że rozwija się prawidłowo. Przed skończeniem 40 tygodnia (czyli w terminie, w którym dziecko powinno się urodzić) osiągnie masę zbliżoną do masy noworodków urodzonych o czasie, czyli około 2700–3600 gramów.

JAK TRZYMAĆ WCZEŚNIAKA

Dotąd trzymałam córeczkę jedynie przez otwory inkubatora. Boję się, że kiedy wreszcie zabiorę ją do domu, nie będę potrafiła jej trzymać w ramionach. Wydaje mi się taka krucha i maleńka.

Być może w chwili, w której twoja córeczka wybierze się w długo oczekiwaną podróż do domu, stwierdzisz, że wcale nie jest maleńką kruszynką, lecz silnym grubaskiem. Podobnie jak większość wcześniaków, przed wypisaniem jej ze szpitala prawdopodobnie podwoi masę urodzeniową, czyli będzie ważyła 2 lub 2,5 kg. Nie powinnaś z nią mieć więcej problemów niż mamy noworodków urodzonych o czasie. A jeśli masz okazję włączyć się do opieki nad dzieckiem w szpi-

Zabranie dziecka do domu

Kiedy ta chwila nadejdzie? Prawdopodobnie ten niezapomniany moment nastąpi wtedy, gdy dziecko urodziłoby się, gdyby było donoszone, czyli w 40 tygodniu ciąży, choć czasem zdarza się wypis malca na dwa czy cztery tygodnie przed datą terminowych narodzin. W większości szpitali nie obowiązują wytyczne, ile dziecko ma ważyć w chwili wypisu, a w ustaleniu, kiedy dziecko może zostać przekazane rodzicom, raczej bierze się pod uwagę następujące kryteria:

- dziecko utrzymuje prawidłową temperaturę ciała w zwykłym łóżeczku,

- jest karmione wyłącznie piersią lub z butelki,

- karmione piersią lub z butelki, przybiera na wadze,

- samodzielnie oddycha,

- nie miewa bezdechu (przerw w oddychaniu).

talu (powinnaś się tego stanowczo domagać), będziesz miała nawet większe doświadczenie niż inne matki. To wcale nie oznacza, że opieka nad niemowlęciem będzie łatwa – każdej matce jest trudno, szczególnie na początku.

Nie martw się też, jak sobie poradzisz bez pielęgniarki lub neonatologa, którzy w każdej chwili są gotowi do interwencji. Szpitale nie zwalniają do domu niemowląt potrzebujących stałej fachowej opieki. Na większości oddziałów proponuje się rodzicom, by zostawali w szpitalu na noc z dzieckiem w pokojach rodzinnych bez nadzoru medycznego. Niektórzy rodzice jednak, a zwłaszcza ci, którzy wracają do domu z monitorami oddechowymi, maskami tlenowymi i podobnym sprzętem, czują się bezpieczniej, wynajmując na pierwsze dni pielęgniarkę, doświadczoną w zakresie opieki nad wcześniakami. Jeśli nie czujesz się na siłach, weź pod uwagę i tę możliwość.

TRWAŁE PROBLEMY

Chociaż lekarz zapewnia mnie, że dziecko dobrze się rozwija, ciągle się obawiam, że pozostaną jakieś trwałe uszkodzenia.

Jednym z największych cudów współczesnej medycyny jest szybko wzrastający wskaźnik przeżywalności noworodków urodzonych przed czasem. Kiedyś noworodek ważący 1000 gramów nie miał żadnych szans przeżycia. Obecnie, dzięki postępom w dziedzinie neonatologii, przeżywają nawet jeszcze mniejsze wcześniaki. Oczywiście, wraz z wyższym wskaźnikiem przeżywalności noworodków korzystniej przedstawia się również stosunek uszkodzeń umiarkowanych w stosunku do ciężkich. Zatem twoje dziecko ma duże szansę opuścić szpital żywe i zdrowe. Tylko około 10% ze wszystkich wcześniaków i około 20% z wcześniaków z masą urodzeniową poniżej 1700 gramów ma ostatecznie poważne uszkodzenia. Ryzyko trwałego uszkodzenia jest o wiele większe u tych dzieci, które urodziły się między 23 a 25 tygodniem i/lub osiągnęły masę poniżej 750 gramów; zagrożenie dotyczy 40% tych dzieci, które przeżyły, choć nadal więcej niż połowa będzie rozwijać się dobrze. Ponad dwoje spośród trojga przedwcześnie urodzonych noworodków będzie zupełnie normalnych, a pozostałe będą w większości miały umiarkowane uszkodzenia. Iloraz inteligencji nie będzie najczęściej odbiegał od normy, chociaż u noworodków urodzonych przed czasem częściej występują problemy z nauką.

Musisz pamiętać, że twoje dziecko będzie potrzebować czasu, nim jego rozwój osiągnie poziom właściwy dla jego wieku urodzeniowego. Będzie rozwijało się podobnie jak inne dzieci urodzone przed czasem (patrz następne pytanie), a jeśli urodziło się z bardzo małą masą urodzeniową lub miało poważne komplikacje po urodzeniu, może być opóźnione nawet w stosunku do nich, szczególnie w rozwoju motorycznym.

Zdarza się, że noworodki urodzone przedwcześnie wykazują również zaburzenia nerwowo-mięśniowe. Mogą nie zaniknąć takie odruchy okresu noworodkowego, jak odruch Moro, odruch toniczny szyi, odruch chwytny, nawet uwzględniając skorygowany wiek dzieci. Napięcie mięśniowe może odbiegać od normy, w niektórych przypadkach powodując nadmierne opadanie szyi, w innych – sztywnienie nóg i unoszenie się palców stóp. Powyższe objawy niepokoją w przypadku niemowląt urodzonych o czasie, lecz nie w przypadku wcześniaków. (Niemniej jednak powinny one zostać poddane badaniu lekarskiemu, gdyż w razie konieczności należy rozpocząć odpowiednią fizjoterapię.)

Opóźnienie rozwojowe u wcześniaka nie tylko nie jest powodem do alarmu, lecz wręcz należy się go spodziewać. Jeśli jednak wydaje ci się, że twoje dziecko nie wykazuje żadnego postępu w rozwoju z tygodnia na tydzień lub z miesiąca na miesiąc, lub nie reaguje na bodźce (gdy nie jest chore), skonsultuj się z lekarzem. Jeżeli pediatra nie podziela twoich obaw, lecz zarazem ich nie rozwiewa, poproś o opinię innego specjalisty. Zdarza się, że rodzice, nieustannie obserwujący swoje dziecko, odkrywają coś, co przeoczył lekarz. Może się okazać, że nie ma żadnego problemu i twoje obawy znikną. Jeśli natomiast drugie badanie stwierdzi jakieś anomalie, to wczesne rozpoznanie, jak również leczenie i opieka mogą w istotny sposób zaważyć na losie twojego dziecka.

WYRÓWNYWANIE „ZALEGŁOŚCI"

Wydaje się nam, że nasz urodzony dwa miesiące przed czasem synek jest opóźniony w rozwoju w stosunku do innych trzymiesięcznych niemowląt. Czy kiedykolwiek wyrówna tę różnicę?

Prawdopodobnie wcale nie jest opóźniony, lecz właśnie taki, jakie powinno być dziecko, które zostało poczęte w jego terminie. Zgodnie z tradycją, w naszej kulturze liczy się wiek dziecka od chwili jego urodzenia. System ten wprowadza nas w błąd przy ocenie wzrostu i rozwoju niemowląt urodzonych przed czasem, gdyż nie uwzględnia się faktu, że dzieci te miały krótsze życie płodowe. Zatem twój synek w chwili urodzenia miał jakby dwa miesiące życia mniej, czyli w wieku dwóch miesięcy odpowiadał noworodkom urodzonym o czasie, a obecnie, w metrykalnym wieku trzech miesięcy, praktycznie jest jednomiesięcznym niemowlęciem. Pamiętaj o tym, porównując go z rówieśnikami lub danymi z tabel. Na przykład, chociaż niemowlęta na ogół siedzą w wieku siedmiu miesięcy, twoje dziecko może opanować tę umiejętność dopiero w wieku dziewięciu miesięcy, kiedy to, przyjmując poprawkę, skończy siedem miesięcy. Jeśli był bardzo małym wcześniakiem lub przeszedł jako noworodek ciężką chorobę, może zacząć siedzieć jeszcze później. Na ogół można się spodziewać, że rozwój motoryczny dziecka będzie bardziej opóźniony niż rozwój jego zmysłów (np. wzroku i słuchu).

Zazwyczaj przy ocenie prawidłowości rozwoju dziecka specjaliści posługują się „skorygowanym wiekiem" do momentu, aż skończy ono dwa lub dwa i pół roku. Po upływie tego czasu krótsze życie płodowe nie ma już większego znaczenia – trudno zauważyć istotne różnice w rozwoju pomiędzy dzieckiem, które skończyło cztery lata, a innym, które ma trzy lata i dziesięć miesięcy. A zatem z czasem różnice się zatrą i twoje dziecko nie będzie się niczym różniło od swych rówieśników (chociaż czasami, by to osiągnąć, konieczne będzie uzupełnianie niedoborów pokarmowych). Tymczasem, jeśli wolisz, w rozmowach używaj skorygowanego wieku dziecka, zwłaszcza kiedy oceniasz jego rozwój.

Zamiast szukać u dziecka konkretnych sprawności w poszczególnych przedziałach czasu, odpręż się i naucz się nimi cieszyć, kiedy wystąpią, służąc dziecku pomocą, gdy jej potrzebuje. Jeśli się śmieje i gaworzy, odpowiedz mu tym samym. Gdy zaczyna sięgać po przedmiot, daj mu możliwość poćwiczenia tej sprawności. Kiedy umie już siedzieć z podparciem, sadzaj je codziennie na chwilę w różnym otoczeniu. Zawsze pamiętaj o jego skorygowanym wieku i nie popędzaj go.

Skorzystaj ze wskazówek, jak stymulować rozwój dziecka, umieszczonych na stronach 221, 331 i 444, dostosowując je raczej do zachowań twojego malca niż do jego wieku. Przestawaj w momencie, gdy dziecko sygnalizuje, że ma już dosyć. Możesz dodatkowo pobudzać rozwój motoryczny niemowlęcia, umieszczając je na brzuszku twarzą do środka pokoju, a nie w kierunku ściany, tyle razy i na tak długo, jak wyraża na to ochotę (oraz wyłącznie pod czujnym okiem dorosłej osoby). W związku z tym, że wcześniaki oraz noworodki z niską masą urodzeniową są przez pierwsze tygodnie życia przyzwyczajone do leżenia na plecach w inkubatorach, często nie chcą później bawić się, leżąc na brzuszku. Jednak pamiętaj, że pozycja ta jest konieczna do rozwoju mięśni ramion i szyi.

Jeśli uważasz, że rozwój twojego dziecka jest znacznie opóźniony, nawet uwzględniając jego przedwczesne przyjście na świat, i malec „nie wyrównuje" zaległości, przeczytaj informacje na str. 418 oraz skonsultuj się z lekarzem.

FOTELIKI SAMOCHODOWE

Nasze dziecko wygląda na za małe do jazdy w foteliku samochodowym. Czy nie byłoby bezpieczniejsze w moich ramionach?

Podróż wcześniaka samochodem w ramionach mamy (lub innej osoby) jest nie tylko niebezpieczna, ale także nielegalna. Każde niemowlę, małe czy większe, musi być zawsze przypięte bezpiecznie do fotelika, gdy znajduje się w jadącym samochodzie. Niestety rodzice dzieci o małej masie urodzeniowej często mają wrażenie, że ich maluszki „gubią się" w standardowych fotelikach ustawianych tyłem do kierunku jazdy. Amerykańska Akademia Pediatrii opracowała następujące zalecenia, którymi można się kierować przy dokonywaniu wyboru fotelika dla wcześniaka:

- Wybierz fotelik dostosowany wielkością do dziecka. Poszukaj takiego, którego długość wynosi mniej niż 14 cm mierzone od pasa do zapinania w kroku do tylnego oparcia — dzięki temu dziecko nie będzie się garbić, a najniższe ustawienie pasa bocznego jest wysokości mniejszej niż 25 cm (by dziecko nie miało tego paska na uszach).

- Aby dziecku było wygodniej, zwiń ręcznik lub kocyk i ułóż go tak, aby ochraniał główkę, lub kup specjalne podgłówki do fotelików samochodowych. Jeśli pasy nie przylegają do ciała, wypełnij lukę jeszcze jednym zwiniętym ręcznikiem lub kocykiem. Nie kładź niczego pod dziecko!

Niektóre wcześniaki mają problemy z oddychaniem w pozycji półsiedzącej, jaką większość fotelików wymusza. Jedno z badań wykazało, że organizm tych dzieci jest gorzej dotleniony, gdy podróżują w foteliku samochodowym, i stan ten może trwać nawet do ponad trzydziestu minut po wypięciu dziecka. Niektóre dzieci cierpią wręcz na chwilowy bezdech, gdy siedzą w foteliku. Zanim twoje dziecko zostanie wypisane ze szpitala, upewnij się, czy personel medyczny monitorował jego stan zdrowia, kiedy siedziało w foteliku. Gdyby się okazało, że faktycznie w pozycji, w jakiej dziecko siedzi w foteliku, pojawiły się jakieś komplikacje, używaj specjalnego łóżeczka samochodowego (które przeszło próby zderzeniowe). W łóżeczku takim dziecko leży i jest chronione w razie kolizji, a jednocześnie może swobodnie oddychać. Jeśli taka kołyska jest nieosiągalna, przez pierwsze dwa miesiące ogranicz podróże samochodem, szczególnie gdy u dziecka wystąpiły uprzednio napady bezdechu. Możesz również poprosić lekarza o monitorowanie oddychania w zwyczajnym foteliku samochodowym, by przekonać się, czy występują trudności z oddychaniem.

Podobne trudności z oddychaniem mogą wystąpić u wcześniaków w dziecięcych krze-

---

Szczepienia ochronne dla wcześniaków

Przez pierwsze dwa lata życia twego dziecka w wielu sytuacjach będzie się brało pod uwagę jego skorygowany wiek z jednym wyjątkiem: szczepień. Większość szczepień nie będzie wykonywanych z opóźnieniem z powodu wcześniactwa, czyli dziecko otrzyma je zgodnie z wiekiem liczonym od faktycznego dnia urodzin. Innymi słowy, jeśli dziecko urodziło się dwa miesiące wcześniej, i tak otrzyma pierwsze szczepienia w wieku dwóch miesięcy, a nie czterech. Jednak i tu są dwa odstępstwa od reguły. Po pierwsze, lekarze zwykle wstrzymują się z wykonaniem szczepień do chwili, gdy dziecko będzie ważyć 1600 gramów (większości dzieci waży przynajmniej 1800 gramów w wieku dwóch miesięcy). Po drugie, szczepionka przeciwko zapaleniu wątroby typu B nie jest podawana wcześniakom po urodzeniu, jak często dzieje się w wypadku dzieci urodzonych terminowo, lecz dopiero gdy dziecko waży przynajmniej 2100 gramów.

Nie obawiaj się, że organizm twego maluszka nie będzie w stanie wytworzyć przeciwciał na szczepionkę. Zgodnie z wynikami badań dzieci siedmioletnie, które były wcześniakami, mają taki sam poziom przeciwciał jak ich urodzeni w terminie rówieśnicy.

Specjalne rady dotyczące opieki nad wcześniakami w domu

Wcześniaki, nawet gdy osiągną wiek, w którym powinny się urodzić, nadal wymagają specjalnej opieki. Gdy przygotowujesz się do zabrania dziecka ze szpitala do domu, miej na uwadze poniższe rady:

- Czytaj rozdziały z tej książki opisujące miesiąc po miesiącu rozwój dziecka. Dotyczą one nie tylko niemowląt urodzonych o czasie, lecz także twojego dziecka. Pamiętaj o przyjęciu poprawki na krótsze życie płodowe (skorygowanie wieku).

- W domu powinno być cieplej niż zwykle, przynajmniej przez pierwsze tygodnie. W momencie zwolnienia do domu mechanizm termoregulacyjny na ogół już działa u wcześniaków, lecz ze względu na to, że są tak małe i mają większą powierzchnię skóry w stosunku do tkanki tłuszczowej, mogą mieć trudności bez pomocy z zewnątrz. Dodatkowo utrzymanie ciepłoty ciała oznacza utratę kalorii, co może zmniejszyć przyrost masy ciała. Jeżeli wydaje ci się, że dziecko jest wyjątkowo niespokojne, sprawdź, czy w pokoju jest dosyć ciepło, oraz dotknij ramion, nóżek lub karku maleństwa, by przekonać się, czy nie są zbyt chłodne. Uważaj jednak, aby nie przegrzać pokoju.

- Jeśli to konieczne, kupuj pieluszki dla wcześniaków. Możesz też kupić maleńkie śpioszki – lecz nie za dużo, gdyż niemowlęta szybko z nich wyrastają.

- Jeżeli karmisz mieszanką, sterylizuj butelki. Wygotuj je przed pierwszym użyciem i myj w gorącej wodzie po każdym karmieniu. Chociaż w przypadku niemowląt urodzonych o czasie może to być zbędny środek ostrożności, warto zastosować go u wcześniaków, które są bardziej podatne na infekcje. Sterylizuj butelki przez kilka miesięcy lub dopóki zaleci ci lekarz.

- Często karm dziecko, chociaż może oznaczać to spędzanie większości dnia z maleństwem przy piersi lub z butelką w ręce. Wcześniaki mają bardzo małe żołądki i powinny jeść co dwie godziny. Mogą także nie potrafić ssać tak efektywnie jak noworodki urodzone o czasie, zatem zaspokojenie głodu może zabrać im więcej czasu – nawet godzinę. Nie przyspieszaj posiłków.

- Spytaj lekarza, czy dziecko powinno otrzymywać dodatkowe witaminy. Wcześniaki bardziej niż pozostałe niemowlęta narażone są na wystąpienie awitaminozy.

- Nie wprowadzaj pożywienia stałego bez zgody lekarza. Zwykle stałe pokarmy są wprowadzane do jadłospisu, kiedy wcześniaki osiągają masę od 6 do 7 kg i wypijają przez co najmniej tydzień 900 g mieszanki dziennie i kiedy ich skorygowany wiek wynosi 6 miesięcy. Jeśli niemowlę nie zadowala się samym mlekiem matki lub mieszanką, to pożywienie stałe można wprowadzić już w czwartym miesiącu skorygowanego wieku.

- Zrelaksuj się. Twoje dziecko na pewno wiele przeżyło, ty zresztą też. Ale kiedy już jest w domu, a ty podjęłaś wszelkie środki ostrożności, postaraj się nie wracać do przeszłości. Choć będziesz czuła silny instynkt, by je osłaniać i chronić, postaraj się traktować je jak normalne zdrowe dziecko – gdyż takie właśnie teraz jest.

sełkach i huśtawkach, zatem nie używaj ich bez pozwolenia lekarza.

POCZUCIE WINY

Wiem, że w czasie ciąży nie byłam tak ostrożna, jak powinnam. Choć lekarz zapewnia mnie, iż prawdopodobnie to nie moja wina, nie umiem przestać oskarżać się o to, że to z mojej winy synek urodził się przedwcześnie.

Prawdopodobnie każda matka wcześniaka analizuje przeszłość i żałuje, że zrobiła w czasie ciąży coś, co przyczyniło się do wcześniejszego przyjścia na świat jej dziecka. Wyrzuty sumienia są zjawiskiem normalnym, lecz bezproduktywnym. Nigdy nie ma absolutnej pewności, które z czynników wywołały przedwczesny poród. W większości przypadków to, co matka zrobiła, a czego nie, nie ma znaczenia (poza tym żadna kobieta w ciąży nie robi w s z y s t k i e g o tak, jak powinna). Nawet jeśli jesteś pewna, że twoje zachowanie i styl życia miały wpływ na to, co się stało, poczucie winy nie pomoże twemu dziecku, które potrzebuje teraz silnej, kochającej i pomocnej matki, z pewnością nie takiej, która pogrąża się w rozpaczy. Przeczytaj rozdział 21, dotyczący problemów u noworodków, w którym znajdziesz sugestie, jak radzić sobie z poczuciem winy, złością i frustracją. Pomocna może się okazać również rozmowa z innymi rodzicami wcześniaków, którzy prawdopodobnie mają podobne odczucia. W niektórych szpitalach istnieją grupy wzajemnej pomocy, aczkolwiek wielu rodziców woli raczej konsultować się z personelem szpitala niż z innymi rodzicami. Zrób to, co ci pomoże.

CO WARTO WIEDZIEĆ
Najczęstsze problemy zdrowotne u noworodków z małą masą urodzeniową

Przedwczesny poród jest często skorelowany z czynnikiem ryzyka. Maleńkie ciałka nie są w pełni dojrzałe, wiele układów (np. termoregulacji, oddechowy i pokarmowy) nie działa sprawnie i nic dziwnego, że zwiększa się ryzyko zapadalności na choroby wieku noworodkowego. W miarę rozwoju technologii utrzymujących wcześniaki przy życiu, coraz więcej uwagi poświęca się także chorobom, z których większość rzadko lub w ogóle nie dotyczy noworodków urodzonych o czasie. Coraz częściej choroby te mogą być w pełni wyleczalne. Trudno przytaczać tu ciągle zmieniające się sposoby leczenia – nie wahaj się jednak spytać neonatologa lub pediatry o nowości. Najczęściej wcześniakom komplikują życie następujące problemy medyczne:

Zespół zaburzeń oddychania (ZZO). Z powodu niedojrzałości płuca wcześniaka pozbawione są surfaktantu, substancji podobnej do detergentu, która sprawia, że pęcherzyki płucne nie zapadają się. Bez surfaktantu maleńkie pęcherzyki płucne po każdym wydechu zapadają się jak przekłute baloniki, zmuszając tym samym dziecko do wzmożonego wysiłku przy oddychaniu. Jako że stres przyspiesza proces dojrzewania płuc, w mniejszym stopniu dotyczy to donoszonych noworodków, które przeżyły ogromny stres porodu.

ZZO, najpopularniejsza choroba płuc u niemowląt urodzonych przed terminem, była niegdyś śmiertelna. Dzięki poznaniu mechanizmu choroby oraz opracowaniu nowych sposobów leczenia, obecnie prawie 80% noworodków zostaje całkowicie wyleczonych. Do nowych sposobów leczenia należy utrzymywanie stałego nadciśnienia w drogach oddechowych poprzez wprowadzenie do ust lub nosa rurek intubacyjnych lub przez maskę tlenową. Stałe nadciśnienie zapobiega zapadaniu się pęcherzyków płucnych do czasu, kiedy zostanie wytworzony surfaktant, zazwyczaj w trzy do pięciu dni po porodzie. Jeśli mamy do czynienia z ostrym przypadkiem ZZO, dziecko zostaje podłączone do respiratora i do jego ciała wprowadza się surfaktant prosto do płuc rurkami. Czasami można całkowicie uniknąć ZZO przez podanie przed narodzinami dziecka hormonu przyspieszającego dojrzewanie płuc i wytwarzanie surfaktantu. Jest to możliwe, kiedy niedojrzałość płuc zostanie stwierdzona przed porodem i poród można w bezpieczny sposób opóźnić.

ZZO w lekkiej postaci trwa zwykle tydzień, ale jeśli dziecko zostanie przyłączone do respiratora, powrót do zdrowia może trwać znacznie dłużej. Natomiast jeśli przypadek jest poważny, niemowlę jest bardziej narażone na przeziębienia i choroby układu oddechowego w pierwszych dwóch latach życia, występowanie świstu wydechowego i chorób astmatycznych, a także na częstsze hospitalizacje do ukończenia drugiego roku życia.

Dysplazja oskrzelowo-płucna. U niektórych noworodków, a zwłaszcza tych z małą masą urodzeniową, długotrwałe podawanie tlenu i mechaniczna wentylacja płuc w połączeniu z ich niedojrzałością powoduje przewlekłą chorobę płuc. Choroba ta, będąca skutkiem urazu płuc, zwykle bywa rozpoznana, kiedy noworodek wymaga zwiększonej ilości tlenu po skończeniu trzydziestego szóstego tygodnia ciąży. Specyficzne zmiany w płucach są zwykle widoczne na zdjęciu rentgenowskim, a dzieci te często mało przybierają i są podatne na bezdech. Przy leczeniu dysplazji podaje się tlen, kontynuuje mechaniczną wentylację płuc, podaje leki takie jak bronchodilatory (w celu otwarcia dróg oddechowych) lub steroidy (zmniejszające stan zapalny), ogranicza płyny, a podaje diuretyki (nadmiar płynów w organizmie utrudnia oddychanie) oraz szczepi się dziecko przeciwko grypie i wirusowi oddechowemu. Tylko nieliczne dzieci po opuszczeniu szpitala wymagają dalszego podawania tlenu, wszystkie natomiast wymagają diety wysokokalorycznej, wpływającej na szybszy przyrost masy ciała. Często stan ten przechodzi samoistnie wraz z dojrzewaniem płuc, choć dzieci cierpiące na dysplazję oskrzelowo-płucną są bardziej narażone na choroby układu oddechowego.

Bezdech wcześniaczy. Chociaż bezdech (zatrzymanie oddychania) może wystąpić u każdego noworodka, problem ten dotyczy częściej wcześniaków. Bezdech pojawia się, gdy nie w pełni rozwinięte układy oddechowy i nerwowy sprawiają, że noworodek przestaje na krótką chwilę oddychać. Rozpoznaje się bezdech wówczas, kiedy dziecko nie oddycha przez ponad 20 sekund lub krócej albo gdy bezdech związany jest ze zwolnieniem czynności serca. Za bezdech uważa się również zatrzymanie oddychania przy jednoczesnej zmianie koloru skóry dziecka (zblednięciu, zsinieniu). Niemal u wszystkich dzieci urodzonych w 30 tygodniu ciąży lub wcześniej dochodzi do bezdechu.
Leczenie bezdechu polega na stymulowaniu niemowlęcia do podjęcia czynności oddechowej, a dokonuje się tego poprzez pocieranie czy poklepywanie skóry dziecka, podanie leków (takich jak na przykład kofeina czy teofilina) lub poprzez stosowanie ciągłego dodatniego ciśnienia w drogach oddechowych (CPAP – *continuous positive airway pressure*), które polega na tym, że tlen jest dostarczany pod ciśnieniem do organizmu przez niewielkie kaniule umieszczone w nosku dziecka. Wiele dzieci wyrasta z bezdechu po skończeniu 36 tygodnia, licząc od poczęcia. Czasami wymagane jest monitorowanie stanu dziecka w domu, choć rzadko odnotowuje się przypadki bezdechu u niemowląt, które kończą 10 tydzień, licząc od dnia, w którym powinny się urodzić. Bezdech wcześniaczy nie wiąże się z zespołem nagłej śmierci niemowlęcia. Jeśli dziecko czasem chwilowo przestaje oddychać po ustąpieniu bezdechu, to nie mamy do czynienia z bezdechem, lecz z innym przypadkiem.

Przetrwały przewód tętniczy (przewód Botala). Gdy dziecko jest jeszcze w łonie matki, w jego układzie krążenia istnieje przewód łączący aortę (tętnicę, którą krew płynie z serca do pozostałych części ciała) z lewą tętnicą płucną, zwaną przewodem tętniczym (*ductus arteriosus*). Przewód ten odprowadza krew z nie funkcjonujących płuc i pozostaje otwarty podczas rozwoju płodu poprzez wysoki poziom prostaglandyny E (jednego z grupy kwasów tłuszczowych wydzielanych przez organizm) we krwi. Zwykle poziom prostaglandyny E obniża się po porodzie i po upływie kilku godzin przewód zaczyna się zamykać. Jednak u około połowy bardzo małych wcześniaków (ważących poniżej 1500 gramów) oraz u niektórych większych noworodków poziom prostaglandyny nie opada i przewód pozostaje otwarty, czyli drożny. W wielu przypadkach nie występują objawy, może z wyjątkiem nieco krótszego oddechu podczas wysiłku i/lub sinienia ust. Przewód zamyka się samoistnie w wieku noworodkowym. Sporadycznie występują poważne powikłania. Leczenie za pomocą antyprostaglandyny (indomethacin) na ogół skutecznie zamyka przewód, w pozostałych przypadkach konieczny jest prosty zabieg chirurgiczny.

Retinopatia. Stan ten polega na tym, że naczynia krwionośne siatkówki nie są w pełni ukształtowane i dotyczy 85% dzieci urodzonych przed 28 tygodniem ciąży. Choć dzieci urodzone między 28 a 34 tygodniem ciąży także są na tę chorobę podatne (przy czym odsetek zapadalności jest w tej grupie mniejszy), zazwyczaj tylko najmniejsze wcześniaki – niezależnie od tego, w którym tygodniu ciąży się urodziły – są najbardziej narażone na retinopatię. W przeszłości sądzono, że powoduje ją podawanie nadmiernej ilości tlenu, obecnie wiemy, że wysoki poziom tlenu to tylko jeden z czynników odpowiedzialnych za tę chorobę, i lekarze nadal starają się określić, jakie mogą być inne przyczyny występowania retinopatii. Dokładne monitorowanie obecności gazów we krwi u noworodka poddanego terapii tlenowej to obecnie rutynowe działanie, które zdaje się zmniejszać liczbę przypadków tej choroby.

Ponieważ stan ten może doprowadzić do poważnych zbliznowaceń i zniekształceń siatkówki oka, zwiększonego ryzyka krótkowzroczności, niedowidzenia (wędrującego oka), oczopląsu (mimowolnych ruchów oka), a nawet ślepoty, wszystkie noworodki z retinopatią są poddawane badaniom u okulisty dziecięcego. Poważniejsze przypadki mogą wymagać leczenia w celu zatrzymania postępów choroby. Agresywna terapia z kriochirurgią (zamrażaniem oka, by zapobiec dalszemu odklejaniu się siatkówki) może być skuteczna w zapobieganiu utracie wzroku.

Krwawienie do komór mózgu. Krwawienie w mózgu to bardzo częsta patologia wcześniaków, ponieważ naczynia krwionośne są u nich niezmiernie kruche i łatwo pękają. Krwawienie dokomorowe występuje u 15– –20% dzieci urodzonych przed terminem, które ważą mniej niż 1600 gramów, zwykle w pierwszych 72 godzinach życia. Najcięższe przypadki (ok. 5–10% najwcześniej urodzonych) wymagają uważnej obserwacji, by wykryć wszystkie ewentualne powikłania, np. wodogłowie. Zwykle wymagana jest regularna ultrasonografia czaszki, aż do ustąpienia krwawienia. Noworodki z najpoważniejszym krwawieniem wykazują również większe ryzyko nagłego napadu choroby i późniejszych upośledzeń. Nie ma jednego konkretnego sposobu leczenia krwotoków dokomorowych; zabieg chirurgiczny im nie zapobiegnie ani z nich nie wyleczy. W łagodnych przypadkach – a takich jest najwięcej – krew zostaje wchłonięta przez organizm. Wynik badania ultrasonograficznego główki dziecka po ustąpieniu krwotoków jest zwykle prawidłowy, podobnie prawidłowy jest rozwój dziecka jak na niemowlę urodzone przed terminem.

Martwicze zapalenie jelita cienkiego i okrężnicy. Choroba ta polega na niszczeniu i obumieraniu tkanki jelitowej, które następuje po rozpoczęciu karmienia. Przyczyna jest nieznana, ale ponieważ im wcześniej dziecko się urodziło, tym bardziej jest na tę chorobę narażone, lekarze przypuszczają, że jelita wcześniaków nie są jeszcze przystosowane do trawienia. Rzadsze są przypadki martwiczego zapalenia jelita cienkiego i okrężnicy u dzieci karmionych piersią. Objawy tej choroby jelit obejmują rozdęcie podbrzusza, wymioty żółciowe, bezdech oraz krwawe stolce. Noworodek z martwiczym zapaleniem jelita cienkiego i okrężnicy na ogół odżywiany jest dożylnie, a leczenie uzależnione jest od objawów. W przypadku poważnych uszkodzeń usuwa się chirurgicznie zniszczony odcinek jelita.

Niedokrwistość. Często spotykana u wcześniaków, które mają za mało czerwonych ciałek krwi, ponieważ (podobnie jak u innych niemowląt) ciałka te żyją u nich krócej niż u dorosłych (szczególnie gdy dziecko ma inną grupę krwi niż matka), a także ponieważ wcześniaki wytwarzają znacznie mniej czerwonych ciałek w pierwszych tygodniach życia (jak wszystkie niemowlęta), a często pobiera się im krew w celu wykonania niezbędnych badań laboratoryjnych, więc czerwone krwinki nie nadążają z namnażaniem się. Lekka niedokrwistość nie musi być leczona, jeśli czerwonych ciałek krwi jest na tyle dużo, by mogły transportować odpowiednią ilość tlenu. Poważną anemię natomiast leczy się zwykle poprzez transfuzję. Ponieważ wcześ-

Ponowna hospitalizacja

Na szczęście większość dzieci wypisywanych do domu już do szpitala nie wraca. Wcześniaki przed ukończeniem pierwszego roku życia czasami są jednak hospitalizowane w celu leczenia chorób układu oddechowego lub odwodnienia. Kiedy to się zdarza, najbardziej cierpią rodzice, którzy starali się zapomnieć o chwilach spędzonych na oddziale intensywnej opieki nad noworodkiem i zacząć normalnie żyć z dzieckiem. Gdy dziecko trafia ponownie do szpitala, mogą powrócić wspomnienia i nazbyt znane uczucia, takie jak poczucie winy („Co zrobiłam źle?") czy strachu i przerażenia („Co się stanie, jeśli stan dziecka się pogorszy?"). Po tym, jak dziecko było już w domu pod twoją opieką, teraz możesz ponownie czuć, że straciłaś panowanie nad sytuacją.

Staraj się pamiętać, że zwykle ponowna hospitalizacja nie trwa długo i że – podobnie jak pobyt na oddziale intensywnej opieki nad noworodkiem – leczenie w szpitalu (tym razem na oddziale intensywnej opieki pediatrycznej) kiedyś się skończy. A wtedy znów zabierzesz dziecko do domu – oby tym razem na zawsze.

---

niaki (anemiczne czy nie) rodzą się z niskim stężeniem żelaza, zwykle podaje się im preparat uzupełniający z żelazem, aby ich organizmy wytworzyły zapas tego pierwiastka, potrzebnego do wytwarzania czerwonych krwinek.

Infekcje. Wcześniaki są szczególnie podatne na różnorodne infekcje, ponieważ rodzą się, zanim rozpocznie się przekazywanie przeciwciał z organizmu matki do organizmu dziecka, które normalnie następuje pod koniec ciąży. U wcześniaków układ odpornościowy jeszcze się nie rozwinął, toteż ich organizm nie jest w stanie skutecznie zwalczać zarazków, które dostają się do organizmu poprzez zgłębnik, kroplówkę lub podczas wykonywania badań krwi. Infekcje u wcześniaków najczęściej doprowadzają do zapalenia płuc, zapalenia układu moczowego, sepsy (infekcji całego ustroju lub krwiobiegu) oraz zapalenia opon mózgowych.

Jeżeli próba hodowli kultur bakterii na próbce krwi, moczu lub płynu rdzeniowego daje wynik pozytywny, oznacza to, że doszło do infekcji. Wtedy zachodzi konieczność leczenia antybiotykami podawanymi przez kroplówkę.

Żółtaczka. Żółtaczka o wiele częściej rozwija się u wcześniaków niż u dzieci urodzonych o czasie. Poza tym stężenie bilirubiny – wskaźnika żółtaczki – będzie wyższe, a choroba będzie trwała dłużej. Przeczytaj informacje na temat choroby i leczenia na str. 116.

Hipoglikemia. Niskie stężenie glukozy we krwi niemowlęcia zwykle nie jest rozpoznawane i leczone, ponieważ objawy albo nie występują, albo się nie ujawniają. Hipoglikemia (niedocukrzenie krwi) wywołuje u dorosłych zawroty głowy i podenerwowanie, natomiast nie leczona u noworodków miewa o wiele poważniejsze konsekwencje: może spowodować uszkodzenie mózgu i opóźnienie rozwoju. Najczęściej dotyczy noworodków z ciąż mnogich, w których mniejszy lub mniejsze noworodki ważą poniżej 2000 gramów, oraz dzieci matek chorych na cukrzycę (które na ogół mają wysoką masę urodzeniową). Rutynowe badania w kierunku hipoglikemii wykonuje się podczas pierwszych 24 do 48 godzin życia. W razie jej stwierdzenia natychmiast rozpoczyna się leczenie w celu znormalizowania poziomu glukozy.

Niskie ciśnienie krwi. Często występuje u wcześniaków po porodzie z powodu utraty krwi przed porodem lub w jego trakcie, utraty płynów po porodzie, infekcji (zakażenia organizmu) lub lekarstw podawanych matce przed porodem. Niskie ciśnienie często też towarzyszy zespołowi zaburzeń oddychania. Leczenie polega na zwiększonej podaży płynów, podawaniu lekarstw podwyższających ciśnienie krwi lub nawet transfuzji krwi.

21
Dziecko z problemami zdrowotnymi

Jakże wielkie przerażenie ogarnia rodziców, gdy po dziewięciu miesiącach oczekiwania na zdrowe i wspaniałe dziecko rodzi im się maleństwo z problemami zdrowotnymi. Jeśli w dodatku stan dziecka nie był wykryty prenatalnie, oprócz wstrząsu pojawiają się rozpacz i rozczarowanie. Ale choć w chwili, gdy dowiedziałaś się o wadzie wrodzonej dziecka czy chorobie przewlekłej, czujesz się bezsilna i brak ci nadziei, powinnaś pamiętać, że czas leczy rany. Kiedy nauczysz się żyć z dzieckiem wymagającym specjalnej troski, zapomnisz o problemach, a dostrzeżesz, że twa pociecha jest dzieckiem, które tak samo jak wszystkie inne potrzebuje opieki i miłości.

Pamiętaj też, że medycyna czyni wielkie postępy w leczeniu takich dzieci. W wielu przypadkach wadę wrodzoną, która z początku wydawała się przerażająca, można łatwo rozwiązać lub przynajmniej złagodzić za pomocą zabiegu chirurgicznego, podawania leków czy innych form leczenia. W innych stan dziecka i prognozy mogą ulec znacznej poprawie. Natomiast w pozostałych głównym celem jest nauczenie się żyć z niepełnosprawnym dzieckiem, zamiast starać się coś zmienić. Jednak wielu rodziców, którzy znaleźli się w tej ostatniej sytuacji, z czasem stwierdza, że wychowywanie dziecka specjalnej troski nadało ich życiu nowy sens. Początkowo było im co prawda ciężko, na dłuższą metę jednak życie ich stało się bardziej wartościowe. Opiekowanie się takim malcem wymaga zwiększonego wysiłku, ale więcej daje też satysfakcji. W miarę upływu czasu często stwierdzają, że od swego dziecka nauczyli się wiele nie tylko o cierpieniu, lecz także o miłości.

Pragniemy, aby informacje zawarte w niniejszej książce przydały się rodzicom dziecka z wadami wrodzonymi; ten rozdział przedstawia pewne rozwiązania i decyzje, które są specyficzne dla ich sytuacji. Ponadto pomocne mogą się okazać również informacje zawarte w rozdziale 20, dotyczące opieki nad wcześniakami.

KARMIENIE DZIECKA
Czy odżywianie może wpływać na stan dziecka

Jest rzeczą naturalną, że wszyscy rodzice, niezależnie od tego, czy ich potomstwo jest pełnosprawne czy nie, pragną, by ich dzieci rozwijały się jak najlepiej. A zapewnienie dziecku od momentu urodzenia właściwego odżywiania jest jednym ze sposobów, w jaki mogą osiągnąć optymalny stopień rozwoju. Wprawdzie dobre odżywianie nie jest w stanie zmienić faktu wystąpienia u dziecka wady wrodzonej ani nawet poprawić jego stanu zdrowia, jednakże może mieć wpływ na zachowanie, zdolność uczenia oraz rozwój. Nie ma natomiast dowodów na to, że zmiana odżywiania (np. stosowanie specjalnej diety czy podawanie dużych dawek witamin) może w istotny sposób wpłynąć na polepszenie stanu zdrowia dziecka z wadami wrodzonymi, z wyjątkiem przypadków, gdy wada wrodzona dotyczy układu pokarmowego. U dziecka, które nie ma takich szczególnych potrzeb dietetycznych, odżywianie najlepiej rozpocząć, jeśli to możliwe, od pokarmu matki lub dostępnych na rynku mieszanek dla niemowląt, a następnie stosowania „diety dla początkujących" opisanej na stronie 289.

Co może cię niepokoić

POCZUCIE ODPOWIEDZIALNOŚCI

Lekarz powiedział nam, że nasze nowo narodzone dziecko ma wadę wrodzoną. Nie mogę w sobie stłumić poczucia, że jestem za to odpowiedzialna – że mogłam temu jakoś zapobiec.

Rodzice często czują się odpowiedzialni za wszystkie złe rzeczy, które przytrafiają się ich dzieciom, nawet gdy raczkujący maluch wywróci się, rodzice czują się winni („Mogliśmy go lepiej pilnować"). Gdy dziecko rodzi się z wadą wrodzoną, poczucie winy może stać się ciężarem nie do zniesienia. Najczęściej wady te nie są skutkiem postępowania ojca czy matki, ale nieustające poczucie winy często utrudnia lub wręcz uniemożliwia wytworzenie więzi między rodzicami a dzieckiem i dbanie o nie. Jeśli natomiast przyjmiesz, że przyczyna nie leżała po waszej stronie, łatwiej ci będzie oswoić się z niepełnosprawnością maluszka. Bez tego nie nauczysz się żyć z nim i kochać go.

Rozmowy z lekarzami powinny ci pomóc przestać się obwiniać, a jeśli tak się nie stanie, spróbuj porozmawiać z rodzicami, którzy już przeszli przez coś takiego. Spytaj w szpitalu, czy w twej okolicy istnieją grupy pomocy, albo porozmawiaj przez Internet z rodzicami, których dzieci mają identyczną wadę. Szybko zauważysz, że twoje uczucia są znane także innym rodzicom dzieci upośledzonych. Będzie ci o wiele łatwiej, gdy poczujesz, że nie jesteś sama.

GNIEW

Od czasu gdy urodziłam córkę z zespołem Downa, złoszczę się na wszystkich – lekarzy, męża, rodziców, inne matki z normalnymi dziećmi, a nawet na moje dziecko.

Gdy naprawdę wina leży po twojej stronie

Czasami – jak w przypadku zespołu alkoholowego uszkodzenia płodu – rozwój wady wrodzonej można powiązać z zachowaniem matki, co jeszcze bardziej utrudnia rozwiązanie problemu poczucia winy. Trzeba jednak pamiętać, że uzależnienie alkoholowe jest chorobą, tak samo jak na przykład cukrzyca, że matka alkoholiczka piła nie dlatego, że była niemoralna czy pragnęła wyrządzić krzywdę swojemu dziecku, lecz dlatego, że nie mogła zwalczyć tej choroby. Jeśli można stwierdzić taką przyczynę wady dziecka, skorzystaj z fachowej pomocy, która umożliwi poradzenie sobie z chorobą. Ponadto można zapobiec dalszym negatywnym wpływom choroby na dziecko i ewentualne potomstwo w przyszłości.

Niezależnie od tego, czy poczucie winy ma jakieś podstawy czy nie, w niczym nie pomoże ani tobie, ani twemu mężowi, ani dziecku. Wprost przeciwnie – może wyrządzić wam dużo złego. Zamiast tracić siły na obwinianie się, lepiej skupić się na podejmowaniu pozytywnych kroków, aby uczynić przyszłość waszego nowo narodzonego dziecka i przyszłość całej rodziny możliwie jak najlepszą.

A dlaczego nie miałabyś odczuwać gniewu? To, o czym marzyłaś przez dziewięć miesięcy, a może i dłużej, nie spełniło się. Spoglądasz na znajomych, sąsiadów, krewnych i zupełnie obcych ludzi na ulicy spacerujących z normalnymi, zdrowymi dziećmi i zadajesz sobie to samo pytanie: „Dlaczego mnie to spotkało?" Na takie pytanie nie ma zadowalającej odpowiedzi, przez co czujesz się jeszcze bardziej sfrustrowana. Może odczuwasz gniew w stosunku do lekarza, który przyjmował dziecko (nawet jeśli nie była to jego wina), na małżonka (nawet bez logicznego powodu) czy na swoje normalne dzieci (nawet jeśli zdajesz sobie sprawę z tego, że nie jest to ich wina, że one są zdrowe, a nowo narodzone dziecko nie). Zaakceptuj swój gniew jako reakcję normalną, ale pamiętaj, że tak jak poczucie winy, gniew nie jest uczuciem pozytywnym. Gniewając się, tracisz dużo cennej energii, którą powinnaś skupić na córeczce i jej potrzebach. Nie możesz zmienić przeszłości, ale możesz w istotny sposób wpłynąć na przyszłość swojego dziecka.

NIE KOCHAM MOJEGO DZIECKA

Moja córka urodziła się prawie miesiąc temu z wadą wrodzoną, a ja wciąż nie czuję się z nią emocjonalnie związana. Zastanawiam się, czy to kiedykolwiek nastąpi.

Tworzenie się więzi to proces postępujący stopniowo i nawet rodzice zdrowych dzieci często potrzebują kilku miesięcy, by poczuć autentyczną bliskość ze swymi pociechami. Dlatego to zupełnie zrozumiałe, że rodzice dzieci upośledzonych potrzebują znacznie więcej czasu, by porzucić marzenia o idealnym potomku i otworzyć serce dla dziecka, które się urodziło. I podobnie jak u rodziców zdrowych dzieci, pierwszym krokiem do nauczenia się kochania pociechy jest poznanie jej. Dlatego też rób to samo, co robią mamy innych noworodków: śpiewaj mu kołysanki, głaszcz, przytulaj, całuj go. Nie tylko poczujesz większą bliskość z nim, ale także zapomnisz o wrodzonej wadzie i odkryjesz w nim cechy, które cię ujmują – nie ma dziecka, które by ich nie miało.

Porozmawiaj z innymi rodzicami dzieci z identycznym upośledzeniem, a przekonasz się, że to, co czujesz, jest całkowicie normalne i przelotne. Jeśli w miarę upływu czasu nie będziesz jednak czuła żadnej więzi z dzieckiem, musisz poprosić o pomoc specjalistę współpracującego z rodzicami dzieci z wadami wrodzonymi lub przyłączyć się do działającej w twoim miejscu zamieszkania grupy samopomocy rodziców z takimi dziećmi. Twój lekarz lub najbliższy szpital będą z pewnością mogli skierować cię do odpowiedniej osoby czy placówki.

Według lekarzy nasz synek może umrzeć i dlatego my obawiamy się zbyt mocno do niego przywiązać.

Rodzice noworodków z poważnym zagrożeniem życia (urodzonych dużo wcześniej lub poważnie chorych) często obawiają się uczucia miłości, a następnie straty dziecka, i świadomie unikają więzi z maleństwem. Badania wykazują jednak, że ogólnie biorąc, rodzice, którzy nie boją się poznać i pokochać swojego śmiertelnie chorego dziecka (nawet jeśli kontakt możliwy jest tylko przez otwory inkubatora), potrafią łatwiej poradzić sobie z szokiem, gdy dziecko umiera, niż rodzice, którzy zachowywali dystans emocjonalny i fizyczny – prawdopodobnie dlatego, że są lepiej przygotowani na stratę. Ale najlepszym powodem do okazywania miłości dziecku w stanie krytycznym jest to, że w pewnym sensie dajesz mu powód do życia. Miłość rodziców czasem ma wielki wpływ na wolę życia ich potomka i niekiedy pomaga mu przetrwać.

CO MÓWIĆ INNYM

Wada wrodzona naszego synka jest bardzo widoczna. Ludzie nie wiedzą, co powiedzieć na jego widok, a ja nie wiem, jak mam na to zareagować.

Pokonaj negatywne uczucia

Może masz poczucie winy, a może dręczy cię złość lub frustracja. Może nie umiesz stworzyć więzi z dzieckiem lub porozumieć się z mężem. Jakakolwiek byłaby przyczyna przygnębienia, zastanów się nad przyłączeniem się do grupy samopomocy złożonej z innych rodziców, którzy są w podobnej sytuacji (poszukaj takiej grupy przez Internet, spytaj lekarza lub popytaj w szpitalu). Ci, którzy wiedzą, przez co przechodzisz, pomogą ci pokonać negatywne uczucia. Porozmawiaj też ze swym mężem, który przecież czuje to samo, choć być może inaczej. Jeśli to wszystko jednak ci nie pomoże, jak najszybciej skorzystaj z fachowej pomocy, gdyż nie możesz dopuścić do tego, by twe uczucia zaburzyły więź z dzieckiem, mężem czy pozostałymi dziećmi – jeśli je masz.

Nawet ludzie, którym nigdy nie brakuje słów, nagle milkną w chwili, gdy mają kontakt z dzieckiem z wadą wrodzoną. Usiłują powiedzieć coś stosownego, ale nie wiedzą co. Pragną być uprzejmi i dodać otuchy, lecz nie wiedzą jak. Chcieliby pogratulować ci z okazji narodzin dziecka, ale w duchu myślą, że właściwsze byłyby kondolencje. Możesz pomóc im i sobie, dając do zrozumienia, że uznajesz taką reakcję za normalną i akceptujesz ich odczucia. Ponadto wystarczy powiedzieć znajomym, że pomimo niepełnosprawności twoje nowo narodzone dziecko jest kochane i zamierzasz je traktować możliwie normalnie – oczekując podobnego podejścia z ich strony.

Jest to oczywiście podejście racjonalne – postawa taka może okazać się z początku niemożliwa do przyjęcia. Wolałabyś raczej zignorować zupełnie zachowanie obcych ludzi, a czasami nawet mających najlepsze intencje przyjaciół czy członków rodziny, lub naskoczyć na kogoś, kto poczyni jakąś bezmyślną czy nieżyczliwą uwagę. Nie miej wyrzutów sumienia, jeżeli nie potrafisz zaakceptować reakcji otoczenia. Z czasem, a jeśli to konieczne, korzystając z odpowiedniej pomocy fachowej (terapia grupowa), będziesz w stanie lepiej radzić sobie z problemem.

Przyjaciołom i krewnym, pozostającym w bliższym i częstszym kontakcie z twoim dzieckiem, trzeba będzie powiedzieć więcej o problemach i potrzebach dziecka. Można zainteresować ich broszurkami lub podać strony internetowe poświęcone problemom medycznym dotyczącym twojego dziecka, zachęcić do rozmowy z lekarzem lub innymi rodzicami dzieci niepełnosprawnych. Trzeba włączać ich do aktywnej opieki nad dzieckiem – niech przewijają, kąpią i bawią się z nim. Z czasem także oni przekonają się do maleństwa. Czasem zdarza się, że bliscy krewni, zwłaszcza dziadkowie, czują się winni („Czy to my przekazaliśmy uszkodzony gen?"), odczuwają gniew w stosunku do rodziców dziecka („Dlaczego nie daliście nam zdrowego wnuka?") lub sądzą, że znają odpowiedzi na wszystkie pytania („Nie należy go karmić takim jedzeniem", „Idźcie do innego lekarza"). Jeżeli żadne próby zmiany ich nastawienia nie dają rezultatu, a ich oddziaływanie wpływa ujemnie na i tak napiętą atmosferę w domu, nie zrywajcie z nimi kontaktów, lecz nie pozwalajcie im mieszać się do wychowania i opieki nad dzieckiem. Pomimo wysiłków i tak zawsze znajdują się ludzie, którzy, najprawdopodobniej z poczucia własnej niepewności, będą robili okrutne i bezmyślne uwagi, nie zaakceptują dziecka z powodu jego inności i będą się źle czuli w jego towarzystwie. Z pewnością będziesz dotknięta ich nietolerancją. Niestety, nie można zmienić świata, trzeba więc nauczyć się ignorować ludzi o tak ograniczonych poglądach i nie poddawać się.

JAK SOBIE ZE WSZYSTKIM PORADZIĆ

Bardzo kochamy naszą małą córeczkę, pomimo że wymaga specjalnej troski. Ponieważ jednak mam jeszcze jedno małe dziecko, którym muszę się opiekować i które jest mi

Bądź prawdziwym przyjacielem

Niewielu ludzi tak naprawdę wie, co powiedzieć i jak się zachować na wiadomość, że w rodzinie lub wśród znajomych urodziło się dziecko z wadą wrodzoną, dziecko śmiertelnie chore czy dziecko, które zmarło w czasie lub wkrótce po porodzie. Nie ma gotowych odpowiedzi. Każdy człowiek i każda sytuacja jest inna. Ogólnie biorąc, następujące postawy okazują się najbardziej pomocne:

Wysłuchaj. Nie mów: „Wiem, co czujesz", chyba że wiesz to z własnego doświadczenia. Nie mów: „Musisz być dzielny" i nie udzielaj podobnych rad, nawet w najlepszej wierze. Rodzice dziecka z pewnością uzyskają wiele fachowych porad. Oni potrzebują od ciebie bezwarunkowej miłości, otuchy i chęci wysłuchania o ich zmartwieniach i rozterkach bez komentarzy i opinii. Najlepsza terapia to danie im szansy wyrażenia swych uczuć (często gniewu i zniechęcenia), okazanie empatii.

Zasięgnij informacji. Jeśli rodzice chcą opowiedzieć o problemach swego dziecka, wysłuchaj ich. Jednak jeśli opowiadali już swoją przejmującą historię zbyt wiele razy, nie narażaj ich na konieczność przeżywania wszystkiego po raz kolejny – dowiedz się interesujących cię spraw z drugiej lub trzeciej ręki – od rodziny lub znajomych. Aby lepiej zrozumieć, przez co przechodzą, przeczytaj uważnie ten rozdział (i, jeśli trzeba, poprzedni) i zwróć się o informację do organizacji zajmujących się dziećmi upośledzonymi.

Gesty. Gdy zawodzą słowa, szczere gesty, takie jak uściśnięcie ręki, objęcie czy współczujące spojrzenie przekażą nasze uczucia.

Nie unikaj. Często łatwiej nam nic nie robić i nic nie mówić, a nawet tchórzliwie unikać znajomych przechodzących kryzys, bo nie wiemy, jak się zachować. Tymczasem ludzie przeżywający krytyczne chwile wolą usłyszeć nawet niewłaściwe słowa niż żadne. Oferuj im zatem przyjście z wizytą, dzwoń do nich i zapraszaj. I chociaż nie powinniśmy się narzucać osobom, które wolą cierpieć w samotności, nie należy rezygnować z prób nawiązania kontaktu.

Zaproponuj pomoc. Jest tyle obowiązków, w których znajomi i krewni mogą pomóc rodzicom opłakującym śmierć dziecka lub stającym wobec konieczności jego hospitalizacji czy otoczenia go specjalną opieką. Ugotuj posiłek, popilnuj starszych dzieci, zrób pranie, odkurz mieszkanie, zajmij się dzieckiem przez godzinę lub dwie. Wszelka pomoc będzie mile widziana.

---

także bardzo drogie, czuję się tym wszystkim całkowicie przytłoczona i niezdolna do spełniania moich obowiązków.

Wychowywanie noworodka z wadą wrodzoną może stać się fizycznie i emocjonalnie obciążające, nawet dla rodziców, którzy nie mają więcej dzieci. Wskazówki zawarte w rozdziale 23 i 24 mogą okazać się przydatne w twoim przypadku. Pamiętaj też o kilku ważnych sprawach.

Więcej przerw. Jeżeli poświęcasz niepełnosprawnemu dziecku cały swój czas (zrezygnowałaś z pracy zawodowej), musisz znaleźć sposób, by od czasu do czasu oderwać się od monotonnych i stresujących obowiązków związanych z opieką nad nim. Postaraj się spędzić przynajmniej kilka godzin na tydzień (a najlepiej godzinę lub dwie dziennie) w innym otoczeniu, zostawiając dziecko pod opieką rodziny czy opiekunki. Możesz zrobić sobie przerwę co dzień po powrocie męża z pracy i w weekendy, kiedy nie pracuje. Nie zapominaj jednak o wspólnych wyjściach; wszyscy młodzi rodzice dziecka specjalnej troski powinni raz na tydzień spędzić trochę czasu we dwoje poza domem. Wybierz się do restauracji z przyjaciółką, poćwicz na siłowni, obejrzyj film w kinie, pójdź do kosmetyczki lub fryzjera albo pospaceruj po mieście. Jeśli masz drugie dziecko, poświęć trochę czasu (choć masz go tak mało) i jemu – będzie to bardzo korzystne dla was obojga.

Nie ukrywaj uczuć. Nie należy tłumić w sobie zmartwień, obaw czy skarg – trzeba podzielić się nimi z małżonkiem, rodzicami czy

Źródło informacji

Internet stał się bardzo wartościowym źródłem wiedzy i wsparciem dla wielu rodziców, szczególnie zaś dla tych, którzy mają dzieci specjalnej troski. Mogą dotrzeć do licznych informacji bez potrzeby wychodzenia z domu, a nawet bez konieczności odchodzenia od dziecka; mogą dowiedzieć się wszystkiego, co dotyczy wady wrodzonej czy innego problemu zdrowotnego. Ci, którym dotkliwie brak towarzystwa osób rozumiejących ich stan i mogących się wczuć w ich sytuację, mają możliwość korzystania z chat-roomów, w których wszyscy chętnie dzielą się doświadczeniami i wiedzą. Zatem nie wahaj się skorzystać z Internetu, jeśli tylko to może ci pomóc poradzić sobie z sytuacją, gdy masz niepełnosprawne dziecko. Nie zapominaj jednak, że w tej kopalni informacji znajdziesz także fałszywe klejnoty. Żeby mieć całkowitą pewność, że nie popełnisz błędu, zawsze omów z lekarzem to, co przeczytałaś, nim wykorzystasz nabytą wiedzę w opiece nad dzieckiem.

---

własnym rodzeństwem, przyjaciółką, lekarzem albo z innymi rodzicami w podobnej sytuacji lub też zwrócić się po fachową poradę. Być może na początku nie będziesz gotowa, by dołączyć do rodziców korzystających z terapii grupowej, ale z czasem ta forma pomocy może się okazać niezwykle skuteczna. Znajdziesz w niej nie tylko wsparcie emocjonalne, lecz również rady praktyczne. Można też zapisywać swe odczucia w dzienniczku, odnotowując wszelkie trudności i sukcesy, osiągnięcia i plany. Na wiele problemów przelanych na papier można często spojrzeć obiektywnie i skuteczniej się nimi zająć.

Korzystaj z pomocy. Nie zrobisz wszystkiego sama. Jeżeli nie stać cię na opłacenie opiekunki do dziecka czy pomocy domowej, musisz w większym stopniu oprzeć się na rodzinie i znajomych. Nie czuj się z tego powodu winna, jeżeli nie traktujesz tej pomocy jako czegoś, co ci się należy. Może ci się wydawać, że tylko ty korzystasz z ich dobroci – w istocie oni także korzystają, pomagając.

WŁAŚCIWE ROZPOZNANIE

Według lekarza rodzinnego, nasz syn ma poważną wadę wrodzoną. Nie mogę w to uwierzyć – cała rodzina jest zdrowa.

Niełatwo zaakceptować ciężką chorobę, zwłaszcza u własnych dzieci. Prawie zawsze pierwszą reakcją jest zaprzeczenie – mamy nadzieję, że ktoś się pomylił. W takim wypadku najlepiej dokonać ponownego rozpoznania – nikt nie jest przecież nieomylny. Dziecko powinno być jeszcze raz przebadane przez doświadczonego neonatologa (czy innego odpowiedniego specjalistę: genetyka, neurologa, kardiologa), zaznajomionego z problemem. Ponowne badania mają na celu zarówno sprawdzenie rozpoznania, jak i ewentualne wykrycie innych problemów. W uzyskaniu właściwego rozpoznania pomogą lekarzowi wasze szczere odpowiedzi dotyczące możliwych obciążeń genetycznych w rodzinie, przebiegu ciąży (stosowanie używek, leków, przebytych chorób, zwłaszcza z gorączką, itp.).

Jeżeli w wyniku konsultacji pierwsze rozpoznanie zostanie potwierdzone, oznacza to najwyraźniej, że diagnoza była słuszna i że kolejna zmiana lekarza niczego nie zmieni. Chociaż zawsze istnieje mała szansa, jedna na milion, że nawet kilku lekarzy może się mylić, jest duże prawdopodobieństwo, że starasz się, jak większość rodziców dzieci z wadami wrodzonymi, nie przyjąć tego faktu do wiadomości.

Upewnijcie się, że rozumiecie rozpoznanie. Gdy rodzice nowo narodzonego dziecka dowiadują się o jego upośledzeniu, większość szczegółów do nich nie dociera z powodu szoku, jaki przeżywają. Należy więc umówić się na drugie spotkanie z lekarzem, kiedy będziecie mogli jaśniej myśleć. Oprócz informacji od lekarzy lub pielęgniarek poszukajcie stosownych informacji w książkach, u rodziców w podobnej sytuacji, w organizacjach zajmujących się dziećmi upośledzonymi (zadzwońcie do informacji lub poszukajcie w Internecie) albo skorzystajcie z innych źródeł informacji wymienionych na stronie 584. Nie polegajcie jednakże na opinii osób nie doinformowanych, które być może okazują dobre chęci, ale nie mają nic wspólnego z medycyną. Zanim zabierzecie dziecko do domu, dowiedzcie się, czego możecie oczekiwać (zachowanie, rozwój, problemy zdrowotne) i na co należy zwrócić szczególną uwagę. Zarówno ty, jak i twoja rodzina musicie wiedzieć, jak pomóc dziecku osiągnąć optimum jego możliwości. Najlepiej wszystkie ważne informacje zapisać, by zawsze móc do nich sięgnąć w domu.

CZY ZGODZIĆ SIĘ NA LECZENIE

Nasz synek urodził się bez części mózgu. Lekarze nie dają mu szans na przeżycie, ale chcą go operować, by przedłużyć mu życie choć w małym stopniu. Nie wiemy, co zrobić.

Problem przedłużania życia za wszelką cenę stał się jednym z głównych dylematów etycznych we współczesnym społeczeństwie. W waszym przypadku jest to bolesny problem osobisty. Taką decyzję trzeba podjąć, jeśli to możliwe, dopiero po rozmowie z rodziną, osobą duchowną i lekarzami zajmującymi się dzieckiem. Nawet jeśli decyzję trzeba podjąć szybko, jest czas na rozmowę z lekarzami i duchownym. Lekarze wyjaśnią problem z medycznego punktu widzenia, a duchowny na pewno pomoże wyjaśnić wszystkie kwestie natury religijnej i moralnej oraz pomoże uporać się z problemem odpowiedzialności.

Podejmując tę ważną decyzję, należy wziąć pod uwagę wszystkie informacje i porady, ale tak naprawdę liczy się to, co czujecie w głębi serca – bo na cokolwiek się zdecydujecie, będzie to najlepsza decyzja z możliwych. W niektórych przypadkach rodzice postanawiają przekazać niektóre organy swego beznadziejnie chorego dziecka, aby uratować życie innych dzieci. Jest to dla rodziców śmiertelnie chorego dziecka pewne pocieszenie. Jednak to nie zawsze jest możliwe – czy to z powodów medycznych, czy prawnych. Jeżeli jesteście tym zainteresowani, zasięgnijcie porady u lekarzy i władz szpitalnych.

ZAPEWNIENIE NAJLEPSZEJ OPIEKI I LECZENIA

Pragniemy zapewnić naszemu upośledzonemu dziecku jak najlepszą pomoc. Nie wiemy jednak, jak to zrobić.

Wasza determinacja, by pomóc dziecku, zwiększa jego szansę na wartościowe i satysfakcjonujące życie. Można osiągnąć o wiele więcej – im wcześniej się zacznie działać, tym lepiej. Dla większości noworodków z poważną wadą wrodzoną najlepszą opiekę gwarantują wyspecjalizowane ośrodki medyczne. Czasami również lokalny szpital wyposażony jest w doskonały oddział intensywnej opieki nad noworodkiem. Szpital w sąsiedztwie ma tę przewagę, że pozwala na częste wizyty.

Niezależnie od miejsca, gdzie dziecko jest leczone, powinno się powierzyć je opiece lekarza specjalizującego się w danych wadach wrodzonych. Często opiekę codzienną zapewniają miejscowi lekarze pediatrzy lub lekarz rodzinny w porozumieniu ze specjalistą. Jeśli dziecko cierpi na wiele wad wrodzonych, najlepsze jest podejście zespołowe. Taki zespół specjalistów może obejmować lekarzy różnych specjalności, psychologów, fizjoterapeutów, dietetyka, lekarza rodzinnego, jak i neonatologów.

Specjalistyczna opieka medyczna będzie miała istotne znaczenie dla rozwoju waszego dziecka. Jednakże nie można zapominać o środowisku domowym, które może okazać się jeszcze bardziej znaczące w przygotowaniu dziecka do życia i pomocy w osiągnięciu maksimum jego możliwości. Podstawową potrzebą większości dzieci z wadami wrodzonymi jest potrzeba traktowania ich tak jak innych dzieci – potrzeba miłości i opieki, ale również dyscypliny i oczekiwań (biorących pod uwagę indywidualne ograniczenia). Tak jak inne dzieci, muszą one czuć, że każdy, choćby najmniejszy krok do przodu będzie doceniony i spotka się z aplauzem, a oczekiwania otoczenia nie będą przekraczać ich możliwości.

Istnieje wiele różnych terapii oraz urządzeń i aparatów – od wyposażenia placu zabaw do specjalnego oprogramowania edukacyjnego, implantów usznych (dla dzieci z uszkodzeniami słuchu) oraz różnych urządzeń – obecnie dostępnych i mogących pomóc waszemu dziecku rosnąć, rozwijać się i cieszyć życiem. Zapytaj o nie lekarza opiekującego się dzieckiem lub poszukaj odpowiedniej organizacji, w której uzyskasz potrzebne informacje.

WPŁYW DZIECKA NA RODZEŃSTWO

Niepokoimy się, jak nasza trzyletnia zdrowa córeczka poradzi sobie ze zmianami związanymi z tym, że jej brat ma wadę wrodzoną.

Mieszkanie z upośledzonym bratem na pewno zmieni życie twej córki. A ponieważ więź między rodzeństwem jest zwykle najtrwalszą więzią w rodzinie, jej życie będzie inne nie tylko tak długo, jak długo będzie mieszkać w rodzinnym domu, lecz do końca życia – jej lub brata. Na szczęście zmiany te będą korzystne – docelowo bardzo korzystne – jeśli już teraz zaczniesz pomagać córce odnaleźć się w trudnej roli siostry dziecka specjalnej troski oraz dasz jej odczuć, że opieki i miłości wystarczy i dla niej. Często dzieci mające upośledzone rodzeństwo są bardziej cierpliwe i wyrozumiałe, a także lepiej potrafią się dostosować do różnych ludzi. Jednak jeśli dzieci te nie mają wsparcia w rodzicach, często starają się zwrócić na siebie ich uwagę w każdy możliwy sposób, przez co mogą mieć potem różne problemy emocjonalne czy z zachowaniem. Mogą się czuć odsunięte, niedocenione, mogą zamknąć się w sobie albo stać się agresywne, wykazywać objawy chorób psychosomatycznych lub sprawiać kłopoty w szkole.

Aby w życiu twej córki zachodziły wyłącznie korzystne zmiany, będzie ona potrzebować:

- Jak największego wsparcia. W większości przypadków dzieci, które mają upośledzone rodzeństwo, nie wymagają porady specjalisty ani leczenia. Natomiast wsparcie, które jest im niezbędne, może – i powinno – pochodzić od ciebie w postaci szczodrze okazywanej bezwarunkowej miłości. Wsparcie mogą też znaleźć u innych dzieci, znających ich sytuację. Wiele szpitali i organizacji sponsoruje specjalne programy dla rodzeństwa dzieci upośledzonych, w których dzielą się one swoimi niepokojami w bezpiecznym, pełnym wsparcia otoczeniu. Dzieci wiedzą, że nie są pozostawione same sobie.

- Wiedzy o chorobie brata, dostosowanej do jej poziomu rozumowania. Czasem rodzice próbują ochronić starsze dziecko, nie podając mu faktów medycznych związanych z noworodkiem albo całkowicie unikając tematu. Ponieważ wyobraźnia zawsze podsuwa nam gorszy obraz, niż wygląda prawda (a w każdym razie tak jest w wypadku małych dzieci), postępowanie takie bardziej dziecku szkodzi. Usiądź z córką i wytłumacz jej, jakie są fakty dotyczące jej malutkiego brata, ale w jak najprostszy sposób. Zachęć do zadawania pytań, odpowiadaj na nie szczerze, udzielając tylu informacji, ile będzie chciała usłyszeć, ale nie więcej, niż jest w stanie przyjąć. Poszukaj książek napisanych dla dzieci, które mają niepełnosprawne rodzeństwo, gdyż dadzą jej one lepsze zrozumienie sytuacji i świadomość, że nie tylko ona ma rodzeństwo z wadą wrodzoną. A kiedy tłumaczysz córce, pod jakimi względami jej braciszek jest inny, nie zapomnij pokazać, co mają wspólnego: na przykład takie same niebieskie oczy i że tak jak wszystkie dzieci lubi, gdy się go przytula czy mówi do niego. Wskaż też na te różnice, które nie mają nic wspólnego z wadą wrodzoną, na przykład jego ciemne włosy, jeśli córka ma jasne – mała nauczy się, że nie ma nic złego w byciu innym.

- Świadomości, że nie jest niczemu winna. Małe dzieci, egocentryczne z natury, często winią się za wszystko, co złego dzieje się w rodzinie. Uspokój ją słowami i czynami (całusami, przytulaniem), że to, co stało się jej bratu, nie jest z niczyjej winy, a już na pewno nie jej.

- Świadomości, że nie musi być doskonała. Czasem w tak stresowej sytuacji w domu starsze rodzeństwo odczuwa przymus zachowywania się idealnie, czyli bycia „dzieckiem doskonałym", aby wynagrodzić rodzicom to, że urodziło im się dziecko, które doskonałe nie jest. Musisz jej wytłumaczyć, że kochacie ją taką, jaka jest, a wówczas poczuje się na tyle pewnie, by być sobą.

- Okazji do dania ujścia emocjom. Każde dziecko ma mieszane czy wręcz sprzeczne uczucia, gdy rodzi mu się brat czy siostra. U twojej córki uczucia te mogą być o tyle silniejsze, że pojawienie się braciszka w sposób znacznie poważniejszy zakłóciło codzienną rutynę, niż sprawia to większość noworodków. Zachęć ją do opowiadania o tym, co czuje; nie oceniaj jej i mów, że ty też masz wiele mieszanych uczuć. Niektóre dzieci wolą uporządkować swe uczucia poprzez terapię zabawową, inne wolą rysować.

  Gdy córka pójdzie do szkoły, problemy natury emocjonalnej skomplikują się za sprawą presji otoczenia. Może się wstydzić brata, może stać się ofiarą docinków ze strony innych dzieci. Jeśli chcesz jej pomóc, pozwól jej rozmawiać otwarcie o tym, co czuje (nie tylko z tobą, lecz także z innymi dziećmi, które mają takie same problemy), i podpowiedz jej, jak ma postępować.

- Normalnego życia. Przy całym zamieszaniu, jakie nowe dziecko wprowadziło w wasze życie, dołóż wszelkich starań, by życie córki pozostało – zważywszy na okoliczności – nie zmienione. Zamiast kupować jej drogie zabawki bądź zabierać na wyszukane wyprawy (którymi tylko umocnisz w niej poczucie destabilizacji), postaraj się, by tak ważna dla wszystkich dzieci rutyna pozostała w jej przypadku w miarę niezakłócona. Jeśli zawsze przed spaniem była kąpiel i czytanie trzech bajeczek, nie czas teraz zrezygnować z kąpieli czy czytania bajek. Jeśli zwykle bawi się z innymi dziećmi kilka razy w tygodniu czy chodzi na lekcję tańca w poniedziałek, postaraj się to utrzymać. I spróbuj zaplanować wspólne wyjścia z domu razem z twoim najmłodszym dzieckiem.

- Własnej przestrzeni. Wiele dzieci, którym rodzi się zdrowe rodzeństwo, czuje, że ich życie – podobnie jak życie ich rodziców – zeszło na dalszy plan. A kiedy noworodek jest dzieckiem specjalnej troski, to odczucie może być jeszcze silniejsze. Pomóż dziecku ochronić poczucie własnego ja, zapewnij mu przestrzeń, niech ma własnych przyjaciół, tożsamość, życie. Jeśli będziesz miała na to siły, organizuj córce spotkania z koleżankami w waszym domu – wówczas poczuje, że nie ma nic wstydliwego w posiadaniu upośledzonego brata. Ale nie oczekuj od córki, by włączała brata do zabaw, gdy ten podrośnie.

- Czasu spędzonego tylko z tobą. Nie zapominaj, że córka tak samo mocno potrzebuje twojej uwagi jak jej młodszy brat. Choćby dzielnie udawała, iż nie trzeba się nią zajmować (dzieci tak czasem robią, widząc, w jakim stresie żyją rodzice), nie daj się zwieść. Choćby wydawało się to niewykonalne, spędź tylko z nią każdego dnia trochę czasu: wypijcie herbatkę z jej misiami, poczytaj jej bajkę, poukładajcie puzzle, a na podwórku pohuśtaj ją na huśtawce. Na zmianę z mężem opiekujcie się najmłodszą pociechą, by starsza córka mogła pobyć raz z ojcem, raz z matką. Kiedy jest to niemożliwe, niech przyłączy się do spraw związanych z opieką nad bratem (kupcie jej lalkę, którą będzie się miała opiekować, która da jej poczucie kontroli w sytuacji, gdy praktycznie wszystko znajduje się poza jej kontrolą; w czasie zabawy z taką lalką może dać upust swym uczuciom).

Więcej informacji czy pomysłów oraz wyniki badań nad tym, przed jakimi trudnościami stoją dzieci mające upośledzone rodzeństwo, znajdziesz na stronie www.thearc.org/siblingsupport.

WPŁYW DZIECKA NA ZWIĄZEK

Bardzo rozpaczaliśmy z mężem, gdy nasz syn urodził się z wadą wrodzoną. Obawiam się, że z powodu tej tragedii nie będziemy już w stanie odczuwać więzi uczuciowej.

Wszyscy młodzi rodzice szybko się przekonują, jak trudno znaleźć chwilę, by pobyć sam na sam. Jeśli ich dziecko jest upośledzone, sytuacja staje się jeszcze trudniejsza – wszak opiekowanie się takim dzieckiem nie tylko nadweręża siły fizyczne, ale i prowadzi do wyczerpania emocjonalnego. Uczycie się opieki nad dzieckiem (zadanie niełatwe dla kogoś, kto nie ma doświadczenia), w dodatku nad dzieckiem specjalnej troski. Wasze dni i noce są wypełnione zwykłymi zajęciami związanymi z niemowlęciem, takimi jak karmienie czy przewijanie, oraz dodatkowo opieką medyczną, nie wspominając już nawet nie kończących się pytań, jakie się wam nasuwają, oraz trosk i obaw.

Wasz związek jest teraz mniej ważny niż dziecko, ale kiedyś to się zmieni. Wiele par, które mają dziecko specjalnej troski, uważa, że nie zaszkodziło to ich uczuciom, lecz wręcz odwrotnie: to doświadczenie zbliżyło je jeszcze bardziej. Oto kilka wskazówek, które pomogą wam przetrwać ten trudny okres:

Dzielcie się obowiązkami. Nie można wymagać od współmałżonka, który samodzielnie opiekuje się niepełnosprawnym dzieckiem, by miał siły i chęci być kochającym partnerem. Jeśli mąż pracuje cały dzień, a ty opiekujesz się dzieckiem w domu, wieczorem on powinien zająć się dzieckiem, abyś ty miała chwilę wytchnienia. Jeśli mąż chce podjąć dodatkową pracę ze względów finansowych, może lepiej, żebyś podjęła pracę w niepełnym wymiarze godzin, a on przejął większy ciężar opieki nad maluchem. Można też skorzystać z płatnej lub ochotniczej opieki nad dzieckiem i/lub pomocy domowej, co zaoszczędzi wam czas i energię dla siebie.

Wspierajcie się wzajemnie. Czujecie się oboje pokrzywdzeni, musicie dostosować się do nowej sytuacji. (Wiele osób nie rozumie, że ojciec upośledzonego dziecka potrzebuje wsparcia emocjonalnego w takim samym stopniu jak matka.) Stawianie czoła przeciwnościom losu we dwoje daje zawsze lepsze wyniki i więcej zadowolenia niż samotna walka. Dzielcie się obowiązkami, niepokojami i problemami oraz chrońcie siebie wzajemnie przed zagrożeniami z zewnątrz, np. krytycznie nastawionymi dziadkami.

Starajcie się znaleźć dla siebie czas. Rodzice muszą podejmować wspólne wysiłki, by znaleźć czas na spędzenie go we dwoje. I chociaż może się to okazać dla was szczególnie trudne do przeprowadzenia, jest naprawdę bardzo istotne (patrz str. 620).

Bez przymusu i popędzania. Nic dziwnego, jeżeli nie macie teraz ochoty na więź fizyczną – być może trzeba będzie poczekać parę miesięcy, aż będziecie na to gotowi. Nie zmuszajcie się i pamiętajcie, że zbliżenie fizyczne nie jest jedyną formą wyrażenia miłości. Być może teraz oboje potrzebujecie bardziej ciepłego uścisku lub wspólnego wypłakania się.

POWTÓRZENIE WADY U NASTĘPNEGO DZIECKA

Chcielibyśmy mieć jeszcze jedno dziecko za rok, ale obawiamy się, że wada wrodzona naszej córeczki może się powtórzyć.

Podobne obawy najczęściej nie są uzasadnione – rodzice dziecka dotkniętego wadą mają często takie samo prawdopodobieństwo urodzenia normalnego dziecka jak inni. Aby przewidzieć ryzyko w waszym wypadku, należy zbadać przyczynę problemu zdrowotnego dziecka. Jest wiele możliwości.

Genetyczne. Jeżeli wada wrodzona dziecka ma podłoże genetyczne (została przekazana w materiale genetycznym przez ciebie i/lub męża), specjalista genetyk, a często nawet lekarz zajmujący się dzieckiem, będzie mógł przedstawić wam dokładne prawdopodobieństwo powtórzenia się wady u kolejnego dziecka. (W większości ośrodków akademickich w Polsce czynne są poradnie genetyczne, w których można uzyskać informacje na temat stopnia ryzyka ponownego wystąpienia wady. Tego rodzaju informacje powinny być przekazywane jednocześnie obojgu rodzicom – przyp. red. nauk.) Niekiedy istnieje również możliwość zbadania płodu we wczesnych miesiącach ciąży, co daje możliwość aborcji w razie potwierdzenia obaw – lub emocjonalnego i fizycznego przygotowania się na to, co nastąpi po rozwiązaniu.

Środowiskowe. Jeśli wada była spowodowana jednostkowym wydarzeniem w czasie ciąży – np. infekcją, działaniem środków chemicznych, promieni rentgenowskich, leków czy innych czynników, które zakłóciły prawidłowy rozwój płodu, istnieje bardzo małe prawdopodobieństwo wystąpienia tej wady ponownie, pod warunkiem że podobne okoliczności nie powtórzą się w tym samym krytycznym momencie ciąży.

Styl życia. Jeżeli wada była spowodowana paleniem tytoniu, nadużywaniem leków lub narkotyków czy niedożywieniem, nie jest prawdopodobne, by powtórzyła się w kolejnych ciążach, pod warunkiem że będziesz unikać wyżej wymienionych czynników.

Matka. Jeśli choroba dziecka wynika z wieku matki, kształtu i wielkości macicy czy innych niezmiennych czynników, problem może się powtórzyć. Jednak czasami można zmniejszyć to ryzyko. Np. jeśli masz ponad 35 lat i dziecko z zespołem Downa, badanie prenatalne może wykryć to zaburzenie w przyszłej ciąży. Jeśli macica jest zniekształcona, można przeprowadzić zabieg chirurgiczny. A gdyby wadę spowodował lek (przepisany przez lekarza z powodu przewlekłego schorzenia lub ostrego ataku choroby), można tego uniknąć, przyjmując lek o łagodniejszym działaniu.

Przyczyna wieloczynnikowa. Przy wieloczynnikowym uwarunkowaniu wady o wiele trudniej jest określić prawdopodobieństwo – ale i w takich przypadkach należy szukać pomocy u lekarza lub specjalisty genetyka.

Przyczyny nieznane. Czasami nie można stwierdzić wyraźnej przyczyny wady wrodzonej dziecka. Zwykle takie przypadki nie powtarzają się. Zaleca się jednak konsultację z lekarzem i genetykiem przed podjęciem decyzji o zajściu w ciążę. Rodzice nie powinni kierować się chęcią zrekompensowania „strat". W razie wątpliwości zasięgnijcie porady lekarza lub terapeuty.

Po podjęciu decyzji o zajściu w ciążę zapoznaj ginekologa z historią poprzedniej ciąży, aby zapobiec ewentualnym problemom. Jeśli zapewniona będzie odpowiednia opieka (medyczna i własna), są duże szanse na urodzenie zdrowego dziecka.

INNA WADA WRODZONA U NASTĘPNEGO DZIECKA

Nie martwię się możliwością urodzenia następnego dziecka z tą samą wadą – można się przed tym zabezpieczyć, wykonując odpowiednie badania. Niepokoję się jednak, że może wystąpić zupełnie inna wada.

Nawet jeśli prawdopodobieństwo powtórzenia się tej samej wady u kolejnego dziecka może być statystycznie nieznacznie większe, nie odnosi się to do innych wad. Masz takie same szanse urodzenia zdrowego dziecka jak inne matki. Zrozumiałe jest, że po wszystkim, co przeszłaś z pierwszym dzieckiem, masz wiele wątpliwości i obaw. Wskazana byłaby rozmowa z lekarzem i specjalistą genetykiem.

CO WARTO WIEDZIEĆ
Najczęściej występujące zaburzenia

Jeżeli nie rozpoznano u waszego dziecka wady wrodzonej, ale wy zaobserwowaliście u niego objawy wymienionych poniżej zaburzeń, nie wpadajcie w panikę. Często zauważone objawy są wyolbrzymione. W każdym przypadku należy skonsultować się z lekarzem. Nieraz konieczne są specjalistyczne badania, których załatwienie nie jest proste. Jednakże wczesne rozpoznanie, interwencja medyczna i terapia często okazują się zbawienne. Wiele wad można wyeliminować całkowicie.

Oto najczęściej występujące zaburzenia stwierdzone po urodzeniu:

AIDS OKOŁOPORODOWY (ZESPÓŁ NABYTEGO NIEDOBORU ODPORNOŚCI, HIV)

Co to jest? Zakażenie wirusem HIV zwykle nie wywołuje żadnych objawów. Często jednak prowadzi do AIDS, ciężkiego zaburzenia układu odpornościowego.

Jak często występuje? Zdarza się coraz rzadziej, dzięki leczeniu kobiet – nosicielek w trakcie ciąży oraz dzieci zaraz po porodzie.

Kto jest podatny? Dzieci zarażonych matek.

Przyczyna. Wirus HIV. Najczęściej przechodzi z matki na dziecko w czasie ciąży, porodu lub karmienia piersią.

Objawy towarzyszące. Zapalenie płuc, nowotwory.

Leczenie. Obecnie możliwe jest jedynie przedłużanie życia chorego.

Rokowanie. Wiele dzieci przeżywa kilka lat; zarówno szansa na przeżycie, jak i jakość życia poprawiają się dzięki leczeniu antywirusowemu.

AUTYZM

Co to jest? Niezdolność, datująca się od urodzenia albo powstająca przez pierwsze 2,5 roku życia, do nawiązania normalnych związków międzyludzkich, nawet z rodzicami. Autyzm może przybrać różne formy: dzieci z lekkim autyzmem mogą przejawiać tylko nieznaczne opóźnienie w rozwoju mowy, ich rozwój społeczny zaś przebiega trudniej niż zwykle. Natomiast cięższe przypadki autyzmu objawiają się tym, że niemowlęta nie uśmiechają się ani nie reagują na rodziców czy inne osoby z otoczenia i nie lubią, gdy się je podnosi czy dotyka. Zwykle występują bardzo poważne problemy z mówieniem (np. powtarzanie usłyszanych słów zamiast udzielania odpowiedzi), przyjmowanie dziwnych pozycji i manieryzmów, niekonsekwentne, niekiedy autoagresywne zachowania (napady wrzasków, machanie rękami). Często, pomimo normalnej inteligencji, dziecko nie reaguje i może się wydawać opóźnione lub głuche. Autyzm można czasem pomylić z dziecięcą schizofrenią, którą czasami poprzedza.

Jak często występuje? Szacuje się, że zdarza się 2–6 przypadków na 10 000 niemowląt.

Kto jest podatny? Chłopcy są 3–4 razy podatniejsi niż dziewczynki.

Przyczyna. Nie można wskazać jednej przyczyny autyzmu. W wyniku przeprowadzonych badań wskazano na kilka genów mających wpływ na to zaburzenie. W pewnych przypadkach winne są czynniki środowiskowe (jak na przykład palenie papierosów przez matkę w czasie ciąży). Według wyników kilku innych badań autyzm może być wywołany przez kombinację czynników biologicznych, łącznie z infekcją wirusową przed urodzeniem, zaburzeniami działania układu odpornościowego oraz przyczynami genetycznymi. Za autyzm na pewno nie są odpowiedzialne wykonane szczepienia ani opieka rodzicielska.

Objawy towarzyszące. Problemy związane z zachowaniami, problemy rozwojowe.

Leczenie. Na obecnym etapie wiedzy autyzm jest nieuleczalny. Pomocna jest terapia modyfikacji zachowań, stymulacja, szkolenie specjalne, a czasami leki. Wczesna interwencja medyczna znacznie poprawia rokowanie dzieci chorych na autyzm. Większość rodzin może mieszkać ze swymi autystycznymi dziećmi w domu, jeśli mają zapewnioną pomoc, szkolenie i informacje. Fachowe doradztwo może bardzo pomóc pozostałym członkom rodziny. Czasem poprawę przynosi wprowadzenie zmian w diecie dziecka (na przykład wyeliminowanie źródeł glutenu i kazeiny), ale zanim wprowadzisz jakikolwiek reżim żywieniowy, porozmawiaj z lekarzem.

Rokowanie. U wielu dzieci objawy stają się łagodniejsze za sprawą leczenia lub z upływem czasu, w miarę jak dziecko rośnie. Czasem osoby chore na autyzm prowadzą normalne bądź prawie normalne życie. Najlepsze prognozy daje wczesna interwencja i terapia.

BEZMÓZGOWIE

Co to jest? Jest to wada cewy nerwowej polegająca na tym, że we wczesnym okresie ciąży nie dochodzi do zamknięcia rynienki nerwowej, w skutek czego mózg się nie rozwija wcale lub powstaje tylko jego część.

Jak często występuje? Bardzo rzadko u dzieci donoszonych, ponieważ 99% płodów z tą wadą zostaje poronionych.

Kto jest podatny? Nie wiadomo.

Przyczyna. W pewnym stopniu odpowiedzialne są czynniki dziedziczne oraz niekorzystne środowisko prenatalne. Bezmózgowie (oraz inne wady cewy nerwowej) może być także wywołane przez niedobór kwasu foliowego w organizmie matki. Podawanie preparatu uzupełniającego zawierającego kwas foliowy kobietom przed poczęciem i w trakcie ciąży oraz wzbogacanie tym składnikiem płatków śniadaniowych i pieczywa przyczyniło się do zmniejszenia liczby przypadków wystąpienia tej wady.

Objawy towarzyszące. Stan ten wpływa niekorzystnie na wszystkie układy organizmu.

Leczenie. Brak. Większość lekarzy jest zgodna co do tego, że żadna interwencja medyczna nie jest wskazana, choć dziecku należy zapewnić jak najlepsze warunki.

Rokowanie. Stan ten uniemożliwia życie po urodzeniu.

CELIAKIA (GLUTENOZALEŻNA CHOROBA TRZEWNA)

Co to jest? Jest to choroba układu pokarmowego, w której dochodzi do niszczenia kosmków jelita cienkiego oraz niewchłaniania substancji odżywczych. Dzieci chorujące na celiakię są nadwrażliwe na białko o nazwie gluten, znajdujące się w pszenicy, życie, jęczmieniu oraz prawdopodobnie w owsie. Gdy dziecko z celiakią spożyje pokarm zawierający gluten, reakcją jego układu odpornościowego będzie niszczenie jelita cienkiego (zanik kosmków błony śluzowej jelita). Do objawów należą: przewlekła biegunka, utrata masy ciała, jasne cuchnące stolce, niewytłumaczalna niedokrwistość (mała liczba czerwonych ciałek krwi), gazy, zmęczenie, opóźnienie rozwoju.

Jak często występuje? Aż u 1 na 250 dzieci w Europie. W Ameryce zachorowalność wynosi 1 na 4500, choć eksperci są zdania, że choroba ta jest albo nie rozpoznana, albo jest rozpoznawana nieprawidłowo. Dwa razy częściej chorują dziewczynki, częściej biali mieszkańcy północno-zachodniej Europy. Rzadko spotykana u czarnoskórych, Azjatów, Żydów i innych osób pochodzących z basenu Morza Śródziemnego.

Kto jest podatny? Dzieci, których oboje rodzice przenoszą geny tej choroby.

Przyczyna. Niejasna, najprawdopodobniej połączenie czynników środowiskowych z predyspozycją genetyczną.

Objawy towarzyszące. Objawy niedożywienia, tj. opóźnienie rozwoju, zatrzymywanie płynów, późne ząbkowanie, krzywica.

Leczenie. Dieta bezglutenowa, która zaczyna działać w czasie 3–6 tygodni i musi być stosowana przez całe życie. Czasem zaleca się odżywianie uzupełniające i/lub podawanie steroidów (te ostatnie stosuje się wyjątkowo rzadko).

Rokowanie. Zwykle możliwe jest normalne życie na diecie bezglutenowej.

CHOROBA HEMOLITYCZNA NOWORODKA

Co to jest? Choroba hemolityczna noworodka (konflikt serologiczny) występuje, gdy dziecko dziedziczy po ojcu grupę krwi niezgodną z grupą krwi matki. Jeśli matka posiada przeciwciała skierowane przeciwko krwi ojca (z poprzedniej ciąży, poronienia, transfuzji krwi), przeciwciała te atakują krew dziecka.

Jak często występuje? Wraz z rozwojem metod zapobiegawczych występuje o wiele rzadziej, u około 7000 noworodków rocznie (w Stanach Zjednoczonych).

Przyczyna. Przeciwciała matki atakują krwinki w organizmie dziecka, uznając je za obce.

Objawy towarzyszące. Silna niedokrwistość i żółtaczka, prowadzące czasem do uszkodzenia mózgu lub śmierci przed urodzeniem lub tuż po.

Leczenie. Często całkowita transfuzja krwi dziecka. Niektóre noworodki wymagają transfuzji dopiero w 4–6 tygodniu z powodu ciężkiej niedokrwistości. Najlepszą formą zapobieżenia konfliktowi serologicznemu w przyszłych ciążach jest podanie immunoglobuliny Rh dla matek z Rh minus w ciągu 72 godzin od urodzenia (poronienia lub aborcji) dziecka lub płodu z Rh plus. Można też podać dawkę szczepionki w połowie ciąży.

Rokowanie. Zwykle dobre, przy zastosowaniu leczenia.

CHOROBA TAY-SACHSA

Co to jest? Wrodzony brak enzymu niezbędnego do rozkładania osadów tłuszczowych w mózgu i komórkach nerwowych. Niemowlęta wydają się zdrowe. Po sześciu miesiącach życia układ nerwowy przestaje pracować, następuje regres funkcji – dzieci przestają się uśmiechać, raczkować, tracą umiejętność chwytania, stopniowo tracą wzrok, postępuje niedowład. Większość umiera przed ukończeniem trzech lub czterech lat.

Jak często występuje? Rzadko (mniej niż 100 przypadków rocznie w Stanach Zjednoczonych).

Kto jest podatny? Najczęściej potomkowie środkowo- i wschodnioeuropejskich Żydów.

Przyczyna. Dziedziczenie autosomalne recesywne – dziecko zostaje zaatakowane chorobą, jeśli odziedziczy po jednym genie od każdego z rodziców.

Leczenie. Nie ma. Osoby zagrożone dziedzicznie mogą się zbadać na obecność genu przed zapłodnieniem lub we wczesnej fazie ciąży. Jeżeli matka i ojciec posiadają ten gen, można wykonać amniopunkcję i stwierdzić, czy płód odziedziczył chorobę. Opcja: aborcja terapeutyczna.

Rokowanie. Choroba jest zawsze śmiertelna.

MUKOWISCYDOZA

Co to jest? Dysfunkcja gruczołów wydzielania zewnętrznego (wydzielających przez powierzchnie nabłonkowe: skórę, błony śluzowe itp.). Gdy dotyczy gruczołów potowych, pot jest słony i obfity, nadmierne pocenie może doprowadzić do odwodnienia i wstrząsu. Gdy dotyczy układu oddechowego, gęsta wydzielina może zalegać w drogach oddechowych, powodując przewlekły kaszel i zwiększone ryzyko infekcji. W przypadku kiedy choroba dotyczy układu pokarmowego, wydzielina śluzowa może utrudniać ruchy jelit i powodować zaparcie. Niedrożność może dotyczyć również przewodów trzustkowych, co powoduje niezdolność trawienia tłuszczu i białka. Stolce zawierające nie strawione resztki pożywienia są częste, obfite, blade i tłuste. Przyrost masy jest niewielki, apetyt nadmierny, brzuch rozdęty, kończyny chude, skóra ziemista. Choroba może być wykryta przez badanie potu. Wczesne wskazania to: niewydalenie smółki po urodzeniu, słona skóra, upośledzony przyrost masy przy dobrym łaknieniu. W niektórych stanach USA przeprowadza się badania przesiewowe pod kątem mukowiscydozy.

Jak często występuje? Względnie rzadko. (Częstość występowania jest zróżnicowana zależnie od kraju (regionu) i rasy. Zwykle 1 na 2–3 tys. urodzeń – przyp. red. nauk.)

Kto jest podatny? Częściej występuje u dzieci pochodzenia środkowo- i północnoeuropejskiego niż u Afroamerykanów, Indian czy osób pochodzenia azjatyckiego.

Przyczyna. Autosomalne dziedziczenie recesywne – dziecko otrzymuje geny recesywne od obojga rodziców.

Objawy towarzyszące. Zapalenie płuc, niewydolność trzustki, niewydolność produkcji insuliny, nieprawidłowa tolerancja glukozy, marskość wątroby, nadciśnienie.

Leczenie. Ważna wczesna interwencja. Choroba nie jest uleczalna, ale można pomóc dziecku prowadzić w miarę normalne życie. Jeśli występują zaburzenia w funkcjonowaniu gruczołów potowych, zaleca się obfite solenie pokarmów i podawanie dodatkowych ilości soli w czasie upałów. W razie problemów z trawieniem wskazane jest podawanie enzymów trzustkowych, ograniczenie tłuszczu, dodatek witamin A, D, E, K. W wypadku zablokowania jelit zarówno leczenie chirurgiczne, jak i niechirurgiczne mogą dać dobre efekty. Jeśli występują zaburzenia oddechowe, zaleca się duże ilości płynów, codzienną fizykoterapię oddechową oraz terapię tlenową. Ważne jest utrzymywanie chłodnego i suchego powietrza. Infekcje leczy się dużymi dawkami antybiotyków. Wstępne badania wykazują, że zastosowanie środków przeciwzapalnych (np. prednisonu) łagodzi ataki choroby.

Rokowanie. Obecnie dzięki wczesnemu rozpoznawaniu choroby (szczególnie w dużych ośrodkach specjalistycznych) i wsparciu ze strony rodziny rokowanie jest dobre, zwłaszcza w łagodnych przypadkach choroby. (W Polsce średni wiek przeżycia sięga trzeciej dekady życia: obecnie powstają ośrodki wczesnej diagnostyki i kompleksowego leczenia tych chorych. W związku z identyfikacją genu odpowiedzialnego za występowanie choroby rysuje się nadzieja na leczenie przyczynowe [terapia genowa – przyp. red. nauk.].)

NIEDOKRWISTOŚĆ SIERPOWATO-KRWINKOWA

Co to jest? Rodzaj anemii, w której krwinki czerwone, zwykle okrągłe, przybierają nieprawidłowy kształt (sierpowaty). W związku z tym utrudniony jest proces dostarczania przez nie tlenu do komórek ciała, występuje blokada naczyń krwionośnych. Objawy (zmęczenie, krótki oddech, obrzmienie stawów, zwłaszcza palców rąk i nóg, oraz silne bóle kości) nie pojawiają się przed upływem 6 miesiąca życia, ale badanie przeprowadzone natychmiast po urodzeniu powinno dać właściwe rozpoznanie.

Jak często występuje? 1 na 400 dzieci rasy czarnej, mniejsza częstotliwość u dzieci pozostałych ras.

Kto jest podatny? Głównie czarni pochodzenia afrykańskiego, ale także biali pochodzący z rejonu śródziemnomorskiego lub Bliskiego Wschodu. Ryzyko wynosi 1 do 4 w wypadku, gdy oboje rodzice są nosicielami, 4 do 4 – gdy oboje cierpią na tę chorobę.

Przyczyna. Dziedziczenie autosomalne recesywne: ojciec i matka muszą przekazać geny recesywne, aby doszło do zachorowania dziecka. Okresowy kryzys może być wywołany przez infekcję, stres, odwodnienie i niedostateczną ilość tlenu.

Objawy towarzyszące. Upośledzony rozwój, opóźnione dojrzewanie, wąski kształt ciała, skrzywienie kręgosłupa i beczkowata klatka piersiowa, infekcja, zwłaszcza pneumokokowa. Nie leczona może być śmiertelna.

Leczenie. Podawanie penicyliny codziennie od drugiego miesiąca przynajmniej do piątego roku życia. Leczenie objawowe, obejmujące podawanie środków przeciwbólowych, tlenu i płynów oraz transfuzje krwi. Pełna seria szczepień, włączając w to szczepionkę pneumokokową. Edukacja rodziców oraz porada genetyczna mogą także okazać się ważne.

Rokowanie. Nie najgorsze. Wielu młodych dorasta do wieku dorosłego, a niektórzy osiągają wiek średni i żyją dłużej. Prognozy znacznie lepsze w przypadku leczenia; obiecujące badania nad nowymi, lepszymi metodami leczenia są obecnie w toku.

PORAŻENIE MÓZGOWE

Co to jest? Zaburzenie nerwowo-mięśniowe w wyniku uszkodzenia mózgu. Upośledzenie ruchowe od łagodnego aż do utraty sprawności. Dzieci z porażeniem mają kłopoty ze ssaniem, trzymaniem brodawki sutkowej, nadmiernie się ślinią, rzadko poruszają się z własnej woli. Ponadto występuje drżenie rąk i nóg, opóźniony rozwój ruchowy – dzieci używają tylko jednej ręki lub, później, tylko rąk, a nie nóg, czołgają się w dziwny sposób, chodzą na palcach. Mięśnie mogą być albo nadmiernie sztywne, albo wiotkie – można to zaobserwować dopiero w wieku ok. 3 miesięcy. Są trzy rodzaje porażenia mózgowego: spastyczne, atetoidalne i ataktyczne, które różnią się objawami.

Jak często występuje? Liczba przypadków zmniejsza się dzięki bezpieczniejszym porodom (z wyjątkiem noworodków z bardzo małą masą urodzeniową). Ok. 10 000 przypadków rocznie (w Stanach Zjednoczonych).

Kto jest podatny? Wcześniaki i noworodki z małą masą urodzeniową, zwykle chłopcy, przedstawiciele rasy białej częściej niż czarnej.

Przyczyna. W większości przypadków nieznana, choć czasem wiąże się z niedoborem tlenu w mózgu płodu czy noworodka. Do czynników zwiększających ryzyko należą także: wcześniactwo, mała masa urodzeniowa, konflikt serologiczny lub grup krwi matki i płodu, różyczka matki we wczesnym okresie ciąży. Porażenie mózgowe może być również skutkiem infekcji mózgu lub płynu mózgowo-rdzeniowego.

Objawy towarzyszące. Zaburzenia mowy, wzroku i słuchu, ubytki zębów, opóźnienie umysłowe.

Leczenie. Porażenie jest nieuleczalne, lecz można pomóc dziecku osiągnąć optimum możliwości, stosując pomoce ortopedyczne, specjalnie skonstruowane meble i urządzenia, ćwiczenia fizyczne, zabiegi chirurgiczne w razie potrzeby, ewentualnie leki rozluźniające mięśnie.

Rokowanie. W zależności od przypadku. Łagodna postać choroby i odpowiednie postępowanie umożliwia prawie normalne życie. W ciężkim przypadku może nastąpić całkowita utrata sprawności. Czas nie wpływa na pogorszenie stanu. (Zaniechanie ćwiczeń usprawniająco-rehabilitacyjnych pogarsza sprawność ogólną chorego – przyp. red. nauk.)

PRZETOKA TCHAWICZO-PRZEŁYKOWA

Co to jest? Wrodzona wada polegająca na tym, że górna część przełyku zakończona jest ślepo, a dolna część, zamiast łączyć się z górną, przebiega od tchawicy do żołądka. Uniemożliwia to odżywianie drogą ustną, powoduje wymioty, krztuszenie, ostre zaburzenia oddechowe, nadmierne ślinienie, pokarm dostaje się do płuc i powoduje zapalenie płuc, a nawet śmierć*.

Jak często występuje? 1 na 4000 urodzeń.

Kto jest podatny? Czasami dzieci, których matki miały nadmierną ilość płynu owodniowego w ciąży, jedna trzecia przypadków to wcześniaki.

Przyczyna. Wada wrodzona, być może spowodowana przyczynami dziedzicznymi lub środowiskowymi.

Objawy towarzyszące. Czasem nieprawidłowości kardiologiczne, uszkodzenie kręgosłupa, nerek i kończyn.

Leczenie. Natychmiastowy zabieg chirurgiczny.

Rokowanie. Przy braku innych nieprawidłowości i prawidłowym leczeniu rokowanie doskonałe.

ROZSZCZEP KRĘGOSŁUPA

Co to jest? Kręgi, które normalnie ochraniają rdzeń kręgowy, nie łączą się z sobą we właściwy sposób. Pozostaje przerwa, tak że w skrajnych przypadkach nerwy rdzenia nie są osłonięte. Wada dotyczy najczęściej dolnej części kręgosłupa i może być niewielka – wówczas u podstawy kręgosłupa występuje zagłębienie lub brązowe, owłosione znamię. W ciężkim przypadku część opony może wystawać, pojawia się przepuklina oponowa o średnicy od 3 cm do rozmiarów grejpfruta. W najcięższej postaci choroby rdzeń kręgowy wystaje z otworu, powodując wyciek płynu kręgowego. Może wystąpić paraliż nóg, nietrzymanie moczu i stolca, co stwarza problemy w późniejszym czasie, chociaż niektóre dzieci osiągają kontrolę nad tymi czynnościami.

Jak często występuje? 1 na 2000 urodzeń (w Stanach Zjednoczonych), choć ocenia się, że 1 na 4 dzieci mogą cierpieć na nieznaczny rozszczep kręgosłupa. Na szczęście najcięższa forma choroby występuje najrzadziej. W ostatnich latach liczba przypadków występowania wad takich jak rozszczep kręgosłupa zmalała o 20%. Można to przypisać przyjmowaniu preparatów uzupełniających zawierających kwas foliowy (oraz wzbogacaniu nim płatków śniadaniowych czy pieczywa) przez przyszłe matki, jeszcze przed poczęciem i potem przez pierwsze dwa miesiące życia dziecka.

Kto jest podatny? 1 na 40 dzieci, których matki urodziły wcześniej dziecko z tą wadą; ryzyko wzrasta od 1 do 5, gdy w rodzinie jest dwoje dzieci chorych. U kuzynostwa dzieci chorych występuje dwa razy większe ryzyko.

Przyczyna. Nieznana. Prawdopodobnie związana z dziedziczeniem i szkodliwym środowiskiem prenatalnym. Pewien wpływ może mieć odżywianie – zwłaszcza niedostateczne spożycie kwasu foliowego.

Objawy towarzyszące. W przypadku widocznego otwarcia – infekcja. W 70–90% wodogłowie (patrz str. 581), niedowład i brak czucia w kończynach dolnych oraz nietrzymanie moczu i stolca.

---

* Istnieje kilka innych, mniej częstych zniekształceń tchawicy i przełyku.

Leczenie. Torbiel oraz płyn z mózgu można usunąć, jednak porażenie nóg jest nieuleczalne. Potrzebna jest fizjoterapia, kule, wózki inwalidzkie. Przed zabiegiem nie wolno uciskać torbieli (nawet odzieżą). Najlepsze wyniki osiąga się w wyniku pracy zespołu specjalistów. Rozszczep kręgosłupa często można wykryć podczas badań prenatalnych, na przykład przez badanie krwi, badanie ultrasonograficzne czy punkcję owodni. Na etapie eksperymentów są na razie próby prenatalnego operowania rozszczepienia kręgosłupa.

Rokowanie. Zależnie od stopnia. W niezbyt ciężkich przypadkach dzieci mogą prowadzić aktywne życie, a dziewczynki będą mogły w przyszłości zostać matkami, chociaż jest duże ryzyko, że choroba wystąpi w ciąży. W przypadku wodogłowia można często zapobiec opóźnieniu umysłowemu przez szybką interwencję medyczną.

ROZSZCZEP WARGI I/LUB PODNIEBIENIA

Co to jest? Występuje, gdy części górnej wargi lub podniebienia nie zrastają się. Niektóre dzieci mają tylko zajęczą wargę, u większej liczby występuje rozszczepione podniebienie. Około 40% chorych dzieci wykazuje obie wady.

Jak często występuje? Ok. 5000 dzieci rocznie, czyli w ok. 1 na 700 urodzeń.

Kto jest podatny? Wada ta częściej dotyczy wcześniaków i dzieci z innymi wadami wśród Azjatów i Indian Amerykańskich.

Przyczyna. Dziedziczność jest przyczyną 1 na 4 przypadki. Po urodzeniu dziecka z tą wadą prawdopodobieństwo urodzenia następnego z podobną wadą nieco wzrasta. Również leki, choroby, niedobór podstawowych składników odżywczych (szczególnie kwasu foliowego) i inne czynniki ujemnie wpływające na rozwój prenatalny mogą samodzielnie lub w połączeniu z czynnikami dziedzicznymi zakłócić normalny rozwój wargi i podniebienia.

Objawy towarzyszące. Utrudnione karmienie (wyprostowana pozycja, małe porcje, smoczek z dużymi dziurami, specjalna strzykawka). W części przypadków – zwłaszcza gdy występuje tylko rozszczepienie wargi – karmienie piersią jest możliwe, natomiast dziecko z rozszczepieniem podniebienia może ssać pierś za pomocą specjalnego urządzenia. Często występują infekcje ucha.

Leczenie. Zwykle połączenie zabiegu chirurgicznego (w pierwszych miesiącach życia) z terapią mowy.

Rokowanie. Zwykle przy odpowiednim leczeniu prognozy są doskonałe.

STOPA KOŃSKO-SZPOTAWA

Co to jest? Deformacja kostki lub stopy, która może być trójstopniowa. W najłagodniejszej formie przednia część stopy odwrócona jest do wewnątrz. Ta postać choroby może nie zostać rozpoznana przed ukończeniem kilku miesięcy życia, chociaż istnieje od urodzenia. Najczęstsza postać choroby jest łagodniejsza. Stopa jest skręcona pod ostrym kątem na zewnątrz i w górę. W najcięższej i zarazem najrzadszej postaci stopa skręcona jest do wewnątrz i w dół. Jeśli obie stopy są zdeformowane, to ich palce są skierowane ku sobie. Stopa końsko-szpotawa nie jest bolesna i nie przeszkadza dziecku do czasu, gdy zaczyna wstawać i chodzić.

Jak często występuje? U 1 na 800 noworodków.

Kto jest podatny? W wypadku chłopców istnieje dwa razy większe ryzyko.

Przyczyna. Nieprawdziwe okazały się wcześniej głoszone poglądy, iż przyczyną jest nieprawidłowe ułożenie płodu (takie przypadki

Kiedy wszystko zależy od prawidłowej diagnozy

Dzięki dostępności badań przesiewowych dla noworodków możemy wcześnie wykrywać wiele zaburzeń metabolizmu. Na szczęście dzięki wczesnemu rozpoznaniu można szybko rozpocząć leczenie, co oznacza, że dzieci, które mogłyby umrzeć w ciągu kilku miesięcy od porodu, mają szansę żyć prawie normalnie. Oto choroby, które można rozpoznać i leczyć:

- Wrodzona niedoczynność tarczycy, która polega na tym, że gruczoł tarczycy nie produkuje odpowiedniej ilości hormonów. Zdarza się u 1 na 4 tysiące dzieci. Podawanie hormonów tarczycy doustnie zapobiega opóźnieniom wzrastania i upośledzeniu umysłowemu, które wiążą się z tą chorobą.
- Wrodzony przerost nadnerczy to choroba, w której zaburzenia gospodarki hormonalnej wiążą się z nieprawidłowym rozwojem płciowym. Występuje u 1 na 5 tysięcy dzieci i można ją leczyć, podając hormony (i/lub operacyjnie – przyp. red. nauk.).
- Deficyt dehydrogenazy acyloCoA średniołańcuchowych kwasów tłuszczowych (MCAD) jest wynikiem braku enzymu potrzebnego do trawienia tłuszczów zawartych w żywności. Choroba ta, która zdarza się u 1 na 15 tysięcy dzieci, może prowadzić do poważnych zaburzeń metabolizmu w przebiegu skądinąd łagodnych chorób. Ponieważ objawy pojawiają się dopiero przy długotrwałym poszczeniu (na przykład z powodu braku łaknienia wywołanego wirusem czy inną chorobą), przy leczeniu ważne jest regularne odżywianie.
- Galaktosemia – 1 na 50 tysięcy dzieci nie jest w stanie trawić cukru prostego galaktozy, który jest zawarty w mleku. W efekcie dochodzi do niedorozwoju umysłowego oraz uszkodzenia wątroby. Skutków choroby można uniknąć poprzez wykluczenie nabiału z diety.
- Brak enzymu biotynazy, który występuje u 1 na 70 tysięcy dzieci, polega na niedoborze enzymu rozkładającego biotynę (jedną z witamin grupy B). Bez leczenia, polegającego na podawaniu suplementu biotyny, prowadzi do częstych infekcji, słabego panowania nad mięśniami, ataków padaczki, utraty słuchu oraz opóźnionego rozwoju umysłowego.
- Choroba syropu klonowego (MSUD – *maple syrup urine disease*) zdarza się u 1 na 250 tysięcy dzieci; organizm nie jest w stanie przyswoić pewnych składników białka zawartego w żywności. Prowadzi do niedożywienia, ospałości, a nawet śpiączki. Nazwa pochodzi od charakterystycznego, słodkawego zapachu moczu. Leczenie polega na stosowaniu specjalnej diety.
- Homocystynuria występuje u 1 na 250 tysięcy dzieci, a jej przyczyną jest brak enzymów w wątrobie. Nie leczona może prowadzić do nieprawidłowości kośćca, braku krzepliwości krwi, upośledzenia umysłowego i problemów ze wzrokiem. Objawom zapobiega się przez wprowadzenie specjalnej diety w połączeniu z podawaniem suplementów.
- Fenyloketonuria (PKU) to choroba, która polega na niemożności trawienia aminokwasu fenyloalaniny i zdarza się u 1 na 12 tysięcy dzieci (w Polsce 1 na 7–8 tys. – przyp. red. nauk.). Jeśli nie stosuje się odpowiedniego leczenia, to gromadzące się w organizmie toksyczne produkty rozkładu fenyloalaniny uniemożliwiają rozwój mózgu, prowadząc do upośledzenia umysłowego. Niemowlęta, u których wykryto fenyloketonurię, przechodzą na dietę składającą się z pokarmów i napojów zawierających minimalne ilości fenyloalaniny (ubogą w produkty wysokobiałkowe, np. mleko matki, mleko krowie, preparaty na bazie mleka krowiego, mięso). Dieta ta musi zostać wprowadzona natychmiast po wykryciu choroby i stosowana do końca życia, by dziecko z PKU mogło żyć i rozwijać się normalnie.

korygują się samoistnie). Za pojawienie się tej wady przypuszczalnie odpowiada połączenie dziedziczności z czynnikami środowiskowymi, prowadząc do wystąpienia nieprawidłowości w mięśniach lub nerwach łączących się z kostką i stopą. Czasem powiązana z rozszczepem kręgosłupa, chorobami układu nerwowego lub mięśniowego.

Objawy towarzyszące. Stopa nie porusza się w górę i w dół. Dziecko chodzi na krawędziach stóp lub na palcach, co uszkadza tkanki i prowadzi do nieprawidłowego rozwoju układu. Mogą wystąpić inne zaburzenia.

Leczenie. W łagodnych przypadkach wystarczą ćwiczenia. W poważniejszych stosuje się gips lub zabieg chirurgiczny. Czasem zaleca się specjalne obuwie na noc. Wczesna diagnoza i rozpoczęcie leczenia w okresie niemowlęcym pod okiem pediatry ze specjalnością ortopedyczną ma wielkie znaczenie dla rokowań.

Rokowanie. Jeśli właściwe leczenie zastosowano odpowiednio wcześnie, większość dzieci nosi normalne obuwie, bierze udział w grach sportowych, prowadzi aktywne życie.

TALASEMIA

Co to jest? Dziedziczna postać niedokrwistości polegająca na nieprawidłowości w procesie wytwarzania hemoglobiny. Najpowszechniejsza postać to talasemia B, która może przybrać najcięższą formę zwaną anemią Cooleya, aż do talasemii znikomej, którą mogą wykazać jedynie badania genetyczne krwi. Nawet w najcięższych przypadkach niemowlęta wydają się normalne po urodzeniu, stopniowo stają się apatyczne, kapryśne, blade, tracą apetyt, stają się podatne na infekcje. Obserwuje się powolny wzrost i rozwój.

Jak często występuje? Jedna z najczęstszych chorób dziedzicznych w USA, rocznie ok. 2500 osób poddawanych jest hospitalizacji.

Kto jest podatny? Najczęściej osoby pochodzenia greckiego i włoskiego, z rejonu Bliskiego Wschodu, z południowej Azji i Afryki.

Przyczyna. Dziedziczenie autosomalne recesywne. Najcięższa postać choroby wystąpi, jeśli dziecko odziedziczy geny przenoszące chorobę od obojga rodziców.

Objawy towarzyszące. Nie leczona doprowadza do powiększenia serca, śledziony i wątroby. Wielokrotnie zwiększa się ryzyko śmierci w wyniku niewydolności serca lub infekcji. Kości stają się kruche, co zniekształca wygląd dziecka.

Leczenie. Częste transfuzje krwi młodych krwinek, czasami przeszczep szpiku. Zbyt wysokie stężenie żelaza (co może doprowadzić do niewydolności serca) leczy się środkami farmakologicznymi. Badania prenatalne mogą pomóc ustalić, czy płód jest zaatakowany chorobą.

Rokowanie. Bardzo dobre dla dzieci z łagodną postacią choroby. W wypadku postaci umiarkowanej może być opóźnione dojrzewanie. Wiele dzieci z ciężką postacią choroby dożywa kilkunastu i dwudziestu kilku lat, ale pozostaje groźba niewydolności serca i infekcji.

WADY WRODZONE

Co to jest? Jakiś narząd lub część ciała wydaje się nieprawidłowa. Niekiedy dotyczą one kilku narządów lub części ciała i zebrane razem tworzą zespół wskazujący na daną chorobę (np. zespół Downa). Czasem istnieje tylko jedna izolowana wada wrodzona, np. taka jak skrócenie kończyny.

Jak często występuje? Mniej niż 1 na 100 noworodków rodzi się z zauważalną wadą rozwojową, zwykle łagodną.

Kto jest podatny? Członkowie rodzin z taką wadą, dzieci, których rodzice, a zwłaszcza matka była wystawiona na działanie niebezpiecznych czynników środowiska przed lub tuż po poczęciu.

Przyczyna. Nieprawidłowe różnicowanie czy organizacja komórek w czasie rozwoju płodu z powodu nieprawidłowości genów lub chromosomów czy też oddziaływania środowiska (np. promienie rentgenowskie czy infekcja).

Objawy towarzyszące. Zależnie od zniekształcenia.

Jak dziedziczone są wady

Wszystkie dobre i piękne cechy dziecka są efektem działania genów, które odziedziczyło ono po obojgu rodzicach, jak również wpływu środowiska śródmacicznego w czasie dziewięciu miesięcy ciąży. Niestety również niepożądane cechy, z jakimi rodzi się dziecko, np. wady wrodzone, są efektem działania genów i/lub środowiska. Zwykle geny, które każdy z rodziców przekazuje dziecku, są odziedziczone po jego własnych rodzicach. Niekiedy jednak ulegają zmianom (w wyniku wpływu środowiska lub innych nieznanych czynników) i taka tzw. mutacja jest przekazywana dalej.

Istnieje kilka rodzajów chorób dziedzicznych.

- Choroby wielogenowe (takie jak stopa końsko-szpotawa i rozszczep wargi) są dziedziczone w wyniku interakcji pewnej liczby różnych genów w podobny sposób jak kolor oczu czy wzrost.

- Choroby wieloczynnikowe (takie jak niektóre rodzaje cukrzycy) związane są z interakcją różnych genów i warunków środowiskowych zarówno przed, jak i po urodzeniu.

- Choroby jednogenowe mogą być przekazywane w postaci dziedziczenia recesywnego lub dominującego. W dziedziczeniu recesywnym dwa geny (po jednym od każdego z rodziców) muszą być przekazane potomstwu (wówczas wystąpi u niego choroba). W dziedziczeniu dominującym potrzebny jest tylko jeden gen i jest on przekazywany przez to z rodziców, które również choruje na daną chorobę (z powodu posiadania tego genu). Choroby jednogenowe mogą być również związane z płcią (np. hemofilia). Choroby te warunkowane są przez geny położone na chromosomach płciowych (kobiety mają dwa chromosomy X, a mężczyźni jeden chromosom X i jeden chromosom Y) i najczęściej przekazywane są przez matkę nosicielkę choremu synowi. Dziecko płci męskiej posiadające tylko jeden chromosom X nie posiada drugiego genu, który równoważyłby działania genu warunkującego chorobę, a tym samym jest ono chore. Dziecko płci żeńskiej otrzymujące gen na chromosomie X od swojej matki otrzymało również prawidłowy chromosom X od ojca, co czyni z niego nosiciela choroby, wolnego od objawów chorobowych.

Leczenie. Różne i zależne od zniekształcenia.

Rokowanie. Zależne od zniekształcenia (patrz np. rozszczep kręgosłupa, zespół Downa itd.).

WODOGŁOWIE

Co to jest? Absorpcja (wchłanianie) płynu otaczającego mózg jest zahamowana i następuje jego nagromadzenie. Ciśnienie rozpycha luźno połączone części czaszki i powoduje powiększenie głowy. Wodogłowie często towarzyszy rozszczepowi kręgosłupa. Skóra głowy może być błyszcząca i cienka, mięśnie szyi niedorozwinięte. Dziecko krzyczy wysokim głosem, jest niespokojne, nie ma apetytu, wymiotuje.

Jak często występuje? Względnie rzadko.

Kto jest podatny? Nie wiadomo. U dzieci z rozszczepem kręgosłupa występuje podwyższone ryzyko ze względu na towarzyszące mu zniekształcenia pnia mózgu.

Przyczyna. Przy urodzeniu defekt błony absorbującej płyn mózgowo-rdzeniowy, później – uszkodzenie lub guz.

Objawy towarzyszące. Opóźnienie w rozwoju, jeśli płyn nie jest regularnie usuwany. Komplikacje z przetaczaniem, infekcje.

Leczenie. W znieczuleniu ogólnym wprowadza się do otworu w czaszce cienki cewnik, którego drugi koniec wprowadza się do naczynia krwionośnego, odprowadzając w ten sposób płyn z mózgu, zwykle do jamy brzusznej. Głowa stopniowo wraca do normalnej wielkości. Wymagane są częste kontrole.

Rokowanie. Dobre, gdy leczenie podjęto wystarczająco wcześnie; zwykle pozwala to zapobiec opóźnieniom w rozwoju, a dziecko może żyć normalnie. Gorsze, gdy w chwili urodzenia stan jest zaawansowany. Wówczas może prowadzić do niedorozwoju umysłowego, motorycznego, koordynacji wzrokowo-ruchowej oraz zaburzeń rozwoju mowy. Nie leczone może skończyć się śmiercią. Leczenie prenatalne nie jest szeroko stosowane, stopień jego skuteczności nie jest więc znany.

WRODZONA WADA SERCA

Co to jest? Każda wada serca istniejąca od urodzenia. Wadę można stwierdzić za pomocą następujących badań: zdjęcie rentgenowskie, ultrasonografia, EKG. Objawy mogą wystąpić bezpośrednio po urodzeniu albo ujawnić się później, nawet dopiero w wieku dorosłym. Sinica, czyli sine zabarwienie skóry, zwłaszcza na palcach i wokół ust, to najczęstszy objaw (widoczny – przyp. red. nauk.).

Jak często występuje? 1 na 125 dzieci w USA rodzi się z tą wadą.

Kto jest podatny? Najbardziej narażone są dzieci, których matki przeszły różyczkę w czasie ciąży, dzieci z zespołem Downa, dzieci, których rodzeństwo jest dotknięte tą chorobą (ryzyko wystąpienia wady u tych dzieci jest nieznacznie zwiększone).

Przyczyna. W większości przypadków nieznana, choć przypuszcza się, że czynniki genetyczne odgrywają dużą rolę. Niektóre infekcje (różyczka) i niektóre środki chemiczne (talidomid, amfetaminy, alkohol) mogą powodować nieprawidłowości kardiologiczne w okresie prenatalnym. Wady serca mogą także być wynikiem błędu genetycznego.

Objawy towarzyszące. Czasem słaby przyrost masy ciała i wzrostu, zmęczenie, osłabienie, trudności w oddychaniu i ssaniu.

Leczenie. Najczęstsza postać wrodzonej wady serca (ubytek przegrody międzykomorowej) zwykle nie wymaga leczenia; jeśli ubytek jest niewielki, koryguje się samoczynnie. Zabieg chirurgiczny (natychmiast lub w późniejszym okresie dzieciństwa), czasem leki. Niekiedy wadę serca można rozpoznać przed urodzeniem, zastosować odpowiednie leki i usunąć problem.

Rokowanie. Większość wad serca jest uleczalna, jednak bardzo ciężkie (a takie są rzadkie) mogą oznaczać utratę sprawności lub śmierć. Większość dzieci ze szmerami sercowymi nie wymaga ograniczenia aktywności i może prowadzić normalny tryb życia.

ZESPÓŁ DOWNA

Co to jest? Zbiór oznak i objawów, który obejmuje zwykle upośledzenie umysłowe, opóźnienie rozwoju, skośne ustawienie gałek ocznych, zbyt duży język, krótką szyję, ponadto czasami spłaszczenie potylicy, małe uszy (czasem lekko zgięte w górnej części) i szeroki, płaski nos. Często występuje osłabienie wzroku i słuchu, a także wiele wad wewnętrznych (szczególnie serca i układu pokarmowego). Dziecko jest zwykle niskie, mięśnie i więzadła ma wiotkie. Dzieci te są zazwyczaj przymilne i sympatyczne.

Jak często występuje? Rocznie rodzi się około 2800 dzieci z zespołem Downa, tj. 1 na 1300 (średnio w populacji 1 na 750 porodów – przyp. red. nauk.).

Kto jest podatny? Dzieci, których rodzice mieli już jedno dziecko z tą wadą, których jedno z rodziców ma zmiany w układzie chromosomów, dziecko, którego matka ma ponad 35 lat lub ojciec między 45 a 50 lat (ryzyko zwiększa się wraz z wiekiem). Wada ta występuje we wszystkich grupach etnicznych i społeczno-ekonomicznych.

Przyczyna. W 95% przypadków obecność dodatkowego chromosomu pochodzącego od jednego z rodziców – dziecko ma więc 47 zamiast 46 chromosomów. Przyczyna zespołu Downa nosi nazwę trisomii 21, ponieważ występują trzy chromosomy o numerze 21, podczas gdy normalnie są dwa. W ok. 4%

przypadków odpowiedzialne są inne zmiany związane z chromosomem nr 21, np. część normalnego chromosomu nr 21 odrywa się i doczepia do innego chromosomu u jednego z rodziców (translokacja). Matka lub ojciec są zdrowi, bo wciąż mają odpowiednią ilość materiału genetycznego. Jednak przekazanie tego „zwiększonego" chromosomu dziecku może spowodować wystąpienie zespołu Downa. W rzadkich przypadkach nieprawidłowy podział komórek w zapłodnionej komórce jajowej prowadzi do pojawienia się dodatkowego chromosomu w niektórych, lecz nie wszystkich komórkach. Wówczas u dziecka mogą wystąpić tylko niektóre cechy zespołu Downa.

Objawy towarzyszące. Problemy z uzębieniem, osłabiony wzrok i słuch, choroby serca, wady układu pokarmowego, dysfunkcja tarczycy, przedwczesne starzenie (łącznie z chorobą Alzheimera), zwiększone ryzyko chorób układu oddechowego, białaczki i nowotworów.

Leczenie. Za pomocą badań prenatalnych można rozpoznać zespół Downa u płodu. Zabieg chirurgiczny po urodzeniu może skorygować wadę serca i inne poważne nieprawidłowości zdrowotne. Wczesne wprowadzenie specjalistycznego programu edukacyjnego podnosi poziom inteligencji dzieci z zespołem Downa o łagodnym lub umiarkowanym opóźnieniu.

Rokowanie. Wiele z tych dzieci ma większe możliwości, niż przypuszczano, a wczesna interwencja pomaga osiągnąć dobre wyniki. Wiele może uczęszczać do szkoły do pewnego wieku, później znajdują miejsca w domach opieki. Niektóre osoby z zespołem Downa prowadzą niezależne życie.

ZESPÓŁ ALKOHOLOWEGO USZKODZENIA PŁODU

Co to jest? Zbiór oznak i objawów, które rozwijają się w życiu płodowym, gdy matka w czasie ciąży nałogowo pije alkohol. Najczęściej występuje mała masa urodzeniowa, upośledzenie umysłowe, zniekształcenia głowy, twarzy, kończyn, wady ośrodkowego układu nerwowego. Śmiertelność tych noworodków jest wysoka. U pijących umiarkowanie skutki mogą być łagodniejsze.

Jak często występuje? U 1 na 750 noworodków.

Kto jest podatny? Dzieci, których matki piją nałogowo alkohol (szacuje się, że 30–40% kobiet pijących nadmiernie w ciąży rodzi dziecko z tą chorobą).

Przyczyna. Spożywanie alkoholu (zwykle 5–6 porcji piwa, wina, wódki dziennie) w czasie ciąży.

Objawy towarzyszące. Problemy i zaburzenia rozwojowe.

Leczenie. Terapia indywidualnych upośledzeń.

Rokowanie. Zależnie od zakresu objawów.

ZNIEKSZTAŁCENIA

Co to jest? Nieprawidłowości występujące w jednym lub więcej narządów lub części ciała wywołane przez siły działające z zewnątrz, na przykład przy ciąży mnogiej.

Jak często występują? U 2 na 100 noworodków występują różne typy nieprawidłowości.

Kto jest podatny? Płód w zbyt małej lub zniekształconej macicy, z niedoborem płynu owodniowego, płód w ciąży mnogiej. Najczęściej dzieci, których matki są drobnej budowy i rodzą po raz pierwszy lub w przypadku nieprawidłowego ułożenia płodu, np. poród pośladkowy.

Przyczyna. Wyżej wymienione warunki w macicy, nacisk na rozwijający się płód.

Objawy towarzyszące. Zależnie od zniekształcenia.

Leczenie. W większości przypadków nie jest konieczne, gdyż z upływem czasu zniekształcona część ciała przybierze normalny kształt. Niektóre przypadki, np. skolioza (boczne skrzywienie kręgosłupa), zdeformowana stopa czy przemieszczenie biodra, wymagają leczenia.

Rokowanie. Najczęściej dobre.

ZWĘŻENIE ODŹWIERNIKA

Co to jest? Zgrubienie i zwężenie pierścienia mięśniowego, który łączy żołądek z dwunastnicą, co uniemożliwia przechodzenie zawartości żołądka do jelita. Prowadzi to do chlustających wymiotów, zwykle zaczynających się w wieku 3–4 tygodni życia. Często towarzyszą im zaparcia. Podczas badania lekarz może wyczuć zgrubienie. Należy wezwać lekarza niezwłocznie, jeśli dziecko gwałtownie wymiotuje po każdym karmieniu.

Jak często występuje? U 1 na 200 noworodków płci męskiej i u 1 na 1000 noworodków płci żeńskiej.

Kto jest podatny? Chłopcy bardziej niż dziewczynki, często jest to wada dziedziczna.

Przyczyna. Nieznana.

Objawy towarzyszące. Odwodnienie.

Leczenie. Chirurgiczne, po nawodnieniu dziecka. Zabieg chirurgiczny prawie zawsze jest skuteczny.

Rokowanie. Doskonałe.

Gdzie zwrócić się po pomoc

Oto kilka organizacji i przydatnych adresów internetowych, które mogą służyć rodzicom pomocą:

Polskie Towarzystwo Walki z Mukowiscydozą
ul. Skłodowskiej-Curie 2
34-700 Rabka
tel. (0-19) 26 76 060
e-mail: poczta@ptwm.org.pl

Fundacja MATIO (zrzeszająca rodziców dzieci chorych na mukowiscydozę)
ul. Celna 6
30-507 Kraków
tel. (0-12) 29 23 180
e-mail: krakow@mukowiscydoza.pl

Stowarzyszenie Osób Chorych na Celiakię i inne Zespoły Złego Wchłaniania
ul. Chrobrego 28
66-400 Gorzów Wielkopolski
tel. (0-95) 72 58 333

Stowarzyszenie na Rzecz Dzieci z zaburzeniami Genetycznymi GEN z siedzibą w Poznaniu
os. Jagiellońskie 5/13
61-225 Poznań
tel. (0-61) 87 99 042
e-mail: stowarzyszenie_gen@poczta.onet.pl

Stowarzyszenie Pomocy Chorym z Zespołem Turnera
ul. Nowogrodzka 62 A
02-002 Warszawa
tel. (0-22) 62 23 306

Polskie Towarzystwo Opieki nad Chorymi ze Stomią
ul. Przybyszewskiego 49
60-355 Poznań

Komitet Rozpowszechniania Karmienia Piersią
ul. Kasprzaka 17a
01-211 Warszawa
tel. 0-22 32 77 345
e-mail: kukp@laktacja.pl

http://pik.1.pl/ptzcha
(Polskie Towarzystwo Zwalczania Chorób Alergicznych)

www.dzieci.org.pl
(strona dzieci sprawnych inaczej)

www.celiakia.freshsite.pl

rzeczynski@yahoo.com
(Stowarzyszenie Osób Chorych na Celiakię)

22
Dziecko adoptowane

Chwila, w której stajesz się ojcem lub matką adoptowanego dziecka, jest tak samo radosna, odmieniająca życie i niepokojąca jak ta, w której przychodzi na świat twoje własne dziecko – niezależnie od tego, czy przynosisz do domu noworodka z miejscowego szpitala czy dziewięciomiesięczne niemowlę z innej części świata. Mimo iż czekaliście na tę chwilę zapewne dłużej niż prawdziwi rodzice, nawet wy możecie się czuć teraz, gdy oczekiwanie się zakończyło, zaskakująco nieprzygotowani do nowej roli. Oprócz radości napełnia was niepewność i poczucie, że się nie nadajecie. Tak samo, jak rodzeni rodzice.

Niniejszy rozdział jest przeznaczony specjalnie dla was – rodziców adopcyjnych. Większość porad zawartych w tej książce również wam się przyda. Wasze dziecko jest takie jak inne dzieci, a wy jesteście tacy jak inni rodzice (jedyny wyjątek polega na tym, że matka nie doświadcza fizycznych objawów poporodowych).

CO MOŻE CIĘ NIEPOKOIĆ

PRZYGOTOWANIE SIĘ

Moje koleżanki będące w ciąży są zaangażowane w różnego rodzaju przygotowania – szkołę rodzenia, wybieranie szpitala i lekarza. Ja jednak nie wiem, gdzie rozpocząć przygotowania na przybycie naszego adoptowanego dziecka.

Zamiast przerażać rodziców (wszystkich gatunków) niespodziewanym pojawieniem się dziecka, Matka Natura mądrze wymyśliła ciążę. Ten okres oczekiwania przed narodzeniem (albo wylęgnięciem) ma dać rodzicom szansę przygotowania się na nadejście potomstwa. Ma dać możliwość ptasiej matce uwić gniazdo, lwicy przygotować legowisko, a ludzkim rodzicom przygotować pokoik, chodzić na kursy, zastanowić się nad imieniem dla dziecka, podjąć podstawowe decyzje dotyczące karmienia piersią, opieki nad dzieckiem, wyboru pediatry i przygotowania się emocjonalnie, intelektualnie i fizycznie do stania się pełną rodziną.

Dla małżeństwa, które ma adoptować dziecko, okres oczekiwania nie jest zwykle przewidzianym okresem dziewięciomiesięcznym, tak jak dla innych rodziców. Dla niektórych cały proces może ciągnąć się latami, ale wielki dzień nadchodzi niespodziewanie, nie zostawiając dostatecznie dużo czasu, aby zdać sobie z niego sprawę, a jeszcze mniej, aby się przygotować. To trochę tak, jakby jednego dnia powiedziano ci, że jesteś w ciąży, a drugiego miałabyś już rodzić.

Dla innych rodziców, zwykle tych, którzy adoptują drogą prywatną, ustalenia dotyczące przysposobienia określonego dziecka mogą być podjęte znacznie przed jego narodzeniem, dając w ten sposób przyszłym rodzicom możliwość przejścia przez wszystkie etapy przygotowania, które w wielu wypadkach są bardzo podobne do tych, przez które przechodzą naturalni rodzice. Niezależnie jednak od tego, ile czasu pozostało nam do przybycia dziecka, istnieją pewne kroki, które możecie podjąć, aby przygotować się do tego wielkiego dnia.

Zróbcie zakupy z wyprzedzeniem. Przeczytajcie drugi rozdział tej książki. Większość przygotowań jest taka sama, niezależnie od tego, czy rodzisz, czy adoptujesz dziecko. Jeżeli nie jesteście pewni, kiedy dokładnie przybędzie dziecko, zróbcie zawczasu rekonesans dotyczący kołyski, wózka, wyprawki itp. Wybierzcie wszystko (z nazwami, rodzajami, rozmiarami), zapiszcie, w których są sklepach, abyście mogli nabyć je w momencie, gdy otrzymacie wiadomość, że możecie odebrać dziecko. Jeżeli adoptujecie drogą prywatną, znacie mniej więcej datę urodzin dziecka, możecie zrobić zakupy nieco wcześniej. Robienie zakupów z wyprzedzeniem jest znacznie lepsze niż próba robienia ich, gdy dziecko już jest, a wy zajęci jesteście poznawaniem go i przyzwyczajaniem się.

Dowiedzcie się, jak czują się rodzice adopcyjni. Dobrze jest porozmawiać (osobiście lub przez Internet) z innymi rodzicami, którzy adoptowali niemowlęta, o ich problemach, troskach i możliwych rozwiązaniach. Jeżeli to możliwe, znajdźcie jakieś grupy współpracy rodziców adopcyjnych i udajcie się na jakieś spotkania – wasz ksiądz, pediatra, prawnik czy agencja adopcyjna może wskazać wam odpowiednich ludzi i właściwe grupy. Internet może być wspaniałym źródłem potrzebnego wam wsparcia i wiedzy. Informacje znajdziecie także w książkach.

Dowiedzcie się, jak czują się nowo narodzone dzieci. Przeczytajcie trochę o narodzinach dziecka, tak abyście mieli pojęcie, czego wasze dziecko doświadczyło, przychodząc na świat. Dowiecie się, że po długim, ciężkim wysiłku dzieci mają prawo być zmęczone. Rozumieją to naturalni rodzice, ponieważ sami są wtedy zmęczeni. Rodzice adopcyjni, zwykle bardziej podnieceni i rozradowani niż zmęczeni, często nadmiernie je pobudzają, zamiast pozwolić mu odpocząć. Jeśli adoptujecie starsze dziecko, przeczytajcie o tych miesiącach, które już przeżyło, oraz o tych najbliższych. Należy wziąć pod uwagę, że jeśli dziecko spędziło pierwszy okres życia w sierocińcu lub pochodzi z rodziny, w której nie dbano o jego potrzeby, może być trochę zaniedbane pod względem rozwoju.

Nauczcie się właściwego postępowania. Dobrze jest wziąć udział w kursach dla rodziców, które uczą kąpania, przewijania, karmienia i noszenia dziecka. Można też zaplanować zatrudnienie na kilka dni pielęgniarki, która potrafi nie tylko przekazywać wiedzę na temat pielęgnacji niemowląt, ale także umie sama dobrze zajmować się niemowlęciem, aby mogła pomóc w podstawowych sprawach (patrz str. 17). Upewnijcie się, że zatrudniacie taką, która pomoże, a nie zastraszy.

Przypatrzcie się dzieciom. Zajrzyjcie do przyjaciół lub znajomych mających małe dzieci czy do szpitala dziecięcego w godzinach odwiedzin i przyjrzyjcie się dobrze, tak aby nowo narodzone niemowlę nie było dla was nowym widokiem. Przeczytajcie też rozdział 4 poświęcony noworodkom. Jeśli adoptowane dziecko ma kilka miesięcy, odwiedźcie niemowlęta w jego wieku.

Wybierzcie pediatrę. Ważne jest, abyście wcześniej wybrali pediatrę, tak jak robią to naturalni rodzice (patrz str. 27). Nie zwlekajcie z pierwszą wizytą do chwili, gdy będziecie trzymać dziecko w ramionach. Rozmowa z lekarzem przed adopcją będzie doskonałą okazją do zadania pytań i wyrażenia obaw, jakie macie w związku z dzieckiem czy wzięciem na siebie obowiązków rodzicielskich. Będziecie potrzebowali kogoś, kto będzie mógł zbadać dziecko już pierwszego dnia. Ponieważ zdrowie nowo narodzonego dziecka jest sprawą bardzo istotną, ważne jest, aby

Medycyna adopcyjna

Coraz więcej rodziców (w Stanach Zjednoczonych – przyp. red.) decyduje się na adoptowanie dziecka z innego kraju, zwykle takiego, w którym opieka medyczna jest na niższym poziomie. Choć większość problemów, z jakimi ci rodzice adopcyjni się zetkną, niczym się nie różni od problemów rodziców naturalnych z danego kraju (dziecko to dziecko, niezależnie od obywatelstwa), adoptowanie dziecka z innego kraju może się wiązać z kwestiami i problemami, z jakimi zwykły lekarz pediatra może nie umieć sobie poradzić. Dlatego też część rodziców zwraca się ze swymi troskami do jednego z wielu pediatrów specjalizujących się w medycynie adopcyjnej. Lekarze ci mają bogate doświadczenie w sprawach medycznych oraz rozwoju emocjonalnego, fizycznego i zachowania dzieci urodzonych w innych krajach – w szczególności w krajach nisko rozwiniętych – a adoptowanych przez pary ze Stanów Zjednoczonych. Dlatego też można zwrócić się do nich po konsultację przedadopcyjną (połączoną z oceną ewentualnych spraw zdrowotnych) w oparciu o istniejące zapisy. Jednak ponieważ często takie zapisy są niepełne – jeśli w ogóle istnieją – lekarze specjalizujący się w medycynie adopcyjnej służą także opieką poadopcyjną, rutynowo wykonując badania przesiewowe w kierunku chorób typowych dla kraju, z którego dziecko pochodzi.

Choć większość rodziców adopcyjnych nie potrzebuje konsultacji z takim specjalistą, są i tacy – szczególnie jeśli ich obawy co do stanu zdrowia dziecka są uzasadnione – którzy owego lekarza potrzebują. (Spis lekarzy specjalizujących się w problematyce adopcyjnej znajdziesz na stronie internetowej www.aap.org/sections/adoption) Jeśli przeczuwasz, że taka konsultacja przydałaby ci się, a tymczasem w twojej okolicy nie praktykuje żaden lekarz znający problemy związane z adopcją, poproś zwykłego pediatrę, by skonsultował się z kolegą o takiej specjalności i uzyskał odpowiedzi na trapiące cię pytania.

pediatra mógł natychmiast po urodzeniu obejrzeć dziecko i udzielić odpowiednich rad, jeżeli występuje jakiś problem. Jeśli dziecko pochodzi z zagranicy, mogą pojawić się dodatkowe sprawy zdrowotne, przyda się więc wam lekarz znający problematykę opieki nad adoptowanymi dziećmi pochodzącymi z innych krajów – patrz ramka powyżej.

Rozważ karmienie piersią. Niektóre matki adopcyjne są w stanie choćby częściowo karmić piersią swoje dzieci. Porozmawiaj z ginekologiem na temat takiej możliwości, jeśli jesteś nią zainteresowana, i spójrz na str. 589.

BRAK POCZUCIA RODZICIELSTWA

Nie przeszłam przez doświadczenia ciąży i teraz, kiedy trzymam dziecko, nie czuję się jak matka naszego adoptowanego syna.

Nie trzeba być matką adopcyjną, aby mieć kłopoty z przystosowaniem się do roli matki. Większość rodziców doświadcza tych samych wątpliwości, trzymając własne niemowlę, które w pierwszej chwili wydaje się im kimś obcym. Wszakże od „technicznej" strony patrząc, oficjalnie zostaje się matką w chwili urodzenia dziecka lub podpisania dokumentów, natomiast poczucie się nią to zupełnie inna sprawa. Na stworzenie się więzi z dzieckiem (rodzonym lub adoptowanym) potrzeba czasu: dni, tygodni, nawet miesięcy. Niewielu rodziców czuje się „jak rodzice" podczas tych trudnych, pierwszych dni i nocy, jednakże właściwie wszyscy prędzej czy później tego uczucia doznają. Najczęściej zaś wtedy, gdy opanują podstawy opieki nad niemowlęciem oraz przyzwyczajają się do rytmu dnia z nowym dzieckiem. Tak samo będzie z tobą.

Pamiętaj, że dziecku, w przeciwieństwie do ciebie, nie będzie trudno zaakceptować nową sytuację. Jemu wystarczy w zupełności twoja miłość i to, że opiekujesz się nim i zaspokajasz wszystkie jego potrzeby; przekonasz się o tym na długo przedtem, nim powie pierwszy raz „mama" czy „tata".

MIŁOŚĆ DO DZIECKA

Słyszałam, że naturalne matki zaczynają kochać swoje dzieci od razu na porodówce. Obawiam się, że ponieważ nie nosiłam i nie urodziłam tego dziecka, nigdy nie będę potrafiła go tak kochać.

To, że miłości matki do dziecka rodzi się w momencie, gdy dziecko przychodzi na świat, to jeszcze jeden mit. W rzeczywistości bowiem wielu naturalnych rodziców podziela twoje obawy. Często są zdziwieni i rozczarowani, że nie czują miłości od momentu, kiedy po raz pierwszy wzięli dziecko na ręce. Ani oni, ani ty nie macie się czym martwić. Nasienie matczynej czy ojcowskiej miłości nie kiełkuje cudownie przy pierwszym spotkaniu (ani podczas kolejnych kilku), ale do wzrostu potrzebuje czasu i pielęgnacji. Miłość ta rozkwita w rodzicach adopcyjnych tak samo jak w rodzicach naturalnych. Badania wykazują, że rodziny adopcyjne tworzą dobre, silne więzi, szczególnie jeśli dziecko zostaje adoptowane przed ukończeniem dwóch lat. Dzieci adoptowane często wykazują większą pewność siebie niż dzieci biologiczne, widzą świat bardziej pozytywnie, są bardziej odpowiedzialne za swoje życie i uważają swoich rodziców za lepiej wychowujących. Prawdopodobnie dlatego, że adoptowanie dziecka – w odróżnieniu od urodzenia go – jest zawsze świadomym wyborem.

DZIECKO DUŻO PŁACZE

Nasza dziewczynka bardzo dużo płacze. Czy robimy coś niewłaściwego?

Nie ma żadnych zdrowych niemowląt, które nie płaczą, a wiele z nich płacze dużo – jest to przecież ich jedyny sposób porozumiewania się. Czasami jednak płacz wzmaga się z powodu nadmiernego lub niewłaściwego pobudzania. Wielu rodziców adopcyjnych jest tak podnieconych przybyciem dziecka i z taką chęcią je pokazuje, że narażone jest ono na ustawiczne wizyty gości. To, że ty nie jesteś zmęczona porodem, nie oznacza, że twoje dziecko nie jest. Daj mu szansę odpocząć. Zwolnij. Obchodź się z nim delikatnie, mów spokojnie. Po kilku tygodniach spędzonych w spokojnej atmosferze może się okazać, że mniej płacze. Jeżeli nie, to może ma kolki, które nie są objawem zaniedbania z twojej strony, ale częstym zjawiskiem w pierwszych trzech miesiącach życia. Na stronie 167 znajdziesz informacje o kolce, natomiast na stronie 112 – rady, które pomogą ci zrozumieć, co dziecko chce ci zakomunikować płaczem.

DEPRESJA POADOPCYJNA

Jeżeli depresję poporodową uważa się za sprawę hormonalną, to jak to się dzieje, że jestem w depresji od momentu, kiedy przywieźliśmy do domu naszego adoptowanego syna?

Gdyby depresje poporodowe były uzależnione od hormonów, rodzice adopcyjni nie cierpieliby na nie, a jednak ich doświadczają. Bardzo wiele czynników przyczynia się do tego, co popularnie zwie się depresją poporodową. Większość z nich nie ma nic wspólnego z hormonami ani stresem związanym z porodem.

Niezależnie od tego czy adoptujesz, czy rodzisz, od chwili, gdy stałaś się matką, twoje życie zmieniło się na zawsze: inaczej spędzasz dni i noce, inaczej gospodarujesz pieniędzmi i czasem. Musisz się więc przyzwyczaić do nie przespanych nocy, ograniczonej bliskości z mężem, braku wolnego czasu, a jeśli bierzesz urlop opiekuńczy, do rezygnacji z życia zawodowego, co za tym idzie, zmniejszonego budżetu domowego. Zanim to nastąpi, na pewno będziesz się czuć nieswojo, będziesz przytłoczona i przygnębiona. Do depresji poporodowej przyczynia się także porażające przy pierwszym dziecku (naturalnym i adoptowanym) poczucie braku doświadczenia i niewiedza, co robić.

Prawdopodobne jest jednak, że przynajmniej część powodów twojej depresji jest

> ## Okres oczekiwania
>
> Choć wszyscy świeżo upieczeni rodzice mają mnóstwo spraw na głowie, ci, którzy adoptują dziecko, muszą załatwić jeszcze jedną ważną rzecz. Gdy tylko skończy się okres oczekiwania (czyli czas, jaki daje się matce biologicznej na ewentualną zmianę decyzji dotyczącej oddania dziecka do adopcji; trwa on w Stanach Zjednoczonych zwykle 30 dni), nie zapomnij zalegalizować adopcji. Niektórzy rodzice są tak zaaferowani (a także zmęczeni) w pierwszych tygodniach, że zapominają o tym i ostatecznie nie są formalnymi opiekunami dziecka. W późniejszym okresie prowadzić to może do poważnych komplikacji.

taka sama jak depresji poporodowej, tak więc i część porad może ci dopomóc. W rozdziale 23 znajdziesz wskazówki, jak pozbyć się depresji i cieszyć się swoją nową rolą.

KARMIENIE PIERSIĄ ADOPTOWANEGO DZIECKA

Po wielu latach prób zajścia w ciążę adoptujemy dziecko. Ogromnie się cieszę, że stworzymy rodzinę, ale jestem bardzo rozczarowana, że nie będę mogła sama karmić tego dziecka.

Kiedy dziecko już się urodziło, matka adopcyjna może robić właściwie to samo co matka biologiczna. Dotyczy to również w pewnym stopniu karmienia piersią. Choć większość matek adopcyjnych nie zdoła wywołać laktacji na tyle, by odżywiać dziecko wyłącznie swym pokarmem, są jednak takie, którym udaje się karmić swoje dziecko przynajmniej częściowo. Te matki adopcyjne, które usiłują wywołać laktację, ale im się to nie udaje, też odnoszą korzyści z prób karmienia dziecka.

Karmienie piersią będzie tylko wtedy możliwe, gdy dziecko adoptowane dopiero się urodziło i nie jest jeszcze przyzwyczajone do ssania smoczka, a ty nie masz medycznych przeciwwskazań do karmienia piersią (np. operacja piersi).

Zanim utwierdzisz się w przekonaniu, że chcesz karmić piersią adoptowane dziecko, zadaj sobie poniższe pytania:

Dlaczego tak bardzo chcę karmić? Jeśli odpowiedź na to pytanie brzmi: ponieważ chcę dać dziecku najlepsze pożywienie na początku jego życia oraz dzielić z nim emocjonalną przyjemność płynącą z poczucia bliskości, jaką daje karmienie – na pewno powinnaś spróbować. Z drugiej strony jednak, jeżeli próbujesz udowodnić swoją wartość jako kobiety albo wyprzeć się przed sobą czy przed innymi (świadomie czy podświadomie), że twoje dziecko jest adoptowane, zastanów się raz jeszcze. Ważne jest, abyś zaakceptowała fakt, że nie jesteś w stanie począć dziecka i że jest ono adoptowane. Jeżeli tego nie uczynisz, ty i twoje dziecko możecie mieć później problemy.

Jak bardzo jestem do tego przekonana? Zapytaj siebie, czy chcesz odłożyć wszystko na czas prób wywołania laktacji. Może się zdarzyć, że będziesz musiała karmić niemal non stop i będziesz narażona na tygodnie intensywnych prób i – być może – frustracji, które przyniosą tylko rozczarowanie. Czy jesteś gotowa zaakceptować fakt, że może ci się nie udać, a nawet jeżeli ci się uda, to będziesz w stanie karmić tylko częściowo?

Czy ktoś da mi wsparcie? Czy twój małżonek i inni członkowie rodziny zrozumieją cię i będą ci pomocni? Bez takiego wsparcia twoje szanse sukcesu są praktycznie zerowe.

Jeśli jednak zdecydowanie chcesz zrobić wszystko, by karmić dziecko piersią, postąp zgodnie z poniższymi wskazówkami, gdyż dzięki nim łatwiej ci będzie zacząć:

- Skontaktuj się ze swoim ginekologiem, omów szanse karmienia twojego adoptowanego dziecka i upewnij się, że nie ma warunków, które by uniemożliwiały karmienie albo sprawiały, że jest ono niewskazane w tym przypadku. Jeżeli lekarz nie zna się na sposobach wywoływania laktacji, poproś o skierowanie do lekarza znającego to zagadnienie, na przykład do pediatry.

- Czytaj. W rozdziale 3 znajdziesz wszystko, co powinnaś wiedzieć na temat karmienia piersią.

- Poszukaj pomocy. Zgłoś się do poradni laktacyjnej.

- Zacznij jak najwcześniej. Jeżeli wiesz zawczasu, kiedy mniej więcej otrzymasz dziecko (jeśli adoptujesz dziecko od konkretnej kobiety w ciąży), powinnaś zacząć stymulować laktację mniej więcej miesiąc przed wyznaczoną datą. Będziesz potrzebowała do tego odciągacza pokarmu, najlepiej elektrycznego. Gdyby udało ci się odciągnąć nieco pokarmu, włóż go do sterylnego pojemniczka i zamroź. Na stronie 140 znajdziesz wskazówki, jak ściągać mleko.

- Stymulowanie w trakcie karmienia. Gdy dziecko już się urodzi, zaopatrz się w dodatkowy system karmienia. W ten sposób będziesz mogła próbować wywołać laktację, podając mu pierś do ssania, jednocześnie karmiąc je mieszanką mleczną. Nawet jeśli nie będziesz w stanie od początku karmić piersią (na przykład dlatego, że nie wiedziałaś wcześniej, kiedy zostaniesz matką), system ten pomoże ci nadrobić zaległości, bez straty dla dziecka. A gdyby się okazało, że masz za mało pokarmu, by karmić dziecko wyłącznie piersią, korzystaj z dodatkowego karmienia tak długo, jak długo przystawiasz swą pociechę do piersi. Na stronie 151 znajdziesz więcej informacji o tym systemie.

- Stymuluj wypływanie pokarmu. Jeżeli pokarm nie wypływa (choć jest wytwarzany – aby zaczął wypływać, potrzebne są hormony), poproś lekarza o przepisanie oksytocyny w sprayu i/lub leku takiego, jak chloropromazine albo theophyline. Jeden z nich może stymulować przysadkę do produkcji prolaktyny (hormonu potrzebnego do produkcji mleka), ale żadnego z nich nie powinno się używać dłużej niż przez tydzień.

- Dużo odpoczywaj, relaksuj się, dużo śpij. Nawet kobieta, która właśnie urodziła, nie wyprodukuje dostatecznej ilości pokarmu, jeżeli jest spięta i zmęczona. Stres może zahamować wypływanie pokarmu, dlatego też postaraj się uspokoić przed każdym karmieniem czy stymulowaniem piersi.

- Dobrze się odżywiaj. Stosuj dietę poporodową (patrz str. 597), zwracając szczególną uwagę na dostateczną ilość kalorii, płynów i odpowiedni zasób witamin.

- Nie poddawaj się zbyt szybko. Ciało kobiety w ciąży ma zwykle 9 miesięcy na przygotowanie się do laktacji. Daj więc swojemu przynajmniej dwa lub trzy. Nie rezygnuj.

Uczucie wypływania pokarmu i zaspokojenie głodu dziecka (które objawia się zadowoleniem po karmieniu, zmoczonymi pieluchami i częstymi wypróżnieniami) będą oznaczać, iż twój wysiłek się opłacił. Jeśli natomiast masz wrażenie, że maluszkowi samo karmienie piersią nie wystarcza, używaj systemu dokarmiania. (Na stronie 148 przeczytasz, jak poznać, czy dziecko otrzymuje dość pożywienia, oraz jak zwiększyć wytwarzanie pokarmu.)

Jeżeli mimo wszystkich twoich wysiłków nie uda ci się wyprodukować mleka albo twoje piersi nie wydzielają go tyle, aby zapewnić dziecku dostateczną ilość pożywienia (niektórym matkom biologicznym także się to zdarza), nie powinnaś się martwić, zarzucając swoje wysiłki. Ty i twoje dziecko odnieśliście już ważne korzyści z karmienia piersią. Możesz też kontynuować karmienie, dokarmiając maluszka butelką.

PODEJŚCIE DZIADKÓW

Moi rodzice mają już troje wnucząt, za którymi szaleją. Mnie jest jednak bardzo przykro, że nie są tak zachwyceni chłopcem, którego właśnie adoptowałam.

Łatwo wytłumaczyć to, że dziadkowie przywiązują się do swoich biologicznych wnuków. Urodzili własne dzieci i łatwo pokochać im dzieci swoich dzieci. Mogą jednak czuć się trochę niepewnie, nie wiedząc, czy będą potrafili pokochać adoptowanego wnuka tak samo łatwo i tak samo mocno – przecież nawet rodzice adopcyjni nie są tego pewni – i dlatego może pozostają na uboczu, bojąc się, że im się nie powiedzie. Może również nie zaakceptowali jeszcze poczucia rozczarowania (albo winy), że nie udaje ci się zajść w ciążę, a może nawet w głębi serca wierzą, że jeszcze mogłoby ci się udać. Mogą też być zagniewani, jeżeli decydujesz się na adopcję z wyboru.

Łatwo można zrozumieć, że czujesz się zraniona brakiem zainteresowania rodziców twoim dzieckiem, ale nie próbuj się odwzajemniać, wykluczając ich z jego życia. Im częstszy będzie ich kontakt z przybranym wnukiem, tym szybciej nauczą się akceptować i kochać go.

Idealnie byłoby wciągnąć dziadków w przygotowania na przybycie adoptowanego dziecka w taki sam sposób, jak byliby lub już byli wciągnięci w przygotowania do narodzin biologicznego dziecka. Zaangażuj ich w zakup mebli i wyprawki, w wybieranie misiów i grzechotek, poradź się ich w sprawie koloru pokoju dla dziecka i wybierania dla niego imienia. Dając dziecku rodzinne nazwisko, możesz sprawić, że będzie ono dla nich bliższe.

Kiedy dziecko będzie już w domu, zasięgnij rady swoich rodziców w sprawie karmienia, czkawki, kąpieli czy przewijania, nawet jeżeli tych rad naprawdę nie potrzebujesz. Jeśli mieszkają w pobliżu, poproś ich, aby czasem popilnowali dziecka. Jeżeli planujesz chrzciny, oficjalne nadanie imienia czy jakieś rytualne obrzezanie, poproś ich, aby odgrywali główną rolę w przygotowaniach i samej uroczystości. Jeżeli nie przewidujesz żadnej uroczystości religijnej, zastanów się nad zrobieniem powitalnego przyjęcia dla krewnych i znajomych. Twoi rodzice będą się mogli pochwalić dzieckiem, co da im poczucie bycia prawdziwymi dziadkami.

Jeżeli masz takie możliwości, to porozmawiaj z nimi, jak ty odbierasz ich uczucia. Powiedz, że przy tego rodzaju doświadczeniu niepewności są rzeczą naturalną – sama je miałaś. Jeśli znajdą ujście dla swoich uczuć, sami poczują się lepiej i z tobą, i z dzieckiem. Jeżeli nie możesz porozmawiać z nimi bezpośrednio na ten temat, to może ceniony członek rodziny, przyjaciel domu, duchowny lub lekarz mógłby zrobić to za ciebie.

Przede wszystkim daj swoim rodzicom mnóstwo czasu na poznanie maleństwa; znać dziecko zwykle oznacza kochać je. Miej pewność, że nie jesteś przewrażliwiona ani nie przesadzasz, upewnij się, że twoje dziecko jest rzeczywiście inaczej traktowane. Jeżeli nadal twoi rodzice nie będą go w pełni akceptować, spróbuj ukryć swoje uczucia i utrzymywać więzi rodzinne, mając nadzieję, że zbliżenie nadejdzie z czasem.

NIE ZNANE PROBLEMY ZDROWOTNE

Właśnie adoptowaliśmy śliczną, małą dziewczynkę. Wydaje się idealna, ale wciąż martwię się, że pojawią się jakieś nie rozpoznane dotychczas problemy dziedziczne.

Niezależnie od tego, czy dziecko jest adoptowane czy nie, tworzywo genetyczne jest niepewne. Wszyscy rodzice od czasu do czasu martwią się o możliwe nie wykryte defekty. Na szczęście naprawdę poważne uszkodzenia genetyczne są rzadkie i większość rodziców niepotrzebnie się martwi. Byłoby jednak dobrze zdobyć jak najdokładniejsze informacje o rodzicach biologicznych, aby przekazać je lekarzowi dziecka i zachować na wypadek przyszłej choroby. Spróbuj również zorganizować, załatwiając formalności adopcyjne, ewentualne możliwości odnalezienia prawdziwej matki (na przykład po numerze ubezpieczenia, jeśli nie adoptujesz dziecka z zagranicy), na wypadek gdyby wynikły jakieś nieprzewidziane kłopoty i dziecko potrzebowałoby kontaktu z prawdziwą matką (np. w wypadku przeszczepu szpiku).

Mimo że u dziecka adoptowanego występuje takie samo prawdopodobieństwo wystąpienia uszkodzeń dziedzicznych jak u bio-

Adopcja i przeciwciała

Jeśli zaadoptowaliście starsze dziecko, musicie zwrócić uwagę na sprawę szczepień. Ponieważ niektóre agencje zajmujące się adopcją nie mają aktualnych danych na ten temat, trudno zgadnąć, jakie malec otrzymał szczepienia, jeśli w ogóle był szczepiony. Dziecko pochodzące z innego kraju może nie mieć szczepień wymaganych według krajowego kalendarza szczepień – a nawet jeśli było szczepione, nie ma żadnej gwarancji, że zastosowane szczepionki są skuteczne, gdyż mogły na przykład być źle przechowywane bądź podane.

W celu sprawdzenia odporności dziecka, lekarz pediatra powinien przeprowadzić badanie krwi określające, jakie przeciwciała znajdują się w małym organizmie. Gdyby wynik badania wykazał brak przeciwciał, należy dziecko zaszczepić. Nie martw się, że możliwie zaszczepiono je dwukrotnie przeciw jednej chorobie – każda ewentualna niepożądana reakcja (rzadka i zwykle niegroźna) jest lepsza niż zachorowanie.

Dzieci adoptowane z zagranicy powinny być poddane badaniom przesiewowym w kierunku wielu chorób zakaźnych, w tym gruźlicy i zapaleniu wątroby typu B, ponieważ były bardziej narażone na zakażenie nimi.

---

logicznego, jest ono jednak bardziej podatne na infekcje. Nie mając tych samych drobnoustrojów co rodzice adopcyjni, dziecko takie ma mniejsze szanse wytwarzania przeciwciał przeciwko drobnoustrojom w swoim otoczeniu. Należy więc stosować dodatkowe środki ostrożności przez kilka pierwszych tygodni. Na przykład zanim dotkniesz dziecka, umyj ręce, butelkę i smoczek czy cokolwiek innego, co może ono wziąć do buzi albo do rączek. Ogranicz też wizyty. Chociaż pokusa pochwalenia się jest duża, odczekaj parę tygodni, zanim narazisz dziecko na kontakt z dużą liczbą gości. A maluszkowi także przyda się wypoczynek.

Jeżeli twoja pociecha pochodzi z zagranicy, szczególnie z południowo-wschodniej Azji, może być siedliskiem infekcji albo pasożytów rzadkich u nas. Pediatra powinien znać kraj pochodzenia i zbadać dziecko pod względem miejscowych chorób tej części świata zaraz po przybyciu. Natychmiastowe leczenie wszelkich problemów nie tylko zapewni twojemu dziecku dobry start w życie, ale zabezpieczy również resztę twojej rodziny.

PRZYJACIELE I RODZINA

Kilku bliskich przyjaciół wiedziało, że chcieliśmy adoptować dziecko. Teraz jednak, kiedy ono jest już u nas, musimy powiedzieć wszystkim znajomym. Nie jestem pewna, jak to zrobić.

Niezależnie od tego, czy dziecko jest adoptowane czy naturalnie urodzone, rodzice tradycyjnie powiadamiają o szczęśliwym wydarzeniu, wysyłając zawiadomienia do przyjaciół i rodziny, a czasami też do lokalnej gazety. To, jakich użyjecie słów i zwrotów, zależy wyłącznie od was. Oczywiście możecie zaznaczyć, że dziecko jest adoptowane, ale na pewno nie ma takiego obowiązku. Macie prawo powiedzieć o nim tak samo jak wszyscy rodzice na świecie. Jeśli jest noworodkiem, ogłoście jego narodziny: „Miło nam powiadomić o narodzinach..." Jeśli jest nieco starsze, powiadomcie o jego pojawieniu się: „Z radością informujemy o pojawieniu się..." lub „...że pojawiła się w naszej rodzinie..." Jeżeli dołączycie zdjęcie dziecka, pomoże to uczynić je bardziej prawdziwym dla przyjaciół i rodziny.

Rozmawiając z kimkolwiek o dziecku, zawsze mówcie o nim „nasze dziecko" albo „moje dziecko". Mówiąc o rodzicach, którzy je poczęli, używajcie raczej słowa „biologiczni" rodzice niż „prawdziwi" czy „naturalni". Wy jesteście prawdziwymi rodzicami dziecka i im więcej będziecie o sobie w ten sposób mówić, tym szybciej wszyscy to zaakceptują. Jeżeli macie inne rodzone dzieci, nie nazywajcie ich „nasze własne dzieci" ani nie pozwalajcie innym ludziom tak o nich mówić.

POWIEDZENIE DZIECKU PRAWDY

Mimo że nasz syn jest jeszcze niemowlęciem, martwię się już, jak i kiedy powiemy mu, że jest adoptowany.

W obecnych czasach nie jest to już taki problem. Dzisiaj specjaliści zgadzają się, że dzieci powinny wiedzieć i mają prawo wiedzieć o swojej adopcji i powinny się o tym dowiedzieć od swoich rodziców, a nie przez mimowolne gafy krewnych. Uważa się również, że najlepsza jest metoda stopniowego zaznajamiania dziecka z faktem, że jest adoptowane – i to już od niemowlęcia – aby potem nie zaszokowała go ta wiadomość.

Możesz zacząć od razu, kiedy dziecko jest naprawdę małe i faktycznie nie rozumie, co do niego mówisz. Tak samo jak biologiczna matka opowiada dziecku o dniu, w którym się urodziło, możesz mówić mu o dniu, w którym przywiozłaś je do domu: „To był najpiękniejszy dzień naszego życia". Kiedy gaworzysz do niego, możesz mówić: „Jesteśmy tak szczęśliwi, że cię adoptowaliśmy" albo: „Mieliśmy szczęście, że udało nam się adoptować tak cudowne dziecko jak ty". Chociaż maleństwo nie potrafi nawet w najmniejszym stopniu zrozumieć, co oznacza „adopcja", przynajmniej dopóki nie skończy trzech, czterech lat, fakt, że wcześnie spotyka się z tym pojęciem, uczyni je bardziej naturalnym, a tym samym późniejsze wytłumaczenie będzie łatwiejsze.

Dziecko może też dowiedzieć się o tym, że zostało adoptowane, dzięki albumowi upamiętniającemu to wydarzenie. Zachowajcie zdjęcia, spiszcie wspomnienia z dnia, w którym przyprowadziliście je do domu, opiszcie, co się wtedy działo i co czuliście, gdy pierwszy raz wzięliście dziecko w ramiona lub gdy zamieszkało z wami. Jeśli przywieźliście je z zagranicy, taki album będzie doskonałym miejscem na udokumentowanie waszej podróży, a przy okazji da dziecku możliwość zapoznania się z miejscem, w którym się urodziło. W wypadku otwartej adopcji zdjęcia matki biologicznej (szczególnie gdy ty też na nich jesteś i razem czekacie na przybycie dziecka) także ułatwią malcowi pojąć istotę adopcji. Wspólne przeglądanie albumu, cokolwiek by się w nim znalazło, na pewno będzie waszym ulubionym zajęciem przez najbliższe lata – album ten stanie się wyjątkową pamiątką wyjątkowego dnia, w którym pewne małe dziecko stało się częścią waszego życia, dnia, w którym wspólnie staliście się rodziną.

Świadczenia przy adopcji

Coraz bardziej rozpowszechnia się moda, pozytywna moda, na traktowanie rodziców adopcyjnych przez przyjazne dla rodziny zakłady pracy tak samo, jakby byli rodzicami biologicznymi – przyznając im prawa do zasiłków. Oficjalny akt prawny Family Medical Leave Act w USA przyznaje rodzicom w dużych zakładach do 12 tygodni urlopu bezpłatnego na okoliczność narodzin lub adoptowania dziecka, natomiast myślący perspektywicznie pracodawcy idą jeszcze jeden krok do przodu, oferując rodzicom adopcyjnym dodatkowe przywileje, jakimi dobrowolnie obdarowują rodziców biologicznych – w tym urlopy płatne*. Jeśli twój zakład pracy nie daje takich świadczeń przy adopcji (sprawdź w kadrach), zastanów się, czy nie zastosować lobbingu wraz z innymi rodzicami adopcyjnymi i osobami popierającymi taką ideę.

---

* W Polsce pracownicy przysługuje urlop na warunkach urlopu macierzyńskiego, jeśli przyjęła dziecko na wychowanie i wystąpiła do sądu opiekuńczego z wnioskiem o wszczęcie postępowania w sprawie jego przysposobienia. Wymiar tego urlopu jest zróżnicowany w zależności od wieku dziecka. Prawo do wyżej wymienionego urlopu przysługuje też pracownikowi. Małżonkowie mogą podzielić się tym urlopem jak w przypadku urodzenia dziecka.

Zasiłek macierzyński przysługuje na podobnych zasadach – kiedy kobieta przyjęła dziecko na wychowanie i wystąpiła do sądu opiekuńczego w sprawie jego przysposobienia (przyp. red.).

Część 3

DLA RODZINY

23
Dla mamy: radość z pierwszego roku macierzyństwa

Twoje ciało sprostało właśnie największemu wyzwaniu, jakie zna człowiek. Jest teraz wyczerpane, pozbawione rezerw składników odżywczych, osłabione, zmęczone, zmuszone do wysiłku, z jakiego istnienia nie zdawałaś sobie nawet sprawy. Nie dość, że przeszłaś przez trudy związane z oczekiwaniem na dziecko, teraz czeka cię jeszcze trudniejsze zadanie: macierzyństwo.

Ponieważ ciąża i poród są przeżyciami fizycznie wycieńczającymi, pierwsze sześć tygodni po urodzeniu dziecka nazywane jest „okresem rekonwalescencji". Ale teraz, gdy pochmurne w pierwszych tygodniach po porodzie niebo już się rozpogodziło, a bóle związane z porodem (niemal) zniknęły, zaczynasz powoli znowu czuć się sobą. Może nawet przyzwyczajasz się do rytmu życia (fakt, że dość wyczerpującego) z maleństwem i uznajesz, że czynności początkowo tak trudne, teraz są dla was całkiem łatwe. Mimo iż coraz lepiej radzicie sobie z obowiązkami rodzicielskimi, wiele jeszcze przed wami stoi wyzwań w pierwszym roku życia dziecka: znalezienie czasu dla siebie i współmałżonka, powrót do pracy i odnowienie kontaktów towarzyskich. Praca w tym niebezpiecznym zawodzie, jakim jest rodzicielstwo, wymaga uświadomienia sobie, że nawet najlepszy żongler czasem upuści piłeczkę. A kiedy zaczynacie się zastanawiać, czy życie będzie jeszcze kiedyś takie jak poprzednio, ze zdumieniem odkrywacie, iż wcale nie chcielibyście, aby tak się stało.

CO POWINNAŚ JEŚĆ
Dieta poporodowa

Jeśli będąc w ciąży, włożyłaś sporo wysiłku w to, by zmienić swe nawyki żywieniowe, nie powinnaś od nich teraz odstępować. Jeśli natomiast nie odżywiałaś się w czasie ciąży tak, jak należy, nie ma lepszej okazji, by wreszcie to zmienić. Chociaż dieta poporodowa może być nieco swobodniejsza od diety ciążowej, powinna ona zaspokajać potrzeby energetyczne organizmu (abyś nadążała za swym maleństwem), umożliwiać wytwarzanie pokarmu, ale też pozwalać na stopniowe zredukowanie nabytych w czasie ciąży kilogramów.

DZIEWIĘĆ PODSTAWOWYCH ZASAD ŻYWIENIA MATEK KARMIĄCYCH

Prawidłowe odżywianie nie tylko przyspiesza rekonwalescencję po porodzie, ale ma także ogromny wpływ na szybkie wyrównanie strat i niedoborów energii spowodowanych ciążą i porodem. Jest również niezbędnym warunkiem prawidłowego karmienia piersią. Chociaż nieodpowiednia dieta matek karmiących może nie wpłynąć na ilość wytwarzanego przez nie mleka, w każdym razie nie w ciągu kilku miesięcy (nawet kobiety silnie niedożywione są w stanie produkować pokarm przez pewien czas), to jednak może obniżyć jakość mleka i spowodować niedobory w organizmie matki. Niezależnie od tego, czy będziesz karmić piersią czy nie, warto przestrzegać dziewięciu następujących zasad odżywiania w okresie poporodowym:

Jedz treściwie. Choć w przeciwieństwie do okresu ciąży nie przekazujesz dziecku teraz wszystkiego, co zjadasz (jeśli nie karmisz piersią – to niczego), nadal nie powinnaś ograniczać dziennych racji pokarmowych, zakładając, że wszystko, co zjadasz, służy racjonalnemu odżywianiu się. Właściwy dobór produktów zapewnia wydzielanie pełnowartościowego pokarmu, dostarcza energii tak potrzebnej do sprawnego funkcjonowania w czasie bezsennych nocy i nie kończących się dni, wreszcie przyczynia się do szybszego powrotu do sylwetki sprzed ciąży. Oczywiście odżywiając się zdrowo, możesz od czasu do czasu pozwolić sobie na małe zachcianki – nie przesadzaj tylko z kaloriami, bo trudno ci będzie zrzucić zbędne kilogramy. Ale zasłużyłaś na odrobinę przyjemności.

Nie wszystkie kalorie mają tę samą wartość. W żywieniu każdego członka rodziny obowiązuje ta sama zasada: 2000 kalorii dostarczonych organizmowi przez jedno danie typu fast food nie równa się 2000 kalorii pochodzących z trzech wartościowych posiłków. 235 kalorii z mrożonego ciastka na pewno ma wspaniały smak, lecz 235 kalorii pochodzących z połówki surowej kantalupy polanej mrożonym jogurtem czekoladowym też jest pyszne – a tylko jedno z tych dań (zgadnij które?) ma mnóstwo wartości odżywczych; drugie natomiast zawiera jedynie puste kalorie. Podobnie 160 mało wartościowych kalorii zawartych w dziesięciu frytkach jest o wiele bardziej niezdrowych niż ta sama liczba kalorii w pieczonym ziemniaku posypanym startym żółtym serem, z brokułami ugotowanymi na parze.

Nieregularne jedzenie szkodzi dziecku. Chociaż nieregularne jedzenie nie jest potencjalnie groźne (jak było w czasie ciąży), stały brak określonych pór na posiłki może spowodować niedobory pokarmowe w twoim organizmie i pozbawić cię niezbędnej energii. Jeśli więc karmisz piersią, nieodpowiednia dieta, oparta na przykład na chwilowych gastronomicznych modach, może poważnie zmniejszyć ilość wydzielanego przez piersi pokarmu.

Stań się ekspertem w sprawach racjonalnego żywienia. Aby stopniowo pozbywać się nadwagi, dbając jednocześnie o wysoką jakość spożywanych posiłków, należy tak dobierać produkty pokarmowe, by zawierały niezbędne składniki odżywcze, nie przekraczając określonej liczby kalorii. Na obiad zjadamy na przykład indyka czy makaron z warzywami zamiast tłustej kiełbasy lub spaghetti z sosem. Jeśli chudniesz zbyt szybko, zwiększ dzienną rację pokarmową, a tym samym liczbę kalorii, ale unikaj produktów sycących o niskiej wartości odżywczej. Zjedz na przykład awokado lub kilka orzechów, ale daruj sobie wypełniony powietrzem popcorn, który daje uczucie sytości i nic poza tym.

Węglowodany to problem złożony. Właśnie węglowodany złożone, nierafinowane, powinnaś spożywać w okresie poporodowym, a najlepiej przez całe życie. Dotyczy to również twojej rodziny. Pieczywo pełnoziarniste, płatki, kasze, brązowy ryż, warzywa strączkowe, wszystkie te produkty zawierają duże ilości błonnika, który korzystnie wpływa na pracę jelit. Produkty te bogate są także w witaminy i składniki mineralne oraz dostarczają więcej energii niż węglowodany rafinowane.

Słodkie nic – to dokładnie nic. Przeciętny Amerykanin zjada pod różnymi postaciami około 70 kg cukru rocznie. Część pochodzi bezpośrednio z cukiernicy, gdy posypuje cukrem płatki, owoce, słodzi herbatę lub kawę. Sporą część stanowi cukier ukryty w ciastach, ciastkach i innych słodyczach. Zadziwiająca jest też proporcjonalnie wysoka zawartość cukru w zupach, sosach sałatkowych, pieczywie, hot dogach, konserwach, zamrożonych gotowych daniach obiadowych. Jeśli konsumujesz cukier na poziomie przeciętnym, dostarczasz organizmowi ok. 800 bezwartościowych kalorii dziennie. U świeżo upieczonej mamy, która dba o jakość swojego pożywienia i pragnie zachować dobrą sylwetkę, sporadyczne przekąszenie czegoś słodkiego nie spowoduje od razu rewolucji w organizmie. Może ją jednak spowodować stałe folgowanie takim słodkim żądzom.

Dobre jedzenie pamięta, skąd pochodzi. Przemysłowe oczyszczanie produktów żywnościowych pozbawia je istotnych składników pokarmowych. Nierzadko takie oczyszczone drogą przemysłową produkty zawierają wiele szkodliwych tłuszczów nasyconych, sodu, cukrów, a także sztucznych barwników i dodatków chemicznych nie sprzyjających zdrowej diecie, a nawet zatruwających pokarm matki (patrz str. 88). Im więcej w twoim pożywieniu produktów bliskich swej pierwotnej postaci, tym lepiej dla ciebie i dziecka.

Niech odpowiednia dieta będzie udziałem całej rodziny. Obejmij swoją dietą całą rodzinę. Niech twoje dziecko wzrasta w domu, w którym wszyscy odżywiają się prawidłowo. Taki styl życia przekłada się na zdrowie przez wiele lat (i dłuższe życie) nie tylko dla ciebie, lecz również dla twego męża i dzieci.

Nie sabotuj własnej diety. Chociaż możesz pozwolić sobie na słabego drinka, nawet jeśli karmisz piersią, zwiększenie spożycia alkoholu ma zdecydowanie zły wpływ na zdrowie matki i karmione przez nią dziecko. To samo dotyczy palenia papierosów i używania narkotyków (patrz str. 87).

„CODZIENNA DWUNASTKA" KOBIET PO PORODZIE I MATEK KARMIĄCYCH

Jeśli przyswoiłaś już sobie najważniejsze zasady diety poporodowej, aby mieć pewność, że dostarczasz organizmowi niezbędnych substancji odżywczych, nie musisz z mozołem obliczać kalorii zawartych w każdym posiłku ani też śledzić długich tabel wartości odżywczych poszczególnych produktów. Wystarczy, abyś upewniła się, że twoje posiłki pokrywają dzienne zapotrzebowanie na dwanaście podstawowych substancji pokarmowych.

Kalorie. Potrzebujesz odpowiedniej liczby kalorii, które dadzą ci energię niezbędną młodej matce, nie za dużo jednak – bo będziesz miała kłopoty ze zrzuceniem przybranych kilogramów.

Przeciętnie dzienne zapotrzebowanie energetyczne kobiety karmiącej wynosi ok. 400–500 kalorii więcej niż przed urodzeniem dziecka (jeśli karmisz bliźnięta, musisz tę liczbę podwoić, a jeśli trojaczki – potroić). Jeżeli stwierdzisz, że nie udaje ci się zredukować masy ciała, możesz po sześciu tygodniach od porodu zmniejszyć liczbę spożywanych kalorii. Nie należy obniżać jej jednak zbyt drastycznie, gdyż mogłoby to negatywnie wpłynąć na ilość pokarmu.

Nawet jeśli nie karmisz piersią, nie zaczynaj się odchudzać w pierwszych sześciu tygodniach po porodzie. W tym okresie bowiem powinnaś zacząć tracić zbędne pociążowe kilogramy, jednocześnie zachowując energię – a to za sprawą spożywania takiej samej liczby kalorii, jaka byłaby ci potrzebna do utrzymania przedciążowej masy ciała*. A kiedy okres rekonwalescencji po porodzie dobiegnie końca i będziesz mogła bezpiecznie za-

---

* Aby wiedzieć, jaka dzienna liczba kalorii pozwoli ci powrócić do normalnej masy ciała, należy w wypadku kobiet mało ruchliwych pomnożyć jej wartość sprzed ciąży przez 12, w wypadku kobiet aktywniejszych – przez 15, a jeśli należysz do osób bardzo energicznych, pomnóż ją przez 22.

cząć się odchudzać, możesz zmniejszyć tę liczbę o 200 do 500 kalorii dziennie, jednak nie decyduj się na radykalne odchudzanie bez porozumienia z lekarzem.

Bez względu na to, czy karmisz piersią czy nie, codzienne kontrolowanie masy ciała jest najlepszym sprawdzianem, czy liczba kalorii, które dostarczasz organizmowi, jest za duża, za mała czy wystarczająca. Dopóki stopniowo dochodzisz do swej normalnej masy i, osiągnąwszy ją, nie chudniesz dalej, postępujesz właściwie. Reguluj więc masę ciała dostarczaniem organizmowi odpowiedniej liczby kalorii. Ponadto warto pamiętać, że zawsze korzystniej jest zredukować niepożądane kilogramy, wykonując ćwiczenia fizyczne, niż radykalnie przechodząc na dietę niskokaloryczną. Jeśli nie udaje ci się powstrzymać chudnięcia, powinnaś porozumieć się z lekarzem.

Białko: 3 porcje dziennie, jeśli karmisz piersią, 2 – jeśli nie. Na jedną porcję przypada jeden z poniższych produktów: 2 1/2–3 kubków chudego mleka, 1 3/4 kubka chudego jogurtu, 150 g chudego twarożku, 2 jaja plus 2 białka, białko z 5 jaj, 100 g ryby, mięsa lub drobiu, 5–6 łyżek tofu. Inne produkty sojowe (w tym wiele gotowych mrożonych dań obiadowych dla wegetarian) także mogą zawierać dużą ilość białka – sprawdź na etykietce. Dla kobiet karmiących bliźnięta norma spożycia białka zwiększa się dwukrotnie, a w przypadku trojaczków – trzykrotnie. Matki-wegetarianki, które nie spożywają białka pochodzenia zwierzęcego, powinny również podwoić dzienną normę spożycia białka, gdyż białko pochodzenia roślinnego nie odznacza się tak wysoką jakością jak białko zwierzęce.

Produkty zawierające witaminę C: 2 porcje dziennie, jeśli karmisz piersią, przynajmniej 1 – jeśli nie. Weź pod uwagę, że wiele produktów zawierających witaminę C wypełnia również zapotrzebowanie na warzywa zielone liściaste oraz żółte warzywa i owoce. Na jedną porcję przypada jeden z poniższych produktów: 100 g truskawek, 1/4 małego melona, połowa grejpfruta, 1 pomarańcza, 0,5–

> ### Potrójne uderzenie
>
> Jak najwięcej wartości odżywczych, a jak najmniej kalorii? Proszę bardzo – wybieraj taką żywność, której jedna porcja pokrywa zapotrzebowanie na różne składniki odżywcze. Wiele wyrobów mlecznych zaspokaja zapotrzebowanie na wapń i białko, a część najwartościowszych warzyw i owoców to zarówno dawka z kategorii żółtych i zielonych liściastych warzyw plus witamina C. Prawdziwą gwiazdą wśród zdrowej żywności są brokuły, prawdziwe „trzy w jednym": zielone liściaste, witaminę C i – jeśli spożywasz ich sporo – wapń.

–0,75 kubka soku z owoców cytrusowych, 1/2 dużego mango, papai czy guawy, 150 g brokułów lub kalafiora, 200 g posiekanej białej lub włoskiej kapusty, 1 średnia zielona papryka lub 1/2 średniej czerwonej papryki, 2 małe pomidory lub szklanka soku pomidorowego.

Warzywa zielone i żółte oraz żółte owoce: 2–3 porcje dziennie, jeśli karmisz piersią, 2 – jeśli nie. Pamiętaj, że większość z nich zaspokaja także zapotrzebowanie na witaminę C. Na jedną porcję przypada jeden z poniższych produktów: 2 świeże lub suszone morele, niewielki kawałek melona, 1/2 mango, 1 pomarańczowa brzoskwinia lub nektarynka, 100 g ugotowanych brokułów, 1/2 średniej marchewki, 8–10 dużych liści sałaty rzymskiej (długolistnej), 100 g gotowanych zielonych warzyw, 1/4 kubka gotowanej, nie osłodzonej dyni, 1/4 małego patata, 1 łyżka stołowa nie słodzonej dyni z puszki.

Wapń: 5 porcji dziennie, jeśli karmisz piersią, 3 – jeśli nie. Wiele z produktów zawierających wapń ma także sporą ilość białka. Na jedną porcję przypada jeden z poniższych produktów: 35 g sera szwajcarskiego, 40 g sera cheddar, 1 kubek niskotłuszczowego mleka, 150 ml mleka o zwiększonej ilości wapnia, 1/2 kubka skondensowanego odtłuszczonego mleka, 1/3 kubka chudego mleka w proszku, 1 1/2 kubka chudego twarożku, 170 do 230 g jogurtu, mrożony jogurt (zawartość wapnia w nim jest różna, sprawdź na etykietce), 180 ml soku pomarańczowego wzbogaconego wapniem, 1 3/4 kubka brokułów, 1 kubek jarmużu, 2 1/2 łyżki stołowej melasy z trzciny cukrowej, 115 g łososia z puszki lub 85 g sardynek z ościami, tofu (zawartość wapnia jest różna, sprawdź na etykietce; jedna porcja powinna zawierać około 30% dziennego zapotrzebowania), 2 tortille z mąki kukurydzianej (także sprawdź etykietki). Dla matek karmiących więcej dzieci dzienne zapotrzebowanie na wapń zwiększa się o jedną porcję na każde dziecko. Wskazane jest też, aby w takich przypadkach spożywać produkty mleczne wzbogacone o wapń albo stosować specjalne preparaty wapniowe. Dla wegetarianek, które wykluczają z jadłospisu produkty mleczne i spożywają tylko potrawy pochodzenia roślinnego, sprostanie dziennemu zapotrzebowaniu na wapń może okazać się trudne. W takich przypadkach produkty roślinne (lub na przykład soki pomarańczowe) powinny być wzbogacone wapniem. Niedobór tego pierwiastka można także uzupełniać preparatami wapniowymi. Chociaż nieodpowiednia ilość wapnia u matek karmiących nie wpływa zasadniczo na jakość pokarmu, jego brak organizm uzupełnia, czerpiąc go z kości matki, co w przyszłości może stać się przyczyną osteoporozy.

Inne owoce i warzywa: 1–2 porcje dziennie. Na jedną porcję składa się jeden z poniższych produktów: 1 jabłko, gruszka, banan lub biała brzoskwinia, 100 g wiśni lub winogron, 1 plaster ananasa, 2/3 kubka jagód, 2 kubki pokrojonego arbuza, 3/4 kubka gotowanej fasolki szparagowej, 5 daktyli, 3 figi, 50 g rodzynek, 6–7 szparagów, 100 g brukselki, 2/3 kubka gotowanego pasternaku, groszku cukrowego lub zielonego, 1 średni ziemniak, 50 g grzybów.

Ziarna zbóż lub inne węglowodany złożone: 6 porcji dziennie, niezależnie od tego, czy karmisz czy nie. Na jedną porcję składa się jeden z poniższych produktów: 1/2 szklanki ugotowanego brązowego ryżu, kaszy jaglanej lub gryczanej, całych ziaren jęczmienia, kruszonej pszenicy, 1/2 kubka gotowanej fasolki lub groszku, 1 porcja płatków pełnoziarnistych mieszanych, 2 łyżki kiełków pszenicy, 1 kromka razowego chleba, 1/2 grahamki lub muffiny, 1 duża lub 1/2 małej pełnoziarnistej pity, 1 tortilla z mąki kukurydzianej lub pszennej z pełnego przemiału, 1 porcja krakersów pełnoziarnistych lub sojowych, 2 ciastka ryżowe, 30 g wysokobiałkowego makaronu, 2 kubki popcornu prażonego powietrzem.

Produkty bogate w żelazo: 1–2 porcje dziennie. Żelazo, w różnych ilościach, znajduje się w suszonych owocach, mięsie wołowym, grochu i innych suchych warzywach strączkowych, skórkach ziemniaków, w dyni, gotowanych warzywach, słoneczniku bulwiastym (topinamburze), ostrygach, sardynkach, soi i jej produktach, w szpinaku, melasie, chlebie świętojańskim oraz wątrobie*. Znajdziemy go także w kiełkach pszenicy, pełnych ziarnach i płatkach śniadaniowych wzbogaconych żelazem.

Produkty tłuste: niewielka ilość dziennie. Chociaż rozsądne spożywanie odpowiednich tłuszczów w czasie ciąży było niezbędne i twój organizm bez trudu radził sobie ze zwiększonymi dawkami cholesterolu, to jednak teraz musisz dokonać w jadłospisie pewnych zmian, zwracając szczególną uwagę na odpowiedni dobór produktów tłuszczowych. Powszechnie uważa się, że dla człowieka dorosłego liczba kalorii pochodzących ze spożywania tłuszczów nie powinna przekraczać 30% dziennego zapotrzebowania energetycznego. Osoby zagrożone chorobami serca powinny obniżyć te normy jeszcze bardziej. Oznacza to, że jeśli dla utrzymania właściwej masy ciała potrzebujesz około 1800 kalorii dziennie, nie powinnaś spożywać więcej niż 62 gramy tłuszczu (9 kalorii na 1 gram). Ponieważ jednak większość produktów zawiera

---

* Wątrobę, mimo wysokich wartości odżywczych, należy spożywać rzadko ze względu na zawartą w niej dużą ilość cholesterolu. Ponadto wątroba to magazyn związków chemicznych, które zwierzęta otrzymują w paszy.

tłuszcze, począwszy od grzanki na śniadanie (1 gram w jednej kromce, bez masła), poprzez kanapkę z żółtym serem na drugie śniadanie (3 plasterki żółtego sera zawierają średnio 14 gramów tłuszczu) i rybę na obiad (nawet 150 gramów fileta pieczonego na ruszcie zawiera 10 g tłuszczu), widać, jak łatwo przekroczyć dopuszczalną normę. Jeden posiłek w barze szybkiej obsługi (na przykład hamburger, frytki, napój i ciastko) może zasadniczo zachwiać twój reżim żywieniowy. Jeśli potrafisz powstrzymać się od takich ekscesów i zjadasz potrawy niskokaloryczne, możesz pozwolić sobie na jeden lub dwa produkty tłuste w ciągu dnia. Jedną porcję tłuszczu (od 11 do 14 gramów) mogą stanowić następujące wysokotłuszczowe produkty: 30 g twardego sera (szwajcarskiego, cheddar, łagodnego sera wędzonego), 2 łyżki startego parmezanu, 1 1/2 łyżki chudej śmietany, orzechów pekanowych, ziemnych bądź włoskich, 2 łyżki stołowe bitej śmietany, 1 łyżka stołowa kremówki, 2 łyżki kwaśnej śmietany, 1 kubek pełnego mleka lub pełnomlecznego jogurtu, 1/2 kubka lodów, 170 g tofu, 1/4 małego awokado, 1 łyżka stołowa masła orzechowego, 100 g ciemnego mięsa lub 200 g chudego mięsa indyczego lub kurczaka (bez skóry), 110 g tłustego mięsa ryb (na przykład łososia), 2 duże jajka lub 2 małe żółtka, 2 małe herbatniki lub jedna średnia babeczka, 1 kawałek ciasta lub 3 ciastka (różnej wielkości w zależności od przepisu). Czysty tłuszcz, czyli: 1 łyżka stołowa oliwy z oliwek, olejów: z pestek winogron, słonecznikowego, rzepakowego lub innego oleju roślinnego; masła, margaryny lub majonezu; 2 łyżki stołowe „lekkiej" margaryny, 2 łyżki stołowe zwykłego sosu sałatkowego.

Potrawy słone: w ograniczonych ilościach. W ciąży nie musiałaś bardzo ograniczać spożycia soli, teraz raczej należy zacząć to robić. Czytaj uważnie etykietki i unikaj produktów z dużą zawartością sodu. Jeśli w rodzinie nie ma osoby na diecie niskosodowej, możesz dodawać niewielkie ilości soli do gotowanych potraw. Najlepiej jednak, przygotowując posiłki dla całej rodziny, szczególnie dla małych dzieci, nie stosować soli w ogóle. Dzieci źle przyswajają zawarty w soli sód, a przez stałe podawanie im tej przyprawy mogą szybko się od niej uzależnić.

Płyny: przynajmniej 8 kubków dziennie, niezależnie od tego, czy karmisz piersią czy nie. Karmiąc bliźnięta, musisz wypijać cztery dodatkowe kubki. Ogólnie zaleca się picie takich płynów, jak woda źródlana, soki owocowe i warzywne, mleko i zupy. Do źródeł płynów możesz zaliczyć także mleko (zawiera 2/3 wody), soczyste owoce i warzywa i inne. Nie należy jednak przesadzać z ilością wypijanych płynów, gdyż ich nadmiar (powyżej dwunastu kubków dziennie) może zahamować wydzielanie pokarmu.

Witaminy uzupełniające. Ponieważ nikt nie jest w stanie przestrzegać idealnej diety, karmiąc piersią, powinnaś dodatkowo zażywać preparaty witaminowe, przeznaczone specjalnie dla matek karmiących. Preparaty powinny zawierać cynk i witaminę K. Jeśli nie jadasz produktów mięsnych (nawet mleka i jaj), bezwzględnie musisz uzupełniać dietę o co najmniej 4 mikrogramy witaminy B_{12} (która występuje jedynie w produktach pochodzenia zwierzęcego), 0,5 mg kwasu foliowego, a jeśli nie przebywasz przez co najmniej pół godziny dziennie na słońcu – powinnaś przyjmować także około 400 mg witaminy D (ilość ta odpowiada 0,25 l mleka).

Nawet jeśli nie karmisz dziecka piersią, przynajmniej przez sześć tygodni po porodzie powinnaś zażywać te same preparaty witaminowe, które zażywałaś w ciąży. Po tym okresie zaleca się stosować typowe preparaty wielowitaminowe z minerałami. Uzupełniają one ewentualne niedobory w diecie, której ze względu na brak czasu i sprzyjających okoliczności nie zawsze udaje nam się przestrzegać.

Dla kobiet w okresie rozrodczym przeznaczone są specjalne preparaty zawierające żelazo. Zostały one opracowane z myślą o utracie tego mikroelementu podczas ciąży, podczas krwawienia poporodowego czy miesiączkowego.

JEŚLI NIE KARMISZ PIERSIĄ

Dobre odżywianie jest bardzo ważne dla wszystkich młodych matek w okresie połogu. Dzięki spożywaniu wartościowych pokarmów nie tylko szybko wrócisz do formy, ale także będziesz miała energię niezbędną do utrzymania tempa, jakie nadaje rosnące niemowlę (czyli wytrzymanie stanu permanentnego niedoboru snu, który zwie się "wczesnym macierzyństwem"). Zwiększysz swoje szanse na uniknięcie chorób (od pewnych rodzajów nowotworów poprzez cukrzycę po osteoporozę), o których wiemy, że do ich powstania przyczynia się nieprawidłowa dieta. Dlatego nawet nie karmiąc piersią, odżywiaj się prawidłowo, kierując się przy tym dziewięcioma podstawowymi zasadami i "codzienną dwunastką" dla zdrowia twojego i dziecka.

Co może cię niepokoić

WYCZERPANIE

Wiedziałam, że będę się czuła wyczerpana w okresie poporodowym, ale upłynęły już trzy miesiące od porodu i nadal jestem wykończona. Czy coś jest nie w porządku?

Praktycznie wszystkie młode matki czują się początkowo jak chodzące (zmieniające pieluchy i karmiące) zombi, gdy muszą odzyskiwać siły po porodzie, jednocześnie starając się sprostać opiece nad noworodkiem, który jeszcze nie zrozumiał różnicy między nocą a dniem, oraz przyzwyczajając się do całodobowych obowiązków rodzicielskich. Choć przyjęto, że okres połogu trwa sześć tygodni, uczucie wyczerpania nie kończy się wraz z ich upływem.

Rzadko komu udaje się uniknąć tego permanentnego rodzicielskiego zmęczenia, charakteryzującego się fizycznym wyczerpaniem, które nie ma końca, i prawie całkowitym brakiem energii. I nie ma się co dziwić. Nie ma zajęcia tak emocjonalnie i fizycznie obciążającego, jak opieka nad dzieckiem w pierwszym roku. Wysiłek i napięcie nie ograniczają się do ośmiu godzin dziennie lub pięciu dni w tygodniu, nie ma przerw na śniadanie lub na kawę, żeby odetchnąć. Rodzice, którzy mają pierwsze dziecko, dodatkowo doświadczają stresu towarzyszącego każdej nowej pracy: przed nimi popełnianie błędów, problemy do rozwiązania, wiele do nauczenia. Jeśli to wszystko nie jest w stanie jej wyczerpać, siły młodej mamy są także podkopywane przez karmienie piersią, dźwiganie rosnącego malucha i różnych przedmiotów oraz przez wstawanie w nocy do dziecka.

Świeżo upieczona mama, która podejmuje pracę zawodową, może być bardzo zmęczona i wyczerpana, próbując wykonywać dobrze dwie prace. Wstaje wcześnie, aby zająć się dzieckiem, zdążyć je nakarmić, zanim pójdzie do pracy. A kiedy wraca do domu, musi się nie tylko zająć dzieckiem, lecz często też gotowaniem, sprzątaniem, praniem. Co więcej, może się zdarzyć, że będzie musiała wielokrotnie wstawać w nocy do dziecka, a rano ma być przecież żwawa i radosna. W takim wypadku wyczerpanie jest nieuniknione, nawet dla supermamy.

Naturalnie dobrze jest skontaktować się z lekarzem, aby się upewnić, że nie ma medycznych podstaw dla twojego wyczerpania (na przykład nie chorujesz na poporodowe zapalenie tarczycy). Jeśli wszystko jest w porządku, z czasem, kiedy nabierzesz doświadczenia, kiedy wdrożysz się do nowych obowiązków i twoje dziecko zacznie przesypiać noc, nie kończące się zmęczenie zacznie ustępować (chociaż możesz czuć się niedospana do czasu, kiedy dzieci pójdą do szkoły). Powinnaś też odzyskać energię, kiedy przyzwyczaisz się do nowej sytuacji. Tymczasem warto, byś skorzystała z porad, co zrobić, by nie czuć się jak jeden z bohaterów filmu *Noc żywych trupów*:

- Przyjmij każdą oferowaną ci pomoc. Postaraj się znaleźć kogoś, kto bezinteresownie lub odpłatnie wyręczy w pracach domowych.

- Równy podział. Zrób listę wszystkich zajęć związanych z opieką nad dzieckiem i prac domowych, następnie rozdziel je równo między siebie i męża. Kieruj się przy tym planem dnia (jeśli on pracuje w ciągu dnia, będzie oczywiście miał czas rano i wieczorem lub w nocy), preferencji i możliwości (pamiętaj, iż jedynym sposobem na osiągnięcie doskonałości w każdej czynności – przewijaniu czy kąpaniu – jest ćwiczenie). Jeśli karmisz z butelki, możecie się zmieniać przy nocnych karmieniach (jedną noc ty, drugą – on), żebyś mogła się nieco wyspać. A nawet jeśli karmisz piersią, raz na jakiś czas tato może wstać do dziecka, by je przewinąć, nim poda ci je do karmienia. Albo postawcie łóżeczko obok waszego łóżka, wtedy wystarczy tylko sięgnąć ręką, by przystawić dziecko do piersi. Gdy będziesz już karmić regularnie, możesz codziennie odciągać pokarm do buteleczki, żeby tato nakarmił dziecko, dając ci czas na sen.

- Równouprawnienie rodziców – nie ma nic takiego (poza karmieniem piersią), czego tato nie mógłby zrobić tak samo dobrze jak mama. A mimo to wiele młodych matek nie pozwala mężowi nawet spróbować zająć się ich pociechą, lub krytykuje wszystko, doprowadzając męża do tego, że w końcu z rezygnacją rzuca pieluchę. Jeśli więc nie możesz odpocząć, bo dręczy cię uczucie „wolę zrobić to sama; ja zrobię to lepiej", pozbądź się go szybko!

- Kładź się wcześniej spać. To oczywiste, że jeśli wcześniej położysz się spać, łatwiej ci będzie wstać rano. Nie siedź wieczorami przed telewizorem czy przy Internecie. Połóż się jak najwcześniej, by jak najlepiej się wyspać (choćby nawet przerywanym snem).

- Ucinaj sobie drzemkę razem z dzieckiem. Choć wydaje się to szalone (masz przecież pranie do zrobienia, gotowanie i tysiące innych rzeczy na głowie) i niewykonalne (zwłaszcza jeśli masz drugie małe dziecko lub starsze, które potrzebuje pomocy przy zadaniu domowym), staraj się odpoczywać razem ze swym maluszkiem, choćby przez połowę przesypianego przez niego czasu. „Odprężające drzemki", choć tylko piętnastominutowe, bywają zaskakująco regenerujące.

- Nie zapominaj o właściwej diecie. Oczywiście masz wiele pracy przy karmieniu dziecka (jeśli karmisz piersią, czasem możesz odnieść wrażenie, że jest to nie kończąca się czynność). Pamiętaj jednak o zaspokajaniu zapotrzebowania (większego dla karmiących matek) na składniki odżywcze. Oczywiście dobrze jest podjadać (która młoda matka ma czas na to, by zasiąść do dwudaniowego obiadu z deserem?), pod warunkiem że przekąski są zdrowe. Miej zawsze w zapasie pożywne małe co nieco: kawałeczki sera, ugotowane na twardo jajka, małe porcje jogurtu i białego sera, pokrojone owoce, świeżo skrojone warzywa i dip, mieszankę ulubionych płatków śniadaniowych z orzechami i rodzynkami, podzielone na małe porcje trzymane w plastykowych woreczkach, strączki sojowe ugotowane w słonej wodzie, pełnoziarniste krakersy, lody z mrożonego soku owocowego lub jogurtu.

- Ruszaj się. Choć zmęczenie po porodzie wynika z braku odpoczynku, nasila się przez brak aktywności oraz świeżego powietrza. Postaraj się codziennie chodzić na

Jesteś młodą matką?

Pewnie masz prawie tyle samo pytań o to, jak dbać o siebie, co jak dbać o swe maleństwo. Odpowiedzi na pytania o wszystko, co może cię spotkać (i zaniepokoić) w trakcie tych pierwszych sześciu tygodni po porodzie – od krwawień po hemoroidy, od wypadania włosów po nocne pocenie się, od pierwszego wypróżnienia po pierwszą wizytę poporodową – znajdziesz w rozdziale 15 i 16 książki *W oczekiwaniu na dziecko* (Dom Wydawniczy REBIS). Gdy minie okres połogu, wróć do *Pierwszego roku życia dziecka*, by przeczytać o tym, co może cię zainteresować w pierwszym roku życia twego maleństwa.

spacery z dzieckiem (szczególnie gdy dopadnie cię popołudniowa chandra). Przy nieodpowiedniej dla dziecka pogodzie pospacerujcie razem po hipermarkecie czy muzeum. Więcej będziesz miała też energii, jeśli zaczniesz uprawiać gimnastykę pociążową, w grupie lub indywidualnie (patrz str. 615).

DEPRESJA POPORODOWA

Moje dziecko ma już ponad miesiąc, a ja niezmiennie czuję się przygnębiona. Czy moje samopoczucie nie powinno się już poprawić?

Jeśli przygnębienie po porodzie (które prawdopodobnie dotyczy 60 do 80% kobiet, zwykle w pierwszym tygodniu po narodzinach dziecka) nie znika z upływem czasu, zapewne mamy do czynienia z depresją poporodową. Prawdziwa depresja poporodowa (z ang. PPD – *postpartum depresion*) występuje rzadziej (dotyczy około 10 do 20% kobiet) niż przygnębienie poporodowe, trwa o wiele dłużej (od kilku tygodni do roku lub dłużej) i jest znacznie poważniejsza. Może rozpocząć się podczas porodu, zwykle jednak miesiąc czy dwa później; niektóre kobiety odczuwają ją dopiero po pierwszej miesiączce po narodzinach dziecka lub odstawieniu malca od piersi (głównie z przyczyn hormonalnych). Kobiety, które wcześniej miały depresję poporodową, depresję, zespół przedmiesiączkowy lub mają depresję w historii rodziny i/lub przechodziły ciężki poród albo też mają chore lub trudne dziecko, są bardziej narażone na depresję poporodową.

Objawy depresji poporodowej są podobne do objawów przygnębienia poporodowego*, są jednak bardziej nasilone. Należą do nich: płacz i rozdrażnienie, zaburzenia snu (spanie cały dzień lub trudności z zaśnięciem), zaburzenia odżywiania (brak łaknienia lub ciągłe podjadanie), utrzymujące się uczucie smutku, niemożność lub niechęć do dbania o siebie lub dziecko, przesadny lęk o dziecko, zaburzenia pamięci. Jeśli objawy te utrzymują się przez dwa, trzy tygodnie, można podejrzewać, że winna jest depresja poporodowa, która nie zniknie bez profesjonalnej pomocy. Nie czekaj, by się o tym przekonać.

Po pierwsze, zadzwoń do lekarza i poproś, by dał ci skierowanie na badanie poziomu hormonów tarczycy. Nieregularne ich wydzielanie (częste w okresie połogu) może prowadzić do huśtawek emocjonalnych. Jeśli wynik badania okaże się prawidłowy, zwróć się o skierowanie do terapeuty, który ma kliniczne doświadczenie w leczeniu depresji poporodowej, po czym jak najszybciej umów się na wizytę. Powinna ci pomóc terapia, na którą złoży się podawanie takich leków przeciwdepresyjnych jak Zoloft lub Prozac (uważany za nieszkodliwy w trakcie laktacji) i doradztwo. Terapia światłem często sprawdza się w leczeniu depresji poporodowej i można ją zastosować zamiast leczenia farmakologicznego lub wraz z nim. (Niedawno przeprowadzone badania wykazują, iż podawanie leków przeciwdepresyjnych, takich jak Zoloft czy Prozac, kobietom z grupy wysokiego ryzyka zaraz po porodzie zapobiega depresji poporodowej. Niektórzy lekarze przepisują wręcz niewielkie ich dawki w trzecim trymestrze ciąży kobietom, u których depresja poporodowa występowała już wcześniej.)

Pamiętaj, że niezależnie od tego, jaką metodę wspólnie z terapeutą uznacie za najlepszą w twoim przypadku, ważne, by interwencja była natychmiastowa. Nie leczona depresja może bowiem utrudnić tworzenie więzi z dzieckiem i opiekę nad nim. Może także mieć tragiczny wpływ na związek z mężem i innymi dziećmi, zdrowie i dobre samopoczucie młodej matki.

Są też kobiety, które zamiast depresji (a czasem oprócz niej) czują wielkie podenerwowanie czy lęk, czasem doświadczając ataków paniki, którym towarzyszą: przyspieszone bicie serca, przyspieszony oddech, uderzenia gorąca i zimna, bóle w klatce piersiowej, zawroty głowy, rozdygotanie. Objawy te również wymagają natychmiastowego leczenia przez wykwalifikowanego terapeutę.

---

* Więcej na temat przygnębienia poporodowego znajdziesz w książce *W oczekiwaniu na dziecko*.

Pomoc w przypadku depresji poporodowej

Jeszcze do niedawna depresja poporodowa była stanem lekceważonym przez społeczność medyczną, ignorowanym przez społeczeństwo, omawianym zdawkowo przez lekarzy, a tymczasem kobiety cierpiały niepotrzebnie, wstydliwie, w ciszy. Sytuacja taka sprawiła, że do młodych matek nie docierały informacje o depresji poporodowej oraz skutecznych metodach jej leczenia. A co najgorsze, nie otrzymywały one tak potrzebnej im pomocy.

Na szczęście poglądy lekarzy bardzo się zmieniły; zmieniło się także leczenie depresji poporodowej. W wielu stanach przeprowadza się już lub opracowuje kampanie edukacyjne, w których ramach nakłada się na szpitale obowiązek przekazywania kobietom przed powrotem do domu informacji o tym stanie, tak aby młodzi rodzice potrafili wcześnie rozpoznać objawy i zwrócić się po pomoc.

Także lekarze wiedzą coraz więcej o depresji poporodowej. Uczą się, jak rozpoznawać czynniki ryzyka podczas ciąży, jak rutynowo prowadzić badania przesiewowe podczas wizyt kontrolnych po urodzeniu się dziecka, oraz jak leczyć ją szybko, bezpiecznie i skutecznie. Naukowcy opracowują obecnie metody prowadzenia badań przesiewowych (takich jak na przykład prosty test składający się z serii pytań zadawanych kobiecie podczas kontrolnej wizyty po sześciu tygodniach od urodzenia dziecka), żeby móc szybciej rozpoznawać i leczyć depresję poporodową.

Depresja poporodowa należy do tych rodzajów depresji, które najłatwiej leczyć. Zatem jeśli w nią wpadniesz, nie męcz się dłużej niż trzeba. Powiedz o niej, zwróć się o pomoc.

Więcej informacji znajdziesz na stronach internetowych www.postpartum.net; www.postpartumassistance.com i www.behavnet.com/dadsgwa

---

Najcięższa, rzadko występująca postać depresji, to psychoza poporodowa. Do jej objawów należą utrata poczucia rzeczywistości, halucynacje i/lub urojenia. Jeśli masz myśli samobójcze, czujesz agresję, potrzebę używania przemocy, słyszysz głosy lub masz inne objawy psychozy, nie czekaj – dzwoń do lekarza **natychmiast** i nalegaj na otrzymanie natychmiastowej pomocy. Nie daj się nikomu zwieść stwierdzeniem, że takie uczucia są normalne po porodzie – bo nie są. Aby nie dać posłuchu niebezpiecznym myślom, poproś sąsiadkę, by została z tobą do czasu przybycia lekarza.

WYPEŁNIANIE OBOWIĄZKÓW

Teraz gdy mam dziecko, zalegam ze wszystkim: sprzątaniem, praniem, naczyniami, dosłownie ze wszystkim. Mój dom był nieskazitelny, a teraz to jeden wielki bałagan. Aż do tej pory zawsze uważałam siebie za osobę kompetentną.

Rozpatrzmy wzięcie na siebie odpowiedzialności za nowo narodzone dziecko. Noce i dnie zlewają się w jedno nie kończące się karmienie. Dodajmy do tego kilku gości za dużo, poporodowe wrzenie hormonów, być może też rozgardiasz w domu powstały podczas twojego pobytu w szpitalu albo w ostatnim okresie ciąży, wtedy, gdy z trudem się poruszałaś i o sprzątaniu nie mogło być mowy. I jeszcze nieuniknione góry upominków, pudełek, papieru do pakowania oraz kartek, za które należałoby podziękować. Uczucie, że podczas gdy zaczyna się twoje nowe życie z dzieckiem, stare – z jego porządkiem i czystością – rozsypuje się wokół ciebie, jest naturalne.

Nie wpadaj w panikę. Twoja nieudolność, by sprostać wszystkiemu (dziecko i dom) podczas pierwszych dni pobytu w domu, w żaden sposób nie przesądza o twoim przyszłym sukcesie w roli matki. Wszystko będzie się poprawiać, w miarę jak będziesz odzyskiwała siły, zaznajomisz się z podstawowymi zasadami opieki nad niemowlęciem i nauczysz się, jak być trochę mniej nieugiętą. Następujące kroki mogą okazać się pomocne:

Weź się w garść. Niespokojne rozpamiętywanie tego, co musisz zrobić, sprawia, że wszystko to wydaje się dwukrotnie trudniejsze niż jest w rzeczywistości. Zrelaksuj się. Weź kilka głębokich oddechów, po czym zamiast starać się zrobić wszystko naraz (co na pewno ci się nie uda), skup się na tym, co jest naprawdę ważne, a mianowicie na poznawaniu i czerpaniu radości z nowo narodzonego dziecka. Nie dopuszczaj myśli o pracach domowych, gdy jesteś z nim (techniki relaksacyjne, które poznałaś w szkole rodzenia mogą się okazać pomocne). Kiedy rozejrzysz się wokół siebie później, bałagan i chaos ciągle tam będą, ale ty będziesz wiedziała, jak lepiej sobie z nimi poradzić.

Odpoczynek. Może to wyglądać paradoksalnie, ale najlepszy sposób, by zdołać zrobić różne rzeczy, to zapewnienie sobie więcej odpoczynku. Daj sobie szansę, aby w pełni wrócić do zdrowia po porodzie, a będzie ci łatwiej i prościej radzić sobie z nowymi obowiązkami i odpowiedzialnością.

Zorganizuj pomoc. Jeśli jeszcze nie zorganizowałaś pomocy domowej – płatnej lub nie – i nie podjęłaś kroków, by zadbać o utrzymanie domu i gotowanie, teraz nadszedł na to czas. Podzielcie z mężem obowiązki (zajmowanie się dzieckiem i domem) uczciwie między siebie.

Ustal priorytety. Czy ważniejsze jest odkurzenie dywanów, gdy dziecko śpi, czy też relaks ze stopami w górze, tak byś czuła się odświeżona i wypoczęta, gdy ono się obudzi? Czy naprawdę koniecznie musisz ścierać kurz z regałów, czy może lepiej wykorzystasz czas, zabierając dziecko na spacer w wózku? Pamiętaj, że zrobienie zbyt wielu rzeczy zbyt szybko może pozbawić cię energii potrzebnej, aby wszystko zrobić dobrze, i podczas gdy dzień, w którym twój dom będzie znowu czysty, z pewnością nadejdzie, twoje dziecko już nigdy nie będzie miało dwóch dni, tygodni czy miesięcy.

Zorganizuj się. Listy, wykazy są najlepszym przyjacielem „nowej" mamy. Pierwszą rzeczą każdego ranka powinno być przygotowanie listy rzeczy, które mają być wykonane. Podziel je na trzy kategorie: zadania, którymi trzeba się jak najszybciej zająć, te, które mogą poczekać do końca dnia, oraz te, które można odłożyć do jutra, do przyszłego tygodnia lub nawet na później. Ustal godziny wykonania poszczególnych czynności, biorąc pod uwagę swój osobisty zegar biologiczny (kiedy jesteś najwydajniejsza: rano czy też później w ciągu dnia) oraz zegar biologiczny twojego dziecka (oczywiście na tyle, na ile w tym momencie jego życia można to określić).

Mimo iż zorganizowanie dnia na papierze nie zawsze oznacza, że wszystko zostanie wykonane zgodnie z planem (w rzeczywistości w przypadku młodych matek rzadko tak się zdarza), da ci to poczucie kontroli nad tym, co wydaje się w dużej mierze nie do opanowania. Plany naniesione na papier są zawsze konkretniejsze i łatwiejsze do zrealizowania niż te kotłujące się w twojej głowie. Może się nawet okazać, po przygotowaniu takiego spisu, że w rzeczywistości masz mniej do zrobienia, niż myślałaś. Nie zapomnij wykreślać wykonanych zadań – daje to satysfakcjonujące uczucie wypełnienia. I nie martw się o to, co nie zostało wykreślone – po prostu przesuń te punkty na listę dnia następnego.

Inna dobra metoda organizacyjna wiąże się ze sporządzaniem bieżącej listy osób, które obdarzają upominkami twoje dziecko. Myślisz, że będziesz pamiętała, że kuzynka Ania przysłała ten uroczy niebieski sweterek, lecz gdy otrzymasz siedemnasty, pamięć może cię zawieść. I pamiętaj, by zanotować fakt, że wysłałaś kartkę z podziękowaniem, tak byś ostatecznie nie wysłała dwóch do cioci Eli i wujka Jurka, a ani jednej do przełożonego.

Uprość swoje życie. Dokonaj wszelkich możliwych uproszczeń. Zaproś do domu mrożone warzywa, zaprzyjaźnij się z pobliskim barem sałatkowym i panem, który przywozi pizzę na telefon.

Część tego, co masz zrobić jutro, zrób dziś wieczorem. Gdy już położysz dziecko spać wieczorem, a zanim padniesz ze zmęczenia na kanapie na zasłużony odpoczynek, zmobilizuj się do wykonania jeszcze kilku rzeczy, tak byś nie musiała robić ich następnego ranka. Uzupełnij zapas pieluszek. Przygotuj mleko na poranne karmienie oraz wszystko do wypicia porannej kawy. Posegreguj pranie. Przygotuj odzież dla siebie i dla dziecka. W ten sposób w dziesięć minut skończysz to, co zajmie trzy razy więcej czasu, jeśli dziecko nie będzie spało. Dzięki świadomości, że masz mniej do zrobienia rano, twój nocny wypoczynek będzie dużo lepszy i spokojniejszy (oczywiście jeśli maleństwo na to pozwoli).

Wykonuj parę czynności jednocześnie. Zostań mistrzem wieloboju. Naucz się robić dwie rzeczy naraz. Np. gdy rozmawiasz przez telefon, zmyj naczynia lub posiekaj warzywa na obiad. Wyprasuj lub poukładaj pranie, gdy oglądasz wiadomości w TV. Karmiąc, sprawdź pocztę elektroniczną lub pomóż starszym dzieciom odrobić zadanie domowe. W dalszym ciągu dzień będzie za krótki, ale w ten sposób zamiast 48 godzin, zabraknie ci tylko 36.

Wyjdź z domu. Zaplanuj wyjście każdego dnia, nawet gdyby to miał być tylko krótki spacer – wrócisz do domu odświeżona.

Naucz się oczekiwać rzeczy nieprzewidzianych. Bardzo często nawet najlepiej ułożone plany nie są realizowane. Dziecko jest ubrane do wyjścia na spacer, torba z pieluszkami przygotowana, ty masz już płaszcz na sobie i nagle słyszysz bulgoczące odgłosy dochodzące z brzuszka maleństwa. Zdejmujesz płaszcz, przewijasz dziecko – dziesięć minut stracone i cały misternie ułożony plan zajęć i dnia rozsypuje się. Aby tego uniknąć, musisz zarezerwować w swoim rozkładzie dodatkowy czas na takie niespodzianki.

Zachowaj poczucie humoru. Jeśli potrafisz się śmiać, jest mniejsze prawdopodobieństwo, że będziesz płakała. A więc staraj się zachować poczucie humoru nawet w obliczu totalnego bałaganu i zamieszania. Dzięki poczuciu humoru pozostaniesz przy zdrowych zmysłach.

Przyzwyczaj się. Życie z dzieckiem w ogóle oznacza pewnego rodzaju ograniczenie. Wraz ze wzrostem i rozwojem dziecka kontrolowanie sytuacji będzie coraz trudniejsze. Gdy tylko ułożysz porozrzucane klocki z powrotem w pudełku, ono znów je rozrzuci; gdy tylko zetrzesz ze ściany rozduszony groszek, znajdą się na niej rozmazane kawałki brzoskwini. Założysz zabezpieczenia na zamki w kuchennych szafkach, a ono wkrótce nauczy się je otwierać, i twoje naczynia i garnki znajdą się na podłodze.

I pamiętaj! Gdy w końcu twoje najmłodsze dziecko pójdzie do college'u czy na uniwersytet, twój dom będzie znów nieskazitelny, ale tak pusty, że będziesz czekała z niecierpliwością na wakacje, gdy przyjadą dzieci, a wraz z nimi dobrze znany bałagan i zamieszanie (i mnóstwo prania).

UTRATA KONTROLI

Przez ostatnie dziesięć lat prowadziłam własny biznes, dom i wszystkie inne aspekty mojego życia całkiem efektywnie. Lecz od momentu, gdy wróciłam do domu z moim małym synkiem, wydaje się, że nie mogę utrzymać kontroli nad niczym.

Tak jak w domach wszystkich „świeżo upieczonych" rodziców, tak i w twoim nastąpił przewrót. A mężczyzna, który jest władcą w tym królestwie, wcale mężczyzną nie jest, lecz nowo narodzonym chłopczykiem. Wydaje się zupełnie bezsilny, lecz okazuje się, że jest zdolny do tego, by postawić twoje życie na głowie i zakłócić kontrolę, którą kiedyś nad nim miałaś. Wcale go nie obchodzi, że zwykle o 7.15 brałaś prysznic, piłaś kawę o 8.05, o 18.00 z przyjemnością wypijałaś koktajl, punktualnie o 19.00 zjadałaś obiad, a w sobotnią noc tańczyłaś do rana, by następnego dnia spać bardzo długo. Żąda, abyś go nakarmiła i zajmowała się nim wtedy, gdy on tego chce, nie sprawdzając najpierw w twoim rozkładzie dnia, czy w tym momencie jesteś wolna. Oznacza to, że będziesz musiała zmienić swoje zwyczaje, a wiele z nich porzucić na kilka miesięcy, jeśli nie nawet na kilka lat. Jedyny rozkład dnia, który się liczy, w szczególności w tych pierwszych tygodniach, to jego rozkład dnia. Początkowo może on nie mieć dostrzegalnego, powtarzającego się wzoru, na którym można by się oprzeć. Być może częściej będziesz się czuła bardziej jak automat niż osoba (a jeśli karmisz piersią – jak mleczna krowa), jak służąca bez najmniejszego cienia kontroli nad swoim życiem, a nie pani własnego życia.

Co należy zrobić? Oddaj berło z wdzięciem – przynajmniej na razie. Wraz z upływem czasu, w miarę jak będziesz się stawała bardziej kompetentna i pewna siebie w swej nowej roli, a twoje dziecko mniej zależne od ciebie, odzyskasz część kontroli – choć niecałą – którą utraciłaś. Innymi słowy, nie oczekuj, że odzyskasz władzę absolutną. Powinnaś zaakceptować fakt, że twoje życie nigdy już nie będzie takie jak przedtem, ale czy naprawdę byś tego chciała?

UCZUCIE NIERADZENIA SOBIE Z MACIERZYŃSTWEM

Myślałam, że dam sobie radę, ale odkąd 4 tygodnie temu przekazano mi córeczkę, zupełnie straciłam pewność siebie. Jako matka czuję się całkowicie nieporadna.

Chociaż ostateczna nagroda za trudy macierzyństwa jest o wiele większa niż jakakolwiek satysfakcja zawodowa, większe są też stresy i wyzwania, szczególnie na samym początku. Nie ma takiej pracy na świecie, w której bez przebytego szkolenia, doświadczenia, a także bez ciągłego nadzoru, nagle narzucono by ci osiemnasto- lub dwudziestoczterogodzinne zmiany z pełną odpowiedzialnością za wszystko. Co więcej, nie ma drugiej takiej pracy, która w ciągu pierwszych tygodni dostarczyłaby ci tak niewielu sygnałów potwierdzających, że twoje postępowanie jest właściwe. Jedyną osobą, od której mogłabyś otrzymać takie potwierdzenie, jest w dużej mierze nie reagujący i nie współpracujący z tobą noworodek, który nie śmieje się, kiedy jest zadowolony, nie ściska cię, kiedy odczuwa wdzięczność, śpi w porze jedzenia, rzadko na ciebie patrzy i zdaje się nie odróżniać cię od mieszkającej za ścianą sąsiadki. Brak też poczucia satysfakcji ze skończonej pracy. Właściwie wszystko, co robisz – od zmiany pieluszek, poprzez przygotowywanie mieszanki, do prania i karmienia – musi prawie natychmiast być wykonane ponownie. Nic więc dziwnego, że w nowej profesji czujesz się całkowicie nieporadna.

Nawet dla doświadczonej matki okres połogu nie jest sielanką, cóż dopiero dla nowicjuszki, której wydaje się on serią błędów i nieszczęśliwych wypadków. A jednak w perspektywie masz lepsze czasy, jakkolwiek trudno ci je sobie teraz wyobrazić. Będziesz kompetentną matką wcześniej, niż sądzisz. Tymczasem pamiętaj, że:

Jesteś niepowtarzalna. Twoje dziecko również. Sposoby postępowania, które okazują się skuteczne dla innej matki i innego dziecka, nie muszą funkcjonować w waszym wypadku i vice versa. Unikaj porównań.

Nie jesteś jedyna. Coraz więcej matek nowicjuszek nie miało przedtem kontaktu z noworodkami. A nawet spośród tych, które miały trochę styczności, bardzo niewielu uda się przeżyć pierwsze tygodnie tak, jakby były matkami przez całe życie. Pamiętaj, że matką się nie rodzi, lecz staje. Hormony nie dokonują magicznej przemiany kobiet, które przed chwilą odbyły poród, w zdolne matki. Czyni to czas i doświadczenie wynikające z prób i błędów. Jeśli masz możliwość podzielenia się swoimi troskami z innymi rodzicami niemowląt, okaże się, że chociaż ty jesteś niepowtarzalna, twoje matczyne troski są powszechne.

Potrzebujesz być traktowana jak niemowlę. Aby skutecznie funkcjonować jako matka, musisz i siebie trochę traktować jak dziecko. Powiedz sobie, tak jak by powiedziała to twoja mama, że musisz się dobrze odżywiać i dużo wypoczywać, szczególnie w okresie poporodowym, a także, że seria umiarkowanych

Jeśli jesteś sama

Niezależnie od tego, czy jesteś samotną matką (albo samotnym ojcem) z wyboru lub w wyniku splotu okoliczności, czy żyjesz samotnie czy tylko czekasz na powrót męża (żony) z długiej podróży służbowej bądź z zagranicy, samotna opieka nad dzieckiem – a zwykle także konieczność zarobienia na jego utrzymanie – oznacza przynajmniej dwa razy więcej pracy, odpowiedzialności i borykania się z większą liczbą problemów. Możesz się także czuć osamotniona, szczególnie kiedy widzisz pary wspólnie zajmujące się maleństwem (on składa wózek, gdy ona na rękach wnosi dziecko do autobusu), podczas gdy ty musisz robić wszystko sama (szarpiesz się z wózkiem, jednocześnie trzymając dziecko na ręku). Czujesz się samotna – zwłaszcza gdy jest druga w nocy, a ty już półtorej godziny chodzisz tam i z powrotem z płaczącym dzieckiem i nie masz komu go przekazać. Czujesz się sfrustrowana – gdy czytasz czasopisma i książki (także tę), w których radzi się młodym matkom, aby podzieliły się obowiązkami z partnerem.

Prawda jest taka, że nie jest łatwo pomóc samotnej matce. Rady przedstawione w tym rozdziale odnoszą się do ciebie podwójnie. Poszukaj wśród licznych internetowych źródeł pomocy dla samotnych rodziców, w tym www.singleparentcentral.com; www.parentswithoutpartners.org; www.singlerose.com; www.singleparents.org; www.makinglemonade.com; www.singlemothersbychoice.com

Pamiętaj też, że choć samotne macierzyństwo oznacza dwa razy więcej obowiązków, daje też dwa razy więcej radości. Więź między samotną matką czy ojcem a dzieckiem jest silniejsza i bardziej wyjątkowa. Innymi słowy – warta jest większych wysiłków.

ćwiczeń dostarczy ci energii, a trochę relaksu poprawi twoje samopoczucie.

Obydwoje jesteście tylko ludźmi. Nie powinnaś wymagać perfekcji ani od siebie, ani od dziecka. Bądź realistką i pamiętaj, że oboje jesteście tylko ludźmi.

Możesz zaufać instynktom. W wielu wypadkach nawet najbardziej „zielona" matka wie lepiej, co jest dobre dla jej dziecka, niż bardziej doświadczone przyjaciółki, krewni czy też poradniki dla matek.

Nie musisz zmagać się samotnie. Uznaj, że nie zawsze będziesz wiedziała, co robić, bo żadni rodzice tego nie wiedzą, i że pytanie o poradę nie jest równoznaczne z brakiem instynktów, a jedynie z brakiem doświadczenia. Możesz skorzystać z pomocy i wsparcia, wystarczy tylko po nie sięgnąć. Dokonaj rozsądnej selekcji uzyskanych informacji, wypróbuj to, co wydaje ci się korzystne dla ciebie i dziecka, odrzuć to, co wydaje ci się zbędne.

Nie bój się błędów, one będą działać na twoją korzyść. Jeśli popełnisz błędy, nikt cię nie „zwolni z pracy", chociaż w bardzo zły dla ciebie dzień może byś nawet tego chciała. Błędy są bardzo ważnym elementem uczenia się macierzyństwa. Przygotuj się, że będziesz je popełniać przynajmniej do czasu, kiedy dzieci pójdą na studia. Jeśli coś ci się nie uda za pierwszym razem, spróbuj jeszcze raz lub wypróbuj inną metodę (jeśli dziecko kołysane na rękach krzyczy coraz głośniej, spróbuj przerzucić je sobie przez ramię).

Miłość nie zawsze jest łatwa. Czasem trudno nam odnieść się z miłością do noworodka – stworzenia, z którym prawie nie ma kontaktu, które chciwie bierze, a niewiele z siebie daje (z wyjątkiem sporych porcji ulanego pokarmu i zabrudzonych pieluszek). Może upłynąć trochę czasu, zanim w naturalny i nie kontrolowany sposób zaczniesz prowadzić dialog z dzieckiem w jego języku, nucić mu kołysanki, pieścić je i całować. Kiedyś jednak taka chwila nadejdzie.

Dziecko ci wybacza. Zapominasz zmienić mu pieluszkę przed karmieniem. Podczas mycia głowy przez twoją nieuwagę szampon dostaje się do oczu. Nie możesz przecisnąć koszulki przez główkę. Dziecko wybaczy ci i zapomni o tych i o tysiącach innych błędów, pod warunkiem że jasno i głośno dajesz mu do zrozumienia, że je kochasz.

Wszystko zostanie wynagrodzone. Myśl o macierzyństwie jako o zadaniu długofalowym, którego rezultatów doświadczysz w ciągu następnych miesięcy i lat. Gdy ujrzysz pierwszy uśmiech dziecka, jego próby sięgnięcia zabawki, podciągania się, gdy usłyszysz głośny śmiech lub jego pierwsze wyznanie miłości: „Mamusiu, kocham cię", przekonasz się, że zdałaś egzamin z macierzyństwa i dokonałaś czegoś naprawdę wyjątkowego.

JAK USTRZEC SIĘ BŁĘDÓW

Tak bardzo obawiam się, że postąpię w niewłaściwy sposób, że całymi godzinami zastanawiam się nad każdą najprostszą decyzją dotyczącą córeczki. Chcę być pewna, że wszystko, co robię, jest dla niej dobre, lecz postępowanie to doprowadza mnie i męża do szału.

Nikt nie potrafi ustrzec się błędów. Wszyscy młodzi rodzice je popełniają – najczęściej małe, sporadycznie większe – w wychowywaniu dzieci. Faktycznie, właśnie przez popełnianie błędów i płynącą z nich naukę stajemy się dojrzałymi rodzicami. Pamiętaj też, że to, co sprawdzi się w przypadku jednej rodziny, może nie sprawdzić się w drugiej.

Nawet przeczytanie całego piśmiennictwa i konsultacje z ekspertami nie zawsze udzielą ci wszystkich odpowiedzi. Często najlepszą drogą do mądrych decyzji jest poznanie dziecka i samej siebie i nauczenie się ufania swym instynktom i zdrowemu rozsądkowi. Na przykład niektóre dzieci lubią być szczelnie owinięte w pieluszki, jeśli jednak twoje krzyczy owinięte w kocyk, zastanów się, może wolałoby mieć swobodne nóżki. Eksperci mogą utrzymywać, że niemowlęta uwielbiają wysokie dźwięki, lecz jeśli twoje reaguje przychylniej na niski głos, mów o oktawę niżej.

Zaufaj sobie i dziecku – nie zawsze możesz mieć rację, ale nie posuniesz się zbyt daleko, jeśli jej nie masz.

DOKUCZLIWE I PRZEWLEKŁE BÓLE

Od chwili przyjścia na świat naszego syna odczuwam bóle kręgosłupa oraz dokuczliwy ból szyi, ramienia i barku.

Młodzi rodzice nie muszą chodzić do siłowni, by poćwiczyć podnoszenie ciężarów – wystarczy im zupełnie noszenie rosnącego dziecka i torby na pieluchy. Przy czym dźwiganie tego słodkiego ciężaru, prócz wyrabiania mięśni, wywołuje również różnorakie bóle w szyi, rękach, nadgarstkach, palcach, ramionach i plecach młodych tatusiów i mam – zwłaszcza jeśli noszą ciężar w niewłaściwy sposób.

Tak długo, jak długo to do ciebie głównie będzie należeć transportowanie i uspokajanie twego syna, sporo się nadźwigasz. Oto kilka rad, które pozwolą ci zmniejszyć związany z tym dyskomfort:

- Jeśli dotychczas nie udało ci się powrócić do masy ciała, jaką miałaś przed ciążą, zrób to stopniowo teraz. Dodatkowy ciężar wymusza na twoim kręgosłupie niepotrzebny wysiłek.

- Wykonuj codziennie ćwiczenia gimnastyczne, zwracając szczególną uwagę na te, które wzmacniają mięśnie brzucha, ponieważ to one podtrzymują kręgosłup, a także na te, które wzmacniają ramiona.

- Przyjmij wygodną pozycję przy karmieniu dziecka. Nie pochylaj się do przodu i zawsze pamiętaj o oparciu dla pleców – jeśli plecy są za daleko od oparcia krzesła, podkładaj poduszkę. W zależności od potrzeby, używaj poduszek lub poręczy, aby odciążały twoje ramiona podczas karmienia dziecka piersią czy z butelki. Nie siadaj ze skrzyżowanymi nogami.

- Naucz się prawidłowego pochylania i podnoszenia. Teraz będziesz więcej podnosić (dziecko, wózek itp.) oraz częściej się schylać (by podnieść zabawki porozrzucane po podłodze) niż kiedykolwiek wcześniej. Pochylając się, stań w lekkim rozkroku, nie zginaj się w pasie, tylko w kolanach. Kiedy będziesz podnosić dziecko czy cokolwiek innego, staraj się rozłożyć ciężar na ramiona i nogi, a nie na kręgosłup.

- Śpij na twardym materacu lub podkładaj deskę pod miękki materac leżący na wierzchu. Uginający się materac sprawi, że będziesz się czuła obolała po przebudzeniu. Śpij na plecach lub na boku (ale nie na brzuchu) ze zgiętymi nogami.

- Nie naciągaj nadmiernie mięśni, sięgając do wysoko położonych miejsc. Skorzystaj ze stołka.

- Słuchaj swojej matki. Pamiętasz, ile razy mówiła ci: „Nie garb się! Stój prosto!" Rozsądnie będzie teraz posłuchać tych rad i szczególnie zwracać uwagę na postawę. Chodź, siedź i leż ze ściągniętymi pośladkami i wysuniętymi do przodu biodrami, ramiona i plecy trzymaj wyprostowane.

- Kiedy będziesz prowadzić głęboki wózek lub spacerówkę, zwróć uwagę, żeby uchwyty znajdowały się na odpowiedniej dla twojego wzrostu wysokości. Jeśli nie są, staraj się je właściwie dopasować, a gdyby były zbyt krótkie, postaraj się o uchwyty przedłużające.

- Jeśli jedno ramię zaczyna cię boleć z powodu noszenia ciężkiej torby na pieluchy, raz po raz zmieniaj ramię albo spraw sobie plecaczek. Noś dziecko raz na jednej, raz na drugiej ręce. Zamiast chodzić całą noc tam i z powrotem z płaczącym z powodu kolki dzieckiem na ręku, kołysz je chwilę w ramionach, a potem trochę w kołysce.

- Używaj nosidełka lub chusty, aby dać odpocząć ramionom.

- Stosuj rozgrzewające okłady lub ciepłe kąpiele, aby złagodzić bóle mięśni i skurcze.

- Usiądź. Postaraj się nie stać zbyt długo. Jeśli jednak musisz stać, oprzyj jedną nogę na niskim taborecie i zegnij nogę w kolanie. Jeśli stoisz na twardej podłodze, podkładaj pod nogi niewielki pled.

POWRÓT DO MIESIĄCZKOWANIA

Dwa miesiące temu przestałam karmić moją córeczkę i nadal nie mam miesiączki. Czy nie powinna już wystąpić?

Nie ma żadnych reguł na to, kiedy karmiąca matka dostanie pierwszą miesiączkę po porodzie, szeroki też jest zakres tego, co normalne. Niektóre kobiety, zwłaszcza posia-

Czas zaopatrzyć się w tampony?

Mimo że nie da się przewidzieć z całą pewnością, kiedy zakończy się urlop od miesiączkowania, można wziąć pod uwagę pewne przeciętne dane. Najwcześniej karmiąca matka zaczyna miesiączkować po sześciu tygodniach, licząc od chwili porodu, jednak takie przypadki należą do rzadkości. 30% kobiet dostaje pierwszy okres w ciągu trzech miesięcy od rozwiązania, a niewiele ponad 50% – w ciągu sześciu miesięcy. Pewna grupa młodych matek nie sięgnie do pudełka z tamponami do końca pierwszego roku życia dziecka, a niewielki odsetek najdłużej karmiących kobiet nie zacznie miesiączkować jeszcze przez drugi rok od porodu. Choć zdarza się, że pierwszy cykl jest bezowulacyjny, to im bardziej opóźnia się pierwsza menstruacja, tym bardziej rośnie prawdopodobieństwo, że pierwszy cykl będzie już płodny.

Kobiety, które nie karmią piersią, przeciętnie wcześniej zaczynają ponownie miesiączkować. Pierwsza miesiączka może wystąpić już po czterech tygodniach (choć takie przypadki są rzadkie); u 40% cykl zaczyna się w sześć tygodni po porodzie, u 65% – po dwunastym tygodniu, a u 90% – po dwudziestym czwartym.

dające dużo tkanki tłuszczowej, produkują tyle estrogenów w okresie, kiedy karmią piersią, że zaczynają ponownie miesiączkować przed przerwaniem karmienia, czasami już w sześć tygodni do trzech miesięcy po porodzie. U innych, szczególnie tych, które karmiły wyłącznie lub przez długi czas piersią albo miały nieregularne cykle miesiączkowe przed ciążą, miesiączka może się nie pojawić przez wiele miesięcy od chwili odstawienia dziecka. Pewnie ty masz szczęście należeć do tej kategorii. Upewnij się, że jadasz wystarczająco dużo i nie chudniesz zbyt szybko; ostra dieta, zwłaszcza połączona z wyczerpującymi ćwiczeniami, może okresowo zatrzymać cykl miesiączkowy. O podobnej sytuacji należy wspomnieć lekarzowi na badaniach okresowych, którym powinnaś się poddać nie później niż sześć miesięcy po porodzie. (Więcej informacji o miesiączkowaniu po porodzie znajdziesz w ramce na poprzedniej stronie.)

Ale pamiętaj, że fakt, iż nie miesiączkujesz, nie oznacza, że nie możesz zajść ponownie w ciążę (owulacja występuje zwykle przed pierwszym okresem po porodzie). Na stronie 624 znajdziesz informacje dotyczące bardziej skutecznych metod antykoncepcji.

Pierwsza miesiączka po porodzie była bardzo obfita i bolesna. Czy dzieje się coś złego?

Prawdopodobnie cykl miesiączkowy był u ciebie wstrzymany przez co najmniej rok, nie dziw się zatem, że teraz sprawia nieco problemów. U wielu kobiet pierwsza menstruacja poporodowa jest inna, zwykle bardziej obfita, bolesna i trwa dłużej, choć zdarza się też i tak, że miesiączka przebiega łagodniej i krócej. Możliwe również, że przez kilka miesięcy cykle będą nieregularne. Ale kiedy twój organizm na powrót przyzwyczai się do owulacji i menstruacji – oraz gdy poziom hormonów wróci wreszcie do stanu sprzed ciąży – niemal na pewno zaczniesz miesiączkować tak jak poprzednio. Istnieje też spore prawdopodobieństwo, że spotka cię jedna przyjemna rzecz: wiele kobiet uważa, że miesiączkowanie po ciąży staje się mniej bolesne i mniej obfite niż przed urodzeniem dziecka.

NIETRZYMANIE MOCZU

Po urodzeniu drugiego dziecka zauważyłam, że nie mogę utrzymać moczu, kiedy kaszlę, śmieję się czy podnoszę coś ciężkiego.

Chodzi tu prawdopodobnie o wysiłkowe nietrzymanie moczu. Jest ono dość powszechne po porodzie, szczególnie u kobiet, które rodziły kilkakrotnie. Jest to dokuczliwe, przykre i często krępujące, a zwykle stanowi bezpośredni skutek porodu. Mięśnie ścian pochwy utrzymujących cewkę moczową i pęcherz są tak rozciągnięte i osłabione, że nie zatrzymują moczu przy nacisku na pęcherz (na przykład gdy kaszlesz lub kichasz). Problem czasem pogłębia poporodowe uszkodzenie nerwów miednicowych.

Na szczęście dolegliwość ta jest najczęściej przejściowa (choć może trwać nawet kilka miesięcy i dłużej) i uleczalna (nie musisz kupować pieluch dla dziecka i dla siebie). Oto kilka porad, które pomogą ci odzyskać panowanie nad pęcherzem:

- Wykonuj ćwiczenia Kegla kilkakrotnie w ciągu dnia przez kilka miesięcy (patrz ramka na następnej stronie), gdyż pomagają wzmocnić mięśnie pochwy i wyeliminować problem. Zacznij od serii po dziesięć, trzy, cztery razy dziennie, stopniowo zwiększając liczbę powtórzeń. Ćwiczenia stają się bardziej efektywne dzięki biologicznemu sprzężeniu zwrotnemu i stymulacji elektrycznej – porozmawiaj o tym z lekarzem.

- Dobrze się odżywiaj. Unikaj żywności podrażniającej pęcherz, takiej jak napoje zawierające kofeinę, alkoholu, napojów gazowanych, cytrusowych i pikantnych dań.

- Nie pal papierosów. Nikotyna działa bezpośrednio na mięśnie pęcherza, wywołując ich skurcze. Palaczki poza tym częściej kaszlą, więc popuszczają więcej moczu.

Znów czas na ćwiczenia Kegla

Wykonywanie ćwiczeń Kegla w czasie ciąży było doskonałym sposobem na przygotowanie krocza do porodu. Ale po porodzie jest jeszcze więcej powodów, dla których warto te ćwiczenia wykonywać, zaczynając praktycznie tuż po wydaniu dziecka na świat. Te napinające mięśnie krocza ćwiczenia wzmacniają mięśnie rozciągnięte porodem, poprawiają krążenie w tej części ciała (przyspieszając gojenie), zapobiegają i/lub leczą nietrzymanie moczu i stolca oraz łagodzą hemoroidy.

Jeśli jeszcze nie robiłaś tych ćwiczeń albo musisz sobie przypomnieć, jak je wykonać, sprawa jest prosta: mocno napnij mięśnie, których używasz do powstrzymywania moczu, trzymaj tak długo, jak możesz – do 8–10 sekund, po czym powoli rozluźnij mięśnie i odpręż się przez kilka sekund. Powtórz. Wykonuj przynajmniej 25 powtórzeń w różnych porach dnia, siedząc, stojąc, leżąc na plecach, kochając się (w ten sposób połączysz przyjemne z pożytecznym), stojąc w kolejce w sklepie spożywczym, rozmawiając przez telefon, sprawdzając pocztę elektroniczną, zmieniając dziecku pieluchy, kąpiąc się... praktycznie każda pora jest dobra na ćwiczenia Kegla!

- Schudnij. Przyczyną nietrzymania moczu może być ucisk na dno miednicy spowodowany zbyt dużym ciężarem naciskającym na pęcherz. Jeśli masz nadwagę, postaraj się schudnąć kilka kilogramów.

- Nie powstrzymuj się – oddawaj często mocz, by pęcherz nie był pełny.

Nim sytuacja się poprawi, używaj podpasek higienicznych. Jeśli nietrzymanie nie ustąpi, porozmawiaj z lekarzem. W najpoważniejszych przypadkach potrzebny bywa zabieg chirurgiczny.

ODZYSKANIE FIGURY

Wiedziałam, że nie będę mogła włożyć bikini tuż po porodzie, ale minął już tydzień, a ja w dalszym ciągu wyglądam, jakbym była w szóstym miesiącu ciąży.

Kiedy byłaś w ciąży, cieszyłaś się, że wyglądasz na kobietę ciężarną. Pamiętasz ten dreszczyk emocji, z jakim kupowałaś pierwsze dżinsy ciążowe? A to podekscytowanie, z jakim obserwowałaś, jak brzuch się powiększa, od ledwie zauważalnego zaokrąglenia (gdy wypięłaś brzuch) po wielkie jak arbuz uwypuklenie? Ten pamiętny dzień, kiedy idąc ulicą, miałaś całkowitą pewność, że żaden z mijających cię ludzi nie może mieć wątpliwości, iż swój brzuszek zawdzięczasz ciąży, a nie otyłości?

Jednak po porodzie wyglądanie na brzemienną traci swój urok. Żadna kobieta nie ma ochoty wyglądać na ciężarną, gdy dziecko spoczywa na jej rękach.

Mimo że tuż po porodzie tracimy szybciej więcej kilogramów, niż stosując najmodniejszą dietę (przeciętnie 5,4 kilograma w czasie porodu), rzadko która kobieta jest z tego w pełni zadowolona. Szczególnie po dokładnym obejrzeniu swojej poporodowej sylwetki w lustrze i stwierdzeniu, że w dalszym ciągu wygląda, jakby była w ciąży. Większość kobiet po upływie jednego miesiąca może odłożyć swoje stroje ciążowe, i to jest dobra wiadomość. Stare spodnie być może nie będą pasowały i leżały tak jak przedtem, i to jest zła wiadomość.

To, jak szybko powrócisz do swych kształtów i masy sprzed ciąży, zależy od tego, ile kilogramów przytyłaś i gdzie one są umiejscowione. Kobiety, które przybrały zalecaną liczbę kilogramów przy właściwym sposobie odżywiania się i gdy ich masa ulegała zwiększeniu stopniowo i równomiernie, mogą zrzucić wszystko bez intensywnego odchudzania się mniej więcej w ciągu dwóch miesięcy. Z drugiej strony te, które przesadziły i przybrały więcej niż trzeba, by dziecko było zdrowe i odpowiednio duże – szczególnie gdy zbędne kilogramy przybywały nieregularnie, a spożywany pokarm był niskiej jakości –

mogą mieć trudności z powrotem do swej poprzedniej sylwetki.

Bez względu na to, ile kilogramów przybrałaś, stosowanie diety poporodowej i karmienie piersią powinno doprowadzić do stopniowego zmniejszenia nadwagi – bez utraty energii. Matki nie karmiące piersią mogą po upływie sześciotygodniowego okresu poporodowego zastosować zbilansowaną dietę redukującą nadwagę wraz z ćwiczeniami fizycznymi. Kobiety karmiące swe dzieci naturalnie, które nie mogą zrzucić zbędnych kilogramów, mogą zredukować liczbę spożywanych kalorii o około 200 i zwiększyć aktywność fizyczną, tak aby nie zakłócić laktacji. Choć część kobiet nie wraca do masy ciała sprzed ciąży w czasie karmienia, większość zdoła zejść do poprzedniej masy ciała po odstawieniu dziecka.

Oczywiście jedna z głównych przyczyn tego, że większość kobiet po porodzie nadal wygląda, jakby jeszcze była w ciąży – często nawet po zrzuceniu tych dodatkowych kilogramów – nie ma nic wspólnego z masą ciała, lecz z rozciągniętymi w czasie ciąży mięśniami i skórą brzucha (patrz następne pytanie).

POWRÓT DO NORMALNEJ SYLWETKI

Zrzuciłam wszystkie nabyte w czasie ciąży kilogramy, ale nadal nie wyglądam tak, jak przed zajściem w ciążę. Co mogę zrobić, by wyglądać tak jak wcześniej?

Dla wielu kobiet problemem są nie tyle dodatkowe kilogramy, które zrzucają bez większego wysiłku w ciągu pierwszych sześciu tygodni po porodzie, ile zwiotczałe mięśnie brzucha. To właśnie one nie pozwalają wrócić do poprzedniej sylwetki. Niestety, bierne czekanie nic nie da. Rozciągnięte przez ciążę mięśnie z czasem, nawet bez podejmowania wysiłku ćwiczeń, odzyskają część pierwotnego napięcia. Jeśli jednak pozostawisz mięśnie brzucha im samym, przekonasz się, że z każdym rokiem i każdym kolejnym dzieckiem, będą stawać się coraz bardziej obwisłe.

Ćwiczenia poporodowe pomogą powrócić do sylwetki sprzed ciąży. Ćwiczenia mięśni brzucha poprawią krążenie krwi, zmniejszą ryzyko wystąpienia bólów krzyża (młode matki częściej czują takie bóle wywołane noszeniem dziecka), żylaków, kurczów mięśni nóg, obrzęków kostek i stóp oraz powstawania zakrzepów naczyniowych. Ćwiczenia mięśni krocza (ćwiczenia Kegla) pomogą uniknąć stresu związanego z nietrzymaniem moczu, które czasami pojawia się po porodzie, oraz wypadaniem narządów miednicy mniejszej i problemami seksualnymi. Doznania seksualne mogą być nawet przyjemniejsze niż kiedykolwiek wcześniej. Regularne ćwiczenia mogą spowodować szybsze gojenie się macicy, mięśni brzucha i miednicy, przyspieszając przywrócenie napięcia mięśniowego. Odpowiednie ćwiczenia pomogą również wrócić do normy połączeniom kostnym i stawowym, rozluźnionym ciążą i porodem i zabezpieczyć je przed możliwością osłabienia lub nadwerężenia. Jeśli problemem jest nadwaga, ćwiczenia pozwolą zrzucić zbędne kilogramy (można spalić 100 kalorii, które zawiera gotowany ziemniak, w ciągu dwudziestu minut szybkiego marszu). W ostatecznym rozrachunku ćwiczenia dają korzyści psychiczne, uzbrajając cię w zdolność unikania stresu i korzystania z relaksu oraz minimalizując ryzyko wystąpienia depresji. Jeśli masz czas, możliwości i entuzjazm, zapisz się na kurs ćwiczeń poporodowych, kup kasetę wideo lub książkę z opisem ćwiczeń i włącz je do twojego rozkładu zajęć domowych. Dziecko na pewno z przyjemnością popatrzy, jak skaczesz! Ale jeśli czujesz się teraz zbyt zmęczona na intensywne ćwiczenia, powrót do normalnej sylwetki zapewni ci regularne wykonywanie kilku wybranych ćwiczeń, skoncentrowanych na najbardziej dla ciebie dokuczliwych obszarach (np. mięśni brzucha, ud, pośladków). Dodaj do tego szybki marsz lub aerobik (albo połączenie jednego z drugim, na przykład ćwiczenia z wózkiem), a stworzysz odpowiedni dla siebie program ćwiczeń. Oczywiście zanim zaczniesz ćwiczyć, powinnaś zapytać o zgodę lekarza.

Kiedy wykonujesz ćwiczenia dla młodych matek, weź pod uwagę poniższe porady:

- Trzymaj się planu. Ćwiczenia wykonywane jedynie sporadycznie są bezsensowne i stracisz tylko czas, którego tak ci teraz brak. Ćwiczenia napinające mięśnie (unoszenie nóg, unoszenie tułowia do pozycji siedzącej, unoszenie bioder) przynoszą najlepszy skutek, jeśli wykonywane są codziennie, w krótkich sesjach. Dwie lub trzy pięciominutowe sesje dziennie są korzystniejsze dla osiągnięcia odpowiedniego napięcia mięśni niż jeden dwudziestominutowy trening. Kiedy zaczniesz już wykonywać ćwiczenia wchodzące w skład aerobiku (np. szybki marsz, jogging, jazdę na rowerze i pływanie), zaplanuj przynajmniej trzy dwudziestominutowe sesje nieprzerwanych ćwiczeń w godzin – chociaż 40 minut cztery lub pięć razy na tydzień byłoby lepsze, by wzmocnić kości i zapobiec w przyszłości osteoporozie.

- Nie spiesz się. Ćwiczenia napinające mięśnie są najskuteczniejsze, jeśli wykonywane są powoli, z przerwami. Właściwą strukturę mięśni zapewnią ci odpowiednie ćwiczenia, a nie pośpiech.

- Jeśli ostatnio się nie gimnastykowałaś lub wykonujesz nowe dla ciebie ćwiczenia, zacznij powoli. W ciągu pierwszego dnia wykonaj ćwiczenie tylko kilka razy i zwiększaj liczbę przez następny tydzień. Nie ćwicz więcej, niż zalecono, nawet jeśli czujesz, że możesz. Kończ ćwiczenia przy pierwszych objawach zmęczenia.

- Bez zgody lekarza nie włączaj się w dyscypliny sportu wymagające rywalizacji.

- W związku z tym, że stawy są nadal niestabilne, a tkanka łączna wiotka, unikaj skakania, nagłych skrętów, szarpnięć, wstrząsów oraz mocnego zginania i prostowania stawów. W ciągu pierwszych sześciu tygodni po porodzie unikaj również podciągania kolan do klatki piersiowej, pełnych skłonów z leżenia oraz podnoszenia obydwu nóg naraz.

- Ćwiczenia napinające mięśnie powinny być uprawiane na twardej podłodze lub powierzchni przykrytej dywanem, by łagodzić wstrząsy.

- Rozpoczynaj ćwiczenia pięciominutową rozgrzewką (lekkie ćwiczenia rozciągające – stretching, wolny chód, jazda na rowerze do ćwiczeń przy minimalnym oporze). Każdą sesję ćwiczeń kończ łagodnymi ćwiczeniami rozciągającymi, unikając uszkodzenia luźnych stawów. Nie stosuj maksymalnego rozciągania przez pierwsze sześć tygodni.

- Wstawaj powoli, by uniknąć zawrotów głowy wynikających z nagłego spadku ciśnienia krwi. W celu wyrównania krążenia, kiedy wstaniesz, poruszaj przez kilka chwil nogami (np. pospaceruj).

- Kiedy zaczniesz uprawiać aerobik, pamiętaj, by nie przekroczyć optymalnego rytmu pracy serca. Zapytaj lekarza o szczegóły.

- Spożywaj dużo płynów przed ćwiczeniami i po ich zakończeniu, a w upały lub przy nadmiernej potliwości pij również w trakcie gimnastyki. Najlepsza jest woda, unikaj słodzonych napojów, a także napojów przeznaczonych dla sportowców.

- Nie używaj dziecka jako wymówki. Większość niemowląt uwielbia leżenie na piersiach mamy podczas sesji ćwiczeń, kołysanie w nosidełku, gdy ona ćwiczy na symulatorach wiosłowanie, jazdę na nartach, rowerze. Podobnie wielką przyjemność sprawia im jazda wózkiem podczas spaceru lub joggingu matki. Nie wykonuj gwałtownych ruchów wózkiem, kiedy biegasz, oraz nie sadzaj na rowerze niemowlęcia, które jeszcze nie potrafi samodzielnie siedzieć.

Niestety pewne zmiany po ciąży pozostaną niezależnie od tego, ile wykonasz przysiadów i unoszeń nóg oraz jak starannie będziesz przestrzegać diety. Zmiany te, czasem niezauważalne, czasem na tyle spore, że zmuszą cię do kupowania butów i odzieży w większych

Ćwiczenia z wózkiem

Masz tenisówki? Masz dziecko? Masz wózek? Zatem masz wszystko, co potrzebne do wykonywania ćwiczeń z wózkiem – programu opracowanego specjalnie dla młodych mam. Ćwiczenia są tak proste jak zabranie maleństwa na spacer w wózku. Nie trzeba żadnego innego sprzętu. Zacznij od pięciominutowego spaceru w spokojnym tempie, żeby rozgrzać mięśnie. Następnie zwiększ tempo, a ponieważ pchasz wózek, twój wysiłek jest większy (zwłaszcza w miarę jak dziecko rośnie i przybiera na wadze), niż gdybyś spacerowała bez maluszka lub nosząc go w nosidełku. Możesz również wykorzystać wózek i dziecko jako punkt podparcia pomocny w licznych ćwiczeniach rozciągających czy modelujących mięśnie. Co ważniejsze, kołyszący ruch ukoi dziecko. Więcej informacji znajdziesz na stronie www.strollercize.com; www3.telus.net/lets_strollercise

rozmiarach, są głównie spowodowane rozluźnieniem stawów w trakcie ciąży (w celu ułatwienia porodu) oraz ich ponownym zacieśnieniem (choć niekoniecznie w dokładnie tym samym ułożeniu) po wydaniu dziecka na świat. Kobiety, które rodziły przez cięcie cesarskie, mogą również zauważyć pewną nieodwracalną zmianę w kształcie podbrzusza.

PONOWNE ROZPOCZĘCIE WSPÓŁŻYCIA

Możemy już uprawiać seks, ale jest to ostatnia rzecz, na jaką mam teraz ochotę.

Czy skończył się już miesiąc miodowy, a płomienny romans wypalił się, kiedy w gniazdku siedzi pisklę? Czy kiedykolwiek zmęczenie opuści cię na tyle, by do głosu doszły jakieś inne odczucia? Większość kobiet, nawet tych, które przed porodem prowadziły bardzo intensywne życie płciowe, ma poważne wątpliwości, czy ponownie podejmie regularne współżycie z mężem. Prawda jest taka, że dla większości czas połogu (a czasem i kilka miesięcy później) jest seksualną pustynią.

Jest wiele przyczyn zmniejszenia pożądania seksualnego. Oto niektóre z nich:

- Normalizujący się poziom hormonów hamuje pożądanie w okresie poporodowym, a w przypadku karmienia piersią nawet i później.

- Libido twoje i męża zwykle przegrywa konkurencję z bezsennymi nocami, męczącymi dniami, brudnymi pieluchami i bez końca płaczącym dzieckiem.

- Obawa przed bólem, przed rozciąganiem pochwy lub zbyt wczesnym ponownym zajściem w ciążę mogą „zdusić w zarodku" każdy romans.

- Pierwszy po porodzie, bolesny stosunek może sprawić, że nawet myśl o dalszych próbach jest odpychająca. Ból w czasie kolejnych prób dodatkowo zniechęca – współżycie staje się nieprzyjemne i niezręczne. Ból czasami trwa nawet po zagojeniu się krocza.

- Dyskomfort z powodu mniejszego nawilżenia pochwy oraz jako wynik obniżenia poziomu hormonów w okresie poporodowym także osłabiają pożądanie. Problem ten zazwyczaj trwa dłużej u matek karmiących piersią, ale nawet u tych, które nie karmią, może się utrzymywać przez około 6 miesięcy.

- Uczucie skrępowania z powodu braku intymności, szczególnie gdy dziecko dzieli z wami sypialnię, może zgasić namiętność. Chociaż rozsądek ci mówi, że dziecko jest nieświadome tego, co robicie, ciało reaguje inaczej.

- Macierzyństwo może pochłonąć całą miłość, którą jesteś w tej chwili gotowa dać. Czasami nie potrafisz wydobyć jej z siebie ani trochę więcej, nawet dla męża.

- Karmienie piersią może podświadomie zaspokoić twoje potrzeby na intymność i zmniejszyć zainteresowanie seksem.

- Wyciek mleka, stymulowany przez pieszczoty, może być niewygodny dla ciebie i męża, zarówno pod względem fizycznym, jak i psychicznym. Albo też teraz, gdy piersi służą głównie do karmienia dziecka, trudno ci będzie pogodzić się z myślą, że służą też dostarczaniu przyjemności.

- Jest obecnie tyle innych rzeczy, które musisz lub chcesz zrobić, że seks może wydawać się mniej ważny – jeśli masz wolne pół godziny, uprawianie miłości nie będzie pierwszą rzeczą z tej listy (jeśli w ogóle na nią trafi).

Prognozy na przyszłość są jednak obiecujące. Z całą pewnością będziesz znów się kochać z poprzednią przyjemnością i namiętnością, a może rodzicielstwo jeszcze bardziej zbliży was do siebie. Tymczasem, by wzmóc zainteresowanie seksem i usprawnić jego realizację:

Nie spiesz się ze swym pożądaniem. Potrzeba przynajmniej 6 tygodni, aby twoje ciało powróciło do prawidłowego fizjologicznego stanu. Czasami okres ten jest dłuższy, szczególnie gdy miałaś trudny poród lub cięcie cesarskie. Poziom hormonów nie wróci do normy, dopóki nie zaczniesz normalnie miesiączkować. Jeżeli karmisz piersią, miesiączka nie pojawi się przez wiele miesięcy. Nie czuj się zmuszona do rozpoczęcia współżycia, dopóki nie poczujesz się na siłach umysłowo, emocjonalnie i fizycznie.

Znajdź inne sposoby wyrażania miłości. Stosunek płciowy nie jest dla dwojga ludzi jedyną formą wyrażania miłości. Jeśli nie jesteście jeszcze gotowi, by podjąć współżycie, spróbujcie pieszczot przed telewizorem, masowania pleców w łóżku, trzymania się za ręce podczas spacerów z dzieckiem. Tak jak na początku znajomości (a teraz jakby ponownie zapoznajecie się z sobą cieleśnie), romans jest istotnym początkiem. Jeśli nie jesteście pruderyjni, spróbujcie wzajemnej masturbacji. Pewnego wieczoru okaże się, że nic nie daje większego zadowolenia niż intymność waszych ciał.

Nie zniechęcaj się bólem. Wiele kobiet jest zaskoczonych i zniechęconych, gdy przekonuje się, że poporodowe stosunki płciowe wiążą się z bólem. Jeśli miałaś nacięcie krocza lub doszło do jego pęknięcia podczas porodu, mogą wystąpić pewne dolegliwości (od łagodnych aż do bardzo ostrych), trwające tygodniami lub nawet miesiącami po zdjęciu szwów. Dolegliwości te mogą dawać o sobie znać podczas pierwszych stosunków płciowych, mogą być mniej silne, gdy rodziłaś bez uszkodzenia krocza. Występują nawet wtedy, gdy miałaś cięcie cesarskie. Dopóki

Łatwy powrót do seksu

Pewnie potrzebujecie jedynie siebie nawzajem i kilku minut spokoju, aby uprawiać udany seks po porodzie. Ale by cieszyć się współżyciem w tym trudnym okresie, weź pod uwagę następujące rady:

Nawilżaj. Obniżony poziom hormonów w okresie poporodowym (nie wraca do normy z powodu karmienia piersią) może spowodować przykrą suchość w pochwie. Używaj kremów nawilżających lub czopków dopochwowych, dopóki sytuacja się nie unormuje.

Używaj leków, jeśli to konieczne. Lekarz prowadzący może przepisać ci estrogeny w kremie, aby zmniejszyć ból i tkliwość.

Poświęć czas na grę wstępną. Pomyśl o niej jak o przystawce, która pobudzi apetyt na główne danie.

Rozluźnij się. Zróbcie sobie masaż, kąpiel we dwoje lub cokolwiek, co pomoże się zrelaksować. Albo wypijcie dla odprężenia kieliszek wina – uważaj jednak, bo alkohol w nadmiarze źle wpływa na libido i jakość współżycia.

Stosuj ćwiczenia Kegla (patrz str. 614). Pozwolą ci one odzyskać napięcie mięśni macicy, które są związane z odczuciami w obrębie pochwy, oraz reakcje na bodźce w czasie współżycia.

Wypróbuj różne pozycje. Stosuj takie pozycje, które pozwolą na większą kontrolę penetracji i zmniejszą nacisk na okolicę krocza (nacięcia), wypróbuj, która pozycja jest dla ciebie najwygodniejsza.

---

ból się nie zmniejszy, możesz spróbować go złagodzić sposobami opisanymi w ramce powyżej.

Nie oczekuj zbyt wiele. Nie oczekuj spontanicznego orgazmu podczas pierwszego stosunku po porodzie. U niektórych kobiet orgazm przychodzi po wielu tygodniach lub nawet miesiącach. Podejdźcie do sprawy z miłością i cierpliwością, a seks stanie się z pewnością tak satysfakcjonujący jak zawsze (albo jeszcze bardziej – dzięki systematycznemu wykonywaniu ćwiczeń Kegla!).

Przystosuj swoje życie seksualne do wymogów, jakie stawia przed tobą obecność dziecka w domu. Nie będziecie mogli uprawiać miłości, kiedy będziecie mieli na to ochotę. Czasem będzie odtąd rządził maleńki żywy budzik w łóżeczku. Gdy dziecko będzie spało w sobotę o godzinie trzeciej po południu, rzućcie wszystko i udajcie się pospiesznie do sypialni. Gdy przewidujesz, że aniołek jak zwykle będzie spał od 7 do 10 wieczorem, planujcie naprzód romantyczne rozrywki. Jeśli dziecko budzi się z płaczem w momencie, gdy wasz wieczór osiąga kulminacyjny punkt, postarajcie się obrócić sytuację w żart. (Jeśli naprawdę się postaracie, na pewno uda wam się zaspokoić wasze pragnienia – mała „przeszkadzaczka" może poczekać kilka minut.) Pogódź się jednak z tym, że seks nie będzie tak częsty jak przedtem, postaw nie na ilość, lecz na jakość.

Poznaj swoje priorytety. Jeśli seks jest dla ciebie ważny, zachowaj na niego energię, oszczędzając się w innych dziedzinach (takich, które nie zaszkodzą rodzinie w sensie fizycznym i emocjonalnym, na przykład w porządkach domowych). Jeśli spędzisz cały dzień na krzątaninie, w łóżku nie będziesz miała siły na nic więcej niż zamknięcie oczu.

Rozmawiajcie o tym. Udane współżycie płciowe musi być budowane na wzajemnym zaufaniu, zrozumieniu. Jeśli np. po całodziennych trudach macierzyństwa jesteś zbyt zmęczona, by się kochać, nie tłumacz się bólem głowy. Powiedz szczerze, jak się czujesz. Mąż, który jest przecież od początku zaangażowany w opiekę nad dzieckiem, powinien to zrozumieć. (Czasami też bywa przemęczony obowiązkami ojcowskimi.) Jeśli nie pomaga ci przy dziecku, prawdopodobnie nadszedł czas, by wytłumaczyć mu, że jest wiele powodów,

> ### Lekkie plamienie
>
> Czasem u młodych matek w ciągu kilku pierwszych miesięcy po porodzie może wystąpić niewielkie plamienie po stosunku. Może to być wynikiem niewielkich ran w miejscu nacięcia lub pęknięcia krocza, jednak takie ranki łatwo się goją. Powiedz lekarzowi o tego rodzaju plamieniach.

dla których powinien włączyć się w opiekę nad dzieckiem – udany seks jest jednym z nich. Porozmawiaj z mężem również o innych problemach, np. o suchości pochwy i bólu podczas stosunku. Wytłumacz, co sprawia ci ból, porozmawiaj o tym, co jest przyjemne, co byś chciała zmienić następnym razem.

Nie martw się. Im bardziej martwisz się o swoje libido, tym będzie ono mniejsze. Zatem mężnie staw czoło problemom okresu poporodowego, rozluźnij się i próbuj wrócić do życia płciowego, pełna ufności, że romans znów pojawi się w twoim życiu.

ROZCIĄGNIĘTA POCHWA

Mam wrażenie, że moja pochwa jest obszerniejsza niż przed porodem i seks nie daje już żadnemu z nas takiej satysfakcji jak kiedyś.

To się często zdarza po porodzie drogami natury. Często zmiana jest na tyle mała, że pozostaje nie zauważona przez oboje partnerów. Czasami, kiedy pochwa wydawała się zbyt mała, taka zmiana witana jest z radością. Od czasu do czasu jednakże poród pochwowy może na tyle ją rozciągnąć, że zmniejszy się przyjemność odczuwana przez małżonków podczas stosunku.

Upływ czasu oraz uprawianie ćwiczeń Kegla może trochę skurczyć pochwę. Napinaj mięśnie krocza jak najczęściej w czasie dnia; wykonuj te ćwiczenia podczas gotowania, oglądania telewizji, karmienia czy czytania – nawet podczas stosunku.

Bardzo rzadko mięśnie pochwy nie obkurczają się wedle oczekiwań. Jeśli sześć miesięcy po porodzie nadal czujesz, że mięśnie są zbyt zwiotczałe, warto pójść do lekarza i porozmawiać o zabiegu chirurgicznym. Ten niewielki zabieg może spowodować dużą różnicę w twoim życiu seksualnym.

TWÓJ ZWIĄZEK Z MĘŻEM

Oboje z mężem jesteśmy tak zajęci pracą, naszym nowo narodzonym synkiem i domem, że rzadko znajdujemy czas dla siebie nawzajem. A kiedy nawet mamy trochę czasu, jesteśmy zbyt zmęczeni, żeby go jak najlepiej wykorzystać.

Nowo narodzone dziecko nie zawsze musi być intruzem, który wdarł się pomiędzy was dwoje, lecz może ono na tyle absorbować cię zarówno w dzień, jak i w nocy, że nie będziecie z mężem mieli czasu dla siebie. I choć nie ma wątpliwości, że związek z mężem jest najważniejszy w twoim życiu (dzieci dorastają i wyfruwają z gniazda, ale z mężem, miejmy nadzieję, pozostaniesz aż do starości), najłatwiej uznać go za coś, co było, jest i będzie, nawet jeśli przestaniesz o niego dbać. Jeśli zaniedbasz dziecko, pracę albo dom, skutki będą natychmiastowe, lecz zaniedbanie małżeństwa nie objawi się tak wyraźnie i szybko. A jednak związek może zacząć się psuć, nim obie strony to zauważą.

Nie zwlekając, zajmij się ponownie waszym związkiem, czyniąc świadome wysiłki, aby nie zgasł tlący się płomyk uczucia, a jeśli wydaje się, że przygasł, spróbuj go na nowo wzniecić. Przemyśl ponownie swoje priorytety i tak rozplanuj zajęcia, żebyś mogła spędzać trochę czasu tylko z mężem. Na przykład zastanów się nad kładzeniem dziecka spać o rozsądnie wczesnej porze, zapewniając sobie tym samym trochę czasu na przebywanie z mężem. Zjedzcie bez pośpiechu późną kolację (bez telewizji, bez rozmów telefonicznych, bez czytania codziennych gazet czy e-maili i, miejmy nadzieję, nie przerywaną płaczem dziecka). Kieliszek wina może się okazać pomocny, abyś się poczuła bardziej odprężona (pod warunkiem że nie skończy się na trzech czy czterech, które mogą cię całkowicie rozstroić). Światło świec i cicha muzyka mogą pomóc w stworzeniu romantycznego nastroju.

Nie każdy z takich wieczorów musi się kończyć stosunkiem płciowym. Stosunek może wręcz należeć do dość rzadkich wydarzeń w tych pierwszych wyczerpujących miesiącach po porodzie, przez jakiś czas może być nawet niezbyt oczekiwanym przez ciebie wydarzeniem. Właśnie teraz wymiana myśli może się okazać bardziej korzystna dla waszego związku niż seksualne urozmaicenia. Ale oprzyj się pokusie rozmowy wyłącznie o dziecku, gdyż zniweczyłoby to sens tych chwil, które mają być dla was odmianą.

Postaraj się o chociaż jeden romantyczny wieczór spędzony poza domem przynajmniej raz na tydzień (jeśli będzie to zawsze ten sam dzień i ta sama opiekunka pozostająca z maleństwem, trudniej wam będzie znaleźć wymówkę). Zjedzcie razem kolację, pójdźcie do kina, spotkajcie się z przyjaciółmi czy zróbcie to, co sprawi wam obojgu największą przyjemność. Spróbujcie też zapewnić dziecku opiekę na godzinę lub dwie w czasie weekendu, żebyście mogli poświęcić czas na wspólne zainteresowania. Wynajmij opiekunkę, poproś o opiekę sąsiadkę czy zwerbuj do pomocy babcię albo dziadka.

Jeśli w rozkładzie codziennych zajęć nie uda ci się umieścić regularnych randek z mężem, najwyższy czas, by przesunąć związek z mężem na pierwsze miejsce listy priorytetów.

Odkąd narodził się nasz syn, czuję, że mąż widzi mnie wyłącznie w roli matki jego dziecka, a nie kochanki.

Małe dzieci mają to do siebie, że ich pojawienie się wprowadza wielkie zmiany. Zaczyna się od liczby przespanych godzin, zasobności portfela, sposobu spędzania wolnego czasu, a kończy na tym, że zmienia się praktycznie każdy aspekt twojego życia, w tym sfera intymna. Niemal każda para przyznaje, że w jej związku doszło do poważnej zmiany z chwilą, gdy z pary stali się trójką.

Gdy ty starasz się przyzwyczaić do roli matki, twój mąż próbuje się odnaleźć w roli ojca. A ponieważ wczucie się w nową sytuację związaną z początkami rodzicielstwa pochłania wiele energii, nie powinno dziwić, że uczuciowa strona waszego związku schodzi na dalszy plan. Choć wiele zauważalnych zmian zagościło na stałe – w każdym razie do czasu, gdy dziecko dorośnie i opuści rodzinne gniazdo – zmiana w waszym związku nie jest stała. Kiedy poczujecie się dobrze w roli rodziców, łatwiej będzie wam skupić się na powrocie do poprzednich ról kochanków. Role te nie wykluczają się (wszak można być ojcem czy matką i kochankiem lub kochanką), lecz wręcz korzystnie się uzupełniają. Nie ma lepszego sposobu na sprawienie, by dziecko wychowywało się w szczęśliwej, połączonej mocnymi więzami rodzinie, niż dbanie o związek, którego to dziecko jest owocem.

Oczywiście niełatwo jest dbać o związek, jednocześnie starając się zaspokoić wszystkie potrzeby niemowlęcia, podobnie jak trudno widzieć w sobie wyłącznie kochanków, próbując w tym samym czasie nauczyć się bycia matką lub ojcem. Pomóc powinny wam i powyższe słowa, i poniższe rady:

Poczuj się kobietą. Zgadza się, masz mnóstwo roboty przy dziecku, a przez to bardzo niewiele czasu na dbanie o siebie. Ale powiedzmy sobie szczerze: chodzenie przez kilka dni z nieumytymi włosami lub w tym samym poplamionym pokarmem sweterku nie nastroi was erotycznie. Oczywiście raczej nie ma szans, byś jako młoda matka mogła poświęcić pół godziny na układanie fryzury i następne pół na makijaż, ale na pewno znajdziesz czas na umycie włosów, nałożenie tuszu do rzęs i szminki (i może trochę korektora w sztyfcie), przebranie się i spryskanie ulubionymi perfumami. Dzięki temu staniesz się bardziej atrakcyjna – a co ważniejsze, poczujesz się taka.

Spraw, by poczuł się jak mężczyzna. Wiele młodych matek przenosi, przynajmniej początkowo, uwagę z partnera na dziecko. Wpływa to korzystnie na przedłużenie gatunku, lecz źle na trwanie związku. Postanów sobie, że będziesz dawać mężowi tyle intymnych doznań, ile sama chciałabyś dostać. Przytul go nieoczekiwanie, gdy myje naczynia, uściśnij jego dłoń, gdy podaje ci dziecięcy szampon, powiedz kilka słów, gdy wróci od fryzjera, całuj go przy każdej okazji i wszędzie.

Znajdź czas dla niego. Gdy dziecko zaśnie, zjedzcie wspólnie obiad, zamiast jeść coś w biegu, zmieniając się w noszeniu maluszka. Miej zawsze przy łóżku olejek do masażu i kilka świeczek, gdy dziecko zaśnie, zróbcie sobie wzajemnie przyjemny masaż. Jeden wieczór w tygodniu przeznaczajcie „na randkę", by nacieszyć się sobą. Dajcie się ponieść chwili: zróbcie sobie kąpiel z pianą albo oddajcie się szybko uniesieniu, kiedy wasz potomek ucina sobie drzemkę.

PLANOWANIE NASTĘPNEGO DZIECKA

Nasza córeczka ma już niemal rok. Jesteśmy pewni co do tego, że chcemy mieć następne dziecko, lecz nie wiemy, ile czasu poczekać z jego poczęciem.

Obecnie decyzja dotycząca różnicy wieku między dziećmi nie należy do Matki Natury, lecz wyłącznie do rodziców, a mogą mieć oni bardzo różne odczucia na ten temat. Niektórzy są przekonani, że chcieliby, aby kolejne dziecko urodziło się jak najszybciej, inni nie mają zaś wątpliwości co do tego, że wolą mieć kilka lat – lub więcej – oddechu (oraz snu), nim pojawi się następna pociecha. Poza tym to, co rodzice myśleli, zanim pierwszy raz zostali rodzicami („Czy nie byłoby cudownie, gdyby urodziły się w odstępie jednego roku?"), może się znacznie różnić od tego, co myślą po przyjściu na świat małej istoty, kiedy dopada ich rzeczywistość w postaci nie kończących się bezsennych nocy („A może lepiej odpoczniemy, nim spróbujemy jeszcze raz?").

Nie istnieją żadne potwierdzone fakty, które mogą pomóc rodzicom w podjęciu tej decyzji. Specjaliści nie są zgodni co do najlepszego odstępu między dziećmi, choć większość z nich zaleca odczekanie jednego roku, co pozwoli mamusi odpocząć w pełni po ciąży i porodzie, nim cykl reprodukcyjny zacznie się od nowa. Pomijając nawet sprawy zdrowotne, niewiele jest przesłanek, które pomogłyby ustalić, jaki odstęp między porodami byłby idealny. Nie odkryto związku pomiędzy różnicą wieku między rodzeństwem a ilorazem inteligencji dziecka czy jego rozwojem emocjonalnym, przyszłymi związkami między rodzeństwem (ich jakość bardziej uzależniona jest od osobowości dzieci niż od różnicy wieku między nimi) oraz związkiem rodziców.

Dlatego pamiętaj: wszystko zależy tylko od was. Najlepszą chwilą na podjęcie decyzji o kolejnym dziecku będzie ta, w której oboje poczujecie chęć posiadania liczniejszej rodziny.

A jeśli nadal nie wiecie, jaką decyzję podjąć w sprawie różnicy wieku między dziećmi, zadajcie sobie jedno z wielu pytań:

Czy zdołam wychowywać dwójkę dzieci? Dzieci poniżej trzeciego roku życia są bardzo absorbujące i wymagają nieustannej uwagi i opieki. Jeśli drugie dziecko urodzi się, nim pierwsze skończy dwa lata, czekają cię podwójne zmiany pieluch i nie kończące się bezsenne noce, natomiast jeśli różnica wieku między dziećmi będzie niewielka, przyjdzie ci się zmagać z podwójną porcją trudnych zachowań maluchów (napady złości, negacje). Jest jednak dobra strona takiego rozwiązania: bo choć opiekowanie się dziećmi w zbliżonym wieku na pewno jest męczące, to po upływie kilku lat będziesz mogła powiedzieć, że masz już kłopoty za sobą (chyba że zdecydujesz się na trzecią pociechę). Choć dzieci niekoniecznie będą sobie bliskie tylko dlatego, że jest między nimi niewielka różnica wieku, większe jest prawdopodobieństwo – ze względu na podobny stan rozwoju – że będą się bawiły wspólnie. Będą też zainteresowane tymi samymi zabawkami i tymi samymi zabawami, oglądać te same filmy, a wspólne wakacje mogą być interesujące dla obojga.

Czy chcę znowu zaczynać od początku? Kiedy już ma się włączony „tryb dziecko", często łatwiej w nim pozostać. Teraz jeszcze łóżeczko jest rozłożone, pieluszki leżą na swoim miejscu, wózek nie kurzy się na strychu, zabezpieczenia na drzwiczkach szafek są zamontowane. Jeśli poczekasz kilka lat, będziesz musiała na nowo przyzwyczajać się do wymagań noworodka – i to właśnie wtedy, gdy starsze dziecko stanie się niezależne, pójdzie do szkoły, a ty poczujesz, że „życie" wraca do normalności. Oczywiście, jeśli kolejne dziecko rodzi się kilka lat po pierwszym, masz wystarczająco dużo czasu na nacieszenie się jednym dzieckiem i poświęcenie mu uwagi, nim urodzi mu się młodszy braciszek albo siostrzyczka. A ponieważ teraz starsze dziecko będzie już samodzielne, znowu będziesz mogła poświęcić czas maleństwu.

Czy jestem fizycznie gotowa na kolejną ciążę? Są kobiety, które zwyczajnie nie czują się na siłach na kolejną ciążę wkrótce po rozwiązaniu poprzedniej, szczególnie jeśli nie należała do łatwych. Noszenie maluszka na rękach w zaawansowanej ciąży czy bieganie za piętnastomiesięcznym pełzakiem, który właśnie zaczął samodzielnie się poruszać i jednoczesna walka z porannymi nudnościami nie należą do zadań łatwych. Pomyśl, czy chcesz znowu być w ciąży i znowu zacząć karmić. Może wolałabyś zrobić sobie przerwę, nim znów zajdziesz w ciążę. Z drugiej strony, kobiety, którym brzemienność oraz karmienie sprawiają autentyczną przyjemność, mogą wcale nie chcieć przedłużać oczekiwania na kolejne błogosławieństwo losu. Rodzice, którzy woleliby mieć dzieci, zanim osiągną określony wiek, oraz kobiety, które czują tykanie biologicznego zegara, zwykle opowiadają się za krótką przerwą między narodzinami swych dzieci, bo taki wybór jest dla nich po prostu najlepszy.

> ### Planowanie z wyprzedzeniem
>
> Jeśli planujesz powiększyć rodzinę o kolejne dziecko, to wiedz, że możecie wraz z mężem zrobić wiele rzeczy, aby poprawić swą płodność, zwiększyć szanse na bezpieczną ciążę i zdrowie dla dziecka. Pełną listę porad znajdziecie w rozdziale 21 książki *W oczekiwaniu na dziecko* (Dom Wydawniczy REBIS).

Co będzie najlepsze dla moich dzieci? Na pewno w tej sprawie nie ma jednego słusznego poglądu, a odpowiedzi na powyższe pytanie mogą być bardzo różne, w zależności od temperamentu dzieci, sposobu, w jaki rozwiązywane są spory między nimi, atmosfery panującej w domu czy wielu innych czynników. Na przykład jeśli różnica wieku między dziećmi jest bardzo duża, może je w przyszłości łączyć słaba więź lub mogą żywić do siebie bardzo silne uczucie. Takie dzieci rzadziej rywalizują ze sobą, a ponieważ starsze ma swoje sprawy poza domem (szkoła, sport, przyjaciele), może wręcz cieszyć się z powiększenia rodziny i chętnie pomagać w opiece nad maluszkiem. Albo też będzie złe, że spadło na nie dużo nowych obowiązków, jakie często łączą się z byciem starszym bratem lub siostrą.

Także bardzo niewielka różnica wieku – mniejsza niż dwa lata – nie zagwarantuje bliskości między dziećmi. Ponieważ są na podobnym etapie rozwoju, będą stworzonymi dla siebie kolegami do zabawy, jednak z tego samego powodu mogą też się bić. Fakt, że prawdopodobnie będą się chętnie bawić tymi samymi zabawkami, ma dwie konsekwencje: wygodę (mniej zabawek do kupienia) i potencjalny horror (nieustanne kłótnie o to, czym które będzie się bawić). Jeśli dzieci są w podobnym wieku, starsze dziecko szybciej przyzwyczai się do młodszego rodzeństwa; rzadziej też zdarza się, by czuło się ono odsunięte, ponieważ zwykle nie pamięta, jak to było być „jedynakiem". Z drugiej strony, starsze, ale jeszcze bardzo małe dziecko, może teraz mieć żal o to, że mniej jest dla niego miejsca na kolanach mamy – miejsca, którego jeszcze wciąż bardzo potrzebuje.

Co jest najlepsze, wziąwszy pod uwagę mój charakter? Jeśli jesteś z natury optymistką, różnica wieku między dziećmi może nie mieć dla ciebie znaczenia. W najmniejszym stopniu nie będzie ci przeszkadzać, jeśli dzieci urodzą się w niewielkim odstępie czasu, ani też powrót „w pieluchy" po dłuższym odpoczynku. Ale jeśli trudno ci było radzić sobie z chaosem i bałaganem, lepiej poczekać trochę, nim poczniecie kolejne dziecko.

Jaka jest różnica wieku między mną a moim rodzeństwem? Okoliczności, w jakich dorastałaś, mogą wpływać na twoją wizję rodziny. Jeśli masz świetne wspomnienia z młodości spędzonej ze starszym o osiemnaście miesięcy bratem, możesz chcieć teraz tego samego dla swych dzieci. Jeśli denerwowało cię, że gdy ty wyjechałaś na uczelnię, twoja młodsza siostrzyczka dopiero chodziła do podstawówki, pewnie będziesz wolała mieć dzieci bardziej zbliżone wiekiem. Natomiast jeżeli ciągle kłóciłaś się z siostrą, z którą byłyście zbliżone wiekowo, pewnie postanowisz, by między narodzinami twych dzieci było kilka lat odstępu.

ANTYKONCEPCJA

Jestem przekonana, że nie chcę mieć na razie drugiego dziecka. Jaką antykoncepcję mogę stosować?

Prawdopodobnie rzadko teraz myślisz o seksie – szczególnie spędzając kolejny wieczór na uspokajaniu płaczącego dziecka. Może jest to ostatnia rzecz, o której byś w ogóle pomyślała. Ale przyjdzie taka noc (albo niedzielne popołudnie, gdy malec zaśnie), gdy zrzucicie z łóżka smoczki i grzechotki i padniecie na pościel, a namiętność wróci do waszego życia.

Przygotujcie się więc na tę chwilę. Aby nie zajść szybko w kolejną ciążę, musisz zacząć stosować środki antykoncepcyjne od pierwszego stosunku po urodzeniu dziecka. A ponieważ nie da się przewidzieć, kiedy ochota na seks przyjdzie po raz pierwszy, warto mieć środki antykoncepcyjne zawsze pod ręką (albo przy łóżku), przygotowane na chwilę miłosnego uniesienia.

Jeżeli nie jesteś hazardzistką (i nie chcesz ponownie zajść w ciążę), poleganie na karmieniu jako formie zapobiegania poczęciu dziecka jest, najdelikatniej mówiąc, ryzykowne. Choć są kobiety, które nie zaczynają miesiączkować tak długo, jak długo ich dzieci są karmione wyłącznie ich mlekiem, u wielu jest inaczej. A ponieważ owulacja i zapłodnienie mogą wystąpić przed pierwszą menstruacją, decydowanie się na tę niepewną metodę kończy się następną ciążą, bez krwawienia miesięcznego pomiędzy nimi. Innymi słowy, to że karmienie piersią zahamowało miesiączkowanie, nie oznacza, iż kobieta nie jest w stanie ponownie zajść w ciążę ani że można liczyć na „bezpieczne dni", nie wymagające stosowania środków antykoncepcyjnych.

Potrzebna ci jest więc pewniejsza forma zapobiegania ciąży. Młode matki mogą stosować niemal każdą metodę, choć są pewne czynniki (na przykład karmienie piersią lub poszerzenie szyjki macicy po porodzie), które należy wziąć pod uwagę przed dokonaniem wyboru. Nie możesz założyć, że ta forma antykoncepcji, którą stosowałaś wcześniej, będzie dobra i teraz, gdyż możesz mieć teraz inne potrzeby, więc kwestie związane z antykoncepcją również mogą być teraz inne. A ponieważ i w kwestii środków antykoncepcyjnych bardzo dużo się zmienia, możliwe, że już są dostępne takie formy antykoncepcji, jakich nie było, zanim zaszłaś w ciążę. Koniecznie poczytaj na ten temat i porozmawiaj z lekarzem o wszystkich metodach stosowanych obecnie, nim wybierzesz taką, która najbardziej będzie ci odpowiadać.

Każda z opisanych poniżej metod ma swoje wady i zalety. Wybranie takiej, która będzie ci najlepiej służyć, zależy od twego wywiadu ginekologicznego, stylu życia, zaleceń lekarza, tego, czy w przyszłości chcesz jeszcze mieć dzieci (oraz na ile chcesz być pewna wybranej metody przed poczęciem kolejnego), własnych odczuć i okoliczności. Wszystkie są skuteczne, jeśli stosuje się je poprawnie i konsekwentnie, przy czym jedne mają lepsze wyniki od drugich.

METODY HORMONALNE

Doustne środki antykoncepcyjne. Te dostępne tylko na receptę pigułki należą do najskuteczniejszych nietrwałych metod zapobiegania ciąży – ich skuteczność szacuje się na 99,5% (zajście w ciążę zdarza się, gdy zapomni się wziąć tabletkę lub weźmie się je w złej kolejności) i pozwalają na spontaniczne uprawianie miłości.

Są dwa podstawowe rodzaje tabletek antykoncepcyjnych: dwuskładnikowe, które zawierają estrogeny i progestageny*, oraz jednoskładnikowe (progestagenne – minipigułki). Działanie obu rodzajów polega na wstrzymaniu jajeczkowania oraz zagęszczeniu wydzieliny szyjki macicy, co utrudnia plemnikom dotarcie do komórki jajowej – gdyby została uwolniona – oraz uniemożliwia zagnieżdżenie się zapłodnionej komórki w macicy. Tabletki dwuskładnikowe są nieco bardziej skuteczne w zapobieganiu ciąży. Aby minipigułki były najbardziej skuteczne, należy je brać o tej samej porze dnia (dwuskładnikowe nie wymagają tak rygorystycznego przestrzegania pory przyjmowania).

Niektóre kobiety doświadczają skutków ubocznych (różnych, w zależności od rodzaju tabletki); do najczęściej występujących należą: zatrzymywanie płynów, wahania masy ciała, nudności i wymioty, tkliwość piersi, zwiększony lub zmniejszony pociąg seksualny, wypadanie włosów, nieregularności w miesiączkowaniu (plamienie, krwawienie z przerwami oraz, rzadko, brak miesiączki lub zupełne zaprzestanie miesiączkowania). Rzadsze są przypadki depresji, apatii lub napięcia. Po kilku cyklach stosowania tabletek skutki uboczne zwykle łagodnieją lub całkowicie ustępują. Ogólnie rzecz biorąc, dostępne obecnie tabletki mają znacznie mniej skutków ubocznych niż te sprzed lat. Nowe odmiany (Yasmin, Cyclessa) dostarczają estrogenów na stałym poziomie oraz nowej odmiany progesteronu lub też mają trzy różne poziomy estrogenów i progesteronu w celu zapobieżenia wzdęciom i zespołowi napięcia przedmiesiączkowego. Nowością w tej kategorii środków antykoncepcyjnych jest Seasonale – coś, co z pewnością spodoba się kobietom nie przepadającym za comiesięcznym krwawieniem. Jedno opakowanie ma 84 tabletki hormonalne i 7 nieaktywnych; należy brać te zawierające hormony przez 12 tygodni bez przerwy, a potem zrobić przerwę na miesiączkę (w takim przypadku występującą tylko 4 razy w roku). Czasem jednak przy stosowaniu Seasonale występują większe krwawienia międzymiesiączkowe niż przy zwykłych tabletkach. (Większość lekarzy jest zgodnych co do tego, że można bezpiecznie przyjmować jednofazowe tabletki bez przerwy na miesiączkę.)

Kobiety powyżej trzydziestego piątego roku życia oraz palące dużo papierosów stoją przed większym zagrożeniem występowania skutków ubocznych (na przykład skrzepy krwi, atak serca, udar) stosowania tabletek. Nie zaleca się także tej metody antykoncepcji kobietom, które w wywiadzie mają chorobę zakrzepową (zakrzepica), mięśniaki, cukrzycę, nadciśnienie, pewne odmiany nowotworu. Porozmawiaj na ten temat z lekarzem.

Ale stosowanie doustnych środków antykoncepcyjnych ma też dobre strony. Na przykład uważa się, że mogą zapobiegać m.in. zapaleniu narządów miednicy mniejszej, niezłośliwym chorobom piersi, ciąży ektopowej, nowotworom jajników i macicy, torbielom jajników i niedokrwistości z powodu niedoboru żelaza (dzięki mniej obfitemu krwawieniu miesiączkowemu). Uważa się też, że mogą zmniejszyć ryzyko zapalenia stawów, osteoporozy i zaburzeń miesiączkowania. Wiele kobiet zauważa dodatkowe korzyści związane z braniem tabletek antykoncepcyjnych, takie jak mniejsze napięcie przedmiesiączkowe, bardzo regularne miesiączkowanie i (przy niektórych tabletkach) ładniejsza cera. Badania nie wykazują związku między przyjmowaniem tabletek a rakiem piersi.

Jeśli planujesz posiadanie następnego dziecka, odzyskanie płodności może ci zabrać więcej czasu, jeśli bierzesz środki doustne, niż gdybyś używała środków mechanicznych. Najlepiej, gdybyś przestawiła się na metodę

---

* Pogestageny – leki syntetyczne o działaniu zbliżonym do progesteronu (przyp. K. S.).

> ## Doustne środki antykoncepcyjne – sygnały ostrzegawcze
>
> Znakomita większość kobiet przyjmujących doustne środki antykoncepcyjne doświadcza bardzo nielicznych skutków ubocznych, najczęściej w łagodnej formie. Ale ponieważ czasem skutki te mogą być poważniejsze, powinnaś na wszelki wypadek wyczulić się na poniższe sygnały ostrzegawcze.
>
> Jeśli zażywasz doustne środki antykoncepcyjne (lub inne środki hormonalne) i zauważysz którykolwiek z następujących objawów, natychmiast skontaktuj się z lekarzem:
>
> - ostre bóle w klatce piersiowej;
> - kaszel krwią;
> - nagła utrata tchu;
> - ból lub tkliwość łydek lub ud;
> - ostry ból głowy;
> - zawroty głowy lub omdlenia;
> - cierpnięcie lub osłabienie mięśni;
> - zaburzenia mowy;
> - nagły, częściowy lub całkowity zanik widzenia, widzenie niewyraźne, migające światła;
> - ostra depresja;
> - zażółcenie skóry;
> - ostre bóle brzucha.

barierową na trzy miesiące przed planowanym zajściem w ciążę. Około 80% kobiet ma owulację w ciągu trzech miesięcy po odstawieniu tabletki, 95% – w ciągu roku.

Jeśli zdecydujesz się na środek doustny, lekarz poradzi ci, który jest najlepszy dla ciebie, na podstawie tego, czy karmisz dziecko piersią (żadna tabletka zawierająca estrogeny nie będzie zalecana w trakcie laktacji, ale tabletki jednoskładnikowe zawierające tylko progestagen mogą być bezpiecznie stosowane), oraz biorąc pod uwagę twój cykl miesiączkowy, masę ciała, wiek i wywiad medyczny. Zażywaj tabletki regularnie; jeśli zapomnisz nawet o jednej lub masz biegunkę czy wymioty albo przyjmiesz środki na odchudzanie (co może przeszkodzić jej wchłonięciu), używaj dodatkowego zabezpieczenia (np. prezerwatywy lub pianki) aż do następnej miesiączki. Poddawaj się kontroli lekarskiej raz na sześć miesięcy lub na rok; informuj o wszystkich problemach czy komplikacjach, które pojawiły się pomiędzy wizytami, i pamiętaj powiadomić lekarza zapisującego ci jakiekolwiek lekarstwa, że jesteś na doustnych środkach antykoncepcyjnych (niektóre zioła i leki, na przykład antybiotyki, mogą osłabiać skuteczność tabletek).

Tabletki antykoncepcyjne nie chronią przed chorobami przenoszonymi drogą płciową, więc używaj prezerwatyw, jeśli istnieje prawdopodobieństwo zarażenia się taką chorobą od partnera. Środki doustne zwiększają zapotrzebowanie na pewne substancje odżywcze (chociaż mogą zmniejszyć zapotrzebowanie na inne); zażywaj codziennie takie witaminy jak B_2, B_6, B_{12}, C, ryboflawinę, cynk i kwas foliowy, aby pokryć dzienne zapotrzebowanie.

Zastrzyki. Zastrzyki hormonalne, takie jak na przykład Depo-Provera, są bardzo skuteczną metodą zapobiegania ciąży (99,7%), ich działanie polega na: zatrzymaniu jajeczkowania oraz zagęszczaniu wydzieliny szyjki macicy w celu uniemożliwienia połączenia plemnika z komórką jajową. Zastrzyk ten wykonuje się w ramię lub pośladek, a czas jego działania to trzy miesiące. Depo-Provera zawiera jedynie progestagen, zatem jest odpowiednia dla matek karmiących piersią.

Skutki uboczne, podobnie jak w przypadku środków doustnych, to nieregularne miesiączkowanie, przyrost masy ciała, wzdęcia. Jednak u niektórych kobiet miesiączki są rzadsze i mniej obfite, a po pięciu latach przyjmowania zastrzyków Depo-Provery u niewielu mogą zostać w ogóle wstrzymane. Bywają też kobiety, które mają dłuższe, bardziej obfite krwawienia*. Podobnie jak tabletki, zastrzy-

---

* U zdecydowanej większości kobiet po kilku miesiącach stosowania Depo-Provery ustępują krwawienia miesiączkowe. Częste są natomiast plamienia (początkowo) i krwawienia międzymiesiączkowe (przyp. K. S.).

ki nie są dobre dla wszystkich kobiet, a wszystko zależy od stanu ich zdrowia.

Największą zaletą zastrzyku jest zapobieganie ciąży przez dwanaście tygodni – zaletą dla tych kobiet, które nie lubią za każdym razem myśleć o antykoncepcji, które często zapominają wziąć tabletkę albo założyć krążek dopochwowy. Zapobiega on również rakowi błony śluzowej macicy i jajników. Ma też wady: konieczność chodzenia co dwanaście tygodni do lekarza po zastrzyk, fakt, że skutki zastrzyku są dość długotrwałe (gdybyś chciała szybko zajść w ciążę) i powrót do płodności może nastąpić dopiero po roku od zaprzestania przyjmowania Depo-Provery.

Plaster antykoncepcyjny. Plaster Evra ma powierzchnię podobną do pudełka zapałek i zawiera te same hormony co tabletka dwuskładnikowa, tylko w innej formie. Jednak plaster, w przeciwieństwie do środków doustnych, utrzymuje stały poziom hormonów, gdyż stale dostarcza je organizmowi przez skórę. Nosi się go przez tydzień, wymienia tego samego dnia tygodnia, przez trzy kolejne tygodnie. Czwarty tydzień to czas na „przerwę od plasterka" i w tym czasie występuje miesiączka. Plaster można zmieniać o dowolnej porze dnia. Jeśli zapomnisz o zmianie po siedmiu dniach, masz dwa dodatkowe dni, w trakcie których hormony są jeszcze uwalniane.

Plaster można nosić niezależnie od wykonywanych czynności – w trakcie kąpieli, ćwiczeń fizycznych, w saunie i wannie z hydromasażem itp. Wilgotność powietrza czy temperatura nie mają wpływu na to, jak dobrze przywiera do ciała. Wiele kobiet wybiera pośladek lub podbrzusze jako miejsce naklejania go, ale można nosić go również na górnej części tułowia (z wyjątkiem piersi) lub górnej części ramienia.

Podobnie jak wszystkie inne hormonalne środki antykoncepcyjne, jest bardzo skuteczny (99,5%), jednak jego skuteczność może obniżyć się u kobiet otyłych (ważących ponad 90 kg). Skutki uboczne – takie same jak w przypadku tabletek.

Krążek. NuvaRing jest niewielkim (wielkości mniej więcej jednozłotówki), przezroczystym, elastycznym plastikowym krążkiem, który można spłaszczyć jak gumkę do włosów, włożyć do pochwy i pozostawić tam przez dwadzieścia jeden dni. Założony krążek uwalnia stale niskie dawki estrogenów i progesteronu. Dokładne ułożenie krążka w pochwie nie ma większego znaczenia, ponieważ nie jest to barierowa metoda antykoncepcji. Wystarczy założyć krążek raz na miesiąc, by nie musieć się martwić codziennym braniem tabletki czy zakładaniem krążka dopochwowego przed stosunkiem. Po usunięciu NuvaRingu następuje krwawienie miesięczne. Kolejny krążek powinien być założony po tygodniowej przerwie, nawet jeśli miesiączka jeszcze nie ustała. Badania wykazują, ze stopień kontroli cyklu przy NuvaRing jest wyższy niż przy braniu tabletek i że krwawienie międzymiesiączkowe jest mniejsze. Ponieważ hormony w nim zawarte są takie same jak w tabletce dwuskładnikowej, podobne są też skutki uboczne. Kobiety, którym nie zaleca się brania doustnych środków antykoncepcyjnych, nie powinny też decydować się na hormonalny krążek. Nie jest on również wskazany dla matek karmiących piersią. Jego skuteczność wynosi od 98 do 99%.

Wszczep hormonalny. Implanty podskórne zawierające progestagen okazały się bezpieczną i skuteczną metodą antykoncepcyjną (99,9%), jednak producent Norplantu zaprzestał produkcji. Następna generacja wszczepów to implanty jednopałeczkowe, takie jak na przykład Implanon, który skutecznie zapobiega zajściu w ciążę przez trzy lata, oraz dwupałeczkowe, działające przez pięć lat. Wszczepy hormonalne obecnie są poddawane próbom przed dopuszczeniem ich na rynek amerykański – co powinno wkrótce nastąpić.

WKŁADKA DOMACICZNA

Jest to najpopularniejsza na świecie niestała forma antykoncepcji dla kobiet, jednak tylko 1% Amerykanek decyduje się na nią. Obecnie stosowane wkładki uważa się za jedną z najbezpieczniejszych metod zapobiegania

Wkładka domaciczna – sygnały ostrzegawcze

Dla większości kobiet wkładka domaciczna jest długotrwałą, niekłopotliwą metodą zapobiegania ciąży, z bardzo nielicznymi (jeśli w ogóle jakimikolwiek) skutkami ubocznymi. Jednak ponieważ istnieje pewne ryzyko wystąpienia komplikacji, kobieta z wkładką domaciczną powinna natychmiast skontaktować się z lekarzem, jeśli zauważy u siebie:

- brak lub opóźnienie okresu, a po nim skąpe lub nieregularne krwawienie;
- omdlenia lub uczucie pełności w brzuchu związane z bólami brzucha;
- bolesny stosunek płciowy;
- skurcze, tkliwość, ostre bóle miednicy lub podbrzusza (kiedy dolegliwości związane z założeniem wkładki ustąpiły);
- ból promieniujący w dół nóg lub ból w ramieniu;
- niezwykłe lub nieprawidłowe krwawienia z pochwy, z bólem lub bez (z wyjątkiem możliwego plamienia w wyniku założenia wkładki);
- nie wyjaśnione dreszcze i gorączka;
- ból narządów płciowych lub nieprawidłowa wydzielina z pochwy.

---

ciąży, a jej skuteczność jest niemal równa sterylizacji – wynosi bowiem ponad 99%. Są również wygodne, dla większości kobiet bezproblemowe, zatem na pewno warto się nad tą metodą zastanowić.

Jest to niewielkie plastikowe urządzenie, umieszczane przez lekarza w macicy i pozostawiane na kilka lat, których liczba jest różna dla różnych rodzajów wkładek. W Stanach Zjednoczonych są ich dwa rodzaje: ParaGard i Mirena. ParaGard to miedziana wkładka, która uwalniając miedź, unieruchamia plemniki, zapobiegając także zagnieżdżeniu się jajeczka w macicy. Można ją pozostawić na dziesięć lat. Mirena natomiast uwalnia progestagen do ścianek macicy, zagęszczając wydzielinę szyjkową oraz blokując plemniki, uniemożliwiając jednocześnie zagnieżdżenie się komórki jajowej.

Główną zaletą stosowania wkładki domacicznej jest zapewniana przez nią wygoda: kiedy została założona, można o niej zapomnieć, co najmniej na rok (często aż na 4 lata, w zależności od wkładki), trzeba tylko pamiętać o regularnym (np. raz na miesiąc) sprawdzaniu nylonowej nitki przymocowanej do wkładki. Wkładka pozwala na spontaniczne uprawianie seksu, gdyż nie trzeba przerywać stosunku, żeby założyć błonę pochwową lub prezerwatywę, i nie trzeba pamiętać o codziennym braniu tabletki. Dodatkowo wkładka nie wpływa ujemnie na karmienie piersią i na dziecko.

Doskonałe właściwości antykoncepcyjne wkładki domacicznej można zwiększyć jeszcze bardziej, regularnie sprawdzając nitkę przymocowaną do niej oraz używając prezerwatyw i/lub środków plemnikobójczych przez pierwsze dwa lub trzy miesiące od pierwszego założenia wkładki (wtedy najczęściej zdarzają się przypadki zajścia w ciążę).

Kobiety, u których rozpoznano rzeżączkę lub zakażenie bakteriami *Chlamydia*, mające licznych partnerów lub te, których partnerzy mają wiele partnerek, nie powinny stosować wkładki. Również nie powinna być używana przez kobiety, u których w wywiadzie stwierdzono stany zapalne miednicy lub ciążę ektopową, rozpoznane lub podejrzewane stany przednowotworowe lub nowotwory złośliwe macicy i szyjki macicy (oraz nawet nie wyjaśnione, nieprawidłowe wymazy z szyjki macicy), nieprawidłową budowę macicy lub jej niedorozwój, nieregularne miesiączki lub inne krwawienie (wkładka może zwiększyć krwawienie miesiączkowe lub pogłębić zaburzenia miesiączkowania), zakażenie poporodowe lub poporonne w okresie minionych trzech miesięcy. Wkładki nie zaleca się także kobietom, które w ciągu sześciu ostatnich tygodni urodziły dziecko, poroniły lub poddały się aborcji. Uczulenie lub podejrzenie o alergię na miedź wyklucza stosowanie miedzianej wkładki.

Możliwe komplikacje to: skurcze (które mogą być mocne) podczas zakładania i, rzadko, przez pierwsze kilka godzin, a nawet dni; przebicie macicy; przypadkowe wypadnięcie wkładki (możesz tego nie zauważyć i nie będziesz zabezpieczona); oraz zakażenie jajowodów i miednicy (rzadkie). Czasem występuje plamienie międzymiesiączkowe w pierwszych kilku miesiącach od założenia wkładki, kilka pierwszych miesiączek może też trwać dłużej i charakteryzować się większą obfitością. Nierzadko się zdarza, że kobiety, które stosują tę metodę zabezpieczania się przed ciążą, mają dłuższe i obfitsze menstruacje przez cały czas używania wkładki, przy czym wkładka działająca poprzez uwalnianie progestagenu może sprawić, że krwawienie stanie się mniejsze*.

METODY BARIEROWE

Błona pochwowa. Jest to gumowy kapturek w kształcie kopuły, zakładany na szyjkę macicy, u wejścia do macicy, aby blokować dostanie się plemników do środka. Jest efektywną metodą kontroli urodzeń, kiedy używa się go prawidłowo z żelem plemnikobójczym, aby zniszczyć plemniki, które mogłyby się przedostać poza krążek (94%). Oprócz wystąpienia zakażenia układu moczowego, a także sporadycznych reakcji alergicznych spowodowanych albo przez żel, albo przez gumę, krążek jest bezpieczny w użyciu. Stosowana z żelem plemnikobójczym zdaje się nawet zmniejszać niebezpieczeństwo zakażenia miednicy, które może prowadzić do niepłodności. W żaden sposób nie wpływa ujemnie na laktację ani dziecko.

Błona pochwowa musi być zapisana i dopasowana przez lekarza. Należy ją ponownie dopasować po urodzeniu dziecka, ponieważ kształt i wielkość pochwy mogły się zmienić. Niedogodnością w użyciu błony jest fakt, że trzeba ją zakładać przed każdym stosunkiem (chyba że do ponownego zbliżenia dojdzie w ciągu kilku godzin – wówczas trzeba tylko pamiętać o dodaniu środków plemnikobójczych), pozostawić wewnątrz na 6–8 godzin i usunąć najpóźniej w ciągu 24 godzin. (Niektórzy eksperci sugerują, że roztropnie jest usuwać błonę po upływie 12–18 godzin, a inni radzą zakładać ją co wieczór, tak jak się myje zęby, żeby nie zapomnieć o założeniu jej w chwili uniesienia.) Ta metoda nie odpowiada niektórym kobietom, ponieważ błona jest zakładana przez pochwę. Od czasu do czasu należy sprawdzać, czy błona jest cała.

Kapturek naszyjkowy. Pod wieloma względami kapturek naszyjkowy jest podobny do błony pochwowej. Musi zostać dopasowany przez lekarza, musi być używany z substancją plemnikobójczą i działa na zasadzie zamknięcia plemnikom drogi do macicy. Jego osiągnięcia w zapobieganiu ciąży są niższe niż w przypadku błony, wynoszą bowiem 60––70%. Kapturek zapewnia jednak kilka dodatkowych korzyści. Jest to rozciągliwy gumowy kapturek w kształcie dużego naparstka, którego mocny brzeg ściśle okala szyjkę macicy. Jest o połowę mniejszy od błony i może pozostawać wewnątrz przez 48 godzin. Część kobiet twierdzi, że jeśli krążek naszyjkowy pozostanie przez kilka dni, pojawia się nieprzyjemny zapach; innym trudność sprawia założenie go.

FemCap, nowa forma barierowej metody antykoncepcyjnej (której skuteczność wynosi 85%), to krążek silikonowy w kształcie czapki marynarskiej. Przylega szczelnie do ścianek macicy i znajduje się w nim wgłębienie, które zawiera środki plemnikobójcze i jednocześnie uniemożliwia przedostanie się plemników do macicy. Usuwa się go za pomocą sznureczka.

Tampon pochwowy. Tampon Today, obecnie trudno dostępny w Stanach Zjednoczonych, blokuje wejście do macicy; jego działanie polega na powstrzymywaniu plemników przed spotkaniem z jajeczkiem. Ponieważ nie wymaga on ani wizyty u lekarza, ani recepty, jest stosunkowo łatwy w użyciu (możesz sama go założyć, tak jak krążek), pozwala na większą spontaniczność niż inne środki me-

---

* System domaciczny Mirena doprowadza do stopniowego przejściowego zaniku błony śluzowej macicy. Wynikiem tego jest początkowo nieregularne lekkie krwawienie i stopniowe zmniejszanie krwawień miesiączkowych. U części kobiet miesiączki całkowicie ustają na czas noszenia wkładki (przyp. K. S.).

> ### Sygnały ostrzegawcze przy stosowaniu metod barierowych
>
> Skonsultuj się z lekarzem, jeśli przy używaniu krążka dopochwowego albo kapturka naszyjkowego wystąpią u ciebie którekolwiek z poniższych objawów:
>
> - uczucie dyskomfortu, gdy krążek dopochwowy lub kapturek naszyjkowy są założone;
> - uczucie pieczenia przy oddawaniu moczu;
> - podrażnienie bądź swędzenie w okolicy narządów rodnych;
> - nietypowa wydzielina z pochwy;
> - nieregularne plamienie lub krwawienie;
> - zaczerwienienie lub obrzęk sromu bądź pochwy;
> - nagła wysoka gorączka;
> - biegunka i/lub wymioty;
> - zawroty głowy, omdlenia i osłabienie;
> - wysypka przypominająca z wyglądu oparzenie słoneczne.

chaniczne (zapewniając ciągłe zabezpieczenie przez 24 godziny po założeniu tamponu). Nie ma żadnego wpływu na karmione piersią dziecko. Jego główne działanie zapobiegawcze polega na uwolnieniu substancji plemnikobójczej. Wydaje się, że jest mniej skuteczny niż krążek, ale kiedy zawiera nonoxynol-9, może zmniejszyć ryzyko zakażenia się takimi chorobami przenoszonymi drogą płciową, jak rzeżączka i zakażenie chlamydią. Może jednak zwiększyć niebezpieczeństwo mniej poważnego zakażenia pochwy grzybicą. Niektóre osoby są uczulone na substancje plemnikobójcze zawarte w tamponie. Zakładanie tamponu jest niewygodne dla niektórych kobiet. Nie powinno się go pozostawiać dłużej, niż jest to zalecane, a przy usuwaniu tamponu należy uważać, by usunąć go w całości; pozostawiony w pochwie fragment może wywołać intensywny, przykry zapach i stać się przyczyną infekcji. Tampony są wyłącznie jednorazowego użytku.

Prezerwatywa. Osłona na penis wykonana z lateksu lub naturalnego surowca (z jelit owczych). Jest ona bardzo skuteczna, jeśli stosuje się ją właściwie, chociaż nie tak skuteczna jak inne formy antykoncepcji (skuteczność wynosi 86%). Jej skuteczność, jak i możliwość zwalczania zakażeń, jeszcze się zwiększa, jeśli stosuje się ją z substancją plemnikobójczą i jeśli sprawdzi się jej szczelność przed użyciem. Użycie prezerwatywy jest całkowicie bezbolesne, chociaż lateks lub substancja plemnikobójcza może spowodować reakcję alergiczną u niektórych osób. Prezerwatywa ma tę przewagę nad innymi środkami, że jej stosowanie nie wymaga wizyty u lekarza ani recepty, jest łatwo dostępna, może być noszona choćby w kieszeni, zmniejsza ryzyko przenoszenia takich chorób, jak: rzeżączka, zakażenie chlamydią i AIDS (lateks częściowo chroni przed wirusem HIV). Ponieważ nie wpływa ujemnie na karmienie piersią ani na karmione piersią dziecko i nie wymaga dopasowania w okresie poporodowym (w przeciwieństwie do krążka), jest idealnym przejściowym środkiem dla wielu kobiet. Dla niektórych osób fakt, że musi być założona przed stosunkiem (ale nie przed erekcją), koliduje ze spontanicznością. Inni traktują zakładanie prezerwatywy jako część aktu miłosnego.

Dla zwiększenia skuteczności członek z naciągniętą prezerwatywą powinien być wysunięty z pochwy nim erekcja całkowicie zniknie, aby uniknąć wycieku nasienia. Jeśli pochwa jest sucha po ciąży bądź podczas karmienia, używanie kremów nawilżających (lub nawilżonych prezerwatyw) ułatwi wprowadzanie członka. (Nie używaj nawilżaczy zawierających olejek, na przykład olejków dla dzieci, do masażu ani wazeliny, gdyż mogą zniszczyć powierzchnię prezerwatywy.)

Prezerwatywa dla kobiet wyściela wnętrze pochwy i ma kształt walcowaty z pierścieniami usztywniającymi podstawę górną i dolną (do umocowania na szyjce macicy i wejściu do pochwy). Jej nałożenie może nastąpić na osiem godzin przed stosunkiem, a usunąć ją

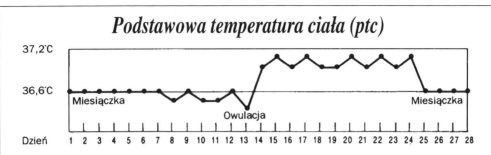

Podstawowa temperatura ciała (ptc). Ptc może pomóc dokładnie określić płodny okres owulacji, w trakcie którego stosunki bez zabezpieczenia są niewskazane. Aby otrzymać wykres ptc, kobieta mierzy tylko do tego przeznaczonym termometrem temperaturę każdego ranka zaraz po przebudzeniu, zanim wstanie z łóżka lub nawet usiądzie (termometr powinien być strzepnięty i położony obok łóżka wieczorem poprzedniego dnia). U większości kobiet temperatura spadnie, a następnie wzrośnie gwałtownie w okresie owulacji, tak jak na wykresie. Trzy pełne dni po owulacji następuje początek okresu niepłodności. Więcej na temat naturalnej metody kontroli urodzeń znajdziesz na stronie 632.

należy natychmiast po. Do jej wad należą: dość wysoka cena w porównaniu ze zwykłą prezerwatywą, tłumienie bodźców i fakt, że jest mocno wyczuwalna. Jednak jest skuteczniejsza od tej dla mężczyzn (zapewnia ochronę w 95% przypadków) i podobnie jak tamta, także zapobiega przenoszeniu chorób, w tym AIDS.

Plemnikobójcze pianki, kremy, galaretki, czopki i rozpuszczalne błony. Bez użycia innych środków te substancje plemnikobójcze są dosyć skuteczne w zapobieganiu ciąży (ich skuteczność wynosi między 72 a 94%). Są łatwo dostępne bez recepty i nie przeszkadzają w uprawianiu miłości, choć mogą być brudzące. Aplikuje się je do godziny przed stosunkiem.

ANTYKONCEPCJA AWARYJNA (PO STOSUNKU)

„Tabletka po..." jest jedyną metodą antykoncepcyjną*, jaką można zastosować po stosunku bez zabezpieczenia (lub w sytuacji awaryjnej, gdy zawiodła wybrana metoda zapobiegania, na przykład jeśli doszło do pęknięcia prezerwatywy, obsunięcia krążka, jeśli zapomniałaś połknąć tabletkę), ale przed faktycznym rozwinięciem się ciąży**. Stosowane w Stanach Zjednoczonych Preven i Plan B [w Polsce tylko Postinor] zmniejszają ryzyko zajścia w ciążę o 75%, jeśli zostaną przyjęte do 72 godzin po stosunku bez zabezpieczenia – im szybciej, tym lepiej. (Lekarz może ci również zalecić przyjęcie zwykłej tabletki antykoncepcyjnej w sytuacji awaryjnej, spytaj go jednak wcześniej, jaką dawkę powinnaś wziąć.)

Działanie antykoncepcji awaryjnej polega na zatrzymaniu owulacji lub uniemożliwieniu zapłodnienia, a także zapobieżeniu zagnieżdżenia się zapłodnionej komórki jajowej w ścianie macicy.

Preven, podobnie jak tabletki dwuskładnikowe, zawiera estrogeny i progestagen. Skutki uboczne są takie same jak przy dwuskładnikowych tabletkach antykoncepcyjnych, zwykle mało dokuczliwe. Plan B zawiera natomiast wyłącznie progestagen i wywołuje mniej skutków ubocznych.

Obecnie w niektórych stanach USA antykoncepcyjne środki awaryjne wydawane są na receptę, a w innych – bez recepty.

---

* Założenie wkładki domacicznej w ciągu kilku dni po stosunku (różny czas w zależności od typu wkładki) również bardzo znacznie zmniejsza ryzyko zajścia w ciążę (przyp. K. S.).

** Tabletka taka nie zadziała, jeśli już jesteś w ciąży. Nie ma ona bowiem nic wspólnego z tabletkami wczesnoporonnymi, takimi jak RU486.

STERYLIZACJA

Sterylizacja jest w Stanach Zjednoczonych częstym wyborem par, które uważają, że ich rodzina jest już pełna, nie obawiają się definitywnego zrezygnowania z możliwości poczęcia dziecka oraz chętnie raz na zawsze pozbędą się środków antykoncepcyjnych. Zabiegi są coraz bardziej bezpieczne (nie znamy długoterminowych ujemnych skutków dla zdrowia) oraz całkowicie niezawodne. Rzadkie przypadki nieskuteczności tej metody należy łączyć z nieudanym zabiegiem lub – jak w przypadku wazektomii – z zaniechaniem stosowania dodatkowych metod zapobiegania ciąży do chwili wydalenia wszystkich żywych plemników. Choć czasem można cofnąć skutki sterylizacji, należy ją jednak uważać za metodę trwałą.

Podwiązanie jajowodów u kobiet to zabieg wykonywany w znieczuleniu całkowitym lub zewnątrzoponowym; polega na wykonaniu niewielkiego nacięcia podbrzusza oraz wycięciu, podwiązaniu lub zablokowaniu jajowodów*. Przez pewien czas – zwykle dwa, czasem więcej dni – zaleca się mniejszą aktywność fizyczną. Wazektomia natomiast (przecięcie lub podwiązanie nasieniowodów, przez które następuje transport nasienia z jąder do członka) jest znacznie łatwiejszym zabiegiem wykonywanym w gabinecie lekarskim pod miejscowym znieczuleniem i jest znacznie mniej ryzykowna niż podwiązanie jajników. Nie ma – wbrew obawom niektórych mężczyzn – ujemnego wpływu na zdolność do erekcji, a badania naukowe nie wykazują zwiększonego zagrożenia rakiem prostaty u sterylizowanych mężczyzn.

Nowszą trwałą metodą antykoncepcji dla kobiet jest Essure – w przeciwieństwie do podwiązania jajowodów nie wymaga ani nacięcia podbrzusza, ani znieczulenia. W każdym jajowodzie umieszczony zostaje, poprzez wprowadzony przez szyjkę macicy cewnik, miękki, giętki mikrowszczep. W ciągu trzech miesięcy, w wyniku narastania nowej tkanki w jajowodach (wewnątrz wszczepu), dochodzi do całkowitego ich zablokowania. Do chwili potwierdzenia przez lekarza, że jajowody są zablokowane (co zwykle następuje po upływie około trzech miesięcy), należy stosować dodatkowe metody antykoncepcji.

ŚWIADOMOŚĆ PŁODNOŚCI

Kobiety, które nie chcą używać antykoncepcji hormonalnej ani mechanicznej, mogą spróbować metody „naturalnej" (zwanej także „naturalnym planowaniem rodziny"). Metoda ta polega na obserwacji sygnałów ciała, aby określić czas owulacji, i jest najbardziej skuteczna w przypadku regularnie miesiączkujących kobiet. Ponieważ jednak większość kobiet ma nieregularne cykle, uważa się ją za najmniej skuteczny sposób zapobiegania ciąży.

Im więcej czynników bierze się pod uwagę, tym lepsze efekty. Czynniki te obejmują: prowadzenie kalendarzyka małżeńskiego, zmiany śluzu w pochwie (śluz jest przejrzysty, o konsystencji surowego białka jajka i ciągnący w czasie owulacji); zmiany podstawowej temperatury ciała (podstawowa temperatura zmierzona zaraz po obudzeniu spada nieznacznie tuż przed owulacją, osiąga najniższy punkt w czasie owulacji, następnie szybko wzrasta do najwyższego punktu, zanim osiągnie podstawowy poziom na resztę cyklu; patrz wykres na stronie 631); oraz zmiany w szyjce macicy (twarda zazwyczaj szyjka staje się miękka). Gotowe komplety określające dokładny czas owulacji, dla par chcących zajść w ciążę, mogą być pożyteczne przy naturalnym planowaniu rodziny (choć ich długoterminowe używanie jest dość kosztowne). Testy śliny w celu określenia czasu jajeczkowania także mogą pomóc kobietom określić, kiedy mają dni płodne; są też najbardziej opłacalne. Należy unikać stosunku od pierwszych oznak owulacji aż do trzech dni po niej.

---

* W większości krajów sterylizację żeńską wykonuje się na drodze laparoskopii. W Polsce sterylizację można wykonać na pisemną prośbę pacjentki zazwyczaj podczas cięcia cesarskiego, jeśli kolejna ciąża będzie stanowiła realne zagrożenie jej życia (przyp. K. S.).

STWIERDZENIE KOLEJNEJ CIĄŻY

Urodziłam dziecko około 12 tygodni temu, a wczoraj zaczęłam odczuwać nudności. Jak szybko można ponownie zajść w ciążę i, jeśli karmię, po czym można to poznać?

Kolejna ciąża w dwunastym tygodniu połogu zdarza się rzadko, zwłaszcza w przypadku matki karmiącej piersią, ale jednak się zdarza. Jeśli ty lub twój partner nie poddaliście się sterylizacji, musicie zdawać sobie sprawę z ryzyka zajścia w ciążę przy każdym stosunku, nawet jeśli stosujecie środki zapobiegawcze, a szczególnie jeśli niczego nie stosujecie. Ciąża w okresie poporodowym może być trudna do wykrycia. Zwłaszcza jeśli jeszcze nie miesiączkujesz po przebytej ciąży, ponieważ pierwszą wskazówką dla większości kobiet jest brak miesiączki. Jeśli karmisz piersią, inna oznaka ciąży – wrażliwe i powiększone piersi o zwiększonym unaczynieniu – może pozostać nie zauważona. Jednakże możesz zaobserwować inne sygnały, kiedy nowa ciąża się ustali, a mianowicie: zmniejszoną ilość pokarmu, ponieważ w czasie ciąży i laktacji działają inne grupy hormonów (ale taki spadek może być spowodowany wyczerpaniem, zbyt małą liczbą karmień lub innymi czynnikami); poranne nudności lub zawroty głowy (które również mogą być spowodowane błędami w diecie lub zakażeniem przewodu pokarmowego) albo częste oddawanie moczu (tutaj dla odmiany powodem może być zakażenie układu moczowego).

Jeśli masz jakieś podstawy do podejrzeń, że jesteś w ciąży, lub jeśli jesteś bezpodstawnie przerażona taką możliwością, zastosuj domowy test ciążowy. Gdyby jednak to, co mało możliwe, okazało się prawdą, jak najszybciej zadbaj o opiekę prenatalną. Kolejna ciąża w pierwszym roku po porodzie wymaga wielkiego wysiłku, częstych kontroli lekarskich, dużo wypoczynku i dobrego odżywiania się. Możesz kontynuować karmienie piersią, tak długo, jak temu podołasz, oczekując na kolejne dziecko. Jeśli poczujesz się wyczerpana, możesz uzupełnić karmienie mieszanką lub całkowicie odstawić dziecko od piersi. Omów z lekarzem obydwa rozwiązania. Jeśli karmisz w czasie ciąży, musisz pamiętać o spożywaniu dodatkowych kalorii (około 300 dla płodu i kolejne 200 do 500 dla karmionego dziecka), białka (4 porcji dziennie) oraz wapnia dla płodu i dla wytwarzania mleka, a także dużo odpoczywać.

ZARAŻENIE DZIECKA

Jestem bardzo przeziębiona – czy dziecko może zarazić się ode mnie?

Zarazki mają to do siebie, że przenoszą się z jednego członka rodziny na następnych, a za kilka lat, kiedy twój synek pójdzie do szkoły, zacznie przynosić je do domu. Teraz jednak większe jest prawdopodobieństwo, że to ty go zarazisz – lub inni domownicy – chyba że mały chodzi do żłobka.

W celu zmniejszenia ryzyka zarażenia synka przeziębieniem lub jakąkolwiek inną chorobą, na którą zapadnie ktoś z rodziny, myj dokładnie ręce przed dotknięciem go lub wszystkiego, co trafia do jego buzi (łącznie z jego rączkami, butelką, smoczkiem, twoimi brodawkami), nie pijcie też z tego samego kubeczka. Uważaj, by dziecko nie dotknęło opryszczki bądź innej zakaźnej wysypki, ani nie całuj go (mimo iż tak trudno przecież oprzeć się pokusie ucałowania słodkiej buzi) tak długo, jak długo występują objawy przeziębienia. Przypilnuj, by pozostali członkowie rodziny także stosowali się do powyższych zasad. A przy okazji: można karmić piersią, będąc chorym; twój pokarm wzmacnia układ odpornościowy malca.

Wiedz jednak, że niewielu dzieciom udaje się uniknąć przeziębienia w pierwszym roku życia. Pomimo wszystkich powyższych środków ostrożności malec zapewne „złapie" jakiś katar – a ponieważ to ty jesteś najbliżej niego (otrzymuje twoje przeciwciała), prędzej zarazi się czymś od ciebie, niż od kichającego przechodnia.

JAK ZNALEŹĆ CZAS DLA SIEBIE

Jestem tak pochłonięta zaspokajaniem potrzeb mojej nowo narodzonej córeczki, że nigdy nie starcza mi czasu dla siebie. Czasami nie mam nawet wolnej chwili, żeby wziąć prysznic.

Dla matek mających małe dzieci drobiazgi mogą bardzo wiele znaczyć. I często zdarza się tak, że te drobne sprawy, które inni biorą za coś oczywistego, jak na przykład pójście do ubikacji, kiedy odczuwa się potrzebę, wypicie filiżanki kawy, kiedy jeszcze jest gorąca, lub spokojne zjedzenie obiadu stają się dla nich nieosiągalnym luksusem.

A jednak ważne jest, żeby wygospodarować sobie czas, który będzie tylko dla ciebie. Nie tylko po to, żebyś ty (i twój mąż) pamiętała o tym, że ty również się liczysz, ale i po to, żeby twoje dziecko, w miarę jak będzie się stawało bardziej świadome, także uznawało ten fakt. Słowo „matka" nie musi (i nie powinno) być synonimem słowa „męczennica". Nie musisz cierpieć na powtarzające się zakażenia dróg moczowych z powodu braku czasu na pójście do toalety ani na niestrawność dlatego, że jesz w biegu, ani mieć nieustannie tłustych włosów, gdyż nie masz możliwości się wykąpać. Chociaż zaspokojenie własnych potrzeb bez zaniedbywania dziecka będzie z pewnością wymagać wielu przemyślanych manipulacji, to jednak warto się tego podjąć przez wzgląd na was oboje. Przecież szczęśliwsza matka będzie lepszą matką.

Najlepszy sposób wygospodarowania czasu dla siebie będzie zależeć od takich czynników, jak twój rozkład zajęć, twoje priorytety, oraz od tego, na co chciałabyś znaleźć czas. Poniższe wskazówki pomogą ci znaleźć we własnym życiu odrobinę czasu dla siebie.

Pozwól dziecku popłakać. Nie przez pół godziny, ale z pewnością nie zaszkodzi mu, jeśli włożysz je bezpiecznie do łóżeczka i pozwolisz mu trochę pohałasować, podczas gdy sama będziesz myła zęby albo korzystała z toalety.

Pozwól dziecku, żeby ci towarzyszyło. Siadaj do obiadu z dzieckiem. Jeśli nie jada ono jeszcze stałych pokarmów, usadź je na krzesełku lub leżaczku przy stole (ale tylko wtedy, kiedy siedzisz obok niego) i mów do niego w czasie jedzenia. Jeśli pogoda będzie sprzyjać i jeśli dziecko jest bardziej zadowolone w spacerówce, spróbuj zabrać swoje drugie śniadanie do parku. Posadź je w krzesełku na podłodze łazienki, podczas gdy sama będziesz zajmowała się zaspokajaniem własnych potrzeb. Będzie to dla niego wczesne ćwiczenie siadania na nocniczek. Możesz też bawić się z nim w chowanego, wychylając się od czasu do czasu zza zasłony podczas brania prysznicu.

Zdaj się na tatę. Bierz prysznic, kiedy on je śniadanie, albo zrób sobie maseczkę na twarz, kiedy wychodzi z dzieckiem na spacer w sobotnie popołudnie. Nie czuj się winna dlatego, że przekazujesz mu dziecko w jego wolnym czasie. Praca matki (niezależnie, czy na pół etatu czy na cały) wymaga więcej energii i jest bardziej wymagająca niż jakakolwiek praca zarobkowa. Rodzicielstwo jest partnerstwem, więc gdy rodzice są razem, wszystkie obowiązki związane z opieką nad dzieckiem powinny być równo podzielone.

Skorzystaj z pomocy innych matek. Opiekuj się dziećmi na zmianę z innymi matkami, które także potrzebują czasami trochę wolnego czasu. Zajmij się dzieckiem przyjaciółki i swoim przez jedno popołudnie czy ranek w tygodniu, żeby mogła zrobić to, na co ma ochotę, a ona odwzajemni ci się innego dnia.

Wynajmij pomoc. Być może nie będzie cię stać na wynajęcie pomocy do dziecka choćby na kilka godzin dziennie, ale będziesz mogła prawdopodobnie pozwolić sobie na to, by nastolatka bawiła twoje dziecko, a ty (będąc w domu) będziesz miała chwilkę czasu dla siebie.

POSZUKAJ ZAJĘĆ POZA DOMEM

Chociaż staram się być matką z prawdziwego zdarzenia, czuję, że zaczynam się dusić, będąc w domu z dzieckiem. W życiu musi być coś więcej niż zmienianie pieluch.

W pierwszych miesiącach życia dziecka, kiedy wymaga ono karmienia i pielęgnacji 24 godziny na dobę i jego potrzeby zdają się nigdy nie kończyć, prawie każda młoda mama tęskni za wyspaniem się. Kiedy codzienny rytm dziecka i matki zostanie ustalony, posępna chandra może wziąć górę nad ogromnym otumanieniem pierwszych tygodni. Zamiast mieć zbyt dużo do zrobienia i zbyt mało czasu, może okazać się, że masz za dużo czasu i nic do roboty. Kiedy przebrnięcie przez codzienne obowiązki opieki nad dzieckiem przestanie być wyzwaniem, możesz się poczuć jak nakręcana lalka, mechanicznie wykonująca swoje obowiązki. Może ci brakować bodźców i zadowolenia spoza czterech ścian swojego domu. Zwłaszcza jeśli miałaś wiele zajęć przed ciążą (praca, hobby, szkoła, sport, praca społeczna), dom może ci się wydawać za mały, zaczniesz wątpić w siebie i w słuszność swojej decyzji zostania w domu z dzieckiem.

Jednakże bogate, pełne i satysfakcjonujące życie i posiadanie dziecka nie muszą się wykluczać. Pierwszym ważnym krokiem do takiego życia jest uświadomienie sobie, że kobieta (czy mężczyzna) nie może żyć tylko dla dziecka – chociaż twojej mamie i ludziom z jej pokolenia uświadomienie sobie tego zabrało 20 lat. Nawet jeśli każda chwila z twoją pociechą daje ci wiele radości, przecież potrzebujesz intelektualnych podniet i możliwości porozmawiania z kimś, kto umie powiedzieć więcej niż „gu-gu, gu-gu" (jakkolwiek urocze by to było). Jest wiele sposobów, żeby osiągnąć te cele i odzyskać poczucie własnej wartości.

POPRZEZ SWOJE DZIECKO

Możesz traktować swoje dziecko jako przeszkodę w dostaniu się do dorosłego świata lub jako przepustkę do niego. Następujące wskazówki pomogą ci nawiązać kontakty z innymi dorosłymi poprzez swoje dziecko:

Grupy zabawowe. Poszukaj już istniejącej grupy lub matek, które chcą założyć taką grupę. Możesz to zrobić, wywieszając ogłoszenie w przychodni, w kościele, na swoim osiedlu, na drzwiach sklepu lub na tablicy ogłoszeń w sąsiedztwie. Znajdź matki, których zainteresowania są podobne do twoich. Na stronie 395 znajdziesz więcej informacji na ten temat.

Zajęcia dla dzieci. Zajęcia przeznaczone dla dzieci często są bardziej wartościowe dla ich matek. Zapisując się na takie zajęcia (najpierw upewnij się, czy są odpowiednie i bezpieczne dla twojego dziecka, patrz str. 396); co tydzień będziesz mogła się spotkać i porozmawiać z innymi kobietami, wśród których wiele zdecydowało się zostać w domu z dziećmi.

Grupy dyskusyjne dla matek. Dołącz do istniejącej grupy lub zaangażuj się w założenie nowej. Zaproście interesujących ludzi (lekarza pediatrę, pielęgniarkę lub inne osoby, które mogą zaspokoić waszą ciekawość jako matek i/lub kobiet), możecie wspólnie wynająć opiekunkę lub opiekunki do dzieci. Możecie spotykać się w domach, w kościele, w szkole lub innych miejscach, raz na tydzień, raz na dwa tygodnie albo raz na miesiąc. Możesz też skorzystać z Internetu. Na pewno znajdziesz chatroomy i grupy dyskusyjne, które dostarczą ci informacji, poczucia przynależności do grupy, a przede wszystkim dodającej otuchy pewności, że nie jesteś osamotniona i że inne matki podzielają twoje uczucia.

Plac zabaw w sąsiedztwie. Tam, gdzie dzieci się bawią, rodzice nie powinni zostać w tyle. Plac zabaw jest nie tylko wspaniałym miejscem dla niemowląt (nawet jeśli są zbyt małe, żeby chodzić, z wielkim zainteresowaniem obserwują inne dzieci i wszystko, co się dzieje dookoła) i starszych maluchów (gdy już pewnie siedzą, wtedy uwielbiają huśtawki, a wiele dzieci, które nie mają jeszcze roku, świetnie sobie radzi na zjeżdżalni i na drabinkach). Jest także idealnym miejscem do nawiązywania znajomości z innymi matkami i do umawiania się na spotkania przy piaskownicy. W tym okresie takie spotkania przy piaskownicy dają więcej radości matkom niż ich pociechom, które nie umieją się jeszcze razem bawić.

POPRZEZ ROZWIJANIE SIEBIE

Bycie prawdziwą matką nie oznacza, że nie możesz robić nic poza tym. Możesz wrócić do starych zainteresowań lub znaleźć nowe poprzez:

Kursy organizowane w pobliskiej szkole. Zapisz się dla zabawy lub rozwoju intelektualnego.

Kursy dla dorosłych. Są organizowane w całym kraju, a ich oferta obejmuje wszystko: od aerobiku do zen.

Ćwiczenia fizyczne. W zdrowym ciele zdrowy duch. Program ćwiczeń, zwłaszcza taki, podczas którego masz zapewnioną opiekę nad dzieckiem, lub taki, że możesz ćwiczyć z dzieckiem, daje możliwość spotkania innych kobiet o podobnych zainteresowaniach.

Zajęcia sportowe. Gra w tenisa lub regularne uprawianie ulubionego sportu pomoże zachować harmonię ciała i umysłu, a także zapewni towarzystwo.

Muzeum lub galeria. Możesz zacząć chodzić regularnie do muzeum, skupiając się za każdym razem na jednym eksponacie. Sprawi ci to większą przyjemność, jeśli będziesz chodzić z inną mamą. Dodatkowe korzyści dla dziecka to: wczesny kontakt ze sztuką i jej wytworami, wizualnie i intelektualnie stymulujący (obrazy i rzeźby często fascynują dzieci); sprawia, że młody umysł będzie na nią otwarty w przyszłości.

Edukacyjne DVD lub płyty CD. Możesz oglądać DVD w czasie wykonywania obowiązków domowych lub karmienia dziecka albo słuchać płyt CD podczas prowadzenia samochodu. W ten sposób możesz rozwijać swoje stare zainteresowania lub znaleźć nowe (np. możesz uczyć się języka dzięki programowi komputerowemu).

Książki. Mogą cię w każdej chwili zabrać w dowolne miejsce. Czytaj w trakcie karmienia, na rowerze stacjonarnym, gdy dziecko drzemie albo przed pójściem spać. Czytanie dostarczy i rozrywki, i intelektualnej stymulacji, a dziecko, dzięki twojemu przykładowi, rozmiłuje się w książkach na całe życie. Doskonałym sposobem na połączenie przyjemności płynącej z czytania książek oraz zaspokojenia potrzeby na towarzystwo osób dorosłych będzie wstąpienie do klubu czytelniczego albo zorganizowanie takiego. Jeśli członkami takiego klubu będą inni młodzi rodzice, może jednocześnie stać się też grupą zabawową, na której spotkaniach będziecie rozmawiać o książkach i o dzieciach. Weźcie ze sobą swe pociechy albo zatrudnijcie wspólnie opiekunkę (lub dwie opiekunki), która zajmie się maluszkami, gdy rodzice będą chcieli porozmawiać.

POPRZEZ PRACĘ SPOŁECZNĄ

Jeśli nie należysz do płatnej siły roboczej, to zostaniesz chętnie przyjęta przez organizacje charytatywne. Możesz wybrać organizację, do której już należysz, lub zupełnie nową i zaoferować swoje usługi. Możesz zasięgnąć informacji w pobliskiej szkole, szpitalu, kościele lub domu opieki społecznej, czy potrzebują pomocników. Możliwości jest wiele: dawanie bezpłatnych lekcji języka lub innych przedmiotów, odwiedzanie starszych osób (prawdopodobnie bardziej docenią twoją wizytę, jeśli przyjdziesz z dzieckiem) lub obłożnie chorych, pocieszanie pacjentów w szpitalu, wydawanie posiłków w stołówce itd.

Weź dziecko ze sobą

Coraz więcej szkół wyższych, domów kultury, zakładów pracy, siłowni lub klubów fitness oferuje na miejscu opiekę nad dzieckiem. Rodzice mogę zostawić pociechę pod dobrą opieką i oddać się nauce, pracy bądź ćwiczeniom fizycznym. Jeśli chodzisz na zajęcia czy kurs, możesz rozważyć też i taką opcję: zorientuj się, czy są tam także inni rodzice małych dzieci, a następnie spytaj ich, czy byliby zainteresowani złożeniem się na opiekunkę.

Możesz też traktować pracę społeczną jako odświeżenie swoich zawodowych umiejętności. Poprowadź kurs w swojej dziedzinie w domu kultury; napisz biuletyn, zaprojektuj stronę internetową lub weź udział w kampanii reklamowej sprzedaży wysyłkowej; lub udzielaj porad medycznych czy prawnych.

POPRZEZ PRACĘ ZAROBKOWĄ

Bycie matką na pełen etat nie oznacza, że nie możesz pracować na pół etatu. Kilka godzin tygodniowo w pracy związanej z twoim wykształceniem lub dziedziną, którą chciałabyś poznać, może ci zapewnić kontakty zawodowe i towarzyskie i pozwoli wyrwać się z domu. Spójrz na ramkę na stronie 644, gdzie znajdziesz propozycje różnych prac na pół etatu, zwłaszcza wykonywanych poza domem.

PRZYJAŹNIE

Czuję się nieswojo w towarzystwie przyjaciół, którzy nie mają dzieci, a nie znam żadnych młodych kobiet z małymi dziećmi i jestem bardzo osamotniona.

Zasadnicze zmiany w życiu każdego z nas, takie jak nowa szkoła, nowa praca, kolejne małżeństwo, przeprowadzka i zmiana środowiska, rozwód, opuszczenie przez dzieci domu rodzinnego, emerytura czy owdowienie, prawie zawsze znajdują swoje odbicie w naszych stosunkach z innymi ludźmi. Przyjście na świat dziecka także zalicza się do takich zmian. Nic więc dziwnego, że w wypadku wielu kobiet to właśnie urodzenie dziecka zdaje się powodować największe problemy z utrzymaniem dawnych przyjaźni.

Wiele czynników może przyczynić się do zmian w twoim życiu towarzyskim po narodzinach dziecka. Po pierwsze, masz bez wątpienia o wiele mniej czasu i energii na spotkania ze znajomymi. Po drugie, dopóki nie powrócisz do pracy zawodowej, niezależnie czy upłynie sześć miesięcy czy sześć lat od urodzenia dziecka, będziesz się czuła odrobinę odosobniona pod względem emocjonalnym, a także odsunięta w sensie fizycznym od kręgu przyjaciół, z którymi byłaś związana, z twoją pracą i karierą zawodową. Co więcej, twoje zainteresowania zaczną się zmieniać, jeżeli jeszcze to nie nastąpiło. W dalszym ciągu możesz czerpać przyjemność z rozmów dotyczących polityki zagranicznej, filmów, literatury czy plotek o życiu gwiazd, ale prawdopodobnie w nie mniejszym stopniu wciągnęłaś się ostatnio w dyskusje na temat zalet zajęć gimnastycznych dla niemowląt lub skuteczności różnych preparatów stosowanych przy rumieniu pieluszkowym albo wymieniasz uwagi o sposobach uciszania płaczących niemowląt czy też dzielisz się radami, co zrobić, żeby więcej spać, a także chwalisz się pierwszymi pomyślnymi próbami twojego dziecka w przewracaniu się z boku na bok czy ukazaniem się pierwszego ząbka. Kolejny czynnik zakłócający twoje życie towarzyskie to stwierdzenie, że niektórzy z twoich przyjaciół zdają się nie czuć dobrze w twojej obecności. Częściowo może to być spowodowane faktem, że masz z nimi mniej wspólnego, a częściowo tym, że niektórzy z nich, świadomie czy nie, zazdroszczą ci nowej rodziny. I wreszcie, przyjaźnie istniejące jedynie na płaszczyźnie zawodowej (względnie ograniczające się do spotkań na kortach tenisowych) są często pozbawione tego, co konieczne, aby przetrwać zmianę.

Większość kobiet poszukuje sposobu na połączenie tej kobiety, jaką każda z nich była, z tą matką, którą się stała, starając się przy tym nie dyskryminować żadnej z tych ról, co wcale nie jest łatwe. Próba całkowitego pozostania w starym kręgu jest równoznaczna z wyparciem się faktu, że jesteś teraz matką. Porzucenie starych przyjaciół i spędzanie czasu wyłącznie z młodymi matkami jest wyparciem się dawnej siebie. Zawieranie nowych przyjaźni i jednocześnie utrzymywanie jak najwięcej starych znajomości będzie prawdopodobnie najszczęśliwszym i najbardziej odpowiednim kompromisem, satysfakcjonującym obie kobiety, którymi po części jesteś.

Spotykaj się na stopie towarzyskiej ze swoimi starymi przyjaciółmi przy różnych okazjach: na przedstawieniu baletowym, seminarium czy na obiedzie. Będą chcieli posłuchać o twoim dziecku i twoim nowym stylu życia (ale nie wyłącznie o tym), a ty będziesz chciała usłyszeć, co się zmieniło, a co zostało po staremu w pracy czy w ich życiu osobistym. Spróbuj rozmawiać z nimi na tematy wspólne i dla ciebie, i dla nich, a przede wszystkim o tym, co było powodem waszego spotkania. Początkowo możesz się czuć trochę nieswojo, ale bardzo szybko zobaczysz, które przyjaźnie przetrwają, a które lepiej będzie zarzucić, ograniczając się może jedynie do spotkań z okazji urodzin czy na wakacjach. Możesz ze zdziwieniem odkryć, że niektórzy z twoich starych przyjaciół bardzo się zaangażują w twoje nowe życie i będą dla ciebie wielką ostoją. A ci spośród nich, z którymi straciłaś kontakt, mogą cię nagle odnaleźć, kiedy sami założą własne rodziny.

Nawiązywanie nowych przyjaźni między młodymi matkami w danym środowisku bywa stosunkowo łatwe. Wymaga tylko twojego pojawiania się w miejscach, gdzie zwykle zbierają się matki z małymi dziećmi (na placu zabaw, zajęciach gimnastycznych, zajęciach dla młodych matek, grupach organizujących zabawę dla dzieci czy w parafii). Wyszukaj te z matek, które dzielić będą nie tylko twoje zainteresowania dotyczące dzieci, ale także inne, aby przyjaźnie te mogły być pełniejsze i żebyś mogła rozmawiać o czymś jeszcze oprócz pieluszek i codziennej pielęgnacji, chociaż przekonasz się, że niemowlęta będą często głównym tematem rozmów.

RÓŻNE WZORCE MACIERZYŃSTWA

Moja najbliższa przyjaciółka jest odprężona i niezorganizowana. Nie przejmuje się, kiedy jej siedmiomiesięczne dziecko dostaje drugie śniadanie w porze obiadowej, zabiera je z sobą na trwające do późna przyjęcia i nie spieszy się do domu z pracy. Natomiast ja jestem we wszystkim obowiązkowa – pilnuję pory snu, posiłków, czystych ubranek i pościeli. Zaczęłam pracować na pół etatu, kiedy mój synek miał trzy miesiące. Która z nas robi coś nie tak?

Żadna – każda z was postępuje w sposób, który najbardziej jej odpowiada, czyli najlepszy z możliwych. Powiedzmy sobie szczerze: ty przeżyłabyś prawdopodobnie załamanie nerwowe, gdybyś spróbowała żyć w stylu swojej przyjaciółki traktującej macierzyństwo swobodnie. Gdyby natomiast ona starała się żyć według twoich zasad, skończyłoby się to podobnie. Obawy, że robisz coś nie tak, możesz mieć jedynie wtedy, kiedy dziecko sygnalizuje ci – płaczem, niepokojem, przygnębieniem albo obojętnością lub też gdy nie rozwija się prawidłowo pod względem fizycznym – że nie jest zadowolone z twojego podejścia do macierzyństwa. Jeśli tak się stanie, będziesz musiała wnieść pewne poprawki, ponieważ niemowlęta, podobnie jak matki, są ludźmi, mającymi także własne upodobania.

Dziecko, które jest szczęśliwe i zdrowe, mówi do swojej matki, bez względu na to, jaki styl przyjęła: „Wspaniale wykonujesz swoje obowiązki!"

ZAZDROŚĆ O RODZICIELSKIE UMIEJĘTNOŚCI TATY

Zawsze sądziłam, że to matki są obdarowane przez naturę lepszymi umiejętnościami rodzicielskimi niż ojcowie. A jednak mój mąż potrafi robić rzeczy, których ja nie potrafię. To mąż umie rozbawić naszego synka, uspokoić go, kiedy płacze, ukołysać do snu. To wszystko sprawia, że czuję się niepotrzebna i niepewna.

Każde z rodziców rozpoczyna ten okres swojego życia z pewnymi umiejętnościami, które okażą się przydatne dziecku. Nie oznacza to, że niektóre z nich są bardziej cenne czy przydatne od innych, a przynajmniej nie liczy się to dla samego zainteresowanego, czyli dla dziecka. Niektórzy rodzice lepiej sobie radzą z tymi aspektami wychowania, które dotyczą zabaw i gier (rozśmieszanie i żartowanie, zabawa w chowanego), podczas gdy pozostali potrafią lepiej wykonywać czynności rutynowe (karmienie, kąpiel, ubieranie dziecka bez wywoływania jego protestów). Inni, jak na przykład twój mąż, wykazują talenty w budowaniu porozumienia między sobą a dzieckiem.

Nie dziwi jednak, że jedno z rodziców może być trochę zazdrosne o talenty drugiego. Ale istnieją sposoby, żeby pozbyć się takich uczuć.

Uważaj się za szczęściarę. Podczas gdy wiele kobiet narzeka, że ich partnerzy nie włączają się w opiekę nad dzieckiem, ty masz szczęście, bo twój mąż, który robi więcej, niż wynikałoby z podziału obowiązków, w dodatku jeszcze ma do tego talent. Zaangażowany ojciec może w dużym stopniu odciążyć matkę oraz mieć znakomity wpływ na rozwój dziecka. Pozwól mu więc praktykować ojcowską magię, kiedy tylko może.

Nie bądź szowinistką. Stereotypy związane z płcią, według których to kobieta z powodów biologicznych jest bardziej predestynowana do rodzicielstwa, są mylne i, w ostatecznym rozrachunku, niekorzystne dla wszystkich zainteresowanych. Poza karmieniem piersią nie istnieją żadne inne obowiązki związane z opieką nad niemowlęciem, do których z przyczyn naturalnych bardziej nadawałaby się kobieta. Niektórzy rodzice (niezależnie od płci) wykazują naturalne talenty, jeśli chodzi o umiejętności rodzicielskie, a niektórzy muszą ciężko pracować, aby w zadowalającym stopniu opanować opiekę nad noworodkiem. Każde z rodziców, niezależnie od płci, może w porę pokonać brak naturalnego podejścia czy doświadczenia, jeżeli tylko stworzy mu się ku temu okazję.

Uwierz w siebie. Być może nie zdajesz sobie sprawy z tego, jak wiele robisz dla dziecka i jak dobrze to robisz, chociaż twoje dziecko prawie na pewno jest tego świadome i nie mogłoby żyć bez ciebie.

Stwórz sobie szansę. To, że pewne umiejętności rodzicielskie nie przychodzą ci tak łatwo jak twojemu mężowi, nie przesądza jeszcze o tym, że będzie tak zawsze. Jeśli karmisz piersią, stwierdzisz, być może, że kiedy już nakarmisz dziecko i skończy się dla niego rozrywka, jaką jest picie twojego mleka, będziesz je potrafiła uspokoić, przytulając je do siebie, równie dobrze jak robi to twój mąż. Kiedy nabędziesz praktyki i przestaniesz się czuć skrępowana, nauczysz się także śpiewać kołysanki i niemądre piosenki, które uwielbia twoje dziecko, zabawiać je różnymi gestami czy strojeniem śmiesznych min oraz kołysać je w uspokajającym rytmie. Najlepiej, byś nie naśladowała tego, co wydaje się skuteczne w przypadku twojego męża, ani nie porównywała swojego sposobu postępowania z jego – raczej zacznij robić coś, co tobie przychodzi w sposób naturalny. Twój własny rodzicielski styl ukształtuje się i rozwinie, jeśli na to pozwolisz.

Pamiętaj i o tym, że niezależnie od tego, jak dobrze układałoby się między ojcem i córką, zawsze będą takie chwile, kiedy twoje dziecko nie będzie potrzebowało nikogo innego poza tobą. Usłyszysz słowa, które z czasem stają się tak charakterystyczne: „Chcę do mamy".

ZAZDROŚĆ O UCZUCIA OJCA DO DZIECKA

Brzmi to strasznie, ale tak właśnie jest. Stwierdzam, że jestem okropnie zazdrosna o czas, jaki mój mąż spędza z naszą córką. Pragnęłabym czasami, żeby chociaż połowę uwagi przeznaczanej dla córki poświęcał mnie.

Dla osoby przyglądającej się z boku uczucie budzące się między ojcem a niemowlęciem może się wydawać niegroźne, a nawet budujące. Jednak dla kobiety, która nie przywykła do dzielenia się uczuciami męża z kimkolwiek, szczególnie gdy podczas dziewięciu miesięcy ciąży cieszyła się jego troskliwą opieką, może to być autentycznym zagrożeniem.

Chociaż twoja zazdrość prawdopodobnie sama przeminie, kiedy po pewnym czasie sytuacja rodzinna unormuje się, to jest jednak kilka rzeczy, którymi możesz się zająć:

Nie czuj się winna. Po pierwsze, aby przezwyciężyć zazdrość, musisz uznać swoje uczucia za normalne i powszechne. Nie myśl, że są małostkowe, egoistyczne, niemoralne czy w inny sposób wstydliwe. Zrzuć z siebie winę.

Bądź wdzięczna. Zastanów się nad tym, jakie masz szczęście, posiadając takiego męża, który chętnie spędza czas ze swoim małym dzieckiem. Wykorzystaj chwile, które oni spędzają z sobą, na nadrobienie domowych zaległości albo na zaspokojenie osobistych potrzeb. Patrz z uznaniem na rozwijającą się między nimi miłość i staraj się ją wspierać. Powstająca między nimi więź przetrwa całe życie, przez okropny wiek kilkulatka, potem przez buntowniczy wiek dojrzewania i przyczyni się do tego, że twoja córka będzie lepszą kobietą (albo twój syn lepszym mężczyzną).

Miej w tym swój udział. Ojciec powinien z pewnością spędzać trochę czasu tylko z dzieckiem, ale czasami mile widziana jest trzecia osoba. Dołącz do zabawy w łaskotanie (on zajmie się boczkami, a ty paluszkami u nóżek), połóż się obok nich, kiedy będą czytać książkę, albo usiądź z nimi na podłodze i bawcie się wspólnie w łapanie piłeczki.

Bądź szczera i otwarta. Nie dąsaj się, stojąc z boku i przyglądając się, kiedy tatuś i córeczka wyłączają cię ze swoich pełnych miłości zabaw. Twój mąż, podekscytowany poznawaniem nowego najlepszego kompana, może nie zauważyć, że zaczyna odsuwać od siebie swojego (stosunkowo) starego towarzysza, a może nawet sądzić, że służy ci pomocą. Powiedz mu, unikając zaczepnego tonu i bez przypierania go do muru, co czujesz i czego w tej sytuacji oczekujesz od niego (na przykład, żeby wam obu powiedział, że bardzo ładnie wyglądacie, pocałował i uścisnął was obie, kiedy wychodzi i kiedy wraca do domu, czy spontanicznie przytulił jedną i drugą). On nie będzie potrafił spełnić twoich oczekiwań, jeśli nie będzie ich znał.

Bądź przy nim. Pamiętaj o tym, że udany związek jest możliwy tylko dzięki staraniom obojga partnerów. Nie możesz prosić męża o więcej uwagi z jego strony, nie poświęcając mu więcej swojej. Zastanów się, czy i ty także nie przeznaczasz całego czasu, energii i miłości dla swojego dziecka, bezwiednie nie zostawiając żadnych uczuć dla męża. Okazuj mu swoją miłość, a przekonasz się, że i on bardzo cię kocha.

JAK NAJLEPSZE WYKORZYSTANIE CZASU SPĘDZANEGO Z DZIECKIEM

Dużo się słyszy o znaczeniu jak najefektywniejszego spędzania czasu ze swoimi dziećmi. Chociaż spędzam dosłownie cały mój czas z synem, nie jestem przekonana, czy robię to efektywnie.

Od czasu gdy matki pracujące (nazwa niewłaściwa, ponieważ wszystkie matki pracują) zaczęły mieć dzieci, upowszechniło się pojęcie „czasu efektywnego". Jeśli matka nie mogła spędzać wiele czasu z dzieckiem, mogła przynajmniej starać się jak najlepiej wykorzystać ten czas, którym dysponowała. Teoria ta zdawała się sugerować, że ilość czasu spędzona z dzieckiem nie odgrywa żadnej roli. Ale w ilości również jest jakość. Nie oznacza to, że musisz rzucać wszystkie zajęcia, siąść na podłodze i bawić się przez cały dzień ze swoim dzieckiem, żeby zapewnić mu jak najlepszą opiekę. Za każdym razem, kiedy zmieniasz dziecku pieluszkę i uśmiechasz się do niego, kiedy je karmisz czy rozmawiasz z nim, zawsze kiedy je kąpiesz, bawiąc się z nim gumowymi zabawkami, spędzasz z nim efektywnie czas. Robisz to nawet wtedy, kiedy gawędzisz z nim, będąc w kuchni, podczas gdy ono raczkuje po podłodze, kiedy mu śpiewasz, jadąc z nim samochodem, czy pochylasz się nad jego kojcem, żeby je połaskotać, kiedy odkurzasz w pobliżu lub dajesz mu do zabawy klocki, sama zajmując się w tym czasie rachunkami.

Czas efektywnie wykorzystywany przez rodziców to czas spędzony z dzieckiem zarówno w sposób czynny, jak i bierny. Zalicza się do niego to wszystko, co ofiarowuje dziecku kochająca i znająca jego potrzeby matka spędzająca z nim codziennie wiele godzin. Przekonasz się, czy ci się to udaje, po prostu obserwując swoje dziecko – czy będzie się uśmiechać, głośno śmiać, odpowiadać na gesty i czy będzie się wydawało zadowolone? Jeśli odpowiedź na te pytania brzmi „tak", oznacza to, że spędzony z nim czas można nazwać efektywnym.

Jako matka pracująca na cały etat poza domem obawiam się, że nie spędzam z moją córką dość dużo efektywnego czasu.

Gdy dysponujesz ograniczonym czasem dla dziecka, to naturalnie chcesz efektywnie wykorzystać każdą chwilę. Zaakceptowanie faktu, że jest to niemożliwe (będą takie momenty, że będziesz musiała zająć się czymś innym niż opieka nad dzieckiem, chwile, kiedy ono samo zainteresuje się czymś innym, dni, kiedy będziesz w złym nastroju, i dni, kiedy ono będzie w podobnym), będzie, jak na ironię, pierwszym krokiem, który upewni cię w tym, że dobrze wykorzystujesz spędzany z nią czas. A oto następne kroki, które warto podjąć:

Zachowuj się naturalnie. Nie potrzebujesz przybierać sztucznej pozy wzorowej matki, zanim przekroczysz drzwi pokoju dziecięcego. Córka chce mieć prawdziwą ciebie. Nie ma potrzeby, żebyś każdą chwilę z nią spędzoną wypełniała czynnościami pobudzającymi jej aktywność. Spróbuj natomiast być spontaniczna i czerp pomysły od swojego dziecka (pod koniec dnia może być zbyt zmęczona na czynną zabawę). Czas efektywny jest czasem spędzonym razem, niezależnie od tego, czy będzie to wspólne jedzenie, przytulanie się, czy po prostu przebywanie razem w tym samym pokoju (nawet jeśli ty zajmiesz się czymś innym).

Zainteresuj dziecko. Zabierz ją z sobą do sypialni, kiedy idziesz się przebrać w domowy strój, a poza tym staraj się wciągnąć ją w czynności rutynowe, wykonywane zawsze po powrocie z pracy. Może ona bawić się pustymi kopertami, kiedy ty przeglądasz pocztę, wyjmować zakupy z toreb czy też stukać w garnki i patelnie, kiedy ty będziesz przygotowywała obiad.

Opowiadaj jej o swoim dniu. Będzie to miało na celu dwie rzeczy. Po pierwsze, zapewni porozumiewanie się z nią (ona uwielbia cię słuchać, nawet jeśli nie rozumie, co do niej mówisz). Po drugie, rozładowanie przeżyć dnia (radosnym tonem, nawet jeśli dzień należał do ciężkich) pomoże ci się odprężyć i dokonać szybszego przejścia od pracy do życia rodzinnego.

Nie poświęcaj domowi zbyt wiele czasu. Ponieważ twój czas jest w cenie, przeznaczaj go mniej na mniej istotne sprawy (na przykład sprzątanie, gotowanie czy przygotowywanie garderoby). Postaraj się ograniczyć czas poświęcany na gotowanie, jeżeli tylko to możliwe (gotuj na dwa dni, zamrażaj połowę, aby odgrzać następnego dnia, używaj mrożonek, kupuj gotowe surówki). Pozwól, żeby kurz zbierał się przez cały tydzień, i czekaj do soboty, żeby razem z mężem zrobić z nim porządek. Albo, jeśli cię na to stać, wynajmij kogoś, żeby posprzątał raz w tygodniu. Schowaj żelazko do pawlacza, a koszule – jeśli muszą świetnie wyglądać – daj do pralni.

Nie spiesz się z przygotowaniem kolacji. Nawet nie zaczynaj, dopóki nie położysz dziecka spać. Późne spożywanie posiłków może nie wpływa najlepiej na trawienie, ale da ci możliwość spędzenia więcej czasu z dzieckiem (poświęć jej swoją niepodzielną uwagę, kiedy je) i więcej czasu dla męża, kiedy ona już będzie spała (wtedy on może być w centrum zainteresowania). Chociaż wspólne jedzenie wspólnych posiłków przez całą rodzinę będzie kiedyś ważne, teraz jeszcze nie jest właściwie konieczne. Prawdę mówiąc, w tym wieku posiłki z dzieckiem mogą być tak stresujące, że zamiast wzmacniać uczucie bliskości, mogą mu zaszkodzić.

Skup uwagę na dziecku. Nie możesz spędzać efektywnie czasu z dzieckiem, oglądając popołudniowe wiadomości. Zostaw sobie oglądanie telewizji, przeglądanie stron internetowych i rozmowy telefoniczne na godziny snu dziecka. Nie musisz też odbierać wszystkich telefonów, może to zrobić poczta głosowa.

Nie odsuwaj męża. W pogoni za czasem efektywnie spędzanym z dzieckiem nie zapominaj o czasie spędzanym w gronie rodzinnym. Angażuj męża we wszystko, co robisz przy dziecku, od kąpieli po pieszczoty. Miej na uwadze i to, że jego czas spędzony tylko z maleństwem jest także ważny. Twoje dziecko uzyska przywilej obcowania z dwoma różnymi osobami, co podwoi efektywny czas dla niego przeznaczony.

ZOSTAWIAJĄC DZIECKO Z OPIEKUNKĄ

Nie pracuję poza domem, ale czasami zostawiam mojego dziewięciomiesięcznego synka z opiekunką i zawsze mam poczucie winy.

Każdy pracodawca wie, że żaden pracownik nie może pracować efektywnie 24 godziny na dobę, 365 dni w roku. Jako mama na pełnym etacie także musisz zdać sobie z tego sprawę. Jakkolwiek wiele radości daje tobie i twojemu dziecku wspólne spędzanie czasu, oboje skorzystacie, spędzając trochę czasu osobno.

CO WARTO WIEDZIEĆ
Pracować czy nie pracować

Wiele kobiet nie ma wyboru – z powodu licznych nacisków – społecznych, zawodowych, finansowych – nie może pozostać w domu po urodzeniu dziecka. Dla tych jednak, które mają możliwość wyboru, sam proces podejmowania decyzji jest często bardzo trudny. Specjaliści w dziedzinie rozwoju dziecka, nie zgadzający się niejednokrotnie z sobą, nie są w stanie zaoferować tym matkom zbyt wielkiej pomocy. Niektórzy uważają, że rozpoczęcie przez matkę pracy i pozostawienie dziecka pod opieką innej osoby nie przynosi żadnej szkody, a nawet może być w pewnym stopniu pożyteczne. Inni z równym przekonaniem twierdzą, iż potencjalnie w rodzinie, gdzie oboje rodzice pracują zarobkowo, istnieje spore niebezpieczeństwo negatywnego wpływu takiej sytuacji na dziecko. Zwolennicy tego drugiego poglądu przekonują, by jedno z rodziców zostało w domu lub pracowało na część etatu do czasu, gdy dziecko ukończy trzy lata.

Wyniki obiektywnych prac naukowych nie są tu wiele bardziej pomocne. Rezultaty badań są często sprzeczne, głównie dlatego, że badania takie są z jednej strony trudne do przeprowadzenia, a z drugiej trudno dokonać oceny ich wyników. (Jak ocenić wpływ pracy zawodowej matki na jej potomstwo? A jak wpływa na dzieci sytuacja, gdy matka nie pracuje poza domem? Które skutki należy oceniać w pierwszym rzędzie? Które z nich trudno zmierzyć? Czy istnieją skutki, których nie sposób przewidzieć? Czy problemy ujawnią się wcześnie, czy też dopiero w wieku dorosłym?) Ponadto badania nie są tak obiektywne, jak powinny być, i na ich rezultaty wpływają często osobiste poglądy przeprowadzających je naukowców. Rzadko też obejmują wszystkie przypadki.

Wobec braku wyraźnych dowodów na istnienie długofalowych niebezpieczeństw lub korzyści wynikających z pracy matki poza domem cały ciężar decyzji spoczywa w tym wypadku na rodzicach. Jeśli zastanawiasz się nad tym problemem, zadaj sobie poniższe pytania, które mogą być pomocne w znalezieniu właściwego wyjścia:

Jakie są twoje priorytety? Zastanów się poważnie, co jest dla ciebie w życiu najważniejsze. Wypisz swoje priorytety kolejno na kartce papieru. Mogą one obejmować twoje dziecko, rodzinę, karierę, bezpieczeństwo finansowe, wygodne życie, wakacje, naukę – i mogą być całkowicie odmienne od priorytetów twojej sąsiadki lub koleżanki siedzącej przy biurku obok. Spisawszy rzeczy dla ciebie najważniejsze, zastanów się, w jaki sposób możesz osiągnąć najistotniejsze z nich – powracając do pracy, czy też pozostając w domu.

Która z ról najlepiej odpowiada twojej osobowości? Czy czujesz się najlepiej w domu przy swoim dziecku? Czy może przebywanie w domu sprawia, że jesteś niecierpliwa i zdenerwowana? Czy idąc do pracy, będziesz w stanie pozostawić za sobą troskę o dziecko, lub czy pozostając w domu, będziesz mogła oderwać się od myśli o pracy? Czy też może niezdolność do poszufladkowania swojego życia nie pozwoli ci wykazać się w pełni w żadnej z ról?

Czy będziesz w stanie oswoić się z myślą, że inna osoba zajmuje się twoim dzieckiem? Czy uważasz, że nikt inny nie zrobi tego tak dobrze jak ty? Czy może jesteś pewna, że uda ci się znaleźć (a może znalazłaś) osobę (lub instytucję), która zastąpi cię dobrze w czasie twojej nieobecności w domu?

Co czujesz, mając świadomość, że nie będzie cię przy wielu ważnych wydarzeniach w życiu dziecka? Pierwszy śmiech twojego dziecka, chwila, gdy usiądzie samodzielnie, stanie na czworakach i zacznie raczkować czy też postawi pierwsze kroki – czy nie sprawi ci to różnicy, gdy usłyszysz o tym od kogoś innego, bo ty w tym czasie byłaś w pracy? Czy nie poczujesz się odrzucona, gdy twoje dziecko przywiąże się do opiekunki? Czy sądzisz, że będziesz w stanie odpowiedzieć na potrzeby i uczucia dziecka, spędzając z nim jedynie wieczory i weekendy? Pamiętaj, że większość pracujących poza domem matek ma tak samo silną więź z dzieckiem jak te pozostające w domu. Niezależnie też od tego, jak bardzo malec przywiąże się do opiekunki, nikt nie zajmie twego miejsca w jego sercu.

Ile masz energii? Będziesz potrzebować dużo sił psychicznych i fizycznych, by wstawać razem z dzieckiem, przygotować się do wyjścia, poświęcić cały dzień na pracę zawodową, a potem wrócić do domu, by stawić jeszcze czoło wymaganiom twojego dziecka, domu i męża (choć matka pozostająca w domu też musi mieć wiele energii). Z drugiej strony jednak dla wielu kobiet – a zwłaszcza tych, które autentycznie lubią swoją pracę – czas spędzony w biurze działa regenerująco, daje chwilę wytchnienia. Potem wracają do domu z zapasem świeżych sił, gotowe sprostać wszelkim wyzwaniom związanym z opieką nad dzieckiem. Uważaj tylko na jedno: bardzo często w rodzinach z małymi dziećmi, w których oboje rodzice pracują zarobkowo, sytuacja ta odbija się negatywnie na stosunkach między małżonkami.

Jak stresujące są dla ciebie twoja praca i twoje dziecko? Jeśli w pracy nie przeżywasz większych stresów, a opieka nad twoim dzieckiem nie jest męcząca, pogodzenie tych dwóch rzeczy może okazać się stosunkowo łatwe. Jeżeli natomiast pracujesz pod wielką presją i masz do tego trudne dziecko, czy nie okaże się, że nie możesz sobie poradzić, walcząc codziennie z jednym i drugim? Oczywiście należy wziąć tu pod uwagę twą umiejętność radzenia sobie w sytuacjach stresujących – na niektóre kobiety działają one znakomicie.

Czy po powrocie do pracy będziesz miała zapewnioną odpowiednią pomoc swojego męża lub innej osoby? Żadna matka nie bę-

Praca, którą można łączyć z zajęciami domowymi

Praca nie musi oznaczać, że jest się w firmie od godziny 9.00 do 17.00 (albo od 8.00 do 19.00). Pewne innowacje w organizacji pracy mogą niekiedy pomóc rodzicom pogodzić pracę z zajmowaniem się domem, dając im więcej swobody. Oto kilka istniejących opcji:

Praca na niepełnym etacie. Kiedyś wykonywały ją głównie matki, a teraz coraz częściej z tej możliwości pracy korzystają również ojcowie. Chodzi po prostu o to, że jeśli twoje umiejętności są dla kogoś warte tego, by cię zatrudnić na pełen etat, możesz mieć nadzieję, że uda ci się zatrudnić także na część etatu: czy to u swego obecnego pracodawcy czy u poprzedniego albo zupełnie innego. Sprawdź, jaka opcja jest najkorzystniejsza dla ciebie i dla zatrudniającego: pięć dni pracy przed południem lub po południu; dwa pełne dni i pół jednego (pod rząd lub z przerwami w tygodniu pracy); czasem praca przed południem, czasem po południu.

Praca na własny rachunek. Bycie wolnym strzelcem nie jest najłatwiejszym sposobem zarabiania na życie – musisz sama zorganizować sobie pracę, nim do niej siądziesz – ale dla niektórych matek to najlepsza opcja. Sama będziesz sobie szefem i ustalisz sobie godziny pracy tak, jak będzie ci pasowało.

Biuro w domu. Obecnie tak wiele firm wykorzystuje najnowsze osiągnięcia elektroniczne, że wiele prac można wykonywać w dowolnym miejscu, choćby w domu. Wystarczy odpowiedni sprzęt, by prowadzić większość spraw za pomocą poczty elektronicznej, faksu, telefonu – nawet wideokonferencji.

Skumulowanie pracy. Najbardziej wytrwałe mogą pracować dziesięć godzin dziennie, w ten sposób mieszcząc czterdziestogodzinny tydzień pracy w czterech dniach roboczych, czyli wyrabiając jeden wolny dzień. Dzień ten można wykorzystać w środku tygodnia albo przedłużyć sobie weekend.

Nienormowany czas pracy. Polega na pewnej dowolności godzin pracy i jeśli twój pracodawca jest skłonny ci na to pozwolić, możesz opracować taki plan pracy, który będzie lepszy dla ciebie i dziecka niż typowy system godzin od 9.00 do 17.00. Możesz na przykład pracować wieczorami lub w weekendy poza biurem (gdy mąż zajmie się domem), tak żebyś mogła dni robocze spędzać z rodziną.

Podział obowiązków zawodowych. Być może nie jesteś w swojej firmie jedyną pracującą matką pragnącą poświęcić więcej czasu rodzinie. Jeśli twój pracodawca jest skłonny do pójść na ten układ (a ty jesteś w stanie zrezygnować z części wypłaty), zastanów się nad możliwością podzielenia się pracą z innym pracownikiem (na przykład ty pracujesz rano, a ona popołudniami lub pracujecie odpowiednio ty w poniedziałki, środy i piątki, druga osoba we wtorki i czwartki). Tym sposobem dwie osoby pracujące w niepełnym wymiarze godzin wykonują pracę pracownika pełnoetatowego.

Dziecko w pracy. Niektórym rodzicom udaje się – dosłownie – pogodzić pracę z opieką nad dzieckiem, dzięki zabieraniu pociechy do biura. Kolejna opcja (jeśli charakter pracy oraz charakter dziecka na to pozwalają): zabieraj dziecko na spotkania z klientami. Nawet wyjazd z dzieckiem na delegację jest możliwy, gdy weźmiesz ze sobą opiekunkę – lub wynajmiesz ją w miejscu pobytu.

Biznes z bazą w domu. Prowadzenie biznesu poza domem na część etatu lub w pełnym wymiarze godzin może być doskonałym połączeniem dwóch światów. Jeśli jesteś księgową lub specjalistką od reklamy, znajdź kilku klientów, których sprawy mogłabyś prowadzić z domu; jeśli jesteś pisarką, redaktorką lub plastyczką, poszukaj dorywczych zleceń. Jeśli umiesz dobrze robić na drutach, zrób sweterki i spróbuj sprzedać je w sklepach z odzieżą dziecięcą. A jeśli robisz pyszne ciasta, może uda ci się je sprzedawać w lokalnym sklepie ze smakołykami.

Jeśli zdecydujesz się podjąć pracę poza domem, na własny rachunek lub dla kogoś innego, możliwe, że będziesz potrzebować opiekunki, która zajmie się dzieckiem przynajmniej przez część czasu, który poświęcisz na pracę. Ale możesz również planować swoje zajęcia w czasie, gdy dziecko śpi w ciągu dnia lub gdy zaśnie już na noc, a zbierać i rozwozić zlecenia z dzieckiem w wózku (przy czym takie rozwiązanie na pewno nie będzie należeć do łatwych od strony organizacyjnej). Ważną rzeczą jest dla ciebie pomoc w wykonywaniu codziennych obowiązków domowych, tak abyś nie musiała przeznaczać na nie zbyt dużo czasu, który powinnaś poświęcić dziecku.

dzie w stanie podołać wszystkiemu – od żadnej też matki, czy pracuje poza domem czy nie, nie można tego oczekiwać. Czy twój mąż będzie chciał wziąć na siebie część (czytaj: połowę) zajęć przy dziecku, robieniu zakupów, gotowaniu, sprzątaniu i praniu? Czy stać cię na wynajęcie pomocy domowej?

Jaka jest twoja sytuacja finansowa? Czy jeśli nie podejmiesz pracy, twojej rodzinie trudno będzie związać koniec z końcem, czy też będziecie jedynie zmuszeni zrezygnować z pewnych luksusów, do których przywykliście? Czy istnieje możliwość takiego ograniczenia wydatków, że brak twoich dochodów nie okaże się zbyt dotkliwy? Jeżeli wrócisz do pracy, to jaką część twoich zarobków pochłoną koszty związane z pracą zawodową (ubrania, dojazdy, opieka nad dzieckiem)? Czasem po skalkulowaniu tych kosztów okazuje się, że powrót do pracy nie jest opłacalny.

Jak wymagająca jest twoja praca? Czy będziesz mogła wziąć wolne w razie choroby dziecka lub opiekunki? Czy w nagłych wypadkach będziesz mogła przyjść do pracy później lub wyjść wcześniej? Czy twoje zajęcie wymaga zostawania po godzinach, pracy w weekendy i/lub wyjazdów? Czy jesteś przygotowana na dłuższe rozstania z dzieckiem?

Jeśli nie wrócisz do pracy, jak wpłynie to na twoją karierę zawodową? Przerwanie kariery może sprawić, że po powrocie do pracy znajdziesz się w tyle za innymi. Jeśli spodziewasz się, że znajdziesz się w takiej sytuacji (choć wiele kobiet po powrocie do pracy stwierdza, że ich obawy się nie sprawdziły), czy jesteś gotowa na podobne poświęcenie? Czy przebywając w domu, możesz w jakiś sposób utrzymywać kontakt z miejscem pracy, nie angażując się jednocześnie całkowicie?

Czy istnieje jakiś kompromis? Możliwe, że nie możesz mieć wszystkiego, zachowując przy tym pełną formę psychiczną, lecz niewykluczone, że poszukawszy twórczego kompromisu, dasz radę wykorzystać to, co najlepsze w obu sferach życia. Możliwości są tu nieograniczone i zależą od twoich umiejętności oraz doświadczenia zawodowego (patrz ramka na poprzedniej stronie).

Jakąkolwiek podejmiesz decyzję, będzie ona najprawdopodobniej wymagała od ciebie pewnych poświęceń. Niezależnie od tego, jak bardzo zależy ci na domu, możesz czasem (lub nawet często) odczuwać żal, rozmawiając z przyjaciółkami, które nie zrezygnowały ze swojej kariery zawodowej. Albo też, niezależnie od twojego zaangażowania w pracę, możesz doświadczać uczucia żalu, mijając w drodze do biura matki zdążające z dziećmi na spacer do parku.

Odczucia takie są jak najbardziej normalne, a ponieważ w naszym niedoskonałym świecie istnieje niewiele doskonałych sytuacji, będziesz musiała nauczyć się z tym żyć. Jeżeli jednak zaczną się one potęgować i stwierdzisz, że niezadowolenie zaczyna górować nad satysfakcją, będzie to oznaczać, że czas zrewidować podjętą decyzję. Wybór, który w chwili jego dokonywania wydawał się dobry w teorii, może później okazać się niezbyt dobry w praktyce – w takim wypadku, jeżeli to w ogóle możliwe, nie powinnaś wahać się przez dokonaniem wyboru przeciwnego lub choćby tylko częściowo innego. Każda decyzja jest do odwołania.

W chwilach, kiedy nie wszystko jest taką idyllą, o jakiej marzyłaś, pamiętaj o tym, że dzieci otrzymujące wiele miłości i którym poświęca się dużo uwagi, są bardzo odporne. Niezależnie od tego, czy ich matki pracują zawodowo czy nie, dzieci te będą rosnąć w zdrowiu i poczuciu szczęścia.

KIEDY POWRÓCIĆ DO PRACY

Nie sposób dokładnie określić najlepszego momentu, w którym ktoś mógłby ci powiedzieć: „W porządku, teraz już możesz iść do pracy. Twoje dziecko da sobie radę. I ty też". Jeżeli zdecydujesz się na powrót do pracy w ciągu pierwszego roku, chwila, w której zapakujesz drugie śniadanie i wyjdziesz z domu, będzie częściowo zależeć od tego, jak długi urlop macierzyński udało ci się uzyskać, a częściowo od tego, w którym momencie ty i twoje dziecko będziecie na to przygotowani. Wszystko to są czynniki bardzo osobiste.

Jeśli masz możliwość wyboru, to zdaniem specjalistów powinnaś poczekać przynajmniej do chwili, gdy pomiędzy tobą a dzieckiem wytworzy się „więź" i poczujesz się kompetentna w roli matki. Wytworzenie się więzi może zabrać trzy miesiące (chociaż jeśli twoje dziecko miało na przykład kolkę, to po upływie tego okresu możecie zaczynać stawać się przyjaciółmi), ale może to potrwać również pięć lub sześć miesięcy. Jak wskazują wyniki pewnych badań, dobrze jest poczekać – w miarę możliwości – rok przed powrotem do pracy na pełen etat (wielu rodziców nie ma jednak takiej możliwości).

Ale – jak to w życiu – rezultaty żadnych badań naukowych ani żaden ekspert nie wskażą ci, co będzie dobre dla ciebie i twego dziecka. Ostatecznie decyzja należy do ciebie i tylko ty powinnaś ją podjąć.

24 Zostajesz ojcem

Przez dziewięć miesięcy ciąży twojej żony nie miałeś bezpośredniego wpływu na opiekę nad waszym dzieckiem – nie z wyboru, lecz z powodu ograniczeń biologicznych. Jedyne, co mogłeś robić, to wspomagać swoją ciężarną żonę, ofiarowując jej miłość i pomoc (oraz od czasu do czasu porcję lodów), ani na chwilę jednak odpowiedzialność za rozwijające się dziecko nie spoczywała na tobie.

Teraz, gdy pępowina została przecięta, zmieniły się reguły gry. Nie musisz już być biologicznie zdolny do opieki nad dzieckiem (choć przydałyby ci się piersi…). Nie potrzebujesz nawet doświadczenia (tak jak twoja żona, wszystkiego nauczysz się w trakcie zajęć). Wszystko, co ci potrzebne, by być partnerem w pełnieniu obowiązków rodzicielskich, to entuzjazm, poczucie humoru i pewna dawka wytrzymałości (czeka cię wiele długich wieczorów) oraz upór i oddanie dla tego nieprzewidywalnego, wyczerpującego, radosnego, rozwijającego i nieustannie wymagającego cudu, jakim jest rodzicielstwo.

Co może cię niepokoić

URLOP OPIEKUŃCZY DLA OJCA

Chciałbym wziąć wolne na czas po narodzinach dziecka, ale nie jesteśmy przekonani, czy powinienem do tego celu wykorzystać cały należny mi urlop.

Na szczęście większość współczesnych ojców nie musi wybierać między tym, czy chcą przez kilka pierwszych tygodni życia dziecka nacieszyć się potomkiem w domu czy cieszyć się później wakacjami. Zgodnie z amerykańską ustawą u urlopach rodzinnych i chorobowych w Stanach Zjednoczonych, zarówno kobiety, jak i mężczyźni pracujący w firmach zatrudniających przynajmniej pięćdziesięciu pracowników, mają prawo wziąć do 12 tygodni wolnego przed lub po narodzinach dziecka, nie zmniejszając jednocześnie liczby dni urlopu wypoczynkowego. Na nieszczęście dla znakomitej większości ojców to bezcenne doświadczenie, jakim jest przebywanie z ich nowo narodzonymi dziećmi, ma swoją cenę: mniej pieniędzy. Podczas gdy część (stanowczo za mało) zakładów, w których panują nowoczesne poglądy, wypłaca przynajmniej jakiś (choć stanowczo za niski) zasiłek macierzyński matkom, świat pracy bardzo powoli zaczyna reagować na potrzeby młodych ojców. Tylko nieliczni pracodawcy oferują swym pracownikom – mężczyznom – płatny urlop z okazji powiększenia rodziny*.

* Zgodnie z obowiązującym w Polsce prawem mężczyźnie w okresie korzystania z urlopu macierzyńskiego przysługuje także zasiłek macierzyński w wysokości 100% wynagrodzenia (przyp. red.).

Nie poprzestawaj na tym rozdziale

Ten rozdział jest oczywiście poświęcony szczególnym potrzebom młodych ojców, podobnie jak rozdział o połogu (patrz str. 597–646) był poświęcony młodym matkom. Ale nie oznacza to, że na tym rozdziale powinieneś skończyć lekturę tej książki. Jeśli nie przeżywałeś ojcostwa już raz czy dwa razy wcześniej, musisz się wiele nauczyć się o tym, jak opiekować się i karmić swoje dziecko (twoja żona pewnie zresztą też). Wszystko, co jeszcze powinieneś wiedzieć, znajdziesz na pozostałych kartach książki, przy czym do wielu rozwiązań przyjdzie ci dojść samemu metodą prób i błędów na dziecku. Nie poprzestawaj więc na rozdziale dla ojców i przeczytaj tę książkę od początku, a dowiesz się, czego oczekiwać po pierwszym wspólnym roku.

Z tego powodu, a także z powodu obaw, iż taki urlop wywoła wrogość ze strony kolegów z pracy i szefostwa, większość ojców nie korzysta z tego zagwarantowanego prawem przywileju. Niektórzy ojcowie biorą jedynie jeden czy dwa dni wolnego, inni łączą kilka dni urlopu wypoczynkowego z chorobowym, by pobyć choć tydzień w domu z maleństwem.

Na szczęście zmiany następują w pożądanym kierunku. Coraz więcej ojców decyduje się korzystać z urlopu ojcowskiego, aby móc spędzić trochę więcej czasu ze świeżo powiększoną rodziną. A niemal wszyscy, którzy tak robią, przyznają, że chwil tych za żadną cenę nie zamieniliby na coś innego.

Oto kilka rad, jak w pełni skorzystać ze swych praw oraz jak najlepiej wykorzystać czas spędzony z dzieckiem:

- Poznaj swoje prawa. Nie wszystkie zakłady pracy są zobligowane do przestrzegania ustawy o urlopach rodzinnych i zdrowotnych, a kilka oferuje swym pracownikom więcej, niż ustawa ta przewiduje. Najwięcej dowiesz się z regulaminu wewnętrznego firmy (jeśli taki istnieje) lub pytając pracowników działu kadr.

- Popytaj innych. Jeśli nie wiesz, na ile prorodzinna jest twoja firma i jak zareaguje szef na twój pomysł wzięcia wolnego z okazji narodzin dziecka, znajdź kolegów z pracy, którzy – z powodzeniem lub bez – zgłaszali chęć wykorzystania urlopu ojcowskiego. Ich doświadczenie przyda ci się na pewno.

- Zbieraj nadgodziny. Wielu ojców pracuje w nadgodzinach na kilka tygodni przed narodzinami dziecka i gromadzi je, by potem zamienić na kilka dni wolnego z okazji przyjścia potomka na świat. Oczywiście tę metodę można zastosować tylko wtedy, gdy regulamin firmy na nią zezwala oraz jeśli zwykle otrzymujesz jakąś formę wynagrodzenia dla takiego rodzaju pracy przewidzianą.

- Połącz. Jeśli nie możesz sobie pozwolić finansowo na wykorzystanie całego urlopu bezpłatnego, połącz go z płatnym urlopem wypoczynkowym lub chorobowym.

- Przeplataj. Jeśli chciałbyś wziąć kilka tygodni wolnego, ale pomysł ten nie podoba się twemu pracodawcy, poprzeplataj czas wolny dniami pracy. Możliwościom nie ma tu końca: na przykład weź jeden tydzień wolnego w każdym miesiącu, jeden lub dwa dni wolnego w każdym tygodniu (wybierając wolny piątek, będziesz miał długi weekend) albo wiele dni pracy przez pół dnia. W ten sposób mniej stracisz w pracy i będziesz miał okazję spędzić dłuższe chwile ze swoją rosnącą pociechą.

- Praca przez telefon. Praca przez telefon, Internet itp. to opcja, z której mogą korzystać w pełnym czy częściowym wymiarze liczni pracownicy. W razie potrzeby pójdziesz do biura na ważne spotkanie.

Gdyby się okazało, że musisz – albo chcesz – wykorzystać urlop wypoczynkowy, żeby być w domu przez pierwsze tygodnie życia dziecka, pamiętaj, że kurorty, rejsy i wycieczki w przyszłym roku będą takie same jak w tym, ale twoje dziecko tylko raz jest noworodkiem. Urlop ojcowski jest więc wart swej ceny.

OJCIEC W DOMU

Postanowiliśmy z żoną, że to ja zostanę z dzieckiem w domu, a ona wróci do pracy. Ogromnie cieszę na myśl o byciu „ojcem w domu", ale także bardzo się denerwuję.

Obrazek stworzony przez Hollywood – ojca zajmującego się domem – jest nadal wszechobecny: mężczyzna ten, nieporadny ignorant, jeśli chodzi o prace domowe, farbuje na różowo białe pranie, przypala obiad i zakłada dziecku odwrotnie pieluszkę. Ale to tylko kwestia czasu, by ten nie mający podstaw w rzeczywistości stereotyp stał się przestarzały. Coraz więcej ojców w Stanach Zjednoczonych – ich liczbę szacuje się na 2,5 miliona – wychodzi z ról narzuconych im przez społeczeństwo i zostaje w domu z dziećmi. Ci tatusiowie na pełnym etacie nie są wcale nieporadni, a wręcz udowadniają jasno i dobitnie, że poza karmieniem piersią nie ma takiej czynności przy dziecku, której ojciec nie mógłby wykonać przynajmniej równie dobrze jak matka.

Dla niektórych wybór ten wynika z prostej kalkulacji: jeśli żona zarabia więcej, ze względów finansowych rozsądniej będzie, by on dbał o dom, a ona utrzymywała rodzinę. Inni kierują się przy podejmowaniu decyzji przebiegiem kariery zawodowej: na przykład gdy ojcowską można bez większej szkody chwilowo wstrzymać albo gdy dla matki praca znaczy więcej niż dla ojca. Jeszcze inni ojcowie pozostają w domu, gdyż tego pragną albo ich temperament bardziej pasuje do opieki nad noworodkiem niż temperament żony.

Część ojców w chwili przejęcia obowiązków domowych odkłada sprawy zawodowe całkowicie na bok, inni znajdują sposoby na łączenie obu zajęć, na przykład stając się wolnymi strzelcami lub pracując przez telefon czy Internet. Są też tacy, którzy wybierają najtrudniejsze rozwiązanie: pracują na nocną zmianę po spędzeniu z dziećmi całego dnia (przy czym takie rozwiązanie najbardziej wyczerpuje i nie zostawia czasu na pielęgnowanie małżeństwa).

Choć zajmowanie się domem i dzieckiem wiąże się z licznymi przyjemnościami – jesteś pierwszą osobą, która widzi pierwszy uśmiech lub słyszy pierwsze słowo – są jednak też sprawy mniej przyjemne. Niektóre z nich będziesz mógł podzielić z żoną, innym będziesz musiał sam stawić czoło. Po pierwsze, jeżeli nie znasz innych ojców zajmujących się dziećmi, możesz czuć się osamotniony. Niepracujące mamy mają możliwość przyłączenia się do licznego grona kobiet w podobnej sytuacji, natomiast tatusiowie będą czuli się jak z innej bajki w grupach zabawowych, na zajęciach dla niemowląt albo w innych miejscach, w których spotykają się matki z małymi dziećmi. Po drugie, wielu mężczyzn ma trudności w radzeniu sobie z pytaniami delikatnej natury, które pewnie usłyszą, np. „Kiedy wracasz do pracy?" albo „Wylali cię z pracy?" Borykają się też często z problemami związanymi z poczuciem własnej wartości, które osłabia jeszcze dodatkowo fakt, że nie zarabiają pieniędzy. Wielu rodzicom – i ojcom, i matkom – trudno jest przystosować się do sytuacji, w której nie mają stymulacji związanej z pracą zawodową, włączając w to rozmowę z innymi dorosłymi.

Pomimo to większość ojców rezygnujących z pracy na rzecz zajmowania się dzieckiem uważa, że warto narażać się na te wszystkie trudności. Z czasem zresztą stają się one mniej dokuczliwe, kiedy nauczą się znajdować odpowiedzi na kąśliwe uwagi, wtopić się w towarzystwo matek na zajęciach dla niemowląt oraz znajdą w sąsiedztwie innych pełnoetatowych ojców małych dzieci. A co najważniejsze, kiedy zrozumieją, że choć ta praca nie niesie finansowych gratyfikacji, ma więcej premii niż jakakolwiek inna na świecie.

Pocieszające jest to, że dziś ojcowie, którzy decydują się zostać z dzieckiem w domu, mają łatwiej niż ci, którzy podjęli taką decyzję jeszcze kilka lat temu. Coraz więcej miejsc publicznych ma toalety dla rodzin, a coraz więcej toalet dla mężczyzn (na pewno jednak za mało) wyposażonych jest w stoliczek do przewijania dziecka. Są grupy samopomocy dla ojców rezygnujących z pracy na rzecz opieki nad niemowlęciem, do których możesz się przyłączyć, są odpowiednie chat-roomy w Internecie. Są nawet konferencje i spotkania organizowane dla tatusiów pozostających w domu, podczas których mogą oni wymieniać się spostrzeżeniami i wiedzą.

Więcej informacji o ojcostwie zamiast pracy znajdziesz na stronach www.slowlane.com oraz www.athomedad.com

POPORODOWA DEPRESJA TWOJEJ ŻONY

Mamy piękne i zdrowe dziecko, dziewczynkę, taką, jakiej moja żona zawsze pragnęła. Mimo to od momentu powrotu do domu ze szpitala żona płacze i jest nieszczęśliwa.

Mniej więcej połowa kobiet po porodzie cierpi na depresję poporodową spowodowaną wstrząsem hormonalnym i wieloma innymi czynnikami – poczuciem zawodu wywołanym końcem ciąży i frustracją wiążącą się z wyglądem dalekim od idealnego. Na szczęście depresja nie trwa długo, a przygnębienie w ciągu kilku tygodni zamienia się w radość.

Chociaż zmiany hormonalne mogą przyczynić się do rozwoju depresji poporodowej, nie trzeba być endokrynologiem, a jedynie kochającym i pomocnym mężem, by pomóc ją zwalczyć. Spróbuj więc:

Ulżyć swojej żonie. Zmęczenie, główny powód depresji, jest nieodłącznym składnikiem okresu poporodowego. Zapewnij żonie konieczną jej pomoc (której w pierwszych tygodniach po porodzie, gdy sama przechodzi rekonwalescencję, potrzebuje najwięcej) – sam, jeśli możesz, lub innych osób. Pamiętaj, że nawet jeśli pracujesz zawodowo na pełnym etacie (miejmy nadzieję, że udało ci się wykorzystać przynajmniej część urlopu ojcowskiego i teraz możesz być w domu), partnerstwo w rodzicielstwie polega na równym podziale obowiązków związanych z opieką nad dzieckiem. A partnerstwo w życiu oznacza z kolei dzielenie się wszystkim, co wiąże się z prowadzeniem domu: od prania i odkurzania po zakupy i gotowanie.

Uprzyjemnij jej dni – i noce. Kiedy nowy przybysz znajdzie się w centrum uwagi, młoda matka często czuje się zaniedbana. Ma też poczucie, że się do tej roli nie nadaje (musi się nauczyć, jak karmić dziecko i dbać o nie) i nie jest już atrakcyjna (po ciąży pozostało kilka kilogramów nadwagi). To dla ciebie duże pole działania. W nieoczekiwanych momentach możesz mówić jej, że podziwiasz sposób, w jaki zajmuje się dzieckiem, jej wspaniały wygląd, to, jak doskonałą jest matką. Pociesz ją małymi prezentami – mogą to być kwiaty, kolczyki, nowa płyta do słuchania w trakcie karmienia, piękna nocna koszula z rozcięciem, by łatwo było przystawiać dziecko do piersi.

Zabierz ją z dala od problemów. Potrzebujecie czasu spędzonego tylko we dwoje i to nie tylko ze względu na nią, ale również ze względu na wasz związek. Najlepiej codziennie znaleźć trochę czasu dla siebie.

Przygnębienie poporodowe zniknie samo (szybciej, jeśli pomożesz żonie), natomiast prawdziwa depresja poporodowa, na którą cierpi 10–20% młodych matek, nie. Jeśli depresja twojej żony trwa dłużej niż dwa tygodnie, towarzyszy jej bezsenność (albo ciągła senność), brak apetytu, poczucie bezradności i beznadziei, złość, silne poirytowanie, a nawet myśli samobójcze, nie możesz czekać dłużej. Nalegaj, by skorzystała z porady lekarza rodzinnego lub wykwalifikowanego terapeuty mającego doświadczenie w leczeniu kobiet z depresją poporodową. Nie daj sobie nikomu wmówić, że taka depresja jest czymś normalnym, gdyż nie jest. Prócz psychoterapii i leczenia farmakologicznego specjalista może zalecić również terapię światłem. (Więcej na temat depresji znajdziesz na stronie 651.)

Czasami zdarza się, że depresja pojawia się dopiero wtedy, gdy matka odstawi dziecko od piersi. Jak każda depresja, powinna być jak najszybciej leczona, jeśli utrzymuje się przez dłuższy czas.

TWOJA DEPRESJA

Jak to możliwe, że moja żona czuje się świetnie od chwili porodu, a ja mam objawy depresji poporodowej?

Poza noszeniem płodu i karmieniem piersią udziałem młodych ojców może być właściwie wszystko, włączając w to depresję poporodową. Badania wykazały, że 62% ojców cierpi obecnie na „zespół poporodowy". Spekuluje się, że podobnie jak w przypadku kobiet, odpowiedzialne za niego (przynajmniej częściowo) są hormony (badania wykazują, że u wielu mężczyzn w trakcie ciąży ich partnerek oraz w czasie połogu zwiększa się wydzielanie żeńskich hormonów, co prawdopodobnie jest sztuczką stosowaną przez naturę w celu wydobycia z mężczyzny jego opiekuńczej strony). Prawdopodobnie także niektóre lub wszystkie z niżej wymienionych czynników obniżają wartość okresu twego życia, który miał być najpiękniejszy.

Stres związany z wydatkami. Rzadko który ojciec nie martwi się o finanse w momencie, gdy pojawia się dodatkowa osoba, którą trzeba nakarmić, ubrać, posłać do szkoły i zaplanować jej przyszłość. Stres może się nasilić również dlatego, iż w rodzinie, w której dotąd dwie osoby przynosiły wypłatę, nagle zabrakło jednej pensji.

Czujesz się niepotrzebny. Mąż, który do tej pory był w centrum uwagi swojej żony, może ze smutkiem stwierdzić, że jego miejsce zajął hałaśliwy przybysz, a on sam został odsunięty.

Koniec romansu. Seks jest prawdopodobnie ostatnią rzeczą, na jaką twoja żona ma ochotę teraz, gdy wciąż zmienia pieluchy, karmi i nie śpi po nocach. Może ty też tak czujesz. Już to by tłumaczyło depresję, a przecież dojść jeszcze może obawa, że już nigdy nie będziecie ze sobą tak blisko, jak wtedy, gdy w waszym przytulnym dwuosobowym gniazdku nie mieszkał jeszcze wymagający pisklak.

Zmieniony układ. Mąż, którego żona do tej pory zaspokajała jego najrozmaitsze potrzeby, może nagle z rozczarowaniem stwierdzić, że nie może ona pełnić nadal tej funkcji, gdyż jest potrzebna komuś innemu. Równocześnie mąż, od którego w wielu sprawach żona zależała, może się denerwować, widząc, iż nie jest już potrzebny, gdyż żona sama musi troszczyć się o inną osobę. Dopóki młody ojciec nie dostosuje się do zmienionego układu w rodzinie, może czuć się emocjonalnie zagubiony.

Zmiana stylu życia. Nawet jeśli przed pojawieniem się dziecka nie prowadziłeś bogatego życia towarzyskiego, możesz teraz czuć się niepocieszony, że ciągle siedzisz w domu. Przynajmniej przez jakiś czas nawet wyjście do kina lub kolacja u przyjaciół mogą być pozornie nieosiągalnym celem, a spędzanie wszystkich wieczorów w domu może być powodem złych nastrojów u każdego, nie tylko u młodego ojca – może z wyjątkiem nielicznych, najbardziej zatwardziałych domatorów.

Brak snu. Chociaż ojciec, który regularnie wstaje w nocy do płaczącego dziecka, jest najbardziej narażony na zmęczenie spowodowane przerywaniem snu, to również ojciec, który tego nie czyni, będzie czuł skutki niespokojnych nocy. Fizyczne zmęczenie daje wkrótce znać o sobie, często w formie depresji.

Uświadomienie sobie możliwych przyczyn depresji może pomóc jej uniknąć lub przynajmniej złagodzić jej skutki (przeczytaj rady zawarte w tym rozdziale). Zaakceptowanie wymagań rodzicielstwa (w końcu wpadniesz we właściwy rytm) oraz zmian w sposobie życia twoim i twojej rodziny (do nich też się przyzwyczaisz) także poprawi ci samopoczucie. Zdarza się jednak, że depresja może trwać do kilku tygodni, bez względu na twoje działanie, i zniknąć równie nieoczekiwanie, jak się pojawiła.

Jeśli nie zniknie i, co więcej, zacznie przeszkadzać ci w codziennym życiu, w twoich stosunkach z żoną lub dzieckiem, skontaktuj się z lekarzem domowym lub terapeutą.

MIESZANE UCZUCIA

Obecnie, kiedy żona karmi piersią, dotykanie ich w trakcie stosunku stało się dla mnie kłopotliwe.

Piersi są stworzone, aby służyć dwóm celom – przyjemności i funkcji karmienia. I chociaż obydwa te cele na dłuższą metę wzajemnie się nie wykluczają (gdyby seks nie był przyjemnością, nie byłoby tak wielu dzieci do karmienia), mogą okresowo kolidować podczas laktacji.

Niektóre pary z przyczyn estetycznych (cieknące mleko) bądź dlatego, że odczuwają pewien dyskomfort z uwagi na używanie źródła pożywienia dziecka dla swojej przyjemności, stwierdzają wyraźny brak pożądania.

Inne zauważają, że ich pożądanie rośnie, być może z powodu zmysłowości tej części ciała. Obie reakcje są całkowicie naturalne.

Jeśli czujesz, że piersi twojej żony są zbyt funkcjonalne, aby wywołać pożądanie, jeśli krępuje cię to, że przy dotyku wycieka mleko, albo twoja żona nie czuje się dobrze, gdy ich dotykasz, pomijaj je w pieszczotach, dopóki dziecko nie zostanie odstawione od piersi.

Musisz jednak być otwarty i uczciwy wobec żony; nagłe, nie wyjaśnione pomijanie jej piersi w pieszczotach może wywołać u niej uczucie, że odkąd jest matką, przestała być pociągająca. Pamiętaj też o innych formach gry wstępnej. Może potrzebować teraz znacznie więcej pobudzenia (a to z powodu suchości pochwy, większej u karmiących matek, ze względu na zmęczenie i liczne inne czynniki poporodowe), niż przed urodzeniem dziecka.

Pierwsze współżycie po porodzie sprawiło ból mojej żonie. Teraz tak bardzo boję się ją zranić, że unikam seksu.

Bardziej zranisz swoją żonę, unikając współżycia, niż dążąc do niego. Bardziej niż kiedykolwiek przedtem twoja żona chce się czuć atrakcyjna, godna pożądania i potrzebna – nawet jeśli sama też ma mieszane uczucia z obawy przed bólem lub brakiem po-

---

Potrzeba trojga

Myślałeś, że do karmienia wystarczy tylko matka i dziecko? Ojcowie też mają znaczenie! Z wyników badań wynika, iż kobiety częściej podejmują karmienie piersią i kontynuują je, gdy mają opiekuńczych mężów. Innymi słowy, choć samo karmienie to zajęcie dla dwóch osób, często trzeba trojga, aby było ono naprawdę udane.

żądania. Chociaż twoje intencje są szlachetne, unikanie współżycia może spowodować skrywany gniew i odrzucenie u jednego lub obojga partnerów, a w konsekwencji zagrozić waszemu związkowi.

Zanim jednak zbliżysz się do żony fizycznie, spróbuj z nią porozmawiać. Powiedz jej o swoich wątpliwościach i dowiedz się, jakie ona ma problemy. Zadecydujcie razem, czy jesteście gotowi do współżycia lub czy chcecie jeszcze trochę poczekać. Jakakolwiek będzie wasza decyzja, rady na str. 617 pomogą wam zminimalizować ból i wydatnie zwiększyć przyjemność ze współżycia. (Rada numer jeden brzmi: pieszczoty wstępne, jak najwięcej pieszczot.) Pamiętaj, że odsuwanie współżycia nie oznacza – i nie powinno oznaczać – rezygnacji z romantyczności. Teraz, gdy oboje czujecie się zmęczeni, możecie znaleźć tyle samo spełnienia w nocnych pieszczotach, co w nocy spędzonej na kochaniu się.

ZAZDROŚĆ O UWAGĘ ŻONY

Kocham moją nowo narodzoną córeczkę i kocham moją żonę, lecz z przykrością wyznaję, że jestem zazdrosny o chwile spędzane przez żonę z naszym dzieckiem. Potem nie ma już dla mnie wiele energii.

To, że w twojej rodzinie powstała nowa para nie oznacza jeszcze, że troje to tłum.

Spróbuj zastosować się do poniższych rad, aby pokonać uczucie zazdrości, które chociaż jest w pełni zrozumiałe i dość powszechne (tak

u młodych ojców, jak i u matek), może jednak dokonać zniszczeń w twoim życiu osobistym.

Powiedz żonie o swoich uczuciach. Twoja żona prawdopodobnie nie wie, że zbliżając się do dziecka, traci jednocześnie kontakt z tobą. Powiedz jej, że doceniasz pracę, którą wykonuje, będąc matką, ale przypomnij jej, że dorośli mężczyźni też potrzebują regularnych dawek czułej miłości – chociaż nie zawsze potrafią wyrazić swoje potrzeby tak dobrze jak niemowlęta.

Stwórzcie razem trójkąt miłosny. Przyłącz się do nich. Spędzanie czasu z każdym z nich oddzielnie staje się coraz cenniejsze i coraz trudniej osiągalne, możecie więc spędzać więcej czasu razem jako rodzina. Para matka–dziecko przekształci się w zespół trzyosobowy, który może doprowadzić do umocnienia się więzi między tobą i małżonką. Dzielenie się w pełni wszystkimi obowiązkami i radościami związanymi z dzieckiem sprawi, że twoja żona zaoszczędzi trochę czasu, który będzie mogła spędzić z tobą, podczas gdy ty sam będziesz miał mniej powodów, ochoty i energii, żeby czuć się zazdrosny.

Bądź przydatny. Nawet ojcowie, którzy wierzą, że ogrom obowiązków wypełniają uczciwie, niekoniecznie wykonują tyle, ile powinni – czyli połowę obowiązków związanych z domem. Im więcej prac weźmiesz na siebie albo im więcej zrobicie razem, tym więcej twoja żona będzie miała energii dla ciebie. Mniej będzie też żywić żalu – a żal ma zły wpływ na chwile spędzane we dwoje.

Zorganizuj inaczej wasze życie. Spróbuj wynegocjować choć trochę czasu sam na sam z żoną. Możecie się umówić na określoną godzinę co wieczór (po zaśnięciu dziecka, a przed włączeniem telewizora), kiedy zjecie wspólną kolację (jeśli nie jest zbyt późno), relaksując się, rozmawiając (na temat inny niż dziecko), poznając się na nowo. Zarezerwujcie też sobie przynajmniej jeden wieczór w miesiącu (a jeszcze lepiej – w tygodniu;

postawcie to sobie za cel, w miarę jak rytm życia dziecka zaczyna się ustalać), przeznaczając go na romantyczne spotkanie poza domem.

Zabawcie się. Romantyczność powinna być udziałem was obojga. Prawdopodobnie od narodzin dziecka twoja żona czuje się tak samo zaniedbana jak ty. Postaraj się więc roztoczyć czar romantyzmu – bądź spontaniczny (kwiaty bez okazji), flirtuj (obejmij żonę, gdy prasuje pieluszki), zasyp ją komplementami (szczególnie wtedy, gdy ich najbardziej potrzebuje).

Mimo wszystkich twoich wysiłków i dobrych intencji żony, może ci się nadal wydawać, że oddaliliście się od siebie. Jest to zjawisko całkowicie naturalne, szczególnie u kobiet od 6 tygodni do 6 miesięcy po porodzie. U młodej matki wytwarza się mechanizm obronny, który chroni ją przed zbyt wczesnym współżyciem po porodzie i kolejnym zajściem w ciążę. Mechanizm ten sprawia też, że cała jej uwaga i energia przeznaczona jest dla noworodka. Nie ma on związku z małżonkiem i na pewno nie jest barometrem jej uczuć do niego. Należy cierpliwie ten okres przeczekać. Jeżeli jednak uczucie oddalenia będzie trwało dłużej niż 6 miesięcy i żadne rozmowy na ten temat nie pomogą, należy zasięgnąć porady specjalisty.

UCZUCIE NIERADZENIA SOBIE Z OJCOSTWEM

Chcę brać udział w opiece nad naszym dzieckiem i chcę pomóc żonie. Nie mam jednak żadnego doświadczenia w opiece nad niemowlętami i czuję się zupełnie bezużyteczny.

Większość młodych ojców – matek też – czuje się tak w pierwszych tygodniach po narodzinach dziecka. A dzieje się tak, ponieważ niewielu z nich ma już jakieś doświadczenie, czyli może z całą pewnością siebie przystąpić do działania. Podczas gdy do

Ojcowski dotyk

Jeśli myślisz, że tylko matki potrafią dotykać dzieci w sposób szczególny, przemyśl swój pogląd jeszcze raz. Badania wykazują bowiem, że dotyk ojca ma taki sam pozytywny wpływ na zdrowie dziecka, jego dobre samopoczucie i rozwój (uważa się, że masaż można powiązać z lepszym snem i trawieniem u niemowląt, a także że pod wieloma innymi fizycznymi i emocjonalnymi względami wpływa korzystnie na najmłodszych). Nie tylko maluszek skorzysta na takim dotyku – ojcowie, którzy nauczyli się wykonywać masaż uspokajający dziecku, uważają się za mniej zestresowanych, mają większe poczucie własnej wartości oraz czują silną więź ze swymi nowo narodzonymi dziećmi – więź, która trwa przez całe dzieciństwo. Rady, jak wykonać maleństwu masaż, znajdziesz na stronie 276.

---

większości innych zawodów przygotowują odpowiednie kursy, jest wsparcie techniczne oraz nadzór pracowniczy, rodzicielstwu ich brakuje. Matki i ojcowie uczą się wszystkiego w trakcie pracy.

A najlepszym sposobem nauki jest praktyka. Nie musisz mieć doświadczenia, żeby być dobrym ojcem; potrzebne są ci jedynie chęci i dużo miłości. Chociaż ojcowie, którzy opiekowali się już swoim potomstwem, na początku mogą lepiej dawać sobie radę, to nawet taki nowicjusz jak ty dorówna im w usypianiu, kąpaniu i przewijaniu w ciągu paru miesięcy.

Tymczasem nie powinieneś się martwić, czy dziecko nie ucierpi z powodu twojego braku doświadczenia. Po pierwsze, maluchy są bardziej odporne i zniosą o wiele więcej niezdarności, niż sądzisz – dziecko nie „przełamie" się przy twoim niepewnym dotyku. Po drugie, nie skrzywdzi cię żadną oceną, nie ma bowiem żadnego punktu odniesienia; nie zna żadnego „idealnego" ojca, z którym mogłoby cię porównywać. Dopóki zaspokaja się jego potrzeby, a ono wyczuwa twe dobre intencje, zaakceptuje cię z wszystkimi twoimi niedoskonałościami, przekrzywionymi pieluchami i tak dalej. (Pamiętaj, że nie ma „doskonałych" ojców lub matek, a nawet ci z doświadczeniem popełniają wiele błędów.)

Nie uciszaj też swej intuicji ze względu na płeć. Badania wykazały, że ojcowie reagują w ten sam fizjologiczny sposób na płacz dziecka jak matki i są równie wrażliwi na znaki dawane przez dziecko (ponieważ jednak nie spędzają tyle czasu z dzieckiem co matki i nie mogą zwiększać swej wrażliwości, ich odzew na bodźce wysyłane przez dziecko nie jest zgodny z oczekiwaniami). Niektórzy ojcowie, gdy już ustąpi pierwsze uczucie nieporadności, wykazują nawet większe zdolności rodzicielskie niż matki. Niemowlęta zaś zdają sobie doskonale z tego sprawę – po roku protestują tak samo na rozdzielenie z ojcem jak z matką i 25% dzieci zwróci się raczej w stronę ojca, gdy będzie musiało dokonać wyboru.

Jeśli twoja żona ma już doświadczenie w opiece nad dziećmi lub przystępuje do niej bardziej ochoczo niż ty, skorzystaj z tego i ucz się. Jeżeli jest tak niedoświadczona jak ty, możecie uczyć się razem (porady znajdziecie w „Poradniku pielęgnacji niemowlęcia", który zaczyna się na stronie 121). Następnym razem oboje będziecie profesjonalistami.

NIESPRAWIEDLIWE OBCIĄŻENIE?

Pracuję do późna w biurze, gdy żona jest w domu z córeczką. Nie odmawiam pomocy w czasie weekendu, ale nie znoszę, gdy zmusza mnie do współudziału w opiece nad dzieckiem po całym dniu pracy – szczególnie, gdy następuje to w środku nocy.

Opieka nad dzieckiem po powrocie z pracy do domu, w czasie, który dotychczas przeznaczony był na relaks i odpoczynek po wysiłku, może wydawać się niesprawiedliwym ciężarem, szczególnie mężom kobiet nie pracujących zawodowo. Tymczasem nie jest ani niesprawiedliwa, ani przeciążająca.

Ojciec – to ważna osoba

Jeśli chodzi o rozwój dziecka, ojcowie są tak samo ważni jak matki, a w pewnych sprawach – nawet ważniejsi.

Zdaniem naukowców, jeśli ojcowie bawią się z dziećmi, jeśli są wrażliwi i pomocni (rozmawiają z nimi na ich poziomie, zachęcają zamiast krytykować, proponują dobre dla maluszków zajęcia), to dzieci te tworzą później silniejsze i oparte na zaufaniu związki z innymi ludźmi, gdy są nastolatkami, a potem dorosłymi. Co więcej, eksperci doszli do wniosku, że jakość zabaw ojca z dzieckiem jest przynajmniej tak samo ważna dla dobrego samopoczucia i rozwijania kontaktów społecznych jak kontakt malca z matką, szczególnie gdy malec stanie się nastolatkiem.

Dzieci lepiej się rozwijają, gdy mogą stworzyć silną więź nie tylko z mamą, ale także z ojcem. Zdaniem ekspertów, dzieci, które do piątego roku życia przywiązały się do ojców, częściej mają poczucie pewności siebie i są lubiane, gdy idą do szkoły. Oto kilka dodatkowych powodów więcej, by każdego dnia poświęcić trochę czasu na ojcowskie zajęcia.

Przyjrzyj się faktom. Ty masz określone godziny pracy – osiem, może dziesięć dziennie – tymczasem zajmowanie się noworodkiem to praca, która trwa przez całą dobę. Co oznacza z kolei, że kiedy ty pracujesz, twoja żona także pracuje, a jeśli po powrocie z zakładu pracy nie pomożesz jej, będzie pracowała kolejne czternaście czy szesnaście godzin, podczas których ty już odpoczywasz. Jej dzień pracy jest co najmniej tak wyczerpujący fizycznie i emocjonalnie jak twój (albo nawet bardziej, jeśli karmi piersią). Oczywiście, oboje będziecie musieli wstać wcześnie do pracy następnego dnia, lecz ona nie będzie miała przerw na kawę lub obiad, a często nawet na wyjście do toalety. Dlatego też potrzebuje wyręczenia wieczorem bardziej niż ty odpoczynku.

W poprzednich pokoleniach niewielu ojców, niestety, miało możliwość spędzania czasu ze swymi dziećmi. Jako członek oświeconej generacji, masz szansę poznać swoją córkę w niepowtarzalny sposób. Być może ominą cię wieczorne wiadomości lub drzemka w fotelu, ale sam stwierdzisz, że dużo lepszym sposobem relaksu jest przebywanie z twoim dzieckiem. Nic nie pomaga lepiej na problemy z pracownikami lub straconą okazję zrobienia dobrego interesu niż rozmowa z niemowlęciem przy zmianie pieluszek, obserwowanie go w trakcie kąpieli lub kołysanie do snu. Zapominając o problemach w pracy, równocześnie będziesz powiększał kolekcję wspomnień. Co nie oznacza, że będziesz chciał zapamiętać każdą chwilę spędzoną ze swoim dzieckiem, szczególnie te nocne (niektóre będą się wydawać zasnute gęstą mgłą snu, tak że nie będziesz mógł ich zapamiętać, nawet gdybyś chciał). Jak każde inne zajęcie, opieka nad dzieckiem wiąże się z ciężką pracą.

Następnym razem, gdy będziesz nosić swoje płaczące z powodu kolki dziecko, pamiętaj, że choć teraz opiekowanie się dzieckiem wydaje się bardziej harówką niż przyjemnością, wkrótce przyjemności wynikające z opieki wezmą górę nad stresem. Z początku będą to uśmiechy i dźwięki wydawane specjalnie dla ciebie, później „da-da" na twoje powitanie, wreszcie paluszek uniesiony do pocałowania na osuszenie łez. W latach późniejszych rekompensatą będzie bliższy związek z twoim dzieckiem, który nie tylko przyniesie ci radość, lecz także ułatwi przeżycie ciężkich momentów. Oczywiście, czasami twoja żona i ty będziecie potrzebowali chwili oddechu, musicie więc pamiętać o zorganizowaniu sobie od czasu do czasu wieczoru tylko dla siebie.

MAM ZA MAŁO CZASU DLA MOJEGO DZIECKA

Pracuję do późna w biurze. Chciałbym spędzać więcej czasu z moim synkiem, ale nie wiem, jak to zrobić.

Jeżeli istnieje coś, na co warto mieć czas, jest to z pewnością twoje dziecko. Rodzicielstwo dwojga ludzi jest na pewno doskonalsze niż jednego. Półroczni chłopcy obdarzani uwagą przez swoich ojców są radośniejsi i szczęśliwsi niż zaniedbywani. Tak więc to nie tylko ty tracisz, usuwając się od opieki nad dzieckiem. (Małe dziewczynki są też ufniejsze, gdy wychowują się w bliskości ojców.) Dzieci, które mają aktywnych i zaangażowanych w ich sprawy ojców, lepiej się uczą, mają wyższą samoocenę, są mniej podatne na depresję – tak wynika z badań.

Musisz mieć więcej czasu dla swojego dziecka, nawet jeśli oznaczałoby to ograniczenie innych dziedzin życia. Może tu pomóc dobra organizacja. Spróbuj zaczynać pracę dopiero po obudzeniu się swojego dziecka. Jeśli możesz zaczynać pracę o dziesiątej, spędzaj z nim poranki; jeśli wracasz do domu o ósmej wieczorem, poproś żonę, by dziecko spało wczesnym popołudniem i było rozbudzone, gdy przychodzisz (oczywiście, skróci to wasze chwile sam na sam). Albo weź część pracy do domu, żeby móc wyjść wcześniej z biura. Jeśli masz wiele zajęć poza pracą (wieczorne zebrania lub uprawianie sportu w weekend) i one odrywają cię od dziecka, ogranicz je.

Jeżeli naprawdę nie możesz wygospodarować czasu dla swojego dziecka, ważne jest, abyś jak najlepiej wykorzystał ten, który masz. Nakarm dziecko łyżeczką przy śniadaniu, wykąp je wieczorem, zabierz na plac zabaw w sobotę.

Możesz też spędzać więcej czasu z dzieckiem, próbując włączyć je w inne swoje zajęcia. Jeśli masz różne sprawy do załatwienia, wsadź dziecko do nosidełka i zabierz z sobą, a gdy musisz popracować na komputerze, posadź je obok przypięte w huśtawce. Jeśli chcesz pobiegać lub pójść na spacer, możesz to zrobić, popychając przed sobą wózek (ale nie biegaj z dzieckiem w wózku). Jeśli chcesz wykonywać różne prace w domu, możesz usadowić dziecko na krzesełku i pozwolić mu przyglądać się, jak pracujesz.

> ## Dar na całe życie
>
> Dzieci palaczy częściej chorują niż dzieci rodziców niepalących, są bardziej narażone na śmierć z powodu zespołu nagłej śmierci niemowlęcia, częściej też wyrastają na palaczy. Więcej jest wśród nich przypadków kolki. Jeśli palisz i masz trudności z rzuceniem nałogu, poproś o pomoc lekarza albo skorzystaj z programu walki z paleniem. Otoczenie wolne od nikotynowego dymu i niepalący tata to jeden z najwspanialszych prezentów, jakie możesz dać swemu dziecku.

25
Kiedy jedynak przestaje być jedynakiem

Gdy wróciłaś ze szpitala ze swoim pierwszym dzieckiem, i ty, i twój mąż stawialiście pierwsze kroki jako rodzice. Musieliście się jeszcze wiele nauczyć o życiu z małym dzieckiem i dbaniu o nie. Gdy zjawiasz się w domu z drugim dzieckiem, jesteście profesjonalistami, którzy wiele już widzieli i przeżyli. Przez sen umiecie podejść do przewijaczki, nie przeraża was płacz niemowlęcia, nie onieśmiela was widok kikuta pępowiny ani myśl o wykąpaniu noworodka. Osobą, która teraz musi się wiele nauczyć – oraz do wielu rzeczy przystosować – jest wasze pierworodne dziecko, które z jedynaka staje się starszym bratem lub siostrą. Rady zawarte w tym rozdziale nie sprawią, że zmiana ta stanie się dla starszego dziecka (i dla ciebie) bezproblemowa, ale na pewno mogą pomóc.

Najlepsza rada? Przede wszystkim nie denerwuj się. Dzieci wyczuwają zachowania i nastroje dorosłych, z którymi przebywają. Jeśli wy jesteście zaniepokojeni tym, jak wasze dziecko zareaguje na małego braciszka czy siostrzyczkę, to ono też będzie pełne obaw.

CO MOŻE CIĘ NIEPOKOIĆ

PRZYGOTOWANIE STARSZEGO DZIECKA NA PRZYJĘCIE MŁODSZEGO RODZEŃSTWA

Nasze dziecko ma dwa i pół roku i rodzina niedługo się powiększy. Jak najlepiej możemy przygotować naszego jedynaka, aby nie czuł się zagrożony w nowej sytuacji?

Dzisiejsze dzieci nie muszą już słuchać opowieści o bocianach czy dzieciach znalezionych w kapuście. Obecnie uważa się, że przygotowanie starszego rodzeństwa na powiększenie rodziny jest niemal tak samo ważne jak przygotowanie do narodzin nowego jej członka. Nie wyklucza się więc dzieci z tych wszystkich ekscytujących spraw, jakie wiążą się z narodzinami braciszka bądź siostrzyczki. Starsze dzieci są często zaangażowane w ciążę mamy już od pierwszych miesięcy.

Pierwsze, co należy zrobić, to oczywiście poinformować dziecko, że mama jest w ciąży. Kiedy i jak to uczynić, to zależy w dużym stopniu od jego wieku. Z punktu widzenia małego dziecka dziewięć miesięcy to prawie wieczność; dla twojej córeczki to niemal połowa jej życia. Aby oczekiwanie nie przedłużało się jej w nieskończoność, poczekajcie do końca trzeciego miesiąca albo do początku czwartego, nim powiecie małej, że będzie miała rodzeństwo. (Jeśli niepokoisz się o to, jaki będzie wynik amniopunkcji lub innych badań, zaczekaj, aż i ta sprawa się wyjaśni.) Przypilnuj tylko, by tę wiadomość usłyszała od ciebie, zanim powie jej o tym kto inny albo nim zauważy, że coś jest inaczej, wyczuje, że coś się przed nią ukrywa (mama źle się czuje, jest zmęczona, musi chodzić do lekarza, brzuszek jej rośnie, w domu pojawiają się jakieś nieoczekiwane zmiany). Ponieważ małe dzieci mają słabe poczucie upływu czasu, łatwiej im wyobrazić sobie termin porodu, gdy powiąże się go z czymś, na przykład mówiąc „Dziecko pojawi się w lecie, kiedy na dworze będzie ciepło".

Jak to powiedzieć? Szczerze, ale na jej poziomie. Daruj sobie opowieści o pszczółkach i ptaszkach, bocianach i kapuście; przedstaw jej fakty w sposób jasny, zrozumiały. Gdy zastanawiasz się, ile możesz powiedzieć, patrz na reakcję dziecka. Zawsze zaczynaj od najprostszych faktów, coś w stylu: „Będziemy mieć dziecko. Teraz ono rośnie w brzuszku mamusi, a kiedy urośnie na tyle duże, żeby z niego wyjść, będziesz miała braciszka albo siostrzyczkę". Na tym poprzestań, ale przygotuj się, by odpowiedzieć na wszystkie jej pytania. Zastanów się nad użyciem poprawnych nazw części ciała: „macica" lub „łono" na miejsce przebywania dziecka, a „pochwa" na jego drogę na świat. Poczytaj małej odpowiednie dla jej wieku książeczki z obrazkami na ten temat – one pomogą ci znaleźć odpowiednie słowa i pomogą ci wytłumaczyć to skomplikowane zagadnienie.

Kiedy już uchyliliście rąbka tajemnicy, jest kilka sposobów na to, aby nie tylko ułatwić dziecku oczekiwanie na przyjście rodzeństwa, ale sprawić, by był to dla niego czas pełen radości.

- Dokonaj wszelkich zaplanowanych zmian w życiu dziecka w pierwszych miesiącach ciąży, jeśli nie udało ci się tego zrobić przed poczęciem. Na przykład zapisz dziecko do przedszkola czy domu kultury (jeśli masz taki zamiar), tak aby miało jakieś zajęcie poza domem, zanim pojawi się noworodek, i nie czuło się „wypchnięte z domu" z powodu młodszego braciszka czy siostrzyczki. Ucz nawyków higienicznych (jeżeli jest już na to gotowe) lub odstawiaj butelkę raczej teraz niż po narodzinach nowego dziecka. Wszystkie znaczące zmiany, których nie zdołałaś przeprowadzić przed rozwiązaniem, powinnaś, w miarę możliwości, odłożyć na kilka miesięcy.

- Przyzwyczajaj dziecko do spędzania z tobą trochę mniej czasu. Zaproponuj jakieś zajęcia tylko dla ojca i starszego dziecka (niedzielne śniadanie poza domem, sobotnie popołudnie na placu zabaw, wyjście na pizzę we wtorkowe popołudnie). Jeśli zwykle to mama kładzie dziecko spać, nadszedł czas, by tata zaczął się w to włączać. (Możecie się zmieniać przy łóżeczku małej także po narodzinach najmłodszego dziecka, dzięki temu będziesz mogła pobyć sam na sam raz z nią, raz z maleństwem). Naucz ją przebywać trochę z opiekunką w ciągu dnia, jeśli jeszcze tego nie zrobiłaś. Uważaj jednak, aby nie odsunąć się za bardzo od swojego pierwszego dziecka, cały czas musisz je zapewniać (okazując miłość czynami raczej niż słowami), że pojawienie się malucha nie oznacza dla niego utraty któregoś z rodziców.

- Szczerze i otwarcie mów o fizycznych zmianach, jakie w tobie zachodzą. Wyjaśniaj, że jesteś zmęczona lub w złym humorze, bo noszenie dziecka w brzuchu jest bardzo ciężką pracą. Jednak nie używaj ciąży jako wymówki, aby nie brać dziecka na ręce tak często, jak robiłaś to kiedyś. Podnoszenie dziecka w żaden sposób nie może zaszkodzić ciąży, chyba że twój lekarz z różnych powodów, jak na przykład przedwczesne rozwarcie szyjki macicy, wyraźnie ci tego zakazał. Jeśli nie możesz podnosić dziecka z powodu bólu krzyża, powiedz, że bolą cię plecy, a nie wiń za to maluszka w brzuchu (bo zacznie się rywalizacja między rodzeństwem) – częściej przytulaj dziecko, siedząc. Jeśli musisz się często kłaść, zaproponuj, aby położyło się obok ciebie, zdrzemnijcie się wspólnie, poczytaj mu książeczkę albo pooglądajcie razem telewizję.

- Przedstaw dziecku maluszka, kiedy ten jeszcze znajduje się w brzuchu. Przedstaw mu rozwój płodu (najlepsza będzie książeczka z obrazkami), wyjaśniając, że kiedy dzieciątko rośnie, powiększa się też brzuch mamy, a kiedy będzie wystarczająco duże, urodzi się. Gdy tylko ruchy płodu staną się widoczne i wyczuwalne z zewnątrz, pozwól dziecku je poczuć. Zachęcaj je (ale nie zmuszaj) do pocałowania, uściskania i rozmawiania z dzieciątkiem w brzuchu. Zawsze mów „nasz maluszek" albo „twój maluszek", aby twoje starsze dziecko nabrało przekonania, że jest on tak samo jego jak i twój. Jeśli jeszcze nie poznałaś płci dziecka przez badanie ultrasonograficzne albo punkcję owodni, pobawcie się w zgadywanie, czy będzie to braciszek czy siostrzyczka.

- Zabierz dziecko z sobą co najmniej raz na wizytę u lekarza, podczas której będą przeprowadzone badania prenatalne (jeśli maluch okazuje zainteresowanie i nie jest to dla ciebie zbyt krępujące, zabieraj go zawsze), aby poczuło się ważnym uczestnikiem rozgrywających się wydarzeń. Wytłumacz, że te wizyty są podobne do jego wizyt kontrolnych, że doktor (albo położna) zmierzy dziecko i sprawdzi, ile ostatnio urosło, a także posłucha, jak bije jego serduszko. Dźwięk bicia serca w brzuchu matki sprawi, że maluszek stanie się dla niego czymś rzeczywistym. Jeśli zrobiono zdjęcia ultrasonograficzne płodu, pokaż je dziecku. Nie zapomnij jednak zabrać z sobą do lekarza jakiegoś smakołyku, książki czy ulubionej zabawki na wypadek długiego oczekiwania lub utraty zainteresowania wizytą. Jeśli dziecko zdecyduje, że nie ma ochoty na następne, nie zmuszaj.

- Angażuj dziecko we wszystkie przygotowania na przyjęcie noworodka, które tylko mogą je zainteresować. Niech pomaga wybrać łóżeczko, wyprawkę niemowlęcą, zabawki. Przejrzyjcie razem stare ubranka i zabawki niemowlęce (da to też dziecku pewne wyobrażenie o upływającym czasie) i wybierzcie te, które mogą przydać się następnemu dziecku – ale nie zmuszaj go do dawania niczego, jeśli nie ma na to ochoty. Dziecko będzie mniej zazdrosne o deszcz prezentów dla maleństwa, gdy to do niego będzie należał uroczysty obowiązek otwierania ich – niemowlęta są wszak za małe, by się tym zająć. Wytłumacz, że wszystkie noworodki dostają dużo prezentów, ponieważ są to ich „urodziny", i że ono też kiedyś tyle dostało.

- Często opowiadaj swojemu dziecku o niemowlętach. Pokaż mu jego zdjęcia z okresu niemowlęcego i powiedz, jakie wtedy było (jednak nie zapomnij dodać kilku zdań o tym, jak bardzo wyrosło od tamtego czasu). Jeśli jest to możliwe, zabierz je na oddział noworodków, żeby wiedziało, że nie są tak ładne jak starsze niemowlęta. Jeśli któraś z twoich przyjaciółek ma niemowlę, odwiedźcie ją wspólnie. Zwracaj mu uwagę na niemowlęta wszędzie – w sklepach, w parku, w książeczkach z obrazkami. Przygotuj dziecko do tego, jak naprawdę wygląda życie noworodka, wyjaśnij, że nowo narodzone dzieci nie robią nic innego tylko jedzą, śpią i płaczą (i to bardzo dużo) i przez dłuższy czas nie są najlepszymi kompanami do zabawy. Jeśli zamierzasz karmić piersią, powiedz, że maleństwo będzie piło mleko z piersi mamusi, tak jak ono to robiło. Jeśli masz przyjaciółkę, która akurat karmi piersią, zaaranżuj spotkanie w porze karmienia. Przyda się wam książeczka z obrazkami, która pokazuje całą prawdę o dzieciach.

- Pokaż malcowi, jakie są dodatkowe korzyści z bycia starszą siostrą lub bratem i ogólnie z bycia dużym. Im ciekawiej przedstawisz rolę starszego rodzeństwa, tym bardziej będzie na tę chwilę wyczekiwać. Powiedz o tych wszystkich rzeczach, których niemowlę nie potrafi robić, a ono będzie mogło mu pomagać się nauczyć.

> ## Czytaj wszystko na ten temat
>
> Dla małego dziecka, które ma się stać dużym bratem albo siostrą, często książeczka z obrazkami jest warta więcej, niż tysiące wyjaśnień rodziców. Poszukaj książek napisanych na poziomie rozumowania dziecka. Dadzą mu one realistyczny (ale odpowiedni dla jego wieku) obraz tego, na czym polega ciąża oraz jakie będzie życie z noworodkiem.

- Starając się przygotować dziecko na przyjście rodzeństwa, nie poruszaj problemów, które mogą nigdy nie zaistnieć. Na przykład: „Nie martw się, będziemy cię kochać tak samo jak małą dzidzię" albo: „Wciąż będziemy mieli mnóstwo czasu dla ciebie". Takimi stwierdzeniami wywołasz niepotrzebnie obawy, jakie nawet nie przyszły mu do głowy, i dziecko będzie zaniepokojone koniecznością podjęcia rywalizacji z nową siostrzyczką czy braciszkiem o waszą miłość i zainteresowanie.

- Jeśli chcesz, aby starsze dziecko zwolniło łóżeczko dla noworodka, przenieś je na kilka miesięcy przed porodem. Jeśli jest jeszcze za małe, aby spać w dużym łóżku, kup jeszcze jedno dziecięce – najlepiej takie, w którym po małych zmianach mogą spać dzieci kilkuletnie. (Albo zostawcie stare łóżeczko, a dla noworodka kupcie bądź pożyczcie drugie.) Jeżeli chcesz przenieść je do jego własnego pokoiku, zrób to także dużo wcześniej i namów je, aby pomogło ci wybrać mebelki i ozdobić pomieszczenie. Podkreśl, że przenosi się do nowego łóżka czy pokoju, bo jest już coraz większe, a nie dlatego, że trzeba zrobić miejsce dla maluszka.

- Jeśli masz samochód, a twoje starsze dziecko zajmowało do tej pory środkowe tylne siedzenie, przesuń jego fotelik na boczne tylne siedzenie; a jeśli jest już wystarczająco duże (patrz str. 52), umieść je w podwyższeniu zapinanym samochodowym pasem bezpieczeństwa. Na kilka tygodni przed datą porodu ustaw obok niego fotelik dla niemowląt z lalką, aby przyzwyczaić malca do towarzysza podróży.

- Wybierajcie razem imię dla maluszka. Twój jedynak poczuje się przez to bardziej z nim związany. (Oczywiście nie jest to raczej dobry pomysł, by zostawić sprawę nadania imienia dziecku całkowicie przedszkolakowi, chyba że chcesz, aby twoje drugie dziecko nazywało się Wielki Ptak albo Pinokio.)

- Jeżeli w sąsiedztwie organizuje się grupy przygotowujące dzieci do roli starszego rodzeństwa – robią to niektóre szpitale – zapisz tam swoje dziecko. Będzie to dla niego bardzo ważne doświadczenie, kiedy zobaczy, że inne dzieci są w podobnej sytuacji – oczekują braciszka lub siostrzyczki.

- Kiedy zbliża się termin porodu, przygotuj swoje dziecko do tego, że spędzisz z małą dzidzią w szpitalu lub klinice położniczej trochę czasu. Pozwól mu asystować przy pakowaniu i zachęć je, żeby dorzuciło coś od siebie: pluszowego misia, zdjęcie rodziny czy namalowany własnoręcznie obrazek. Upewnij się, że osoba, która będzie się nim opiekowała podczas twojej nieobecności, dokładnie zna codzienny rozkład dnia i zwyczaje dziecka, tak aby nie wprowadzać żadnych zmian w tym trudnym dla niego okresie. Uprzedź dziecko, kto będzie się nim zajmował (tata, babcia, dziadek, inny bliski krewny, stała opiekunka do dziecka, przyjaciółka domu), i zapewnij je, że wrócisz do domu za kilka dni. Jeśli szpital zezwala na odwiedziny dzieci (w wielu jest to dozwolone), powiedz mu, kiedy będzie mogło zobaczyć ciebie i maluszka. Niezależnie od tego, czy będzie cię mogło odwiedzić czy nie, pokaż mu szpital, w którym będziesz rodzić, a na pewno poczuje się spokojniejsze, znając miejsce, w którym spędzisz kilka dni.

- Nie obsypuj dziecka nagle podarkami, nie funduj wycieczek w ciągu najbliższych tygodni poprzedzających rozwiązanie. Zamiast sprawić, by czuło się spokojniejsze o twe uczucie, możesz wywołać w dziecku podejrzenie, że stanie się coś okropnego, a wy swoim dziwnym zachowaniem próbujecie jakoś załagodzić ten dramat. Może mu także przyjść do głowy, że narodziny maluszka stawiają go na mocnej pozycji, co prostą drogą prowadzi do podjęcia w przyszłości prób wymuszania prezentów i zasług za dobre zachowanie. Kup jedynie kilka drobnych, ale przemyślanych prezencików, które wręczysz mu, kiedy maleństwo pojawi się na świecie – może jeden w szpitalu, a następny, kiedy wrócicie do domu, za to, że było takie dzielne bez mamy. Dla całkiem małego dziecka dobrym prezentem jest duża lalka-niemowlę, którą później mogłoby karmić, kąpać i przewijać, kiedy mama będzie się zajmowała maluszkiem. Kupcie razem (pozwól dziecku samemu zapakować) mały podarek dla maluszka tylko od niego, który może przynieść do szpitala na pierwsze spotkanie.

- Nie posuwaj się za daleko w wysiłkach, aby jak najlepiej przygotować pierwsze dziecko do narodzin drugiego. Nie pozwól, aby ciąża i zbliżający się poród stały się dominującym tematem każdej rozmowy w waszej rodzinie. Pamiętaj, że są i powinny być inne zajęcia i zainteresowania w życiu twojego przedszkolaka – i one też zasługują na twoją uwagę.

RODZEŃSTWO PRZY PORODZIE

Nasze drugie dziecko urodzi się w klinice położniczej. Istnieje możliwość, aby nasz trzyletni syn towarzyszył nam przy porodzie. Jednak nie jesteśmy pewni, czy będzie to dla niego dobre.

W obecnych czasach wszyscy mogą brać udział w porodzie – albo przynajmniej przebywać na sali porodowej. Ojcom i matkom często podczas narodzin nowego członka rodziny towarzyszy cała grupa bliskich, przyszłych dziadków, wujków i ciotek, bliskich przyjaciół, a niekiedy również starszych dzieci. Rodzinne porody są zawsze możliwe podczas porodów w domu i w klinikach położniczych, a coraz częściej także w bardziej trzymających się tradycji szpitalach.

Decyzja, czy syn powinien brać udział w przyjściu na świat jego brata – podobnie jak wiele innych decyzji związanych z porodem (oczywiście w sprawach, w których decydujący głos nie należy do lekarza), należy całkowicie do ciebie. Podejmując ją, zastanów się nad swoimi przeczuciami (nikt nie zna twojego dziecka ani nie przewidzi jego reakcji lepiej niż ty) oraz za i przeciw zgłaszane przez ekspertów i rodziców z obu stron. Niektórzy eksperci oraz rodzice, którzy zdecydowali się na towarzystwo dzieci podczas porodu, wyliczają wiele korzyści, począwszy od mniejszej rywalizacji i silniejszej więzi między rodzeństwem (jako że starsze dziecko angażuje się od chwili, gdy siostra czy brat przychodzą na świat) po mniejszy szok u dziecka, które nie czuje się opuszczone, kiedy mama albo tato idzie po jego „następcę". Tymczasem inni specjaliści i rodzice uważają, że pozwolenie dzieciom na asystowanie przy porodzie ma swoje ujemne strony – niektóre bardzo ważne. Rodząca matka może czuć się nieswojo, może być rozproszona albo powstrzymywać swe reakcje ze względu na obecność dziecka (na przykład wstrzymywać się od krzyczenia i jęczenia). A jeśli jednak wyda z siebie dziwne dla dziecka dźwięki lub jej twarz przybierze obcy dla niego wyraz, z kolei ono będzie zaniepokojone albo wręcz bać się, że z mamą dzieje się coś niedobrego. Jeśli zaistnieje konieczność cięcia cesarskiego albo pojawi się zagrożenie dla noworodka, nagła zmiana atmosfery, nerwowa krzątanina, dziecko może się poważnie wystraszyć, zwłaszcza jeżeli jest bardzo małe. Trzeba też liczyć się z uczuciami dziecka. Jeśli wykazywało spore zainteresowanie ciążą i było aktywnym uczestnikiem lekarskich wizyt prenatalnych, być może warto pozwolić mu uczestniczyć w porodzie. Natomiast jeżeli dotychczas wszystkie sprawy związane z nowym członkiem rodziny niezbyt je interesowały, pewnie lepiej będzie dla niego przeczekać (albo przespać) te chwile u ukochanej babci albo opiekunki.

Jeśli już zdecydujesz się zabrać dziecko na salę porodową (możesz zmienić zdanie tuż przed porodem), możesz zadbać, aby to doświadczenie było dla wszystkich jak najbardziej przyjemne:

- Przygotowanie. Choć wy z mężem wiecie już, czego się spodziewać po porodzie, jako że już kiedyś to przechodziliście, wasz malec musi się wiele nauczyć. Jeśli nie będzie wiedział, czego się spodziewać, może się niepotrzebnie wystraszyć. Wyjaśnij, że rodzenie dziecka to trudne zadanie, że mamusia może, pomagając maleństwu wyjść na świat, wydawać wiele dziwnych dźwięków – a nawet krzyczeć czy robić dziwne miny. Przygotuj go, robiąc małą demonstrację min i krzyków, których może się spodziewać (zamieńcie taki pokaz w zabawę – proś dziecko, by cię naśladowało). Powiedz, jak najprawdopodobniej poród będzie wyglądał (w wodzie, na łóżku, w pozycji kucznej), uprzedź, że zobaczy trochę krwi (krew pomaga malcowi rosnąć, jest czymś normalnym i nie trzeba się nią martwić). Zastanów się także nad pokazaniem mu zapisów wspólnych porodów na kasecie wideo lub płycie DVD albo zapisaniem go na zajęcia dla rodzeństwa, podczas których omawia się sprawy porodu. Nie tylko będzie przygotowany, ale także będzie miał możliwość zastanowienia się nad tym, co go czeka, i pozwoli mu zmienić decyzję, jeśli dojdzie do wniosku, że pomysł brania udziału w porodzie przestał mu się podobać.

- Wolność wyboru. Pamiętaj, że podczas gdy twoja obecność przy porodzie jest obowiązkowa, starsze dziecko zgłasza się na ochotnika. Powinno móc wejść i wyjść, kiedy chce (właśnie dlatego powinno mieć zapewnioną opiekę: patrz niżej) oraz zmienić zdanie w ostatniej chwili, jeśli zdecyduje, że raczej wolałby pooglądać książeczkę z obrazkami w pokoju rodzinnym. Nie namawiaj go, by został, nie wzbudzaj w nim poczucia winy, gdyby postanowił zrezygnować z uczestnictwa w tym wydarzeniu. Pamiętaj, że nawet najbardziej rozentuzjazmowany starszy brat nie potrafi tak długo skupiać uwagi, nie ma też tyle fizycznej wytrzymałości, aby wytrzymać maraton położniczy, jakim jest przyjście rodzeństwa na świat. Pozwól mu trochę się przespać, jeśli poród zacznie się w środku nocy i nie będzie szybko postępować (przemęczone dziecko nie będzie w stanie wykrzesać z siebie radości).

- Rozrywki i przekąski. Wasze starsze dziecko, w przeciwieństwie do was, będzie miało – i tak być powinno – inne sprawy na głowie niż tylko rodzące się maleństwo. Weź więc ze sobą sporo książeczek, zabawek i innych rozrywek, którymi najmłodszy uczestnik porodu będzie mógł się zająć. A jako że głodne dziecko to rozdrażnione dziecko, nie zapomnij też o zapasie jedzenia dla niego.

- Weź ze sobą opiekunkę do dziecka. Najlepiej, by była to osoba, którą dziecko zna i lubi: babcia albo dziadek, ciocia albo wujek, przyjaciel rodziny, zaufana opiekunka. Osoba, która zajmie się starszym dzieckiem, nie powinna mieć za zadanie towarzyszyć ci przy porodzie (wystarczy jej obowiązek zajmowania się twym starszym potomkiem) i powinna być przygotowana na to, że nie będzie w nim uczestniczyć, gdyby dziecko w ostatniej minucie zrezygnowało.

- Więź między rodzeństwem. Starsze dziecko powinno koniecznie uczestniczyć w pierwszych chwilach po porodzie, gdy więź rodzinna zaczyna się tworzyć.

Jeśli postanowisz, że starsza pociecha nie powinna uczestniczyć w porodzie, albo jeśli dziecko samo tak wybierze, możesz zaprosić ją do sali porodowej, żeby powitała młodszego braciszka lub siostrzyczkę zaraz po tym, gdy on lub ona przyjdzie na świat. A gdyby nie można było tak zrobić (albo jeśli na przykład urodzisz dziecko w czasie, gdy starsze dziecko będzie spać), nie zapomnij, że więź między rodzeństwem może się zacząć tworzyć później, choćby gdy przyjdzie cię odwiedzić w szpitalu albo kiedy już wrócisz z dzieckiem do domu.

ROZSTANIE I WIZYTY W SZPITALU

Czy odwiedziny w szpitalu nie sprawią, że moja starsza córeczka będzie jeszcze bardziej za mną tęskniła, niż gdyby w ogóle mnie nie widziała przez te parę dni?

Wręcz przeciwnie. Znikniesz z pola widzenia, ale nie z jej serduszka. Gdy ujrzy cię w szpitalu, upewni się, że miewasz się dobrze, nie wyjechałaś i nie zostawiłaś jej dla innego dziecka i że jest ciągle dla ciebie kimś ważnym.

Pamiętaj też, że nie tylko z tobą dziecko spotka się w czasie odwiedzin w szpitalu. Będzie ona mogła także zobaczyć, a nawet dotknąć czy „potrzymać" swoją siostrzyczkę czy braciszka – którzy do tej pory byli dla niej dość nierealni. Co więcej, dzięki tym wizytom także ją ogarnie podekscytowanie związane z powiększeniem rodziny.

Nikt jednak nie twierdzi, że wizyta przebiegnie bezproblemowo ani że w małych oczkach nie pojawią się łzy, kiedy trzeba będzie wychodzić. Wizyty w szpitalu i separacja mogą przejść prawie bezboleśnie, jeśli zastosujesz się do poniższych rad:

- Upewnij się, że dziecko jest zawczasu przygotowane do wizyty. Powinno wiedzieć, ile czasu będzie mogło spędzić z tobą i maluszkiem i że wróci do domu bez was. Koniecznie uprzedź je, jeśli przepisy szpitalne zezwalają tylko na oglądanie noworodków przez szybę (na przykład na oddziale intensywnej opieki nad noworodkiem).

- Upewnij się, że ty jesteś przygotowana na wizytę swojego dziecka. Jeśli spodziewasz się, że rzuci ci się w ramiona i zaleje łzami ze wzruszenia na widok noworodka, może cię spotkać rozczarowanie. Wysoce prawdopodobne, że rzuci tobie lub maluchowi albo wam obojgu zimne spojrzenie, że będzie obojętne lub rozkojarzone, dostanie napadu złości lub zaleje się łzami smutku, gdy nadejdzie koniec wizyty. Takie negatywne lub obojętne reakcje są na porządku dziennym, nie należy się nimi przejmować, gdyż i tak – wierz lub nie – są zdecydowanie lepsze niż brak odwiedzin. Po prostu nie oczekuj zbyt wiele, a będziesz mile zaskoczona, jeśli wszystko ułoży się dobrze – a jeśli nie, nie będziesz się niepotrzebnie martwić.

- Jeśli idziesz do szpitala w środku nocy lub w czasie, gdy twoje starsze dziecko jest w przedszkolu czy gdziekolwiek indziej poza domem, zostaw mu kartkę, którą ktoś mu przeczyta, gdy się obudzi lub wróci. Napisz mu, że „nasza dzidzia" chce już wyjść, że bardzo je kochasz i wkrótce się zobaczycie. Jeśli pasuje wam to (babcia lub ktoś inny może przyjść i zostać z nim) i jest to możliwe (regulamin szpitalny zezwala), zabierz je do szpitala, aby tam oczekiwało na przybycie siostrzyczki lub braciszka. Weź dla niego torbę tak samo jak dla siebie. Spakuj ubranko na zmianę, pieluszki (jeśli ich używa), zabawki i jakieś smakołyki. Jeśli poród się przeciąga (jest to drugi poród, więc to mało prawdopodobne) i nie możesz wyjść z sali porodowej, niech tata wychodzi co jakiś czas i relacjonuje na bieżąco, jak przebiega poród, może nawet zjeść z nim posiłek w szpitalnej kawiarence. Oczywiście jeżeli zbliża się pora snu, a poród się jeszcze nie skończył, byłoby lepiej, aby ktoś zabrał je do domu i położył w jego własnym łóżku. Jeśli jednak jest jeszcze w szpitalu, kiedy noworodek przyjdzie na świat, spróbuj załatwić z lekarzem, aby mogło odwiedzić przynajmniej ciebie, a jeszcze lepiej małą siostrzyczkę czy braciszka.

- Weź do szpitala zdjęcie starszego dziecka i ustaw je na szafce przy łóżku, tak aby podczas odwiedzin zauważyło, że o nim myślisz.

- Jeśli to możliwe, poproś osobę, która zabiera cię ze szpitala, aby zatrzymała się przy jakimś sklepie, by twoje dziecko mogło kupić tobie i noworodkowi drobne prezenciki. Wymiana prezentów (teraz jest dobry moment, żebyś wręczyła swojemu starszemu dziecku mały podarek, który przygotowałaś dla niego przed porodem) pomoże przełamać pierwsze lody i sprawi, że twój starszak poczuje się ważną osobą. Zwyczaj dawania prezentów „od maluszka" jest bardzo popularny, jednak większość dzieci widzi, że coś jest nie tak, i w sumie nie jest to chyba najlepszy pomysł, by zaczynać wzajemne stosunki od oszustwa, nawet tak bardzo niewinnego.

- Urządź „małe przyjęcie urodzinowe", najlepiej już w szpitalu. Nie zapomnij o torcie (starsze dziecko pewnie będzie zadowolone, że ono może zjeść kawałek, a maluszek jeszcze nie), świecach (starszak może je zdmuchnąć) i prostych dekoracjach (dziecko samo może je przygotować).

- Niech ta sama osoba, która przyprowadza twoje dziecko w odwiedziny, odprowadzi je potem do domu. Gdy przyszło z tatą, który zostaje dłużej, podczas kiedy ono jest wysyłane do domu z babcią, może poczuć się podwójnie opuszczone.

- Między wizytami albo jeśli dziecko nie może cię odwiedzać, dzwoń jak najczęściej (unikając jednak pory, kiedy jest szczególnie rozdrażnione, np. tuż przed pójściem spać, jeśli uważasz, że na dźwięk twojego głosu może się zasmucić) i pisz krótkie liściki, które będzie mu czytał tata. Może poczuć się lepiej, jeżeli jeden czy dwa z jego obrazków namalowanych specjalnie dla ciebie znajdzie się na ścianie obok twego szpitalnego łóżka. Niech tata czy jakiś sympatyczny krewny zabierze je na obiad do restauracji lub zorganizuje inne wyjście, tak żeby było dla niego jasne, że niemowlak nie jest najważniejszą osobą pod słońcem – zapowiedz, aby rozmowa podczas tego wyjścia nie koncentrowała się wokół nowej siostrzyczki czy braciszka, chyba że twoje starsze dziecko samo poruszy ten temat.

- W miarę możliwości postaraj się wrócić do domu jak najwcześniej, tak aby twoje starsze dziecko zaczęło przebywać z maluchem jak najprędzej i aby do minimum skrócić jego rozstanie z tobą.

BEZKONFLIKTOWY POWRÓT DO DOMU

Jak mam zorganizować powrót do domu z noworodkiem, aby nie było to przykre wydarzenie dla mojego starszego synka?

Starsze rodzeństwo zwykle ma mieszane uczucia, kiedy zbliża się dzień przyjścia do domu mamy z nowym członkiem rodziny. Dzieci są pewne swoich uczuć do mamy – zdecydowanie chcą, aby była już w domu, ale z niemowlakiem, którego ma przynieść z sobą, to już całkiem inna sprawa. Właściwie nawet podoba im się ten pomysł, nowe dziecko w domu to zawsze jakaś odmiana i jest się czym pochwalić na podwórku. Z drugiej strony są prawdopodobnie trochę zaniepokojone, kiedy wyobrażą sobie, jak zmieni się ich życie z chwilą, gdy braciszek lub siostrzyczka zostanie wniesiona do domu i ułożona w jeszcze do niedawna ich łóżeczku.

Sposób, w jaki rozegrasz swoje przyjście do domu, będzie miał wpływ na to (przynajmniej na początku), czy spełnią się wielkie oczekiwania czy najgorsze obawy twojego pierwszego dziecka co do życia pod jednym dachem z niemowlęciem. Oto, jak możesz podkreślić najlepsze i zminimalizować najgorsze:

- Pozwól dziecku wziąć aktywny udział w twoim przyjściu do domu. Jeśli przyjedzie do domu razem z wami, nie będzie się tak czuć zagrożone pojawieniem się maleństwa, niż gdyby biernie czekało w domu. Będzie też pewnie bardziej podekscytowane, silniejsze też będzie jego poczucie bycia bratem. Jeśli to możliwe (czyli jeśli ktoś z dorosłych członków rodziny pomoże, aby tato mógł zająć się dokumentami oraz nieść torbę z rzeczami i prezentami), zorganizuj wszystko tak, aby dziecko przyjechało z tatusiem po ciebie do szpitala.

- Jeśli dziecko nie może przyjść po ciebie do szpitala, pozwól mu uczestniczyć w przygotowaniach w domu. Gdy tato pojedzie po ciebie do szpitala, ktoś z rodziny bądź przyjaciół może pomóc mu poukładać pieluszki i waciki, zrobić dekoracje, upiec ciasteczka i inne smakołyki – albo cokolwiek innego, co uświetni wasz powrót do domu. Wejdź do domu sama (tata może poczekać z noworodkiem w samochodzie), aby przywitać się ze swoim starszym dzieckiem bez świadków.

- Od początku zwracaj się do maluszka po imieniu, a nie na przykład per „dzidzia". W ten sposób twoje starsze dziecko od razu łatwiej zrozumie, że noworodek jest osobą, a nie zabawką.

- Przez pierwsze kilka dni ograniczaj liczbę gości w domu – dla twojego fizycznego i psychicznego zdrowia, a także dla dobra twojego starszego dziecka. Nawet najbardziej dyskretni goście zdają się bez końca rozprawiać nad zaletami noworodka, całkowicie ignorując starsze dziecko. Osoby, którym nie wypada dać do zrozumienia, że wizyty tuż po twoim powrocie są niemile widziane (takim jak dziadkowie, ciocie, wujkowie i bliscy przyjaciele), powinnaś zawczasu uprzedzić, aby nie rozpływały się zanadto nad maluchem i poświęciły sporo uwagi starszemu dziecku. Możesz także zaproponować, żeby goście zjawili się w czasie, kiedy jest ono w szkole (w przedszkolu) albo kiedy już śpi. Ograniczenie liczby gości w ciągu kilku pierwszych tygodni niesie także inne korzyści – masz więcej czasu, aby dojść do siebie po porodzie i żeby zająć się twoją powiększoną rodziną.

- Staraj się poświęcać dużo czasu swojemu starszemu dziecku, szczególnie na początku, kiedy noworodek będzie prawdopodobnie większość czasu spędzał na spaniu lub karmieniu. Zawieś jego rysunki na lodówce, chwal, że tak ładnie robi siusiu do nocnika, jeśli się tego niedawno nauczyło, opowiadaj, jaka jesteś z niego dumna, że jest takim dobrym starszym bratem, przy każdej sposobności usiądź, aby poczytać mu książeczkę (czas karmienia niemowlęcia będzie doskonałą okazją ku temu). Krótko mówiąc, chwal dużo, gań mało. Uniknij błędu rodziców, którzy stojąc nad łóżeczkiem noworodka, prześcigają się w zachwytach („Spójrz na te malutkie paluszki!", „Czyż ona nie jest urocza", „Zobacz, uśmiecha się"), sprawiając tym samym, że starsze dziecko czuje się niedocenionym i niepotrzebnym dodatkiem. Nie przesadzaj również w drugą stronę, świadomie unikając okazywania uczuć maleństwu przy starszym dziecku. Taka taktyka wprawi je w dezorientację i niepokój („A mówili, że będziemy kochać to małe. Czy możliwe, że wkrótce mnie także przestaną kochać?") albo dojdzie do niepokojącego wniosku („Udają, że jej nie lubią, abym się nie domyślił, że tak naprawdę lubią ją o wiele bardziej ode mnie"). Lepiej porównaj niemowlę do niego: „Spójrz na te małe paluszki, wiesz, że twoje też kiedyś takie były?", „Czyż ona nie jest urocza? Jest tak bardzo podobna do ciebie", „Zobacz, uśmiecha się do ciebie. Od razu cię pokochała".

- Niektórzy odwiedzający są na tyle domyślni, że pamiętają o małym prezenciku dla starszego dziecka, ale jeśli po kilku dniach okaże się, że obok pokaźnej sterty prezentów nie ma nic dla starszego brata lub siostry, poproś, aby babcia i dziadek kupili coś ładnego tylko dla niego. Jeśli uważasz, że prezentów jest naprawdę za dużo, schowaj te, na które dziecko nie zwróciło uwagi i których zniknięcia nie dostrzeże. Stopniowo kartki z życzeniami i prezenty przestaną przychodzić.

- Jeśli twoje starsze dziecko stwierdzi, że chciałoby przez parę dni nie chodzić do przedszkola, pozwól mu. To je umocni w przekonaniu, że nie wypychasz go z domu po to, by w spokoju nacieszyć się maleństwem. Będzie także okazją do nawiązania głębszej więzi z siostrzyczką lub braciszkiem oraz do przyzwyczajenia się do jego obecności. (Jednak ustalcie z góry, jak długie będą to wakacje, żeby po jakimś czasie nie wpadło mu do głowy, że może siedzieć w domu w nieskończoność.) Jeśli jednak wolałoby pójść do szkoły lub przedszkola, nie zmuszaj go do pozostania w domu. Być może odczuwa potrzebę przebywania w miejscu, gdzie nie ma niemowląt i gdzie życie toczy się wokół innych tematów.

Oczywiście, jeśli starsze dziecko chodzi do szkoły, kilkudniowe wakacje raczej nie wchodzą w grę (nauczycielom mogłoby się to nie spodobać). W takim wypadku znajdź inne sposoby na okazanie mu, że ono także jest ważne. Spakuj mu wraz z drugim śniadaniem karteczkę z kilkoma ciepłymi słowami, zaplanuj jakieś zajęcia po szkole albo zrób coś pysznego do jedzenia, by poczuło, że czekasz na nie.

DEMONSTRACJA WROGOŚCI

Moje dziecko nie ukrywa swojej wrogości wobec nowego braciszka. Wciąż domaga się, żebym go zaniosła z powrotem do szpitala.

Oczywiście, że w tym wypadku nie możesz spełnić życzenia swojego starszego dziecka, ale możesz – i powinnaś – pozwolić mu wyrazić jego uczucia. Mimo że wydają się one negatywne, fakt, że potrafi je zwerbalizować, jest pozytywny. Każdy starszy brat czy siostra w pewnym stopniu odczuwa niechęć do małego intruza (albo do matki za przyprowadzenie tego intruza), niektórzy po prostu okazują swoje uczucia bardziej otwarcie niż inni. Zamiast wmawiać swojemu starszemu dziecku, że to bardzo nieładnie zachowywać się w ten sposób („To okropne mówić tak o naszym maluszku!"), zrozum jego uczucia. Powiedz mu, że zgadzasz się z nim, że nie zawsze jest wesoło z małym dzieckiem w domu. Pozwól mu wyrzucić z siebie niechęć, jeśli tego potrzebuje. Opowiadaj o czasach, gdy ono samo było małe, a pewnie dojdzie do wniosku, że jest jeszcze jakaś nadzieja dla tego malucha (kiedy urośnie, nie trzeba będzie tyle się nim zajmować; kiedy nauczy się jakoś mówić, nie będzie tyle płakać; kiedy będzie starszy, sam się będzie sobą zajmować). Zamiast rozwodzić się nad tematem, przejdź szybko do jakiegoś zajęcia dla niego: „Ubierzmy szybko Jasia i chodźmy razem na plac zabaw".

Niektóre dzieci nie potrafią lub nie mają odwagi wyrazić swoich negatywnych uczuć do noworodka; w takich wypadkach wskazane jest zachęcanie dzieci do mówienia o tym, co czują. Można to zrobić co najmniej na dwa sposoby. Po pierwsze, zwierz się dziecku z własnych mieszanych doznań: „Bardzo kocham naszego maluszka, ale nie cierpię wstawać w środku nocy, aby go nakarmić" albo: „Boże, przy naszym maluchu nie mam ani jednej chwili wolnej dla siebie". Po drugie, możesz czytać lub opowiadać historyjki o starszym rodzeństwie, które miało bardzo mieszane uczucia wobec swoich małych siostrzyczek czy braciszków. Jeśli sama masz młodsze rodzeństwo, opowiedz o tym, co czułaś, kiedy po raz pierwszy zjawiło się w domu.

Mój syn nie okazuje niechęci wobec swojego nowego braciszka, często jednak miewa humory i potrafi być bardzo nieprzyjemny dla mnie.

Niektóre starsze dzieci nie widzą najmniejszego powodu, aby stawać do walki z noworodkiem (w końcu, cokolwiek by się zrobiło, nie można się go pozbyć). Osobami, nad którymi można się pastwić, nie mając takiego poczucia winy i osiągając lepsze wyniki, są mama i tata. W końcu to mama spędza całe godziny, karmiąc i kołysząc maluszka, a tato jest często zajęty zmienianiem pieluszek i tuleniem dziecka – a jednocześnie poświęcają starszemu dziecku o wiele mniej czasu niż kiedyś. Pierworodny może okazywać swoje uczucia wobec rodziców, wpadając w złość, przejmując niektóre zachowania niemowlęce, odmawiając jedzenia i wybierając sobie kogoś innego (na przykład nianię) na najukochańszą osobę. Ten sposób zachowania zdarza się bardzo często i jest normalną fazą okresu przystosowawczego do nowej sytuacji.

Nie bierz takiego zachowania do siebie, absolutnie też nie besztaj go ani nie karz dziecka za nie. Znacznie więcej osiągniesz cierpliwością, wyrozumiałością, okazując mu wsparcie i jak najwięcej uwagi. Zachęć do opowiadania o tym, co czuje, mówiąc na przykład: „Rozumiem twoją złość na to, że tyle czasu spędzam teraz z maleństwem". Pamiętaj, że takie zachowanie kiedyś się skończy – zwykle po kilku miesiącach.

Gdy zdecydowaliśmy się na drugie dziecko, byłam przygotowana na to, że starsza córka będzie zazdrosna. Tymczasem przez cały okres ciąży oraz od czterech miesięcy, które upłynęły od narodzin jej braciszka, mała ani razu nie okazała zazdrości ani żalu. Czy to normalne?

Dzieci często reagują zazdrością i żalem na pojawienie się młodszego rodzeństwa – ale nie zawsze. Uczucia te nie są koniecznym ani najważniejszym czynnikiem w tworzeniu się silnej więzi między rodzeństwem. Dziecko zachwycone pojawieniem się młodszego rodzeństwa nie musi wcale skrywać wrogości – może faktycznie cieszyć się z pojawienia się nowego członka rodziny i rola starszej siostry i brata może mu się naprawdę podobać. Albo też córeczka czuje się tak pewna twej miłości, że nie boi się zmian w domu.

Nikt jednak nie twierdzi, że zawsze będzie traktować braciszka wyłącznie przyjacielsko. Może kiedyś, z czasem, mieć wiele powodów do żalu: na przykład gdy to nieporadne maleństwo zacznie raczkować po podłodze, podrze jej książki, zburzy klocki albo będzie żuć palce jej ulubionej lalki (patrz str. 674).

Zanim do tego dojdzie, postaraj się, by starszemu dziecku poświęcać przynajmniej tyle samo czasu i uwagi co młodszemu rodzeństwu, nawet jeśli córka nie domaga się tego od ciebie. Jeśli nieświadomie zaczniesz ją zaniedbywać, bo mała dobrze traktuje niemowlę, może poczuć się zapomniana, a przez to – rozżalona. Nawet dobrze działający mechanizm trzeba przecież czasem naoliwić.

A ponieważ praktycznie każde dziecko doświadcza czasem negatywnych uczuć związanych z rodzeństwem, powiedz córce, że takie uczucia są czymś normalnym – i stwórz okazję, aby mogła je wyrazić.

WYJAŚNIANIE DZIECKU RÓŻNIC PŁCI

Moja trzyletnia córeczka jest zafascynowana penisem swojego malutkiego braciszka. Koniecznie chce wiedzieć, co to jest i dlaczego ona tego nie ma. Nie wiem, co jej powiedzieć.

Najlepiej powiedzieć jej prawdę. Córeczka jest mała, ale jeśli jest na tyle duża, żeby zadawać pytania dotyczące różnic w budowie swego ciała i ciała braciszka, zasługuje na szczerą odpowiedź. Dla małej dziewczynki widok czegoś u młodszego braciszka, czego ona nie ma, może być prawdziwym szokiem. (Tak samo dla małego chłopca brak penisa u młodszej siostrzyczki.) Zrozum (i spraw, by ona także zrozumiała), że jej zainteresowanie nie jest niczym nieodpowiednim. Dzieci są jak mali naukowcy, chcą wszystko wiedzieć o swym otoczeniu, łącznie z tym, co dotyczy ciała – własnego i najbliższych. Proste wyjaśnienie, że chłopcy i mężczyźni mają penisy, tak jak tatuś, a dziewczynki i kobiety pochwy, tak jak mamusia, z pewnością wystarczy i pomoże zrozumieć twojemu dziecku podstawową różnicę między kobietą a mężczyzną. Staraj się używać właściwych nazw dla tych części ciała, tak samo jak robisz to w przypadku oczu, nosa czy ust. Szczegółowych informacji udzielaj tylko na wyraźną prośbę dziecka. Jeśli zapyta, możesz powiedzieć, że dziewczynki mają pochwy i kiedy dorosną, będą mogły mieć dzieci, a chłopcy mają penisy i w przyszłości będą mogli zostać tatusiami. Gdyby dziecko zadało ci pytania, na które nie czujesz się na siłach odpowiedzieć, sięgnij do książki dla rodziców i do ilustrowanej książeczki napisanej z myślą o dzieciach, którą będziesz mogła mu przeczytać.

KARMIENIE PIERSIĄ W OBECNOŚCI STARSZEGO DZIECKA

Mam zamiar karmić piersią moje drugie dziecko, ale niepokoję się, czy mogę to robić w obecności mojego czteroletniego syna.

Nie masz się czego obawiać; nie ma żadnego powodu, byś nie miała karmić niemowlęcia w obecności starszego dziecka. Zrozumienie, że karmienie piersią jest normalnym, naturalnym procesem i że nie jest to nic, z czym należy się ukrywać lub czego trzeba się wstydzić, będzie dla niego zdrowe. Więcej krzywdy wyrządziłoby mu, gdybyś zaczęła chować się przed nim z karmieniem – szczególnie biorąc pod uwagę to, jak wiele czasu ta czynność pochłania w przypadku noworodka, rzadko byś swego syna widywała. Poza porami drzemki maluszka jedynie w trakcie karmienia możesz poświęcić czas starszemu dziecku. A podczas gdy najmłodszy ssie, wy możecie oddać się wielu spokojnym zabawom, takim jak na przykład czytanie książeczek, układanie puzzli, grze w warcaby.

Jeśli czujesz się skrępowana tym, że synek ogląda twoje piersi, karm dziecko dyskretnie, starając się jak najmniej odsłaniać ciało. Nie reaguj nerwowo, jeśli zobaczy pierś albo wyciągnie ciekawską rączkę, chcąc cię dotknąć. Zachowanie takie jest przejawem zupełnie normalnej ciekawości, a nie niezdrowych zainteresowań seksualnych. Zamiast ostrej reakcji, która byłaby dla dziecka sygnałem, że jest coś „złego" w ludzkim ciele, zachowaj spokój. Wyjaśnij, że piersi są teraz dla niemowlęcia źródłem pożywienia (tak samo jak przed laty były dla niego), po czym zajmij czymś jego uwagę.

STARSZE DZIECKO CHCE BYĆ KARMIONE PIERSIĄ

Mój dwuletni syn, obserwując mnie przy karmieniu piersią, domagał się mleka z piersi. Zignorowałam jego żądanie, myśląc, że mu to przejdzie, ale nadal trwa przy swoim.

Zwykle najlepszy sposób na pozbawienie dziecka takiej ciekawości to dać mu do zrozumienia, że może w każdej chwili spróbować (ale tylko jeśli dziecko jest małe – jeśli ma więcej niż cztery lata, powinno już zrozumieć, że karmienie piersią jest dla niemowlaków). Często samo twoje przyzwolenie wystarczy i dziecko nie będzie dalej drążyło tego tematu. Jeśli będzie się domagało, pozwól mu trochę popić – jeżeli cię to nie krępuje. Synek poczuje, że został dopuszczony do jakiegoś tajemniczego misterium i specjalnego związku pomiędzy tobą i maluszkiem. Są duże szanse, że posmakuje trochę i stwierdzi, że niemowlaki wcale nie mają tak dobrze. Ciepły, wodnisty płyn nie przypominający mleka, które pija codziennie, z pewnością nie będzie wart dłuższego zainteresowania (również dobrze może zrezygnować ze ssania, zanim popłynie pokarm). Jego ciekawość zostanie zaspokojona i prawdopodobnie już nigdy nie poprosi o mleko z piersi, mało tego, może zacząć okazywać maluchowi współczucie (za to, że ten musi pić taką niesmaczną ciecz, podczas gdy on pija sok jabłkowy i „prawdziwe mleko" i wcina kanapki z masłem orzechowym oraz inne przysmaki) zamiast zazdrości. (Oczywiście nie próbuj tej metody, jeśli czujesz się skrępowana – w takim wypadku zaspokój zainteresowanie malca w inny sposób.)

Jeśli jednak twój synek nadal przejawia zainteresowanie karmieniem piersią lub jeżeli sprzeciwia się, żeby maluch pił mleko mamy, w takim razie nie chodzi prawdopodobnie o pierś, z której można się napić mleka, ale o pierś (i mamę), do której można się przytulić, oraz o zainteresowanie, jakie okazujesz noworodkowi przy karmieniu. W tej sytuacji musisz zająć się swoim starszym dzieckiem podczas karmienia młodszego. Możesz to zrobić na kilka sposobów. Zanim usiądziesz do karmienia, powiedz np.: „Dam teraz trochę mleka małej. Napijesz się soku?" albo: „Zjesz teraz podwieczorek, gdy mała będzie piła mleko?" Możesz też w spokoju poczytać mu książeczkę, pomóc przy układance czy posłuchać razem z nim muzyki (wygodne, bo nie zajmuje ci rąk). Ponadto pilnuj, aby w przerwach między karmieniami nie żałować uścisków i całusów swojemu starszemu dziecku.

JAK POMÓC STARSZEMU RODZEŃSTWU ZNOSIĆ NAPADY KOLKI NIEMOWLĘCIA

Ciągłe płacze niemowlęcia denerwują wyraźnie naszą trzyletnią córeczkę. Co możemy zrobić?

Starsze rodzeństwo jest niewinną ofiarą napadów kolki. Nie prosiło ono o dziecko (a jeśli prosiło, teraz pewnie żałuje). Biorąc pod uwagę to, ile czasu poświęca się teraz niemowlęciu, mała może czuć się zagrożona, a nawet odsunięta. Na dodatek jej młodszy braciszek robi mnóstwo wrzasku w porze, którą lubiła najbardziej: kolacja (albo kąpiel lub czas czytania książeczek) z tatusiem i mamusią. Nie tylko sam płacz, ale także całe zamieszanie z jego powodu są dla niej nie do zniesienia. Wczesne wieczory przestały być porą posiłku, wspólnego spędzania czasu albo spokojnej zabawy, a stały się porą przerywanych posiłków, nerwowego chodzenia po pokoju i kołysania malca oraz czasem roztargnienia i poirytowania. Ale najgorsza jest pewnie bezsilność. Dorośli próbują przynajmniej podejmować jakieś (choćby nawet beznadziejne) działania i okazują sobie nawzajem współczucie z powodu tego, co się dzieje; jej pozostało usiąść z poczuciem bezradności i smutku.

Możesz pomóc starszemu dziecku przetrwać ataki kolki niemowlęcia tylko w takim stopniu, w jakim możesz pomóc sobie. Może uda ci się sprawić, że będzie mogło łatwiej znieść te chwile.

Porozmawiajcie. Wytłumacz na jej poziomie rozumienia, co to jest kolka. Wyjaśnij, że to się kiedyś skończy, że kiedy maleństwo przyzwyczai się do nowego i dziwnego dla siebie świata oraz kiedy nauczy się innych form porozumiewania, będzie znacznie mniej płakać. Zaznacz, że ona też dużo płakała jako niemowlę, nawet jeśli tak naprawdę nie miała kolek. Powinna dzięki temu nabrać nieco nadziei.

Podkreślaj, że to nie jej wina. Małe dzieci często mają skłonność do obwiniania siebie za wszystkie złe rzeczy, jakie dzieją się w ich domach, od kłótni między rodzicami przez śmierć pradziadka po płacz noworodka. Dziecku trzeba powiedzieć, że tym razem nikt nie jest winien, a już na pewno nie ono.

Okaż dziecku miłość, powiedz, że je kochasz. Radzenie sobie z kolką niemowlęcia jest zajęciem tak bardzo pochłaniającym uwagę – szczególnie gdy i tak masz sporo pracy w ciągu dnia – że nietrudno zapomnieć o tych drobnych rzeczach, które mówią starszemu dziecku o twej miłości. Zatem postaw sobie za cel, by przynajmniej raz dziennie zrobić coś z małą (zabawcie się w „pływanie" podczas kąpieli, upieczcie razem babeczki, pomóż jej namalować coś na wielkiej płachcie papieru), nim zbliży się pora, o której dzidziuś zwykle ma kolkę. Nawet gdy w domu panuje istne piekło, nie zapomnij, by chodząc tam i z powrotem z malcem na rękach i próbując go ukołysać, podejść co jakiś czas do córki, przytulić ją.

Dzielcie się obowiązkami przy niemowlęciu, zwalcz rywalizację między rodzeństwem. Jeśli w domu są oboje rodzice, zmieniajcie się przy maleństwie cierpiącym z powodu kolki, tak aby przynajmniej jedno z was mogło poświęcić uwagę starszej córce. Raz na jakiś czas, przy sprzyjającej pogodzie, można wziąć najmłodszą pociechę na dwór w wózku albo samochodem (kołyszący ruch często pomaga przy kolce), by w tym czasie drugie z rodziców spędziło ciekawie czas ze starszym dzieckiem. Albo niech jedno z was weźmie ją na pizzę (przyprawioną ciszą i spokojem) lub, jeśli nie jest jeszcze bardzo późno, na wczesnowieczorny spacer na plac zabaw, gdy drugie stara się jakoś przetrwać z Panem Wrzaskunem.

Nie rezygnuj z rytuałów. Dzieci czują się spokojniejsze, mając poczucie stabilizacji, a kiedy plan dnia ulega zaburzeniu, niepokoją się (szczególnie, gdy w życiu dzieje się coś tak niepokojącego, jak przybycie małego płaczącego niemowlaka). Postaraj się, aby wszystkie ważne dla córki rytuały nie uległy zakłóceniu z powodu kolki najmłodszego. Jeśli przed pójściem spać zawsze była długa kąpiel (z bąbelkami i chlapaniem się), przytulanie i czytanie czterech opowiadanek, postaraj się ten zwyczaj utrzymać, nawet gdyby właśnie kolka dawała się maluszkowi mocno we znaki. Jeśli podzielicie się obowiązkami, będzie wam łatwiej przypilnować przestrzegania rutynowych czynności starszego dziecka.

Czas zastrzeżony tylko dla niej. Codziennie spróbuj znaleźć chwilę wyłącznie dla córki – choćby miało to być jedynie pół godziny. Wykorzystaj czas drzemki niemowlęcia (dziecko jest ważniejsze od nadrabiania papierkowej roboty), wizytę matki albo przyjaciółki, a jeśli możesz sobie na to pozwolić, zatrudnij opiekunkę.

ZACHOWANIA REGRESYWNE

Od narodzin siostrzyczki moja trzyletnia córeczka zaczęła się zachowywać jak mała dzidzia. Naśladuje gaworzenie, ciągle chce być noszona, zaczęła siusiać w majtki.

Nawet dorosły czasami zazdrości noworodkom prostej egzystencji („To jest życie!" – wzdychają, pchając wózek ze smacznie śpiącym maluchem). Nic więc dziwnego, że małe dzieci, które same niedawno były wożone w wózku i które dopiero uczą się obowiązków i odpowiedzialności adekwatnej do ich wieku, obserwując swoje młodsze rodzeństwo, tęsknią do czasów, kiedy były maluchami. Zwłaszcza gdy widzą, że zachowywanie się jak dzidzia bardzo się opłaca młodszej siostrzyczce, której wolno cały czas leżeć w wygodnym łóżeczku (nie wspominając już o leżeniu w ramionach mamy), wszędzie się ją nosi, kołysze bez końca, a kiedy otwiera usta, żeby zakwilić, dostaje dokładnie to, czego chce i kiedy chce, zamiast ostrego „Przestań piszczeć!"

Raczej nie zmuszaj swojej starszej córeczki, aby w tym bardzo drażliwym dla niej okresie była „dużą dziewczynką". Potraktuj ją jak malucha, kiedy chce być maluchem – nawet gdyby to znaczyło, że musisz się opiekować „dwoma niemowlakami" naraz. Poświęć jej swoją uwagę, której tak bardzo pragnie, utul ją w ramionach, kiedy jest zmęczona, możesz ją raz czy drugi wnieść po schodach, nakarm, kiedy się domaga, i nie karć jej, gdy nagle zaczyna mówić jednowyrazowymi zwrotami (nawet jeśli działa ci to na nerwy), chce pić mleko z butelki (nawet jeśli wcześniej nie piła) i żąda pieluchy. Jednocześnie zachęcaj ją, by zachowywała się, jak przystało na dziewczynkę w jej wieku, wychwalając ją pod niebiosa, gdy postępuje „dorośle" – kiedy sprząta po sobie, pomaga przy młodszym dziecku albo siada na nocniczek. Pamiętaj, że pochwały udzielane w obecności innych mają podwójne działanie. Opowiadaj jej, że była twoją pierwszą dzidzią, a teraz jest kochaną dużą dziewczynką. Wskaż na kilka przyjemnych rzeczy, które ona może robić, a jej malutka siostrzyczka nie, np. jeść lody na przyjęciu urodzinowym, zjeżdżać z dużej zjeżdżalni na placu zabaw, pójść na pizzę z mamą i tatą. Upieczcie coś razem, kiedy niemowlę śpi, zróbcie wspólnie zakupy, wyślij ją na piknik z tatusiem, zabierz do kina w czasie, gdy młodsze dziecko przebywa z opiekunką. Wkrótce sama zauważy, że o wiele ciekawiej jest być starszą dziewczynką, i przestanie naśladować niemowlę.

WYRZĄDZANIE KRZYWDY NOWORODKOM PRZEZ STARSZE RODZEŃSTWO

Wyszłam z pokoju tylko na chwilę i byłam zszokowana, kiedy po powrocie zastałam mojego starszego syna bijącego swoją malutką siostrzyczkę zabawką. Tym razem nic jej nie zrobił, ale wyglądało na to, że czynił to celowo, chcąc, aby się rozpłakała.

Pozornie taki postępek wygląda na sadystyczną próbę skrzywdzenia niechciane-

Żółto w domu?

Czy w twoim domu wraz z pojawieniem się kolejnego dziecka zrobiło się może żółto z zazdrości? A może liczysz na to, że uda ci się zwalczyć zazdrość starszego potomka? Wszystkie rady zawarte w tym rozdziale mają ci pomóc w radzeniu sobie z rywalizowaniem rodzeństwa i łagodzeniem objawów zazdrości między dziećmi. Warto też, byś mówiła o niemowlęciu, używając jego imienia lub nazywając je „naszym dzieckiem", „twoim malutkim braciszkiem (lub „siostrzyczką") – nigdy natomiast „moim dzieckiem".

Postaraj się nie wydawać poleceń, które mogłyby wywołać w starszym dziecku poczucie, że teraz wszystko kręci się wokół najmłodszego domownika: nie mów „Cicho – dziecko śpi!", „Nie siadaj mi na kolana, bo karmię małego" ani: „Przestań szturchać maluszka, zrobisz mu krzywdę!" Lepiej zastąpić zakazy prośbami o pozytywnym zabarwieniu: „Dziecko śpi, może porozmawiamy szeptem, aby się nie obudziło" lub: „Może usiądziesz na tym krześle? Będziemy blisko siebie, gdy ja nakarmię malca" albo: „Twój mały braciszek uwielbia, kiedy głaszczesz go leciutko, o tak". Nie zapominaj, że jakaś forma zazdrości pojawi się na pewno i jeśli się nad tym zastanowisz, jest ona czymś zrozumiałym.

go przybysza, ale zwykle chodzi o coś innego. Chociaż takie postępowanie może zawierać jakieś elementy wrogości (całkiem naturalnej, zważywszy na rewolucję, jaką powoduje zjawienie się noworodka w życiu starszego rodzeństwa), te z pozoru złośliwe ataki najczęściej są jedynie „niewinnym" doświadczeniem. Twój syn mógł próbować doprowadzić do płaczu swoją małą siostrzyczkę nie ze złości, tylko z ciekawości, jak to małe, dziwne stworzenie, które przyniosłaś do domu, „działa" (tak jak bezustannie bada wszystko inne, co znajdzie się w zasięgu jego wzroku). Cała rzecz polega na tym, aby zareagować na takie wydarzenie bez emocji. Staraj się wywrzeć wpływ na swojego synka, dając mu przykład swoim zachowaniem i angażując go do opieki nad siostrzyczką, kiedy jesteś w pobliżu, stale wyjaśniając, że trzeba być delikatnym w stosunku do noworodka. Jeśli to naganne zachowanie powtarza się, reaguj ze spokojem i rozumnie, unikając złości, wywoływania w nim poczucia winy (jeśli ma zamiar cię dręczyć, twoje wybuchy sprawią mu radość) i histerycznej nadopiekuńczości w stosunku do noworodka (która mogłaby tylko wzmocnić uczucie zazdrości). Należy unikać gwałtownych reakcji, zwłaszcza gdy noworodek został w jakiś sposób skrzywdzony; jeśli wywołasz w starszym dziecku poczucie winy za to, co zrobiło, nieważne, czy celowo czy nie, przyniesie to niewiele pożytku, a może pozostawić trwałe urazy w jego psychice.

Choć przesadna reakcja wobec agresywnych zachowań starszego dziecka nie jest dobra, nie należy też ich ignorować. Powiedz spokojnie, ze zrozumieniem, ale w sposób bezdyskusyjny, że bicie czy krzywdzenie kogoś w jakikolwiek inny sposób (niemowlęcia lub kogokolwiek) jest absolutnie nie do przyjęcia. Pokaż mu, na jakie inne sposoby może dać upust swym mieszanym uczuciom (albo wrogości), nie krzywdząc jednocześnie maleństwa: na przykład słownie („Mały, zdenerwowałeś mnie!"), uderzając poduszkę, gniotąc plastelinę, skacząc lub rysując.

Jeśli istnieje niebezpieczeństwo, że starsze dziecko może wyrządzić krzywdę młodszemu, zapobieganie jest o wiele skuteczniejsze od karania. Nawet gdy jesteś pewna, że starsze dziecko zrozumiało twoje polecenia, pod żadnym pozorem nie zostawiaj dzieci razem samych, jeśli nie masz pewności, że starsze rozumie, jaką krzywdę może wyrządzić maluchowi. Zwykle zaczyna ono to rozumieć w wieku około pięciu lat. Młodsze dzieci nie zdają sobie sprawy, jakie szkody mogą spowodować swoim działaniem, i mogą wywołać poważne obrażenia u niemowląt, nawet niechcący.

DZIELENIE CZASU I UWAGI

Sama nie wiem, co mam zrobić, aby zapewnić obu moim synom, czteroletniemu i noworodkowi, opiekę i zainteresowanie, jakie-

go wymagają, i żeby moje starsze dziecko nie odczuwało zazdrości.

Przynajmniej druga para rąk, a najlepiej druga taka mama jak ty byłaby przydatna w tym okresie, szkoda, że nie jest to możliwe. Niestety, musisz pogodzić się z myślą, że jesteś tylko jedna, i przygotować się, że przez najbliższych parę lat będziesz musiała dzielić swoją uwagę i miłość na dwoje dzieci. Pytanie, w jaki sposób to zrobisz, aby zaspokoić wszystkie potrzeby zarówno przedszkolaka, jak i jego nowego braciszka?

Kiedy dzieci podrosną, ten podział będzie musiał być sprawiedliwy; jednemu dziecku będziesz musiała poświęcić dokładnie tyle samo czasu, ile drugiemu (tak jak każde jabłko czy kawałek ciasta będziesz musiała dzielić dokładnie na pół, aby zadowolić obu synów). Teraz faworyzowanie starszego nie tylko jest do przyjęcia, ale jest wręcz wskazane. Po pierwsze, zauważ, że twoje starsze dziecko przez całe swoje dotychczasowe życie było jedynakiem i z nikim nie musiało się tobą dzielić. Z drugiej strony, twoje nowe dziecko na szczęście w tej chwili nie zdaje sobie sprawy z tego, z kim spędzasz więcej czasu, i będzie całkiem zadowolone, jeśli tylko jego podstawowe potrzeby będą zaspokojone. Weź także pod uwagę, że w odróżnieniu od twego pierworodnego, który przyszedł ze szpitala do względnie spokojnego domu, twoje nowe dziecko znalazło się w tętniącym życiem środowisku, w którym zachodzą interakcje rodzice–dziecko. W dużym stopniu pobudza to i zajmuje zmysły malucha. Jeśli jest przy tobie, gdy budujesz z klocków lub dopasowujesz fragmenty układanki ze swoim starszym synem czy też bujasz swojego starszego syna na huśtawce, twoje młodsze dziecko otrzymuje tyle bodźców z zewnątrz, jak gdybyś bawiła się tylko z nim. Ponadto nie zapominaj, że jest teraz jeszcze jeden opiekun w twoim domu – starszy syn, który niewątpliwie poświęci młodszemu braciszkowi dużo zainteresowania i uwagi.

Istnieje kilka sposobów na to, by ułatwić sobie taką „podwójną służbę", a jednocześnie zapobiegać wybuchom zazdrości (temu uczuciu raczej nie da się całkowicie zapobiec). Po pierwsze, zacznij się zajmować starszym dzieckiem, nie przerywając przy tym wykonywania obowiązków przy młodszym (na przykład czytaj starszemu książeczkę, w czasie gdy karmisz piersią czy butelką młodszego). Po drugie, stopniowo możesz włączać starszego synka do różnych drobnych prac, mianując go swoim głównym pomocnikiem, który przyniesie czystą pieluszkę, kiedy maluch się zmoczy, zaśpiewa i zatańczy dla niego, gdy ten jest marudny, pomoże ci poukładać wyprane rzeczy młodszego braciszka – poskładanie w pary tych malutkich skarpetek dla ciebie jest po prostu obowiązkiem, a dla twego starszego syna wyzwaniem i całkiem nowym doświadczeniem. Możesz też włączyć starsze dziecko w takie zadania dla „dużych chłopaków", jak ścieranie kurzy, wyjmowanie kupionych produktów z torby, nakrywanie do stołu. Nawet gdyby nie był zbyt pomocny, nie zapominaj go chwalić („Jesteś prawdziwym pomocnikiem mamusi!"), a będzie się czuć docenionym członkiem rodziny – częścią załogi mama–tata–ja. Jeśli poczuje, że jest potrzebny i należy do rodziny, nie będzie się uważał za odtrąconego.

Jednak starsze dziecko z pewnością odczuwa silną potrzebę, aby spędzić trochę czasu w ciągu dnia tylko z tobą – znacznie bardziej niż najmłodsze. Gdy przebywacie oboje z mężem w domu, dzielcie się opieką nad maleństwem. (Pamiętaj, że starszy syn ucieszy się, spędzając czas z każdym z was, więc zmieniajcie się przy niemowlęciu.)

Oczywiście nie zawsze można przedkładać potrzeby starszego dziecka nad potrzeby niemowlęcia ani nie zawsze da się poświęcić mu tyle uwagi, ile ono potrzebuje. Nie warto też tak robić, choćby nawet niemowlę było jeszcze za małe, by to zauważyć lub się tym przejmować. Twoje starsze dziecko musi przyjąć i zaakceptować fakt, że jako starsze z rodzeństwa musi się z młodszym tobą podzielić. A im szybciej to zrozumie i zaakceptuje, tym mniej rywalizacji przyjdzie ci zwalczać. Nie raz i nie dwa przyjdzie starszemu synowi poczekać, aż skończysz karmienie lub przewijanie. Łatwiej się pogodzi z sytuacją,

Duża różnica wieku między rodzeństwem

Nie zawsze między rodzeństwem są dwa, trzy lata różnicy. Dzięki powtórnym małżeństwom, niepłodności wtórnej (trudności z zajściem w ciążę po raz drugi), chęci zapełnienia niemal pustego gniazdka oraz starym dobrym „niespodziankom" wiele świeżo upieczonych starszych braci i sióstr jest całkiem sporo starszych od swych młodszych braciszków i siostrzyczek – sześć, osiem, a nawet dziesięć lat i więcej.

Poczekanie tych kilku lat ma wiele zalet. Po pierwsze, starsze dzieci zwykle świetnie opiekują się niemowlętami. Trzylatkowi nie można powierzyć noworodka bez nadzoru nawet na chwilkę, natomiast ośmio- albo dziewięciolatek spokojnie może przypilnować malca, gdy mama bierze prysznic albo tato kończy myć naczynia. Nastoletnie rodzeństwo może wręcz pełnić czasem rolę opiekunki do dziecka (jeśli da się je namówić na zrezygnowanie ze spędzenia wieczoru z przyjaciółmi). A ponieważ starsze dzieci mają już swoje życie pozadomowe, zwykle mniej niż przedszkolak czują się zagrożone inwazją noworodka (i tym, że rodzice poświęcają mu mniej czasu). Chodzą do szkoły oraz na zajęcia pozaszkolne, dlatego też rodzice mają więcej okazji do skupienia się tylko i wyłącznie na najmłodszej pociesze, nie muszac się rozrywać między dwoje dzieci.

Oczywiście u rodzeństwa może pojawić się uczucie rywalizacji i problemy z zaakceptowaniem zmian, jakie nieuchronnie następują w ich życiu z chwilą pojawienia się młodszego brata czy siostry – niezależnie od wieku. (Te dzieci, które przez ponad dziesięć lat cieszyły się pozycją jedynego następcy tronu mogą wręcz trudniej znosić zmianę, choć odkrycie, że życie rodzinne nie kręci się wokół niego, może być dla niego dobrym przebudzeniem.) Problemy, jakie ma rodzeństwo bardzo różniące się wiekiem i jego rodzice, są inne od tych, które spotykają rodziny, w których różnica wieku między rodzeństwem jest mała. Na przykład starsze dzieci nie żałują tego, że nie mogą usiąść mamie na kolanach, ale tego, że nie zawsze może ona przyjść na szkolny mecz lub inne zajęcia, bo niemowlę właśnie wtedy ma porę drzemki. Dziecko w wieku szkolnym będzie dumne z nowego członka rodziny, a jednocześnie wyraźnie skrępowane (ma teraz dowód na to, że... rodzice uprawiają seks!). Różnica wieku komplikuje wiele spraw domowych, począwszy od tego, gdzie spożywane są posiłki (skazanie na wygnanie do restauracji „rodzinnych" wtedy, gdy starsze dziecko potrafi się już zachować w eleganckim lokalu), przez to, jakiej muzyki słucha się w samochodzie (najnowsze przeboje hiphopowe muszą ustąpić piosenkom dla przedszkolaków), na jakie filmy chodzi się do kina (filmy akcji kontra bajeczki) oraz gdzie spędza się wakacje (zamiast spływu kajakami rejs pod banderą Myszki Miki). Do tego dochodzą późnowieczorne rozterki: czy masz czekać, aż nastolatek wróci do domu, jeśli wiesz, że za godzinę musisz wstać na kolejne karmienie niemowlęcia?

Oto kilka rad, jak możesz pomóc starszemu dziecku (lub dzieciom) przyzwyczaić się do życia z młodszym rodzeństwem:

- Nie zapomnij o przygotowaniach. Pierworodny nie będzie wiedział wszystkiego o noworodkach tylko dlatego, że jest starszy i mądrzejszy. Poradnik dla starszego rodzeństwa, czy to w formie książki napisanej na jego poziomie, czy w postaci wizyt u małych dzieci przyjaciół, albo sięgnięcie pamięcią wstecz do jego lub jej własnych książeczek z dzieciństwa pomogą mu przygotować się na to, jakie niemowlęta są naprawdę.

- Bądź czujna. Starsze dziecko może w mniej oczywisty sposób pokazywać, że pragnie uwagi mamy lub taty. Ale to, że nie domaga się jej płaczem, nie oznacza, iż jej nie potrzebuje. Może wręcz teraz potrzebować was bardziej niż kiedykolwiek (choćby nie przyznało się do tego), gdy ma różne problemy związane ze szkołą, z grupą rówieśniczą i swoim dorastaniem. Dbaj o to, by spędzać czas tylko ze starszym dzieckiem, bez towarzystwa niemowlęcia. Zorganizuj opiekunkę dla maluszka, po czym weź pierworodnego na obiad do normalnej restauracji, idź z nim do kina, wesołego miasteczka lub hipermarketu, na kilka rundek minigolfa.

- Nie traktuj go jako minitaty czy minimamy. Poproszenie starszego dziecka, by od czasu do czasu przypilnowało niemowlęcia, w trakcie gdy ty skoczysz po zakupy albo na pocztę, jest w porządku, ale narażanie go, by pilnował malca w każdy sobotni wieczór – już nie. Opiekowanie się maluszkiem nie powinno być obowiązkiem wynikającym z faktu bycia starszym dzieckiem w domu. Jeśli chcesz, by częściej zajmował się braciszkiem lub siostrzyczką wieczorami, poproś go (nie rozkazuj) i zapłać przyjętą stawkę.

- Pozwól dziecku być dzieckiem. Nawet nastolatek nim jest i ma prawo tak się zachowywać. Bądź realistką.

jeżeli będziesz mu przypominać o zaletach bycia starszym oraz jeśli pochwalisz go za samodzielność (kiedy sam coś zrobi lub sam się pobawi) oraz cierpliwość (kiedy poczeka bez marudzenia, aż skończysz coś robić). Dobrze też, byś czasem stosowała zasadę zmiany ról, na przykład raz na jakiś czas powiedz maluszkowi (nawet gdyby starszy syn powątpiewał w jego możliwość zrozumienia czegokolwiek): „Teraz musisz poczekać chwilę na zmianę pieluchy, ponieważ dam starszemu braciszkowi coś do jedzenia" albo: „Nie mogę cię teraz wziąć na ręce, bo muszę ucałować twojego brata przed snem".

WIĘZI MIĘDZY RODZEŃSTWEM

Zastanawiam się, jak mogę pomóc mojemu starszemu dziecku nawiązać lepszy kontakt z małym braciszkiem.

Matki i ojcowie wytwarzają głęboką więź między sobą a dziećmi, sprawując nad nimi przez wiele godzin opiekę. Nie ma żadnych przeciwwskazań, dla których rodzeństwo nie mogłoby robić tego samego; pod czujną opieką dorosłych starsze rodzeństwo może wziąć udział w pielęgnacji niemowlaka i zadzierzgnąć w ten sposób bliższą więź z nowym członkiem rodziny. W zależności od wieku starszego dziecka może ono uczestniczyć w wielu czynnościach, jak na przykład:

Zmienianie pieluszek. Dziecko w wieku szkolnym może zmienić mokrą pieluszkę samo, jeśli mama albo tato są w pobliżu; przedszkolak może pomóc, przynosząc czystą pieluszkę, podając mamie oliwkę, przyklejając taśmę na pielusze jednorazowej czy zabawiając malucha podczas przewijania.

Karmienie. Jeżeli maluch pije z butelki, nawet całkiem małe dziecko może mu ją potrzymać. Gdy karmisz piersią, twój starszak nie zrobi tego za ciebie, ale może się do ciebie przytulić w czasie karmienia i poglądać albo poczytać książeczkę – albo pośpiewać braciszkowi.

Odbijanie. Nawet najmłodsze dziecko może delikatnie poklepywać plecki malucha, aby mu się odbiło po posiłku. Wszystkie dzieci, te mniejsze i te większe, uwielbiają efekt końcowy tego poklepywania.

Kąpanie. Kąpiel niemowlaka może być zabawą dla całej rodziny. Starsze dziecko może podawać mydło, ręcznik, polewać małe wodą (temperaturę musi sprawdzić dorosły) – ale nie po główce – lub zabawiać je śpiewem czy zabawkami. Jednak nie pozwól, aby rodzeństwo poniżej dwunastego roku życia choć na moment zostało samo w łazience z niemowlakiem w wanience.

Pilnowanie. Jeśli starsze rodzeństwo nie ma jeszcze kilkunastu lat, nie może pozostać samo w domu z niemowlakiem (nigdy nie zostawiaj przedszkolaka samego z niemowlakiem), ale może cię zastępować, jeśli jesteś gdzieś w pobliżu. Większość niemowląt uwielbia przebywać ze starszymi dziećmi, co z kolei mile łechce próżność kilkuletnich starszaków.

KIEDY WOJNA WISI W POWIETRZU

Moja córeczka była bardzo kochającą siostrzyczką, kiedy urodził się jej mały braciszek. Od czasu gdy zaczął raczkować i dobierać się do jej zabawek, nagle przestała go lubić.

Dla większości dzieci niemowlak nie przedstawia większego zagrożenia. Jest całkowicie bezradny, praktycznie cały czas leży tam, gdzie go mama położyła, nie jest w stanie sięgnąć do książek czy przeszkadzać w przyjęciu dla lalek. Ale niech no tylko minie kilka miesięcy, nauczy się chwytać, przemieszczać z miejsca na miejsce (pełzając lub raczkując) i jeszcze paru innych rzeczy, wtedy życie z maluchem nie jest już taką idyllą. Nawet starsze dzieci, które kochają, a przynajmniej kochały do tego momentu swoje młodsze rodzeństwo, mogą nagle zacząć okazywać im wrogie uczucia. I naprawdę nie możesz brać im tego za złe – mały barbarzyńca zaatakował ich terytorium, plądrując piórniki, niszcząc książki i rabując lalki.

W obronie swego królestwa starsze dzieci często zaczynają wrzeszczeć, uderzać, popychać i przewracać małe. Czasami starsze rodzeństwo ma mieszane uczucia miłości i agresji naraz: coś, co zaczyna się jako przyjazny uścisk, kończy się tym, że braciszek lub siostrzyczka leżą zapłakani na podłodze. Takie zajście najlepiej odzwierciedla to, co dzieje się w sercu starszego dziecka. Jako opiekun masz do spełnienia zadanie przypominające stopniem trudności balansowanie na linie zawieszonej na wysokości dziesięciu pięter – musisz ochronić młodsze dziecko bez karania starszego. Chociaż powinnaś postawić sprawę jasno w rozmowie ze starszym, że jego zachowanie było naganne i nie wolno mu robić krzywdy maluchowi, z drugiej strony nie możesz nie wyrazić zrozumienia i współczucia z powodu kłopotów i frustracji, jakie przeżywa za sprawą młodszego brata czy siostry. Spróbuj tak zorganizować czas dzieciom, żeby starsze mogło pobawić się samo (kiedy maluch śpi, siedzi w kojcu lub zajmuje się sobą). Zwłaszcza gdy do starszego przychodzą goście, uszanuj jego prawo do prywatności i przypilnuj małego, aby zrobił to samo (w razie potrzeby zabierając go z miejsca akcji). Nie pozwól maluchowi zabierać ani niszczyć zabawek starszego dziecka, nigdy nie używaj argumentu „daj mu, on jest jeszcze taki mały". Jeśli jednak twoje starsze dziecko samo dojdzie do takiej dojrzałej decyzji i odda młodszemu zabawkę, nie szczędź mu pochwał.

Wkrótce role się odwrócą. Mały braciszek, zmęczony ciągłymi zakazami i szturchańcami, sam przejdzie do rękoczynów (popychanie, ciąganie za włosy, gryzienie). Najczęściej następuje to, zanim mały skończy roczek. Potem czeka cię kilka lat, gdy twoje dzieci będą odczuwały do siebie nawzajem mieszaninę miłości i nienawiści. W tym czasie będziesz się czuła bardziej jak sędzia niż jak matka, ponadto twoja cierpliwość i pomysłowość będą wystawione na ciągłe próby. Na szczęście nie zabraknie również pogodnych chwil i one pozwolą ci przetrwać ten okres.

Część 4

WSKAZÓWKI PRAKTYCZNE

Pierwsze przepisy dla niemowlęcia

Od czterech do ośmiu miesięcy

RÓŻNE WARZYWA NA PARZE

Porcja na 1–2 kubki, w zależności od warzyw

> 1 ziemniak lub patat;
> 3–5 marchewek;
> 1 kubek fasolki szparagowej lub łuskanego groszku – dobrze wyszorowanego lub opłukanego;
> woda, mieszanka, mleko odciągnięte z piersi (według uznania).

1. Obierz ziemniaki i marchew, pokrój na niewielkie kawałki lub plasterki. Obetnij końce strączków fasolki, przekrój na pół. Do średniej wielkości garnka wlej wodę na wysokość 2,5 cm, zagotuj na dużym ogniu.
2. Włóż warzywa do sita do gotowania na parze, umieść sitko w garnku – nie powinno być zanurzone w wodzie. Przykryj garnek.
3. Zmniejsz ogień, gotuj warzywa na parze, aż do miękkości: marchew, fasolkę i groszek; 7–10 minut, ziemniaki 15–20 minut.
4. Mniejszym dzieciom rozdrobnij warzywa mikserem i ewentualnie rozcieńcz je kilkoma łyżeczkami wody, mieszanki lub mleka z piersi. Starszemu dziecku rozgnieć warzywa widelcem, zostawiając mu do przeżucia małe miękkie kawałeczki.
5. Pozostałe jedzenie możesz przechowywać w zamkniętym pojemniku do 2 dni w lodówce lub do 2 miesięcy w zamrażarce.

Mała rada

Po wprowadzeniu różnych warzyw osobno, zacznij je łączyć w dwu- lub więcejskładnikową mieszankę.

RÓŻNE OWOCE DUSZONE

Porcja na 1–2 kubki, w zależności od owoców

> 2 świeże jabłka, gruszki, brzoskwinie lub śliwki lub 3 do 5 moreli;
> woda, sok jabłkowy lub z białych winogron, mleko z piersi albo mieszanka mleczna (według uznania).

1. Do średniej wielkości garnka nalej wodę na wysokość 2,5 cm, zagotuj na dużym ogniu.

Mała rada

Większość owoców, szczególnie obranych, ma naturalny słodki smak. Jeśli owocowe purée po skosztowaniu wydaje ci się trochę za cierpkie, dodaj odrobinę soku jabłkowego lub winogronowego albo koncentrat owocowy. Ale pamiętaj, że niemowlęta nie wyrobiły sobie jeszcze apetytu na słodycze i lepiej, by tak pozostało. Nie słódź więc mocno owoców.

> ## Mała rada
>
> Nie masz czasu na przygotowywanie porcji warzyw na parze albo duszonych owoców każdego dnia? Nie ma sprawy: możesz zamrozić rozdrobnione warzywa i owoce, a nawet gotowe dania w pojemniczkach na lód. Gdy zamarzną, przełóż tyle, ile wystarczy na pojedyncze porcje, do osobnych woreczków i przechowuj do 2 miesięcy w zamrażarce. Rozmrażaj jedną kostkę naraz (wstawiając ją na noc do lodówki), aby jak najmniej się zmarnowało. Jedna kostka to mniej więcej tyle co jedna łyżeczka dania; w zależności od wieku i apetytu dziecka, będzie jednorazowo jadło od jednej do czterech kostek. Nie trzeba dania podgrzewać przed karmieniem (po rozmrożeniu), chyba że dziecko woli ciepłe jedzenie.

2. Owoce – obrane, wydrążone lub drylowane – pokrój na kawałki. Włóż do garnka, przykryj i zmniejsz ogień, gotuj, aż staną się miękkie, ok. 7–10 minut.
3. Mniejszym dzieciom rozdrobnij owoce mikserem i ewentualnie rozcieńcz kilkoma łyżeczkami wody, mieszanki lub mleka z piersi. Starszemu dziecku rozgnieć owoce widelcem, zostawiając mu do przeżucia małe miękkie kawałeczki.
4. Pozostałe jedzenie możesz przechowywać w zamkniętym pojemniku do 2 dni w lodówce lub do 2 miesięcy w zamrażarce.

OD SZEŚCIU DO DWUNASTU MIESIĘCY

GULASZ Z SOCZEWICY

Porcja na około 1/2 kubka

30 g (ok. pół kubka) suszonej soczewicy;
1 mały ziemniak, starannie wyszorowany, obrany i pokrojony w kostkę;
1/2 łyżeczki soku pomidorowego (po wprowadzeniu pomidorów) lub rosołu warzywnego (albo z kury) o niskiej zawartości sodu;
1 mała marchewka, starannie wyszorowana, obrana i pokrojona w plasterki.

1. Włóż wszystkie składniki do rondelka i nalej tylko tyle wody, by przykryła warzywa.
2. Zagotuj na dużym ogniu, następnie zmniejsz ogień i duś tak długo, aż cała woda zostanie wchłonięta przez warzywa, czyli ok. 30 minut.
3. Rozdrobnij gulasz i marchewki mikserem lub robotem kuchennym albo rozgnieć widelcem.
4. Pozostałe jedzenie możesz przechowywać w zamkniętym pojemniku do 2 dni w lodówce lub do 2 miesięcy w zamrażarce.

PIERWSZA ZAPIEKANKA DLA NIEMOWLĘCIA

Przepis na 4 – 6 porcji

1 łyżeczka oliwy z oliwek;
1/2 małej cebuli, obranej i posiekanej;
1 mały ziemniak, starannie wyszorowany, obrany i pokrojony na małe kawałeczki;
1 marchewka, starannie wyszorowana, obrana i pokrojona na plasterki;
1/4 kubka suszonej soczewicy;
1/4 kubka suszonej fasoli: jasiek, perłowej lub kidney, krótko namoczonej (patrz: *Uwaga*);
1 1/2 kubka bulionu warzywnego o niskiej zawartości sodu.

1. Podgrzej piekarnik do temperatury 170°C.
2. Rozgrzej oliwę z oliwek w małym rondelku, na małym ogniu, dodaj cebulę i podsmażaj, aż się zeszkli, ok. 3–5 minut.
3. Włóż cebulę do naczynia żaroodpornego, dodaj pozostałe składniki, przykryj i zapiekaj tak długo, aż soczewica i fasola staną się

miękkie, czyli około godziny. Dla mniejszego dziecka zrób purée z fasoli i warzyw.
4. Pozostałe jedzenie możesz przechowywać w zamkniętym pojemniku do 3 dni w lodówce.
Uwaga: Aby szybko namoczyć fasolę, włóż ją do garnka, zalej dwoma kubkami wody i zagotuj na dużym ogniu. Następnie ściągnij garnek z kuchenki, przykryj i poczekaj godzinę. Następnie odsącz wodę i gotuj według przepisu.

OD OŚMIU DO DWUNASTU MIESIĘCY

MAKARON Z POMIDOREM I SEREM

Nim podasz to danie, zapytaj lekarza, czy dziecko może już dostać pomidory i produkty z mąki pszennej.

Przepis średnio na 2 porcje

60 g drobnego makaronu;
1/2 łyżeczki oliwy z oliwek;
1 duży surowy pomidor, starannie wyszorowany, obrany ze skórki, pozbawiony gniazd nasiennych, drobno posiekany;
1/4 kubka startego niskotłuszczowego sera cheddar;
1 łyżka stołowa białego sera.

1. Zagotuj wodę w garnku na dużym ogniu, wrzuć makaron, zmniejsz ogień na średni i gotuj, aż makaron stanie się miękki (nie al dente). Odsącz, odstaw na bok.
2. Rozgrzej olej w rondlu na małym ogniu, dodaj pomidory i podgrzewaj, aż staną się bardzo miękkie, czyli ok. 2 minut. Następnie zdejmij rondel z ognia, dodaj ser i mieszaj, aż się rozpuści.
3. Polej makaron sosem i ostudź przed podaniem.
4. Pozostałe jedzenie możesz przechowywać w zamkniętym pojemniku do 2 dni w lodówce.

PIERWSZE DANIE Z INDYKA

Przepis na 1–2 porcje

1 średniej wielkości kawałek ugotowanego indyka, drobno pokrojony;
1 łyżeczka wody;
1/8 kubka czystego sosu żurawinowego.

1. Włóż mięso z indyka do pojemnika miksera lub robota kuchennego, dodaj wodę, następnie rozdrobnij do uzyskania pożądanej konsystencji (purée dla młodszych, kawałeczki dla starszych).
2. Podaj wymieszane z sosem żurawinowym.

CHLEB JAJECZNY

Nim podasz to danie, zapytaj lekarza, czy dziecko może już dostać żółtko i produkty z mąki pszennej.

Przepis na 1–2 porcje

1 ubite jajko (weź dwa żółtka, jeśli jeszcze nie wprowadziłaś białek);
1 kromka chleba z pełnej mąki pszennej;
1/2 łyżeczki oleju rzepakowego.

1. Ubij jajka w dużej misce, namocz w nich chleb, obracając z obu stron, tak aby obie były nasączone, a jajko całe wchłonięte.
2. Podgrzej olej na nieprzywierającej patelni, na średnim ogniu.
3. Połóż chleb na patelni, podsmażaj, aż zarumieni się z obu stron, czyli ok. 5 minut.
4. Pokrój go na małe kawałeczki, ewentualnie usuwając skórkę, podawaj na ciepło.

FRANCUSKIE TOSTY Z SEREM

Nim podasz to danie, zapytaj lekarza, czy dziecko może już dostać żółtko i produkty z mąki pszennej.

Przepis na 1–2 porcje

> 1 jajko (weź dwa żółtka, jeśli jeszcze nie wprowadziłaś białek);
> 1/4 kubka mleka z piersi lub mieszanki;
> 1 plasterek (ok. 28 g) sera szwajcarskiego lub cheddar;
> 1 kromka pełnoziarnistego chleba przekrojona na pół;
> tłuszcz roślinny do nasmarowania blachy.

1. Ubij lekko jajko i mleko w dużej misce.
2. Przełóż 2 kawałki chleba serem. Trzymając chleb szczypcami, namocz w jajku z mlekiem, obracając kilkakrotnie, aż cały płyn wsiąknie.
3. Rozgrzej mocno natłuszczoną blachę lub patelnię teflonową. Następnie zmniejsz płomień, połóż kanapkę, podsmażaj, aż zarumieni się z obu stron, czyli ok. 5 minut, pokrój ją na małe kawałeczki, ewentualnie usuwając skórkę, podawaj na ciepło.
4. Danie to należy podawać tego samego dnia, w którym zostało przygotowane. Resztki przechowuj zawinięte w folię aluminiową na późniejszą przekąskę lub kolejny posiłek. Można je podgrzać w tosterze rozgrzanym do temperatury 160°C.

FRANCUSKIE TOSTY Z BANANEM

Nim podasz to danie, zapytaj lekarza, czy dziecko może już dostać produkty z mąki pszennej, żółtka i cytrusy.

Przepis na 1–2 porcje

> 1 jajko (weź dwa żółtka, jeśli jeszcze nie wprowadziłaś białek);
> 2 łyżki koncentratu soku pomarańczowego (lub więcej soku jabłkowego, jeśli jeszcze nie wprowadziłaś cytrusów);
> 2 łyżki koncentratu soku jabłkowego;
> 0,5 rozgniecionego małego banana;
> 1/4 kubka mleka z piersi lub mieszanki;
> 2 kromki chleba z pełnej mąki pszennej;
> tłuszcz roślinny do nasmarowania blachy.

1. Wymieszaj w misce jajka, skoncentrowane soki, banana i mleko, a następnie miksuj do uzyskania jednolitej masy.
2. Nasącz chleb w tej mieszance, odwracając go kilkakrotnie szczypcami, aż cała w niego wsiąknie.
3. Na patelni lub blasze rozgrzej mocno tłuszcz. Zmniejsz płomień, włóż na patelnię chleb i piecz przez ok. 5 min., aż się zarumieni. Następnie pokrój go na małe kawałeczki, ewentualnie usuwając skórkę, podawaj na ciepło.
4. Danie to najlepiej podawać tego samego dnia, w którym zostało przygotowane. Resztki przechowuj zawinięte w folię aluminiową przez dwa dni w lodówce lub do miesiąca w zamrażarce. Po rozmrożeniu można je podgrzać w tosterze rozgrzanym do temperatury 160°C.

WESOŁE PALUSZKI

Nim podasz to danie, zapytaj lekarza, czy dziecko może już dostawać produkty z mąki pszennej.

Przepis na 1–2 porcje

> tłuszcz roślinny do nasmarowania blachy;
> 1 mały kawałek (długości 10 cm i szerokości 5 cm) świeżego fileta rybnego, np. z soli, flądry, dorsza, lub piersi kurczaka bez kości, lub tofu;
> 1/4 kubka bułki tartej (patrz: *Uwaga*);
> 1 łyżka startego parmezanu (według uznania);
> 1/2 łyżeczki majonezu.

1. Nagrzej piekarnik do 175°C. Rozgrzej tłuszcz na małej blasze do pieczenia, odstaw.
2. Potnij rybę (wybierając dokładnie ości) lub kurczaka na 1,5 cm paski.
3. Połącz tartą bułkę i starty ser. Dokładnie wymieszaj.
4. Posmaruj majonezem paski ryby, kurczaka lub tofu, otocz je w panierce.

Doskonałe przekąski do małych rączek

Dziecko może samo zajadać następujące przekąski:

- Cheerios lub inne pełnoziarniste płatki śniadaniowe o małej zawartości cukru
- Pokrojone w paseczki tosty z pieczywa pełnoziarnistego
- Ciasteczka ryżowe
- Krakersy grahamowe (najlepiej słodzone sokiem)
- Nie solone paluszki i precelki
- Rogaliki (kilkudniowe, najlepiej pełnoziarniste)
- Kawałeczki żółtego sera
- Tarty żółty ser
- Bardzo dojrzałe, obrane i pokrojone gruszki, brzoskwinie, śliwki, awokado, mango
- Banan pokrojony w plasterki
- Groszek rozgnieciony widelcem
- Różne rodzaje fasoli, ugotowane i rozgniecione widelcem
- Małe kuleczki mięsne (z mielonego mięsa czerwonego lub kurczaka), ugotowane w rosole, by nie były chrupiące.

5. Ułóż paski na nasmarowanej tłuszczem blasze. Piecz przez 5 minut, odwróć i piecz przez kolejne 5 minut.
6. Resztki przechowuj zawinięte w folię aluminiową do 2 dni w lodówce.

Uwaga: Możesz sama zrobić bułkę tartą: przygotuj tosty z chleba z pszennej mąki z pełnego ziarna, podziel na kawałeczki, po czym rozdrobnij mikserem. Można ją przechowywać w szczelnym pojemniku do 3 dni.

DESER OWOCOWY

Wybieraj tylko te owoce, na które lekarz wyraził zgodę.

Przepis na 1–2 porcje

> 1/4 kubka świeżych owoców, na przykład dojrzałe banany, kantalupa, brzoskwinie i/lub truskawki;
> 1/4 kubka pełnomlecznego jogurtu;
> 1 łyżeczka zaprawy owocowej;
> krążki owsiane (np. Cheerios).

1. W zależności od tego, jakie wybrałaś owoce, wyszoruj je lub starannie opłucz przed obraniem ze skórki. Usuń szypułki z truskawek.
2. Owoce posiekaj drobniutko, w zależności od wieku dziecka. Ułóż kawałeczki na małym talerzyku, polej jogurtem, następnie zaprawą, a na koniec posyp krążkami owsianymi.

3. Tę potrawę najlepiej podawać od razu. Przechowuj resztki w zamykanym pojemniku w lodówce do podania później tego samego dnia jako przekąskę lub danie.

KOSTKI JABŁKOWO-ŻURAWINOWE

Przepis na 4 porcje

> 1 łyżka żelatyny bezsmakowej;
> 1/4 kubka wody
> 1 1/2 kubka nie słodzonego soku jabłkowo-żurawinowego lub soku o innym smaku;
> 1/4 kubka koncentratu soku jabłkowego.

1. Rozpuść żelatynę w wodzie i odstaw na minutę, aż zmięknie.
2. Tymczasem w małym rondelku zagotuj sok jabłkowo-żurawinowy. Ściągnij z ognia, dolej sok do żelatyny i dokładnie wymieszaj, aż żelatyna się rozpuści. Dolej koncentrat soku jabłkowego. Wlej mieszankę do kwadratowej formy 20 × 20 cm i schłódź, aż się zetnie. Pokrój w kostki i podaj w szklanych miseczkach deserowych.
3. Resztki przechowuj w lodówce w zamkniętym pojemniku do 4 dni.

GALARETKA BANANOWO-POMARAŃCZOWA

Danie to możesz podać, jeśli cytrusy są już wprowadzone do diety dziecka.

Przepis na 4 porcje

    1 łyżka żelatyny bezsmakowej;
    1/4 kubka wody;
    1 kubek świeżego soku pomarańczowego;
    1/2 kubka skoncentrowanego soku bananowo-pomarańczowego;
    1 mały dojrzały banan pokrojony w plasterki.

1. Rozpuść w rondelku żelatynę w wodzie, odstaw na 1 minutę, aż zmięknie.
2. W tym czasie w małym rondelku zagotuj na średnim ogniu sok pomarańczowy i skoncentrowany sok bananowo-pomarańczowy. Zdejmij rondelek z ognia, połącz z żelatyną i wymieszaj, aż żelatyna się całkowicie rozpuści.
3. Wlej połowę mieszanki do formy do pieczenia o wymiarach 20 × 20 cm, włóż do lodówki i schłódź, aż się zetnie (ok. 10 minut). Ułóż warstwę z plasterków banana i przykryj resztą masy. Zostaw w lodówce, aż stężeje.
4. Resztki przechowuj w lodówce w zamkniętym pojemniku do 4 dni.

MROŻONY JOGURT BRZOSKWINIOWY

Przepis na 4 porcje

    2 kubki jogurtu z pełnego mleka;
    1 kubek obranych i pokrojonych w plastry brzoskwiń;
    1/4 kubka koncentratu soku jabłkowego.

1. Zmiksuj połączone składniki w jedną całość.
2. Wlej masę do formy 20 × 20 cm i zamroź, aż zgęstnieje. Przełóż zawartość foremki do miski i ubijaj, aż masa stanie się puszysta.

Proste pomysły na obiad

- Omlet serowy albo jajecznica (używaj tylko żółtek do czasu wprowadzenia białek)
- Czysty jogurt pełnomleczny wymieszany z purée owocowym albo świeżymi, pokrojonymi owocami
- Ser stopiony na chlebie z mąki pszennej z pełnego ziarna
- Biały ser i kawałeczki melona
- Wegetariański hamburger (dokładnie sprawdź, czy nie ma w nim składników nie wprowadzonych jeszcze do diety dziecka)
- Pełnoziarnista pita z rozgniecionym tuńczykiem z puszki
- Mrożone, odgrzane na parze warzywa polane roztopionym żółtym serem

---

Powtórz czynności (mrożenie i ubijanie) raz lub dwa razy. Zamroź, aż uzyskasz właściwą konsystencję. Jeśli deser będzie zbyt mocno zmrożony, pozwól, by odtajał. Nakładaj porcje łyżką.

PIERWSZE CIASTO URODZINOWE

Dziecko roczne zwykle już je białka jajek i produkty z mąki pszennej. Jeśli nie, zachowaj przepis na drugie urodziny albo na inną okazję.

Porcja na 1 ciasto dwuwarstwowe o wymiarach 22 × 22 cm

    tłuszcz do nasmarowania blachy;
    2 1/2 kubka pokrojonych w cienkie plasterki marchewek;
    około 2 1/2 kubka koncentratu soku jabłkowego;
    1 1/2 kubka rodzynek;
    2 kubki mąki pełnopszennej;
    1/2 kubka kiełków pszenicy;
    2 łyżki niskosodowego proszku do pieczenia;
    1 łyżka mielonego cynamonu;
    1/4 kubka oleju roślinnego;

2 całe jajka;
4 białka;
1 łyżka olejku waniliowego;
polewa serowa (zob. następny przepis).

1. Rozgrzej piekarnik do 175°C. Wyłóż 2 kwadratowe blachy (22 × 22 cm) natłuszczonym pergaminem, odstaw na bok.
2. Połącz w rondlu marchewki z 1 kubkiem i 2 łyżkami koncentratu. Zagotuj, zmniejsz płomień i gotuj pod przykryciem, aż zmiękną marchewki (ok. 15–20 min.) Zmiksuj na jednolitą masę. Dodaj rodzynki i zmiksuj, aż będą zupełnie rozgniecione. Odstaw do wystygnięcia.
3. Połącz mąkę, kiełki, proszek do pieczenia i cynamon w dużej misce. Dodaj 1 1/4 kubka pozostałego soku, olej, jajka, białka i wanilię. Ubijaj, aż wszystkie składniki się połączą. Dodaj purée marchewkowe i mus jabłkowy. Wlej ciasto do foremek.
4. Piecz ok. 35–40 min., aż wbity w środek nóż będzie czysty. Gdy ciasto przestygnie, wyłóż je z foremek i odstaw do całkowitego wystygnięcia.
5. Kiedy ostygnie, udekoruj polewą (patrz przepis niżej). Połóż warstwę górną częścią do góry, polej polewą, następnie nałóż drugą warstwę, znowu polej; wykorzystaj resztę polewy do udekorowania boków ciasta.
6. Nie zjedzone ciasto przechowuj w lodówce w zamkniętym pojemniku do 2 dni.

POLEWA SEROWA

Porcja na 1 ciasto

1/2 kubka koncentratu soku jabłkowego;
45 dag chudego sera kremowego w temperaturze pokojowej;
2 łyżeczki aromatu waniliowego;
1/2 kubki drobno posiekanych rodzynek;
1 1/2 łyżeczki bezsmakowej żelatyny.

1. Odlej 2 łyżki soku. Pozostały sok zmiksuj z serem, wanilią i rodzynkami. Przełóż do miski, odstaw na bok.
2. Wymieszaj żelatynę z 2 łyżkami skoncentrowanego soku w małym rondelku, odstaw na 1 minutę, aż zmięknie. Zagotuj i mieszaj, aż się rozpuści.
3. Ubij żelatynę z masą serową. Schłodź w lodówce, aż polewa zacznie się ścinać (ok. 30–60 minut). Polej ciasto.

Powszechnie stosowane domowe środki zaradcze w czasie choroby

Aby udrożnić drogi oddechowe dziecka, lekarz zaleci ci używanie specjalnej gruszki do nosa. Kiedy indziej dowiesz się, że najlepszym środkiem na oparzenia są zimne okłady, a gorąca para wodna to idealny sposób na złagodzenie zapalenia gardła. Jak jednak usunąć gruszką wydzielinę z noska? Jak przygotować napar, by złagodził zapalenie oskrzeli? Poniżej znajdziesz opis prostych sposobów postępowania w czasie choroby w warunkach domowych.

CHŁODNE OKŁADY

Napełnij pojemnik zimną wodą z kranu i zamocz w nim ręcznik. Odciśnij wodę i przyłóż do chorego miejsca. Powtórz czynność, gdy ręcznik się ogrzeje.

CIEPŁE OKŁADY

Napełnij pojemnik ciepłą, lecz nie gorącą wodą, zamocz w niej czysty ręcznik i po odciśnięciu, stosując się do instrukcji lekarza, przykładaj do chorego miejsca.

CZĘSTSZE PODAWANIE PŁYNÓW

Dziecko, które karmione jest wyłącznie piersią, powinno dostawać pokarm częściej. Dziecku karmionemu butelką powinno się podawać dodatkową porcję mieszanki. Między posiłkami należy podać dziecku wodę lub rozcieńczony sok. Nie zmuszaj malca do picia, chyba że takie jest zalecenie lekarza. Jeśli dziecko wymiotuje, lepiej podawać płyn częściej, lecz w niewielkich ilościach, niż dawać jednorazowo duże porcje (spójrz na płyny wskazane w poszczególnych chorobach).

GORĄCE KĄPIELE

Napełnij pojemnik wodą o takiej temperaturze, by dawała przyjemne uczucie ciepła. Zanim zanurzysz chore miejsce w wodzie, wewnętrzną stroną nadgarstka (nie dłonią) sprawdź jej temperaturę. Nigdy nie wkładaj dziecka do wody, zanim upewnisz się, że ma odpowiednią temperaturę.

GORĄCE OKŁADY

Patrz „ciepłe okłady". Dzieciom nie stosuje się kompresów gorących.

GRUSZKA DO NOSA

Trzymając dziecko w pozycji pionowej, czubek ściśniętej w dłoni gruszki wkładamy do nosa, a następnie zwalniamy ucisk (patrz str. 491). Jeśli wydzielina jest zaschnięta i zatyka nos, można rozpuścić ją słoną wodą (patrz poniżej) i ponownie próbować usunąć za pomocą gruszki.

LÓD

Przechowuj lód w zamrażalniku, w plastykowej torebce lub w specjalnych woreczkach do lodu.

NAWILŻACZ POWIETRZA

Patrz „Para wodna".

PARA WODNA

Stosując nawilżacze powietrza lub elektryczne rozpylacze pary, pamiętaj, by urządzenia te nie znajdowały się w zasięgu ręki dziecka. Pojemnik z parującą wodą lub czajnik można ustawić w dowolnym miejscu w pokoju, w którym leży dziecko, lecz tak, by malec nie miał do nich dostępu*. Szybkim i skutecznym sposobem terapii parowej w przypadku suchego kaszlu i krupu (patrz str. 694) jest napuszczenie gorącej wody do wanny i pozostanie z dzieckiem w zaparowanej, zamkniętej łazience do czasu, aż kaszel ustąpi.

PODUSZKA ELEKTRYCZNA

Termofor, który nie ma przewodów elektrycznych i urządzenia do regulacji temperatury, jest znacznie bezpieczniejszy dla dziecka. Jeśli jednak używasz poduszki, zapoznaj się dokładnie z instrukcją obsługi i upewnij, że mechanizm jest całkowicie pokryty materiałem. Nastawiaj termostat na niskie temperatury i używaj nie dłużej niż przez 15 minut jednorazowo. Nie zostawiaj w tym czasie dziecka bez opieki.

PRZEMYWANIE OCZU

Do przemywania oczu należy używać wody ciepłej, nie gorącej (temperaturę wody sprawdzamy wewnętrzną stroną nadgarstka lub łokciem), w której moczymy ściereczkę. Przykładamy do oczu dziecka przez 5–10 minut. Czynność powtarzamy co trzy godziny.

TERMOFOR

Napełnij termofor ciepłą wodą i zanim zaczniesz ogrzewać dziecko, owiń go w ręcznik lub pieluszkę z tetry.

ZAKRAPLANIE SŁONĄ WODĄ

Chociaż słony roztwór wodny można przygotować samemu (1/8 łyżeczki soli na pół szklanki przegotowanej, letniej wody), solanki sprzedawane w aptekach są bezpieczniejsze. Zakraplaczem zapuszczamy po dwie krople roztworu do każdego przewodu nosowego. Po 5–10 minutach próbujemy za pomocą gruszki usunąć śluz z noska. Słonych roztworów wodnych oraz innych kropli do nosa nie powinno używać się dłużej niż przez trzy dni. Stosowanie ich przez dłuższy okres może pogłębić niedrożność.

---

* Ponieważ nawilżacze powietrza mogą być siedliskiem bakterii, po każdorazowym użyciu należy te urządzenia przemywać. Zaleca się, by zbiornik na wodę umyć zwykłym płynem do naczyń, a następnie spłukać roztworem chloru (np. środkiem do wybielania tkanin). Każde kolejne użycie wymaga świeżej wody. Nawilżacze powietrza mogą rozpylać bakterie w powietrzu, w przypadku rozpylaczy pary taka groźba nie istnieje, ale są one z kolei potencjalnym źródłem poparzeń. Najlepsze są urządzenia ultradźwiękowe, gdyż nie rozsiewają zarazków. Ponieważ jednak rozpylają w wodzie zarówno bakterie, pleśń, jak i minerały, nie powinno się ich napełniać wodą z kranu, lecz wodą destylowaną, pozbawioną składników mineralnych. Związki mineralne emitowane przez rozpylacz mogą zostać wchłonięte do płuc i przyczynić się do powstania chorób układu oddechowego.

ZIMNE KĄPIELE

Napełnij pojemnik zimną wodą i włóż do niego kilkanaście kostek lodu. Zanurzaj w wodzie chorą część ciała przez około 30 minut. Nie kładź lodu bezpośrednio na skórę dziecka.

ZIMNE OKŁADY

Napełnij pojemnik zimną wodą z kranu i włóż do niego kilkanaście kostek lodu. Zanurz w wodzie czystą ściereczkę, odciśnij i przyłóż do chorego miejsca. Gdy ściereczka ogrzeje się, zanurz ją ponownie w zimnej wodzie.

Najczęstsze choroby wieku dziecięcego

Choć zwykle lekarz jest tą osobą, która rozpoznaje chorobę u dziecka, informacje w poniższej tabeli mogą pomóc rodzicom stwierdzić, na co dziecko jest chore, i przygotować się do wizyty w gabinecie lekarskim. Objawy przedstawiono w typowej kolejności ich pojawiania się w trakcie choroby, natomiast objawy skórne zamieszczone są w oddzielnej rubryce, aby można je było łatwo i szybko porównać. Pamiętaj, że nie każde dziecko choruje książkowo – objawy czasem są różne, podobnie jak różny bywa czas trwania choroby.

Szczegółowe omówienie leczenia danych objawów (na przykład kaszlu, biegunki lub świądu) bądź radzenia sobie z wysoką gorączką nie zostało tu umieszczone, aby uniknąć powtórzeń. Informacje na temat tego, jak leczyć objawy, znajdują się na stronie 482, a jak leczyć gorączkę – na stronie 506.

Warto pamiętać o jeszcze jednej rzeczy: nawet jeśli w tabeli tej znajdziesz wszystko, co chciałabyś wiedzieć o danej chorobie wieku dziecięcego, nic nie zastąpi porady medycznej. Z chorym dzieckiem koniecznie udaj się do lekarza.

Choroba/okres występowania/ /podatność	Objawy Brak wysypki (cyfra wskazuje kolejność występowania)	Wysypka
BRONCHIOLITIS (zapalenie oskrzelików) **Okres występowania:** RSV (wirus śródmiąższowego zapalenia układu oddechowego), zima i wiosna, wirusy paragrypy (PIV), lato i jesień. **Podatność:** Największa u dzieci poniżej 2 roku życia, szczególnie poniżej 6 miesięcy, lub z obciążonym wywiadem alergicznym.	**Objawy ogólne:** 1. Objawy przeziębienia. 2. Kilka dni później: szybki, płytki oddech, silny kaszel, świst podczas wydechu, niewysoka gorączka przez 3 dni. Czasami: Wydaje się, że klatka piersiowa nie unosi się przy wdechu, bladość lub zasinienie.	**Objawy skórne:** Brak
CHOROBA BRUDNYCH RĄK (wysiękowe zapalenie jamy ustnej) **Okres występowania:** Lato i jesień. **Podatność:** Największa u niemowląt i małych dzieci.	**Objawy ogólne:** 1. Gorączka, utrata apetytu. Często: ból gardła i jamy ustnej (dyskomfort w trakcie karmienia), trudności w połykaniu.	**Objawy skórne:** 2. Za 2 lub 3 dni: uszkodzenia śluzówki jamy ustnej, następnie na palcach, stopach, pośladkach, czasami ramionach, nogach, rzadziej twarzy. Rany ust najczęściej krwawią.
CHOROBA Z LYME – borelioza (*Borrelia burgdorferi*) **Okres występowania:** Początek maja–koniec listopada, największa zapadalność w czerwcu i lipcu. **Podatność:** Każdy (dorośli i dzieci).	**Objawy ogólne:** 1. lub 2. Często: okresowo lub zmiennie gorączka, złe samopoczucie, ból głowy, ogólna słabość. Czasami w miarę rozprzestrzeniania się choroby: ból głowy, zmęczenie, bóle, obejmuje ona układ nerwowy. 3. Późne fazy choroby, przy braku leczenia: przewlekłe zapalenie stawów, szczególnie kolanowych, dalsze opanowanie przez chorobę układu nerwowego, rzadko uszkodzenia serca.	**Objawy skórne:** 1. Najczęściej, choć nie zawsze: czerwona wysypka o kształcie wolego oka w okolicy ukąszenia przez kleszcza, zwykle powiększająca się i po kilku dniach tworząca większą czerwoną wysypkę. 2. Czasami: jeśli choroba się rozprzestrzenia, pojawiają się liczne wysypki, podobne, lecz często mniejsze od pierwotnych.
GRYPA **Okres występowania:** Występuje częściej w zimowe miesiące, często w epidemiach. **Podatność:** Każdy (dorośli i dzieci).	**Objawy ogólne:** Czasami żadne z przytoczonych. 1. Zwykle: nagłe wystąpienie gorączki (39-40°C), dreszcze, złe samopoczucie, suchy kaszel, biegunka, wymioty. 2. Często po 3-4 dniach: objawy przeziębienia. *Mogą to być (okresowe lub zmienne):* gorączka, ogólne złe samopoczucie, ból głowy, lekkie uczucie sztywności w karku, obolałość.	**Objawy skórne:** Brak.

Przyczyna/drogi zakażenia/ /czas wylęgania/czas trwania	Kiedy wezwać lekarza/ /postępowanie/dieta	Zapobieganie/nawroty/ /powikłania
Przyczyny: Różne wirusy, najczęściej RSV. **Drogi zakażenia:** Zwykle przez wydzieliny dróg oddechowych, bezpośrednio lub na przedmiotach domowego użytku. **Czas wylęgania:** Zależy od przyczyny, zwykle 2-8 dni. **Czas trwania:** Faza ostra może trwać tylko 3 dni, kaszel 1-3 tygodnie lub dłużej.	**Natychmiast wezwij lekarza lub udaj się na pogotowie.** **Postępowanie:** Lek na rozszerzenie oskrzeli. Jeśli nie pomoże, leczenie szpitalne. **Dieta:** Częste, niewielkie posiłki (jeśli można podawać pokarmy doustnie).	**Zapobieganie:** Staranne mycie rąk, ograniczenie kontaktu z dziećmi wysokiego ryzyka. W przypadku niemowląt z grupy wysokiego ryzyka comiesięczne zastrzyki zmniejszają ciężkość przebiegu infekcji oraz częstotliwość hospitalizacji. **Nawroty:** Mogą wystąpić, lecz z łagodniejszymi objawami. **Powikłania:** Zaburzenia pracy serca, astma oskrzelowa.
Przyczyny: Wirus *coxsackie*. **Drogi zakażenia:** usta-usta, kał--ręka-usta. **Czas wylęgania:** 3-6 dni. **Czas trwania:** ok. 1 tygodnia.	**Wezwij lekarza** w celu potwierdzenia diagnozy. **Postępowanie:** Objawowe (str. 482). **Dieta:** Miękkie pokarmy, by nie drażnić jamy ustnej.	**Zapobieganie:** Żadne. **Nawroty:** Możliwe. **Powikłania:** Nie daje powikłań.
Przyczyny: Krętek *borrelia burgdorferi*. **Drogi zakażenia:** Ukąszenie przez kleszcza jeleni (którego nosicielami są nie tylko jelenie, ale także myszy i inne zwierzęta) oraz prawdopodobnie przez inne kleszcze i fruwające owady. Zakażenie chorobą z Lyme następuje po 24-48 godzin od chwili przyczepienia się kleszcza. **Czas wylęgania:** 3-32 dni, najczęściej 7-10 dni.	**Rozpoznanie:** Wczesne: charakterystyczna wysypka. Późne: badanie krwi (nie zawsze dokładne). **Czas trwania:** Nie leczona może trwać lata. **Wezwij lekarza,** jeśli wystąpi charakterystyczna wysypka lub pojawią się inne objawy. **Leczenie:** Antybiotyki są skuteczne nawet w późnej fazie rozwoju choroby.	**Zapobieganie:** Noszenie odzieży ochronnej na obszarach występowania kleszczy, po spacerze – sprawdzanie skóry i niezwłoczne usunięcie kleszczy. **Nawroty:** Możliwe, nie istnieje trwała odporność. **Powikłania:** Artretyczne, neurologiczne, kardiologiczne, zaburzenia motoryczne.
Przyczyny: 2 typy wirusa grypy: A i B. **Drogi zakażenia:** Droga kropelkowa, używanie zainfekowanych przedmiotów. Zakaźna od 5 dni przed wystąpieniem objawów. **Czas wylęgania:** 1-2 dni. **Czas trwania:** Faza ostra – kilka dni, faza rekonwalescencji – 1-2 tygodnie.	**Wezwij lekarza,** gdy dziecko nie skończyło 6 miesiąca życia, objawy są nasilone, trwają ponad 3 dni lub gorączka wynosi 38,9°C. **Postępowanie:** Leczenie objawowe, w ciężkich przypadkach leki przeciwwirusowe. NIE PODAWAĆ ASPIRYNY z powodu ryzyka wystąpienia zespołu Reye'a! **Dieta:** Dodatkowe napoje.	**Zapobieganie:** Coroczne szczepienie wszystkich dzieci powyżej szóstego miesiąca życia; unikanie przebywania w tłumie w sezonie grypy, mycie rąk. **Nawroty:** Częste. **Powikłania:** Wtórne infekcje bakteryjne, zapalenie ucha środkowego, oskrzeli, krtani, zapalenie płuc.

Choroba/okres występowania/ /podatność	Objawy		Wysypka
	Brak wysypki	(cyfra wskazuje kolejność występowania)	
GRYPA (dokończenie ze str. 692)	3. Czasami przez następne 1-2 tygodni: mokry kaszel, zmęczenie. *W niektórych przypadkach:* (w miarę postępu choroby) ból głowy, zmęczenie, ból tępy i przewlekły, powikłania ze strony ośrodkowego układu nerwowego. *W przypadku gdy grypa jest nieleczona:* możliwe są późniejsze komplikacje: chroniczny artretyzm, zwłaszcza w nogach; dalsze powikłania ze strony ośrodkowego układu nerwowego i *rzadko:* uszkodzenie serca.		
INFEKCJA GÓRNYCH DRÓG ODDECHOWYCH zob. **PRZEZIĘBIENIE** (str. 489) oraz **GRYPA**			
KOKLUSZ zob. **KRZTUSIEC**			
KRUP (ostre zapalenie krtani i tchawicy) **Okres występowania:** Różny, najczęściej pojawia się w nocy. **Podatność:** Małe dzieci.	**Objawy ogólne:** Chrypka, ostry, szczekający kaszel, charczenie, świsty lub chrząkanie przy wdychaniu powietrza. Czasami: trudności z oddychaniem.		**Objawy skórne:** Brak

Przyczyna/drogi zakażenia/ /czas wylęgania/czas trwania	Kiedy wezwać lekarza/ /postępowanie/dieta	Zapobieganie/nawroty/ /powikłania
Przyczyny: Zwykle wirus, sporadycznie bakterie lub ciała obce tkwiące w drogach oddechowych. Czasem nie związany z infekcją; nagłe ataki w nocy nazywane „krupem spazmatycznym". **Drogi zakażenia:** Prawdopodobnie bezpośrednia, zakażone przedmioty, droga kropelkowa. **Czas wylęgania:** Zależy od przyczyny. **Czas trwania:** Nawroty mogą trwać przez kilka dni.	**Natychmiast wezwij lekarza,** jeśli inhalacje parowe nie przynoszą ulgi, dziecko sinieje lub nadmiernie się ślini, ma świszczący oddech lub z trudem oddycha, lub jeśli podejrzewasz ciało obce tkwiące w drogach oddechowych. **Postępowanie wstępne:** Inhalacje parowe (patrz str. 688). Krup spazmatyczny zwykle skutecznie leczy się parówkami w łazience albo wychodzeniem na zewnątrz w celu poodychania chłodnym wieczornym powietrzem. **Następnie:** nawilżanie powietrza. Zaleca się spanie w tym samym pokoju co dziecko, aby być przy nim w razie ataku – albo korzystanie z monitora, żeby usłyszeć atak i móc natychmiast zareagować.	**Zapobieganie:** Nawilżanie powietrza dziecku choremu na grypę lub przeziębienie. **Nawroty:** U niektórych dzieci tendencje do nawrotów **Powikłania:** Trudności z oddychaniem, zapalenie płuc, infekcja ucha ok. 5 dni po ustąpieniu choroby.

Choroba/okres występowania/ /podatność	Objawy		Wysypka
	Brak wysypki	(cyfra wskazuje kolejność występowania)	
KRZTUSIEC (*pertussis*) **Czas występowania:** Późna zima/wczesna wiosna. **Podatność:** Połowa przypadków dotyczy niemowląt poniżej 1 roku życia.	**Objawy ogólne:** 1. Objawy przeziębienia z suchym kaszlem, niewysoka gorączka, drażliwość. 2. 1-2 tygodnie później: gwałtowne napady kaszlu bez oddechu pomiędzy nimi, wykrztuszanie gęstej wydzieliny śluzowej. Często: wytrzeszcz oczu i wystający język, bladość lub zaczerwienienie skóry, wymioty, nadmierna potliwość, wyczerpanie. Czasami: bezdech u dzieci oraz przepuklina (w wyniku kaszlu). 3. Ustanie kaszlu kokluszowego i wymiotów, poprawa apetytu i nastroju. Łagodny przebieg u dzieci uodpornionych.		**Objawy skórne:** Brak.
NIESPECYFICZNE CHOROBY WIRUSOWE **Okres występowania:** Najczęściej lato. **Podatność:** Najczęściej małe dzieci.	**Objawy ogólne:** Różne, lecz mogą obejmować: gorączkę, utratę apetytu, biegunkę.		**Objawy skórne:** Różne rodzaje wysypek.
ODRA (*morbilli*) **Okres występowania:** Zima i wiosna. **Podatność:** Każda osoba nieuodporniona.	**Objawy ogólne:** 1. Przez 1-2 dni: gorączka, katar, czerwone, szkliste oczy, suchy kaszel. Czasami: biegunka, powiększone węzły chłonne.		**Objawy skórne:** 2. Małe białe plamki podobne do ziaren piasku na wewnętrznej stronie policzków, mogą krwawić. 3. Czerwone, lekko wypukłe plamki pojawiające się na czole, za uszami, później na całym ciele.

Przyczyna/drogi zakażenia/ /czas wylęgania/czas trwania	Kiedy wezwać lekarza/ /postępowanie/dieta	Zapobieganie/nawroty/ /powikłania
Przyczyny: Bakteria *bordetella pertussis*. **Drogi zakażenia:** Droga kropelkowa, najbardziej zaraźliwa we wczesnej fazie nieżytowej, później mniej. Antybiotyki skracają okres zaraźliwości. **Czas wylęgania:** 7-10 dni, rzadko ponad 2 tygodnie. **Czas trwania:** Najczęściej 6 tygodni, ale może trwać dłużej.	**Bezzwłocznie wezwij lekarza** w przypadku uporczywego kaszlu. **Postępowanie:** Leczenie szpitalne niemowląt, antybiotyki (pomocne w złagodzeniu objawów w pierwszej fazie, zaraźliwości w następnej), tlen, odsysanie śluzu, nawilżanie powietrza. **Dieta:** Częste, niewielkie posiłki, uzupełnianie płynów, odżywianie dożylne (jeśli konieczne).	**Zapobieganie:** Szczepienie (Di--Te-Per). **Nawroty:** Nie występują, jednorazowo przebyty uodparnia organizm. **Powikłania:** Liczne, obejmują: zapalenie ucha środkowego, zapalenie płuc, drgawki. Może być śmiertelny, szczególnie u niemowląt.
Przyczyny: Różne enterowirusy. **Drogi zakażenia:** Kał-ręka-usta lub usta-usta. **Czas wylęgania:** 3-6 dni. **Czas trwania:** Najczęściej kilka dni.	**Wezwij lekarza** w celu potwierdzenia diagnozy, **ponownie** przy pogorszeniu stanu dziecka lub pojawieniu się nowych objawów. **Postępowanie:** Leczenie objawowe. **Dieta:** Dodatkowe napoje w przypadku biegunki i gorączki (patrz str. 486, 507).	**Zapobieganie:** Żadne. **Nawroty:** Częste. **Powikłania:** Bardzo rzadkie.
Przyczyny: Wirus odry. **Drogi zakażenia:** Drogą kropelkową 2 dni przed – 4 dni po wystąpieniu wysypki. **Czas wylęgania:** 8-12 dni. **Czas trwania:** Ok. tygodnia.	**Wezwij lekarza** w celu postawienia diagnozy, **natychmiast**, jeśli pojawi się ostry kaszel, wystąpią drgawki lub objawy zapalenia płuc, zapalenia mózgu, zapalenia ucha środkowego lub jeśli wystąpi ponowny skok gorączki po jej ustąpieniu. **Postępowanie:** Leczenie objawowe, ciepłe kąpiele, przyciemnione światła, jeśli wystąpi światłowstręt (ostre światło nie jest szkodliwe). **Dieta:** Dodatkowe napoje w razie gorączki.	**Zapobieganie:** Szczepienie przeciw odrze, ściśle przestrzegane odizolowanie osób chorych. **Nawroty:** Nie występują. **Powikłania:** Zapalenie ucha środkowego, zapalenie płuc, zapalenie mózgu; może być śmiertelna.

Choroba/okres występowania/ /podatność	Objawy		
	Brak wysypki	(cyfra wskazuje kolejność występowania)	Wysypka
OPRYSZCZKA ZWYKŁA (*herpes simplex*) **Okres występowania:** Każdy, słońce sprzyja pojawieniu się wirusa. **Podatność:** Większość pierwotnych infekcji występuje w dzieciństwie.	**Objawy ogólne:** Infekcja pierwotna: gorączka (do 41°C), ból gardła, powiększenie węzłów chłonnych, ślinienie, nieświeży oddech, utrata apetytu. Często: brak objawów. Infekcja nawrotowa: Czasami ból głowy. Infekcja może wystąpić też w oku.		**Objawy skórne:** Infekcja pierwotna: uszkodzenia błony śluzowej jamy ustnej. Opryszczka nawrotowa: uszkodzenia na wargach i w okolicy ust, drażnienie i swędzenie. Sączące się pęcherzyki (bolesne), zasychające w strupy (może wystąpić swędzenie).
OSPA WIETRZNA (*varicella*) **Okres występowania:** Zwykle późna zima i wiosna. **Podatność:** Każda nie uodporniona osoba.	**Objawy ogólne:** Niewysoka gorączka, ogólne złe samopoczucie, utrata apetytu.		**Objawy skórne:** Płaskie, czerwone plamy przechodzące w grudki, później pęcherze i strupy, nowy rzut wysypki pojawia się po 3-4 dniach na skórze całego ciała.
PACIORKOWCOWE ZAPALENIE GARDŁA (*pharyngitis streptococcia*) **Okres występowania:** Październik-kwiecień. **Podatność:** Najczęstsza u dzieci w wieku szkolnym.	**Objawy ogólne:** *Chroniczne, u niemowląt:* nieżyt nosa, wahania temperatury, złe samopoczucie, utrata apetytu, bladość. *U starszych dzieci:* wysoka gorączka, zaczerwienienie gardła i czopy ropne, trudności z połykaniem, rozpulchnione migdałki, powiększone węzły chłonne, ból podbrzusza.		**Objawy skórne:** Zwykle brak. U starszych dzieci może wystąpić wysypka płonicowa (patrz: PŁONICA).

Przyczyna/drogi zakażenia/ /czas wylęgania/czas trwania	Kiedy wezwać lekarza/ /postępowanie/dieta	Zapobieganie/nawroty/ /powikłania
Przyczyny: Wirus opryszczki zwykłej (HSV) zostaje w organizmie i może być reaktywowany przez nasłonecznienie, stres, ząbkowanie, przeziębienie, gorączkę. **Drogi zakażenia:** Bezpośredni kontakt z raną, śliną, kałem, moczem, wydzieliną z oka lub zainfekowanymi przedmiotami codziennego użytku wkrótce po zakażeniu. **Czas wylęgania:** Prawdopodobnie 2-12 dni. **Czas trwania:** Strupy odpadają w ciągu 3 tygodni.	**Wezwij lekarza,** tylko jeśli dziecko ma objawy choroby (chyba że nie ukończyło trzeciego miesiąca życia – wówczas dzwoń natychmiast). **Postępowanie:** Ogólnodostępna maść (nie kortyzonowa!), leki przeciwwirusowe u dzieci wysokiego ryzyka (np. Zovirax w początkowej fazie choroby – przyp. red.). **Dieta:** W przypadku infekcji pierwotnej dieta ubogokwasowa, przy nawrotach – czysty jogurt z żywymi kulturami bakterii.	**Zapobieganie:** Unikanie czynników sprzyjających wywołaniu infekcji. **Nawroty:** Infekcja zmienna może że się ujawnić w każdej chwili. **Powikłania:** Mogą dotyczyć wzroku.
Przyczyny: Wirus półpaśca (*herpes zoster*) **Drogi zakażenia:** Kropelkowa i przenoszona przez powietrze, bardzo zakaźna od 1-2 dni przed wysypką do odpadnięcia strupów. **Czas wylęgania:** Zwykle 14-16 dni, ale może trwać 11 lub 20 dni. **Czas trwania:** Pierwsze pęcherzyki zasychają w 6-8 godzin, strupy powstają w 24-48 godzin, odpadają w 5-20 dni.	**Wezwij lekarza,** by potwierdził rozpoznanie, **wezwij,** jeśli świąd przeradza się w ból, **wezwij,** jeśli gorączka utrzymuje się przez ponad 3 dni; **wezwij natychmiast** w przypadku dzieci o wysokim ryzyku, wezwij ponownie, gdy pojawią się objawy zapalenia mózgu (*encephalitis*). **Postępowanie:** Lekarstwa przeciw świądowi (str. 483) i gorączce (str. 507), NIE PODAWAĆ ASPIRYNY ze względu na zagrożenie zespołem Reye'a.	**Zapobieganie:** Unikaj kontaktu z chorobą niemowląt; szczepienie przeciw wirusowi półpaśca dzieci powyżej 12 miesiąca życia. **Nawroty:** Bardzo rzadkie, lecz wirus latentny może w przyszłości wywołać półpasiec. **Powikłania:** Rzadko zapalenie mózgu, poważnie chore mogą być osoby pobierające steroidy lub mające niedobór odporności. **U kobiet w ciąży:** Ryzyko uszkodzenia płodu, jeśli miałaś kontakt z chorobą, skontaktuj się z lekarzem.
Przyczyny: Podgrupa paciorkowców grupy A. **Drogi zakażenia:** Bezpośredni kontakt z zainfekowaną osobą 1 dzień przed wystąpieniem objawów – 6 dni po ustąpieniu objawów. Antybiotyki mogą skrócić okres zaraźliwości do 24 godzin. Wysoce zaraźliwe. **Czas wylęgania:** 2-5 dni. **Czas trwania:** Zwykle ok. 1 tygodnia, lecz chroniczne paciorkowcowe zapalenie gardła u niemowląt z nieżytem nosa i złym samopoczuciem może trwać 6 tygodni. U starszych niemowląt: 1-2 tygodnie.	**Wezwij lekarza** w celu postawienia diagnozy, **ponownie,** gdy gorączka nie ustępuje po upływie 2 dni lub pojawią się nowe objawy. **Postępowanie:** Leczenie objawowe. Antybiotyki w celu zabicia bakterii i aby zapobiec powikłaniom. **Dieta:** Miękkie pokarmy podawane na zimno (jeśli dziecko spożywa pokarmy stałe). Napoje.	**Zapobieganie:** Odizolowanie osoby zainfekowanej, ścisła higiena. **Powikłania:** Infekcja może rozprzestrzenić się do uszu, wyrostka sutkowatego, zatok, płuc, mózgu, nerek, skóry (liszajec). Rzadziej występuje gorączka reumatyczna, również ból stawów i wysypki.

Choroba/okres występowania/ /podatność	Objawy		
	Brak wysypki	(cyfra wskazuje kolejność występowania)	Wysypka
PŁONICA (*scarlatine*) **Okres występowania:** Cały rok, lecz częściej w zimne miesiące. **Podatność:** Największa u dzieci szkolnych, mniejsza u dzieci poniżej 3 lat i dorosłych.	**Objawy ogólne:** Podobne do paciorkowcowego zapalenia gardła, często zapowiedziane przez wymioty i charakteryzujące się wysypką. Niemowlęta często nie cierpią na ból gardła ani nie mają zaczerwienionego gardła – natomiast są blade (i ogólnie wyglądają „na chore"), występuje przewlekłe wydzielanie z nosa.		**Objawy skórne:** Jasnoczerwona wysypka na twarzy, w pachwinach i pod pachami. Rozprzestrzenia się na resztę ciała i kończyny, pozostawia szorstką, łuszczącą się skórę.
RÓŻYCZKA (*rubella*) **Okres występowania:** Późna zima i wczesna wiosna. **Podatność:** Osoba nie zaszczepiona przeciw różyczce.	**Objawy ogólne:** Brak w 25-50% przypadków. Czasami: 1. Niewysoka gorączka, powiększone węzły chłonne.		**Objawy skórne:** 2. Małe (2 mm) płaskie, czerwone kropki na twarzy. 3. Wysypka rozprzestrzenia się na całym ciele i czasami na podniebieniu.
RÓŻYCZKA DZIECIĘCA (*roseola infantum*) **Czas występowania:** Cały rok, najczęstsza wiosną i jesienią. **Podatność:** Największa u niemowląt i małych dzieci.	**Objawy ogólne:** 1. Rozdrażnienie, utrata apetytu, gorączka (38,9-40,5°C). Czasami: katar, powiększenie węzłów chłonnych, drgawki. 2. Na 3 lub 4 dzień: gorączka opada i dziecko czuje się lepiej.		**Objawy skórne:** 3. Bladoróżowe plamki, które bieleją w czasie naciskania, pojawiają się na szyi, barkach, czasami twarzy i nogach. Wysypka pojawia się po opadnięciu gorączki. Czasami brak wysypki.
RUMIEŃ ZAKAŹNY (*erythema infectiosum*) **Okres występowania:** Wczesna wiosna. **Podatność:** Największa u dzieci w wieku 2-12 lat.	**Objawy ogólne:** Często: ból gardła, ból głowy, zapalenie spojówek, zmęczenie, lekka gorączka, świąd. Rzadko: ból stawów.		**Objawy skórne:** 1. Intensywne wypieki na twarzy (wygląd spoliczkowanej twarzy). 2. Następnego dnia: koronkowa wysypka na ramionach i nogach. 3. 3 dni później: wysypka na wewnętrznych powierzchniach skóry: palcach u rąk i nóg, tułowiu lub pośladkach. 4. Wysypka może występować ponownie po wystawieniu na źródło ciepła (kąpiel, słońce) przez 2 lub 3 tygodnie.

Przyczyna/drogi zakażenia/ /czas wylęgania/czas trwania	Kiedy wezwać lekarza/ /postępowanie/dieta	Zapobieganie/nawroty/ /powikłania
Przyczyna: Paciorkowce *streptococcus*. **Drogi zakażenia:** Bezpośredni kontakt z osobą chorą. **Czas wylęgania:** 2-5 dni. **Czas trwania:** Ok. 1 tygodnia w przypadku niemowląt poniżej 6 miesięcy, katar i złe samopoczucie mogą trwać 6 tygodni, u starszych niemowląt 1-2 tygodnie.	Patrz PACIORKOWCOWE ZAPALENIE GARDŁA	**Zapobieganie:** Odizolowanie osób chorych przynajmniej do czasu, gdy dzień bądź dwa przyjmują antybiotyki i staranna higiena zapobiegawcza. **Nawroty:** Możliwe. **Powikłania:** Patrz PACIORKOWCOWE ZAPALENIE GARDŁA.
Przyczyny: Wirus różyczki. **Drogi zakażenia:** 7-10 dni przed do 7 dni po wystąpieniu wysypki, przez kontakt bezpośredni lub drogą kropelkową. **Czas wylęgania:** 14-21 dni, najczęściej 16-18. **Czas trwania:** Kilka godzin, 4 lub 5 dni.	**Wezwij lekarza,** jeśli narażona była nieuodporniona kobieta w ciąży. **Postępowanie:** Nie wymaga leczenia. **Dieta:** Więcej płynów.	**Zapobieganie:** Szczepienie przeciw różyczce (w Polsce u dziewcząt w 12 roku życia – przyp. red.). **Nawroty:** Nie ma nawrotów, przebyta jednorazowo wytwarza odporność. **Powikłania:** Rzadkie, małopłytkowość (*thrombocytopenia*) lub zapalenie mózgu.
Przyczyny: Wirus ludzkiej opryszczki, ludzki herpeswirus HHV-6 i HHV-7. **Drogi zakażenia:** Przez wydzieliny układu oddechowego i bliskie kontakty z członkami rodziny, którzy sami mogą być zdrowi. **Czas wylęgania:** 9 do 19 dni. **Czas trwania:** 3-6 dni.	**Wezwij lekarza** w celu potwierdzenia diagnozy oraz gdy gorączka utrzymuje się 4-5 dni lub wystąpią drgawki. **Postępowanie:** Leczenie objawowe. **Dieta:** Dodatkowe napoje w przypadku gorączki.	**Zapobieganie:** Nieznane. **Nawroty:** Brak u zdrowych osób. **Powikłania:** Bardzo rzadkie. Krótkotrwałe ataki drgawek gorączkowych wywołanych wysoką temperaturą występują u 10% chorych
Przyczyny: Parwowirus ludzki. **Drogi zakażenia:** Prawdopodobnie bezpośrednio. **Czas wylęgania:** 4-14 dni, zazwyczaj 12-14. **Czas trwania:** 3–10 dni, lecz wysypka może wystąpić ponownie do 3 tygodni.	**Wezwij lekarza** tylko wtedy, gdy potrzebujesz potwierdzenia diagnozy lub pojawią się inne objawy. **Postępowanie:** Nie wymaga leczenia. **Dieta:** Bez zmian.	**Zapobieganie:** Nie można zapobiec. **Nawroty:** Możliwe. **Powikłania:** Tylko u osób o obniżonej odporności. Ciężarne kobiety powinny powiadomić lekarza, jeśli miały kontakt z tą chorobą, gdyż istnieje niewielkie zagrożenie dla płodu.

Choroba/okres występowania/ /podatność	Objawy Brak wysypki (cyfra wskazuje kolejność występowania)	Wysypka
ŚWINKA Okres występowania: Późna zima i wiosna. Podatność: Każda osoba nieuodporniona przeciw śwince.	**Objawy ogólne:** 1. Czasami: mdły ból, gorączka, utrata apetytu. 2. Najczęściej: powiększenie gruczołów ślinowych po jednej lub obydwu stronach żuchwy, poniżej i przed uchem, ból podczas żucia lub przy spożywaniu kwasów (kwaśnych pokarmów lub napojów), powiększenie innych gruczołów ślinowych. W 30% wypadków – brak objawów.	**Objawy skórne:** Brak.
TĘŻEC (*tetanus*) Okres występowania: Gdy dużo przebywa się na powietrzu. Podatność: Osoby nieuodpornione.	**Objawy ogólne:** Skurcz i zwiększone napięcie mięśni w okolicy rany. Mimowolne skurcze mięśni mogące doprowadzić do wygięcia krzyża, szczękościsk, kręcz szyi, drgawki, przyspieszone tętno, obfite pocenie, niewysoka gorączka, u niemowląt – trudności z ssaniem.	**Objawy skórne:** Brak.
WIRUS ŚRÓDMIĄŻSZOWY UKŁADU ODDECHOWEGO (RSV) (patrz strona 494)		
WIRUSOWE OPRYSZCZKOWE ZAPALENIE GARDŁA I MIGDAŁKÓW Okres występowania: Najczęściej lato i jesień. Podatność: Największa u niemowląt i małych dzieci. Występuje sama lub z innymi chorobami.	**Objawy ogólne:** 1. Gorączka (37,8–41°C), ból gardła. 1 lub 2. Bolesny obrzęk. Czasami: wymioty, utrata apetytu, biegunka, bóle podbrzusza, letarg.	**Objawy skórne:** Wyraźne szarobiałe grudki na tylnej części języka lub gardła, które okrywają się pęcherzami i ropieją (w liczbie 5–20).
WIRUSOWE ZAPALENIE GARDŁA (*tonsillitis, pharyngitis*) Okres występowania: Jesień, zima i wiosna. Podatność: Najczęściej starsze dzieci.	**Objawy ogólne:** Umiarkowana gorączka (38,3– –39,5°C), zmęczenie, ból gardła lub dyskomfort, trudności z połykaniem, drażliwość i marudzenie. Gardło zaczerwienione, migdałki nabrzmiałe. Czasami: kaszel, chrypka oraz zapalenie spojówek, szczególnie jeśli wywołane przez adenowirus.	**Objawy skórne:** Brak.

Przyczyna/drogi zakażenia/ /czas wylęgania/czas trwania	Kiedy wezwać lekarza/ /postępowanie/dieta	Zapobieganie/nawroty/ /powikłania
Przyczyny: Wirus świnki. **Droga zakażenia:** Najczęściej 1-2 dni (może też być 7 dni) przed pojawieniem się objawów – 9 dni po ich ustąpieniu, przez bezpośredni kontakt z wydzieliny dróg oddechowych. **Czas wylęgania:** Zwykle 16-18 dni, ale może trwać 12-25 dni. **Czas trwania:** 5–7 dni.	**Wezwij lekarza** w celu postawienia diagnozy oraz **natychmiast** w przypadku wymiotów, senności, bólów głowy, sztywności krzyża lub karku lub innych objawów zapalenia opon mózgowych, towarzyszących śwince lub występujących po jej ustąpieniu. **Postępowanie:** Objawowe w przypadku gorączki i bólu, chłodne kompresy przykładane na policzki. **Dieta:** Pozbawiona kwasów i cukru, miękkie pokarmy.	**Zapobieganie:** Szczepienie. **Nawroty:** Rzadkie. **Powikłania:** Zapalenie opon mózgowych i mózgu, inne powikłania rzadko dotyczą niemowląt, ale mogą być poważne u mężczyzn po osiągnięciu dojrzałości ze względu na obrzmienie jąder.
Przyczyny: Toksyna produkowana przez bakterie zwane *Clostridium tetani*, która rozprzestrzenia się po całym ciele. **Drogi zakażenia:** Przez bakterie w przypadku ran kłutych, oparzeń, głębokich zadrapań lub nie zagojonego pępka. **Czas wylęgania:** 3 dni – 3 tygodni, średnio 8 dni. **Czas trwania:** Kilka tygodni.	**Natychmiast wezwij lekarza lub pogotowie,** jeśli nie zaszczepione dziecko dotkliwie się skaleczy. **Postępowanie:** Konieczne leczenie. Podanie anatoksyny, by zapobiec rozwojowi choroby, leków rozluźniających napięcie mięśniowe, antybiotyków, respirator.	**Zapobieganie:** Szczepienie (DTP), pielęgnacja pępowiny, unikanie skaleczeń na dworze. **Nawroty:** Nie występują. **Powikłania:** Liczne, obejmują: wrzody, zapalenie płuc, zaburzenia rytmu pracy serca, skrzepy w płucach. Może być śmiertelny.
Przyczyny: Wirus *coxsackie*. **Drogi zakażenia:** Usta-usta, kał-ręka-usta. **Czas wylęgania:** 3-6 dni **Czas trwania:** 4-7 dni, ale leczenie może trwać 2-3 tygodni.	**Wezwij lekarza** w celu potwierdzenia diagnozy. **Natychmiast** w przypadku drgawek lub innych objawów. **Leczenie:** Objawowe. **Dieta:** Miękkie pokarmy.	**Zapobieganie:** Żadne. **Nawroty:** Możliwe. **Powikłania:** Nie występują.
Przyczyny: Różne wirusy, najczęściej adenowirus, także enterowirus. (Przewlekłe zapalenie gardła może być spowodowane alergią, dymem papierosowym, gorącym, suchym powietrzem i innymi czynnikami.) **Drogi zakażenia:** Zależą od wirusa, adenowirus prawdopodobnie drogami oddechowymi. **Czas wylęgania:** Zależy od wirusa, adenowirus: 2-14 dni. **Czas trwania:** 1-10 dni.	**Wezwij lekarza,** jeśli przypuszczasz, że dziecko ma zapalenie gardła, aby ustalić przyczynę choroby. **Postępowanie:** Leczenie objawowe. Paracetamol jako środek przeciwbólowy. (Niemowlęta są zbyt małe, by płukać gardło lub ssać tabletki.) NIE PODAWAĆ ASPIRYNY ze względu na ryzyko wystąpienia zespołu Reye'a! **Dieta:** Miękkie pokarmy, podawane na zimno (jeśli dziecko je pokarmy stałe). Napoje.	**Zapobieganie:** Odizolowanie osoby chorej, ścisła higiena. W przypadku przewlekłego zapalenia gardła usunięcie przyczyny (na przykład dymu w otoczeniu). **Nawroty:** Prawdopodobne. **Powikłania:** Mało prawdopodobne, z wyjątkiem dzieci z obniżoną odpornością.

Choroba/okres występowania/ /podatność	Objawy — Brak wysypki (cyfra wskazuje kolejność występowania)	Wysypka
WŚCIEKLIZNA (*rabies*) **Okres występowania:** Zawsze, przy czym zwierzęta najczęściej chorują na wściekliznę latem. **Podatność:** Każdy.	**Objawy ogólne:** 1. Miejscowy lub promieniujący ból, pieczenie, uczucie zimna, swędzenia, mrowienia w miejscu ugryzienia. 2. Niewysoka gorączka (38,3--38,9°C), letarg, ból głowy, utrata apetytu, nudności, ból gardła, mokry kaszel, drażliwość, wrażliwość na światło i dźwięk, rozszerzenie źrenic, przyspieszone tętno, płytki oddech, nadmierne ślinienie, łzawienie, pocenie się. 3. 2–10 dni później: wzmożona aktywność, rozdrażnienie, problemy z widzeniem, osłabienie mięśni twarzy, gorączka do 39,5°C. Często: wodowstręt, pieniste ślinienie się. 4. Ok. 3 dni później: niedowład.	**Objawy skórne:** Brak.
ZABURZENIA ŻOŁĄDKOWO-JELITOWE patrz BIEGUNKA, s. 485.		
ZAPALENIE MÓZGU (*encephalitis*) **Okres występowania:** Zależy od przyczyny. **Podatność:** W zależności od przyczyny.	**Objawy ogólne:** Ospałość, ból głowy, wymioty. Czasami: Powikłania neurologiczne, w późnej fazie śpiączka.	**Objawy skórne:** Brak.
ZAPALENIE NAGŁOŚNI (*epiglotitis*) **Okres występowania:** Zima. **Podatność:** Rzadkie u dzieci poniżej 2 roku życia.	**Objawy ogólne:** Przytłumiony głos, trudności z oddychaniem i połykaniem, ślinienie się. Typowym objawem jest nagłe pojawienie się wysokiej temperatury. Dziecko sprawia wrażenie chorego. Czasami: Wysoki głos, wystający język, gorączka. Dziecko wygląda na chore.	**Objawy skórne:** Brak.

Przyczyna/drogi zakażenia/ /czas wylęgania/czas trwania	Kiedy wezwać lekarza/ /postępowanie/dieta	Zapobieganie/nawroty/ /powikłania
Przyczyny: Wirus wścieklizny. **Droga zakażenia:** Ugryzienie przez zarażone zwierzę, podczas którego zainfekowana ślina dostaje się do tkanki nerwowej lub przez lizanie przez zwierzę otwartej rany. Prawdopodobnie także przez bliski kontakt z chorym zwierzęciem (np. nietoperzem, wiewiórką, lisem) **Czas wylęgania:** 9 dni-1 roku, średnio 2 miesiące. **Czas trwania:** Ok. 2 tygodni do wystąpienia paraliżu.	**Wezwij lekarza** po ugryzieniu dziecka przez zwierzę, co do którego nie masz pewności, czy było szczepione przeciw wściekliźnie. **Postępowanie:** Skrępuj zwierzę. Patrz „Pierwsza pomoc w przypadku ukąszenia" (str. 520). Jeśli nie ma pewności, że zwierzę nie jest wściekłe, zostanie podane lekarstwo przeciw wściekliźnie oraz surowica przeciwtężcowa. Dotkliwe pogryzienie w szyję i głowę wymaga podania immunoglobuliny przeciw ludzkiej wściekliźnie (HRIG) oraz szczepionki (HDCV). Leczenie szpitalne w razie potrzeby. **Dieta:** Bez zmian.	**Zapobieganie:** Szczepienie zwierząt domowych, uczenie dzieci ostrożności wobec obcych dzikich zwierząt (i pilnowanie, by dziecko nie przebywało w ich pobliżu), wspólne wysiłki, by dać schronienie bezdomnym zwierzętom oraz zlikwidować wściekliznę wśród dzikich zwierząt. **Nawroty:** Nie występują. **Powikłania:** Nie leczona wścieklizna jest śmiertelna. Po wystąpieniu objawów i rozpoczęciu leczenia – wysoki wskaźnik śmiertelności.
Przyczyny: Często jako powikłanie po innej chorobie wirusowej. **Drogi zakażenia:** Zależą od przyczyny, niektóre wirusy roznoszone są przez owady. **Czas wylęgania:** Zależy od przyczyny. **Czas trwania:** Różny.	**Natychmiast wezwij lekarza lub udaj się na pogotowie,** jeśli podejrzewasz zapalenie mózgu. **Postępowanie:** Konieczne leczenie szpitalne.	**Zapobieganie:** Szczepienia przeciw chorobom, które dają jako powikłanie zapalenie mózgu, np. odra. **Nawroty:** Mało prawdopodobne. **Powikłania:** Uszkodzenia neurologiczne, może być śmiertelne.
Przyczyny: Bakterie, najczęściej *hemophilus influenzae* (Hib). **Drogi zakażenia:** Prawdopodobnie bezpośrednio lub drogą kropelkową. **Czas wylęgania:** Poniżej 10 dni. **Czas trwania:** 4-7 dni lub dłużej.	**Natychmiast wezwij lub udaj się do najbliższej stacji pogotowia ratunkowego (szpitala).** Podczas oczekiwania na pomoc trzymaj dziecko w pozycji pionowej, lekko pochylone do przodu, z otwartymi ustami i wystającym językiem. **Postępowanie:** Leczenie szpitalne, udrożnienie dróg oddechowych, antybiotyki.	**Zapobieganie:** Szczepienie przeciw Hib. **Nawroty:** Małe prawdopodobieństwo. **Powikłania:** Bez szybkiego udzielenia pomocy może być śmiertelne.

Choroba/okres występowania/ /podatność	Objawy		
	Brak wysypki (cyfra wskazuje kolejność występowania)		**Wysypka**
ZAPALENIE OPON MÓZGOWO- -RDZENIOWYCH (*meningitis*) **Okres występowania:** Zależy od organizmu wywołującego chorobę, zima w przypadku Hib. **Podatność:** Zależy od przyczyny, dla Hib największa u niemowląt i małych dzieci.	**Objawy ogólne:** Gorączka, piskliwy płacz, ospałość, rozdrażnienie, utrata apetytu, wymioty, wypukłe ciemiączko. U starszych dzieci również: sztywność karku, światłowstręt, zaburzenia widzenia i inne oznaki chorób neurologicznych.	**Objawy skórne:** Brak.	
ZAPALENIE OPON MÓZGOWYCH I MÓZGU (*meningoencephalitis*) **Objawy:** patrz ZAPALENIE OPON MÓZGOWYCH i ZAPALENIE MÓZGU.			
ZAPALENIE PŁUC (*pneumonia*) **Okres występowania:** Zależy od czynnika sprawczego. **Podatność:** Każdy, a w szczególności małe dzieci i osoby starsze oraz osoby cierpiące na przewlekłe choroby.	**Objawy ogólne:** Zwykle, po przeziębieniu lub innej chorobie, stan dziecka nagle się pogarsza w następujący sposób: podwyższona gorączka, mokry kaszel, szybki oddech, siność, świszczący, urywany oddech i/lub trudności z oddychaniem, wzdęcia i bóle podbrzusza.	**Objawy skórne:** Brak.	
ZAPALENIE SPOJÓWEK (*conjunctivitis*)	**Objawy ogólne:** W zależności od przyczyny mogą obejmować: przekrwione oczy, łzawienie, wydzieliny, pieczenie, światłowstręt. Zwykle pojawia się w jednym oku i rozprzestrenia na drugie.	**Objawy skórne:** Brak	

Przyczyna/drogi zakażenia/ /czas wylęgania/czas trwania	Kiedy wezwać lekarza/ /postępowanie/dieta	Zapobieganie/nawroty/ /powikłania
Przyczyny: Najczęściej bakterie, takie jak Hib, także wirusy, które wywołują chorobę o łagodniejszym przebiegu. **Droga zakażenia:** Zależy od przyczyny. **Czas wylęgania:** Zależy od drobnoustroju wywołującego chorobę, dla Hib – prawdopodobnie mniej niż 10 dni. **Czas trwania:** Różny.	**Natychmiast wezwij lekarza lub pogotowie.** **Postępowanie:** Leczenie objawowe w przypadku wirusowego zapalenia opon mózgowo-rdzeniowych, leczenie szpitalne w przypadku bakteryjnego zapalenia, antybiotyki. **Dieta:** Dodatkowe napoje w przypadku gorączki.	**Zapobieganie:** Szczepienie sprzężoną szczepionkę przeciwko *Streptococcus pneumoniae*, szczepienie przeciw Hib. **Nawroty:** Nie występują w przypadku Hib, jednorazowo przebyta choroba wytwarza odporność. **Powikłania:** Postaci wirusowe najczęściej nie powodują trwałych uszkodzeń. Hib i inne formy bakteryjne mogą spowodować trwałe uszkodzenia układu nerwowego, mogą też być śmiertelne.
Przyczyny: Różne organizmy, obejmujące: bakterie, grzyby, wirusy i pierwotniaki, a także czynniki drażniące (chemiczne i inne) lub ciało obce w drogach oddechowych. **Drogi zakażenia:** Zależą od przyczyny. **Czas wylęgania:** Zależy od przyczyny. **Czas trwania:** Zależy od przyczyny.	**Wezwij lekarza,** jeśli dziecko ma uporczywy mokry kaszel lub gdy lekko chore dziecko nagle czuje się gorzej lub wzrosła mu gorączka i więcej kaszle. **Natychmiastowej interwencji medycznej wymaga** dziecko, które ma trudności z oddychaniem, sinieje lub wygląda na bardzo chore. **Postępowanie:** Leczenie objawowe. Większość przypadków można wyleczyć w domu. W razie konieczności antybiotyki. **Dieta:** Odżywcza, napoje.	**Zapobieganie:** Szczepienie przeciw Hib, ochrona wrażliwych dzieci przed chorobą. **Nawroty:** Częste. **Powikłania:** Niebezpieczne dla niemowląt osłabionych w wyniku innych chorób lub z niską masą urodzeniową.
Przyczyny: Różne, obejmują wirusy, bakterie, alergeny, czynniki drażniące ze środowiska, niedrożny kanalik łzowy (patrz str. 205), chlamydia. **Drogi zakażenia:** Oko-ręka-oko. **Czas wylęgania:** Zazwyczaj krótki. **Czas trwania:** Różny, wirus: 2 dni – 3 tygodnie (może stać się przewlekłe), bakterie: ok. 2 tygodni, inne: aż do usunięcia alergenu, czynnika drażniącego lub do udrożnienia kanalika łzowego.	**Wezwij lekarza,** by potwierdzić rozpoznanie, **wezwij ponownie,** jeśli stan pogarsza się lub nie polepsza. **Postępowanie:** Przemywanie oczu (patrz strona 688), używanie osobnych ręczników i pościeli, by zapobiec rozprzestrzenianiu infekcji, w miarę możliwości usunięcie czynników drażniących, takich jak dym papierosowy, krople lub maść przepisana na opryszczkę lub infekcję bakteryjną, lub na wirusowe zapalenie spojówek (by zapobiec wtórnej infekcji oraz złagodzić dyskomfort przy reakcji alergicznej).	**Zapobieganie:** Przestrzeganie zasad higieny (osobne ręczniki w przypadku infekcji któregoś członka rodziny), unikanie alergenów i innych czynników drażniących. **Powikłania:** Utrata wzroku (rzadko, z wyjątkiem infekcji rzeżączkowej), przewlekłe zapalenie oka, uszkodzenia oka w wyniku powtarzających się zapaleń.

Choroba/okres występowania/ /podatność	Brak wysypki	Objawy (cyfra wskazuje kolejność występowania)	Wysypka
ZAPALENIE UCHA (*otitis media*) patrz s. 496.			
ZESPÓŁ REYE'A Okres występowania: Każdy. Podatność: Najczęściej dzieci, którym podczas choroby wirusowej (np. ospy wietrznej) podano aspirynę.	**Objawy ogólne:** 1-7 dni po infekcji wirusowej: uporczywe wymioty, letarg, szybko pogarszający się stan umysłowy (rozdrażnienie, dezorientacja, pobudzenie), przyspieszone tętno i szybki oddech. Może przejść w śpiączkę.	**Objawy skórne:** Brak.	

PRZYROST WYSOKOŚCI I MASY CIAŁA — WYKRESY

Zanotuj w „domowej historii zdrowia" masę i długość ciała dziecka po urodzeniu. Uaktualniaj zapisy po każdej wizycie u lekarza. By sporządzić wykres, odszukaj wiek dziecka na osi poziomej i masę (w kg) lub wysokość (w cm) na osi pionowej. Kolorowym pisakiem zaznacz punkt przecięcia się tych dwóch linii. By ocenić przyrost masy lub wzrostu, połącz linią naniesione kropki. 90% dzieci mieści się w granicach

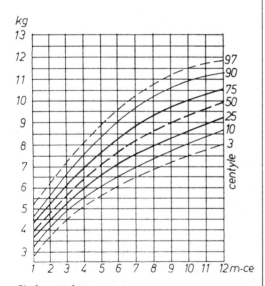

Siatka centylowa
masy ciała dziewczynek
(R. Kurniewicz-Witczakowa i wsp., 1983)

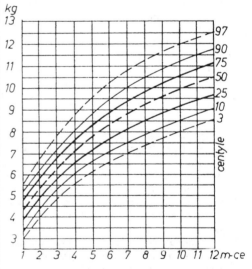

Siatka centylowa
masy ciała chłopców
(R. Kurniewicz-Witczakowa i wsp., 1983)

Przyczyna/drogi zakażenia/ /czas wylęgania/czas trwania	Kiedy wezwać lekarza/ /postępowanie/dieta	Zapobieganie/nawroty/ /powikłania
Przyczyny: Nieznane, lecz związane z takimi chorobami wirusowymi, jak ospa wietrzna i grypa oraz stosowania w ich leczeniu aspiryny. **Drogi zakażenia:** Nieznane. **Czas wylęgania:** Nieznany, prawdopodobnie kilka dni od wystąpienia infekcji. **Czas trwania:** Różny.	**Natychmiast wezwij lekarza** lub pogotowie, jeśli podejrzewasz zespół Reye'a. **Postępowanie**: Konieczne leczenie szpitalne.	**Zapobieganie:** Nie podawaj aspiryny w przypadku chorób wirusowych, takich jak ospa wietrzna lub grypa. **Nawroty:** Nie występują. **Powikłania:** Mogą być śmiertelne. Brak trwałych problemów u osób, które przeżyły.

normy. Dzieci mieszczące się do 5% poniżej i 5% powyżej normy mogą mieć wymiary ciała uwarunkowane genetycznie, niektóre z nich mogą rosnąć zbyt wolno lub przybierać zbyt szybko. Jeżeli twoje dziecko należy do jednej z tych grup, skonsultuj się z lekarzem i przedyskutuj ewentualną przyczynę rozbieżności. Odchylenie od przyjętej normy może być normą dla twojego dziecka.

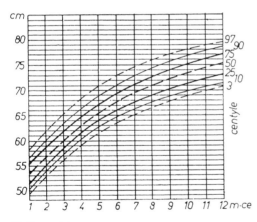

Siatka centylowa
wysokości ciała dziewczynek
(R. Kurniewicz-Witczakowa i wsp., 1983)

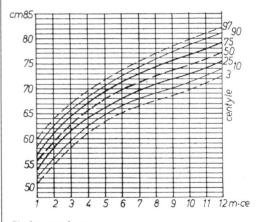

Siatka centylowa
wysokości ciała chłopców
(R. Kurniewicz-Witczakowa i wsp., 1983)

INDEKS

A
ADHD (nadpobudliwość psychoruchowa z zaburzeniami uwagi) 443
adopcja
– a brak poczucia rodzicielstwa 587
– a karmienie piersią 12, 141, 589-590
– a nie znane problemy zdrowotne 591-592
– a płacz dziecka 588
– a powstawanie więzi 588
– a przygnębienie poporodowe 588-589
– a reakcja dziadków 590-591
– a szczepienia 592
– a urlop macierzyński 593
– finalizowanie 589
– obwieszczanie 592-593
– przygotowanie do niej 585-587
– wyjawienie dziecku 593
– zagraniczna, a szczególne problemy medyczne 587
Advil, *patrz* ibuprofen
AIDS
– a obrzezanie 20
– matki i karmienie piersią 10
– okołoporodowy 572
aktywne dziecko 218
aktywność fizyczna *patrz* ćwiczenia

alergia 480-485
– a długotrwałe karmienie piersią 246, 300-301
– a karmienie piersią 4, 485
– a kolka 168
– a zmiany w diecie 287-288, 484
– na jad pszczół 484
– na kurz 482-483
– na mleko 159, 484
– na mleko u dzieci karmionych piersią 159-160
– na orzechy 40, 435
– na pleśń 483-484
– na pyłki roślin 481-482
– na sierść zwierząt 482
– na soję 484
– na żywność 289, 299-302, 484
– reakcja na szczepienia 212
– testy 302
alergia na mleko 159-160
– a stolce 159
– u dziecka karmionego piersią 159-160
alergiczne zapalenie okrężnicy 159-160
alkohol
– a karmienie piersią 88
– a pielęgnacja pępka 136, 176-177
– a zagrożenia związane z podawaniem dziecku 311
angina 702-703

antybiotyki
– dla matki a karmienie piersią 10-11
– w infekcji ucha 497-498
antykoncepcja 624-632
– a karmienie piersią 81
antykoncepcja awaryjna 631
aparat fotograficzny
– flesz, bezpieczne używanie 183
apetyt
– brak, u noworodka 110-111
– nieregularny 378-379
– pogorszenie 433
– u chorego dziecka 474-475
– utrata 379
– utrata, a ząbkowanie 292-293
– wzrost 433
Apgar test 92, 95
apteczka, wyposażenie 40-41
arachidonowy kwas (ARA)
– w mieszankach 98
– w pożywieniu dla niemowląt 316
aspartam
– a karmienie piersią 89
aspiryna 508, 709
astma 480
– a karmienie piersią, by zapobiec 4
atopowy rumień 247-248 *patrz też* skaza

audiometria odpowiedzi wywołanych z pnia mózgu (ABR), badania przesiewowe słuchu 93
autyzm 639
azotan srebra do oczu noworodka 107

B
Babińskiego odruch, u noworodków 95-96
badanie fizyczne 139-140 *patrz też* wizyty kontrolne
badanie przesiewowe słuchu, emisja otoakustyczna (OAE) 93
bakterie *patrz* zarazki
barierowa metoda antykoncepcyjna 629-631
basen, bezpieczeństwo na 371, 456-458
benzopyreny i minimalizowanie zagrożenia dla dziecka 308
bezdech 238-241
  – u wcześniaków 240-241, 622
bezmózgowie 573
bezpieczeństwo na placu zabaw 370
bezpieczeństwo
  – bezpieczne prezenty 462
  – bezpieczne zabawki 280-281
  – bramki 57, 365, 371
  – domu 362-372
  – dziecka 185
  – kiedy dziecko jest nieco starsze 446
  – kiedy dziecko zaczyna wstawać 382
  – łóżeczka 362 *patrz też* łóżeczko
  – na placu zabaw 372
  – ochrona przed zatruciami 367
  – ogień 366-368
  – podczas podróży 470-471
  – poza domem 456
  – przyborów i akcesoriów 42-57
  – przygotowywania posiłków 300-301
  – uczenie dziecka zasad 370-372
  – w lecie 455-458
  – w okresie świątecznym 461-462
  – w pobliżu kominka 460-461
  – w pobliżu wody 456-458
  – w samochodzie 126-127, 372
  – wyposażenie zapewniające 369
białko
  – dietetyczne zalecenia dotyczące spożycia 289
  – przyjmowanie odpowiedniej ilości 434
  – w diecie poporodowej 600
bicie innych dzieci 432
biegunka 485-487
  – a alergia na mleko 159
  – a bakterie *E. coli* 309
  – a mleko matki 4
  – a soki 274
  – a ząbkowanie 293
  – jako objaw alergii przy urozmaicaniu diety 288
  – jako objaw u chorego dziecka 475
  – kiedy wezwać lekarza 487
  – leczenie 486
  – najlepszy sok w wypadku 499
  – stolce 118-119
bilirubina 117-118
  – a siara 70
biotynazy niedobór 579
  – badanie niemowlęcia w kierunku 92
biustonosz do karmienia 77
  – a nabrzmienie piersi 71
  – a zatkane kanaliki mleczne 79
blat do przewijania 44
bliźnięta 154-155
blokada nerwu grzbietowego prącia a obrzezanie 21
błona dopochwowa jako środek antykoncepcyjny 629
boczne poduszki powietrzne a foteliki samochodowe 128
ból gardła 702-703
  – leczenie 483
ból ucha
  – a infekcje 497
  – leczenie 497-498
  – odmawianie ssania piersi 267
ból
  – brodawek 66, 74
  – brzucha *patrz* brzucha ból
  – pleców, po porodzie 611-612
  – przy szczepieniach 205
  – przy ząbkowaniu 292, 294
  – ucha 267, 482, 497
  – uśmierzanie 482
bóle poporodowe 611-612
bramka
  – używanie 365, 371
  – wybieranie bezpiecznej 57
brązowe plamki (znamiona) 115
brodawki dziecka
  – wklęsłe 215
brodawki matki
  – a przystawianie dziecka do piersi 65-67
  – ból, w trakcie karmienia piersią 66, 74
  – dziecko gryzie 342-343
  – obolałe 75-76, 150
  – płaskie a karmienie piersią 8, 150
  – popękane 75-76
  – wklęsłe a karmienie piersią 8, 25-26, 150
brutalne uczucia wobec dziecka 171-175
brzuch
  – ból, a alergie pokarmowe 299-300
  – ból, a chore dziecko 574-576
  – ból, a kolka 69
  – ból, a przekarmienie mieszanką 153-155
  – naciskanie, u dławiącego się dziecka 529-530
  – obrażenia, pierwsza pomoc 522
brzuszek
  – dziecko śpiące na 220-221, 321
  – zabawy na 188
budzenie się w nocy
  – a karmienie 236-238
  – a uczenie zasypiania 317-320

- a ząbkowanie 293, 381-382
- u dziecka, które zwykło przesypiać noc 428-429
- w dwunastym miesiącu 428-429
- w pierwszym miesiącu 162-163
- w szóstym miesiącu 317-320
- w trzecim miesiącu 236-238
- *patrz też* spanie

budzenie
- a ząbkowanie 293
- dziecka do karmienia 111-112
- wczesne 320-321
- wzorce we wczesnym okresie dzieciństwa 162-163

butelka
- a próchnica zębów 326-327
- do uspokajania 384-385
- eliminowanie 327
- niewprowadzanie 194
- odrzucanie przez dziecko 324
- odstawianie 408-410
- podpieranie 101-102
- sterylizowanie 100
- wprowadzenie u dziecka karmionego piersią 194-196
- wybór 41

buty dla dziecka 330-331, 398-399

C

całkowite żywienie pozajelitowe 538
CD-ROM-y, dla niemowląt 441-443
celiakia 573-574
- a długotrwałe karmienie piersią 246

cera, problemy z 115-116
chłodne okłady 689
chłopcy a różnica płci 437-439
chodzenie
- buciki 398-399
- dziecko jeszcze nie chodzi, w dwunastym miesiącu 424-425
- wczesne 382

chodzik 303-304

cholesterol
- a mleko matki 5
- w diecie dziecka 412-413

chore dziecko 473-509
choroba brudnych rąk 692-693
choroba hemolityczna noworodka 574
choroba matki
- a karmienie piersią 80-81
- możliwość zarażenia dziecka 633
- poważna a karmienie piersią 10-11

choroba syropu klonowego 579
choroba z Lyme 492-493
- chronienie przed 455

choroba
- alergia 480-485
- biegunka 485-487
- leczenie 482-483
- najczęściej występujące 480-501
- przeziębienie 489-493
- przy porodzie 638-651
- wcześniaka 556-559
- zakaźna 691-709
- zapalenie ucha 496-499
- zapobieganie rozprzestrzenianiu się 492

choroby dolnego układu oddechowego a mleko matki 5
chude dziecko 147, 274-275
ciąża wielopłodowa 154-155
ciąża
- a karmienie piersią 6, 633
- rozpoznanie następnej 633
- zapobieganie *patrz* antykoncepcja

ciemiączko 146-147
- u chorego dziecka 475

ciemieniucha 212-213
ciepłe okłady 687
ciepłe okłady na nabrzmiałe piersi 71
ciśnienie krwi, niskie u wcześniaka 559
codzienna dwunastka
- dla dziecka 289-291
- dla matki po porodzie 599-602

coxsackie, wirus 693

cytomegalia 93
czarne stolce 118-119, 276
czas
- brak u ojca 655-656
- dzielenie go między rodzeństwo 671-674
- wartościowe spędzanie 640-642
- znajdowanie go dla siebie 634

częste choroby wieku dziecięcego 691-709
czkawka 186
członek
- ból 249
- dbanie o nie obrzezany 135
- dbanie o po obrzezaniu 135
- dotykanie 359
- erekcja, w trakcie zmieniania pieluchy *patrz* erekcja
- wada (spodziectwo) 178
- zrost napletka 214
- *patrz też* obrzezanie

czynnościowe szmery w sercu 275-276
czyszczenie nitką ząbków dziecka 326
czytanie dziecku 360-361
- jako część wieczornego rytuału 381

Ć

ćwiczenia z wózkiem 617
ćwiczenia
- a karmienie piersią 81-82
- dla niemowlęcia 277-279, 444
- poporodowe 615-617
- z wózkiem 617

D

DEET w środkach owadobójczych 455
deficyt dehydrogenazy acyloCoA średniołańcuchowych kwasów tłuszczowych 579
- badanie dziecka w kierunku 92

deformacje 583-584
- stopy lub stawu skokowego 578-580

deformacje noworodka 580-581
dentysta 326, 412
- nagłe przypadki 317-318
- przegląd 326
- zdrowie 325-327
Depo-Provera 626-627
depresja poporodowa 605-606
- u matki adoptującej 588-589
- u ojca 651
DHA (kwasy tłuszczowe)
- a mleko matki 5
- w mieszankach mlecznych 98
- w pożywieniu dla dziecka 316
dieta dla początkujących 289-291
dieta dziecka
- a otyłość 272-274
- dla początkujących 289-291
- dziecka szczególnej troski 561-562
- urozmaicanie 311-312, 376
dieta matki po porodzie 597-603
- a alergia na mleko matki 159-160
- a karmienie mieszankami mlecznymi 8-9, 602
- a karmienie piersią 85-87
- a odmowa ssania 267
Di-Te-Per *patrz* szczepionka przeciwko błonicy, tężcowi, krztuścowi
długość dziecka w chwili narodzin 92
dodatki wzbogacające mleko matki 541
dokazywanie 250-251
dom
- dziecko bałaganiące 355-357
- zakładanie zabezpieczeń 362--372
domowe jedzenie dla dziecka 316--317
domowe porody a szpitalne procedury 96
domowe zabezpieczenia przed szkodnikami a dziecko 306-307
dotyk, zmysł, stymulowanie 225
Downa zespół 582-583
dreszcze, jako objaw u chorego dziecka 476

- jako objaw zapalenia piersi 80
drgawki 249-250
drgawki, napady
- gorączkowe 502, 507
- pierwsza pomoc 507, 511
- po szczepieniach 212
drobne cząsteczki w powietrzu, minimalizowanie zagrożenia dla dziecka 308
drogi oddechowe
- oczyszczanie przy porodzie 91
- oczyszczanie, podczas sztucznego oddychania 531
- sprawdzanie, gdy dziecko się krztusi 528
drugi język 200-201
drzazgi, pierwsza pomoc 517
drzemki
- a nocny sen 166
- liczba i czas trwania 295
- rezygnowanie z 380
- zmiany w rozkładzie 380-382
drżąca broda 144
duża wrażliwość na bodźce 216--220
duże wysokości, podróżowanie na 470
dymu czujniki 368
dyscyplina, początki 400-405
dysplazja oskrzelowo-płucna 556--557
dystrofia (opóźniony wzrost płodu) 549
dziadkowie 14-16, 18-19
- a adopcja 590-591
- a wady wrodzone dziecka 564
- brak 16
- rozpieszczają wnuki 338--339
dziąsła
- krwiaki a ząbkowanie 293
- opuchnięte 412, 475
- urazy 114
dziecko nadpobudliwe 219
dziecko o małej masie urodzeniowej 537-559
- a poinformowanie starszego rodzeństwa 549-550

- a radzenie sobie z uczuciami 544-545
- a szczepienia 554
- doganianie rówieśników 553
- foteliki samochodowe dla 554
- karmienie piersią 550-551
- odciąganie pokarmu dla 540
- odżywianie 537-541
- opieka domowa 541-542, 555
- organizowanie najlepszej opieki dla 545-546
- powrót do domu z 551
- problemy zdrowotne 556--559
- trwałe problemy z 552-553
- trzymanie 551-552
- tworzenie więzi z 546-548
- utrata masy ciała 539
- wina z powodu 555-556
- wygląd 545
dziecko wrażliwe na bodźce zewnętrzne 219
dziecko z problemami zdrowotnymi 561-584
- niekochanie 563
- poinformowanie o 563-564
- prawidłowe rozpoznanie 566-567
- problem powtarza się u następnego dziecka 570-571
- uczucie odpowiedzialności za 564-566
- uczucie odpowiedzialności za wadę u 562
- wpływ na rodzeństwo 568--570
- wpływ na związek rodziców 570
- zapewnienie najlepszej opieki medycznej dla 567-568
- zgoda na leczenie 567
- złość z powodu 562-563, 564
dziecko ze słabą umiejętnością przystosowania się 219
dzielenie
- łóżka z dzieckiem 243-244
- pokoju, z dzieckiem 242
- się z innymi dziećmi 431

dziewczynki, a różnica płci 437--439

E

E. coli, bakterie a małe zoo 309
ekologiczne
- mieszanki mleczne 98-99
- żywność dla dziecka 310, 310-311, 316-317
- żywność i karmienie piersią 89

elektroniczna niania 46
elektryczne oparzenia, pierwsza pomoc 514
elektryczność 369, 371
elektryczny odciągacz pokarmu 142, 145
EMLA krem, a obrzezanie 21
erekcja u dziecka w trakcie zmieniania pieluchy 129, 359
Essure 632
estrogeny a karmienie piersią 62
Evra 627

F

FemCap 629
fenyloketonuria 579
- a karmienie piersią 11
- badanie dziecka pod kątem 92

fluor 157
- w paście do zębów 326

formaldehydy, minimalizowanie zagrożenia dla dziecka 308-309
fotel na szynach 45-46
foteliki samochodowe
- a poduszki powietrzne 127, 128
- bezpieczne używanie 126--127, 185
- dla dziecka o małej masie urodzeniowej 554-555
- instalowanie 126-127
- rodzaje 50-53
- w samolocie 127, 464, 465

fototerapia lampą ultrafioletową, w przebiegu żółtaczki 117

G

galaktozemia 579
- badanie dziecka w kierunku 92

garderoba dziecięca *patrz* ubieranie dziecka
gardła, ból, leczenie 483
gaśnice 368
gaworzenie 197-199
gaworzenie 197-199
- brak 198-199
gazy
- a kolka 168
- a mleko matki 4
- a płacz 174
- jako objaw alergii, przy urozmaicaniu diety 288
- lekarstwo na 171
genetyka a wady wrodzone 571, 581
genialne dziecko, wychowywanie 346-347
genitalia, dziecka
- dziecko bawiące się nimi 359
- mycie 122
- obrzmiałe u noworodka 94
- tłumaczenie różnic między płciami starszemu rodzeństwu 667
- *patrz też* pochwa, członek, moszna, jądra
głowa
- noworodka 106
- obwód, w chwili narodzin 92
- pozycja podczas sztucznego oddychania 528, 529, 530--531
- spłaszczenie, z powodu pozycji spania 162
- uderzanie nią 392-393
- urazy, pierwsza pomoc 522--523
- wygląd w chwili narodzin 94
głód *patrz* apetyt
głuchota *patrz* słuch, ubytek
gorączka 501-509
- a udar słoneczny 452
- a ząbkowanie 293
- drgawki w trakcie 502
- kiedy wezwać lekarza 505--506
- leczenie na 506-509
- mierzenie 503-505
- po szczepieniach 212

gorączkowe drgawki 502, 507
grill, bezpieczeństwo w pobliżu 456
grupowa opieka *patrz* opieka nad dzieckiem
gruszkowy sok a biegunki 499
gruźlica u matki a karmienie piersią 10
grypa 492, 692-694
- szczepienia 208-210, 212, 492
gryzienie 394
- a ząbkowanie 292
- brodawek, w trakcie ssania piersi 342-343
gryzienie 394
- u starszego rodzeństwa 670--671
grzybicza infekcja
- w okolicy pieluszkowanej *patrz* pieluszkowy rumień
- w ustach 116
gumowa gruszka (laktator) 142--143
guzek w piersi 79

H

hałas
- a wcześniaki 542
- gdy dziecko śpi 164
- strach wywołany 399-400
Hib *patrz* szczepionka przeciw zakażeniu *Hemophilus influenzae* typu b
hipoglikemia 559
hipotermia, pierwsza pomoc 512--513
HIV *patrz* AIDS
homocystynuria 579
hormony matki
- a depresja poporodowa 605--606
- a dziecko odmawiające ssania piersi 267
- a karmienie piersią 62-63, 81
hospitalizacja
- wcześniaka 548-549, 559
hotele, mieszkanie w, z dzieckiem 470-471
huśtawka 46-47, 305

hydrokortyzonowy krem a pieluszkowe zapalenie skóry niemowląt 249
hydrolizat 484

I
ibuprofen 508 *patrz też* leki
imię dla dziecka 23-24
Implanon 627
implant hormonalny jako metoda antykoncepcyjna 627
infekcja górnych dróg oddechowych *patrz* przeziębienia
infekcje górnego układu oddechowego *patrz* przeziębienia
infekcje ucha 496-499
- a długotrwałe karmienie piersią 246
- a długotrwałe podawanie smoczka 176
- a podpieranie butelki 101--102
infekcje
- częste okresu dziecięcego 691-709
- kikuta pępowiny 176-177
- oka *patrz* oczy
- piersi 76, 80
- poważne, matki a karmienie piersią 10-11
- u wcześniaka 559
- ucha *patrz* infekcje ucha
- żołądkowo-jelitowe a długotrwałe karmienie piersią 246
inkubator 543
intertrigo 248
IPV, szczepionka przeciwko polio 206
izolatka, na oddziale intensywnej opieki nad noworodkiem 542

J
jajka
- unikanie surowych 301
- wprowadzanie 289
jama ustna
- biały nalot w 116
- pleśniawki 116
- rany, pierwsza pomoc 517--518

- rozwój a kubek z dzióbkiem 298
- rozwój a mleko matki 5
- torbiele 116
- u chorego dziecka 475
jądra
- niezastąpienie 213-214
jednorazowe wkłady do butelek 103
jedzenie bezwartościowe 376 *patrz też* słodycze
jedzenie
- bałaganienie przy 391-392
- brudu 358
- odmawianie samodzielnego 435-436
- poza domem, z dzieckiem 344-345
- samodzielne 379
- z podłogi 357-358
- *patrz też* żywność, urozmaicanie diety, dieta
język migowy 352-354
język obcy, uczenie 200-201
język
- niewerbalny 436-437 *patrz też* język migowy
- rozwój 187-188, 197-201, 332, 352
- uczenie drugiego 200-201
- wspomaganie rozwoju mowy u dziecka 414-416
językiem migowym rozmawianie z dzieckiem 436-437

K
kalorie
- w diecie niemowlęcia 289
- w diecie poporodowej 598
kamera
- do obserwowania opiekunki do dziecka 258
kanalik łzowy, niedrożny 184
kanaliki mleczne, zatkane 79
kapturek naszyjkowy 629
kapusty liście, na nabrzmiałe piersi 71
karmienia skumulowane 74-75
karmienie butelką
- łączone z karmieniem piersią 82-83

- początek 97-100, 103
- zakłócające karmienie piersią 60
- higiena karmienia butelką 100-101
- dodatkowe 11, 194-196
- przystawianie dziecka do butelki 195
- bliźnięta 154-155
- odstawianie 408-410
- z czułością 101-103
- odczucia związane z 9-10
- *patrz też* karmienie, mieszanki mleczne
karmienie na życzenie 60, 147--148
karmienie piersią
- a adopcja 12, 141, 589-590
- a alkohol 88
- a grzybica 116
- a jedzenie ryb 89
- a kofeina 88
- a leki 87
- a ojciec 7, 652
- a orzeszki ziemne 89
- a palenie 87-88
- a picie 86-87
- a powrót do wyłącznego karmienia piersią 83-84
- a praca 230-233
- a prawa matki 79
- a *rooming-in* 60
- a słodziki 89
- a substancje chemiczne 88--89
- a zespół nagłej śmierci niemowlęcia 5, 241
- a zioła 88
- a żółtaczka 118
- brak swobody 251
- co godzinę 84, 148
- czas spędzany na 76-77
- częstotliwość 69, 149
- ćwiczenia fizyczne 81-82
- dieta matki w trakcie 85--87
- dziecko zasypiające w trakcje 381 *patrz też* karmienie
- kontynuowanie 246, 389
- korzyści z przedłużonego 246

- łączone z karmieniem z butelki 82-83
- niemożność 151-152
- obawy o 9-10
- odczucia wobec 9-10
- odmawianie ssania piersi 267-268
- podczas choroby matki 80-81
- pomoc przy 61
- pozycje przy 64-65
- prawo o 79
- produkty wspomagające 84
- przeciwwskazania do 10-12
- przerywanie ssania podczas 67
- przy starszych dzieciach 667-668
- przygotowanie piersi do 25-26
- przystawianie dziecka 65-67
- rozpoczynanie 59-62
- style, u dziecka 68
- substancje, których należy unikać podczas 87-89
- utrata zainteresowania dziecka w wieku ośmiu miesięcy 376-378
- w miejscu publicznym 78-79
- w szpitalu 60
- wczesne 59-60
- wcześniaka 550-551
- zalety 4-7
- zmiana zdania o 153
- zmiany hormonalne podczas 9, 62-63
- *patrz też* karmienie, mleko matki, odstawianie

karmienie
- bezpieczeństwo 300-301
- chorego dziecka 476
- długość, a karmienie piersią 68-69
- dziecka o niskiej masie urodzeniowej 537-541, 550-551
- krzesło do *patrz* wysokie krzesełko
- na żądanie 60
- nabieranie dobrych nawyków 375-376
- nocne, a karmienie butelką 7, 103
- nocne, a karmienie piersią 6
- non stop 113-114
- odmawianie samodzielnego 435-436
- odmawianie, z powodu ząbkowania 292-293
- przy stole 376
- redukowanie nocnych karmień 236-238
- rozkład 152-153
- samodzielne 379
- skumulowane 74-75
- ułatwianie 113
- urozmaicanie diety 285-291
- wskazówki 61
- *patrz też* karmienie piersią, karmienie butelką

kaszel
- a ząbkowanie 292
- leczenie 483
- nagły 493
- przewlekły 294
- szczekający 694-695
- udawany 294

katar *patrz* nos; objawy ze strony układu oddechowego

kąpiel
- bezpieczeństwo podczas kąpieli 185, 323
- jak kąpać 121-124
- jako część wieczornego rytuału 480-481
- na leczenie gorączki 507-509
- obawy przed 322-323
- siedzenie do wanny 56, 323
- w dużej wannie 322-323
- w wanience 45

kciuka ssanie 271-272
Kegla, ćwiczenia 613, 614, 619
kicanki 304-305
kichanie 184
klapsy 404
klatki piersiowej oklepywanie, u krztuszącego się dziecka 527-528
kleik ryżowy 285, 287-288
- niechęć do 328

kleszcze
- chronienie dziecka przed 455
- usuwanie 521

kleszcze, ochrona dziecka przed 455
klimatyzacja i dziecko 451
kliniczna skala postępów w mowie i słyszeniu 138
kliny, do utrzymania pozycji w śnie na plecach 241
kocyk
- a zagrożenie zespołem nagłej śmierci niemowlęcia 240
- dla dziecka 39
- do snu 439-440
- jako przedmiot uspokajający 384-385

kofeina
- a karmienie piersią 88
- a odpływ treści żołądkowej do przełyku 489

kojec 57, 359-360
kolka 167-175 *patrz też* płacz
- lekarstwo przeciw 171
- pomaganie rodzeństwu radzić sobie z 669-670
- pozycja noszenia dziecka przy niej 172, 173, 277
- radzenie sobie z 172-174

kołysanie dziecka 44
- gdy płacze 173

kołysanie dziecka w ramionach 425
kołysanie się (nawyki dziecka) 392-393
kołyska 43-44
komary, chronienie dziecka przed ukąszeniem 455
komputerowe gry dla niemowląt 441-443
konflikt serologiczny 574
konserwanty w żywności 309-312
- a karmienie piersią 89

kontrola
- brak, u młodej matki 608-609
- częściowe przekazywanie dziecku 405

kości złamanie, pierwsza pomoc 526

koty 25-26
kozieradka 84, 88
krążek hormonalny jako metoda antykoncepcyjna 627
krążenie, sprawdzanie podczas reanimacji 533
- nie w pełni rozwinięte, u noworodka 181
kreatywności stymulowanie 333
krem steroidowy w leczeniu skazy 296
krem z filtrem ochronnym 134, 453-454
krem
- na okolice pieluszkowane 249
- skaza 296
krew
- w stolcu 119, 159-160
- w wymiotach 158-159
krople do nosa 491, 688
kroplówka, karmienie, a dziecko o małej masie urodzeniowej 538, 543
krup 694-695
krwawienie do komór mózgu 558
krwawienie z nosa, leczenie 523-524
krwawienie, pierwsza pomoc 517
- wewnętrzne, pierwsza pomoc 522
- z nosa, pierwsza pomoc 523-524
- z ust, pierwsza pomoc 517-518
krwi badanie, *patrz* przesiewowe badania
krzesełko, karmienie *patrz* wysokie krzesełko
krztusiec 696-697
- *patrz też* szczepionka przeciwko błonicy, tężcowi, krztuścowi
krztuszenie się
- a podpieranie butelki 101-102
- lekarstwem 538
- pierwsza pomoc 527-530
- u noworodka 111
- żywność, która może wywołać 351

krzywica a preparaty uzupełniające z witaminą D 157, 410
książki
- czytanie dziecku 332, 360-361, 416
kubeczek
- wprowadzanie 297-299
- z dzióbkiem 297-299
kuchnia, zasady bezpieczeństwa 368-369
kurz, alergia 482-483
kwas foliowy
- niedobór u matki, a wady wrodzone 573, 577, 578
kwas mlekowy w mleku matki 81

L
laktacja *patrz* karmienie piersią
laktacyjne poradnie 76
laktozy niedobór 159
laktozy nietolerancja
- u dziecka 159, 300-301
- u matki a karmienie piersią 11
lampa ultrafioletowa 117
lampka nocna 47
lanolina na obolałe brodawki 75
lapware, oprogramowanie dla dzieci 441-443
latanie samolotem z dzieckiem 465, 468-469
LATCH 52
lato
- upały, dbanie o dziecko podczas 452-453, 455-458
- wysypka z gorąca 452
leczenie kanałowe, dla dziecka 412
lekarz *patrz też* pediatra
- na oddziale intensywnej opieki nad noworodkiem 543
- nim zadzwonisz, gdy dziecko jest chore 473-476
- wybór 27-34
lekarz rodzinny 28 *patrz też* lekarz
leki dla dziecka 477-480
- a wrażliwość na światło słoneczne 545
- na kolkę 171

- prawidłowe podawanie 477-478
- przeciwgorączkowe 507, 508
- pytania związane z 477
- smak 479
- w czasie bolesnego ząbkowania 294
- w podróży 463
leki dla matki
- karmienie piersią 11, 87, 108-109, 140
- na nabrzmienie 71
lewo- czy praworęczność 361-362
leżaczek bujany 45
leżaczek dla dziecka 45
- marudzenie w 269-270
lęk przed rozdzieleniem 425-427
- a nieśmiałość 430
- a zasypianie 428-429
lęki 399-400
- przed kąpielą 322-323
- przed obcymi 383-384, 429-430
lista rzeczy potrzebnych dla dziecka 37
liszajec 248
lód
- a obrzęki 71
- woreczki z 688
luźne stolce *patrz* biegunka

Ł
łazienka, przestrzeganie zasad bezpieczeństwa 369-370
łączone szczepienia 140, 205
łokieć, zwichnięcie 425
łóżeczko
- bezpieczeństwo, w ósmym miesiącu 362
- bielizna pościelowa do 38-39
- materacyk 43
- ochraniacze na 43
- podróżne 47
- pościel, a zespół nagłej śmierci niemowlęcia 241
- przenoszenie śpiącego dziecka do 165-167
- wybieranie 42-43
- wyrastanie z 439, 660

łóżko
- kładzenie dziecka 235-236, 380-382
- kładzenie dziecka po odstawieniu od piersi 427-428
- spanie na tapczanie 439
- spanie z dzieckiem 243-244, 321
- *patrz też* spanie, łóżeczko

łupież 212

łyżeczka, rodzaj, do karmienia dziecka 286

M

macica
- fragmenty łożyska w a brak pokarmu 151
- kurczenie się a karmienie piersią 6

macierzyństwo
- obowiązki 606-608
- znudzenie nim 634-637
- różne style 638
- wyczerpanie z powodu 603-605
- uczucie niekompetencji 609-611
- przygotowywanie się do 13-14
- sprostanie 12-13

małe zoo, minimalizowanie zagrożenia dla dziecka 309

małżeństwo *patrz* związek ze współmałżonkiem

maniery przy stole 391-392

martwicze zapalenie jelit 540, 558

marudzenie
- a alergia na mleko 159
- a ząbkowanie 292
- kłopotliwe dziecko 216-220
- w foteliku samochodowym 270-271
- w leżaczku niemowlęcym 269-270
- *patrz też* kolka, płacz

masa ciała dziecka 92, 147, 275
- w chwili narodzin 92, 104
- wykresy 708-709

masaż
- dziecka 173, 276-277, 654

- piersi 71, 79
- wcześniaka 546-547
- zatkanych kanalików łzowych 184

maści
- do oka *patrz* maść antybiotykowa
- na okolice pieluszkowane 249
- skaza 296

maść antybiotykowa
- a oczy noworodka 92, 106, 107-108
- a pępowina 92
- przy udzielaniu pierwszej pomocy 516

maść przeciw odparzeniom 128

materacyk w łóżeczku dziecięcym 43
- bezpieczeństwo spania z dzieckiem 243

maź płodowa u noworodka 94

mąka z pełnego ziarna 375

mąż *patrz* współmałżonek

mebelki dla dziecka, wybieranie bezpiecznych 42-47

medycyna komplementarna i alternatywna 32, 500

meningokokowe zapalenie opon mózgowych 706

meszek płodowy, u noworodka 94

metoda Ferbera 318

metoda wymuszania rytmu snu
- a przyzwyczajanie dziecka do przesypiania całej nocy 318-319

miejsce pracy, zabieranie dziecka do 260-261

mierzenie temperatury pod pachą 504-505

mierzenie temperatury w odbycie 504, 505

miesiączkowanie
- a karmienie piersią 6, 81, 149
- powrót do, po porodzie 612-613

mieszanki mleczne bez laktozy 98

mieszanki mleczne hipoalergiczne 98-99

mieszanki mleczne sojowe 98-99
- alergie na 484

mieszanki mleczne
- a DHA 98
- a stolce dziecka 119
- alergia na 159
- dla wcześniaka 541
- podawanie go za dużo 153-155
- podgrzewanie 100-101
- przechowywanie 101, 133
- przygotowywanie 100-101
- rodzaje 97-100
- uzupełnianie diety nimi, podczas karmienia piersią 194-195
- wybieranie 97-100
- zalety 7-9
- *patrz też* mleka następne, mieszanki mleczne hipoalergiczne, hydrolizat, mieszanki mleczne sojowe, mieszanki mleczne bez laktozy

miękkie miejsce *patrz* ciemiączko

mikrofalowa kuchenka a podgrzewanie butelek 101
- a podgrzewanie żywności 301

miłość fizyczna
- a dzielenie pokoju z dzieckiem 242
- a karmienie mieszankami mlecznymi 9
- a karmienie piersią 9
- *patrz też* stosunki płciowe po porodzie

miłość rodzicielska
- do dziecka adoptowanego 587-588
- do dziecka specjalnej troski 563
- do nowo narodzonego dziecka 105-106

minipigułka 625-626

miód 289

Mirena, system domaciczny 697

mleka następne 99

mleko drugiej fazy *patrz* mleko matki

mleko krowie
- ile dla rocznego dziecka 422
- niepodawanie dziecku 245--246, 327, 377
- pełne 377, 422

mleko matki
- a stolce dziecka 118-119
- dla wcześniaka 539-541
- kolor 70, 86, 141
- laktacja 62-63
- mleko drugiej fazy 5, 63, 68, 149, 273
- mleko pierwszej fazy 63, 68, 149, 273
- mleko przejściowe 70
   - *patrz też* siara
- nadmiar 72-73
- napływanie *patrz* napływanie pokarmu
- niewystarczające, a kolka 169
- odciąganie *patrz* odciąganie pokarmu
- odciąganie przed porodem 26
- oszczędność 6
- przechowywanie 145-146
- rozmrażanie zamrożonego 146
- skład 4, 63
- spożywanie odpowiedniej ilości 148-150
- sprawianie, by było bezpieczne i zdrowe 85-89
- torebki do przechowywania 145
- wygoda 5-6
- wypływanie samoistne 32--33, 73-74
- wystarczająca ilość 148-152
- wzbogacone dla wcześniaków 541
- zamrażanie ściągniętego 146
- żółtaczka 116-118

mleko pierwszej fazy *patrz* mleko matki
mleko sojowe 4, 427, 484
mleko sojowe 427
mocz
- a odwodnienie 487

- ceglaste zabarwienie 148, 475, 494
- cuchnący a infekcja dróg moczowych 493
- częstotliwość oddawania, u chorego dziecka 475, 487
- częstotliwość oddawania, u zdrowego dziecka 148
- częstsze oddawanie, a infekcja dróg moczowych 494
- mętny, a zakażenie dróg moczowych 493
- o intensywnie różowym zabarwieniu 86
- zabarwienie, u dziecka otrzymującego za mało pożywienia 148

monitorowanie oddechu dziecka 238-241
Moro odruch, u noworodka 95, 114
morskich zwierząt jad, pierwsza pomoc 522
moszna
- guzek w 214
- opuchnięta 177-178

motele *patrz* hotele
motoryczne umiejętności
- rozwój 188-189
- stymulowanie motoryki dużej 226-227, 277-279, 331, 444-445
- stymulowanie motoryki małej 226, 331-332, 445-446

Motrin *patrz* ibuprofen
motylkowe plastry 587
mowa *patrz* język
mówienie
- do dziecka 198-199, 200, 332
- drugi język 200-201
- pierwsze słowa 352
- pomaganie dziecku mówić 414-416
- *patrz też* język, rozwój

mózg
- a karmienie piersią 4
- a wzbogacona żywność dla dzieci 316
- a wzbogacone mieszanki 98

- uraz, od potrząsania 250
- wczesny rozwój 202-203
- zapalenie 704-705

mruganie 394
mukowiscydoza 575
muzyka
- a słuch dziecka 182
- stymulowanie dziecka za pomocą 225, 332

mycie gąbką 121-124
mycie włosów dziecka 124
- długich 399
mycie zębów dziecka 325-326
mycie
- dziecka *patrz* kąpiel, mycie gąbką, pielęgnacja niemowlęcia
- okolicy pieluszkowanej 123
- rąk, by zapobiec rozprzestrzenianiu się infekcji 492

N
nacięcie błony bębenkowej 498
naczyniak krwionośny jamisty 115
naczyniowe znamię wrodzone 114-115
nadpobudliwość 443
nadwaga u dziecka 272-274
- a długotrwałe karmienie piersią 246
- a mleko matki 5
- mieszanki mleczne 153-155
nagłe wypadki, bycie przygotowanym na 513
- pierwsza pomoc 511-536
- sztuczne oddychanie 530--536
- zakrztuszenie, pierwsza pomoc 527-530
nagość rodziców 410-411
napadowe płacze 168
napletek
- odsuwanie 214
- *patrz też* obrzezanie
napływanie pokarmu a karmienie piersią 63, 73-74
- brak 72, 150
- jako sygnał, że dziecko otrzymuje wystarczająco dużo pokarmu 147-148

- powolne, a dziecko odmawiające ssania piersi 267
- stymulowanie przy odciąganiu pokarmu 144

narkotyki a karmienie piersią 11
naturalne metody planowania rodziny 632
nauczenie samodzielnego zasypiania 317-320
nawilżacze powietrza 41, 689
nawilżanie pochwy po porodzie 619
nawyki żywieniowe
- nabieranie prawidłowych 375-376
- trudności z jedzeniem 378-379, 433-435

nawyki
- bałaganienie przy jedzeniu 391-392
- marudzenie przy jedzeniu 378-379
- mruganie 394
- przedmioty uspokajające 384-385
- smoczka używanie *patrz* smoczek
- ssanie kciuka 271-272
- uderzanie głową 392-393
- wstrzymywanie oddechu 394-395
- wyrywanie i nawijanie włosów na palec 393
- zgrzytanie zębami 393-394

negatywne myślenie 443-444
nerwu uraz, w zębie 412
niedoczynność tarczycy, badanie dziecka w kierunku 92
- a depresja poporodowa 605

niedokrwistość
- badania przesiewowe w kierunku 330
- wcześniaka 558-559

niedokrwistość sierpowato-krwinkowa 575-576
- badanie dziecka w kierunku 92

niedowaga u dziecka *patrz* chude dziecko
niemowlę (niemowlęta)

- a zwierzęta domowe 24-25, 481
- apteczka 40-41
- bielizna pościelowa 38-39
- buciki 330-331
- chore 473-509
- elektroniczna niania 46
- fotel bujany 45-46
- huśtawka *patrz* huśtawka
- język dziecka 200
- język migowy 352-354
- mała masa urodzeniowa *patrz* dziecko o małej masie urodzeniowej
- masa ciała w chwili narodzin 92 *patrz też* masa ciała dziecka
- naczynia i przybory do karmienia 41-42
- nadanie imienia 23-24
- następne, planowanie 622-624
- nie przybiera na wadze 149-152
- nie siedzi, w siódmym miesiącu 342
- nieprzegrzewanie 199
- nieszczęśliwe 219
- niezadowolone w foteliku samochodowym 270-271
- nosidełka 53-54, 215-216, 297
- odgrywanie się 339-340
- odruchy *patrz poszczególne odruchy*
- pielęgnacja 39-40
- porównywanie z innymi niemowlętami 201-203
- puder 39-40
- rozpieszczanie 175
- rozwój *patrz* rozwój dziecka
- sadzanie z podparciem 268-269
- stan świadomości 110
- stawanie 269
- szampon 39
- trudne 216-220
- ubranka *patrz* ubieranie
- układ odpornościowy 180
- uszkodzenia zębów mlecznych 412

- wanienka 45
- wcześniactwo *patrz* dziecko o małej masie urodzeniowej
- wychodzenie na dwór 133-134, 180
- wygląd po porodzie 94, 106-107
- wyposażenie pokoiku dziecięcego 42-47
- wzrost w chwili narodzin 92
- zabezpieczanie domu 362-372
- zapewnienie bezpieczeństwa 185
- zdolne 340-342
- zepsute jedynki 326-327
- żywność *patrz* urozmaicanie diety
- *patrz też* noworodek

niespecyficzne choroby wirusowe 696-697
nieśmiałość 429-430
nietrzymanie moczu po porodzie 613-614
niezstąpienie jądra 213-214
nikotyna *patrz* palenie papierosów
niskie ciśnienie krwi 559
nogi
- a wczesne chodzenie 383
- a wczesne wstawanie 269
- kształt 213

Norplant 627
nos
- krople do 491
- krwawienie z 523-524
- urazy, pierwsza pomoc 523-524
- zakatarzony 474, 491
- zatkany a alergia na mleko 159
- zatkany, jako objaw choroby 474
- *patrz też* kichanie

nos zatkany *patrz* nos
- leczenie 483

nosa odsysacz 133, 491, 687-688
nosidełka 53-54, 215-216, 297
noszenie dziecka 131-132, 337-338

- a płacz 172-173
- *patrz też* nosidełka

noworodek 91-136
- wygląd 94
- *patrz też* niemowlę

noworodka badania przesiewowe 92, 139, 579
- słuchu 93

nowotwór
- piersi a karmienie piersią 10
- prącia, a obrzezanie 20
- zagrożenie, a karmienie piersią 6

NuvaRing 627

O

obawy
- a karmienie piersią 9-10, 267-268
- ojca a kolka 169-175
- przed obcymi *patrz* lęk przed obcymi
- rozdzielenie *patrz* lęk przed rozdzieleniem
- społeczne a nieśmiałość 429-430

obcy, kontakty z 188
objawy chorobowe 473-476
objawy ze strony układu oddechowego a chore dziecko 477
obolałe brodawki *patrz* brodawki
obracanie się przez sen 321-322
obrzezanie
- a AIDS 20
- a higiena prącia 135, 177
- a nowotwór 20
- a podejmowanie decyzji o 19--21
- a środki przeciwbólowe 21
- a zakażenie dróg moczowych 20

obrzęk łososiowy rogówki 115
obwódka brodawki
- a karmienie piersią 66, 75--76
- a odciąganie pokarmu ręcznie 144-145

ochraniacz łóżeczka 43, 362
ochraniacze na brodawki 26, 150
ochraniacze na piersi 150

oczy
- a lampa błyskowa 183
- krople, podawanie dziecku 479
- łzawienie jako oznaka alergii, przy urozmaicaniu diety 288
- maść do, dla noworodka 92, 106, 107-108
- mrużenie 446
- obce ciało w, pierwsza pomoc 518-519
- obrzęknięte, u noworodka 106
- ochrona przed słońcem 454
- określenie koloru 107
- przekrwione 107, 706
- przemywanie 688
- rozszerzone źrenice w 523
- uraz od potrząsania 250
- uraz, pierwsza pomoc 518--519
- wydzielina z 184, 475, 707
- wystawione na działanie światła, u wcześniaka 547
- załzawione 184
- zaschnięta wydzielina w 184, 475, 706
- zezowate 183-184
- zmiana w wyglądzie, jako objaw u chorego dziecka 475
- *patrz też* wzrok

odbicie połkniętego powietrza 124-125, 150, 174
odciągacze pokarmu
- rodzaje 141-143
- używanie 143-145
- wybór 141

odciąganie pokarmu
- a nabrzmienie piersi 70-71
- dla wcześniaka 540
- przed porodem 26

odcięcie kończyny lub palca, pierwsza pomoc 512
oddechu wstrzymywanie 394-395
oddychania szybkość 474
oddychanie
- charczący dźwięk podczas 694-695
- cykliczne 164
- dziecka w czasie snu 164-165

- informowanie lekarza o stanach zagrożenia 238
- monitorowanie 239, 240
- zanikanie oddechu 239-241

oddział intensywnej opieki nad noworodkiem 542-546, 567--568
odmrożenia
- pierwsza pomoc 512-513
- zapobieganie 459

odpływ treści żołądkowej do przełyku (refluks żołądkowo-przełykowy) 487-489
- a kolka 169
- a ulewanie pokarmu 156-158

odpoczynek dla chorego dziecka 476
odra 696-697 *patrz też* szczepionka przeciwko odrze, śwince i różyczce
odruch „chodzenia" lub „stawiania kroków" u noworodka 96
odruch chwytania u noworodka 96-97
odruch Moro 95, 114
odruch Rootinga 96
- a karmienie piersią 67

odruch szermierza u noworodka 97
odruch wypychania języka a urozmaicanie diety 266
odstawianie
- gotowość dziecka do 267--268
- nagłe 421
- od butelki 408-410
- od piersi 419-423
- podjęcie decyzji o 389-391
- wczesne 245

odwodnienie 487
- a dziecko karmione piersią 148

odżywianie przez zgłębnik 538--539
odżywianie
- zapewnienie odpowiedniego 433-435
- *patrz też* dieta dziecka, karmienie, urozmaicanie diety

ogień w kominku, bezpieczeństwo 460-461

ograniczenia, ustalanie 401-402
ojciec 647-656
- a depresja 651
- a depresja poporodowa żony 650
- a karmienie butelką 7
- a karmienie piersią 6, 8, 652
- a palenie papierosów 656
- a pomoc po narodzinach dziecka 18, 654-655
- a rozwój dziecka 655
- a urlop opiekuńczy 647-648
- a współżycie po narodzinach dziecka 652
- a zaangażowanie 106
- brak czasu dla dziecka 655--656
- poczucie niekompetencji 653-654
- pozostający w domu 649--650
- umiejętności rodzicielskie, zazdrość matki o 638-639
- uwaga skierowana na dziecko, zazdrość matki o 639--640
- więź z dzieckiem 106
- zazdrość o uwagę matki skierowaną na dziecko 652-653
okłady z herbaty na obolałe brodawki 76
okno, bezpieczeństwo w pobliżu 364, 455-456
okres *patrz* miesiączkowanie
oksytocyna a karmienie piersią 63
ołów
- badania przesiewowe 308
- w farbie a minimalizowanie zagrożenia dla dziecka 307
- w glebie a minimalizowanie zagrożenia dla dziecka 307--308
- w wodzie a minimalizowanie zagrożenia dla dziecka 307, 311
omdlenia 513
omdlenia, pierwsza pomoc 513
omega-3 kwasy tłuszczowe w mieszankach mlecznych 98
oparzenia chemiczne, pierwsza pomoc 514

oparzenia słoneczne
- objawy, u dziecka 454-455
- pierwsza pomoc 514
- zapobieganie 452-455
oparzenia
- pierwsza pomoc 513-514
- zapobieganie 366-368
opaska imienna w szpitalu 92, 118
opieka kangurza a wcześniaki 547
opieka medyczna
- nad dzieckiem specjalnej troski 567-568
- nad wcześniakiem 545-546
- *patrz też* wizyty kontrolne, pediatra, lekarz
opieka nad dzieckiem w domu *patrz* opiekunka do dziecka
opieka nad dzieckiem
- miniżłobek w domu 259-260
- opieka zbiorowa 259
- opiekunka w domu 252-259
- zakładowe miejsca opieki 260
- *patrz też* opiekunka do dziecka
opieka rodzicielska „na życzenie" 235
opiekunka do dziecka
- a lęk przed rozstaniem 425--427
- poradnik opiekunki 254
- poszukiwania 253-259
- zatrudnienie, formalności 257
- zostawianie dziecka z 251--252, 642
- *patrz też* opieka nad dzieckiem
opiekunki obserwowanie 258
oprogramowanie, dla dzieci 441--443
opryszczka zwykła 698-699
orzechy 287, 289, 435, 485
- a alergie 435
- a karmienie piersią 89
- olej z, w emulsjach dla dzieci 40
- trzymanie poza zasięgiem dziecka 287

oskrzelików zapalenie 495-496, 692-693
ospa wietrzna 210, 211, 698--699
osteoporoza a karmienie piersią 6
otarcia naskórka, pierwsza pomoc 515
otarcia, pierwsza pomoc 515
otoczenie, tworzenie sprzyjającego, dla dziecka 222-223
otyłe dziecko *patrz* nadwaga u dziecka
otyłość 272-274
- a mleko matki 5
- *patrz też* nadwaga u dziecka
owadów ukąszenia 455
- chronienie dziecka przed 455-456
- pierwsza pomoc 520-522
owoce
- które można podawać dziecku 285, 288
- obieranie, przed podaniem dziecku 311
- w diecie poporodowej 601
- zalecenia dietetyczne 290
owulacja
- a karmienie piersią 6
- naturalne metody planowania rodziny 631, 632

P
pachwinowa przepuklina 178, 214-215
pakowanie
- na podróż 466-468
- torby na pieluchy 133
palce rąk, urazy, pierwsza pomoc 524-525
palce u stóp, urazy, pierwsza pomoc 512
palenie papierosów
- a karmienie piersią 87-88
- a kolka 169
- a zespół nagłej śmierci niemowlęcia 240, 241
- rzucanie 22-23, 656
pan niania 257
para wodna 758 *patrz też* nawilżacze powietrza

paracetamol 509
- a pokarm matki 87
- *patrz też* leki
ParaGard, wkładka domaciczna 628
pasta do zębów 325
pasy w foteliku samochodowym 50
- prawidłowe umieszczenie 127
paszport dla dziecka 463
paznokcie
- nożyczki do 133
- przycinanie dziecku 132-133
- urazy, pierwsza pomoc 524--525
pediatra 27-28 *patrz też* lekarz
pełne ziarna, zalecenia dietetyczne dotyczące spożycia 290
pełzanie, brak u dziecka 188, 354--355
pestycydy
- a karmienie piersią 89
- a minimalizowanie zagrożenia dla dziecka 307
pęcherze
- a karmienie piersią 152
- na dziąsłach 116
pęcherzyk na górnej wardze 152
pęknięcia odbytu a wygląd stolca 119
pępek *patrz* pępowina
pępkowa
- przepuklina 177
- ziarniniak 177
pępowina
- gojenie się 176-177
- infekcja 176-177
- pielęgnacja kikuta pępowiny 136, 176-177
- zaciskanie, po porodzie 92
piasek, w piaskownicy, minimalizowanie zagrożenia dla dziecka 307
pielęgnacja niemowlęcia 121--136
- branie na ręce, noszenie 131--132
- kąpanie 121-124
- mycie głowy szamponem 124

- obcinanie paznokci 132-133
- odbijanie połkniętego powietrza 124-125
- pielęgnacja nosa 133
- pielęgnacja pępka 136, 176--177
- pielęgnacja prącia 134-135, 177
- pielęgnacja uszu 131
- przewijanie 125-130
- szczególne troski rodziców adopcyjnych 591-592
- trzymanie 146
- ubieranie 130-131, 179, 180
- uczucie niekompetencji 609--611
- zawijanie dziecka w kocyk 135-136, 178-179
pielęgnacja nosa 133
pielęgniarka dla niemowlęcia 17--18
pieluchy 39
- a rumień pieluszkowy 248--249
- jednorazowe 21-22
- z materiału 22, 45, 129
pieluchy zakładanie 125-130
- a wiercenie się dziecka 268
pieluszkowy rumień 247-249
- a mleko matki 5
piersi matki
- guzek w 79
- małe, a karmienie piersią 8
- nabrzmiałe 70-73
- niechęć dziecka do ssania 267-268
- nowotwór a karmienie piersią 11
- odstawienie od 419-423
- preferowanie jednej 215
- przygotowanie piersi do karmienia 25-26
- ropień 90
- uczucie braku pokarmu 110--111
- zabieg chirurgiczny, a karmienie piersią 11, 151-152
- zapalenie 76, 80
piersi obrzęk u noworodka 94
pierwsza pomoc 511-536
- apteczka 40-41, 513

pierwsze przyjęcie urodzinowe 423-424
pierwsze słowa 352
pies
- a niemowlę 24-25
- ugryzienia *patrz też* ugryzienia i ukąszenia, pierwsza pomoc
pięciopunktowe pasy w foteliku samochodowym 50
plac zabaw
- bezpieczeństwo na 370, 372
- dziecko raczkujące na 358
plamki na skórze 181
plan B 631
plan, ustalanie regularnego 233--235
- karmień 152-153
plaster antykoncepcyjny 627
plastry 516
- motylkowe 515
plecy
- bóle poporodowe 611-612
- klepanie, gdy dziecko się zakrztusi 527, 528
- urazy, pierwsza pomoc 526
plecy, układanie dziecka do snu 161-162, 235-236
- a niespokojny sen 220-221
- a wolniejszy rozwój 188
pleśniawka
- a ból piersi podczas karmienia 74
- a dziecko odmawiające ssania piersi 267
- na brodawkach matki 116
- u dziecka 116
pleśń, w domu
- alergia na 483-484
- minimalizowanie zagrożenia dla dziecka 309
płacz 167 *patrz też* kolka
- jako objaw u chorego dziecka 474
- radzenie sobie z 172-174
- rozpoznawanie rodzaju 112
- silny, po szczepieniach 212
- u adoptowanego dziecka 588
- uspokajanie płaczącego dziecka 172-174
płaskostopie 382

płatki śniadaniowe 312, 315, 423
płci różnice 437-439
płonica 700-701
płyny zapobiegające odwodnieniu 476, 486-487
płyny
- dla chorego dziecka 476
- kiedy dziecko jest przeziębione 492
- kiedy dziecko ma biegunkę 486-487
- kiedy dziecko ma gorączkę 569
- kiedy dziecko ma zaparcia 501
- odwodnienie 476
- w ciepłe dni 456
- w diecie niemowlęcia 291
- w diecie poporodowej 602
pływanie
- basen 456-458
- uczenie dziecka 456-458
po porodzie
- bóle 611-612
- brak poczucia kompetencji 609-611
- ćwiczenia 615-617
- depresja 605-606, 650
- niepanowanie nad wszystkim 609
- odzyskiwanie figury 614-615
- powrót do formy a karmienie piersią 6
- powrót do pracy 642-646
- robienie wszystkiego 606-608
- wyczerpanie 603-605
- znajdowanie czasu dla siebie 634
- znajdowanie zajęć poza domem 634-637
pobieranie krwi z pięty, u noworodka 92, 93
pochwa
- dotykanie 359
- rozciągnięta, po porodzie 620
- upławy z, u noworodka 94
pocieranie policzka a ząbkowanie 293

poczucie winy
- z powodu pozostawiania dziecka z opiekunką 642
- z powodu wad wrodzonych dziecka 562
- z powodu wcześniactwa dziecka 555-556
podawanie jedzenia do rączki 350-352
podgrzewanie
- butelki 101
- potraw o stałej konsystencji 301
podnoszenie dziecka 131-132
podpieranie
- butelki 101-102
- dziecka 268-269
podróżowanie
- a używanie mieszanek mlecznych 101
- pociągiem 469
- samochodem 469-470
- samolotem 468-469
- z dzieckiem 462-471
poduszka elektryczna 688
poduszka, używanie 241, 439-440
podwiązanie jajowodów 632
pogoda
- letnia a dbanie o dziecko 451-458
- zimowa a dbanie o dziecko 458-462
- zmienna 459
pojemnik na brudne pieluchy 44-45
pokoik dziecięcy, wyposażanie 42-47
pokój, wspólny z dzieckiem 242
pokrzywka a alergia na mleko 159
polio, szczepionka przeciwko (IPV) 206-207, 208
połykanie
- ciała obcego, pierwsza pomoc 514-515
- trudności z, jako objaw u chorego dziecka 475
pomarańczowe stolce 325
pomieszanie dnia z nocą 163-164
pomoc
- dla matki zaraz po porodzie 18-19

- dla ojców opiekujących się dzieckiem 649-650
- dla rodzin adopcyjnych 593
- dla samotnych rodziców 610
- w karmieniu piersią 61
poparzenia na śniegu, zapobieganie 460
porady
- niechciane 297
- sprzeczne 109
porażenie mózgowe 576-577
porażenie prądem elektrycznym, pierwsza pomoc 515
porcje jedzenia, w diecie dziecka 286-287, 289
porównywanie dzieci 201-203
potówka 452
potrząsanie dzieckiem 250-251
powietrze
- podróże 468-471
- połknięte przez dziecko 194
  patrz też gazy, odbicie połkniętego powietrza
- zanieczyszczone powietrze w domu i minimalizowanie zagrożenia dla dziecka 308-309
powietrzne poduszki a foteliki samochodowe 127, 128
powonienia, zmysł 223
powrót do domu z dzieckiem a starsze rodzeństwo 664-666
powrót do wyłącznego karmienia piersią 83-84, 140-141
poza domem bezpieczeństwo 412, 513-515 *patrz też* plac zabaw
pozajelitowe karmienie 538
pozycja
- kołyskowa a karmienie piersią 64, 65
- krzyżowa a karmienie piersią 64, 65
- leżąca na boku, do karmienia piersią 64-65
- neutralna plus, podczas reanimacji 532
- spod pachy a karmienie piersią 64, 65
pożądanie, brak 617-620, 652
praca
- a karmienie piersią 230-233

- a zanikanie pokarmu 151
- czy wrócić do 642-646
- godzenie z opieką nad dzieckiem w różnych jej rodzajach 644
- kiedy wrócić do 645-646

praworęczność 361-362
Preven 631
prezenty, bezpieczne 462
prezerwatywy 630-631
produkty wspomagające karmienie 84, 149, 152, 590
progesteron a karmienie piersią 62
prolaktyna
- a karmienie piersią 62
- a odciąganie pokarmu 142
- niedobór a karmienie piersią 151

proszek do prania dla dziecka 186
Prozac 605
próchnica
- a kubeczki z dzióbkiem 298
- a podpieranie butelki 102
- a przebarwienia 346
- a spanie z dzieckiem 244, 321, 327
- zapobieganie 325-327
- zepsute jedynki mleczne 326-327

pryszcze 115
przebodźcowanie a kolka 168--169
przechowywanie
- mieszanek mlecznych 101
- odciągniętego pokarmu 146
- żywności 300-301

przeciwbólowe środki *patrz* leki
przeciwciała a mleko matki 5
- a siara 70

przed poczęciem, podejmowanie kroków 623
przedmioty do zabawy *patrz* zabawki
przedwcześnie urodzone dziecko *patrz* dziecko o małej masie urodzeniowej
przegrzewanie
- a gorące dni 452
- a gorączka 503

- a zagrożenie zespołem nagłej śmierci niemowlęcia 241
- w nosidle 216

przekąski
- dla dziecka, poza domem 134
- dla matki karmiącej piersią 134

przekąszanie 343-345
przemywanie gąbką, jako kuracja przy gorączce 507-509
przepisy, pierwsze dla dziecka 679-685
przepuklina mosznowa 214
przepuklina
- mosznowa 214
- pachwinowa 178, 214
- pępkowa 177

przesiewowe badania
- noworodka 92, 139-140
- słuchu 93
- w kierunku niedokrwistości 330

przesuwanie się na pupie 355
prześwietlenie u dentysty 412
przetoka tchawiczo-przełykowa 577
przetrwały przewód tętniczy (przewód Botala) 557
przeziębienia 489-493
- częste 493
- u dziecka, a niechęć do ssania piersi 267
- u mamy 80-81, 633

przybory toaletowe dla dziecka *patrz* apteczka, wyposażenie
przybór masy ciała
- niewielki przy alergii na mleko 159
- słaby 274-275

przygotowania na pojawienie się dziecka 3-57
przygotowywanie starszego rodzeństwa 658-661
przyjaźnie, zmiany po narodzinach dziecka 637-638
przykręcane siedzenie, bezpieczeństwo 302
przyrośnięty język (krótkie wędzidełko), a karmienie piersią 149

przystawianie do piersi a karmienie piersią 65-67
przytomności utrata, pierwsza pomoc 513
przytrzymywanie się mebli podczas chodzenia 428
pszczoły użądlenie
- alergia na 484, 521
- chronienie dziecka przed 455
- ostra reakcja na 521
- pierwsza pomoc po 521

pszenica, wprowadzanie 289
pudrowanie dziecka 39-40, 249
puls, mierzenie 474, 475

R

raczkowanie 354-355
radon, minimalizowanie zagrożenia dla dziecka 309
radzenie sobie
- w wcześniakiem 546-559
- z dzieckiem specjalnej troski 564-566
- z macierzyństwem 603-605, 606-611
- z płaczem 167-175

ramienia zwichnięcie 425
ramion ból po porodzie 611-612
rana kłuta, pierwsza pomoc 517
rany, pierwsza pomoc 516
rąk bóle, poporodowe 611-612
reanimacja 530-536
reanimacyjne techniki 527-536
Reglan 84
REM, faza snu (faza szybkich ruchów gałek ocznych) 163, 165
restauracja, jedzenie w, z dzieckiem 344-345
retinopatia u wcześniaków 557--558
Reye'a zespół 708-709
ręce
- ciepłe lub zimne 179
- siny kolor 191

ręczny odciągacz pokarmu 142--143, 145
rodzeństwo 657-675
- a karmienie z butelki 7
- a powrót noworodka do domu ze szpitala 664-666

- chcące ssać pierś matki 668
- duża różnica wieku 673
- dziecka specjalnej troski 568-570
- karmienie przy starszym 667-668
- niemowlęcia cierpiącego na kolkę 669-670
- odwiedzające matkę w szpitalu 663-664
- przy narodzinach dziecka 661-662
- przygotowanie, przed przyjściem na świat noworodka 657-661
- przywiązanie 674
- rywalizacja 666-667, 671, 674-675
- sprawiedliwe dzielenie czasu między 671-674
- wcześniaka 549-550
- wyjaśnienie różnicy płci 667
- wyrządzanie krzywdy niemowlęciu 670-671
- zachowania regresywne 670
- żal do niemowlęcia 666-667, 671, 674-675

rodzice *patrz* macierzyństwo, ojciec

rodzice samotnie wychowujący dziecko 610

rodzicielska intuicja
- a choroba dziecka 475
- a rozwój dziecka 418

rodzicielskie filozofie 236

rodzicielstwo zaangażowane 236, 321

romantyczność, znajdowanie czasu na 621

rooming-in 108
- a karmienie piersią 60

ropień piersi 80

rośliny, trujące 370, 372
- pierwsza pomoc w przypadku połknięcia 519-520

rozdrażnienie *patrz* marudzenie

rozmrażanie zamrożonego mleka z piersi 146

rozpieszczanie dziecka 175, 337-338
- przez dziadków 338-339

rozszczep kręgosłupa 577-578
rozszczep podniebienia 641
- a karmienie piersią 12, 149
rozszczep wargi 578
- a karmienie piersią 12
rozumienie własnego dziecka 201
rozwój dziecka 138, 187-189, 201-203, 223-227
- a ojciec 655
- a uzdolnienia 340-342
- cofanie się w 432-433
- intelektualny 202-203, 227, 333
- językowy 187-188, 197-200, 332
- motoryczny 188, 226-227, 331-332
- mowy, a kubki z dzióbkiem 298
- opóźniony 383
- porównywanie u niemowląt 201-203
- pozostawanie w tyle 418
- rodzicielska intuicja 418
- społeczny 187, 226, 332-333, 430-431
- w czwartym miesiącu 263-264
- w drugim miesiącu 191-192
- w dwunastym miesiącu 417-418
- w dziesiątym miesiącu 387-388
- w dziewiątym miesiącu 373-374
- w jedenastym miesiącu 407-408
- w ósmym miesiącu 349-350
- w piątym miesiącu 283-284
- w pierwszym miesiącu 137-140
- w siódmym miesiącu 335-336
- w szóstym miesiącu 313-314
- w trzecim miesiącu 229-230
- wcześniaka 552-553
różowe zabarwienie moczu 86, 148, 475, 494
różyczka 700-701 *patrz też* szczepionka przeciwko odrze, śwince i różyczce
- a ubytek słuchu 93
rumień drożdżakowy 247
rumień krawędziowy 247
rumień łojotokowy 248 *patrz też* ciemieniucha
rumień okołoodbytowy 247
rumień wyprzeniowy 247
rumień zakaźny 700-701
ryby
- a karmienie piersią 89
- a podwanie ich dziecku 311
rytuały
- schematy dnia 233-235
- wieczorne 380-382
rzeczy pomagające w zaśnięciu, odstawianie od 319
rzeczy używane 35
rzeżączka a ubytek słuchu 93

S

sacharoza a karmienie piersią 89
samochód
- bezpieczeństwo 372 *patrz też* foteliki samochodowe
- niepozostawianie dziecka samego w 185, 452
samoloty a foteliki samochodowe 127
- podróżowanie samolotami 468-469
sączek do ucha 498
schody, zapewnienie bezpieczeństwa przy 57, 365, 371
Seasonale 625
seks *patrz* stosunki płciowe
serce
- rytm pracy 474
- szmery w 275-276
- wada 582
siadanie
- podciąganie do 264
- późne 342
siara 70
siedmiowalentna sprzężona szczepionka przeciwko *Streptococcus pneumoniae* (PCV-7) 231, 211-212
siedzonko do karmienia 55-56 *patrz też* wysokie krzesełko

siniaki, pierwsza pomoc 515
sinienie skóry
- przejściowe 181
- trudności z oddychaniem wymagające natychmiastowej interwencji 529, 530
skaza 296
- a alergia na mleko 159
- a karmienie piersią 4
składane łóżeczko 43-44
skorygowany wiek, u wcześniaka 553
skóra
- problemy z 116-117
- rany, pierwsza pomoc 515-517
- sucha zimą 460
- trądzik 181
- zmiany koloru 181
- zmiany na, jako objaw u chorego dziecka 475
- znamiona 114-115
- żółknięcie 118
skurcz mięśni szyi (odruch), u noworodków 97
skurcze macicy a karmienie piersią 6
słodycze a karmienie piersią 89
słodycze, opóźnianie chwili wprowadzenia 375
słodziki a karmienie piersią 89
słodziki sztuczne
- a karmienie piersią 89
- niepodawanie dziecku 310
słońce
- a uszkodzenia oka 454
- a witamina D 453
- bezpieczeństwo na 452-455
- ochrona przed 452-455
słowa, pierwsze 352
słuch
- a głośna muzyka 182
- badania przesiewowe 93
- martwienie się o 181-182
- stymulowanie, u starszego dziecka 333
- stymulowanie, we wczesnych miesiącach 224-225
- ubytek 93
- uszkodzenie 182
smak, zmysł, stymulowanie 223

smoczek
- a karmienie piersią 60, 150, 175
- a płacz 175, 176
- a zaburzenia mechanizmu ssania 119-120
- a zespół nagłej śmierci niemowlęcia 241
- decyzja o używaniu 119-120, 175-176
- długotrwałe używanie a infekcja ucha 176
- jako sposób na uspokojenie 384-385
- uzależnienie od 244-245
- wybieranie 41
smoczki do butelki
- rozmiar 103
- wybieranie 41
smółka 119
- a siara 70
sok jabłkowy 274
- biegunka 499
sok z białych winogron 274
soki 274, 423, 491
- najlepsze w wypadku biegunki 499
sól i słone potrawy
- w diecie dziecka 291, 327-328, 376
spać kładzenie 235-236
- lęk przed rozstaniem 428-429
- rytuały 380-382, 427-428
- trudności 380-381
spadek masy ciała
- poporodowe 614
- w okresie noworodkowym 106
- wczesna, u dziecka o małej masie urodzeniowej 539
spaliny
- a minimalizowanie zagrożenia dla dziecka 308
- narażenie na działanie szkodliwych, pierwsza pomoc 526
spanie z dzieckiem 243-244, 321
spanie z dzieckiem w jednym łóżku 243-244
spanie
- a ząbkowanie 381-382

- budzenie dziecka 111-112, 163
- cykl 163-164
- hałas, gdy dziecko śpi 164
- kładzenie dziecka do 235-236, 380
- kładzenie dziecka do, po odstawieniu od piersi 427-428
- kłopoty z, jako objaw u chorego dziecka 474
- niespokojny sen 163
- oddech dziecka w trakcie 164-165
- pozycja w trakcie 135, 161-162, 220-221
- przenoszenie dziecka podczas 165-167
- przesypianie posiłków 111-112, 150
- przewracanie się podczas 321-322
- przez całą noc a uzupełnianie diety mieszankami mlecznymi 195
- przez całą noc, przyzwyczajanie dziecka do 236-238, 317-320
- rady, jak poprawić 166
- w jednym pokoju z dzieckiem 242
- wspólne z dzieckiem 243-244
- wzorce 162-164
- wzorce, zmiany w nich 380-382
- *patrz też* drzemki
SPF *patrz* krem z filtrem ochronnym
Splenda a karmienie piersią 89
spodziectwo 178
społeczny rozwój 187, 430-431
ssanie piersi *patrz* karmienie piersią
ssanie
- a płacz 173
- a ssanie piersi 67
- nieskuteczne 150
- odruch, u noworodka 96
- zadowolenie z 5
stacjonarne miejsca zabawy 57, 303-304

stan świadomości noworodka 110
stanie 269
– podciąganie się do pozycji stojącej 382
starsze dzieci *patrz* rodzeństwo
sterylizacja 632
sterylizowanie
– butelek do karmienia 100
stolce 118-119
– czarne 276
– jako objaw, że dziecko je wystarczająco dużo 148
– krew w 160
– o dziwnym wyglądzie 378--379
– pomarańczowe 325
– przypominające piasek 378--379
– śluz 119, 159, 288
– *patrz też* wydalanie, zaparcia, biegunka
stolce przypominające piasek 379--380
stopa końsko-szpotawa 578-580
stopnie *patrz* schody
stopy
– deformacje 578-580
– płaskostopie 382
– szpotawe 213
stosunki płciowe po porodzie 617-620
– a karmienie piersią 9, 687
– a odczucia ojca związane z 652
– plamienie po 620
– sprawianie, by były przyjemne 619
stół
– karmienie dziecka przy 376
– maniery 391-392
stylu życia zmiana 13-14
stymulacja, wrażliwość na 217--220
stymulowanie dziecka 202-203, 346-347
– rocznego dziecka 444-447
– starszego dziecka 331-333
– we wczesnym okresie życia 221-227
sucha skóra 460
suchość pochwy po porodzie 619

sumak jadowity 456, 519-520
systematyczne budzenie a przyzwyczajanie dziecka do przesypiania nocy 318
szare zabarwienie zębów 346
szczenięce lata 439
szczepienia ochronne 203-212
– a adopcja 592
– a astma 205
– a mleko matki 5
– a wielokrotne wykonywanie zastrzyków 205
– a zespół nagłej śmierci niemowlęcia 241
– ból związany z 205
– kalendarz 208-209
– kiedy zadzwonić do lekarza po 212
– łączone 140, 205
– mity dotyczące 205
– pomijanie 205
– przekazywanie lekarzom informacji o reakcji na 205
– wcześniaka 554
– *patrz też* konkretne szczepienia
szczepienia przeciwko grypie 210, 211, 212
szczepionka
– Pediarix 205, 211
– przeciw zakażeniu *Hemophilus influenzae* typu b 211
– przeciwko błonicy, tężcowi, krztuścowi 206, 208
– przeciwko odrze, śwince i różyczce 207, 208
– przeciwko ospie wietrznej 210, 211
– przeciwko tężcowi *patrz* szczepionka przeciwko błonicy, tężcowi, krztuścowi
szczękościsk *patrz* tężec
szczupłe dziecko *patrz* chude dziecko
szkodników tępienie 306-307
szmery w sercu 275-276
szpital
– badanie dziecka w 92-95
– procedury szpitalne dla dziecka urodzonego w domu 96
– wczesne wypisanie z 120

szpotawe stopy 213, 269, 383, 410
sztuczne oddychanie 533-534
sztuczne oddychanie i masaż serca *patrz* reanimacja
szyi ból po porodzie 611-612
szyi urazy, pierwsza pomoc 526

Ś
ślina
– a ząbkowanie 292
– zmiany w, jako objaw u chorego dziecka 475
śliniaczek, do karmienia 286
ślinienie się a ząbkowanie 292
śluz
– w nosie *patrz* nos
– w stolcu 119, 159, 288
śpioch 109-110
środek poprawiający smak leków 479
środki
– obkurczające śluzówkę 491, 497-498
– odstraszające owady 455
– plemnikobójcze 631
– przeczyszczające 161, 500
środowiskowe zagrożenia, a dziecko 305-312
świadomość płodności 632
świąd, leczenie 483
świąteczne zagrożenia 461-462
świnka 702-703 *patrz też* szczepionka przeciwko odrze, śwince i różyczce
świst wydechowy
– a wchłonięcie ciała obcego 529
– jako objaw alergii przy urozmaicaniu diety 288, 299, 301

T
tabletka antykoncepcyjna 625--626
talasemia 580
tampon pochwowy jako środek antykoncepcyjny 629-630
tarczyca, problemy z, a depresja poporodowa 605
– badanie dzieci w kierunku 579

Tay-Sachsa choroba 574
telewizja, oglądanie 440-441
temperament dziecka 216-221
temperatura
- jako objaw u chorego dziecka 474
- nienormalnie niska 512-513
- nienormalnie wysoka 503
- pomiar pod pachą 504-505
- pomiar u dziecka 503-505
- pomiar w odbycie 504
- prawidłowa 502, 505-506
termometr
- do ucha 41, 504
- elektroniczny 41, 504
- rtęciowy 41
- skroniowy 41, 504
- szklany, rtęciowy 503
- w smoczku 504
- wybór 503-504
testament, spisywanie 56
Testy Przesiewowe Rozwoju z Denver 138
tężec 702-703 *patrz też* szczepionka przeciwko błonicy, tężcowi, krztuścowi
tlenek węgla, zmniejszanie zagrożenia dla dziecka 308
tłuszcz
- tłuste dziecko *patrz* nadwaga u dziecka
- w diecie dziecka 290-291, 312, 412-413
- w diecie poporodowej 601-602
- w diecie wegańskiej 329-330
- w mleku sojowym 427
toaleta, zabezpieczanie przed dzieckiem 369-370
toksoplazmoza a ubytek słuchu 93
torba na pieluchy 466-468
- pakowanie 133-134
- wybieranie 55
torebki do przechowywania mleka z piersi 145
trądzik niemowlęcy 181
trudne dziecko 216-220
trudności w zachowaniu rytmu 218-219

trujące substancje
- trzymanie ich poza zasięgiem dziecka 367, 371, 372
TV *patrz* telewizja, oglądanie
tytoń *patrz* palenie papierosów

U
ubezpieczenie
- w przypadku niepełnosprawności 56
- zdrowotne 28, 117
ubieranie dziecka 130-131, 180
- a wcześniaki 555
- a zespół nagłej śmierci niemowlęcia 241
- co kupić 37-38
- odpowiednie 36
- proszek do prania 186
- rozmiary 36
- w słońcu 454
- w zimnej pogodzie 451
- w zmiennej pogodzie 458-459
ubrania praktyczne przy karmieniu piersią 77-78
ucha środkowego zapalenie 496-499 *patrz też* infekcje ucha
ucho
- ciało obce w, pierwsza pomoc 519
- ciągnięcie się za, a ząbkowanie 293, 294-295
- ciśnienie w, podczas lotu 468-469
- pielęgnacja 131
- termometr 503-504
- uraz, pierwsza pomoc 519
- wydzielina z, jako objaw u chorego dziecka 475
- zgięte, u noworodka 107
- *patrz też* infekcje ucha, ból ucha, słuch
uciskanie klatki piersiowej podczas reanimacji 534-535
uczenie się, wczesne 383-384
uczucia
- a adopcja 587
- ojca *patrz* ojciec
- związane z urodzeniem dziecka specjalnej troski 562-563, 564

- związane z urodzeniem wcześniaka 544-545, 546-548, 555-556
uczucie nieradzenia sobie
- jako matka 609-611
- jako ojciec 653-654
- jako rodzice adopcyjni 587
udar słoneczny
- objawy 452
- pierwsza pomoc 520
- zapobieganie, u dziecka 452
ugryzienia i ukąszenia, pierwsza pomoc
- ludzi 520
- owadów 521
- węży 521-522
- zwierząt 520
- zwierząt morskich 522
ukąszenia *patrz* owadów ukąszenia
ukąszenie przez węża, pierwsza pomoc 521-522
ukochane przedmioty 384-385, 429
ulewanie 156-158
- mleko matki 4
- nadmierne, a odpływ treści żołądkowej do przełyku 488
upadki 411
upały, obawy 451-458
urlop opiekuńczy dla ojca 647-648
urodzenia akt 96
urodzeniowa masa ciała 104 *patrz też* dziecko o małej masie urodzeniowej, masa ciała dziecka
urodzinowe przyjęcie, pierwsze dziecka 423-424
urozmaicanie diety
- bezpieczne karmienie 300-301
- domowa żywność dla dzieci 316-317
- kiedy dziecko jest gotowe na 265-266
- odkładanie w czasie, a alergie pokarmowe 301-302
- podgrzewanie pokarmów stałych 301
- przechodzenie z papek na pokarmy rozgniatane widelcem 336-337

– przechodzenie z papek na pokarmy stałe 350-352, 378
– rodzaje pokarmów stałych, które można podać dziecku 285, 315-316
– rozpoczynanie 284-287
– stopniowe wprowadzanie 301
– wprowadzanie nowych pokarmów 288-289
– żywność ekologiczna 316
– żywność gotowa 315-316
uspokajające przedmioty 484-485, 429
usta
– a karmienie piersią 66-67
– rany, pierwsza pomoc 517--518
usta-usta, sztuczne oddychanie metodą 533-534
uśmiech 186, 197
– dziecko rzadko się uśmiecha 219
utalentowane dziecko 340-342
utonięcia, pierwsza pomoc 525
uzupełnianie diety
– gdy dziecko nie rozwija się dobrze 196
– dodatkowym karmieniem z butelki 194-196
użądlenia
– jad morskich zwierząt, pierwsza pomoc 522
– owadów *patrz* owadów ukąszenia

W

wady wrodzone, dziecko z wadami wrodzonymi
– a zespół alkoholowy płodu 562
– dziedziczenie 581
– inne u następnego dziecka 571
– najczęstsze 572-584
– powtórzenie się u następnego dziecka 570-571
– przyczyny 570-571
– uzyskanie właściwego rozpoznania 566-567
– wyjaśnianie innym 563-564

– *patrz też* dziecko specjalnej troski, konkretne wady
wanna
– siedzonko do 56
– wanienka dla dziecka 45
– *patrz też* kąpiel
wapń
– a dieta wegańska 328-330
– w diecie niemowlęcia 289--290
– w diecie poporodowej 600--601
wartościowe spędzanie czasu 640--642
warzywa
– które można podać dziecku 285, 288
– obieranie przed podaniem dziecku 311
– przyjmowanie odpowiedniej ilości 433-435
– w diecie poporodowej 600
– zalecenia dietetyczne na 290
wazektomia (podwiązanie jajowodu) 632
wczepianie się w rodziców 436
– *patrz też* lęk przed rozdzieleniem
wczesne wstawanie 320-321
wcześniak *patrz* dziecko o małej masie urodzeniowej
wegańska dieta 328-330
– karmienie piersią a witaminowe preparaty uzupełniające dla dziecka 156, 328--330
wegetariańska dieta 329
wewnętrzne krwawienie, pierwsza pomoc 522
węglowodany *patrz* węglowodany złożone
węglowodany złożone
– w diecie niemowlęcia 290
– w diecie poporodowej 601
więź 104-106
– a dziecko specjalnej troski 563
– a karmienie piersią 6-7
– a wcześniactwo 546-548
winogronowy sok 274
– a biegunka 499

wirusowe opryszczkowe zapalenie gardła i migdałków 702--703
wirusy a wygląd stolca 119
witamina A, zalecenia dietetyczne dotyczące spożycia 290
witamina B_{12} 156, 329
witamina C 157
– pokarmy w diecie poporodowej 600
– zalecenia dietetyczne dotyczące spożycia 290
witamina D 157
witamina K dla noworodka 93
witaminowe preparaty uzupełniające *patrz* witaminy
witaminy
– dla dziecka 156, 157, 291, 311
– preparaty uzupełniające w czasie ciąży 8-9, 156
– w diecie poporodowej 602
wizyty kontrolne zdrowego dziecka *patrz* wizyty kontrolne
wizyty kontrolne
– jak skorzystać najwięcej z comiesięcznych 193
– u stomatologa 326
– w czwartym miesiącu 265
– w drugim miesiącu 192-193
– w dwunastym miesiącu 419
– w dziewiątym miesiącu 374--375
– w pierwszym miesiącu 139--140
– w szóstym miesiącu 314-315
wklęsłe brodawki
– u dziecka 215
– u matki *patrz* brodawki
wkładka domaciczna 627-629
wkładki chłodzące na nabrzmiałe piersi 71
wkładki laktacyjne 73, 78
– a obolałe brodawki 75-76
włosy
– brak, w dziewiątym miesiącu 385
– dbanie o 399
– noworodka 94
– wyrywanie i nawijanie na palec 393

woda
- bezpieczeństwo dziecka w pobliżu 370, 371, 456-458
- filtr wody 308
- podawanie dziecku 155-156, 273, 456
- skażona, minimalizowanie ryzyka dla dziecka 308, 311
- temperatura, w domu 368--370
- zatrucie 457, 458

wodniak jąder 178
wodogłowie 581-582
wodowstręt *patrz* wścieklizna
wózek 48
wózek dziecięcy 47-48
wózki sklepowe a fotelik samochodowy dla dziecka 127
wrodzona niedoczynność tarczycy 579
wrodzona wada serca 582
wrodzone wady metabolizmu 92, 139, 579
wrodzone znamiona barwnikowe 115
wrodzony przerost i hiperplazja nadnerczy 579
   - badanie dziecka w kierunku 92

wspomaganie rozwoju 202-203
   - intelektualnego 227
   - motorycznego 226-227
   - społecznego 226
   - zmysłu dotyku 225
   - zmysłu słuchu 224-225
   - zmysłu wzroku 223-224

współmałżonek
   - dzielenie się opieką nad dzieckiem 18, 654-655
   - uczucie bycia niedocenianą przez 639-640
   - związek z 620-622

wstrząs, pierwsza pomoc 525
wstrząsy 216
wstrząsy ciała 114
wścieklizna 704-705
wyciekanie mleka z piersi 72-74
wyczerpanie poporodowe 603--605
wydalanie 118-119
   - głośne wypróżnienia 160

- jako objaw prawidłowego rozwoju 148
- liczba u zdrowego noworodka 160
- zmiany w 324-325
- zmiany w, jako objaw u chorego dziecka 475
- zmniejszająca się liczba 246
- *patrz też* stolec

wydzielina poporodowa a karmienie piersią 6
wygląd
   - noworodka 94
   - wcześniaka 545

wyjścia
   - co zabrać ze sobą 133-134
   - sprzęt 47-55

wykwalifikowana pielęgniarka do dziecka 29
wymioty
   - a odpływ treści żołądkowej do przełyku 488
   - jako objaw alergii przy urozmaicaniu diety 288
   - jako objaw u chorego dziecka 475, 497
   - krew w 158-159
   - leczenie 483, 488
   - przy alergii na mleko 159
   - sprzątanie 158
   - wymioty chlustające 158

wypadki
   - reakcja rodziców 403, 411
   - upadki 411
   - zapobieganie 363-372

wypłakanie się przed snem 317
wysokie krzesełko
   - a karmienie pokarmami stałymi 286
   - kiedy sadzać dziecko w 303
   - w restauracji 344
   - wskazówki dotyczące bezpieczeństwa 302
   - wybieranie 55

wysokość, duża nad poziomem morza 470
wysypka na brodzie a ząbkowanie 292
wysypka
   - jako objaw alergii pokarmowej 288

- na twarzy *patrz* skóra, trądzik
- potówka czerwona 452
- przy ząbkowaniu 292
- skaza 296
- w chorobach wieku dziecięcego 692-709
- w okolicy pieluszkowanej *patrz* pieluszkowe zapalenie skóry niemowląt

wzrok 182-183
   - stymulowanie 223-224

wzrost 275
   - wahania 414
   - wykresy 708-709

Y
Yasmin 625

Z
zaangażowanie, u ojca 106
zabawki 279-281, 331-332, 445--446
   - bezpieczne 280-281
   - dla młodszego dziecka 222

zabawy 385-386
zabezpieczanie domu przed dzieckiem 362-372
zabezpieczenia przeciwpożarowe 366-368
zaburzenia mechanizmu ssania 82
zaburzenia metabolizmu u dziecka 579
   - badanie dziecka pod kątem 92

zaburzenia metabolizmu u matki
   - a karmienie piersią 11

zaburzenia trawienia
   - a alergia na mleko 159-160
   - a długotrwałe karmienie piersią 246
   - a kolka 168-169
   - a mleko matki 5
   - jako objaw u chorego dziecka 475
   - *patrz też* biegunka, wymioty, refluks żołądkowo-przełykowy

zaburzenia żołądkowo-jelitowe *patrz* biegunka, wymioty

zachowania regresywne u starszego dziecka 670
zachowanie
— trudne 216-220
— większa niezależność 436
— zmiana u chorego dziecka 474
— *patrz też* nawyki, dyscyplina
zagrożenie życia 238-241
zajęcia dla niemowląt 277-279, 395-397, 515
zakażenie bakteriami *Chlamydia* a oczy noworodka 106, 107-108
zakażenie układu moczowego 483-494
— a obrzezanie 20
zakażenie wirusem oddechowym 494-496
zakupy dla dziecka 35-57
zamrażanie mleka z piersi 146
zanieczyszczenia powietrza w domu, minimalizowanie zagrożenia dla dziecka 308-309
zapalenie
— gardła *patrz* ból gardła
— migdałków 702-703
— mózgu 704-705
— nagłośni 704-705
— opon mózgowych 706-707
— płuc 706-707
— spojówek 706-707
— sutka (*mastitis*) 80
— ucha środkowego 496-499 *patrz też* infekcje ucha
— wątroby typu A
  — u matki, a karmienie piersią 10
  — szczepienie przeciwko 211
— wątroby typu B
  — u matki, a karmienie piersią 10
  — szczepienie przeciwko 140, 208, 211
zaparcia 161, 499-501
— a alergia na mleko 161
— a mleko matki 4
— jako objaw u chorego dziecka 475
— stolce 118-119
zapominanie wcześniej wyuczonej umiejętności 432-433

zarazki
— a kubek z dzióbkiem 298
— chronienie dziecka przed 180, 357-358, 633
zaschnięta wydzielina w oczkach dziecka 184
zastrzyki hormonalne jako metoda antykoncepcyjna 626-627
zastrzyki *patrz* szczepienia
zatkane kanaliki łzowe 184
zatrucia, pierwsza pomoc 525-526
zawijanie dziecka w kocyk 135-136, 178-179
— a płacz 172
— aby dziecko leżało na pleckach podczas snu 220-221
zazdrość
— u matki 638-639
— u ojca 652-653
— u rodzeństwa 666-667, 671
ząb *patrz* zęby
zepsuta żywność 300-301, 458
zespół alkoholowego uszkodzenia płodu 583
zespół nagłej śmierci niemowlęcia
— a karmienie piersią 5, 241, 246
— a palenie papierosów 22, 88, 240
— a pozycja podczas snu 161-162
— a spanie z dzieckiem 243
— a szczepienia 206, 241
— zapobieganie 241
— *patrz też* plecy, kładzenie dziecka na, do snu
zespół nadpobudliwości psychoruchowej z deficytem uwagi (ADHD) 443
zespół Ushera a ubytek słuchu 93
zespół Waardenburga a ubytek słuchu 93
zespół zaburzeń oddychania 556
zez 183-184
zębów mycie 325-326
zęby
— a fluor 157
— a mleko matki 5

— a odmawianie ssania piersi 267
— a sen 293, 381
— brak, w dziewiątym miesiącu 385
— czyszczenie nitką 326
— kolejność 294
— krzywe 346
— plamy z powodu przyjmowania nadmiernej ilości żelaza 157, 346
— późne 385
— szczotkowanie 325-326
— ukruszony 412
— urazy 412, 517-518
— uśmierzanie bólu wywołanego przez 293-294, 482
— wczesne 116
— wybity 517-518
— ząbkowanie 292-294
— zgrzytanie 393-394
— złamany 518
— *patrz też* próchnica
zgaga 487
— a kolka 169
ziarna, pełne
— dietetyczne zalecenia 290
— w diecie poporodowej 601
zielone warzywa liściaste *patrz* warzywa
zimna pogoda, problemy 458-461
zimne kąpiele 689
zimne okłady 689
zioła
— a karmienie piersią 84, 88
— a podawanie ich dziecku 500
ziołowe herbatki
— a karmienie piersią 88
— a podawanie ich dziecku 311
złamane kości, pierwsza pomoc 526
złość, u rodziców 403, 404-405
— z powodu płaczu dziecka 169-175
— z powodu urodzenia dziecka specjalnej troski 562-563
— z powodu wcześniactwa 545
zmiany skórne 114-116
zmiany w kolorze skóry 181

znamię naczyniowe płaskie 115
znamiona 114-115
Zoloft 605
zrost napletka 214
zwężenie odźwiernika 158, 584
związek, ze współmałżonkiem
- a dziecko specjalnej troski 570
- po porodzie 620-622, 652
zwichnięcie ramienia lub łokcia, pierwsza pomoc 526-527
zwierzątka przytulanki
- bezpieczeństwo 280
- jako przedmiot uspokajający 384-385
- *patrz też* zabawki
zwierzęta domowe
- a alergie 482
- bezpieczeństwo dziecka 185
- przygotowywanie na przybycie dziecka 24-25
- pierwsza pomoc w ugryzieniach, ukąszeniach 520

Ź
źrenice przy urazie głowy 523

Ż
żelazo
- a czarne stolce 118-119, 276
- a spożycie płatków śniadaniowych 328
- niedobór 330
- preparat uzupełniający 157, 329, 330
- w diecie poporodowej 601
- wzbogacona mieszanka mleczna 99
- zalecenia dietetyczne 291
żółknięcie skóry 118
żółtaczka 116-118
- a siara 70
- u wcześniaka 559
żółtaczka fizjologiczna 117
żółte
- owoce *patrz* owoce
- warzywa *patrz* warzywa
życie społeczne dziecka 396-397
- a bicie 432
- a dzielenie się 431
życie towarzyskie, zmiany w, po narodzinach dziecka 637-638
żywność

- alergie pokarmowe 299-302, 484
- *patrz też* alergie
- bezpieczeństwo 300-301, 311, 351
- konserwanty, minimalizowanie zagrożenia dla dziecka 309-312
- którą należy trzymać poza zasięgiem dziecka 287
- podawana do rączki 350-352
- przetworzona 309-310
- wprowadzanie nowej 287-288
- wprowadzanie zmian, kiedy dziecko ma biegunkę 486-487
- wprowadzanie zmian, kiedy dziecko ma refluks żołądkowo-przełykowy 488
- wprowadzanie zmian, kiedy dziecko ma zaparcia 500-501
- zatrucie pokarmowe, zapobieganie 458
- *patrz też* karmienie, urozmaicanie diety

NOTATKI

NOTATKI